THE OXFORD PROGRESSIV ENGLISH-H DICTIONAR

ऑक्सफ़र्ड प्रोग्रेसिव अंग्रेज़ी-हिन्दी कोश

S. K. VERMA
R. N. SAHAI

OXFORD
UNIVERSITY PRESS

OXFORD
UNIVERSITY PRESS

YMCA Library Building, Jai Singh Road, New Delhi 110001

Oxford University Press is a department of the University of Oxford.
It furthers the University's objective of excellence in research, scholarship
and education by publishing worldwide in

Oxford New York

Auckland Bangkok Buenos Aires Cape Town Chennai
Dar es Salaam Delhi Hong Kong Istanbul Karachi Kolkata
Kuala Lumpur Madrid Melbourne Mexico City Mumbai Nairobi
São Paulo Shanghai Taipei Tokyo Toronto

Oxford is a registered trade mark of Oxford University Press
in the UK and in certain other countries.

Published in India
by Oxford University Press

First published 1977
Seventeenth impression 2004

ISBN 0-19-560810-0

Printed in India by Pearl Offset Press Pvt. Ltd., New Delhi - 110015
and published by Manzar Khan, Oxford University Press
YMCA Library Building, Jai Singh Road, New Delhi 110001

भूमिका

कोश-विज्ञान के सिद्धान्तों के अनुसार किसी भी अच्छे द्विभाषी कोश की रचना के पहले यह निश्चित कर लेना आवश्यक होता है कि उस कोश को कौन और किस प्रयोजन (अभिव्यक्ति अथवा बोधन) के लिए काम में लाएगा। वर्तमान कोश की रचना में यह मानकर चला गया है कि (1) कोश को काम में लाने वाला भारतीय है अर्थात् भारतीय संस्कृति-वातावरण से तो परिचित है किन्तु इंग्लैंड या यूरोप की संस्कृति-वातावरण से अपरिचित है, (2) वह हिन्दी-भाषी है (यहाँ हिन्दी में उसकी उर्दू शैली और हिन्दी की बोलियाँ शामिल हैं) अथवा हिन्दी का द्वितीय भाषा के रूप में सामान्य ज्ञान रखने वाला है, (3) उसे थोड़ी-बहुत अंग्रेज़ी आती है और अंग्रेज़ी पढ़ते समय कोश को प्रयोग में ला रहा है और (4) वह इस कोश को बोधन के लिए प्रयोग में ला रहा है अर्थात् अंग्रेजी पुस्तक या समाचारपत्र पढ़ते समय यदि किसी अंग्रेज़ी शब्द को नहीं जानता है अथवा उसके अर्थ के सम्बन्ध में उसे कोई संदेह है तो वह इस कोश को काम में ला रहा है।

इन नियमनों का प्रभाव इस कोश के लिए शब्दों के चयन पर और उनके अर्थों को अभिव्यक्त करने की प्रणाली पर पड़ा है। इस कोश का आधार ए० एस० हॉर्नबी और इ०सी० पार्नवेल द्वारा संपादित 'द प्रोग्रेसिव इंग्लिश डिक्शनरी' (द्वितीय संस्करण) है, किन्तु शब्दों के चयन में कुछ ऐसे अंग्रेज़ी शब्द छोड़ दिये गये हैं जिनकी किसी सामान्य भारतीय पाठक के सामने आने की प्रायिकता बहुत कम है (जैसे sampan, sausage, stile, suet आदि) और कुछ ऐसे शब्द जोड़ दिये गये हैं जो भारत में प्रचलित समाचारपत्रों, पुस्तकों और भारतीय लेखन में प्रायः मिलते हैं। अर्थों की अभिव्यक्ति में अंग्रेज़ी शब्द के बदले हिन्दी शब्द अर्थात् हिन्दी पर्याय मात्र देने की विधि (जैसा कि तकनीकी शब्द-संग्रहों में होता है) नहीं अपनाई गई है बल्कि अंग्रेज़ी शब्द के अर्थ को हिन्दी में समझाने की विधि स्वीकार की गई है। यह विधि विदेशी संस्कृति से संबंधित शब्दों अथवा विशिष्ट अर्थ रखने वाले शब्दों के लिए मुख्यतया काम में लाई गई है।

Sabbath का अर्थ दिया गया है, 'विश्राम दिवस जिस दिन विशेष प्रार्थना करते हैं (यहूदियों में शनिवार और ईसाईयों में रविवार)'; sanction के लिए पर्याय शब्द अनुज्ञा, अनुमति के अलावा 'प्रशासनिक अर्थ' 'अधिकारियों द्वारा कार्य विशेष करने को अनुज्ञा या अनुमति' और समाजशास्त्रीय अर्थ 'सामान्य प्रथा द्वारा किसी आचरण का अनुमोदन या समर्थन'; shorthand को 'आशुलिपि' के साथ-साथ 'विशेष चिह्नों से बोले हुए को जल्दी-जल्दी लिखना' के द्वारा अभिव्यक्त किया गया है। संक्षेप में अर्थ की अभिव्यक्ति इस प्रकार की गई है कि वाक्यार्थ समझने में कोई कठिनाई न हो और पाठकों में शब्द की वास्तविक संकल्पना को न जानते हुए और इस कारण वाक्य के सही अर्थ को न समझते हुए भी शब्द के बदले शब्द रखकर वाक्य बनाने की प्रवृत्ति को प्रोत्साहन न मिले।

अर्थ सरल हिन्दी में दिये गये हैं। हिन्दी में यदि फ़ारसी या अंग्रेज़ी का शब्द प्रचलित हो गया है तो उसे अर्थ प्रकट करते समय काम में लाया गया है। यह सोचकर कि पाठक उर्दू भाषी अथवा ऐसे परिवारों और अंचलों का हो सकता है जहाँ तथाकथित हिन्दुस्तानी का प्रचलन है, तत्सम और तद्भव शब्दों के साथ उर्दू का शब्द भी दे दिया गया है। इस प्रकार नागर वातावरण के छात्र ग्रामीण वातावरण में प्रयुक्त होने वाले हिन्दी शब्दों से अपरिचित होते जा रहे हैं, यह सोचकर कुछ कम प्रचलित हिन्दी शब्दों के आगे व्याख्यात्मक वर्णन भी दे दिया गया है, जैसे saddle के सामने 'घुड़सवार की काठी' (न कि केवल 'काठी'), और अन्यत्र 'डेगची' के साथ-साथ 'भोजन बनाने का बर्तन'; 'गाड़ी के बम' के साथ-साथ 'दो पहियों की धुरी को जोड़ने वाला' भी दिया गया है। निःसंदेह इससे पुस्तक में कुछ पृष्ठ अवश्य बढ़ गये हैं किन्तु उपयोगिता को देखते हुए इस प्रकार अर्थ देना आवश्यक था।

शब्दों के अर्थ और प्रयोग को स्पष्ट करने के लिए बड़े शब्द कोशों में प्रयुक्त अनेक उपायों को इस छोटे कोश में भी अपनाया गया है। शब्द का या उसके किसी अर्थ का प्रयोग यदि विशेष व्यवहार क्षेत्र में सीमित है तो उस शब्द या अर्थ के आगे क्षेत्र विशेष जैसे law, संगीत आदि का संकेत दिया गया है। कठिन शब्दों के अर्थ उदाहरण-वाक्य द्वारा स्पष्ट किए गए हैं या कहीं-कहीं चित्र द्वारा (ये चित्र छपाई की सुविधा के लिए इकट्ठे करके छापे गये हैं)। अतएव

शब्द के आगे पृष्ठ का संकेत → द्वारा दिया गया है। इसके अतिरिक्त यदि शब्द के अनेक पृथक्-पृथक् अर्थ हैं तो [1], [2], [3] ... द्वारा प्रत्येक अर्थ को पृथक्-पृथक् दिखाया गया है।

यह कोश अध्येता कोश ('लर्नर्स डिक्शनरी') के रूप में प्रस्तुत किया गया है अतएव अर्थ के साथ-साथ भाषा के व्याकरणिक संरचना और उच्चारण जैसे पक्षों पर भी यथोचित सूचनाएँ दी गई हैं जिनकी आवश्यकता अध्येता को बोधन और अभिव्यक्ति में होती है।

व्याकरण में रूप-रचना (संज्ञा, सर्वनाम, विशेषण, क्रिया के विभिन्न रूप, वचन, विभक्ति, काल, वृत्ति आदि के कारण किस प्रकार बनते हैं) और वाक्य-रचना (वाक्य में विविध शब्द-भेद किस प्रकार कार्य करते हैं) की प्रमुखतया चर्चा होती है। अंग्रेज़ी रूप-रचना में कुछ संज्ञा शब्दों के बहुवचन रूप सामान्य पद्धति -s लगाने से नहीं बनते हैं, कुछ विशेषण -er, -est, लगाने से नहीं बनते हैं और कुछ क्रिया रूप 'स्ट्रांग' होते हैं अर्थात् सामान्य क्रिया रूपों से भिन्न होते हैं। ऐसे शब्दों के रूप मूल शब्द के आगे स्पष्ट रूप से इस कोश में दिये गये हैं, जैसे man के आगे (*pl* men), wife के आगे (*pl* wives), good के आगे (better, best), see के आगे (*pt* saw, *pp* seen)। बोधन की सहायता के लिए यह सुविधा भी दी गई है कि इन विशेष रूपों को अकारादि क्रम से अपने जगह दिया गया है और → द्वारा यह संकेत दिया गया है कि अर्थ आदि के लिए मूल शब्द देखें। इस प्रकार इस कोश में men → man, wives → wife, better → good worst → bad, saw → see, woke → wake जैसी प्रविष्टियाँ भी मिलेंगी। इसके अतिरिक्त अंग्रेज़ी में रूप-रचना या शब्द-रचना में कहीं अन्तिम व्यंजन द्वित्व हो जाता है, कहीं नहीं; इस ओर अध्येता की सुविधा के लिए यदि द्वित्व हो जाता है तो कोष्ठक में द्वित्व का संकेत दिया गया है, जैसे shun के आगे (-nn-)।

वाक्य-रचना की सुविधा के लिए व्याकरणिक शब्दों को वाक्य में रखकर उदाहरणों द्वारा स्पष्ट किया गया है। यह प्रक्रिया प्रिपोज़ीशन, कन्जन्क्शन आदि के साथ अपनाई गई है जिनका स्वयं कोई कोशीय अर्थ नहीं होता है, वाक्य में उनका प्रकार्य अथवा प्रयोग ही उनका अर्थ होता है। इस प्रकार and, but, by, with आदि शब्दों में विभिन्न प्रयोग उदाहरण-वाक्यों द्वारा समझाए

गये हैं। इसके अतिरिक्त प्रत्येक शब्द संज्ञा, सर्वनाम, विशेषण, क्रिया-विशेषण आदि किसी शब्द-भेद (पार्ट ऑफ़ स्पीच) के अन्तर्गत आता है इसका स्पष्ट संकेत *n, pron, v, adv, adj,* आदि द्वारा ठीक उच्चारण के बाद दिया गया है।

उच्चारण की महत्ता उच्चारित भाषा में स्वयं सिद्ध है। इस कोश में प्रत्येक मूल शब्द का उच्चारण शब्द के ठीक बाद देवनागरी में मुद्रित किया गया है; देवनागरी में देने का मुख्य कारण यह है कि कोश को प्रयोग में लाने वाला, बिना किसी दूसरे व्यक्ति की सहायता के, उच्चारण करना सीख जाए। शब्दकोशों में उच्चारण बताने के लिए प्राय: ध्वन्यात्मक चिह्नों (phonetic symbols) का प्रयोग किया जाता है, किन्तु यहाँ ऐसा इस कारण नहीं किया गया है क्योंकि ऐसा करने से प्रयोक्ता को एक तीसरी चिह्न-व्यवस्था भी सीखनी पड़ती। यह आशा की जाती है कि देवनागरी द्वारा उच्चारण सीखने की सुविधा मिलेगी।

उच्चारण डेनियल जोन्स के अंग्रेज़ी उच्चारण-कोश के आधार पर दिये गये हैं। कुछ स्थितियों में हिन्दी-भाषियों की उच्चारण-व्यवस्था को ध्यान में रखकर कुछ परिवर्तन किये गये हैं, उदाहरणार्थ, हमने /ɔ/ और /ɔː/ दोनों के लिए अकेला चिह्न 'ऑ' रखा है क्योंकि बहुत बड़ी संख्या में भारतीय अंग्रेज़ी बोलते समय इस अन्तर को बनाए नहीं रखते हैं। /ʒ/ के लिए हमने /श़/ चिह्न का प्रयोग किया है और इसका उच्चारण अघोष /श/ को सघोष करने से हो जाता है। /ज़/ और /फ़/ वैसी ही ध्वनियाँ हैं जो उर्दू के 'फ़ायदा' 'ज़रूर' आदि में मिलती हैं। /थ़/ और /द़/ (जिन्हें हिन्दी भाषी /थ/, /द/ द्वारा बोलते हैं और जिनका सही उच्चारण करना आवश्यक है) ऐसी ध्वनियाँ हैं जिनमें जिह्वा की नोक दोनों दाँतों के बीच में आती है और निकलने वाली श्वास कुछ रगड़ खाते हुए निकलती है। /फ़/ को सघोष करने से /व़/ ध्वनि बन जाती है। /व़/ हिन्दी में सामान्यतया प्रचलित 'व' से भिन्न है। इसके बोलने में एक प्रकार के /उ/ से प्रारम्भ कर तुरन्त /य/ की स्थिति में पहुँच जाना चाहिए। ध्यान दीजिए कि /ए/ हिन्दी 'ए' की तुलना में ह्रस्व है।

कोश में बलाघात का भी संकेत दिया गया है। उस अक्षर के पूर्व जिस पर बलाघात पड़ता है, बलाघात चिह्न लगाया गया है जैसे re'cord (रि'कार्ड) *v*। चिह्नों की प्रयोग सूची पृष्ठ x पर दी गई है।

आशा है यह कोश प्रयोक्ताओं की लगभग सभी बोधन और अभिव्यक्ति सम्बन्धी कठिनाइयों को दूर करेगा और उनकी अंग्रेज़ी समझने और बोलने/लिखने की क्षमता बढ़ाएगा। कोश को अधिक उपयोगी बनाने के लिए सुझावों का स्वागत है।

शिवेन्द्र किशोर वर्मा
रमानाथ सहाय

प्रयोग विधि

मुख्य शब्द **स्थूलाक्षर** में छापे गये हैं (1) और उनमें बलाघात के चिह्न लगाये गये हैं: ' (चिह्न) मुख्य बलाघात के लिए और (चिह्न) गौण बलाघात के लिए । जहाँ वर्तनी की दृष्टि से कुछ शब्द एक समान हैं पर अर्थ की दृष्टि से वस्तुत: पृथक् वहाँ पृथकता दिखलाने के लिए उन्हें पृथक्-पृथक् प्रविष्टि के रूप में दिया गया है और शब्द के अन्त में ऊपर स्थित छोटे [1], [2], [3] द्वारा छापा गया है (1) ।

मुख्य शब्द से व्युत्पन्न (2) अन्य शब्द और विशिष्ट प्रयोग (3) **स्थूलाक्षरों** में ही मुद्रित किये गये हैं । संज्ञा, सर्वनाम आदि शब्द-भेदों का संकेत संक्षिप्तियों द्वारा तिर्यक् अक्षरों में दिया गया है (4) ।

अर्थ विवरण में उदाहरण-पदबंध या उदाहरण-वाक्य तिर्यक् अक्षरों में दिये गये हैं (5)। इसी मुद्रण रूप में ही उन प्रिपोज़ीशनों को दिया गया है जो मुख्य शब्द के बाद उस अर्थ में **अवश्य** आते हैं (11) ।

रूप-रचना में संज्ञा के अनियमित रूप कोष्ठक में दिये गये हैं (8)। यदि बलाघात या वर्तनी की दृष्टि से बहुवचन रूप में परिवर्तन है तो रूप पूरा-पूरा दिया जाता है (8a), अन्यथा बहुवचनांत प्रत्ययों का ही संकेत दिया गया है (8b)। विशेषण के तुलनादिवाची रूप यदि विशेष रूप हैं तो पूरे-पूरे दिये गये हैं अन्यथा (-r, -st, -er, -est, -ier, -iest आदि) का उल्लेख सीधे अक्षरों में दिया गया है (6)। क्रिया के विशिष्ट रूप पूरे-पूरे सामने दिए गए हैं (10) और वर्तनी में जहाँ अन्तिम व्यंजन का द्वित्व होता है वहाँ कोष्ठक में संकेत दिया गया है (7)।

शब्द के प्रयोग क्षेत्र को, जैसे (law), (fig) , (संगीत) आदि अंग्रेज़ी अथवा हिन्दी में कोष्ठक में दिया गया है (12) ।

प्रतिसंकेतन को सर्वदा → द्वारा (9) दिखाया गया है । यदि प्रतिसंकेतन चित्र के लिए है तो चित्र जिस पृष्ठ पर है उसकी संख्या → के बाद दी गई (a) है। यदि प्रतिसंकेतन किसी मुख्य शब्द के लिए है तो → के बाद (b) वह शब्द दिया गया है।

सामने दिये कोश के उद्धरण में इन सभी को स्पष्ट रूप से प्रदर्शित किया गया है।

'absent[1] ('ऐब्सन्ट्) *adj* अनुपस्थित, गैरहाज़िर. 1
'absent-'minded *adj* भुलक्कड़, अनमना.
ˌabsen'tee (ऐब्सन्'टी) *n* जो — है.
'absence ('ऐब्सन्स्) *n* अनुपस्थिति, गैर- 2
हाज़िरी.
ab'sent[2] (ऐब्'सेन्ट्/अब्'सेन्ट्) *v* **— oneself** 3
from, उपस्थित न रहना.

a'cross (अ'क्रॉस्) *prep* **1** एक ओर से दूसरी 4
ओर तक : *run — the road.* **2** दूसरी ओर का : 5
the house — the street. **3** क्रास (गुणा X)
का चिह्न बनाते हुए : *She lay with her*
arms — her breast. adv: The river is a
mile —, एक मील चौड़ी.

ac'ute (अ'क्यूट) *adj* (-r, -st) **1** तेज (दर्द). 6
2 (सुनने, समझने आदि में) होशियार व्यक्ति.
3 चतुर, कुशाग्रबुद्धि वाला. **4** तीव्र (ज्वर,
रोग आदि). **5 an — angle,** 90° से कम का 3
कोण, न्यून कोण.

an'nul (अ'नल्) *v* (-ll-) (किसी कानून, संधि 7
या समझौते को) रद्द करना.

ap'pendix (अ'पेंडिक्स्) *n* **1** *(pl* appendices) a
परिशिष्ट (प्राय : पुस्तक के अंत में). **2** *(pl* 8
—es) बड़ी आंत में जुड़ा छोटा अंश. → p 37. b

are, 'aren't (आ/आर; आन्ट्) → be. a b 9

a'rise (अं'राइज़्) *v* (*pt* a'rose, *pp* a'risen) 10
1 अस्तित्व में आना; उदय होना. **2** उत्पन्न
होना (*from*). **3** (old use) उठना; उठ खड़ा 11 12
होना.

संक्षिप्तियाँ

निम्न संक्षिप्तियों द्वारा संज्ञा, सर्वनाम आदि शब्द-भेदों का संकेत **तिर्यक्** अक्षरों में दिया गया है :

adj	adjective	*pp*	past participle
adv	adverb	*prep*	preposition
conj	conjunction	*pron*	pronoun
int	interjection	*pt*	past tense
n	noun	*sin*	singular
pl	plural	*v*	verb

अन्य संक्षिप्तियां :

c f	compare	liter	literary style
colloq	colloquial	p	page
e g	for example	sb	somebody
esp	especially	sth	something
etc	et cetera	usu	usually
fig	figurative		

→ p 15 का अर्थ है कि कृपया पृष्ठ 15 देखिए ।

→ foot का अर्थ है कि 'foot' की प्रविष्टि देखिए ।

— प्रविष्टि का पहला शब्द सूचित करता है ।

विशेषण के तुलनावाची रूप इस प्रकार दिये गए हैं :

'**angry** (-ier, -iest) **full** (-er, -est)
fine (-r, -est) **well** ('better, best)

व्यंजनों के द्वित्व का संकेत इस प्रकार दिया गया है :

ban (-nn-) **hem** (-mm-) **pre'fer** (-rr-)
fit (-tt-) **map** (-pp-) **shrug** (-gg-)

अनियमित बहुवचन इस प्रकार है :

'**mango** (*pl* 'mangoes) '**radius** (*pl* radii)

या केवल अन्तिम अक्षर दिए गए हैं :

apparatus (*pl* -es) '**body** (*pl* -ies)

अंग्रेज़ी शब्दों का उच्चारण
(देवनागरी में मुद्रित)

Vowels

Symbol					
/i:/	*as in*	beat	ई	*as in*	बीट्
/i/	,,	bit	इ	,,	बिट्
/e/	,,	bet	ए़	,,	बे़ट्
/æ/	,,	bat	ऐ	,,	बैट्
/ɑ:/	,,	bar	आ	,,	बार्
/ɔ/	,,	boss	ऑ	,,	बॉस्
/ɔ:/	,,	bought	ऑ	,,	बॉट्
/u/	,,	book	उ	,,	बुक्
/u:/	,,	boot	ऊ	,,	बूट्
/ʌ/	,,	but	अ	,,	बट्
/ə:/	,,	*a*bout	अ	,,	अबाउट्
/ə/	,,	bird	अ	,,	बर्ड्
/ei/	,,	bake	ए	,,	बेक्
/ou/	,,	boat	ओ	,,	बोट्/बोउट्
/ai/	,,	bite	आइ	,,	बाइट्
/au/	,,	bow	आउ	,,	बाउ
/ɔi/	,,	boy	ऑइ	,,	बॉइ
/ui/	,,	ruin	उइ	,,	रुइन्
/iə/	,,	beer	इअ	,,	बिअर्
/ɛə/	,,	bear	ए़अ	,,	बे़अर
/uə/	,,	tour	उअ	,,	टूअर्

अंग्रेज़ी शब्दों का उच्चारण

Consonants

Symbol

/p/	*as in*	*p*en	प	*as in*	पेन्
/b/	,,	*b*ed	ब	,,	बेड्
/t/	,,	*t*en	ट	,,	टेन्
/d/	,,	*d*en	ड	,,	डेन्
/k/	,,	*c*at	क	,,	कैट्
/g/	,,	*g*un	ग	,,	गन्
/tʃ/	,,	*ch*urch	च	,,	चर्च्
/dʒ/	,,	*g*em	ज	,,	जेम्
/m/	,,	*m*an	म	,,	मैन्
/n/	,,	*n*et	न	,,	नेट्
/ŋ/	,,	si*ng*	ङ	,,	सिङ्
/l/	,,	*l*ad	ल	,,	लैड्
/f/	,,	*f*ar	फ़	,,	फ़ार्
/v/	,,	*v*ase	व़	,,	व़ाज़्
/θ/	,,	*th*in	थ़	,,	थ़िन्
/ð/	,,	*th*en	द़	,,	द़ेन्
/s/	,,	*s*it	स	,,	सिट्
/z/	,,	*z*oo	ज़	,,	ज़ू
/r/	,,	*r*un	र	,,	रन्
/ʃ/	,,	*sh*ip	श	,,	शिप्
/ʒ/	,,	mea*su*re	श़	,,	मेश़र्
/h/	,,	*h*en	ह	,,	हेन्
/j/	,,	*y*ard	य	,,	यार्ड्
/w/	,,	*o*ne	व	,,	वन्

THE OXFORD PROGRESSIVE ENGLISH-HINDI DICTIONARY

A

a, an (अ/ए, ऐन्/अन्) (*indefinite article*) 1 एक; कोई. 2 प्रत्येक, हर एक : *twice a day; twenty miles an hour.*

a'back (अ'बैक्) *adv* **taken —**, चकित, हैरान.

a'bandon (अ'बैन्डन्) *v* 1 त्यागना, सदैव के लिए छोड़ना. 2 छोड़ देना. **— oneself to,** (दूसरों के सहारे) अपने को छोड़ देना; (भावनाओं) के वश में आ जाना. **—ed** *adj* बिगड़ा हुआ, दुर्व्यसनी व्यक्ति; त्यागा हुआ; छोड़ा, त्यागा .

a'base (अ'बेस्) *v* (पद, मर्यादा अथवा आत्मसम्मान से) नीचे गिराना.

a'bashed (अ'बैश्ट्) *adj* शर्मिंदा, लज्जित; व्याकुल, भ्रान्त.

a'bate (अ'बेट्) *v* 1 कम होना या करना, शान्त होना या करना. 2 (कानून) रद्द करना.

ab'breviate (अ'ब्रीव्रिएट्) *v* (शब्द, कहानी आदि को) संक्षिप्त या छोटा करना. **ab,brevi'ation** (अब्रीव्रि'एशन्) *n* संक्षेपण, संक्षिप्त रूप.

'abdicate ('ऐब्डिकेट्) *v* गद्दी छोड़ना, पद छोड़ना. **abdi'cation** (ऐब्डि'केशन्) *n* राजत्याग, पद-त्याग.

'abdomen, ab'domen ('ऐब्डमेन्, ऐब्'डोउमेन्) *n* पेट, उदर. → p 36.

a'bet (अ'बेट्) *v* (-tt-) **aid and —**, (अपराध में) सहायता और प्रोत्साहन देना.

a'beyance (अ'बेअन्स्) *n* **in —**, स्थगित रहना, कुछ समय तक लागू न होना.

ab'hor (अब्'हौर्, अब्'हॉर) *v (-rr-)* घृणा या नफ़रत करना. **—rence** (अब्'हॉरन्स) *n* अत्यधिक घृणा, जुगुप्सा; जिससे घृणा हो.

a'bide (अ'बाइड्) *v (pt & pp* a'bode) 1 **— by,** दृढ़ता और निष्ठा से नियम का पालन करना, वायदा निभाना. 2 सहना; बर्दाश्त करना.

a'bility (अ'बिलिटि) *n* 1 काम करने की (विशेषत: मानसिक) योग्यता. 2 *(pl)* कुशलता, निपुणता.

'abject ('ऐब्जेक्ट्) *adj* 1 नीच, कमीना; आत्माभिमान रहित : *an — apology.* 2 निंदनीय, अशोभनीय (व्यवहार). 3 दुर्दशा, दीन-हीन दशा.

a'blaze (अ'ब्लेज़्) *adv & adj* प्रज्वलित; आग में दमकता हुआ सा.

'able ('एब्ल्) *adj* 1 **be — to do sth,** किसी काम को पूरा करने की शक्ति, समय, धन आदि रखना. → can, could. 2 चतुर, निपुण, कुशल. **'ably** *adv* कुशलतापूर्वक.

ab'normal (ऐब्'नॉर्मल्) *adj* सामान्य से भिन्न, असामान्य. **abnor'mality** (ऐब्नॉर्'मैलिटि) *n* — होना, कोई — वस्तु.

a'board (अ'बॉर्ड) *adv & prep* (पानी के या हवाई) जहाज़ पर सवार.

a'bode (अ'बोड्) *n* (old use) घर, निवासस्थान. *v* → abide.

a'bolish (अ'बॉलिश्) *v* समाप्त करना, उन्मूलन करना; (युद्ध या दासप्रथा आदि का) पूरी तरह से अन्त कर देना. **abo'lition** (ऐब्'लिशन्) *n* उन्मूलन; समापन.

a'bominable (अ'बॉमिनब्ल) *adj* बीभत्स, डरावना और घिनौना; (colloq) बहुत बुरा, भद्दा.

,abo'riginal (ऐब्'रिज्न्ल्) *adj* (किसी स्थान, देश का) मूल निवासी. *n* आदिवासी (व्यक्ति), देशज (जंतु या पौधा). **abo'rigines** (ऐब्'रिजिनीज़्) *n pl* किसी देश के आदि-निवासी.

a'bortive (अ'बॉर्टिव्) *adj* निष्फल (प्रयत्न).

a'bound (अ'बाउन्ड्) *v* 1 खूब या भरपूर होना या मिलना. 2 **— in (with),** बड़ी संख्या या मात्रा में मिलना.

a'bout (अ'बाउट्) *prep* 1 विभिन्न दिशाओं में; विभिन्न स्थानों पर. 2 कहीं पास में : *The* *town is — here on the map.* **3** के संबंध में, विषयक. *adv* **1** लगभग : *— a half* (मात्रा में), *— 10 o'clock* (समय में). **2** यहाँ-वहाँ; विभिन्न स्थानों की ओर या विभिन्न स्थानों में.

a'bove (अ'बव्) *prep* **1** ऊँचे पर; पहले. *Your name comes — mine on the list.* **2** संख्या, मूल्य, भार आदि में अधिक. **3** से अधिक: *A good soldier values honour — life.* — **all,** सर्वोपरि, अन्य सब से अधिक. *adv* **1** ऊँचाई पर से : *Seen from —, the land looks flat.* **2** (किताब आदि में) पहले कहा हुआ : *I must repeat what I said —.* **'above-'board** *adj* & *adv* सीधे-सादे (ढंग से), निष्कपट (भाव से).

a'breast (अ'ब्रेस्ट्) *adv* (व्यक्तियों या जहाजों का) एक ही दिशा में आगे-पीछे या अगल-बगल चलना. — **of,** समान स्तर पर, — के बराबर; जानकार.

a'bridge (अ'ब्रिज्) *v* संक्षिप्त करना, कम शब्दों में लिखना; निश्चित अवधि को कम करना (जैसे साक्षात्कार की अवधि को). **—ment** *n* संक्षेपण (किसी पुस्तक या नाटक आदि का), सक्षिप्त रूप.

a'broad (अ'ब्रॉड्) *adv.* **1** परदेश में. **2** सर्वत्र, चारों ओर.

a'brupt (अ'ब्रप्ट्) *adj* **1** आकस्मिक. **2** असंबद्ध (भाषण, लेखन, व्यवहार); रूखा. **—ly** *adv* एकाएक, अचानक.

'abscess ('ऐब्सेस्, 'ऐबसिस्) *n* फोड़ा.

ab'scond (ऐब्'स्कॉन्ड्) *v* (कुछ लेकर) भाग जाना, (अपराध करके) फ़रार हो जाना.

'absent[1] ('ऐब्सन्ट्) *adj* अनुपस्थित, गैरहाजिर. **'absent-'minded** *adj* भुलक्कड़, अनमना. **,absen'tee** (ऐब्सन्'टी) *n* जो — है. **'absence** ('ऐब्सन्स्) *n* अनुपस्थिति, गैर-हाजिरी.

ab'sent[2] (ऐब्'सेन्ट्/अब्'सेन्ट्) *v* — **oneself from,** उपस्थित न रहना.

'absolute ('ऐब्सल्यूट्) *adj* **1** पूरा; पक्का, परम. **2** असीमित; पूर्ण शक्तिमान्. **,abso-'lutely** *adv* पूर्णतया.

ab'solve (ऐब्'ज़ॉल्व्) *v* अपराध या पाप से मुक्त करना; निरपराध ठहराना. **abso'lution** (ऐब्स'ल्यूशन) *n* पापमोचन, क्षमादान.

ab'sorb (अब्'सॉर्ब्) *v* **1** सोख लेना, चूस लेना, निगल जाना. **2** तन्मय या तल्लीन होना. **—ent** सोख लेने वाला. **—ing** *adj* पूरी तरह से तल्लीन करने वाला.

ab'stain (अब्'स्टेन्) *v* (शराब आदि से) परहेज़ करना; अपने को संयम में रखना (*from*). **—er** *n* — करने वाला.

ab'stemious (अब्'स्टीमिअस्) *adj* खाने-पीने में संयमी.

'abstinence ('ऐब्स्टिनन्स्) *n* (खाने-पीने, भोग-विलास से) दूर रहना. **total —,** पूरी तौर से शराब से दूर रहना.

'abstract ('ऐब्स्ट्रैक्ट्) *adj* अमूर्त (concrete का विलोम). — **painting,** अमूर्त चित्रकला जहाँ आकृतियाँ और रचनाएँ निरूपित के वास्तविक बिम्बों का चित्रण नहीं करती हैं. *n* सारांश, सार. **abstract** *v* (ऐब्'स्ट्रैक्ट्) पृथक करना, सार निकालना. **ab'stracted** (ऐब्'स्ट्रैक्टिड्) *adj* ध्यान न देने वाला. **ab'straction** (ऐब्-'स्ट्रैक्शन्) *n* —ed होने या विचारलीन की स्थिति; मूर्त वस्तु से पृथक भाव, जैसे, सच्चाई, सफ़ेदी आदि.

ab'struse (ऐब्'स्ट्रूस्) *adj* दुर्बोध, दुरूह, जिसका अर्थ या उत्तर छिपा हो.

ab'surd (अब्'सर्ड्) *adj* बेतुका; हास्यजनक, हास्यास्पद; तर्कहीन. **—ity** *n* — होने की स्थिति; — विचार या वस्तु.

a'bundance (अ'बन्डन्स्) *n* **1** बहुतायत, प्रचुरता. **2** पर्याप्त से अधिक (संख्या अथवा मात्रा में). **a'bundant** (अ'बन्डन्ट्) *adj* पर्याप्त से अधिक; प्रचुर; भरपूर (*in*).

a'buse (अ'ब्यूस्) *n* **1** कठोर, बुरा और हानिजनक व्यवहार. **2** गाली, अपशब्द. **3** कुप्रथा, अनुचित रिवाज. **4** दुरुपयोग. *v* दुरुपयोग करना; दुर्व्यवहार करना; गाली देना, अप्रिय शब्द बोलना. **a'busive** (अ'ब्यूसिव्) *adj* —युक्त, —पूर्ण.

a'byss (अ'बिस्) *n* बहुत गहरा गड्ढा जिसका तला मालूम न पड़े. **a'bysmal** (अ'बिज़्मल्)

adj अथाह, अगाध, अत्यधिक.

aca′demic (ऐक्′डेमिक्) *adj* स्कूल-कालेजों या पढ़ने-पढ़ाने से संबद्ध; अध्ययन-अध्यापन विषयक; शैक्षिक; प्रयोग की अपेक्षा सिद्धांतों से अधिक संबद्ध. — **qualification** *n* शैक्षिक योग्यता.

a′cademy (अ′कैड्मि) *n* **1** विशेष विषय या प्रयोजन के लिए उच्चतर अध्ययन के स्कूल, जैसे, मिलिटरी अकेडमी. **2** विद्वानों की समिति, अकादमी (जैसे, साहित्य अकादमी).

ac′cede (अक्′सीड्) *v* **1** (किसी प्रस्ताव से) सहमत या राजी होना; किसी के अनुरोध को स्वीकार करना. **2** पद या कार्यभार ग्रहण करना.

ac′celerate (ऐक्′सेलरेट) *v* गति या चाल बढ़ाना; गतिशील बनना; किसी को शीघ्र घटित कराना. **ac′celerator** (ऐक′सेल्रेटर्/अक्′सेल्रेटर्) *n* (विशेषत:) मोटर-कार आदि का वह पुर्जा जो उसकी चाल बढ़ाता है.

′accent (′ऐक्सन्ट्/′ऐक्सेन्ट्) *n* **1** (बोलने में) शब्द के किसी अक्षर पर या वाक्य के किन्ही शब्दों पर अधिक बल देना, बलाघात. **2** वर्ण के ऊपर या नीचे मुद्रित चिह्न. **3** किसी भाषा को बोलने का लहजा. **ac′cent** (ऐक्′सेन्ट्) *v* किसी पर विशेष बल देना; लेखन या मुद्रण में बलाघात चिह्न लगाना.

ac′centuate (ऐक्′सेन्ट्युएट्) *v* अधिक महत्व या बल देना. **ac′centu′ation** (ऐक्सेन्ट्यु-′एशन्) *n*.

ac′cept (अक्′सेप्ट) *v* (दी हुई वस्तु को) ग्रहण या स्वीकार करना. **—able** (अक्′सेप्टब्ल्) *adj* रुचिकर; स्वीकार्य. **—ance** (अक्′सेप्टन्स्) *n* स्वीकृति, मंजूरी.

′access (′ऐक्सेस्) *n* **1** पैठ, पहुँच, किसी स्थान में प्रवेश; **easy of** —, सुगम्य, सुलभ. **2** प्रवेश, उपयोग या बोलने का अधिकार *(to)*. **ac′cessible** (अक्′सेसिब्ल्) *adj* सुगम्य, आसानी से जहाँ पहुँचा जा सके.

ac′cession (ऐक्′सेशन्) *n* **1** अधिकार या पद पर पहुँचना : *the Queen's — to the throne*. **2** वृद्धि, बढ़ती.

ac′cessory (एक्′सेसरि) *n* सहायक, उपयोगी, और अतिरिक्त गौण साधन, उपसाधन.

′accident (′ऐक्सिडन्ट्) *n* आकस्मिक घटना; दुर्घटना : *a railway* —. **by** — अकस्मात्, संयोग से. ˌ**acci′dental** (ऐक्सि′डेन्टल्) *adj* आकस्मिक, संयोगवश.

ac′claim (अ′क्लेम्) *v* **1** (जय जयकार से) स्वागत करना. **2** जयकार से किसी को अपना राजा या नेता बनाना. ˌ**accla′mation** (ऐक्ल्′मेशन्) *n* प्रशंसा या तृप्ति सूचक जयघोष.

ac′climatize (अ′क्लाइम्टाइज़्) *v* नये वातावरण का अभ्यस्त होना.

ac′commodate (अ′कॉम्डेट्) *v* **1** आवास-स्थान देना. **2** अनुकूल बनना. **ac′commodating** (अ′कॉम्डेटिङ्) *adj* दूसरों का ध्यान रखते हुए अनुकूल बनने वाला, उदार. **accommo′dation** (अकॉम्′डेशन्) *n* अभ्यागतों के लिए आवास.

ac′company (अ′कम्प्नि) *v* **1** (किसी के) साथ-साथ जाना, होना या रहना, साथ-साथ करना. **2** (संगीत में) किसी का साथ देना, संगत करना. **ac′companiment** (अ′कम्प्निमन्ट्) *n* (संगीत में) संगत. **ac′companist** (अ′कम्प्निस्ट) *n* संगतकार.

ac′complice (अ′कॉम्प्लिस्) *n* (अपराध में) सहायक, साथी.

ac′complish (अ′कॉम्प्लिश्) *v* सफलतापूर्वक पूरा करना, संपन्न करना. **—ed** *adj* (विशेषत: सामाजिक कलाओं में जैसे संगीत, चित्रकला आदि में) निपुण, कुशल. **—ment** *n* **1** पूरा करना. **2** सुसंपन्न काम, कुशलता से रची कलाकृति.

ac′cord (अ′कॉर्ड्) *n* समझौता (जैसे, दो देशों के बीच में), मेल. **of one's own** —, अपनी मर्जी से. *v* स्वागत करना; किसी के साथ मेल से रहना. **—ance** (अ′कॉर्डन्स्) *n* समझौता, मेल. **in —ance with** *prep* — के अनुसार. **—ing to** *prep* — के अनुसार. **—ingly** *adv* के अनुसार; इसलिए.

ac′cost (अ′कॉस्ट्) *v* (किसी अपरिचित से) बोलना या संबोधित करना, टोकना.

ac′count (अ′काउन्ट्) *v* **1** — **for,** यथासंतोष समझाना या स्पष्टीकरण देना; कारण बताना;

हिसाब का विवरण रखना या देना. 2 विचार करना. *n* 1 हिसाब-किताब. **on —**, अन्तरिम भुगतान, अधूरा भुगतान. 2 वर्णन या कहानी. 3 तर्क, दलील; कारण. **on no (not on any) —**, किसी भाँति भी नहीं; कदापि नहीं. **on this —**, इस कारण. 4. प्रयोग; लाभ; महत्वं. **of no —**, बेकार; तुच्छ. **take into —**, ध्यान रखना. **take no — of**, ध्यान न देना. **on one's own —**, अपने-आप, अपने लिए. **on — of**, के कारण. **—able** *adj* उत्तरदायी, जिम्मेवार *(for)*. **—ancy** *n* हिसाब-किताब रखना. **—ant** (अ'काउन्टन्ट्) *n* हिसाब-किताब रखने वाला कर्मचारी, एकाउंटेंट.

ac'cumulate (अ'क्यूम्युलेट्) *v* इकट्ठा करना या होना; संख्या या मात्रा में बढ़ना या बढ़ाना. **ac,cumu'lation** (अक्यूम्यु'लेशन्) *n* ढेर, समूह, राशि.

'accurate ('ऐक्युरिट्) *adj* (काम करने में) सावधान और सही; त्रुटिहीन, ठीक. **'accuracy** ('ऐक्युरसि) *n* यथार्थता. **— by** *adv* ठीक-ठीक.

ac'cuse (अ'क्यूज़) *v* (किसी व्यक्ति को) दोषी ठहराना *(of)*. **the —d** (न्यायालय में) अभियुक्त, अपराधी, दोषी. **,accu'sation** (ऐक्यू'ज़ेशन्) *n* दोषारोपण, अभियोग.

ac'custom (अ'कस्टम्) *v* किसी चीज़ का आदी बनना, आदत डालना. **—ed** *adj* सामान्य.

ace (एस्) *n* 1 ताश का इक्का. **within an ace of,** बहुत समीप में 2 सर्वश्रेष्ठ विजेता वायुयान चालक अथवा कार-चालक.

ache (एक्) *n* टीसन, दर्द. *v* दर्द करना.

a'chieve (अ'चीव्) *v* कार्य समाप्त करना; पहुँचना; सफलतापूर्वक संपन्न करना. **—ment** (अ'चीव्मन्ट्) *n* — करना, उपलब्धि.

'acid ('ऐसिड्) *v* 1 तीक्ष्ण खट्टा द्रव्य, तेजाब. 2 (रसायनशास्त्र में) अम्ल. *adj* अम्लीय; खट्टा; तीखा. **a'cidity** (अ'सिडिटि) *n* अम्लता.

ac'knowledge (अक्'नॉलिज्) *v* 1 (किसी चीज़ को) कबूलना, मान लेना. 2 पाने की सूचना (पावती) भेजना. 3 मानना, आभार मानना *(as)*. **—ment** (अक्'नॉलिज्मन्ट्) *n* पाने की सूचना; पावती-पत्र; आभार-कथन.

'acme ('ऐक्मि) *n* पराकाष्ठा, चरम बिंदु: *the — of good behaviour.*

a'coustic (अ'कूस्टिक्) *adj* श्रवणविषयक, ध्वनिविषयक. **—s** (अ'कूस्टिक्स्) *n* ध्वनि-शास्त्र, ध्वानिकी; सभा भवन आदि का श्रवण गुण (ऐसा गुण कि सभी श्रोता स्पष्ट और बिना गूंज के सुन सकें).

ac'quaint (अ'क्वेन्ट्) *v* जानकारी रखना; किसी से परिचित होना *(with)*. **be —ed with,** व्यक्तिगत जानकारी या पहिचान रखना. **—ance** (अ'क्वेन्टन्स्) *n* 1 कुछ व्यक्तिगत जानकारी. 2 परिचित, मुलाकाती.

acqui'esce (ऐक्वि'एस) *v* चुपचाप स्वीकार करना *(in)*. **,acqui'escence** (ऐक्वि'एसन्स्) *n* मौन सहमति. **,acqui'escent** (ऐक्वि'एसन्ट्) *adj* सहमत.

ac'quire (अ'क्वाइर्) *v* अर्जित करना; योग्यता, दक्षता आदि से कुछ पाना. **an —d taste,** अभ्यास से अर्जित रुचि. **—ment** (अ'क्वाइअर्मन्ट्) *n* अर्जन, कौशल-अर्जन; अर्जित वस्तु. **,acquisi'tion** (ऐक्वि'जिशन्) *n* —ment. **ac'quisitive** (अ'क्विजिटिव) *adj* अर्जनशील; अर्जन की लालसा रखने वाला.

ac'quit (अ'क्विट्) *v (-tt-)* 1 अपराध के आरोप से मुक्त करना, निर्दोष ठहराना. 2 **— oneself** *(well,* etc*)*, अपनी कार्य कुशलता से पूरा करना. **—tal** (अ'क्विटल्) *n* दोष-मोचन, विमुक्ति.

'acre ('एक्र्) *n* एकड़, 4840 वर्ग गज़ या लगभग 4000 वर्ग मीटर का भूमिखंड.

'acrid ('ऐक्रिड्) *adj* तीक्ष्ण (गंध या स्वाद); कड़ुआ, तीता, चरपरा.

'acrobat ('ऐक्रबैट्) *n* नट, कलाबाज. **,acro'batic** (ऐक्र'बैटिक्) *adj* नटविषयक.

a'cross (अ'क्रॉस्) *prep* 1 एक ओर से दूसरी ओर तक: *run — the road.* 2 दूसरी ओर का: *the house — the street.* 3 क्रास (गुणा X) का चिह्न बनाते हुए: *She lay with her arms — her breast. adv: The river is a mile —*, एक मील चौड़ी.

act (ऐक्ट्) *v* **1** कार्य करना, कोई क्रिया करना. **2** किसी नाटक (रंगमंच) अथवा फ़िल्म में अभिनय करना. **act as,** किसी अन्य के स्थान पर कार्य करना; किसी अन्य के बदले में काम करना. **act upon,** प्रभाव डालना; *(advice,* etc*)* (किसी की राय के अनुसार) कार्य करना. *n* **1** कार्य, कर्म. **in the act of,** कार्य के दौरान. **2** संसद् द्वारा पारित कानून, अधिनियम. **3** नाटक का अंक. **'acting** *adj* कार्यकारी, दूसरे के कार्यभार को अस्थायी रूप से सँभालने वाला व्यक्ति. *n* अभिनय, बहाना करना.

'action ('ऐक्शन्) *n* **1** गतिविधि; काम, क्रिया, व्यवहार; शक्ति या प्रभाव आदि को काम में लाना. **out of —,** काम के लायक न होना, बेकार. **2** प्रभाव. **3** की हुई वस्तु, किया हुआ कार्य. **4** (युद्ध में) लड़ाई. **5** (law) **bring an — (against),** न्यायालय में किसी के विरुद्ध कारवाई चलाना; नालिश करना.

'active ('ऐक्टिव्) *adj* **1** सक्रिय; काम पर; कार्यलग्न; फुर्तीला. **2** व्यावहारिक; प्रभावशाली. **on — service,** युद्ध सेवा में लगा हुआ (सिपाही). **ac'tivity** (ऐक्'टिव्हिटि) *n* — होना, सक्रियता; वह उद्देश्य जिसके लिए व्यक्ति सक्रिय है. **'activate** ('ऐक्टिव्हेट्) *v* सक्रिय करना, क्रियाशील बनाना.

'actor ('ऐक्टर्) *n* अभिनेता (रंगमंच, फ़िल्म आदि में). **'actress** ('ऐक्ट्रिस) *n* अभिनेत्री.

'actual ('ऐक्ट्युअल्) *adj* असली, वास्तविक (न कि काल्पनिक); विद्यमान, वर्तमान, प्रस्तुत. **—ly** *adv* वस्तुतः सचमुच में; वर्तमान में. **—ity** (ऐक्ट्यु'ऐलिटि) *n* सच्चाई, असलियत.

ac'ute (अ'क्यूट) *adj (-r, -st)* **1** तेज (दर्द). **2** (सुनने, समझने आदि में) होशियार व्यक्ति. **3** चतुर, कुशाग्रबुद्धि वाला. **4** तीव्र (ज्वर, रोग आदि). **5 an — angle,** 90° से कम का कोण, न्यून कोण.

a'dapt (अ'डैप्ट्) *v* (नये काम में लाने के लिए) हेर-फेर कर अनुकूल बनाना, रूपांतरित करना, अनुकूलित करना. **—able** *adj* — के योग्य, अनुकूलनीय. **,adap'tation** (ऐडेप्'टेशन्) *n —ing; —ing* का परिणाम. **a'daptor** (अ'डैप्ट्र) *n* बिजली के उपकरणों में विशेषतः लगने वाला पुर्जा, उपयोजक.

'adamant ('ऐड्मैन्ट्) *adj* अपने निश्चय या निर्णय पर दृढ़, अटल.

add (ऐड्) *v* **1** जोड़ना (दो या अनेक संख्याओं को). **2** (एक को दूसरे में) मिलाना. **3** कथन को आगे बढ़ाना.

ad'dendum (अ'डेन्डम्) *n (pl* **ad'denda***)* परिशिष्ट में दी सूची जिसमें मुख्य भाग से छूटी सूचनाएँ दी जाती हैं, अवशिष्ट.

'adder ('ऐडर्) *n* एक छोटा जहरीला साँप, गेहुँअन.

ad'dict (अ'डिक्ट्) *v* **—ed to,** आदी होना, व्यसनी बनना. **'addict** ('ऐडिक्ट्) नशीली वस्तु सेवन करने का आदी व्यक्ति,व्यसनी.

ad'dition (अ'डिशन्) *n* योग, जोड़; वृद्धि, जोड़ी जाने वाली वस्तु या संख्या. **in — (to),** के अतिरिक्त. **—al** *adj* अतिरिक्त, अवर : *—al (secretary).*

ad'dress (अ'ड्रेस्) *v* **1** लिखित या मौखिक संदेश देना; भाषण देना. **2 — oneself to** *(a piece of work* etc*)*, कार्यलग्न, कार्य-व्यस्त. *n* **1** (किसी का) पता (शहर, मोहल्ला, मकान नंबर आदि). **2** भाषण; अभिनंदन; मान पत्र. **3** बोलने या व्यवहार करने का ढंग. **4 pay one's —es to,** कोर्टशिप, प्रणय-निवेदन; खुशामद.

'adept ('ऐडेप्ट्/अ'डेप्ट्) *n & adj* कुशल, दक्ष, होशियार *(in, at).*

'adequate ('ऐडिक्विट्) *adj* पर्याप्त, यथेष्ट; अभीष्ट गुणों से युक्त.

ad'here (अड्'हिअर्) *v* लगे रहना, चिपके रहना; किसी दल को समर्थन देते रहना; किसी विचारधारा का अनुसरण करते रहना. **—nce** (अड्'हिअरन्स्) *n*. **—nt** (अड्'हिअरन्ट्) *n* समर्थक, अनुयायी.

ad'hesive (अड्'हीसिव्) *adj* चिपचिपा, चिपकने वाला. *n* गोंद. **ad'hesion** (अड्'हीशन्) *n* लगाव, समर्थन, आसंजन

'ad 'hoc ('ऐड्'हॉक) (committee) *n* किसी विशेष कार्य के लिए गठित (समिति).

a'dieu (अ'ड्यू) *int* बिदाई के समय का

अभिवादन.

ad'jacent (अड्'जेसन्ट्) *adj* समीपवर्ती; पड़ोस या बगल में स्थित.

'adjective ('ऐड्जिक्टिव्) *n* विशेषण, जैसे, 'बड़ा', 'लाल', 'सुंदर'. **adjec'tival** (ऐड्जेक्'टाइव्ल्) *adj* विशेषणात्मक.

ad'join (अड्'जॉइन्) *v* बहुत पास लाना, लगा देना, सटा देना. **—ing** *adj* समीपवर्ती, लगा हुआ.

ad'journ (अड्'जर्न्) *v* **1** किसी बैठक की कारवाई को अगली बैठक तक के लिए स्थगित करना. **2** (किसी समूह का) कुछ करते-करते रुक जाना और अलग होना या दूसरी जगह जाना. **—ment** *n* स्थगन.

'adjunct ('ऐड्जंक्ट्) *n* कोई वस्तु जो किसी अन्य महत्वपूर्ण वस्तु से जुड़ी है, अनुबंधक, अनुलग्नक.

ad'just (अड्'जस्ट्) *v* क्रम या मेल में रखना; अपनी सुविधा के अनुसार समंजित करना. **—able** *adj.* **—ment** *n* सामंजस्य, समन्वय, समझौता; — करने वाली वस्तु.

ad'minister (अड्'मिनिस्ट्र) *v* **1** नियंत्रित करना; प्रबंध या व्यवस्था करना; संचालन या देखभाल करना. **2** (कानून को) प्रयुक्त करना; (न्याय, दंड आदि) देना. **3** (दवाई) दिलाना या खिलाना; (शपथ) दिलाना. **ad,minis'tration** (अड्मिनिस्'ट्रेशन) *n* **1** प्रबंध **2** प्रशासन **3 the Administration,** प्रशासन. **4** (न्याय, सुविधा आदि) देना. **ad'ministrative** *adj* प्रशासनिक. **ad'ministrator** *n* प्रशासक.

'admirable ('ऐड्मिरब्ल्) *adj* प्रशंसनीय, अत्युत्तम.

'admiral ('ऐड्मरल्) *n* ऐडमिरल, नौसेना का अध्यक्ष; नौसेना का संचालक. **'Admiralty** ('ऐड्मरल्टि) *n* नौसेना का प्रशासन.

admi'ration (ऐड्म'रेशन्) *n* आह्लाद, संतृप्ति और आदर की भावना, *(for)* श्लाघा.

ad'mire (अड्'माइअर्) *v* आह्लाद और समादर की दृष्टि से देखना; प्रशंसा करना.

ad'mit (अड्'मिट्) *v (-tt-)* **1** प्रवेश करने देना, आने देना; (कक्षा में) भरती करना. **2** बेमन से कहना; कबूलना, स्वीकार करना. **2 — of,** (संदेह आदि की) गुंजायश रखना. **ad'mission** (अड्'मिशन्) *n* प्रवेश, स्वीकृति. **ad'missible** (अड्'मिस्ब्ल्) *adj* विचार करने के लिए स्वीकृत; ग्राह्य; प्रवेश योग्य. **—tance** (अड्'मिटन्स्) *n* प्रवेश, प्रवेशाज्ञा.

ad'monish (अड्'मॉनिश्) *v* अच्छे कार्य करने की सलाह देना; बुरे कार्यों से बचने की चेतावनी देना, भर्त्सना करना. **admo'nition** (ऐड्म'निशन्) *n* चेतावनी, भर्त्सना, डाँट-फटकार.

a'do (अ'डू) *n* सरगर्मी, बतंगड़. **much — about nothing,** बेबात का बखेड़ा.

ado'lescent (ऐडोउ'लेसन्ट्) *n & adj* किशोर, 13-20 वर्ष के लड़के-लड़कियाँ. **,ado'lescence** (ऐडोउ'लेसन्स्) *n* किशोर-अवस्था.

a'dopt (अ'डॉप्ट्) *v* **1** किसी को 'गोद' लेना, पुत्र मानना. **2** किसी विधि को अपनाना. **—ion** (अ'डॉप्शन्) *n* गोद लेना.

a'dore (अ'डॉर्) *v* (ईश्वर की) आराधना करना; श्रद्धा-भक्ति से देखना; (colloq) बेहद चाहना. **a'dorable** (अ'डॉरब्ल्) *adj* आराधना योग्य, श्रद्धेय. **,ado'ration** (ऐडॉ'रेशन्) *n* आराधना.

a'dorn (अ'डॉर्न्) *v* अलंकारों से सजाना, संवारना, शृंगार करना. **—ment** (अ'डॉर्नमन्ट्) *n* शृंगार, अलंकरण.

a'drift (अ'ड्रिफ़्ट्) *adv & adj* (जहाज़, नाव आदि) तेज़ हवा या लहरों के कारण नियंत्रण के बाहर इधर-उधर बहने वाले. **turn —,** (घर या नौकरी से) बाहर भेजा हुआ.

a'droit (अ'ड्रॉइट) *adj* दक्ष, चतुर.

,adu'lation (ऐड्यु'लेशन्) *n* खुशामद, चापलूसी, चाटुकारी.

'adult ('ऐडल्ट्/अ'डल्ट्) *n & adj* वयस्क, बालिग; प्रौढ़.

a'dulterate (अ'डल्टरेट्) *v* किसी चीज में मिलावट करना. **a,dulte'ration** (अडल्ट्'रेशन्) *n* मिलावट.

a'dultery (अ'डल्ट्रि) *n* पर-पति या पर-पत्नी से अनैतिक संबंध रखना; व्यभिचार. **a'dulterer** (अ'डल्टरर्) *n* व्यभिचारी पुरुष. **a'dultress**

(अ´डल्टरिस्) *n* व्यभिचारिणी स्त्री.

ad´vance (अड्´व़ॉन्स्) *v* **1** आगे आना या रखना, प्रगति करना. **2** (मूल्यों का) बढ़ना. **3** पेशगी या उधार (धन) देना. *n* **1** प्रगति, तरक्की. **in — (of),** के सामने; तुरंत. **2** (मूल्यों की) वृद्धि, बढ़ती. **3** पेशगी, अग्रिम धन. **4** *(pl)* कोर्टशिप, मित्रता या प्रेम का निवेदन. **—d** *adj* (विचारों में) प्रगतिशील, उन्नत. **—ment** (अड्´व़ान्स्मन्ट्) *n* प्रगति. **in —** *adv* पहले से.

ad´vantage (अड्´व़ान्टिज्) *n* श्रेष्ठता; लाभ या फायदा; अनुकूल या लाभदायी वस्तु. **take — of,** अनुकूल स्थिति का लाभ (कभी-कभी नाजायज लाभ) उठाना. **ˌadvan´tageous** (ऐड्वन्´टेजस्) *adj* सहायताकारी; उपयोगी; लाभदायक.

´advent (´ऐड्व़न्ट्) *n* (किसी महत्वपूर्ण व्यक्ति या घटना का) शुभागमन. **Advent,** क्रिस्मस के पूर्व चार रविवारों का समय; क्राइस्ट का आगमन (जन्म लेना).

ad´venture (अड्´व़ेन्चर्) *n* असाधारण, उत्तेजक और संकटपूर्ण साहसिक यात्रा का कार्य. **—r** (अड्´व़ेन्चरर्) *n* — करने वाला, साहसिक; (व्यापार में) सट्टेबाज, तिकड़मी. **ad´venturous** (अड्´व़ेन्चरस्) *adj* — को चाहने वाला, –प्रिय; – से पूर्ण.

´adverb (´ऐड्व़र्ब) *n* क्रियाविशेषण, *How? When? Where?* आदि के उत्तर में आने वाले शब्द. **ad´verbial** (अड्´व़र्ब्यल्) *adj* क्रिया विशेषणात्मक.

´adversary (´ऐड्व़र्सरि) *n* विरोधी, शत्रु.

´adverse (´ऐड्व़र्स) *adj* प्रतिकूल, विरुद्ध; हानिप्रद. **ad´versity** (अड्´व़र्सिटि) *n* मुसीबत, आपत्ति; दुर्भाग्य.

´advertise (´ऐड्व़र्टाइज्) *v* विज्ञापन करना; घोषित करना; सार्वजनिक सूचना देना. **—r** *n* विज्ञापनकर्ता. **ad´vertisement** (अड्´व़र्टिस्मन्ट्) *n* विज्ञापन; सार्वजनिक सूचना.

ad´vice (अड्´व़ाइस्) *n* क्या और कैसे किया जाए इसकी सलाह, परामर्श.

ad´vise (अड्´व़ाइज़) *v* सलाह या परामर्श देना; (commerce) सूचना देना. **ill-advised,** मूर्खतापूर्ण (कार्य). **well-advised,** सुविचारित या सुयोजित (कार्य). **ad´visable** (अड्´व़ाइज़ब्ल) *adj* बुद्धिमत्तापूर्ण; उपयुक्त, उचित. **ad´viser** (अड्´व़ाइज़र्) *n* सलाहकार, परामर्शदाता. **ad´visory** (अड्´व़ाइज़रि) (committee) *n* परामर्शदात्री (समिति)

´advocate (´ऐड्वकिट्) *n* वकील, एडवोकेट. *v* समर्थन करना, पक्ष में लिखना या बोलना.

´aerial (´एअरिअल्) *n* एरियल, रेडियो में तरंगग्राहक तार. *adj* वायुविषयक; आकाशीय; वायु के समान विरला; काल्पनिक, हवाई.

´aero- (´एअरोउ) वायु या जहाज का अर्थ देने वाला पूर्वपद; वायु-, हवाई-. **—drome** (´एअर्अड्रोम्) *n* हवाई अड्डा, विमान-स्थल. **—nautics** (´एअर्अ´नॉटिक्स) *n* विमान शास्त्र, वैमानिकी. **—plane** *n* हवाई जहाज़.

aes´thetic (ईस्´थेटिक्) *adj* सौंदर्य विषयक. **— sense** प्रकृति, साहित्य, कला, संगीत आदि में संवेदन की क्षमता; सौंदर्य बोध, सुरुचि. **—s** (ईस´थेटिक्स) *n* सौंदर्यशास्त्र.

a´far (अ´फ़ार्) *adv* बहुत दूर (से, तक).

´affable (´ऐफ़ब्ल्) *adj* मिलनसार, मित्रतापूर्ण; सज्जन, अच्छे स्वभाववाला(व्यक्ति.) **ˌaffa´bility** (ऐफ़्´बिलिटि) *n* मिलनसारिता. **´affably** (´ऐफ़्बलि) *adv.*

af´fair (अ´फ़ेअर्) *n* **1** मामला, विचार्य विषय. **2** *(pl)* कारबार, घटनाएँ. **3** घटना. **love —,** *n* प्रेम संबंध.

af´fect (अ´फ़ेक्ट्) *v* **1** प्रभावित करना; भावनाओं को उभाड़ना. **2** कुछ करने या होने का ढोंग रचाना. **—ed** *adj* बनावटी. **affec´tation** (ऐफ़ेक्´टेशन्) *n* बनावटी व्यवहार या भावना.

af´fection (अ´फ़ेक्शन्) *n* **1** अनुराग, स्नेह; प्रेम. **2** बीमारी, रोग. **—ate** (अ´फ़ेक्शनिट्) *adj* स्नेही, स्नेहशील.

affi´davit (ऐफ़ि´डेविट्) *n* सौगंध खाकर किसी तथ्य को लिखित पत्र पर देना; हलफ़नामा, शपथपत्र.

af´filiate (अ´फ़िलिएट्) *v* किसी संस्था की शाखा बनना या सदस्यता स्वीकार करना;

संबद्ध होना *(with)*. **af‚fili'ation** (अफ़िलि-'ऐशन्) *n* संबद्धता.

af'finity (अ'फ़िनिटि) *n* **1** (संरचना आदि की दृष्टि से) घनिष्ठ संबंध जैसे भाषाओं, जन्तुओं आदि में; सजातीयता. **2** आकर्षण. **3** विवाह जन्य नाता.

af'firm (अ'फ़र्म्) *v* निश्चयपूर्वक या दृढ़ता पूर्वक कहना. **‚affir'mation** (ऐफ़र्'मेशन्) *n* निश्चय कथन, पुष्टि; (कानून) शपथ न लेने वाले व्यक्ति का औपचारिक कथन, अभिकथन.

af'firmative (अ'फ़र्मेटिव्) *adv & n* 'हाँ' में उत्तर, स्वीकरण.

'affix ('ऐफ़िक्स्) *n* प्रत्यय या उपसर्ग. **af'fix** (अ'फ़िक्स्) *v* (किसी से या किसी पर) जोड़ना, बाँधना, अनुलग्न करना; (टिकट) चिपकाना.

af'flict (अ'फ़्लिक्ट्) *v* दुःख देना, कष्ट पहुँचाना, सताना. **–ion** (अ'फ़्लिक्शन्) *n* पीड़ा (का कारण).

'affluence ('ऐफ़्लुअन्स्) *n* अमीरी, समृद्धि. **in —**, अमीरी. **'affluent** ('ऐफ़्लुअन्ट्) *adj* समृद्ध, अमीर; खुशहाल.

af'ford (अ'फ़ॉर्ड) *v* पर्याप्त धन या समय निकाल सकना, खर्च देना; (वस्तुएँ) एकत्र कर सकना; देना.

af'forest (ऐ'फ़ॉरिस्ट्) *v* जंगल लगाना, वनारोपण करना.

af'front (अ'फ़्रन्ट्) *v* सार्वजनिक रूप से किसी को अपमानित या लज्जित करना; किसी की भावनाओं या आत्मसम्मान को ठेस पहुँचाना. *n* सार्वजनिक अपमान.

a'field (अ'फ़ील्ड्) *adv* कुछ दूरी पर, बाहर.

a'fire (अ'फ़ाइअर्) *adv & adj* प्रज्वलित.

a'flame (अ'फ़्लेम्) *adv & adj* जलता हुआ, प्रज्वलित.

a'float (अ'फ़्लोट्) *adv & adj* **1** द्रव्य पर तिरता हुआ. **2** समुद्र पर. **3** (किसी कारबार को) प्रारंभ करना. **4** (अफ़वाहों का) फैलना.

a'fraid (अ'फ़्रेड्) *adj* **1** डरा हुआ, भयभीत. **2** *I'm — I can't come*, अस्वीकृति आदि की सूचना देने का नम्रतापूर्ण ढंग.

a'fresh (अ'फ़्रेश्) *adv* फिर से, दुबारा; नये सिरे से.

aft (आफ़्ट्) *adv* जहाज के पृष्ठ भाग पर, पिछले भाग पर.

'after ('आफ़्टर्) *prep* **1** पश्चात्, बाद (में). **— that,** तब. **2** क्रम से अगला; परवर्ती: *Wednesday comes — Tuesday.* **3 one — another**, एक के बाद एक, क्रमानुसार. **4** के पीछे (खोज में) *The police are — the men who robbed the bank. adv* पश्चात्, बाद में (समय की दृष्टि से). *conj* (समय की दृष्टि से) बाद में: *He came — I had left.*

aftermath ('आफ़्टर्मैथ्) *n* (किसी घटना का) परिणाम, नतीजा.

‚after'noon (आफ़्टर्'नून्) *n* तीसरा पहर, अपराह्न; दोपहर और सायंकाल के बीच का समय.

'afterthought ('आफ़्टर्थ़ॉट्) *n* घटना के बाद मस्तिष्क में उठा विचार अथवा व्याख्या, अनुबोध.

'afterwards ('आफ़्टर्वड्ज़्) *adv* (समय अथवा स्थिति में) परवर्ती, पश्चात्, बाद में: *I did not realize what had happened till —.*

a'gain (अ'गेन्) *adv* **1** एक बार फिर; दुबारा. **now and —**, यदा-कदा, प्रायः. **— and —**, बहुधा, बार-बार. **2** पूर्ववत, पहिले की भाँति: *She will soon be well —.*

a'gainst (अ'गेन्स्ट्) *prep* **1** के विरोध (में), के विपरीत: *The majority voted — the scheme. John ran — Paul in the first race.* **2** विपरीत दिशा में: *We sailed — the current.* **3** समीप, साथ-साथ और छूते हुए: *He left the ladder leaning — the wall.*

age (एज्) *n* **1** उम्र, आयु. **of age,** (ब्रिटेन में) 18 वर्ष की आयु वाला; वयस्क होना. **2** (जीवन की एक) अवस्था: *old age,* वृद्धावस्था, *middle age,* मध्यवय; अधेड़. **3** युग, काल, (विशेषतः इतिहास में) समय की एक बड़ी अवधि: *the Middle Ages* (यूरोप में A.D. 600-1450 का युग). **4** (colloq) एक लम्बी अवधि. *v* बूढ़ा करना; बूढ़ा लगना

aged *adj* 1 अमुक आयु का. 2 वृद्ध. **'ageless** *adj* चिरयुवा, चिरनूतन. **'age' long** *adj* चिरकालीन, चिरंतन.

'agency ('एजन्सि) *n* एजेंसी, एजेंट का कार्य या कार्यस्थान, अभिकरण.

a'genda (अ'जेन्डअ) *n* (बैठक में) विचारणीय कार्यों की सूची, कार्यसूची.

'agent ('एजन्ट्) *n* 1 एजेंट, अभिकर्ता, दूसरे की ओर से उसके कारबार को करने या संचालित करने वाला व्यक्ति. 2 प्रभाव पैदा करने वाला पदार्थ (रसायन) या व्यक्ति, कारक.

'aggravate ('ऐग्रवेट्) *v* (स्थिति को) बिगाड़ना, बदतर होना या करना; (colloq) चिढ़ाते हुए नाराज़ करना.

'aggregate ('ऐग्रिगिट्) *n & adj* पूर्ण योग, कुल जोड़. **in the —,** कुल मिला कर.

ag'gression (अ'ग्रेशन्) *n* हमला; बिना उचित कारण के हमला, आक्रमण. **ag'gressive** (अ'ग्रेसिव्) *adj* 1 आक्रमणशील, सहज में — करने वाला. 2 आक्रमण-विषयक. **ag'gressor** (अ'ग्रेसर्) *n* आक्रामक.

ag'grieved (अ'ग्रीव्ड्) *adj* अपमानित; अत्याचार से पीड़ित.

a'ghast (अ'गास्ट्) *adj* आतंकित; भौचक्का.

'agile ('ऐजाइल्) *adj* (चेतन प्राणी के लिए) फुर्तीला, दक्ष. **a'gility** (अ'जिलिटि) *n* फ़ुर्ती, दक्षता.

'agitate ('ऐजिटेट्) *v* 1 (द्रव्यों को) कस कर हिलाना. 2 (किसी व्यक्ति की) भावनाओं को उभाड़ना, उत्तेजित करना; घबड़ा देना. 3 — **for** (परिवर्तन के लिए) आंदोलन करना. **agi'tation** (ऐजि'टेशन्) *n* आंदोलन. **'agitator** ('ऐजिटेट्र) *n* आंदोलनकर्ता.

a'glow (अ'ग्लोउ) *adv & adj* प्रदीप्त, रोशनी और गर्मी देता हुआ; उत्तेजना दिखाना.

ag'nostic (ऐग्'नॉस्टिक्) *n & adj* अज्ञेयवादी; ईश्वर, परलोक आदि के विषय में कुछ भी समझा नहीं जा सकता है, इस मत को मानने वाला.

a'go (अ'गो) *adv* कुछ निश्चित समय पूर्व; अतीत काल में. **long ago,** सुदूर अतीत में.

'agony ('ऐग्नि) *n* (मानसिक या शारीरिक) अत्यधिक पीड़ा, तड़पन, व्यथा. **'agonizing** ('ऐग्नाइज़िङ्) *adj* व्यथाकारक, पीड़ा कारक.

a'grarian (अ'ग्रेरिअन्) *adj* भूमिसंबधी, कृषि संबंधी.

a'gree (अ'ग्री) *v* 1 'हाँ' कहना; बात मानना. 2 सहमत होना. **—able** *adj* अनुकूल, सुखद; सहमत. **—ment** *n* सहमति; मेल; समझौता.

'agriculture ('ऐग्रिकल्चर्) *n* खेतीबारी, कृषि; कृषिशास्त्र. **agri'cultural** (ऐग्रि'कल्चरल्) *adj* — विषयक.

a'ground (अ'ग्राउन्ड्) *adv* (जहाज़ों का) छिछले पानी में फँसना.

a'head (अ'हेड्) *adv* आगे *(of)*; (पंक्तिबद्ध जहाज़ों में) एक जहाज का दूसरे जहाज़ के ठीक आगे चलना.

aid (ऐड्) *n* सहायता; सहायक वस्तु. **in aid of,** के सहायतार्थ. **first aid,** चोट आदि लगने पर डाक्टर आने से पूर्व की चिकित्सा; प्राथमिक उपचार. *v* सहायता करना.

ail (ऐल्) *v* बीमार होना; परेशान करना, पीड़ा पहुँचाना. **'ailment** ('ऐल्मन्ट्) *n* (हल्की) बीमारी.

aim (ऐम्) *v* 1 (पिस्तौल आदि का) निशाना लगाना *(at)*. 2 (किसी की ओर कोई चीज़) फेंकना. 3 लक्ष्य में रखना, उद्देश्य बनाना. *n* निशाना लगाना; निशाना; लक्ष्य. **'aimless** ('ऐम्लिस्) *adj* लक्ष्यहीन, निरुद्देश्य.

air (एअर्) *n* 1 हवा. **air force,** वायुसेना. **by air,** हवाई जहाज से. **(be) on the air,** रेडियो पर प्रसारित होना. 2 (संगीत में) तान; लय; गीत. 3 व्यवहार, रंग ढंग. **put on (give oneself) airs,** बचकाने ढंग से प्रभावित करने की चेष्टा करना. *v* 1 कपड़ों का सुखाना, हवा देना. 2 हवा आने देना. 3 (अपने विचारों को दूसरों पर) प्रकट करना.

air- पूर्वपद : **air attack** *n* हवाई जहाज़ों से हमला. **'airborne** *adj* पृथिवी तल से ऊपर, वायु-वाहित. **'air-con'ditioned** *adj* वातानुकूलित, अभीष्ट तापमान पर किसी स्थान को (हवा के द्वारा) बनाये रखना. **'aircraft** *n* हवाई जहाज. **'airline** *n* हवाई (जहाज की) कंपनी. **'airliner** *n* नियमित यात्रा सेवा का यात्री जहाज. **'airmail** *n* हवाई डाक. **'air-**

man विमान-चालक. ˈ**airport** *n* हवाई अड्डा. ˈ**air raid** हवाई हमला. ˈ**airtight** *n* वायु-निरोधित, ऐसा बंद करना कि बाहर की हवा भीतर न जा सके. ˈ**airway** *n* हवाई जहाज़ की कंपनी.

ˈ**airy** (ˈएअरि) *adj* हवादार; वायुविषयक; अगंभीर. ˈ**airily** (ˈएअरिलि) *adv* — रीति से.

aisle (आइल्) *n* गलियारा, सीटों के बीच का मार्ग (विशेषतः चर्च में).

aˈjar (अˈजार्) *adv* अधखुला (दरवाज़ा)

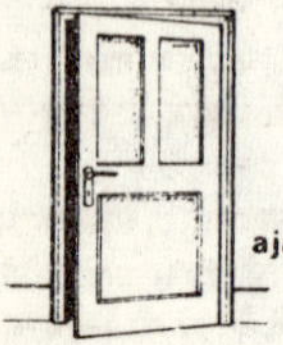

ajar

aˈkin (अˈकिन्) *adj* सजातीय; समान जाति या गुण वाले. — **to,** सदृश, समान.

aˈlacrity (अˈलैक्रिटि) *n* तत्परता; फुर्ती.

aˈlarm (अˈलार्म्) *n* **1** एलार्म, चेतावनी (विशेषतः संकट की). — **clock,** जगाने के लिए एलार्म देने वाली घड़ी. **2** संत्रास, भय और घबड़ाहट. *v* आगामी संकट की चेतावनी देना, सतर्क करना.

aˈlas (अˈलास्) *int* हाय; दुख या चिंता का उद्‌गार.

ˈ**album** (ˈऐल्बम्) *n* एल्बम; फोटो, टिकट आदि जिसमें चिपका कर रखे जाएँ ऐसी पुस्तिका.

ˈ**alcohol** (ˈऐल्कहॉल्) *n* एल्कोहल, शराब, बिअर आदि में विद्‌यमान मादक द्रव्य. ˌ**alcoˈholic** (ऐल्कˈहॉलिक्) *adj* मादक. *n* शराब अधिक पीने के कारण बीमार व्यक्ति.

ˈ**alcove** (ˈऐल्कोउव्) *n* दीवाल में धँसा हुआ छोटा-सा स्थान बैठने या लेटने के लिए; लता मंडप.

ale (एल्) *n* एक प्रकार की बिअर.

aˈlert (अˈलर्ट्) *adj* सतर्क, चौकन्ना; जागरूक. *n* **on the** —, सतर्क, सावधान. जागरूक.

ˈ**algebra** (ˈऐल्जिब्रअ) *n* बीजगणित.

ˈ**alias** (ˈएलिअस्) *n* उपनाम (विशेषतः कवियों या लेखकों का); छद्‌मनाम; उर्फ़.

ˈ**alibi** (ˈऐलिबाइ) *n* (अपराध घटित होने के समय) अन्यत्र उपस्थित होने का तर्क.

ˈ**alien** (ˈएलियन्) *adj* **1** विजातीय, विदेशी. **2 — to,** बेमेल, असंगत. *n* विदेशी.

ˈ**alienate** (ˈएल्यनेट्) *v* **1** अपनों को पराया कर देना, शत्रु बनाना. **2** (कानून) हस्तांतरित करना, दूसरे के स्वामित्व में कोई चीज देना., **alieˈnation** (एल्यˈनेशन्) *n* — करना.

aˈlight[1] (अˈलाइट्) *adj* प्रदीप्त, जलता हुआ.

aˈlight[2] (अˈलाइट्) *v* (बस, हवाई जहाज, आदि से) उतरना.

aˈlign (अˈलाइन्) *v* वस्तुओं या व्यक्तियों को पंक्तिबद्‌ध करना; किसी के पक्ष या दल में सम्मिलित होना. —**ment** (अˈलाइन्मन्ट्) *n* **non-** —**ment** *n* तटस्थता (की नीति).

aˈlike (अˈलाइक्) *adj* समान. *adv* समान रीति से.

aliˈmentary (ऐलिˈमेन्टरि) *adj* पाचन विषयक. — **canal** पोषणनाल, आहारनाल, जिसमें भोजन पहुँचता है और पचता है.

aˈlive (अˈलाइव्) *adv* **1** जीवित, जिन्दा. **2** विद्‌यमान, लागू. — **to,** जागरूक (मानसिक दृष्टि से).

ˈ**alkali** (ˈऐल्कलाइ) *n* क्षार (रसायन). ˈ**alkaline** (ˈऐल्कलाइन्) *adj* क्षारयुक्त, खारा.

all (ऑल्) *n* सब, सभी, प्रत्येक. *adj (pl nouns* के साथ) सभी, समस्त: *All the students passed the examination;* (*sing n* के साथ) संपूर्ण : *He spent all his life in India. pron* प्रत्येक वस्तु, प्रत्येक व्यक्ति. **above all,** सर्वोपरि, अन्य सबसे बढ़कर. **once and for all,** अंतिम बार और एकबार. **all in,** क्षीण. **all together,** एक साथ एक होकर. *adv* पूरी तरह से : *They were dressed all in black.* **all over,** *(a)* प्रत्येक भाग में : *all over the world. (b)* समाप्ति पर : *The party is all over.* **all right, alright** (colloq किंतु अशुद्‌ध), *(a)* ठीक; स्वीकार्य; (*b*) (प्रश्न के उत्तर में) सहमति-सूचक.

all पूर्वपद. अखिल-, सर्व-. **all clear** सब ठीक

होने का संकेत. **all fours,** हाथ-पैर दोनों से. **all important,** सब से अधिक महत्वपूर्ण. **all inclusive,** सभी को समाविष्ट करने वाला. **All India,** अखिल भारतीय. **all out,** (colloq) पूरी तौर से. **all party,** सर्वदलीय (शासन). **all pervading,** सर्वव्यापी. **all powerful,** सर्वशक्तिमान. **all purpose,** अनेक प्रकार से काम आने वाला. **all round,** सर्वतोमुखी.

al'lay (अ'ले) *v* (पीड़ा, भय आदि को) कम करना.

al'lege (अ'लेज्) *v* अभिकथन करना, निश्चयपूर्वक कहना (*that*). **,alle'gation** (ऐलि'गेशन्) *n* अभिकथन, आरोप.

al'legiance (अ'लीजन्स्) *n* समर्थन, निष्ठा (राज्य या स्वामी के प्रति), स्वामिभक्ति; देय (राज्य या शासन के प्रति).

'allegory ('ऐलिगरि) *n* प्रतीक कथा जिसमें अमूर्त भाव जैसे सत्य, प्रेम, धैर्य आदि सजीव पात्र के रूप में आते हैं. **,alle'gorical** (ऐलि'गॉरिकल्) *adj* — विषयक.

'allergy ('ऐलर्जि) *n* एलर्जी, वह वस्तु जिसके संपर्क या सेवन से किसी विशेष व्यक्ति के रोग उभड़ जाता है जब कि अन्य पर उसका कोई हानिकारक प्रभाव नहीं पड़ता है; (colloq) वह व्यक्ति (या वस्तु) जिससे चिढ़ हो जाए.

al'leviate (अ'लीव़िएट्) *v* (पीड़ा या कष्ट को) कम या सहनीय अवस्था तक करना. **al,levi'ation** (अलीव़ि'एशन्) *n* आराम, कमी.

'alley ('ऐलि) *n* गली. **blind —,** बंद गली.

al'liance (अ'लाइअन्स्) *n* व्यक्तियों, दलों या राज्यों का किसी विशेष लक्ष्य की प्राप्ति के लिए साहचर्य, संधि या समझौता. **in —** (*with*), — के साथ मिल कर.

al'lied (अ'लाइड्) *adj* समझौते से संबद्ध; संबद्ध.

'alligator ('ऐलिगेटर्) *n* घड़ियाल (मगर की एक जाति). → p 265.

a,llite'ration (अलिट्'रेशन्) *n* अनुप्रास अलंकार.

al'locate ('ऐल्केट्) *v* (किसी कार्य के लिए धन) निर्धारित करना. **,allo'cation** (ऐल्'केशन्) *n* निर्धारण, विनिधान; बाँट.

al'lopathy (अ'लॉपथि) *n* एलोपैथी, डाक्टरी चिकित्सा (होमियोपैथी, आयुर्वेदीय, यूनानी आदि के वैषम्य में).

al'lot (अ'लॉट्) *v* (*-tt-*) (किसी व्यक्ति का अंश) निर्धारित करना, बाँटना. **—ment** (अ'लॉट्मन्ट्) *n* — की हुई वस्तु, — करने की प्रक्रिया.

a'llow (अ'लाउ) *v* **1** (होने या करने) देना. **2 — sb to have,** देना, मंजूर करना. **3 — for,** किसी का ध्यान रखना, किसी के लिए गुंजायश छोड़ना; पर्याप्त स्थान छोड़ना. **—ance** (अ'लाउअन्स्) *n* भत्ता. **make —ances for,** मूल्यांकन में अतिकठोर न होना, अन्य बातों का भी ध्यान रखना.

'alloy (अ'लॉइ) *n* दो धातुओं का मिश्रण, मिश्रधातु; खोट. *v* दो धातुओं को मिलाना.

al'lude (अ'लूड्) *v* **— to,** घुमा फिरा कर या बिना स्पष्ट संकेत किए कहना या लिखना; संकेत देना. **al'lusion** (अ'लूशन्) *n* संकेत, इशारा.

al'lure (अ'ल्युअर्) *adj* आकर्षित करना; मोहित करना, लुभाना. **—ment** (अ'ल्युअर्मन्ट्) *n* प्रलोभन, आकर्षण.

al'luvial (अ'लूव्यल्) *adj* नदियों से बही मिट्टी-रेती से बनी (भूमि), कछारी (भूमि).

al'ly (अ'लाइ) *v* जोड़ना, (विशेष प्रयोजन से) संबद्ध करना. **be allied (to),** निकट से संबद्ध होना. **'ally** (ऐलाइ) *n* संधिबद्ध व्यक्ति या देश.

'alma'mater ('ऐल्म्'मेटर्) *n* अपना कालेज या विद्यालय.

'almanac ('ऑल्मनैक्) *n* पंचांग, पत्रा, जंत्री.

al'mighty (ऑल्'माइटि) *adj* असीम शक्ति वाला : **the Al'mighty** सर्वशक्तिमान् ईश्वर.

almost ('ऑल्मोस्ट्) *adv* **1** लगभग, करीब-करीब : *Dinner is — ready.* **2** (*no, none, nothing, never* के साथ) : *The speaker said — nothing,* महत्वहीन, व्यर्थ.

alms (आम्ज़) *n* भीख, भिक्षा; (गरीबों को) दान. **—house** *n* भिखारी-गृह.

a'loft (अ'लॉफ़्ट्) *adv & adj* ऊँचे पर, सिर के ऊपर बहुत ऊँचे पर.

a'lone (अ'लोउन्) *adv* **1** अकेला; बिना अन्य की सहायता के. **2** अकेला (किसी अन्य के पास में न होते हुए) : *The house stood – on the hillside.* **3 let (sb or sth) —,** अकेले रहने देना, न छेड़ना.

a'long (अ'लॉङ्) *prep* एक सिरे से दूसरे सिरे तक; लंबाई के किसी भाग से. *adv.* **Run —!** भाग जाओ!

a'longside (अ'लॉङ्साइड्) *adv & prep* (जहाज़, आदि के) बगल में; समानान्तर में.

a'loof (अ'लूफ़्) *adv & adj* अलग; दूर. **stand (keep, hold) —,** बातचीत या काम में हिस्सा न लेना, अलग खड़े रहना.

a'loud (अ'लाउड्) *adv* ऊँचे स्वर से, ज़ोर से.

'alphabet ('ऐल्फ़बिट्) *n* ककहरा, वर्णमाला. **,alphabetic(al)** (ऐल्फ़ब़ेटिक्ल) *adj* वर्णक्रम से, अकारादि क्रम से.

al'ready (ऑल्'रेडि) *adv* अब तक, तब तक; इससे पहले : *I've been there — so I don't want to go again.*

'also ('ऑलसोउ) *adv* भी, तक; साथ-साथ.

'altar ('ऑल्टर्) *n* वेदी; चबूतरा (विशेषतः चर्च में).

'alter ('ऑल्टर्) *v* परिवर्तन करना या होना, बदलना, हेरफेर करना. **,alter'ation** *n* (ऑल्ट'रेशन) परिवर्तन.

,alter'cation (ऑल्टर्'केशन) *n* कहा-सुनी, तकरार, झड़प.

al'ternate (ऑल्'टर्निट्) *adj* (दो वस्तुओं या दो प्रकारों में) बारी-बारी से, पहले एक फिर दूसरा. **'alternate** *v* **1** ('ऑल्टर्नेट्) (दो प्रकार की वस्तुओं के बीच) बारी-बारी से रखना या करना; एक वस्तु को हटाकर दूसरी वस्तु रखना. **alternating current** प्रत्यावर्ती विद्युत्धारा जिसमें बिजली एक बार एक दिशा में और दूसरी बार दूसरी दिशा में चलती है. **2** (दो वस्तुओं में) एक के बाद दूसरे को रखते जाना. **,alter'nation** (ऑल्टर्'नेशन्) *n.* **al'ternative** (ऑल्'टर्नटिव्) *adj* वैकल्पिक, विकल्प या दूसरी संभावना वाला. *n* विकल्प.

al'though (ऑल्'दोउ) *conj* → though, यद्यपि, हालांकि.

'altitude ('ऐल्टिट्यूड्) *n* ऊँचाई (विशेषतः समुद्र तल से).

,alto'gether (ऑल्ट्'गेदर्) *adv* पूर्णतया; पूरी तरह से: *It's — wrong to hurt animals.*

,alu'minium (ऐल्यु'मिन्यम्) *n* अल्मूनियम, एक हल्की धातु.

'always ('ऑल्वज़्) *adv* **1** सदा, हमेशा; बिना अपवाद के. **2** बार-बार, लगातार: *He — finds me out.*

am (I'm = I am) (ऐम्/अम्) → be.

a'malgam (अ'मैल्गम्) *n* पारा का अन्य धातु से मिश्रण. **2** सम्मिश्रण.

a'malgamate (अ'मैल्गमेट्) *v* एक को दूसरे से मिलाना; मिश्रण करना. **a,malga'mation** (अमैल्ग'मेशन्) *n* मिश्रण.

a'mass (अ'मैस्) *v* बड़ी संख्या या मात्रा में इकट्ठा करना (विशेषतः धनदौलत को).

'amateur ('ऐमटर्) *n* शौकीन जो बिना धन की लालसा के, केवल शौक के कारण, किसी कला, संगीत, खेल-कूद आदि में भाग लेते हैं. **,ama'teurish** (ऐम्अ'टरिश्) *adj* — की भाँति; अनाड़ी.

a'maze (अ'मेज़्) *v* चकित या हैरान होना. **—ment** (अमेज़्मन्ट्) *n.*

am'bassador (ऐम्'बैसडर्) *n* **1** राजदूत. **2** संदेश वाहक, प्रतिनिधि.

'amber ('ऐम्बर्) *n* एम्बर, कहरुवा; – के रंग का.

,ambi'guity (ऐम्बि'ग्यूइटि) *n* (शब्द, वाक्य आदि के) दो अर्थ निकलना, संदिग्धता, अस्पष्टता. **am'biguous** (ऐम्'बिग्युअस्) *adj* — वाला.

'ambit ('ऐम्बिट्) *n* विस्तार, घेरा.

am'bition (ऐम्'बिशन्) *n* **1** उच्चाकांक्षा. **2** उच्चाकांक्षी, महत्वाभिलाषी. **am'bitious** (ऐम्'बिशस्) *adj* — वाला.

'amble ('ऐमब्ल्) *v* मंथर गति से चलना.

'ambulance ('ऐम्ब्युलन्स्) *n* एम्बुलेंस गाड़ी, घायल या मरीज़ आदि को अस्पताल ले जाने वाली गाड़ी.

'ambush ('ऐम्बुश्) *n* घातस्थान जहाँ कोई छिपकर शत्रु पर अचानक हमला करता है. *v*

घात लगाना; घात में आदमी बैठाना; घात से आक्रमण करना.

a'men ('आ'मेन्) *n, int* प्रार्थना के अंत में 'आमीन' ('ऐसा ही हो', 'तथास्तु') कहना.

a'menable (अ'मीनब्ल्) *adj* — **to,** सहज ही अनुकूल हो जाने वाला; सहज में परीक्षणीय.

a'mend (अ'मेण्ड्) *v* **1** सुधारना; दोषहीन करना; सही करना. **2** (कानून या नियम में) संशोधन करना. **—s** *n pl* हरजाना, क्षति पूर्ति. **—ment** (अ'मेन्ड्मन्ट्) *n* सुधार, संशोधन.

a'menity (अ'मीनिटि) *n* सुख देने वाला होना; सुख-सुविधाएँ.

'amiable ('एम्यब्ल्) *adj* मिलनसार, सौम्य, उदार.

'amicable ('ऐमिकब्ल्) *adj* मैत्रीपूर्ण; सौहार्दपूर्ण.

a'mid(st) (अ'मिड्) *prep* बीच में. **a'midships** (अ'मिड्शिप्स्) *adv* जहाज़ की लम्बाई की आधी दूरी.

a'miss (अ'मिस्) *adj & adv* गलत, क्रम के बाहर. **take sth —,** किसी बात का बुरा मानना.

'amity ('ऐमिटि) *n* मित्रता; मित्रतापूर्ण व्यवहार.

am'monia (अ'मोउनिअ) *n* अमोनिया गैस.

ammu'nition (ऐम्यु'निशन्) गोला-बारूद.

'amnesty ('ऐम्नॅस्टि) *n* (प्राय. राज्य के प्रति किये) अपराधों के लिए सार्वजनिक क्षमा; अभयदान.

among(st) (अ'मङ्, अ'मङ्स्ट्) *prep* **1** घिरा हुआ; बीच में. **2** (superlative के साथ) अनेक में से एक: *The Nile is — the longest rivers in the world.* **3** (स्वामित्व, गतिविधि में सहभागी होना इत्यादि): *He divided his fortune — four sons.*

amorous ('ऐम्रस्) *adj* कामुक; प्रेम प्रदर्शन करने वाला; शृंगार रस से पूर्ण.

a'mount (अ'माउन्ट्) *v* जोड़ना *(to)*; के बराबर होना (*to*). *n* **1** जोड़, योगफल. **2** मात्रा. **3** धनराशि.

'ampere ('ऐम्पेअर्) *n* ऐम्पियर, विद्युत् धारा की इकाई.

am'phibian (ऐम्'फ़िबिअन्) *n* जल और थल दोनों में रहने वाला प्राणी, जैसे, मेंढ़क. **am'phibious** (ऐम्'फ़िबिअस्) *adj.*

'amphi,theatre ('ऐम्फ़िथिअटर्) *n* **1** गोलाकार या अंडाकार दीर्घायुक्त रंग मंडल. **2** अर्ध गोलाकार रंगमंडल का अंश.

'ample ('ऐम्प्ल्) *adj* (-r, -st) **1** खूब खुला हुआ; लंबा-चौड़ा. **2** पर्याप्त से अधिक. **'amply** ('ऐम्प्लि) *adv.*

'amplify ('ऐम्प्लिफ़ाइ) *v* विस्तारपूर्वक सूचना देना; (रेडियो संकेतों की) शक्ति बढ़ाना. **'amplifier** ('ऐम्प्लिफ़ाइअर्) *n* — करने वाला. **,amplifi'cation** (ऐम्प्लिफ़ि'केशन्) *n* — करने की प्रक्रिया.

'amputate ('ऐम्प्युटेट्) *v* (हाथ या पैर) काटना. **,ampu'tation** (एम्प्यु'टेशन्) *n.*

a'muck (अ'मक्) *adv* **run —,** पागल होकर लोगों को मारने दौड़ना.

'amulet ('ऐम्युलिट्) *n* ताबीज़, कवच.

a'muse (अ'म्यूज़्) *v* जी बहलाना; हँसवाना, मनोरंजन करना. **—ment** (अ'म्यूज़्मन्ट्) *n* मनोरंजन.

an (ऐन्/अन्) → a.

a'nachronism (अ'नैक्रनिज़्म्) *n* तिथि देने में गलती करना; कालदोष, अतीत के वर्णन में वर्तमान को ले जाना, जैसे: *Napoleon telephoned to Paris.*

a'naemia (अ'नीम्यअ) *n* खून की कमी (की बीमारी). **anaemic** (अ'नीमिक्) *adj* — का रोगी; — विषयक.

,anaes'thetic (ऐनिस्'थेटिक्) *n* चेतनाशून्य या बेहोश कर देने वाला पदार्थ जो प्रायः आपरेशन के पहले दिया जाता है.

,anal'gesic (ऐनैल्'जुसिक्). *n* पीड़ा या दर्द कम करने वाला पदार्थ.

a'nalogy (अ'नैल्जि) *n* दो वस्तुओं की आंशिक समानता या मेल.

'analyse ('ऐन्लाइज़) *v* विश्लेषण करना, अर्थात् किसी के अंशों को पृथक-पृथक् कर तत्वों का परीक्षण करना. **a'nalysis** (अ'नैल्सिस्) *n* विश्लेषण; विश्लेषण से प्राप्त परिणाम. **'analyst** ('ऐन्लिस्ट्) *n* — करनेवाला व्यक्ति;

(अमेरिका में) मानसिक रोग का विशेषज्ञ. ˌanaˈlytical (ऐन्ˈलिटिकल्) *adj* विश्लेषणात्मक.

anarchy (ˈऐनर्कि) *n* अराजकता; अव्यवस्था. ˈ**anarchism** (ˈऐनर्किज़्म) *n* शासन को अनावश्यक माननेवाला राजनैतिक सिद्धान्त. ˈ**anarchist** (ˈऐनर्किस्ट्) *n* अराजकतावादी.

aˈnatomy (अˈनैट्मि) *n* शरीर रचना विज्ञान; शरीर की चीड़-फाड़ (अध्ययन के लिए). **anaˈtomical** (ऐन्ˈटॉमिकल) *adj.* **aˈnatomist** (एˈनैट्मिस्ट्) *n* — का विशेषज्ञ.

ˈ**ancestor** (ˈऐन्सिस्टर्) *n* पूर्वज, पितामह आदि, पुरखा. **anˈcestral** (ऐन्ˈसेस्ट्रल्) *n* पुश्तैनी, पैत्रिक. ˈ**ancestry** (ˈऐन्सिस्ट्रि) *n* वंशावली; पूर्वज.

ˈ**anchor** (ˈऐंकर्) *n* (जहाज़ का) लंगर. *v* लंगर डालना. **—age** (ˈऐंकरिज्) *n* लंगरगाह.

ˈ**ancient** (ˈएन्शन्ट्) *adj* **1** प्राचीन; जो आधुनिक नही है. **2** बहुत पुराना, पुरातन.

and (ऐन्ड्/अन्ड्) *conj* **1** और: *Jack and Jill went up the hill.* **2** (colloq) के लिए: *If you want it, come and get it.*

ˈ**anecdote** (ˈऐनिक्डोउट्) *n* चुटकुला, लतीफ़ा.

aˈnew (अˈन्यु) *adv* फिर से, नये सिरे से.

ˈ**angel** (ˈऐंजल्) *n* (ईसामत में) देवदूत. **anˈgelic** (ऐन्ˈजेलिक्) *adj* दिव्य.

ˈ**anger** (ˈऐंगर्) *n* क्रोध, नाराज़गी. ˈ**angry** (ˈऐंग्रि) (-ier, -iest) *adj* क्रुद्ध, नाराज़. ˈ**angrily** *adv.*

ˈ**angle**[1] (ˈऐंगल्) *n* (दो रेखाओं के बीच का) कोण.

ˈ**angle**[2] (ˈऐंगल्) *v* बन्सी से मछली पकड़ना. ˈ**angler** (ˈऐंग्लर्) *n* बन्सी से मछली पकड़ने वाला.

ˈ**Anglican** (ˈऐंग्लिकन्) *n & adj* इंग्लैंड के चर्च का सदस्य.

ˈ**Anglo-** (ˈऐंग्लोउ) (पूर्वपद) इंग्लिश. **Anglo-American** इंग्लैंड और अमेरिका का.

ˈ**anguish** (ˈऐंग्विश्) *n* व्यथा, वेदना.

ˈ**angular** (ˈऐंग्युलर्) *adj* **1** कोणवाला; कोने वाला. **2** दुबला-पतला व्यक्ति जिसकी हड्डी-हड्डी दिखाई दे.

ˈ**animal** (ˈऐनिमल्) *n* **1** वृक्ष-पौधों से भिन्न चेतन वस्तु. **2** पशु. **3** चौपाया. →pp 15, 99, 265, 280, 351.

ˈ**animate** (ˈऐनिमेट्) *v* सजीव और सक्रिय बनाना. **aniˈmation** (ऐनिˈमेशन्) *n.* ˈ**animated** (ˈऐनिमेटिड्) *adj.*

aniˈmosity (ऐनिˈमॉसिटि) *n* वैर, विद्वेष, पुरानी दुश्मनी.

ankle (ˈऐंकल्) *n* टखना. → p 36.

ˈ**anklet** (ˈऐंक्लिट्) *n* पायल, पाज़ेब, नूपुर.

ˈ**annals** (ˈऐनल्ज़्) *n pl* वर्ष वृत्तांत; इतिहास के आलेख; वार्षिक विवरण (विशेषतः किसी विद्वत् सभा-समिति का).

anˈnex (अˈनेक्स्) *v* किसी बड़ी वस्तु में मिलाना या जोड़ना; किसी देश को जीत कर अपने में मिलाना. ˈ**annexe, anˈnex** (ˈऐनेक्स्) *n* किसी बड़े भवन से संलग्न या अनुबद्ध छोटा भवन. ˌ**annexˈation** (ऐनेक्ˈसेशन्) *n.*

anˈnihilate (अˈनाइअलेट्) *v* संहार करना, पूरी तरह नाश करना. **anˌnihiˈlation** (अनाइअˈलेशन्) *n* संहार, विनाश.

ˌ**anniˈversary** (ऐनिˈवर्सरि) *n* वर्ष भर के पश्चात् किसी घटना की तिथि का आना, वार्षिक उत्सव, जयंती.

ˈ**annotate** (ˈऐनोउटेट्) *v* व्याख्यात्मक टिप्पणियाँ जोड़ना. ˌ**annoˈtation** (ऐनोउˈटेशन्) *n* व्याख्या.

anˈnounce (अˈनाउन्स्) *v* (समाचार, मुख्य वक्ता आदि की) घोषणा करना; संकेत देना या बनना. **—r** *n* (विशेषतः) रेडियो प्रोग्राम आदि की घोषणा करनेवाला व्यक्ति. **—ment** *n* (एˈनाउन्स्मन्ट्).

anˈnoy (अˈनॉइ) *v* किसी को छेड़ना या चिढाना ताकि वह नाराज़ हो जाए; परेशान करना. **—ance** (अˈनॉइअन्स्) *n.*

ˈ**annual** (ˈऐन्युअल्) *adj* **1** वार्षिक सालाना, प्रतिवर्ष आने वाला. **2** साल भर की अवधि वाला. *n* **1** एक वर्ष जीवित रहने वाला पौधा. **2** वार्षिक प्रकाशन, अब्दकोष. **—ly** *adv.*

anˈnuity (अˈन्यूइटि) *n* वार्षिकी; बैंक आदि की ऐसी व्यवस्था कि रुपये जमा करने वाला प्रतिवर्ष उस राशि का एक अंश वापस पाता है.

some small animals

an'nul (अ'नल्) *v* (-ll-) (किसी कानून, संधि या समझौते को) रद्द करना.

a'noint (अ'नॉइन्ट्) *v* विशेषत: धार्मिक संस्कार के रूप में (शरीर या सिर में) तेल लगाना.

a'nonymous (अ'नॉनिमस्) *adj* अनामक; गुमनाम; अज्ञात लेखक.

a'nother (अ'नदर्) *adj* & *pron* अन्य; उसी प्रकार का दूसरा. **one —**, एक दूसरे को, परस्पर: *He and she give one — presents at Christmas.*

'answer ('आन्सर्) *n* उत्तर, जबाब. *v* उत्तर देना. **— back,** टोकने पर ढीठ उत्तर देना. **— a purpose,** उपयुक्त, पर्याप्त. **— for,** जिम्मेवार या उत्तरदायी होना. **— to,** के अनुरूप होना. **—able** ('आन्सरब्ल्) किसी के प्रति कार्य के लिए उत्तरदायी (*to* sb *for* sth).

ant (ऐन्ट्) *n* चींटी. → p 168.

an'tagonize (ऐन्'टैग्नाइज़्) *v* (किसी को अपना) विरोधी बनाना. **an'tagonist** (ऐन्'टैग्निस्ट्) *n* विरोधी. **an,tago'nistic** *adj.* **an'tagonism** (ऐन्'टैग्निज़म्) *n* विरोध, प्रतिरोध.

ant'arctic (ऐन्ट्'आर्क्टिक्) *adj* दक्षिणी ध्रुव का प्रदेश.

'ante- (उपसर्ग) प्राक्, पूर्व. **ante-natal** ('ऐन्टि'नेटल्) *adj* जन्मपूर्व.

'antelope ('ऐनटिलोप्) *n* कुरंग, एक प्रकार का हिरण. → p 351.

an'tenna (ऐन्'टेनअ) *n* (*pl* an'tennae) **1** कीडे के सिर पर निकले दो बालों (स्पर्शकों) में से एक. → p 168. **2** रेडियो का एरियल.

'anthem ('ऐन्थम्) (चर्च में धार्मिक) समूह गान. **national —**, राष्ट्रगान.

an'thology (ऐन्'थॉल्जि) *n* विभिन्न लेखकों की कविताओं आदि का संग्रह अथवा संकलन, एक ही लेखक की विविध कृतियों से चुना हुआ कविता आदि का संग्रह.

,anthro'pology (ऐन्थ्र'पॉलिजि) *n* विज्ञान जिस में मनुष्यों के विश्वासों और प्रथाओं के प्रारंभ, विकास आदि का अध्ययन किया जाता है, मानवविज्ञान, नृविज्ञान. **,anthro'pologist** (ऐन्थ्र'पॉल्जिस्ट्) *n* — का ज्ञाता.

'anti- ('ऐन्टि) (उपसर्ग) प्रति, विरोधी. *anti-aircraft gun*, विमान भेदी तोप.

an'ticipate (ऐन्'टिसिपेट्) *v* **1** पहले से किसी घटना का अनुमान कर लेना. **2** दूसरे की तुलना में पहले कर लेना. **3** किसी घटना के लिए पहले से तैयारी करना. **4** आगे का देखना. **antici'pation** (ऐन्टिसि'पेशन्) *n.*

,anti'climax (,ऐन्टि'क्लाइमैक्स) *n* उच्च, गंभीर या महत्वपूर्ण स्थिति के बाद अचानक दुर्बल अथवा निराश अंत, अपकर्ष.

'antics ('ऐन्टिक्स्) *n pl* मसखरापन; उछलकूद.

'antidote ('ऐन्टिडोउट्) *n* विष या बीमारी के हानिकर प्रभाव को रोकने वाली दवाई; विषहर.

an'tipathy (ऐन्'टिपथि) *n* प्रतिकूलता की भावना; वैर भाव.

anti'quarian (ऐन्टि'क्वेअरिअन्) → antiquity.

'antiquated ('ऐन्टि'क्वेटिड्) *adj* अप्रचलित; पुरातन; पुराने विचारों वाला व्यक्ति.

an'tique (ऐन्'टीक्) *adj* अतीत की वस्तु; प्राचीनकाल की शैली में. *n* अतीत की कलाकृति या पुरावशेष.

an'tiquity (ऐन्'टिक्विटि) *n* **1** बहुत प्राचीनकाल; इतिहास का आदि काल. **2** प्राचीनकाल की कलाकृति या अवशेष वस्तु. **anti'quarian** (ऐन्टि'क्वेरिअन्) *adj* -- विषयक; — का विशेषज्ञ. **'antiquary** ('ऐन्टिक्वरि) *n* — का अध्ययन या संग्रह करने वाला; पुरावेत्ता; प्राचीन कलाकृतियों को बेचने वाला.

anti'septic (ऐन्टि'सेप्टिक्) *n* & *adj* रोगाणुरोधक पदार्थ.

,anti'social (,ऐन्टि'सोउशल्) *adj* सामाजिक व्यवस्था के विपरीत; असामाजिक.

'antonym ('ऐन्टनिम्) *n* विलोम, विपर्याय, विपरीतार्थी.

'anvil ('एन्विल्) *n* (लोहार की) निहाई.

an'xiety (ऐङ्'ज़ाइअटि) *n* **1** भय और अनिश्चय की भावना, चिंता, फ़िक्र. **2** उत्सुकता. **'anxious** ('ऐङ्शस्) *adj* चिन्तित, उत्सुक.

any ('एनि/अनि) *pron* & *adj* कोई, कुछ. **'anybody, 'anyone** कोई भी, सभी. **anything**

n (cf *something*) कुछ भी. **ˈanyhow, ˈanyway** *adj* किसी भी भांति या क्रम से, चाहे जैसे. **ˈanywhere** *adv* कहीं भी.

aˈpace (अˈपेस्) *adv* तेज़ी से.

aˈpart (अˈपार्ट्) *adv* एक ओर; पृथक से, अलग से.

aˈpartheid (अˈपार्ट्‌हेड्) *n* यूरोपियनों और गैर-यूरोपियनों के पृथक विकास की (दक्षिण अफ़्रीका की) नीति.

aˈpartment (अˈपार्ट्मन्ट्) *n* **1** फ्लैट (रहने के कमरे). **2** अकेला कमरा.

ˈapathy (ˈऐपृथि) *n* उदासीनता, विराग. **ˌapaˈthetic** (ऐप्ˈथेटिक्) *adj* उदासीन, विरागी.

ape (एप्) *n* बड़ा पूंछ रहित बन्दर. *v* मूर्खता पूर्ण नक़ल करना.

ˈaperture (ˈऐपर्चुअर्) *n* छेद, एक वैज्ञानिक उपकरण में प्रकाश आने के लिए छोटा छेद अथवा रन्ध्र.

ˈapex (ˈएपेक्स्) *n* शिखर; उच्चतम बिंदु.

aˈpiece (अˈपीस्) *adv* वर्ग के प्रत्येक को, के लिए या द्‌वारा.

aˈpology (अˈपॉल्जि) *n* खेद-प्रकाशन, क्षमा-याचना. **aˈpologize** (अˈपॉल्जाइज़्) *v* खेद प्रकट करना, क्षमा माँगना, माफी माँगना. **aˌpoloˈgetic** (अपॉल्ˈजेटिक्) *adj*.

ˈapoplexy (ˈऐपप्लेक्सि) *n* (प्राय: दिमागी चोट के कारण उत्पन्न) मूर्च्छा, चेतनाहीनता. **aˌpoˈplectic** (ऐप्ˈप्लेक्टिक्) *adj* — का रोगी; सहजकोपी.

aˈpostle (अˈपॉस्ल्) *n* **1** **Apostle** ईसा द्‌वारा धर्म प्रचार के लिए भेजे बारह में से कोई एक पट्ट शिष्य. **2** धर्म प्रचारक. **ˌaposˈtolic** (ऐपस्ˈटॉलिक्) *adj*.

aˈpostrophe (अˈपॉस्ट्रफि) *n* सम्बोधन या वर्ण लोप का चिह्न; ' चिह्न.

apˈpal (अˈपॉल्) *v* (-ll-) भय और आंतक से पूर्ण.

appaˈratus (ऐप्ˈरेटस्) *n* (*pl* -es) उपकरण, विशेष उद्‌देश्य के लिए निर्मित औजारों और यंत्रों का समुच्चय.

apˈparel (अˈपैरल्) *n* (साहित्यिक भाषा में) कपड़े, पोशाक, वेश-भूषा.

apˈparent (अˈपैरन्ट्) *adj* **1** स्पष्ट, प्रत्यक्ष. **2** आभासी, ऊपरी तौर से ही. **—ly** *adv* स्पष्टतया, ऊपरी तौर से.

ˌappaˈrition (ऐप्ˈरिशन्) *n* भूत-प्रेत आदि का दर्शन या आविर्भाव; भूत-प्रेत.

apˈpeal (अˈपील्) *v* **1** अनुरोध करना; आग्रह-पूर्वक कहना (*for*). **2** किसी प्रश्न या निर्णय को पुनर्विचार के लिए उच्चतर अधिकारियों को सौंपना, अपील करना (*to*). **3 — to,** आकर्षित करना, पसंद आना. *n* — करना; रुचि; आकर्षण (बल). **—ing** *adj* आकर्षक.

apˈpear (अˈपिअर्) *v* **1** दिखाई पड़ना; पहुँचना. **2** लगना, प्रतीत होना. **3** (पुस्तक का) प्रकाशित होना, (अभिनेता का) जनता के संमुख आना. **—ance** (अˈपिअरन्स्) *n* **1** होना. **2** रूप-रंग, आभास, प्रतीति.

apˈpease (अˈपीज़्) *v* शांत करना; (जो माँग रहा है उसे देकर) सतुष्ट करना. **apˈpeasement** (अˈपीज़्मन्ट्) *n* तुष्टीकरण; — करना.

apˈpendix (अˈपेंडिक्स्) *n* **1** (*pl* appendices) परिशिष्ट (प्राय: पुस्तक के अंत में). **2** (*pl* —es) बड़ी आंत में जुड़ा छोटा अंश. → p 37. **apˌpendiˈcitis** (अपेंडिˈसाइटिस्) *n* बड़ी आंत में जुड़े इस अंश की बीमारी.

ˈappetite (ˈऐपिटाइट्) *n* भूख. **ˈappetizing** (ˈऐपिटाइज़िङ्) *adj* क्षुधावर्धक, भूख बढ़ाने वाला, स्वादिष्ठ.

apˈplaud (अˈप्लॉड्) *v* तालियाँ बजाना; अनुमोदन करना. **apˈplause** (अˈप्लॉज़) *n* साधुवाद, करतल ध्वनि.

ˈapple (ˈऐप्ल्) *n* सेब (फल या पेड़). → p 134.

apˈpliance (अˈप्लाइअन्स्) *n* यंत्र, औजार या उपकरण.

ˈapplicable (ˈऐप्लिकब्ल्) *adj* उपयुक्त; प्रयोग-योग्य.

ˈapplicant (ˈऐप्लिकन्ट्) *n* आवेदक; प्रार्थी.

ˌappliˈcation (ऐप्लिˈकेशन्) *n* **1** आवेदन करना; आवेदन पत्र; आवेदन, दरखास्त, प्रार्थना. **2** प्रयोग, प्रयुक्त वस्तु. **3** परिश्रम, प्रयास या ध्यान.

apˈply (अˈप्लाइ) *v* **1 — for,** माँगना, आवेदन करना. **2** किसी वस्तु को स्थिति विशेष में

स्थापित करना, विनियोग करना. 3 प्रयोग में लाना. — **oneself to,** के प्रति प्रयास करना और मन लगाना. 4 पर प्रयुक्त होना, लागू होना *(to)*. **ap'plied** (अ'प्लाइड्) *adj* व्यावहारिक, अनुप्रयुक्त.

ap'point (अ'पॉइन्ट्) *v* **1** (कोई समय अथवा स्थान) निश्चित करना. **2** (किसी पद आदि के लिए) किसी का चयन और नियुक्ति करना. **—ment** (अ'पॉइन्ट्मन्ट्) *n* नियोजित भेंट; नियुक्ति.

ap'praisal (अ'प्रेज़ल्) *n* अनुमानित खर्च या मूल्य का निर्धारण करना; मूल्यांकन.

ap'preciable (अ'प्रीशब्ल्) *adj* इन्द्रियगोचर, बुद्धिग्रगम्य. **ap'preciably** *adv*.

ap'preciate (अ'प्रीशिएट्) *v* **1** समझना, मूल्यांकन करना, रसास्वादन करना. **2** उच्च मूल्य देना, गुण या महत्व मानना. **3** मूल्यवान होना, कदर पाना. **ap,preci'ation** (अप्रीशि'एशन्) *n* मूल्यांकन; गुणग्रहण; गुण-दोष विवेचना, समालोचना. **ap'preciative** (अ'प्रीश्यटिव्) *adj*.

,appre'hend (ऐप्रि'हेन्ड्) *v* **1** समझना. **2** आशंका करना; डरना. **3** पकड़ना, गिरफ़्तार करना. **appre'hension** (ऐप्रि'हेन्शन्) *n* बोध; आशंका; गिरफ्तारी. **,appre'hensive** (एप्रि'हेन्सिव्) *adj*.

ap'prentice (अ'प्रेन्टिस्) *n* प्रशिक्षार्थी, नौसिखिया, किसी व्यवसाय में वह सीखने वाला जो शिक्षा पाने के प्रतिदान में कुछ निश्चित वर्ष काम करना स्वीकार करता है. *v* — के रूप में रखना.

ap'proach (अ'प्रोच्) *v* **1** पास और अधिक पास आना या पहुँचना. **2** किसी व्यक्ति के पास प्रार्थना या प्रस्ताव के साथ जाना. *n* **1** — की प्रक्रिया. **2** अगम्य स्थान, व्यक्ति अथवा वस्तु के पास पहुँचने का मार्ग, अभिगम.

,appro'bation (ऐप्र'बेशन्) *n* अनुमोदन.

ap'propriate (अ'प्रोउप्रिएट्) *adj* उद्देश्य के लिए उपयुक्त *(for)*, अवसर के अनुकूल *(to)*. *v* जैसे अपना ही हो इस प्रकार लेना और प्रयुक्त करना; अलग रख छोड़ना (विशेष उद्देश्य के लिए) *(for)*. **ap,propri'ation** (अप्रोउप्रि'एशन्) *n*.

ap'proval (अ'प्रूवल्) *n* अनुमोदन, संतुष्टि प्रदर्शन. **ap'prove** (अ'प्रूव्) *v* अनुमोदन या स्वीकृति देना.

ap'proximate (अ'प्रॉक्सिमिट्) *adj* आसन्न, बहुत समीप; लगभग सही. *v* बहुत समीप लाना या आना *(to)*. **approxi'mation** (अप्रॉक्सि'मेशन्) *n* संनिकटन, (गणित में) मोटा अनुमान; सादृश्य.

'April ('एप्रिल्/'एप्रल्) *n* वर्ष का चौथा महीना, अप्रैल. →fool.

'apron ('एप्रन्) *n* एप्रन, कपड़ों के ऊपर पहिनने वाला ढीला कपड़ा ताकि अन्य कपड़े खराब न हों.

apt (ऐप्ट्) *adj* **1** मेधावी, तुरंत सीखने वाला. **2** उपयुक्त, संगत. **apt to,** के प्रति अभिरुचि या रुझान रखने वाला, संभावित.

'aptitude ('ऐप्टिट्यूड्) *n* सहज अभिरुचि, रुझान.

a'quarium (अ'क्वेअरिअम्) *n* मछलीघर; जलजीवशाला.

a'quatic (अ'क्वैटिक्) *adj* जल में या जल के पास बढ़ते और रहने वाले पौधे व जीव; पानी में या पानी पर किया कार्य; जल विषयक.

'arable ('ऐरब्ल्) *adj* खेतीयोग्य भूमि.

'arbitrary ('आर्बिट्रि) *adj* तर्क के स्थान सम्मति पर अधिक आधारित, यादृच्छिक, मनमाना (निर्णय).

'arbitrate ('आर्बिट्रेट्) *v* मध्यस्थता करना. **,arbi'tration** (आर्बि'ट्रेशन्) *n* पंच फैसला, मध्यस्थ-निर्णय. **'arbitrator** ('आर्बिट्रेटर्) *n* पंच, मध्यस्थ.

'arbour ('आर्बर्) *n* लतामंडप, कुंज.

arc (आर्क्) वृत्त का एक अंश, चाप.

ar'cade (आर्'केड्) *n* तोरण पथ, चापों से ढका मार्ग जिसमें दुकानें हों.

arch (आर्च्) *n* मेहराब, चाप, तोरण.

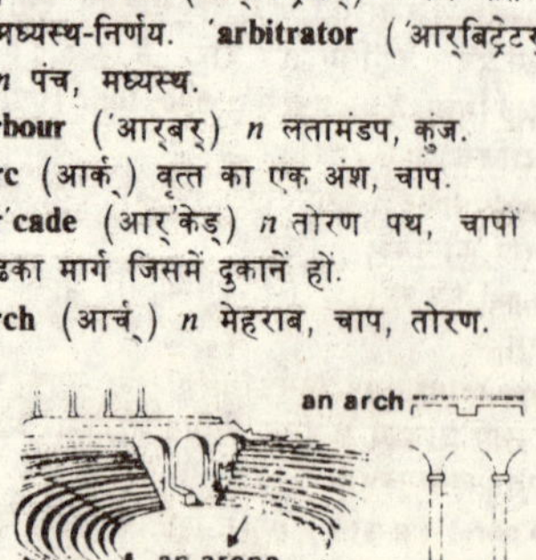

arch- (आर्च्) (पूर्वपद) मुख्य, महा : *—angel*; *—bishop*.

ˌarchaeˈology (आर्कि ऑल्जि) *n* पुरातत्व-विज्ञान जिसमें पुरातनकाल की सभ्यता का खुदाई आदि के द्वारा अध्ययन होता है. **ˌarchaeoˈlogical** *adj* पुरातत्व-विषयक.

arˈchaic (आर् केइक्) *adj* अप्रचलित; पुराना, पुरातन.

ˈarcher (ˈआर्चर्) *n* तीरन्दाज, धनुर्धर. **—y** (ˈआर्चरि) *n* धनुर्विद्या.

ˌarchiˈpelago (आर्कि पेलिगोउ) *n* छोटे-छोटे बहुत से टापूवाला समुद्र, द्वीप-समूह.

ˈarchitect (ˈआर्किटेक्ट्) *n* वास्तु शिल्पी, भवनों का शिल्प विधान करने वाला. **—ure** (ˈआर्किटेक्चर्) *n* वास्तुशास्त्र, वास्तुकला; भवनों का शिल्प या शैली. **ˌarchiˈtectural** (आर्कि टेक्चरल्) *adj*.

ˈarchives (ˈआर्काइव्ज़) *n pl* पुराने शासकीय या सार्वजनिक या ऐतिहासिक आलेख रखने को स्थान, (पुरा) लेखागार.

ˈarctic (ˈआर्कटिक्) *adj* उत्तरी ध्रुव का या उसके पास का.

ˈardour (ˈआर्डर्) *n* उत्साह, जोश; आतुरता **ˈardent** (ˈआर्डन्ट्) *adj* उत्साही.

ˈarduous (ˈआर्ड्युअस्) *adj* श्रमसाध्य, दुष्कर.

are, ˈarenˈt (आ/आर; आर्न्ट्) → be.

ˈarea (ˈऐअरिअ) *n* क्षेत्रफल; क्षेत्र; प्रदेश.

aˈrena (अ रीनअ) *n* अखाड़ा, रंगभूमि.

ˈargue (ˈआर्ग्यु) *v* (किसी योजना, संमति आदि के पक्ष या विपक्ष में) बहस करना; तर्क-वितर्क करना. **ˈargument** (ˈआर्ग्युमन्ट्) *n* तर्क, दलील; बहस.

ˈarid (ˈऐरिड्) *adj* सूखा; बंजर (भूमि). **aˈridity** (ऐ रिडिटि) *n* शुष्कता; अनुर्वरता.

aˈrise (अ राइज़्) *v* (*pt* aˈrose, *pp* aˈrisen) **1** अस्तित्व में आना; उदय होना. **2** उत्पन्न होना (*from*). **3** (old use) उठना; उठ खड़ा होना.

arisˈtocracy (ऐरिस् टॉक्रसि) *n* **1** उच्चवर्गीय व्यक्तियों द्वारा चलाया शासन, अभिजात-तंत्र. **2** कुलीन, उच्च वर्ग के व्यक्ति. **ˈaristocrat** (ˈऐरिस्टक्रैट्) *n* कुलीन अथवा उच्चवर्ग का व्यक्ति. **ˌaristoˈcratic** *adj* (ऐरिस्टअ क्रैटिक्) *adj*.

aˈrithmetic (अरिथ् मेटिक्) *n* अंकगणित.

ark (आर्क्) *n* बाइबिल में वर्णित नोह का जहाज़ जिसमें प्रलय से बचने के लिए नोह का परिवार तथा पशु-पक्षी बैठाये गये थे.

arm (आर्म्) *n* **1** बाँह. → p 36. **ˈarm-ˈchair** *n* हत्थे वाली कुर्सी. **2** (सामान्यतया *pl*) हथियार. **in arms**, शस्त्र-अस्त्र से युक्त, युद्ध के लिए तैयार. **3** सेना की शाखाएँ : *the air arm*. **arm of the law,** कानून का अधिकार और बल **4 coat of arms,** अपने कुल, नगर आदि का सूचक चित्रचिह्न. *v* शस्त्रास्त्रों से सज्जित करना; युद्ध के लिए तैयार होना.

ˈarmament (ˈआर्मम‌न्ट्) *n* **1** सैन्य शक्तियाँ; युद्ध की तैयारी. **2** (सामान्यतया *pl*) जहाज़, टैंक आदि की तोपें.

ˈarmistice (ˈआर्मिस्टिस्) *n* युद्ध विराम, युद्ध के बीच कुछ समय तक लड़ाई न करने की संधि.

ˈarmour (ˈआर्मर्) *n* **1** शरीर, जहाज़, टैंक आदि की सुरक्षा के लिए धातु (लौह) का आवरण; कवच. **2** कवच वाली या बक्तरबंद गाड़ियाँ. **ˈarmoury** (ˈआर्मरि) *n* हथियार घर, शस्त्रागार.

ˈarmy (ˈआर्मि) *n* **1** देश की सेना, फौज; संगठित व्यक्तियों का बड़ा दल. **2** बड़ी संख्या : *an — of ants* (*workmen*).

aˈroma (अ रोउमअ) *n* सुगंध, मोहक खुशबू.

aˈrose (अ रोउज़्) → arise.

aˈround (अ राउन्ड्) *adv & prep* **1** चारों ओर; घिरा हुआ. **2** लगभग : *— a pound*; इधर-उधर.

aˈrouse (अ राउज़) *v* जगाना; सक्रिय करना.

arˈrange (अ रेन्ज़्) *v* व्यवस्थित करना; आयोजित करना. प्रबंध करना. **—ment** (अ रेन्ज़्मन्ट्) *n* व्यवस्था, क्रम; प्रबंध, आयोजन.

arˈray (अ रे) *v* युद्ध में सिपाहियों को पंक्तिबद्ध करना. *n* (*pl* -s) (युद्ध में) व्यूह-रचना; प्रभावशाली प्रदर्शन.

arˈrears (अ रिअज़्) *n pl* बकाया, समय पर

भुगतान न की हुई धनराशि; पूरा किया जाने वाला कार्य भार. **in — (with)**, पिछड़ा हुआ, बकाया.

ar'rest (अ'रेस्ट्) *v* **1** (किसी प्रक्रिया को) रोक देना. **2** (किसी व्यक्ति का ध्यान) आकर्षित करना. **3** कानून के अनुसार किसी को गिरफ्तार करना. *n* — की प्रक्रिया. **under —**, गिरफ्तार, बन्दी.

ar'rive (अ'राइव़्) *v* **1** किसी स्थान पर पहुँचना; यात्रा के लक्ष्य को पहुँचना. **2** आना. **ar'rival** (अ'राइव़ल्) *n* आगमन्, आया हुआ व्यक्ति.

'arrogant ('ऐरगन्ट्) *adj* अक्खड़, घमंडी. **'arrogance** ('ऐरगन्स्) *n* अक्खड़पन, घमंड, दर्प.

'arrow ('ऐरो) *n* तीर; तीर का चिह्न →.

'arsenal ('आर्सिन्ल्) *n* शस्त्रागार.

'arsenic ('आर्सनिक्) *n* संखिया, एक तीव्र विष.

'arson ('आर्स्न्) *n* आगजनी, दंगे-फ़साद में घरों या दूकानों में आग लगाना.

art (आर्ट्) *n* **1** मनुष्य की कृति (न कि प्रकृति की). **2** कला: *a work of art* (जैसे *a painting*). **the (Fine) Arts,** चित्रकला, मूर्तिकला, वास्तुकला, संगीत आदि; ललित कलाएँ. **3** विश्वविद्यालयों में पढ़ाई जाने वाली इतिहास, भाषाएँ, साहित्य आदि विधाएँ: *Bachelor (Master) of Arts* (तुलना कीजिए the sciences). **4** चालाकी. **'artful** *adj* धूर्त, चालाक. **'artless** *adj* सीधा-सादा, निष्कपट.

'artery ('आर्टरि) *n* **1** धमनी, हृदय से खून ले जाने वाली वाहिकाएँ. **2** मुख्य थल या जलमार्ग, विशेषत: जिससे माल आता-जाता है.

ar'tesian'well (आर्'टिज़्यन्'वेल्) *n* गहरा, सँकरा कूप जिससे पानी दबाव के कारण निरंतर निकलता रहता है, उत्स्रुत कूप.

'article ('आर्टिक्ल्) *n* **1** वस्तु, सामान. **2** लेख, निबंध. **3** किसी संधि के अनुच्छेद. **4** (व्याकरण में) *the, a, an* शब्द.

ar'ticulate (आर्'टिक्युलिट्) *v* स्पष्ट कहना, व्यक्त करना. **ar,ticu'lation** (आर्टिक्यु'लेशन्) *n* उच्चारण.

'artifice ('आर्टिफ़िस्) *n* कौशल, किसी वस्तु को निपुणता से करने की विधि.

,arti'ficial (,आर्टि'फ़िशल्) *adj* अप्राकृतिक; प्राकृतिक पदार्थ की मनुष्य द्वारा निर्मित नकल, बनावटी और अस्वाभाविक व्यवहार.

ar'tillery (आर्'टिलरि) *n* पहियों पर चलने वाली बड़ी तोपें, तोपखाना; गोलन्दाज सेना.

arti'san (,आर्टि'ज़ैन्) *n* कारीगर, शिल्पी.

'artist ('आर्टिस्ट्) *n* कलाकार, जैसे चित्रकार. **ar'tistic** (आर्'टिस्टिक्) *adj* कला विषयक; सुरुचिपूर्ण, कलात्मक.

ar'tiste (आर्'टिस्ट्) *n* रेडियो, टेलीविज़न, रंगमंच आदि के व्यावसायिक कलाकार.

as (ऐज़) *con* जब कि, जब: *He waved as the train left the station;* क्योंकि: *As he wasn't ready, we left without him.* **as...as,** के समान: *as easy as ABC.* **as far as,** जहाँ तक कि, एक सीमा तक. **as well as,** भी. **as if (though),** मानो: *It looks as if he'll win the race.* **as long as,** *(a)* जब कि. *(b)* इस प्रतिबंध (शर्त) पर: *I'll come as long as she'll be there.*

as'bestos (ऐस्'बेस्टस/ऐज़्'बेस्टॉस्) *n* न जलने वाला पदार्थ, ऐस्बेस्टॉस.

as'cend (अ'सेन्ड्) *v* चढ़ना, (पर्वत पर) आरोहण करना. **the As'cension** (अ'सेन्शन्) *n* स्वर्गारोहण, ईसा का पृथिवी से प्रस्थान. **as'cent** (अ'सेन्ट्) *n* —ing की प्रक्रिया.

ascer'tain (ऐसर्'टेन्) *n* पता लगाना, जान लेना. **—able** *adj* जिसको निश्चित किया जा सके.

as'cribe (अस्'क्राइब्) *v* **— to,** किसी को किसी कार्य का कर्ता या कारक मानना या उत्तरदायी ठहराना; श्रेय देना.

ash (ऐश्) *n* राख.

a'shamed (अ'शेम्ड्) *adj* लज्जित, शर्मिंदा.

a'shore (अ'शॉर) *adv* तट पर.

a'side (अ'साइड्) *adv* एक ओर; अलग, दूर.

ask (आस्क्) *v* पूछना, निवेदन करना; आमंत्रित करना. **ask after,** (किसी के स्वास्थ्य के संबंध में) पूछना, हाल-चाल देना.

as'kance (अस्'कैन्स्) *adv* **look — at,** संदेह से देखना; तिरछी नज़र से देखना.

a'sleep (अ'स्लीप्) *adv & adj* सोया हुआ; बिछौने पर पूरे आराम की स्थिति में.

'aspect ('ऐस्पेक्ट्) *n* **1** आकार. **2** किसी भवन के) मुख की दिशा. **3** दृष्टिकोण.

'asphalt ('ऐस्फ़ैल्ट्) *n* डामर (जो सड़कों पर डाला जाता है).

as'pire (अस्'पाइअर्) *v* अभिलाषा करना, आकांक्षा करना. **aspi'ration** (ऐस्पि'रेशन्) *n* अभिलाषा, आकांक्षा.

'aspirin ('ऐस्परिन्) *n* दर्द, ज्वर दूर करने वाली दवा.

ass (ऐस्) *n* **1** गधा. →p 99. **2** (colloq) मूर्ख व्यक्ति.

as'sail (अ'सेल्) *v* आक्रमण करना. **—ant** (अ'सेलन्ट्) *n* आक्रमणकारी.

as'sassinate (अ'सैसिनेट्) *v* हत्या करना (विशेषतः राजनैतिक कारणों से). **as'sassin** (अ'सैसिन्) *n* हत्यारा. **as,sassi'nation** (असैसि'नेशन्) *n* हत्या.

as'sault (अ'सॉल्ट्) *v & n* हमला करना.

as'semble (अ'सेम्ब्ल्) *v* एकत्र करना; पुरज़े जोड़ना. **as'sembly** (अ'सेम्ब्लि) *n* सभा.

as'sent (अ'सेन्ट) *v & n* (अपनी) सहमति देना, स्वीकृति देना.

as'sert (अ'सर्ट्) *v* निश्चयपूर्वक कहना; (अपने अधिकार का) दावा करना. **— oneself,** अपने अधिकार पर दृढ़ रहना. **as'sertion** (अ'सर्शन्) *n* निश्चयपूर्वक कथन, दावा.

as'sess (अ'सेस्) *v* मूल्य निर्धारण करना; **—ment** (अ'सेस्मन्ट्) *n* मूल्यांकन, कर निर्धारण.

'asset ('ऐसेट्) *n* **1** (सामान्यतया *pl)* संपत्ति, व्यक्ति अथवा कम्पनी की वह सम्पत्ति जो ऋण चुकाने में प्रयुक्त हो सके. **2** उपयोगी गुण या कुशलता.

as'siduous (अ'सिड्युअस्) *adj* परिश्रमी; अध्यवसायी. **assi'duity** (ऐसि'डयुइटि) *n* परिश्रम करने का गुण.

as'sign (अ'साइन्) *v* **1** (किसी को) प्रयोग या उपभोग के लिए देना, (किसी के) कार्यभार का अंश निर्धारित करना. **2** कारण बताना, कारण ठहराना. **—ment** (अ'साइन्मन्ट्) *n* कार्यभार, नियत कार्य.

as'similate (अ'सिमिलेट्) *v* (भोजन को) पचा लेना; (लोगों को) अन्य सामाजिक वर्ग अथवा स्थिति का अंग बना लेना; (विचारों को) अपना लेना. **as,simi'lation** (असिमि'लेशन्) *n* आत्मसात्करण, समीकरण

as'sist (अ'सिस्ट्) *n & v* सहायता करना. **—ance** (अ'सिस्टन्स्) *n.*

as'sociate (अ'सोउशिएट्) *v* **1** (लोगों या वस्तुओं को) एक दूसरे से मिलाना; अपने मस्तिष्क में व्यक्तियों अथवा वस्तुओं को बिठा देना. **2** प्रायः किसी की संगति में रहना. *n & adj* (कार्य या व्यापार में) साझेदार या सहभागी. **as,soci'ation** (असोउसि'एशन्) *n* संस्था, सभा, समाज; साहचर्य; साझेदारी.

as'sorted (अ'सॉर्टिड्) *adj* कई मेल के छँटे हुए. **as'sortment** (अ'सॉर्ट्मन्ट्) *n* (esp) एक ही प्रकार की अथवा अनेक प्रकारों की वस्तुओं का संग्रह.

as'sume (अ'स्यूम्) *v* **1** मान लेना, मानना, कल्पना करना. **2** (पद) ग्रहण करना. **3** (अपना कोई नया नाम आदि) धारण करना. **as'suming** *adj* अपने को अधिक बड़ा मानने वाला, अभिमानी. **as'sumption** (अ'सम्प्शन्) *n* — करने की प्रक्रिया; — की हुई.

as'sure (अ'श्युअर्) *v* **1** विश्वास के साथ कहना, आश्वासन देना. **2** निश्चित करना. **3** बीमा करना (अपने जीवन का). **—dly** *adv* निस्संदेह. **as'surance** (अ'श्युअरन्स्) *n* **1** होना या करना. **2** आत्मविश्वास. **3** बीमा.

'asterisk ('ऐस्टरिस्क्) *n* तारा चिह्न * .

a'stir (अ'स्टर्) *adv & adj* गतिशील; उत्तेजित.

a'stonish (अस्'टॉनिश्) *v* विस्मय में पड़ना. **—ment** (अस्'टॉनिश्मन्ट) *n* विस्मय, हैरानी.

a'stound (अस्'टाउन्ड्) *v* भौचक्का कर देना, आश्चर्यचकित कर देना.

a'stray (अ'स्ट्रे) *adv & adj* सही रास्ते से भटका हुआ.

a'stride (अ'स्ट्राइड्) *adv & adj* टांगे फैला कर : — *a horse.*

a'strology (अस्'ट्रॉलजि) *n* ज्योतिष, फलित ज्योतिष.

'astronaut ('ऐस्'ट्रनॉट्) *n* अंतरिक्ष यात्री.

as'tronomy (अस्'ट्रॉन्मि) *n* खगोल-विज्ञान, गणित ज्योतिष. **as'tronomer** (अस्'ट्रॉन्मर्) *n* खगोलविद्, ज्योतिर्विद्. **astro'nomical** (ऐस्ट्'नॉमिक्ल) *adj.*

as'tute (अस्'टयूट्) *adj* घाघ, होशियार, अपने लाभ को तुरंत देखने वाला.

a'sunder (अ'सन्डर्) *adv* अलग-अलग; टुकड़े-टुकड़े.

a'sylum (अ'साइलम्) *n* **1** (old use) पागलखाना (अब इसके लिए *mental home* प्रयुक्त होता है). **2** शरणगृह, शरणस्थान. → political.

at (ऐट्) *prep* में, पर. **1** (स्थान) : *at his office; at the station;* (दिशा) : *look at sb; shoot at the enemy; laugh at John.* **2** (समय) : *at 2 o'clock; at any moment;* (आयु का) : *He left school at (the age of) 15;* (क्रम-सूचक) : *at the third attempt; at last, at first.* **3** (कार्यसूचक) *at work (play);* (*adj* के बाद) : *good at swimming;* (रीति) : *at a gallop.* **4** (दर) : *at full speed; buy sth at 50 paise and sell it at Re 1;* (अतिशय-वाचक के साथ) : *at least; at its (his, hers, their) best.* **5** (क्रिया के बाद, कारण सूचक) : *He laughed at the actors;* (*adj* या *pp* के बाद कारण सूचक) : *delighted at the idea.*

ate (एट्/एट्) → eat.

'atheism ('एथिइज़्म) *n* नास्तिकवाद. **'atheist** *n* नास्तिक.

ath'letic (ऐथ्'लेटिक्) *adj* **1** खेल-कूद विषयक. **2** खेल-कूद में भाग लेने वाला. **—s** (ऐथ्'लेटिक्स्) *n pl* दौड़, कूदना आदि घर के बाहर खेलने वाले खेल. **'athlete** ('ऐथ्लीट्) *n* — में प्रशिक्षित व्यक्ति.

'atlas ('ऐट्लस्) *n* मानचित्रावली, एटलस.

'atmosphere ('ऐट्मस्फ़िअर्) *n* **1** वायुमंडल. **2** जलवायु, वातावरण. **3** (मानसिक) वातावरण. **,atmos'pheric** (ऐट्मस्'फ़ेरिक्) *adj.*

'atom ('ऐटम्) *n* परमाणु. **a'tomic** (अ'टॉमिक्) *adj* — विषयक.

a'tone (अ'टोउन्) *v* प्रायश्चित करना; क्षतिपूर्ति देना.

a'trocious (अ'ट्रोउशस्) *adj* अत्याचारी, क्रूर **a'trocity** (अ'ट्रॉसिटि) *n* अत्याचार.

at'tach (अ'टैच्) *v* जोड़ना *(to)*; लगाना (*to*); संबद्ध कर देना (*with*). **be —ed to,** अत्यधिक लगाव रखना. **—ment** (अ'टैच्मन्ट्) *n* attached वस्तु.

at'tack (अ'टैक्) *v* हमला करना; के विरोध में बोलना. *n* **1** हमला, आक्रमण; प्रतिकूल आलोचना. **2** पीड़ा, रोग आदि का आरंभ. **—er** *n* —कारी.

at'tain (अ'टेन्) *v* पहुँचना; पाना; करने या पाने में सफल होना. **—able** *adj* प्राप्य, साध्य. **—ment** *n* (esp) ज्ञान की किसी शाखा में कुशलता.

at'tempt (अ'टेम्प्ट्) *n* & *v* यत्न (करना), प्रयत्न (करना).

at'tend (अ'टेन्ड्) *v* **1** ध्यान देना, ख्याल रखना (*to*). **2** उपस्थित होना. **3** सेवा करना. **—ance** *n* उपस्थिति, हाजिरी. **—ant** (अ'टेन्डन्ट्) सेवक, नौकर; साथी, परिचारक.

at'tention (अ'टेन्शन्) *n* **1** ध्यान. **2** (प्राय: *pl*) आदर-सत्कार. **3 come to (stand at) —, Attention!** सीधे सावधान खड़े होना, सावधान ! **at'tentive** (अ'टेन्टिव्) *adj.*

a'ttest (अ'टेस्ट) *v* 'सही है' यह प्रमाणित करना. **—ation** *n* (ऐटेस्'टेशन्) अभिप्रमाणन. **—ed** अभिप्रमाणित.

'attic ('ऐटिक्) *n* अटारी.

at'tire (अ'टाइअर) *v* & *n* कपड़े, कपड़े पहनाना.

'attitude ('ऐटिटयूड्) *n* **1** भाव-भंगिमा. **2** मनोवृत्ति.

at'torney (अ'टर्नि) *n* न्यायवादी, अटार्नी, वह व्यक्ति जिसे दूसरे की ओर से कारवाई अथवा कानूनी कार्य करने का कानूनी अधिकार है.

at'tract (अ'ट्रैक्ट्) *v* **1** आकर्षित करना. **2** (किसी कार्य में) रुचि जाग्रत करना; ध्यान

आकर्षित करना. **—ion** *n* (अ'ट्रैक्शन्) आकर्षण. **—ive** *adj* आकर्षक.

'attribute ('ऐट्रिब्यूट्) *n* **1** किसी व्यक्ति अथवा वस्तु का लक्षण (गुण, चिह्न या संकेत). **2** विशिष्ट लक्षण (किसी वस्तु या व्यक्ति का). **at'tribute** (अ'ट्रिब्यूट्) *v* **— to,** कारण ठहराना, उत्तरदायी मानना. **at'tributive** (अ'ट्रिब्युटिव्) *adj* (व्याकरण) गुणवाचक जैसे 'the old man' में *old* एक गुणवाचक विशेषण है.

'auburn ('ऑबर्न्) *adj* कपिश, सुनहरा.

'auction ('ऑक्शन्) *n* नीलाम, सार्वजनिक बिक्री जहाँ सबसे अधिक दाम लगाने वाले को सामान बेचा जाता है. *v* नीलाम करना. **ˌauctio'neer** *n* नीलाम करने वाला.

au'dacious (ऑ'डेशस्) *adj* ढीठ; साहसी. **au'dacity** (ऑ'डैसिटि) *n* साहस, हिम्मत (ढिठाई दिखाने की); ढिठाई.

'audible ('ऑडिब्ल्) *adj* कम से कम इतने जोर की ध्वनि कि सुनी जा सके, श्रव्य.

'audience ('ऑडिअन्स्) *n* **1** श्रोतागण; दर्शक गण. **2** शासक से भेंट या मुलाकात.

'audit ('ऑडिट्) *v* हिसाब-किताब की जाँच करना, अंकेक्षण करना. *n* हिसाब-किताब की जाँच, अंकेक्षण. **—or** ('आडिटर्) *n* — करने वाला; लेखापरीक्षक.

ˌaudi'torium (ऑडि'टॉरिअम्) *n* सभाभवन, प्रेक्षागृह.

aught (ऑट्) *n* (साहित्यिक शैली) कुछ भी.

aug'ment (ऑग्'मेन्ट्) *v* बढ़ना, बढाना.

'August ('ऑगस्ट्) *n* अगस्त (वर्ष का आठवाँ महीना).

aunt (आन्ट्) *n* पिता या माता की बहिन; चाचा या मामा की पत्नी.

aus'picious (ऑस्'पिशस्) *adj* शुभ; सफलता सूचक.

aus'tere (ऑस्'टिअर्) *adj* **1** नैतिकता पर बल देना वाला व्यक्ति, कठोर. **2** सरल और आडम्बरहीन; अलंकरणहीन. **aus'terity** (ऑस्'टेरिटि) *n* संयम; सरलता; तपस्या.

au'thentic (आ'थ़ेन्टिक्) *adj* प्रामाणिक, असली; सच्चा.

'author(ess) ('ऑथ़र्, 'ऑथ़रिस्) *n* लेखक, (लेखिका).

au'thority (ऑ'थ़ॉरिटि) *n* **1** आदेश देने का अधिकार. **2** ऐसे अधिकार रखने वाला व्यक्ति. **3** विशेषज्ञ, अधिकारी विद्वान्; सूचना, प्रमाण आदि देने वाला ग्रंथ. **au'thoritative** (ऑ'थ़ॉरिटेटिव्) *adj* आधिकारिक, प्रामाणिक. **'authorize** ('औथ़्राइज़) *v* अधिकार देना.

ˌautobi'ography (ऑटोउबाइ'ऑग्रफ़ि) *n* आत्मकथा, आत्मचरित.

'autocrat ('ऑट्क्रैट्) *n* निरंकुश शासक, तानाशाह. **ˌauto'cratic** (ऑट्'क्रैटिक्) *adj* स्वेच्छाचारी, एकतंत्रीय.

'autograph ('ऑट्ग्राफ़) *n* अपने हाथ से लिखा हुआ पत्र इत्यादि, विशेषकर स्वाक्षर/हस्ताक्षर.

ˌauto'matic (ऑट्'मैटिक्) *adj* **1** स्वयं चालित (मशीन). **2** बिना पहले से भलीभाँति सोचे किया (कार्य).

ˌauto'mation (ऑट्'मेशन्) *n* स्वचालित (यंत्र); उत्पादन की ऐसी विधि जिससे मनुष्य कम-से-कम और मशीन अधिक-से-अधिक कार्य करती है.

'automobile ('ऑट्मबील्) *n* मोटर कार.

au'tonomy (ऑ'टॉन्मि) *n* स्वशासन, स्वायत्तता. **'autonomous** (औ'टॉन्मस्) *adj* स्वायत्त, अपने आंतरिक मामलों में स्वतंत्र.

'autumn ('ऑटम्) *n* शरत् ऋतु. **au'tumnal** (ऑ'टम्नल्) *adj.*

au'xiliary (ऑग्'ज़िल्यरि) *adj* सहायक; पूरक. *n* सहायता करने वाला व्यक्ति या वस्तु.

a'vail (अ'व़ेल्) *v & n* काम में आना, उपयोगी होना. **—able** (अ'व़ेलब्ल्) *adj* सुलभ. **aˌvaila'bility** (अव़ेल्'बिलिटि) *n* सुलभता.

'avalanche ('ऐव़्लान्श्) *n* हिमस्खलन, बर्फ या पत्थरों का गिरना (पहाड़ों पर).

'avarice ('ऐव़्रिस्) *n* धन-संपत्ति का लोभ. **ava'ricious** (ऐव़्'रिशस्) *adj* धन-लोलुप, कंजूस.

a'venge (अ'व़ेन्ज्) *v* बदला लेना.

'avenue ('ऐव़िन्यू) *n* सड़क जिसके दोनों ओर पेड़ हों; चौड़ा मार्ग; रास्ता.

a'ver (अ'व़र) *v (-rr-)* निश्चयपूर्वक कहना.

ˈaverage (ˈऐव्रिज्) *n* **1** औसत-संख्या. **2** सामान्य स्तर. *adj* औसत निकालने से प्राप्त; सामान्य या साधारण स्तर का. *v* — पता लगाना, — पर पहुँचना.

aˈverse (अˈव़र्स्) *adj* — **to,** के प्रति अनिच्छा रखने वाला, — के प्रतिकूल; — के प्रति रुझान न रखने वाला (*to, from*). **aˈversion** (अˈव़र्शन) *n* अनिच्छा, अरुचि (*to, from*); वह वस्तु जिसके प्रति अनिच्छा या अरुचि है.

aˈvert (अˈव़र्ट्) *v* **1** (निगाहें) फेर लेना. **2** बचा लेना, रोकना.

aviˈation (एवि़ˈएशन्) *n* विमान-चालन (की कला या विद्या). **ˈaviator** (ˈएवि़एट्र) *n* विमान-चालक.

aˈvoid (अˈव़ॉइड्) *v* (से) बचना, (को) दूर रखना. **—able** *adj* परिहार्य, जिससे बचा जा सके. **—ance** (अˈव़ॉइडन्स्) *n* परिहार, बचना.

aˈvow (अˈव़ाउ) *n* कबूल करना, प्रकट रूप से स्वीकार करना. **—al** (अˈव़ाउअल्) *n* स्वीकारोक्ति.

aˈwait (अˈव़ेट्) *v* इन्तज़ार करना, प्रतीक्षा करना.

aˈwake (अˈव़ेक्) *adj* जगा हुआ; जागरूक, चेतन. **ˈwide-aˈwake** पूरी तरह जागरूक, सतर्क.

aˈwaken (अˈव़ेकन्) *v* (*pt* awoke, *pp* aˈwakened) जगाना, सक्रिय होना, सतर्क होना या करना.

aˈward (अˈव़ॉर्ड) *n* न्यायालय का निर्णय; पुरस्कार, इनाम. *v* — देना.

aˈware (अˈव़ेअर्) *adj* जानकार, जानने वाला.

aˈway (अˈव़े) *adv* **1** (स्थान, व्यक्ति से) दूर : *two miles —*. **2** कमी का सूचक : *The water has all boiled –*. **right (straight)** —, तुरंत.

awe (ऑ) *n* भय और श्रद्धा से युक्त आदर. *v* — से भर जाना. **awful** (ऑफ़ुल्) *adv* **1** भयावह, डरावना. **2** बहुत बुरा.

ˈawfully (ˈऑफ़ुलि) *adv* (colloq) अत्यधिक: *That's awfully kind !*

aˈwhile (अˈव़ाइल्) *adv* थोड़ी देर के लिए.

ˈawkward (ˈऑक्व़र्ड्) *adj* **1** बेढंगी (बनी हुई) वस्तु. **2** भद्दी; बिना कुशलता की बनी. **3** असुविधाजनक, कष्टदायक. **—ness** (ˈऑक्व़र्डनिस्) *n*.

awl (ऑल्) *n* चमड़े में छेद करने वाला सूआ. → p 326.

awning (ˈऑनिङ्) *n* तिरपाल जो धूप, बरसात से बचने के लिए डाला जाता है; सायबान.

aˈwoke (अˈव़ोउक्) → aˈwake.

aˈwry (अˈराइ) *adj* & *adv* टेढ़ा-तिरछा; गडबड़; गलत ढंग से.

axe (ऐक्स्) *n* कुल्हाड़ी. → p 326.

ˈaxiom (ˈऐक्सिअम्) *n* स्वयं सिद्ध कथन, वह कथन जो बिना किसी तर्क या प्रमाण के सही माना जाता है. **ˌaxioˈmatic** (एक्सिअˈमैटिक्) *adj.*

ˈaxis (ˈएक्सिस्) *n* (*pl* ˈaxes) अक्ष, धुरी, काल्पनिक रेखा जिसके चारों ओर एक घूमने वाली वस्तु नाचती है.

ˈaxle (ˈएक्स्ल्) *n* धुरी, कीली, वह कीली जिस से पहिया या पहिये घूमते हैं.

ay(e) (आइ) *int* हाँ.

ˈazure (ˈऐश़र्) *adj* & *n* आस्मानी रंग या रंग वाला.

B

baa (बा) *n* बा, भेड़ या मेमने की आवाज़.

ˈbabble (ˈबैब्ल्) *v* (बच्चे के समान) लगातार बोलते रहना; बच्चों की सी बकबक करना; रहस्य या भेद खोलना.

babe (बेब्) *n* छोटा बच्चा.

baˈboon (बˈबून्) *n* बैबून, कुत्ते के से चेहरे वाला बड़ा बंदर. → p 351.

ˈbaby (ˈबेबि) *n* छोटा बच्चा (चलने की अवस्था से पहले). **—hood** (ˈबेबिहुड्) *n* — बने रहने की अवस्था. **—ish** *adj* (ˈबेबिइश्) बचपना, अपरिपक्व बुद्धि वाला.

'bachelor ('बैच्लर्) *n* **1** अविवाहित पुरुष. **2** विश्वविद्यालयों की प्रथम स्नातक उपाधि प्राप्त व्यक्ति.

back (बैक्) *n* **1** पीठ. → p 36. पृष्ठ भाग, पीछे का भाग. **2** किसी वस्तु का वह अंश जो कम काम में आता है या कम महत्वपूर्ण है **'—bone** ('बैक्बोउन्) *n* रीढ़. → p 37. *adv* (स्थान की दृष्टि से) पीछे, (समय की दृष्टि से) पूर्व, पहले : *Put the book — when you have finished reading it.* *v* **1** पीछे हटना या हटाना. **2** समर्थन करना. **— down,** अपना दावा या पद छोड़ना. **— out** *(of)*, भाग निकलना, पीछे हट जाना, मुकर जाना. **— a horse** (घुड़दौड़ में) घोड़े पर दाँव लगाना. **—er** *n* समर्थक; दाँव लगाने वाला. **'—ground** *n* **1** पृष्ठभूमि. **2** (किसी व्यक्ति का) पूर्व अनुभव, शिक्षण आदि. **'—'side** *n* (colloq) कूल्हे. **'—ward** *adj* प्रगति में या पढ़ने में पिछड़ा. **'—'wards** *adv* पीछे (की ओर). **'—wash** *n* स्टीमर, जहाज़ आदि के पीछे पानी का जोरदार बहाव. **'—ˌwater** *n* नदी का वह भाग जहाँ उसकी धारा नहीं पहुँच पाती है. **'—woods** *n* बस्ती से दूर घने जंगल की भूमि.

bacon ('बेकन्) *n* सूअर की बगल या पीठ का नमक लगा अथवा भुना माँस.

bac'teria (बैक्'टिअरिअ) *n pl* वनस्पति जीवन के लघुतम और सरलतम रूप जो हवा, पानी, ज़मीन और ज़िंदा अथवा मुर्दा प्राणी में मिलते हैं, और कभी-कभी रोग उत्पन्न करते हैं, जीवाणु. **'bacteri'ology** (बैक्टिअरि'ऑल्जि) *n* जीवाणु-विज्ञान.

bad (बैड्) *adj* (worse, worst) **1** दुष्ट, बुरा. **2** प्रयोग के लिए अनुपयुक्त (विशेषत: भोजन या पेय). **3** अप्रिय, अरुचिकर (मौसम, समाचार). **4** दुखःदायी, रोगयुक्त : *a bad leg.* **badly** *adv*.

bade (बेड्) *n* →bid.

badge (बैज्) *n* पद, वर्ग आदि बताने के लिए (सामान्यतया छोटे कपड़े या धातु के डिजाइन का) पहना हुआ तगमा, पदक.

'badger ('बैज़र्) *n* छोटा भूरा बिल में रहने वाला जीव, बिज्जू. →p 15. *v* प्रश्न, अनुरोध आदि से किसी व्यक्ति को तंग करना.

'baffle ('बैफ़ल्) *v* रोकना, बाधा डालना; चकरा देना.

bag (बैग्) *n* झोला, थैला. *v* (-gg-) **1** झोले में रखना. **2** थैले की तरह ढीला-ढाला लटके रहना.

bags

'baggy ('बैगि) *adj* उभरा हुआ, फूला हुआ, ढीला-ढाला : *baggy trousers.*

'baggage ('बैगिज्) *n* (किसी यात्री का) सामान.

bail[1] (बेल्) *v* **— sb out,** किसी व्यक्ति को जमानत पर छुड़ाना. *n* जमानत की धनराशि. **go — for sb,** जमानत पर छुड़ाना.

bail[2] (बेल्) *v* नाव आदि में भरे पानी को बालटी आदि से बाहर निकालना, उलीचना.

'bailiff ('बेलिफ़्) *n* (ब्रिटिश न्याय-व्यवस्था में) शेरिफ की सहायता करने वाला न्यायाधिकारी; ज़मींदार या मकान मालिक का कारिंदा.

bait (बेट्) *n* चारा जो कांटे या जाल में डाला जाता है और जिसे खाने के लिए मछली या पशु आकर फंस जाते हैं. *v* चारा डालना; नाराज़ करने के लिए छेड़ना.

baize (बेज़्) *n* मोटा (और प्राय: गहरे हरे रंग का) ऊनी कपड़ा जो मेज़ आदि पर बिछाया जाता है.

bake (बेक्) *v* भट्ठी में पकना या पकाना; पका कर कड़ा करना. **'—r** *n*. **'—ry** *n* बेकरी.

'balance ('बैलन्स्) *n* **1** तराज़ू. **in the —,** अभी तक अनिश्चित (परिणाम). **2** स्थिरता की स्थिति; संतुलन की वह स्थिति जहाँ विभिन्न बल आदि एक दूसरे के प्रभाव को काटते हुए स्थिर हो जाते हैं. **keep (lose) one's —,** सीधे खड़े (न) हो पाना. **3** हिसाब में आय-व्यय का अंतर, शेष. **4** घड़ी में उसकी गति को नियंत्रित करने वाला पुर्जा. *v* **1** संतुलित अवस्था में होना, करना या रखना. **2** दो वस्तुओं, योजनाओं आदि के गुण-दोष पर विचार करना, तौलना.

'balcony ('बैल्कनि) *n* **1** छज्जा, बारजा. **2**

रंगभवन में दुमंजिले पर बनी कुर्सियों की पंक्ति, बाल्कनी.

bald (बॉल्ड्) *adj* **1** गंजा सिर; बिना पत्तों का पेड़ या बिना पंखों की चिड़िया. **2** मुँहफट; सरल, बिना अलंकरण के. ′**—ly** *adv* — रीति से. ′**—ness** (बॉल्ड्निस्) *n* गंजापन.

bale (बेल्) *n* गट्ठर, सामान भेजने के लिए बंधी बोरियाँ या बंडल. *v* **— out,** वायुयान से पैराशूट सहित बाहर कूदना.

balk (बॉक्) *v* **1** रोकना, रास्ते में रोड़ा डालना. **2** (घोड़े का) अड़ जाना.

ball[1] (बॉल्) *n* **1** गेंद. **2** गोल वस्तु, गोला. ′**ball-point (pen)** *n* बॉल्-प्वाइंट् पेन.

ball[2] (बॉल्) *n* **1** नृत्य के लिए सामाजिक जमाव. ′**—room** *n* बाल रूम.

′**ballad** (′बैलड्) *n* गाथा, कथात्मक गीत अथवा कविता.

′**ballast** (′बैलस्ट्) *n* जहाज़ को स्थिर रखने के लिए रखा भारी सामान.

′**ballet** (′बैले) *n* **1** बैले, संगीतात्मक नाटक जो बिना वार्तालाप या गीत के नर्तकों द्वारा अभिनीत होता है. **2** नर्तक मंडली. **3 the —,** रंगमंच नृत्य एक कला के रूप में, नृत्यनाटिका.

bal′loon (ब′लून्) *n* (विशेषतः आकाश में उड़ाया जाने वाला) गुब्बारा.

′**ballot** (′बैलट्) *n* **1** गुप्त मतदान (कागज़ में विशेष चिह्न लगाकर). **2** मतदान-पत्र. *v* मत अर्थात् वोट देना.

balm (बाम्) *n* सुगंधित मलहम; (fig) मन को शांति देने वाला. ′**—y** *adj* गर्म (हवा).

bam′boo (बैम्′बू) *n* बांस, बांस का पेड़.

ban (बैन्) *v* (-nn-) आदेश देना कि ऐसा काम न किया जाए, या ऐसा न बोला जाए या ऐसा प्रयोग में न लाया जाए; प्रतिबंध लगाना. *n* मनाही, प्रतिबंध, निषेधाज्ञा.

ba′nana (ब′नानअ) *n* केला (फल). → p 134.

band (बैन्ड्) *n* **1** (प्रायः बाँधने के काम आने वाली) पट्टी, फीता. **2** किसी वस्तु पर रंग या डिज़ाइन की धारियाँ या पट्टियाँ. **3** (किसी विशेष कार्य के लिए) मनुष्यों का समूह, जैसे, संगीत का बैंड; दल, टोली, मंडली. *v* (लोगों का) किसी विशेष उद्देश्य से साथ-साथ होना, दल बनाना. ′**—age** (′बैन्डिज्) *n* (घावों पर बाँधने व लपेटने की) पट्टी. *v* पट्टी बाँधना.

′**bandit** (′बैन्डिट्) *n* दस्यु, सशस्त्र डाकू (विशेषतः पहाड़ों या जंगलों में).

′**bandy**[1] (′बैन्डि) *v* आगे-पीछे जाना या भेजना; कहा-सुनी; प्रहारों की अदला-बदली.

′**bandy**[2] (′बैन्डि) *adj* (-ier, -iest) वक्रपाद, घुटने से आगे की ओर झुकी टाँग.

bang (बैङ्) *n* **1** ज़ोरदार प्रहार. **2** ज़ोर का स्वर, धमाका. *v* — करना, देना.

′**bangle** (′बैंग्ल्) *n* चूड़ियाँ; कड़ा.

′**banish** (′बैनिश्) *v* दंडरूप देशनिकाला देना; (fig) मन से बाहर निकाल देना. **—ment** (′बैनिशमन्ट्) *n* देश निकाला.

′**banjo** (′बैन्जोउ) *n* बैंजों, एक वाद्य-यंत्र. → p 206.

′**bank**[1] (′बैंक्) *n* **1** ढलुवा भूमि जो प्रायः विभाजन रेखा का कार्य करती है; नदी या नहर का किनारा. **2** (बालू, बर्फ, बादल आदि का) टीला, अम्बार. *v* **1** — बनना या बनाना. **2** (वायुयान का) मुड़ते समय एक बगल से अधिक ऊँचा हो जाना. **— up,** *(a fire)* कोयलों को धीरे-धीरे जलने देना.

bank[2] (बैंक्) *n* बैंक जहाँ रुपयों का लेन-देन होता है. **bank** ′**holiday** *n* वह दिन जब बैंक, कार्यालयों और अधिकांश दूकानों में छुट्टी होती है. ′**—er** *n* बैंकर, साहूकार, महाजन.

′**bankrupt** (′बैंक्रप्ट्) *n* & *adj* दिवालिया व्यक्ति, जो ऋण वापिस करने की स्थिति में न हो. **— in (of),** (fig) पूर्ण अभाव में. **—cy** (′बैंक्रप्सि) *n* दिवाला.

′**banner** (बैनर्) *n* एक या दो डंडों पर लगा झंडा.

banns (बैंज़्) *n pl* विवाह घोषणा, सार्वजनिक सूचना कि अमुक दो व्यक्तियों का चर्च में विवाह होने जा रहा है.

′**banquet** (′बैंक्विट्) *n* भोज, दावत (विशेषतः किसी विशेष घटना के उपलक्ष में, प्रायः सरकारी).

′**banter** (′बैन्टर्) *v* हँसी-मज़ाक में छेड़ना. *n* हँसी-दिल्लगी.

banyan, banian (′बैनिअन्) *n* वट का पेड़.

'**baptism** ('बैप्टिज़्म्) *n* ईसाई चर्च में सदस्य बनाते समय अभिषेक करना (अर्थात् जल छिड़कना) और तब नामकरण करना, बपतिस्मा. **bap'tize** (बैप्'टाइज़्) *v* — करना.

bar (बार्) *n* **1** (धातु की) छड़, शलाका; (साबुन का) डंडा; सोने की सिल्ली. **2** दरवाज़े की अर्गला; (fig) प्रगति का बाधक. **3** नदी के मुहाने पर बालू या कचड़े का टीला. **4** (रंग की) महीन धारी या पट्टी. **5** (कचहरी में कैदी के खड़े होने का) कठघरा. **6 the Bar,** तकालत का पेशा, बैरिस्टरी, बैरिस्टर. **7** (होटल, रेस्तराँ में) काउंटर जहाँ पेय बिकता है या पिया जाता है. **8** (संगीत) समान समय का विभाजन करने वाली खड़ी रेखा; स्वरों का ऐसा विभाग. *v* (-rr-) अर्गला या रोक लगाना; किसी को किसी कार्य से रोकना. *prep* (**'barring** भी) को छोड़ कर. **'barmaid, 'barman** *n* काउन्टर पर पेय प्रस्तुत करने वाला.

barb (बार्ब्) *n* काँटा; पीछे की ओर मुड़ी तीर या भाले की नोक. **'—ed 'wire** *n* कंटीला तार जो प्रायः बाड़ में लगाया जाता है.

bar'barian (बार्'बेअरिअन्) *n* बर्बर, असभ्य और असंस्कृत व्यक्ति. **bar'baric** (बार्'बैरिक्) *adj* असभ्य व्यक्ति की भाँति (आचरण). **'barbarous** ('बार्बरस्) अतिकठोर, अति-निर्मम. **'barbarism** *n* असभ्य रहने की स्थिति, बर्बरता. **bar'barity** (बार्'बैरिटि) *n* (esp) जंगली क्रूरता.

'barber ('बार्बर्) *n* नाई, हज्जाम.

bare (बेअर्) *adj* (-r, -st) **1** नग्न, खुला हुआ, बिना अलंकरण के. **2** केवल : *a — possibility* *v* उघाड़ना; खोलना, प्रकट करना. **'—ly** ('बेअरलि) *adv* **1** — रीति से, केवल, मात्र. **2** कदाचित् ही, शायद ही.

'bargain ('बार्गिन्) *n* **1** सौदेबाजी. **2** सौदा. **into the —**, कुछ अधिक. **3** कोई सस्ता सौदा. *v* — करना. **not — for,** प्रत्याशा न करना, तैयार न होना.

barge (बार्ज्) *n* बजरा, नौका.

bark[1] (बार्क्) *n* (पेड़ की) छाल. *v* छाल छोड़ना.

bark[2] (बार्क्) *n* & *v* (कुत्ते का) भौंकना.

'barley ('बार्लि) *n* जौ.

barn (बार्न्) *n* खलिहान, खत्ता.

ba'rometer (ब'रॉमिटर्) *n* वायु दाब नापने वाला उपकरण जिससे मौसम और समुद्रसतह से ऊँचाई का पता चलता है.

baron ('बैरन्) *n* (इंग्लैंड में) निम्नतम श्रेणी का संभ्रांत व्यक्ति, सामन्त; (दूसरे देशों में) संभ्रांत व्यक्ति. **—ess** ('बैर्निस्) *n* — की पत्नी. **'—y** ('बैरनि) *n* — का पद. **'—et** ('बैर्निट्) *n* — से छोटा, जिनके यहाँ *Sir* की उपाधि पिता से पुत्र को मिलती है.

'barrack ('बैरक्) *n* (सामान्यतया *pl*) बैरेक, फौजियों के रहने के भवन.

'barrage ('बैराश़) *n* **1** बाँध, बराज. **2** लगातार ज़ोर की गोलाबारी.

'barrel ('बैरल्) *n* **1** लकड़ी का ढोलनुमा पीपा. **2** बंदूक की नाल, रिवाल्वर की नली.

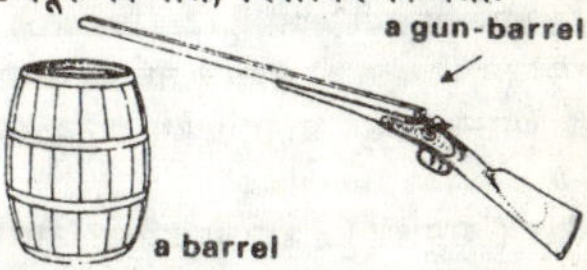

'barren ('बैरन्) *adj* निष्फल (पेड़), बंजर (भूमि), बाँझ (स्त्री).

,barri'cade (बैरि'केड्) *v* & *n* किसी स्थान के आगे या बीच में रक्षा या बाधा के लिए ठेलों या पीपों आदि की दीवार सी बनाना, मोरचा.

'barrier ('बैरिअर्) *n* चुंगी लेने की रोक; प्रगति या यातायात रोकने या नियंत्रित करने का साधन.

'barring ('बारिङ्) → bar.

'barrister ('बैरिस्टर्) *n* बैरिस्टर; उच्च न्यायालय में बहस करने के अधिकार वाला वकील.

'barrow ('बैरोउ) *n* एक या दो पहियों का हथ-ठेला.

'barter ('बार्टर्) *v* & *n* वस्तु विनिमय, सामान को किसी सामान के बदले में (न कि रुपये आदि मुद्रा से) खरीदना या बेचना.

base[1] ('बेस्) *n* (*pl* 'bases) **1** आधार; नींव, पेंदा, तल. **2** अड्डा जहाँ अभियान या आक्रमण करते समय स्टोर रखा जाता है. **3** खेल में दौड़ की प्रारंभ रेखा. **4** पदार्थ जिसमें और चीजें

मिलाई जाती है. 5 (रसायन) क्षारक, बेस. *v* **— on,** पर आधारित होना, आधार बनाना. **ˈ—less** *adj* निराधार, अकारण. **ˈ—ment** *n* बिल्डिंग का वह अंश जो पूर्णतः या अंशतः भूमि के नीचे हो, तहख़ाना.

base[2] (बेस्) *adj* (-r, -st) **1** नीच, कमीना, स्वार्थी. **2** घटिया (धातु), खोटा (सिक्का).

ˈbases (ˈबेसिज़्) → base, ˈbasis.

bash (बैश्) *v* (colloq) जबर्दस्त टक्कर मारना.

ˈbashful (ˈबैश्फ़ुल्) *adj* शर्मीला, संकोची.

ˈbasic (ˈबेसिक्) *adj* आधारभूत; मूल (सिद्धान्त); बुनियादी.

ˈbasin (ˈबेस्न्) *n* **1** चिलमची, तसला. **2** कुंड, हौज. **3** भूमि से घिरा गहरा बंदरगाह. **4** भूमि का वह क्षेत्र जहाँ का पानी नदी द्वारा बहा लिया जाता है.

ˈbasis (ˈबेसिस्) *n* (*pl* ˈbases) **1** पदार्थ जिसमें और चीजें मिलायी जाती हैं. **2** (विशेषतः) वे तथ्य जिन पर बहस की जाती है, तर्क का आधार.

bask (बास्क्) *v* धूप खाना, धूप में आनंद लेना : *—ing in the sunshine.*

ˈbasket (ˈबास्किट्) *n* डोलची, डलिया, टोकरी.

ˈbass[1] (बेस्) *n* (**ˈdouble-ˈbass**) बहुत बड़ा तारों वाला वाद्य यंत्र. → p 206.

ˈbass[2] (बेस्) *adj* भारी आवाज़, (संगीत में) मन्द्र; *n* स.रे.ग.म. में सबसे नीचा 'स'; भारी आवाज़ का पुरुष गायक.

ˈbastard (ˈबैस्टर्ड्) *n* अविवाहित माता-पिता का पुत्र.

bat[1] (बैट्) *n* (क्रिकेट का) बल्ला. *v* (-tt-) बल्ले को काम में लाना. **ˈbatsman, ˈbatter** *n* बल्लेबाज.

bat[2] (बैट्) *n* चमगादड़.

batch (बैच्) *n* बैच, टुकड़ी; अनुवर्ग; दल, समूह.

bated (ˈबेटिड्) *adj* **with — breath,** फुस-फुसाहट-सी आवाज़ के साथ.

bath (बाथ़्) **1** स्नान. **2 (bath-tub),** स्नान का टब. *v* स्नान करना या कराना.

bathe (बेद़्) *v* **1** समुद्र, नदी आदि में तैरने के लिए जाना. **2** नहाना. **3** (रोशनी के लिए) पूरा स्थान जगमगा देना. *n* नहान स्थान, विशेषतः तैरने के लिए.

batˈtalion (बˈटैल्यन्) *n* थलसेना की करीब 1000 सिपाहियों की टुकड़ी, बटैलियन.

ˈbatter[1] (बैटर्) *v* किसी को चकनाचूर या कुचल देने के लिए कस कर टक्कर मारना.

ˈbatter[2] (बैटर्) *n* (बेकरी में) फिटी हुई मैदा और अंडे की लपसी.

ˈbattery (ˈबैट्रि) *n* **1** तोपखाना. **2** बैटरी, जिसके सेलों में बिजली की धारा बहती है.

ˈbattle (ˈबैट्ल्) *n* लड़ाई (दो सेनाओं के बीच), युद्ध.

ˈbattlement (ˈबैट्लमन्ट्) *n* किले की दीवारों पर तोपें या तीर चलाने के लिए बने स्थान, फ़सील, परकोटा.

bawl (बॉल्) *v* चिल्लाना, चीखना.

bay[1] (बे) *n* खाड़ी, जैसे बंगाल की खाड़ी.

bay[2] (बे) *n* (भवन का) खंड या कक्ष; (दीवार का) आला.

bay[3] (बे) *n* कुत्तों की गहरी भौंक, विशेषतः शिकार के समय. **at bay,** विवश हो कर या मजबूरन मुड़कर आक्रमण करना. **hold (keep) at bay,** (आक्रमणकारियों को) दूर रखना. *v* (बड़े कुत्तों का) भौंकना.

ˈbayonet (ˈबेइअनिट्) *n* (राइफिल के आगे लगी) संगीन. *v* संगीन से घायल करना या मारना.

baˈzaar (बˈज़ार्) *n* **1** बाजार. **2** मामूली सस्ती चीजें बेचने वाली दुकान. **3** दान के लिए बेच कर पैसा इकट्ठा करना.

be (बि/बी) *v* (*present tense* am, is, are; *pt* was, were; *pp* been) होना; रहना, घटित होना. **been to,** मिलने गया था. **the....-to-be,** भावी, होने वाला : *the mother-to-be* भावी माता.

be–उपसर्गः सर्वत्र. **be-grimed,** सर्वत्र गन्दा पड़ा हुआ. **be-flagged,** सर्वत्र झंडे लगे हुए.

beach (बीच्) *n* समुद्र का तट जो ज्वार-भाटा में जल से भर जाता है, बीच. *v* — पर नाव चलाना.

ˈbeacon (ˈबीकन्) *n* (जहाज़ों और विमानों को चेतावनी देने के लिए समुद्र या पर्वतों पर लगा) प्रकाशस्तंभ.

bead (बीड्) *n* **1** माला का दाना, मनका. **2** (पसीने की) बूंद. **—y** *adj* छोटा और चमकदार.

beak (बीक्) *n* चोंच. → p 33.

'beaker ('बीकर्) *n* बीकर, छोटी टोंटी का पात्र.

beam (बीम्) *n* **1** शहतीर, धरन (लकड़ी का लंबा मोटा लट्ठा). **2** जहाज़ की चौड़ाई. **on** (जहाज़) उलटने के करीब. **3** तराजू की डंडी, तुलादंड. **4 (sun—)** किरण; निर्दिष्ट रेडियो लहर; (fig) मुस्कान. *v* बिखेरना. फैलाना; मुस्कराना (*at*).

bean (बीन्) *n* बीन, सेम. → p 340. अन्य पौधों के बड़े बीज : *coffee —s.*

bear[1] (बेअर्) *v* (*pt* bore, *pp* borne) **1** ढोना, (भार) वहन करना. **— arms,** सिपाही बनना; शस्त्रास्त्र रखना. **2** (*pp* born) उत्पन्न करना, फलना, जन्म देना. **3** सहना, बरदाश्त करना (दुःख, पीड़ा आदि). **4** प्रदर्शित करना (चिह्न, साक्ष्य, समानता, प्रेम आदि). **5 — sb company,** किसी व्यक्ति के साथ होना या जाना. **— up,** वीरता से सामना करना (*against*), दुर्बलता न दिखाना. **— down on,** आक्रमण करना, ज़ोरों से दबाना. **— on,** प्रभावित करना; निर्दिष्ट करना. **— out,** सहगत होना, समर्थन करना. **— in mind,** याद रखना. **— oneself** (*well, like a man, etc*), आचरण करना. **— straight on, to the right,** (सीधे) चलना या जाना. **'—able** *adj* सहनीय. **'—er** *n* **1** वहन करने वाला (बोझा, संदेश), (समाचार) ले जाने वाला. **2** बैंक में भुगतान के लिए चेक प्रस्तुत करने वाला. **3** बैरा, घरेलू नौकर, कुली.

bear[2] (बेअर्) *n* **1** भालू, रीछ. → p 351. **Great Bear, Little Bear,** सप्तर्षि, लघु सप्तर्षि (तारा-समूह). **2** उजड्ड, गँवार व्यक्ति.

beard (बिअर्ड्) *n* दाढ़ी. **—ed** *adj* दाढ़ीवाला. **—less** *adj.*

'bearing ('बेअरिङ्) *n* **1** संबंध (एक वस्तु का दूसरी वस्तु से). **2** बेयरिंग, मशीन का वह अंग जो अन्य चलशील अंगों को धारण करता है. **ball —s,** छोटे-छोटे छर्रे जो मशीन में घर्षण कम करने के लिए डाले जाते हैं. **3** दिशा-स्थिति, एक स्थान के संबंध में दूसरे स्थान की स्थिति. **lose one's —s,** अपनी स्थिति के संबंध में सशंकित होना. **find (get) one's —s. 4** चाल ढाल : *a soldierly —.*

beast (बीस्ट्) *n* **1** पशु, चौपाया. **2** घृणित व्यक्ति, नरपशु. **'—ly** *adj* (colloq) जघन्य, घृणित.

beat (बीट्) *v* (*pt* beat, *pp* beaten) **1** (हाथ, डंडे आदि से) पीटना, मारना; (धूप, प्रकाश, वर्षा आदि का) आना; प्रहार करके दंडित करना. **2** जीतना, हराना; बेहतर होना. **3** (हृदय, चिड़िया के पंख आदि का) धड़कना, फड़फड़ाना आदि. **— time,** संगीत में ताल देना. *n* **1** चोट, आघात (नियमित और पुनरावर्ती). **2** ताल. **3** (गश्त का) मार्ग. **—ing** *n* (विशेषतः) पराजय; प्रहारों द्वारा दंड.

'beauty ('ब्यूटि) *n* सुन्दरता, रमणीयता, खूबसूरती. **'beauty-spot** *n* प्राकृतिक रमणीय स्थल. **'beautiful** ('ब्यूटिफ़ुल) *adj* **'beautifully** *adv* ('ब्यूटिफ़ुलि).

'beaver ('बीव़र्) *n* ऊदबिलाव ऐसा प्राणी जो पानी और भूमि पर समान रूप से रहता है और अपने नरम भूरे फर के लिए प्रसिद्ध है. → p 15.

be'calmed (बि'काम्ड्) *adj* (जहाज़ का) हवा न होने के कारण रुका रहना.

be'came (बि'केम्) → **become.**

be'cause (बि'कॉज़) *conj* क्योंकि. **— (of),** के कारण, के फलस्वरूप.

'beckon ('बेकन्) *v* इशारे से बुलाना.

be'come (बि'कम्) *v* (*pt* be'came, *pp* be'come) **1** होना, बनना. **2 — of,** घटित होना. **3** ठीक लगना; जँचना.

bed (बेड्) *n* **1** पलंग, चारपाई, खाट. **2** आधार, नींव. **3** (पत्थर, मिट्टी आदि की) तह, परत. **4** तल (नदी, समुद्र आदि का) : *the sea-bed, a river-bed.* **5** क्यारी. *v* (-dd-) बिछौना देना. **'bed-clothes** *n* चादर-चद्दर, कंबल आदि. **bed-ridden** *adj* शय्याग्रस्त. **'bedroom** *n* शयन कक्ष. **'bedtime** *n* सोने का समय.

'bedlam ('बेड्लम्) *n* कोलाहल की स्थिति; गुलगपाड़ा, गड़बड़.

ˈ**Bedouin** (ˈबेडूइन्) *n* बद्दू (उत्तरी अफ्रीका, सीरिया, अरब आदि का निवासी).

bee (बी) *n* शहद की मक्खी. →p 168. **make a bee-line for,** सबसे सीधे रास्ते से जाना. **beehive** *n* मधुमक्खी का छत्ता.

beef (बीफ़्) *n* गोमांस.

been (बिन्/बीन्) →be.

beer (बिअर) *n* बिअर (एक प्रकार का मादक पेय).

beet (बीट्) n चुकंदर.

ˈ**beetle** (ˈबीटल्) n एक प्रकार का भृंग. →p 168.

beˈfall (बिˈफ़ॉल्) *v* (*pt* befell, *pp* befallen) घटित होना, आ पड़ना.

beˈfitting (बिˈफ़िटिङ्) *adj* उपयुक्त, उचित.

beˈfore (बिˈफ़ॉर्) *prep, adv & conj* (समय की दृष्टि से) पहले, पूर्व, (स्थान की दृष्टि से) सामने, आगे.

beˈforehand (बिˈफ़ॉर्हैन्ड्) *adv & adj* पहले से; तैयारी से.

beˈfriend (बिˈफ़्रेन्ड्) *v* मित्र के समान आचरण करना.

beg (बेग्) *v* (-gg-) भीख माँगना; भावपूर्वक अनुरोध करना, प्रार्थना करना. **I beg your pardon,** (a) मुझे खेद है, (b) कृपया फिर से कहिए. **go begging,** अनचाहा या अवांछित हो जाना. **beg off,** क्षमा माँगना.

beˈgan (बिˈगैन्) →**begin.**

beˈget (बिˈगेट्) *v* (*pt* beˈgot, *pp* beˈgotten) **1** (old use) पैदा करना (पिता के रूप में). **2** का कारण बनना: *War begets misery and ruin.*

ˈ**beggar** (ˈबेगर्) *n* भिखारी, भिक्षु. *v* गरीब बनाना; नष्ट करना. **—ly** *adj* निर्धन, भिखारी के योग्य.

beˈgin (बिˈगिन्) *v* (*pt* began, *pp* begun) आरंभ करना, शुरू करना: *It's time to — work;* प्रवर्तन करना. **—ing** (बिˈगिनिङ्) *n* प्रारंभ; प्रवर्तन.

beˈgrudge (बिˈग्रज्) *v*=grudge, ईर्ष्या करना.

beˈguile (बिˈगाइल्) *v* **1** ठगना; बहकाना. **2** जी बहलाना.

begun (बिˈगन्) → begin.

beˈhalf (बिˈहाफ़्) *n* **on (in) — of,** के पक्ष में, की ओर से. **on (in) his (her) —,** उसकी ओर से, उसके वास्ते.

beˈhave (बिˈहेव्) v आचरण करना, व्यवहार करना. **beˈhaviour** (बिˈहेव्यर्) *n* आचरण, व्यवहार.

beˈhead (बिˈहेड्) *v* सिर काट देना.

beˈheld (बिˈहेल्ड्) →behold.

beˈhind (बिˈहाइन्ड्) *prep & adv* पीछे, पीछे की ओर.

beˈhindhand (बिˈहाइन्ड्हैन्ड्) *adv* विलम्ब से; पिछड़ा हुआ.

beˈhold (बिˈहोउल्ड्) *v* (*pt & pp* beˈheld) देखना (विशेषतः कुछ असामान्य); ध्यान देना.

ˈ**being** (ˈबीइङ्) *n* सत्ता, अस्तित्व; मानव, प्राणी. **the Supreme B—,** परमेश्वर, परमात्मा.

beˈlabour (बिˈलेबर्) *v* बुरी तरह पीटना.

beˈlated (बिˈलेटिड्) *adj* विलम्ब से आया या किया हुआ; अंधकार से ढका हुआ.

belch (बेल्च्) *v* डकार लेना. *n* डकार.

beˈlie (बिˈलाइ) *v* झूठा साबित करना; काम पूरा न करने के कारण निराश कर देना.

beˈlief (बिˈलीफ़्) *n* विश्वास, धारणा; आस्था. **to the best of my —,** अपनी जानकारी में.

beˈlieve (बिˈलीव्) *v* विश्वास करना, सही मान लेना: *I — that statement. I — you.* **— in,** (a) उस में विश्वास रखना; (b) उसके मूल्य के प्रति आश्वस्त रहना; (c) उसकी सत्ता में विश्वास रखना.

bell (बेल्) *n* घंटा, घंटी. **one — to eight —s** (जहाज़ पर हर आधे घंटे पर घंटा बजता है) चार घंटे का कार्यकाल जिस अवधि में आठ बार घंटे बोल जाते हैं.

belˈligerent (बिˈलिज्रन्ट्) *n* युद्ध में संलग्न देश या दल. *adj* लड़ाकू, आक्रामक.

ˈ**bellow** (ˈबेलोउ) *n* चीखना, चिल्लाना (दर्द के कारण); गाय-बैल का चिल्लाना. *v* गरजना.

ˈ**bellows** (ˈबेलोउज़) *n* धौंकनी.

'belly ('बेलि) *n* पेट, उदर.

be'long (बि'लॉङ्) *v* **1** — **to,** की संपत्ति होना; का सदस्य होना; का निवासी होना. **2** उचित अथवा उपयुक्त स्थान रखना. —**ings** *n pl* सामान, चल सम्पत्ति.

be'loved (बि'लव्ड्) *n & adj* प्रियतम, प्रेयसी; परमप्रिय.

below (बि'लोउ) *adj & prep* नीचे.

belt (बेल्ट्) *n* **1** (कमर की) पेटी, बेल्ट. **2** (मशीन का) पट्टा. **3** (भौगोलिक) क्षेत्र. *v* —से बांधना.

bench (बेन्च्) *n* **1** बेंच (लकड़ी या पत्थर की). **2** (कारीगर की) मेज़. **3 the Bench,** न्यायाधीश का आसन; न्यायालय; न्यायाधीश (समूह). **raised to the —,** न्यायाधीश बनाना.

bend (बेन्ड्) *v* (*pt & pp* bent) **1** मोड़ना, झुकाना. **2** (ध्यान, चित्त आदि को किसी ओर) लगाना, प्रवृत्त करना. **bent on,** दृढ़संकल्प, अपने लक्ष्य या उद्देश्य के लिए स्थिर. *n* मोड़, घुमाव, झुकाव.

be'neath (बि'नीथ्) *prep & adv* नीचे; निम्नतर.

,bene'diction (बेनि'डिक्शन्) *n* आशीर्वाद, शुभकामना.

'benefactor ('बेनिफ़ैक्टर) *n* दानी, उपकारी (विशेषतः जो स्कूल, अस्पताल जैसी सार्वजनिक संस्थाओं को बड़ी धनराशि दान में देता है).

bene'ficial (बेनि'फ़िशल्) *adj* लाभकारी, हितकारी.

benefit ('बेनिफ़िट्) *n* सहायता, लाभ, सुधार; किसी के द्वारा या किसी के लिए लाभ या हित का कार्य. *v* लाभ या फ़ायदा पहुँचना (*by*).

be'nevolent (बि'नेवलन्ट्) *adj* परोपकारी, हितचिंतक. **benevolence** (बि'नेव्लन्स्) *n* परोपकार, शुभचिंतन.

be'nign (बि'नाइन्) *adj* उदार और सौम्य, भला; हल्का रोग जो गंभीर अथवा घातक न हो.

bent (बेन्ट्) *n* झुकाव; रुझान, रुचि. → bend.

be'queath (बि'क्विद्) *v* वसीयत करना (अर्थात् मरने के बाद धनसंपत्ति किस प्रकार लोगों में बँटेगी इस का निर्णय करना).

be'quest (बि'क्वेस्ट्) *n* वसीयत, रिक्थदान.

be'reaved (बि'रीव्ड्) *adj* शोक संतप्त (किसी प्रियजन की मृत्यु के बाद); जिसका कोई प्रियजन मृत्यु ने छीन लिया हो. **be'reavement** (बि'रीव्मन्ट्) *n* ग़मी, शोक. **be'reft** (बि'रेफ़्ट्) *adj* — **of,** से वंचित.

'berry ('बेरि) *n* बेर, बेर की तरह के फल : *strawberries.*

berth (बर्थ्) *n* **1** रेलगाड़ी या जहाज़ में शयन-स्थान; शायिका. **2** गोदी, नदी या बंदरगाह में जहाज़ के रुकने का स्थान. **3** (colloq) कार्य, पद या नौकरी.

be'seech (बि'सीच्) *v* (*pt & pp* be'sought) अनुनय करना, विनयपूर्वक माँगना.

be'set (बि'सेट्) *v* (-tt-) (*pt & pp* be'set) सभी दिशाओं से हमला करना; घेरना.

be'side (बि'साइड्) *prep* बगल में, पास में. — **the point,** तर्क या दलील से बिलकुल असंबद्ध. —**s** (बि'साइड्ज़्) *prep & adv* के अतिरिक्त, के साथ-साथ.

be'siege (बि'सीज्) *v* **1** (नगर, किले आदि का) घेरा डालना. **2** — **with** (*questions,* आदि), (प्रश्नों आदि की) बौछार करना.

be'sought (बि'सॉट्) → beseech.

best (बेस्ट्) *adj & adv* → good.

'bestial ('बेसट्यल्) *adj* पशुवत्, पशुतुल्य; क्रूर.

'bestir (बि'स्टर्) *v* (-rr-) — **oneself,** दौड़-धूप करना; बहुत व्यस्त होना.

be'stow (बि'स्टोउ) *v* — **sth on sb,** देना, अर्पित करना.

be'stride *v* (बि'स्ट्राइड्) *v* (*pt* be'strode, *pp* be'stridden) टांगे फैला कर बैठना या खड़े होना.

bet (बेट्) *v* (-tt-) (*pt & pp* bet) बाज़ी लगाना, दाँव लगाना, शर्त लगाना. *n* दाँव, बाज़ी.

'betel ('बीटल्) *n* पान. — **-nut** सुपारी.

be'tray (बि'ट्रे) *v* **1** विश्वासघात करना, धोखा देना. **2** भेद खोल देना. **3** संकेत देना. —**al** (बि'ट्रेअल्) *n* विश्वासघात.

be'troth (बि'ट्रोउद्) *v* (सामान्यतया *pp* में) **be —ed,** जिसकी सगाई या मँगनी हो गई है.

'better ('बेटर्) *adj & adv* → good. **get the**

— **of,** पराजित करना, हराना. — **off,** संपन्न, धनी, सुविधाएँ रखने वाला. *v* सुधारना.

be'tween (बि'ट्वीन्) *prep* (प्रायः दो वस्तुओं, स्थानों, विचारों आदि को पृथक् करता हुआ) बीच. **1** (स्थान): *the letter B comes — A and C.* **2** (समय): *— 1 o'clock and 2 o'clock.* **3** (दूरी, मात्रा): *— five and six miles; — twenty and twenty-five degrees.* **4** से तक : *This ship sails — Bombay and Goa.* **5** (दो में बँटवारा दिखाने के लिए): *Divide (share) the money — you.* **6** (संबंधसूचक): *quarrels — nations; distinction — right and wrong. adv* बीच या मध्य के समय या स्थान में : *we worked in the morning and played football later, with a quick lunch —.* **in —,** बीच में, मध्यवर्ती.

bevel ('बेव्ल्) *n* कटाव. *v* (-ll-) — बनाना.

beverage ('बेव्रिज्) *n* पेय पदार्थ (जैसे, कॉफ़ी, चाय).

be'ware (बि'वेअर) *v* सचेत रहना; सावधान होना या रहना (*of*); दूर रहना, अलग रहना.

be'wilder (बि'विल्डर्) *v* घबड़ा देना: हक्का-बक्काकर देना, चकरा देना. **—ment** (बि'विल्डर्मन्ट) *n* घबराहट; सम्भ्रम.

be'witch (बि'विच्) *v* **1** जादू करना. **2** मोहित करना.

be'yond (बि'यॉन्ड्) *adv & prep* की दूसरी ओर; और आगे; के परे : *That's — a joke.*

bi- उपसर्ग : दुहरा, दो में से एक का आना; दो रखना (हिंदी उपसर्ग : द्वि).

'bias ('बाइअस्) *n* **1** पक्षपात, पूर्व-आग्रह. **2 cut on the —,** तिरछे बीच से काटना. *v* (*pt & pp* 'biased या 'biassed) पक्षपात करना, तरफदारी करना.

bib (बिब्) *n* बच्चों के दूध पीते समय या खाना खाते समय जो कपड़ा गले में बाँधा जाता है, बिब; एप्रन का ऊपरी हिस्सा.

'Bible ('बाइब्ल्) *n* ईसाईयों का धर्मग्रंथ, बाइबिल. **biblical** ('बिब्लिकल्) *adj* — विषयक.

bibli'ography (बिब्लि'ऑग्रफ़ि) *n* ग्रंथसूची, पुस्तकसूची.

'biceps ('बाइसेप्स्) *n* ऊपरी बाँह के सामने की मांसपेशी.

'bicycle ('बाइसिक्ल) (colloq bike, बाइक्) *n* साइकिल, बाइक. **'motor-bike** *n* मोटर साइकिल.

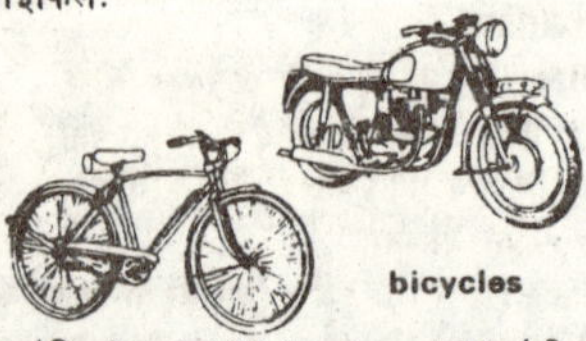

bicycles

bid (बिड्) *v* (-dd-) (*pt & pp* bid) (नीलाम आदि में) बोली लगाना. *n* बोली. **make a bid for,** पाने का प्रयत्न करना.

bide (बाइड्) *v* — **one's time,** अवसर की प्रतीक्षा (इन्तज़ारी).

bier (बिअर्) *n* अरथी (जिस पर मुर्दा ले जाते हैं), कफ़न-बाक्स.

big (बिग्) *adj* ('bigger, 'biggest) बड़ा (आकार में); अधिक महत्व वाला.

'bigamy ('बिग्मि) *n* दो पत्नियाँ या दो पति रखना. **'bigamous** ('बिग्मस्) *adj* : *a bigamous marriage.* **'bigamist** ('बिग्मिस्ट) *n.*

'bigoted ('बिग्टिड्) *adj* कट्टर; धर्मान्ध.

bike (बाइक्) *n* → bicycle.

bi'lingual (बाइ'लिंग्वल्) *adj* द्विभाषी, दो भाषाएँ जानने वाला.

'bilious ('बिल्यस्) *adj* पाचनशक्ति क्षीण होने के कारण रोगी, पित्तदोषी; चिड़चिड़ा.

bill[1] (बिल) *n* चोंच.

bill[2] (बिल्) *n* **1** बिल, सामान या सेवा के एवज़ में प्राप्य धनराशि का हिसाब. **2** इश्तहार, हस्तलिखित अथवा मुद्रित विज्ञप्ति, प्रायः दीवालों पर चिपकाने या हाथों हाथ बाँटने के लिए. **3** संसद् में प्रस्तुत विधेयक. **4 Bill of Exchange,** हुंडी. *v* विज्ञापन द्वारा प्रचारित करना.

billet ('बिलिट्) *n* सिपाहियों के टिकाने के लिए गैर-सैनिक स्थान. *v* — **on,** इस प्रकार टिकाना.

billion ('बिल्यन्) *n* (*pl* 'billion) (ग्रेट ब्रिटेन में) दस खरब, (अमेरिका में) एक अरब.

'billow ('बिलोउ) *n* समुद्र में विशाल तरंग; (*pl*) समुद्र. *v* बड़ी लहरों के समान उमड़ना या लहराना.

bin (बिन्) *n* अनाज, कोयला या कूड़ाकर्कट रखने का बड़ा ढक्कनदार डिब्बा.

bind (बाइन्ड्) *v* (*pt* & *pp* bound) **1** बाँधना (रस्सी आदि से), लपेटना. **2** साथ-साथ कसना; तह लगाना (कागज, चादर आदि का). **3 — oneself,** वायदे में बँधना. **— sb (over) to keep the peace,** अच्छे आचरण के लिए मुचलका लेना. **'binder** ('बाइन्डर्) *n* व्यक्ति, वस्तु या मशीन जो — करे. **'—ing** *n* किताब की जिल्द.

bi'noculars (बाइ'नॉक्युलर्स्) *n* दूरबीन.

bi'ography (बाइ'ऑग्रफि) *n* जीवनी, जीवन चरित्र (दूसरे के द्वारा लिखा हुआ).

bi'ology (बाइ'ऑलजि) *n* प्राणिविज्ञान, जीवविज्ञान, पशु और पौधों का विज्ञान. **,bio'logical** (बाइअ'लॉजिकल्) *adj* —विषयक. **bi'ologist** (बाइ'ऑल्जिस्ट्) *n* —का ज्ञाता.

bird (बर्ड्) *n* चिड़िया → (देखिए चित्र).

birth (बर्थ्) *n* जन्म. **'birth-control,** संतति-निग्रह. **'—day** n जन्म दिवस. **'birth-rate** *n* जन्मदर (प्रतिवर्ष).

'biscuit ('बिस्किट्) *n* बिस्कुट.

bi'sect (बाइ'सेक्ट्) *v* दो टुकड़ों में करना, द्विभाजित करना. **—ion** *n* द्विभाजन.

'bishop ('बिशप्) *n* बिशप, चर्च व्यवस्था में नगर या जिले का संगठन-पादरी.

some birds

'bison ('बाइस्न्) *n* गवल या जंगली भैंसा, अमेरिकन भैंसा.

bit[1] (बिट्) *n* बहुत छोटा टुकड़ा, अंश. **bit by bit**, थोड़ा-थोड़ा करके. **a bit** (*better*, etc) कुछ, थोड़ा-सा (बेहतर).

bit[2] (बिट्) *n* **1** लगाम (घोड़े की). **2** बरमा, (छेद करने वाले औजार) के आगे का भाग जो काटता या छेद करता है.

bitch (बिच्) *n* कुतिया.

'bite ('बाइट्) *v* (*pt* bit, *pp* 'bitten) दाँतों से काटना; डंक मारना. *n* — से उत्पन्न चोट. **biting** *adj* चुभता हुआ, काटने वाला. **biting cold** *n* कड़ाके की सरदी.

'bitter ('बिटर्) *adj* **1** कड़ुआ, तीखा जैसे सिरका; मीठा का विपरीत. **2** दुखदायक; क्रोध, ईर्ष्या, द्वेष से उत्पन्न या पूर्ण.

'black ('ब्लैक्) *adj* & *n* काला. **give sb a — look, look — at sb,** क्रोध से देखना. **— sheep,** दुश्चरित्र व्यक्ति. **be in sb's — books,** किसी की कृपादृष्टि में न होना. **— flag,** समुद्री डाकुओं की ध्वजा. **— art** जादू-टोना. **—berry** *n* (*pl* —ies) एक प्रकार की झाड़ियों में मिलने वाली छोटी मीठी बेरी. →p 134. **'—en** *v* काला होना या करना. **'—guard** *n* गुण्डा; बदमाश. **'—leg** *n* हड़ताल पर गये आदमियों का काम करने को तैयार व्यक्ति, हड़ताल तोड़ने वाला. **'—list** *v* & *n* काली सूची, अपराधियों (विशेषतः सामाजिक) की सूची. **'—mail** *v* धमका कर धन वसूल करना, दबाव से पैसा ऐंठना. *n* ऐसी धमकी. **'—smith** *n* लोहार. **— out** *n* नगर में रात में अंधकार रखना ताकि शत्रुओं के विमानों को नगर का पता न चल सके.

'bladder ('ब्लैडर्) *n* **1** मूत्राशय, शरीर का वह अंग जहाँ मूत्र एकत्र होता है. **2** फुटबाल के अंदर के रबड़ का फुकना.

blade *n* **1** (ब्लेड्) ब्लेड, चाकू, रेजर आदि की धार. **2** (घास की) महीन पतली पत्ती. **3** नाव के चप्पू का चौड़ा भाग; चौड़ा. **4** → shoulder.

blame (ब्लेम्) *v* दोष देना; गलती का जिम्मेदार ठहराना. *n* दोष; निन्दा, गर्हण. **'—less** *adj* निर्दोष.

blanch (ब्लान्च्) *v* सफेद या हल्का पीला कर देना.

bland (ब्लैन्ड्) *adj* **1** सौम्य, मृदु स्वभाव वाला. **2** कम स्वाद वाला (भोजन आदि).

'blandishment ('ब्लैन्डिश्मन्ट्) *n* (अक्सर *pl*) चापलूसी.

blank (ब्लैंक्) *adj* **1** कोरा (कागज़). **2** भौचक्का, भावशून्य. **3 — wall,** बिना खिड़की या द्वार की दीवार. **— cartridge,** हवाई कारतूस जो केवल आवाज़ करती है. **— verse,** अतुकांत कविता. *n* रिक्तस्थान (मुद्रण या लेखन में); शून्य, रिक्तता. **'—ly** *adv.* **'—ness** *n.*

'blanket ('ब्लैंकिट्) *n* कम्बल.

blare (ब्लेअर्) *n* गरज; तुरही की आवाज़ (cf blast). *v* ऐसी ध्वनि करना.

blas'pheme (ब्लैस्'फ़ीम्) *v* ईश्वर की निंदा करना; पवित्र वस्तुओं के संबंध में अपमानपूर्वक बोलना. **'blasphemous** ('ब्लैसफ़िमस्) *adj.* **'blasphemy** ('ब्लैस्फ़िमि) *n.*

blast (ब्लास्ट्) *n* **1** भयानक झोंका (हवा का). **2** तुरही की आवाज़. **3** विस्फोट, धमाका. *v* विस्फोट से उड़ा देना या नष्ट कर देना; आशाओं या योजनाओं का नष्ट हो जाना. **blast-furnace** *n* धमन-भट्टी जहाँ अत्यधिक गर्म हवा के दबाव से कच्चा लोहा पिघलाया जाता है.

'blatant ('ब्लेटन्ट्) *adj* शोर-गुल वाला; भड़कीला, भद्दे ढंग से ध्यान आकर्षण करने वाला.

blaze (ब्लेज़्) *n* **1** ज्वाला, धधक; भड़कीला प्रदर्शन. **2** भावनाओं का भड़क उठाना. *v* **1** चमकीली ज्वाला के साथ जलना; गर्मी देते हुए चमकना. **2** प्रबल भावनाओं के साथ भड़क उठना. **3** (तोपों का) दागना.

bleach (ब्लीच्) *v* रंग उड़ाकर सफ़ेद करना या होना (रासायनिक प्रक्रिया या धूप के कारण).

bleak (ब्लीक्) *adj* ठंढा (मौसम); खुला और हवादार (स्थान); निराशापूर्ण (दृष्टिकोण).

bleat (ब्लीट्) *n* & *v* भेड़, बकरी आदि की आवाज़; मिमियाना.

bleed (ब्लीड्) *v* (*pt* & *pp* bled) खून बह जाना या निकल जाना; खून निकालना या बहाना.

ˈ**blemish** (ˈब्लेमिश्) *v* & *n* लांछन लगाना जिसके कारण किसी की पूर्णता या सुदंरता कम हो जाती है; धब्बा, दाग़.

blench (ब्लेन्च्) *v* मारे डर के आंख बंद करते हुये पीछे हटना.

blend (ब्लेन्ड्) *v* **1** (चाय, तमाखू) मिश्रण करना; मिश्रित होना. **2** (रंगों का) परस्पर मिलना; मेल खाना; तीखा वैषम्य न होना. *n* — के द्वारा मिश्रण करना; सम्मिश्रण.

bless (ब्लेस्) *v* **1** ईश्वर की कृपा चाहना, वरदान माँगना. **2** शुभकामना करना; सुखी होना. **3** ईश्वर की पूजा करना, प्रशंसा करना. **4 be —ed with**, सौभाग्यशाली होना. **—ed** *adj* पवित्र; धन्य; सौभाग्यशाली. **—ing** *n* आशीर्वाद, शुभकामना, कृपा; आनंददायक वस्तु.

blew (ब्लू) → blow.

blight (ब्लाइट्) *n* पौधों में चित्ती पड़ने का रोग; अभिशाप. *v* — बनना.

blind[1] (ब्लाइन्ड्) *adj* **1** अन्धा. **2** तर्क या बुद्धि से अनियंत्रित : *in — haste*. **3 — wall,** बिना खिड़की और द्वार की दीवार. **— turning,** अंधा मोड़ (जिसके दूसरी ओर दिखाई न पड़े). *v* — करना. **—ness** *n*. **—fold** *v* आँखों पर पट्टी बाँधना. *adv* इस प्रकार पट्टी से बँधी आँखों से.

blind[2] (ब्लाइन्ड्) *n* खिड़की का पर्दा या झिलमिली.

blink (ब्लिक्) *v* **1** पलक मारना, पलक झपकाना. **2** टिमटिमाना (रोशनी का).

bliss (ब्लिस्) *n* परमानन्द. ˈ**—ful** *adj* — से पूर्ण.

ˈ**blister** (ˈब्लिस्टर्) *n* फफोला, छाला. *v* — पड़ना, — हो जाना.

ˈ**blizzard** (ˈब्लिज़र्ड्) *n* बर्फ़ानी तूफ़ान.

bloc (ब्लॉक्) *n* गुट, गुट्ट.

block (ब्लॉक्) *n* **1** लकड़ी या पत्थर का बड़ा टुकड़ा, शिलाखंड. **2** (छपाई) मुद्रण का ब्लाक, ठप्पा. **3** मकानों का समूह; (रंगमंच में) सीटों का खंड. **4 — and tackle**, ऊपर उठाने या खींचने के लिए घिर्री युक्त उपकरण. **5** बाधा, अवरोध (आवागमन का). *v* अवरोध या बाधा द्वारा आवागमन में रोक डालना : *roads —ed by snow*. **—age** *n* अवरोध, बाधा.

blockˈade (ब्लॉˈकेड्) *n* नाकेबन्दी, घेरा. *v* — डालना.

blonde (ब्लॉन्ड्) *n* & *adj* व्यक्ति, (सामान्यतया महिला) हल्के रंग के बालों वाली.

blood (ब्लड्) *n* खून, रक्त. **in cold —,** बिना क्रोध के, शान्त मन से. **make bad — (between),** मनमुटाव उत्पन्न करना या होना. *His — was up,* वह बहुत क्रुद्ध था. **—hound** *n* बड़ा कुत्ता जो अपनी घ्राण शक्ति से किसी को ढूंढ़ निकालता है. ˈ**—shed** *n* रक्तपात, हत्या. ˈ**—shot** *adj* लाल आँखों वाला. ˈ**—ˈthirsty** *adj* रक्त पिपासु, खूंखार. ˈ**bloodˌvessel** *n* शिराएँ, रुधिर वाहिकाएँ. ˈ**—y** *adj* **1** — से पूर्ण, — से लिप्त; हत्याओं से पूर्ण. **2** (colloq, vulgar) अत्यधिक.

bloom (ब्लूम्) *n* फूल; बहार.

ˈ**blossom** (ˈब्लॉसम्) *n* फूल; बौर, मंजरी. *v* पुष्पित होना, मुकलित होना.

blot (ब्लॉट्) *n* **1** धब्बा, दाग़ (कागज़ पर रोशनाई का). **2** कलंक, लांछन (चरित्र, सुन्दरता आदि का) : *a — on his character*. *v* (-tt-) **1** — बनाना. **2** सोखता (ब्लाटिंग पेपर) से ताजे रोशनाई के दाग़ सुखाना. **3 — out,** खुरच देना; पूरी तौर से छिपा देना.

blotch (ब्लॉच्) *n* छाला; स्याही का दाग़. *v* — से चिह्न करना.

blouse (ब्लाउज़्) *n* ब्लाउज़ (स्त्रियों का ऊपरी वस्त्र).

blow[1] (ब्लो) *v* (*pt* blew, *pp* blown) **1** (हवा का) बहना, चलना. **2** (वस्तुओं का हवा के कारण) उड़ना, बिखरना; (हवा का) उड़ाना. **3** फूंकना : *— the dust from a book*. **— up** (a) हवा भरना : *— up a tyre*. (b) विस्फोट से उड़ाना: *— up a bridge*. (c) बड़ा करना : *— up a photograph*. **4** (सीटी) बजाना. **5** हाँफना. **6** फूंक कर पिघले शीशे को

आकार देना. *n* **have (go for) a —**', बाहर स्वच्छ हवा के लिए जाना. '**—er** *n* धौंकनी, फूंकनी; धौंकने वाला, फूंकने वाला.

blow[2] (ब्लो) *n* **1** घूंसा, प्रहार. **come to —s,** लड़ना आरंभ करना. **2** आघात, धक्का; विपत्ति.

blue (ब्लू) *adj & n* नीला, आसमानी. '**blue-'blooded,** कुलीन, उच्चवर्गीय (जन्म से). **a bolt from the —, out of the —,** अप्रत्याशित रूप से किसी घटना का घटित होना, अकस्मात्. '**—print** *n* अंतिम रूपरेखा (मकान की, योजना की). '**blue-book** *n* सरकारी रिपोर्ट.

bluff[1] (ब्लफ़) *v* झूठा रोब गाँठना, झाँसा देना. *n* इस प्रकार का धोखा.

bluff[2] (ब्लफ़) *adj* रूखा, कर्कश किंतु ईमानदार और दयालु.

'**blunder** (ब्लन्डर) *n* भद्दी भूल, मूर्खतापूर्ण भूल. *v* — करना; डगमगाना.

blunt (ब्लन्ट्) *adj* **1** कुंठित, कुंद (चाकू आदि). **2** रूखा, अतिस्पष्टवादी व्यक्ति. *v* — करना. '**—ly** *adv* '**—ness** *n* रुखाई, स्पष्टवादिता; भोथरापन.

blur (ब्लर्) *v* (-rr-) धुंधला हो जाना या कर देना; रूप-आकार में अस्पष्ट कर देना. *n* धब्बा, दाग़; अस्पष्ट रूपरेखा मात्र कर देखना.

blurt (ब्लर्ट्) *v* **— sth out,** किसी बात (प्रायः रहस्य) को अचानक, प्रायः बिना सोचे, प्रकट कर देना.

blush (ब्लश्) *v* (लज्जा से) लाल हो जाना, झेंपना. *n* लज्जा की लालिमा.

bluster ('ब्लस्टर्) *v* प्रचंड होना. *n* (esp) घुड़कना और धमकाना.

boar (बॉर्) *n* सूअर, वराह.

board (बॉर्ड्) *n* **1** बोर्ड, तख़्ता, पटरा. **on —,** जहाज़ पर. **2** पटल, लकड़ी का : *'black—, 'notice-board.* **3** मेज़; समिति या मंडल (व्यापार या सरकारी कार्य के लिए) : *the Board of Governors; the Board of Trade.* **4** भोजन, खान-पान (साप्ताहिक अथवा मासिक दर पर): *— and lodging, Rs 10 weekly.* **5** कार्डबोर्ड, दफ्ती. *v* **1** — से बनाना या ढकना. **2** भोजन करना (साप्ताहिक या मासिक भुगतान पर). **3** (जहाज़, ट्रेन आदि पर) चढ़ना. '**—er** *n* साप्ताहिक या मासिक भुगतान पर भोजन करनेवाला; बच्चा जो स्कूल में रहता है. '**—ing-house, —ing school** *n* जहाँ आवास के साथ-साथ भोजन की भी व्यवस्था है.

boast (बोउस्ट्) *n* **1** डींग, आत्म-प्रशंसा. **2** आत्मतृप्ति का कारण. *v* — करना; किसी वस्तु को गर्व के साथ रखना. **—ful** *adj.* **—fully** *adv.*

boat (बोउट्) *n* किश्ती, नाव; जहाज़. **be all in the same —,** एक सी परिस्थिति में, एक-से खतरों में. **burn one's —s,** कुछ ऐसा करना कि योजना में कोई भी परिवर्तन असंभव हो जाय. '**—man** *n* नाविक, केवट.

bob[1] (बॉब्) *v* (-bb-) & *n* डूबना-उतराना, थपकना.

bob[2] (बॉब्) *n* (colloq) शिलिंग (इंग्लैंड का सिक्का).

'**bobbin** ('बॉबिन्) *n* बौबिन, सिलाई की मशीन की फिरकी.

bode (बोउड्) *v* **— well (ill),** अच्छा (या बुरा) शकुन होना.

'**body** ('बॉडि) *n* (*pl* -ies) **1** (मनुष्य या प्राणी का) शरीर. → (चित्र देखिए, नीचे और p 37) **2** ऊपरी धड़ (सिर, हाथ;

the human body 1

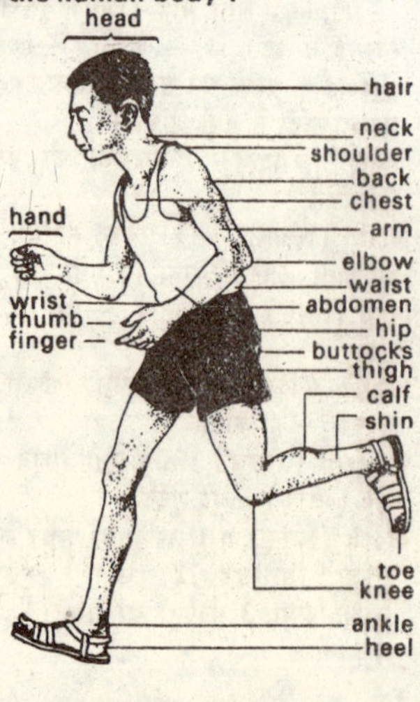

the human body 2

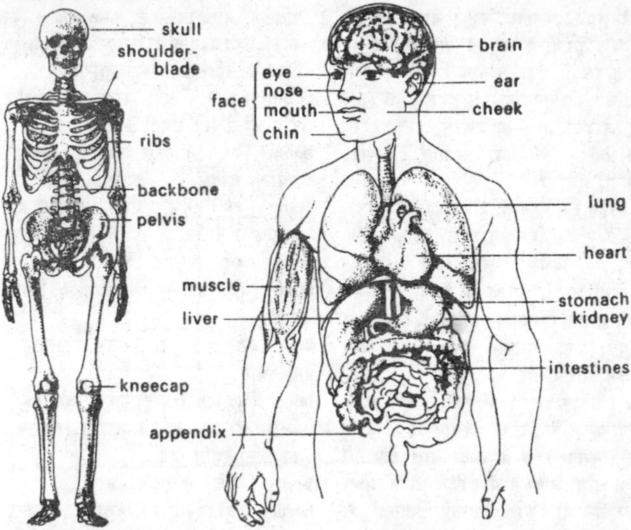

skeleton

organs

पैर के बिना शरीर). **3** किसी रचना का मुख्य भाग : *the — of a motor-car; the — of a hall* (मध्यभाग जहाँ सीटें होती हैं). **4** व्यक्तियों का समूह. *a large — of troops.* **in a —**, सब मिल कर. **5** (तथ्यों, सूचनाओं का) संकलन. **6** पदार्थ. **the heavenly bodies**, नक्षत्र और ग्रह, तारे. **7** व्यक्ति : **any—, no—** आदि. **'bodily** *adj* — विषयक. *adv* कुल मिलाकर, पूर्णतया. **'—guard** *n* अंगरक्षक, विशिष्ट व्यक्तियों की रक्षा के लिए नियुक्त रक्षक.

bog (बॉग्) *n* दलदल. **'boggy** *adj.*

boil[1] (बॉइल्) *v* **1** (पानी आदि का) उबलना. **2** पकना. पकाना (उबालकर). **3** उत्तेजित अथवा क्रुद्ध. *n* *—ing-point* क्वथनांक (*Physics*) : *to bring sth to the —.* **'—er** *n* ब्वायलर, जहाँ भाप बनती है.

'boil[2] (बॉइल्) *n* फोड़ा.

'boisterous ('बॉइस्टरस्) *adj* उधमी; उद्दंड; शोरगुल मचाने वाला किंतु प्रसन्नचित्त.

bold (बोउल्ड्) *adj* **1** निर्भीक, निडर. **2** निर्लज्ज, बेशर्म. **3** साफ़-साफ़ चिह्नों से अंकित. **'—ly** *adv.* **'—ness** *n.*

bolster ('बोउल्स्टर्) *n* तकिया, मसनद. *v* **— up,** समर्थन देना, प्रोत्साहन देना, सहारा देना.

bolt[1] (बोउल्ट्) *n* **1** दरवाजे और खिड़कियों की सिटकिनी, चटखनी **2** बोल्ट, धातु की कीली का मोटा भाग. *v* — द्वारा बंद करना या कसना.

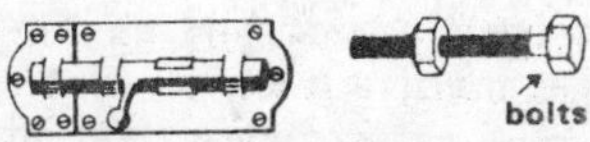

bolt[2] (बोउल्ट्) *v* **1** हड़बड़ा कर भागना. **2** जल्दी-जल्दी खाना निगलना, सटकना.

bolt[3] *adv* — **upright,** बिलकुल सीधे.

bomb (बॉम्) *n* बम, गोला. *v* — गिराना, फेंकना. **'—shell** *n* (fig) बहुत आश्चर्य. **'—er** *n* बमवर्षक वायुयान; गोलन्दाज.

bom'bard (बॉम'बार्ड्) *v* बमबारी करना, गोलाबारी करना; (प्रश्नों की) बौछार करना. **—ment** (बॉम'बार्ड्मन्ट्) *n* बमबारी.

'bombast *n* शब्दाडम्बर.

'bona'fide ('बोउनअ'फ़ाइडि) *adj* & *adv* सद्भावना से, नेकनीयती से.

bond (बॉन्ड्) *n* **1** लिखित अनुबंध पत्र,

इकरारनामा. 2 ऋणपत्र, रुक्का, बांड. 3 बाँधने वाली या जोड़ने वाली वस्तु. 4 (सामान) **in —,** कस्टम-हाउस में पड़ा सामान जिस पर अभी आयात-कर का भुगतान नहीं हुआ है. 5 *(pl)* जंजीरें, बेडियाँ. **in —s,** जेल में, दासता में. **ˈ—ed** *adj* — में पड़ा सामान. **ˈ—age** *n* दासता, गुलामी.

bone (बोउन्) *n* 1 हड्डी. 2 हड्डियों का ढाँचा. **ˈbone-ˈdry** *adj* बिलकुल शुष्क. **ˈbone-ˈidle (ˈlazy)** *adj* बिलकुल सुस्त. **feel in one's —s,** बिना बाहरी प्रमाण के किसी तथ्य को निश्चित मानते रहना. *v* हड्डियाँ निकालना (विशेषत: पकाते समय). **ˈbony** *adj* दुबला, बहुत कम मांसवाला.

ˈbonfire (ˈबॉन्फ़ाइअर्) *n* अलाव, खुले स्थान पर कूड़ा-कर्कट के ढेर को जलाना.

ˈbonnet (ˈबॉनिट्) *n* 1 छोटा गोल टोप जो ठुड्डी से बाँधा जाता है और जिसे औरतें, बच्चे और कभी-कभी कुछ सिपाही पहनते हैं. 2 मोटर-कार के इंजन का ढक्कन.

ˈbonny, ˈbonnie (बॉनि) *adj* हृष्ट-पुष्ट, मोटा-ताजा.

bonus (ˈबोउनस्) *n* बोनस, अधिलाभांश.

boo (बू) *v & int* हूट करना, निन्दा या नापसन्दगी के प्रदर्शन के लिए शोरगुल करना.

ˈbooby (ˈबूबि) *n* मूर्ख. **—trap** *n* चोर-फन्दा.

book (बुक्) *n* 1 किताब, पुस्तक, ग्रंथ. 2 लम्बी कविता या बाइबिल के खंड, पर्व, सर्ग. **bring sb to —,** स्पष्टीकरण माँगना (किसी व्यक्ति से उसके आचरण का). **in sb's good (black, bad) books,** किसी के कृपापात्र (न) बने रहना. *v* 1 नोटबुक में (बही में) आदेश आदि देना, या रिकार्ड के लिए रखना. 2 आर्डर देना या पाना (यात्रा के लिए टिकट, सिनेमा शो के लिए टिकट आदि). **ˈ—case** *n* (ˈबुककेस्) किताब की अलमारी. **—ing clerk** *n* टिकट बाबू. **ˈ—ing-office** (ˈबुकिङ्-ऑफिस्) *n* टिकट घर. **ˈbook-keeper** *n* हिसाब-किताब रखने वाला मुनीम. **ˈ—let** *n* पुस्तिका, छोटी किताब (प्राय: पेपर-कवर में). **ˈ—maker** *n* घुड़दौड़ में दाँव लगवाना जिसका व्यवसाय है. **ˈ-stall** *n* पुस्तकों की दूकान जहाँ अखबार, पत्रिकाएँ आदि बिकते हैं. **—worm** *n* किताबी कीड़ा, बहुत पढ़ने वाला विद्यार्थी. **bookish** *adj* किताबी, पंडिताऊ, अव्यावहारिक.

boom[1] (बूम्) *n* बड़ी पल्ली जो जहाज़ के पाल को फैलाए रखती है.

boom[2] (बूम्) *n* गरम बाज़ारी, व्यापार में अचानक वृद्धि. *v* — करना.

boom[3] (बूम्) *v* गंभीर, भारी, ज़ोरदार, ज़ोरदार आवाज़ में बोलना.

boon[1] (बून्) *n* लाभ; वरदान.

boon[2] (बून्) *adj* **— companion,** ज़िन्दादिल साथी.

boot (बूट्) *n* 1 जूता. 2 कार में सामान रखने का स्थान.

booth (बूद्) *n* 1 छोटी दूकान जो लकड़ी या कैनवेस की बनी हो. 2 मतदान (वोटिंग) देने का छोटा स्थान, बूथ.

ˈbooty (ˈबूटि) *n* लूट का माल.

ˈborder (ˈबॉर्डर) *n* 1 किनारा; किनारे की भूमि. 2 दो देशों की विभाजक सीमा, सीमान्त प्रदेश. *v* — स्थापित करना, — होना, बनना, समीपवर्ती होना.

bore[1] (बॉर्) *v* बरमा (एक औज़ार) से छेद करना. *n* 1 ऐसा छेद. 2 बंदूक की नली का अन्दरूनी खोखला भाग.

bore[2] (बॉर्) *v* शुष्क, अरुचिकर बातों या कार्यों से व्यक्ति को थका डालना. *n* जो — करे. **—dom** *n* एकरसता.

bore[3] (बॉर्) → bear[1].

born (बॉर्न्) → bear[1] (2) **be —,** जन्म लेना, उत्पन्न होना. **a — poet,** जन्मजात प्रतिभा वाला कवि.

borne (बॉर्न्) → bear[1].

ˈborough (ˈबरअ) *n* (इंग्लैंड में) नगर या नगर का भाग जहाँ से एक या एकाधिक संसद् सदस्य का चुनाव होता है; नगर का भाग जहाँ स्थानीय शासन के लिए मेयर और काउंसिलर का प्राविधान है.

ˈborrow (ˈबॉरोउ) *v* उधार लेना.

ˈbosom (ˈबुज़म्) *n* 1 छाती. 2 हृदय जहाँ सुख-दु:ख का अनुभव होता है.

boss (बॉस्) *n* (colloq) कर्मचारियों को

आदेश देने वाला अधिकारी, मालिक. *v* आदेश देना; नियंत्रण करना.

ʹ**botany** (ʹबॉट्नि) *n* वनस्पति-विज्ञान (पौधों-वृक्षों आदि का अध्ययन). **boʹtanical** (बʹटैनिकल्) *adj* — विषयक. ʹ**botanist** (ʹबॉट्निस्ट्) *n* — का ज्ञाता.

both (बोउथ्) *adj n & pron* दोनों; भी.

ʹ**bother** (ʹबॉदर्) *v & n* परेशान होना या करना, तंग होना या करना.

ʹ**bottle** (ʹबॉटल्) *n* बोतल, शीशी.

ʹ**bottom** (ʹबॉटम्) *n* **1** सबसे निचला स्तर, तल, तली : *— of the sea*. **2** (colloq) नितम्ब, चूतड़. ʹ**—less** *adj* (fig) अगाध, गंभीर.

bough (बॉउ) *n* शाखा, डाल (वृक्ष की).

bought (बॉट्) → buy.

ʹ**boulder** (ʹबोउल्डर्) *n* बड़ा पत्थर जो मौसम या वर्षा से गोल हो गया है.

bounce (बाउन्स्) *v* **1** (गेंद का) उछालना, उछलना. **2** टक्कर मारना; घुस पडना : *to — into a room*; फेंकना.

bound[1] (बाउन्ड्) (सामान्यतया *pl*) सीमा. **in (out of) bounds,** अनुमत सीमा के भीतर (बाहर). *v* सीमा बनाना, सीमाबद्ध करना. ʹ**boundary** (ʹबाउन्ड्रि) *n* विभाजक रेखा. ʹ**—less** *adj* असीम, निःसीम.

bound[2] (बाउन्ड्) *v* कूदना, उछलना. *n* उछल-कूद. **by leaps and bounds,** बहुत तेज़ गति से.

bound[3] (बाउन्ड्) *adj* आरंभ होने जा रहा (for); (स्थान विशेष) को जाने वाला.

bound[4] (बाउन्ड्) → bind. **— to,** (कुछ करने के लिए) बाध्य होना; निश्चय रूप से (करना). **— up in,** बहुत रुचि रखने वाला; अनुरक्त; (कार्य) व्यस्त.

ʹ**bounty** (ʹबाउन्टि) *n* **1** उदारता. **2** इनाम, उदारता से दिया दान. **3** उत्पादन के प्रोत्साहन के लिए किसानों और व्यापारियों को दिया जाने वाला धन. ʹ**bounteous** (ʹबाउन्टिअस्) *adj* उदार; भरपूर. ʹ**bountiful** (ʹबाउन्टिफ़ुल्) *adj.*

bouʹquet (ʹबुके) *n* गुलदस्ता, पुष्पगुच्छ (हाथ में रखने के लिए).

ʹ**bourgeois** (ʹबुअर्श्वा) *n & adj* समाज का मध्यमवर्गीय व्यक्ति, बुर्जुआ.

bout (बाउट्) *n* पारी (अभ्यास अथवा कार्य की); (बीमारी का) दौरा.

bow[1] (बोउ) *n* **1** धनुष (तीर फेंकने वाला). **2** (वायलिन आदि बजाने वाला) चाप. **3** धनुष के आकार का चाप. **4** एक प्रकार की गाँठ (knot), सरक-गाँठ.

bow[2] (बाउ) *v* **1** (नमस्कार करते समय) झुकना. **2** झुकना; (fig) स्वीकार करना (*to*). *n* झुकना, नमस्कार.

bow[3] (बाउ) *n* नाव या जहाज का अग्र भाग.

ʹ**bowel** (ʹबाउअल्) *n* (सामान्यतया *pl*) बड़ी आँत; अन्तरतम भाग.

bowl[1] (बोउल्) *n* कटोरा, कटोरी; पाइप का वह अंश जिसमें तमाखू भरी जाती हैं.

bowl[2] (बोउल्) *v* **1** (क्रिकेट) गेंद चलाना; विकेट पर गेंद मार कर आउट करना. **2** (सड़क पर) पहियों द्वारा तेजी से सहज में चलना. ʹ**—er** (बोउलर्) *n* **1** गेंदबाज़. **2** कड़ा गोल काला टोप.

box[1] (बॉक्स्) *n* **1** (लकड़ी, दफ्ती, धातु आदि का) बक्सा, सन्दूक. **2** ʹ**Christmas box,** क्रिस्मस की भेंट. ʹ**Boxing Day**, 26 दिसम्बर. **3** रंगशाला या कचहरी में पृथक्, अनेक लोगों के बैठने या खड़े होने का, स्थान. ʹ**box-ʹoffice** टिकट-घर (सिनेमा आदि में).

box[2] (बॉक्स्) *n* मुक्का, घूंसा, कान पर प्रहार. *v* **1 box sb's ear(s)** कान पर मुक्का मारना. **2** मुक्केबाज़ी (ग्लोव पहिनकर), एक प्रकार का खेल. ʹ**boxer** *n* (ʹबॉक्सर्) मुक्केबाज. ʹ**boxing** *n* मुक्केबाजी.

boy (बॉइ) *n* 17 वर्ष तक का बालक. ʹ**boyhood** *n* लड़कपन.

ʹ**boycott** (ʹबॉइकट्) *v* बायकाट करना, बहिष्कार करना. *n* बहिष्कार.

ʹ**bra** (ब्रा) *n* (colloq) (स्त्रियों की) चोली.

brace[1] (ब्रेस्) *n* **1** पट्टी, टेक (प्रायः लोहे या लकड़ी के). **2 — and bit,** छेद करने वाला बरमा. → bit[2]. **2** *v* सहारा देना; मजबूत करना. **— oneself up,** अपने को मज़बूती से तैयार करना.

brace[2] (ब्रेस्) *n* (कुत्तों, चिड़ियों का) जोड़ा.
'bracelet ('ब्रेस्लिट्) *n* कंगन (हाथ का आभूषण).
'braces ('ब्रेसिज़्) *n pl* गेलिस.
'bracket ('ब्रैकिट्) *n* **1** दीवार का ब्रैकेट (सामान रखने का). **2** कोष्ठक चिह्न (), { }, [ ]. *v* भीतर रखना, साथ-साथ रखना.
brag (ब्रैग्) *v* (-gg-) & *n* डींग (मारना), शेखी (हाँकना). **'—gart** ('ब्रैगर्ट्) *n* शेखीबाज, आत्मश्लाघी.
braid (ब्रेड्) *n* **1** (बालों की) चोटी. **2** गोटा (सोने, चाँदी आदि का). *v* गूथना; बाँधना.
braille (ब्रेल्) *n* मुद्रण की एक पद्धति जिसमें अक्षर उभरे हुए होते हैं और जिसे छू-छू कर अंधा पढ़ता है; अंधलिपि.
brain (ब्रेन्) *n* (प्राय: *pl*) मस्तिष्क, दिमाग. →p 37. *v* सिर पर भारी चोट देकर मारना. **—less** *adj* मूर्ख. **—y** *adj* (-ier, -iest) चालाक. **—wave** *n* सूझ.
brake (ब्रेक्) *n* चलती हुई वस्तु को रोकने के लिए ब्रेक, रोक. *v* ब्रेक लगाना.
'bramble ('ब्रैम्ब्ल्) *n* काँटेदार झड़बेरी.
bran (ब्रैन्) *n* गेहूँ, धान आदि की भूसी या चोकर.
branch (ब्रान्च्) **1** (पेड़ की) शाखा, टहनी. **2** — के समान कोई वस्तु; मुख्य भाग से नियंत्रित और संचालित कार्यालय आदि : *a — railway* (*road, office*). *v* शाखाएँ फूटना, शाखाओं में बँटना. **— out,** नई दिशा में सक्रिय होना.
brand (ब्रैन्ड्) *n* जलती हुई लकड़ी; (जानवरों के) दागने का लोहा; ट्रेडमार्क, मार्का, छाप. *v* दागना. **'brand-'new** *adj* बिलकुल नया.
'brandish ('ब्रैन्डिश्) *v* घुमाना (जैसे तलवार).
'brandy ('ब्रैन्डि) *n* ब्रांडी, एक प्रकार की शराब.
brass (ब्रास्) *n* पीतल; ताँबे और जस्ता का मिश्रण; पीतल की बनी वस्तुएँ.
'brassiere(s) ('ब्रेसिअर्) *n* चोली, अंगिया.
bra'vado (ब्र'व़ाडोउ) *n* अक्खड़पन, डींग.
brave (ब्रेव़्) *v* (-r, -st) & *adj* बहादुर बनना, साहसी बनना. **'—ly** *adv*. **'—ry** *n* वीरता, साहस.
bra'vo ('ब्रा'व़ोउ) *int* शाबाश.
brawl (ब्रॉल्) *n* झगड़ा, झड़प. *v* — करना
brawn (ब्रॉन्) *n* **1** शक्ति; बाहुबल. **'—y** *adj* (-ier, -iest) बलिष्ठ.
bray (ब्रे) *v* & *n* गदहे की आवाज़, रेंकना; तुरही की आवाज़.
'brazen ('ब्रेज़्न्) *adj* **1** पीतल का बना हुआ, पीतल-सा. **2** बेशर्म, निर्लज्ज.
brazier (ब्रेज़्यर्) *n* जलते कोयले की जालीदार अंगीठी.
breach (ब्रीच्) *n* **1** (कानून, कर्तव्य, प्रतिज्ञा आदि का) भंग, उल्लंघन. **— of the peace,** गैर कानूनी झगड़ा करके शांति भंग करना. **2** (दीवार में) दरार. *v* — करना.
bread (ब्रेड्) *n* रोटी.
breadth (ब्रेड्थ्) *n* चौड़ाई. **to a hair's —,** ठीक-ठीक.
break (ब्रेक्) *v* (*pt* broke, *pp* 'broken) **1** दो या अधिक टुकड़े करना (तोड़कर, काटकर, पीट कर आदि): *to — cup; to — sth to pieces; to — a branch off* (*a tree*); *to — up a box*. **2** (यात्रा, मौन आदि का) भंग, रुकना. **'—down** (मशीन आदि का) काम न कर पाना; (व्यक्ति का) मानसिक संतुलन खो बैठना, रो पड़ना. **— up,** (बैठक आदि का) समाप्त होना; पृथक् होना : *the clouds broke;* बीच में भाग निकलना : *the moon broke through the clouds*; तोड़कर प्रवेश करना, या बाहर जाना : *The prisoners broke out* (i.e escaped). *Robbers broke into the bank*; प्रारंभ हो जाना, छिड़ जाना : *disease* (*fire, war*) *broke out*. **4** (हवा, पतन, बुरे समाचार के प्रभाव को) कम करना. **— in,** (घोड़े को) सधाना. **5** (कानून, प्रतिज्ञा आदि का) पालन न करना. **6 — a record,** एक नया मानदंड (रिकार्ड) स्थापित करना. *n* **1** रिक्त स्थान, दरार. **without a —,** लगातार निरंतर. **2** (colloq) परिस्थितियों का परिवर्तन : *a lucky break*. **'—able** *adj* जो — किया जा सके.
'breakage ('ब्रेकिज्) *n* **1** टूटना. **2** (सामान्यतया *pl*) टूट-फूट.
'breaker ('ब्रेकर्) *n* समुद्र की बड़ी लहर जो तट

पर टकराकर चूर-चूर होने जा रही है.

'breakfast ('ब्रेक्फ़स्ट्) *n* कलेवा, प्रातः का जलपान.

'breakneck ('ब्रेक्नेक्) *adj* **at a — speed,** अत्यधिक गति जिसके कारण सहज में दुर्घटना हो सकती है.

'break,water ('ब्रेक्वॉटर्) *n* (बन्दरगाह जैसे स्थानों पर) लहरों के बल को कम करने के लिए बनाई दीवार.

breast (ब्रेस्ट्) *n* **1** (स्त्रियों के) स्तन, छाती. **2** मानव शरीर का ऊपरी सामने वाला भाग और उस पर पहनने वाला कपड़ा; इसी स्थिति में पशुओं के शरीर का भाग. **3** भावनाएँ. **make a clean — of,** गलतियों को कबूलना.

breath (ब्रेथ्) *n* **1** साँस, श्वास. **2** श्वास-वायु. **catch one's —,** (उत्तेजना में) एक क्षण के लिए साँस लेना भूल जाना. **under one's —,** फुसफुसा करके. **out of —,** हाँफना, दम फूलना. **'—less** *adj* बेदम, हाँफता हुआ.

breathe (ब्रीद्) *v* **1** साँस लेना. **2** फुसफुसा कर बोलना.

bred (ब्रेड्) → breed.

'breeches ('ब्रिचिज़्) *n pl* घुड़सवारी के लिए पतलून जो घुटने से नीचे तंग होता है.

breed (ब्रीड्) *v* (*pt* & *pp* bred) **1** जन्म देना; जनना. **2** बच्चे पैदा करने के लिए पशुओं को बचाए रखना. **3** प्रशिक्षण देना, शिक्षा देना: *well-bred boys.* **4** का कारण होना. *n* (पशुओं की) नस्ल, वंश. **'—er,** वैज्ञानिक जो नए और उत्तम किस्म के पौधों और पशुओं की जातियों को बढ़ाते हैं. *n* **'—ing** *n* (esp) व्यवहार, प्रशिक्षण, संस्कार.

breeze (ब्रीज़्) *n* मन्द पवन, बयार. **breezy** *adj.*

'brethren ('ब्रेद्रिन्) *n pl* (old use) भाई (brother का बहुवचन).

'brevity ('ब्रेविटि) *n* संक्षेपतः, विशेषतः बोलने और लिखने में.

brew (ब्रू) *v*) काढ़ा बनाना; शराब खींचना; (fig) षड्यंत्र रचना. *n* — करने का परिणाम. **'—er** *n* बिअर बनाने वाला. **'—ery** ('ब्रुअरि) स्थान जहाँ बिअर बनती है.

bribe (ब्राइब्) *n* घूस, रिश्वत. *v* घूस देना. **—ry** *n* घूसखोरी.

brick (ब्रिक्) *n* ईंट. **'—bat** *n* रोड़ा. **'—kiln** *n* ईंटों का भट्टा.

bride (ब्राइड्) *n* वधु, बहू; नवविवाहिता. **'—groom** *n* दूल्हा, वर. **'—smaid** *n* वधु की सहायक या सखी कन्या. **bridal** *adj* विवाह-विषयक.

bridge (ब्रिज्) *n* **1** पुल. **2** जहाज़ के डेक के ऊपर ऊँचा चबूतरा जिस पर बैठकर अधिकारी आदेश देते हैं. *v* पुल बनाना.

'bridle ('ब्राइडल्) *v* & *n* घोड़े की लगाम या बाग; लगाम लगाना; नियंत्रित करना.

brief (ब्रीफ़्) *adj* अल्पकालीन; संक्षिप्त. **in —,** संक्षेप में. **'—ly** *adv.* **'—s** *n* नेकर (जाँघिया).

bri'gade (ब्रि'गेड्) *n* **1** ब्रिगेड, दो-तीन या चार बटेलियन की फौज की इकाई. **2** सुव्यस्थित टोली: *the fire —.*

'brigand ('ब्रिगन्ड्) *n* डाकू जो दल बनाकर पर्वतों या जंगलों में यात्रियों को लूटते हैं.

bright (ब्राइट्) *adj* (-er, -est) **1** चमकीला, भड़कीला. **2** तीव्र बुद्धि वाला, सीखने में होशियार. **3** प्रसन्न चित्त. **'—en** *v* करना. **'—ly** *adv.* **'—ness.** *n.*

'brilliant ('ब्रिल्यन्ट्) *adj* बहुत चमकीला; प्रतिभावान्; चटकीला. **'brilliance** ('ब्रिल्यन्स्) *n.*

brim (ब्रिम्) *n* **1** (प्याले, कटोरी का) किनारा, ओंठ. **2** हैट का आगे झुका भाग. **—ful(l)** *adj* लबालब भरा हुआ.

brine (ब्राइन्) *n* (समुद्र का) खारा पानी, नमकीन पानी.

bring (ब्रिङ्) *v* (*pt* & *pp* brought) **1** लाना, ले आना : *I will – you the book tomorrow. B— the chairs in from the garden.* **2** ले जाना, पहुँचाना (वक्ता के पास): *B— your sister with you next time.* **3** बना देना. **— about, — to pass,** घटित करना. **— back,** याद दिलाना. **— down,** घटाना, (मूल्यों में) कमी करना. **— forward, up,** विचारार्थ प्रस्तुत करना. **— off,** कार्य सफलतापूर्वक संपन्न करना. **— on,** उत्पन्न

करना; कारण बनना. — **out,** स्पष्टतया प्रकट करना, प्रकाशित करना (पुस्तक). — **sb round,** बेहोश व्यक्ति में चेतना लाना, होश में लाना. **4** — **sb through,** बीमारी में सेवा-शुश्रूषा करना. — **up,** (बच्चों का) पालन-पोषण करना, शिक्षण-प्रशिक्षण दिलाना. — **forth,** पैदा करना, उत्पन्न करना.

brink (ब्रिंक्) *n* भयानक अज्ञात स्थल का किनारा; ऊँचे ढलुवे स्थल का ऊपरी भाग.

brisk (ब्रिस्क्) *adj* फुर्तीला, तेज़.

'bristle ('ब्रिस्ल्) *n* कड़ा छोटा बाल (जैसे, सूअर के होते हैं). *v* (भय आदि से) रोंगटे खड़े होना; पशुओं के बाल या रोएँ खड़े हो जाना. — **with,** (कठिनाइयों आदि से) भरा होना.

'British ('ब्रिटिश्) *adj* ग्रेट ब्रिटेन से संबद्ध.

'brittle ('ब्रिट्ल्) *adj* कड़ा किंतु सरलता से टूट जाने वाला (जैसे शीशा, कोयला), भंगुर.

broach (ब्रोउच्) *v* नली का छेद साफ़ करना; (fig) चर्चा प्रारंभ करना, विषय छेड़ना.

broad (ब्रॉड्) *adj* **1** चौड़ा. **It's as — as it is long,** किसी भी दृष्टिकोण से देखा जाए, वस्तुस्थिति यही है. **2** (मन, विचार में) उदार, खुले विचार वाला. **3** पूर्ण और व्यापक : *— daylight.* **4** स्पष्ट, साफ़ : *a — hint.* **'—ly** *adv* सामान्यतया : *—ly speaking,* मोटे तौर से. **'—en** *v* — करना. — **gauge** (रेलवे में) बड़ी लाइन, भारत में 1375 से० मी० चौड़ी.

'broadcast ('ब्रॉड्कास्ट्) *v* (*pt* & *pp* broadcast) प्रसारित करना, विशेषतया रेडियो द्वारा. *n* प्रसारण, रेडियो प्रसारण.

bro'cade (ब्र'केड्) *n* ज़री, कमखाब.

brochure ('ब्रोउशुअर्) *n* विवरण देने वाली पुस्तिका.

broke, broken (ब्रोउक्, 'बोउक्न्) → break.

'broker ('ब्रोकर्) *n* दलाल, बिचवैया.

bron'chitis (ब्रॉङ्'काइटिस्) *n* श्वास नली की सूजन.

bronze (ब्रॉन्ज़्) *n* काँसा (ताँबे और टिन का मिश्रण); काँसे से बनी कलाकृति; काँसा वर्ण (लाल-भूरा). **—d** *adj* सूर्यकिरण के प्रभाव से शरीर का कसैले रंगवाला हो जाना.

brooch (ब्रोउच्) *n* जड़ाऊ पिन (एक आभूषण) पोशाक में लगाने के लिए.

brood (ब्रूड्) *n* घोंसले में पल रहे बच्चे. *v* (चिड़ियों का) अंडे सेना; (fig) काफी समय तक चिन्ता में डूबे रहना.

brook (ब्रुक्) *n* छोटी जल-धारा, नाला.

broom (ब्रूम्) *n* झाड़ू, बुहारी.

broth (ब्रॉथ्) *n* शोरबा.

'brother ('ब्रद्गर्) *n* **1** भाई; सगा भाई. **2** बन्धु, उसी व्यवसाय, धर्म-समिति आदि का सदस्य. **brother-in-law** *n* बहनोई; साला; साढ़ू; जेठ, देवर, नन्दोई. **'—ly** *adj* भातृतुल्य. **'—hood** *n* भाईचारा, भ्रातृभाव, बन्धुत्व.

brought (ब्रॉट्) → bring.

brow (ब्राउ) *n* **1** माथा, मस्तक. **2** (प्राय: *pl*) (**'eye—** भी) भौंह. **3** ढलान का ऊपरी भाग. **'—beat** *v* धौंस या धमकी से किसी को डराना.

brown (ब्राउन्) *adj* & *n* भूरा रंग, चाकलेटी रंग.

browse (ब्राउज़्) *v* कोपल, घास आदि चरना; (fig) किताब या समाचार पत्र को उलट-पलट कर पढ़ना.

bruise (ब्रूज़्) *v* & *n* चोट (बिना खाल छिले), चोट देना या खाना,

bru'nette (ब्रू'नेट्) *n* काली या भूरी आखों व बालों वाली यूरोपियन जाति की महिला.

brunt (ब्रन्ट्) *n* **bear the —,** हमले का धक्का बर्दाश्त करना; भार सहना.

brush[1] (ब्रश्) *n* (खुरचने या रगड़ने के लिए) ब्रुश, कूंची, तूलिका (चित्रकला में). *v* — का प्रयोग करना.

brush[2] (ब्रश्) *n* हलका स्पर्श, रगड़. *v* छू कर निकल जाना. — **aside,** *v* किनारे रख देना, उपेक्षा करना. — **up,** *v* चमकाकर साफ़ करना; स्मृति को ताज़ी कर देना.

brusque (ब्रुस्क्/ब्रस्क्) *adj* अशिष्ट, रूखा व्यवहार.

brute (ब्रूट्) *n* **1** पशु. **2** बुद्धिहीन और क्रूर मनुष्य. *adj* तर्कहीन; पशुतुल्य. **'brutal** ('ब्रूटल्) *adj* जंगली, अमानवीय.

'brutalize ('ब्रूट्लाइज़्) *v* नृशंस या कठोर

बनाना या बनना. bru'tality (ब्रू'टैलिटि) *n* क्रूरता, निर्दयता.

'**bubble** ('बब्ल्) *n* बुलबुला, बुदबुदा. *v* बुलबुलाना, बुदबुदाना.

'**buck** ('बक्) *n* मृगछौना, नर-खरगोश.

'**bucket** ('बकिट्) *n* बालटी, डोल. → pail.

'**buckle** ('बक्ल्) *n* बकसुआ (पेटी बाँधने का बकलस). *v* **1** — से बाँधना. **2** (धातु कला में) झुकना, झुकाना.

bud (बड्) *n* कली. *v* (-dd-) खिलना, विकसित होना.

'**budge** ('बज्) *v* (प्राय: नकारात्मक और प्रश्नात्मक) भारी या कड़ी वस्तु हिलाना. **Don't —!** बिलकुल मत हिलो.

'**budget** ('बजिट्) *n* बजट, आय-व्यय पत्र. *v* **— for,** बजट बनाना.

buff (बफ़्) *n* भूरा-पीला वर्ण, मोटा मजबूत किंतु मुलायम चमड़ा.

'**buffalo** ('बफ़अलोउ) *n* ('**water-,buffalo**) (*pl* -es) भैंसा, भैंस. → p 351.

'**buffer(s)** ('बफ़र्) *n* बफ़र, ट्रेन आदि में टक्कर का ज़ोर कम करने के लिए स्प्रिंगदार रोक.

'**buffet** ('बफ़िट्) *v* & *n* थप्पड़, तमाचा (मारना). '**buffet** ('बुफ़े) होटल में किनारे का काउन्टर जिस पर भोजन और पेय परसा जाता है.

buffoon (ब'फ़ून्) *n* भाँड़, विदूषक.

bug (बग्) *n* खटमल, खटमल जैसा कीड़ा.

'**bugle** ('ब्यूग्ल्) *n* बिगुल. → p 206.

build (बिल्ड्) *n* (मकान, पुल आदि) बनाना, निर्माण करना; एकत्र करना : *— a library (of books)*. **— up,** और बड़ा और सुदृढ़ करना (अपना व्यापार, स्वास्थ्य आदि). **— upon,** आधार के रूप में प्रयुक्त करना; (fig) पर आश्रित होना. *n* सामान्य आकार : *a man of slight—*. '**—ing** *n* भवन, इमारत. '**—ing-,estate,** मकान, दुकानों के लिए योजनाबद्ध क्षेत्र.

bulb (बल्ब्) *n* **1** कंद, भूमिगत गांठ (जैसे प्याज, शकरकंद). **2** बल्ब के आकार की वस्तु (जैसे बिजली का बल्ब).

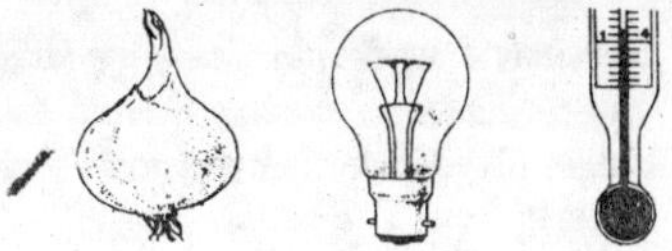

bulbs

bulge (बल्ज्) *v* उभड़ना, उभाड़ना; फूलना. *n* उभाड़.

bulk (बल्क्) *n* **1** ढेर, अम्बार. **in —,** थोक में, बड़ी मात्रा में (खरीदारी). **2** अधिकांश. '**—y** *adj* (-ier,-iest) ज्यादा जगह घेरने वाला, भारी-भरकम.

bull (बुल्) *n* साँड़.

'**bulldozer** ('बुल्डोउज़र) *n* बुलडोज़र, सड़क आदि बनाते समय भूमि समतल करने वाली बड़ी मशीन.

'**bullet** ('बुलिट्) *n* गोली (बंदूक की).

'**bulletin** ('बुलिटिन्) *n* समाचारों का सरकारी विवरण, विज्ञप्ति.

'**bullion** ('बुल्यन्) *n* सोना-चाँदी. **— -market** सराफ़ा बाज़ार

'**bullock** ('बुलक्) *n* बैल. **— -cart** *n* बैलगाड़ी, छकड़ा.

'**bully** ('बुलि) *n* धौंस से रोब जमाने वाला. *v* इस प्रकार बल प्रयोग करना : *to — sb into doing sth.*

'**bulwark** ('बुल्वर्क) *n* परकोटा (किले आदि का), (fig) रक्षा पंक्ति.

bump (बम्प्) *n* धक्का, टक्कर; गुम्मड़ (शरीर पर टक्कर से उत्पन्न उभार); उभार (सड़क पर). *v* टक्कर मारना, धक्का मारना, उभारों पर चलना. **—y** *adj* (-ier, -iest) — से पूर्ण.

'**bumper** ('बम्पर्) *n* **1** बम्पर, टक्कर रोकने के लिए मोटर-कार में आगे निकले भाग. **2** (*adj* के रूप में) भरी-पूरी (फ़सल आदि).

bun (बन्) *n* गुलगुला, गुलगुले की तरह का केक.

bunch (बन्च्) *n* गुच्छा (अंगूरों का या चाबियों का); पुंज. *v* — लगना, — में डालना.

'**bundle** ('बन्डल्) *n* बंडल, गठरी, गट्ठर : *a — of old clothes (books, sticks)*. *v* — बनाना; बिना किसी क्रम के रखना; हड़बड़ा (*off*) कर जाना या निकाल देना.

'bungalow ('बंग्लोउ) *n* बंगला, एक मंज़िला भवन.

'bungle ('बंग्ल्) *v* घपला करना, गडबड़ करना. *n* घपला.

bunk (बंक्) *n* (जहाज़ या ट्रेन में) दीवाल में लगी शायिका (शयन-स्थान).

bunker (बंकर्) *n* (सेना में) सुरक्षा-गृह, तहखाना, गड्ढा.

'bunting ('बन्टिङ्) *n* झंडियाँ (सजावट के लिए).

buoy (बॉइ) *v* & *n* पानी में उतराने वाली स्थिर वस्तु. **— up**, डूबने से रोकना; आशा रखना. **—ant** ('बॉइअन्ट्) *adj* उतराने के योग्य; (fig) उल्लास, आशा से युक्त; प्रफुल्लता से.

'burden ('बर्डन्) *n* बोझा (प्रायः पीठ पर लादने वाला); कोई भी असहनीय वस्तु. *v* बोझा डालना. **—some** *adj* असह्य.

'bureau ('ब्युरोउ) *n* **1** कार्यालय, विशेषतः जनसंपर्क से संबद्ध. **2** मेज़. **—crat** ('ब्युरो-उक्रैट्) *n* सरकारी अफ़सर, जिस पर राजसत्ता में राजनैतिक दल बदलने से कोई प्रभाव नहीं पड़ता है. **bu'reaucracy** (ब्युअ'रॉक्रसि) *n* दफ्तरशाही, नौकरशाही. **,bureau'cratic** *adj* (ब्युरोउ'क्रैटिक).

burette (ब्यु'रेट्) *n* शीशी, मापन-नली, ब्यूरेट.

'burglar ('बर्ग्लर्) *n* रात में मकान में ताला तोड़कर या सेंध लगाकर चोरी करने वाला. **—y** *n* — ऐसी चोरी.

'burial ('बेरिअल्) → bury.

'burly ('बर्लि) *adj* (-ier, -iest) हट्टा-कट्टा (व्यक्ति).

burn (बर्न्) *v* **1** जलना, लपटों में जलना, भुन जाना. **2** अग्नि से नष्ट हो जाना. **3** रोशनी, गर्मी, चालन आदि में प्रयुक्त : — *oil.* **— the candle at both ends,** रात में देर से सोना और सुबह जल्दी उठना. → sunburn. *n* जलने का दाग़.

'burnish ('बर्निश्) *v* पालिश करना, चमकाना, घोटना.

'burrow ('बरोउ) *v* & *n* बिल (खरगोश, लोमड़ी आदि का) (खोदना).

burst (बर्स्ट्) *v* **1** फूट कर टुकड़े-टुकड़े होना; फोड़ना; विस्फोट करना. **2** खुल पड़ना, फूट पड़ना (*out, through, into*). **—ing with,** से भरपूर. *n* **1** छेद, दरार, विस्फोट. **2** दौरा, भड़क.

'bury ('बेरि) *v* **1** (जमीन में) दफ़नाना. **2** खोद कर गाड़ना, छिपाना. **burial** *n* दफ़न. **burial-ground** कब्रिस्तान.

bus (बस्) *n* (*pl* buses) (पहले 'omnibus) बस, सवारियों के लिए बड़ी मोटर गाड़ी जो निश्चित किराये पर निश्चित मार्ग पर चलती है.

buses

bush (बुश्) *n* **1** झाड़ी **2 the —** (विशेषतः अफ्रीका, आस्ट्रेलिया में) जंगली भूमि जहाँ खेती-बारी नहीं हो सकती है. **'—y** *adj* **1** झाड़ियों से घिरा हुआ **2** रूखी और घनी भौंह : *—y eyebrows.*

'bushel ('बुश्ल्) *n* बुशैल, एक नाप; आठ गैलन.

'business ('बिज़्निस्) *n* **1** कार्य, कामकाज. **2** व्यापार. **—man** *n* व्यापारी. **'business-like** *adj* सावधान और सुव्यवस्थित.

bust (बस्ट्) *n* **1** प्रतिमा (ऊपरी धड़ मात्र, केवल सिर और कंधे). **2** स्त्री शरीर का ऊपरी भाग; छाती की नाप.

'bustle ('बस्ल्) *v* हलचल मचना, दौड़धूप करना. *n* हलचल, दौड़धूप.

'busy ('बिज़ि) *adj* (-ier, -iest) व्यस्त, काम में लगा हुआ; सक्रिय. **'busily** ('बिजिलि) *adv.*

but (बट्) *conj* किंतु, परंतु, मगर : *John did not come but Jim did. I cannot help but think of you. prep* के अतिरिक्त. **next (last) but one :** *Take the next (last) but one* (दूसरा, अन्त से पहला) *turning.*

'butcher ('बुचर्) *v* बूचड़, कसाई. *v* चाकू, छुरी से कत्ल करना या मारना.

'butler ('बट्लर्) *n* खानसामाँ, भंडारी (विशेषतः शराब की कोठरी का).

'butter ('बट्र्) *n* मक्खन. **—milk** मट्ठा, छाछ. *v* मक्खन लगाना.

'butterfly ('बटर्फ़्लाइ) *n* तितली. → p 168.

'button ('बट्न्) *n* **1** बटन. **2** घुंडी (जैसी बिजली की). *v* — से बाँधना, कसना.

'buttress ('बट्रिस्) *v* & *n* दीवार को मजबूत करने के लिए टेक (लगाना), पुश्ता लगाना.

buy (बाइ) *v* (*pt* & *pp* bought) खरीदना.

buzz (बज़्) *n* मक्खियों की भिनभिनाहट, मशीनों का शोरगुल, बहुत से आदमियों के बोलने का गुंजन. *v* — करना, — से भर जाना.

by (बाइ) *prep* **1** समीप, पास, बगल में. **by oneself,** अकेला. **2** (समय) अवधि में : *by day (night)*; के पूर्व : *Be here by 5 o'clock.* **3** (गति की दिशा का सूचक) की ओर, के ऊपर से, के बीच से, के साथ-साथ : *We came by the shortest route.* **4** के द्वारा : *This house is lit by electricity.* **5** के अनुसार : *It's 6 o'clock by my watch. adv* **1** समीप : *Be by my side this evening.* **2** *He hurried by.* **3** पृथक् : *He put his money by for use later.* **by and by,** बाद में, थोड़ी देर में. **by(e)** उपसर्ग (हिन्दी उप-) **1** कम महत्वपूर्ण : **'by-road, 'by-way,** उपमार्ग. **2** पार्श्व-उत्पादन, गौण-उत्पादन, सह-उत्पादन : **'by-products. 3** = by *adv*: **'bygone,** अतीत का. **bygones** *n pl* पुराने अपराध : *Let bygones be bygones.* **'by,stander** दर्शक, मार्ग के किनारे खड़ा देखने वाला. **4** **'bye-,election** उप-चुनाव जो किसी सभासद के इस्तीफा देने अथवा मृत्यु के कारण आवश्यक हो जाता है. **'by(e)-law** उपनियम (स्थानीय शासन द्वारा बनाये अधिनियम). **'bypass** उपमार्ग, बाह्य मार्ग (शहर को बचाते हुए बाहर-बाहर जाने वाला मार्ग). **'by-word** *n* कहावत; स्थान या व्यक्ति जो 'टाइप' (प्ररूप) में बंध गया हो और प्रायः हेय भावना से देखा जाता हो.

C

cab (कैब्) *n* **1** थोड़ी दूर के लिए किराए पर जाने वाली गाड़ी या मोटर-कार. **2** रेल्वे इंजन या लारी में ड्राइवर का केबिन.

'cabbage ('कैबिज्) *n* बंदगोभी. → p 340.

'cabin ('कैबिन्) *n* **1** लकड़ी से बनी छोटी कोठरी. **2** जहाज़ में (विशेषकर सोने के लिए) छोटा कमरा.

'cabinet ('कैबिनिट्) *n* **1** ड्राअरवाली अलमारी. **2 the Cabinet,** मन्त्रिमंडल, मन्त्रिपरिषद् (राज्यशासन से संबद्ध).

'cable ('केब्ल्) *n* **1** मोटा मज़बूत रस्सा या तार. **2** (तार या टेलिफोन संदेश भेजने के) तार; ऐसा भेजा हुआ संदेश. *v* — द्वारा भेजना. **—gram** *n* तार द्वारा भेजा संदेश, समुद्री तार.

'cackle ('कैक्ल्) *v* & *n* अंडे देने के बाद मुर्गी का कुड़कड़ाना; बेवकूफी की बात या हँसी.

'cactus ('कैक्टस्) *n* (*pl* 'cacti, -es) नागफनी, सेहुँड़.

ca'det (क'डेट्) *n* **1** कैडेट, सैन्य छात्र. **2** व्यवसाय की दीक्षा पाने वाला युवक : *police-cadet.*

cadre (काड्र) *n* संवर्ग.

'cafe' (कैफ़े) *n* छोटा रेस्तराँ.

cage (केज्) *n* **1** पिंजरा (पशु-पक्षी का). **2** कोयले की खान में पिंजड़ानुमा लिफ़्ट का भाग. *v* — में रखना.

ca'jole (क'जोल्) *v* फुसलाना.

cake (केक्) *n* **1** केक (मीठी रोटी). **2** टिकिया, टिक्की : *a — of soap. v* पिंड या टिक्की बनाना. **—d with,** मोटी तह से ढके हुए : *shoes —d with mud.*

'calabash ('कैलबैश्) *n* कद्दू ; तुम्बा, तुम्बडी.

ca'lamity (क'लैमिटि) *n* आफ़त, विपत्ति, संकट. **ca'lamitous** (क'लैमिटस्) *adj* — से पूर्ण.

'calculate ('कैल्क्युलेट्) *v* **1** हिसाब लगाना, गणना करना. **2** योजना बनाना; इरादा करना; प्रबंध करना. **— on,** पर निर्भर होना;

निश्चित होना. ˌ**calcuˈlation** (कैल्क्युˈलेशन्) *n* गणना, परिकलन. ˈ**calculator** (ˈकैल्क्यु-लेटर्) *n* परिकलन-यंत्र.

ˈ**calendar** (ˈकैलिन्डर्) *n* कैलेंडर.

calf[1] (काफ़्) *n* (*pl* calves) बछड़ा, बछड़ी.

calf[2] (काफ़्) *n* (*pl* calves) पैर की पिंडली. p 36.

ˈ**calibre** (ˈकैलिबर्) *n* गोली, बंदूक की नली या अन्य नली के अन्तर्व्यास का मापन ; (fig) मस्तिष्क या चरित्र का बल.

call (कॉल्) *v* **1** नाम रखना. **2** सोचना, समझना. **3** (प्राय: **— out**) बुलाना, पुकारना, चिल्लाना. **4** मिलने जाना. **5** उपस्थिति का पता लगाना या ध्यान आकर्षित करना : *— sb (up) by telephone.* **6 — sth off,** रोकने के लिए आदेश देना या निर्णय रद्द करना. **— up, — to mind,** याद दिलाना. **— up,** सेना में सेवा करने के लिए बुला लेना. **— attention to,** बताना. *n* **1** पुकार, आह्वान. **2** संदेश : *telephone-call.* **3** भेंट, थोड़े समय के लिए मुलाकात. **4** दावा. **5** आवश्यकता. ˈ**—er** *n.* ˈ**—ing** *n* (esp) पेशा, व्यवसाय, वाणिज्य.

caˈlligraphy (कˈलिग्रफ़ि) सुलेखन, खुशखत लिखना.

ˈ**callous** (ˈकैलस्) *adj* (कड़ा) चमड़ा; बेदर्द (दूसरों की भावना की उपेक्षा करने वाला व्यक्ति).

calm (काम्) *adj* (-er,-est) शान्त, अव्याकुल. *v* होना या करना. *n* शान्ति ˈ**—ly** *adv* चुपचाप. ˈ**—ness** *n.*

ˈ**calorie** (कैल्रि) *n* ऊष्मा (गर्मी) की इकाई; भोजन द्वारा प्राप्त ऊर्जा की इकाई.

ˈ**calumny** (ˈकैलम्नि) *n* निन्दा, परिवाद ; झूठा अपवाद.

came (केम्) → come.

ˈ**camel** (ˈकैमल्) *n* ऊँट. → p 351.

ˈ**camera** (ˈकैम्रा) *n* फोटो खींचने का उपकरण, कैमरा.

ˈ**camouflage** (ˈकैमुफ़्लाश़्) *v* & *n* वस्तु की वास्तविक प्रकृति को छिपाना या ढकना, विशेषत: युद्ध में जब तोपों आदि पर पेंट कर दिया जाता है, जाली डाली जाती है या पत्तियाँ बिखेरी जाती हैं.

camp (कैम्प्) *n* पड़ाव, शिविर. कैंप. *v* — डालना, — में रहना; **go —ing,** कैंप में रहते हुए छुट्टी बिताना.

camˈpaign (कैम्ˈपेन्) *n* **1** अभियान (युद्ध में), (सैनिक गतिविधि). **2** आंदोलन, किसी विशेष लक्ष्य को पाने के लिए सुयोजित गतिविधि, विशेषत: राजनैतिक. *v* — में भाग लेना; — में जाना.

ˈ**camphor** (ˈकैम्फ़र्) *n* कपूर.

ˈ**campus** (ˈकैम्पस्) *n* कालेज या विश्व-विद्यालय का अहाता.

can[1] (कैन्/कन्) *v* (*pt* could) **1** समर्थ हो सकना; कैसे हो यह जानना : *I can swim* (तुलना कीजिए may). **2** संभावना सूचक : *How can that be true ?* **3** उपभोग के अधिकार का सूचक : *You can go into that private garden.* **4** अनुमति सूचक : *They asked if they could go swimming.*

can[2] (कैन्) *n* टीन, डिब्बा : *oil-can, milk-can.* *v* (-nn-) — में रखना, — में बंद करना. ˈ**cannery** (ˈकैन्री) *n* (अमेरिका में) फैक्टरी जहाँ खाद्य पदार्थ डिब्बों में बन्द किए जाते है.

caˈnal (कˈनैल्) *n* नहर (सिंचाई या यातायात के लिए); आहार-नलिका.

caˈnard (कैˈनार्ड) *n* झूठी अफ़वाह.

caˈnary (कˈनेअरि) *n* कनारी चिड़िया जो खूब गाती है; चिड़िया जैसा हल्का पीला रंग.

ˈ**cancel** (ˈकैन्सल्) *v* (-ll-) **1** काटना, क्रास लगाना; शब्दों पर लाईन खींच कर काट देना; ऐसे चिह्न लगाना कि वस्तु का फिर उपयोग न हो सके : *to — a stamp.* **2** रद्द कर देना, (जैसे कोई कार्यक्रम). **cancelˈlation** (कैन्सˈलेशन्) *n.*

ˈ**cancer** (ˈकैन्सर्) *n* कैंसर रोग. **—ous** (कैनसरस्) *adj.*

ˈ**candid** (कैंडिड्) *adj* स्पष्ट, सरल. **—ly** *adv.*

ˈ**candidate** (ˈकैंडिडिट्) *n* उम्मेदवार, प्रत्याशी (किसी पद परीक्षा आदि के लिए); परीक्षार्थी.

ˈ**candle** (ˈकैन्डल्) *n* मोमबत्ती.

ˈ**candour** (ˈकैन्डर्) *n* स्पष्ट बोलने का गुण.

ˈ**candy** (कैन्डि) *n* मिश्री; (अमेरिका में)

मिठाई. *v* पागना.

cane (केन्) *n* बेंत; ईख, गन्ना. *v* बेंत से बनाना; बेंत लगाना.

ˈcanine (ˈकेनाइन्) *adj* कुत्ता विषयक.

ˈcanker (ˈकैंकर्) *n* पेड़ों का विनाशकारी रोग; (fig) पतन की ओर ले जाने वाला कुप्रभाव.

canned, ˈcannery → can².

ˈcannibal (ˈकैनिबल्) *n* नरभक्षी आदमी; स्व-जाति भक्षी जानवर.

ˈcannon (ˈकैनन्) *n* **1** बड़ी तोप (जमीन या तोपगाड़ी पर स्थिर) **2** हवाई जहाज़ पर लगी तोप. **ˈcannon-ball** *n* तोप का गोला जो पुरानी तोपों से दागा जाता था.

ˈcannot = can not. → can¹.

ˈcanny (ˈकैनि) *adj* सतर्क; सावधान.

caˈnoe (कˈनू) *n* लंबी पतली नाव, डोंगी (देखिए चित्र). **paddle one's own —**, बिना सहायता के कोई कार्य करना. *v* — से यात्रा करना.

a canoe

ˈcanon (ˈकैनन्) *n* **1** चर्च का कानून, धर्म विधान. **2** सामान्य मापदण्ड जिससे किसी वस्तु का मूल्यांकन होता है **3** एक प्रकार के पादरी **4** ईसाई संतों की सूची. **caˈnonical** (कˈनॉनिकल्) *adj* धर्म विधान के अनुकूल. **—ize** *v* सन्त ठहराना, सन्तों की सूची में रखना.

ˈcanopy (ˈकैन्पि) *n* छत्र, चँदवा; ऊपर से किसी स्थान को ढकने का प्रबंध.

cant (कैन्ट्) *n* **1** पाखंड या धोखे की बातचीत. **2** चोरों की विशिष्ट बोली.

can't (कान्ट्) = cannot.

canˈteen (कैन्ˈटीन्) *n* कैंटीन, स्थान जहाँ जलपान, भोजन आदि बाँटा जाता है.

ˈcanter (ˈकैन्टर्) *n* & *v* घोड़े को धीरे-धीरे चलाना.

canˈtonment (कन्ˈटून्मन्ट्) *n* छावनी.

ˈcanvas (ˈकैन्वस्) कैन्वस, मोटा भारी कपड़ा जिसके तंबू आदि बनते हैं. **under —**, (a) तंबुओं में, (b) पाल फैलाए.

ˈcanvass (ˈकैन्वस्) *v* वोट माँगना, अपने पक्ष का प्रचार करना, समर्थन माँगना; बिक्री के लिए प्रचार करना.

ˈcanyon (ˈकैन्यन्) *n* गहरी घाटी (जिसमें प्रायः नदी बहती है).

cap (कैप्) *n* **1** टोपी. **2** ट्यूब-बोतल का ढक्कन. *v* (colloq) *that* ! हरा सकते हो.

ˈcapable (ˈकेपब्ल्) *adj* योग्य, समर्थ. **— of,** की शक्ति रखना, में रुचि रखना. **ˌcapaˈbility** (केप्ˈबिलिटि) *n* योग्यता, सामर्थ्य.

caˈpacity (कˈपैसिटी) *n* धारण-शक्ति; क्षमता, गुंजाइश. **in the — of,** के रूप में. **caˈpacious** (कˈपेशस्) *adj* जिसमें बहुत समाया जा सके.

cape¹ (केप्) *n* ढीला बिना बाँहों का कंधों से लटकने वाला ऊपरी वस्त्र, केप.

cape² (केप्) *n* भूमि का नुकीला भाग जो समुद्र में दूर तक चला गया हो; अंतरीप, जैसे कन्याकुमारी का अंतरीप.

ˈcaper (ˈकेपर्) *v* विनोद में उछलना-कूदना. *n* **cut capers,** खुशी में उछल-कूद.

ˈcapital (ˈकैपिटल्) *n* **1** राजधानी, मुख्य नगरी. **2** स्थूलाक्षर, बड़े अक्षर जैसे A,B,C, आदि **3** मूलधन, पूंजी **4 — punishment,** मृत्युदंड. *adj* (colloq) बहुत अच्छा. **—ist** (ˈकैपिटलिस्ट्) *n* पूँजीवादी; बहुत पूँजी रखने वाले व्यक्ति **—ism** (ˈकैपिटलिज़्म्) *n* ऐसे व्यक्तियों के नियंत्रण में व्यापार-उद्योग हों, ऐसी अर्थव्यवस्था.

caˈpitulate (कˈपिट्चुलेट्) *v* आत्मसमर्पण करना, हार मानना. **caˌpituˈlation** (कपिट्चुˈलेशन्) *n*.

caˈprice (कˈप्रीस्) *n* झक, सनक. **caˈpricious** (कˈप्रिशस) *adj* झक्की, सनकी, मनमौजी.

capˈsize (कैप्ˈसाइज़्) नाव का उलट जाना, डूब जाना; ऐसी नाव में होना.

ˈcapsule (ˈकैप्स्यूल्) *n* **1** पौधों का बीजकोष;

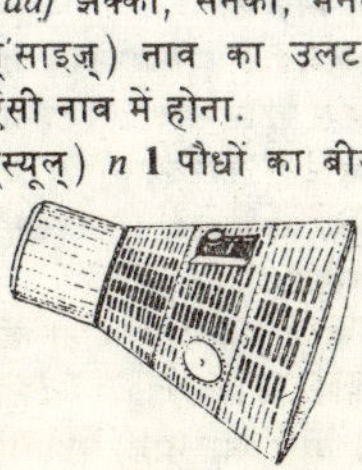

a capsule

दवा का कैप्सूल. 2 अन्तरिक्षयान का वह भाग जो स्वतंत्र यात्रा के लिए पृथक किया जा सकता है.

ˈcaptain (ˈकैप्टिन्) *n* **1** कप्तान, सेना में एक पद. **2** नेता, नायक.

ˈcaption (ˈकैप्शन्) *n* चित्र, फोटो, इत्यादि का शीर्षक.

ˈcaptivate (ˈकैप्टिवेट्) *v* मोहित करना; मन्त्र-मुग्ध कर देना.

ˈcaptive (ˈकैप्टिव्) *n* कैदी. **be taken —**, कैद होना. **capˈtivity** (कैप्ˈटिविटि) बन्दी स्थिति, दासता, कैद.

ˈcapture (ˈकैप्चर्) *v* कैदी बनाना; (बलप्रयोग, छल कपट से) कब्जा कर लेना, हथियाना, अधिकार में करना. *n* बंदीकरण. **captor** (ˈकैप्टर्) *n* — करनेवाला.

car (कार्) *n* **1** मोटरकार या ट्रॅाम. **2** (रेल्वे ट्रेन में) डिब्बा, यान : *ˈsleeping-car; ˈdining-car.*

ˈcaramel (ˈकैर्मल्) *n* जली हुई शक्कर; मुँह में चिपकने वाली मिठाई.

ˈcarat (ˈकैरट्) *n* हीरों के तौल की और सोने की शुद्धता की इकाई, कैरेट.

ˈcaravan (ˈकैर्ˈवैन्) *n* **1** कारवाँ, काफ़िला, यात्रियों का दल जो रेगिस्तान, आदि भयानक प्रदेश को पार करते समय मिलकर यात्रा करता है. **2** ढकी हुई गाड़ी जिसमें रहा जा सके.

carˈbolic acid (कार्ˈबॉलिक् ऐसिड्) *n* कीटाणुनाशक, तारकोल से बना अम्ल, कार्बोलिक एसिड.

ˈcarbon (ˈकार्बन्) *n* रासायनिक तत्व जो हीरे, कोयले, आदि में होता है. **— paper**, कार्बन पेपर, जिसे दो कागज़ों के बीच में रखकर प्रतियाँ निकालते है.

ˈcarburettor (ˈकार्ब्युरेटर्) *n* इंजिन का वह भाग जहाँ पेट्रोल-वाष्प और हवा मिश्रित होते हैं.

ˈcarbuncle (ˈकार्बंक्ल्) *n* बड़ा फोड़ा.

ˈcarcass, ˈcarcase (ˈकार्कस्) *n* पशुओं का मृत शरीर.

card (कार्ड्) *n* कार्ड, मोटा कागज़. **ˈpost—**, पोस्टकार्ड; *a visiting* — (छोटा कार्ड जिसमें मिलने वाले का नाम, पता छपा होता है), परिचय कार्ड. **ˈChristmas —s; ˈplaying-cards** ताश के पत्ते. **ˈ—board** *n* दफ़्ती, गत्ता.

ˈcardiac (ˈकार्डिएक्) *adj* हृदय संबंधी (रोग, दौरा).

ˈcardigan (ˈकार्डिगन्) *n* बाँहदार सामने से खुली ऊनी बुनी जाकेट.

ˈcardinal (ˈकार्डिनल्) *adj* मुख्य : *the — points of the compass* (N,S,E,W, चारों दिशायें); — *numbers* (1, 2, 3, आदि), *n* कार्डिनल, पोप को चुनने वाले 138 मुख्य धर्माधिकारियों में से एक.

care (केअर्) *n* **1** परवाह करना. **take —**, ध्यान रखना; सचेत रहना, सावधान रहना. **take — of,** ध्यान रखना; की सुरक्षा और खैरियत को देखना. **in (under) the — of** की देख-रेख में; (पते में) **— of** (प्राय: c/o), के मार्फत, के द्वारा : *John Smith, c/o William Brown.* **2** परेशानी, चिन्ता; डर, आशंका से उत्पन्न चिन्ता. *v* **1** चाहना, चिन्तित होना, परेशान होना. **2 — for,** पसन्द करना, देख-रेख करना. **— to,** राज़ी होना. **ˈ—ful** *adj* सावधान, भली भाँति सोचा हुआ. **ˈ—less** *adj* लापरवाह, असावधान, बिना अच्छी तरह समझे-बूझे. **ˈ—taker** *n* रखवाला (मकान, जायदाद का जब मालिक दूर हो).

caˈreer (कˈरिअर्) *n* **1** जीवन में प्रगति; (व्यक्ति का) जीवन वृत्त. **2** आजीविका, पेशा. **3** बड़ी तेज हल-चल : *in full —. v* तेज़ी से चलना : *— along; — about (over) a place.*

caˈress (कˈरेस्) *v* & *n* दुलराना, पुचकारना; चूमना.

ˈcargo (ˈकार्गो) *n* (*pl* —es) जहाज या हवाई जहाज़ द्वारा ढोया माल.

ˈcaricature (कैरिक्ˈटचुअर्) *n* व्यंगचित्र.

ˈcarnage (ˈकार्निज्) *n* हत्याकांड.

ˈcarnal (ˈकार्न्ल्) *adj* शारीरिक, दैहिक, (आध्यात्मिक के विरोध में), इन्द्रियासक्त.

ˈcarnival (ˈकार्निवल्) *n* कार्नीवाल; आनन्दोत्सव; जनोत्सव.

carˈnivorous (कार्ˈनिवरस्) *adj* मांसाहारी, मांसभक्षी.

ˈ**carol** (ˈकैरल्) *n* भजन, आनन्दगान (विशेषत: क्रिसमस में). *v* (-ll-) गाना.

carp (कार्प्) *v* बड़बड़ाना; दोष निकालना; बिना बात परेशान होना.

ˈ**carpenter** (ˈकार्पिन्टर) *n* बढ़ई. ˈ**carpentry** (ˈकार्पिन्टरि) *n* बढ़ईगिरी, काष्ठकला.

ˈ**carpet** (ˈकार्पिट्) *n* क़ालीन, दरी. *v.* — बिछाना.

ˈ**carriage** (ˈकैरिज्) *n* **1** गाड़ी, विशेषत: चार पहियों की और घोड़े से चलने वाली. **2** रेल का डिब्बा. **3** ढोने, ले जाने का किराया, ढुलाई. — **forward,** पाने वाले से किराया दिया जाना. **4** मशीन का चल भाग. **5** चालढाल (व्यक्ति की).

ˈ**carried** (ˈकैरिड्) → carry.

ˈ**carrier** (ˈकैरिअर्) → carry.

ˈ**carrion** (ˈकैरिअन्) *n* सड़ा-गला मांस.

ˈ**carrot** (ˈकैरट्) *n* गाजर. → p 340.

ˈ**carry** (ˈकैरि) *v* (*pt & pp* ˈcarried) **1** ढोना, वहन करना, ले जाना (एक स्थान से दूसरे स्थान तक). **be carried away,** (fig) (तीव्र भावनाओं के कारण) आत्म-नियंत्रण खो देना. — **forward,** (संख्याओं को) एक कालम से दूसरे कालम या एक पृष्ठ से दूसरे पृष्ठ ले जाना. **2** (भार) सभालना. **3** पास रखना. **4** (समय) खींचना; करते रहना. — **out** (*a plan* etc), व्यवहार में लाना, प्रयोग में लाना; कार्यान्वित करना. **5** के समान चाल-ढाल रखना : — *oneself like a soldier.* **6** (आवाज़ों का) सुनाई पड़ना. **7** जीतना; दूसरे को मना लेना; प्रतिरोध पार कर लेना : *to — one's point* (*the day*). ˈ**carrier** (ˈकैरिअर्) *n* **1** सामान ले जाने वाला व्यक्ति या कम्पनी. **2** साईकल आदि के पीछे सामान ले जाने के लिए लगा कैरियर. **3** वायुयान वाहक जहाज़ : *aircraft-carrier.* **carry through** *v* काम पूरा कर देना; निकाल ले जाना.

cart (कार्ट्) *n* ठेला (दो पहियों की भारवाहक गाड़ी). *v* — में ले जाना. ˈ—**age** *n* ढुलाई, किराया. —**er** *n* गाड़ीवान.

ˈ**carton** (ˈकार्टन्) *n* दफ़्ती का डिब्बा.

carˈtoon (कार्टून्) *n* **1** व्यंग्यचित्र, हास्यचित्र (समसामयिक, विशेषत: राजनैतिक गतिविधि को लेकर). **2** सिनेमा फिल्म जो अनेक चित्रों की फ़ोटो ख़ींचकर बनाई जाती है.

ˈ**cartridge** (ˈकार्ट्रिज्) *n* कारतूस, गोली.

carve (कार्व्) *v* **1** पके मांस को टुकड़ों में काटना. **2** काटकर कला-आकृति बनाना : *to — a statue out of wood.* —**r** (कार्वर्) *n* **1** — करने वाला. **2** चाकू. **carving** (कार्विङ्) *n* काटने से बनी कलाकृति; नक्काशी.

casˈcade (कैस्ˈकेड्) *n* झरना, जलप्रपात.

case[1] (केस्) *n* **1 in this (that)** —, यदि यह घटित होता है. **2** मरीज, रोगी. **3** कचहरी में विचार्य प्रश्न, मुक़दमा; बहस और साक्ष्य.

case[2] (केस्) *n* छोटा बक्स, सन्दूकची, डिब्बा, पेटी : *packing-case, suit-case.*

cash (कैश्) रोकड़, नक़द. ˈ**cash-ˌregister** *n* नक़दी का हिसाब रखने की मशीन. — **-box** *n* नक़दी रखने का डिब्बा. — **-book** *n* रोकड़ बही. — **memo** *n* नक़द बिक्री की रसीद. *v* नक़द लेना या देना; भुनाना. **caˈshier** *n* (कैˈशिअर्) खजांची, रोकड़िया.

ˈ**casing** (ˈकेसिङ्) *n* सुरक्षा के लिए ऊपरी खोल : *copper wire with a — of rubber.*

cask (कास्क्) *n* पीपा (शराब का).

ˈ**casket** (ˈकास्किट्) *n* आभूषण-रत्न आदि की पेटी, मंजूषा.

ˈ**casserole** (ˈकैस्रोल्) *n & v* तन्दूर (oven) में रखे जाने वाले हांडीनुमा बर्तन.

ˈ**cassock** (ˈकैसक्) *n* लम्बा काला चोग़ा.

cast (कास्ट्) *v* (*pt & pp* cast) **1** (जाल) फेंकना, डालना; गिरने देना : — *anchor.* **cast-off clothes,** पुराने, अब काम में न आने वाले कपड़े. **2** मोड़ना, घुमाना : — *an eye on.* **3** साँचे में पिघली हुई धातु गिराना, डालना : — *iron.* **4** — **up,** जोड़ना. **5 be — down,** उदास होना. **6** — **off (on),** बुनाई समाप्त (या प्रारंभ) करना. *n* **1** ढली हुई वस्तु : *plaster —s.* **2** डालने, फेंकने की प्रक्रिया. **3** फ़िल्म या नाटक में अभिनय करने वाले. —ˌ**away** *n* डूबे हुए जहाज़ से बचकर अपरिचित भूमि पर पहुँचे व्यक्ति. ˈ—**ing** *n* मशीन का ढला हुआ अंग.

caste (कास्ट्) *n* जाति-व्यवस्था (हिंदुओं में); वर्ण-व्यवस्था; कोई भी ऐसा सामाजिक वर्ग जो अपने को अलग बनाए रखे.

ˈcastle (ˈकास्ल्) *n* दुर्ग, गढ़. **—(s) in the air (in Spain),** हवाई किले बनाना, दिवास्वप्न देखना, आशाएँ रखना.

ˈcastor (ˈकास्टर) *n* भारी मेज, कुर्सी के नीचे खिसकने के लिए लगे पहिए. **— seed** *n* अंडी या रेंड़ी के बीज.

casˈtrate (कैस्ˈट्रेट्) *v* बधिया करना.

ˈcasual (ˈकैश्युल्) *adj* **1** आकस्मिक. **2** असावधान; बिना विशेष उद्देश्य के. **3** अनियत (न कि निरंतर) : *— labour*. **—ly** *adv* अकस्मात, संयोग से, यों ही. **casualty** *n* (ˈकैश्युल्टि) दुर्घटना, युद्ध या दुर्घटना में घायल या मृत.

cat (कैट्) *n* **1** बिल्ली. → p 99. **let the cat out of the bag,** रहस्य प्रकट होने देना. **wait for the cat to jump,** स्वंय सम्मति देने या कार्य करने के पहले यह प्रतीक्षा करना कि और क्या कहते या करते है. **2** बाघ, तेंदुआ, शेर आदि (जो बिल्ली की जाति के हैं). **cat-nap** *n* झपकी. ˈ**catty** *adj* (colloq) झगड़ालू, ईर्ष्यालु. **cat's eye** *n* लहसुनिया (एक प्रकार का रत्न).

ˈcataclysm (ˈकैट्क्लिज़्म्) *n* प्रकृति में अचानक महापरिर्वतन, क्रांति, प्रलय.

ˈcatalogue (ˈकैट्लॉग्) *n* सूचीपत्र (स्थान, नाम, सामान, आदि का).

ˈcatapult (ˈकैट्पल्ट्) गुलेल.

ˈcataract (ˈकैट्रैक्ट्) *n* **1** बड़ा जलप्रपात. **2** मोतिया-बिन्दु (आँखों की बीमारी).

caˈtarrh (कˈटार्) *n* जुकाम, नज़ला.

caˈtastrophe (कˈटैस्ट्रफ़ि) *n* तबाही, विभीषिका, विपत्ति (जैसे भूचाल, बाढ़, आग आदि). **ˌcataˈstrophic** (कैट्ˈस्ट्रॉफ़िक्) *adj.*

catch (कैच्) *v* (*pt & pp* caught) **1** (गेंद) लोकना, पकड़ना. **2** समय पर पहुँचना, मिल सकना : *to — a train (the post)*. **— sb up, — up with sb,** जा पकड़ना, बराबर पहुँच जाना. **3** किसी को कुछ करते समय अचानक आकर पकड़ना : *to — sb stealing flowers from your garden*. **4** पाना, के लग जाना. *— cold; fire* (जलने लगना); *— sb's meaning* (समझना); *— sb's eye* (ध्यान आकर्षित करना). **5** फंस कर रुकना या रोकना : *The nail caught her dress. Her dress caught on a nail.* **6 — one's breath,** सांस रोकना. **— hold of,** पकड़ना. **— at,** पकड़ने की कोशिश करना. **— up,** जल्दी से पकड़ना. *n* **1** — की प्रक्रिया. **2** कोई पकड़ा हुआ व्यक्ति (या वस्तु), अपेक्षित (व्यक्ति या वस्तु). **3** ताले आदि का वह पुरजा जो बंद करता है. **4** जाल, छल (धोखे में फँसाने के लिए); एक चतुर प्रश्न. ˈ**—ing** *adj* संक्रामक (रोग).

ˈcatechism (ˈकैटिकिज़्म्) *n* प्रश्नोत्तर माला (विशेषतः धार्मिक शिक्षा में). ˈ**catechize** (ˈकैटिकाइज़्) *v* — के द्वारा सिखाना या परीक्षा लेना.

ˈcategory (ˈकैटिगरि) *n* संवर्ग; विभाजन; वर्ग. **ˌcateˈgorical** (ˌकैटिˈगॉरिकल्) *adj* बिना शर्त का, सुस्पष्ट.

ˈcater (ˈकेटर्) *v* **— for,** (भोजन, मनोरंजन आदि का) प्रबंध करना. **—er** *n* ऐसा प्रबंधकर्ता.

ˈcaterpillar (ˈकैटर्पिलर्) *n* **1** सूंडी **2** टैंक के दांतों वाले पहिए के ऊपर की पट्टी.

caˈthedral (कˈथ़ीड्रल्) *n* (बिशप का) मुख्य चर्च.

ˈcatholic (ˈकैथ़्लिक्) *adj* **1** उदार; सार्वभौम : *— tastes and interests*. **2 Roman Catholic,** रोम का चर्च. *n* रोमन चर्च के सदस्य. **Roman Caˈtholicism** *n* रोमन चर्च का धर्म.

ˈcattle (ˈकैट्ल्) *n pl* गाय-बैल, मवेशी.

caught (कॉट्) → catch.

ˈcauldron (ˈकॉलड्रन्) *n* कड़ाह, बड़ी कड़ाही.

ˈcauliflower (ˈकॉलिफ़्लाउअर्) *n* फूल गोभी. → p 340.

cause (कॉज़) *n* **1** कारण : *the —s of war*. **2** हेतु. **3** उद्देश्य : *working for a good —*. *v* उत्पन्न करना, कारण बनना.

ˈcauseway (ˈकॉज़्वे) *n* गीली भूमि पर उठा हुआ रास्ता.

ˈcaustic (ˈकॉस्टिक्) *adj* **1** दाहक, क्षारक. **2** तीखा, व्यंगात्मक.

ˊcauterize (ˊकॉट्राइज़्) *v* गर्म लोहे या कास्टिक से (साँप के काटे आदि स्थल) को जलाना, दागना.

ˊcaution (ˊकॉशन्) *n* **1** सतर्कता; सावधानी. **2** चेतावनी. *v* — देना, — रखना. **ˊcautious** (ˊकॉशस्) *adj* सावधान, सतर्क.

ˊcavalry (ˊकैव्लरि) *n* घुड़सवार सेना.

cave (केव्) *n* गुफा, कन्दरा. **ˊcavern** (ˊकैव़र्न्) *n* बड़ी गुफा.

ˊcavity (ˊकैविटि) *n* बड़ा छेद, खोखला स्थान; गुहिका.

cease (सीज़्) *v* बन्द होना या करना, समाप्त करना. *n* अंत, समाप्ति. **—less** *adj* निरन्तर, लगातार.

ˊcedar (ˊसीडर्) *n* देवदार (पेड़).

cede (सीड्) *v* सौंपना (अधिकार, संपत्ति आदि), अर्पण करना.

ˊceiling (ˊसीलिङ्) *n* **1** छत का भीतरी भाग. **2** सर्वाधिक : *price* (*wage*) — (सर्वाधिक मूल्य, सर्वाधिक मजदूरी).

ˊcelebrate (ˊसेलिब्रेट्) *v* **1** (किसी घटना या दिवस पर) उत्सव मनाना, समारोह करना : *to — Christmas* (*one's birthday*). **2** प्रशंसा और गुणगान करना. **ˊcele͵brated** (ˊसेलिब्रेटिड्) *adj* प्रसिद्ध, प्रख्यात. **celeˊbration** (सेलिˊब्रेशन्) *n* समारोह, उत्सव. **ceˊlebrity** (सिˊलेब्रिटि) *n* प्रख्याति; प्रख्यात व्यक्ति.

ceˊlerity (सिˊलेरिटि) *n* फुर्ती, तेज़ी.

ceˊlestial (सिˊलेस्ट्यल्) *adj* खगोल विषयक; स्वर्गिक; सर्वथा पूर्ण.

ˊcelibacy (ˊसेलिबसि) *n* अविवाहित रहने की स्थिति, ब्रह्मचर्य. **ˊcelibate** (ˊसेलिबिट्) *n* ब्रह्मचारी.

cell (सेल्) *n* **1** (एक व्यक्ति के रहने योग्य) कोठरी (प्राय: जेल और मठों में). **2** बड़ी संरचना का एक छोटा एकक : *—s in a honeycomb*. **3** सेल, कोशिका, कोशाणु (चेतनप्राणी की इकाई-सत्ता). **4** (बैटरी का) सेल. **ˊ—ular** (ˊसेल्युलर्) *adj* कोशिका से निर्मित; ढीली बुनी हुई (सामग्री).

ˊcellar (ˊसेलर्) *n* तहखाना (विशेषत: शराब आदि जमा करने के लिए).

ˊcellophane (ˊसेल्फ़ेन) *n* पारदर्शी कागज, सेलोफेन.

ceˊment (सिˊमेन्ट्) *n* **1** सीमेंट (मकान आदि बनाने में काम आने वाला). **2** कोई ऐसा चूर्ण जो छेद भरने (जैसे दाँत भरने) या जोड़ने के काम आता हो. *v* — लगाना या भरना; — से जोड़ना; (fig) दृढ़ करना; जोड़ना.

ˊcemetery (ˊसेमिटरि) *n* कब्रिस्तान.

ˊcensor (ˊसेन्सर्) *n* सेंसर् (फिल्म, पुस्तक आदि का निरीक्षण-अधिकारी जो अनुचित अंश को प्रकाशन के पहले काट देता है). *v* सेंसर के लिए निरीक्षण करना और काटना. **—ship** *n* सेंसर का कार्य. **cenˊsorious** (सेन्ˊसॉरिअस्) *adj* दोष ढूँढने वाला, छिद्रान्वेषी.

ˊcensure (ˊसेन्शर्) *v* & *n* नापसंदगी प्रकट करने के लिए निंदा या गर्हणा करना.

ˊcensus (ˊसेन्सस्) *n* देश के लोगों की गणना, जनगणना, मर्दुमशुमारी.

cent (सेन्ट्) *n* (c) डालर, फ्रैंक आदि मुद्राओं का सौवाँ भाग, शतांश. **per cent** (पर् सेन्ट्) (प्राय: %) प्रतिशत, फीसदी.

ˊcentaur (ˊसेन्टॉर्) *n* (प्राचीन ग्रीक कहानियों में) आधा आदमी, आधा घोड़ा; (संस्कृत साहित्य में) किन्नर.

cenˊtenary (सेन्ˊटीनरि) *n* शताब्दी (समारोह).

ˊcentigrade (ˊसेन्टिग्रेड्) *adj* तापमान नापने की एक पद्धति.

ˊcentimetre (सेन्टिमीटर्) मीटर का शतांश.

ˊcentipede (ˊसेन्टिपीड्) *n* कनखजूरा (एक रेंगने वाला बहुत पैर वाला कीड़ा).

ˊcentre (ˊसेन्टर्) *n* **1** मध्य भाग या बिंदु, केन्द्र. **2** हलचल का स्थान. **3** ध्यान-आर्कषण का केन्द्र (व्यक्ति या वस्तु). *v* — में लाना या रखना; — मानना. **ˊcentral** (ˊसेन्ट्रल्) *adj* केन्द्रीय; मुख्य. **ˊcentralize** (ˊसेन्ट्रलाइज़्) *v* केन्द्र में लाना; केन्द्र के नियंत्रण में आना या रखना.

ˊcentury (ˊसेन्चुरि) *n* **1** सौ साल की अवधि. **2** शताब्दी, सदी. **3** शतक (जैसे क्रिकेट में 100 रन बनाया).

ceˊramics (सिˊरैमिक्स्) *n* मिट्टी से सामान या

कलाकृति बनाने की कला, मृत्तिका-शिल्प.

ˈcereal (ˈसिअरिअल्) *n* अनाज, अन्न (गेहूँ, चावल आदि).

ˈceremony (ˈसेरिमनि) *n* **1** अनुष्ठान, समारोह (विवाह, उद्घाटन आदि पर किया जाने वाला विधि-विधान). **2** सामाजिक प्रथा से अपेक्षित आचरण, विशेषतः उच्चवर्ग, अफ़सरों आदि में (शिष्टाचार). **stand on —**, शिष्टाचार का बहुत अधिक ध्यान रखना. **cereˈmonial** (सेरिˈमोउन्यल्) *adj* औपचारिक विधान.

ˈcertain (ˈसर्टन्) *adj* **1** असंदिग्ध, निश्चित, पक्का; संदेह न रखते हुए. **make —**, निश्चित होने के लिए पूछना. **2** ज्ञात किंतु अवर्णनीय, कुछ, कोई : *under — conditions.* **3** कुछ (किंतु, अधिक नहीं). **ˈcertainly** (ˈसर्टन्लि) *adv* निस्संदेह; अवश्य; मन से. **ˈcertainty** (ˈसर्टन्टि) *n* निश्चय; — होना, कोई — (वस्तु, तथ्य).

cerˈtificate (सर्ˈटिफ़िकिट्) *n* लिखित या मुद्रित प्रमाणपत्र : *marriage —.* **—d** *adj* प्रमाणपत्र पाने के कारण कुछ करने के लिए अधिकृत (जैसे, प्रशिक्षण के प्रमाणपत्र होने के बाद पढ़ाने के लिए अधिकृत होना).

ˈcertify (ˈसर्टिफ़ाइ) *v* (प्रमाणपत्र देकर) प्रमाणित करना कि यह सही है : *certified insane.*

ˈcertitude (ˈसर्टिट्यूड्) *n* निश्चय, निश्चित.

cesˈsation (सेˈसेशन्) *n* समाप्ति; विराम.

ˈcession (ˈसेशन्) *n* (अधिकार आदि) छोड़ देना; सत्ता का दूसरों को सौंपना; त्यक्त वस्तु.

ˈcesspool (ˈसेस्पूल्) *n* हौदी (गंदी नाली की).

chafe (चेफ़्) *v* **1** रगड़ना (गरमाने के लिए). **2** रगड़ने से छिल जाना या कड़ा पड़ जाना, (fig) अधीर होना या करना, खीजना या झुंझलाना.

chaff[1] (चाफ़्) *n* **1** भूसी, चोकर. **2** भूसा, कुट्टी.

chaff[2] (चाफ़्) *n* हंसी-मजाक. *v* मजाक करना, छेड़ना.

ˈchagrin (ˈशैग्रिन्) *n* झेंप, (गलती करने पर) शर्मिन्दगी.

ˈchain (चेन्) *n* **1** जंजीर, श्रृंखला, चेन. **in —s,** बन्दी, कैद में. **2** संबद्ध वस्तुओं या घटनाओं आदि का सिलसिला. **ˈchain-store** *n* ऐसा स्टोर जिसकी बहुत सी शाखाएँ हों. *v* — से बाँधना.

chair (चेअर्) **1** कुर्सी. **2** (विश्वविद्यालय में प्रोफ़ेसर का) पद; (किसी सभा का) सभापति या अध्यक्ष. **take the —**, अध्यक्ष अथवा सभापति का आसन ग्रहण करना. **ˈ—man** *n* (ˈचेअरमन्) सभापति (पुरुष या महिला), अध्यक्ष.

chalk (चॉक्) *n* खड़िया, चाक. *v* — से लिखना या चित्रादि बनाना. **— out,** *v* रूपरेखा प्रस्तुत करना.

ˈchallenge (ˈचैलिज्) *n* **1** चुनौती (किसी खेल, दौड़ के लिए). **2** किसी सन्तरी (पहरेदार) द्वारा आते हुए व्यक्तियों का ललकारना और नाम-पता पूछना. *v* — देना; अपने कथन के समर्थन में तथ्य आदि माँगना.

ˈchamber (ˈचेम्बर्) *n* **1** (old use) कमरा, शयनकक्ष. **—maid** *n* शयनकक्ष ठीक-ठीक रखने वाली परिचारिका. **2** चैम्बर, सदन (नियम, कानून आदि बनाने की समिति); सदन (स्थान). **Chamber of Commerce** वाणिज्य-मंडल, व्यापार बढ़ाने के लिए व्यापारियों की संगठित संस्था. **3** तोप में खोखली जगह जहाँ गोले-कारतूस रखे जाते हैं.

chaˈmeleon (कˈमील्यन्) *n* गिरगिट. →p 265 (fig) बहुरूपी.

ˈchamois (ˈशैम्वा) *n* सांभर की खाल (जो मुलायम होती है).

ˈchampion (ˈचैम्प्यन्) *n* **1** सर्वश्रेष्ठ विजेता, चैम्पियन. **2** पक्का हिमायती, घोर समर्थक. *v* समर्थन करना.

chance (चान्स्) *n* **1** संयोग; भाग्य; आकस्मिक घटना. **take one's —**, भाग्य भरोसे रहना; जो भी हो जाए उसे स्वीकार करना. **game of —**, भाग्य, न कि कौशल, का खेल. **2** संभावना. **on the — (that),** इस संभावना पर. **3** अवसर, मौका; निश्चित सफलता का अवसर : *the — of a life-time.* **4** (attrib) — से उत्पन्न या घटित. *v* **1** — से होना. **2 — upon,** अचानक पाना या मिलना. **3** दाँव पर रखना.

ˈchancellor (ˈचान्सलर्) *n* (कुछ देशों में)

राज्य का प्रधान मंत्री; (कुछ विश्वविद्यालयों में) प्रमुख अधिकारी, कुलाधिपति; (इंग्लैंड में) **C— of the Exchequer,** मुख्य वित्त मंत्री. **Lord C—,** वरिष्ठ न्यायाधीश.

change (चेन्ज्) *v* **1** बदलना, परिवर्तन करना. **— one's mind,** इरादा बदल देना; दूसरा मत मान लेना. **— trains (buses),** गाड़ी या बस बदलना. **2** (=exchange) कोई चीज़ देकर उसी मूल्य की कोई अन्य वस्तु लेना; (रुपया) भुनाना या तुड़ाना. **3** दूसरा बनना या बनाना. *n* **1** परिवर्तन; अन्य होना या बनना; दूसरे के बदले ली या प्रयुक्त कोई वस्तु. **2** रेजगारी, छुट्टा : *— for a* Rs 10 *note;* किसी वस्तु की खरीद और बिक्री का अंतर. **'—able** *adj.* परिवर्तन योग्य.

channel ('चैनल्) *n* **1** दो समुद्रों को जोड़ने वाला जलमार्ग या नहर. **2** नदी तल; जहाज़ जाने योग्य गहरा जलमार्ग. **3** द्रव बहने योग्य मार्ग, नली, नाली; (fig) नये विचारों के आदान-प्रदान का मार्ग.

chant (चान्ट्) *n* राग जिस में अनेक ईसाई धार्मिक गीत गाये जाते हैं. *v* — गाना; राग से गाना (चर्च में).

chaos ('केऑस्) *n* किसी भी प्रकार की व्यवस्था का न होना; पूर्ण अव्यवस्था; अस्तव्यस्तता; संभ्रांति, उलझन.

chap[1] (चैप्) *v* (-pp-) खाल का फटना या चिटकना; हवा से खाल का फटना.

chap[2] (चैप्) *n* (colloq) आदमी, लड़का.

'chapel ('चैपल्) *n* **1** ईसाइयों का पूजालय, प्रार्थनालय (घरों, स्कूलों, जेलों आदि में). **2** चर्च में व्यक्तिगत पूजन के लिए बना छोटा स्थान.

'chaperon ('शैप्रोन्) *n* संरक्षिका, विवाहित और प्रौढ़ा स्त्री जो किसी कुमारी कन्या के साथ पार्टी आदि में जाती है.

'chaplain ('चैप्लिन्) *n* सेना से संलग्न पादरी या व्यक्तिगत चेपेल का पादरी.

'chapter ('चैप्टर्) *n* अध्याय (किसी पुस्तक का).

char[1] (चार्) *v* (-rr-) झुलसना, झुलसाना; जल कर कोयला होना : *—red wood.*

char[2] (चार्) *v* (-rr-) *& n* घंटेवार या दैनिक मज़दूरी पर घर, कार्यालय के छोटे-मोटे काम करने वाला. **'—,woman** ऐसी स्त्री.

'character ('कैरिक्टर्) *n* **1** चरित्र; नैतिक बल; प्रसिद्धि या प्रख्याति; (काम दिलाने के लिए) किसी के गुणों का वर्णन : *— certificate.* **2** नाटक, उपन्यास आदि का पात्र. **3** विशिष्ट लक्षण : *the — of the Sahara Desert* (e g *sandy and hot*). **4** लेखन या मुद्रण में लिपि-चिह्न : *Chinese —s.* **,characte'ristic** *n* (कैरिक्ट'रिस्टिक्) विशेष लक्षण, विशेषता. *adj* विशिष्ट, विशेषता सूचक. **—ize** *v* — दिखाना. — अंकित करना; किसी विशेष रूप से चिह्नित करना.

'charcoal ('चार्कोल्) *n* कोयला (लकड़ी का); कोयले का रंग.

charge (चार्ज्) *n* **1** अभियोग, दोषारोपण; आरोप-कथन : *bring a — of murder against sb.* **2** धावा, चढ़ाई (शत्रुओं पर). **3** खर्च, कीमत (किसी कार्य के करने की). **4** तोप में विस्फोट के लिए आवश्यक बारूद, बिजली की मात्रा. **5** कार्यभार; देख-रेख या निगरानी का दायित्व. **in — of,** देख-रेख करना या देख-रेख में रहना : *Mary was in — of the baby. The baby was in Mary's —.* **take — of,** भार संभालना, उत्तरदायी होना. **give sb in —** , पुलिस को सौंपना, *v* **1 — sb with sth,** आरोप लगाना. **2** धावा या चढाई करना. **3** मूल्य या भुगतान के रूप में माँगना. **4** बारूद या बिजली की मात्रा प्रयुक्त करना. **5** आदेश देना; कार्य भार के रूप सौंपना.

'chariot ('चैरिअट्) *n* रथ.

'charity ('चैरिटि) *n* **1** ग़रीब और दुःखी व्यक्तियों को सहायता देना, परोपकारिता, दयालुता; भ्रातृभाव, सद्भाव. **2** सहायतार्थ संस्था. **'charitable** ('चैरिटब्ल्) *adj* दानी, परोपकारी, दयालु.

charm (चार्म्) *n* **1** आकर्षण, मनोहारिता. **2** मायाशक्ति (अच्छी या बुरी); मन्त्र; तावीज़. *v* **1** आकर्षित करना, मोहित करना. **2** जादू डालना; माया से प्रभावित करना. **—ing** *adj* आकर्षक (वेष-भूषा, व्यवहार आदि से); —[illegible] पूर्ण.

chart (चार्ट्) *n* **1** नाविकों द्वारा प्रयुक्त समुद्र का मानचित्र. **2** चार्ट, लेखा. *v* **1** — बनाना; — में दिखाना.

ˈ**charter** (ˈचार्टर्) *n* (शासक या शासन द्वारा किसी को किसी कार्य करने का लिखित) अधिकार पत्र. *v* **1** — देना. **2** जहाज़, हवाई जहाज़ को किराये पर लेना.

ˈ**chary** (ˈचेअरि) *adj* — **of,** सावधान, संकोची.

chase (चेस्) *v* (कैद करने या भगाने के लिए) पीछा करना, खदेड़ना. *n* पीछा करना. **give** —, पकड़ने का प्रयत्न करना. **the** —, शिकार खेलना.

ˈ**chasm** (ˈकैज़्म्) *n* गहरी खाई; (fig) (विचार, रुचि, भावनाओं आदि की दो वर्गों या राष्ट्रों में) बड़े अन्तर.

chaste (चेस्ट्) *adj* विचार, कथन और कार्य में शुद्ध. ˈ**chastity** (ˈचैस्टिटि) *n* — रहने का गुण.

ˈ**chasten** (ˈचेस्न्) *v* दंड या ताड़न से किसी को सुधारना.

chasˈtise (चैस्ˈटाइज़्) *v* कठोर दंड देना. ˈ**chastisement** (ˈचैस्टिज़्मन्ट्) *n.*

ˈ**chastity** (ˈचैस्टिटि) → chaste.

chat (चैट्) *v* (-tt-) & *n* गपशप करना. ˈ**—ty** *adj* (चैटि) बातूनी, गप्पी.

ˈ**chattel** (चैटल्) *n* चल सम्पत्ति (जैसे फ़र्नीचर, कार आदि).

ˈ**chatter** (ˈचैटर्) *v* **1** बकवास करना, जल्दी में बेवकूफ़ी की बातें करना. **2** चहचहाहट करना, चहचहाना (चिड़ियों का), किटकिटाना (बन्दर या दाँतों का), खड़खड़ाना. *n* ऐसी ध्वनि. **—box** *n* बक्की.

ˈ**chauffeur** (ˈशोफ़र्) *n* शोफ़र, निजी कार का चालक.

ˈ**chauvinism** (ˈशोविनिज़्म्) *n* अन्ध-देशभक्ति.

cheap (चीप्) *adj* (-er,-est) **1** सस्ता. **2** घटिया (माल). **3** सुलभ इसलिए कम मूल्यवाला. *adv* सस्ते में. ˈ**—ly** *adv.* ˈ**—ness** *n* सस्तापन. ˈ**—en** *v* सस्ता करना; मूल्य कम करना.

cheat (चीट्) *v* ठगना, धोखा देना. *n* छली, कपटी, धोखेबाज़; छल, कपट.

ˈ**check** (चेक्) *v* **1** जाँचना, मिलान करना. **2** रोकना, रोक-थाम करना. *n* **1** — की प्रक्रिया; — करने वाला. **keep a — on, keep in —,** नियंत्रित करना. **2** रसीद या टोकेन. **3** चौकोर चिह्न; चारखाने का कपड़ा. **4** (USA) चेक, cheque. ˈ**—ˈmate** *v* किसी की योजना में बाधा डालना या हरा देना.

cheek (चीक्) *n* **1** गाल. → p 37. **2** धृष्टता, गुस्ताखी. ˈ**—y** *adj* धृष्ट. ˈ**—ily** *adv.*

cheer (चिअर्) *v* **1** आनंदित करना. **— up,** उत्साहित होना : **— sb up,** उत्साहित करना. **2** ताली बजाकर अथवा जय-ध्वनि से किसी को आनंदित और उत्साहित करना *n* **1** प्रसन्नता, खुशी, जयध्वनि, वाहवाही. **2** **—ful** *adj* प्रसन्न, प्रफुल्लित. ˈ**—less** *adj* उदास, खिन्न. ˈ**—ily** *adv.*

cheese (चीज़्) *n* पनीर.

chef (शेफ़्) *n* मुख्य रसोइया (होटल, रेस्तराँ में).

ˈ**chemist** (ˈकेमिस्ट्) *n* **1** रसायन विज्ञान का विद्वान. **2** दवाई आदि बेचने वाला.

ˈ**chemistry** (ˈकेमिस्ट्रि) *n* रसायन विज्ञान, तत्त्वों और इनके संयोजनों का विज्ञान. ˈ**chemical** (ˈकेमिकल्) *adj* रासायनिक. *n* रसायन विज्ञान में प्रयुक्त पदार्थ.

cheque (चेक्) *n* चेक, बैंक को (प्रायः मुद्रित प्रपत्र पर) धन देने का आदेश, धनादेश. ˈ**cheque-book** *n* चेकबुक.

ˈ**cherish** (ˈचेरिश्) *v* पालना-पोसना; दिल में (आशा) सँजोए रखना.

ˈ**cherry** (ˈचेरि) *n* चेरी, बेर की तरह का फल. → p 134. *adj* — के समान लाल रंग वाली.

chess (चेस्) *n* शतरंज का खेल.

chest (चेस्ट्) *n* **1** छाती → p 36. **2** बड़ी लकड़ी की पेटी : *medicine —; linen —; tea-chest; — of drawers.*

ˈ**chestnut** (ˈचेस्नट्) *n* चमकदार भूरे अखरोट की लकड़ी; इस प्रकार का रंग.

chew (चू) *n* चबाना. ˈ**—ing gum** *n* एक प्रकार का स्वादिष्ट गोंद (चबाने के लिए).

ˈ**chicken** (ˈचिकिन्) *n* चूज़ा. → p 240; चूज़े का गोश्त.

chide (चाइड्) *v* (*pt & pp* chid या ˈchided). डाँटना. डपटना.

chief (चीफ़्) *n* मुखिया (कबीलों का); मुख्य नेता, अध्यक्ष, मुख्य शासक. *adj* मुख्य; सर्वाधिक महत्त्वपूर्ण. ˈ**—ly** *adv*. ˈ**—tain** *n* मुखिया, सरदार.

child (चाइल्ड्) *n* (*pl* children) **1** बच्चा; शिशु. **2** पुत्र या पुत्री. ˈ**—ish** *adj* बचकाना. ˈ**—like** *adj* बालोचित; सरल, निष्कपट. ˈ**—hood** *n* बचपन.

chill (चिल्) *n* सिहरन; ठंड या नमी के कारण ठिठुरन. *adj* ठंडा (दुःखदायी). *v* ठंडा होना या करना. ˈ**—y** *adj* (मौसम) शीतल, (व्यवहार) रूखा, उत्साहहीन

chime (चाइम्) *n* घंटियों का गुंजन. *v* (घड़ियों और घंटियों का) बजना; घंटा बजाना. **— in,** दूसरों की बातचीत में कूद पड़ना.

ˈ**chimney** (ˈचिम्नि) *n* चिमनी (जिससे नीचे का धुंआ ऊपर छत पर निकल जाता है).

ˈ**chimpanˈzee** (चिम्पन्ˈज़ी) *n* अफ्रीका का वनमानुष. → p 351.

chin (चिन्) *n* ठुड्डी. → p 37.

ˈ**china**° (ˈचाइना) *n* चीनी मिट्टी जिसके प्याले, प्लेट आदि बनते हैं; इससे बने प्याले, प्लेट आदि.

chink[1] (चिंक्) *n* दरार (जिससे देखा जा सकता है).

chink[2] (चिंक्) *v* & *n* खनखनाना (जैसे गिलास आपस में लड़ने पर ध्वनि करते हैं, या सिक्के टकरा कर ध्वनि करते हैं).

chip (चिप्) *n* **1** चिप्पी, छोटा टुकड़ा (लकड़ी, पत्थर, चीनी आदि का). **— of the old block,** अपने बाप की तरह का बेटा. **2** आलू के चिप; सेब का स्लाइस. **3** खुरदरा स्थान जहाँ से चिप्पी निकली है. *v* (-pp-) **1** चिप्पी करना, खपची निकालना. **2** चिप या स्लाइस काटना.

chirp (चर्प्) *v* & *n* (चिड़ियों की) चींचीं करना, झींगुर का झंकारना.

ˈ**chisel** (ˈचिज़्ल्) *n* छेनी (लकड़ी, पत्थर काटने के लिए). *v* (-ll-) छेनी से काटना या आकृति बनाना.

ˈ**chivalry** (ˈशिव्ल्रि) **1** मध्ययुग (Middle Ages) में सामन्तों का रीति-विधान. **2** सामन्तों के गुण: साहस, सम्मान, स्वामिभक्ति, दुर्बलों और स्त्रियों, बालकों-वृद्धों की रक्षा करना. ˈ**chivalrous** *adj* (ˈशिव्ल्रस्).

ˈ**chloroform** (ˈक्लॉर्फ़ार्म्) *n* क्लोरोफ़ार्म (बेहोश करने के लिए प्रयुक्त रसायन). *v* — से बेहोश करना.

ˈ**chocolate** (ˈचॉक्लिट्) *n* चाकलेट; चाकलेटी वर्ण, गहरा कत्थई.

choice (चॉइस्) *n* **1** वरण, चुनाव; चुनाव का अधिकार. **for —**, यदि पसंद करना हो तो. **2** चुना हुआ व्यक्ति या पदार्थ; वस्तुएँ जिनमें से चुनना है. *adj* सावधानी से पसंद किया हुआ; बहुत बढ़िया.

ˈ**choir** (ˈक्वाइर्) *n* गायन-मंडली (विशेषतः चर्च में); चर्च में इसके लिए नियत स्थान.

choke (चोक्) *v* **1** दम घुटना, गले का रुँधा हुआ होना: *His voice was —d with anger.* ˈ**— ˈback** रोके रखना: *He —d back his tears.* **2** गला घोंटना. **3** खुले मार्ग को रुद्ध करना. *n* मोटरकार का एक पुर्ज़ा, चोक.

ˈ**cholera** (ˈकॉल्रा) *n* हैजा.

choose (चूज़्) *v* (*pt* chose, *pp* chosen) **1** दो या अधिक में से एक को पसंद करना. **2** दो विकल्पों के बीच में एक का निर्णय लेना.

chop (चॉप्) *v* (-pp-) (कुल्हाड़ी से) काटना या चीरना. **— and change,** बदलते रहना. *n* (कुल्हाड़ी आदि का) वार; कीमा का टुकड़ा. ˈ**—per** *n* गँडासा.

ˈ**choppy** (ˈचापि) *adj* छोटी क्षुब्ध लहरों वाला (समुद्र).

ˈ**chopsticks** (ˈचॉप्स्टिक्स्) *n pl* दो तीलियाँ जिनसे चीनी-जापानी काँटे की तरह प्रयुक्त करते हुए भोजन मुँह तक पहुँचाते हैं.

ˈ**choral** (ˈकॉरल्) *adj* समवेत (गान).

ˈ**chord** (ˈकॉर्ड्) *n* **1** जीवा, वृत्त के दो बिन्दुओं को मिलाने वाली रेखा. **2** (संगीत) दो या तीन स्वरों का एक साथ संयोजन. **3** (cord भी) तार, तंत्री; स्वरतंत्री (गले में): *the vocal —s.*

ˈ**chorus** (ˈकॉरस्) *n* **1** समवेत गान, सहगान. **2** टेक (गीत की). **3** कई व्यक्तियों द्वारा एक साथ कही बात: *a — of praise.* **in —**, सब मिल कर.

ˈ**chose,** ˈ**chosen** → choose.

ˈ**christen** (ˈक्रिस्न्) *v* नामकरण करना,

बपतिस्मा देना.

Christian (ˈक्रिस्‌टचन्) *adj* ईसाई, क्राइस्ट के मतानुयायी. — **name,** प्रथम नाम जो बपतिस्मा के समय रखा जाता है. *n* ईसाई (व्यक्ति). **Christiˈanity** (क्रिस्‌टिˈऐनिटी) *n* ईसाई धर्म.

ˈChristmas Day (ˈक्रिस्‌मस् डे) *n* जीसस क्राइस्ट के जन्म दिवस का समारोह, 25 दिसम्बर.

chronic (क्रॉनिक्) *adj* पुरानी, लगातार लम्बी अवधि से चली आ रही (बीमारी, पीड़ा, मरीज़ आदि). — **invalid,** ऐसा मरीज.

ˈchronicle (ˈक्रॉनिकल्) *n* घटनाओं का इतिवृत्त, इतिहास.

chroˈnology (क्रˈनॉलजि) *n* कालक्रम विज्ञान, तिथि-निर्धारण का विज्ञान; घटनाओं का तिथिवार अंकन; ऐसी सूची. **chronoˈlogical** (क्रॉन्ˈलॉजिकल्) *adj.*

ˈchrysalis (ˈक्रिस्‌लिस्) *n* कीड़ों की कोषावस्था; कोष.

chuck (चक्) *v* **1** (colloq) फेंक देना : — *sth away.* **2** (करने से) रोकना; छोड़ देना : — *up one's job.*

ˈchuckle (ˈचक्ल्) *v* & *n* दबी हुई हँसी, मुँह बंद करके हँसना.

chum (चम्) *n* घनिष्ठ मित्र. *v* (-mm-) — **up (with),** मित्र बनना.

church (चर्च्) *n* **1** चर्च (ईसाइयों का पूजन-स्थल); गिरजाघर; चर्च में पूजन. **2** ईसाइयों का संगठन या विभाग जो एक से विश्वास और विधि-विधान मानता है : *the C— of England; the Methodist C. enter the* —, पादरी बनना. ˈ—ˌ**yard** चर्च के बाहर का अहाता, कब्रिस्तान के रूप में भी प्रायः प्रयुक्त.

ˈchurlish (ˈचर्लिश्) *adj* चिड़चिड़ा, उजड्ड.

churn (चर्न्) *n* मथने का मटका; बड़ा मटका. *v* मथना; बहुत क्षुब्ध होना (जैसे समुद्र का),

ˈcider (ˈसाइडर्) *n* सेब का आसव.

ciˈgar (सिˈगार्) *n* सिगार, चुरुट. ˌ**cigaˈrette** (सिग्ˈरेट्) *n* सिगरेट.

ˈcinder (ˈसिन्‌डर्) *n* अधजली लकड़ी का कोयला.

ˈcinema (ˈसिनिमा) *n* सिनेमा, चलचित्र. ˌ**cine-ˈcamera,** चलचित्र लेने वाला कैमरा.

ˈcipher (ˈसाइफ़र्) *n* **1** सिफ़र, शून्य, ज़ीरो. **2** नगण्य व्यक्ति, बिना किसी महत्त्व का व्यक्ति. **3** कूटलिपि में लिखने की पद्धति; ऐसी पद्धति की विवरणिका (key). *v* कूटबद्ध करना; गणित करना.

ˈcircle (ˈसर्क्ल्) *n* **1** गोला, वृत. → p 295; कोई गोल वस्तु, गोल-सी वस्तु : *a — of trees.* **2** दुमंजिले की सीटें (रंगशाला, सिनेमा आदि में). **3** (व्यक्तियों की) मंडली, एक-सी रुचि वाले व्यक्तियों का समूह. **move in a —,** समूह में चक्कर लगाना.

ˈcircuit (ˈसर्किट्) *n* **1** एक स्थान से प्रारम्भ होकर उसी स्थान पर समाप्त होना, परिक्रमा. **2** परिपथ (विद्युत-धारा का). **cirˈcuitous** (सर्ˈक्युइटस्) *adj* घुमा-फिरा कर; अस्पष्ट.

ˈcircular (ˈसर्क्युलर्) *adj* वृत्तीय, गोल. — **tour,** एक स्थान से प्रारंभ होकर उसी स्थान पर खत्म होने वाली यात्रा. *n* परिपत्र, गश्ती चिट्ठी. **ˈcircularize** (ˈसर्क्युल्‌राइज़्) *v* परिपत्र भेजना.

ˈcirculate (ˈसर्क्युलेट्) *v* निरंतर घूमना, चक्कर काटना. ˌ**circuˈlation** (सर्क्युˈलेशन्) *n* परि-वहन, संचरण (जैसे रक्त —); समाचार पत्रों की ग्राहक-संख्या.

cirˈcumference (सर्ˈकम्‌फ़रन्स्) *n* वृत्त की परिधि.

circumˈnavigate (सर्‌कम्ˈनैविगेट्) *v* (पृथिवी की परिक्रमा लगाता हुआ) नौ-परिचलन.

ˈcircumscribe (ˈसर्‌कम्स्‌क्राइब्) *v* चारों ओर वृत्त (या घेरा) खींचना; सीमा अंकित करना.

ˈcircumspect (ˈसर्‌कम्स्‌पेक्ट) *adj* बहुत सोच-समझ कर कार्य करने वाला; सतर्क.

ˈcircumstance (ˈसर्‌कम्सटन्स्) *n* (प्रायः *pl*) परिस्थिति. **in (under) the —s,** इस परिस्थिति में. **under no —s,** किसी भी हालत में नहीं. **2** तथ्य, विवरण. **circumstantial** (सरकम्ˈस्टैन्‌शल्) *adj* पूरा विवरण देने वाला; परिस्थिति-जन्य.

ˈcircumˈvent (सर्‌कमˈव्रेन्ट्) *v* रोकना, योजना में बाधा डालना.

ˈcircus (ˈसर्‌कस्) *n* **1** सर्कस **2** गोल स्थान जहाँ अनेक मार्ग मिलते हैं : दिल्ली में कनॉट

सर्कस; गोल चौक.

ˈ**cistern** (ˈसिस्टर्न) *n* हौज़, कुंड, टंकी (पानी भरने के लिए).

ˈ**citadel** (ˈसिट्डल्) *n* किला, गढ़, शरणगृह.

cite (साइट्) *v* उदाहरण रूप देना; (पुस्तक में से) उद्धृत करना; (सिपाही के) शौर्य का प्रशंसापूर्वक उल्लेख करना.

ˈ**citizen** (ˈसिटिज़्न्) *n* नगरवासी न कि ग्रामवासी; नागरिक (किसी देश का) जिसे जन्म से या ग्रहण करने से उस देश के पूरे अधिकार मिलते हैं (cf *British subject*; *American citizen*). —**ship** नागरिकता.

ˈ**citron** (ˈसिट्रन्) *n* गलगल, बड़ा नींबू. ˈ**citrus** (ˈसिट्रस) *adj* नीबू के वंश का, जैसे संतरे, मुसम्मी आदि.

ˈ**city** (ˈसिटि) *n* शहर, नगर. **the City,** मध्यवर्ती लन्दन का सबसे पुराना भाग; उसके व्यापार-वाणिज्य का केन्द्र.

ˈ**civic** (ˈसिविक्) *adj* नगर शासन अथवा जीवन से संबद्ध. —**s** (ˈसिविक्स्) *n pl* नगर-शासन का विज्ञान, नागरिक शास्त्र.

ˈ**civil** (ˈसिविल्) *adj* **1** मानव समाज-विषयक; नागरिक-विषयक. — **war,** गृहयुद्ध, एक ही राज्य के भीतर दो दलों का युद्ध. — **law,** व्यक्तिगत अधिकारों का कानून, न कि अपराध विषयक (criminal law). — **engineering,** मकान, सड़क पुल आदि बनाने की इंजिनियरिंग. — **marriage,** बिना धार्मिक संस्कार का विवाह. **2** गैर-सैनिक, सैन्येतर. **the Civil Service**, लोक-सेवा, सभी सरकारी विभाग (सेना-सेवा [Defence Services] को छोड़कर.) **C— servant,** सिविल सेवा के अधिकारी. **3** शिष्ट, नम्र. **ciˈvility** (सिˈविलिटि) *n* नम्रता, शिष्टता. **ciˈvilian** (सिˈविल्यन्) *n & adj* असैनिक कर्मचारी.

ˈ**civilize** (ˈसिविलाइज़्) *v* सभ्य करना. ˌ**civiliˈzation** (सिविलाइˈज़ेशन) *n* सभ्य बनना; सभ्यता; सभी सभ्य देश.

claim (ˈक्लेम्) *v* **1** दावा (स्वामित्व या अधिकार का) करना. **2** दावा (कथन की सत्यता का) करना. **3** माँग (आवश्यकताओं की) करना. *n* **1** दावा या माँग करना. **lay — to,** दावा जताना, स्वामित्व अथवा अधिकार का दावा करना. **2** माँग रखने का अधिकार. **3** दावा.

ˈ**clamber** (ˈक्लैम्बर्) *v* (हाथों से कठिनाई पूर्वक) चढ़ना.

ˈ**clammy** (ˈक्लैमि्) *adj* (-ier, -iest) छूने में नम और ठंडा, पिचपिचा.

ˈ**clamour** (ˈक्लैमर्) *n* होहल्ला; शोर; दुहाई, फरियाद. *v* — करना. ˈ**clamorous** (ˈक्लैमरस्) *adj.*

clamp (क्लैम्प्) *n* **1** शिकंजा. **2** लोहे की पट्टियाँ कसने के लिए या दृढ़ करने के लिए. *v* — में रखना, — से कसना.

clan (ˈक्लैन्) *n* गोत्र, कुल (जाति से छोटी परिवारिक इकाई): *Scottish clans.*

clang (क्लैङ्) *v n* टनटनाना (घंटों का).

clank (क्लैंक्) *v & n* झनझनाना (तलवारों का), खड़खड़ाना (बेड़ियों का).

clap (क्लैप्) *v* (-pp-) **1 — one's hands,** ताली बजाना. **2** (हाथों से) थपथपाना : — *sb on the back*. ˈ**— eyes on,** देखना. *n* कड़कड़ाना, गर्जन : *a — of thunder*.

ˈ**clarify** (ˈक्लैरिफ़ाइ्) *v* स्पष्ट होना या करना. ˈ**clarity** (ˈक्लैरिटि) *n* स्पष्टता.

ˈ**clarinet** (क्लैरिˈनेट्) *n* एक बाजा. → p 206.

clash (क्लैश्) *v & n* **1** खटखटाना (जब धातु की दो वस्तुएं टकराती हैं). **2** टक्कर, संघर्ष : *a — of colours (ideas).*

clasp (क्लास्प्) *n* **1** बकसुआ (दो किनारों को जोड़ने वाला). **2** हाथ की अच्छी पकड़. *v* **1** — से बाँधना. **2** कस कर पकड़ना.

class (क्लास्) *n* **1** कक्षा (शिक्षार्थियों की). **2** समान गुण और लक्षणवालों का वर्ग: *lemons are in the — of citrus fruits. v* सही वर्ग में रखना.

ˈ**classic** (ˈक्लैसिक्) *adj* **1** अति उत्तम; उच्चतम गुण का. **2** प्राचीन ग्रीक और लैटिन साहित्यकारों, कलाविदों आदि के स्तर का. **3** चिर-प्रतिष्ठित. *n* उच्चतम श्रेणी का लेखक, चित्रकार; इनकी कृति आदि. **the Classics,** चिरसम्मत उत्कृष्ट ग्रीक और लैटिन साहित्य. —**al** *adj* प्राचीन उच्चस्तरीय साहित्य; सर्वोच्च

वर्ग का; सरल और संयत.

ˈ**classify** (ˈक्लैसिफ़ाइ) *v* वर्गीकृत करना. ˌ**classifiˈcation** (क्लैसिफ़िˈकेशन्) *n* वर्गीकरण.

ˈ**clatter** (ˈक्लैटर्) *v & n* खड़खड़ाहट (भारी वस्तुओं के गिरने और टकराने की आवाज़).

clause (क्लॉज़्) *n* **1** संधि, कानून आदि में एक पूरा पैराग्राफ. **2** संयुक्त या मिश्र वाक्य का घटक जिसमें एक उद्देश्य और एक विधेय अंश अवश्य होता है, उपवाक्य धारा.

claw (क्लॉ) *n* पंजा, चंगुल; पंजानुमा कोई वस्तु या शस्त्र; पंजे के समान काम करने वाली कोई वस्तु या शस्त्र. *v* पंजे या नाखूनों से पकड़ना; पंजे से कठोरता से खींचना.

clay (क्ले) *n* चिकनी चिपकने वाली मिट्टी जो पकाने पर कड़ी हो जाती है; वह मिट्टी जिससे मिट्टी के बरतन, ईंटे आदि बनते हैं.

clean (क्लीन्) *adj* (-er, -est) **1** साफ़, निर्मल, स्वच्छ. **2** सुघड़, सुडौल: *a — cut. v* धोना, बुहारना, झाड़ना आदि, साफ करना. **— out,** अंदर से धूल आदि साफ करना. **— up,** सुव्यवस्थित करना. *adv* पूरी तरह से. *n* सफ़ाई. ˈ**—ly** *adv* —पूर्वक. *adj* — आदत वाला. ˈ**—liness** *n* सफ़ाई, स्वच्छता.

cleanse (क्लेन्ज़) *v* शुद्ध और स्वच्छ करना.

clear (क्लिअ्र) *adj* (-er, -est) **1** पारदर्शक, निर्मल; देखने, सुनने और समझने में सरल; बिना बादलों का आकाश; उज्ज्वल. **2** सुगम्य; संकट और बाधा से रहित. **keep — of,** दूर रहना. **3** संपूर्ण, पूरे-पूरे: *two — days; a — profit of Rs* 50. *v* **1** बाधा हटाना; खाली करना: *— one's throat*. **— the table,** भोजन के बाद मेज़ साफ़ करना. **C— off! (out!)** चले जाओ, रास्ते से हट जाओ. **2** किसी ऊँची चीज़ के ऊपर से, बिना उसे छुए, कूद जाना. *adv* पूरी तौर से: *to get — away*. **3** किसी व्यक्ति की निर्दोषता का प्रमाण दिखाना. ˈ**clear-ˈcut** *adj* स्पष्ट रूपरेखा वाला. ˈ**—ly** *adv* स्पष्टतया; साफ़ तौर से. ˈ**—ance** (ˈक्लिअरन्स्) *n* — करना; दो चलशील वस्तुओं के बीच का स्थान; खाली स्थान. ˈ**—ing** *n* पेड़ साफ़ करने से निकला हुआ खुला स्थान.

cleave (क्लीव्) *v* (*pt* clove या cleft, *pp* cleft या cloven) गँडासे, कुल्हाड़ी से एक ही वार में दो टुकड़े कर देना.

ˈ**clement** (ˈक्लेमन्ट्) *adj* मन्द, मध्यम (मौसम); दयालु (व्यक्ति). ˈ**clemency** (ˈक्लेमन्सि) *n* -- का भाव.

clench (क्लेन्च्) *v* (मुट्ठी) बाँधना.

ˈ**clergy** (ˈक्लर्जि) **the —**, ईसाई चर्च का याजक वर्ग. **—man** *n* पादरी.

ˈ**clerical** (ˈक्लेरिकल्) *adj* **1** clergy से सम्बद्ध: *— dress*. **2** क्लर्क, लिपिक का कार्य; लिखना और नकल करना.

clerk (क्लार्क) *n* क्लर्क (कार्यालय में) जो पत्र-व्यवहार, हिसाब-किताब आदि करता है.

ˈ**clever** (ˈक्लेवर्) *adj* (-er, -est) सीखने और समझने में होशियार, चतुर; कौशल और योग्यता रखने वाला. **—ly** *adv* चतुराई से. **—ness** चतुराई.

click (क्लिक्) *v & n* 'खट' की ध्वनि (जैसे चाबी से ताला खोलते समय होता है).

ˈ**client** (ˈक्लाइअन्ट्) *n* (वकील का) मुवक्किल; गाहक.

ˈ**cliff** (ˈक्लिफ़्) *n* ऊँची खड़ी चट्टान.

ˈ**climate** (ˈक्लाइमिट) *n* जलवायु, आबोहवा. **cliˈmatic** (क्लाइˈमैटिक्) *adj* जलवायु-विषयक.

ˈ**climax** (ˈक्लाइमैक्स्) *n* पराकाष्ठा, सर्वोच्च बिन्दु; कोई सर्वाधिक महत्त्वपूर्ण या रोचक घटना.

climb (क्लाइम्) *v* (पेड़, पहाड़, सीढ़ी पर) चढ़ना; ऊँचा उठना. **— down,** (कुछ कठिनाई से) उतरना. *n* — की प्रक्रिया; — का स्थान. ˈ**—er** *n*.

cling (क्लिङ्) *v* (*pt & pp* clung) चिपकना, लिपटना; कपड़ों का बदन से चिपकना.

ˈ**clinic** (ˈक्लिनिक्) *n* क्लीनिक; अस्पताल का वह भाग जहाँ रोगी देखा जाता है और उसका इलाज किया जाता है: *an eye —* .

clink (क्लिंक्) *v & n* झनझनाना (चाबियों या गिलासों के टकराने से उत्पन्न आवाज़).

clip[1] (ˈक्लिप्) *n* क्लिप (प्रायः धातु या तार का, कागज़ आदि को इकट्ठा रखने के लिए). *v* (-pp-) साथ-साथ क्लिप में रखना.

clip[2] (क्लिप्) *v* (-pp-) (कैंची आदि से)

काटना, कतरना : *to — sheep* (ऊन कतरना). **—pers** *n pl* कैंची, कतरनी. ˈ**—ping** *n* समाचार की कटिंग (अंश) (समाचार पत्रों से काटकर).

cloak (क्लोक्) *n* बिना बाँहों का ऊपरी कपड़ा, लबादा; (fig) कोई भी पूरी तरह ढकने या छिपाने वाली वस्तु. *v* (fig) छिपाना, ढकना. ˈ**—room** *n* स्थान जहाँ थोड़ी देर के लिए सामान रखा जा सके, अमानती समानघर.

clock (क्लॉक) *n* घड़ी (दीवार या मेज़ की, न कि हाथ की). ˈ**clock-wise** *adj* & *adv* घड़ी की चलती हुई सुई की दिशा में, दाहिनी परिक्रमा. ˈ**—work** *n adj* घड़ी के से पुर्जे या मशीन रखने वाली (मशीन). **like —work,** नियमित रूप से; बिना किसी परेशानी के.

clod (क्लॉड्) *n* मिट्टी आदि का ढेला.

clog (क्लॉग्) *v* (-gg-) मिट्टी-धूल के कारण मशीन का अवरुद्ध हो जाना और इस कारण बड़ी कठिनाई से चलना.

ˈ**cloister** (ˈक्लॉइस्टर्) *n* **1** कान्वेन्ट, चर्च या कालेज का भीतरी चौक के चारों तरफ़ का ढका हुआ मार्ग, छत्ता. **2** मठ, विहार. *v* मठ या विहार में रहना.

close[1] (क्लोज़्) *v* **1** बंद करना. **2** समीप आना, साथ-साथ आना. **— in (upon),** समीप घेरते हुए धावा करना. **— with an offer,** स्वीकार करना. **3** समाप्त करना. *n* समाप्ति. **draw (bring) to a — ,** समाप्त होना.

close[2] (क्लोज़्) *adj* (-r, -st) **1** समीप का, घनिष्ठ. *a — friend.* **2** बंद, उमसदार, गर्म (मौसम). **3** सूक्ष्म, विस्तृत, सम्पूर्ण. *— attention; a — translation (argument).* **4** गुप्त; छिपाने वाला (व्यक्ति). **lie —,** छिपना. **keep sth —,** के बारे में कुछ भी न बताना. **5 — season,** शिकार का बंद मौसम, जब पशुओं-पक्षियों आदि को मारना मना है. **6** तंग, संकीर्ण : *a — prisoner; in — confinement; at — quarters. adv* समीप. **—ly** *adv.* ˈ**—ness** *n.* **close-up** (ˈक्लोस्-ˈअप्) *n* व्यक्ति के बहुत पास कैमरा लाकर खींची फ़ोटो; निकट शाट.

ˈ**closet** (ˈक्लॉज़िट) *n* **1** छोटी कोठरी; अलमारी; (USA) स्टोर रूम. **2** शौच गृह (water-closet का संक्षिप्त रूप).

clot (क्लॉट्) *n* थक्का (विशेषतः खून का). *v* (-tt-) थक्का बनना.

cloth (क्लॉथ्) *n* **1** (बुना हुआ) कपड़ा (ऊनी, सूती, नायलोन आदि). **2** कपड़े का टुकड़ा (जैसे table-cloth).

clothe (क्लोद्) *v* (*pt* & *pp* clothed, old *pp* clad) **1** कपड़े पहनना, कपड़े पहनाना. **2** (fig) *to — thoughts in words,* विचारों को अभिव्यक्त करना.

clothes (क्लोद्ज़्) *n pl* **1** वस्त्र, पोशाक, पहनावा. **2** ˈ**bed-clothes,** चद्दर-चादर. ˈ**clothes-line** कपड़े सुखाने की डोरी, अलगनी. ˈ**clothes-peg** अलगनी के क्लिप.

ˈ**clothing** (ˈक्लोदिङ्) *n*= clothes.

cloud (क्लाउड्) *n* **1** बादल. **in the —s,** दिवास्वप्न में, विशेष ध्यान न देना. ˈ**—burst** *n* अचानक मूसलादार वर्षा. **2** बादल की तरह वस्तुओं का समूह, जमघट : *a — of arrows.* **under a —,** उपेक्षा और तिरस्कार की स्थिति में. *v* बादलों की घटा से अंधकारपूर्ण होना. ˈ**—less** *adj.* ˈ**—y** *adj* (-ier, -iest) — से ढका हुआ; गंदला, मटमैला (द्रव).

clouds

a clown

clove[1] (क्लोव़्) *n* लौंग (मसाला).

clove[2] (क्लोव़्) *n* गांठ वाली कंद जैसे, अदरक : *a — of garlic.*

clove(n) (क्लोव़्) → cleave.

ˈ**clover** (ˈक्लोव़र्) *n* तिपतिया के छोटे पौधे (गाय-बैल के खाने के लिए). (fig) **in —,** बहुत आराम में.

clown (क्लाउन्) *n* विदूषक, जो अपने मूर्खतापूर्ण आचरण से औरों को हँसाता है, जोकर; गँवार आदमी. *v* — के समान आचरण करना. ˈ**—ish** (ˈक्लाउनिश्) *adj.*

cloy (क्लॉइ्) *v* अघा देना (इतना खिला देना

की उस वस्तु से ऊब हो जाए), छका देना.

club[1] (क्लब्) *n* गदा, मुद्गर, डंडा (जैसे golf का). *v* (-bb-) — से मारना.

club[2] (क्लब्) *n* क्लब, मंडली; क्लब का कमरा. *v* (-bb-) चन्दा उगाहने के लिए सम्मिलित होना.

club[3] (क्लब्) *n* ताश के पत्तों में 'चिड़ी' के पत्ते : ♣.

cluck (क्लक्) *v* & *n* (मुर्गी का) कुड़कुड़ाना.

clue (क्लू) *n* (किसी समस्या के संभावित उत्तरों को सुझाने वाले) संकेत, सूत्र (विशेषत: अपराध-रहस्य अथवा वर्ग पहेलियों में).

clump (क्लम्प्) *n* (वृक्षों का) झुरमुट.

clumsy ('क्लम्ज़ि) *adj* (-ier, -iest) बेडौल, बेढंगा; भद्दा. '**clumsily** *adv.* '**clumsiness** *n* भद्दापन.

clung (क्लङ्) → cling.

'**cluster** ('क्लस्टर्) *n* गुच्छा (*a — of flowers, curls*), झुंड, समूह (*a — of bees, houses*). *v* एकत्र होना या करना, जमा होना या करना.

clutch (क्लच्) *v* पकड़ लेना, जकड़ लेना (भय और चिंता के कारण). *n* **1** पकड़, जकड़; चंगुल. **in the —es**, उसके अधीन. **2** मशीन में विभिन्न भागों को पकड़ने या छोड़ने का पुर्ज़ा, क्लच; शिकंजा.

co- पूर्वपद : साथ-साथ, सह- : **co-education**, सह-शिक्षा, लड़के-लड़कियों का एक साथ पढ़ना.

coach[1] (कोच्) *n* **1** कोच, चार या उससे अधिक घोड़ों की चार पहियों की गाड़ी, **2** (रेल में) डिब्बा, दूर आने-जाने वाली बस-मोटर. '**—man** *n* कोचवान.

a coach

coach[2] (कोच्) *n* शिक्षक, व्यक्तिगत रूप से परीक्षार्थी को परीक्षा के लिए तैयार करने वाला; खिलाड़ियों को सिखाने वाला. *v* सीखना, परीक्षण देना.

coal (कोल्) *n* कोयला. *v* जहाज़ में कोयला भरना; कोयला लेना.

coa'lesce (कोअ'लेस्) *v* सम्मिलित होना, संलीन होना.

coa'lition (कोअ'लिशन्) *n* (राजनैतिक) दलों का विशेष उद्देश्य के लिए सहमिलन.

coarse (कॉर्स्) *adj* **1** मोटा और रूखा, घटिया : *— food.* **2** स्थूल (न कि सूक्ष्म); मोटा (न कि महीन) : *— hair; — sand.* **3** गँवारू; अपरिष्कृत : *— language, — behaviour.*

coast (कोस्ट्) *n* समुद्रतल. *v* समुद्रतट के पास जहाज़ चलाना, जाना. '**—guard** *n* तट-रक्षक. '**—al** *adj* तट विषयक. '**—wise** *adj & adv* अनुतट, तट के साथ-साथ.

coat (कोट्) *n* **1** कोट (वस्त्र). **2** पशुओं की रोएँदार खाल. **3** रंग, वानिश के अस्तर, तह. **— of 'arms** *n* arm (4). *v* तह, परत चढ़ाना. '**—ing** *n* आवरण, तह : *a —ing of paint.*

coax (कोक्स्) *v* फुसलाना.

'**cobble** ('कॉब्ल) *v* (जूते आदि की) मरम्मत करना. '**—r** *n* मोची.

'**cobra** ('कोब्रा) *n* नाग, बड़ा साँप.

'**cobweb** ('कॉब्वेब्) *n* (मकड़ी का) जाला.

cock[1] (कॉक्) *n* **1** मुर्गा. '**—crow** *n* दिन निकल आना. '**—y**, '**—sure** *adj* विश्वास के साथ, गर्वीला, दंभी,

cock[2] (कॉक्) *n* **1** (नल की) टोंटी. **2** (बंदूक का) घोड़ा. **at half (full) —**, गोली चलाने के लिए (आधा) पूरा तैयार. '**cock-pit,** *n* छोटे वायुयान में चालक का स्थान. *v* चौकन्ना हो जाना, नाक-भौं चढ़ाना : *to — the ears; — an eye at* (*sth or sb*). **2** बंदूक को चलाने के लिए तैयार करना (*the — of a gun* चढ़ाना).

'**cockney** ('कॉक्नि) *adj* & *n* मध्य लन्दन का निवासी, लन्दनिया.

'**cockroach** ('कॉक्रोच्) *n* तिलचटा. → p 168.

'**cocktail** ('कॉकटेल्) *n* मिश्रित मदिरा पान, प्रायः भोजन के पहले.

'**cocoa** ('कोको) *n* कोको वृक्ष, कोको-पाउडर; कोको पाउडर पड़ा हुआ पेय.

'**coco(nut)** ('कोक्नट्) *n* नारियल. '**coconut-**

matting नारियल की जटाओं से बनी चटाई.

co'coon (क'कून्) *n* रेशमी कृमि कोष.

cod (कॉड्) *n* एक प्रकार की बड़ी समुद्री मछली.

code (कोड्) *n* 1 आचार-संहिता. 2 नियम सिद्धांत; नैतिक व्यवस्था. 3 संकेत व्यवस्था, गुप्त लेखन; संदेश भेजने की पद्धति : *a telegraphic —; the Morse —*. *v* संकेतबद्ध करना. 'codify ('कॉडिफ़ाइ) *v*.

co'erce (को'अर्स्) *v* मजबूर करना, बाध्य करना. co'ercion (को'अर्सन्) *n* ज़बरदस्ती. co'ercive (को'अर्सिव्) *adj*.

'coffee ('कॉफ़ि) *n* काफ़ी, क़हवा; काफ़ी का पाउडर, काफ़ी का पेय.

'coffee-bean (-berry) *n* काफ़ी का बीज.

'coffer ('कॉफ़र्) *n* तिजोरी; जवाहरात की भारी संदूकची.

'coffin ('कॉफ़िन्) *n* ताबूत (जिसमें शव रखा जाता है).

cog (कॉग्) *n* (पहिये या राड का) दाँता.

cog'nize (कॉग्'नाइज़्) *v* जानना, ज्ञात करना. cog'nition (कॉग्'निशन्) *n* ज्ञान.

coil (कॉइल्) *v* कुण्डलीकृत करना; लपेटना. *n* पिंडी : *a — of rope*; कुण्डली.

coin (कॉइन्) *n* सिक्का. *v* सिक्के बनाना या ढालना. be —ing money, अमीर होना. — a word, कोई नया शब्द प्रचलित करना. ' age *n* सिक्का-ढलाई; प्रचलित सिक्के; सिक्कों की व्यवस्था : *a decimal coinage*.

coin'cide (कोइन्'साइड्) *v* 1 आकार या क्षेत्रफल में दो या दो से अधिक पदार्थों का एक-सा होना. 2 घटनाओं का एक ही समय में पड़ना. 3 (विचारों का) मेल में होना (*with*). co'incidence (को'इन्सिडन्स्) *n* (विशेषत:) घटनाओं का संयोगवश एक साथ घटित होना; दैवयोग.

coke (कोक्) *n* कोक, कोयलों से गैस निकलने के बाद बचा हुआ कोयला.

'colander ('कलन्ड्र्) *n* चलनी या छलनी.

cold (कोल्ड्) *adj* (-er, -est) 1 ठंडा (मानव शरीर की तुलना में). in — blood, बिना उत्तेजना के, शान्त मन से. throw — water on; निरुत्साहित करना. give sb the — shoulder, अमित्रतापूर्ण व्यवहार करना. 2 (fig) सहज में उत्तेजित न होने वाला, गंभीर; उदासीन, तटस्थ : *'cold-'hearted, 'cold-'blooded*. *n* 1 (वायुमंडल की) शीतलता. 2 (प्राय: the common cold) सर्दी, जुकाम : *to catch a —*. 'ly *adv*. '—ness *n*.

'colic ('कॉलिक्) *n* आँतों में दर्द.

col'laborate (क'लैब्रेट्) सहयोग देना (विशेषत: लेखन, कला आदि में). collabo'ration (कलैब्'रेशन) सहयोग.

col'lapse (क'लैप्स) *v* 1 ढह जाना, ढेर हो जाना. 2 हिम्मत हारना, पूर्णतया शक्तिहीन हो जाना. *n* विध्वंस; विफलता, पूर्ण शक्ति ह्रास. col'lapsible (क'लैप्सिब्ल्) *adj* सिमटने वाला, मुड़ जाने वाला : *a collapsible chair*.

'collar ('कॉलर्) *n* 1 कालर. 2 अलग से लगने वाला कालर. 3 गले का पट्टा (कुत्तों आदि का). 4 दो नलियों या डंडों को जोड़ने वाली धातु की पट्टी, छल्ला. *v* — से पकड़ना; गला नापना.

co'llate (कॉ'लेट्) *n* मिलान (करना).

'colleague ('कॉलीग्) *n* सहकर्मी, सहयोगी (समान पद और कार्यभार के काम करने वाले साथी).

col'lect (क'लेक्ट) *v* एकत्र होना या करना, जमा होना या करना. —ed *adj* अपनी भावनाओं को नियंत्रित रखने वाला, प्रकृतिस्थ. —ion *n* वसूली (चंदा आदि का); इकट्ठा हुई वस्तु; संचय, संग्रह. —ive *adj* सामूहिक : *—ive ownership, —ive farms*. —or *n* संग्रह करने वाला; कलैक्टर, जिलाधीश. —orate *n* कलक्टरी, जिलाधीश का कार्यालय.

'college ('कॉलिज्) *n* (उच्च अथवा व्यावसायिक) शिक्षा के विद्यालय, कालेज; (विश्वविद्यालय से संबद्ध) कालेज. collegiate (क'लीजिइट्) *n & adj* — का सदस्य.

col'lide (क'लाइड्) *v* टकराना. collision (क'लिश़न) *n* टक्कर.

'collier ('कॉलियर्) *n* कोयला खान में काम करने वाला; कोयला ले जाने वाला जहाज़. —y ('कॉल्यरि) *n* कोयले की खान.

colˈloquial (कˈलोक्विअल्) *adj* बोलचाल की भाषा (लिखित, साहित्यिक नहीं).

colˈlusion (कˈलूशन) *n* किसी बुरे काम के लिए सांठ-गांठ.

ˈcolon[1] (ˈकोलन्) *n* लेखन या मुद्रण में : चिह्न.

colon[2] (ˈकोलन्) *n* बड़ी आंत.

ˈcolonel (ˈकर्नल्) कर्नल, सेना में मेजर से उच्च अधिकारी.

ˌcolonˈnade (कॉल्ˈनेड्) *n* खंभों की कतार, स्तंभ पंक्ति.

ˈcolony (ˈकॉल्नि) *n* **1** उपनिवेश (स्थान जो दूसरे देश के व्यक्तियों द्वारा विकसित किया गया हो और उन्हीं के देश द्वारा, पूर्णतः या अंशतः शासित होता है). **2** (दूसरे देश से आये मनुष्यों या एक ही व्यवसाय के मनुष्यों की) बस्ती : *the Italian — in London; a — of artists.* **coˈlonial.** (कˈलोन्यल्) *adj* — विषयक. *n* विदेशी व्यक्ति जो — में निवास करता है. **ˈcolonist** (ˈकॉल्निस्ट्) *n* नई — में बसने वाला. **ˈcolonize** (ˈकॉल्नाइज़) *v* — बसाना; — में लोगों को भेजना. **coloniˈzation** (कॉल्नाइˈज़ेशन्) *n.*

coˈlossal (कˈलॉस्ल्) *adj* विशाल.

ˈcolour (ˈकलर्) *n* **1** (लाल, पीला, नीला आदि) रंग, वर्ण. **2** (प्रायः *pl*) चित्रकार द्वारा प्रयुक्त सामग्री : *water - colours.* **3** (घटनाओं और वर्णनों में) सत्यता या वास्तविकता का आभास. **give (lend) — to,** किसी को तर्कयुक्त सा बनाना. **local —,** (लेखन में) ऐसे विवरण जो चित्रण को अधिक वास्तविक बनाएँ. **4** (*pl*) ध्वजा. **stick to one's —s,** (विचार आदि) बदलने से इन्कार करना. **come off with flying —s,** सफल होना. *v* — लगाना; — युक्त होना; झेंपना. **ˈcolour-blind,** *adj* रंगों में भेद न देख पाना.

colt (कोल्ट्) *n* बछेड़ा (घोड़े का बच्चा – 4-5 साल तक का).

column (ˈकॉलम्) *n* **1** खंभा (भवनों में), स्तंभ (देखिये चित्र). **2** स्तंभ के आकार का : *a — of smoke (figures, marching soldiers).* **3** हिसाब-किताब के पृष्ठ का या अखबार का ऊर्ध्वाधर विभाजन, स्तंभ.

a column

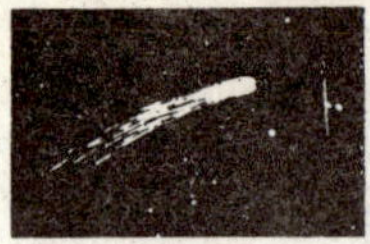

a comet

comb (कोम्ब्) *n* **1** कंघा. **2** उसके समान मशीन का पुर्जा. **3** → honey. *v* **1** कंघा करना, बालों को संवारना. **2** (खोजते हुए किसी स्थल को) छान डालना. **— out,** (विशेषतः) (खोजने के बाद) पाना.

ˈcombat (ˈकॉम्बट्) *n & v* लड़ना; संघर्ष करना. **—ant** *adj & n* लड़ाई में लगे सैनिक, युद्ध रत.

comˈbine (कम्ˈबाइन्) *v* एक साथ मिलाना; एक कर देना; एक ही समय में करना; संयुक्त करना. **ˈcombine** (ˈकॉम्बाइन्) *n* व्यापार संघ. **ˌcombiˈnation** (कॉम्बिˈनेशन्) *n* संयोजन, संयोग, संमिश्रण, संगठन.

comˈbustible (कम्ˈबस्टब्ल्) *n & adj* सहज में आग पकड़ने वाला और जलने वाला पदार्थ.

comˈbustion (कम्ˈबस्चन्) *n* आग से जल कर नष्ट होना; जलना.

come (कम्) *v* (*pt* came, *pp* come) वक्ता की ओर या समय, स्थान के किसी बिंदु की ओर चलना; आना; पहुँचना. **— by (sth),** पाना. **— to, — round, — to one's senses,** होश में आना (बेहोशी के बाद); (मूर्खता के बाद) बुद्धिमानी का काम प्रारंभ करना. **— into** (*a fortune*), उत्तराधिकार में (संपत्ति) पाना; **— out,** (किताब का) प्रकाशित होना; (तथ्यों का) प्रगट होना. **— off,** आशानुकूल परिणाम मिलना; घटित होना. **— of age,** (इंग्लैंड में) 18 वर्ष का होना. **— to blows,** झगड़ा करना. **— about,** घटित होना. **— across, — upon,** संयोग से पाना या मिल जाना. **— of,** फल निकलना : *What came of the discussion?* (क्या फल निकला ?). **— to,** (*inf*) अकस्मात होना : *How did you — to hear of it?* **in years to —,** भविष्य में. **ˈcome-back** *n* अपनी पूर्व शक्ति या पद को पुनः पाना. **ˈcome-down** *n* अपनी परिस्थितियों का बदतर होना.

ˈcomedy (ˈकॉमिडि) *n* प्रहसन, मनोरंजक ढंग

से सामान्य जीवन का चित्रण करने वाला नाटक, प्राय: रंगमंच के लिए. **co'median** (क'मीडयन्) *n* हास्य-अभिनेता, मसख़रा.

'comely ('कम्लि) *adj* (-ier, -iest) प्रियदर्शन, देखने में सुन्दर (व्यक्ति).

'comet ('कॉमिट) *n* धूमकेतु, पुच्छल तारा.

'comfort ('कम्फ़र्ट) *n* **1** पीड़ित व्यक्ति की सहायता; दु:ख, कष्ट से आराम, चैन; आराम देने वाली वस्तु. **2** निश्चिंत होना, संतोष. *v* — देना. **—able** ('कम्फ़र्टब्ल्) *adj* — देने वाली (वस्तु); सुखी : *feeling —able.* **—ably** *adv.* **—less** *adj.* **—er** *n.*

'comic ('कॉमिक्) *n* हास्यपत्रिका, मनोरंजक कथायें देने वाला चित्रमय समाचारपत्र. *adj* हास्यजनक. **—al** *adj* हास्यकर.

'comma ('कॉमा) *n* लेखन या मुद्रण में , चिह्न.

com'mand (क'मान्ड्) *v* **1** आदेश देना, हुक्म देना; अधिकार या प्रभुत्व रखना; (अपने को, अपनी भावनाओं को) नियंत्रित रखना. **2** उपयोग करने की स्थिति में होना, के योग्य होना. **3** स्थान जहाँ से आसपास का क्षेत्र दिखाई पड़े : *a fort —ing the valley.* **—er** *n* कमांडर; (नौसेना में) लेफ्टिनेंट और कप्तान के बीच का पद. **—ment** *n* ईश्वरीय आदेश, विशेषत: दस जो ईश्वर ने मूसा को दिये थे.

com'memorate (क'मेम्रेट्) *v* किसी व्यक्ति या घटना का सम्मानपूर्वक स्मरण; स्मरणोत्सव मनाना. **commemo'ration.** (कमेम्'रेशन्) *n* स्मरणोत्सव. **commemoration volume** अभिनंदन ग्रंथ.

com'mence (क'मेन्स्) *v* प्रारंभ होना. **—ment** (क'मेन्समन्ट्) *n* प्रारम्भ.

com'mend (क'मेन्ड्) *v* सराहना, प्रशंसा करना; अनुमोदन करना. **—able** *adj* प्रशंसनीय, श्लाघनीय. **ˌcommen'dation** (कॉमेन्'डेशन्) *n* प्रशंसा, श्लाघा; सिफारिश, संस्तुति.

'comment ('कॉमेन्ट्) *v & n* अपनी संमति देना, (घटना आदि पर) टीका-टिप्पणी देना. **—ary** ('कॉमन्टरि) *n* व्याख्या, टीका (जैसे Bible की —ary); किसी घटना का आँखों देखा हाल, विवरण : *a running —ary.*

'commerce ('कॉमर्स्) *n* वाणिज्य (विशेषत: दो देशों के बीच का व्यापार); सामान का खरीदना, बेचना और वितरण. **com'mercial** (क'मर्शल्) *adj* — संबंधी. **commercial traveller,** व्यापारिक एजेंट. **commercial TV (radio),** TV या रेडियो जिस का खर्चा विज्ञापनदाताओं से निकल जाता है. *n* विज्ञापन (विशेषत: TV में).

com'mission (क'मिशन्) *n* **1** किसी व्यक्ति को किसी अन्य की ओर से कार्य करने का अधिकार देना, कार्याधिकार देना; उसके द्वारा किया कार्य. **2** आचरण, कार्य किया जाना (विशेषत: अपराध वाला). **3** दलाली, बट्टा, कमीशन : *to sell goods on —.* **4** (विशेषत: सेना में अधिकारियों को दिया) नियुक्ति पत्र. **5** आयोग, कमीशन. *v* — देना.

com'mit (क'मिट्) *v* (-tt-) **1** (कोई अपराध या गलत काम) करना, *to — murder (suicide, a blunder).* **2** सौंपना, सुपुर्द करना, हवाले कर देना : *to — a man to prison.* **— to memory,** रट डालना. **3 — oneself,** वचनबद्ध होना, उत्तरदायी बनना. **—ment** *n* वचनबद्धता, वादा.

com'mittee (क'मिटि) *n* कमेटी, समिति.

com'modious (क'मोड्यस्) *adj* लम्बा-चौड़ा, पर्याप्त स्थान वाला : *a — house (cupboard).*

com'modity (क'मॉडिटि) *n* व्यापार की उपयोगी वस्तुएँ.

'common ('कॉमन) *adj* (-er, -est) **1** समाज या वर्ग के सभी सदस्यों द्वारा प्रयुक्त, सर्वसामान्य : *— property.* **2** साधारण, मामूली, सहज, सुलभ. **—sense,** अनुभवजनित, व्यावहारिक ज्ञान. **— knowledge,** अधिकांश लोगों को विदित ज्ञान. **3** गँवारू, अशिष्ट (आचरण, व्यक्ति). *n* **1** (इंग्लैंड के गाँवों में) घास के मैदान. **2 House of Commons,** लोक सभा जिसके सदस्य जनता से निर्वाचित होते है. **3 in —,** सभी से प्रयुक्त. **have in —** (*with*), सहभागी होना. **out of the —** , असाधारण. **—ly** *adv* सामान्यत:, साधारणतया. **—place** *n & adj* मामूली (घटना). **—wealth** *n* राज्य; राज्यसंघ (विशेषत: *the Commonwealth of Australia*). **The Common-**

wealth, राष्ट्रमंडल, ब्रिटेन और उस के भूतपूर्व उपनिवेशों का राजनैतिक संगठन.

com'motion (क'मोशन्) *n* शोरगुल, उत्तेजना, हलचल.

'communal ('कॉम्युनल्) *adj* समुदाय-विषयक; सामुदायिक; सर्वसामान्य के लिए.

com'mune (क'म्यून्) *v* परस्पर घनिष्टता की भावना रखना; घनिष्ठता से बातचीत करना (*with*).

com'municate (क'म्यूनिकेट्) *v* **1** दूसरे के पास (समाचार) पहुँचाना या प्रेषित करना, (रोग) संचारित करना, (गर्मी) संचारित करना (*to* sb). **2** (*with* sb) विचारों का आदान-प्रदान करना. **3** (कमरों, सड़कों का) एक दूसरे से संबद्ध होना (द्वार, गेट आदि द्वारा). **4** प्रभु भोज (पवित्र कोमुन्या) ग्रहण करना. **communi'cation** (कम्यूनि'केशन्) *n* संचार-व्यवस्था, यातायात व्यवस्था (विशेषत: रेल, सड़क, तार, टेलिफोन आदि जो एक स्थान को दूसरे स्थान से संबद्ध करते है). **in communication with,** पत्रादि का आदान-प्रदान होते रहना.

com'munion (क'म्यूनयन्) *n* **1** सहभागी होना. **2** एक ही धार्मिक लोगों का समूह, धर्म समाज. **3** विचारों का आदान-प्रदान, सम्पर्क. **4 Holy C—** (ईसाई चर्चों में) प्रभुभोज (Lord's Supper) का समारोह. **com'municant** (क'म्युनिकन्ट्) *n* जो प्रभु-भोज का परम प्रसाद पाता है.

'communism ('कॉम्युनिज़्म्) *n* **1** सभी संपत्ति पर समुदाय का स्वामित्व है और वह सभी सदस्यों के लाभ के लिए है, ऐसी सामाजिक व्यवस्था मानने वाली विचारधारा. **2** साम्यवाद, वह राजनैतिक व्यवस्था जिस में शासन कम्युनिस्ट पार्टी के उच्चतम सदस्यों के हाथ में है और पार्टी सभी संपत्ति का तथा उत्पादन-वितरण आदि गतिविधियों का नियंत्रण करती है. **communist** ('कॉम्युनिस्ट्) *n* साम्यवादी.

com'munity (क'म्युनिटि) *n* **1** the —, समुदाय. एक स्थान या ज़िले के निवासी. **2** बिरादरी, सम्प्रदाय, समूह. **3** सहभागी और सहयोगी होने की स्थिति.

com'mute (क'म्यूट्) *v* **1** विनिमय करना; (एक प्रकार के दंड को दूसरे प्रकार के कम कठोर दंड में) बदलना. **2** प्रतिदिन अपने नगर से दूसरे स्थान को कार्य के लिए जाना और वापिस आना. **com'muter** (क'म्यूटर्) ऐसे आने-जाने वाला व्यक्ति.

'compact[1] ('कॉम्पैक्ट्) *n* समझौता.

com'pact[2] (कम्'पैक्ट्) *adj* भली भाँति रखा और बाँधा हुआ, सुसबद्ध. **'compact** *n* पाउडर का छोटा डिब्बा.

com'panion (कम्'पैन्यन्) *n* **1** साथी. **2** सह-चरी महिला (जो मित्र और सहायक के रूप में रहती है और इसका पैसा पाती है). **—ship** *n* — का भाव.

'company ('कम्पनि) *n* **1** दूसरों के साथ रहना : *to keep sb — ; in — with a friend* (मित्र के साथ). **2** टोली, मंडली, दल : *a — of actors;* कम्पनी, व्यापार हेतु बनाया व्यक्तियों का समूह. **3** (सेना में) कंपनी (प्राय: कप्तान या मेजर से संचालित).

com'parative (कम्'पैरटिव्) *adj* **1** तुलनात्मक, तुलनापरक. **2** तुलना करते हुए : *living in — comfort*. **3** (व्याकरण) विशेषण और क्रिया-विशेषणों के तुलनात्मक रूप, जैसे fast, faster, या good, better. **—ly** *adv*.

com'pare (कम्'पेअर) *v* **1** तुलना करना; कितना समान और कितना असमान, यह पता लगाना. **2 — (sth) to,** सादृश्य या संबंध बताना : *to — death to sleep*. **3** व्याकरण में adjective और adverb के comparative या superlative रूप बताना (*-er, -est, more, most* लगाकर). **'comparable** ('काम्परब्ल्) *adj* तुलना योग्य.

com'parison (कम्'पैरिस्न्) *n* तुलना; तुलनात्मक कथन. **in — with,** की तुलना में. **stand (bear) — with,** तुलनायोग्य होना.

com'partment (कम्'पार्ट्मन्ट्) *n* रेलगाड़ी में डिब्बा : *a second class —*.

'compass ('कम्पस्) *n* **1** कुतुबनुमा, दिक्-सूचक (जिसकी सुई सदा उत्तर की ओर रहती है). **2** (*pl*) गोला (खींचने का) परकार (देखिए चित्र)

3 विस्तार, क्षेत्र.

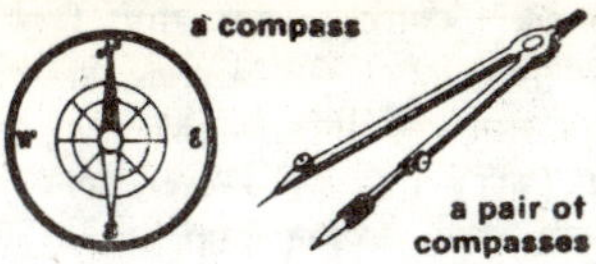

com'passion (कम्'पैशन्) *n* दया. **—ate** *adj* दयालु.

com'patible (कम्'पैट्ब्ल्) *adj* (विचार और सिद्धांतों के) अनुकूल. **compati'bility** (कम्-पैटि'बिलिटि) *n* संगति.

com'patriot (कम्'पैट्रिअट्) *n* हमवतन, देश-भाई.

com'pel (कम्'पेल्) *v* (-ll-) बाध्य करना, मजबूर कर देना; बलपूर्वक काम निकालना.

'compensate ('कॉम्पेनसेट) *v* हरजाना, मुआ-वज़ा, क्षतिपूर्ति (किसी नुकसान के बदले दिया धन) देना. **compensation** (कॉम्पेनसेशन्) *n*.

com'pete (कम्'पीट्) *v* (दौड़, परीक्षा आदि) प्रतियोगिता में भाग लेना. **,compe'tition** (कॉम्पि'टिशन्) *n* प्रतियोगिता; होड़, मुका-बला. **com'petitive** (कम्'पेटिटिव्) *adj*. **com'petitor** (कम्'पेटिटर्) *n* प्रतियोगी.

'competent ('कॉम्पिटन्ट्) *adj* योग्य, कार्य करने में सक्षम. **'competence** ('कॉम्पिटन्स्) *n* योग्यता, क्षमता.

com'pile (कम्'पाइल्) *v* (सूचनाएँ) संकलित और सुव्यवस्थित करना. **compi'lation** (कॉम्-पाइ'लेशन्) *n* संग्रह, संकलन.

com'placent (कम्'प्लेसन्ट्) *adj* अपनी उन्नति से संतुष्ट. **com'placency** (कम्'प्लेसन्सि) *n* आत्मसंतोष.

com'plain (कम्'प्लेन्) *v* शिकायत करना. **com'plaint** (कम्'प्लेन्ट्) *n* 1 शिकायत; असंतोष के कारण. 2 बीमारी.

com'plaisant (कम्'प्लेज़न्ट्) *adj* उपकारी, दूसरों के प्रसन्न करने में सदा तैयार.

'complement ('कॉम्प्लिमन्ट्) *n* पूरक (जो पूरा करे); पूरी मात्रा या संख्या जिसकी आवश्कता है.

com'plete (कम्'प्लीट्) *adj* 1 पूर्ण, पूरा, अपने सभी अंशों के साथ. 2 पूरा किया हुआ, सम्पन्न (कार्य). 3 सभी भाँति से; अविकल रूप से : *a — surprise*. *v* समाप्त करना; सर्वथा दोष-हीन करना. **com'pletion** (कम'प्लीशन्) *n* पूरा करने की प्रक्रिया; पूरा होना.

com'plex (कॉम्'प्लेक्स्) *adj* बहुत से भागों से बनी वस्तु, पेचीदा, जटिल; समझने-समझाने में कठिन. **—ity** *n* जटिलता.

com'plexion (कम्'प्लेकशन्) *n* 1 रूप-रंग (व्यक्ति का). 2 घटनाओं का सामान्य स्वरूप या लक्षण.

com'pliance (कम्'प्लाइअन्स्) *n* **in — with,** के अनुसार, की आज्ञापूर्ति में. **com'pliant** (कम्'प्लाइअन्ट्) *adj* आज्ञाकारी.

'complicate ('कॉम्प्लिकेट्) *v* जटिल करना; उलझा देना. **—d** *adj* जटिल करना; उलझा हुआ, पेचीदा. **,compli'cation** (कॉम्प्लि-'केशन्) *n* जटिलता; बीमारी को गंभीर करने वाले लक्षण.

com'plicity (कम्'प्लिसिटि) *n* (किसी अपराध या गलत काम में) किसी व्यक्ति का साथ देना.

'compliment ('कॉम्प्लिमन्ट्) *n* 1 प्रशंसा या अनुमोदन की अभिव्यक्ति. 2 (*pl*) सम्मान, शुभकामनाएँ. ('कॉम्प्लिमेन्ट्) (कॉम्प्लि'मेन्ट्) *v* सम्मान करना, बधाई देना, शुभकामनाएँ अर्पित करना. **compli'mentary** (कॉम्प्लि-'मेन्टरि) *adj* संमानसूचक; संमानार्थ (मुफ्त भेंट रूप) : *complimentary tickets for a show*.

com'ply (कम्'प्लाइ) *v* **— with,** पालन करना, पूरा करना.

com'ponent (कम्'पोनन्ट्) *adj* (एक पूर्ण वस्तु बनाने में) सहायक. *n* घटक, अवयव.

com'port (कम्'पॉर्ट्) *v* **— oneself,** आचरण करना.

com'pose (कम्'पोज़्) *v* 1 (प्राय: passive में) **be —d of,** (अंशों से) बना हुआ. 2 साहित्य, संगीतात्मक अभिव्यक्ति रूपों में शब्दों, विचारों रागों, आदि को बाँधना : *to — a letter(a sentence, a song)*. 3 (मुद्रण में) लेख को मुद्रण के अक्षरों द्वारा संघटित करना, कम्पोज़ करना. 4 शान्त होना : *to — oneself*; *to — a quarrel*. **—d** *adj* शान्त. **—r** *n* संगीतकार.

com'positor (कम्'पॉज़िटर्) *n* (मुद्रण) प्रेस में कम्पोज़ करने वाला.

compo'sition (कॉम्प्'ज़िशन्) *n* **1** रचना करना. **2** रचना (कविता, गीत आदि).

'compost ('कॉम्पॉस्ट्) *n* कूड़ा-खाद. *v* खाद बनाना, जमीन में खाद देना.

com'posure (कम्'पोश़र्) *n* मन और आचरण से शांत होने की अवस्था.

'compound[1] ('कॉम्पाउन्ड्) *n* & *adj* दो या अधिक घटकों से बनी वस्तु, संयुक्त. **— interest,** चक्रवृद्धि ब्याज. **compound** (कम्'पाउन्ड्) *v* मिलाना, दो या अधिक वस्तुओं को मिलाकर कोई भिन्न वस्तु बनाना : *to — a medicine.*

'compound[2] ('कॉम्पाउन्ड्) *n* अहाता, हाता.

compre'hend (कॉमप्रि'हेन्ड्) *v* **1** पूरी तरह समझना. **2** अपने में संमिलित करना. **,compre'hensible** (कॉम्प्रि'हेन्सब्ल्) *adj* समझ में आने योग्य, बोधगम्य. **compre'hension** (कॉम्प्रि'हेन्शन्) *n* समझने की शक्ति, बोधशक्ति. **,compre'hensive** (कॉम्प्रि'हेन्सिव्) *adj* व्यापक, विस्तृत.

com'press (कम्'प्रेस्) *v* **1** दबाना; ठूँसना, भरना. **2** (लेखन में विचारों को) कम शब्दों से व्यक्त करना. **—ion** (कम्'प्रेशन्) *n* दबाव. **'compress** ('कॉम्प्रेस्) *n* कपड़े की मोटी पट्टी (गद्दी जैसी) जो (खून बहना रोकने के लिए या ज्वर कम करने के लिए) शरीर पर रखकर दबाई जाती है.

com'prise (कम्'प्राइज़्) *v* अपने में समाविष्ट करना; अपने अंगों के रूप में रखना.

com'promise (कॉम्'प्रमाइज़्) *n* समझौता. *v* **1** आपसी विवाद समझौते से सुलझाना. **2** मूर्खतापूर्ण आचरण से किसी को संदिग्धावस्था में डालना.

com'pulsion (कम्'पल्शन्) *n* दबाव, मजबूरी. **under (upon) — ,** मजबूरन, बाध्य होकर. **com'pulsory** (कम्'पल्सरि) *adj* अनिवार्य, आवश्यक.

com'punction (कम्'पंक्शन्) *n* खेद (अपने किये हुए पर), पश्चाताप.

com'pute (कम्'प्यूट) *v* गणना करना, परिकलन करना. **—r** (कम्'प्यूटर्) संगणक, एक गणना कुशल मशीन, अभिकलित्र.

'comrade ('कॉम्रिड्) *n* पक्का साथी, विश्वसनीय मित्र, सहचर. **—s in arms,** साथ-साथ काम करने वाले सैनिक. **—ship** *n.*

con[1] (कॉन्) *v* (-nn-) **— over,** अपने पाठ कंठस्थ करना; अध्ययन करना.

con[2] (कॉन) *n* & *adv* **pro(s) and (con)s,** पक्ष और विपक्ष के तर्क करना.

'con'cave ('कॉन'केव़्) *adj* नतोदर (देखिए चित्र).

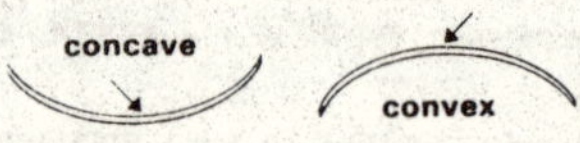

con'ceal (कन्'सील्) *v* छिपाना; ढकना. **—ment** (कन'सीलमन्ट्) *n.*

con'cede (कन्'सीड्) *v* **1** कबूल करना, मान लेना. **2** (अधिकार आदि) देना, प्रदान करना. **con'cession** (कन्'सेशन्) *n* रियायत, छूट, अनुदान.

con'ceit (कन्'सीट्) *n* अहंकार, घमंड. **—ed** *adj* अहंकारी, घमंडी.

con'ceive (कन्'सीव़्) *v* **1** (योजना, विचार आदि की) कल्पना करना. **2** (स्त्रियों का) गर्भवती होना. **con'ceivable** (कन्'सीव़ब्ल्) *adj.* कल्पनीय.

'concentrate ('कॉन्सेन्ट्रेट्) *v* एक बिंदु पर आना या करना; केन्द्रित करना : *— your attention on your work.* *n* सान्द्र, गाढ़ा (द्रव्य). **—d** *adj* सान्द्र, काढ़ा बनाया हुआ. **,concen'tration** (कॉन्सेन्'ट्रेशन्) *n* एकाग्रता; केन्द्रीकरण; केन्द्रीभूत होना. **— camp** नज़रबन्दी शिविर.

con'centric (कॉन्'सेन्ट्रिक्) *adj* एक ही केन्द्र वाले जैसे : *— circles,* कई वृत्त, किंतु एक ही केन्द्र.

'concept ('कॉन्सेप्ट्) *n* विचार, धारणा; संकल्पना (वस्तुओं के वर्ग में अन्तर्निहित धारणा). **con'ception** (कन्'सेप्शन्) *n* **1** धारणा. **2** गर्भधारण.

con'cern (कन्'सर्न्) *v* संबंध रखना; के लिए महत्त्वपूर्ण होना. **be —ed** (*in an event*), से संबद्ध होना. **2 — oneself with,** व्यस्त; दिलचस्पी रखना. **3** चिंतित होना (*at, about*), परेशान, उद्विग्न : *—ed at the news; —ed about one's health. n* **1** संबद्ध; संदर्भ; दिलचस्पी का विषय, महत्त्व का विषय. **2** व्यापारिक संस्था : *a shipping* —. **3** चिन्ता : *filled with* —. **—ing** *prep* के विषय में.

'concert ('कॉन्सर्ट्) *n* **1** संगीत समारोह. **2 in — (*with*)**, मेल से; सहमति से. **con'certed** (कन्'सर्टिड्) *adj* आयोजित, (दो या दो से अधिक व्यक्तियों के द्वारा) संगठित.

con'cession *n* → concede.

con'ciliate (कन्'सिलिएट्) *v* (क्रोध) शान्त करना; मना लेना. **con,cili'ation** (कनसिलि-'एशन्) *n* समझौता, मेल मिलाप.

con'cise (कन्'साइस्) *adj* थोड़े ही शब्दों में अधिक सूचना देने वाला (व्यक्ति, लेखन-शैली आदि), संक्षिप्त.

con'clude (कन्'क्लूड्) *v* **1** समाप्त होना या करना. **2** आयोजित या सम्पन्न करना : *— a treaty*. **3** निर्णय या निष्कर्ष पर पहुँचना : *to — , from a pupil's work, that he is stupid.* **con'clusion** (कन्'क्लूशन्) *n* **1** समाप्ति. **in conclusion,** अन्त में. **2** निष्कर्ष, निश्चय. **3** निर्णय.

con'coct (कन्'कॉक्ट्) *v* बहाना बनाना, कपट जाल रचना; देर तक पकाना.

'concord ('कॉङ्कॉर्ड्) *n* मेल, सामञ्जस्य.

'concrete ('कॉन्क्रीट्) *adj* मूर्त वस्तु (अमूर्त, abstract नहीं). **— noun,** वस्तु का नाम, न कि भाव का नाम. *n* सीमेंट, रेता, बजरी आदि मिलाकर मकान, पुल आदि बनाने की सामग्री, कंक्रीट : *— walls.*

con'cur (कन्'कर्) *v* (-rr-) (किसी से) सहमत होना.

con'cussion (कन्'कशन्) *n* धक्के, चोट, गिरने से लगा आघात (विशेषत: मस्तिष्क में).

con'demn (कन्'डेम्) *v* **1** निंदा करना; (कानून में) दोषी या अपराधी ठहराना. **2** निकम्मा या बेकार ठहराना : *to — bad meat.* **3** (भविष्य को कष्टप्रद और दुखःदायी बनाने की) आज्ञा देना, दंड देना; **condem'nation** (कॉन्डेम'नेशन्) *n.*

con'dense (कन्'डेन्स्) *v* **1** सघन करना या शक्ति बढ़ाना; (गैस, भाप को) द्रवीभूत करना; (द्रव को) गाढ़ा बनाना : *—d milk.* **2** संक्षेप में लिखना. **,conden'sation** (कॉन्डेन'सेशन्) *n* भाप उड़ते समय बूंदें जम जाना (जैसे बर्फ वाले पानी के गिलास के बाहर या ओस, कोहरा बादल, आदि में).

conde'scend (कॉन्डि'सेन्ड्) *v* **1** अपनी योग्यता और अपने पद को देखते हुए किसी व्यक्ति के सामने अनुचित रूप से झुक जाना. **2** अपेक्षित व्यवहार की तुलना में नीचता करने लगना. **conde'scension** (कॉन्डि'सेन्शन्) *n.*

con'dition (कन्'डिशन्) *n* **1** शर्त, प्रतिबंध. **on — that,** इस शर्त पर, यदि. **on this —,** यदि यह सच है तो; यदि ऐसा किया जाय. **2** स्थिति, अवस्था दशा; लक्षण, प्रकृति (किसी वस्तु की) : *the — of a person's health; goods which arrived in good —.* **3** (*pl*) परिस्थितियाँ : *under existing —s,* 'वर्तमान परिस्थितियों में. **4** समाज में पद, मर्यादा. *v* निर्धारण करना **—al** *adj* शर्तों से प्रतिबद्ध, शर्त पर निर्भर, शर्तें लगाना, नियंत्रण करना.

con'dole (कन्'डोल्) *v* (किसी के प्रति हानि या मृत्यु पर) समवेदना प्रकट करना. **con'dolence** (कन्'डोलन्स्) *n* समवेदना, शोक(-सभा).

con'done (कन्'डोन्) *v* माफ़ करना, क्षमा करना; अनुताप करना : *Nothing can — his failure to help his old parents.*

con'duce (कन्'ड्यूस्) *v* **— to,** का कारण बनना, सहायक होना.

'conduct ('कॉन्डक्ट्) *n* **1** व्यवहार (विशेषत: नैतिक). **2** (व्यापार, मामले आदि का) परिचालन, प्रबंध करना. **con'duct** *v* **1** (कन्'डक्ट्) नेतृत्व करना, मार्ग दिखाना. **2** नियंत्रित करना, संचालित करना, निर्देशित करना. **3 — oneself** (*well*), व्यवहार करना. **4** पदार्थ जो गर्मी, विद्युतधारा आदि को अपने में से गुजरने देता है. **con'ductor** (कन्'डक्टर्) *n* **1** बस, ट्राम, का कंडक्टर जो टिकट देता है.

2 आर्केस्ट्रा का संचालक. 3 चालक पदार्थ (4).

cone (कोन्) *n* 1 शंकु (एक प्रकार की आकृति). → p 295. 2 शंकु के आकार वाला. 3 सदाबहार वृक्षों का फल : *pine, fir, cedar —s.*

con'fectioner (कन्'फ़ेक्श्नर्) *n* हलवाई. **—y** *n* मिठाई.

con'federate (कन्'फ़ेडरिट्) *adj* संधिबद्ध. *n* षड्यंत्र के साथी. **confede'ration** (कन्फ़ेड्'रेशन्) *n* महासंघ; संगठन.

con'fer (कन्'फ़र्) *v* (-rr-) 1 (अधिकार, पदवी आदि) प्रदान करना. 2 परामर्श करना (*with sb*). **'conference** ('कॉन्फ़रन्स) *n* सम्मेलन, परामर्श.

con'fess (कन्'फ़ेस्) *v* 1 कबूल करना, मानना. 2 अपने अपराध या पाप (विशेषत: रोमन कैथोलिकों में) पादरी के सामने स्वीकार करना, पापस्वीकार; पापस्वीकार सुनना. **— ion** (कन्'फ़ेशन्) *n* अपराध स्वीकार, पाप स्वीकरण : *a —ion of guilt.* **—or** *n* (विशेषत:) वह पादरी जो पापस्वीकरण सुनता है.

con'fide (कन्'फ़ाइड्) *v* 1 रहस्य इस विश्वास के साथ बताना कि वह उसे अन्य पर प्रगट नहीं करेगा, भरोसे पर बताना; सौंप देना (देख-रेख के लिए); काम सौंपना. 2 **— in**, पर विश्वास रखना. **'confidence** ('कॉन्फ़िडन्स्) *n* 1 — करना : *tell sth in confidence* (जैसे, रहस्य). 2 रहस्य, भेद : *The girls exchanged confidences about the young men they knew.* 3 आत्मविश्वास, भरोसा : *to answer questions with confidence; have confidence in your teachers.* **'confident** ('कॉन्फ़िडन्ट्) *adj* विश्वस्त (व्यक्ति), आत्म-विश्वासी. **,confi'dential** (कॉन्फ़ि'डेन्शल्) *adj* 1 गोपनीय; विश्वास से बताई बात. 2 विश्वासपात्र : *my confidential secretary.*

con'fine (कन्'फ़ाइन्) *v* क़ैद रखना. *n* (प्राय: *pl*) सीमा, सीमान्त. **—d** *adj* (विशेषत:) प्रसूति (बच्चा होने पर माँ का पृथक रहना). **—ment** (कन्'फ़ाइन्मन्ट्) *n* — होना; क़ैद.

con'firm (कन्फ़र्म) *v* 1 पक्का होना; दृढ़ होना. 2 नियुक्ति की संपुष्टि होना, स्थायी होना. 3 ईसाई चर्च की पूर्ण सदस्यता पाना. **—ed** *adj* (विशेषत:) परिवर्तन न करने वाला, पक्का, दृढ़ निश्चय. **confir'mation** (कॉन्-फ़र'मेशन्) *n* — होना या करना.

'confiscate ('कॉन्फ़िस्केट्) *v* (किसी की संपत्ति पर दंडस्वरूप) कब्ज़ा करना, ज़ब्त करना. **confis'cation** (कॉन्फ़िस्'केशन्) *n.*

confla'gration (कॉन्फ़्ल'ग्रेशन्) *n* बड़ा अग्नि-कांड.

'conflict ('कॉन्फ़्लिक्ट्) *n* 1 लड़ाई, युद्ध, संघर्ष, झगड़ा. 2 (विचारों का) विरोध, प्रतिकूल होना. **con'flict** (कन्'फ़्लिक्ट्) *v* विरोध होना, मेल न होना.

con'form (कन्'फ़ॉर्म्) *v* **— to,** के अनुकूल होना, के नियमों का पालन करना. **—ity** (कन्'फ़ॉर्मिटि) *n* अनुरूपता; आज्ञाकारिता.

con'found (कन्'फ़ॉउन्ड्) *v* 1 उलझन में डालना, गड़बड़ कर देना. 2 एक दूसरे से (में) मिला देना; (शत्रुओं को) हरा देना; (योजनाओं को) छिन्न-भिन्न कर देना.

con'front (कन्'फ़्रन्ट्) *v* आमने-सामने होना या लाना (*with*); विरोध में होना.

con'fuse (कन्'फ़्यूज़्) *v* गड़बड़ा देना; चकरा देना; एक को दूसरा समझना. **con'fusion** (कन्'फ़्यूज़न्) *n* गड़बड़, संभ्रांति, भ्रम.

con'fute (कन्'फ़्यूट्) *v* दूसरे को गलत सिद्ध कर देना; खंडन कर देना.

con'geal (कन्'जील्) *v* (खून का या अन्य द्रव का) कड़ा हो जाना या जम जाना : *—ed blood.*

con'genial (कन्'जीन्यल्) *adj* 1 समान प्रकृति और समान रुचि वाले (व्यक्ति). 2 अनुकूल (वस्तुएँ); रुचि के अनुकूल : *— work.*

con'genital (कन्'जेनिटल्) *adj* जन्मजात, जन्म से.

con'gested (कन्'जेस्टिड्) *adj* बेहद भरा हुआ; अत्यधिक भीड़ वाला; घना; (मस्तिष्क, फेफड़ों का) अधिक रक्त रखना. **con'gestion** (कन्'जेस्चन्) *n* भीड़-भाड़.

con'gratulate (कन्'ग्रैट्युलेट्) *v* 1 बधाई देना : *to — a man on his success.* 2 **— oneself**, अपने को भाग्यशाली समझना. **congratu-**

ˈlation (कन्ग्रैट्यु ˈलेशन्) *n* (प्राय: *pl*) बधाई, अभिनंदन.

ˈ**congregate** (ˈकॉङ्ग्रिगेट्) *v* इकट्ठा होना या करना. **congreˈgation** (कॉङ्ग्रिˈगेशन्) *n* (विशेषत:) चर्च में एकत्र.

ˈ**congress** (कॉङ्ग्रेस्) *n* **1** सम्मेलन (विचार-विमर्शार्थ) : *a medical —* . **2 Congress,** कुछ देशों में, जैसे संयुक्त राष्ट्र अमेरिका में विधान-सभा ; भारत में राजनैतिक दल 'कांग्रेस'. **conˈgressional** (कॉङ्ˈग्रेशनल्) *adj* — संबंधी : *congressional debates.*

ˈ**congruent** (ˈकॉङ्ग्रुअन्ट्) *adj* (गणित) एक ही आकार और आकृति वाले : — *triangles.*

ˈ**conical** (ˈकॉनिकल्) *adj* शंकु के आकार वाले.

conˈjecture (कन्ˈजेक्चर्) *v* & *n* अटकल (लगाना) ; बिना प्रामाणिक तथ्यों के राय देना, अनुमान लगाना.

ˈ**conjugal** (ˈकॉन्जुगल्) *adj* विवाह विषयक ; विवाहित जीवन के संबंध का ; पति-पत्नी के संबंध का, दाम्पत्य.

ˈ**conjugate** (ˈकॉन्जुगेट्) *v* क्रिया के रूप चलाना, जैसे am, is, are, was, were क्रिया to be के रूप हैं. ˌ**conjuˈgation** *n.*

conˈjunction (कन्ˈजक्शन्) *n* **1** (व्याकरण) शब्दों, उपवाक्यों आदि को जोड़ने वाले शब्द, जैसे and, or, but (समुच्चय बोधक). **2** संयुक्त होने की स्थिति. **in — with,** के साथ.

ˈ**conjure** (कन्ˈजुअर्) *v* **1** जादू का तमाशा करना : *to — a rabbit out of an empty hat*, हाथ की सफ़ाई दिखाना. **2 — up,** मन के सामने चित्र उपस्थित करना, इन्द्रजाल करना.

conˈnect (कˈनेक्ट्) *v* **1** जोड़ना, जुड़ना. **2** चीज़ों में संबंध स्थापित करना. **—ion, conˈnexion** (कˈनेक्शन्) *n* **1** जोड़ने या जुड़ने की प्रक्रिया ; संयोजन ; संबन्ध. **—ion with,** के संबंध में. **2** ट्रेन, बस आदि का मेल (ऐसा समय-क्रम कि दूसरी ट्रेन जाने से पहले उसे जोड़ने वाली पहली ट्रेन आ जाए). **3** परिचय, संबंध : *a dressmaker with a good connection* (बहुत ग्राहकों वाला). **—ive** *n* & *adj* संयोजक (शब्द).

conˈnive (कˈनाइव़्) *v* **— at,** ऐसा दिखाना कि कुकार्य के संबंध में कुछ जानकारी ही नही है, देखी अनदेखी कर देना. **conˈnivance,** (कˈनाइव़न्स्) *n* गुप्त सहयोग (कुकार्य में).

ˈ**connoisˈseur** (कॉनिˈसर्) *n* सुरुचिपूर्ण व्यक्ति, गुण ग्राहक : *a — of antique furniture, wines etc.*

conˈnote (कॉˈनोट) *v* संकेत करना, बतलाना.

ˈ**conquer** (ˈकॉकर्) *v* **1** जीतना या हराना (शत्रुओं को, बुरी आदतों को). **2** बलपूर्वक भूमि आदि पर कब्ज़ा करना (विशेषत: युद्ध में). **—or** *n* विजेता. ˈ**conquest** (ˈकॉंक्वेस्ट्) *n* जीत ; जीत से प्राप्त : *the Roman conquests in Africa.*

ˈ**conscience** (ˈकॉन्शन्स्) *n* अन्त:करण, भले-बुरे का विवेक. **have a clear (guilty) —** , यह अन्दर ही अन्दर मानना कि अच्छा (बुरा) कार्य किया है. ˌ**consciˈentious** (कॉन्शिˈएन्शस्) *adj* विवेक वाला ; अन्त:करण से किया हुआ ; कर्त्तव्यनिष्ठा और ईमानदारी से काम करने वाला.

ˈ**conscious** (ˈकॉन्शस्) *adj* **1** जानकारी रखने वाला ; सतर्क ; अनुभव से, न कि अध्ययन से, जानने वाला : *— of one's failure* (*that one has failed*). **2** चेतना जन्य ज्ञान. **3** चेतना से किया कार्य : *to make a — effort.* **—ness** (ˈकॉन्शस्निस्) *n* **1** जानकारी, — होना. **2** चेतना (व्यक्ति की).

conˈscript (कॉन्स्ˈक्रिप्ट्) *v* सेना में कानून द्वारा अनिवार्य भर्ती करना. ˈ**conscript** (ˈकन्स्-क्रिप्ट्) *n* ऐसे भर्ती किया व्यक्ति. **conˈscription** (कन्ˈस्क्रिप्शन्) *n* अनिवार्य सैन्य भर्ती.

ˈ**consecrate** (ˈकॉन्सिक्रेट्) *v* पवित्र करना ; पवित्र कार्य या विशेष उद्देश्य के लिए समर्पित करना. **conseˈcration** (कॉन्सिˈक्रेशन) *n.*

conˈsecutive (कन्ˈसेक्युटिव़्) *adj* एक के बाद एक, निरंतर ; क्रम से लगातार.

conˈsent (कन्ˈसेन्ट्) *v* & *n* सहमति या अनुमति देना.

ˈ**consequence** (ˈकॉन्सिक्वन्स्) *n* **1** फल, परिणाम, नतीजा. **in — (of),** फलस्वरूप. **2** महत्त्व. ˈ**consequent** (ˈकॉन्सिक्वन्ट्) *adj*

परिणाम रूप. ˈ**consequently** (ˈकॉन्सिक्‌-वन्ट्लि) *adv* अतः, फलस्वरूप.

conˈservancy (कन्ˈसर्‌वन्सि) सफ़ाई-व्यवस्था.

conserˈvation (कॉन्सर्ˈवेशन्) *n* ठीक हालत में रखना, खराब होने से बचाए रखना, संरक्षण.

conˈservative (कन्ˈसर्‌वटिव्) *n* & *adj* **1** रूढ़िवादी, तेज परिवर्तन का विरोधी. **2** **Conservative** *n* इंग्लैंड का एक राजनैतिक दल, अनुदार दल. **conˈservatism** (कन्ˈसर्‌व-टिज़्म्) *n*.

conˈservatory (कन्ˈसर्‌वट्रि) *n* रक्षा गृह, शीशे की दिवारों और छत का भवन ताकि पौधों को ठंड न लगे.

conˈserve (कन्ˈसर्व्) *v* बनाए रखना, सुरक्षित रखना. *n* (प्रायः *pl*) मुरब्बा, जैम.

conˈsider (कन्ˈसिडर्) *v* **1** सोचना. **2** ध्यान रखना, का लिहाज़ करना : — *his youth*. **3** मानना;समझना (*as*). **—able** *adj* विचारणीय; पर्याप्त, अधिक; बहुत. **—ably** *adv* बहुत, पर्याप्त, यथेष्ट. **—ate** *adj* (दूसरों की आवश्यकता का) ध्यान रखने वाला, लिहाज़ करने वाला. **conˌsideˈration** (कन्सिड्ˈरेशन्) *n* **1** ध्यान रखने का गुण. **under consideration,** विचाराधीन. **2** विचार योग्य. **3** इनाम या भुगतान. **—ing** *prep* ध्यान में रखकर.

conˈsign (कन्ˈसाइन्) *v* **1** (सामान किसी व्यक्ति के पास रेल आदि से) भेजना. **2** सौंपना; छोड़ देना. ˌ**consignˈee** (कॉन्साइˈनी) *n* जिसे भेजा जा रहा है (व्यक्ति). **—ment** *n* (कन्-ˈसाइन्मन्ट्) — की प्रक्रिया, भेजा हुआ सामान.

conˈsist (कन्ˈसिस्ट्) *v* **1** — **of,** का बना हुआ होना. **2** — **in,** में होना, मुख्य या एकल घटक के रूप में रखना : *Does happiness — in wanting little ?* **—ence** (कन्ˈसिस्टन्स्), **—ency** (कन्ˈसिस्टन्सि) *n* **1** (सदैव *—ency*) संगति, सदैव एक सा विचार-व्यवहार रखने की स्थिति. **2** (गाढ़े द्रव के) गाढ़ेपन की मात्रा; संसक्ति. **—ent** *adj* **1** संगत (व्यक्ति और उस का व्यवहार); एक नियमित प्रतिमान और शैली के अनुकूल. **2** सामंजस्य (*with*).

conˈsole (कन्ˈसोल्) *v* सांत्वना देना, धीरज बाँधना. **consoˈlation** (कॉन्स्ˈलेशन्) *n* — होना; — करने वाली वस्तु : ˌ*consoˈlation prize*.

conˈsolidate (ˈकन्ˈसॉलिडेट्) *v* **1** दृढ़ और सबल होना या करना. **2** (ऋण, व्यापारिक संस्थाओं आदि का) एक हो जाना. **consoli-ˈdation** (कन्सॉलिˈडेशन्) *n* **1** — होना. **2** (भूमि की) चकबन्दी.

ˈ**consonance** (ˈकॉन्सनन्स्) *n* सामंजस्य, अनु-रूपता.

ˈ**consonant** (ˈकॉन्सनन्ट्) *n* (व्याकरण) व्यंजन (स्वर, vowel नहीं).

ˈ**consort**[1] (ˈकॉन्सॉर्ट्) *n* पति या पत्नी (विशेषतः राजा-रानी के). **prince —,** शासन करने वाली रानी का पति.

conˈsort[2] (कन्ˈसॉर्ट्) *v* — **with,** मेल-जोल में काफ़ी समय बिताना; से सामंजस्य में होना.

conˈspicuous (कन्ˈस्पिक्युअस्) *adj* सहज में दिखाई पड़ने वाला; उल्लेखनीय; ध्यान आकर्षित करने वाला.

conˈspire (कन्ˈस्पाइअर्) *v* **1** षड्यन्त्र रचना, दुरभिसंधि करना. **2** संमिलित होकर काम करना. **conˈspirator** *n* षड्यन्त्रकारी. **con-ˈspiracy** (कन्ˈस्पिरसी) *n* षड्यंत्र, दुरभिसंधि.

ˈ**constable** (ˈकन्स्टब्ल्) *n* कांस्टेबल, पुलिस का सिपाही. **conˈstabulary** (कनˈस्टैब्युलरी) *n* पुलिस दल.

ˈ**constancy** (ˈकॉन्स्टन्सि) *n* अपरिर्वतनशीलता, स्थिरता.

ˈ**constant** (ˈकॉन्स्टन्ट्) *adj* **1** निरंतर रहने वाला; अनन्त. **2** स्थिर, अटल; एकनिष्ठ; अपरिवर्तनीय. **—ly** *adv* सदा, निरंतर.

constelˈlation (कॉन्स्ट्ˈलेशन्) *n* तारों का समूह, नक्षत्रमंडल, (fig) ख्यातिप्राप्त व्यक्तियों का समूह.

ˌ**constерˈnation** (कॉन्स्टर्ˈनेशन्) *n* आतंक, विस्मय.

ˌ**constiˈpation** (कॉन्स्टिˈपेशन) *n* क़ब्ज. ˈ**con-stipate** (ˈकॉन्स्टिपेट्) *v* — करना या होना.

conˈstituency (कन्ˈस्टिट्युअन्सि) *n* चुनाव

क्षेत्र (विशेषतः राजनैतिक सदनों का).

con'stituent (कन्'स्टिटयुन्ट्) *adj* **1** राजनैतिक संविधान बनाने या परिवर्तन करने के अधिकार वाला. — **assembly,** संविधान-सभा. **2** पूर्ण बनाने वाला संरचक, घटक, अवयव. *n* निर्वाचक (व्यक्ति).

constitute ('कॉन्स्टिटयूट्) *v* **1** किसी व्यक्ति को किसी पद पर होने का अधिकार देना, नियुक्त करना. **2** स्थापित करना; कानूनी अधिकार देना. **3** के बराबर होना; बनाना.

consti'tution (कॉन्स्टि'टयूशन्) *n* **1** किसी राज्य का संविधान. **2** सामान्य संरचना, गठन: *a man with sound* —. —**al** संवैधानिक, गठनात्मक : —*al government* (तानाशाही के वैषम्य में). *a* —*al weakness* (शरीर की).

con'strain (कन्'स्ट्रेन्) *v* बाध्य करके कोई काम करवाना. —**ed** *adj* अस्वाभाविक (आवाज़, व्यवहार आदि); परेशान. —**t** *n* दबाव; नियंत्रण; कृत्रिमता.

con'strict (कन्'स्ट्रिक्ट्) (नसों, मांसपेशियों का) सिकुड़ना, सिकोड़ना. —**ion** (कन्'स्ट्रिकशन्) *n.*

con'struct (कन्'स्ट्रक्ट्) *v* बनाना; रचना करना. —**ion** *n* **1** निर्माण, निर्मित वस्तु. **2** गठन, रचना; गठन का तात्पर्य. *to put a wrong —ion on what sb says or does.* —**ive** *adj* निर्माणकारी, रचनात्मक.

con'strue (कन्'स्ट्रू) *v* व्याख्या करना, अनुवाद करना, अर्थ लगाना.

'consul ('कॉन्सल्) *n* **1** राजदूत (प्रायः वाणिज्य दूत). **2** प्राचीन रोम में साम्राज्य बनने से पूर्व दो राज्याध्यक्षों में से एक. —**ar** *adj.* —**ate** ('कॉनस्युलिट्) *n* वाणिज्य दूतावास, दूतावास.

con'sult (कन्'सल्ट्) *v* किसी पुस्तक को सूचना विशेष पाने के लिए देखना; किसी व्यक्ति से सलाह लेना, विचार-परामर्श करना. —**ant** व्यावसायिक रूप से सलाह देने वाला, परामर्शदाता. **consul'tation** (कॉन्सल्'टेशन्) परामर्श, परामर्श लेने के लिए मिलना.

con'sume (कन्'स्यूम्) *v* **1** खाना या पीना. **2** खर्च कर देना; समाप्ति तक पहुँच जाना. **3** (आग आदि से) नष्ट करना. **4 be —d with** (*desire, curiosity*), (इच्छा, उत्सुकता आदि से) पूर्ण. —**r** *n* उपभोक्ता (व्यक्ति) ('उत्पादक' के वैषम्य में). **con'sumption** (कन्'सम्प्शन्) *n* **1** (भोजन, शक्ति आदि का) उपभोग, खपत. **2** क्षय की बीमारी. **con'sumptive** (कन्'सम्पटिव्) *n* & *adj* क्षय रोग, क्षय का रोगी.

'contact ('कॉन्टेक्ट्) *n* स्पर्श, संस्पर्क. **in — with,** सम्पर्क में. **con'tact** (कन्'टैक्ट्) *v* सम्पर्क स्थापित करना.

con'tagious (कन्'टेजस्) *adj* संसर्ग से फैलने वाला रोग; (fig) देख कर फैलने वाला : — *laughter.*

con'tain (कन्'टेन्) *v* **1** अपने में रखना : *the bag —s 5 lbs of potatoes. Whisky —s alcohol.* **2** (शत्रुओं, भावनाओं को) दबाए रखना. —**er** *n* डिब्बा, बोतल आदि पात्र.

con'taminate (कन्'टैमिनेट्) *v* गंदा, अपवित्र और रोग युक्त करना, संदूषित करना : *food —d by flies.* **con,tami'nation** (कन्टैमि'नेशन्) *n* संदूषण.

'contemplate ('कॉन्टेम्प्लेट्) *v* देखना, सोचना, चिंतन करना; दृष्टि में (प्रयोजन विशेष के लिए) रखना. **,contem'plation** (कॉन्टेम्'प्लेशन्) *n.*

con'temporary (कन्'टेम्पररि) *adj* समसामयिक, निर्दिष्ट समय का; (विशेषतः) वर्तमानकालीन, समकालीन. *n* समकालीन समवयस्क.

con'tempt (कन्'टेम्प्ट्) *n* **1** तिरस्कार; अपमान की दृष्टि, अवहेलना : *to feel — for a liar; to show one's — of danger.* **2** अवज्ञा या अपमान की स्थिति : *to fall into* —. **3 — of court,** न्यायाधीश के आदेश को न मानना, न्यायाधीश के प्रति सूचित अनादर. —**ible** (कन्'टेम्पटब्ल्) *adj* — के योग्य. —**uous** (कन्'टेम्पटचुअस्) *adj* —सूचक.

con'tend (कन्'टेन्ड्) *v* संघर्ष करना (*with* sb *for* sth); दावा करना, तर्क प्रस्तुत करना. **con'tention** (कन्'टेन्शन्) *n* दावा; तर्क.

con'tent[1] (कन्'टेन्ट्) *adj* **1** अधिक न चाहने वाला, जो है उसमें संतुष्ट. **2 — to,** के लिए

तैयार. *v* — करना. **—ed** *adj* संतुष्ट. **—ment** (कन्'टेन्ट्मन्ट्) *n* संतोष.

'content[2] ('कॉन्टेन्ट्) *n* **1** (प्राय: *pl)* सामान जो किसी पात्र (डिब्बा, बोतल आदि) में है; विषय वस्तु. **2** मात्रा जो किसी पात्र में है.

con'test (कन्'टेस्ट्) *v* **1** प्रतियोगिता में भाग लेना (*for*). **2** विपक्ष में तर्क प्रस्तुत करना. **'contest** ('कॉन्टेस्ट्) *n* संघर्ष, प्रतियोगिता. **con'testant** (कन्'टेस्टन्ट्) *n* प्रतियोगी.

'context ('कॉन्टेक्स्ट्) *n* संदर्भ (किसी कथन का), प्रसंग.

'continent ('कॉन्टिनन्ट्) *n* महाद्वीप (जैसे यूरोप, एशिया, अफ्रीका, आदि). **conti'nental** (कॉन्टि'नेन्टल्) *adj* महाद्वीपीय; विशेषत: यूरोप का.

con'tinue (कन्'टिन्यू) *v* जारी रखना, बनाए रखना; रुक कर फिर शुरू करना. **con'tinual** (कन्'टिन्युअल्) *adj* निरंतर, लगातार (बीच में बिना रुके, या थोड़ी देर के लिए रुक-रुक कर). **con,tinu'ation** (कन्टिन्यु'ऐशन्) *n* जारी रहना; शेष (जिस से पुन: आरम्भ हुआ है). **con'tinuous** (कन्'टिन्युअस्) *adj* (समय और स्थान की दृष्टि से) निरंतर, लगातार (बीच में बिना कहीं रुके).

con'tort (कन्'टॉर्ट्) *v* ऐंठना, मरोड़ना. **—ion** *n* ऐंठन, मरोड़. **—ionist** *n* बदन ऐंठने में होशियार (व्यक्ति).

'contour ('कॉन्टुअर्) *n* (तट, पर्वत आदि की) परिरेखा, रूपरेखा. **contour-line,** समोच्च रेखा, नक्शे में वह रेखा जो समुद्रतल से समान ऊँचाई वाले स्थानों को दिखाती है.

'contra- ('कॉन्ट्रा) पूर्वपद : प्रति- .

'contraband ('कॉन्ट्रबैन्ड्) *n* तस्कर द्वारा निषिद्ध माल देश के भीतर लाना; ऐसा सामान.

'contract[1] ('कॉन्ट्रैक्ट्) *n* इकरारनामा, अनुबंध पत्र (व्यक्तियों, समूहों और राज्यों के बीच); (विशेषत: सामान देने या कार्य करने का) ठेका. **con'tract** (कन्'ट्रैक्ट्) *v* **1** ठेका लेना : *to — to build a railway*. **2** ग्रहण करना : *to — bad habits*. **3** पकड़ना, ग्रहण करना : *to — a disease*. **—or** *n* ठेकेदार.

con'tract[2] (कन्'ट्रैक्ट्) *v* सिकुड़ना, छोटा होना तंग होना. **—ion** *n* — होना या करना, संकुचित, सिकुड़ी हुई वस्तु, संक्षिप्त रूप: *'Can't' is a contraction of 'cannot'*.

,contra'dict (कॉन्ट्र'डिक्ट्) *v* **1** (किसी तथ्य या कथन का) खंडन करना. **2** (तथ्यों, कथनों का) विपरीत होना. **—ion** (कॉन्ट्र'डिक्शन्) *n* खंडन, अंतर्विरोध, परस्पर विरोध. **—ory** *adj*.

'contrary ('कॉन्ट्ररि) *adj* **1** स्वभाव या गुण में विपरीत; प्रतिकूल (पवन). **2 con'trary** (colloq) हठीला व्यक्ति; मनचाही करने वाला. *adv* विरोध में, विपरीत. *n* **the —** (किसी वस्तु का) उलटा, विपर्याय. **on the —**, इस के विपरीत.

con'trast (कन्'ट्रास्ट्) *v* एक वस्तु की दूसरों के साथ (*with*) ऐसी तुलना करना की अन्तर स्पष्ट हो जाए; अंतर दिखाना. **'contrast** ('कॉन्ट्रास्ट्) *n* वैषम्य, सहज ग्राह्य अंतर; ऐसा अन्तर स्पष्ट करने वाली वस्तु.

,contra'vene (कॉन्ट्र'वीन्) *v* (नियम, प्रथा आदि का) उल्लंघन करना; (कथन का) खंडन करना. **,contra'vention** *n* (कॉन्ट्र-'वेन्शन्)

con'tribute (कन्'ट्रिब्यूट्) *v* **1** (चंदा, सहायता, सुझाव आदि) देने में औरों के साथ होना, चंदा देना, अंशदान करना. **2 — to,** में सहायक होना. **3** (समाचार पत्र आदि में) लेख लिखकर छपने के लिए भेजना. **,contri'bution** *n* (कॉन्ट्रि'ब्यूशन्) चंदा, अंशदान, योगदान; लेख. **con'tributor** *n*.

con'trive (कन्'ट्राइव्) *v* आविष्कार करना; रूपरेखा बनाना; कोई न कोई उपाय ढूंढ निकालना. **con'trivance** (कन्'ट्राइव्न्स्) *n* युक्ति, आविष्कार.

con'trol (कन्'ट्रोल् या 'कॉन्ट्रोल्) *n* **1** शासन और व्यवस्था बनाये रखने की शक्ति; नियंत्रण : *to have one's feeling under —; to lose — of one's bicycle*. **2** संचालन और नियंत्रण के नियम और साधन : *traffic —; government —s of trade and industry*. **3** (प्राय: *pl)* मशीन को नियंत्रित करने वाले पुर्जे : *sitting at the —s of an aircraft*. *v*

(-ll-) — करना, — रखना. —**ler** *n* नियंत्रक.

'controversy ('कॉन्ट्रव़र्सि) *n* वादविवाद, विवाद. **,contro'versial** (कॉन्ट्र'व़र्शल्) *adj* विवाद का विषय.

,conva'lescent (कॉन्व़'लेसन्ट्) *n* & *adj* बीमारी से अच्छा हो रहा रोगी. **,conva'lescence** (कॉन्व़'लेसन्स्) *n* स्वास्थ्य-लाभ.

con'vene (कन्'व़ीन्) *v* (किसी समाज, समिति आदि के सदस्यों को बैठक के लिए) बुलाना; बैठक के लिए आना. **con'vener** (कन्'वीनर्) *n* समिति का संयोजक.

con'venient (कन्'व़ीन्यन्ट्) *adj* सुविधाजनक; उपयुक्त. **con'venience** (कन्'व़ीन्यन्स्) *n* सुविधाजनक होना; सुविधाएँ.

'convent ('कॉन्व़न्ट्) *n* **1** (महिला) मठ, आश्रम. **2** उनका समाज.

con'vention (कन्'व़ेन्शन्) *n* **1** सम्मेलन, सभा. **2** इकरारनामा, समझौता. **3** रिवाज़, प्रथा, परिपाटी. —**al** *adj* परम्परागत, रूढ़.

con'verge (कन्'व़र्ज्) *v* एक बिन्दु की ओर अनेक रेखाओं, वस्तुओं, विचारों का अभिमुख होना, ऐसी प्रवृत्ति दिखाना.

con'versant (कन्'व़र्सन्ट्) *adj* — **with,** जानकार, अभिज्ञ.

conver'sation (कॉन्व़र्'सेशन्) *n* बातचीत, वार्तालाप. **con'verse** (कन्'व़र्स्) *v* — करना.

converse ('कॉन्'वर्स्) *n* & *adj* विपरीत, प्रतिकूल (विचार, कथन आदि). —**ly** *adv.*

con'vert (कन्'व़र्ट्) *v* **1** रूपांतरित करना (एक स्थिति से दूसरी, भिन्न स्थिति में करना). **2** किसी व्यक्ति के विश्वास या धर्म को बदलवा देना, धर्म परिवर्तन करना : *to — a man to Christianity.* **'convert** *n* धर्म बदला हुआ व्यक्ति. —**ible** (कन्'व़र्टिब्ल्) *adj* जो रूपांतरित हो सके. **con'version** (कन्'व़र्शन्) *n* धर्म परिवर्तन, मत परिवर्तन, रूपान्तरण.

convex ('कॉन्'व़ेक्स्) उन्नतोदर (काँच या प्रिज़्म). → p 66.

con'vey (कन्'वे) *v* **1** (एक स्थान से दूसरे स्थान) ले जाना, ढोना. दूसरे व्यक्ति के पास सूचना आदि पहुँचाना. **2** (law) सम्पत्ति में पूरा अधिकार दे देना. —**ance** (कन्'वेअन्स्) *n* — की प्रक्रिया; — करने वाला; सवारी, वाहन.

con'vict (कन्'व़िक्ट्) *v* **1** (अपराध का) क़ायल कर देना. **2** न्यायालय द्वारा अपराधी या दोषी ठहराया जाना. **'convict** ('कॉन्व़िक्ट्) *n* अपराधी, कैदी.

con'viction (कन्'व़िक्शन्) *n* **1** दोषी ठहराया जाना. **2** क़ायल कर देना. **3** दृढ़ विश्वास.

con'vince (कन्'व़िन्स्) *v* क़ायल कर देना; मनवा लेना (कि उसने गलत काम किया था, इत्यादि). **con'vincing** *adj* विश्वास करा देने योग्य.

con'vivial (कन्'व़िव़िअल्) *adj* प्रसन्न, मौज में; (विशेषत:), पीने और मौज उड़ाने वाला, ऐसा उत्सव प्रेमी.

con'voke (कन्'व़ोक्) *v* (बैठक के लिए) एकत्र करना, सभा आयोजित करना. **,convo'cation** (कॉन्व़्'केशन्) *n* (चर्च या विद्यालय में) सभा, दीक्षान्त समारोह.

'convoy ('कॉन्व़ॉइ) *v* रक्षा करने के लिए साथ-साथ जाना. **'convoy** ('कॉन्व़ॉइ) *n* — करना; (जहाज़, सिपाहियों आदि का) संरक्षण-दल; सुरक्षा के लिए जहाज़ों का साथ-साथ जाना.

con'vulse (कन्'व़ल्स्) *v* हिला देना; मरोड़ना, ऐंठना. **con'vulsion** (कन्'व़ल्शन्) *n* खलबली; (दर्द से) ऐंठन, मरोड़, हँसी से लोट-पोट होना. **con'vulsive** (कन्'व़ल्सिव़्) *adj.*

cook (कुक्) *n* & *v* पकाना, भोजन बनाना, रसोइया. **'—er** ('कुकर्) *n* जिसमें पकाया जाए, कुकर : *a gas —er.*

cool (कूल्) *adj* (-er, -est) **1** शीतल, न ठंडा न गरम : *a — day.* **2** शांत; धैर्यवान. **3** धृष्ट (शांत रूप से). **4** उदासीन (व्यवहार).

'coolie ('कूलि) *n* कुली, मज़ूर.

coop (कूप्) *n* (मुर्गियों का) दरबा. *v* — **up,** छोटे स्थान में बंद रखना.

co-'operate (को'ऑपरेट्) *v* सहयोग से कार्य करना. **co-ope'ration** *n* सहयोग, सहकारिता. **'co-'operative** (को'ऑपरटिव़्) *adj.* **co-operative society,** सहकारी समिति.

co-'opt (को'ऑप्ट्) *v* किसी समिति के सदस्यों का अन्य व्यक्ति को अपनी समितिं का सदस्य बनाना, सहयोजित करना.

co-ordinate (को'ऑडिनेट्) *v* अनेक व्यक्तियों द्वारा किये जाने वाले कार्य को समन्वित करना.

cope (कोप्) *v* — **with,** नियंत्रण संभालना, काम संभालना.

'copious ('कोप्यस्) *adj* बहुत अधिक; बहुत अधिक लिखने वाला (लेखक).

'copper ('कॉपर्) *n* **1** ताँबा. **2** ताँबे या कांसे का सिक्का. **3** कपड़ों की भट्टी लगाने वाला पात्र. *v* ताँबे का मुलम्मा चढ़ाना.

'copra (कॉप्रा) *n* (नारियल की) गरी.

'copy ('कॉपि) *n* **1** नक़ल, प्रतिलिपि. **2** (किताब, समाचार पत्र आदि की) एक प्रति. *v* नकल करना; अनुकरण करना. — **-book** *n* कापी.

'coral ('कॉरल्) *n* मूँगा. *adj* मूँगिया रंग.

cord (कॉर्ड्) *n* **1** डोरी. **2** → chord (3). *v* डोरी लपेटना.

'cordial ('कॉर्ड्यल्) *adj* मैत्रीपूर्ण या हार्दिक (भावनाएँ, शब्द, आचरण). *n* गाढ़ा मीठा फलों का रस. **—ly** *adv.* **,cordi'ality** (कॉडि'ऐलिटि) *n.*

'cordon ('कॉर्डन्) *n* पुलिस या सेना द्वारा सुरक्षा के लिए डाला घेरा.

'cordu'roy ('कॉर्ड'रॉइ) *n* मोटा सूती कपड़ा, कार्डराय; (*pl*) कार्डराय की पैंट.

core (कॉर्) *n* **1** फलों (सेव आदि का) बीच का कड़ा भाग. → p 134. **2** केन्द्रीय और मुख्य भाग : *to get to the — of the question.*

cork (कॉर्क्) *n* कार्क, हल्का पदार्थ जिसकी बोतलों की प्रायः डाट बनती है, डाट, काग. **'cork-screw** *n* कार्क निकालने का पेंचकस. *v* काग लगाना.

corn[1] (कॉर्न्) *n* अनाज, गल्ला.

corn[2] (कॉर्न्) *n* पैर में घट्टा (कड़ी खाल) बन जाना जो दर्द करता है.

'corner ('कॉर्नर्) *n* **1** कोना, नुक्कड़. **turn the —,** (fig) संकट पार करना. **2** (वाणिज्य) **make a — in** (*wheat*), मूल्य नियंत्रण के लिए सारा उपलब्ध माल खरीद लेना. *v* — में (किसी को) करना, पहुँचाना; घेरना. **'corner,stone** आधारशिला.

,coro'nation (कॉर्'नेशन्) *n* राज्याभिषेक.

'coroner ('कॉर्नर्) *n* अपमृत्य की जाँच करने वाला अधिकारी. **—'s inquest,** ऐसी जाँच-पड़ताल.

'coronet ('कॉरनिट्) *n* मुकुट.

'corporal[1] ('कॉर्परल्) *adj* दैहिक, शारीरिक : — *punishment*, (बेंत लगाना या पीटना).

'corporal[2] ('कॉर्परल्) *n* सेना में सार्जेंट से एक छोटा पद, नायक.

,corpo'ration (कार्प्'रेशन्) *n* **1** नगरपालिका, महापालिका. **2** निगम (व्यापारिक संघ) जैसे, जीवन बीमा निगम. **'corporate** ('कॉर्परिट्) *adj* — विषयक.

corps (कॉर्) *n* **1** थल-सेना की एक तकनीकी शाखा, कोर : *Army Medical Corps.* **2** दो या अधिक डिविज़नों से बना सेना-दल.

corpse (कॉर्प्स) *n* लाश, शव.

'corpulent ('कॉर्प्युलन्ट्) *adj* मोटा (शरीर). **'corpulence** ('कॉर्प्युलन्स्) *n* मोटापा.

cor'rect (क'रेक्ट्) *adj* सही, ठीक; उचित. *v* — करना; गलतियाँ शुद्ध करना; गलतियाँ बताना; दंड देना. **—ion** (क'रेक्शन्) *n* — की प्रक्रिया; गलत के स्थान पर सही रखना. **cor'rective** (क'रेक्टिव्) *adj* दोष दूर करने; वाले (उपाय).

'correlate ('कॉरिलेट्) *v* दो या दो से अधिक वस्तुओं में परस्पर संबंध स्थापित करना; सहसंबंध दिखाना.

,corres'pond (कॉरिस'पॉन्ड्) *v* **1** मेल खाना (*with*). **2** बराबर होना (*to*), अनुरूप होना (*to*). **3** पत्राचार करना (*with*). **—ence** (कॉरिस्'पॉन्डन्स्) **1** मेल; सादृश्य. **2** पत्राचार; पत्र. **—ent** (कॉरिस्'पॉन्डन्ट्) *n* **1** पत्राचार रखने वाला. **2** (समाचार पत्रों का) संवाददाता.

'corridor ('कॉरिडर्) *n* गलियारा, कारिडर.

'corri'genda ('कॉरि'जेन्डा) *n pl* शुद्धिपत्र.

cor'roborate (क'रॉबरेट्) *n* (किसी अन्य कथन या तथ्य को) पुष्ट करना, समर्थित करना. **—ion** *n.*

corˈrode (कˈरोड्) *v* झड़ जाना, नष्ट हो जाना, क्षीण हो जाना. **corˈrosion** (कˈरोˈशन्) *n*.

ˈcorrugated (ˈकॉरुगेटिड्) *adj* नालीदार, लहरदार : — *iron* नालीदार टीन (छत के लिए प्रयुक्त); — *cardboard* लहरदार मोटा कागज़ (पैकिंग के लिए प्रयुक्त).

corˈrupt (कˈरप्ट) *adj* **1** भ्रष्ट (व्यक्ति, आचरण) (प्राय. रिश्वतखोरी से सम्बद्ध). **2** दूषित. *v* — करना. **—ible** *adj* जो रिश्वत देकर भ्रष्ट किया जा सके. **—ion** (कˈरप्शन्) *n* भ्रष्टाचार.

ˈcorset (ˈकॉर्सिट्) *n* चुस्त कमरबन्द.

cosˈmetic (कॉज़्ˈमेटिक्) *n* चेहरे और केशों को और सुन्दर बनाने वाले पदार्थ; प्रसाधन-सामग्री.

ˈcosmic (ˈकॉज़्मिक्) *adj* ब्रह्मांडीय.

ˈcosmonaut (ˈकॉज़्मनॉट्) *n* अंतरिक्ष-यात्री.

ˌcosmoˈpolitan (ˈकॉज़्मˈपॉलिटन्) *adj* संसार के सभी भागों से संबद्ध. — *city* ऐसी महानगरी जहाँ प्रायः सभी देशों के लोग मिल जायें; संसार के विस्तृत अनुभवों से जनित : — *views (interests)*. *n* — ऐसा आदमी.

cost (कॉस्ट्) *v* (*pt & pp* cost) **1** इस कीमत में उपलब्ध होना; हानि उठाना. **2** (व्यापार-वाणिज्य) कीमत निश्चित करना. *n* **1** मूल्य, कीमत. **at all —s,** हर कीमत पर (चाहे कितना ही खर्च करना पड़े या कष्ट उठाना पड़े). **to one's —,** हानि पर. **2** (law, *pl*) मुकदमें का खर्चा. **ˈ—ly** (ˈकॉस्ट्लि) *adj* बहुमूल्य.

ˈcostume (ˈकॉस्ˈट्यूम्) *n* **1** वेषभूषा, पहिनावा. **2** स्त्रियों का शार्ट कोट और स्कर्ट.

ˈcosy (ˈकोज़ि) *adj* (-ier, -iest) आरामदेह, सुखदायी. **ˈcosily** *adv*.

cot (कॉट्) *n* खटिया, बच्चे के सोने का पालना.

ˈcottage (ˈकॉटिज्) *n* झोंपड़ी, कुटीर. **— industry** *n* गाँवों में सहज प्राप्त उद्योग; कुटीर-उद्योग.

ˈcotton (ˈकॉटन्) *n* कपास (पौधा); रूई, सूत. *adj* सूती (कपड़ा). **cotton-wool** *n* डाक्टरी रूई (पट्टी बाँधने आदि के काम आने वाली).

couch (काउच्) *n* सोफ़ा, कोच, गद्देदार पलंग. *v* (पशुओं का) दुबक कर जमीन को छूते हुए बैठना (छिपने के लिए, शिकार करने के लिए या कूदने के लिए).

cough (कॉफ़्) *v* खाँसी आना, खांसना. *n* खाँसी, खाँसी की बीमारी.

could (कुड्) → can.

ˈcouncil (ˈकाउन्सिल्) *n* परिषद, नियुक्त या निर्वाचित व्यक्तियों का समूह, विशेषतः किसी संस्था के संचालन के लिए : *the town —*. **—lor** (ˈकाउन्सिलर्) *n* परिषद का सदस्य, पार्षद.

ˈcounsel (ˈकाउन्सल्) *n* **1** सलाह; विचार; सुझाव : *to take — with a friend.* **2** (*pl*) (वकीलों द्वारा दिया) परामर्श,सलाह. *v* (-ll-) — देना. **—lor** *adj* सलाहकार, परामर्शदाता.

count[1] (काउन्ट्) *v* **1** गिनना, जोड़ना. **2** शामिल करना : *fifty, not —ing that are broken.* **3 — -down,** (अंतरिक्ष यान के रवाना होने की आज्ञा देने के पूर्व) उलटे क्रम से गिनती गिनना (100, 99, 98, 97 आदि). **4 — (up) on,** निर्भर होना; निश्चित मानना. **— for much (nothing),** बहुत (या कुछ भी नहीं) महत्त्व का होना. **to — oneself,** (*fortunate*), (महत्त्वशाली) समझना, मानना. *n* **1** गिनने की प्रक्रिया. **2** हिसाब; सूचना. **to take no — of,** कुछ भी ध्यान न देना. **3** अभियोग का विषय (जिस बात पर अपराधी माना जा रहा है): *guilty on all —s.* **—less** *adj* असीम, असंख्य.

count[2] (काउन्ट्) *n* कुछ देशों में (न कि इंग्लैंड में) सामन्त की पदवी, काउन्ट. **—ess** अर्ल या काउन्ट की पत्नी; अर्ल के समान प्राप्त पद महिला काउन्टेस.

ˈcountenance (ˈकाउन्टिनन्स्) *n* **1** चेहरा (रूप और भावों की अभिव्यक्ति की दृष्टि से). **keep one's —,** अपने भावों को छिपाना (विशेषतः मज़ाक में). **2** अनुमोदन; समर्थन, आश्रय : *give — to a proposal.* *v* अनुमोदन या समर्थन करना.

ˈcounter[1] (ˈकाउन्टर्) *n* लम्बी मेज़ जिस पर दुकानदार सामान रखकर गाहकों को दिखाता है; बैंक आदि में ऐसी मेज़, काउन्टर.

ˈcounter[2] (ˈकाउन्टर्) *adv* विरोध में, प्रतिकूलता में.

ˈcounter- पूर्वपद : प्रति- **1** विपरीत दिशा में : *ˌcounter-atˈtraction*. **2** उत्तर में; विरोध में : *ˈcounter-attack*.

ˌcounteˈract (काउन्ट्ˈरैक्ट्) *v* (उत्तर में) विरोध करना और विरोधी के कार्य, बल आदि को कम या निष्प्रभाव कर देना, प्रतिकार करना. **—ion** *n* प्रतिकार.

ˈcounterbalance (ˈकाउन्टर्बैलन्स्) *n* भार या बल को संतुलित करने के लिए समान भार या बल डालना.

ˈcounterfeit (ˈकाउन्टर्फ़िट्) *n & adj* जाली, नकली, खोटा (माल) : — *money* (जाली सिक्का). *v* — बनाना.

ˈcounterfoil (ˈकाउन्टर्फ़ॉइल्) *n* चेक, रसीद आदि का वह अंश जो रिकार्ड के लिए रख लिया जाता है, प्रतिपर्ण.

ˌcounterˈmand (ˌकाउन्टर्ˈमान्ड्) *v* दिये हुए आदेश को निरस्त करना या लौटा लेना.

ˈcounterpart (ˈकाउन्टर्पार्ट) *n* वस्तु या व्यक्ति बिलकुल दूसरी वस्तु या व्यक्ति की तरह, प्रतिरूप, प्रतिवस्तु.

ˈcountersign (ˈकाउन्टर्साइन्) *n* गोपनीय स्थान में प्रवेश करते समय संतरी को बताने वाले गोपनीय शब्द (ताकि शत्रु अंदर न आ जाए).

ˈcounterˈsignature (ˈकाउन्टर्ˈसिग्निचर्) *n* प्रति हस्ताक्षर, किसी के हस्ताक्षर के पश्चात् उच्च अधिकारी के हस्ताक्षर.

ˈcountry (ˈकन्ट्रि) *n* **1** देश (जैसे भारत देश). **2** देहात, ग्रामीण क्षेत्र : *—side*. **ˈcountrified** (ˈकनट्रिफ़ाइड्) *adj* ग्रामीण आदत वाला, ग्राम्य. **—man 1** देहाती, ग्रामवासी (न कि नगरवासी). **2** एक ही देश का वासी, हमवतन.

ˈcounty (ˈकाउन्टि) *n* इंग्लैंड में स्थानीय शासन की सब से बड़ी इकाई.

ˈcouple (ˈकप्ल्) *n* **1** युग्म, दो व्यक्ति या वस्तुएँ जो साथ-साथ देखी जाती है. **2** दम्पति, पति-पत्नी, वर-वधु. *v* दो वस्तुओं को जोड़ना; दो वस्तुओं को मन में साथ-साथ रखना. **ˈcoupling** (ˈकप्लिङ्) *n* (विशेषत:) रेल के डिब्बों को जोड़ने वाला भाग, कप्लिंग.

ˈcoupon (ˈकूपॉन्) *n* कूपन, वह टिकट या पुरज़ा जिसे दिखाने से कोई (नियंत्रित) वस्तु मिले. मनीआर्डर फार्म का वह भाग जिस पर पाने वाले को पत्र लिखा जा सके.

ˈcourage (ˈकरिज्) *n* वीरता, बहादुरी, साहस. **courˈageous** (कˈरेजस्) *adj* साहसी.

ˈcourier (ˈकुरिअर्) *n* संदेश वाहक, वार्ता वाहक.

course (कॉर्स्) *n* **1** स्थान या समय की दृष्टि से अग्रगति. **in (the) — of,** उक्त अवधि में, दौरान में : *in — of construction (etc)*. निर्माण के समय. **in due —**, उचित अवसर पर, क्रम आने पर. **2** किसी के द्वारा ली दिशा; जिस रेखा में कोई वस्तु चल रही है : *The ship changed —*. **a matter of —**, स्वाभाविक और आशा के अनुकूल. **of —**, अवश्य, निस्संदेह, स्वभावत:. **3** गोल्फ़ खेलने का मैदान; घुडदौड़ का मैदान : *a race-course*. **4** माला, श्रेणीबद्ध, क्रमबद्ध (वार्ता, भाषण, इलाज) : *a — of lectures* (भाषण माला). **5** भोजन (विशेषत: पाश्चात्य शैली का भोजन) में पृथक-पृथक दौर (e g *soup, meat, dessert*). **6** (पढ़ाई का) पाठ्यक्रम, विषय.

court (कॉर्ट्) *n* **1** कचहरी, न्यायालय; न्यायाधीश. **2** (राजा-महाराजाओं का) दरबार. **3** खेलने के लिए निश्चित स्थान : *a tennis court*. **4** (ˈ**—yard** भी) आँगन, प्रांगण; चौक. **5** प्रेम प्रकट करना : *to pay — to a woman* (प्रणय निवेदन). *v* **1** प्रेम जताना (5); किसी का समर्थन, अनुमोदन प्राप्त करने का प्रयत्न करना. **2** ऐसा कार्य करना कि उसका परिणाम इस प्रकार हो : *to — defeat (danger)*. ˈ**—ier** *n* दरबारी. ˈ**—ly** *adj* नम्रता और पद-मर्यादा के साथ. ˈ**—ˈmartial** *n* सैनिक न्यायालय में मुकदमा. ˈ**—ship** (ˈकॉर्ट्शिप) *n* प्रणय निवेदन (का समय).

ˈcourteous (ˈकर्ट्यस्) *adj* शिष्ट, भद्र, नम्र. **ˈcourtesy** (ˈकर्टिसि) *n* शिष्ट व्यवहार, सौजन्य.

ˈcousin (ˈकज़्न्) *n* चाचा, मामा, मौसी या बुआ का लड़का या लड़की.

cove (कोव्) *n* छोटी खाड़ी.

ˈcovenant (ˈकव़िनन्ट्) *v & n* प्रतिज्ञापत्र (भरना); समझौता (करना).

ˈcover (ˈकव़र्) *v* **1** आवरण, आड़, पर्दा सामने करना, ढक्कन बंद करना, ढकना. **2** (दूरी) पार करना. **3** (बंदूक आदि के) निशाने में रखना. **4** बचाव करना; बीमा द्वारा सुरक्षित करना (*against*) : *to be —ed against loss by fire*. **5** (रुपया, धनराशि का) पर्याप्त होना (आवश्कता देखते हुए). *n* **1** जो ढकता है : *bed-cover, book-cover*. **2** आश्रय स्थल, शरण-स्थल : *to take — ; to get under —* . **3** बहाना, दूसरे के स्थान पर प्रस्तुत होने वाला व्यक्ति. **4** लिफ़ाफ़ा. **—ing** *n*.

ˈcovet (ˈकव़िट्) *v* ललचाना. **—ous** (ˈकविटस्) *adj* लालची, लोभी.

cow[1] (काउ) *n* गाय. → p 99.

cow[2] (काउ) *v* डरा कर काम करवाना.

ˈcoward (ˈकाउअड्) *n* डरपोक; कायर. **—ly** (ˈकाउअड्लि) *adj* कायरतापूर्ण; गर्हणीय. **ˈ—ice** (ˈकाउअडिस्/ˈकाउअडिस्) *n* कायरता.

ˈcower (ˈकाउर्) *v* (डर, शर्म या ठंड के मारे) दबक जाना.

ˈcowrie (ˈकाउरि) *n* कौड़ी.

cox, ˈcoxswain (कॉक्स्, ˈकॉक्सवेन्) *n* मल्लाह, कर्णधार.

coy (कॉइ) *adj* (लड़कियों के लिए) लजीली, संकोची.

crab (क्रैब्) *n* केकड़ा; उसका मांस. → p 280.

ˈcrabbed (ˈक्रैबिड्) *adj* **1** चिड़चिड़ा. **2** बहुत गन्दा हस्तलेख (जो पढ़ा न जा सके).

crack (क्रैक्) *n* **1** दरार. **2** कड़क (बंदूक चलने की). **3** 'चट' की आवाज़, चटाका. *v* **1** दरार करना, दरकना. **2** कड़कना या कड़काना. **3** आवाज़ का भारी होना (जब लड़का वयस्क होने लगता है). **4 — up,** (बुढ़ापे के कारण) शक्तिहीन होना, जर्जर होना. *adj* पहले नंबर का : *a — polo-player*. **ˈ—er** *n* **1** पतले कुरकुरे बिस्कुट, क्रैकर. **2** पटाका (आतिशबाजी का). **3** (*pl*) सरौते की तरह का अखरोट तोड़ने वाला साधन. **—le** *v & n* चरचराना.

ˈcradle (ˈक्रेड्ल्) *n* पालना (बच्चे के सोने के लिए). *v* पालने में रखना या झुलाना : *to — a baby in one's arms,*

craft (क्राफ़्ट्) *n* **1** शिल्प, दस्तकारी : *the — of the potter*. **2** धूर्त, चालाक, कपटी. **3** नाव, जहाज़, जैसे *air—*. **—sman(ship)** *n* शिल्पकारी, कारीगरी. **ˈ—y** *adj* धूर्त. **ˈ—ily** (ˈक्राफ़्टिलि) *adv*. **ˈ—iness** *n* (ˈक्राफ़्टिनिस्).

crag (क्रैग्) *n* ऊँची खड़ी चट्टान.

cram (क्रैम्) *v* (-mm-) ठूँसना; रटना.

cramp (क्रैम्प्) *n* ऐंठन, ठिठुरन. *v* जकड़ना, कसना; शिकंजे में जकड़ना; ऐसा अवरोध करना को वृद्धि रुक जाए.

crane (क्रेन्) *n* **1** सारस. → p 33. **2** बोझा उठाने की मशीन, क्रेन. *v* गरदन आगे बढ़ाकर देखना.

crank[1] (क्रैंक्) *n* झक्की, अपनी ही बात रखने वाला.

crank[2] (क्रैंक्) *n* L-आकार का हैंडिल मशीन को घुमाने के लिए, क्रैंक. *v* हैंडिल लगाकर चलाना : *to — (up) a car engine*.

crape (क्रेप्) *n* क्रेप, एक प्रकार का रेशमी (सूती) कपड़ा.

crash (क्रैश्) *v* टूटकर ढह जाना, टकराना, तोड़ना (धमाके के साथ) : *A stone —ed through the window*. *n* धमाका, धड़ाका. **ˈcrash-ˌhelmet,** (मोटर साइकिल सवार द्वारा पहने जाने वाला) टोप ताकि टक्कर होने पर सिर बच जाए. **ˈcrash-landing,** दुर्घटनाग्रस्त हवाई जहाज़ का धमाके के साथ उतरना.

crate (क्रेट्) *v & n* सामान के चारों ओर सुरक्षा के लिए जड़ा लकड़ी का फ्रेम.

ˈcrater (ˈक्रेटर्) *n* ज्वालामुखी का मुंह; जमीन में बम गिरने से बना गड्ढा.

crave (क्रेव़्) *v* लालायित होकर माँगना; तरसना (*for*). **ˈcraving** (ˈक्रेविङ्) *n* लालसा.

crawl (क्रॉल्) *v* **1** रेंगना, हाथ और घुटनों से चलना. **2** बहुत धीरे-धीरे चलना. **3** रेंगने वाली वस्तुओं से भर जाना. *n* **1** रेंगना, सरकना. **2** एक प्रकार का तैरना.

ˈcrayon (ˈक्रेअन्) *n* रंगीन खड़िया या कोयले की बत्ती या पेंसिल.

'crazy ('क्रेज़ि) *adj* (-ier, -iest) 1 सनकी, पागल. 2 विक्षिप्त, परेशान, उत्तेजित : — *with pain ; — about the films.* 3 मूर्खतापूर्ण : *a — idea.* **craze** (क्रेज़्) *v* विक्षिप्त करना. *n* किसी वस्तु के लिए अत्यधिक उत्साह जो कुछ दिनों बाद समाप्त हो जाए, क्षणोन्माद.

creak (क्रीक्) *v & n* चरमराना, चरचराना (जैसे नया जूता करता है या किवाड़ करते हैं). **'—y** *adj* ऐसी ध्वनि करने वाला.

cream (क्रीम्) *n* 1 मलाई; क्रीम. 2 — के समान; — रखने वाला पदार्थ; सर्वोत्तम अंश या व्यक्ति. 3 — का रंग. **—y** ('क्रीमि) *adj* (-ier, -iest).

crease (क्रीस्) *n* 1 कपड़े में डाली हुई चुनट. 2 (क्रिकेट) विकेट के पास खींची रेखा. *v* चुनट डालना या पड़ना.

cr'eate (क्रि'एट्) *v* उत्पन्न करना; सृष्टि करना. **cre'ation** *n* (क्रि'एशन्) उत्पन्न करने की एक प्रक्रिया; सृष्टि, विशेषत: विश्व जो कि ईश्वर द्वारा सृष्ट किया गया है. **crea'tive** (क्रि'एटिव्) *adj* सृष्टि-विषयक; सर्जनात्मक; सर्जन करने में समर्थ.

cre'ator (क्रि'एटर्) *n* 1 सर्जनकर्त्ता (व्यक्ति). 2 **C—**, ईश्वर.

'creature ('क्रीचर्) *n* प्राणी, विशेषत: पशु.

cre'dentials (क्रि'डेन्शल्ज़्) *n pl* व्यक्ति के पद को बताने वाला लिखित पत्र; प्रत्ययपत्र.

'credible ('क्रेड्ब्ल्) *adj* जिस पर विश्वास किया जा सके.

'credit ('क्रेडिट्) *n* 1 आस्था, विश्वास. 2 प्रतिष्ठा, प्रसिद्धि. 3 कार्य या पद के कारण मिलने वाला समादर. 4 प्रतिष्ठा या यश बढ़ाने में कारण रूप व्यक्ति : *Be a credit to your school !* 5 साख, उधार अदा करने या वादा पूरा करने की प्रसिद्धि. **letter of —**, बैंक का साखपत्र. 6 व्यक्ति के बैंक हिसाब में उसकी ओर जमा धनराशि. 7 (हिसाब-किताब में) किसी व्यक्ति की ओर जमा धनराशि (debit के वैषम्य में). *v* 1 विश्वास करना, आस्था रखना. 2 जमा पक्ष में धनराशि चढ़ाना. **—able** ('क्रेडिटब्ल्) *adj* प्रशंसा लाने वाला कार्य. **—or** ('क्रेडिटर्) *n* लेनदार.

'credulous ('क्रेड्यूलस्) *adj* भोला-भाला, सहज में विश्वास करने वाला. **cre'dulity** (क्रि'ड्यूलिटि) *n* भोलापन.

creed (क्रीड्) *n* धर्म, मत, पन्थ.

creek ('क्रीक्) *n* सँकरी खाड़ी (नदी या समुद्र की); छोटी नदी.

creep (क्रीप्) *v* (*pt* & *pp* crept) 1 रेंगना, सरकना. 2 धीरे-धीरे खिसकना. 3 (पौधों का) (दीवार के सहारे) ऊपर चढ़ना. **'—y** *adj* (-ier, -iest) ऐसा लगना कि किसी रेंगने वाले ने छू लिया है, रोंगटे खड़े हो जाना.

cre'mate (क्रि'मेट्) *v* दाहकर्म करना, शव-दाह करना. **cre'mation** (क्रि'मेशन्) *n* दाह संस्कार. *n* **crema'torium** (क्रेम'टॉरिअम्) *n* दाहगृह. **cremation-ground** *n* श्मशान भूमि.

crept (क्रेप्ट्) → creep.

crescent ('क्रेसन्ट्) *n* चापाकार चंद्रमा, बाल-चन्द्र. → p 203. *adj* बढ़ता हुआ चंद्रमा.

crest (क्रेस्ट्) *n* 1 (पहाड़ की) चोटी; लहरों की उच्चतम स्थिति. 2 (चिड़ियों की) शिखा, कलगी. → p 33. 3 coat of arms के एक अंश का अंकन. *v* 1 चोटी पर पहुँचना. 2 शिखा, कलगी से अलंकृत करना. **'crest-fallen** *adj* असफलता पर परम निराशा; हतोत्साह.

crew[1] (क्रू) *n* जहाज़ पर कार्य करने वाले सभी कर्मचारी.

crew[2] (क्रू) → crow.

crib (क्रिब्) *n* बच्चे का खटोला.

'cri'cket[1] ('क्रिकिट्) *n* झींगुर. → p 168.

'cricket[2] ('क्रिकिट्) *n* क्रिकेट का खेल.

cried (क्राइड्), **crier** ('क्राइअर्) → cry.

crime (क्राइम्) *n* 1 अपराध जिसकी कानून द्वारा कड़ी सजा मिलती है. 2 बेवकूफ़ी का गलत काम. **'criminal** ('क्रिमिनल्) *adj* अपराध संबंधी; दण्ड संबंधी : *criminal court* (फ़ौजदारी अदालत); अपराधशील : *criminal tribes*, प्राय: अपराध करने वाली जनजातियाँ. *n* अपराधी.

'crimson ('क्रिमज़न्) *n & adj* करमिजी रंग; गहरा लाल.

cringe (क्रिन्ज्) *v* ज़मीन छूते हुए घिसटना; (fig) किसी के आगे गिड़गिड़ाना.

'cripple ('क्रिप्ल्) *n* अपंग (रीढ़ या टांग की बीमारी के कारण चलने में असमर्थ). *v* अपंग कर देना.

'crisis ('क्राइसिस्) *n* (*pl* crises) (बीमार या जीवन का) परिवर्तन बिन्दु ; संकट की स्थिति.

crisp (क्रिस्प्) *adj* **1** (भोजन के लिए) कुरकुरा, खस्ता. **2** (मौसम) खुश्क और ठंडा. **3** (शैली, व्यवहार) तुरंत निर्णयकारी. *n* आलू का तला हुआ चिप. **'—ly** (क्रिस्पलि) *adv.* **'—ness** (क्रिस्पनिस्) *n.*

cri'terion (क्राइ'टिअरिअन्) *n* (*pl* criteria) *n* मूल्यांकन की कसौटी, मानदण्ड.

'critic ('क्रिटिक्) *n* **1** साहित्य, कला, संगीत का पारखी; आलोचक. **2** दोष ढूंढने वाला. **'criticism** ('क्रिटिसिज़्म्) *n* आलोचना, समीक्षा; निन्दा. **'criticize** ('क्रिटिसाइज़्) *v* आलोचना करना.

'critical ('क्रिटिकल्) *adj* **1** संकटपूर्ण स्थिति में, संकटकालीन, नाजुक दौर में. **2** आलोचनात्मक. **3** दोष ढूंढने वाला. **—ly** *adv.*

croak (क्रोक्) *n* & *v* मेंढक का टर्रटर्र करना; कौवों का कांव-कांव करना.

'crochet ('क्रोशे) *n* & *v* किरोशिए से बुनाई करना.

crock (क्रॉक्) *n* घड़ा, सुराही. **'—ery** (क्रॉकरि) *n* प्याला, प्लेट, आदि चीनी मिट्टी के बर्तन.

'crocodile ('क्रॉक्डाइल्) *n* मगर, घड़ियाल. → p 265.

crook (क्रुक्) *n* **1** मुड़ी हुई लठिया, विशेषतः गड़ेरियों द्वारा प्रयुक्त. **2** बेईमानी से जीविका चलाने वाला, धूर्त. *v* — के आकार में मोड़ना. **'—ed** *adj* ('क्रुकिड्) असरल; कपटी, बेईमान.

crop¹ (क्रॉप्) *n* फ़सल, पैदावार; (*pl*) फ़सलें (खेत में खड़ी).

crop² (क्रॉप्) *v* (-pp-) **1** (पशुओं का) घास आदि चरना. **2** बाल (घोड़े की पूँछ, कान आदि के) कतरना. **3 — up,** (कठिनाइयों आदि का) प्रकट होना, उत्पन्न होना. **— up (out),** (चट्टान आदि का) धरातल से ऊपर उठना. *n* बहुत महीन बाल काटना; (चिड़ियों की) गल थैली.

cross (क्रॉस्) *n* **1** (+, ×, † आदि) चिह्न जहाँ एक रेखा पर दूसरी रेखा काटती हो. **2** विभिन्न प्रकार के दो पशुओं की संतान या पौधों की उपज. **3 the Cross,** सूली जिस पर ईसा मसीह चढ़ाए गये थे. *adj* **1** बदमिज़ाज. **2** आड़ा, तिरछा, प्रतिकूल (पवन). **at — purposes,** (लोगों में) गलतफ़हमी. *v* **1** काटना, आर-पार रेखा खींचना. **2 — a cheque,** चेक पर दो रेखाएँ खींच देना जिसके कारण चेक बैंक खाते में ही जमा होगा. **— one's mind,** विचार का सूझना. **3** (किसी की इच्छाओं, योजनाओं में) बाधा डालना. **'cross-exa'mine** *v* बारीकी से सवाल पूछना. **'cross-'question** *v* जिरह करना, प्रश्नों द्वारा जाँच करना. **'cross-'reference** *n* पुस्तक का संदर्भ उसी पुस्तक या अन्य पुस्तक में देना. **'crossroads** *n* (*sing*) चौराहा. **'—word (puzzle)** *n* वर्ग पहेली.

crouch (क्राउच्) *v* पशुओं का दबकना.

crow¹ (क्रो) *n* कौआ. → p 33.

crow² (क्रो) *v* (*pt* crowed or crew, *pp* crowed) **1** (मुर्गे का) बाँग देना; विजय की प्रसन्नता में हर्षध्वनि करना. **2** (बच्चे का) किलकारना.

'crowbar ('क्रोबार्) *n* सब्बल (भारी वस्तुओं को हिलाने के लिए प्रयुक्त लोहे का डंडा).

crowd (क्राउड्) *n* भीड़, भीड़ में आना; भीड़ करना : — *into a room.*

crown (क्राउन्) *n* **1** राजा-रानियों का सोने-चांदी का मुकुट. **2** सम्राट की शक्ति का मुकुट-चिह्न. **the Crown,** राजकीय शक्ति, सर्वोच्च शक्ति. *v* मुकुट पहनाना; मुकुट चिह्न पुरस्कार में देना.

crosses

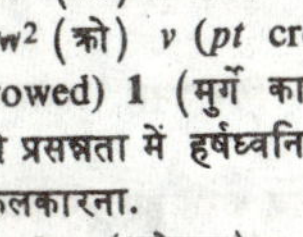

a crown

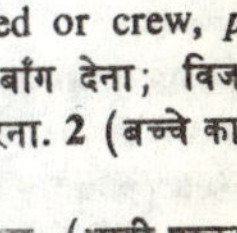

'crucial ('क्रूश्यल्) *adj* संकट की स्थिति में, संकटकालीन, निर्णायक स्थिति में.

'crucible ('क्रूसिब्ल्) *n* कुल्हिया (पात्र जिसमें धातु गलाते हैं).

ˈ**crucifix** (ˈक्रूसिफ़िक्स्) *n* सूली पर चढ़े ईसा की छोटी मूर्ति. ˈ**crucify** (ˈक्रूसिफ़ाइ) *v* सूली पर कीलें ठोंक कर मारना. ˌ**cruciˈfixion** इस प्रकार मारना. **the Crucifixion,** ईसा मसीह का क्रूस पर चढ़ाया जाना.

crude (क्रूड्) *adj* (-r, -st) **1** कच्चा माल, अपरिष्कृत जिससे अभी वस्तुएँ बनानी है. **2** (व्यक्ति और उनका व्यवहार) रूखा, अक्खड़, अशिष्ट; अभद्र. **3** अनगढ़ कारीगरी. **—ly** *adv*. **—ness** *n*. ˈ**crudity** *n* (ˈक्रूडिटि).

ˈ**cruel** (ˈक्रुअल्) *adj* क्रूर, निर्दय; पीड़ाकारक. ˈ**—ly** *adv*. ˈ**—ty** *n* क्रूरता.

ˈ**cruet** (ˈक्रूइट) *n* खाने की मेज़ पर नमक, सिरका आदि की शीशियाँ.

cruise (क्रूज़्) *v* पर्यटन के लिए समुद्री यात्रा; (युद्ध में) शत्रुओं के जहाज़ों का पता लगाने के लिए परिभ्रमण. *n* समुद्री पर्यटन; समुद्री गश्त.

crumb (क्रम्) *n* (रोटी, केक आदि का) टुकड़ा, टूटा हुआ अंश. **—le** *v* टुकड़े-टुकड़े कर देना, मसल देना.

ˈ**crumple** (ˈक्रम्प्ल्) *v* निचोड़ना, मरोड़ना, सिलवटें डालना.

crunch (क्रन्च्) *v* आवाज़ करते हुए कुचलना.

cruˈsade (क्रूˈसेड्) *n* **1** धर्म युद्ध, जिहाद (मध्य युग में यूरोप में मुसलमानों से ईसा मसीह की जन्मभूमि को वापस लेने के लिए ईसाई राज्यों द्वारा छेड़े युद्ध). **2** किसी भी अच्छे लक्ष्य की प्राप्ति के लिए चलाया संघर्ष. *v* — में भाग लेना.

crush (क्रश्) *v* कुचलना, पैरों तले रौंदना; (गन्ने का) पेरना. ˈ**—ing** *adj* अधिक संख्या होने के कारण दबा देने में समर्थ. **crusher** *n* कोल्हू.

crust (क्रस्ट्) *n* डबल-रोटी का ऊपरी कड़ा भाग, पपड़ी; इसका कोई टुकड़ा; कड़ा ऊपरी भाग. ˈ**—y** *adj* (रोटी का) पपड़ीदार होना.

crutch (क्रच्) *n* (लंगड़े आदमी की) बैसाखी.

crux (क्रक्स्) *n* समस्या का वह अंश जिसे सुलझाना सबसे कठिन हो; मर्म.

cry (क्राइ) *n* (*pl* cries) चिल्लाहट, चीख (किसी भी भाव, क्रोध, पीड़ा, भय, दुःख, आश्चर्य आदि, की आवाज़दार प्रबल अभिव्यक्ति). *v* **1** ऐसी ध्वनि करना. **2** रोना (आवाज़ या बिना आवाज़ के). **3** (**cry out** भी प्रायः) ज़ोर से पुकारना. **in full cry,** शिकारी कुत्तों का शिकार करते समय भौंकना. ˈ**crier** *n* (town crier) (शहर में) ढिंढोरा पीटने वाला.

crypt (क्रिप्ट्) *n* चर्च के तहखाने के कमरे.

ˈ**cryptic** (ˈक्रिप्टिक्) *adj* गुप्त अर्थ वाला.

ˈ**crystal** (ˈक्रिस्टल्) *n* **1** बिल्लौर, स्फटिक पत्थर की तरह एक साफ़ पदार्थ; आभूषण रूप उसका टुकड़ा. **2** उत्तम कोटि का कांच. **3** (Chem. मुख्यतया) रवा, क्रिस्टल, मणिभ : *salt* *—s*. **—line** *adj* — का, — की तरह. **—lize** *v* — में होना; (विचारों आदि का) स्पष्ट हो जाना.

cub (कब्) *n* शेर, भालू, लोमड़ी आदि का बच्चा.

cube (क्यूब्) *n* छह समान पृष्ठ वाला ठोस पिंड, घन. → p 295. **cubic** *adj* — का; ˈ*cubic foot* घन फुट, एक ऐसे घन का आयतन जिसका प्रत्येक सिरा 12 इंच हो.

ˈ**cubicle** (ˈक्यूबिक्ल्) *n* बड़े कमरे का छोटा भाग, विशेषतः सोने के लिए; कोठरी.

ˈ**cuckoo** (ˈकुकू) *n* कोयल.

ˈ**cucumber** (ˈक्यूकम्बर्) *n* ककड़ी; खीरा. → p 340.

cud (कड्) *n* गाय-बैल की जुगाली.

ˈ**cuddle** (ˈकड्ल्) *v* (प्यार में गले से) लिपट जाना.

ˈ**cudgel** (ˈकजल्) *n* छोटा-मोटा डंडा. *v* (-ll-) — से पीटना.

cue (क्यू) *n* संकेत, दूसरों को वह क्या करे या बोले इसका इशारा देना.

cuff[1] (कफ़्) *n* (कमीज़ आदि की बाँहों का) कफ़.

cuff[2] (कफ़्) *n* तमाचा, थप्पड़. *v* — मारना.

ˈ**culminate** (ˈकल्मिनेट्) *v* — **in,** (प्रयत्नों, उन्नति की) पराकाष्ठा (चरम बिंदु) पर पहुँचना. **culmiˈnation** (कल्मिˈनेशन्) *n* पराकाष्ठा.

ˈ**culprit** (ˈकल्प्रिट्) *n* दोषी, अपराधी.

cult (कल्ट्) *n* सम्प्रदाय, पंथ, पूजा-पद्धति.

ˈ**cultivate** (ˈकल्टिव़ेट्) *v* **1** (खेत) जोतना, खेती करना. **2** (किसी वस्तु को ध्यान व समय देकर)

बढ़ाना, —d *adj* शिक्षित भद्र व्यक्ति. culti'vation (कल्टि'व्रेशन्) खेती, कृषि, जुताई. 'cultivator ('कल्टिव्रेटर्) *n* (esp) जुताई की मशीन.

'**culture** ('कल्चर्) *n* 1 मानवीय शक्तियों का विकास; प्रशिक्षण और अनुभव से शरीर, मन, बुद्धि का विकास. 2 किसी राष्ट्र में बौद्धिक विकास का साक्ष्य, संस्कृति. —d *adj* सुसंस्कृत.

'**culvert** ('कल्व़र्ट्) *n* नाला, पुलिया.

'**cumbersome** ('कम्बर्सम्) *adj* भद्दा और भारी, हिलाने और ले जाने में कठिन.

'**cunning** ('कनिङ्) *n & adj* चालाक, धूर्त.

cup (कप्) *n* 1 चीनी का प्याला (चाय पीने वाला). 2 इनाम में मिलने वाला सोने-चांदी का कप. '**cupful** *n* प्याला भर.

'**cupboard** ('कबड्) *n* अलमारी (कपड़े, क्राकरी आदि रखने के लिए).

cur (कर्) *n* कटहा और निकम्मा कुत्ता.

cu'rator (क्यु'रेटर्) *n* अजायबघर (संग्रहालय) का अध्यक्ष.

curb (कर्ब्) *n* घोड़े के मुंह में लगी जंजीर या पट्टी; दहाना; कोई भी वस्तु जो नियंत्रित करे. *v* नियंत्रित करना.

curb[2] (कर्ब्) → kerb.

curd (कर्ड्) *n* दही. —**le** जमना या जमाना.

cure (क्युअर्) *v* 1 इलाज करना; स्वस्थ करना. 2 किसी बुराई को दूर करना. 3 मांस आदि को नमक आदि लगा कर रखना ताकि काफ़ी दिनों तक खराब न हो. *n* इलाज, चिकित्सा; उपचार. '**curable** ('क्युअरब्ल्) *adj*.

'**curfew** ('कर्फ़्यू) *n* (old use) घंटियाँ बजा कर यह संकेत देना कि लोग आग और बत्तियाँ बुझा दें और अंधकार कर लें; (modern use) यह सरकारी आदेश कि लोग घरों के भीतर रहें, बाहर न निकलें; करफ्यू.

'**curio** ('क्युअरिओ) *n* कला की अद्‌भुत और असाधारण कृति जिसका इसलिए मूल्य है कि वह अजीब है.

'**curious** ('क्युअरिअस्) *adj* 1 जानने-पढ़ने के लिए उत्सुक. 2 दूसरों के मामलों में आवश्यकता से अधिक रुचि लेने वाला. 3 अद्‌भुत, अजीब; असाधारण. —**ly** *adv*. ˌ**curi'osity** (क्युअरि'ऑसिटि) *n* 1 कुतूहल. 2 कुतूहलजनक वस्तु.

curl (कर्ल्) *n* छल्ला. *v* मोड़ना, छल्ले के आकार का करना या होना. —**y** *adj* घुंघराला : —*y hair*.

'**currant** ('करन्ट्) *n* 1 किशमिश. 2 छोटी झाड़ी जिसमें छोटे अंगूर जैसे फल गुच्छों में निकलते हैं.

'**currency** ('करन्सि) *n* प्रचलित सिक्कों की व्यवस्था (मुद्रा).

'**current**[1] ('करन्ट्) *adj* 1 प्रचलित. 2 वर्तमान कालीन : — *events*.

'**current**[2] ('करन्ट्) *n* 1 पानी की धारा, हवा का प्रवाह. 2 तार में बहने वाली विद्युत् धारा. 3 (घटनाओं, विचारों, जीवन की) गति.

cur'riculum (क'रिक्युलम्) *n* स्कूल, कालेजों में अध्ययन का पाठ्यक्रम.

'**curry** ('करि) *n* कढ़ी, सालन. *v* — बनाना.

curse (कर्स्) *n* 1 शाप; दुर्वचन. 2 अभिशाप, आपत्ति या नाश का कारण. *v* शाप देना, दुर्वचन कहना. **be —d with,** के कारण दुःख उठाना.

curt (कर्ट्) *n* (वक्ता के लिए) रूखा, अभद्र. —**ly** रूखे ढंग से.

cur'tail (क'टेल्) *v* जो पहले सोचा था उससे कम करना, घटाना. —**ment** *n* कमी, कटौती.

'**curtain** ('कर्टन्) *n* 1 (दरवाजे या खिड़कियों का) पर्दा. 2 (रंगमंच का) पर्दा, यवनिका.

curve (कर्व्) *n* वक्र रेखा, जो कहीं भी सीधी न हो, जैसे ⌒. मोड़, घुमाव. *v* गोल मोड़ना.

'**cushion** ('कुश्न्) *n* (कुर्सी की) गद्दी, गद्दा.

'**custard** ('कस्टर्ड्) *n* कस्टर्ड, दूध और अंडे या कार्नफ्लोर के मिश्रण से बनी एक मीठी डिश.

'**custody** ('कस्टडि) *n* परिरक्षा, परिपालन; (न्यायालय) हिरासत.

'**custom** ('कस्टम्) *n* 1 प्रचलन, प्रथा. 2 ग्राहकों द्वारा व्यापारी को दिया समर्थन. 3 (*pl*) चुंगी, शुल्क, आयात-शुल्क, कस्टम्स. —**ary** *adj* परम्परागत. —**er** *n* (दुकानदार का) गाहक.

cut (कट्) *v* (-tt-) (*pt & pp* cut) 1 (चाकू, कैंची आदि से) काटना, कतरना. 2 **cut sth down,** आकार या मात्रा में कम करना. **cut sth or sb off,** रोकना, अलग करना, बाधा डालना.

be cut for (*work*), के उपयुक्त होना, के लिए आवश्यक गुण रखना. **cut sth out,** काट कर अलग करना, काट कर आकार में लाना. **cut sth up,** काट डालना; नष्ट कर देना. **3** किसी व्यक्ति के पास से ऐसे निकल जाना मानो जानते ही न हों : *to cut sb in the street.* **4** अनुपस्थित रहना : *to cut a class or lecture at school.* **5 cut a loss,** स्वीकार करना, और नये सिरे से प्रारंभ करना. **cut and dried,** (संमतियों का) निश्चित और तैयार. *n* **1** काटने की प्रक्रिया. **2** काटने से प्राप्त. **3** कपड़ों का स्टाइल. **4** तेज़ तीखा प्रहार. **ˈcutter** *n* **1** काटने वाला : *wire-cutters.* **2** युद्धपोत की नौकाएँ. **ˈcutting** *n* **1** खुदाई (सड़क या नहर की). **2** समाचार-पत्र की कतरन (समाचार रखने के लिए). *adj* मर्मभेदी (शब्द), बुरे लगने वाले (शब्द).

cute (क्यूट्) *adj* (-r, -st) हाज़िर-जवाब; तुरंत सोचकर निर्णय करने वाला; (colloq) आकर्षक.

ˈcutlery (ˈकट्लरि) *n* चाकू, कैंची आदि काटने वाले औज़ार; खाने की मेज़ के काँटे-छुरी.

ˈcutlet (ˈकट्लिट्) *n* मांस या मछली का मोटा पका हुआ टुकड़ा, कटलेट.

ˈcycle (ˈसाइक्ल्) *n* **1** नियमित रूप से, क्रमशः घटित होनी वाली घटनाओं का चक्र, घटना-चक्र. **2** बाइसिकिल का संक्षिप्त रूप, साइकिल. *v* साइकिल पर सवार होना. **ˈcyclist** (ˈसाइक्लिस्ट्) *n* साइकिल-सवार.

ˈcyclone (ˈसाइक्लोउन्) *n* बवंडर, चक्रवात.

ˈcylinder (ˈसिलिन्डर्) *n* **1** बेलनाकार पिंड. → p 295. **2** इंजिन का सिलिंडर. **cyˈlindrical** (सिˈलिन्ड्रिकल्) *adj* बेलनाकार.

ˈcymbal (ˈसिम्बल्) *n* झाँझ, करताल (बजाने वाला).

ˈcynic (ˈसिनिक्) *n* मानवीय कमज़ोरियों का मज़ाक उड़ाने से प्रसन्न होने वाला व्यक्ति, दोषदर्शी. **—al** *adj* — संबंधी. **ˈcynicism** (ˈसिनिसिज़्म्) *n.*

cypher (ˈसाइफ़र्) *n* = cipher.

D

dab (डैब्) *v* (-bb-) सहलाना, हाथ फेरना. *n* पेंट, पाउडर की थोड़ी सी मात्रा जो किसी पर थप-थपा दी जाए.

ˈdabble (ˈडैब्ल्) *v* (पानी में हाथ से) थप-थप करना, छींटे उछालना. **— in** (art आदि में), थोड़ी (न कि गंभीर) रुचि रखना, पल्लवग्राही होना.

daˈcoit (डˈकॉईट्) *n* डाकू, डकैत. **—y** *n* डाका.

ˈdad(dy) (ˈडैडि) *n* (बच्चे की बोली में) पिता.

daft (डाफ़्ट) *adj* (colloq) मूर्ख, बुद्धू.

ˈdagger (ˈडैगर्) *n* छुरा, कटार (दुधारा बड़ा चाकू).

ˈdaily (ˈडेलि) *adj* & *adv* प्रतिदिन, दैनिक. *n* दैनिक समाचार-पत्र.

ˈdainty (ˈडेन्टि) *adj* (-ier, -iest) **1** देखने या स्वाद में उत्तम : *— cups and saucers; — cakes.* **2** (व्यक्ति) सुरुचिपूर्ण; कठिनाई से प्रसन्न होने वाला. *n* स्वादिष्ट भोजन. **ˈdaintily** *adv.*

ˈdairy (ˈडेअरि) *n* **1** डेरी, जहाँ दूध इकट्ठा किया और मक्खन बनाया जाता है. **2** दूध-मक्खन की दुकान. **ˈdairy-maid** *n* फार्म की — में नौकर स्त्री.

ˈdais (ˈडेइस्) *n* मंच, चबूतरा, डायस.

ˈdaisy (ˈडेज़ि) *n* सामान्य अपने-आप उगने वाला फूल.

dale (डेल्) *n* बड़ी घाटी.

ˈdally (ˈडैलि) *v* **1** समय गँवाना. **2 — with,** खेलवाड़ करना, अंगुलियाँ व्यर्थ में चलाते रहना, बेकार सोचते रहना.

dam[1] (डैम्) *n* बाँध (पानी रोकने के लिए). *v* — बाँधना; — से रोकना.

dam[2] (डैम्) *n* (पशुओं में) बच्चे वाली मादा.

ˈdamage (ˈडैमिज्) *n* **1** हानि; क्षति. **2** (*pl*) हरजाना, कानून में किसी का नुकसान करने पर दिया जाने वाला धन. *v* — करना.

dame (डेम्) *n* **1** महिला, विशेषतः विवाहित (old use). **2** 'सर' की पदवी के अनुरूप पदवी पाने वाली स्त्री.

damn (डैम्) *v* 1 (ईश्वर का) नरक दंड देना, चिरदंड. 2 निन्दा करना. *int* झुंझलाहट व्यक्त करने वाला शब्द. ˈ**—able** *adj* निन्दनीय, घृणित. ˈ**—ably** *adv.* **damˈnation** (डैम्ˈनेशन्) *n* तबाही; तबाह होना.

damp (डैम्प्) *adj* नम (न गीला, न सूखा); सीलनभरा. *n* नमी, सीलन. *v* — करना : — *down a fire* (धीरे-धीरे जलने देना). ˈ**—er** *n* (स्टोव आदि में) आग को कम करने वाला पुर्जा. **—ness** *n.*

dance (डान्स्) *n* नाच, नृत्य. *v* नाचना, नृत्य करना. ˈ**—r** *n.*

ˈ**dandy** (ˈडैन्डि) *n* छैला, अपनी वेश-भूषा का बहुत अधिक ध्यान रखने वाला.

ˈ**danger** (ˈडेन्जर्) *n* खतरा, संकट; — का कारण. **—ous(ly)** (ˈडेन्जरस्लि) *adj & adv* खतरनाक, संकटभरा.

ˈ**dangle** (ˈडैन्ग्ल्) *v* झूलना, झूलने वाली वस्तु लटकाए चलना.

ˈ**dappled** (ˈडैपल्ड्) (*pp*) चितकबरा.

dare (डेअर्) *v* 1 साहस करना : *I — say.* 2 जोखिम उठाना. 3 चुनौती देना (किसी व्यक्ति को किसी बात की). ˈ**dare-ˌdevil** *adj & n* दु:साहसी, मूर्खता के कारण निडर (व्यक्ति). ˈ**daring** *n & adj* साहसी और निडर होना.

dark (डार्क्) *adj* (-er, -est) & *n* अंधेरा, प्रकाश का बहुत कम या न होना. **keep sb in the —,** बात छिपाए रखना. **be in the — about,** के संबंध में कुछ भी जानकारी न रखना. ˈ**—en** *v* — होना या करना. ˈ**—ly** *adv.* ˈ**—ness** *n.*

ˈ**darling** (ˈडारलिङ्) *n & adj* परम प्रिय (व्यक्ति); (noun के पहले) रोचक.

darn (डार्न्) *v* (कपड़े में हुए छेदों को) रफ़ू करना. *n* — किया स्थान.

dart (डार्ट्) *v* (तीर की तरह) झपटना. *n* 1 अचानक और तेज़ गति. 2 छोटा तीर जो 'darts' नाम के खेल में फेंका जाता है.

dash (डैश्) *v* 1 कस कर फेंकना; झपटना; (fig) (आशाएँ) भग्न करना. 2 (पानी, कीचड़ में) छपाका मारना. *n* 1 झपटना. 2 'छपाक' ध्वनि जब पानी से पतवार टकराते हैं. 3 चुटकी भर कोई वस्तु (किसी अन्य वस्तु से मिलाने या डालने के लिए). 4 लेखन या मुद्रण में — (डैश) चिह्न. → Morse. 5 जोश, उत्साह (ज़ोरदार कार्य करने के लिए).

data (ˈडेटा) *n pl* ज्ञात तथ्य (जिन से कोई परिणाम या निष्कर्ष निकाला जाना है) : *computer —.*

date[1] (डेट्) *n* 1 तारीख, तिथि. **out of —,** अप्रचलित. **up to —,** नवीनतम सूचनाएँ रखने या प्रयुक्त करने वाला. 2 (colloq) मित्र के साथ बाहर घूमने के लिए जाने का कार्यक्रम. *v* — रखना; — देना. **— from (back to),** उस तिथि से चला आ रहा.

date[2] (डेट्) *n* खजूर; छुहारा.

daub (डॉब्) 1 लीपना, पोतना. 2 गंदे निशान लगाना. 3 बिना कौशल के चित्र रंगना. *n* 1 — में प्रयुक्त सामग्री (जैसे, मिट्टी). 2 भद्दा रंगा हुआ चित्र.

ˈ**daughter** (ˈडॉटर्) *n* पुत्री, लड़की. ˈ**daughter-in-law** बहू.

daunt (डॉन्ट्) *v* निरुत्साहित करना; डराना. **—less** *adj* निर्भीक, निडर.

dawdle (ˈडॉड्ल्) *v* सुस्ती से काम करना; समय गँवाना

dawn (डॉन्) *n* ऊषा काल, सुबह तड़के; (fig) प्रारंभ. *v* दिन निकलना; (fig) दिखाई पड़ने लगना. **— on sb,** अचानक कोई वस्तु स्पष्ट हो जाना, सूझना (विचार).

day (डे) *n* 1 दिन, 24 घंटे की अवधि आधी रात से प्रारंभ होकर; दिन, सूर्योदय तक का समय. **pass the time of day,** बातचीत करना. **one day,** किसी दिन (भूत या भविष्य का). **some day,** किसी दिन (भविष्य का). 2 घटना; प्रतियोगिता : *to win the day.* ˈ**daybreak** सूर्योदय. ˈ**daydream** *v & n* दिवास्वप्न देखना; मन में उज्ज्वल भविष्य की कल्पना करते-करते समय गँवाना.

daze (डेज़्) *v* चकाचौंध में पड़ जाना; सुन्न या जड़ हो जाना. *n* **in a —,** ऐसी स्थिति में पड़ना.

ˈ**dazzle** (ˈडैज़ल्) *v* अत्यधिक प्रकाश, तड़क-भड़क के कारण अन्य व्यक्ति को स्पष्ट देखने या स्वाभाविक रूप से कार्य करने में असमर्थ कर

देना; चकित कर देना.

dead (डेड्) *adj* **1** मृत मरा हुआ; निर्जीव; जिसका अत्र अस्तित्व न हो; कोई प्रतिक्रिया न दिखाने वाला. **2** निश्चेष्ट, निष्क्रिय. **3** पूर्ण; बिलकुल : *in — earnest*; *to come to a — stop.* **4** प्रयोग के कारण समाप्त; प्रयोग योग्य न होना : *a — match; the telephone is —.* **5** ठीक. **— heat,** दौड़ जिस में दो या अधिक घोड़े एक साथ विजयस्तंभ पर पहुँच गये हों. **6 — letter,** (a) ऐसा नियम जिसका परिपालन न हो रहा हो; (b) ऐसा पत्र जो डाकखाने में इस लिए जमा कर लिया गया है कि जिसे पत्र लिखा गया है वह व्यक्ति नहीं मिला. **7 ˈ—line** अंतिम तिथि, जिसके पहले ही कार्य समाप्त कर लेना है. *adv* पूर्णतया : *— beat* (बुरी तरह थका हुआ); *— level. n* **the — of night,** रात के सन्नाटे में. **ˈ—en** *v* बल या भावना समाप्त कर देना. **ˈ—ly** *adj* घातक. *adv* घातक रीति से. **dead-stock** *n* बेकार माल.

ˈdeadlock (ˈडेड्लॉक्) *n* समझौते पर पहुँचने में असफलता, गतिरोध.

deaf (डेफ़्) *adj* बहरा; सुनने को तैयार न होने वाला. **ˈ—en** *v* सुनना कठिन या असंभव कर देना. **ˈ—ness** *n* बहरापन.

deal¹ (डील्) *n* **a good (great) — (of),** अत्यधिक.

deal² (डील्) *v* (*pt & pp* dealt) **1** अनेक व्यक्तियों में बाँट देना. **2** व्यापार करना, लेन-देन करना : *to — with a grocer* (*at a shop; in all sorts of goods*). **3 — with,** (a) संबंध रखना; (b) प्रबंध करना; किसी पर कार्य करना : *to — with a problem. n* **1** ताश के पत्तों का बाँटना. **a new —,** (fig) नई योजना या व्यवस्था. **a square —,** उचित व्यवहार. **2** व्यापारिक समझौता; (colloq) सौदा. **—er** *n* **1** व्यापारी. **2** ताश के पत्ते बांटने वाला. **ˈ—ings** *n pl* व्यापारिक संबंध.

dealt (डेल्ट्) → deal.

dean (डीन्) *n* **1** चर्च में केथेड्रल का अध्यक्ष. **2** विश्वविद्यालय में विभागाध्यक्ष. **3** भारतीय विश्वविद्यालय में संकाय (faculty) का अध्यक्ष.

dear (डियर्) *adj* (-er,-est) **1** महँगा. **2** प्रिय, प्यारा; पत्राचार में शिष्ट संबोधन: *Dear Sir* (*Miss Smith*). *n* प्रिय व्यक्ति. **—ly** *adv* **1** महँगा. **2** अत्यधिक. **ˈ—ness** *n* महँगाई.

dearth (डर्थ़्) *n* दुर्लभता (विशेषतः भोज्य पदार्थों की).

death (डेथ़्) *n* मौत. **put to —,** मार डालना. **ˈ—less** *adj* कभी न मरने वाला. **ˈ—ly** *adj* मृत्यु-समान. **death-rate** *n* प्रतिवर्ष 1000 व्यक्तियों में मरने वालों की औसत संख्या. **death-roll** *n* मृतकों की संख्या (किसी दुर्घटना आदि में). **death-sentence** *n* प्राण दंड.

deˈbar (डिˈबार्) *v* (-rr-) निकाल देना; (*from*); नियम से मना किया जाना (*from,* कुछ करने से).

deˈbase (डिˈबेस्) *v* घटिया कर देना, खोट मिला कर मूल्य गिरा देना.

deˈbate (डिˈबेट्) *n* वादविवाद (सार्वजनिक सभा, संसद आदि में विशेषतः). *v* — में भाग लेना, — करना (*about*). **—r** *n* — करने वाला. **deˈbatable** *adj* विवाद योग्य विषय; मतभेद का विषय.

deˈbauch (डिˈबॉच्) *v* चरित्र बिगाड़ना, कुमार्ग पर ले जाना. **—ery** (डिˈबाचरि) *n* विलासिता व्यभिचार.

deˈbenture (डिˈबेन्चर्) *n* ऋण-पत्र.

ˈdebit (ˈडेबिट्) *n* हिसाब की किताब में खर्च का कालम; देय पक्ष. *v* खर्चे में डालना.

ˈdebris (ˈडेब्री) *n* मलबा, बिखरे हुए टूटे-फूटे टुकड़े.

debt (डेट्) *n* कर्ज, ऋण. **in (out) of —,** कर्ज में होना (या मुक्त होना). **—or** *n* कर्जदार, देनदार.

ˈdecade (ˈडेकेड्) *n* दशक, दस वर्ष का समय.

ˈdecadent (ˈडेक्डन्ट्) *adj* (व्यक्ति, राष्ट्र, कला, साहित्य का) पतनशील, ह्रासोन्मुख होना. **ˈdecadence** (ˈडेक्डन्स्) *n* अवनति, ह्रास.

deˈcay (डिˈके) *v* खराब होना, सड़ना; शक्ति या स्वास्थ्य खोना. *n* — की प्रक्रिया, क्षय.

deˈceased (डिˈसीस्ट्) *adj* मृत; दिवंगत (व्यक्ति).

deˈceive (डिˈसीव़्) *v* धोखा देना; छलना. **—r** *n*. **deˈceit** (डिˈसीट्) *n* धोखा, छल,

कपट. de'ceitful *adj* – के उद्देश्य से; कपटी, धोखेबाज. de'ception *n* छल, धोखा. de'ceptive *adj* भ्रामक, धोखा देने वाला.

De'cember *n* (डि'सेम्बर्) दिसम्बर (महीना).

'decent ('डीसन्ट्) *adj* 1 उचित और उपयुक्त : — *clothes*. 2 शिष्ट, भद्र, दूसरों को लज्जित न करने वाला : — *behaviour*. 3 (colloq) संतोषजनक. —ly *adv*. 'decency ('डीसन्सि) *n* उचित होना, शिष्टाचार, भद्रता.

de'ception (डि'सेप्शन्), **deceptive** → de-cei've.

de'cide (डि'साइड्) *v* 1 सोच विचार कर निष्कर्ष (किसी परिणाम) पर पहुँचना, निश्चय करना. 2 विवाद के विषय पर निर्णय देना; विवाद तय करना. —d *adj* निश्चित; दृढ़ निश्चय (व्यक्ति). —dly *adv* निस्संदेह, निश्चित रूप से.

de'ciduous (डि'सिड्युअस्) *adj* ऐसे पेड़ जिनमें नियमित रूप से पतझड़ आता है.

'decimal ('डेसिमल्) *adj* दशमलव से संबद्ध : *the — system*, (मुद्रा, भार, दूरी, आदि की दशमलव पद्धति, जिसमें निकटतम इकाई दस-गुणी या दसवाँ अंश होती है); *the — point*, दशमलव बिंदु (जैसे, 15.62 में 15 के बाद का बिन्दु).

de'cipher (डि'साइफ़र्) *v* लिखे हुए का पढ़ना तथा अर्थ निकालना; गुप्त संकेत में लिखे को पढ़ना.

de'cision (डि'सिश़न्) *n* 1 निश्चय; निर्णय; संकल्प. 2 निर्णय करने और दृढ़ता से उसे पूरा करने की शक्ति.

de'cisive (डि'साइसिव़्) *adj* 1 निर्णयकारी, 2 निर्णयात्मक.

deck[1] (डेक्) *n* जहाज़ का फ़र्श, डेक. **clear the —s**, लड़ने के लिए तैयार होना, (fig) किसी भी प्रकार की गतिविधि.

deck[2] (डेक्) *v* = decorate.

de'claim (डि'क्लेम्) *v* निन्दा करना (against); बातचीत में भाषण की तरह ज़ोर से बोलना. ˌ**decla'mation** *n* भाषण, वक्तृता.

de'clare (डि'क्लेअर्) *v* 1 घोषित करना; बिना किसी संदेह के दृढ़ता से कहना. 2 कस्टम्स के अधिकारियों के सामने आयात-शुल्क लगने वाली वस्तुओं का विवरण देना. ˌ**decla'ration** (डेक्ल'रेशन्) *n*.

de'cline (डि'क्लाइन्) *v* 1 'न' कहना; अस्वीकार करना. 2 (सूर्य का) अस्त होना. 3 ढलना, घटते जाना, क्षीण होना. *n* क्षीण होना; क्षय, अवनति, पतन.

de'clutch (डी'क्लच्) *v* मोटरकार के इंजन को क्लच से मुक्त करना.

de'code ('डी'कोड्) *v* संकेत लिपि में लिखे को साधारण भाषा में लिखना.

ˌ**decom'pose** (डीकम्'पोज़्) *v* 1 सड़ना, गलना. 2 टुकड़े-टुकड़े हो जाना. ˌ**decompo'sition** (डीकॉम्प'ज़िशन्) *n*.

'decorate ('डेकरेट्) *v* 1 आभूषण पहनना; सजाना : *street —d with flags*. 2 (भवन को) पेंट करना, रंग से पोतना; कमरों की दीवारों पर नया कागज, नया रंग आदि लगाना. 3 पदक देना (संमानार्थ). ˌ**decora'tion** (डेक्-'रेशन्) *n*. '**decorator** ('डेकरेटर्) *n* रंगने वाला, सजाने वाला.

de'corum (डि'कॉरम्) *n* शिष्टाचार, मर्यादा-पूर्ण व्यवहार.

de'coy (डि'कॉइ) *n* अन्य को फँसाने वाला पशु या पक्षी (जिसके आकर्षण से अन्य पशु या पक्षी आकर फँस जाते हैं); कोई वस्तु या व्यक्ति जो अन्य को जोखिम की स्थिति में डालता है. *v* — के रूप में प्रयुक्त करना.

de'crease (डी'क्रीस्) *v* घटना या घटाना. '**decrease** *n* कमी; ह्रास.

de'cree (डि'क्री) *n* डिगरी; वादी को संपत्ति आदि पर अधिकार दिलाने वाला न्यायालय का आदेश. *v* — देना.

de'crepit (डि'क्रेपिट्) *adj* बुढ़ापे से जर्जर. —**ude** (डि'क्रेपिट्यूड्) *n* जरा.

'dedicate ('डेडिकेट्) *v* 1 (अपना जीवन, सब कुछ किसी उद्देश्य के लिए) अर्पित करना. 2 विशेष धार्मिक संस्कार में अपने को अर्पित करना. 3 पुस्तक के प्रारंभ में लेखक द्वारा समर्पण की अभिव्यक्ति. ˌ**dedi'cation** (डेडि'केशन्) *n*.

de'duct (डि'डक्ट्) *v* (किसी अंश या राशि को) काटना, निकाल कर अलग रखना : *to — 5* *per cent of his wages for insurance.* **—ion** *n* कटौती.

deed (डीड्) *n* **1** कार्य, किया हुआ काम. **2** (law) स्वामित्व अथवा अधिकार संबंधी लिखित और हस्ताक्षरयुक्त अनुबंध.

deem (डीम्) *v* समझना; मानना.

deep (डीप्) *adj* (-er, -est) **1** गहरा. **2** पीछे धँसा हुआ : *a deep shelf.* **3** गहरा, गाढ़ा (रंग). **4** धीमी, भारी (ध्वनि). **5** (विचारों की) गंभीरता, एकाग्रता होना. *n* **the —** (कविता में) समुद्र. **'—en** *v* — या और अधिक — करना. **'—ly** *adv*. अत्यधिक; गहराई तक. **'— -'rooted** *adj* गहराई से जमा हुआ (विश्वास आदि).

deer (डिअर्) *n* हरिण, मृग. → p 351.

de'face (डिफ़ेस्) *v* चिह्न आदि लगा कर गंदा करना; खुदे हुए अक्षरों को ऐसा विकृत करना कि वे पढ़े न जा सकें.

de'fame (डि'फ़ेम्) *v* बदनाम करना

de'fault (डि'फ़ॉल्ट्) *v* कर्तव्य को न करना या समय पर उपस्थित न होना या कर्ज अदा न करना. *n* — की प्रक्रिया. **by —**, क्योंकि व्यक्ति उपस्थित न हुआ या उसने अभीष्ट कार्य पूरा नहीं किया. **in — of**, की अनुपस्थिति में; यदि समय पर प्राप्त नहीं किया गया है. **—er** *n* (विशेषतः) सैनिक जिसने अपना कर्त्तव्य पूरा नहीं किया है.

de'feat (डि'फ़ीट्) *v* **1** हरा देना, जीतना; अभिभूत करना. **2** व्यर्थ होना या करना. *n* हार, असफलता.

'defect (डि'फ़ेक्ट्) *n* दोष; कमी; अपूर्णता; ख़राबी. **de'fective** (डि'फ़ेक्टिव्) *adj* — से पूर्ण.

de'fence (डि'फ़ेन्स्) *n* **1** (आक्रमण से) रक्षा. **2** रक्षा करने वाली (वस्तु). **3** (law) प्रतिवादी की ओर से प्रस्तुत तर्क, प्रमाण आदि; प्रतिवादी का वकील, बचाव का वकील. **—less** *adj* बिना रक्षा का; अरक्षित.

de'fend (डि'फ़ेन्ड्) *v* (आक्रमण) से रक्षा करना (*from*); बचाना (*against, from*). **—er** *n*. **—ant** (डि'फ़ेन्डन्ट्) *n* प्रतिवादी, मुद्दालेह, जिसके खिलाफ़ मुकद्दमा चलाया गया है.

de'fensible *adj* रक्षणीय; समर्थनीय. **de'fensive** *adj* रक्षात्मक, प्रतिरक्षात्मक. *n* **on the defensive,** बचाव में तत्पर आक्रमण का प्रतिरोध करते हुए; आक्रमण की आशंका में रक्षा करने के लिए तैयार.

de'fer[1] (डि'फ़र्) *v* (-rr-) आस्थगित करना. **—ment** *n* आस्थगन.

de'fer[2] (डि'फ़र्) *v* (-rr-) **— to** झुकना, दूसरे की राय को आदर देने के लिए मान लेना. **'deference** ('डेफ़रन्स्) *n* संमान, संमानार्थ सहमत होना. **,defe'rential** (डेफ़'रनशल्) *adj* श्रद्धापूर्वक.

de'fiance, de'fiant → defy.

de'ficient (डि'फ़िशन्ट्) *adj* कमी (*in*); अधिक न होना. **de'ficiency** *n*. **deficit** *n* घाटा, आय से व्यय का अधिक होना.

de'file (डि'फ़ाइल्) *v* गंदा या दूषित करना. **—ment** *n*.

de'fine (डि'फ़ाइन्) *v* **1** परिभाषा देना. **2** व्याख्या देना, स्पष्टतया समझाना. **3** आकार, रूपरेखा या सीमाएँ निर्धारित करना. **'definite** *adj* निश्चित, स्पष्ट, असंदिग्ध. **definition** *n* **1** परिभाषा. **2** रूपरेखा की स्पष्टता.

de'flate (डि'फ़्लेट्) *v* inflate का विपरीत; हवा निकालना.

de'flect (डि'फ़्लेक्ट्) *v* रास्ता बदलना; (*from*); मार्ग से हटना, विचलित होना.

de'form (डि'फ़ॉर्म्) *v* रूप या आकृति खराब करना या बिगाड़ना. **—ed** *adj* विकृत, बेढ़ंगा बना हुआ. **—ity** *n* कुरूपता.

de'fraud (डि'फ़्रॉड्) *v* ठगना, धोखा देना.

de'fray (डि'फ़्रे) *v* आवश्यक पैसा देना; (कीमत) चुकाना, अदा करना.

de'frost (डि'फ़्रॉस्ट्) *v* (रेफ़्रीजिरेटर में जमे) बर्फीले कणों को पिघलाना.

deft (डेफ़्ट्) *adj* चतुर; दक्ष (हस्तकला में).

de'fy (डि'फ़ाइ) *v* **1** विरोधसूचक कथन कहना. **2** कहना मानने से इन्कार करना या सम्मान न करना. **3 — sb to do sth,** किसी व्यक्ति से ऐसा काम करने के लिए कहना जो वह जानता है कि नहीं कर सकता है या कदापि नहीं करेगा. **de'fiance** (डि'फ़ाइअन्स्) *n* विरोध करना,

अवज्ञा करना. **de'fiant** (डि'फ़ाइअन्ट्) *adj* — करने वाला.

de'generate (डि'ज़ेनरेट्) *v* खराब हो जाना, बिगड़ना, पतित होना. *adj* — हुआ. **de,gene'ration** *n.*

de'grade (डि'ग्रेड्) *v* 1 दंड रूप पद-अवनति करना, बड़े पद से हटा कर छोटे पद पर करना. 2 भ्रष्ट करना, बिगाड़ देना. **degra'dation** *n* पदावनति, अधोगति.

de'gree (डि'ग्री) *n* 1 डिग्री, कोण का अंश, तापमान का अंश. 2 किसी प्रक्रिया में सीमा, मात्रा, प्रगति आदि की सूचना देने वाली स्थिति, सोपान, कोटि : *a high — of excellence.* **by degrees,** क्रमशः, सोपान क्रम से. 3 समाज में पद, प्रतिष्ठा : *people of low —.* 4 विश्वविद्यालय की उपाधि : *the — of M.A.*

'de-'ice ('डी-'आइस्) *v* मोटरकार के शीशे के सामने से बर्फ़ हटाना.

deign (डेन्) *v* (किसी कार्य करने की) कृपा करना.

'deity ('डीटि) *n* 1 देवता, देवी. **the D—,** ईश्वर. 2 देवत्व, ईश्वरत्व.

de'jected (डि'ज़ेक्टिड्) *adj* उदास, निराश, मायूस. **de'jection** *n.*

de'lay (डि'ले) *v* 1 देरी करना, देर से करना, देर लगाना. 2 आगे के लिए टालना. *n* — करना या होना.

'delegate ('डेलिगेट्) *v* (किसी को अपने प्रतिनिधि के रूप में किसी बैठक में) भेजना; कार्य सौंपना (*to* sb). *n* प्रतिनिधि (व्यक्ति). **dele'gation** (डेलि'गेशन्) *n* प्रतिनिधि-मंडल.

de'lete (डि'लीट्) *v* (लिखित या मुद्रित पंक्ति से कुछ या पूरा अंश) काट देना, हटा देना. **de'letion** (डि'लीशन्) *n* विलोप.

de'liberate (डि'लिब्रिट्) *n* सावधानी से सोचना और विचार, परामर्श करना. *adj* 1 जानबूझ कर किया हुआ. 2 (कार्य या भाषण में) सतर्क और सावधान. **—ly** *adv.* **deli-be'ration** (डिलिब्'रेशन्) *n.*

'delicate ('डेलिकिट्) *adj* 1 सूक्ष्म और महीन (सामग्री); मुलायम, कोमल; नाज़ुक; सुकुमार : *— cups (plants); a delicate-looking child; a — surgical operation.* 2 हलका, न कि तेज़ (रंग). 3 मामूली अंतर को भी ग्रहण करने या स्पष्ट करने वाले यंत्र; संवेदनशील (व्यक्ति). 4 स्वादिष्ट (भोजन); सुरुचिपूर्ण (भोजन). 5 भद्र (व्यक्ति), दूसरों की भावनाओं का समादर करने वाला (व्यक्ति). **'delicacy** *n* (विशेषत:) स्वादिष्ट भोज्यपदार्थ.

de'licious (डि'लिशस्) *adj* स्वादिष्ट और सुगंधिपूर्ण, रुचिर, सुखद; मनोहर.

de'light (डि'लाइट्) *v* प्रसन्न होना (*in*); प्रसन्न करना. *n* प्रसन्नता देने वाली वस्तु; पसन्द **—ed** *adj* — से पूर्ण, — सूचक. **—ful** *adj* प्रसन्नता देने वाली (वस्तु), आकर्षक.

de'lirium (डि'लिरिअम्) *n* (ज्वर में) प्रमाद अवस्था, सरसाम. **de'lirious** *adj* — से पीड़ित; अत्यंत उत्तेजित.

de'liver (डि'लिवर्) *v* 1 (पत्र, सामान आदि) व्यक्ति के घर पर जाकर देना. 2 रक्षा करना; (संकट, लालच आदि से) मुक्त करना. 3 (भाषण, उपदेश) देना. 4 **be —ed of** (*a child*), बच्चे को जन्म देना. **—ance** *n* मुक्ति, रिहाई. **—y** *n* — करना या होना.

'delta ('डेल्टा) *n* नदी का मुहाना जहाँ नदी कई भागों में बँट जाती है : *the Nile Delta.*

de'lude (डि'लूड्) *v* धोखा देना; बहकाना. **de'lusion** (डि'लूशन्) *n* भ्रांति, भ्रम; विभ्रम (का रोग).

'deluge ('डेल्यूज़्) बड़ी बाढ़; मूसलाधार वर्षा. *v* बाढ़ की भांति (किसी व्यक्ति या वस्तु को) डुबो देना.

de'mand (डि'मान्ड्) *v* 1 अधिकार के साथ कोई वस्तु माँगना, आदेश देते हुए माँगना. 2 आवश्यक होना. *n* 1 मांगना, आवश्यकता. 2 सामान, सेवा आदि की माँग (खरीदारों की ओर से) *goods in great —.*

'demarcate ('डीमार्केट्) *n* सीमा अंकित करना.

de'mean (डि'मीन्) *v* **— oneself,** अपनी प्रतिष्ठा गिराना.

de'meanour (डि'मीनर्) *n* व्यवहार, बरताव, रंग-ढंग.

'demi- ('डेमि) पूर्वपद : अर्ध- .

deˈmobilize (डीˈमोबिलाइज़्) *v* अनिवार्य सैनिक सेवा के बाद उससे मुक्त करना. **deˌmobiliˈzation** *n*.

demise (डिˈमाइज़) *n* देहान्त, मृत्यु.

deˈmocracy (डिˈमॉक्रसि) *n* लोकतंत्र, जनतंत्र (जहाँ जनता द्वारा निर्वाचित व्यक्ति सरकार चलाते हैं).

ˈdemocrat (ˈडेम्क्रैट्) *n* 1 लोकतंत्री (व्यक्ति). 2 संयुक्त राष्ट्र अमेरिका का एक प्रमुख राजनैतिक दल. **ˌdemoˈcratic** (डेम्ˈक्रैटिक्) *adj* प्रजातंत्रीय, लोकतंत्रीय; जाति अथवा धन-संपत्ति पर आधारित वर्ग विभाजनों की उपेक्षा करने वाला.

deˈmolish (डिˈमॉलिश्) *v* (किसी भवन इमारत को) ढहा देना; नष्ट कर देना. **ˌdemoˈlition** (डेमˈलिशन्) *n* विध्वंस.

ˈdemon (ˈडीमन्) *n* दुष्ट आत्मा; दैत्य, राक्षस.

ˈdemonstrate (ˈडेमन्स्ट्रेट्) *v* 1 प्रमाण, उदाहरण द्वारा प्रदर्शन अथवा सिद्ध करना. 2 अपनी भावनाओं को प्रदर्शित करना. **demonsˈtration** (डेमन्स्ˈट्रेशन्) *n* प्रदर्शन.

deˈmoralize (डिˈमॉरलाइज़्) 1 नैतिकता की दृष्टि से पतित करना. 2 (जैसे, सेना का) मनोबल गिराना, उत्साह भंग करना. **deˌmoraliˈzation** (डिˈमॉरलाइˈज़ेशन्) *n* नैतिक पतन; मनोबल ह्रास

deˈmote (डिˈमोट्) *v* किसी व्यक्ति को उसके पद से नीचे के पद पर कर देना, पदावनति.

deˈmur (डिˈमर्) *v* (-rr-) आपत्ति उठाना; संकोच करना. *n* संकोच : *without —*.

ˈdemure (डिˈम्यूअर्) *adj* शान्त और गंभीर; संकोची.

den (डेन्) *n* 1 (शेर आदि की) मांद. 2 दुष्टों का गुप्त अड्डा. 3 अध्ययन के लिए एकांत कमरा.

deˈnial (डिˈनाइअल्) *n* → deny.

deˌnomiˈnation (डिनॉमिˈनेशन्) *n* 1 नाम विशेषतः धार्मिक मत या संस्था का. 2 मापन इकाइयों का वर्ग (लम्बाई, भार, मुद्रा, आदि).

deˈnote (डिˈनोट्) *v* 1 द्योतित करना. 2 नाम होना.

deˈnounce (डिˈनाउन्स्) *v* 1 सार्वजनिक रूप से विरोध करना; विश्वासघात करना. 2 सार्वजनिक सूचना देना कि संधि (समझौता आदि) भंग होने जा रही है.

dense (डेन्स्) *adj* (-r, -st) 1 (द्रव और वाष्पों का) गाढ़ा होना; ऐसा घना होना कि आर-पार दिखाई न दे : *a — fog*. 2 ठसाठस भरना (वस्तुओं या व्यक्तियों से) : *a — forest (crowd)*. 3 मूर्ख (व्यक्ति). **ˈ—ly** *adv*. **ˈdensity** (ˈडेन्सिटि) *n* — होना; घनत्व (physics में भार और आयतन का संबंध).

dent (डेन्ट्) *v* कड़ी सतह को चोट या दबाव से पिचका देना. *n* ऐसा पिचकना.

ˈdental (ˈडेन्टल्) *adj* दांत सम्बन्धी.

ˈdentist (ˈडेन्टिस्ट्) *n* दाँत का डाक्टर, दन्त चिकित्सक.

deˈnude (डिˈन्यूड्) *v* नंगा करना; अनावृत करना, खोलना; सामान आदि छीन लेना : *hill-sides —d of trees.*

deˌnunciˈation (डिनन्सिˈएशन्) *n* denounce करना.

deˈny (डिˈनाइ) *v* (किसी तथ्य का) खंडन करना; प्रार्थना को अस्वीकृत करना; देने से इन्कार करना. **deˈnial** (डिˈनाइअल्) *n* — करना; इन्कार.

deˈodorant (डीˈओड्रन्ट्) *v* किसी व्यक्ति अथवा वस्तु से दुर्गंध दूर करने वाला पदार्थ.

deˈpart (डिˈपार्ट्) *v* प्रस्थान करना, चलना; से हट जाना (*from*). **—ure** (डिˈपार्चर्) *n* प्रस्थान, चलना, हटना.

deˈpartment (डिˈपार्टमन्ट्) *n* विभाग (सरकार, व्यापार, विश्वविद्यालय आदि का).

deˈpend (डिˈपेन्ड्) *v* — **(up)on** 1 सत्ता, सत्यता अथवा सफलता के लिए (किसी अन्य पर) निर्भर होना : *to — upon one's own earnings; Good health —s on good food, sleep and exercise.* **that —s, it all —s,** अन्य पर आश्रित है; अन्य पर भी विचार करना है. 2 विश्वास, भरोसा; निश्चित होना. **—able** *adj* विश्वासयोग्य, जिस पर भरोसा किया जा सके. **—ant** *n* आश्रित व्यक्ति. **—ence** *n* — की स्थिति. **—ency** *n* आश्रित

देश, जो शासक देश पर निर्भर है.

de'pict (डि'पिक्ट्) *v* चित्रित करना; शब्दों में वर्णन करना.

de'plete (डि'प्लीट्) *v* खाली हो जाना या करना. **de'pletion** (डि'प्लीशन्) *n.*

de'plore (डि'प्लॉर्) *v* खेद प्रकट करना. **de'plorable** *adj* दयनीय, शोचनीय.

de'populate (डी'पॉप्युलेट्) *v* देश के निवासियों को कम करना. **de'population** (डीपॉप्यु-'लेशन्) *n.*

de'port[1] (डि'पॉर्ट्) *v* देश निकाला देना. **deportation** *n.*

de'port[2] (डि'पॉर्ट्) *v* — **oneself,** आचरण करना, व्यवहार करना. —**ment** *n* व्यवहार.

de'pose (डि'पोज़्) *v* गद्दी से (विशेषत: राजा को) उतारना.

de'posit (डि'पॉजिट) *v* **1** बैंक आदि में सुरक्षा के लिए धरोहर की भाँति रखना. **2** (द्रव, नदी आदि में) नीचे रेत-मिट्टी आदि का जमा हो जाना. **3** जमा करना; पहले से ही धन का आंशिक भुगतान करना. *n* कोई — की वस्तु.

'depot ('डेपो) *n* डिपो, भंडार; गोदाम.

de'praved (डि'प्रेव्ड्) *adj* चरित्रहीन, पतित; (स्वभाव, रुचि से) दुष्ट; भ्रष्ट. **de'pravity** (डि'प्रैव्रिटि) *n* — की स्थिति.

de'preciate (डि'प्रीशिएट्) *v* मूल्य घटना या घटाना. **depreci'ation** (डिप्रीशि'एशन्) *n* अवमूल्यन, मूल्य गिरना.

de'press (डि'प्रेस्) *v* **1** नीचे दबाना, ढकेलना या खींचना : *to — a lever.* **2** उदास करना, दु:खी करना. **3** सक्रियता कम करना; (मूल्यों को) नीचे गिराना. —**ion** *n* **1** उदासी, खिन्नता. **2** दबाने से बना गड्ढा. **3** (व्यापार की) मन्दी का समय.

de'prive (डि'प्राइव्) *v* — **(sb) of (sth),** (कोई वस्तु किसी से) छीन लेना, ले लेना; प्रयोग और उपभोग करने से वंचित करना.

depth (डेप्थ्) *n* **1** (ऊपर से नीचे की या आगे से पीछे की) गहराई (जैसे, अलमारी की गहराई, कुएँ की गहराई). **2** गहरा होना, गंभीरता. **out of one's —,** अपनी ऊँचाई से भी गहरे पानी में होना; (fig) अपनी बुद्धि से परे की सोचना.

de'pute (डि'प्यूट्) *v* किसी स्थानापन्न को अपना कार्य या अधिकार देना; किसी को यह अधिकार देना कि वह उसके प्रतिनिधि के रूप में कार्य करे; प्रतिनियुक्त करना. **'deputy** ('डेप्युटि) *n* वह व्यक्ति जिसे अधिकार आदि दिया गया है. **,depu'tation** (डेप्यू'टेशन्) *n* प्रतिनिधि मडल. **'deputize** ('डेप्यूटाइज़्) *v* deputy के रूप में कार्य करना *(for).*

de'rail (डि'रेल्) *v* रेलगाड़ी का पटरियों से उतर जाना. —**ment** *n.*

de'range (डि'रेन्ज्) *v* अस्त-व्यस्त करना : *mentally —d,* पागल.

'derelict ('डेरिलिक्ट्) *adj* **1** (विशेषत: समुद्र में स्थित वह जहाज़) जो इसलिए छोड़ दिया गया है कि उसे चलाना संकटपूर्ण हो जाता है. **2** औद्योगिक गतिविधि के कारण उपेक्षित और गन्दा (स्थान): — *areas, buildings.*

de'ride (डि'राइड्) *v* घृणापूर्ण उपहास करना; मज़ाक उड़ाना. **de'rision** *n.* **de'risive** *adj.*

de'rive (डि'राइव्) *v* **1** पाना, लाभ मिलना. **2** व्युत्पत्ति के रूप में रखना. **,deri'vation** *n* किसी शब्द का मूल रूप और अर्थ. **de'rivative** *adj & n* दूसरे से व्युत्पन्न (शब्द, वस्तु आदि).

de'rogatory (डि'रॉगटरी) *adj* प्रतिष्ठा या साख को गिराने वाला, अपमानजनक.

'derrick ('डेरिक्) *n* जहाज़ का माल उठाने-रखने वाली क्रेन की तरह की मशीन.

des'cend (डि'सेन्ड्) *v* **1** उतरना, नीचे आना. **2** (संपत्ति का) पिता से पुत्र को मिलना. **3** — **upon,** अचानक धावा मारना, टूट पड़ना. —**ant** (डि'सेनडन्ट्) *n* वंशज, उक्त व्यक्ति के पुत्र-पौत्रादि होना. **des'cent** (डि'सेन्ट्) *n* **1** — की प्रक्रिया. **2** ढलान. **3** वंशक्रम, पीढ़ी.

des'cribe (डिस्'क्राइब्) *v* (किसी व्यक्ति या वस्तु का) वर्णन करना. **des'cription** (डिस्'क्रिप्शन्) *n* शब्द चित्र, वर्णन : *of any description* (किसी भी प्रकार का). **des'criptive** *adj.*

'desecrate ('डेसिक्रेट्) *v* (किसी पवित्र वस्तु या स्थान को) दुष्प्रयोग द्वारा अपवित्र करना.

ˌ**deseˈcration** (डेसिˈक्रेशन्) *n*.

deˈsert[1] (डिˈज़र्ट्) *v* **1** किसी व्यक्ति को बिना सहायता या सहारा दिए क्रूरतापूर्वक अकेला छोड़ देना. **2** सेना-सेवा को बिना अधिकारियों की अनुमति के छोड़ देना. **3** (साहस, आत्म-विश्वास) खो बैठना. **—er** *n* (विशेषतः) भगोड़ा सिपाही. **—ion** *n* छोड़ने या छोड़े जाने की प्रक्रिया.

ˈ**desert**[2] (ˈडेज़र्ट्) *n* रेगिस्तान, मरुभूमि. *adj* अनुपजाऊ भूमि; उजाड़, निर्जन प्रदेश.

desert[3] (डिˈज़र्ट्) *n* (प्रायः *pl*) दण्ड (बुरा करने का).

deˈserve (ˈडिज़र्व्) *v* (पुरस्कार आदि के) योग्य होना (अपने आचरण, गुण आदि के कारण); **deˈserving** *adj* योग्य, सहायता का सुपात्र. **—dly** *adj* ठीक; योग्यता के अनुकूल.

deˈsign (डिˈज़ाइन्) *n* **1** खाका, रूपरेखा (जिससे कोई वस्तु बनती है). **2** योजना, विन्यास (किसी मशीन, चित्र आदि का). **3** पैटर्न, कलाकार्य : *—s on a bowl* (*carpet*). **4** उद्देश्य; इरादा. *v* **1** — बनाना, खींचना. **2** इरादा करना. **—er** *n* रूपरेखा खींचने वाला. **—ing** *adj* (विशेषतः) चालाक (व्यक्ति).

ˈ**designate** (ˈडेज़िग्नेट्) *v* **1** सीमा आदि का अंकन करना, निर्दिष्ट करना. **2** किसी पद या स्थान पर नियुक्त किया जाना. ˌ**desigˈnation** (डेज़िग्ˈनेशन्) *n* पद-नाम.

deˈsire (डिˈज़ाइअर्) *n* अभिलाषा, विकट इच्छा (*for*); निवेदन; अभीष्ट वस्तु. *v* — रखना; निवेदन करना. **deˈsirable** (डिˈज़ाइ-अरेब्ल्) *adj* अभीष्ट, वांछनीय; — जनक. **deˌsiraˈbility** (डिज़ाइअर्ˈबिलिटि) *n* वांछनीयता. **deˈsirous** (डिˈज़ाइअरस्) *adj* — रखने वाला.

desk (डेस्क्) *n* डेस्क, मेज़; कार्य-पटल : *reception-desk*.

ˈ**desolate** (ˈडेसलिट्) *adj* **1** ऐसा स्थान जिसमें कोई न रहता हो, और न रहने लायक हो, निर्जन. **2** एकाकी (व्यक्ति); उपेक्षित; उदास. *v* — करना. ˌ**desoˈlation** *n* — होना या करना.

desˈpair (डिस्ˈपेअर्) *v* & *n* पूरी तरह से निराश (होना). **—ing** *adj* निराश.

desˈpatch → dispatch.

ˈ**desperate** (ˈडेस्परिट्) *adj* **1** अत्यधिक निराशा के कारण प्रबल उद्दंड और न्याय-व्यवस्था की उपेक्षा करने वाला. **2** बहुत ही गंभीर (बीमारी). ˌ**despˈeration** (डेस्प-ˈरेशन्) *n*.

desˈpise (डिस्ˈपाइज़्) *v* तिरस्कार करना ˈ**despicable** (ˈडेस्पिकब्ल्) घृणित, तिरस्कार योग्य.

desˈpite (डिस्ˈपाइट्) *prep* के होते हुए भी.

desˈpondent (डिस्ˈपॉन्डन्ट्) *adj* निराश, हतोत्साह. ˈ**despondency** (डिस्ˈपॉन्डन्सि) *n* उदासी, निराशा.

ˈ**despot** (ˈडेस्पॉट्) *n* निरंकुश शासक, शासक जो अपनी निःसीम शक्ति द्वारा अत्याचार करता है. **desˈpotic** (डेस्ˈपॉटिक्) *adj* **—ism** *n* तानाशाही; निरंकुशता.

desˈsert (डिˈज़र्ट्) *n* भोज (डिनर) की समाप्ति पर फलों आदि का परसा जाना.

ˌ**destiˈnation** (डेस्टिˈनेशन्) *n* गन्तव्य (स्थान).

ˈ**destined** (ˈडेस्टिन्ड्) *pp* निर्दिष्ट; (ईश्वर, भाग्य या व्यक्ति द्वारा) नियत ˈ**destiny** (ˈडेस्टिनि) *n* भाग्य; नियति.

ˈ**destitute** (ˈडेस्टिट्यूट्) *adj* **1** जीवन की आवश्कताओं (भोजन, वस्त्रादि) से रहित. **2** — **of**, से रहित, हीन : — *of sympathy*. ˌ**destitution** *n* गरीबी, अभाव.

desˈtroy (डिस्ˈट्रॉइ) *v* नष्ट करना, तोड़-फोड़ देना, समाप्त करना. **—er** *n* छोटा तेज़ लड़ाकू जहाज़. **desˈtruction** *n*. **desˈtructive** *adj* विनाशकारी; तोड़-फोड़ करने की आदत वाला.

deˈtach (डिˈटैच्) *v* **1** खोल कर अलग ले जाना (*from*). **2** मुख्य टोली से कुछ लोगों को अलग भेज देना. **—ed** *adj* दूसरे से प्रभावित न होने वाला (मस्तिष्क), विरक्त; किसी अन्य मकान से न लगा हुआ (मकान), असंबद्ध. **—able** *adj*. **—ment** *n* — होना या करना; (सेना में) टुकड़ी.

ˈ**detail** (ˈडीटेल्) *n* विवरण, ब्योरा. **in —**, विस्तार से. **go into —s,** विस्तारपूर्वक विचार करना. **detail** *v* **1** विवरण देना; पूरी तरह

वर्णन करना. 2 सैनिकों को किसी काम करने का आदेश देना.

de'tain (डि'टेन्) *v* रोक लेना; प्रतीक्षा कराते रहना; हवालात में रखना. **detention** (डि-'टेन्शन्) *n* रोकना; नज़रबंदी, कैद.

de'tect (डि'टेक्ट्) *v* पता लगा लेना (किसी वस्तु या व्यक्ति की उपस्थिति या सत्ता का), (किसी दोषी को) खोज निकालना. **—ion** *n*. **—ive** *n* जासूस.

de'ter (डि'टर्) *v* (-rr-) (किसी को कोई कार्य करने से) रोकना (ऐसा करना कि वह उस कार्य को न करे), बाधा डालना. **de'terrent** (डि'टेरन्ट्) *n* & *adj* — वाला (उपाय), निवारक.

de'tergent (डि'टर्जन्ट्) *n* कपड़ों से धोने के द्वारा मैल निकालने वाला पदार्थ, प्रक्षालक.

de'teriorate (डि'टिअरिअरेट्) *v* (स्थिति) बिगड़ती जाना, बदतर होना, घटिया होते जाना. **de,terio'ration** (डिटिअरिअ'रेशन्) *n* गिरावट, अधोगति.

de'termine (डि'टर्मिन्) *v* 1 निर्धारण करना, निश्चय करना. 2 (भविष्य के लिए) निर्णय लेना; संकल्प करना. 3 निश्चय कराना. 4 ठीक-ठीक पता लगाना. **—d** *adj* दृढ़ निश्चय वाला (व्यक्ति); स्थिर प्रयोजन वाली (वस्तु). **de,termi'nation** (डिटर्मि'नेशन्) *n* निश्चय, संकल्प; दृढ़ता.

de'test (डि'टेस्ट्) *v* घृणा करना. **—able** *adj* घृणित, घृणा योग्य.

de'throne (डि'थ्रोन्) *v* (राजा को) राजगद्दी से उतारना.

'detonate ('डेटोनेट्) *v* विस्फोट करना, दाग़ना.

de'tour ('डेटुअर्) *n* चक्करदार रास्ता; रास्ते से मुड़ जाना.

de'tract (डि'ट्रैक्ट्) *v* (मूल्य या विश्वास) कम करना, घटाना (*from*). **—ion** *n* निंदा. **—or** *n*.

'detriment ('डेट्रिमन्ट्) *n* हानि (स्वास्थ्य के लिए).

'de'value ('डी'वैल्यू) *v* मूल्य घटाना. **devaluation** *n* अवमूल्यन.

de'vastate ('डेवस्टेट्) *v* सर्वनाश करना, तबाह करना; उजाड़ कर देना. **devastation** (डेवस्'टेशन्) *n*.

de'velop (डि'वेलप्) *v* 1 बढ़ाना, अधिक पूर्ण करना; विकसित करना; खोलना. 2 किसी वस्तु को और अधिक परिभाषित तथा निश्चित आकार-आकृति का करना. 3 फ़ोटो-फिल्म में चित्र उभारना, डेवलप करना. **—ment** *n* विकास; वृद्धि; परिणाम; पूर्वतर स्थितियों के फलस्वरूप किसी का विकसित रूप दिखाना: *the latest —ments in foreign affairs.*

'deviate ('डीविएट्) *v* (उचित या उपयुक्त से) हट जाना (*from*). **devi'ation** (डीवि'एशन्) *n* विचलन.

'device (डि'वाइस्) *n* 1 योजना; युक्ति; चाल. **leave sb to his own —s,** किसी को बिना सहायता या सलाह के छोड़ देना. 2 विशेष उद्देश्य के लिए आविष्कृत वस्तु, यंत्र.

'devil ('डेव्ल्) *n* शैतान; दुष्ट स्वभाव का व्यक्ति (या आत्मा).

'devious ('डीव्यस्) *adj* चक्करदार; भ्रामक; छलपूर्ण.

de'vise (डि'वाइज़्) *v* आविष्कार; युक्ति; डिज़ाइन (अभिकल्पना).

de'void (डि'वॉइड्) *adj* **— of,** खाली; रहित; अभाव वाला.

de'volve (डि'वॉल्व्) *v* **— upon,** (अपना कार्य दूसरे को) सौंपना, (दूसरे के) ज़िम्मे पड़ना.

de'vote (डि'वोट्) *v* (अपनी शक्ति या समय किसी व्यक्ति अथवा कार्य के लिए) खर्च करना, अर्पित करना. **—d** *adj* सेवा में रुचि रखने वाला, ईमानदार और स्वामिभक्त; प्यार करने वाला. **de'votion** *n* निष्ठा, भक्ति भाव; (*pl*) प्रार्थनाएँ.

de'vour (डि'वाउर्) *v* (भूख में बड़े चाव से) खाना; (fig) ध्यान से देखना व सुनना. **be —ed by,** (उत्सुकता, चिन्ता आदि से) पूरा ध्यान एक ओर लगे रहना.

de'vout (डि'वाउट्) *adj* धार्मिक, श्रद्धालु; भक्तिमय (प्रार्थनाएँ); सेवानिष्ठ.

dew (ड्यू) *n* ओस.

dex'terity (डेक्स्'टेरिटि) *n* निपुणता, कुशलता, दक्षता (विशेषतः हस्तकलाओं में). **'dexterous** ('डेक्स्टरस्) *adj* — रखने या दिखाने वाला.

dia'bolic(al) (डाइअ'बॉलिक्) *adj* अत्यंत दुष्टतापूर्ण.

'diagnose ('डाइअग्नोज़्) *v* (विशेषतः रोग का) पता लगाना, निदान करना. **diag'nosis** (डाइअग्'नोसिस्) *n* (*pl* diag'noses) बीमारी का पता लगाना; निदान.

di'agonal (डाइ'ऐगनल्) *n* & *adj* किसी सरल रेखाओं से बनी आकृति के एक कोने से दूसरे कोने तक खींची सीधी रेखा, विकर्ण. **—ly** *adv* तिरछे; एक कोने से दूसरे कोने तक.

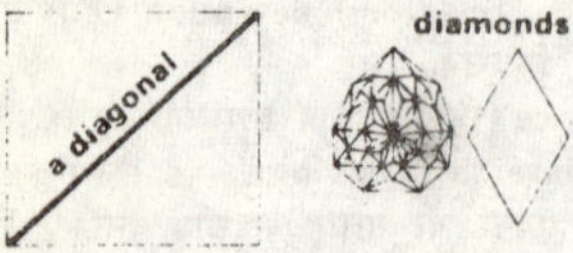

'diagram ('डाइअग्रैम्) *n* आरेख, डायग्राम.

'dial ('डाइअल्) *n* **1** घड़ी का डायल जिस पर घंटों के निशान पड़े होते हैं; (भार, दबाब आदि) मापनों का वह तल (पृष्ठ) जिस पर मापन के अंकन पड़े होते हैं. **2** आटोमेटिक टेलीफोन का वह भाग जिस पर नम्बर पड़े होते हैं : *v* (-ll-) टेलीफोन द्वारा बात करने के लिए नम्बर मिलाना.

'dialect ('डाइअलेक्ट्) *n* किसी प्रदेश-विशेष या वर्ग-विशेष की बोली : *the Scottish —*.

'dialogue ('डाइअलॉग्) *n* दो व्यक्तियों के बीच का वार्तालाप.

di'ameter (डाइ'ऐमिटर्) *n* (geometry) व्यास, वृत्त के केन्द्र से जाने वाली चाप की लम्बाई; चौड़ाई या मोटाई.

'diamond ('डाइअमन्ड्) *n* **1** हीरा (एक प्रकार का रत्न). **2** ताश के पत्तों में ईंट के पत्ते; समचतुर्भुज (ज्यामिति).

,diar'rhoea (डाइअ'रिअ) *n* दस्त, अतिसार रोग.

'diary ('डाइअरि) *n* डायरी, दैनिकी.

dice (डाइस्) *n. pl* पाँसे (जिन के छहों पार्श्वों पर 1 से 6 तक गिनती अंकित रहती है). *v* **1** पाँसे खेलना. **2** छोटे-छोटे वर्गों में किसी वस्तु को काटना (विशेषतः तरकारी को).

ic'tate (डिक्'टेट्) *v* **1** लिखाना, एक बोलता जा रहा है और दूसरा लिखता जा रहा है. **2** आदेश देना, हुक्म चलाना : *to — (terms) to a defeated enemy*. **dic'tation** *n* लिखना; श्रुतलेख. **dic'tator** (डिक्'टेटर्) *n* तानाशाह शासक, शासक जिस ने सत्ता, शक्ति अथवा अनियमित विधि से छीनी है और निरंकुश होकर शासन करता है. **,dicta'torial** *adj* तानाशाह की भाँति.

'diction ('डिक्शन्) *n* बोलने या लिखने में शब्दों का चयन और प्रयोग; बोलने की शैली.

'dictionary ('डिक्शनरि) *n* शब्दकोश.

did → do.

die[1] (डाइ) *v* मरना; समाप्त हो जाना. **be dying** (*for* sth, *to do* sth) उत्कट अभिलाषा रखना, लालसा रखना.

die[2] (डाइ) *n* लकड़ी या धातु का ठप्पा या साँचा, डाइ.

'diesel 'engine ('डीज़ल् 'ऐन्जिन्) *n* डीज़ेल इंजिन; भारी तेल (न कि पेट्रोल) से चलने वाला इंजिन.

'diet ('डाइअट्) *n* पथ्य (डाक्टर द्वारा बताया भोजन); भोजन, आहार. *v* — पर रहना, नियमित आहार करना.

'differ ('डिफ़र्) *v* **1** भिन्न होना **2** मतभेद रखना. **—ent** (*from, than*) *adj* विभिन्न; विविध. **—ence** ('डिफ़्रन्स्) *n* **1** भिन्नता, असमानता. **2** झगड़ा.

diffe'rentiate (डिफ़्'रेनशिएट्) *v* भेद दिखाना, अंतर स्पष्ट करना.

'difficult ('डिफ़िकल्ट्) *adj* **1** कठिन (समस्या, कार्य आदि), मुश्किल. **2** सहयोग न देने वाला (व्यक्ति); कठिनाई से प्रसन्न होने वाला (व्यक्ति). **—y** ('डिफ़िकल्टि) *n* **1** कठिन समस्या; कठिनाई. **2** (किसी कार्य में आई) बाधा, अड़चन.

'diffident ('डिफ़िडन्ट्) *adj* आत्मविश्वास न रखने वाला (व्यक्ति). **'diffidence** ('डिफ़िडन्स्) *n* ऐसा भाव.

dif'fuse (डि'फ़्यूज़्) *v* (चारों ओर) फैलाना, बिखेरना. *adj* विकीर्ण, चारों ओर फैला हुआ; बहुत अधिक शब्दों का प्रयोग करने वाली कथन-शैली. **dif'fusion** (डि'फ़्यूश़न्) *n*

फैलाव, अनावश्यक विस्तार.

dig (डिग्) *v* (-gg-) (*pt* & *pp* dug) **1** खोदना; गड्ढा करना. **2** फावड़े से खोदना. **digs, diggings** *n pl* (colloq) आवास-स्थान.

di'gest (डि'जेस्ट्) *v* **1** (आहार का) पचना, पचाना. **2** (fig) मन में रखना; आत्मसात् करना. **'digest** ('डाइजेस्ट) *n* (समाचार आदि का) सारांश. **—ible** *adj* सुपाच्य, सुग्राह्य. **—ion** *n* पाचनशक्ति. **—ive** पाचक.

'digit ('डिजिट्) *n* (0 से 9 तक के) अंक; अंगुलियाँ (हाथ या पैर की).

'dignify ('डिग्निफ़ाइ) *v* संमानित करना, प्रतिष्ठायुक्त करना.

'dignity ('डिग्निटि) *n* **1** सच्ची योग्यता; प्रतिष्ठा; मान-मर्यादा. **2** शांत और गंभीर आचरण : *to lose one's*—, (अपना गौरव खो बैठना). **3** उच्चपद. **'dignitary** ('डिग्निटरि) *n* उच्चपद पर प्रतिष्ठित व्यक्ति.

di'gress (डाइ'ग्रेस्) *v* (बोलने या लिखने में) अपने विषय से हट जाना, विषयांतर होना. **—ion** *n* विषयांतर.

dike, dyke (डाइक्) *n* मैदान से पानी बाहर निकालने की नहर; (मिट्टी का) बाँध.

di'lapidated (डि'लैपिडेटिड्) *adj* टूटी-फूटी स्थिति में. **di,lapi'dation** (डिलैपि'डेशन्) *n* जीर्ण-शीर्ण स्थिति.

di'late (डाइ'लेट्) *v* **1** विस्तृत करना, फैलाना (जैसे नथुने या आँखें): *—d eyes* (*nostrils*). **2 — upon,** लिखते या बोलते समय किसी विषय को अत्यंत विस्तार के साथ वर्णित करना.

dilatory ('डिलट्रि) *adj* सुस्त; विलंबकारी, देर करने वाला.

di'lemma (डि'लेमा) *n* दुविधा की स्थिति, असमंजस, धर्मसंकट.

'diligent ('डिलिजन्ट्) *adj* परिश्रमी, मेहनती; सावधानी और प्रयत्न से कार्य करने वाला. **'diligence** ('डिलिजन्स्) *n*.

'dilly-dally ('डिलि-डैलि) *v* हिचकिचाना, आगा-पीछा करना.

di'lute (डाइ'ल्यूट्) *v* (पानी या किसी द्रव को मिलाकर) किसी द्रव या रंग को पतला या हलका करना. **di'lution** *n* पतला, हलका या फ़ीका करना या होना.

dim (डिम्) *adj* ('dimmer, 'dimmest) धुंधला; अस्पष्ट. *v* — करना. **'dimly** *adj*. **'dimness** *n*.

di'mension (डि'मेन्शन्) *n* लम्बाई, क्षेत्र आदि का मापन, आयाम; (*pl*) लम्बाई-चौड़ाई, परिमाण.

di'minish (डि'मिनिश्) *v* कम करना या होना.

'dimple ('डिमप्ल्) *n* (किसी के मुस्कराते समय) गाल या ठुड्डी पर बने गड्ढे.

din (डिन्) *n* शोरगुल. *v* (-nn-) — करना. **din sth into sb,** ज़ोर-ज़ोर से दुहरा कर किसी को समझाना.

dine (डाइन्) *v* भोजन (विशेषतः दिन का मुख्य भोजन) करना. **'dining-room** *n* भोजन-कक्ष.

'dinghy ('डिंगि) *n* छोटी खुली नाव, डोंगी.

'dingy ('डिन्जि) *adj* गंदा, मैला-कुचैला.

'dinner ('डिनर) *n* दिन का मुख्य भोजन.

dint (डिन्ट्) *n* **by — of,** की शक्ति से; के द्वारा.

dip (डिप्) *v* (-pp-) **1** डुबोना, डुबकी लगाना : *to dip a pen into the ink*. **2** (बालटी) डुबोकर भरना; उलीचना. **3** तल के नीचे जाना, भूमि का ढालू होना. **4** नीचे-ऊपर डालना और निकालना. **5 dip into** (*a book* etc), देखना; सरसरी तौर से पढ़ना. *n* डुबकी लगाना; ढाल (जैसे सड़क का).

'diphthong ('डिफ़्थॉन्ग्) *n* दो स्वर ध्वनियों का एक संयुक्त स्वर ध्वनि बनना, जैसे *pipe* में.

di'ploma (डि'प्लोमा) *n* डिप्लोमा, शैक्षिक-प्रमाणपत्र.

di'plomacy (डि'प्लोमसि) *n* राजनय, अंतर-राष्ट्रीय कूटनीति; व्यवहार कौशल. **diplomat** ('डिप्लमैट्) *n* राजनयिक (व्यक्ति); व्यवहार-कुशल (व्यक्ति). **diplo'matic** (डिप्ल'मैटिक्) *adj* राजनय संबंधी, कूटनीतिक; व्यवहार कुशल.

di'rect (डि'रेक्ट्) *adj* & *adv* **1** सीधा, सीधे, बिना मुड़े; ऋजु, बिना मोड़ और घुमाव के.

2 सीधा, सरल; स्पष्ट रीति से. 3 बिना टूटी हुई रेखा में, बिना क्रम तोड़े. 4 — **action,** मजदूरों आदि की अपनी माँगें मँगवाने के लिए की हड़ताल आदि. — **current,** विद्युत् की दिष्ट धारा (→ alternating). — **speech,** साक्षात् कथन, वक्ता के स्वयं कहे हुए शब्द. *v* **1** निर्देशित करना, निदेश देना. **2** नियंत्रित करना, संचालित करना. **3** पता लिखना (पत्र में); किसी व्यक्ति को टिप्पणी आदि बोलकर या लिखकर देना. **4** मार्गदर्शन करना; किसी का ध्यान किसी ओर आकर्षित करना. **—ion** (डि'रेक्शन्) *n* **1** दिशा, गति-दिशा; लक्ष्यबिन्दु (गति में). **2** (प्राय: *pl*) निर्देश, आदेश. **3** (प्राय: *pl*) (पत्र, पार्सल आदि पर) पता. **4** — करना या प्रबंध करना. **—ly** *adv* **1** — रीति से. **2** तुरंत; अभी. **3** (colloq *conj* की तरह) तुरंत, ज्योंही. **—ness** *n*. **—or** *n* (डि'रेक्ट्र) *n* निदेशक, निर्देशक (व्यक्ति), डाइरेक्टर. **—ory** (डि'रेक्टरि) *n* अकारादि क्रम में नामों (और प्राय: पतों) की सूची : *a telephone directory* (टेलीफोन निदेशिका).

dirt (डर्ट्) *n* मैल, धूल, कीचड़, गन्दगी. **—y** *adj* (-ier, -iest) **1** — भरा. **2** पानी, आंधी वाला (मौसम). **3** बोलचाल और विचारों में नीच, घृणित. **—ily** *adv*.

dis- (डिस्) उपसर्ग, विपरीत अर्थ देने वाला. **ˌdisad'vantage,** **ˌdisap'prove,** **ˌdisbe'lieve,** **ˌdiscon'tent,** **ˌdiscon'tinue,** **disem'bark.** **dis'honest,** **dis'like,** **dis'loyal,** **ˌdiso'bey,** **dis'please,** **dis'prove,** **dis'satisfy,** **ˌdis'trust(ful).**

di'sable (डिस्'ऐब्ल्) *v* अयोग्य या बेकार कर देना, विशेषत: हाथ-पाँव के प्रयोग में : *—d soldiers* (विकलांग सैनिक). **ˌdisa'bility** (डिस्'बिलिटि) *n* अयोग्यता, असमर्थता; अयोग्य करने वाला गुण-धर्म, निर्योग्यता.

dis'abuse (डिस्'ब्यूज़्) *v* भ्रम दूर करना.

ˌdisaf'fected (डिस्'अफ़ेक्टिड्) *adj* असंतुष्ट; स्वामीद्रोही; शत्रुतापूर्ण.

ˌdis'agree (डिस्'अग्री) *v* **1** दूसरा दृष्टिकोण रखना; असहमत होना (*with*). **2** — **with** (मौसम, भोजन आदि का) अनुपयुक्त या प्रतिकूल होना; हानिकारक होना. **—able** *adj* अप्रिय; झगड़ालू.

ˌdisap'pear (डिस्अ'पीअर्) *v* अदृश्य हो जाना; लुप्त हो जाना. **—ance** *n*.

disap'point (डिस्'अपॉइन्ट्) *v* निराश होना, आशा के अनुकूल कार्य पूरा न हो पाना. **—ed** *adj* निराश. **—ment** *n* निराश होना; निराशा; निराशाजनक (वस्तु या व्यक्ति).

dis'arm (डिस्'आर्म्) *v* **1** निरस्त्र करना, अस्त्रहीन करना. **2** (देश की) सैनिक शक्ति कम करना. **3** शांत कर देना, ऐसा कर देना कि व्यक्ति क्रोध न कर सके. **—ament** (डिस्'आम्मन्ट्) *n* निरस्त्रीकरण.

di'saster (डि'ज़ास्ट्र्) *n* आफ़त, घोर संकट. **di'sastrous** (डि'ज़ास्ट्रस्) *adj* — जनक.

dis'band (डिस्'बैन्ड्) *v* (सेना को) विसंघटित कर देना, सेना की टुकड़ी को भंग कर देना.

disc (डिस्क्) (=disk) *n* पतली गोल चिपटी प्लेट (जैसे ग्रामोफ़ोन का रिकार्ड); डिस्क; गोल-सी चिपटी सतह. **'disc-ˌjockey** ('डिस्क्'जॉकि) *n* (रेडिया या टेलीविज़न पर) लोकप्रिय संगीत बजाने वाला व्यक्ति.

dis'card (डिस्'कार्ड्) *v* (बेकार समझ कर) फेंक देना, अलग कर देना.

dis'cern (डि'सर्न्) *v* आँखों या मन द्वारा प्रयत्न से पहचानना या देखना. **—ment** *n* पहचान, विवेक.

dis'charge (डिस्'चार्ज्) *v* **1** (जहाज़ का माल) उतारना. **2** (बन्दूक) दागना; (तीर) छोड़ना. **3** (किसी द्रव, गैस या धारा को) छोड़ना या निकालना. **4** (जेल से) मुक्त कर देना, (सेवा से) हटा देना. **5** (ऋण) चुका देना; कर्त्तव्य पालन करना, (दायित्व) निभाना. *n* — होना या करना; — हुआ (व्यक्ति).

dis'ciple (डि'साइप्ल्) *n* अनुयायी (किसी मत का) शिष्य, चेला (किसी धार्मिक सम्प्रदाय का).

'discipline ('डिसिप्लिन्) *n* **1** मन या स्वभाव का नियंत्रण. **2** आत्म-संयम; भद्र व्यवहार; अनुशासन. *v* — में रहना या करना.

dis'close (डिस्'क्लोज़्) *v* प्रकट करना.

dis'closure (डिस्'क्लोशर्) *n* प्रकट की बात; प्रकट करना.

dis'colour (डिस्'कलर्) *v* रंग बिगाड़ना या बिगड़ना; धब्बे पड़ना, रंग फीका पड़ना.

dis'comfort (डिस्'कम्फ़र्ट्) *n* सुविधा या आराम का न होना; दिक्कत, असुविधा.

discon'cert (डिस्कन्'सर्ट्) *n* (किसी की योजना आदि को) गड़बड़ा देना, शांति को क्षुब्ध कर देना.

'discon'nect ('डिस्क'नेक्ट्) *v* अलग कर देना, संबंध तोड़ देना. **'discon'nected** *adj* असंबद्ध.

dis'consolate (डिस्'कॉन्स्लिट्) *adj* उदास, निराश, मायूस.

'discord ('डिस्कॉर्ड) *n* असहमति, अनबन, फूट; बेसुरी ध्वनि. **dis'cordant** (डिस्'कॉर्डन्ट्) *adj* असहमत, बेमेल; कर्कश, बेसुरी ध्वनि.

'discount ('डिस्काउन्ट्) *n* छूट, कटौती, बट्टा (किसी दाम में खरीदते समय); मिती-काटा (ब्याज में).

dis'courage (डिस्'करिज्) *v* उत्साह या आत्मविश्वास कम करना; (किसी को किसी काम करने से) हतोत्साहित करना, उत्साह भंग करना.

'discourse ('डिस्कॉर्स) *n* भाषण, प्रवचन आदि. **dis'course** *v* किसी विषय पर विस्तार से बोलना या लिखना (*on*).

dis'cover (डिस्'कवर्) *v* पता लगाना, खोज निकालना. —**er** *n*. —**y** *n* खोज.

dis'credit (डिस्'क्रेडिट्) *v* किसी व्यक्ति की साख में या किसी वस्तु के मूल्य में संदेह उत्पन्न कर देना. *n* साख उठ जाना; इस का कारण. —**able** *adj.*

dis'creet (डिस्'क्रीट्) *adj* (बातचीत करने में) सावधान और सतर्क; विवेकशील. **discretion** (डिस्'क्रेशन्) *n* **1** विवेक, समझ-बूझ. **2** अपने आप निर्णय लेने की स्वतंत्रता.

dis'crepancy (डिस्'क्रेपन्सि) *n* (विवरण, हिसाब आदि में) अन्तर, असंगति, मेल न बैठना.

dis'criminate (डिस्'क्रिमिनेट्) *v* भेदभाव करना या रखना; भेद करना, अंतर करना. **dis,crimi'nation** (डिस्क्रिमि'नेशन्) *n*.

'discus ('डिस्कस्) *n* डिस्कस, एक खेल में प्रयुक्त डिस्क (चक्का) जिसके बीच का भाग अधिक मोटा होता है

dis'cuss (डिस्'कस्) *v* (किसी समस्या आदि पर) विचार या विचार-परामर्श करना. —**ion** (डिस्'कशन्) *n* विचार-विमर्श, वाद-विवाद.

dis'dain (डिस्'डेन्) *v* & *n* तिरस्कार (के साथ देखना). —**ful(ly)** *adj* & *adv*.

dis'ease (डि'ज़ीज़्) *n* बीमारी (शरीर, मन, पौधे आदि की), रोग.

dis'figure (डिस्'फ़िगर्) *v* आकार या आकृति बिगाड़ना. —**ment** *n*.

dis'grace (डिस्'ग्रेस्) *n* **1** बदनामी; उच्च पद से गिरना; सार्वजनिक कलंक. **2** — करने वाला व्यक्ति या वस्तु. *v* — करना या लाना; — का कारण बनना; कलंक लगा कर पद से हटाना. —**ful** *adj*.

dis'guise (डिस्'गाइज़्) *v* वेश भूषा में धोखा देने के लिए परिवर्तन करना. *n* छद्मवेश; — करना या होना.

dis'gust (डिस्'गस्ट्) *n* जुगुप्सा, विरक्ति, प्रबल अनिच्छा. *v* — उत्पन्न करना.

dish (डिश्) *n* डिश, रकाबी; भोजन की मेज़ पर रखे प्लेट-प्याले जिनमें भोजन परोसा जाता है; ऐसा परोसा हुआ भोजन.

dis'honour (डिस्'आनर्) *n* **1** बदनामी, अपमान, कलंक. **2** — लाने वाला व्यक्ति या पदार्थ. *v* — उत्पन्न करना. —**able** *adj*.

,disil'lusion (डिसि'ल्यूशन्) *v* मिथ्या मोह से छूट जाना, भ्रम दूर हो जाना. —**(ment)** *n*.

'disin'clined ('डिस्'इन्क्लाइन्ड्) *adj* अनिच्छुक. **,disincli'nation** (डिस्इन्क्लि'नेशन्) *n* अनिच्छा, अरुचि.

'disin'fect (डिस्इन्'फ़ेक्ट्) *v* रोगाणुओं से मुक्त होना. —**ant** *adj* & *n* रोगाणु नाशक.

,disin'herit (डिस्इन्'हेरिट्) *v* उत्तराधिकार से वंचित करना. —**ance** *n* (डिस्इन्'हेरिटन्स्).

dis'integrate (डिस्'इन्टिग्रेट्) *v* विघटित, करना. **dis,inte'gration** *n* विघटन, टुकड़े-टुकड़े होना.

dis'interested (डिस्'इन्ट्रिसटिड्) *adj* बिना

अपनी भावनाओं और रुचियों से प्रभावित, निष्काम.

dis'jointed (डिस्'जॉइन्टिड्) *adj* असम्बद्ध, न जुड़ा हुआ.

disk → disc.

'dislocate ('डिस्लकेट्) *v* (हड्डी का) अपने स्थान से हट जाना; (यातायात में) व्यवस्था भंग होना. **,dislo'cation** *n.*

dis'lodge (डिस्'लॉज्) *v* (किसी को किसी स्थान से) हटा देना, निकाल देना.

'dismal ('डिज़्मल्) *adj* निराशाजनक; दुःखपूर्ण.

dis'mantle (डिस्'मैन्टल्) *v* साज़समान (उदाहरणार्थ युद्धपोत से) उतार लेना; (किसी मशीन के) पुरज़े खोल देना.

dis'may (डिस्'मे) *n* कातरता, भय और उत्साहहीनता की भावना. *v* — से युक्त होना.

dis'miss (डिस्'मिस्) *v* (पद, नौकरी से) बरखास्त करना, सेवामुक्त करना; (मन से) निकाल देना. **—al** *n.*

dis'mount (डिस्'माउन्ट्) *v* (विशेषतः) घोड़े से उतरना.

dis'order (डिस्'आर्डर्) *n* **1** अव्यवस्था, गड़बड़ी. **2** दंगा, उपद्रव. **3** बीमारी; विकार. *v* — में रखना, — करना. **—ly** *adj.* — में; अस्त-व्यस्त.

dis'organize (डिस्'ऑर्गनाइज्) *v* क्रम या व्यवस्था को बिगाड़ना, विसंगठित करना. **disorgani'zation** (डिस्आर्गनाइ'ज़ेशन्) *n.*

dis'own (डिस्'ओन्) *v* अपना मानने से इन्कार करना, (किसी व्यक्ति से) संबंध तोड़ लेना.

dis'parage (डिस्'पैरिज्) *v* तुच्छ समझना, महत्त्वहीन मानना. **—ment** *n.*

dis'parity (डिस्'पैरिटि) *n* असमानता, अधिक विभिन्नता.

dis'patch (डिस्'पैच्), **des–** *v* **1** (विशेष उद्देश्य से, विशेष स्थान पर, यात्रा में, किसी को) भेजना. **2** शीघ्रता से (किसी कार्य को) पूरा करना. *n* **1** भेजना या भेजा जाना. **2** भेजी हुई वस्तु या भेजा हुआ संदेश. **3** गति; शीघ्रता, तत्परता.

dis'pel (डिस्'पेल्) *v* (-ll-) भगा देना, तितर-बितर कर देना (बादलों, शंकाओं आदि को).

dis'pense (डिस्'पेन्स्) *v* **1 — with,** के बिना काम चला लेना. **2** देना; प्रयुक्त करना. **3** दवा तैयार करना. **—r** *n* दवा तैयार करने वाला. **dis'pensary** (डिस्'पेन्सरि) *n* डिस्पेंसरी, दवाखाना. **,dispen'sation** *n* **1** विधि का विधान. **2** किसी नियम या अपेक्षा से छूट माँगना.

dis'perse (डिस्'पर्स्) *v* छितरा देना, छिन्न-भिन्न करना. **dis'persal** *n* (डिस्'पर्सल्).

dis'place (डिस्'प्लेस्) *v* (उपयुक्त और सामान्य) स्थान से हटा देना; विस्थापित करना, पदच्युत करना. **—ment** *n* विस्थापन (विशेषतः किसी ठोस पिंड से जल की उतनी मात्रा का).

dis'play (डिस्'प्ले) *v* प्रदर्शन करना; दिखाना. *n* प्रदर्शन; दिखावा.

dis'pose (डिस्'पोज़्) *v* **1 — of,** निपटना; निपटाना, कार्य पूरा करना; रास्ते से किसी वस्तु या व्यक्ति को हटाना. **2** व्यक्तियों अथवा वस्तुओं को ठीक क्रम से लगाना. **3 be (feel) —d,** इच्छुक और तैयार होना (*for* sth, *to do* sth); **well-disposed** (*towards*), मित्रतापूर्ण; अनुकूल. **dis'posal** *n* — (1), (2) करना. **at one's ,disposal,** उपभोगार्थ अपने वश और अधिकार में. **dispo'sition** (डिस्प्'ज़िशन्) *n* **1** व्यवस्था. **2** मन और चरित्र के विशेष गुण, चित्तवृत्ति : *a dog with a nasty disposition.*

,dispos'sess (,डिस्प्'ज़ेस्) *v* **— sb of sth,** किसी की संपत्ति (विशेषतः भूमि को) छीन लेना; मकान से बेदखल कर देना, निकाल देना.

dis'pute (डिस्'प्यूट्) *v* **1** वाद-विवाद करना, झगड़ा करना (*with* sb, *about* or *on* sth); किसी वस्तु की सच्चाई या औचित्य को चुनौती देना. **2** विरोध करना. *n* — करना. **beyond —,** निस्संदेह.

dis'qualify (डिस्'क्वालिफ़ाइ) *v* किसी व्यक्ति को किसी कार्य के लिए अयोग्य या अनुपयुक्त ठहराना.

dis'quiet (डिस्'क्वाइट्) *v* अशांत या बैचेन कर देना. *n* अशांति, बैचेनी.

ˈdisreˈgard (ˈडिस्रिˈगाड्) *v* ध्यान न देना. *n* उपेक्षा; असावधानी.

ˈdisreˈpair (ˈडिस्रिˈपेअर्) *n* मरम्मत करने की स्थिति में होना.

disˈreputable (डिस्ˈरेप्युटब्ल्) *adj* बदनाम; अशोभनीय.

disˈrupt (डिस्ˈरप्ट्) *v* भंग करना, तोड़ना; बलपूर्वक संचार व्यवस्था, यातायात व्यवस्था आदि को भंग कर देना. **—ion** *n.* **—ive** *adj*.

disˈsect (डिˈसेक्ट्) *v* (किसी प्राणी या पौधे आदि का) संरचना जानने के लिए काटना. **—ion** *n* विच्छेदन्.

disˈsemble (डिˈसेमब्ल्) *v* (भावना, विचार आदि को) छिपाना या कपटपूर्वक दूसरी भावनाओं, विचार आदि को प्रकट करना.

disˈsent (डिˈसेन्ट्) *v* — **from**, असहमत होना, सहमत होने से मना करना. **disˈsension** (डिˈसेन्शन्) *n* झगड़ा; असहमति.

ˈdissipate (ˈडिसिपेट्) *v* **1** (भय, अज्ञानता, बादल आदि को) दूर हटा देना; बिखेर देना, छितरा देना. **2** (समय, शक्ति को) व्यर्थ बरबाद करना. **—d** *adj* मूर्खतापूर्ण और प्रायः हानिकारक भोग-विलास करना. **ˌdissiˈpation** *n.*

dissoˈlution (डिस्ˈलूशन्) *n* (विवाह, साझेदारी, पार्लियामेंट आदि का) विच्छेद, भंग, समाप्ति.

disˈsolve (डिˈजॉल्व्) **1** घुलना. *water —s salt*. **2** घोलना, *salt —s in water*. **3** पिघलना. **4** विच्छेद, भंग, समाप्त होना.

disˈsuade (डिˈस्वेड्) *v* किसी व्यक्ति को किसी कार्यविशेष करने से रोकना, मना करना (*from* sth, *from* doing sth).

ˈdistance (ˈडिस्टन्स्) *n* **1** दूरी (दो वस्तुओं, दो स्थानों के बीच). **in the —,** बहुत दूर. **2** (समय की) अवधि *: at this — of time*. **ˈdistant** *adj* बहुत दूर.

disˈtaste (ˈडिस्ˈटेस्ट्) *n* नापसंदगी, अरुचि. **—ful** *adj* — उत्पन्न करने वाला; अप्रिय.

disˈtemper (डिस्ˈटेम्पर्) *n* डिस्टेंपर, दीवारों और छतों को ब्रुश से पानी में घोल कर रंगने वाला रंग. *v* — से रंगना.

disˈtend (डिस्ˈटेन्ड्) *v* फुलाना.

disˈtil (डिस्ˈटिल्) *v* (-ll-) भपके से किसी द्रव को उबाल कर फिर द्रव बनाना, आसवन करना; इस प्रकार द्रव को शुद्ध करना; किसी द्रव या ठोस का रस या सार निकालना, आसव बनाना. **—lery** (डिस्ˈटिलरि) *n* स्थान जहाँ व्हिस्की आदि बनती है. **ˌdistilˈlation** *n* आसवन.

disˈtinct (डिस्ˈटिक्ट्) *adj* **1** स्पष्ट रूप से सुनाई, दिखाई पड़ने वाली या समझ में आने वाली; स्पष्टतया अंकित. **2** भिन्न; पृथक. **—ly** *adv.* **—ive** *adj* भेदकारी, अन्तर करने वाला.

disˈtinction (डिस्ˈटिंक्शन्) *n* **1** भिन्नता, अन्तर; भेद, पृथक-पृथक मालूम होना. **2** एक को दूसरे से पृथक करने वाला गुण. **3** श्रेष्ठता का गुण, उत्कर्ष. **4** सम्मान या पुरस्कार का चिह्न.

disˈtinguish (डिस्ˈटिंग्विश्) *v* **1** अन्तर को भली भाँति सुन, देख या समझ सकना (*between*). **2** अन्तर, तादात्म्य या चरित्र का चिह्न बनना. **3** अपने को प्रसिद्ध बनाना, सम्मानित या पुरस्कृत होना. **—ed** *adj* सम्मानित प्रख्यात.

disˈtort (डिस्ˈटॉर्ट्) *v* विकृत करना, सामान्य आकृति का खींच-खाँच कर या मोड़ कर बिगाड़ना; तथ्यों को तोड़-मरोड़ कर गलत धारणा देने के लिए प्रस्तुत करना. **—ion** *n.*

disˈtract (डिस्ˈट्रैक्ट्) *v* ध्यान हटाना (*from* sth) **—ed** *adj* जिसका ध्यान विभिन्न दिशाओं में बँटा हो; व्याकुल; भ्रांतिपूर्ण. **—ion** *n* घबराहट; भ्रांत या दुचित्ता होना.

disˈtraught (डिस्ˈट्रॉट्) *adj* व्याकुल, विक्षिप्त.

disˈtress (डिस्ˈट्रेस्) *n* **1** अत्यधिक पीड़ा, दुख, कष्ट, संकट; धन या अन्य आवश्यक वस्तुओं के अभाव का कष्ट. **2** गंभीर संकट या कठिनाई. *v* — उत्पन्न करना.

disˈtribute (डिस्ˈट्रिब्यूट्) *v* **1** बाँटना (*to* or *among*). **2** (एक विशाल क्षेत्र में) फैलाना. **ˌdistriˈbution** *n* (डिस्ट्रिˈब्यूशन्) वितरण. **disˈtributive** *adj.*

ˈdistrict (डिस्ˈट्रिक्ट्) *n* जिला; क्षेत्र.

disˈtrust (डिस्ˈट्रस्ट्) *v* & *n* अविश्वास, शंका या संदेह करना.

disˈturb (डिस्ˈटर्ब्) *v* गड़बड़ करना, शांति भंग

करना, आंदोलित करना; व्यवस्था भंग करना, अस्तव्यस्त करना. —**ance** (डिस्ˈटरबन्स्) *n* (विशेषतः) सामाजिक या राजनैतिक अव्यवस्था, उपद्रव.

disˈuse (डिस्ˈयूस्) *n* अप्रचलित वस्तु. —**d** *adj* अप्रचलित.

ditch (डिच्) *n* खाई.

ˈditto (ˈडिटु) (abbr *do*) *n* जैसा ऊपर दिया है वैसा ही.

divan (डिˈवैन्) *n* दीवान, लम्बा नीचा मुलायम बिना पीठ का सोफ़ा जो सोने के काम भी आ सकता है.

dive (डाइव्) *v* **1** सिर के बल पानी में गोता लगाना. ˈ**diving-board**, गोता लगाने का मंच. **2** निचले स्तर पर तुरंत जाना, गहरे पैठना. *n* गोता. ˈ—**r** *n* (विशेषतः) गोताखोर जो विशेष पोशाक (diving-suit) पहन कर गहरे पानी के भीतर कार्य करता है.

diˈverge (डाइ्ˈवर्ज) *v* (रेखाओं, मार्गों, विचारों का) एक दूसरे से अलग होना, भिन्न दिशाओं में जाना; हट जाना (*from*). —**nt** *adj.*

diˈverse (डाइˈवर्स) *adj* विभिन्न गुण-स्वभाव वाला. **diˈversify** *v* विविधता उत्पन्न करना; भिन्न-भिन्न करना. **diˈversity** (डाइˈवर्सिटि) *n* विविधता; अन्तर.

diˈvert (डाइˈवर्ट्) *v* दूसरी दिशा में मोड़ना, जी बहलाना. **diˈversion** (डाइˈवर्शन्) *n* मार्ग, कर्तव्य आदि से विचलित होना; (विशेषतः) आराम देने वाली या जी बहलाने वाली वस्तु. —**ing** *adj* मनोरंजक.

diˈvest (डाइˈवेस्ट्) *v* — **sb of (sth),** वंचित करना. — **oneself of,** छोड़ देना; छुटकारा पाना.

diˈvide (डिˈवाइड्) *v* **1** विभाजन करना; वाद-विवाद में पक्ष-विपक्ष में होना. **2** किसी संख्या को विभाजित करना : 4 ÷ 2 = 2. **diˈvisible** (डिˈविज़ब्ल्) *adj* विभाज्य. **diˈvision** (डिˈविशन्) *n* **1** विभाजन की प्रक्रिया; विभाजन करने वाली रेखा. **division-sign** अंकगणित में ÷ चिह्न. **2** (सेना में) दो या अधिक बिग्रेड की इकाई. **3** (पार्लियामेंट में बहस के बाद) मत-विभाजन.

ˈdividend (ˈडिविडेन्ड्) *n* **1** विभाज्य संख्या. **2** लाभांश, भागीदारों को ब्याज का समय-समय पर दिया भुगतान.

diˈvine[1] (डिˈवाइन्) *adj* **1** दैवी, ईश्वरीय. **D— Service,** ईश्वर की सार्वजनिक पूजा. **2** (colloq) बढ़िया; अति सुन्दर. *n* धर्मतत्व में दीक्षित पुरोहित. **diˈvinity** (डिˈविनिटि) *n* **1** — होना. **2** धर्म-विज्ञान.

diˈvine[2] (डिˈवाइन्) *v* अनुमान लगाना : *to — a person's thoughts*; सगुन विचारना. **diviˈnation** *n*.

diˈvisible, diˈvision → divide.

diˈvorce (डिˈवॉर्स्) *n* **1** तलाक़, विवाह-विच्छेद. **2** संबंध-विच्छेद *v* तलाक देना; (अभौतिक वस्तुओं को) अलग-अलग करना.

diˈvulge (डाइˈवल्ज्) *v* (रहस्य) खोल देना.

ˈdizzy (ˈडिज़ि) *adj* (-ier, -est) वह व्यक्ति जिसे चक्कर आ रहा हो; ऐसी भावना उत्पन्न करने वाला स्थान. ˈ**dizzily** *adv*. ˈ**dizziness** *n*.

do[1] (डु) *v* (do, does, *pt* did, *pp* done) **1** (*neg* और *interr* बनाने में प्रयुक्त) : (I want) *I do not want Do I want ?* (Go !) *Do not go!* या *Don't go!* **2** करना, कार्य संपन्न करना : *He does his homework regularly.* **3** उपयुक्त या पर्याप्त होना (for); काम में प्रयुक्त होना. **4** संबंध रखना, सरोकार रखना, (with) : *have nothing to do with him.* **5** (समस्या का) समाधान करना. **6** पकाना : *meat that is well done* (*underdone*). **7** (colloq) ठगना; पूरा-पूरा लाभ उठाना. **do sb out of sth,** धोखे से लेना. **8** (colloq) बर्बाद करना. **done for,** बर्बाद, बेकार करना. **9 done up,** थक जाना. **do sth up,** (a) साफ़ करना; नया-सा कर देना. (b) पार्सल में बाँध देना. (c) कपड़े बाँधना. **can (could) do with,** (a) तैयार रहना; स्वागत करना. (b) आवश्यकता. **do without,** बिना उसके काम चला लेना. **do away with,** समाप्त करना. **do for (sb),** (a) रखवाला होना, (b) (colloq) मारना या घायल करना.

do[2] → ditto.

ˈdocile (ˈडोसाइल्) *adj* जो आसानी से साधा

जा सके, सरलता से नियंत्रण में होने वाला. **do'cility** *n*.

dock[1] (डॉक्) *n* **1** डॉक, गोदी, बंदरगाह में वह स्थान जहाँ जहाज़ का माल उतारा-चढ़ाया जाता है. **dry —**, वह डॉक जहाँ पानी भी उलीच लिया गया हो. **2** (*pl*; **—yard** भी) गोदी, बाड़ा. *v* जहाजों का — में आना या जाना. **—er** *n*.

dock[2] (डॉक्) *n* कचहरी में कठघरा.

'doctor (डॉक्टर्) *n* **1** डाक्टर, चिकित्सक. **2** डाक्टर, विश्वविद्यालय से डाक्टर की उपाधि प्राप्त व्यक्ति. *v* **1** (colloq) चिकित्सा करना. **2** (भोजन या पेय में) मिलावट करना.

'doctrine ('डॉक्ट्रिन्) *n* (चर्च, राजनैतिक दल आदि के) सिद्धांत; मत.

'document ('डॉक्युमन्ट्) *n* लिखित या मुद्रित सामग्री जो प्रमाण या प्रलेख के रूप में प्रयुक्त होनी है, दस्तावेज़, कागज़ात. **docu'mentary** (डॉक्यु'मेन्टरि) दस्तावेजी. **— film** वृत्त-चित्र.

dodge (डॉज्) *v* दायें-बायें या इधर-उधर होकर बच जाना, वार बचाना; किसी व्यक्ति से कतरा जाना, चकमा दे देना. *n* — करना.

does (डज़्) (doesen't=does not)→do[1].

dog (डॉग्) *n* कुत्ता→ (चित्र). **lead a dog's life**, मुसीबत के दिन काटना. *v* (-gg-) ठीक पीछे चलना; पदचिह्नों पर चलना.

'dogged (डॉगिड्) *adj* ज़िद्दी.

'dogma (डॉग्मा) *n* चर्च आदि से प्रस्तुत सिद्धांत जिन्हें बिना प्रश्न के स्वीकार करना होता है. **dog'matic** (डॉग्'मैटिक्) *adj* मताग्रही, हठ-धर्मी (व्यक्ति).

dole (डोल्) *v* **— out**, दान, खैरात देना. *n* खैरात.

'doleful ('डोल्फ़ुल्) *adj* दुःखी, उदास. **—ly** *adv*.

doll (डॉल्) *n* गुड़िया.

ˈ**dollar** (ˈडॉलर्) *n* (**$**) डॉलर, अमेरिका आदि में प्रचलित सिक्का.

ˈ**dolphin** (ˈडॉल्फ़िन्) *n* बहुत छोटा व्हेल की तरह का समुद्री जीव. → p 280.

doˈmain (डोˈमेन्) *n* **1** राज्यक्षेत्र, रियासत. **2** (ज्ञान, विचार आदि का) क्षेत्र.

dome (डोउम्) *n* गुम्बद.

domˈestic (डˈमेस्टिक्) *adj* **1** घर-परिवार आदि का, घरेलू. **2** अपने देश का. **3** पालतू (पशु). **doˈmesticate** (डˈमेस्टिकेट्) *v* (जानवरों को) पालतू बनाना.

dominate (ˈडॉमिनेट्) *v* शासन या अधिकार में रखना; (किसी स्थान का) ऊपर से दूर तक देखना. ˈ**dominant** (ˈडॉमिनन्ट्) *adj* प्रबल, प्रभुत्वपूर्ण. **domiˈnation** *n*. **domiˈneer** (डॉमिˈनिअर्) *v* धाक जमाना, चालढाल और बोलचाल से प्रभुत्वपूर्ण होना.

doˈminion (डˈमिन्यन्) *n* **1** प्रभुत्व, स्वामित्व. **2** (प्रायः *pl*) अधिकार क्षेत्र, राज्य; डोमिनियन, ब्रिटिश कामनवेल्थ आफ़ नेशन्स के कुछ स्वतंत्र क्षेत्र.

don (डॉन्) *n* विश्वविद्यालय का अध्यापक.

doˈnate (डोˈनेट्) *v* दान देना. **doˈnation** *n* दान.

done → do[1].

ˈ**donkey** (ˈडॉंकि) *n* गहदा. → p 99. ˈ**donkey-work**, अत्यधिक शारीरिक थकान उत्पन्न करने वाला कार्य.

donor (ˈडोनर्) *n* दाता : *a blood —*.

donˈt = do not → do[1].

doom (डूम्) *n* सर्वनाश; मृत्यु; दुर्भाग्य. ˈ**—ed** *pp* दण्डाज्ञा प्राप्त; जिसकी मृत्यु निश्चित हैं. **—sday** *n* क़यामत का दिन.

door (डॉर्) *n* दरवाज़ा, द्वार. **next —,** अगला मकान. **out of —s,** बाहर. ˈ**—way** *n* दीवार में दरवाज़े की जगह. ˈ**—step** *n* देहली.

ˈ**dormant** (ˈडॉरमन्ट्) *adj* निष्क्रिय किंतु भावी सक्रियता अथवा विकास की प्रतीक्षा की स्थिति, जैसे कुछ पौधे जाड़ों में रहते हैं : *a — volcano.*

ˈ**dormitory** (ˈडॉर्मिटरी) *n* शयनशाला जिसमें अनेक पलंग होते हैं (जैसे बोर्डिंग स्कूल में).

dose (डोस्) *n* (दवा की) खुराक; एक समय में दी जाने वाली दवा की मात्रा. *v* — देना.

dot (डॉट्) *n* बिन्दी (जैसे i के ऊपर की) → Morse. *v* (-tt-) बिन्दु लगाना; बिन्दुदार बनाना : *a —ted line.* **dotted about**, इधर-उधर छितरा हुआ. ˈ**dotty** *adj* (colloq) बेवकूफ़.

dote (डोट्) *v* **— on** (*sb*-या *th*). बहुत अधिक दुलार-प्यार दिखाना.

ˈ**double** (ˈडब्ल्) *adj* **1** दुगना (बड़ा, चौड़ाई आदि में) *a — share; — width.* **2** एक से दो अंश या वस्तुओं का होना या रखना : *— doors; a knife with a — edge.* **3** दो व्यक्तियों अथवा वस्तुओं के लिए: *a — bed (room).* **4** एक से अधिक पंखुड़ियों के समुच्चय वाला (फूल). *adv* **1** दोहरा, दुगना : *to pay —.* **2** दो-दो में या दो-दो कर के. *n* **1** दुगनी मात्रा. **2** युग्म, जोड़ा. **3 at the —,** धीमी गति की दौड़. **4** सहसा मुड़ जाना. *v* **1** दुगना या दोहरा होना या करना. **2** दोहरा मोड़ना या तहाना. **— back,** तुरंत मुड़ जाना. ˈ**double-ˈbass** *n* → bass[1]. ˈ**double-cross** *v* धोखा देना. ˈ**double-ˈdealer** *n* कपटी, धोखेबाज़ (व्यापार में).

doubt (डाउट्) *n* सन्देह, अनिश्चय. **in —,** अनिश्चित. **without (a) —,** निश्चित रूप से. **no —,** लगभग निश्चित. *v* संदेह करना या रखना. ˈ**—ful** *adj* सन्देहपूर्ण, संदिग्ध. **—fully** *adv.* ˈ**—less** *adv.*

dough (डो) *n* गुँधा या सना हुआ आटा, लोई.

dove (डव्) *n* फ़ाख़ता, एक प्रकार का कबूतर; शांति का प्रतीक. ˈ**—tail** *v* लकड़ी के फर्नीचर के टुकड़ों को जोडना; मेल खाना.

down[1] (डाउन्) *adv* **1** नीचे की गति (ऊँचे से नीचे की ओर). **2** (खड़े से लेटने की गति): *Go and lie —.* **3** (कम होना, घटना): *My savings are —. The water-level is —.* **4** (लिखने के संबंध में): *Write it —.* **5** (उत्साह कम होने की दिशा में): *He is feeling —* *prep* **1** ऊँचे से नीचे स्तर पर: *Tears ran — her face.* **2** निचले भाग पर: *Oxford is farther — the river.* **3** बगल से : *walk — the street.* *v* **— tools,** काम करने से मना कर देना. **— an enemy,** (knock him

—) धक्कामार कर नीचे गिरा देना. **—cast** *adj* उदास; (आँखों का) नीचे की ओर देखना. **—fall** *n* घनघोर वर्षा; अधिकार या समृद्धि से अचानक पतन **'—pour** *n* मूसलाधार वर्षा. **'—right** *adj* सीधे-सादे ढंग वाला. *adv* पूरी तौर से. **'—'stairs** *adv* निचली मंज़िल में. **—'trodden** *adj* पददलित और पीड़ित. **'—ward** *adj* निचले स्तर की ओर गमनशील. **'—wards** *adv* नीचे की ओर.

down[2] (डाउन्) *n* (प्रायः *pl*) बंजर खुली पठारी भूमि.

down[3] (डाउन्) *n* मुलायम रोएँ या पंख, विशेषतः चिड़ियों के बच्चों के अन्दरूनी पंख. **'—y** *adj* — से आवृत.

'dowry ('डाउअरि) *n* दहेज, विवाह के अवसर पर कन्या के साथ दी हुई धन-सम्पत्ति.

doz → dozen.

doze (डोज़्) *v* झपकी लेना; ऊँघना. *n* ऊँघना.

'dozen ('डज़न्) *n* (संक्षेप में doz) दर्जन, बारह का समुच्चय.

drab (ड्रैब्) *adj* & *n* हलका भूरा; (fig) नीरस; एकरस.

draft (ड्राफ़्ट्) *n* **1** किसी कार्य या कृति (भाषण, पत्र, नक्शा आदि) की रूपरेखा (टिप्पणी या रेखाचित्र रूप में); मसौदा, प्रारूप. **2** ड्राफ़्ट्, बैंक के लिए धनादेश. **3** विशेष कार्य के लिए बड़े समूह से कुछ लोगों, विशेषकर सिपाहियों, का चयन. *v* — (1) बनाना. **'—sman** *n* नक्शानवीस (विशेषतः इंजीनियरी में).

drag (ड्रैग्) *v* (-gg-) **1** घसीटना (विशेषतः प्रयत्न या कठिनाई के साथ). **2** घसीटते जाना: *with —ging feet.* **3** (समय का) नीरसता और सुस्ती के साथ बीतना. *n* घसीटी हुई वस्तु (जैसे, **a 'dragnet,** बड़ा जाल), जो प्रगति में बाधा या अड़ंगा लगाती है.

'dragon ('ड्रैगन्) *n* (पुरानी कहानियों में) एक आग उगलने वाला पंखदार साँपनुमा जीव.

drain (ड्रेन्) *n* **1** नाली (मकान, सड़क आदि की); **2** शक्ति, धन, समय का निरंतर अपव्यय करने वाली वस्तु. *v* **1** द्वारा किसी द्रव को बाहर निकालना या फेंकना. **2** किसी व्यक्ति को धीरे-धीरे धन, शक्ति आदि से क्षीण कर देना. **3** पीना; (प्याला आदि) खाली कर देना. **'—age** ('ड्रेनिज्) *n* — होना या करना; निकास-व्यवस्था.

dram (ड्रैम्) *n* ड्राम, 1/16 आउंस; (दवाइयों में) $\frac{1}{8}$ आउंस.

'drama ('ड्रामा) *n* **1** नाटक; नाट्यकला. **2** उत्तेजक घटनाओं की शृंखला. **dra'matic** (ड्र'मैटिक्) *adj* — विषयक; नाटकीय घटनाओं के समान उत्तेजक. **—tist** *('ड्रैमटिस्ट्)* *n* नाटककार. **—tize** *v* (किसी कहानी आदि को) नाटक की विधा में प्रस्तुत करना.

drank → drink.

drape (ड्रेप्) *v* तहें लगाकर किसी पर कपड़े (सिले या बिना सिले) लटकाना.

'draper ('ड्रेपर्) *n* कपड़ा बेचने वाला, बजाज़. **—y** *n* **1** बजाज द्वारा बेचने वाला कपड़ा. **2** शाल, पर्दे आदि.

'drastic ('ड्रैस्टिक्/'ड्रास्टिक्) *adj* उग्र, प्रचंड, सशक्त. **—ally** *adv.*

draught (ड्राफ़्ट) *n* **1** किसी बंद स्थान या कमरे या चिमनी आदि में हवा की धारा, झोंका. **2** जहाज़ तैराने योग्य पानी की गहराई, डुबाव. **3 — beer, beer on —**, पीपे से निकाली बिअर. **4** (पेय का) एक घूंट: *a — of cold water.* **5 — animal,** गाड़ी खींचने वाला पशु; भारवाही पशु. **6** (*pl*) ड्राफ़्ट्स का खेल जो मेज़ पर दो खिलाड़ियों द्वारा खेला जाता है. **'—sman** *n* = draftsman. **'—y** *adj* हवादार (स्थान).

draw (ड्रॉ) *v* (*pt* drew, *pp* drawn) **1** खींचना: खींच कर निकालना, घसीटना. **2** निकालना: *to — money from the bank.* **3** साँस लेना; चिमनी से हवा आने देना. **4** खींच कर बढ़ाना. **5** आकर्षित करना. **6** छिपी भावनाओं और जानकारी को प्रकट करवाना: *to — sb out; to — tears; to — information from sb.* **7** (आगे, समीप) आना, बढ़ना. **8** (दो खिलाड़ियों या खिलाड़ी दलों का) बराबर का खेल खेलना अर्थात् किसी की हार-जीत न होना. **9** (जहाज़ का) तिरने-योग्य (गहरा) पानी रखना. **10** (कलम, पेंसिल, चाक आदि से) खींचना; खाका, रेखाचित्र आदि

बनाना : — *a line* (*bird, sketch*); पेंसिल आदि से चित्र बनाना : *She —s very well.* **11** (चेक) काटना; (**— up** भी) इकरारनामा लिखना. **12 — in (out),** (दिनों का) घटना (बढ़ना). **13 — oneself up,** सीधे खड़े होना. **14 — up (at),** (कार बस आदि का) रुकना, ठहरना. *n* (विशेषत:) **1** कोई व्यक्ति या वस्तु जो बहुत लोगों को आकर्षित करे. **2** बिना हार-जीत का खेल, बराबरी का खेल. **3** लाटरी का ड्रा, लाटरी में विजेताओं का निर्णय करना. '**—back** *n* कमी, असुविधा. '**—er** (ड्रॉअर्) *n* (मेज़ आदि की) दराज़. **—ers** *n pl* जाँघिया. '**—ing** *n* आरेखन-कला चित्र-कला; चित्र, आरेख. '**—ing-room** *n* बैठक.

drawl (ड्रॉल्) *v* स्वरध्वनियों को बढ़ा-बढ़ाकर बोलना.

dread (ड्रेड्) *v* & *n* भयभीत और आशंकित होना. **—ful** *adj* भय और आशंका उत्पन्न करने वाला; (colloq) अप्रिय. **—fully** *adv* (colloq) अत्यधिक : *I am —fully sorry.*

dream (ड्रीम्) *n* **1** सपना, स्वप्न. **2** भविष्य की कल्पना : *—s of wealth. v* (*pt* & *pp* dreamed या dreamt) स्वप्न देखना; कल्पना करना. '**—y** *adj* विचारों में खोया हुआ व्यक्ति; अवास्तविक (वस्तुएँ). '**—ily** *adv.*

'**dreary** ('ड्रिअरि) *adj* (-ier, -iest) नीरस, उदास.

dredge (ड्रेज्) *n* समुद्र-नदी आदि के तले से कीचड़-मिट्टी निकालने वाला यन्त्र. *v* — से बनाना या उठाना. '**—r** *n* — वहन करने वाली नाव.

dregs (ड्रेग्ज़) *n pl* तलछट; गिलास, बोतल आदि में नीचे जमा हुआ कूड़ा-करकट.

drench (ड्रेन्च्) *v* बुरी तरह भिगो देना.

dress (ड्रेस्) *n* **1** ड्रेस, पोशाक; वर्दी. **2** स्त्रियों और लड़कियों द्वारा पहना स्कर्ट-ब्लाउज़. **full —,** विशेष अवसरों की पोशाक. **evening —,** औपचारिक सामाजिक अवसरों की पोशाक. *v* **1** वस्त्र पहनना. *be —ed in*, पहनना. **2** प्रयोग योग्य होना : *to — leather; to — a salad* (सलाद सजाना). **3** घाव पर मलहम-पट्टी करना. **4** (बालों को) कंघे आदि से सँवारना. **5** (जहाज़ को झंडों से अथवा दूकान को सामान से) सजाना. '**—er** *n* (विशेषत:) **1** डाक्टर का सहचारी जो महलम-पट्टी आदि करता है. **2** सलाद में लगाने वाला तेल आदि. '**—ing gown** *n* रात के कपड़ों पर पहनने वाली ढीली पोशाक.

drew → draw.

drier, driest → dry.

drift (ड्रिफ़्ट्) *v* हवा या जल की धारा से बह जाना; (व्यक्ति का) बिना उद्देश्य या प्रयोजन के जीवन बिताना. *n* बहाव; (बहाकर) ढेर लगाना : *—s of snow.*

drill[1] ('ड्रिल्) *n* ड्रिल मशीन, बरमा (लकड़ी, पत्थर, में छेद करने का यंत्र). *v* — से छेद करना; — का प्रयोग करना.

drill[2] (ड्रिल्) *n* शारीरिक प्रशिक्षण; कवायद, ड्रिल; (शिक्षण में) अभ्यास. *v* — द्वारा प्रशिक्षित करना या होना.

drill[3] (ड्रिल्) *n* बीज बोने की सीधी पंक्ति; बोए हुए बीजों की पंक्ति; इस प्रकार बोने की मशीन.

drink (ड्रिंक्) *v* (*pt* drank, *pp* drunk) **1** पीना. **2** शराब पीना. *n* पेय पदार्थ. → drunk. '**—able** *adj* पीने योग्य.

drip (ड्रिप्) *v* (-pp-) टपकना, चूना. *n* एक-एक बूंद कर के किसी द्रव का टपकना या चूना.

drive (ड्राइव्) *v* (*pt* drove, *pp* driven) **1** (कार, ट्राम, इंजन आदि) चलाना; (पशु या व्यक्ति आदि को) चलाना, हाँकना. **2** (प्राय: passive में) चलाने वाली शक्ति बनना : *—n by steam.* **3** मोटर कार आदि में सवार होकर जाना या सफ़र करना. **4** प्रेरक तत्त्व : *—n to steal by hunger.* **5** (बादल, वर्षा का) तेज हवा से बह जाना : *driving rain.* **6** (किसी वस्तु में कील, स्क्रू आदि) ठोंकना (*into* sth); कस कर फेंकना (जैसे golf-ball को). *n* **1** कार से सैर : *to go for a —.* **2** घर का प्रवेश-मार्ग (व्यक्तिगत मार्ग). **3** गेंद पर किया प्रहार; (fig) शक्ति. '**—r** कार आदि का चालक, पशुओं का हाँकने वाला; स्क्रू, कील आदि ठोंकने वाला औज़ार (जैसे **screw-driver** → p 326).

'drizzle ('ड्रिज़्ल्) *v & n* रिम-झिम बरसना, फुहार वाली वर्षा.

'dromedary ('ड्रम्डरि) *n* साँड़नी, तेज चलने वाला सवारी वाला ऊँट.

drone (ड्रोन्) *n* **1** नर-मधुमक्खी. **2** भिनभिनाहट (मक्खियों की).

droop (ड्रूप्) *v* (दुर्बलता या थकावट से व्यक्ति का) झुक जाना.

drop (ड्रॉप्) *n* **1** (किसी द्रव की) बूंद : *'rain-drops;* बूंद के आकार की कोई वस्तु. **2** पतन, गिरावट. *v* (-pp-) **1** गिराना, गिरने देना. **2** दुर्बल या पतनशील होने देना. **3** **— behind,** पिछड़ना. **— in (on sb),** अनौपचारिक रूप से मुलाकात करना.

dross (ड्रॉस्) *n* धातु या लोहे का मैल जो पिघलने पर ऊपर आ जाता है.

drought (ड्राउट्) *n* सूखा, अनावृष्टि.

drove[1] → drive.

drove[2] (ड्रोव्) *n* पशुओं का झुंड.

drown (ड्राउन्) *v* डुबो कर मारना; डूब मरना.

'drowsy ('ड्राउज़ि) *adj* (-ier, -iest) ऊँघाने वाली (वस्तु); नींद दिलाने वाली (वस्तु).

drudge (ड्रज्) *n & v* अरुचिकर कार्यों को भी परिश्रम से लम्बे समय तक करने वाला व्यक्ति. **'drudgery** *n* नीरस कार्य.

drug (ड्रग) *n* दवाई, विशेषतः ज्ञानेन्द्रिय को प्रभावित करने वाली. *v* (-gg-) **1** भोजन या पेय में हानिकारक — मिलाना. **2** — देना. **—gist** ('ड्रगिस्ट्) *n* औषधि विक्रेता.

drum (ड्रम्) *n* **1** ढोल, मृदंग. → p 206. **2** ड्रम, ढोलनुमा पीपा. *v* (-mm-) — बजाना; अंगुलियों से थपथपाना.

drunk (ड्रंक्) *adj* शराब के नशे में मदहोश. **'—en** *adj* बहुत अधिक शराब पीने का प्रभाव दिखाने वाला. **'—ard** *n* पियक्कड़.

dry (ड्राइ) *adj* (drier, driest) **1** सूखा, शुष्क. **2** नीरस (पुस्तक, भाषण आदि). **3** भावनाहीन, सूखे स्वभाव वाला (व्यक्ति); मौसम जिस में पानी नही बरसता है. **dryer, drier,** सुखाने वाला यंत्र : *clothes-(hair-) drier.* **'drily** *adv.* **dryness** *n.*

'dual ('ड्युअल्) *adj* दो का विशेषण, द्वैत, दुहरा : *— control* (दो व्यक्तियों का या के लिए). **dual 'carriageway,** बीच में विभाजित, दोनों रास्तों को पृथक रखने वाली, सड़क.

'dubious ('ड्यूब्यस्) *adj* संदेहात्मक, संदिग्ध, अस्पष्ट.

'duchess ('डचिस्) *n* ड्यूक की पत्नी.

duck[1] (डक्) *n* बतख़. → p 240; — का मांस.

duck[2] (डक्) *v* तुरंत नीचे झुक जाना या बगल में हट जाना (दूसरे की निगाह या दूसरे के वार को बचाने के लिए); किसी व्यक्ति को पानी में ढकेल देना या स्वयं पानी में डुबकी लगा जाना. *n* **1** — की प्रक्रिया. **2** (क्रिकेट में) शून्य रन.

due (ड्यू) *adj* **1** प्राप्य, पावना; देय. **2** उपयुक्त; समुचित. **3** अपेक्षित (जिस की आप आशा कर रहे हैं). **4 — to,** के कारण, के फलस्वरूप. *adv* **— north,** ठीक उत्तर दिशा में. *n* **1** प्राप्य (वस्तु). **2** (*pl*) शुल्क (सदस्यता आदि के लिए), चुंगी.

'duel ('ड्यूअल्) *n* तलवार या पिस्तौल का द्वन्द्वयुद्ध; कोई द्वन्द्व युद्ध. *v* (-ll-) — लड़ना.

du'et (ड्यू'एट्) *n* युगल गान: युगल वादन.

dug (डग्) → dig.

duke (ड्यूक्) *n* ड्यूक, उच्च पद के संभ्रांत व्यक्ति.

dull (डल्) *adj* (-er, -est) मन्द, सुस्त; स्फूर्तिहीन, नीरस, अरुचिकर; धीमा (व्यापार), मन्द. *v* — होना या करना. **'—y** *adv.* **'—ness** *n.*

'duly ('ड्यूलि) *adv* उपयुक्त या उचित रीति से; विधिवत् उचित अवसर पर, यथोचित, यथासमय.

dumb (डम्) *adj* गूँगा; मौन. **—'found** *v* भौचक कर देना, हक्का-बक्का कर देना.

'dummy ('डमि) *n & adj* वास्तविक व्यक्ति अथवा वस्तु का उद्देश्य पूरा करने वाला उसी आकार, आकृति का व्यक्ति या वस्तु, नकली, बनावटी : *a baby's —.*

dump (डम्प्) *n* कूड़ाघर; अस्थायी गोदाम. *v* — में रखना या डालना; लापरवाही से रखना या फेंकना.

dunce (डन्स्) *n* मन्दबुद्धि, बहुत ही धीरे-धीरे सीखने वाला.

dung (डंग्) *n* गोबर, लीद, जानवरों की विष्ठा (जो खाद के काम आये).

ˈdungeon (ˈडन्जन्) *n* अंधकारपूर्ण तहखाना जो पहले कारागार के काम आता था.

ˈduplicate (ˈड्यूप्लिकेट्) *v* & *n* प्रतिलिपि (बनाना), पत्रादि की ठीक उसी प्रकार की नकल (बनाना); प्रतिकृति, किसी वस्तु की ठीक नकल (बनाना). **ˈduplicator** *n* मशीन जो लिखी या टंकित सामग्री की बहुत सी प्रतिलिपियाँ निकालती है.

duˈplicity (ड्यूˈप्लिसिटि) *n* कपट, छल.

ˈdurable (ˈड्युअरब्ल्) *adj* टिकाऊ (वस्तु). **durˈbility** (ड्यूअरˈबिलिटि) *n* स्थायित्व.

duˈration (ड्यूˈरेशन्) *n* (समय की) अवधि, मियाद.

ˈduring (ˈड्युरिंग्) *prep* के समय में, की अवधि में : — *the afternoon.*

dusk (डस्क्) *n* शाम का झुटपुटा, (सायंकालीन) संध्या.

dust (डस्ट्) *n* धूल, किसी भी धातु का चूरा, रज: *chalk-dust.* *v* धूल साफ़ करना. **ˈ—er** *n* झाड़न जिस से फर्नीचर आदि पर पड़ी धूल साफ़ करते हैं. **ˈ—bin** *n* कूड़ेदान. **ˈdusty** *adj* (-ier, -iest) धूलधूसरित, धूलभरा; धूल के समान.

ˈduty (ˈड्यूटि) *n* **1** कर्त्तव्य, फ़र्ज़. **2** विशेष प्रकार से व्यवहार करने की प्रेरणा शक्ति. **3** ड्यूटी, शुल्क, महसूल (आयातित, निर्यातित अथवा उत्पादित वस्तुओं पर): शुल्क जैसे सम्पत्ति बेचने पर (**ˈstamp —**) या मृत्यु के बाद सम्पत्ति हस्तांरित होने पर (**ˈdeath duties**) **ˈduty-ˈfree** *adj* निःशुल्क (सामान). **ˈdutiable** *adj* जिस पर शुल्क अवश्य लेना है. **ˈdutiful** *adj* कर्त्तव्यशील, निष्ठावान्; संमान और आज्ञाकारित दिखाने वाला.

dwarf (ड्वार्फ़्) *n* (*pl* dwarfs) & *adj* बौना (व्यक्ति, पशु या पौधा). *v* सामान्य आकार तक बढ़ने से रोकना; तुलना में बहुत छोटा दिखलाना.

dwell (ड्वेल्) *v*(*pt* & *pp* dwelt) **1** रहना (*in, at*). **2 — upon,** विस्तार से किसी विषय पर सोचना, बोलना या लिखना. **ˈ—ing** *n* आवास स्थान.

ˈdwindle (ˈड्विंड्ल्) *v* कम या क्षीण होते जाना.

dye (डाइ) *v* **1** रँगना, प्रायः द्रव में घुले रंग में डुबो कर. **2** रंग जाना. *n* रंग.

dyke → dike.

dyˈnamic (डाइˈनैमिक्) *adj* गति उत्पन्न करने वाला (भौतिक बल); चरित्रबल और शक्ति वाला व्यक्ति.

ˈdynamite (ˈडाइन्माइट्) *n* डायनामाइट, बड़ी शक्ति का विस्फोटक.

ˈdynamo (ˈडाइन्मो) *n* डायनमो, बिजली उत्पन्न करने वाला यंत्र.

ˈdynasty (ˈडिनस्टि) *n* वंशपरंपरा, राजवंश.

E

each (ईच्) *adj* वर्ग या समूह का प्रत्येक (व्यक्ति). *pron* प्रत्येक (वस्तु, व्यक्ति, वर्ग): *We see — other,* हम एक दूसरे को देखते है.

ˈeager (ˈईगर्) *adj* आतुर, उत्सुक (*for, to do*, sth). **—ly** *adv*.

ˈeagle (ˈईग्ल्) *n* एक तीव्र दृष्टि वाला शिकारी पक्षी. **golden —,** गरुड़.

ear[1] (इअर्) *n* **1** कान. → p 37. **2 have a good ear for music,** संगीत में स्वर की पहचान करने में समर्थ (व्यक्ति). **ˈear-drum** *n* कान का परदा. **ˈear-mark** *v* धनराशि को विशेष प्रयोजन के लिए अलग कर देना (*for* a purpose). **ˈearshot** *n out of earshot,* श्रवण सीमा के बाहर, वह क्षेत्र जहाँ से बोला हुआ सुनाई नहीं पड़ता है.

ear[2] (इअर्) *n* अनाज की बाली जिसमें दाने लगते हैं.

earl (अर्ल) *n* अर्ल, उच्च स्तर के ब्रिटिश संभ्रांत व्यक्ति का पद.

ˈearly (ˈअर्लि) *adj* (-ier, -iest) & *adv*

प्रारंभिक; जल्दी (औरों की या सामान्य स्थिति की तुलना में). **earlier on,** प्रारंभिक स्थिति में.

earn (अर्न्) *v* अर्जित करना, कमाना. **—'ings** *n pl* अर्जित किया हुआ धन.

'earnest ('अर्निस्ट्) *adj* निष्ठावान, गंभीरता और लगन से काम करने वाला; दृढ़ संकल्प. **in —,** गंभीरता के साथ, न कि मज़ाक में. **—ly** *adv.*

earth (अर्थ्) *n* **1** संसार. **2** स्थल (न कि जलमय स्थान). **3** मिट्टी. **4** पृथ्वी (चंद्रमा और अन्य ग्रहों की तुलना में). **'—enware** *n* मिट्टी के तश्तरी-प्याले, मिट्टी के बरतन. **'—ly** *adj* सांसारिक (न कि पारलौकिक); इस दुनिया से संबद्ध. **'—quake** *n* भूकम्प. **'—worm** *n* केंचुआ.

ease (ईज़्) *n* आराम, चैन. **stand at —,** आराम की स्थिति में पैर फैला कर खड़े होना. **ill at —,** परेशान नज़र आना. **with —,** आसानी से. *v* **1** (मन या शरीर को) आराम देना. **2** ढीला कर देना, (गति या प्रयत्नों को) धीमा कर देना.

'easel ('ईज़ल्) *n* ईज़ल, लकड़ी का फ्रेम जिस पर ब्लैकबोर्ड या बन रहे चित्र को रखते हैं.

east (ईस्ट्) *n, adj & adv* पूर्व दिशा, पूरब. **the Far E—,** पूर्वी एशिया, सुदूरपूर्व. **the Middle E—,** पश्चिम एशिया, ईरान, तुर्की, जोर्डन आदि देश. **'—ern** *adj* पूर्व में स्थित; पूर्व विषयक. **'—wards** *adv* — को ओर.

'Easter ('ईस्टर्) *n* ईस्टर, जीसस क्राइस्ट के पुनरुत्थान की जयन्ती.

'easy ('ईज़ि) *adj* (-ier, -iest) **1** आसान; सरल. **2** शारीरिक कष्ट या मानसिक चिंता से मुक्त. **3** चैन, आराम की स्थिति : *— chair* (आरामदेह कुर्सी). **'easy-going** *adj* आराम-तलब, कष्ट न देने वाला और न कष्ट उठाने वाला. **'easily** *adv.*

eat (ईट्) *v* (*pt* ate, *pp* 'eaten) **1** खाना. **eat one's words,** दीनता से अपनी बात वापिस लेना. **2 eat away, eat into,** नष्ट करना. **eatable** *adj* भोजन योग्य.

eaves (ईव्ज़्) *n pl* छत का वह भाग जो मकान की दीवारों के बाहर होता है. **—drop** *v* (-pp-) किसी की निजी बातचीत को चुपके से छिपकर सुनना.

ebb (एब्) *n* (ज्वार-भाटा का) उतार, भाटा; ह्रास. *v* पानी का घटना.

'ebony ('एबनि) *n* आबनूस (एक प्रकार की कड़ी लकड़ी).

ec'centric (इक्'सेनट्रिक्) *adj* विचित्र (व्यक्ति या व्यवहार); अजीब सा, सनकी, झक्की (व्यक्ति). **eccen'tricity** (एकसेन्'ट्रिसिटि) *n.*

ecclesi'astical (इक्लीज़ि'ऐस्टिक्ल्) *adj* गिरजे का, गिरजाविषयक; पादरी विषयक.

'echo ('एको) *n* प्रतिध्वनि, गूंज. *v* — होना या करना; दुहराना; प्रतिध्वनि बनाना.

'eclipse (इ'क्लिप्स्) *n* (सूर्य- या चन्द्र-) ग्रहण (सूर्यग्रहण, पृथ्वी और सूर्य के बीच में चन्द्रमा के आने से और चन्द्रग्रहण, सूर्य और चन्द्रमा के बीच पृथ्वी आने से होता है). *v* — करना; प्रकाश-किरणों को बीच में रोक लेना; (fig) तुलना द्वारा किसी व्यक्ति या वस्तु को फीका या श्रीहीन कर देना.

e'conomy (ई'कान्मि) *n* **1** किफ़ायत, धनशक्ति को बेकार खर्च न करना. **2** अर्थव्यवस्था (समाज, राष्ट्र आदि की). **eco'nomic** (ईक्'नॉमिक्) *adj* **1** अर्थशास्त्र विषयक. **2** लाभदायी. **eco'nomics** (ईक्'नॉमिक्स्) *n* अर्थशास्त्र, धन और माल के उत्पादन और वितरण व्यवस्था का विज्ञान. **e'conomist** (ई'कॉन्मिस्ट्) *n* **1** अर्थशास्त्री. **2** मितव्ययी, क़िफायतशार. **e'conomize** (ई'कॉन्माइज़्) *v* पहले की तुलना में कम खर्च करना.

'ecstasy ('एक्स्टसि) *n* परम हर्ष और आनंद की भावना. **ec'static** (एक्स्'टैटिक्) *adj* आनंदित, समाधि-मग्न; समाधि विषयक.

'eczema ('एक्सिमा) *n* एक चर्म रोग, एक्ज़ीमा.

'eddy ('एडि) *n* (*pl* 'eddies) बवंडर, भँवर. *v* चक्कर खाना, बवंडर में बहना.

edge (एज्) *n* **1** चाकू, तलवार आदि की धार. **2** किसी समतल भूमि की बाहरी सीमा, कोर, किनारा : *the — of a table (lake).* *v* धीरे-धीरे आगे की ओर बढ़ना या बढ़ाना : *to — one's way through a crowd.* **'—ways, '—wise** *adv* — को बाहर की ओर किये हुए.

'edible ('एडिब्ल्) *adj* खाने योग्य.

'edict ('ईडिक्ट्) *n* राजाज्ञा, पोप का आदेशपत्र, फ़रमान.

'edifice ('एडिफ़िस्) *n* बड़ा भवन, प्रासाद.

'edit ('एडिट्) *v* सम्पादन करना (समाचार पत्र, पत्रिकाओं, पुस्तकों आदि का). **e'dition** (इ'डिश्न्) *n* संस्करण, मुद्रणसंख्या. **'editor** ('एडिटर्) *n* सम्पादक. **edi'torial** *adj* सम्पादकीय.

'educate ('एंड्यूकेट्) *v* शिक्षित करना, शिक्षा देना. **edu'cation** (एड्यू'केश्न्) *n* शिक्षा.

eel (ईल्) *n* लम्बी साँपनुमा मछली.→ p 280.

eff'ace ('इफ़ेस्) *v* (रगड़ कर) मिटा देना.

eff'ect (इ'फ़ेक्ट्) *n* **1** परिणाम, नतीजा : *of no* —, (व्यर्थ, निष्फल). **take —,** परिणाम निकालना; लागू होना, प्रयुक्त होना. **bring into —,** कार्य के लिए गतिशील करना. **2** प्रभाव, असर, सामान्य प्रतीति, आभास. **to this —, to the — that,** (इस)अभिप्राय से. **3** (*pl*) चलसंपत्ति, सामान. *v* उत्पन्न करना, संपन्न करना. **—ive** *adj*, कारगर प्रभावशाली. **—ual** *adj* सफल प्रभावोत्पादन.

ef'feminate (इ'फ़ेमिनिट्) *adj* जनाना, स्त्रियों के समान.

effer'vesce (एफ़र'वेस) *v* (किसी द्रव का) बुद्बुदाना. **—nce** (एफ़र'वेसन्स्) *n* बुद्बुदाहट. **—nt** *adj*.

,effi'cacious (एफ़ि'केशस्) *adj* अभीष्ट परिणाम उत्पन्न करने में समर्थ (वस्तु). **'efficacy** ('एफ़िकसि) *n* इस प्रकार की क्षमता.

ef'ficient (इ'फ़िशन्ट्) *adj* कार्य कुशल (व्यक्ति); कार्यों को भली भाँति करने वाला. **ef'ficiency** (इ'फ़िशन्सि) *n*.

'effigy ('एफ़िजि) *n* (लकड़ी, पत्थर, आदि में) किसी व्यक्ति की प्रतिमा, मूर्ति.

'effort ('एफ़र्ट्) *n* प्रयत्न, प्रयास, कोशिश, मेहनत, उद्यम.

ef'frontery (ए'फ़्रन्टरि) *n* धृष्टता, ढिठाई.

ef'fusion (इ'फ़्युश़न) *n* बाहर निकल कर बहना. **ef'fusive** *adj* (भावनाओं का) सहज में उद्गार करने वाला, भावपूर्ण.

egg (एग्) *n* अंडा. **egg 'on** लगातार उकसाना.

'egoism ('एगोइज़्म्) *n* अहंभाव. **'egoist** ('एगोइस्ट्) *n* अहंकारी; स्वार्थी, अहंभाव रखने वाला. **'egotism** (एगोटिज्म्) *n* अपनी ही प्रशंसा करना; अहमन्यता. **'egotist** ('एगोटिस्ट्) *n* अपनी ही प्रशंसा करने वाला, आत्मश्लाघी.

eight (एट्) *n* & *adj* आठ. **'—een** ('ए'टीन्) *n* & *adj* अठारह. **'eighth** (एथ्) *n* & *adj* आठवाँ. **'eighty** ('एटि) *n* & *adj* अस्सी, 80. **—ieth** ('एटिइथ्) *n* & *adj* अस्सीवाँ; $\frac{1}{80}$.

'either ('आइद़र्) *adj, pron, conj* & *adv* दोनों में से कोई एक.

e'jaculate (इ'जैक्युलेट्) *v* बोल उठना.

e'ject (इ'ज़ेक्ट्) *v t* (किसी व्यक्ति को किसी स्थान से) निकाल बाहर करना; (किसी द्रव का) बाहर निकल पड़ना या निकाल देना.

eke (ईक्) *v t* **eke out,** किसी विशेष उद्देश्य के लिए आवश्यकतानुसार थोड़ा-थोड़ा करके धन, भोजन आदि इकट्ठा करना.

e'laborate (इ'लैब्रिट्) *adj* विस्तारपूर्वक आयोजित. *v t* विस्तार से वर्णन करना या योजना बनाना. **elabo'ration** (इलैब्'रेशन्) *n*.

e'lapse (इ'लैप्स्) *v* (समय का) बीतना, गुजरना.

e'lastic (इ'लैस्टिक्) *adj* लचीला, लचकीला, खींचना या दबाने के बाद छोड़ देने पर फिर अपनी पूर्व अवस्था पर पहुँच जाने वाला. *n* इलास्टिक्, लचीला फ़ीता

e'late (इ'लेट्) *v* **be —d,** उल्लसित होना. **elation** *n* उल्लास, गौरव.

'elbow ('एल्बो) *n* **1** कोहनी. → p 36. **2** मोड़ (किसी पाइप में). *v* कोहनी से ढकेलते हुए भीड़ में आगे बढ़ना.

'elder ('एल्डर्) *adj* (दो व्यक्तियों में आयु में) बड़ा, ज्येष्ठ. *n* (प्रायः *pl*) गुरुजन, संमाननीय व्यक्ति. **—ly** *adj* अधेड़; वयोवृद्ध. **'eldest** *adj* आयु में सब से बड़ा; अग्रज.

e'lect (इ'लेक्ट्) *v* **1** किसी (व्यक्ति) को वोट (मतदान) द्वारा चुनना. **2** किसी वस्तु या कार्य को चुनना. *adj* चुना हुआ : *the bishop* — (निर्वाचित बिशप). **—ion** *n* चुनाव, निर्वाचन

विशेषत: मतदान द्वारा (जैसे लोकसभा के लिए चुनाव). —**or** *n* मतदाता.

elec'tricity ('इलेक्'ट्रिसिटि) *n* बिजली, विद्युत; विद्युत विज्ञान. **electric** (इ'लेक्ट्रिक्) *adj* बिजली उत्पन्न करने वाला या बिजली से चलने वाला यन्त्र या उपकरण. **e'lectrical** *adj* विद्युत-विषयक : *electrical engineering*. **elec'trician** (इलेक्'ट्रिशन्) *n* बिजलीवाला मिस्त्री; विद्युत-विशेषज्ञ. **e'lectrify** (इ'लेक्ट्रि-फ़ाइ) *v* **1** किसी वस्तु को बिजली से भर देना, बिजली द्वारा संचालित करना (जैसे, रेलवे मार्ग को). **2** बिजली जैसा धक्का लगाना, चौंकाना. **electrifi'cation** (इलेक्ट्रिफ़ि'केशन्) *n*. **e'lectrocute** (इ'लेक्ट्रक्यूट्) *v* बिजली द्वारा प्राणदंड देना; बिजली के झटके से मर जाना.

e'lectron (इ'लेक्ट्रॉन्) *n* इलेक्ट्रान, ऋण विद्युत आवेश. **ele'tronic** (इलेक्'ट्रॉनिक्) *adj*.

ele'ctronics (इलेक्'ट्रॉनिक्स्) *n* इलेक्ट्रानिक्स, इलेक्ट्रान-सिद्धांतों का रेडियो, कम्प्युटर आदि में प्रयोग.

'elegant ('एलिगन्ट्) *adj* ललित, सुरुचिपूर्ण, शिष्ट. **'elegance** ('एलिगन्स्) *n* लालित्य.

'elegy ('एलिजि) *n* शोककविता, शोक-गीत.

'element ('एलिमन्ट्) *n* **1** तत्त्व. **2** (किसी संरचना का) अवयव, हिस्सा **3 the — s**, मौसम, आंधी-तूफ़ान. **in (out of) one's —**, स्वाभाविक और प्रियकर वातावरण में रहना (न रहना). **ele'mental** (एलि'मेन्टल्) *adj* प्रकृति की शक्ति से सम्बद्ध, अनियंत्रित, **ele'mentary** (एलि'मेन्टरी) *adj* प्रारम्भिक स्थिति वाला, अविकसित, सरल.

'elephant ('एलिफ़न्ट्) *n* हाथी. → p 351. **'white-'elephant**, बहुत अधिक खर्च माँगने वाली अथवा बेकार संपत्ति.

'elevate ('एलिवेट्) *v* ऊपर उठाना, ऊँचा करना; (मन को) उन्नत करना. **ele'vation** (एलि-वेशन्) *n* **1** उन्नयन, ऊँचा उठाना या उठना. **2** (समुद्रतल से) ऊँचाई; पहाड़ी या ऊँचा या स्थल. **3** बिल्डिंग के एक पक्ष का चित्र. **'elevator** ('एलिवेटर्) *n* **1** लिफ़्ट. **2** सामान ऊपर उठाने का यंत्र.

e'leven (इ'लेव्न्) *n* & *adj* ग्यारह. **—th** (इ'लेव्न्थ्) *n* & *adj* ग्यारहवाँ; $\frac{1}{11}$.

elf (एल्फ़्) *n* (*pl* elves) छोटी परी.

e'licit (इ'लिसिट्) *v* **1** (किसी व्यक्ति की छिपी शक्ति या गुण को) प्रकाश में लाना. **2** (उत्तर, सत्यता आदि किसी व्यक्ति से) निकलवाना.

'eligible ('एलिजब्ल्) *adj* योग्य, उपयुक्त, उचित पात्र (*for*). **,eligi'bility** (एलिज्'बिलिटि) *n* योग्यता, अर्हता.

e'liminate (इ'लिमिनेट्) *v* (अवांछित होने के कारण) हटा देना, अलग कर देना.

el'lipse (इ'लिप्स्) *n* दीर्घवृत्त, अंडाकार आकृति. → p 295.

,elo'cution (एलु'क्यूशन्) *n* वक्तृत्व, सार्वजनिक भाषण की कला.

'elongate ('ईलॉङ्गेट्) *v* बढ़ाना, लंबा करना.

e'lope (इ'लोप्) *v* चुपचाप विवाह करने के लिए अपने घर से भाग जाना.

'eloquence ('एलक्वन्स्) *n* भावनाओं को उभाड़ने वाली अथवा अपनी बात मनवा लेने वाली भाषा का चतुर प्रयोग; वाक्पटुता. **'eloquent** *adj* वाक्पटु, वाग्मी, अच्छा वक्ता.

else (एल्स्) *adv* **1** इसके साथ, अतिरिक्त, अन्य. **2 or —**, अन्यथा, नहीं तो. **—where** *adv* अन्यत्र, और कहीं.

e'lucidate (इ'लूसिडेट्) *v* व्याख्या करना; स्पष्ट करना.

e'lude (इ'लूड्) *v* (चालाकी से) बच निकलना; टाल-मटोल करना. **e'lusive** (इ'लूसिव्) *adj* आसानी से पकड़ में न आने वाला.

elves (एल्व़्ज़्) → elf.

e'maciated (इ'मेशिऐटिड्) *adj* क्षीण-काय, जर्जर शरीर वाला; दुबला-पतला.

'emanate ('एम्नेट्) *v* निकलना, उत्पन्न होना, निस्सरित होना.

e'mancipate (इ'मैन्सिपेट्) *v* (किसी बंधनादि से) मुक्त करना. **emanci'pation** (इमैन्सि-'पेशन्) *n*.

em'bankment (इम्'बैंक्मन्ट्) *n* बाँध, तटबन्ध, सड़क या रेल को सहारा देने के लिए या बढ़ते पानी को रोकने के लिए मिट्टी, पत्थर की दीवार.

em'bargo (एम्'बार्गो) (*pl* em'bargoes) घाटबन्दी (व्यापार, जहाज़ों के आवागमन आदि पर लगाई) रोक, निषेध-आज्ञा.

em'bark (इम्'बार्क्) *v* **1** जहाज़ पर सवार होना, चढ़ना. **2 — (up)on,** प्रारंभ करना; कार्य में भाग लेना.

em'barrass (इम्'बैरस्) *v* **1** उलझन, परेशानी, या घबड़ाहट में डाल देना. **2** अड़चन या बाधा डालना. **'—ment** (इम्'बैरस्मन्ट्) *n.*

'embassy ('एम्बसि) *n* राजदूत का कार्य; राजदूत का आवास, दूतावास.

em'bed (इम्'बेड्) *v* (-dd-) जड़ना, मजबूती से बैठा देना (जैसे अँगूठी में सोने के बीच किसी नग को).

em'bellish (इम्'बेलिश्) *v* सजाना, सुंदर बनाना; अलंकृत करना. **—ment** *n.*

'ember ('एम्बर्) *n.* (प्राय: *pl*) अंगारे, बुझ रहे कोयले के टुकड़े.

em'bezzle (इम्'बेज़ल्) *v* ग़बन करना. **—ment** *n* ग़बन.

em'bitter (इम्'बिटर्) *v* कटुता बढ़ाना, वैमनस्य बढ़ाना.

'emblem ('एम्ब्लम्) *n* प्रतीक, किसी वस्तु या व्यक्ति का सूचक चिह्न. **emblematic** (एम्ब्लि-'मैटिक्) *adj* प्रतीकात्मक.

embody (इम्'बॉडि) *v* (विचार, भावनाओं को) मूर्त स्वरूप देना; संमिलित करना.

emboss (इम्'बॉस्) *v* नक्क़ाशी करना.

em'brace (इम्'ब्रेस्) *v* **1** (प्यार में) आलिंगन करना, गले लगाना. **2** स्वीकार करना, ग्रहण करना. **3** (वस्तुओं को) संमिलित या समाविष्ट करना. *n* आलिंगन.

em'broider (इम्'ब्रॉइडर्) *v* बेलबूटे काढ़ना. **—y** (इम्'ब्रॉइडरि) *n* कशीदा, कशीदाकारी.

'embryo ('एम्ब्रिओ) *n* भ्रूण, पैदा होने के पहले पेट में स्थित बच्चा या जीव, अंडे से बाहर न निकला चिड़िया का बच्चा.

e'mend (इ'मेन्ड्) *v* सुधारना.

'emerald ('एम्रल्ड्) *n* मरकत (चमकीले हरे रंग का रत्न).

e'merge (इ'मर्ज्) *v* **1** दृष्टिगोचर होना; (विशेषत: जल के ऊपर) निकलना, उभड़ना. **2** (विचारों, तथ्यों का) प्रकट होना. **—nce** (इ'मर्जन्स्) *n* उन्मज्जन, आविर्भाव.

emergency (इ'मर्जन्सि) *n* आकस्मिक संकट, आपातकाल.

'emigrate ('एमिग्रेट्) *v* अपने देश से दूसरे देश में बसने के लिए जाना. **'emigrant** ('एमिग्रन्ट्) *n* प्रवासी व्यक्ति. **emi'gration** (एमि'ग्रेशन्) *n* प्रवास.

'eminent ('एमिनन्ट्) *adj* प्रतिष्ठा प्राप्त (व्यक्ति), उल्लेखनीय और मान्य (गुण). **—ly** *adv* उत्कृष्ट रूप में. **'eminence** ('एमिनन्स्) *n* **1** प्रतिष्ठा, उत्कर्ष. **2** ऊँचा स्थान.

e'mit (इ'मिट्) *v* (-tt-) (प्रकाश,द्रव, ध्वनि आदि को) नि:सरित करना या बाहर भेजना. **e'mission** (इ'मिशन्) *n.*

e'molument (इ'मॉल्युमन्ट्) *n* धन या सुविधा प्राप्ति, परिलाभ, आय.

e'motion (इ'मोशन्) *n* मनोभाव; भावावेश अथवा उत्तेजना की स्थिति. **—al** (इ'मोशनल्) *n* भावात्मक; भावुक.

'emperor ('एम्परर्) *n* सम्राट्.

'emphasize ('एम्फ़साइज़्) *v* महत्त्व देने के लिए शब्द या शब्दों पर बलाघात देना; किसी वस्तु पर विशेष बल डालना. **'emphasis** ('एम्फ़सिस्) *n* बलाघात, बल डालना. **em'phatic** (इम्'फ़ैटिक्) *adj* ज़ोरदार, स्पष्ट. **em'phatically** *adv.*

'empire ('एम्पाइअर्) *n* साम्राज्य.

em'pirical (एम्'पिरिकल्) *adj* अनुभवों से प्राप्त (ज्ञान).

em'ploy (इम्'प्लॉइ) *v* **1** काम में लगाना, नौकरी में रखना. **2** प्रयुक्त करना. **—ment** (इम्'प्लॉइमन्ट्) *n* नियोजन, नौकरी, रोज़गार. **employ'ee** (एम्प्लॉ'ई) वेतनभोगी कर्मचारी.

em'power (इम्'पाउअर्) *v* (किसी कार्यविशेष करने का किसी को) अधिकार देना.

'empress ('एम्प्रिस्) *n* सम्राट की पत्नी; सम्राज्ञी.

'empty ('एम्पटि) *adj* (-ier, -iest) खाली. **make an — promise,** थोथे वादे करना. *v* खाली होना या करना.

'emulate ('एम्युलेट्) *v* उत्साह से बराबर होने

या आगे बढ़ने की चेष्टा करना. **emulation** (एम्युलेशन्) *n* स्पर्धा, होड़.

'enable (इ'नेब्ल्) *v* योग्य बनाना, (किसी कार्य करने के लिए) समुचित साधन और अधिकार देना.

e'nact (इ'नैक्ट्) *v* 1 विधि या क़ानून बनाना; नियम बनाना. 2 अभिनय द्वारा प्रस्तुत करना. **—ment** *n* विधि, क़ानून, अधिनियम, अभिनय, प्रदर्शन.

e'namel (इ'नैमल्) *n* 1 एनैमल, तामचीनी. **— paint,** सूख कर इस प्रकार चिकना और चमकीला हो जाने वाला रंग. 2 दाँत की बाहरी चमकीली तह. *v* (-ll-) — से चमकाना.

en'chant (इन्'चान्ट्) *v* मंत्रमुग्ध करना, वशीभूत करना; मोहित करना. **—er, —ress** (इन'चान्टर्; इन'चान्ट्रिस्) जादूगर, जादूगरनी. **—ment** *n* मोहित होना; मोहित करने वाला; जादू; अति हर्ष.

en'circle (इन'सर्क्ल्) *v* चारों ओर से घेरना.

en'close (इन'क्लोज़्) *v* 1 घेरना, बाड़ा लगाना; चारों ओर से बन्द करना. 2 (किसी वस्तु को लिफ़ाफ़े, पार्सल आदि में, विशेषतः पत्र के साथ) रखना. **en'closure** (इन'क्लोझ़र्) *n* संलग्न, अनुलग्न (वस्तु); घेरा, बाड़ा.

en'core (ऑङ्'कॉर्) *int* फिर से, फिर से कहिए (या कीजिए). *v & n* गीत या कला प्रदर्शन को फिर से करने के लिए कहना.

en'counter (इन्'काउन्टर्) *v & n* मुठभेड़ होना, अकस्मात् किसी से संकटपूर्ण स्थिति में सामना करना.

en'courage (इन्'करिज्) *v* हिम्मत बढ़ाना, प्रोत्साहित करना. **—ment** *n* प्रोत्साहन; बढ़ावा.

en'croach (इन्'क्रोच्) *v* **—(up)on,** अधिकार के परे जाना, अतिक्रमण करना, अनधिकार हस्तक्षेप करना. **—ment** *n*.

en'cumber (इन्'कम्बर्) *v* बाधा डालना; बोझा या भार डालना. **en'cumbrance** (इन्'कम्ब्रन्स्) *n* भार, बोझा, उत्तरदायित्व; बाधा.

encyclo'paedia (एन्साइक्लो'पीड्या) *n* विश्वकोश, एक या अनेक जिल्दों की पुस्तक जिसमें अकारादि क्रम से ज्ञान के सभी विषयों की अथवा किसी एक ही विषय से संबद्ध सूचनाएँ दी जाती हैं.

end (एन्ड्) *n* 1 सिरा, छोर; अन्त, समाप्ति. (*get hold of*) **the wrong end of the stick,** सत्य से विपरीत (पर विश्वास किये जाना). **on end** (ड्रम आदि की) सीधी स्थिति. **for weeks on end,** निरन्तर, बिना बीच में रुकावट के. **make both ends meet,** (fig) ख़र्च लायक किसी प्रकार कमा लेना. **put an end to, make an end of,** नष्ट कर देना, समाप्त कर देना, सदा के लिए रोक देना. 2 उद्देश्य, लक्ष्य; प्रयोजन : *gain one's end.* *v* समाप्त कर देना, समाप्ति पर पहुँच जाना. **end up** (*with*), समाप्ति पर पहुँचना. **'ending** ('एन्डिङ्) *n* शब्द या कथा का अन्तिम अंश. **'endless(ly)** *adj & adv*. **'endways, 'endwise** *adv* सिरे आगे या ऊपर किये.

en'danger (इन्'डेन्जर्) *v* ख़तरे या संकट में डालना.

en'dear (इन्'डिअर्) *v* प्रिय बनाना. **—ment** *n* लाड़-प्यार.

en'deavour (इन्'डेवर्) *n & v* प्रयत्न (करना).

en'dorse (इन्'डॉर्स्) *v* 1 (चेक आदि के पीछे) अपने हस्ताक्षर करना. 2 (किसी कथन का) समर्थन करना. **—ment** *n*.

en'dow (इन्'डाउ) *v* 1 (किसी विद्यालय आदि सार्वजनिक संस्था को धन-सम्पत्ति आदि) दान में देना. 2 **be —ed with,** स्वाभाविक अथवा सहजात प्रतिभा से युक्त होना. **—ment** *n* (इन्'डाउमन्ट्) वृत्तिदान; धर्मदाय.

en'dure (इन्'ड्युअर्) *v* 1 (दुःख, दर्द, कष्ट) झेलना. 2 सहना, सहन करना. 3 बने रहना, टिकना. **en'durance** (इन्'ड्युअरन्स्) *n* सहन-शक्ति, धैर्य; स्थायिता; सहना.

'enemy ('एनिमि) *n* शत्रु, दुश्मन.

'energy ('एनर्जि) *n* बल, शक्ति; व्यक्ति की कार्य करने की शक्ति; (physics) ऊर्जा. **ener'getic** (एनर्'जेटिक्) *adj* उत्साहपूर्ण कार्य करने वाला, कर्मठ; ओजस्वी. **ener'getically** (एनर्'जेटिकलि) *adv*.

en'fold (इन्'फ़ोल्ड्) *v* अपनी बाहों में भरना; लपेटना.

en'force (इन्'फ़ॉर्स्) *v* **1** क़ानून मानने के लिए बाध्य करना. **2** (किसी व्यक्ति से कोई कार्य) बलपूर्वक कराना. **—ment** *n*.

en'franchise (इन्'फ़्रैन्चाइज़्) *v* **1** राजनैतिक अधिकार देना. **2** (दासों, गुलामों को) मुक्त करना.

en'gage (इन्'गेज्) *v* **1** (टैक्सी आदि सवारी के लिए) किराये पर लेना; (किसी व्यक्ति या गाइड को) काम पर रखना. **2** वादा करना, प्रतिज्ञा करना. **3 be —d in,** व्यस्त होना. **4** झगड़ा करना (*with*). **—d** (इन्'गेज्ड्) *adj* (विशेषत:) जिसकी सगाई हो चुकी है, वाग्दत्त(ा). **—ment** *n* **1** सगाई; किसी स्थिर समय पर किसी व्यक्ति से मिलने या कहीं जाने का वादा. **2** मुठभेड़, लड़ाई.

en'gender (इन्'जेन्डर्) *v* पैदा करना.

engine ('एन्जिन्) *n* इंजन, यन्त्र. **'engine-,driver** *n* (रेलवे) इंजिन का ड्राइवर. **,engi'neer** (एन्जि'निअर्) *n* **1** मशीन, पुल, रेल, जहाज़ यंत्र आदि का डिज़ाइन करने वाला व्यक्ति, इंजीनियर, अभियन्ता. **2** जहाज़ के इंजन का नियन्त्रक व्यक्ति. *v* इंजीनियर के रूप में निर्माण करना; उपाय निकालना.

en'grave (इन्'ग्रेव्) *v* पत्थर, धातु की प्लेट आदि कड़ी वस्तु पर शब्द लिखना या चित्रादि बनाना. **en'graving** (इन्'ग्रेविङ्) *n* इस विधि से नक्काशी करना.

en'gross (इन्'ग्रोस्) *v* पूरे ध्यान से किसी काम में तल्लीन रहना : *—ed in one's work*.

en'hance (इन्'हान्स्) *v* (आकर्षण, शक्ति, मूल्य आदि) बढ़ाना.

e'nigma (इ'निग्मा) *n* पहेली, बुझौवल; रहस्य. **,enig'matic** (एनिग्'मैटिक्) *adj*. रहस्यमय, पेचीदा.

en'join (इन्'जॉइन्) *v* आदेश देना, लागू करना.

en'joy (इन्'जॉइ) *v* **1** आनंद लेना. **2** भोगना, उपयोग में लाना. **—able** (इन्'जॉइब्ल्) *adj* — योग्य. **—ment** *n*.

en'large (इन्'लार्ज्) *v* बढ़ाना. या बढ़ना. **— (up)on,** विस्तार के साथ कहना या लिखना. **—ment** (इन्'लार्ज्मन्ट्) *n* किसी वस्तु का (विशेषत: फोटोग्राफ का) परिवर्धन; कोई जोड़ी हुई वस्तु.

en'lighten (इन्'लाइट्न्) *v* और अधिक ज्ञान देना; अज्ञानता दूर करना, प्रबुद्ध करना. **—ment** *n* प्रबोधन, ज्ञानोदय.

en'list (इन्'लिस्ट्) *v* **1** (किसी का) सहयोग प्राप्त करना. **2** फ़ौज में भरती होना.

en'liven (इन्'लाइव्न्) *v* सजीव बना देना, जान डालना.

'enmity ('एन्मिटि) *n* शत्रुता, वैर.

e'normity (इ'नॉर्मिटि) *n* महापातक.

e'normous (इ'नॉर्मस्) *adj*, बहुत बड़ा, बहुत अधिक, विशाल. **—ly** *adv*.

e'nough (इ'नफ़्) *adj, n & adv* पर्याप्त, काफ़ी.

en'quire *v* → inquire.

en'rage (इन्'रेज्) *v* गुस्सा दिलाना या होना, क्रुद्ध होना या करना.

en'rapture (इन्'रैप्चर्) *v* मोहित करना, आनंद विभोर करना.

en'rich (इन्'रिच्) *v* धनी बनाना; समृद्ध करना.

en'rol(l) (इन्'रोल्) *v* सूची या रजिस्टर में किसी का नाम लिखना; सदस्य बनना.

en route (आँ'रूट्/ऑन्'रूट्) *adv* मार्ग में.

'ensign ('एन्साइन्) *n* झंडा (विशेषत: जहाज़ का).

en'sue (इन्'स्यू) *v* (किसी के) परिणाम रूप घटित होना.

ensuing (इन्'स्यूइङ्) *adj* आगामी, अनुवर्ती.

en'sure (इन्'शुअर्) *v* निश्चित कर लेना.

en'tail (इन्'टेल्) *v* के लिए आवश्यक होना.

en'tangle (इन्'टैंग्ल्) *v* जाल में फँसाना, बाधाओं में अटका देना; (fig) किसी को परेशानी में डाल देना. **—ment** *n*.

'enter ('एन्टर्) *v* **1** घुसना, प्रवेश करना; सदस्य बनना. **2** (टिप्पणी, नाम, आदि) दर्ज करना. **3 — into,** भाग लेना; बात-चीत प्रांरभ करना.

'enterprise ('एन्टर्प्राइज़्) *n* **1** उद्यम या कार्य जिसमें साहस करने का अवसर हो या कठिनाइयों का सामना करना पड़े. **2** साहस, उत्सुकता (नये उद्यमों को प्रारंभ करने की). **'enterprising** ('एन्टर्प्राइजिङ्) *adj* उत्साही, उद्यमी.

enter'tain (एन्टर्'टेन्) *v* **1** लोगों का अतिथि के रूप सत्कार करना; भोजन आदि से संमान करना. **2** जी बहलाना, रिझाना. **3** विचार करने के लिए तैयार होना; ध्यान में रखना. **—ing** *adj* मनोरजक. **—ment** *n* मनोरंजन.

en'thral(l) (इन्'थ्रॉल्) *v* मोहित करना; पूरा-पूरा ध्यान खींच लेना.

en'throne (इन्'थ्रोन्) *v* गद्दी पर बैठाना.

en'thusiasm (इन्'थ्यूज़िऐज़्म्) *n* उमंग, उत्साह, प्रशंसा (*for*). **en'thusiast** (इन्'थ्यूज़िऐस्ट्) *n* उमंगी, उत्साही. **enthusiastic** *adj* उत्साहपूर्ण.

en'tice (इन्'टाइस्) *v* (किसी व्यक्ति को) (किसी कार्य करने के लिए या न करने के लिए) फुसलाना (*away from* sth, *to do* sth) **—ment** *n*.

en'tire (इन्'टाइअर्) *adj* पूर्ण; सम्पूर्ण; अखंड. **—ly** *adv*. **—ty** (इन्'टाइअरटि) *n* अखंडता, संपूर्णता.

en'title (इन्'टाइट्ल्) *v* (किसी पुस्तक का) शीर्षक देना; (किसी व्यक्ति को) (किसी बात का) अधिकार देना (*to*).

'entrails ('एन्ट्रेल्ज़्) *n pl* आँते.

entrain (इन्'ट्रेन्) *v* रेल में चढ़ना या चढ़ाना.

'entrance[1] ('एनट्रन्स्) *n* प्रवेश, प्रवेश द्वार, प्रवेश का अधिकार, प्रवेश करना.

en'trance[2] (इन्'ट्रान्स्) *v* **be —d,** संमोहित होना, मंत्रमुग्ध होना

'entrant ('एनट्रन्ट्) *n* (किसी व्यवसाय या प्रतियोगिता में) प्रवेश लेने वाला व्यक्ति.

en'treat (इन्'ट्रीट्) *v* अनुनय-विनय करना, चिरौरी करना. **—y** *n* अनुनय-विनय, चिरौरी.

en'trust (इन्'ट्रस्ट्) *v* कर्त्तव्य या उत्तरदायित्व के रूप में किसी को कुछ सौंपना (sth *to* sb); विश्वास करना (sb *with* sth).

'entry ('एन्ट्रि) *n* **1** प्रवेश द्वार, प्रवेश; प्रतियोगिता आदि में नाम लिखना. **2** शब्दकोश में शब्द के आगे दिये अर्थ आदि की सूचना, प्रविष्टि.

e'numerate (इ'न्युम्रेट्) *v* गिनना, नाम ले लेकर किसी सूची में दी वस्तुओं की गिनती करना. **e,nume'ration** (इन्युम्'रेशन्) *n*.

e'nunciate (इ'नन्सिएट्) *v* **1** (शब्दों का) उच्चारण करना. **2** (किसी सिद्धांत को) स्पष्ट रूप से व्यक्त करना. **e,nunci'ation** (इनन्सि'एशन्) *n* प्रतिपादन.

en'velop (इन्'वेलप्) *v* चारों ओर से ढकना, लपेटना.

'envelope ('एन्विलोप्) *n* लिफ़ाफ़ा (विशेषत: पत्र का).

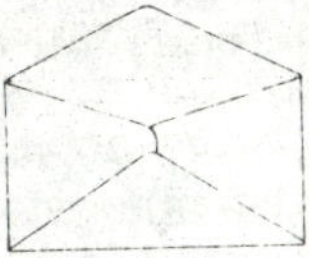

an envelope

'enviable, 'envious → envy.

en'vironment (इन्'वाइरन्मन्ट्) *n* वातावरण; अड़ोस-पड़ोस.

'envoy ('एनवॉइ) *n* राजदूत; विशेष दूत.

'envy ('एन्वि) *v* (*pt* & *pp* 'envied) & *n* ईर्ष्या (करना), जलन (रखना). **'enviable** ('एन्विअब्ल्) *adj* ईर्ष्या उत्पन्न करने वाला; स्पृहणीय. **'envious** ('एन्विअस्) *adj* ईर्ष्या करने वाला, जलने वाला, व्यक्ति.

'epic ('एपिक्) *n* & *adj* अपने राष्ट्र के अतीत वीरपुरुषों की गाथा, वीर कथा; महाकाव्य.

'epicure ('एपिक्युअर्) *n* स्वादलोलुप, भोगवादी.

,epi'demic (एपि'डेमिक्) *n* & *adj* महामारी.

'epigram ('एपिग्रैम्) *n* सूक्ति, सुभाषित.

'episode ('एपिसोड्) *n* घटना चक्र में किसी एक घटना का वर्णन, वृत्तान्त.

e'pistle (इ'पिस्ल्) *n* धर्मपत्र, काव्यपत्र. **the E—s,** धर्मपत्र.

'epitaph ('एपिटाफ़्) *n* समाधि-लेख.

e'pitomize (इ'पिट्माइज़्) *v* सार या संक्षेप लिखना.

'epoch ('ईपॉक्) *n* युग, काल.

'equable ('एक्वब्ल्) *adj* एकरूप, स्थिर, सम.

'equal ('ईक्व्ल्) *adj* **1** आकार, मात्रा, संख्या, गुण आदि में समान, बराबर. **2 — to,** के योग्य, के बराबर. *v* (-ll-) के बराबर होना या करना, समान करना. **—ly** *adv*. **e'quality** (ई'क्वॉलिटि) *n* समानता, समता, बराबरी. **—ize** ('ईक्व्लाइज़्) *v* बराबर करना, एकरूप करना.

ˌ**equaˈnimity** (ईक्व्ˈनिमिटि) *n* धैर्य, समबुद्धि.
eˈquate (इˈक्वेट्) *v* किसी वस्तु को दूसरे के बराबर मानना या करना. **eˈquation** (इˈक्वेशन्) *n* समान करना; समीकरण (गणित में).
eˈquator (इˈक्वेटर्) *n* भूमध्य रेखा, विषुवद् रेखा. ˌ**equaˈtorial** (एक्व्ˈटॉरिअल्) *adj* भूमध्यवर्ती, विषुवद्-रेखा विषयक.
ˈ**equiˈdistant** (ˈईक्विˈडिस्टन्ट्) *adj* समान दूरी पर स्थिर, समदूरस्थ.
ˈ**equiˈlateral** (ˈईक्विˈलैट्रल्) *adj* समभुज.
ˌ**equiˈlibrium** (ईक्विˈलिब्रियम्) *n* साम्य या संतुलन की स्थिति.
ˈ**equinox** (ˈईक्विनॉक्स्) *n* वर्ष का वह समय जब दिन और रात दोनों बराबर होते हैं.
eˈquip (इˈक्विप्) *v* (-pp-) सज्जित करना, लैस करना. **—ment** *n* साज़-समान, उपकरण.
ˈ**equity** (ˈएक्विटि) *n* समदृष्टि; निष्पक्ष निर्णय. ˈ**equitable** (ˈएक्विटब्ल्) *adj* न्याय संगत, उचित.
eˈquivalent (इˈक्विवलन्ट्) *adj* समतुल्य, बराबर, समानार्थी.
ˈ**era** (ˈइअरा) *n* (इतिहास में) संवत, युग; *the Christian —*, ईसवी सन्, *the Vikrama era* विक्रमीय संवत्.
eˈradicate (इˈरैडिकेट्) *v* जड़ से उखाड़ देना, समाप्त कर देना, नष्ट करना.
eˈrase (इˈरेज़्) *v* रबड़ से मिटाना; मिटा देना.
eˈrect (इˈरेक्ट्) *adj* सीधा, खड़ा. *v* **1** खड़ा करना. **2** निर्माण करना, स्थापित करना. **—tion** (इˈरेक्शन्) *n.* निर्माण, स्थापना.
eˈrode (इˈरोड्) *v* (पानी, की धारा से, जैसे किनारों का) काटा जाना, (तेज़ाब आदि से किसी वस्तु का) खिया जाना, क्षय हो जाना. **eˈrosion** (इˈरोशन्) *n.*
err (अर्) *v* भूल करना, ग़लती कर बैठना.
ˈ**errand** (ˈएरन्ड्) *n* किसी वस्तु को पाने या लाने के लिए की छोटी यात्रा, ऐसी यात्रा का उद्देश्य या प्रयोजन.
erˈratic (इˈरैटिक्) *adj* सनकी, मौजी, अनिश्चित व्यवहार अथवा मत वाला.
erˈratum (एˈराटम्) *n* (*pl* erˈrata) लिखने या मुद्रण की त्रुटियाँ, अशुद्धि.
erˈroneous (इˈरोन्यस्) *adj* ग़लत, भ्रान्तिपूर्ण.
ˈ**error** (ˈएरर्) *n* **1** ग़लती, त्रुटि. **2** व्यवहार या विश्वास में ग़लती पर होना; भ्रम.
ˈ**erudite** (ˈएरुडाइट्) *adj* पांडित्यपूर्ण, पंडित.
eˈrupt (इˈरप्ट्) *v* फूटना, निकल आना (जैसे ज्वालामुखी का). **—ion** (इˈरप्शन्) *n* फूटकर बाहर आना, उद्गार; फोड़ा-फुंसी.
escalate (एस्क्ˈलेट्) *v* बढ़ाना, तीव्र करना.
ˈ**escalator** (ˈएस्कलेटर्) *n* चलती सीढ़ी.

esˈcape (इस्ˈकेप्) *v* **1** भाग निकलना, निकल भागना, बचना. **2** (किसी गैस का) निकल जाना. **3** ध्यान से छूट जाना. *n* पलायन, भागना; भागने के साधन.
ˈ**escort** (ˈएस्कॉर्ट) *n* किसी व्यक्ति (या जहाज़) की सुरक्षा के लिए साथ-साथ जाने वाला व्यक्ति (या जहाज़), अनुरक्षक. **esˈcort** (इस्ˈकॉर्ट) *v* — के रूप में जाना.
esˈpecial (इस्ˈपेश्ल्) *adj* विशिष्ट, खास; असाधारण. **—ly** *adv* विशेष रूप से.
esˈquire (इस्ˈक्वाइअर्) *n* (**Esq** रूप में लिखा) पुरुष के नाम के बाद लिखा संमानार्थ शब्द (Mr नाम के पहले लिखा जाता है, Esq नाम के बाद).
ˈ**essay** (ˈएसेइ) *n* निबंध. **—ist** (ˈएसेइस्ट्) *n* निबंधकार.
ˈ**essence** (ˈएसन्स्) *n* **1** तत्त्व, सार तत्त्व. **2** किसी द्रव का उबाल कर निकला हुआ सार, आसव. **3** सुगंध.
esˈsential (इˈसेन्श्ल्) *adj* **1** आवश्यक, अनिवार्य. **2** सार (आसव) विषयक. **—ly** *adv* मूलतः, तत्त्वतः
esˈtablish (इस्ˈटैब्लिश्) *v* **1** पक्की नींव पर

स्थापित करना. **2** किसी पद या स्थान पर प्रतिष्ठित हो जाना. **3** लोगों से किसी विश्वास, रीति आदि को मनवा लेना. **—ment** (इस्'टैब्लिश्मन्ट्) *n* स्थापना; प्रतिष्ठान; संगठन.

es'tate (इस्'टेट्) *n* **1** भू-सम्पत्ति, जागीर, जायदाद. **— agent** *n* जायदाद का दलाल.

es'teem (इस्'टीम्) *v* **1** संमान व श्रद्धा से देखना. **2** विचार करना. *n* संमान और श्रद्धा.

'estimate ('एस्टिमेट्) *v* मूल्यांकन करना, किसी के प्रति कुछ विचार बना लेना; (कीमत आदि का) अन्दाज़ा लगाना, आँकना. *n* विचार, राय; (कीमत आदि का) अनुमान, आकलन.

,esti'mation (एस्टि'मेशन्) *n* विचार, राय, संमान, आदर.

es'trange (इस्'ट्रेन्ज्) *v* किसी व्यक्ति को किसी अन्य से विमुख या अलग कर देना. **—ment** *n* मनमुटाव, अलगाव.

'estuary ('एस्टचुअरि) *n* नदी का मुहाना.

et 'cetera (इट्'सेट्रा) (लैटिन शब्द, संक्षेप रूप में etc) इत्यादि.

etch (एच्) *v* मुद्रण में काम आने वाली धातु-प्लेट पर अम्ल आदि के प्रयोग से चित्रादि बनाना. **'—ing** *n*. **'—er** *n*.

e'ternal (इ'टर्नल्) *adj* नित्य, अनादि और अनंत. **eternity** (इ'टर्निटि) *n* अनंतकाल; पारलौकिक जीवन.

'ether[1] ('ईथर्) *n* ईथर, अलकोहल से बना एक रंगहीन द्रव.

'ether[2] ('ईथर्) *n* **the —**, आकाश में विद्यमान तत्त्व जिसके माध्यम से प्रकाश किरणें गुज़रती हैं. **e'thereal** (ई'थिअरअल्) *adj* वायवीय, लोकोत्तर.

'ethics ('एथिक्स्) *n* नीतिशास्त्र, आचारशास्त्र. **'ethical** ('एथिक्ल्) *adj* नीतिशास्त्र, नैतिक.

'etiquette (एटि'केट्) *n* शिष्टाचार.

ety'mology (एटि'मॉलजि) *n* शब्दों की व्युत्पत्ति बताने वाला विज्ञान.

'eulogy ('यूलजि) *n* प्रशस्ति, प्रशंसा भरा भाषण या लेख.

'euphemism ('यूफ़िमिज़्म्) *n* कटु सत्य को प्रिय शब्दों द्वारा कहना.

e'vacuate (इ'वैक्युएट्) *v* **1** सैनिकों का पीछे हटना, खाली छोड़ना. **2** किसी स्थान को लोगों से खाली करवाना. **evacu'ation** (इवैक्यु-'एशन्) *n*.

e'vade (इ'वेड्) *v* **1** (किसी से) बचना या जी चुराना : *to — a blow*. **2** टालमटोल करना : *to — paying one's debts*.

e'vasion (इ'वेशन्) *n* बचाव, टाल-टूल, बहाना.

e'vasive (इ'वेसिव्) *adj* अनिश्चित, अस्पष्ट, कपटपूर्ण : *an evasive answer*.

e'valuate (इ'वैल्युएट्) *v* मूल्यांकन करना. **evalu'ation** (इवैल्यु'एशन्) *n* मूल्यांकन.

evan'gelic(al) (ईवैन्'जेलिकल्) *adj* (ईसाई धर्म में) सुसमाचार (Gospel) के अनुसार.

e'vangelist (इ'वैन्जिलिस्ट्) *n* **1** Gospel का लेखक (Matthew, Mark, Luke या John). **2** Gospel का प्रचारक.

e'vaporate (इ'वैपरेट्) *v* **1** भाप में परिवर्तन करना, भाप बना कर उड़ा देना. **2** गर्म करके किसी वस्तु को द्रवहीन कर देना, सुखाना. **evapo'ration** (इवैप्'रेशन्) *n*.

evasion, evasive → evade.

eve (ईव्) *n* **1** पूर्वसंध्या, किसी विशेष दिवस के पहले की संध्या या पूरा दिन : *New Year's Eve* (31 Dec). **2 on the eve of,** घटना के ठीक पूर्व.

even[1] ('ईव्न्) *adv* **1** भी, आशा न होते हुए भी : *It is warm here, — in winter* (*winter* में गर्मी की आशा नहीं थी पर गर्मी है, अतएव *even* का प्रयोग). *Even a child can understand it*. **2 — if (though),** यद्यपि : *I'll go — if you won't*. **3** अब भी : *I can run — faster than you*.

'even[2] ('ईव्न्) *adj* **1** समतल, चौरस. **2** नियमित, नियम से. **3** एक-सा, एकरूप : *— writing*. **4** (मात्रा, दूरी, मूल्य, आदि का) बराबर होना. **be (get) — with sb,** बदला लेना. **5** सम (विषम का विपरीत), गणित में 2, 4, 6, 8 आदि संख्याएँ जो 2 से कट जाती हैं. *v* बराबर करना. **—ly** *adv*.

'even[3] ('ईव्न्) *n* (कविता में) सांयकाल. **—song** *n* इंग्लैंड के चर्च में सांयकालीन प्रार्थना.

—**tide** (कविता में) शाम.

evening (ˈईव़निङ्) *n* शाम, सायंकाल.

eˈvent (इˈव़ेन्ट्) *n* **1** घटना, विशेषत: महत्वपूर्ण. **at all events,** चाहे जो कुछ भी हो, हर स्थिति में. **in that** —, उस स्थिति में, यदि वैसा हो तो. **2** खेलकूद कार्यक्रम में कोई एक दौड़. —**ful** *adj* महत्वपूर्ण घटना वाला. —**tial** (इˈवेन्टयुअल्) *adj* संभावित; अंतिम, अंत में (परिणाम रूप). —**ually** *adv* (इˈव़ेन्टयुअलि) अंत में. **eˌventuˈality** (इव़ेन्ट्यु'ऐलिटि) *n* संभावित घटना.

ˈever (ˈएव़र) *adv* **1** — **(since),** हमेशा, सदैव; तब से हमेशा (since). **2** किसी भी समय, कभी : *Have you — been there ?* —**green** *n & adj* सदाबहार (पेड़). —**lasting** *adj* स्थायी, सदा बना रहने वाला. **the E—lasting,** ईश्वर. ˌ— ˈ**more** *adv* सदा, सर्वदा.

ˈevery (ˈएव़रि) *adj* **1** समूह में से प्रत्येक, हर एक. **2** — **other one,** हर तीसरा. — **now and then,** समय-समय पर. —**body/one** *pron* प्रत्येक और सभी व्यक्ति. —**thing** *pron* प्रत्येक और सभी (वस्तुएँ). —**day** *adj* प्रतिदिन का, साधारण. —**where** *adv.* सर्वत्र, सब जगह.

eˈvict (ईˈव़िक्ट्) *v* बेदख़ल करना, किसी व्यक्ति को किसी स्थान (मकान, भूमि आदि) से क़ानूनन निकाल देना. —**ion** *n.*

ˈevidence (ˈएव़िडन्स्) *n* गवाही, साक्ष्य; प्रमाण (तथ्य और कथन). **to bear — of,** के संकेत देना. **in** —, स्पष्ट रूप से दिखाई पड़ने वाला. ˈ**evident** (ˈएव़िडन्ट्) *adj* स्पष्ट, प्रकट, प्रत्यक्ष. ˈ**evidently** (ˈएव़िडन्टलि) *adv.*

ˈevil (ˈईव़्ल्) *adj* दुष्ट, खराब; पापी. **the E— One,** शैतान. *n* दुष्टता, बुराई, पाप, ख़राब वस्तु; दुर्घटना. *adv* — रीति से.

eˈvince (इˈव़िन्स्) *v* (अपनी भावना या गुण) दिखाना, प्रदर्शित करना.

eˈvoke (इˈव़ोक्) *v* बुलाना; (पुरानी यादों, भावनाओं को) प्रकट करना.

ˈevoˈlution (ईव़्ˈलूशन्) *n* **1** विकास, क्रम-विकास. **2 Theory of E—** विकासवाद. **3** योजना के अनुसार (नर्तकों, सैनिकों आदि की) चाल.

eˈvolve (इˈव़ॉल्व़्) *v* प्रकट कर देना; विकसित करना या होना; क्रम से बढ़ना.

ewe (यू) *n* मादा भेड़.

ex- (एक्स्) पूर्वपद, भूतपूर्व : *the ex-king* (भूतपूर्व राजा).

exaˈct[1] (इग्ˈज़ैक्ट्) *adj* पूरी तरह ठीक, सही; त्रुटिहीन; यथार्थ. —**ly** *adv.* —**ness** *n.*

exˈact[2] (इग्ˈज़ैक्ट्) *v* बलपूर्वक माँगना और ले लेना; आग्रह करना. —**ing** *adj* बड़ी माँगे रखने वाला; कठोर, श्रमसाध्य.

exˈaggerate (इग्ˈज़ैजरेट्) *v* बढ़ा-चढ़ा कर कहना. **exˌaggeˈration** (इग्ˌज़ैज्ˈरेशन्) *n* अतिशयोक्ति.

exˈalt (इग्ˈज़ॉल्ट्) *v* पद में ऊँचा करना; शक्ति में और बड़ा करना; प्रशंसा करना. —**ed** *adj.* **exalˈtation** *n.*

exˈamine (इग्ˈज़ैमिन्) *v* **1** परखना, जाँचना. **2** परीक्षा लेना, प्रश्नों के उत्तरों से जाँचना. **examiˈnation** *n* परीक्षा, जाँच.

exˈample (इग्ˈज़ाम्प्ल्) *n* **1** उदाहरण. **2** नमूना. **3** अनुकरण करने योग्य (व्यक्ति का चरित्र, व्यवहार आदि). **4** चेतावनी : *make an — of sb.*

exˈasperate (इग्ˈज़ास्परेट्) *v* झड़कना, क्रुद्ध करना. **exaspeˈration** (इग्ज़ास्पˈरेशन्) *n* क्षोभ, क्रोध, उत्तेजना.

ˈexcavate (ˈएक्स्कव़ेट्) *v* खोद करके प्रकट करना. ˈ**excavator** *n* (विशेषत:) खोदाई की मशीन.

exˈceed (इक्ˈसीड्) *v* से अधिक होना, से बढ़ कर होना; आवश्यकता या मर्यादा से परे जाना. —**ingly** *adv* अत्यधिक.

exˈcel (इक्ˈसेल्) *v* (-ll-) से बढ़कर होना; किसी कार्य में श्रेष्ठ होना.

ˈexcellent (ˈएक्सलन्ट्) *adj* श्रेष्ठ, उत्तम, बढ़िया. —**ly** *adv.* ˈ**excellence** (ˈएक्सलन्स्) *n* श्रेष्ठता, उत्कर्ष. **your (His) Excellency,** महामहिम (राज्यपाल, राजदूत आदि के लिए प्रयुक्त सम्मान शब्द).

exˈcept (इक्ˈसेप्ट्) *prep* को छोड़कर, के अतिरिक्त. *v* छोड़ देना (ताकि सम्मिलित न हो). —**ion** (इक्ˈसेप्शन्) *n.* —**ional(ly)**

adj & *adv* अपवादस्वरूप, असाधारण रीति से.

ˈexcerpt (ˈएक्सर्प्ट्) *n* (पुस्तक से लिया हुआ) उद्धरण.

exˈcess (इक्ˈसेस्) *n* **1** अधिकता. **2** (*pl*) ज्यादती, असंयम, अतिक्रमण. **—ive** (इक्ˈसेसिव्) *adj* बहुत अधिक; बहुत बड़ा.

exˈchange (इक्स्ˈचेन्ज्) *v* आदान-प्रदान करना, विनिमय करना, एक वस्तु के बदले दूसरी वस्तु लेना. **— blows,** लड़ना. *n* **1** विनिमय, अदला-बदली. **2** एक देश की मुद्रा का दूसरे देश की मुद्रा से विनिमय. **3** स्थान जहाँ पूँजीपति या व्यापारी व्यापार के लिए जमा होते हैं : *the Stock E—*. **4 telephone —,** केन्द्रीय कार्यालय जहाँ टेलीफ़ोन की लाइनें मिलाई जाती है.

exˈchequer (इक्स्ˈचेकर्) *n* **1 the E—,** सरकार का अर्थ विभाग, राजकोष. **2** नकदी संपत्ति.

exˈcise (एक्ˈसाइज्) *n* उत्पादन शुल्क. **— department** *n* आबकारी विभाग.

exˈcite (इक्ˈसाइट्) *v* उत्तेजित करना; भड़काना, उकसाना, जगाना. **exˈcitable** (इक्ˈसाइटेब्ल्) *adj* सहज में उत्तेजित होने वाला. **excitaˈbility** (इक्साइट्ˈबिलिटि) *n* उत्तेजनशीलता. **exˈcitement** (इक्ˈसाइट्मन्ट्) *n* उत्तेजना, क्षोभ.

exˈclaim (इक्स्ˈक्लेम्) *v* अचानक जोर से कुछ कहना. **exclaˈmation** (एक्स्क्लˈमेशन्) *n* चिल्लाहट, चीत्कार; विस्मयादि बोधक.

exˈclude (इक्स्ˈक्लूड्) *v* **1** किसी व्यक्ति को कहीं जाने से रोकना. **2** संदेह को उठने से रोकना. **exˈclusion** (इक्स्ˈक्लूशन्) *n* अलग करना या होना : *to the exclusion of*. **exˈclusive** (इक्स्ˈक्लूसिव्) *adj* **1** ग़ैर-मिलनसार (व्यक्ति), नये व्यक्तियों को अपने में शामिल न करने वाला (वर्ग). **2** अन्यत्र न मिलने वाला (सामान); विशिष्ट. **3** एक मात्र विशिष्ट व्यक्ति या व्यक्तियों के लिए सुरक्षित : *exclusive privileges*. **4 exclusive of,** को छोड़कर, के अतिरिक्त.

excomˈmunicate (एक्स्कˈम्यूनिकेट्) *v* बहिष्कार कर देना, (धर्म या जाति-बिरादरी के) बाहर कर देना. **ˈexcommuniˈcation** (ˈएक्स्कम्यूनिˈकेशन्) *n*.

ˈexcrement (ˈएक्स्क्रिमन्ट्) *n* मल, विष्ठा.

exˈcruciating (इक्स्ˈक्रूशिएटिङ्) *adj* तीक्ष्ण पीड़ा. संताप.

exˈcursion (इक्स्ˈकर्शन्) *n* सैर, पर्यटन.

exˈcuse (इक्स्ˈक्यूज़्) *v* **1** सफ़ाई देना, निरपराध सिद्ध करना; दोष पर ध्यान न देना. **2** माफ़ी माँगना. **3 — oneself** (किसी कार्य से) माफ़ किया जाना. *n* बहाना, माफ़ी; सफ़ाई. **exˈcusable** (इक्स्ˈक्यूजब्ल्) *adj* क्षम्य.

ˈexecute (ˈएक्सिक्यूट्) *v* **1** (दिया हुआ कार्य) पूरा करना. **2** अमल में लाना, लागू करना. **3** क़ानूनन बाध्य करना. **4** फांसी पर चढ़ाना. **5** अभिनय करना, गा-बजा कर प्रस्तुत करना. **ˌexeˈcution** (एक्सिˈक्यूशन्) *n*. **ˌexeˈcutioner** (एकसिˈक्यूशनर्) *n* फांसी देने वाला, जल्लाद. **exˈecutive** (इग्ˈज़ेक्युटिव्) *adj* कार्यकारिणी (समिति), प्रबन्धक, व्यस्थापक. **exˈecutor** (इग्ˈज़ेक्युटर्) *n* वसीयतनामा पूरा हो रहा है या नहीं यह देखने वाला, प्रबन्धक.

exeˈmplify (इग्ˈज़ेम्प्लिफ़ाई) *v* उदाहरण या दृष्टांत द्वारा समझाना.

exˈempt (इग्ˈज़ेम्प्ट्) *v* & *adj* किसी कार्य या टैक्स से छूट देना. **—ion** (इग्ˈज़ेम्पशन्) *n* छूट, माफी.

ˈexercise (ˈएक्सरसाइज़्) *n* **1** प्रयोग, अभ्यास (शारीरिक या मानसिक). **2** प्रशिक्षण (मन या शरीर का); ड्रिल, कसरत, व्यायाम. *v* **1** — करना या कराना. **2** चिंता में डालना.

exˈert (इग्ˈज़र्ट्) *v* प्रयास करना, (अपने अधिकार या प्रभाव आदि का) प्रयोग करना. **— oneself,** प्रयास करना. **—ion** *n*.

exˈhale (एक्स्ˈहेल्) *v* श्वास निकालना; (गैस, या भाप) छोड़ना.

exˈhaust (इग्ˈज़ॉस्ट्) *v* **1** ख़ाली कर देना, पूरा-पूरा समाप्त कर डालना. **2** थका देना. **3** किसी विषय पर जो कुछ कहना हो कह डालना. *n* (इंजिन में भाप आदि निकलने की) निकास नली, निर्गम. **exˈhaustion** (इग्ज़ॉस्चन्) *n* थकान; समाप्ति.

exˈhibit (इग्ˈज़िबिट्) *v* प्रदर्शित करना; (गुण) दिखाना. *n* प्रदर्शित वस्तु; प्रदर्शन. **ˌexhiˈbition** (एक्सिˈबिशन्) *n* प्रदर्शनी, नुमाइश, प्रदर्शन.

exˈhilarate (इग्ˈज़िल्रेट्) *v* आनंदित करना, उल्लासपूर्ण बना देना. **exˌhilaˈration** (इग्ज़िल्ˈरेशन्) *n* उल्लास.

exˈhort (इग्ˈज़ॉर्ट) *v* प्रोत्साहित करना, बुरे कामों से बचने का उपदेश देना. **exhorˈtation** (एग्ज़ॉर्ˈटेशन्) *n* उपदेश, प्रबोधन.

ˈexile (ˈएक्साइल्) *v* देश-निकाला देना, निर्वासित करना. *n* देश निकाला, निर्वासन; निर्वासित व्यक्ति.

exˈist (इग्ˈज़िस्ट्) *v* होना, अस्तित्व होना, रहना. **—ence** *n* अस्तित्व, सत्ता.

ˈexit (ˈएक्सिट्) *n* निकलने का मार्ग. *v* बाहर निकलना.

ˈexodus (ˈएक्सडस्) *n* बहुत से लोगों का एक साथ निकलना.

exˈonerate (इग्ˈज़ॉनरेट्) *v* दोषमुक्त करना.

exˈorbitant (इग्ˈज़ॉर्बिटन्ट्) *adj* अत्यधिक मूल्य, बहुत ऊँची कीमत.

exˈotic (एग्ˈज़ॉटिक्) *adj* विदेशी, विदेशी होने के कारण आकर्षक और प्रियकर; अन्य-स्थान का : *— fruit.*

exˈpand (इक्स्ˈपैन्ड्) *v* **1** फैलना, बढ़ाना, प्रसारित करना. **exˈpanse** (इक्स्ˈपैन्स्) *n* विस्तार, फैलाव. **exˈpansion** (इक्स्ˈपैन्शन्) *n* फैलाव, विस्तार, प्रसार. **exˈpansive** *adj* विस्तार-योग्य, प्रसरणशील, विस्तृत, व्यापक.

ˈexˈparte (ˈएक्स्ˈपार्टि) *adj* एकपक्षीय, एक-तरफ़ा (फ़ैसला).

exˈpect (इक्स्ˈपेक्ट्) *v* आशा करना, प्रत्याशा करना; विश्वास करना. **ˌexpecˈtation** (एक्स्पेक्ˈटेशन्) *n* प्रत्याशा, अपेक्षा.

exˈpedient (इक्स्ˈपीड्यन्ट्) *n* & *adj* कार्य-साधक (योजना या कार्य), हितकर. **exˈpediency** (इक्स्ˈपीड्यन्सि) *n* औचित्य; कार्यसिद्ध करने की क्षमता.

ˈexpedite (ˈएक्स्पिडाइट्) *v* शीघ्र निबटाना, जल्दी पूरा करना.

ˌexpeˈdition (एक्स्पिˈडिशन्) *n* खोज यात्रा, अभियान.

exˈpel (इक्स्ˈपेल्) *v* (-ll-) निकाल देना, निकाल बाहर करना, निष्कासित करना, बलपूर्वक भगा देना. **exˈpulsion** (इक्स्ˈपल्शन्) *n* निष्कासन.

exˈpend (इक्स्ˈपेन्ड्) *v* ख़र्च करना. **—iture** (इक्स्ˈपेन्डिचर्) *n* व्यय, ख़र्चा.

exˈpense (इक्स्ˈपेन्स्) *n* व्यय, ख़र्च; (प्राय: *pl*) लागत ख़र्च. **exˈpensive** (इक्स्ˈपेन्सिव्) *n* महँगा, क़ीमती.

exˈperience (इक्स्ˈपिअरिअन्स्) *n* **1** अनुभव; प्रत्यक्ष कार्य या दर्शन से प्राप्त ज्ञान; इस प्रकार ज्ञान पाना. **2** घटना आदि जिससे अनुभव प्राप्त होता है. *v* — पाना या रखना या करना.

exˈperiment (इक्स्ˈपेरिमन्ट्) *n* प्रयोग, परीक्षण. *v* — करना. **experimental** (एक्स्पेरिˈमेन्टल्) *adj* & *adv* प्रयोगात्मक.

ˈexpert (ˈएक्स्पर्ट्) *n* विशेषज्ञ. *adj* निपुण, विशेषज्ञ, कुशल.

exˈpire (इक्स्ˈपाइअर्) *v* **1** (समय का) समाप्त हो जाना. **2** सांस निकलना; मरना.

exˈplain (इक्स्ˈप्लेन्) *v* **1** अर्थ समझना; व्याख्या करना. **2** सफ़ाई देना, कारण बताना : *Can you — your absence yesterday ?* **— oneself,** अपना अर्थ स्पष्ट करना, अपनी सफ़ाई पेश करना. **ˌexplaˈnation** (एक्स्प्लˈनेशन्) *n.* व्याख्या; स्पष्टीकरण.

exˈplicit (इक्स्ˈप्लिसिट्) *adj* सुस्पष्ट, भलीभांति व्यक्त.

exˈplode (इक्स्ˈप्लोड्) *v* विस्फोट करना या होना, आवाज़ करके फटना. **exˈplosion** (इक्स्ˈप्लोशन्) *n* विस्फोट.

exˈploit[1] (इक्स्ˈप्लॉइट्) *v* **1** (ख़ानों, जल, शक्ति और अन्य प्राकृतिक उपसाधनों को) काम में लाना, उपयोग करना. **2** अपने लाभ के लिए किसी का शोषण करना या अनुचित लाभ उठाना. **ˌexploiˈtation** (एक्स्प्लॉइˈटेशन्) *n* उपयोग, शोषण.

ˈexploit[2] (ˈएक्स्प्लॉइट्) *n* कारनामा, साहसिक कार्य.

exˈplore (इक्स्ˈप्लॉर्) *v* **1** खोज के लिए किसी देश में जाना. **2** समस्या पर पूरी तरह गौर करना. **—r** *n.* **exploˈration**

(एक्स्प्लॉ'रेशन्) *n* खोजयात्रा, छान-बीन; गवेषणा.

ex'plosion, ex'plosive → explode.

ex'port (एक्स्'पॉर्ट) *v* माल निर्यात करना, देश के बाहर भेजना. **'export** ('एक्स्पॉर्ट) *n* निर्यात, निर्यात व्यापार, निर्यातित सामान.

ex'pose (इक्स्'पोज़्) *v* **1** खोल देना; असुरक्षित छोड देना. **2** प्रदर्शित करना; सही रूप दिखा देना, भंडा फोड़ देना. **3** (कैमरा-फिल्म पर) प्रकाश पड़ जाना. **ex'posure** (इक्स्'पोशर) *n.*

ex'pound (इक्स्'पाउन्ड्) *v* उदाहरण आदि देकर व्याख्या करना, समझाना.

ex'press (इक्स्'प्रेस्) *v* **1** शब्दों, इंगितों, कार्यों द्वारा अपने विचारों को दूसरों पर प्रकट करना, अभिव्यक्ति करना. **2** विशेष वितरण द्वारा पत्र को जल्दी भेजना. *adj* **1** साफ़-साफ़ बताया हुआ, निश्चित. **2** तुंरत का भेजा हुआ या गया हुआ. *n* एक्सप्रेस (रेलगाड़ी). **—ion** (इक्स्'प्रेशन्) *n* **1** अभिव्यक्ति. **2** शब्द या पदबंध. **3** रुख, मुद्रा (चेहरे, हावभाव की). **—ive** *adj* — द्योतक, सूचक.

ex'pulsion → expel.

'exquisite ('एक्स्क्विज़िट्) *adj* **1** अति-उत्तम, उत्कृष्ट. **2** अतिसंवेदनशील, सूक्ष्मग्राही.

ex'tant (एक्स्'टैन्ट्) *adj* वर्तमान, विद्यमान.

ex'tend (इक्स्'टेन्ड्) *v* **1** (समय या स्थान में) फैलाना, बढ़ाना. **2** तानना, आगे बढ़ाना; प्रस्ताव करना : *to — one's hand (an invitation) to sb.* **3** (हाथ-पैर) फैलाना, पसारना. **4** (स्थान, भूमि का) विस्तार करना. **ex'tension** (इक्स्'टेन्शन्) *n* विस्तार,प्रसार. **ex'tensive** (इक्स्'टेन्सिव्) *adj* व्यापक, विस्तीर्ण. **ex'tent** (इक्स्टेन्ट्) *n* **1** लंबाई; क्षेत्र; परास, फैलाव. **2** मात्रा, सीमा.

ex'tenuate (एक्स्'टेन्युएट्) *v* (किसी अपराध को कोई बहाना ढूंढ कर) हलका करना; लघु करना. **extenuation** *n* न्यूनीकरण.

ex'terior (एक्स्'टिअरिअर्) *adj & n* बाहरी; बाहर का.

ex'terminate (एक्स्'टर्मिनेट्) *v* अंत करना; नष्ट करना. **ex,termi'nation** *n* विनाश, उन्मूलन.

ex'ternal (एक्स्'टर्नल्) *adj* बाहरी; बाह्य.

ex'tinct (इक्स्'टिंक्ट्) *adj* बुझा हुआ; लुप्त, अप्रचलित, अविद्यमान.

ex'tinguish (इक्स्'टिंग्विश्) *v* **1** (रोशनी या आग) बुझाना. **2** (आशा का) अंत कर देना.

ex'tol (इक्स्'टॉल्) *v* (-ll-) बहुत प्रशंसा करना, गुणगान करना.

ex'tort (इक्स्'टॉर्ट्) *v* (धमकाकर या बल दिखा कर) पैसा वसूल कर लेना या वायदा ले लेना. **—ion** *n.* **—ionate** (इक्स्'टॉर्शनिट्) *adj* महंगी, बहुमूल्य (वस्तु).

'extra ('एक्सट्रॉ) *adj & n* सामान्य से अधिक; अतिरिक्त.

ex'tract (इक्स्'ट्रैक्ट्) *v* **1** (प्रयत्न से) निकालना या खींचना; (किसी व्यक्ति से उस के न चाहते हुए भी) सूचना निकाल लेना. **2** (कुचल कर या उबाल कर फलों आदि का) रस खींचना. **3** (पुस्तक से, from) उद्धरण छाँटना और उतारना. **'extract** ('एक्स्ट्रैक्ट्) *n* **1** निचोड़, सार. **2** उद्धरण (पुस्तक का).

ex'traordinary (इक्स्'ट्रॉडिनरि) *adj* असाधारण; उल्लेखनीय.

ex'travagant (इक्स्'ट्रैविगण्ट्) *adj* **1** फ़िज़ूल खर्च, अपव्ययी (व्यक्ति). **2** असंयत; मनमाना करने वाला. **ex'travagance** *n.* फ़िज़ूलखर्ची, अपव्यय; मनमानापन, उच्छृंखलता. **—ly** *adv.*

ex'treme (इक्स्'ट्रीम्) *adj* **1** चरम (संभव); दूरतम सिरे का. **2** (गुणों का) अत्यधिक होना. **3** उग्र, तीव्र (स्वभाव, विचारों का व्यक्ति). *n* **1** सिरा, छोर; अंतिम अंश. **2** (*pl*) पराकाष्ठा के गुण. **go to —s,** उग्र उपाय करना. **ex'tremity** (इक्स्'ट्रेमिटि) *n* **1** सिरा, छोर; (*pl*) हाथ और पैर. **2** पराकाष्ठा (आपत्ति आदि की). **3** (*pl*) अति-उग्र उपाय (अपराधियों को दंड देने के लिए).

'extricate ('एक्स्ट्रिकेट्) *v* (मुसीबतों से) छुड़ा लेना, मुक्त करना.

ex'urberant (इग्'ज़्यूब्रन्ट्) *adj* उल्लासपूर्ण. **ex'uberance** (इग्'ज़्यूब्रन्स्) *n* बाहुल्य; उल्लास.

ex'ult (इग्'ज़ल्ट्) *v* फूले न समाना (*at, in*).

—**ant** *adj* उल्लसित. ˌ**exulˈtation** (एग्ज़ल्-ˈटेशन्) *n* उल्लास, जय जयकार.

eye (आइ) *n* **1** नेत्र, आँख. → p 37. **have an eye (a good eye) for,** अच्छा निर्णायक होना. **see eye to eye,** सहमत होना. **with an eye to,** (इस) आशा से. ˈ**eyebrow** (ˈआइब्राउ) → brow. ˈ**eyelid** → lid. **2** आँख के समान छेद (जैसे सूई का छेद). ˈ**eyesight** (ˈआइसाइट्) *n* दृष्टि. ˈ**eyesore** (ˈआइसोर्) *n* कुरूप वस्तु. ˈ**eyeˌwitness** *n* चश्मदीद गवाह, प्रत्यक्षदर्शी. *v* देखना, दृष्टि डालना.

F

fable (ˈफ़ेब्ल्) *n* नीतिकथा; लघुकथा जिसमें विशेषतः पशु पात्र होते हैं और कथा में कोई उपदेश होता है: *Aesop's —s.* ˈ**fabulous** (ˈफ़ैब्युलस्) *adj* **1** जो — में ही मिल सकता है, काल्पनिक; अविश्वसनीय. **2** (colloq) अत्यधिक अच्छा.

fabric (ˈफ़ैब्रिक्) *n* **1** कपड़ा (मुख्यतया बुना हुआ). **2** ढाँचा; बनावट. —**ate** (फ़ैब्रिकेट्) *v* जाली बनाना, जालसाज़ी करना.

face (फ़ेस्) *n* **1** चेहरा, मुख. → p 37. — **to** —, आमने-सामने. **make (pull) a — at,** मुंह बिचकाना. **2** किसी के सामने का भाग, अग्रभाग: *— of a clock.* — **value,** सिक्के, नोट आदि का अंकित मूल्य. **3 on the — of it,** ऊपरी तौर से. *v* **1** सामने होना, अभिमुख होना, मुँह करना; विरोध में होना. — **the music,** किये का परिणाम भोगना. **2** (दीवार आदि पर) रंग चढ़ाना या कपड़ा लगाना.

ˈ**facet** (ˈफ़ैसिट्/ˈफ़ेसिट्) *n* पहलू, पक्ष.

faˈcetious (फ़ˈसीशस्) *adj* विनोदी; हँसमुख.

ˈ**facile** (ˈफ़ैसाइल्) *adj* **1** आसान, सरल. **2** कुशल, सरलता से संपन्न करने वाला. **3** अनायास, सुसाध्य (भाषण, लेखन आदि). **faˈcilitate** (फ़ˈसिलिटेट्) *v* सरल या सुसाध्य करना. **faˈcility** (फ़ˈसिलिटि) *n* (esp *pl*) सुविधाएँ, सहूलियतें.

facˈsimile (फ़ैक्ˈसिमिलि) *n* (चित्र, आलेख आदि की) सच्ची प्रतिकृति.

fact (फ़ैक्ट्) *n* तथ्य; घटित अथवा कार्य. **as a matter of —, in —,** वस्तुतः, वास्तव में; सचमुच.

ˈ**faction** (ˈफ़ैक्शन्) *n* दल, गुट; दलबंदी, गुटबंदी.

ˈ**factor** (ˈफ़ैक्टर्) *n* **1** गुणक, (1 को छोड़ कर) वह पूर्ण संख्या जिससे एक बड़ी संख्या पूर्णतः विभाजित हो सकती है (जैसे 12 के गुणक 2, 3, 4, 6, 12 हैं). **2** घटक या कारक जो कार्य संपन्न करने में सहायक होते हैं.

ˈ**factory** (ˈफ़ैक्टरि) *n* फैक्टरी, कारख़ाना.

ˈ**faculty** (ˈफ़ैकल्टि) *n* **1** मानसिक योग्यता या क्षमता; ज्ञानेंद्रियों की शक्ति. **2** (विश्वविद्यालयों में) संकाय; प्राध्यापक वर्ग.

fad (फ़ैड्) *n* झक, फैशन, क्षणिक प्रचलन.

fade (फ़ेड्) *v* मुरझाना, कुम्हलाना; रंग फीका पड़ना; मंद पड़ना, लुप्त हो जाना.

fag (फ़ैग्) *v* (-gg-) कड़ा परिश्रम करना; थका देना. *n* (colloq) कठोर, परिश्रमसाध्य कार्य.

ˈ**Fahrenheit** (ˈफ़ैरन्हाइट्) *n* थर्मामीटर की वह मापनी जिस में हिमांक 32° और क्वथनांक 212° पर होता है.

fail (फ़ेल्) *v* **1** (किसी कार्य को संपन्न करने में) असफल होना. **2** कम या अपर्याप्त होना; आवश्यकता होते हुए भी समाप्त या अशक्त हो जाना. **3** (स्वास्थ्य, दृष्टिशक्ति आदि का) दुर्बल होना, क्षीण होना. **4** (किसी की) उपेक्षा करना. **5** (व्यापार में) दिवालिया हो जाना; (परीक्षा में) अनुत्तीर्ण होना. *n* (केवल) **without —,** (में) निश्चयतः, निश्चयपूर्वक. ˈ—**ing** *n* (चरित्र की) दुर्बलता या दोषपूर्णता. ˈ—**ure** (फ़ेल्यर) *n* असफलता, — होना; असफल व्यक्ति या कार्य; चूक.

faint (फ़ेन्ट्) *adj* **1** दुर्बल; अस्पष्ट, धुँधला. **2 feel (look) —,** मूर्च्छित-सा होना. *v* मूर्च्छित होना, बेहोश होना. *n* —ing की स्थिति या दशा. ˈ—**ly** *adv.* —**ness** *n.* ˈ**faint-ˈhearted**

adj बुज़दिल, कायर.

fair[1] (फ़ेअर्) *adj* **1** उचित और सम्मानजनक; न्यायसंगत या नियमानुकूल. **2** मध्यम श्रेणी का, मामूली; संतोषजनक, अच्छा; साफ़ और सुहावना (मौसम); अनुकूल (पवन). **3** गोरा (वर्ण); स्वच्छ. **4** (old use) सुन्दर. **4 — copy,** नयी और स्पष्ट प्रति *adv* — रीति से : *to play —.* **'—ly** *adv* **1** न्याय से, उचित रूप से. **2** साधारण ढंग से. **—ness** *n* — का भाव; **— dealing,** *n* छलहीन व्यवहार. **— play** *n* ईमानदारी का व्यवहार. **— price shop** *n* उचित मूल्य पर सामान बेचने वाली दूकान.

fair[2] (फ़ेअर्) *n* **1** मेला. **2** बड़ी प्रदर्शनी.

'fairy ('फ़ेअरि) *n* परी. **'fairy-tale** *n* **1** परियों की कथा **2** मनगढ़न्त किस्सा.

faith (फ़ेथ्) *n* **1** विश्वास, श्रद्धा, आस्था. **2** धर्म. **3** वायदा : *to keep* (*break*) *— with sb.* **4 in good (bad) —,** नेकनीयती, (बदनीयती) से. **'—ful** *adj* **1** वचन पालन करने वाला; सच्चा और वफ़ादार (to). **2** ठीक, तथ्य के अनुसार. **'—fully** *adv.* **'—less** *adj* झूठा, बेइमान, विश्वासघाती.

fake (फ़ेक्) *v* & *n* (जाली) चीज़, नकली चीज़ (बनाना).

fall (फ़ॉल्) *v* (*pt* fell, *pp* 'fallen) **1** गिरना; कम होना, ढलना ; *the temperature is —ing.* **2** युद्ध में किसी किले, नगर आदि का शत्रुओं के हाथ में पड़ना. **3** प्रलोभन में आ जाना. **4** गिर पड़ना, युद्ध में घायल हो जाना या मर जाना. **5** होना, पड़ना, घटित होना : *Christmas Day —s on a Saturday this year.* **— in love** (*with*), प्रेम करने लगना. **— asleep,** सोने लगना. **6** (*adv* & *prep* के साथ **— back** पीछे हटना या मुड़ना. **— back (up)on,** (अन्य उपायों के असफल होने पर) किसी पर निर्भर होना या किसी को काम में लाना. **— behind,** पीछे रह जाना. **— in,** (सैनिकों का) पंक्तिबद्ध हो जाना. **— in with,** (किसी व्यक्ति की योजना से) सहमत हो जाना. **— off,** (विशेषतः) संख्या या मात्रा में कम हो जाना. **— on,** आक्रमण करना. **— on one's feet,** भाग्यशाली होना. **— out (with),** झगड़ना. **it fell out that,** ऐसा हो गया कि. **— through,** असफल होना. **— to,** प्रारंभ करना. *n* **1** — का समय, — की प्रक्रिया. **2** (USA में) शरत् ऋतु; पतझड़. **3** (प्रायः *pl*) जलप्रपात, नदी का अचानक ढाल पर आना. **4** वर्षा की मात्रा.

'fallacy (फ़ैल्सि) *n* भ्रामकता, भ्रांति; (तर्क शास्त्र में) हेत्वाभास. **fal'lacious** (फ़'लेशस्) *adj* —पूर्ण.

'fallible ('फ़ैल्ब्ल्) *adj* जिसके द्वारा या जिसमें गलतियों की गुंजायश हो.

'fallow ('फ़ैलो) *n* & *adj* भूमि जिसकी खोदाई हो चुकी है किंतु जिसमें बोआई नहीं हुई है, खाली.

false (फ़ॉल्स्) *adj* (-r, -st) असत्य, मिथ्या, झूठ. *adv* **play sb —,** (किसी व्यक्ति के साथ) कपटपूर्ण व्यवहार करना. **—ly** *adv.* **—hood** *n* मिथ्या कथन, कपट; झूठ. **'falsify** ('फ़ॉल्सिफ़ाइ) *v* **1** हिसाब, विवरण आदि में गोलमाल कर सच्चाई छिपाना, मिथ्याकरण. **2** कपटतापूर्वक कुछ कहना या वर्णित करना.

'falter ('फ़ॉल्टर्) *v* लड़खड़ाना; हिचकिचाना, आगापीछा करना.

fame (फ़ेम्) *n* नाम, यश, कीर्ति, प्रसिद्धि.

fa'miliar (फ़'मिल्यर्) *adj* **1 — with,** से परिचित, की जानकारी अच्छी तरह रखने वाला. **2** सामान्य; प्रायः परिचित. **3** घनिष्ठ, अंतरंग: *— friends.* **4** जितना मेल जोल है उससे अधिक प्रदर्शित करने वाला, ढीठ. **famili'arity** (फ़मिलि'ऐरिटि) *n* — होना.

'family ('फ़ैमिलि) *n* **1** परिवार, माता-पिता और बच्चे. **2** कुटुम्ब, कुल (पति-पत्नी, बच्चे और बच्चों के बच्चे आदि). **3** वंश (रक्त से संबंधी सभी व्यक्ति). **4** (पौधों और पशुओं का) वर्ग, जाति; एक ही स्रोत की भाषाएँ (जैसे, भाषा परिवार).

'famine ('फ़ैमिन्) *n* अकाल, दुर्भिक्ष, भुखमरी.

'famish ('फ़ैमिश्) *v* **be —ed,** भूखों मरना.

'famous (फ़ेमस्) *adj* प्रसिद्ध (*for, as*).

'fan[1] (फ़ैन्) *n* पंखा (हाथ या बिजली का). *v* (-nn-) पंखा करना.

fan[2] (फ़ैन्) *n* उत्साही समर्थक या प्रशंसक.

fa'natic (फ़'नैटिक्) *n* & *adj* कट्टर, दुराग्रही,

किसी वस्तु (धर्म, सिद्धान्त, विश्वास आदि) के प्रति अत्यधिक उत्साह रखने वाला व्यक्ति.

'fancy ('फ़ैन्सि) *n* **1** कल्पना शक्ति; कल्पना. **2** बिना पुष्ट आधार का विचार, विश्वास, आस्था आदि. **3** अत्यधिक रुचि, मोह (*for*). *adj* **1** रंगबिरंगी छोटी आकर्षक वस्तुएँ; नेत्रों को मनोरम लगने वाली (वस्तुएँ). **2 — dress,** विचित्र और असामान्य पोशाक (प्रायः पार्टियों में). *v* **1** कल्पना करना. **2** (किसी वस्तु को) बहुत पसंद करना. **3** (ऐसा हो रहा है या होने जा रहा है—इस प्रकार का) निराधार विश्वास मानना. **4 Just — !** कितना आश्चर्यजनक ! **5 — oneself,** अपने बाबत ऊँची संमति रखना. **fanciful** *adj* काल्पनिक.

fang (फ़ैङ्) *n* लंबा नुकीला दाँत; साँप का विषदन्त.

'fan'tastic (फैन्'टैस्टिक्) *adj* **1** अजीब, विलक्षण. **2** बेतुकी (योजना, विचार आदि); काल्पनिक, जो संभव न हो सके. **—ally** *adv.*

far (फ़ार्) *adv* ('farther, 'farthest; दूरी में; 'further, 'furthest समय आदि में). **1** दूर, दूरवर्ती. **Far East,** सुदूरपूर्व, पूर्वी एशिया के देश. **far flung,** दूर तक व्याप्त. **2 far and away** (better etc), अत्यधिक. *adj* सुदूर, दूर. **'far-away,** *adj* दूर; (किसी व्यक्ति की दृष्टि के लिए) मानों दृष्टि, स्थान या समय से दूर, किसी वस्तु पर टिकी हो. **'far-'fetched** ('फ़ार्'फ़ेच्ट्) *adj* जबर्दस्ती की (तुलना); अस्वाभाविक. **'far-off** *adj* दूर. **'far-'seeing, 'far-'sighted** *adj* (fig) बुद्धिमान; दूरदर्शी.

farce (फ़ार्स्) *n* **1** प्रहसन, स्वाँग. **2** तमाशे की तरह का घटना चक्र. **'farcical** ('फ़ार्सिकल्) *adj* हास्यजनक.

fare (फ़ेअर्) *n* **1** (जहाज़, रेल, बस आदि का) किराया, भाड़ा. **2** खाना-पीना. *v* यात्रा करना; प्रगति करना.

fare'well ('फ़ेअर'वेल्) *int* विदाई.

farm (फ़ार्म्) *n* **1** खेत, फार्म. **2** (**'farm-house** भी) फार्म में स्थित मकान. *v* **1** खेती करना. **'—er** (फ़ार्मर्) *n* किसान, कृषक.

'farther, 'farthest ('फ़ार्दर्, 'फ़ारद्रिस्ट्) → far.

'fascinate ('फ़ैसिनेट्) *v* **1** मोहित कर लेना. **2** लगातार देखकर ऐसा संमोहित करना कि दूसरा हिल-डुल भी न सके, जैसा कि साँप अपने शिकार के साथ कभी-कभी करता है. **fasci'nation** (फ़ैसि'नेशन्) *n* — करने वाली वस्तु.

'fashion (फैशन्) *n* **1** (कपड़ों, व्यवहार, विचार आदि का) फ़ैशन : *the Paris —s; in —; out of —.* **2** किसी वस्तु को करने या बनाने की रीति. **after a —,** किसी प्रकार किया हुआ किंतु बहुत अच्छा नहीं. **—able** *adj* फ़ैशनेबिल, शौक़ीन; उच्चवर्ग के लोगों से विशेषतः प्रयुक्त (वस्तु, स्थान). **—ably** *adv.*

fast[1] (फ़ास्ट्) *adj* **1** स्थिर, दृढ़ : *— in the ground; fast colours* (पक्के रंग). **2** घनिष्ठ : *— friends* (पक्के दोस्त). *adv* दृढ़ता से; मजबूती से. **— asleep,** गहरी नींद में.

fast[2] (फ़ास्ट्) *adj* (-er, -est) **1** तेज़. **2** घड़ी का तेज़ चलना (यदि 2 बजे 2.10 बजा रही हैं तो कहेंगे कि घड़ी fast है). **3** सांसारिक सुखों को बहुत पसंद करने वाला (व्यक्ति). *'adv* तेज़ी से.

fast[3] (फ़ास्ट्) *v* उपवास (रहना); अनशन करना. *n* उपवास, उपवास-काल.

'fasten (फ़ास्न्) *v* **1** जकड़ना; बाँधना, कसना. **2** बंध जाना, जकड़ा जाना. **3 — (up) on,** मज़बूत पकड़ में करना. **—er, —ing** *n* जकड़ने, बाँधने, कसने वाली वस्तु.

fas'tidious (फ़ैस्'टिडिअस्) *adj* तुनक मिज़ाज; सहज में संतुष्ट न होने वाला.

fat (फ़ैट्) *n* **1** चरबी; खाना पकाने योग्य चरबी. **2** तेल. *adj* (-ter, -test). **1** मोटा, मांसल. **2** चरबीदार : *fat meat.* *v* (-tt-) (**'fatten** भी) मोटा होना या करना.

'fatal ('फ़ेट्ल्) *adj* घातक, जिसमें अंत में मौत हो जाए. **—ly** *adv.* **—ism** *n* भाग्यवाद, दैववाद (यह विश्वास कि जो कुछ होना है वह होकर ही रहेगा). **—ist** *n* भाग्यवादी. **fa'tality** (फ़'टैलिटि) *n* दुर्घटना, युद्ध आदि में मृतसंख्या.

fate (फ़ेट्) *n* **1** भाग्य, नियति, किस्मत. **2** तकदीर का लिखा, भाग्य में बदा. **3** मृत्यु; विनाश. **'—d** *adj* नियत, बदा. **'—ful** *adj*

भाग्य का निर्णायक, महत्त्वपूर्ण.

'father ('फ़ादर्) *n* **1** पिता, बाप. **2** प्रवर्तक, संस्थापक. **3** पुरोहित, पादरी (विशेषतः रोमन कैथोलिक चर्च में). *v* — बनना. **— sth on sb,** किसी को किसी वस्तु के लिए उत्तरदायी बनाना. **'father-in-law** *n* ससुर. **—ly** *adj* पितृवत्.

'fathom ('फ़ैदम्) *n* फ़ैदम, छह फुट की नाप (पानी की गहराई नापने में प्रयुक्त). *v* (fig) समझना; किसी बात की तह तक पहुँचना.

fa'tigue (फ़'टीग्) *n* **1** थकावट. **2** (सेवा में) सफ़ाई करने, खाना बनाने आदि का कार्य. *v* — उत्पन्न करना; थकाना.

'fatten ('फ़ैट्न) → fat.

fault (फ़ॉल्ट्) *n* **1** त्रुटि, कमी, भूल, गलती. **find — with,** गलती निकालना. **at —,** दोषी. **2** अपराध, दोष, कसूर. **'—less** *adj* दोषहीन. **'—lessly** *adv*. **'—y** *adj* अपूर्ण, दोषयुक्त. **—ily** *adv*.

'fauna ('फ़ॉनअ) *n* किसी काल विशेष में या स्थान विशेष में पाए जाने वाले सभी पशु.

'favour ('फ़ेवर्) *n* **1** अनुग्रह, मित्रतापूर्ण भावना; कृपा, सहायता करना. **in — of,** (a) कृपापात्र, (b) के पक्ष में. **out of — (with),** लोकप्रिय न रहना. **2** उपकार. *v* **1** — दिखाना. **2** पक्षपात करना. **—able** *adj* अनुकूल; सहायतापूर्ण. **—ably** *adv*. **—ite** ('फ़ेव्रिट्) *n & adj* कृपापात्र (व्यक्ति), बहुत पसंद (वस्तु). **—itism** ('फ़ेव्रिटिज़्म्) *n* पक्षपात, तरफ़दारी.

fawn[1] (फ़ॉन्) *n* **1** मृग छौना, छोटी उम्र का हिरण. **2** हलका पीला भूरा रंग.

fawn[2] (फ़ॉन्) *v* **1** (कुत्तों का) दुम हिलाकर, कूदकूद कर प्यार दिखाना. **2** (fig) चापलूसी करना.

fear (फ़िअर्) *n* **1** डर, भय. **2** आशंका, अन्देशा. **3** श्रद्धा : *the — of God*. *v* — रखना; डरना; चिंतित होना. **'—ful** *adv* डरावना, भयानक **'—less** *adj* निडर, निर्भय.

'feasible ('फ़ीज़ब्ल्) *adj* जिसका किया जाना संभव हो, संभाव्य, व्यावहारिक. **—ity** (फ़ीज़्'बिलिटि) *n* व्यावहारिकता, संभाव्यता.

feast (फ़ीस्ट्) *n* **1** पर्व, त्योहार. **2** दावत, प्रीति-भोज. *v* दावत देना; दावत में शामिल होना.

feat (फ़ीट्) *n* करतब, कमाल, असाधारण कार्य.

'feather ('फ़ेद़र्) *n* पंख, पर. **birds of a —,** एक ही प्रकार के व्यक्ति. *v* **— one's nest,** अपने ऊपर खर्च करने के लिए पैसा बचाना. **—ed** *adj* परदार.

feathers

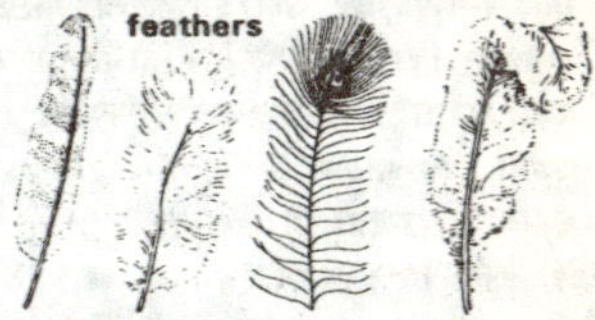

'feature ('फ़ीचर्) *n* **1** चेहरे का भाग; (*pl*) नाक-नक्शा, आकृति, चेहरा. **2** लक्षण, विशेषता; विशिष्ट बिन्दु. *v* — का लक्षण होना, की विशेषता होना; लक्षण या विशेषता बनाना. **—less** *adj* साधारण, नीरस.

'February ('फ़ेब्रुअरि) *n* फ़रवरी (का महीना). → leap.

fed → feed. **fed up,** (colloq) जी ऊब जाना (*with*).

'federal ('फ़ेड्रल्) *adj* संघ का या संघ संबंधी. **—ism** संघवाद. **'federate** *v* (राज्यों, समितियों आदि का) एक समूह में संगठित होना. **fede'ration** (फ़ेड्'रेशन्) *n* **1** (राजनैतिक) संघ शासन-ऐसी शासन व्यवस्था जिसमें राज्य अपने मामलों में स्वतंत्र है किंतु विदेशनीति, रक्षा आदि केन्द्रीय (Federal) सरकार के अधीन होते है. **2** राज्य संघ; कर्मचारी संघ, श्रम संघ, मजूर संघ आदि. **3** संघबद्ध होना.

fee (फ़ी) *n* फ़ीस, शुल्क; मेहनताना, पारिश्रमिक.

'feeble ('फ़ीब्ल्) *n* कमज़ोर, क्षीण. **'feebly** *adv*.

feed (फ़ीड्) *v* (*pt & pp* fed) **1** खिलाना, भोजन देना. **2** (पशुओं को) चारा-दाना देना. **3 — (up) on,** भोजन के रूप में लेना. *n* चारा.

feel (फ़ील्) *v* (*pt & pp* felt) **1** हाथ से छूना; छू कर जानना या सीखना. **2** अनुभव करना, महसूस करना. **— like** (*doing sth*), करना, चाहना. **3** (मुलायम, कड़ा आदि) लगना, प्रतीत

होना. 4 अस्पष्ट ज्ञान रखना (*that*), महसूस होना, समझना. 5 (दुःख आदि से) भावना अभिभूत होना, (ताप आदि का) अनुभव करना, संवेदन पाना. *n* **by the —, —** द्वारा. **—er** *n* कुछ कीड़ों का टोह लेने वाला भाग; टोह लेने वाला व्यवहार. **—ing** ('फ़ीलिङ्) *n* **1** भावना, मनोभाव : *a —ing of joy*. **2** अनुभव, बोध, ज्ञान : *— pain*. **3** (*pl*) **rouse the —ings of,** उत्तेजित करना. **hurt sb's —ings,** किसी की भावना को ठेस पहुँचाना; दुःखी करना. **4** समवेदना, सहानुभूति; ख्याल रखना : *to show —ing for others*. *adj* सहानभूति रखना या दिखाना.

feet (फ़ीट्) → foot.

feign (फ़ेन्) *v* बहाना करना, झूठा अभिनय करना.

'feline ('फ़ीलाइन्) *adj* बिल्ली के समान; बिल्ली संबंधी.

fell[1] (फ़ेल्) → fall.

fell[2] (फ़ेल्) *v* गिराना; (किसी व्यक्ति को) गिरा देना; (पेड़) काट डालना.

'fellow ('फ़ेलो) *n* **1** (colloq) आदमी. **2** (*pl*) सहभागी, साथी, समानधर्मा : *one's —s ; — travellers,* सहयात्री. **3** विद्वत् परिषद् या यूनिवर्सिटी-कालेजों की शासी परिषद् के सदस्य. **'fellow-'feeling** *n* सहानुभूति. **—ship** *n* **1** मैत्रीपूर्ण साहचर्य. **2** (किसी समिति आदि की) सदस्यता.

felon ('फ़ेलन्) *n* महापराधी. **'felony** ('फ़ेल्नि) *n* बहुत बडा अपराध.

felt[1] (फ़ेल्ट्) → feel.

felt[2] (फ़ेल्ट्) *n* फ़ेल्ट, नमदा.

'female ('फ़ीमेल्) *adj* **1** मादा, नारी. **2** स्त्री विषयक. *n* मादा पशु; स्त्री.

'feminine ('फ़ेमिनिन्) *adj* **1** स्त्रियों के योग्य, स्त्री सदृश; स्त्री विषयक. **2** स्त्री लिंग (व्याकरण में).

fence[1] (फ़ेन्स्) *v & n* बाड़ा या घेरा (लगाना); तार, खंभे आदि से अहाता बनाना. **'fencing** (फ़ेन्सिङ्) *n*

fence[2] (फ़ेन्स्) *v* **1** तलवार चलाने का अभ्यास करना, पटेबाजी करना. **2** (fig) सीधा उत्तर न देना, टालना.

fend (फ़ेन्ड्) *v* **1 — off** (*a blow*), वार बचाना, वार रोकना. **2 — for** (*oneself*), पालन-पोषण करना, भोजनादि का प्रबंध करना.

'fender ('फ़ेन्डर्) *n* **1** अंगीठी का जंगला जिसकी वजह से कोयले फर्श पर नहीं गिरते हैं. **2** (मशीन, मोटर, जहाज़ के वे भाग) जो टक्कर आदि होने पर चोट को बचाते हैं या कम करते हैं.

fer'ment (फ़र्'मेन्ट्) *v* **1** ख़मीर उठना या उठाना. **2** (fig) उत्तेजित करना. **'ferment** ('फ़र्मेन्ट्) *n* यीस्ट आदि ख़मीर उठाने वाले पदार्थ. **in a —,** (fig) आंदोलित अवस्था में. **'fermen'tation** (फ़र्मेन्'टेशन्) *n* ख़मीर उठाने की प्रक्रिया.

fern (फ़र्न्) *n* हरी पत्ते वाले पौधे जिनमें फूल नहीं खिलते.

fe'rocious (फ़'रोशस्) *adj* क्रूर; खूंखार; उग्र. **fe'rocity** (फ़रो'सिटि) *n*.

'ferro-'concrete ('फ़ेरोउ-'कॉङ्क्रीट्) *n* लोहे की छड़ और सीमेंट का जोड़.

'ferry ('फ़ेरि) *n* घाट जहाँ नदी या जलमार्ग से व्यक्ति और सामान नाव या हवाई जहाज द्वारा वहन किये जाते हैं.

'fertile ('फ़र्टाइल्) *adj* **1** उपजाऊ भूमि, खूब फलने-फूलने वाले पौधे; योजना, विचारों से भरा-पूरा (व्यक्ति). **2** फल उत्पन्न करने की क्षमता वाला, बच्चे पैदा करने की शक्ति वाला; विकास-योग्य : *— eggs*. **fer'tility** (फ़र्'टिलिटि) *n* उर्वरता, जनन क्षमता. **fertili'zation** (फ़र्टिलाइ'ज़ेशन्) *n*. **'fertilizer** ('फ़र्टिलाइज़र्) *n* खाद, उर्वरक.

'fervent ('फ़र्व़न्ट्) *adj* गर्म; (fig) जोशीला, उत्साहपूर्ण. **'fervour** ('फ़र्वर्) *n* धार्मिक भक्ति; गहरी भावना.

'fester ('फ़ेस्टर्) *v* **1** (किसी घाव का) पक जाना, मवाद पड़ना. **2** मन पर विष की तरह प्रभाव करना (किसी अन्याय, अत्याचार का).

'festival ('फ़ेस्टिव़ल्) *n* उत्सव, त्योहार. **'festive** *adj* — विषयक. **fes'tivity** (फ़ेस्'टिविटि) *n* (प्रायः) (*pl*) आनन्दोत्सव; खुशियाँ मनाना.

fes'toon (फ़ेस्'टून्) *n* बन्दनवार (फूल-पत्तियों की). *v* — से सजाना.

fetch (फ़ेच्) *v* **1** जा कर (किसी व्यक्ति या वस्तु को) लाना. **2** (आँसू, खून आदि) निकालना; (सामान के संबंध में) मूल्य लाना, बिकना.

fete (फ़ेट्) *n* (प्रायः घर के बाहर का) उत्सव; मेला.

'fetish, 'fetich ('फ़ीटिश्/'फ़ेटिश्) *n* जड़ वस्तु की पूजा; कोई वस्तु जिस को मूर्खता के कारण अत्यधिक आदर दिया जाए.

'fetter ('फ़ेटर्) *n* (पैरों की) बेड़ियाँ; (घोड़े आदि के पैर बाँधने की) जंजीरें. *v* — डालना; (fig) बाधा या अड़चनें डालना.

feud (फ़्यूड्) *n* पुश्तैनी दुश्मनी, कुल-वैर.

'feudal ('फ़्यूडल्) *adj* सामन्ती प्रथा, यूरोप में मध्ययुग में भूमिवितरण की प्रथा. **—ism** *n* सामन्तवाद, सामन्तशाही.

'fever ('फ़ीवर्) *n* **1** बुख़ार, ज्वर. **2** (fig) उत्तेजित अवस्था. **—ish** ('फ़ीव्रिश्) *adj* — युक्त, — से उत्पन्न.

few (फ़्यू) *adj* (-er, -est) कुछ, थोड़े-से: *few books. n* इने-गिने: *for a few days.*

fez (फ़ेज़्) *n* फ़ेज़ टोपी, तुर्की टोपी.

fi'ance'(e) (फ़ि'आन्से) *n* वह आदमी (औरत) जिससे विवाह होने जा रहा है.

fi'asco (फ़ि'ऐस्को) *n* घोर असफलता.

'fibre ('फ़ाइबर्) *n* **1** रेशा, तन्तु. **2** तन्तुओं से बँधी वस्तु. **'fibrous** ('फ़ाइब्रस्) *adj.*

'fickle (फ़िक्ल्) *adj* चलचित्त, अस्थिर (मौसम).

'fiction ('फ़िक्शन्) *n* **1** ('सत्य' के विपरीत में) काल्पनिक (वस्तु). **2** कथासाहित्य (उपन्यास, कहानियाँ आदि गद्य की विधाएँ). **fic'titious** (फ़िक्'टिशस्) *adj* नकली; काल्पनिक, फ़र्ज़ी.

fiddle ('फ़िड्ल्) *n* बेला, वायलिन. **as fit as a —,** पूरी तरह स्वस्थ. *v* **1** बेला बजाना. **2** अंगुलियों को किसी वस्तु पर चलाते रहना.

fi'delity (फ़ि'डेलिटि) *n* ईमानदारी; स्वामि-भक्ति (*to*).

'fidget ('फ़िजिट्) *v* बैचेनी से शरीर हिलाना; (किसी को) अधीर कर देना.

field (फ़ील्ड्) *n* **1** खेत; मैदान: *football —.* **2** (प्रायः समास में) क्षेत्र जहाँ से खनिज आदि मिलता है: *oil-field.* **3** विस्तार; खुली जगह: *ice-field.* **4** अध्ययन-क्षेत्र; प्रयोग-सीमा; रणभूमि: *take the —* (युद्ध आरंभ करना). **'field-'hospital,** युद्ध में चल-शील अस्पताल. **'field-glasses** *n pl* दूरबीन. **'—'marshal** *n* फ़ील्ड-मार्शल, थल सेना में उन्नतम पद.

fiend (फ़ीन्ड्) *n* दैत्य, नरकदूत; बदमाश, बड़ा दुष्ट व्यक्ति.

'fierce (फ़िअर्स्) *adj* (-r, -st) **1** उग्र; क्रूर. **2** प्रचंड, घोर (गर्मी, हवाएँ आदि).

'fiery ('फ़ाइअरि) *adj* **1** आग की तरह; लपटों से पूर्ण. **2** सहज में नाराज़ हो जाने वाला (व्यक्ति).

fif'teen ('फ़िफ़्'टीन्) *n & adj* पन्द्रह. **fifth** (फ़िफ़्थ्) *n & adj* पाँचवाँ, पाँचवाँ अंश. **'fifty** ('फ़िफ़्टि) *n & adj* पचास.

fig (फ़िग्) *n* अंजीर. → p 134.

fight ('फ़ाइट्) *v* (*pt & pp* fought) हाथ या हथियारों से लड़ना; संघर्ष करना. **— it out,** लड़कर किसी विवाद को सुलझाना. **— shy of,** से दूर रहना, से बचना. *n* — की प्रक्रिया.

'figment ('फ़िग्मन्ट्) *n* कल्पित वस्तु या कथा. *a — of the imagination,* मनगढ़न्त.

'figurative ('फ़िग्युरटिव्) *adj* शब्दों का आलंकारिक प्रयोग, प्रतीकात्मक प्रयोग (इस कोश में ऐसे प्रयोगों के पूर्व इसका संक्षिप्त रूप fig दिया गया है). **—ly** *adv.*

'figure ('फ़िगर्) *n* **1** संख्याओं के अंक, 0, 1,.... 9. **2** मूल्य: *at a high —.* **3** मनुष्य का रूप, चेहरा-मोहरा: *a — of distress.* **4** (प्रसिद्ध और महत्त्वपूर्ण) व्यक्ति. **5** मनुष्य की आकृति (खींची या रंगी हुई या मूर्ति में गढ़ी हुई); किताब में समझाने के लिए दिये डायग्राम, आरेख. **6 — of speech,** अलंकार (काव्य के). *v* **1** (इतिहास में कोई महत्त्वपूर्ण) भाग लेना. **2 — sth out,** हिसाब लगाना, गणना करना. **3** (विशेषतः *pp* में) चित्रित. **'figure-head** *n* उच्च स्थान पर स्थित किंतु अधिकारहीन व्यक्ति; नाम मात्र का शासक; कठपुतली.

'filament ('फ़िलमन्ट्) *n* महीन तार (जैसे बल्बों

के बीच में होता है).

file[1] (फ़ाइल्) *n* (कागज़ात रखने की) फ़ाइल; फ़ाइल के कागज़ात. *v* — में रखना.

file[2] (फ़ाइल्) *n* लोहे की रेती (कड़ी वस्तु को काटने या चिकना करने वाली). *v* रेती से रेतना. **'filings** *n pl* कटे हुए या रेते हुए कण, चूरा.

file[3] (फ़ाइल्) *n* **in (single)** —, एक ही पंक्ति में. *v* — **in (out),** पंक्ति बनाना (पंक्ति के बाहर जाना).

filial ('फ़िल्यल्) *adj* संतान विषयक.

fill (फ़िल्) *v* **1** पूरा करना या हो जाना. **2** — **in (out),** फार्म आदि में खाली निश्चित स्थान पर सूचना या पूछा हुआ भरना. — **out,** (विशेषत:) गोल-मटोल होना. *n* **eat one's** —, भरपेट खाना.

'fillet ('फ़िलिट) *n* मछली या गोश्त का मोटा टुकड़ा जिसमें हड्डी न हो.

film (फ़िल्म्) *n* **1** परत (जैसे धूल-धुन्ध की). **2** फ़ोटो की फ़िल्म. **3** फ़िल्म : — *actors*. *v* **1** परत या झिल्ली से ढकना या ढक जाना. **2** फ़िल्माना, उस पर फ़िल्म बनाना. *adj* झिल्ली या परत के समान.

'filter ('फ़िल्टर्) *n* फ़िल्टर, छन्नी (छानने पर द्रव निकल जाता है और ठोस कण रह जाते हैं). *v* छानना.

filth (फ़िल्थ्) *n* गन्दगी, मैल. —**y** *adj* (-ier, -iest).

fin (फ़िन्) *n* मछली के पक्ष जिस के सहारे वह तैरती है. → p 280.

'final ('फ़ाइन्ल्) *adj* **1** अन्तिम. **2** संदेह या विवाद की समाप्ति : — *judgements*. *n* (*pl* भी) अंतिम परीक्षा, अंतिम दौड़ें, अंतिम प्रतियोगिता. **fi'nale** (फ़ि'नालि) *n* समापन (नाटक या संगीत का अंतिम चरण). —**ly** *adv* अन्त में, आखिरकार; अन्तिम रूप से.

fi'nance (फ़ाइ'नैन्स्) *n* **1** धन (विशेषत: सार्वजनिक धन) के प्रबंध-संचालन का विज्ञान. **2** (*pl*) सरकार या व्यापारिक प्रतिष्ठानों का धन, वित्त. *v* धन (पूंजी) लगाना. **fi'nancial** (फ़ाइ'नैन्शल्) *adj* वित्तीय. **fi'nancier** (फ़ाइ'नैन्सिअर्) *n* वित्त विशेषज्ञ; पूंजी लगाने वाला.

find (फ़ाइन्ड्) *v* (*pt* & *pp* found) **1** पा जाना; ढूंढ निकालना; पता लगाना. **2** — **one's feet** अपनी शक्ति पहचानना और भली भाँति कार्य करने लग जाना. **3** अनुभव से जानना. **4** (प्राय: — **out**), पूछ-ताछ कर जानना या समझना; पता लगाना. — **sb out,** दोषी या अपराधी का पता लगाना. **5** — **favour with,** कृपापात्र बनना. **6** (विधि) — *a prisoner* (*guilty*), निर्णय करना, (दोषी) ठहराना. *n* किसी मूल्यवान् या रुचिकर वस्तु की प्राप्ति. —**ing** ('फ़ाइन्डिङ्) *n* (प्राय: *pl*) जाँच के परिणाम, निष्कर्ष.

fine[1] (फ़ाइन्) *adj* (-r, -st) **1** (मौसम का) बढ़िया होना; सुहावना, ऐसा मौसम जिस में पानी न बरस रहा हो. **2** उपभोग्य, आनंद-दायक; बढ़िया. **3** सूक्ष्म, बारीक (कारीगरी). **4** बारीक, सूक्ष्म (धूल कण) : — *dust*. **5** महीन, बहुत पतला : — *thread*. **6** शुद्ध, खरी (धातु). —**ry** ('फ़ाइन्रि) *n* सुन्दर अच्छे-सिले कपड़े, चमकीले आभूषण आदि, ठाट-बाट.

fine[2] (फ़ाइन्) *n* अर्थदंड, जुरमाना. *v* — करना.

fine[3] (फ़ाइन्) *adv* **cut (run) it** —, मुश्किल से पर्याप्त समय देना.

fi'nesse (फ़ि'नेस्) *n* युक्ति या चतुरता से किसी स्थिति को संभालना.

fi'nger ('फ़िङ्गर्) *n* अंगुली, उंगली. → p 36. *v* — से छूना. **'finger-print** *n* अंगुलियों की छाप (अपराधियों को पहचानने के लिए).

'finish ('फ़िनिश्) *v* **1** समाप्त होना. **2** पूरा करना. *n* **1** अंतिम बिन्दु. **2** परिसज्जा, पालिश आदि : *That table has a good* —.

'finite ('फ़ाइनाइट्) *adj* सीमित.

fir ('फ़र्) *n* देवदारु (वृक्ष).

fire ('फ़ाइअर्) *n* **1** आग : *a forest* — (दावाग्नि). **2** लकड़ी-कोयला गर्माने या खाना पकाने के लिए जलाना. **catch (take)** —, जलने लगना. **3** बंदूकों का दगना. **under** —, गोली का निशाना बनना. **4** क्रुद्ध, उत्तेजित. *v* **1** जलने लगना. **2** आँवे में (ईंटे आदि) पकाना. **3** भट्ठी में ईंधन डालना. **4** गोली दागना, गोली चलाना; बंदूक छूटना.

5 (कल्पना को) उत्तेजित करना. **'fire-alarm** *n* आग लगने पर बजने वाला एलार्म. **'fire-arm** *n* राइफ़ल या रिवाल्वर. **'fire-brigade** *n* आग बुझाने वालों का दल. **'fire-engine** दमकल, आग बुझाने का इंजन. **'fire-escape** *n* जलते हुए मकान से लोगों को बाहर निकालने वाली सीढ़ी. **'—man** *n* फ़ायरमैन, आग बुझाने वाला. **—'place** *n* अंगीठी. **'fire-proof** *adj* अदाह्य, जो न जले या जलने पर न टूटे. **'—work** *n* आतिशबाज़ी.

'firing ('फ़ाइअरिङ्) *n* गोलीबारी; गोलीकांड.

firm[1] (फ़र्म्) *adj* **1** दृढ़, पक्का. **2** सरलता से प्रभावित या परिवर्तित न होने वाला. *adv* (-ly) दृढ़ता से : *to stand.* **'—ly** *adv.* **—ness** *n.*

firm[2] (फ़र्म्) *n* फ़र्म, व्यापार के लिए दो या अधिक आदमियों का संघ.

'firmament ('फ़र्मामन्ट्) *n* आकाश.

first (फ़र्स्ट्) *adj, n & adv* प्रथम; सब से पहले; प्रारंभ में; नम्बर एक. **'first-'aid** ('फ़र्स्ट-'एड्) *n* प्राथमिक चिकित्सा, डाक्टर के आने से पहले की चिकित्सा. **'first-'hand** *adj & adv* अपने प्रत्यक्ष अनुभवों से प्राप्त, न कि किताबों से प्राप्त ज्ञान. **'first-class, 'first-'rate,** *adj* सर्वोत्तम; उत्कृष्ट. **'—ly** *adv* प्रथमतः, पहले.

'fiscal ('फ़िस्कल्) *adj* वित्तीय; कर-(टैक्स) संबंधी.

fish (फ़िश्) *v & n* मछली. → p 280; मछली पकड़ना. **— sth up (out of),** पाना, निकाल लेना (जैसे जेब से). **'—ing-rod (—ing line),** मछली पकड़ने की लग्गी (डोरी). **'—erman** ('फ़िश्रमन्) *n* मछुवा. **'—monger** ('फ़िश्-मंगर्) *n* मछली-बेचने वाला. **'—y** *adj* (colloq) संदेह जनक : *a very —y excuse.*

'fissure ('फ़िशर्) *n* (चट्टानों में) गहरी दरार; फटना.

fist ('फ़िस्ट्) *n* मुट्ठी.

fit[1] (फ़िट्) *adj* ('fitter, 'fittest) **1** उपयुक्त, उचित (*for*); पर्याप्त, उपयोगी (*for* sth, *to be* sth). **2 think (see) fit to,** निश्चय करना. **3** अच्छे स्वास्थ्य या स्थिति में. *v* (-tt-) **1** उचित आकार और आकृति का होना; ठीक आकार और रूप के कपड़े पहनना. **2** किसी व्यक्ति को उपयुक्त बनाना (*for, to do, to be*). **3** स्थान पर लगाना : *to fit new doors.* **4 fit in,** मेल और अनुरूपता से रहना (with). **fit sth or sb in,** ठीक मौके पर. **fit out (up),** तैयार करना, सज्जित करना. *n* — होने की रीति या परिणाम : *a good (bad, exact) fit.* **'fitter** *n* (किसी [illegible]) मशीन को ठीक बैठाने वाला कारीगर [illegible]. **'fitting** *adj* उपयुक्त; उद्देश्य के अनुकूल [illegible] यह देखना कि कपड़े ठीक बैठते हैं या नहीं. **2** (प्रायः *pl*) मकान में लगी वस्तुएं [illegible] *electric light fittings.*

fit[2] (फ़िट्) *n* **1** फ़िट, दौरा, मूर्च्छा. **2** (क्रोध, हँसी आदि की) लहर, सनक, मौज. **by fits and starts,** ऐसे प्रयत्न जो शुरू होते है, [illegible] हैं और फिर शुरू होते हैं. **'fitful** *adj* अनियमित.

five (फ़ाइव़्) *n & adj* पाँच.

fix (फ़िक्स्) *v* **1** स्थिर करना, टिकाना. **2** निर्धारित या निश्चित करना; निश्चित रूप से स्थापित करना : *to fix a date, fix the position of a ship.* **3** (नेत्र, ध्यान) किसी एक ओर लगाना (*on*). **4** पक्का करना, (फोटोग्राफ आदि को ऐसा करना कि) रंग फीका न हो. **5 fix sb up** (*with* sth), कोई चीज निश्चित करना. *n* **in a fix,** मुसीबत या उलझन में. **'fixed** (फ़िक्स्ट्) *adj* स्थिर; अचल; [illegible]. **'fixedly** ('फ़िक्सिड्लि). *adv* **look fixedly at,** अपलक दृष्टि से देखना. **'fixture** ('फ़िक्स्चर्) *n* **1** (विशेषतः *pl*) जड़ी हुई वस्तु (जैसे, कमरे में अलमारी आदि). **2** दौड़ आदि की नियत तिथि.

fizz (फ़िज़्) *v & n* पानी से गैस का सी-सी करके निकलना. **'—le** ('फ़िज़्ल्) *v.* **—le out,** असफल हो जाना. **'fizzy** ('फ़िज़ि) *adj* (-ier, -iest) बुदबुदाने वाला.

'flabby ('फ़्लैबि) *adj* (-ier, -iest) ढीला-ढाला, थल-थला.

flag[1] (फ़्लैग्) *n* झंडा, ध्वजा, पताका. **flag-[illegible]** *n* ध्वजदंड.

flag[2] (फ़्लैग्) *n* **(flag-stone** भी) फर्श के चौकोर पत्थर, पटिया.

flag[3] (फ़्लैग्) *v* (-gg-) (पौधों का) मुरझा

जाना; (fig) थक जाना, ढीला पड़ जाना.

ˈ**flagon** (ˈफ़्लैगन्) *n* (शराब की) सुराही.

ˈ**flagrant** (ˈफ़्लेग्रन्ट) *adj* सुस्पष्ट जघन्य (कार्य), लज्जाजनक.

flair (फ़्लेअर्) *n* जन्मजात कौशल : *have a — for learning languages.*

flake (फ़्लेक्) *n* बर्फ के रूई जैसे टुकड़े; पतली परत : *snow flakes; —s of rust.* *v* टुकड़े-टुकड़े करके झड़ना; पपड़ी जमना.

flame (फ़्लेम्) *n* **1** लपट. **2** चमक (रंग की). *v* **1** धधकना, लौ की तरह चमकना. **2** (fig) क्रोध से तमतमाना.

flank (फ़्लैंक्) *n* **1** बाजू, पार्श्वभाग. **2** पहाड़ का पार्श्व भाग; सेना का पार्श्व भाग. *v* **1** में होना. **2** सेना के पार्श्व भाग की ओर जाना.

ˈ**flannel** (ˈफ़्लैन्ल्) *n* **1** फ़लालेन, चिकना ऊनी कपड़ा; (ˈface-) फ़लालेन का टुकड़ा. **2** (*pl*) —के कपड़े. ˈ**flannelˈette** (फ़्लैन्ˈलेट्) *n* सूती फ़लालेन.

flap (फ़्लैप्) *v* (-pp-) **1** पंख फड़फड़ाना. **2** थपथपाना. *n* **1** फड़फड़ाहट; थपथपाहट. **2** पल्ला (जैसे, जेब का पल्ला): *the — of an envelope (a pocket).* **3** (colloq) मानसिक उत्तेजना.

flare (फ़्लेअर्) *v* धधकना; भड़कना. *n* धधक; लौ.

flash (फ़्लैश्) *n* कौंध, (अचानक) चमक. **in a —**, पल भर में. *v* **1** कौंधना. **2** अचानक दृष्टि के सामने या मन में आ जाना. **3** तत्काल ही कोई समाचार रेडियो आदि द्वारा प्रसारित करना. ˈ**flash-light** *n* छोटी टार्च; फ़ोटो खींचते समय कौंध करने वाली बत्ती. **—y** *adj* चमकीला, भड़कीला.

flask (फ़्लास्क्) *n* **1** फ़्लास्क, छोटे मुंह की बोतल. **2** (ˈ*vacuum flask* भी) फ़्लास्क, गर्म को गर्म और ठंडे को ठंडा बनाये रखने वाली बोतल. **3** जेब में आ सकने वाली पानी की छोटी बोतल.

flat (फ़्लैट्) *adj* (-ter,-test) **1** समतल; चिकना तल. **2** नीरस, फीका. **3** स्वादहीन उतरी हुई (बिअर आदि). **4** बेसुरा संगीत. **5** (colloq) बिलकुल, साफ़-साफ़ : *a — denial.* *adv* — रीति से. *n* **1** बिना धार वाला भाग (जैसे, तलवार का). **3** सपाट भूमि, विशेषत: जल के पास. **2** फ़्लैट, एक ही मंजिल में कमरों का सेट.

ˈ**flatter** (ˈफ़्लैटर्) **1** चापलूसी करना; खुशामद करना. **2** (चित्र आदि में) किसी को जैसा वह है उससे बेहतर दिखाना. **3 — oneself (that),** अपने विश्वासों पर ही संतुष्ट रहना. **—er** *n.* **—y** *n* चापलूसी, खुशामद.

flaunt (फ़्लॉन्ट्) *v* इठलाना, इतराना.

flavour (ˈफ़्लेवर्) *n* सुगन्ध, सुस्वाद. *v* सुगंधित स्वादिष्ट करना.

flaw (फ़्लॉ) *n* दरार; दोष, ऐब. ˈ**—less** *adj* परिपूर्ण, अनिंद्य.

flax (फ़्लैक्स्) *n* फ्लैक्स, एक प्रकार का पौधा जिसके तन्तुओं से कपड़ा बनता है. ˈ**—en** *adj* पीले रंग (के बाल).

flay (फ़्ले) *v* चमड़ा उतारना; कोड़े लगाना.

flea (फ़्ली) *n* पिस्सू. → p.168.

fleck (फ़्लेक्) *n* **1** धब्बा, दाग. **2** (धूल) कण.

fled (फ़्लेड्) → flee.

fledged (फ़्लेज्ड्) *adj* (चिड़ियों का) पूरे बड़े पंखवाला बनना; उड़ने योग्य बनना. ˈ**fledg(e)-ling** (ˈफ़्लेज्लिङ्) *n* चिड़िया का बच्चा जिसने अभी-अभी उड़ना सीखा है; (fig) अनाड़ी, अनुभवहीन व्यक्ति.

flee (फ़्ली) *v* (*pt* & *pp* fled) भाग जाना.

fleece (फ़्लीस्) *n* ऊन (भेड़ों का). *v* ऊन कतरना; (fig) लूटना. ˈ**fleecy** (ˈफ़्लीसि) *adj* बादलों या आकाश का ऊन के समान लगना.

fleet[1] (फ़्लीट्) *n* **1** नौसेना; बेड़ा. **2** जहाज, हवाई जहाज या बसों का बेड़ा जो एक व्यक्ति के अधीन हो.

fleet[2] (फ़्लीट्) *adj* फुरतीला; क्षणभंगुर.

ˈ**fleeting** (ˈफ़्लीटिङ्) *adj* क्षणिक; क्षणभंगुर.

flesh (फ़्लेश्) *n* मांस, गोश्त. **one's own — and blood,** अपने निकट संबंधी. **—y** *adj* मांसल, गूदेदार.

flew (फ़्लू) → fly.

flex (फ़्लेक्स्) *n* बिजली-धारा के लिए लचकदार तार.

ˈ**flexible** (ˈफ़्लेक्सब्ल्) *adj* लचीला; (fig)

नई परिस्थितियों के अनुकूल अपने को बनाने वाला. 'flexibility *n* लचीलापन.

flick (फ़्लिक्) *v* & *n* चट-चट करना, (चाबुक से) सटाक से मारना.

flicker ('फ़्लिकर्) *v* टिमटिमाना; झिलमिलाना. *n* —वाली रोशनी.

flight[1] (फ़्लाइट्) *n* **1** उड़ना. **2** (हवाई जहाज़ की) उड़ान. **3** चिड़ियों या उड़ने वाली वस्तुओं का झुंड : *a — of arrows*. **4** सीढ़ियों की कतार.

flight[2] (फ़्लाइट्) *n* भागना, पलायन. **put** (the *enemy*) **to —**, भगा देना. **take to —**, भाग जाना.

flimsy (फ़्लिमज़ि) *adj* (-ier, -iest) पतली और हलकी (सामग्री); शीघ्र टूटने या नष्ट होने वाला (पदार्थ).

flinch (फ़्लिन्च्) *v* पीछे हटना (*from*).

fling (फ़्लिङ्) *v* (*pt* & *pp* flung) **1** फेंकना, दे मारना. **2** हाथ पटकना, हाथों से मारना. *n* — की प्रक्रिया. **have one's —**, रंगरेलियों का समय.

flint (फ़्लिन्ट्) *n* चक़मक़ पत्थर (जिस पर लोहा रगड़ने से चिंगारियाँ निकलती हैं).

'**flippant** ('फ़्लिपन्ट्) *adj* ढीठ; चंचल.

flirt (फ़्लर्ट्) *v* **1** इश्कबाज़ी करना, प्रेम का खेलवाड़ करना : — with (*sb*) **2** (किसी योजना के बारे में) चलताऊ ढंग से सोचना. *n* — करने वाला व्यक्ति.

flit (फ़्लिट्) *v* (-tt-) फुदकना, जल्दी-जल्दी स्थान बदलना.

float (फ़्लोउट्) *v* **1** उतराना, बहना. **2** उतराते रहना; बहाना. *n* कार्क का टुकड़ा जो मछली पकड़ने की लग्गी को डूबने नहीं देती है.

flock (फ़्लॉक्) *n* **1** चिड़ियों या पशुओं का झुंड. **2** ईसाइयों का धार्मिक समूह. *v* — में होना या आना.

flog (फ़्लॉग्) *v* (-gg-) कोड़े से पीटना.

flood (फ़्लड्) *n* **1** बाढ़. **in** — नदी का बाढ़ में होना. **2** मूसलाधार वर्षा; क्रोध आदि भावनाओं की विकट अभिव्यक्ति. *v* **1** जल से भर जाना या भर देना. **2** बड़ी मात्रा या संख्या में आना या भेजना. '**flood-tide** *n* ज्वार (समुद्र का).

floor (फ़्लॉर्) *n* फ़र्श. **ground-floor**, सबसे नीचे की (सड़क की सतह की) मंजिल. **first —**, पहली मंजिल. **nave the —**, बोलने का अधिकार होना. **—ed** *adj* (colloq) पराजित.

flop (फ़्लॉप्) *v* (-pp-) असहाय होकर गिर पड़ना या डगमगाते हुए चलना; पटकना. *n* विफलता. **—py** *adj* ढीले ढीले लटकना.

'**flora** ('फ़्लॉरअ) *n* (किसी युग या क्षेत्र के) सभी पेड़-पौधे.

florid (फ़्लॉरिड्) *adj* **1** गुलाबी, लाल (चेहरा). **2** अलंकृत, भड़कीला.

'**florist** ('फ़्लॉरिस्ट्) *n* फूल बेचने वाला; फूलों का उत्पादन करने वाला.

flo'tilla (फ़्लो'टिलअ) *n* (नौसेना का) बेड़ा.

'**flounder** ('फ़्लाउन्डर्) *v* **1** (पानी में डूबते समय) छटपटाना. **2** (fig) कुछ कहते या करते समय हिचकिचा कर भयंकर भूल कर बैठना.

'**flour** ('फ़्लाउअर्) *n* आटा.

'**flourish** ('फ़्लरिश्) *v* **1** फलना-फूलना; समृद्ध होना. **2** तलवार घुमाना. *n* घुमाना.

flow (फ़्लो) *v* **1** बहना; धीरे-धीरे गति करना. **2** (बालों, पोशाक का) लटकना. **3** ज्वार की बाढ़ आना *n* — की गति; की मात्रा.

'**flower** ('फ़्लाउअर्) *n* फूल.

flown (फ़्लोन्) → fly.

flu (फ़्लू) *n* → influenza.

'**fluctuate** ('फ़्लक्टयुएट्) *v* (तल या मूल्य का) ऊँचा-नीचा होना; अनियमित होना. **fluctu'ation** (फ़्लक्ट्यु'एशन्) *n* उतार-चढ़ाव.

flue (फ़्लू) *n* चिमनी; बॉयलर में से गर्म हवा फेंकने का मार्ग.

'**fluent** ('फ़्लूअन्ट्) *adj* धाराप्रवाह (बोलने या पढ़ने की शक्ति वाला व्यक्ति). **—ly** *adv*. '**fluency** ('फ़्लूअन्सि) *n* धाराप्रवाह बोलने का गुण.

fluff (फ़्लफ़्) *n* रोयाँ; मुलायम ऊनी कंबल से गिरने वाले रोयें. **—y** *adj*.

'**fluid** ('फ़्लूइड्) *n* & *adj* तरल (पदार्थ, जैसे, द्रव और गैस); अनिश्चित विचार; परिवर्तनशील.

fluke (फ़्लूक्) *n* सुखद संयोग से प्राप्त (न कि परिश्रम आदि से) : *to win by a —.*

flung (फ़्लङ्) → fling.

'flurry ('फ़्लरि) *n* **1** (पानी या हवा का) झोंका. **2** घबराहट भरी हलचल. *v* किसी व्यक्ति को घबड़ा देना.

flush (फ़्लश्) *v* **1** चेहरा लाल हो जाना (स्वास्थ्य, बीमारी, नशे, भावना आदि के कारण) : *—ed with success (wine).* **2** पानी के बहाव से साफ़ कर देना; बहाव के साथ किसी द्रव का निकलना. *n* **1** पानी का बहाव या प्रवाह. **2** चेहरे की लालिमा. **3** भावावेग.

fluster ('फ़्लस्टर्) *v* घबड़ा जाना; व्याकुल हो जाना. *n* घबड़ाहट; व्याकुलता.

flute (फ़्लूट्) *n* बाँसुरी, मुरली. → p 206.

flutter ('फ़्लटर्) *v* **1** (पंखों का) फड़फड़ाना. **2** मँडराना, चक्कर कटवाना. *n* — की गति; व्याकुलता; भावावेग; हलचल : *to cause a —.*

fly (फ़्लाइ) *v* (*pt* flew, *pp* flown) **1** (चिड़िया या हवाई जहाज़ का) उड़ना. **2** (झंडों का) फहराना, उड़ाना. **3** तेजी से चलना या दौड़ना; जल्दी से गति करना : **a flying visit,** एक संक्षिप्त भेंट. **let fly at,** निशाना लगाना. **fly into a rage,** सहसा क्रुद्ध हो जाना. **flier, flyer** ('फ़्लाइअर्) *n* विमान-चालक. **fly-wheel** *n* मशीन का भारी पहिया जो गति में स्थिरता बनाए रखता है.

fly (फ़्लाइ) *n* (**house-fly** भी) मक्खी. → p 168.

foal (फ़ोल्) *n* घोड़े या गधे का बच्चा, बछेड़ा.

foam (फ़ोम्) *n* झाग, फेन. *v* — बनाना, — छोड़ना, फेनदार बनाना. **—y** *adj.*

'focus ('फ़ोकस्) *n* फ़ोकस, किरणकेन्द्र, नाभि; (कैमरे का) फ़ोकस : *in (out of) —.* *v* फ़ोकस में आना; फ़ोकस ठीक करना.

fodder ('फ़ॉडर्) *n* चारा, सूखी घास आदि (पशुओं के लिए).

foe (फ़ो) *n* शत्रु.

fog (फ़ॉग्) *n* कोहरा. **'foggy** ('फ़ॉगि) *adj* (-ier, -iest).

foible ('फ़ॉइब्ल्) *n* चरित्र की किंचित् विचित्रता.

foil[1] (फ़ॉइल्) *n* **1** पन्नी (धातु को पीट-पीट कर कागज की तरह पतली बनी हुई). **2** वस्तु या व्यक्ति जो वैषम्य से दूसरे के गुण को प्रदर्शित करता है.

foil[2] (फ़ॉइल्) *v* (किसी व्यक्ति की योजना, षड्यंत्र) विफल कर देना; व्यक्ति को योजना पूरी न करने देना.

foist (फ़ॉइस्ट्) *v* **— sth (off) on (sb),** चालाकी से किसी व्यक्ति के गले कोई निरर्थक वस्तु मढ़ देना.

fold[1] (फ़ोल्ड्) *v* **1** मोड़ना, तहाना; मुड़ना; मुड़ जाना. **2 — in one's arms,** बाहों में भरना, लिपटा लेना. — (*a child*) **in one's arms,** छाती लगाना. *n* तह; तहाने से बनी रेखा. **—er** *n* फाइल; इश्तहार, पुस्तिका.

fold[2] (फ़ोल्ड्) *n* भेड़शाला, बाड़ा.

'foliage ('फ़ोलिइज्) *n* (पेड़ों की) पत्ती आदि.

folk (फ़ोक्) *n pl* **1** लोग, जनसाधारण. **2 one's —,** (colloq) अपने संबंधी. **'folk-dance (-song)** *n* लोकनृत्य, लोकगीत; किसी क्षेत्र विशेष में परंपरा से आए नृत्य या गीत. **'—lore** *n* लोक-साहित्य, लोक-वार्ता.

'follow ('फ़ॉलोउ) *v* **1** किसी के पीछे-पीछे जाना या रहना. **2** चलते रहना; (किसी विषय को) समझना. **3** (किसी व्यवसाय आदि में) लगना : *to — the plough* (खेती के काम में लगना). **4** अनुकरण करना, अनुयायी बनना : *to — the fashion.* **5** परिणाम निकलना : *That does not — at all. It —s, from what you say, that ....* **6 — sth up,** अनुवर्तन करना, काम को आगे बढ़ाना. **as — s,** जैसा कि अब दिया जा रहा है; निम्नलिखित. **—er** ('फ़ॉलोअर्) *n* समर्थक, अनुयायी. **—ing** *n* शिष्य समुदाय, अनुयायी-गण.

'folly ('फ़ॉलि) *n* मूर्खता; मूर्खतापूर्ण काम.

fo'ment (फ़ो'मेन्ट्) *v* **1** (गर्म पानी या कपड़े से) सेंकना (शरीर के किसी भाग को ताकि दर्द कम हो सके). **2** (असंतोष, अव्यवस्था आदि) भड़काना, उकसाना, उभारना. **foment'tation** (फ़ोमेन्'टेशन्) *n* सेंक, प्रोत्साहन; सिंकाई का कपड़ा आदि.

fond (फ़ॉन्ड्) *adj* **be — of,** बहुत पसंद करना;

में आनंद लेना. **2** स्नेहशील, प्रिय. **3** (आशाओं और आकांक्षाओं को) बनाये रखने वाला यद्यपि उनके पूरे होने की बहुत कम संभावनाएँ हैं.

'fondle ('फ़ॉन्ड्ल्) *v* दुलारना.

food (फ़ूड्) *n* भोजन, आहार. **— for thought,** विचारणीय विषय. **—stuffs** *n pl* खाद्य पदार्थ.

fool (फ़ूल्) *n* **1** मूर्ख, बेवकूफ़. **April F—'s day,** पहली अप्रैल. **make a — of,** मूर्ख बना देना. **—'s errand,** मूर्खतापूर्ण कार्य जिस को पूरा करने पर मालूम हो कि प्रयत्न करना निरर्थक था. **2** विदूषक, मसख़रा. **play the —,** बेवकूफ़ी की हँसी-दिल्लगी करना. *v* **1 —** की तरह आचरण करना. **2** मूर्ख बनाना. **—hardy** *adj* दुःसाहसी. **—ish** *adj* नासमझी का कार्य, मूर्खतापूर्ण. **—proof** *adj* इतना सरल कि मूर्ख भी बिना ग़लती किये (काम पूरा कर सके).

'foolscap ('फ़ूल्स्कैप्) *n* फुलिस्केप आकार का काग़ज़ (17 इंच × 13½ इंच).

foot (फ़ुट्) *n* (*pl* feet) **1** पैर, पाँव. **on —,** पैदल. **set sth on —,** चालू करना. **put one's — in it,** बड़ी ग़लती करना. **2** नीचे का भाग. **3** 12 इंच का एक माप, फुट : *ten feet long*; *a three-foot rod.* **4** पैदल सेना. *v* **— the bill,** बिल का भुगतान करने के लिए तैयार हो जाना. **'—ball** *n* फ़ुटबाल का खेल. **'—fall** *n* पदध्वनि, पैरों की आहट. **'—hills** *n pl* पहाड़ के नीचे की छोटी पहाड़ियाँ. **'—hold** *n* पाँव रखने की पक्की जगह; आधार. **'—ing** *n* **1** पाँव रखने की जगह. **2** लोगों से संबंध; सामाजिक प्रतिष्ठा. **3** आधार, नींव. **'—lights** *n pl* (रंगमंच पर) सामने से लगे लैंप. **'—man** *n* अतिथियों को प्रवेश देने वाला व्यक्ति, द्वारपाल, सेवक. **'foot-note** *n* पृष्ठ के नीचे मुद्रित अंश, पाद-टिप्पणी. **'—path** *n* सड़क के किनारे की पटरी, खेतों की पगडंडी. **'—print** *n* पदचिह्न, पैरों की छाप. **'—step** *n* चरणचिह्न; क़दम.

for (फ़ॉर्) *prep* **1** के लिए : *for a mile, for a minute.* **2** के पक्ष में. **3** के बदले में (पाने के लिए): *He paid Rs* 10 *for it. conj* चूंकि, क्योंकि.

'forage ('फ़ॉरिश्) *n* चारा (पशुओं का). *v* चारा खोजना.

for'bear (फ़ॉर्'बेअर्) *v* (*pt* for'bore *pp* for'borne) (किसी काम से) बचे रहना, दूर रहना. **—ance** *n* धैर्य, सहिष्णुता.

for'bid (फ़र्'बिड्) *v* (*pt* for'bade, *pp* for'bidden) (किसी को काम-विशेष करने से) मना करना, रोकना : *— a girl to marry; to — a marriage.* **—ding** *adj* कठोर; धमकाने वाला.

force (फ़ॉर्स्) *n* **1** शक्ति, बल : *the — of a blow* (*argument, explosion*); *the —s of nature* (जैसे, आँधी, तूफ़ान). **2** परिवर्तनकारी शक्तियाँ (जैसे, समाज में). **3** (भौतिकी) बल. *the — of gravity* (गुरुत्वाकर्षण बल). **4** सेना (थल-जल या वायु सेना): *to join the forces.* **in —,** बड़ी संख्या में. **5** (क़ानून में) **come into —,** लागू होना, प्रयुक्त होना. **put** (*a law*) **into —,** जारी या प्रचलित करना. *v* बल या शक्ति प्रयोग करना; तोड़ना. **— a person's hand,** किसी व्यक्ति को ऐसा बाध्य करना कि जितने समय में वह कार्य विशेष करना चाहता है, उस से पहले कार्य कर दे. **a —d march,** सैनिकों का विशेष प्रयोजन के लिए किया मार्च. **'—ful** *adj* —पूर्ण. **'forcible** *adj* बल प्रयोग द्वारा किया कार्य; बलप्रयोग का प्रदर्शन. **'forcibly** *adj.*

ford (फ़ॉर्ड्) *n* नदी का वह छिछला भाग जहाँ पैदल आदमी पार कर जाए. *v* नदी को ऐसे पार करना.

fore (फ़ॉर्) *n* अगला भाग. **come to the —,** सामने प्रमुखता से आना. *adj & adv* अग्र, आगे का.

fore- (फ़ॉर)(पूर्वपद) **1** (स्थान में) सामने वाला या पहला. **'—foot.** *n* **'—leg** *n.* **2** (समय में) भविष्य में या पहले **—'tell** *v* भविष्यवाणी करना. **—'warn** *n* पहले से चेतावनी देना.

'forearm ('फ़ॉर्आर्म्) *n* कोहनी से कलाई तक का भाग. *v* (फ़ॉर्'आर्म्) पहले से तैयार रहना.

fore'bode (फ़ॉर्'बोड्) *v* संकेत देना या चेतावनी होना कि कोई संकट आ रहा है. **fore'boding** *n* पूर्वाभास, पूर्वज्ञान.

fore'cast/'forecast (फ़ॉर्'कास्ट्/'फ़ोर्कास्ट्)

v पूर्वानुमान लगाना (मौसम आदि की), पूर्व-सूचना देना. ˈ**forecast** *n* (मौसम विषयक) पूर्व सूचना.

ˈ**forefathers** (ˈफ़ॉर्‌फ़ादर्ज़्) *n pl* पुरखे, पूर्वज.

ˈ**forefinger** (ˈफ़ॉर्‌फ़िङ्‌गर्) *n* अंगूठे के बाद की अंगुली, तर्जनी.

ˈ**forefront** (ˈफ़ॉर्‌फ़्रन्ट्) *n* सब से आगे का भाग.

foreˈgoing (फ़ॉर्ˈगोइङ्) *adj* (समय, स्थान या क्रम से) पूर्व.

foreˈgone (फ़ॉर्ˈगॉन्) *adj* — **conclusion**, पूर्वनिश्चित निष्कर्ष.

ˈ**foreground** (ˈफ़ॉर्‌ग्राउन्ड्) *n* अग्रभाग; सब से सामने दिखने वाला अंश.

ˈ**forehead** (ˈफ़ॉरिड्) *n* मस्तक, माथा.

ˈ**foreign** (ˈफ़ॉरिन्) *adj* **1** विदेशी. **2 — to,** अस्वाभाविक; असंबद्ध. **3** विदेश-विषयक. **—er** *n* विदेशी व्यक्ति.

ˈ**foreman** (फ़ॉर्मन्) *n* फ़ोरमैन; (जूरी का) मुखिया, अध्यक्ष.

ˈ**foremost** (ˈफ़ॉर्मोस्ट्) *adj* & *adv* सर्वप्रथम; सब से महत्त्वपूर्ण.

ˈ**forename** (ˈफ़ॉर्‌नेम्) *n* प्रथम नाम.

foreˈsee (फ़ॉर्ˈसी) *v* (*pt* foreˈsaw, *pp* foreˈseen) पहले से जान लेना.

foreˈshadow (फ़ॉर्ˈशैडो) *v* पूर्वाभास, पूर्वलक्षण देना.

ˈ**foreshore** (ˈफ़ॉर्शॉर्) *n* समुद्र का रेतीला तट.

ˈ**foresight** (ˈफ़ॉर्साइट्) *n* दूरदर्शिता, भविष्य की आवश्यकताओं के लिए तैयार रहना.

ˈ**forest** (ˈफ़ॉरिस्ट्) *n* जंगल. **—ry** (ˈफ़ॉरिस्ट्रि) *n* जंगल उगाने और पालने की विद्या.

foreˈstall (फ़ॉर्ˈस्टॉल्) *n* पहले से ही रोकने का प्रबंध करना, पहले से ही रोक-थाम करना.

foreˈtell (फ़ॉर्ˈटेल्) *v* भविष्यवाणी करना.

ˈ**forethought** (ˈफ़ॉर्थ़ॉट्) *n* दूरदर्शिता; पूर्व विचार.

forˈever (फ़ˈरेवर्) *adv* सदा के लिए; सर्वदा.

ˈ**foreword** (ˈफ़ॉर्वर्ड्) *n* प्राक्कथन; प्रस्तावना.

ˈ**forfeit** (ˈफ़ॉर्फ़िट्) *v* जब्त हो जाना, अधिकार से वंचित हो जाना. *n* जब्त हो जाने वाली वस्तु. **—ure** (फ़ॉर्फ़िचर्) *n* ज़ब्ती.

forˈgave (फ़र्ˈगेव्) → forgive.

forge[1] (फ़ॉर्ज्) *v* — **ahead,** आगे बढ़ना, प्रयास करके आगे निकल जाना.

forge[2] (फ़ॉर्ज्) *n* भट्ठी; लोहार खाना जहाँ लोहा तपाकर गढ़ा जाता है. *v* गढ़ना.

forge[3] (फ़ॉर्ज्) *v* नक़ल बनाकर धोखा देना, ज़ालसाज़ी करना. ˈ**—r** (फ़ॉर्जर्) *n* जालसाज़. ˈ**—ry** (ˈफ़ॉर्जरि) *n* — करना; जालसाज़ी.

forˈget (फ़र्गेट्) *v* (*pt* forˈgot, *pp* forˈgotten) भूलना; भुला देना; भूल जाना : *He always —s his hat.* — **oneself,** बिना विचारे परिस्थिति के प्रतिकूल कार्य करना. **—ful** *adj* भुलक्कड़, लापरवाह.

forˈgive (फ़र्ˈगिव्) *v* (*pt* forˈgiven *pp* forˈgiven) क्षमा करना, माफ़ करना, अपराध मुक्त करना; ऋण माफ़ करना. **—ness** *n* क्षमा; क्षमाशीलता; क्षमाप्राप्ति.

forˈgo (फ़ॉर्ˈगो) *v* (*pt* forwent, *pp* forgone) के बिना काम चला लेना; छोड़ देना.

fork (फ़ॉर्क्) *n* **1** काँटा (छुरी). **2** घास आदि हटाने वाला खेती का औज़ार, पाँचा. **3** पेड़ या सड़क का वह स्थान जहाँ से एक या अनेक शाखाएँ फूट रही हों. *v* **1** — से खींचना **2** शाखाओं में बँटना.

forˈlorn (फ़र्ˈलॉर्न्) *adj* उदास, निराश; परित्यक्त.

form (फ़ॉर्म्) *n* **1** रूप, बाहरी आकृति. **2** सामान्य गठन; प्रकार; विविधता. **3** (व्याकरण में) शब्द (लिखित या उच्चारित) का रूप : *past tense —s.* **4** निश्चित क्रम; प्रचलन, रीति. **5** छपा हुआ प्रपत्र, फ़ार्म : *telegraph —.* **6** शारीरिक दशा (विशेषतः घोड़ों या खिलाड़ियों की) : *in good —; out of —.* **7** लम्बी लकड़ी की बेंच. **8** कक्षा, दरजा. *v* **1** — देना, बनाना. **2** (विचारों को) शब्दों का रूप देना; स्थूल आकार देना. **3** होना, अस्तित्व में आना. **—al** *adj* **1** रूढ़ि और नियम के अनुकूल. **2** बाहरी आकार विषयक (न कि भीतरी यथार्थ या तत्त्वों से संबद्ध). **3** नियमित या ज्यामितीय डिज़ाइन : *—al gardens.* **4.** औपचारिक, बाह्याचार के अनुकूल आचरण. **forˈmality** (फ़ॉर्ˈमैलिटि) *n* औपचारिकता, शिष्टाचार.

forˈmation (फ़ॉर्ˈमेशन्) *n* निर्माण; गठन;

निर्मित वस्तु. '—less *adj* रूपहीन, निराकार.

'former ('फ़ॉर्मर्) *adj* **1** कुछ पहले समय का. **2** (*n* भी) दो में से पहला. **—ly** *adv* पहले समय में.

'formidable ('फ़ॉर्मिडब्ल्) *adj* **1** भयानक. **2** दुर्जेय. विकट.

'formula ('फ़ॉर्म्युला) *n* **1** सूत्र रूप में नियम का कथन, फ़ार्मूला. **2** शब्दों का रूप (जैसे, 'How d'you do?'). **3** दवाई बनाने में निर्देशनों का समूह. **—te** ('फ़ार्म्युलेट्) *v* स्पष्टतया कहना, प्रतिपादन करना.

for'sake (फ़र्'सेक) *v* (*pt* forsook, *pp* for'saken) छोड़ देना, त्याग देना; छोड़ कर चले जाना, परित्याग करना.

fort (फ़ॉर्ट्) *n* किला, दुर्ग, गढ़.

forth (फ़ॉर्थ्) *adv* **1** बाहर. **2** से प्रारंभ कर : *from this day —*. **—'coming** *adj* आगामी : *—coming books*. **'—right** *adj* स्पष्टवादी; खरा (बोलने वाला).

forth'with ('फ़ॉर्थ्'विथ्) *adv* तुरंत, फौरन.

'fortify ('फ़ॉर्टिफ़ाइ) *v* किसी स्थान को रक्षा के लिए मज़बूत करना, क़िलेबंदी करना; अपना साहस बढ़ाना. **fortifi'cation** (फ़ॉर्टिफ़ि-'केशन्) *n* — fort.

'fortitude ('फ़ार्टिट्यूड्) *n* धैर्य; साहस.

'fortnight ('फ़ार्ट्नाइट्) *n* दो सप्ताह की अवधि, पखवाड़ा. **—ly** *adj* & *adv* — में एक बार.

'fortress ('फ़ॉट्रिस्) *n* क़िला, गढ़ी.

'fortune ('फ़ार्चन्) *n* **1** भाग्य; दैव; संयोग. **2** समृद्धि; सफलता; बड़ी संपत्ति. **'fortune-'teller** *n* ज्योतिषी. **'fortunate** ('फ़ॉर्चनिट्) *adj* सौभाग्यशाली.

'forty ('फ़ॉर्टि) *n* & *adj* चालीस. **fortieth** ('फ़ॉर्टिअथ्) *n* & *adj* चालीसवाँ, चालीसवाँ अंश.

'forward ('फ़ॉर्वर्ड्) *adj* **1** अग्रवर्ती. **2** प्रगतिशील. **3** सहायता को उद्यत. **4** ढीठ, अत्यंत उत्सुक. *n* अग्रवर्ती (खिलाड़ी). *v* — भेजना; नये पते पर पत्र भेजना. *adv* ('—s भी) आगे की दिशा में. **look — to,** भविष्य की किसी घटना का सुखमय चिन्तन.

'fossil ('फ़ॉसिल्) *n* प्राग्-ऐतिहासिक काल के पौधों और पशुओं के शारीरिक अवशेष जो पत्थरों में दबकर पत्थर-से बन गये हैं और जिससे उनकी आकृति आदि का पता लगाया जा सकता है, जीवाश्म. *adj* — के समान.

'foster ('फ़ॉस्टर्) *v* पालन-पोषण करना; देख-भाल करना. **'foster-parent** *n* पालक-पिता धात्री (माँ). **'foster-brother (sister)** *n* दूध-भाई (दूध-बहिन), माता-पिता द्वारा पोषित होने के कारण बना भाई (बहिन).

fought (फ़ॉट्) → fight.

foul (फ़ाउल्) *adj* **1** बीभत्स, घिनौना; गन्दा. **2** दुष्ट, कपटपूर्ण; दुःशब्दपूर्ण (भाषा); खराब (मौसम, आंधी-तूफ़ान वाला). **3 — play,** (a) (खेल-कूद में) नियम विरुद्ध; (b) बड़ा अपराध, जैसे हत्या. *adv* **fall (run) — of,** (जहाज़ों का) टकराना; (fig) मुसीबत में पड़ना. *v* गन्दा होना या करना.

found[1] (फ़ाउन्ड्) → find.

found[2] (फ़ाउन्ड्) *v* **1** नींव डालना, आधार बनाना. **2** स्थापित करना (जैसे किसी संस्था का). **foun'dation** (फ़ाउन्'डेशन्) *n* **1** संस्थान; संस्थापित संस्था (प्रायः स्कूल या अस्पताल के लिए); निधि (धनराशि) जो ऐसे कार्य के लिए प्रयुक्त हो. **2** (प्रायः *pl*) नींव, बुनियाद. **'—er** *n* संस्थापक व्यक्ति.

'founder ('फ़ाउन्डर्) *v* (जहाज़ को पानी भर कर) डुबो देना.

'foundling ('फ़ाउन्ड्लिङ्) *n* अज्ञात माता-पिता का बाहर छोड़ा हुआ बच्चा.

'foundry ('फ़ाउन्ड्रि) *n* ढलाई का कारखाना (जहाँ लोहे या शीशे को पिघला कर वस्तुएँ गढ़ी जाती है).

'fountain ('फ़ाउन्टिन्) *n* फ़ौवारा; झरना. **'— -pen** *n* फ़ाउंटेन-पेन, कलम.

four (फ़ॉर्) *n* & *adj* चार. **on all —s,** हाथों और घुटनों से. **'—teen** (फ़ॉर्'टीन्) *n* & *adj* चौदह. **'—th** (फ़ॉर्थ्) *adj* & *n* चौथा.

fowl (फ़ाउल्) *n* 1 मुर्गा, मुर्गी. 2 (पुराना प्रयोग) कोई भी पक्षी.

fox (फ़ॉक्स्) *n* लोमड़ी.

'fraction (फ़्रैक्शन्) *n* **1** अंश, टुकड़ा. **2** (गणित

में) भिन्न (जैसे, ⅓, ¼, 0.76).

'fracture (फ़्रैक्चर्) *n* हड्डी का टूटना, अस्थि-भंग, फ़्रैक्चर; टूटना. *v* टूटना; दरार पड़ना.

'fragile ('फ़्रैजाइल्) *adj* भंगुर (सहज में टूटने वाला); नाज़ुक.

'fragment ('फ़्रैग्मन्ट्) *n* टुकड़ा, खंड; अधूरा अंश (जैसे, किसी पुस्तक का). **—ary** *n* अपूर्ण; आंशिक.

'fragrant ('फ़्रेग्रन्ट्) *adj* सुगन्धित. **'fragrance** ('फ़्रेगरन्स्) *n* खुशबू, सुगन्धि.

frail (फ़्रेल्) *adj* शरीर या चरित्र से दुर्बल; भंगुर, सुकुमार. **—ty** ('फ़्रेल्टि) *n* दुर्बलता.

frame (फ़्रेम्) *n* **1** मुख्य ढांचा (जहाज़, भवन आदि का). **2** शरीर (मनुष्य या पशु का). **3** (द्वार का) चौखटा, ऐनक का फ़्रेम. **4 — of mind,** मनोदशा. *v* **1** रचना करना; बनाना. **2** चौखटा लगाना. **3** गढ़ना, रूप-आकार देना. **'—work** *n* ढाँचा.

franc (फ़्रैंक्) *n* (F) फ्रांस, बेल्जियम आदि देशों की मुद्रा, फ़्रैंक.

'franchise ('फ़्रैन्चाइज़्) *n* राजनैतिक चुनाव के समय मत देने का अधिकार.

frank (फ़्रैंक्) *adj* सच्चा, निष्कपट, स्पष्टवादी. **—ly** *adv*.

'frantic ('फ़्रैन्टिक्) *adj* उन्मत्त (कष्ट या चिंता के कारण) उद्वेलित, व्यग्र. **—ally** *adv*.

fra'ternal (फ़्र'टर्नल्) *adj* भ्रातृ-, भ्रातृवत्; **fra'ternity** (फ़्र'टर्निटि) *n* भ्रातृत्व, बन्धुत्व, भाईचारा. **'fraternize** ('फ़्रैटर्नाइज़्) *v* मित्र बनाना (*with*).

fraud (फ़्रॉड्) *n* **1** छल, कपट. **2** कपटी, धोखेबाज़. **—ulent** ('फ़्रॉड्युलन्ट्) *adj* — पूर्ण.

fraught (फ़्रॉट्) *adj* **— with,** (सामान्यतया कुछ अनिष्टकर परिणामों से) सम्बद्ध; तात्पर्यपूर्ण.

fray (फ़्रे) *v* (कपड़े, रस्सी का) अत्यधिक प्रयोग से [illegible].

freak (फ़्रीक्) *n* **1** रूप-आकार में विलक्षण (अनोखा) व्यक्ति, पशु या पौधा. **2** विलक्षण (कुछ सीमा तक बेतुका) विचार या कार्य; सनकी (व्यक्ति). **'—ish** *adj* अप-सामान्य.

'freckle ('फ़्रेक्ल्) *n* चकत्ता (धूप के कारण शरीर पर पड़ा हुआ).

free (फ़्री) *adj* (-r, -st) **1** स्वतंत्र (देश), स्वशासित (देश). **2** स्वतंत्र व्यक्ति (न कि, दास या क़ैदी); कार्य करने में स्वतंत्र. **3** अनियत, अनियंत्रित (वस्तु). **have (give sb) a — hand,** बेरोकटोक काम करने देना. **the Free Churches,** चर्च विशेष. **4** मुफ़्त, निःशुल्क. **— trade,** करमुक्त व्यापार. **5** (स्थान और समय का) खाली, सावकाश; खाली (आदमी). **6** (अनुवाद) भावानुवाद (न कि शब्दशः). **7 be — with** (one's money), उदार, मुक्तहस्त. **be — from** (error), (त्रुटि) रहित. *v* — करना. **'—dom** (फ़्रीडम्) *n* स्वतन्त्रता, मुक्ति. **'free-handed** *adj* उदार, दानी, मुक्त-हस्त. **—hold** *adj* ज़मीन का पूर्ण स्वामित्व. **—ly** *adv* — रीति से; मुक्तभाव से.

freeze (फ़्रीज़्) *v* (*pt* froze, *pp* frozen) **1 be freezing,** इतनी सरदी कि पानी जम जाए; **2** (पानी का) बर्फ़ बनना; मारे ठंड के अकड़ जाना; व्यक्ति को बहुत ठंड लगना. **3** ठंडा करना; जमा देना : *frozen meat* (*roads*). **'freezing point** *n* हिमांक, तापमान का वह बिन्दु जहाँ पानी जम जाता है.

freight (फ़्रेट्) *n* (माल का) भाड़ा, किराया; ढोया हुआ माल, भार. *v* जहाज़ में माल चढ़ाना. **—er** *n* भारवाही जहाज़, माल-जहाज़.

french (फ़्रेन्च्) *adj* **— window,** ऐसी खिड़की जो द्वार का भी काम करे.

french-leave (फ़्रेन्च् लीव़्) **take —,** बिना अनुमति के चले जाना या छुट्टी मनाना.

'frenzy ('फ़्रेन्ज़ि) *n* उन्माद, पागलपन. **'frenzied** *adj* —पूर्ण.

'frequent ('फ़्रीक्वन्ट्) *adj* प्रायः घटित होने वाला; प्रायिक; बहुत बार होने वाला; सामान्य. **fre'quent** (फ़्रि'क्वेन्ट्) *v* बार-बार जाना. **'frequency** ('फ़्रीक्वन्सि) *n* — होना; बारंबारता, आवृत्ति (भौतिकी). **—ly** *adv* प्रायः, अक्सर.

fresh (फ़्रेश्) *adj* (-er,-est) **1** ताज़ा; हाल का बना हुआ, उगाया हुआ या हाल में प्राप्त. **2** नया, भिन्न. **3** (भोजन) ताज़ा (न कि टिन में बंद); चेहरे की ताज़गी; (मौसम का)

शीतल होना. — **air,** ताज़ी, बाहर की स्वच्छ वायु. —**ly** *adv.*

fret (फ़्रेट्) *v* (-tt-) **1** चिंतित होना, असंतुष्ट होना. **2** कुतरना, काटना. ˈ—**ful** *adj* चिड़चिड़ा.

ˈ**friar** (ˈफ़्राइअर्) *n* भिक्षु (धार्मिक संघ का).

ˈ**friction** (ˈफ़्रिक्शन्) *n* **1** संघर्ष, घर्षण, रगड़. **2** मन-मुटाव, वैमनस्य.

ˈ**Friday** (ˈफ़्राइडे) *n* शुक्रवार. **Good F—,** ईस्टर के पहले का शुक्रवार.

fridge (फ़्रिज्) *n* (colloq) रिफ़्रीजरेटर.

friend (फ़्रेन्ड्) *n* **1** मित्र, दोस्त. **make —s with,** मित्र बनना. **2 F—,** Society of Friends (Quakers) का सदस्य. ˈ—**ly** *adj* (-ier, -iest) मित्र के समान आचरण करना. ˈ—**liness** (ˈफ़्रेन्ड्लिनिस्) मित्रता, मैत्री की भावना. ˈ—**ship** दोस्ती.

fright (फ़्राइट्) *n* बड़ा और आकस्मिक भय, आतंक. ˈ—**en** *v* — उत्पन्न करना, — युक्त होना. —ˈ**ful** *adj* (colloq) अप्रियकर, अरुचिकर. ˈ—**fully** *adv* (colloq) अत्यधिक.

frill (फ़्रिल्) *n* झालर. ˈ—**ed** *adj* झालरों वाला.

fringe (फ़्रिन्ज्) *n* **1** (शाल आदि के) झब्बे. **2** किनारा, सीमांत. **3** (महिलाओं की) लटें. *v* झब्बे लगाना; झब्बे बनाना.

frisk (फ़्रिस्क्) *v* कलोल मचाना; उछलकूद करना. ˈ—**y** *adj* — के लिए तैयार; सजीव, उल्लासी.

ˈ**frivolous** (ˈफ़्रिव्लस्) *adj* अमहत्त्वपूर्ण; हलका, ओछा; चंचल (व्यक्ति). **friˈvolity** (फ़्रिˈवॉलिटि) *n* छिछोरापन.

fro (फ़्रो) *adv* **to and —,** आगे-पीछे, इधर-उधर.

frock (फ़्रॉक्) *n* फ़्रॉक; बच्चों या महिलाओं का लबादा.

frog (फ़्रॉग्) *n* मेंढक. → p 280. —**man** *n* गोताखोर.

ˈ**frolic** (ˈफ़्रॉलिक्) *v* आमोद-प्रमोद करना, मस्त समय काटना. *n* उल्लासपूर्ण खेल. ˈ—**some** *adj* उल्लासी, जिंदादिल.

from (फ़्रॉम्/फ़्रम्) *prep* **1** से, स्थान का प्रारंभ बिंद : *travelling — London to Hong Kong.* **2** से, समय का आरंभ बिंदु : — *the first of May.* — **time to time,** समय-समय पर, प्रायः. **3** दूरी से संबद्ध, स्थान आदि : *ten miles — the coast; be away — home.* **4** भेजने वाला, देने वाला : *a letter — my brother.* **5** स्रोत, उद्‌गम स्थान : *a quotation — Shakespeare. Wine is made — grapes.* **6** बचाव, अलग होना, मुक्त होना : *free — suspicion.* **7** हेतु, प्रयोजन, से : *collapse — weakness.* **8** अन्तर, विषमता : *This is different from that.*

front (फ़्रन्ट्) *n* **1** अगला भाग; सर्वाधिक महत्त्वपूर्ण पक्ष. **2** (युद्ध में) अग्रिम मोर्चा जहाँ लड़ाई हो रही है. **3 put on (show) a bold —,** भय न दिखाना. *v* आमने-सामने होना; विरोध में होना.

ˈ**frontier** (ˈफ़्रन्ट्यिर्) *n* सीमान्त प्रदेश; सीमा.

ˈ**frontispiece** (ˈफ़्रन्टिस्पीस्) *n* मुखचित्र (पुस्तक का).

frost (फ़्रॉस्ट्) **n 1** सरदी, ठंड (हिमांक के नीचे का तापमान). **2** पाला. *v* तुषार, पाले से ढकना; (पौधों का) पाला मार जाना. ˈ**frost-bite** *n* पाले के कारण शरीर के किसी भाग का आहत हो जाना. ˈ—**y** (ˈफ़्रॉस्टि) *adj* (-ier,-iest) बहुत ठंडा; तुषारावृत.

froth (फ़्रॉथ्) *n* झाग, फेन *v* — छोड़ना. ˈ—**y** —दार, — से आच्छादित.

frown (फ़्राउन्) *v* त्योरी चढ़ाना (अप्रसन्नता प्रकट करना). — **on,** नाराज़गी दिखाना. *n* तेवर.

froze (फ़्रोज़) → freeze.

ˈ**frugal** (ˈफ़्रूगल्) *adj* **1** (खानपान में) नियमित, मिताहारी. **2** सस्ता. —**ly** *adv.* **fruˈgality** (फ़्रूˈगैलिटि) *n* मिताहारिता; किफ़ायत, कमख़र्ची.

fruit (फ़्रूट्) *n* **1** फल. → p 134. **2** (fig) लाभ, परिणाम, फल. *v* (पेड़-पौधों का) फलना. —**erer** *n* फल बेचने वाला. ˈ—**ful** *adj* उपजाऊ; लाभदायक, फलवान्. **fruˈition** (फ़्रूˈइशन) *n* आशाओं का फलीभूत होना, सफलता-प्राप्ति. —**less** *adj* निष्फल; व्यर्थ. —**y** *adj* — समान (स्वाद, गंध में).

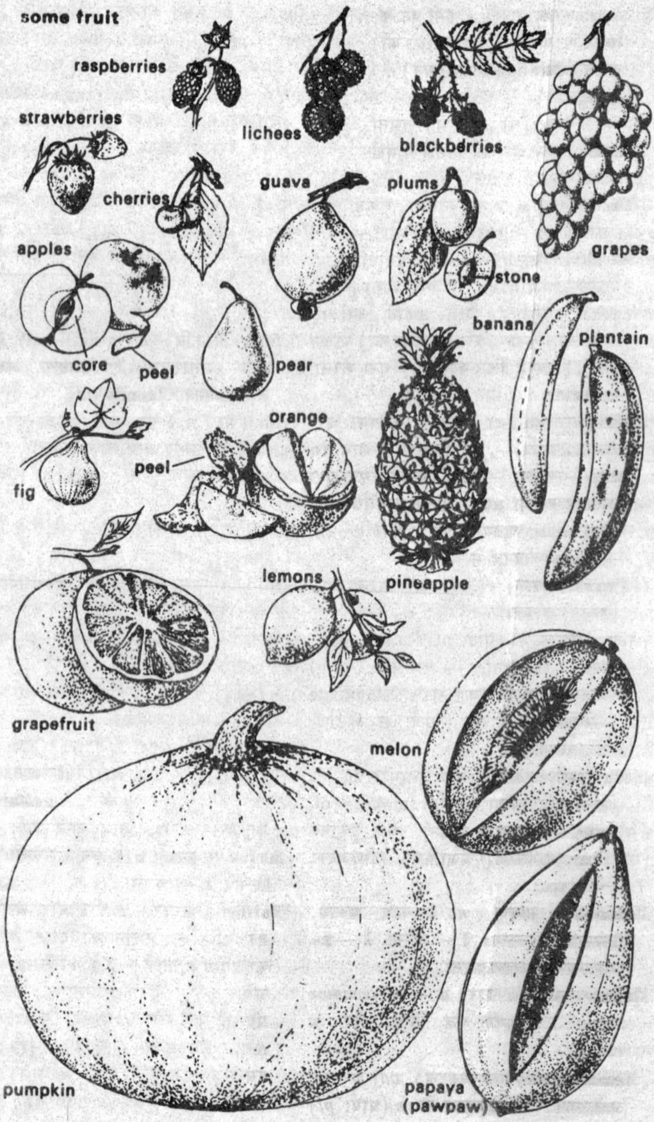
some fruit
raspberries
lichees
blackberries
strawberries
grapes
cherries
guava
plums
apples
stone
core
peel
pear
banana
plantain
orange
peel
fig
lemons
pineapple
grapefruit
melon
pumpkin
papaya
(pawpaw)

frustrate (फ़्रस्'ट्रेट्) *v* (किसी को कार्य विशेष करने से) रोक देना; (योजनाओं को) निष्फल करना. **frus'tration** (फ़्रस्'ट्रेशन्) *n* आशाभंग, कुण्ठा.

fry (फ़्राइ) *v* (घी आदि में) तलना, भूनना.

'fuddle (फ़ड्ल्) *v* शराब के नशे में मूर्ख की तरह आचरण करना.

'fuel ('फ़्युअल्) *n* ईंधन (कोयला, लकड़ी, गैस आदि). *v* (-ll-) — डालना, — भरना; — लेना.

fugitive ('फ़्यूजिटिव्) *n* & *adj* भगोड़ा, फ़रार (संकट या न्याय से बचने के लिए भागा हुआ).

ful'fil (फ़ुल्'फ़िल्) *v* (-ll-) (कार्य, कर्त्तव्य) पूरा करना; (नियम, प्रतिबंध आदि का) पालन करना; (हाथ में लिए कार्य को) पूरा करना. **—ment** *n*.

full (फ़ुल्) *adj* (-er, -est) **1** पूर्णतया भरा हुआ. **2** पूर्ण. **in —**, पूरे विस्तार के साथ. **to the —**, सीमा तक. **— face,** सामने से पूरा-पूरा दिखाई पड़ने वाला. **at — speed,** सर्वाधिक तेज़ गति से. *adv* पूर्णतया, पूर्णत: : *full grown*. **'—y** *adv* पूरी तरह से.

'fumble ('फ़म्ब्ल्) *v* टटोलना; गड़बड़ाना; हकलाते हुए बोलना.

fume (फ़्यूम्) *n* (प्राय: *pl*) धुआँ; भाप; भभक. *v* — छोड़ना, — उगलना; (fig) असंतोष या क्रोध प्रकट करना. **'fumigate** ('फ़्यूमिगेट्) *v* धुंआरना; धुंआ से कीटाणु-रहित करना.

fun (फ़न्) *n* मनोरंजन, आमोद-प्रमोद. **in —,** खेल में ही (गंभीरता से नहीं). **make — of, poke — at,** मज़ाक उड़ाना, हँसी उड़ाना. **'funny** ('फ़नि) *adj* मज़ाकिया, हास्यजनक, → funny.

'function (फ़ंक्शन्) *n* **1** कार्य, प्रकार्य. **2** समारोह, उत्सव. *v* **1** — करना. **2 — as,** का कार्य या कर्तव्य करना.

fund (फ़न्ड्) *n* **1** भंडार : *a — of common sense*. **2** (*pl* भी) फंड, निधि, कोष : *a relief —*.

fund'amental (फ़न्डा'मेन्टल्) *adj* मूलभूत, आधारभूत; अधिक महत्त्व के. *n* (प्राय: *pl*) आधारभूत सिद्धांत और नियम.

'funeral ('फ़्यूनरल्) *n* अन्त्येष्टि संस्कार, दफ़नाने की क्रिया.

fungus ('फ़ंगस्) *n* (*pl* 'fungi) फफूंदी.

'funnel ('फ़न्ल्) *n* **1** कीप (किसी छोटे मुँह के बरतन में द्रव डालने के लिए प्रयुक्त, देखिए चित्र). **2** चिमनी, धुआँ निकलने का मार्ग.

'funny ('फ़नि) *adj* (-ier, -iest) **1** हास्य-जनक, मनोरंजक. **2** विलक्षण, अजीब-सा; आश्चर्यजनक. **'funnily** *adv*.

fur (फ़र्) *n* **1** फ़र, कुछ पशुओं की रोएँदार खाल. **2** इनसे बनी पोशाक : *a fur coat; dressed in furs*. **3** जीभ के ऊपर बीमारी के कारण जमा मैल; केतली में नीचे लगा मैल. *v* — (3=मैल) चढ़ना. **'furry** *adj* (-ier, -iest).

'furious ('फ़्युअरिअस्) *adj* प्रचंड; उग्र, क्रोध-पूर्ण.

furl (फ़र्ल्) *v* (झंडे आदि को) समेटना, लपेटना.

'furlong ('फ़रलॉङ्) *n* फलांग, 220 गज.

'furlough ('फ़र्लो) *n* छुट्टी (घर जाने की).

'furnace ('फ़र्निस्) *n* **1** भट्ठी. **2** अंगीठी.

furnish ('फ़र्निश्) *v* (सामान) जुटाना (*with*); फ़र्नीचर रखना. **'furniture** ('फ़र्-निचर्) *n* फ़र्नीचर, मेज़, कुर्सी आदि.

'furrow ('फ़रो) *n* **1** हल की रेखा. **2** झुर्री, शिकन. *v* — करना.

'further ('फ़र्द़र्) *adv* **1** और आगे (समय की दृष्टि से; स्थान की दृष्टि से farther का प्रयोग होता है). **2** के अतिरिक्त. *adj* और अधिक; और दूर. (योजना को) आगे बढ़ाना प्रोत्साहन देना. **'furthest** ('फ़र्द़िस्ट्) *adv* & *adj* (समय की दृष्टि से) सुदूर. **—more** इस के अतिरिक्त.

'furtive ('फ़र्टिव्) *adj* गुप्त, नज़र बचाकर; लुक-छिप कर आने वाले.

fury (ˈफ़्युअरि) *n* उन्माद, क्रोध का उन्माद.

fuse (फ़्यूज़्) *v* फ़्यूज़ उड़ना, बहुत गर्मी से पिघल जाना, इस प्रकार पिघलाने से जोड़ना. *n* **1** बिजली का फ़्यूज़. **2** बारूद उड़ाने का पलीता. ˈ**fusion** (ˈफ़्यूशन्) *n* दो वस्तुओं का मिश्रण, विलयन: (fig) *a fusion of races.*

ˈ**fuselage** (ˈफ़्यूज़िलाश़्) *n* हवाई जहाज़ का धड़.

fuss (फ़स) *n* संभ्रम, घबराहट, बात का बतंगड़. *v* — करना; — उठाना. ˈ—**y** *adv* (-ier, -iest) छोटी-छोटी बातों पर चिंता करने वाला.

ˈ**futile** (ˈफ़्यूटाइल्) *adj* व्यर्थ; असार, तुच्छ. **fuˈtility** (फ़्यूˈटिलिटि) *n* व्यर्थता.

ˈ**future** (ˈफ़्यूचर्) *n & adj* भविष्य; भावी.

G

ˈ**gabble** (ˈगैब्ल्) *v* बड़बड़ करना. *n* बड़बड़ाना.

gag (गैग्) *n* **1** किसी के मुँह में किसी चीज़ का ठूसा जाना ताकि वह बोल न सके. **2** अभिनेता का अभिनीत अंश में अपनी ओर से जोड़ना; रंग-मंच के मज़ाक. *v* (-gg-) — का प्रयोग करना.

ˈ**gaiety**, ˈ**gaily** → gay.

gain (गेन्) *v* **1** पाना, प्राप्त करना. **2** प्रगति करना; विकसित होना : *to — in strength, — time*, विलंब करके अपनी स्थिति को दृढ़ करना. — *upon*, (a) (जैसे दौड़ में किसी व्यक्ति का पीछा करते हुए) समीपतर पहुँचना; (b) (पीछे करने वाले से) और अधिक आगे निकल जाना. *n* प्राप्ति; लाभ; वृद्धि.

gait (गेट्) *n* चाल.

ˈ**gaiter** (ˈगेटर्) *n* घुटने से टखने तक का चमड़े या कपड़े की पोशाक.

ˈ**gala** (ˈगाला) *n* सार्वजनिक आमोद-प्रमोद, आनंदोत्सव.

ˈ**galaxy** (ˈगैलक्सि) *n* आकाशगंगा, आकाश में तारों का समूह.

gale (गेल्) *n* झंझा; तूफ़ान.

gall (गॉल्) *n* पित्त. — **bladder** *n* पित्ताशय.

ˈ**gallant** (ˈगैलन्ट्) *adj* **1** बहादुर. **2** भव्य; रमणीक. —**ry** (ˈगैलन्ट्रि) *n* बहादुरी, वीरता.

ˈ**gallery** (ˈगैलरि) *n* **1** गैलरी, दीर्घा. **2** कला प्रदर्शन का कमरा, कला वीथिका. **3** थियेटर में ऊँची और सस्ते टिकट की सीटें.

ˈ**galley** (ˈगैलि) *n* **1** (प्राचीन समय में) नीचा समतल जहाज़ जिसे दास या क़ैदी चलाते थे. **2** जहाज़ का रसोईघर.

ˈ**gallon** (ˈगैलन्) *n* गैलन, द्रव की एक नाप लगभग 4·5 लिटर.

ˈ**gallop** (ˈगैलप्) *n* (घोड़े की) सरपट चाल. *v* सरपट दौड़ना.

gaˈlore (गˈलॉर्) *adv* प्रचुर मात्रा में.

ˈ**galvanism** (ˈगैल्वनिज़्म्) *n* रासायनिक क्रिया से उत्पन्न बिजली का चिकित्सा में प्रयोग. ˈ**galvanize** (ˈगैल्वनाइज़्) *n* लोहे आदि पर जिंक आदि की पालिश (कलई) चढ़ाना; (fig) (किसी व्यक्ति को किसी कार्य करने के लिए) उत्तेजित करना, प्रेरित करना.

ˈ**gambit** (ˈगैम्बिट्) *n* चाल, (शतरंज में) पहली चाल.

gamble (ˈगैमब्ल्) *v* जूआ खेलना; दाँव पर लगाना. *n* जूआबाजी, दाँव. —**r** (ˈगैमब्लर्) *n* जुआरी.

ˈ**gambol** (ˈगैम्ब्ल्) *v* (-ll-) & *n* (प्रायः *pl*) उछल-कूद मचाना.

game (गेम्) *n* **1** ऐसे खेल जिसके अपने नियम भी होते हों, (जैसे, फुटबाल). **play the —**. नियमों का पालन करना; सम्मानपूर्ण आचरण करना. **2** (*pl*) खेल-प्रतियोगिता. **3** योजना; चाल, छल. **having a — with**, कपट-चाल चलना. **the — is up**, प्रयत्न बेकार हो गया. **4** (सामूहिक रूप से) शिकार किये पशु-पक्षी. **big —**, हाथियों, शेरों का शिकार. ˈ**game-ˌkeeper** *n* शिकार-रक्षक, आखेट-रक्षक

game[2] (गेम्) *adj* उत्साही, साहसी, कार्य करने को तैयार (*for* sth, *to do* sth).

ˈ**gander** (ˈगैन्डर्) *n* (नर) हंस.

gang (गैङ्) *n* गिरोह, दल (मज़दूरों, क़ैदियों, अपराधियों आदि का जो मिल कर कार्य करते हैं).

'—ster ('गैंग्स्टर) *n* डाकू, अपराधी गिरोह का सदस्य.

gangway ('गैंग्वे) *n* **1** जहाज़ के बगल का खुला स्थान; जहाज़ से भूमि तक जाने वाली चल-सीढ़ी. **2** सीटों के बीच का रास्ता.

gaol (जेल्) *n* (=jail) जेल, कैदखाना. *v* — में रखना. '**—er** ('जेलर्) *n* जेल का अधिकारी.

gap (गैप्) *n* **1** दरार, छेद. **2** खाली स्थान; पर्याप्त दूरी; बीच का समय, अन्तराल. **3** भेद, अन्तर.

gape (गेप्) *v* जँभाई लेना; मुंह बाना, मुंह फैलाना; मुंह खोल कर टकटकी लगा कर देखना (*at*).

'**garage** ('गैराश्) *n* गैराज, स्थान जहां मोटर-कारें रखी या मरम्मत की जाती हैं.

garb (गार्ब्) *n* पहनावा, पोशाक (विशेषकर अपने विशिष्ट व्यवसाय या व्यापार के संबंध में).

'**garbage** ('गार्बिज्) *n* कूड़ा-करकट, कचरा.

'**garble** ('गार्ब्ल्) *v* (तथ्यों या कथनों को) तोड़-मरोड़ कर प्रस्तुत करना ताकि ग़लत धारणा बने.

'**garden** ('गार्ड्न्) *n* **1** बगीचा, उपवन. **2** (प्राय: *pl*) सार्वजनिक उद्यान. **—er** *n* माली.

'**gargle** ('गार्ग्ल्) *v* कुल्ला या गरारा करना, हलक में पानी डाल-डाल कर घर-घर करना. *n* गरारा के लिये प्रयुक्त द्रव.

'**garish** ('गेअरिश्) *adj* चटकीला; भड़कीला.

'**garland** ('गारलन्ड्) *n* माला.

'**garlic** ('गार्लिक्) *n* लहसुन.

'**garment** ('गार्मेन्ट्) *n* कपड़े.

'**garnish** ('गार्निश्) *v* (भोजन की थाली, तश्तरी आदि को) सजाना.

'**garret** ('गैरट्) *n* दुछत्तिया; अटारी.

'**garrison** ('गैरिस्न्) *n* गैरिसन, शहर या किले में स्थित सेना. *v* — से युक्त करना.

'**garrulous** ('गैरुलस) *adj* बातूनी, वाचाल. **garr'ulity** *n* (गै'रूलिटि).

'**garter** ('गार्टर्) *n* गेटिस (मोज़े की).

gas (गैस्) *n* (*pl* 'gases) **1** गैस. **2** कोयला-गैस (जो जलाने के काम आती है). **3** (अमेरिका में) पैट्रोल. *v* (-ss-) गैस द्वारा अभिभूत करना. '**gaseous** ('गेज़्यस् or 'गेस्यस्) *adj* गैसीय.

gash (गैश्) *n* गहरा घाव. *v* — करना.

'**gasolene** ('गैस्लीन्) *n* (अमेरिका में)पैट्रोल.

gasp (गास्प्) *v* जल्दी-जल्दी छोटी साँसे लेना जैसा कि मछली पानी के बाहर लेती है, हाँफना. *n* तकलीफ़ से हाँफना. **at one's last —**, बुरी तरह थका हुआ.

'**gastric** ('गैस्ट्रिक्) *n* आमाशय सम्बन्धी.

gate(गेट्) *n* फाटक. '**—way** *n* प्रवेशद्वार, मुख्यद्वार. **— -keeper** *n* द्वारपाल. **— -pass** *n* प्रवेशपत्र.

'**gather** ('गैद़र्) *v* **1** इकट्ठा करना या होना. **2** (फूल) तोड़ना; (कागज आदि) संभालना. **3** समझना; निष्कर्ष निकालना: *what did you — from his remarks?* **4** तह डालना, चुनट डालना. **5** (किसी घाव का) पक जाना. **—ing** *n* लोगों का जमाव.

'**gaudy** ('गॉडि) *adj* (-ier, -est) भड़कीला. '**gaudily** *adv*.

gauge (गेज्) *n* **1** गेज, मानक माप; आकार या विस्तार. **2** रेल की पटरियों के बीच की दूरी (metre-gauge, रेल की छोटी लाइन जिस के बीच एक मीटर की दूरी होती है; broad-gauge, रेल की बड़ी लाइन जिसके बीच 1.69 मीटर या 4′ 8½″ की दूरी होती है); लोहे की चद्दर या तार की मोटाई; गोलियों का व्यास. **3** वर्षा, हवा आदि नापने के यंत्र; चद्दर या तार की मोटाई नापने के यंत्र. *v* ठीक-ठीक नापना; (fig) राय बनाना, आँकना.

gaunt (गॉन्ट्) *adj* दुबला-पतला, मरियल.

'**gauntlet**[1] ('गॉन्ट्लिट्) *n* दस्ताना. **throw down (take up) the —**, चुनौती देना (लेना).

'**gauntlet**[2] ('गॉन्ट्लिट्) *n* **run the —**, दंड देने की ऐसी रीति कि अपराधी को आदमियों की दो कतारों के बीच में से दौड़ना पड़ता है और दोनों ओर के लोग उसे छड़ी से पीटते जाते हैं.

gauze (गॉज्) *n* महीन पारदर्शी सूती या रेशमी जाली, महीन तार की जाली (खिड़कियों में लगाने के लिए).

gave → give.

gay (गे) *adj* ('gayer, 'gayest) प्रसन्न, उल्लासपूर्ण. **'gaily** *adv*. **'gaiety** ('गेअटि) *n* प्रसन्नता, उल्लास; (*pl*) आमोद-प्रमोद.

gaze (गेज़्) *v & n* टकटकी लगा कर देखना (*at* sb or sth).

ga'zelle (ग'ज़ेल्) *n* छोटे आकार के हिरण.

ga'zette (ग'ज़ेट्) *n* गजट, राजपत्र, सरकारी सूचनापत्र जिसमें अधिकारियों की नियुक्तियाँ, स्थानांतरण और सार्वजनिक घोषणाएँ आदि निकलती हैं.

gear (गिअर्) *n* **1** विशेष प्रयोजन की मशीन : *an aircraft's landing-gear.* **2** गियर, दाँत वाले पहियों का सेट जिसके द्वारा मोटर की गति-शक्ति में परिवर्तन किया जाता है. **in (out of) —**, इंजिन के साथ मेल (बेमेल) में. **high (low) —**, तेज (या धीमी) गति लाने वाला गियर : *the low — is used when starting or going up hill.* *v* — लगाना.

geese → goose.

gem (जेम्) *n* **1** मणि, रत्न. **2** अत्यधिक सौन्दर्य के कारण कोई मूल्यवान् वस्तु.

'gender ('जेन्डर्) *n* (व्याकरण में) लिंग, अंग्रेजी में तीन लिंग हैं — masculine, feminine और neuter.

,gene'alogy (जीनि'ऐलजि) *n* वंशावली, वंश-क्रम; वंशावली बताने वाली सारणी या तालिका.

'genera → genus.

general ('जेन्रल्) *adj* **1** सामान्य, आम; साधारण. **a — election,** संसद् के आम चुनाव. **as a — rule, in —**, सामान्यतया. **2** विस्तार रहित : *a — outline of a plan.* **3** (सरकारी-पद के पश्चात्) प्रमुख : *inspector-general* (निरीक्षक-प्रमुख). *n* सेना में जनरल. **,gene'rality** (जेन्'रैलिटि) *n* सामान्य नियम या कथन, सामान्यता. **'generalize** ('जेन्रलाइज़्) *v* **1** सामान्य निष्कर्ष निकालना (*from*); सामान्य कथन प्रस्तुत करना (e g '*All boys are lazy.*') **2** सामान्य प्रयोग में लाना. **—ly** *adv* सामान्यतया; व्यापक रूप में; सामान्य अर्थ में.

'generate ('जेन्रेट्) *v* उत्पन्न करना, पैदा करना; **,gene'ration** (जेन्'रेशन्) *n* **1** उत्पन्न करना. **2** पीढ़ी : *three generations* (बच्चे, पिता-माता, पितामह). **3** लगभग एक ही समय के पैदा सभी व्यक्ति, पीढ़ी. **4** औसत अवधि (लगभग तीस साल) जिसमें एक व्यक्ति बढ़कर, विवाह कर, बच्चे पैदा करने लगता है. **'generator** ('जेन्रेटर्) *n* बिजली, भाप आदि उत्पन्न करने वाली मशीन.

'generous ('जेनरस्) *adj* **1** उदार (मुक्त देने में), दानी; स्वभाव से उदात्त. **2** प्रचुर, अत्यधिक मात्रा में. **,gene'rosity** (जेन्-'रॉसिटि) *n* उदारता.

'genesis ('जेनिसिस्) *n* प्रारंभ; आरंभ-बिन्दु.

'genial ('जीन्यल्) *adj* **1** सहानुभूतिपूर्ण, मिलनसार. **2** अनुकूल (मौसम). **—ly** *adv*. **,geni'ality** *n* — का गुण.

'genie ('जीनी) [*pl* genii ('जीनिआइ)] (अरबी कथाओं) में अद्वितीय शक्ति वाला भूत, जिन, जिन्न.

'genitive ('जेनिटिव्) *n & adj* (व्याकरण में) षष्ठी विभक्ति. **— case,** संबंध कारक (genitive case).

'genius ('जीन्यस्) *n* (*pl* 'geniuses) प्रतिभा; प्रतिभावान् व्यक्ति.

'genocide ('जेनोसाइड्) *n* जाति-संहार, पूरी जाति को मार डालने का प्रयत्न.

gen'teel (जेन्'टील्) *adj* **1** भद्र, संभ्रांत व्यक्ति, सज्जन. **2** (वर्तमान प्रचलित अर्थ) उच्च-कुलीनों का अनुकरण करने वाला. **gen'tility** (जेन्'टिलिटि) *n* भद्रता, कुलीनता.

'Gentile ('जेन्टाइल्) *adj & n* गैर-यहूदी.

'gentle ('जेन्ट्ल्) *adj* (-r,-st) **1** दयालु; मैत्रीपूर्ण; शांत गंभीर. **2** हलका (ढाल). **3** उच्च सामाजिक प्रतिष्ठा वाला (परिवार). **—man** ('जेन्ट्ल्मन्) *n* सज्जन. **—manly** *adj* सज्जनता, भद्रता. **'gently** ('जेन्टलि) *adv* सज्जनता से; धीरे से, हलके से.

'gentry ('जेन्ट्रि) *n* कुलीन वर्ग.

'genuine ('जेन्युइन्) *adj* असली, यथार्थ; प्रामाणिक. **—ly** *adv*.

'genus ('जीनस्) *n* (*pl* 'genera) **1** (विज्ञान में) परिवार के भीतर पशुओं और पौधों का उपविभाजन. **2** प्रकार, वर्ग.

ˈ**geocentric** (जीओˈसेन्ट्रिक्) *adj* भू-केन्द्रीय.

geˈography (जिˈऑग्रफ़ि) *n* भूगोल. **geoˈgraphical** (जिअˈग्रैफ़िक्ल्) *adj.*

geˈology (जिˈऑल्जि) *n* भू-विज्ञान (पृथ्वी के पत्थर, चट्टानों और भूमि का अध्ययन). **geˈologist** (जिˈऑल्जिस्ट्) *n* भूविज्ञानी. ˌ**geoˈlogical** *adj* — विषयक.

geˈometry (जिˈऑमिट्रि) *n* ज्यामिति, रेखागणित. ˌ**geoˈmetrical** (जिअˈमेट्रिक्ल्) *adj.*

germ (जर्म्) *n* **1** जीवाणु. (fig) आरंभ बिन्दु (विचार का). **2** रोगाणु. ˈ**germinate** (ˈजर्मिनेट्) *v* (बीजों में) अंकुर निकलना.

ˈ**gerund** (ˈजुरन्ड्) *n* (व्याकरण में) क्रियाबाचक संज्ञा.

gesˈticulate (जुेस्ˈटिक्युलेट्) *v* हाथ-पैर या सिर हिला कर संकेत करना, इशारा करना; बोलने के साथ-साथ शरीर हिलाना. **gesˌticuˈlation** (जुेस्टिक्युˈलेशन्) *n* अंग संचालन.

ˈ**gesture** (ˈजेुस्चर्) *v* & *n* किसी विचार-भावना को प्रदर्शित करने में हाथों या सिर का हिलाना, इंगित-चेष्टा करना.

get (गेुट्) *v* (-tt-) (*pt* & *pp* got) **1** पाना; खरीदना; कमाना; जीतना; लाना; प्राप्त करना, मिलना; समझना. **2** पटित करना; पहुँचाना या भेजना: *to get there.* **3** कष्ट झेलना; बीमार होना; अनुभव करना: *to get influenza.* **4** किसी कार्य को करवाना: *to get your hair cut.* **5** काम पर लगाना, सेवाएँ प्राप्त करना (sb *to do* sth): *to get the doctor to call.* **6** (*adv* & *prep* के साथ) **get about,** (समाचार का) फैलना; (लोगों का) चलना-फिरना. **get sth across,** लोगों का समझाना या अपनी बात मनवाना (नया विचार, दिल्लगी). **get along,** प्रगति करना; प्रबंध कर लेना. मित्रतापूर्वक किसी के साथ रहना (*with* sb). **get at,** पहुँचना; पता लगा लेना. **get by heart,** अच्छी तरह समझ या जान लेना. **get in,** पहुँचना; चुन लिया जाना. **get sth in,** इकट्ठा करना. **get off,** आरंभ करना; (दंड से) बच जाना. **get on** (*with*) समय का समीप आना: *getting on for tea-time.* **get on with sb,** मित्रतापूर्वक किसी के साथ रहना. **get out of,** (कुछ करने से) बचना; (कोई आदत) छोड़ देना. **get over,** (कठिनाइयों पर) पार पा जाना; (बीमारी से) उठ जाना; (किसी कार्य को) पूरा कर देना. **get round,** (किसी नियम को) टाल-टूल जाना. **get round sb,** किसी व्यक्ति को किसी कार्य के लिए फुसला लेना. **get through,** (परीक्षा) उत्तीर्ण करना, (कार्य का) समाप्त होना; (रुपये का) चुक जाना. **get to** (*work, business* etc), आरंभ कर देना. **get to know** (*like*, etc), जानने (पसंद करने आदि) की स्थिति में पहुँच जाना. **get up,** तैयार हो जाना; (हवा का) तेज हो जाना. **get up to,** पहुँचना; (उस तक) पहुँच जाना; शैतान, नटखट हो जाना. **get sth up,** सजाना; प्रबंध करना; उत्पन्न करना. **7** (perfect tense में) *have got*=have; *have got to*=must (अवश्य); *have not got to*=need not (अनावश्यक). **get-at-able** *adj* सुलभ, प्राप्य. ˈ**get-up** *n* रूपसज्जा, सजावट.

geyser (ˈगीज़र) *n* **1** गर्म पानी का सोता. **2** स्नान गृह में पानी गर्म करने का यंत्र.

ˈ**ghastly** (ˈगास्ट्लि) *adj* **1** मृत्यु-सदृश, पीला, विवर्ण. **2** डरावना, भयानक.

ghost (गोस्ट्) *n* **1** प्रेतात्मा, भूत. **2 give up the —,** मरना. ˈ**—ly** *adj* प्रेत-समान, भूत-जैसा.

giant (ˈजाइअन्ट्) *n* **1** दैत्य. **2** भीमकाय मनुष्य, पशु या पौधा.

gibe (जाइब्) *v* ताना मारना (*at*). *n* उपहास वाले शब्द या दृष्टि.

ˈ**giddy** (ˈगिडि) *adj* (-ier, -iest) **1** सिर में चक्कर देने वाला, चक्कर आ रहा हो ऐसी वेदना वाला. **2** आमोदप्रिय. ˈ**giddily** *adv.* ˈ**giddiness** *n*

gift (गिफ्ट्) *n* **1.** उपहार, भेट; दान. **2** प्रतिभा, सहज योग्यता. ˈ**—ed** *adj* प्रतिभाशाली.

giˈgantic (जाइˈगैन्टिक्) *adj* भीमकाय.

giggle (ˈगिग्ल्) *v* & *v* हीं-हीं करते हुए हँसना.

gild (गिल्ड्) *v* सोना चढ़ाना, मुलम्मा चढ़ाना. **gilt** (गिल्ट्) *adj* सोना चढ़ी हुई वस्तु; सुनहरे रंग का. *n* मुलम्मा चढ़ाने की सामग्री. cf guild

gill[1] (गिल्) *n* (प्राय: *pl*) गिल, मछली का वह अंग जिससे वह पानी में साँस लेती है.

gill[2] (जिल्) *n* द्रव की एक माप, पिंट का चौथाई.

gilt (गिल्ट्) → gild.

'gimlet ('गिम्लिट्) *n* लकड़ी में छेद करने वाला यंत्र, बरमा.

'gimmick ('गिमिक्) *n* ध्यान आकृष्ट करने के विचित्र उपाय.

gin (जिन्) *n* जिन, एक प्रकार की शराब.

'ginger ('जिन्जर्) *n* **1** अदरक. **2** अदरकी रंग.

'gingerly ('जिन्जर्लि) *adj & n* सावधानी से, डरते-डरते.

'gipsy, gypsy ('जिप्सि) *n* जिप्सी, एक खानाबदोश जाति, कंजर.

gi'raffe (जि'राफ़्) *n* जिराफ़. →p 351.

girder ('गर्डर्) *n* गर्डर, लोहे, लकड़ी आदि की शहतीर.

girdle ('गर्ड्ल्) *n* **1** करधनी; कमर की पेटी. **2** घेरा. *v* घेरना.

girl (गर्ल्) *n* लड़की; कन्या; (colloq) नवयुवती. **'—ish** ('गर्लिश्) *adj* कन्यासुलभ.

girth (गर्थ्) *n* घेरा, घेरे की माप : *a tree 30 feet in —.*

gist (जिस्ट्) *n* **the — of** (किसी कथन का) सारांश या तात्पर्य.

give (गिव्) *v* (*pt* gave, *pp* given) **1** देना; कुछ बदले में लेकर देना. **2** (*adv* और *prep* के साथ : केवल विशेष अर्थों में) **— sth away,** रहस्य का उद्‌घाटन कर देना. **— sb away,** विश्वासघात करना, धोखा देना. **— the bride away** (विवाह के अवसर पर), कन्यादान देना. **— in,** कुछ करने या पाने के प्रयत्न से रुक जाना, हार मानना. **— out,** सामान का चुक जाना या समाप्त हो जाना. **— sth out,** बाँटना; घोषणा करना. **— over,** किसी कार्य को बिना पूरे किये छोड़ देना. **— up,** किसी कार्य को निराश हो कर छोड़ देना; कोई आदत त्याग देना; समर्पण कर बैठना. **3** (संज्ञाओं के साथ) *— a laugh (a push* etc) (हँसना). **— a hand** सहायता करना. **— evidence of,** दिखाना, साक्षी देना. **— ground,** (सेना का) पीछे हटना. **— rise to,** उत्पन्न करना. **— way,** (रस्सी का) टूट जाना, (किसी वस्तु का) प्रयोग के अयोग्य हो जाना; (सेना का) पीछे हट जाना; (व्यक्ति का) निराश हो जाना; स्थान देना (*to*). **4 — sb to understand that,** आश्वासन देना. **5** झुकना, दबना, स्वाभाविक आकृति से विकृत होना : *The foundations are giving. The floor of a dance-hall should — a little.* **6 — (up)on,** (खिड़कियों का) खुलना, (खिड़कियों द्वारा) किसी दृश्य का दिखाई पड़ना. *n* लचक, लोच. **— and take,** आदान-प्रदान. **given** (*pp*) (विशेष अर्थ) **1** पूर्व निश्चित : *at a given time.* **2 given to,** आदी, व्यसनी, (शेखी बघारने का). **3 given name,** (घर का) नाम.

'glacial ('ग्लेस्यल्) *adj* हिम-विषयक.

'glacier ('ग्लैस्यर्) *n* हिमनदी, हिमानी, बर्फ़ का टीला जो पहाड़ों से घाटियों की ओर फिसलता रहता है.

glad (ग्लैड्) *adj* (-der, -dest) प्रसन्न; खुश. **—ly** *adv.* **'—ness** *n.* **'—den** *v* — करना.

'glamour ('ग्लैमर्) *n* मोहकता; आकर्षकता. **'glamorous** ('ग्लैम्रस्) *adj* मोहक, लुभावना.

glance (ग्लान्स्) *v* **1** दृष्टि डालना, एक नज़र डालना (*at, over*). **2** (चमकीली वस्तुओं का) चमकना. **3** (वार का अपने लक्ष्य से) फिसल जाना (*off*). *n* झलक.

gland (ग्लैन्ड्) *n* (शरीर की) ग्रन्थि : *sweat —s; a snake's poison —s.* **—'ular** ('ग्लैन्ड्युलर्) *adj* ग्रंथिविषयक.

glare (ग्लेअर्) *v & n* चकाचौंध होना; आँखें तरेरना (*at*). **'glaring** *adj* सहज दिखाई पड़ने वाली (त्रुटि).

glass (ग्लास्) *n* **1** कांच, शीशा (पारदर्शी). **2** ग्लास (पानी आदि पीने का बरतन). **3** शीशा, दर्पण. **4** दूरबीन (*pl*). **5** बैरोमीटर. **6** (*pl*) ऐनक, चश्मा. **7** (सामूहिक रूप में) शीशे के बरतन : *— and china* (चीनी और शीशे के बरतन). **'glass-blower** *n* कारीगर जो पिघले काँच को बोतल आदि में बनाता है. **glass-**

house *n* शीशे की दीवारों और छत वाला मकान (पौधों को उगाने-बढ़ाने के लिए). '—y *adj* — सदृश; मन्द स्थिर (आखें); भाव-शून्य (नेत्र).

glasses

glaze (ग्लेज़्) *v* 1 (खिड़कियों आदि में) काँच-शीशा लगाना. 2 (बरतनों पर) शीशे के तरह की पालिश चढ़ाना. 3 (आँखों का) भावशून्य हो जाना. *n* बरतनों पर काँच चढ़ाने का सामान. **'glazier** ('ग्लेज़्यर्) *n* कारीगर जो खिड़कियों में शीशे लगाता है.

gleam (ग्लीम्) *v* & *n* झिलमिलाना; (fig) (आशा आदि की) हलकी झलक.

glean (ग्लीन्) *v* खेत में बचे अनाज को बीनना; (fig) (समाचार आदि को) थोड़ा-थोड़ा करके अनेक स्थानों से प्राप्त करना.

glee (ग्ली) *n* सफलता का उल्लास : **'—ful** *adj.* **'—fully** *adv.*

glib (ग्लिब्) *adj* मीठा बोलने वाला कपटी व्यक्ति : *a — speaker.*

glide (ग्लाइड्) *v* फिसलना, सरकना. *n* ऐसी गति. **'—r** ('ग्लाइडर) *n* ग्लाइडर, एक प्रकार का हवाई जहाज़.

'glimmer ('ग्लिमर्) *v* & *n* टिमटिमाना. **not a — of hope,** (fig) आशा की झलक भी न होना.

glimpse (ग्लिम्प्स्) *v* & *n* (किसी व्यक्ति या वस्तु की) अस्पष्ट झलक देख लेना.

'glisten ('ग्लिस्न्) *v* (किसी गीली या पालिश-दार सतह का) चमकना.

'glitter (ग्लिटर्) *v* & *n* जगमगाना, चमकना.

gloat (ग्लोट्) *v* — **over,** घूरना; आंखें सेंकना, ललचाई दृष्टि से देखना.

globe (ग्लोब्) *n* ग्लोब, गोलाकार पृथ्वी का मानचित्र.

gloom (ग्लूम्) *n* 1 धुंधलापन; गहरी छाया; अस्पष्टता. 2 उदासी, निराशा, **'—y** *adj* (-ier, -iest) **'—ily** *adj.*

'glorify → glory.

'glory ('ग्लॉरि) *n* 1 यश, कीर्ति. 2 (भगवान की) महिमा, प्रशंसा. 3 यश और आदर के योग्य वस्तु; प्रशंसापात्र. 4 सुन्दर और महान् होने का गुण. *v* — **in,** पर गौरव करना. **'glorify** (ग्लॉरिफ़ाइ) *v* महिमागान करना, स्तुति करना; पूजन करना. **'glorious** ('ग्लॉरिअस्) *adj* यशप्रद; (colloq) भोग्य, भोगने योग्य.

gloss[1] (ग्लॉस्) *n* चिकनी चमकदार सतह. **—y** *adj* (-ier,-iest) चमकदार.

gloss[2] (ग्लॉस्) *n* कठिन शब्दों या पदबंधों की (फुटनोट या पुस्तक के अंत में दी) व्याख्या. *v* — जोड़ना; — लिखना. **'—ary** ('ग्लॉस्री) *n* शब्दार्थ सूची.

glove (ग्लव्) *n* दस्ताना.

glow (ग्लो) *v* & *n* 1 बिना ज्वाला के चमक और गर्मी बिखेरना. 2 चेहरे का तमतमाना. **'glow-worm** *n* जुगनू.

'glover ('ग्लाउर्) *v* आँखें तरेरना (*at*).

glue (ग्लू) *n* सरेस. *v* सरेस से जोड़ना, चिपकाना.

glum (ग्लम्). *adj* (-mer,-mest) उदास; अप्रसन्न.

glut (ग्लट्) *v* छक कर खाना, भकोसना; भर-मार कर देना. *n* अतितृप्ति; भरमार, आधिक्य. **'—ton** ('ग्लट्न्) *n* पेटू. **'—tonous** ('ग्लट्-न्स्) *adj* खाऊ, (fig) काम करने को सदैव तैयार. **'—tony** ('ग्लट्नि) *n* पेटूपन.

gnarled (नार्ल्ड) *adj* गांठदार (पेड़ का तना); गँठीला.

gnash (नैश्) *v* 1 (दांतों का) कटकटाना. 2 दाँत पीसना.

gnat (नैट्) *n* डाँस, एक प्रकार का बड़ा मच्छर. →p 168.

gnaw (नॉ) *v* (कड़ी वस्तु को) कुतरना; (fig) चिंता आदि से सताया जाना.

gnome (नोम्) *n* बौना (कहानियों का बौना जो भूमि के भीतर रहता है).

go (गो) *v* (3rd person, present tense, goes, *pt* went *pp* gone) 1 जाना; चलना; चला जाना; यात्रा करना; प्रस्थान करना.

2 विस्तार करना. 3 होना : *to go bad.* to go to sleep, सो जाना. 4 चालू होना, चलना : *This clock goes by electricity.* 5 होना या रहना (विशेषत: आदत के संबंध में): *to go armed (naked).* 6 सामान्यतया रखा जाना. 7 बेकार हो जाना, टूट जाना : *The masts went in the storm.* 8 (रुपये-पैसे का) खर्च हो जाना : *Half his wages goes on rent and clothes.* 9 (*adv* और *prep* के साथ) **go about sth,** (एक निश्चित तरीके से) किसी काम पर लग जाना. **go ahead,** आरंभ करना, प्रगति करना. **go after,** पाने का प्रयत्न करना, पीछे से आकर आगे निकल जाना. **go away,** घर छोड़ना, दूर चले जाना. **go back (up)on,** वादे से पीछे हट जाना. **go by,** गुजरना; के द्वारा निर्देशित होना: *a good rule to go by.* **go by the name of,** कहलाना. **go down,** (जहाज का) डूबना; (समुद्र, तूफान का) शान्त हो जाना. **go for,** आक्रमण करना; बिकना; खर्च हो जाना: *All his work went for nothing.* **go in for,** (परीक्षा, प्रतियोगिता आदि में) भाग लेना; (शौक के या व्यवसाय के रूप में) ग्रहण करना : *to go in for golf.* **go into,** प्रवेश करना : *to go into business.* परीक्षा करना : *to go into the evidence*; अपने को लगाये रखना : *to go into details.* **go off,** (बंदूक, विस्फोट आदि का) धमाके के साथ दगना; (भोजन का) बासी होना, सड़ना : *The milk has gone off* (दूध खट्टा हो गया). **go off well (badly),** (किसी समारोह, योजना आदि का) योजनानुसार सफल (असफल) होना. **go on,** जारी रखना होना, **be going on for,** (समय का) समीप पहुँचना (उदा. मध्य रात्रि के). **go out,** (रोशनी या आग का) बुझना. **go over (through) sth,** सावधानी से जाँचना या पढ़ना. **go round** (सामान का) सभी के लिए पूरा होना. **go through,** तकलीफ उठाना. **go through with,** (कोई का.र्य) पूरा करना. **go together,** साथ रहने पर संतुष्ट रहना, मेल खाना. **go with,** (रंगों का) मेल में रहना. **go without,** अभाव को सह लेना. 10 **go to sea,** नाविक बनना. **go halves,** बराबर-बराबर बाँटना. **go shares,** बराबर बाँटना. **go to law,** (किसी के विरुद्ध) कानूनी कार्रवाई करना (sb). **go to pieces,** चूर-चूर हो जाना; बहुत अधिक परेशान हो जाना. **go to seed,** (fig) बौद्धिक दृष्टि से कम क्रियाशील होना. *n* (*pl* goes) 1 शक्ति, उत्साह : *full of go.* 2 **have a go (at sth),** प्रयत्न करना. 3 **on the go,** व्यस्त होना. **all the go,** फ़ैशनप्रिय, फ़ैशनेबुल. **'go-between** *n* बिचवैया, मध्यस्थ, दो व्यक्तियों की मुलाकात करवाने वाला. **'goings- 'on** *n pl* (colloq) (प्राय:) आश्चर्यजनक व्यवहार या घटना.

goad (गोड्) *n* अंकुश; प्रेरक तत्त्व. *v* करने के लिए प्रेरित करना.

goal (गोल्) *n* 1 दौड़ का अंतिम बिन्दु; (फुटबाल आदि का) गोल (जहाँ गोल किया जाता है वह स्थान). 2 (fig) प्रयासों का लक्ष्य: *one's — in life.* **'goal-keeper** *n* गोल-कीपर, गोलरक्षक, गेंद को गोल में जाने से रोकने वाला खिलाड़ी.

goat (गोट्) *n* बकरा, बकरी. → p 99.

'goblet ('गॉब्लिट्) *n* शराब पीने का प्याला.

'goblin ('गॉब्लिन्) *n* बेताल.

god (गॉड्) *n* 1 देवता; देवमूर्ति. 2 **God,** ईश्वर, परमात्मा. **god-child** *n* धर्मपुत्र, धर्मपुत्री. **'god-parent** *n* धर्मपिता. **'goddess** ('गॉडिस्) *n* देवी. **god-forsaken** ('गॉड्फ़र्सेक्न्) *adj* मनहूस (जगह). **'godless** *adj* दुष्ट; नास्तिक. **'godly** (गॉड्लि) *adj* (-lier,-liest) (परमात्मा का) भक्त; धर्मपरायण, धार्मिक. **'godsend** ('गॉड्सेन्ड्) *n* ईश्वरीय वरदान; सौभाग्य, अचानक मिली संपत्ति.

goes → go.

'goggle ('गॉग्ल्) *v* आँखें घुमाना; आँखें फाड़ कर देखना. *n pl* धूप का चश्मा.

gold (गोल्ड्) *n* सोना; स्वर्ण मुद्रा; स्वर्ण-वर्ण. **'gold-leaf** *n* सोने का पत्तर, सोने का वरक. **'—smith** ('गोल्ड्स्मिथ्) *n* सुनार. **gold-standard** *n* स्वर्ण-मान, सोने का भाव जिससे विभिन्न देशों की संपत्ति की तुलना की जाती है. **'—en** ('गोल्डन्) *adj* सुनहरा, स्वर्ण-समान, स्वर्णिम.

golf (गॉल्फ़्) *n* गॉल्फ़, एक खेल..
gone → go.
gong (गॉङ्) *n* घंटा-घड़ियाल.
good (गुड्) *adj* (better,best) **1** अच्छा, उत्तम; तृप्तिदायक; उच्च सामाजिक प्रतिष्ठा वाला : *from a — family*. **2** खूब,अच्छी *to give sb a — beating*. **3** कुछ अधिक ही : *its — five miles; a — half of the cake*. **4** भरपूर, प्रचुर (मात्रा या संख्या में) : *a — many people; a — way*. **5 as — as,** लगभग वही : *He is as — as dead.* **6 be in time** (*for sth*), समय पर. **all in — time,** उचित समय पर. **7** खाने योग्य : *Is this meat —?* **8 make (sth) —,** खर्चा देना; (वादा) निभाना; (काम) पूरा करना; क्षतिपूर्ति देना, हरज़ाना चुकाना. **9 — for,** लाभकारी : *— for the health.* **10 be — for** (*a twelve mile walk* etc), के योग्य, के समर्थ. **— for** (Rs 20), इस मूल्य पर खरीदने योग्य. *n* **1** हित, लाभकारी (वस्तु). **2** लाभ, फ़ायदा : *Its no — trying.* **3 for — (and all),** सदा के लिए. **4** लाभ, मुनाफ़ा : *£ 5 to the —.* **5** (*pl*) चल संपत्ति: खरीदने या बेचने वाला सामान; माल : *a —s train* (माल-गाड़ी). **'good-for-,nothing** *n* & *adj* बेकार (व्यक्ति). **'good-'looking** *adj* सुन्दर, सौम्य. **good-'natured** *adj* दयालु, सज्जन, सुशील. **—ness** *n* अच्छाई, भलाई, साधुता. *int* **My —ness!** कितना आश्चर्यजनक! **—will** *n* सद्भावना, मैत्री-भावना.
goose (गूस्) *n* (*pl* geese, गीस) हंस, हंसनी. → p 240.
gorge (गार्ज्) *n* आमाशय में गया हुआ आहार. **make one's — rise,** जिसे देखकर उल्टी आने लगे, घृणित. **2** पहाड़ियों के बीच तंग द्वार, घाटी मार्ग. *v* भकोसना; ठूस-ठूस कर भर लेना (*with*).
'gorgeous ('गार्जस्) *adj* भड़कीला, शानदार.
go'rilla (ग'रिला) *n* गोरिला, आदमी की शक्ल का बंदर. → p 351.
'gospel ('गास्पेल्) *n* (बाईबल के) सुसमाचार, ईसा मसीह के जीवनवृत्त और उपदेश; उपदेश, प्रवचन.
'gossip ('गॉसिप) *n* गपशप; दूसरों के बारे में निरर्थक बातें करने वाला. *v* गप मारना.
got → get.
gouge (गाउज्, गूज्) *n* गोल रुखानी, बढ़ई का एक औजार. → p 326. *v* — से खांचा काटना, निकालना.
gourd (गुअर्ड्) *n* कद्दू; पेठा; लौकी, तुरई आदि तरकारी के फल; तूंबा.
'govern ('गवर्न्) *v* **1** (देश आदि पर) शासन करना. **2** स्वभाव पर नियंत्रण रखना. **3** प्रभावित करना; निर्धारित करना. **'—ment** ('गवर्नमन्ट्) *n* सरकार, शासन; शासक-मंडल. **'governor** ('गवर्न्र्) *n* **1** गवर्नर; राज्यपाल, शासक. **2** मशीन में गति-नियंत्रक पुर्जा.
'governess ('गवर्निस्) *n* बच्चों को घर पर ही पढ़ाने के लिए रखी अध्यापिका.
gown (गाउन्) *n* **1** गाउन, स्त्रियों की एक पोशाक. **2** गाउन, चोगा, यूनिवर्सिटी के सदस्यों अथवा न्यायाधीशों द्वारा पहना जाने वाला लबादा.
grab (ग्रैब्) *v* (-bb-) झपट कर पकड़ना, हथियाना (*at*); छीनना.
grace (ग्रेस्) *n* **1** लालित्य, मनोहरता. **2** (प्राय: *pl*) प्रियकर गुण, निपुणता. **3** कृपा दृष्टि; सद्भावना. **be in sb's good —s,** कृपाभाजन बने रहना. **4 with a (bad) good —,** खुशी से (अनिच्छा से). **5** भोजन के पहले या बाद की प्रार्थना : *to say* (*a*) *—*. **6** ईश्वर का अनुग्रह, कृपा. *v* शोभा बढ़ाना; संमानित करना. **'—ful** *adj* — से पूर्ण, ललित, मनोरम. **'—fully** *adv*. **'—less** *adl* निर्लज्ज; अशिष्ट, अभद्र.
'gracious ('ग्रेशस्) *adj* **1** उदार; अनुकूल. **2** (ईश्वर के लिए) दयामय, कृपालु. **3** (उद्गार-वाक्यों में) कितना आश्चर्यजनक! **—ly** *adv*.
grade (ग्रेड्) *n* ग्रेड, श्रेणी, कोटि; वर्ग. **on the up (down) —,** चढ़ाव (उतराव). *v* **1** ग्रेड में रखना. **2** (सड़क आदि के लिए) भूमि को लगभग समतल करना. **gradation** (ग्र'डेशन्) *n* क्रम, कोटि में रखना, क्रमस्थापन.
'gradient ('ग्रेड्यन्ट्) *n* ढलान की मात्रा : *a — of one in twenty*.

ˈ**gradual** (ˈग्रैड्युअल्) *adj* क्रमिक; (ढलान का) बहुत ढालू न होना. —**ly** *adv* क्रमशः, धीरे-धीरे.

ˈ**graduate** (ˈग्रैड्युएट्) *v* **1** नापने के लिए अंशों से अंकित करना : *a ruler —d in inches.* **2** क्रम में रखना. **3** विश्वविद्यालय की उपाधि पाना. *n* (विश्वविद्यालय का) स्नातक.

graft[1] (ग्राफ़्ट्) *n* कलम (पौधे का एक टुकड़ा दूसरे पर लगाना). *v* कलम बाँधना, कलम लगाना (*in, on*).

graft[2] (ग्राफ़्ट्) *n* रिश्वत, घूस, भ्रष्टाचार.

grain (ग्रेन्) *n* **1** गेहूँ, चावल आदि का दाना. **2** सोने-चाँदी का छोटा कण, रवा. **3** भार मापने की लघुतम ब्रिटिश इकाई, ग्रेन. **4** लकड़ी में तन्तु-रचना. **against the —,** (fig) स्वभाव, प्रकृति के प्रतिकूल.

gram (ग्रैम्) *n* **1** चना. **red —,** अरहर. **green —,** मूंग.

ˈ**grammar** (ˈग्रैमर्) *n* व्याकरण. **gramˈmarian** (ग्रˈमेअरिअन्) *n* वैयाकरण. **gramˈmatical** (ग्रˈमैटिक्ल्) *adj* व्याकरण के अनुकूल.

gramme (ग्रैम्) *n* भार की इकाई; एक क्युबिक सेन्टीमीटर पानी का भार.

ˈ**gramophone** (ˈग्रैम्फ़ोन्) *n* ग्रामोफ़ोन (अब प्रचलित शब्द record-player है).

ˈ**granary** (ˈग्रैन्रि) *n* अनाज-घर, अन्न-भंडार.

grand (ग्रैन्ड्) *adj* **1** प्रधान; सर्वाधिक महत्त्व-पूर्ण. **2** पूर्ण : *the — total* (महायोग). **3** शानदार. **4** अभिमानी. **5 — piano,** विशाल पियानो. → p 206. ˈ**—stand** *n* घुड़दौड़ आदि में दर्शकों के बैठने के लिए छतदार स्थान. ˈ**—eur** (ˈग्रैन्जर्) *n* शान, वैभव; श्रेष्ठता.

grand- (पूर्वपद) ˈ**—child** *n* नाती, पोता. **—parent** *n* नाना, दादा. ˈ**—father('s) clock** *n* बड़ी लकड़ी के बक्से वाली खड़ी घड़ी.

ˈ**granite** (ˈग्रैनिट्) *n* ग्रेनाइट, कड़ा पत्थर जिससे मकान बनाये जाते हैं.

ˈ**granny,** ˈ**grannie** (ˈग्रैनि) *n* दादी, नानी.

grant (ग्रान्ट्) *v* **1** अनुमति देना. **2** सहमत होना. **take (sth) for —ed,** किसी तथ्य को सच्चा मान कर चलना. *n* — की हुई; अनुदान,

ˈ**granulated** (ग्रैन्युलेटिड्) *adj* दानेदार : — *sugar.*

grape (ग्रेप्) *n* अंगूर. → p 134.

ˈ**grapefruit** (ˈग्रेप्फ़्रूट्) *n* छोटा चकोतरा. → p 134.

graph (ग्राफ़्) *n* ग्राफ़, लेखाचित्र, आलेख.

ˈ**graphic** (ˈग्रैफ़िक्) *adj* **1** लिखने, खींचने या रंगने से संबद्ध. **2** मन में पूरा चित्र खींचने वाला वर्णन, सजीव चित्रण. **—ally** *adv.*

ˈ**grapple** (ˈग्रैप्ल्) *v* कस कर पकड़ना; आमने-सामने लड़ना (*with*); (fig) समस्या सुलझाना (*with* a problem).

grasp (ग्रास्प्) *v* **1** हाथ या बाहों से कस कर पकड़ लेना; (मन से) समझ लेना. **2 — at,** पकड़ने का प्रयत्न करना; आतुरता से स्वीकार करना. *n* पकड़, पकड़ने की शक्ति. ˈ**—ing** *adj* लोभी, लालची.

grass (ग्रास्) *n* घास. ˈ**—y** *adj.*

ˈ**grasshopper** (ˈग्रास्हॉपर्) *n* टिड्डा. → p 168.

grate[1] (ग्रेट्) *v* **1** घिसना, कद्दूकस आदि में कसना; किरकिराना, **2** चिड़चिड़ा प्रभाव डालने वाला : *a grating noise.* ˈ**—r** *n* घिसने वाला साधन.

grate[2] (ग्रेट्) *n* (अंगीठी की) जाली, झंझरी.

ˈ**grateful** (ˈग्रेट्फ़ुल्) *adj* कृतज्ञ, एहसानमंद. **—ly** *adv.*

ˈ**gratify** (ˈग्रैटिफ़ाइ) *v* प्रसन्न करना, संतुष्ट करना, तृप्त करना. ˌ**gratifiˈcation** (ग्रैटिफ़िˈकेशन्) *n* संतुष्टि, तृप्ति.

ˈ**grating** (ˈग्रेटिङ्) *n* जाली, झंझरी.

ˈ**gratis** (ˈग्रेटिस्) *adv & adj* मुफ़्त.

ˈ**gratitude** (ˈग्रैटिट्यूड्) *n* कृतज्ञता, एहसानमंदी.

graˈtuitous (ग्रˈट्यूइटस्) *adj* **1** मुफ़्त. **2** औचित्य रहित; निराधार, अकारण.

graˈtuity (ग्रˈट्यूइटि) *n* **1** इनाम, धन का उपहार (सेवा के बदले). **2** सैनिकों को सेवा-निवृत्ति पर मिलने वाली धन राशि.

grave[1] (ग्रेव्) *n* क़ब्र, समाधि. ˈ**—stone** *n* क़ब्र का पत्थर जिसपर व्यक्ति का नाम आदि लिखा रहता है. ˈ**—yard** *n* क़ब्रिस्तान.

grave[2] (ग्रेव्) *adj* (-r, -st) गंभीर; संगीन; विचारणीय. ˈ**—ly** *adv.*

ˈgravel (ˈग्रैव्ल्) *n* कंकड़, बजरी.
ˈgravitate (ग्रैविटेट्) *v* आकर्षित होना (*to, towards*). ˌ**graviˈtation** (ग्रैवि ˈटेशन्) *n* गुरुत्वाकर्षण.
ˈgravity (ˈग्रैविटि) *n* **1** दो वस्तुओं के बीच का भौतिकी आकर्षण, विशेषकर भार के कारण वस्तु का पृथ्वी के केंद्र की ओर खींचा जाना. **2** गंभीरता; गंभीर चेहरा. **3** भार. **specific —**, आपेक्षिक घनत्व.
ˈgravy (ˈग्रेवि) *n* मांस पकाने पर उससे निकला रस; उस से बना सालन.
gray *adj*=grey.
graze[1] (ग्रेज़्) *v* **1** (जानवरों का) घास चरना. **2** पशुओं की चरागाह में चराना.
graze[2] (ग्रेज़्) *v* खरोंचना, खुरच जाना. *n* खरोंच (शरीर पर).
grease (ग्रीस्) *n* **1** चरबी. **2** ग्रीस, एक गाढ़ी विशेष प्रकार की चिकनाई. *v* (ग्रीज़्) रगड़ना, — डालना (मशीन में). ˈ**greasy** (ˈग्रीज़ि) *adj* — से लिप्त; फिसलन वाला.
great (ग्रेट्) *adj* (-er, -est) **1** बड़ा. **2** महत्त्वपूर्ण; उल्लेखनीय. **3** बड़ी योग्यता वाला, महान्. ˈ**—ly** *adv* बहुत. **—ness** *n* बड़प्पन.
great- (पूर्वपद) ˈ**great-ˈgrandfather,** परदादा, परनाना. ˈ**great-ˈgrandson,** प्रपौत्र, परपोता, परनाती.
greed (ग्रीड्) *n* लोभ, लालच. ˈ**—y** *adj* (-ier, -iest) लोभी, लालची. ˈ**—ily** *adv*. ˈ**—iness** धन लिप्सा.
green (ग्रीन्) *adj* **1** हरा (रंग). **2** कच्चा, न पका हुआ (फल); कच्ची (लकड़ी); कच्चा, अनाड़ी (व्यक्ति). *n* **1** हरा रंग. **2** (*pl*) तरकारियाँ. सब्जियाँ. **3** चरागाह, घास का मैदान. ˈ**—grocer** *n* कुंजड़ा, फल-सब्जी बेचने वाला. ˈ**—house** *n* शीशे का मकान जिसमें पौधे बढ़ाये जाते हैं. **— -room** *n* नेपथ्य शाला.
greet (ग्रीट्) *v* **1** मिलने पर अभिवादन करना; समाचार मिलने पर प्रसन्नता व्यक्त करना; पत्र का सिरानामा (जैसे, *Dear Sir, Dear John*). **2** आँखों और कानों से (देखना-सुनना). ˈ**—ing** *n* मिलने पर अभिवादन के शब्द, जैसे नमस्कार.
greˈgarious (ग्रेˈगेअरिअस्) *adj* साथ-साथ मिल कर समूह में चलने वाले (पशु); मिलनसार.
greˈnade (ग्रिˈनेड्) *n* हथगोला, हाथ से फेंकने वाला बम.
grew → grow.
grey (ग्रे) *adj* & *n* भूरा, धूसर, राख जैसा रंग.
grid (ग्रिड्) *n* **1** बिजली के ऊपरी तारों की व्यवस्था, ग्रिड. **2** मानचित्रों में वर्ग बनाने और उन्हें नंबर देने की व्यवस्था.
grief (ग्रीफ़्) *n* **1** व्यथा, संताप; व्यथा देने वाली बात या वस्तु. **2 come (bring to) —,** नष्ट करना, दुःखी करना. **grieve** (ग्रीव्) *v* — पैदा करना; — अनुभव करना. ˈ**grievance** (ˈग्रीव़न्स्) *n* वास्तविक या काल्पनिक शिकायत.
grill (ग्रिल्) *n* **1** झंझरी, जाली. **2** कुकर का वह भाग जहाँ मांस भूना जा सकता है; भुना मांस. *v* आँच पर सीधे भूनना.
grim (ग्रिम्) *adj* (-mer, -mest) कठोर; डरावना; निर्दयी; मनहूस.
griˈmace (ग्रिˈमेस्) *n* & *v* तरह-तरह के मुंह बनाना.
grime (ग्राइम्) *n* धूल की मोटी पर्त; कालिख. ˈ**grimy** (ˈग्राइमि) *adj*.
grin (ग्रिन्) *v* (-nn-) & *n* दांत निकालना, खीसें काढ़ना.
grind (ग्राइन्ड्) *v* (*pt* & *pp* ground) **1** पीसना; दलना. **2** सान देना, रगड़ कर चमकाना : *to — knives.* **3** परस्पर रगड़ना, (दाँत) पीसना : *to — one's teeth.* **4 — away** (*at* sth), मेहनत करना. ˈ**—stone** (ˈग्राइन्डस्टोउन्) *n* सान (का पत्थर). **keep one's nose to the —stone,** बहुत अधिक परिश्रम करना.
grip (ग्रिप्) *v* (-pp-) कस कर पकड़ना. *n* पकड़; समझ; अधिकार. **come to —s with** (a problem), किसी समस्या पर गंभीरता से कार्य करना.
ˈ**gristle** (ग्रिस्ल्) *n* मांस का हड्डी वाला वह अंश जो खाने में बहुत कड़ा होता है.
grit (ग्रिट्) *n* **1** छोटी कंकड़ी, कण. **2** साहस,

धैर्य. *v* — **one's teeth,** तकलीफ़ में दाँत भींचना. '**—ty** *adj* कण समान, कंकड़ी से भरा.

groan (ग्रोन्) *v & n* **1** कराहना, काँखना. **2** भार से दब जाना (with).

'**grocer** ('ग्रोसर्) *n* पंसारी, चाय-चीनी आदि बेचने वाला. '**—ies** ('ग्रोस्‌रिज़्) *n pl* पंसारी का सामान.

'**groggy** ('ग्रॉगि) *adj* लड़खड़ाता और डगमगाता हुआ; शराबी.

groom (ग्रूम्) *n* **1** साईस. **2 (bride-)** दुलहा, वर.

groove (ग्रूव्) *n* **1** खाँचा (लकड़ी में बनाया हुआ) (देखिए चित्र). **2** लीक, रूढ़ि. *v* — बनाना.

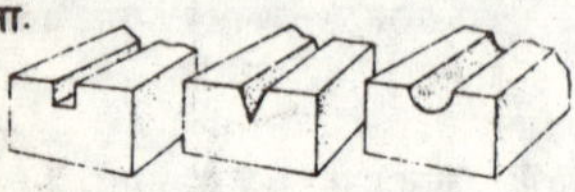

grooves

grope (ग्रोप्) *v* टटोलना (*for, after* sth).

gross (ग्रॉस्) *adj* **1** गँवारू. **2** स्पष्टतया बुरी (गलतियाँ). **3** सुस्त; भारी; स्थूलकाय (व्यक्ति); मोटा (अनाज). **4** टोटल, जोड़; कुल (net के विपरीत). *n* (*pl* gross) 12 दर्जन, 144, ग्रोस. '**—ly** *adv* स्पष्टतया.

gro'tesque (ग्रो'टेस्क्) *adj* बेतुका; भोंड़ा; ऊटपटांग.

ground[1] (ग्राउन्ड्) *n* **1** भूमि, ज़मीन. **hold one's —,** डटे रहना, पीछे न हटना. **suit sb down to the —,** पूरी तरह से संतुष्ट. **2** समुद्र-तल : *to touch —*. **3** विशेष प्रयोजन के लिए बनाया गया मैदान : *a cricket —*. **4** (*pl*) मकान के अहाते की खाली भूमि. **5** (*pl*) तलछट : *coffee —s*. **6** आधार (कुछ कहने या करने का): *no —s for anxiety* (चिंता का कोई कारण नहीं). *v* किसी विश्वास को किसी आधार पर बनाना (*on* sth); किसी व्यक्ति को किसी बात का प्रशिक्षण देना (*in* sth). '**—less** *adj* निराधार, अकारण. '**—nut** *n* मूंगफली. '**ground-rent** *n* मकान-भूमि का किराया. '**—work** *n* (fig) प्रारंभिक अध्ययन.

ground[2] → grind.

group (ग्रूप्) *n* समूह. *v* — में करना.

grove (ग्रोव्) *n* बगीचा; वृक्षों का समूह.

'**grovel** ('गॉव्ल्) *v* (-ll-) औंधे मुंह लेटना; किसी के आगे नाक रगड़ना.

grow (ग्रो) *v* (*pt* grew, *pp* grown) **1** बढ़ना, उगना. **— up,** वयस्क होना. **2** बढ़ने देना या बढ़ाना : *to — fruit (a beard)*. **3** होना : *to — old*. '**—er** (ग्रोअर्) *n* **1** — करने वाला. **2** बढ़ने वाला पौधा : *a rapid —*. '**grown-up** *adj & n* वयस्क (व्यक्ति).

growth (ग्रोथ्) *n* **1** वृद्धि. **2** बढ़ने की प्रक्रिया, उपज, पैदावार.

growl (ग्राउल्) *v & n* (कुत्ते का) गुर्राना.

'**grubby** ('ग्रबि) *adj* (-ier, -est) मैला, गन्दा.

grudge (ग्रज्) *v* अनिच्छा से देना या करने देना. *n* **have a — against sb, bear (owe) sb a —,** दुर्भावना, वैमनस्य रखना. '**grudgingly** *adv* अनिच्छा से.

'**gruel** ('ग्रूअल्) *n* (दूध या पानी में पकाई) दलिया.

'**gruesome** ('ग्रूसम्) *adj* बीभत्स; डरावना.

gruff (ग्रफ़्) *adj* रूखा और मित्रता रहित (व्यवहार, कथन या व्यक्ति).

'**grumble** ('ग्रम्ब्ल्) *n & v* भुनभुनाना (शिकायत करना); गरजना. **—r** *n* — करने वाला.

grunt (ग्रन्ट्) *v & n* (सूअरों का) घुरघुराना.

,**guaran'tee** (गैरन्'टी) *n* **1** गारन्टी; आश्वासन; ज़िम्मा, ज़मानत. **2 (guarantor** गैरन्'टॉर भी) ज़ामिन. *v* — देना; (colloq) वादा करना.

guard (गार्ड्) *n* **1** पहरा, रखवाली: *on —; keeping —; off one's —*. **2** पहरेदार, सन्तरी, गार्ड. **to stand —,** सन्तरी बनना. **3** (रेल का) गार्ड. **4** (विशेषत: समास में) रक्षक, चोट या नुकसान से बचाने वाला : '*mud-guard*. *v* **1** रक्षा करना; पहरा देना; सतर्क रहना; द्वार पर नियंत्रण रखना. **2 — against,** से बचाव रखना. '**—room** *n* पहरेदार का कमरा; पहरे द्वारा नियंत्रित कमरा.

'**guardian** ('गार्ड्यन्) *n* संरक्षक; अभिभावक. **—ship** *n* संरक्षण.

'**guava** ('ग्वावा) *n* अमरूद. → p 134.

guer´(r)illa (ग´रिला) *n* — **war,** छापामार युद्ध.

guess (गुस्) *v & n* अटकल लगाना; अन्दाज़ा लगाना.

guest (गेस्ट्) *n* मेहमान, अतिथि.

guide (गाइड्) *n* **1** गाइड, मार्गदर्शक. **2** व्यवहार को प्रभावित या नियंत्रित करने वाला. **3** गाइड, संदर्शिका (पुस्तक). **4 Guide,** जैसे लड़कों के लिए Scouts की संस्था है, वैसे ही लड़कियों के लिए. *v* — की तरह काम करना.

guild (पुरानी वर्तनी **gild**) (गिल्ड्) *n* गिल्ड, शिल्पियों (कारीगरों) का संघ; व्यावसायिक हितों को बढ़ाने वाला संघ.

guile (गाइल्) *n* छलकपट.

´guillotine (´गिल्टीन्) *n* गिलोटिन; काटने का एक यंत्र.

guilt (गिल्ट्) *n* अपराध, दोष. **´—y** (´गिल्टि) *adj* (-ier, -est) अपराधी, दोषी: *a —y look (conscience).*

´guinea (´गिनि) *n* गिन्नी, 21 शिलिंग का एक सिक्का.

´guinea-pig (´गिनि-पिग्) *n* **1** गिनी-पिग, बड़े चूहे जैसा जानवर. → p 15. **2** (चिकित्सा की) शोध में प्रयुक्त प्राणी.

guise (गाइज़्) *n* बहाना; रूप.

gui´tar (गि´टार्) *n* गिटार. → p 206.

gulf (गल्फ़्) *n* **1** खाड़ी, समुद्र का वह भाग जो लगभग भूमि से घिरा हुआ है. **2** गहरा गड्ढा; (fig) विचारों की खाई, बड़ा अन्तर.

´gullet (´गलिट्) *n* (गले में) आहार-नली.

´gullible (´गलिब्ल्) *adj* भोला-भाला (जिसे आसानी से छला जा सके).

´gully (´गलि) *n* नाली.

gulp (गल्प्) *v* गटकना, निगलना, लीलना. *n* — की प्रक्रिया; कौर, ग्रास, घूंट.

gum[1] (गम्) *n* मसूड़ा. **´gumboil** *n* — का फोड़ा.

gum[2] (गम्) *n* गोंद. *v* (-mm-) — से चिपकाना. **´gummy** *adj* चिपचिपा.

gun (गन्) *n* बंदूक; तोप. **´gunpowder** *n* बारूद. **´gunshot** *n* तोप या बन्दूक की मार की सीमा : *within gunshot.*

´gurgle (´गर्ग्ल्) *v & n* गड़गड़ करना (जैसे कि छोटे मुंह वाली बोतल से पानी निकलते समय होता है).

gush (गश्) *v & n* धार के साथ बाहर निकलना : *oil —ing from a new well.*

gust (गस्ट्) *n* झोंका (हवा या वर्षा का); (fig) (क्रोध आदि का) उद्गार **´—y** *adj.*

´gusto (´गस्टो) *n* मज़ा, स्वाद; उत्साह.

gut (गट्) *n* (*pl*) आँतें; (fig) साहस और धैर्य. *v* (-tt-) आँतें निकालना; अन्दर का सब नष्ट हो जाना : *buildings gutted by fire.*

´gutter (´गट्र्) *n* नाली, नाला.

´guttural (´गट्रल्) *n & adj* कंठ्य ध्वनियाँ, जैसे हिन्दी की 'क' 'ख' 'ग' 'घ' ध्वनियाँ.

guy (गाइ) *n* (colloq) जवान, आदमी.

gym´nasium (जिम्´नेज़ियम्) *n* व्यायामशाला.

gym´nastic (जिम्´नैस्टिक्) *adj* शारीरिक व्यायाम संबंधी. **—s** (जिम्´नैस्टिक्स्) *n pl* व्यायाम, कसरतें.

gypsy → gipsy.

gy´rate (जाइअ´रेट्) *v* चक्कर काटना.

H

´habit (´हैबिट्) *n* **1** आदत : *in the — of getting up late.* 2 पोशाक : *riding —.*

´habitable (´हैबिट्ब्ल्) *adj* रहने योग्य.

´habitat (´हैबिटैट्) *n* (पशुओं, पौधों का) प्राकृतिक आवास-स्थान.

habi´tation (हैबि´टेशन्) *n* **1** रहना : *unfit for —.* **2** रहने का स्थान.

ha´bitual (ह´बिटचुअल्) *adj* नियमित; जिसका अभ्यास पड़ा हुआ है. **—ly** *adv* प्रायः, आदतन; सामान्य प्रथा से.

ha´bituate (ह´बिट्चुएट्) *v* आदत डालना; अभ्यास डालना.

hack (हैक्) *v* काटना, टुकड़े कर देना. **´back-saw** *n* धातुओं को काटने वाली आरी.

'hackneyed ('हैक्निड्) *adj* घिसी-पिटी (कहावत); अत्यंत सामान्य अतएव नीरस.

had → have.

'haddock ('हैडक्) *n* एक समुद्री मछली जिसे लोग धुंआर कर खाते हैं.

hag (हैग्) *n* बूढ़ी, बदसूरत; चुड़ैल.

'haggard ('हैगर्ड्) *adj* दुबला-पतला, मरियल, चिन्ता से क्षीण.

'haggle ('हैग्ल्) *v* मोल-भाव करना, मूल्य के लिए झगड़ा करना.

hail[1] (हेल्) *n* ओले (पानी के साथ कभी-कभी आकाश से गिरने वाले बर्फ़ के गोले). *v* **1** — गिरना : *it —ed.* **2** (fig) ओलों की तरह गिरना. **'—stone** *n* ओला.

hail[2] (हेल्) *v* **1** स्वागत के लिए अभिवादन करना; किसी का ध्यान अपनी ओर आर्काषित करने के लिए पुकारना. **2 — from,** उस स्थान का रहने वाला है : *she —s from Kashmir* (वह काश्मीर की मूल निवासी है).

hair (हेअर्) *n* बाल; रोएँ → p 36. **not turn a —,** ज़रा सा भी परेशान न होना. **make one's — stand on end,** मारे डरके रोंगटे खड़े हो जाना. **'—do** *n* केशप्रसाधन, केश-विन्यास की शैली. **'—dresser** *n* बालों का प्रसाधन करनेवाला व्यक्ति. **'—pin** *n* हेयरपिन, बालों को अपनी जगह बनाये रखने के लिए छोटी चिमटियाँ. **'hair-ˌsplitting** *adj* छोटी सी बात को भी बड़ा महत्त्वपूर्ण बना कर प्रस्तुत करने वाला; वितण्डापूर्ण. **'—spring** *n* घड़ी का एक नाज़ुक पुर्जा, बाल-कमानी. **'—ly** *adj* (-ier, -est) — के समान, — से पूर्ण.

hale (हेल्) *adj* स्वस्थ (प्राय: बुड्ढे आदमियों के लिए प्रयुक्त).

half (हाफ़्) *n* & *adj* (*pl* halves) आधा; आधा भाग. **go halves** (*with* sb *in* sth) बराबर-बराबर बाँटना; **too clever by —,** बहुत अधिक चालाक. **one's better —,** (colloq) अपनी पत्नी. *adv* **not — bad,** (colloq) काफ़ी अच्छा. **'half-brother, 'half-sister** *n* सौतेला भाई, सौतेली बहिन. **'—crown** *n* इंग्लैंड में पहले प्रचलित 2½ शिलिंग का सिक्का. **'half-'hearted** *adj* बेमन से किया कार्य. **'half-'holiday** *n* तीसरे पहर की छुट्टी वाले दिन. **'half-'witted** *adj* अल्पबुद्धि.

hall (हॉल्) *n* **1** हॉल, सभा-भवन. **2** मुख्यद्वार से अंदर आने पर मिलने वाली खाली जगह. **3** निवास-भवन (विश्वविद्यालय आदि में छात्रों के लिए); कालेज में भोजन-कक्ष : *dine in —.*

hal'lo (ह'लो) *int* हलो; ध्यानाकर्षक पुकार.

'hallow ('हैलो) *v* पवित्र करना, श्रद्धा करना.

halluci'nation (हलूसि'नेशन्) *n* दृष्टिभ्रम (वस्तु सामने न होने पर ऐसा लगना कि दिखाई पड़ रहा है); काल्पनिक.

'halo ('हेलो) *n* सूर्य, चन्द्रमा और चित्रों में महापुरुषों के चेहरे के चारों ओर दिखाया जाने वाला प्रभामण्डल.

halt (हॉल्ट्) *v* & *n* **1** पड़ाव (डालना); रुकना. **2** हिचकते हुए बोलना या कुछ करना. **'—ingly** *adv* हिचकते हुए; रुक-रुक कर.

'halter ('हॉल्टर्) *n* घोड़े के सिर पर बंधी रस्सी आदि, अगाड़ी; गल-फाँसी.

halve (हाव्) *v* आधा-आधा बाँटना; अधियाना.

ham (हैम्) *n* हैम, सूअर की टाँगों का ऊपरी भाग जो भूना-सुखाया जा चुका है.

'hamlet ('हैम्लिट्) *n* छोटा गाँव, पल्ली, पुरवा.

hammer ('हैमर्) *n* हथौड़ा. →p 326. **go at it — and tongs,** खूब ज़ोर-शोर से लड़ना या बहस करना. *v* — से ठोकना. **— away at,** (fig) कड़ा परिश्रम करना.

'hammock ('हैमक्) *n* झूला-बिछौना.

'hamper[1] ('हैम्पर्) *v* बाधा डालना, उलझाना.

'hamper[2] ('हैम्पर्) *n* डलिया (ढक्कन सहित).

hand (हैन्ड्) *n* **1** हाथ (कलाई के नीचे का भाग) → p 36. **at (to) —,** पहुँच के भीतर; विद्यमान. **live from — to mouth,** कमाये धन को तुरंत खर्च कर डालना, बिलकुल न बचाना. **in —,** उपलब्ध; विचाराधीन. **out of —,** नियंत्रण के बाहर. **win —s down,** आसानी से जीतना. **2** *(pl)* संरक्षण; सुपुर्दगी : *I leave the matter in your —s.* **3** फैक्टरी आदि में

कर्मचारी; जहाज का कर्मचारी; कार्यकर्ता. **4** घड़ी की सूई. **5 at first (second) —,** प्रत्यक्ष (अप्रत्यक्ष) रूप से. **second-hand,** पुराना, अ-नवीन; पिछले स्वामी से खरीदी वस्तु. **6** दिशा, ओर: *on all —s.* **7** हस्तलिपि; हस्ताक्षर. *v* देना; दूसरे के हाथ सौंपना: *to — on the news; to — down customs from one generation to the next.* ˈ**—bag** *n* औरतों का बटुआ, पर्स. ˈ**—bill** *n* हैंडबिल, इश्तहार, हाथों से बटने वाला विज्ञापन. ˈ**—book** *n* पुस्तिका (किसी एक विषय पर आवश्यक सूचनाएँ देने वाली छोटी पुस्तक). ˈ**—cart** *n* ठेला, हथठेला. ˈ**—cuff** *n* हथकड़ी (कैदियों के लिए). ˈ**—ful** *n* मुट्ठी भर; थोड़ी संख्या या मात्रा में. ˈ**—icraft** (ˈहैन्डिक्राफ़्ट्) *n.* दस्तकारी. ˈ**—iwork** (हैन्डिवर्क) *n* हाथ से बनाई वस्तुएँ, दस्तकारी; व्यक्ति की कृति. ˈ**—writing** *n* हस्तलेख. ˈ**—ly** *adj.* **handy.**

ˈ**handicap** (ˈहैन्डिकैप्) *n* अड़चन; असुविधा. *v* — देना या बनना.

ˈ**handkerchief** (ˈहैंकर्चिफ़्) *n* रूमाल.

ˈ**handle** (ˈहैन्ड्ल्) *n* मूठ, दस्ता, हत्था. *v* हाथ से छूना या प्रयोग में लाना; (व्यक्तिओं को) कार्य में लगाना, कार्य संचालन करना. ˈ**—bars** *n* (साइकिल आदि का) हैंडिल.

handloom (ˈहैन्ड्लूम्) *n* हथ-करघा (हाथ से कपड़ा बिनना).

ˈ**handsome** (ˈहैन्सम्) *adj* देखने में सुन्दर; उदार (भेंट).

ˈ**handy** (ˈहैन्डि) *adj* **1** दक्ष, हाथ के काम में निपुण. **2** सुलभ; उपयोगी: *That box will be — .* **—man** (ˈहैन्डिमन्) *n* घर की छोटी-मोटी मरम्मत करने वाला (आदमी).

hang (हैङ्) *v* (*pt & pp* hung) **1** लटकाना, टाँगना; लटकना, टँगना. **2** (*pt & pp* hanged) फाँसी देना, फाँसी पर लटकना. **3 — the head,** (शर्म के मारे) सिर नीचे झुकाना. **4 — fire,** (fig) (घटनाओं का) बहुत धीरे-धीरे विकसित होना. **— about,** प्रतीक्षा करते हुए समीप में ही रहना. **— back,** झिझकना. **— on to,** पकड़े रहना, छोड़ने को तैयार न होना. **be hung up,** लेट हो जाना; विलम्ब हो जाना. *n* **1** लटकने का ढंग. **2 get the — of sth,** किसी को काम में लाने की विधि जानना. **not care a —,** किंचित् मात्र भी परवाह न करना. ˈ**—er** (या ˈcoat-hanger) कोट आदि टाँगने का हैंगर. ˈ**hanger-on** *n* पिछलग्गू, लाभ उठाने वाला समर्थक. ˈ**—ings** *n pl* परदे. ˈ**—man** *n* जल्लाद (फाँसी पर लटकाने वाला).

ˈ**hangar** (ˈहैंगर्) *n* हवाई जहाज रखने का स्थान, विमानशाला.

hank (हैंक्) *n* (तागे का) लच्छा.

ˈ**hanker** (ˈहैंकर्) *v* **— after,** ललचना, लालायित रहना.

ˈ**hapˈhazard** (ˈहैप्ˈहैज़र्ड्) *adv & n* संयोग (से); अव्यवस्थित.

ˈ**happen** (ˈहैप्न्) *v* **1** घटित होना, होना. **2 — on,** संयोग से मिलना या पाना. **—ing** (ˈहैपनिङ्) *n* घटना.

ˈ**happy** (ˈहैपि) *adj* (-ier, -iest) प्रसन्न, खुश; तृप्त, संतुष्ट; भाग्यवान्. ˈ**happily** (ˈहैपिलि) *adv.* ˈ**happiness** (ˈहैपिनिस्) *n.*

haˈrangue (हˈरैङ्) *v & n* लम्बा चौड़ा, उग्र भाषण देना.

ˈ**harass** (ˈहैरस्) *v* तंग करना, सताना; बार-बार परेशान करना.

ˈ**harbinger** (ˈहार्बिन्जर्) *n* अग्रदूत.

ˈ**harbour** (ˈहार्बर्) *n* बन्दरगाह. *v* सुरक्षित रखना; छिपाना (विशेषतः अपराधियों को): (fig) दुर्भावना बनाये रखना.

hard (हार्ड्) *adj* (-er, -est) **1** कठोर, कड़ा; ठोस, पक्का. **— cash,** नगद रोकड़. **2** कठिन, मुश्किल. **— of hearing,** लगभग बहरा. **— labour,** सपरिश्रम क़ैद. **— and fast** (*rules*), अनुल्लंघनीय (नियम). **— luck,** अपेक्षा से बदतर भाग्य. **— times,** दुर्दिन, धनाभाव के दिन. *adv* परिश्रम से; कठोरता से; कठिनाई से. **— up,** तंगहाल, धनाभाव से परेशान. **be — pressed,** कठिन परिस्थितियों में रहना. **— by,** समीप में. **— upon,** बहुत पीछे नहीं. ˈ**hard-ˈheaded** *adj* व्यावहारिक; सहानुभूति न रखने वाला. ˈ**hard-ˈhearted** *adj* भावनाशून्य; निर्दयी. ˈ**—ware** *n* धातु

(विशेषत: लोहे) का सामान, जैसे ताला, कीलें आदि.

'**harden** ('हार्डन्) *v* कठोर होना या बनाना.

'**hardly** ('हार्ड्लि) *adv* **1** कठिनाई से; कठोरता से. **2** मुश्किल से; ठीक अभी. — **any,** शायद ही कोई.

'**hardy** (हार्डि) *adj* (-ier, -iest) कष्टों को सहने में समर्थ, कठोर स्थितियों में भी काम आ सकने वाला. '**hardily** ('हार्डिलि) *adv.*

hare (हेअर्) *n* खरगोश. शशक. → p 15.

hark, '**harken** (हार्क्, 'हार्कन्) *v* सुनना.

harm (हार्म्) *v & n* नुकसान, हानि (पहुँचाना); चोट. '**—ful** *adj* हानिकारक. '**—less** *adj* हानि रहित.

'**harmony** ('हार्मनि) *n* **1** (भावना, रुचि, विचार आदि में) मेल, सहमति : *in* — (*with*). **2** स्वर संगति (संगीत में); वर्ण संगति (चित्रकला में.); **har'monious** (हार्'मोनिअस्) *adj* मेल में; संगत; — से युक्त. '**harmonize** ('हार्मनाइज़्) *v* — में लाना. — के साथ रखना; संगत करना.

'**harness** ('हार्निस्) *n* (घोड़े का) साज़. *v* (घोड़े को) जोतना; (नदी आदि को बिजली पैदा करने में) लगाना.

harp (हार्प्) *n* वीणा. → p 206. *v* — बजाना. **2** — **on,** निरंतर अपना रोना रोते रहना.

harpoon (हार्'पून्) *n* हार्पून, काँटेदार बर्छी जिससे व्हेल मछली को पकड़ते हैं.

harrow ('हैरो) *n* हैरो, जोतने के बाद भूमि समतल करने का एक औज़ार.

harsh (हार्श्) *adj* **1** कर्कश, रूखा. **2** कठोर; निर्दय; अप्रिय. '**—ly** *adv.* '**—ness** *n.*

'**harvest** ('हार्व़िस्ट्) *n* **1** फ़सल काटने का मौसम; फ़सल. **2** परिणाम. *v* फ़सल काटना और जमा करना. **—er** ('हार्व़िस्टर्) *n* फ़सल काटने की मशीन.

hash (हैश्) *v* क़ीमा करना, काटकर टुकड़े करना. *n* क़ीमा. **make a — of sth,** काम गड़बड़ कर देना.

'**hasp** (हास्प्) *n* कुण्डा.

'**hassock** ('हैसक्) *n* आसनी.

haste (हेस्ट्) *n* जल्दी, शीघ्रता : *make* —, जल्दी करना. **in —,** जल्दी में; हड़बड़ी में. **—n** ('हेस्न्) *v* **1** जल्दी चलना या काम करना. **2** जल्दी करवाना. **3** कोई काम जल्द पूरा करवाना. '**hasty** ('हेस्टि) *adj* (-ier, -iest) **1** जल्दी में किया हुआ. **2** चिड़चिड़ा. '**hastily** *adv* जल्दबाजी से. '**hastiness** ('हेस्टिनिस्) *n.*

hat (हैट्) *n* हैट, टोप. '**hatter** ('हैटर्) *n* हैट बनाने व बेचने वाला.

hatch[1] (हैच्) *n* जहाज का दीवार या फ़र्श का दरवाज़ा जिसके द्वारा माल चढ़ाया जाता है.

hatch[2] (हैच्) *v* **1** (अण्डे) सेना : *to — chickens, eggs.* **2** योजना तैयार करना; षड्यन्त्र रचना.

'**hatchet** ('हैचिट्) *n* कुल्हाड़ी.

hate (हेट्) *v & n* घृणा (करना), बैर रखना. '**—ful** *adj* घृणित. '**hatred** ('हेइट्रिड्) *n* घृणा, नापसंदगी; वैर-द्वेष.

'**haughty** ('हॉटि) *adj* (-ier, -iest) घमंडी; औरों को छोटा देखने वाला. '**haughtily** *adv.*

haul (हॉल्) *v* घसीटना, खींचना. *n* घसीटना, खींचना; बाहर निकाला हुआ माल (जैसे, जाल में मछली की मात्रा); लदान. '**—age** ('हॉलिज्) *n* माल की ढुलाई.

haunt (हॉन्ट्) *v* बार-बार आना-जाना (किसी स्थान विशेष पर). *n* स्थान जहाँ कोई व्यक्ति विशेष बार-बार जाता हो. '**—ed** ('हॉन्टिड्) *adj* भुतहा (स्थान), भूतों का अड्डा.

have (हैव़्) *v* (3*rd person, present tense* has; *pt* & *pp* had) **1** पास रखना, रखना. **2** अनुमति देना : *I won't — such behaviour here.* **3** कराना, किसी को किसी काम में प्रेरित करना. **4** अनुभव करना : *to — one's purse stolen.* **5** (आवश्यकता सूचक) *You — to be home by ten* (तुम्हें दस बजे तक अवश्य आ जाना चाहिए). **6** (colloq) धोखा देना, छल लेना : *He said you were here yesterday but I was had.* **7** — **to do with,** से संबद्ध होना. — **something (nothing) to do with,** सम्बद्ध (असंबद्ध) होना. — (sth) **out with sb,** आपसी झगड़ा बातचीत द्वारा सुलझाना.

'**haven** ('हेव़्न्) *n* बन्दरगाह; (fig) सुरक्षित

स्थान, आश्रय.

'**haversack** ('हैव़रसैक्) *n* (सिपाहियों, घुमक्कड़ों आदि का) झोला.

'**havoc** ('हैव़क्) *n* बरबादी, तबाही.

hawk[1] (हॉक्) *n* बाज़. → p 33.

hawk[2] (हॉक्) *v* घर-घर जा कर बेचना, '**—er** ('हौकर्) *n* फेरी वाला.

hay (हे) *n* सूखी घास. **make hay while the sun shines,** अवसर पर काम कर लेना. '**hay-'fever** ('हेइ'फ़ीव़र्) *n* एक प्रकार का ज्वर जिसमें नाक से पानी बहता है; (fig) उत्तेजना-पूर्ण गतिविधि.

'**hazard** ('हैज़र्ड्) *n* खतरा, जोखिम, संभावित संकट. *v* — उठाना, — में रहना. **—ous** *adj* —पूर्ण.

haze (हेज़्) *n* धुन्ध (आकाश में स्थित). '**hazy** ('हेज़ि) *adj* (-ier,-iest) धुन्ध भरा वातावरण; (fig) उलझन, द्विविधा से युक्त; धूमिल, अस्पष्ट (*about*).

'**hazel** ('हेज़ल्) *n* पहाड़ी बादाम. *adj* हल्का भूरा रंग : *— eyes.*

he (ही) *pron* वह (पुरुष, पुल्लिंग) : *He can see me.* → him.

head (हेड्) *n* **1** सिर. → p 36. **2** सिरनुमा (वस्तु). **3** हथौड़ी, कुल्हाड़ी आदि का चोट करने वाला भाग. **4** सिक्के का वह पक्ष जिसमें व्यक्ति का चेहरा आदि बना होता है : *—s or tails.* **5** मस्तिष्क; कल्पना; तर्कशक्ति : **lose (keep) one's —,** उत्तेजित (शान्त) हो जाना. **off one's —,** पागल. **take it into one's — (*that*),** विचार आना. **go to the —,** (fig) सफलता के विषय में अतिविश्वास रखना. **6** मुखिया; प्रधान व्यक्ति, अध्यक्ष; उच्चतम स्थिति (या व्यक्ति) *: at the — of the list (valley); the — of the school* (हेडमास्टर, **head'master**), (हेडमिस्ट्रेस, **head'mistress**). **head'quarters** प्रधान कार्यालय. **7** (प्रत्येक) व्यक्ति या पशु : *five pence a — ; fifty —* (*pl* में कोई परिवर्तन नहीं किया जाता है) *of cattle.* **8** मुख्य विभाजन (निबंध, भाषण आदि में). **9** '**— 'wind,** प्रतिकूल पवन. '**head-lamp,** '**head-light,** कार के आगे की रोशनी. **come to a —,** संकट अवस्था पर पहुँच जाना. *v* **1** अध्यक्ष, मुखिया होना. **2** निर्दिष्ट दिशा में चलना : *—ing for home; — sb off.* **3** सिर से मारना : *to — the ball.* '**head-dress** *n* (विशेषत: अलंकृत) पगड़ी; टोपी. '**—ing** *n* शीर्षक. '**—land** *n* समुद्र में प्रविष्ट ज़मीन, अंतरीप. '**—line** *n.* '**—long** *adj & adv* सिर की ओर से; (fig) बिना सोचे-विचारे हड़बड़ी में. '**head-on** *adj & adv* आमने-सामने की (टक्कर). '**—phones** *n pl* हेड फ़ोन, सिर में लगा फ़ोन. '**—strong** *adj* जिद्दी. '**—way** *n* आगे बढ़ने की गति, अग्रगति; प्रगति. '**—word** *n* शब्द-कोश में मुख्य प्रविष्टि जो कुछ मोटे टाइप में छपती है.

heal (हील्) *v* स्वस्थ होना या करना.

health (हेल्थ्) *n* स्वास्थ्य. '**—y** ('हेल्थि) *adj* (-ier, -iest) स्वस्थ, स्वस्थकर.

heap (हीप्) *n* ढेर, राशि. **2** (*pl* colloq) बहुत अधिक : *—s of time.* *v* **1** — में रखना; — बनाना. **2** भरना, लादना.

hear (हिअर्) *v* (*pt & pp* heard) **1** सुनना. **— from sb,** पत्र आदि द्वारा समाचार पाना. **— of,** समाचार पाना. **2** (न्यायाधीश का) मुक़दमा सुनना. *int* Hear ! Hear! अनुमोदन की अभिव्यक्ति. '**—ing** ('हिअरिङ्) *n* **1** **within (out of) —ing,** सुनाई पड़ने की सीमा में होना (न होना); सुनवाई (मुक़दमे की). '**—say** ('हिअरसे) *n* साधारण चर्चा; अफ़वाह.

hearse (हर्स्) *n* कफ़न की गाड़ी; लाश की गाड़ी.

heart (हार्ट्) *n* दिल, हृदय. → p 37; इस आकृति की वस्तु (विशेषत: ताश के पत्ते में, जिसे हिन्दी में पान का पत्ता कहते हैं) **2** प्रेम और भावनाओं का केन्द्र. **change of —,** और उत्तम व्यक्ति बनना. **— to —,** मैत्रीपूर्ण, खुले दिल से. **take (lose) —,** हिम्मत बाँधना (खो देना). **take sth to —,** किसी बात पर बहुत बुरा मानना. **after one's own —,** अपनी रुचि का. **3** केन्द्र : *be at the — of things.* '**—ache** *n* गहरा दुःख, मनोव्यथा. '**heart-beat** *n* (दिल की) धड़कन. '**heart-**

ˌbreaking *adj* दिल तोड़ने वाला, हृदयविदारक. ˈ—en (ˈहार्ट्न्) *v* उत्साहित करना. ˈ—less *adj* निर्दय, कठोर. ˈheart-ˌrending *adj* हृदय विदारक. ˈ—y (ˈहार्टि) *adj* (-ier, -iest) **1** सच्ची, निष्कपट (भावनाएँ), हार्दिक. **2** स्वस्थ और सबल. **3** (भोजन, भूख का) तीव्र, पर्याप्त. ˈ—ily *adv.*

hearth (हार्थ्) *n* चूल्हा, भट्टी.

heat (हीट्) *n* **1** गरमी, ताप, ऊष्मा. **2** उत्तेजना, आवेग, जोश. **3** प्रारंभिक दौड़, जिसके जीतने वाले अंतिम दौड़ में भाग लेते हैं. *v* — करना, होना.. ˈ—er (ˈहीटर्) *n* हीटर, गरम करने वाला उपकरण. ˈ**central-ˈheating** *n* पूरे भवन को एक ही स्थान से गरम करने की व्यवस्था. ˈ—**wave** *n* लू, गरम हवा की लहर. —**edly** *adv* क्रोध से.

heath (हीथ्) *n* झाड़ी; बंजर भूमि.

ˈ**heathen** (ˈहीद़न्) *n & adj* प्रचलित, प्रसिद्ध धर्मों से भिन्न धर्म का अनुयायी; (fig) जंगली, अभद्र.

ˈ**heather** (ˈहेद़र्) *n* जामुनी रंग के फूलों वाली एक प्रकार की झाड़ी.

heave (हीव़्) *v* (*pt & pp* heaved, hove) **1** कोई भारी चीज़ ऊपर उठाना; खींचना (*at, on*). **2** (colloq) उठाकर फेंक देना. **3** लहराना; हाँफना : *heaving waves.*

ˈ**heaven** (ˈहेव़्न्) *n* **1** स्वर्ग. **2** आनंद, सुखशान्ति का स्थान. **3** (*pl*) आकाश, आसमान. **Good —s,** *int* आश्चर्य की अभिव्यक्ति. —**ly** *adj* — सदृश, स्वर्गिक; आनन्दप्रद.

ˈ**heavy** (ˈहेवि़) *adj* (-ier, -iest) **1** भारी, वज़नी; जो आसानी से हिलाया या उठाया न जा सके. **2** बड़ा, विशाल : — *crops* (बड़ी उपज); — *rain* (भारी वर्षा). **3** नीरस, गंभीर (व्यक्ति, लेखन). ˈ**heavy-weight** (ˈहेविवेइट्) *n* मुक्केबाज़ जिसका वज़न 175 lb या उससे अधिक हो. ˈ**heavily** *adv.*

ˈ**heckle** (ˈहेक्ल्) *v* सार्वजनिक सभा में किसी को प्रश्न पूछ-पूछ कर तंग करना. ˈ—r (हेक्लर्) *n* — करने वाला व्यक्ति.

ˈ**hectic** (ˈहेक्टिक्) *adj* **1** लाल-लाल; आरक्त (क्षय रोग का) : — *cheeks.* **2** उत्तेजनापूर्ण; बिना आराम का : *a — life.*

ˈ**hecto-** (पूर्वपद = 100) : —ˈ*gramme* (सौ ग्राम).

ˈ**hector** (ˈहेक्टर्) *v* रोब जमाना.

hedge (हेज्) *n* बाड़ा, घेरा (साफ़ कटी झाड़ियों का). *v* — लगाना. (fig) चारों ओर बाधाएँ लगाना. ˈ—**row** (ˈहेज्रो) *n* बाड़ा, घेरा.

heed (हीड्) *v & n* ध्यान (देना) : *to — a warning, take no — of advice.* ˈ—**ful** *adj* सावधान, सतर्क. ˈ—**less** *adj* असावधान लापरवाह; चेतावनी का ध्यान न रखने वाला.

heel[1] (हील्) *n* एड़ी → p 36; मोज़े की एड़ी; जूते की एड़ी. **come to —**, आज्ञा मानने वाला बनना. **take to one's —s**, भाग जाना, पलायन करना. *v* जूते आदि पर नई एड़ी लगाना.

heel[2] (हील्) *v* जहाज़ का एक ओर झुकना.

ˈ**heifer** (ˈहेफ़र्) *n* गाय जिसके अभी बच्चा नहीं हुआ है.

height (हाइट्) *n* **1** ऊँचाई; समुद्रतल से ऊँचाई. **2** ऊँचा स्थान, चोटी. **3** पराकाष्ठा : *the storm was at its —.* ˈ—**en** (ˈहाइट्न्) *v* और अधिक ऊँचा करना, बढ़ाना.

heinous (ˈहेनस्) *adj* घृणित. जघन्य, घोर.

heir (एअर्) *n* वारिस, उत्तराधिकारी. ˈ—**ess** (ˈएअरिस्) महिला वारिस. ˈ—**loom** *n* पुरखों से आई वस्तु.

held → hold.

ˈ**helicopter** (ˈहेलिकॉप्टर्) *n* हेलीकाप्टर.

a helicopter

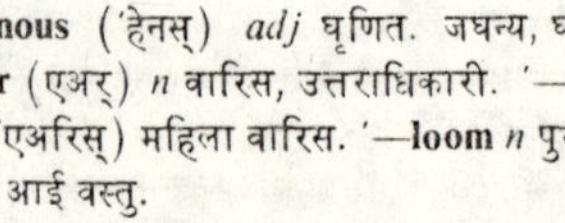

hell (हेल्) *n* **1** नरक. **2** यातना देने वाला स्थान.

helˈlo (ˈहेˈलो) *int* हलो.

helm (हेल्म्) *n* पतवार, कर्ण.

ˈ**helmet** (ˈहेल्मिट्) *n* टोप (प्रायः लोहे का) (सिर को चोट से बचाने के लिए).

help (हेल्प्) *v & n* **1** सहायता (करना); सहारा

देना; समय पर मदद करना. 2 बचना : *I can't — doing it* (करने में बेबस था); *there's no — for it* (इससे बचने का कोई उपाय नहीं है). 3 परोसना, परसना : *— sb to food and drink*. **—er** (ˈहेल्पर्) *n* सहायक, मददगार. **—ful** *adj* सहायक; उपयोगी, अनुकूल. **—ing** *n* प्लेट पर परसा हुआ भोजन. **—less** *adj* बेबस, लाचार; निस्सहाय.

hem (हेम्) *n* (कपड़े का) किनारा, गोट. *v* (-mm-) **1 —** बनाना. **2 hem in, about** घेरना. **ˈhemstitch** *v & n* कशीदा, गुलकारी काढ़ना.

ˈhemisphere (ˈहेमिस्फ़िअर्) *n* आधा गोला; पृथिवी का आधा भाग : *the Southern H—*.

hemp (हेम्प्) *n* **1** सन (जिस की रस्सी बनती है). **2** गाँजा.

hen (हेन्) *n* मुर्गी. → p 240. **ˈhen-pecked** *adj* पत्नी द्वारा शासित पुरुष.

hence (हेन्स्) *adv* **1** यहाँ से, अब से. **2** इस कारण से. **—ˈforth, —ˈforward** *adv* आज से प्रारंभ कर.

ˈhenchman (ˈहेन्च्मन्) *n* अनुचर.

her (हर्) *pron* 'she' शब्द का कर्मकारक का रूप: उस : *I can see her*. *adj* उस (स्त्री) का, की : *That's is her book*. **herˈself** *pron* : *She hurt herself when she fell over*.

ˈherald (ˈहेरल्ड्) *n* **1** अग्रदूत; शासक की ओर से सार्वजनिक घोषणा करने वाला. **2** किसी व्यक्ति या वस्तु के आगमन को बताने वाला व्यक्ति या वस्तु. *v* आगमन की सूचना देना.

herb (हर्ब्) *n* जड़ी-बूटी.

herd (हर्ड्) *n* (पशुओं का) झुंड. **ˈ—sman** ˈ*n* चरवाहा.

here (हिअर्) *adv* यहाँ. **— and there,** यत्र-तत्र, जहाँ-तहाँ. **neither — nor there,** असंगत, अप्रासंगिक. **ˈ—abouts** *adv* आस-पास.

heˈreditary (हिˈरेडिटरि) *adj* पुश्तैनी, पूर्वजों से आयी हुई. **heˈredity** (हिˈरेडिटि) *n* अपने लक्षण बच्चों में पहुँचा देने की प्रवृत्ति, वंशानुक्रमता.

ˈheresy (ˈहेरसि) *n* साधारणतया जो मत, राय या विश्वास (धार्मिक मामलों में) अधिकांश जन रखते हों, उनके विपरीत राय या मत (रखना), विधर्म. **ˈheretic** (हेरटिक) *n* प्रचलित मत को न मानने वाला, विधर्मी. **heˈretical** *adj* — विषयक.

ˈheritage (ˈहेरिटिज्) *n* पैतृक सम्पत्ति, दाय, बिरासत.

ˈhermit (हरमिट्) *n* एकांत में रहने वाला (ऋषि, यति).

ˈhero (ˈहिअरोउ) *n* **1** वीर, बहादुर. **2** कथा-साहित्य या नाटक में नायक. **—ine** (ˈहेरोइन्) *n* नायिका. **heˈroic** (हिˈरोउइक्) *adj* वीरोचित, वीरता विषयक. **—ism** *n* वीरता.

ˈheron (ˈहेरन्) *n* बगुला. → p 33.

ˈherring (ˈहेरिङ्) *n* हिलसा (एक समुद्री मछली, खाने में बहुत प्रयुक्त).

herˈself (हरˈसेल्फ़) → her.

ˈhesitate (ˈहेज़िटेट्) *v* हिचकिचाना; आगा-पीछा करना. **ˈhesitant** (ˈहेज़िटन्ट्) *adj* हिचकिचाने वाला. **ˈhesitantly, ˈhesitatingly** *adv* हिचकिचाते हुए; झिझकते हुए. **ˌhesiˈtation** (हेज़िˈटेशन्) *n.*

ˈheterodox (ˈहेट्रडॉक्स्) *adj* असनातनी (orthodox का विलोम)

hew (ह्यू) *v* (*pt* hewed *pp* hewed या hewn) काटना; चीरना.

ˈhexagon (ˈहेक्सगन्) *n* षट्कोण. → p 295.

ˈheyday (ˈहेडे) *n* बहार (का समय), स्वर्णयुग.

ˈhibernate (ˈहाइबर्नेट्) *v* (कुछ प्राणियों का) शीतकाल सो कर बिताना.

ˈhiccup, ˈhiccough (ˈहिकप्) *v & n* हिचकी (लेना).

hide[1] (हाइड्) *v* (*pt* hid, *pp* hidden) छिपना; छिपाना. **ˈhiding** (ˈहाइडिङ्) *n* **1 go into hiding,** गुप्तस्थान पर छिप जाना. **be in hiding,** छिप जाना. **2** (colloq) चपत लगाना.

ˈhide[2] (हाइड्) *n* (पशुओं की) खाल (जिससे चमड़े का सामान बनता है). **hiding** (हाइडिङ्) *n* पीटना, कोड़े लगाना.

ˈhideous (ˈहिडिअस्) *adj* घृणित.

higgle (ˈहिग्ल्) *v* खरीदते समय मोल-तोल करना.

high (हाइ) *adj* (-er, -est) **1** ऊँचा, उच्च. **—road,** महत्त्वपूर्ण सड़क. **— school,** प्रारंभिक से उच्च शिक्षा देने वाला स्कूल, हाई स्कूल. **2** (समय) अत्यधिक : — *summer.* **its — time,** (यह ठीक समय है, अब देरी करने पर विलंब हो जाएगा). **3** (मांस-मछली का) सड़ने लगना. *adv* उच्च, महत्त्वपूर्ण कोटि का. **run —** (fig) भावनाओं का उत्तेजित होना. **high-born** *adj* उच्च कुलीन. **high-brow** *adj* उच्चभ्रू, केवल बौद्धिक अथवा सांस्कृतिक दृष्टि से विचार करने वाला (व्यक्ति), आभिजात्य. ˈ**high-handed** *adj* निरंकुश, स्वेच्छाचारी. **—lands** *n pl* पर्वतीय प्रदेश. ˈ**high-pitched** *adj* कान भेदने वाला उच्च सुर. ˈ**—ly** *adv* अत्यधिक. ˈ**—ness** *n* **1** ऊँचाई. **2** His (Her, Your) Highness (राजकुमार-राजकुमारी के लिए प्रयुक्त सम्बोधन). ˈ**highly-strung** *adj* उत्तेजनशील; सहजकोपी. ˈ**—way** *n* मुख्यमार्ग, राजमार्ग.

hike (हाइक्) *v & n* (colloq) लंबी पैदल यात्रा (करना) ˈ**—r** *n.*

hiˈlarious (हिˈलेअरिअस्) *adj* उल्लासपूर्ण, प्रफुल्लित. **hiˈlarity** *n.*

hill (हिल्) *n* पहाड़ी; (सड़क का) ढाल. ˈ**—y** *adj* (-ier, -iest). ˈ**—ock** (ˈहिलक्) *n* छोटी पहाड़ी, टीला.

hilt (हिल्ट्) *n* (तलवार या बर्छी का) हत्था, मूठ. **up to the —**, पूरी तरह से.

him (हिम्) *pron* 'he' का object रूप. *I can see him.* **himˈself** *pron : He hurt himself when he fell over.*

hind (हाइन्ड्) *adj* पीछे का : *the — legs of a horse.* ˈ**—most** *adj* सबसे पिछला.

ˈ**hinder** (ˈहिन्डर्) *v* बाधा डालना. ˈ**hindrance** (ˈहिन्ड्रन्स्) *n* बाधा, अड़चन.

hinge (हिन्ज्) *n* दरवाजे आदि के क़ब्जे (देखिए चित्र). *v* **1** क़ब्ज़ों से जोड़ना. **2 — (up) on,** पर निर्भर होना.

hint (हिन्ट्) *n* इशारा, संकेत. *v* — करना, देना.

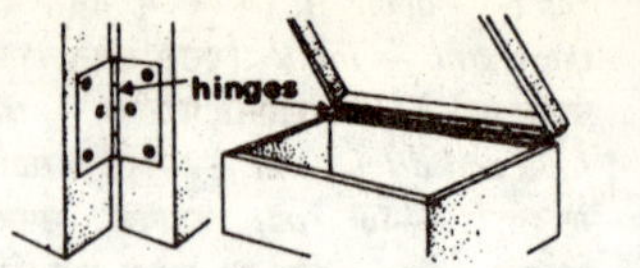

hip (हिप्) *n* कूल्हा, पुट्ठा. → p 36.

ˌ**hippoˈpotamus** (हिप्ˈपॉट्मस्) *n* दरियाई घोड़ा. → p 351.

hire (ˈहाइअर्) *v* किराये या भाड़े पर लेना : *to — a horse (a hall). n* किराया, भाड़ा. ˈ**hire-purchase** *n* ऐसी पद्धति जिसमें निश्चित भुगतानों के बाद किराये वाली वस्तु खरीद ली जाती है. **—r** *n* किरायेदार.

his (हिज़्) *pron & adj : That is his book. That book is his* (→ him).

hiss (हिस्) *v & n* साँप का विरोध प्रदर्शित करने के लिए सी-सी करना; गरम सतह पर पानी गिरने से उत्पन्न आवाज.

ˈ**history** (ˈहिस्टरि) *n* इतिहास; घटनावृत्त. **historian** (हिस्ˈटॉरिअन्) *n* इतिहासकार, इतिहासज्ञ. **hisˈtoric** (हिस्ˈटॉरिक्) *adj* महत्त्वपूर्ण; इतिहास-प्रसिद्ध. **hisˈtorical** *adj* ऐतिहासिक; वस्तुत: अतीत में घटित (न कि काल्पनिक या दन्तकथाओं से आगत).

hit (हिट्) *v* (-tt-) (*pt & pp* hit) **1** आघात करना, मारना; चोट पहुँचाना; ठोकर मारना. **be hard hit (by sth),** से बहुत व्याकुल होना. **2 hit upon,** (*a plan*) संयोग से पाना या पता लगाना. *n* आघात; टक्कर. **make a —**, सामान्य अनुमोदन पाना.

hitch (हिच्) *v* **1** झटके से खींचना. **2** रस्सी या काँटे से घसीटने के लिए बाँधना. *n* **1** झटका, धक्का. **2** गाँठ (नाविकों की) **3** बाधा, प्रगति में रुकावट. *without a —*, बिना किसी अड़चन के.

ˈ**hitch-ˈhike** (ˈहिच्ˈहाइक्) *v* लोगों से मुफ़्त सवारी माँग-माँगकर सैर करना.

ˈ**hither** (ˈहिद़र्) *adv* (पुराना प्रयोग) यहाँ ˌ**—to** *adv* अभी तक.

hive (हाइव़्) *n* शहद की मक्खियों का बक्सा.

hoard (हॉर्ड्) *n* खाद्य पदार्थों या रुपये-पैसे का जमा किया भंडार; तथ्यों का समूह. *v* — जमा करना (up). **hoarding** *n* जमाख़ोरी, ज़ख़ीरे बाज़ी.

ˈ**hoarding** (ˈहॉर्डिङ्) *n* तख़्तों का घेरा जिन पर प्रायः विज्ञापन बने होते हैं.

hoarse (हॉर्स्) *adj* (-r, -st) फटा-फटा स्वर, कर्कश ध्वनि; ऐसे स्वर वाला व्यक्ति.

hoary (ˈहॉरि) *adj* पुराना, पुरातन.

hoax (होक्स्) *n* मज़ाक में धोखा देना; छल. *v* — करना.

ˈ**hobble** (ˈहॉब्ल्) *v* **1** लड़खड़ाना, लंगड़ाना. **2** घोड़े की पिछाड़ी बाँधना.

ˈ**hobby** (ˈहॉबि) *n* हॉबी, शौक़.

ˈ**hob-nob** (ˈहॉब्नॉब्) *v* (-bb-) मेल-जोल की बातें करना (with).

ˈ**hockey** (ˈहॉकि) *n* हाकी (का खेल).

hoe (हो) *n* कुदाली. *v* — काम में लाना.

hog (हॉग्) *n* ख़स्सी सूअर. **go the whole hog**, किसी काम को पूरा-पूरा कर डालना.

hoist (हॉइस्ट्) *v* ऊपर उठाना, फहराना. *n*. भार ऊपर उठाने का यंत्र.

hold[1] (होल्ड्) *v* (*pt & pp* held) **1** कसकर पकड़ना, थामना. **2** (*adv & prep* के साथ) — **back**, काम करने की अनिच्छा दिखाना. — **sth back**, छिपाये रखना. — **forth**, भाषण देना. — **(sb) off**, दूर रखना. — **out**, अपनी स्थिति बलवान् बनाये रखना. — **out**, (*hopes*, etc) आशाएँ प्रस्तुत करना. — **sth over**, स्थगित करना. **be held up**, रुक जाना, विलम्ब होना. — **with**, अनुमोदन करना. **3** रखना. **4** मन में रखना; सोचना. **5** रोके रखना, नियंत्रण में रखना. — **one's tongue (peace)**, चुप रहना. **6** का अधिकारी या स्वामी होना; के पद पर रहना. 7 (कोई बैठक, परीक्षा आदि) आयोजित करना. **8** वही बने रहना, पद-स्थिति पर बने रहना. — **good**, सत्य होना, घटित होना; अब भी चालू रहना. *n* **1** — की प्रक्रिया. **2** संबद्ध भाग या अंश. ˈ**—all** (ˈहोल्ड्ऑल्) *n* होल्डाल, यात्रा के लिए बैग. ˈ**—er** *n* — करने वाला व्यक्ति या वस्तु. ˈ**—ing** *n* संपत्ति; जोत-क्षेत्र.

hold[2] (होल्ड्) *n* जहाज़ में डेक के नीचे का भाग जिसमें माल रहता है.

hole (होल्) *n* छेद, सूराख़. **pick —s in**, दोष ढूंढ़ना. **in a —**, (colloq) बेतुकी स्थिति में हो जाना. *v* — करना; — में डालना.

ˈ**holiday** (ˈहॉलिडे) *n* छुट्टी के दिन.

ˈ**holiness** (ˈहोलिनिस्) → holy.

ˈ**hollow** (ˈहॉलो) *adj* **1** खोखला, पोला; खाली; खोखले में से निकली हुई सी आवाज़. **2** (fig) अवास्तविक; बेइमान. **3** पिचका हुआ. *n* खोखला स्थान; छेद; (पहाड़ों में) घाटी. *v* — करना.

ˈ**holly** (ˈहॉलि) *n* गहरी हरी नुकीली पत्तियों वाली एक प्रकार की झाड़ी.

ˈ**holster** (ˈहोल्स्टर्) *n* (पिस्तौल रखने का) खोल.

ˈ**holy** (ˈहोलि) *adj* (-ier, -iest) **1** ईश्वरीय, धार्मिक, पवित्र: *the H— Bible, the H— Land.* **2** धर्मपरायण. ˈ**holiness** *n* **1** पवित्रता. **2 His (Your) Holiness**, धर्मगुरु (पोप) के लिए प्रयुक्त पदवी.

ˈ**homage** (ˈहॉमिज्) *n* श्रद्धांजलि: *pay — to Shakespeare.*

home (होम्) *n* **1** घर (जहाँ परिवार के साथ रहते हैं). **at — (to)**, अतिथि के सम्मान को उद्यत. (*feel, make oneself*) **at —**, मानो अपने घर में ही हो. **2** बूढ़ों और मरीजों के लिए आवास-गृह. **3** (*adj* की भाँति) घर-विषयक; देश के भीतर से संबद्ध (foreign के वैषम्य में). *adv* स्वदेश से संबद्ध. **bring sth — to sb**, किसी को सच्चाई का पूरा आभास करा देना. ˈ**—less** *adj.* ˈ**home-like** *adj.* ˈ**home-made** *adj* स्वदेशी. ˈ**—sick** *adj* जिसे घर-परिवार की याद आ रही हो. **—spun** *n & adj* खादी, खद्दर. ˈ**—ward** *adj & adv* घर की ओर.

ˈ**homely** (ˈहोम्लि) *adj* (-ier, -iest) **1** सादा और सरल. **2** घर जैसा लगने वाला या घर की याद दिलाने वाला.

ˈ**homicide** (ˈहॉमिसाइड्) *n* नर हत्या; हत्यारा. ˌ**homiˈcidal** *adj* नरहत्या विषयक.

ˈ**homily** (ˈहॉमिलि) *n* प्रवचन, धर्म-उपदेश.

hone (होन्) *n* सान (पत्थर).
honest (ˈऑनिस्ट्) *adj* ईमानदार; सच्चा; निष्कपट. **—ly** *adv*. **—y** *n* ईमानदारी.
ˈ**honey** (ˈहनि) *n* शहद. मधु. ˈ**honey-comb** *n* शहद का छत्ता. **—moon** *n* नवविवाहितों द्वारा आमोद-प्रमोद के लिए ली छुट्टी.
ˈ**honorary** (ˈऑन्ररि) *adj* **1** अवैतनिक पद : *the — secretary.* **2** संमानार्थ (दी उपाधि, जैसे संमानार्थ डी. लिट्.).
ˈ**honour** (ˈऑनर्) *n* **1** संमान, आदर : *to do — to the king; a guard of —.* **2** प्रतिष्ठा; मान-मर्यादा : *on my (word of) —.* **3** (नम्रतापूर्वक, शिष्टाचार में) *May I have the — of your company at dinner ?* **4 Your (His) H—,** न्यायाधीशों के लिए आदर सूचक संबोधन. **5** गौरव देने वाला गुण, पदार्थ आदि. **6** 'सर' की उपाधि से संमान; (*pl*) आदर-प्रदर्शन. **an —s degree,** आनर्स की उपाधि (कुछ विश्वविद्यालयों द्वारा). *v* **1**— करना या देना; **2** (चेक आदि को) सकारना (यह उत्तरदायित्व ले लेना कि समय पर इसका भुगतान हो जाएगा). **—able** *adj* **1** — के योग्य; सज्जन. **2** न्यायाधीश आदि के नाम के पूर्व लगाने वाला आदरसूचक. **—ably** *adv*.
hood (हुड्) *n* **1** हुड, सिर और गरदन को ढकने वाली टोपी. **2** मोटरकार का टप, हुड. **3** हुड के आकार की कोई वस्तु.
hoof (हूफ़्) *n* (*pl* hoofs या hooves) (घोड़े आदि के) खुर. → p 99.
hook (हुक्) *n* **1** हुक, काँटा, कँटिया; खूंटी. **2** हँसिया (काटने वाली). **by — or by crook,** किसी भी तरीके से. *v* बाँधना, फँसाना. ˈ**—ed** *adj* — से बना हुआ, — से युक्त, — की आकृति वाला. **—worm** *n* आँतों का एक प्रकार का कीड़ा.
ˈ**hooligan** (ˈहूलिगन्) *n* सार्वजनिक उपद्रवी भीड़ का सदस्य; गुंडा-गण. **—ism** *n* गुण्डागर्दी.
hoop (हूप्) *n* छल्ला (लोहे या लकड़ी का जो पीपे के चारों ओर होता है); छल्ला (खेल).
hoot (हूट्) *n* **1** उल्लू की आवाज़. **2** मोटरकार के हॉर्न की आवाज़. **3** (दर्शकों या श्रोताओं का) शोरगुल मचाना, सीटी बजाना. *v* — करना; शोरगुल करके स्टेज से भगा देना. ˈ**—er** *n* भोंपू (मिल-फ़ैक्टरी के); कार का भोंपू.
hooves (हूव्ज़्) → hoof.
hop[1] (हॉप्) *n* एक प्रकार की लता; (*pl*) उसके फूल जिन्हें सुखाने के बाद बीयर बनती है.
hop[2] (हॉप्) *v* (-pp-) एक पैर से लोगों का कूदना; चिड़ियों का फुदकना. *n* छोटी कूद; बड़ी उड़ानों से संबद्ध करने वाली छोटी उड़ान (हवाई जहाज़ की).
hope (होप्) *n* **1** आशा, अभिलाषा; विश्वास. **2** ऐसी भावना. *v* आशा करना, विश्वास रखना. **—ful** *adj* —दायक, —प्रद. ˈ**—fully** *adv*. ˈ**—less** *adj* —हीन; — न देने वाला.
horde (हॉर्ड्) *n* आदमियों का बड़ा झुंड; घुमक्कड़ जन-जाति.
hoˈrizon (हˈराइज़न्) *n* क्षितिज रेखा (जहाँ पृथिवी-आकाश मिले हुए दिखाई पड़ते हैं. ˌ**horiˈzontal** (हॉरिˈज़ॉन्टल्) *adj* क्षितिज के समानान्तर; समतल, सपाट.
horn (हॉर्न्) *n* **1** (पशुओं की) सींग. → p 99. **2** तुरही (बाजा). → p 206. भोंपू : fog-horn. **—ed** *adj* — से युक्त. ˈ**—y** *adj* — के समान.
ˈ**hornet** (ˈहॉर्निट्) *n* हाड़ा (एक प्रकार का कीड़ा). → p 168.
ˈ**horoscope** (ˈहॉरस्कोप्) *n* जन्मकुंडली, जन्मपत्री.
ˈ**horror** (ˈहॉरर्) *n* संत्रास, जुगुप्सा. ˈ**horror-struck,** ˈ**horror-ˌstricken** *adj* — से अभिभूत. ˈ**horrible** (ˈहॉरिब्ल्) *adj*. ˈ**horrid** (ˈहॉरिड्) *adj* भयावह, डरावना; (colloq) अप्रिय. ˈ**horrify** (ˈहॉरिफ़ाइ) *v* भयभीत करना.
horse (हॉर्स्) *n* **1** घोड़ा. → p 99. **2** घुड़सवार सेना. ˈ**—man,** ˈ**—woman** *n* घुड़सवार. ˈ**horse-play** *n* गुलगपाड़ा. ˈ**horse-power** *n* (संक्षिप्त रूप HP) अश्वशक्ति, इंजिन के पावर की इकाई. ˈ**—shoe** *n* नाल. ˈ**horse-whip** *v* (-pp-) & *n* चाबुक से मारना.
ˈ**horticulture** (ˈहॉर्टिकल्चर्) *n* बागबानी. **hortiˈcultural** *adj*.
hose[1] (होज़्) *n* रबड़ का पानी छिड़कने का

पाइप. *v* — से पानी छिड़कना; — से कार धोना.

hose[2] (होज़्) *n* मोज़ा.

'hospital ('हॉस्पिट्ल्) *n* अस्पताल.

'hospitality ('हॉस्पि'टैलिटि) *n* आदरसत्कार (अतिथियों का); आवभगत.

host[1] (होस्ट्) *n* **1** अतिथियों का सत्कार करने वाला, मेज़बान, मेहमानदार. **2** सराय या होटल वाला. **'hostess** *n* महिला मेज़बान.

host[2] (होस्ट्) *n* बड़ी संख्या : *a — of friends*; (पुराना प्रयोग) सेना.

'hostage ('हॉस्टिज्) *n* बन्धक व्यक्ति, वह व्यक्ति जिसे तब तक रोका जाता है जब तक कि माँगें पूरी न हों.

'hostel ('हॉस्टल्) *n* होस्टल, छात्रावास.

'hostess → host[1].

'hostile ('हॉस्टाइल्) *adj* शत्रु से संबद्ध; द्वेष भावना (*to*). **hos'tility** (हॉस्'टिलिटि) *n* शत्रुता; (*pl*) युद्ध.

hot (हॉट्) *adj* (hotter, hottest) गरम; चरपरा, तीता (स्वाद): *a hot curry*. **get into hot water,** मुसीबत में पड़ना. **'hot-head** *n*, **'hot-headed** *adj* क्रोधी, उतावला. **'hot-house** *n* गरमघर (प्रायः काँच का, पौधों के लिए).

ho'tel (हो'टेल्) *n* होटल.

hound (हाउन्ड्) *n* दौड़ या शिकार का कुत्ता. *v* — से पीछा करना, — के समान पीछा करना.

hour (आउर्) *n* **1** घंटा (साठ मिनट का). **at the eleventh —,** जब करीब-करीब बहुत विलम्ब हो गया हो. **2** (*pl*) कार्यालय आदि के निश्चित समय. **keep late —s,** रात में देर तक काम करना. **3** समय का कोई बिन्दु : *in the — of danger* (संकट के समय में). **'—ly** *adj & adv* प्रत्येक घंटे में, घंटावार.

house (हाउस्) *n* **1** मकान. **like a — on fire,** बहुत सफलता से. **2 H —s of Parliament,** संसद्-सदन. **3** थियेटर के श्रोतागण : *full —* (सभी सीटें भर गई हैं). **4** परिवार : *the House of Winsdor* (वर्तमान ब्रिटिश राजकुल); व्यापारिक फ़र्म. *v* — की व्यवस्था करना : *the housing problem*. **2** कमरे में रखना. **'house-,agent** *n* मकान बेचने या किराये पर उठाने का काम करने वाला. **'house-boat** *n* शिकारा, बजरा. **'house-breaker** *n* **1** पुराने मकानों को गिराने वाला. **2** सेंध लगाकर चोरी करने वाला. **'—hold** *n* घर में रहने वाले सभी लोग. **—keeper** *n* गृह-व्यवस्था करने वाली नौकरानी. **'—maid** *n* नौकरानी. **'—boy** *n* नौकर. **'—master** *n* स्कूल में होस्टल की देखभाल करने वाला अध्यापक. **' —wife** *n* गृहिणी; गृहस्वामिनी.

hove → heave.

'hovel ('हॉव़ल्) *n* छोटा गंदा घर, झोंपड़ी.

'hover ('हॉव़र्) *v* (चिड़ियों का) मँडराना; (व्यक्तियों का) मँडराना, चक्कर काटना. **—craft** *n* पानी और भूमि पर चलने वाला एक विशेष प्रकार की नाव.

a hovercraft

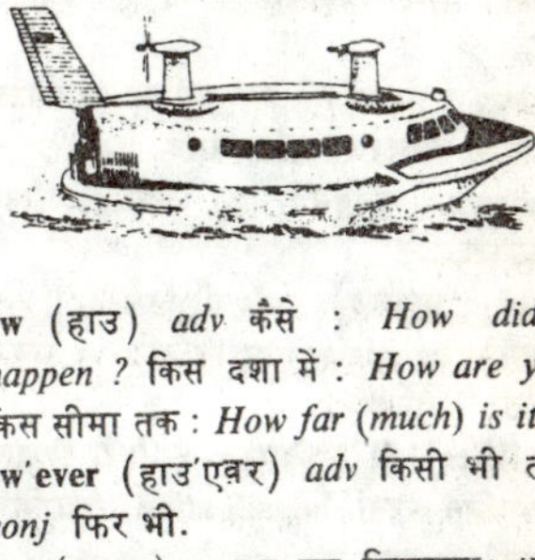

how (हाउ) *adv* कैसे : *How did it happen ?* किस दशा में : *How are you?* किस सीमा तक : *How far (much) is it ?*

how'ever (हाउ'एव़र) *adv* किसी भी तरह. *conj* फिर भी.

howl (हाउल्) *n* हू-हू कर चिल्लाना; दर्द से चीखना; किसी का अपमान करने के लिए चिल्लाना. *v* ऐसा करना.

hub (हब्) *n* पहिये का केन्द्र; (fig) गतिविधि का केन्द्र.

'hubbub ('हबब्) *n* कोलाहल.

'huddle ('हड्ल्) *v* **1** अव्यवस्थित रूप से भीड़ इकट्ठा करना. **2 — (oneself) up,** सिमटकर बैठना (ताकि शरीर गर्म बना रहे).

hue[1] (ह्यू) *n* रंग का शेड (छवि).

hue[2] (ह्यू) *n* **hue and cry,** शोरगुल, हो-हल्ला.

hug (हग्) *v* (-gg-) गले लगाना; आलिंगन करना. *n* आलिंगन.

huge (ह्यूज्) *adj* विशाल. **'—ly** *adv.*

hull (हल्) *n* जहाज़ का ढाँचा.

hul'lo ('ह्'लो) *int* अभिवादन; ध्यानाकर्षण, आश्चर्य आदि का उद्गार.

hum (हम्) *v* (-mm-) (मक्खियों का) भनभनाना; (गीत) गुनगुनाना. **make things hum,** सजीव और सक्रिय करना. *n* गुनगुनाहट.

'human (ह्यूमन) *adj* मानव : *a — being* (मनुष्य). **—ism** *n* मानवतावाद, मानवों का कल्याण से रुचि रखना. **—ly** *adv* मनुष्य की दृष्टि या शक्ति से.

hu'mane (ह्यू'मेन्) *adj* दयामय; उदारतापूर्वक.

hu,mani'tarian (ह्यूमैनि'टेअरिअन्) *adj & n* मानवतावादी, लोकोपकारी.

hu'manity (ह्यू'मैनिटि) *n* 1 मानवजाति. 2 मानवस्वभाव. 3 मानवता.

'humble ('हम्ब्ल्) *adj* (-r, -st) 1 विनम्र. 2 निर्धन; नीच; प्रतिष्ठा में निम्न. **'humbly** *adv.*

'humbug ('हम्बग्) *n* बेइमानी का या कपटपूर्ण व्यवहार, आचरण, व्यक्ति आदि.

'humdrum ('हम्ड्रम्) *adj* नीरस; फीका; साधारण.

'humid ('ह्यूमिड्) *adj* सीलनभरा (हवा; मौसम). **hu'midity** (ह्यू'मिडिटि) *n* सीलन; आर्द्रता (भौतिकी).

hu'miliate (ह्यू'मिलिएट्) *v* नीचा दिखाना, अवमानित करना. **hu,mili'ation** (ह्यूमिलि'एशन्) *n* अपमान.

hu'mility (ह्यू'मिलिटि) *n* विनम्रता; दीनता.

'humour ('ह्यूमर्) *n* 1 परिहास, विनोद. 2 (उस समय की) मनोदशा : *in a good — ; not in the — for work.* *v* किसी का मन रखना; संतुष्ट करना. **'humorist** ('ह्यूमरिस्ट्) *n* हास्य लेखक. **'humorous** (ह्यूमरस्) *adj* हास्यकर.

hump (हम्प्) *n* कूबर (जैसे, ऊँट की पीठ पर). → p 351. **'—back** *n* (=hunchback) कुबड़ा.

'humus ('ह्यूमस्) *n* खाद-मिट्टी, पत्तियों की खाद.

hunch (हन्च्) *n* 1 मोटा स्लाइस (टुकड़ा). 2 कूबर. *v* झुक कर चलना, कूबर निकाल कर चलना. **'—back** कुबड़ा.

'hundred ('हन्ड्रिड्) *n & adj* सौ. **—th** *n & adj* सौवाँ, सौवाँ अंश. **—weight** *n* (संक्षेप में cwt) टन का बीसवाँ भाग, भार की एक इकाई.

hung → hang.

'hunger ('हंगर्) *n* भूख; (fig) कोई सबल कामना. *v* — लगना; कामना रखना (*for*). **'hungry** ('हंग्रि) *adj* (-ier, -iest) भूखा. **'hungrily** *adv.*

hunt (हन्ट्) *v* 1 शिकार पर जाना. 2 खोजना; ढूंढना. **—er** *n* शिकारी. **'—sman** *n.*

'hurdle ('हर्ड्ल्) *n* 1 बाड़ा, अड़चन; बाधा. 2 हर्डल-दौड़ में लगाए जाने वाले ढाँचे. **—r** *n* — दौड़ में संमिलित खिलाड़ी.

hurl (हर्ल्) *v* ज़ोर से फेंकना.

hur'rah, hur'ray (हु'रा/हुरे) *int* स्वागत, प्रसन्नता या विजय का जयघोष.

'hurricane ('हरिकन्) *n* आँधी.

'hurry ('हरि) *n* जल्दी; जल्दी करने की इच्छा; उतावली, आतुरता; आतुरता की आवश्यकता. *v* जल्दी करना या कराना. — **up,** जल्दी करना. — **away,** शीघ्रता में चले जाना. **'hurried** ('हरिड्) *adj* शीघ्रता से किया हुआ. **'hurriedly** *adv.*

hurt (हर्ट्) *n & v* चोट पहुँचाना; हानि पहुँचाना.

'hurtle ('हर्ट्ल्) *v* वेगपूर्वक गिरना या फेंकना.

'husband ('हज़्बन्ड्) *n* पति. **—ry** *v* खेती या कृषि कर्म करना.

hush (हश्) *v* चुप होना या करना; (आज्ञार्थक) चुप हो जाओ. *n* शान्ति; सन्नाटा.

husk (हस्क्) *n* भूसा. *v* — निकालना. **—y** *adj* (-ier, -iest) भूसे की तरह सूखा; भारी आवाज़. **'—ily** *adv.*

'hustle ('हस्ल्) *v* धकेलना, आगे बढ़ना; जल्दी कराना. *n* हलचल, धक्कमधक्का.

hut (हट्) *n* झोंपड़ी.

hutch (हच्) *n* खरगोशों का बक्सा.

hy'aena → hyena (हाइ'ईना).

'hybrid ('हाइब्रिड्) *n & adj* संकर, दोग़ला

'hydrant ('हाइड्रन्ट्) *n* नल (प्राय: सड़क

किनारे) जिसमें होज़ पाइप लगाकर आग बुझाते हैं.

hy'draulic (हाइ'ड्रॉलिक्) *adj* बहते हुए पानी से संबद्ध; जलशक्ति से चालित.

'hydro- (पूर्वपद) 1 जल विषयक. 2 हाइड्रोजन विषयक. **'hydro-e'lectric** ('हाइड्रो-इ'लेक्ट्रिक्) *adj* जल-विद्युत्. **—gen** *n* हाइड्रोजन गैस.

hy'ena (हाइ'ईना) *n* लकड़बग्घा.

'hygiene ('हाइजीन्) *n* स्वास्थ्य-विज्ञान. **hy'gienic** (हाइ'जीनिक्) *adj* स्वास्थ्यकर; कीटाणु आदि से रहित. **hygienically** *adv.*

hymn (हिम्) *n* स्तोत्र, स्तुति, सूक्ति. **'—al** *n* भजन संग्रह.

'hyphen ('हाइफ़न्) *n* हाइफ़न-चिह्न, जैसे Indo-American के बीच में लगा चिह्न.

'hypnotize ('हिप्नटाइज़्) *v* संमोहित करना.

hy'pocrisy (हि'पॉक्रसि) *n* पाखंड, ढोंग. **'hypocrite** ('हिपक्रिट्) *n* पाखंडी. **,hypo'critical** *adj* — विषयक

hy'pothesis (हाइ'पॉथिसिस्) *n* (*pl* hy'potheses) प्राक्कल्पना. **hypo'thetical** *adj* प्राक्कल्पना पर (न कि निश्चित ज्ञान पर) आधारित.

hys'teria (हिस्'टिअरिआ) *n* 1 हिस्टीरिया. 2 उन्माद. **hys'terical** (हिस्'टेरिक्ल्) *adj* — से ग्रस्त. **hys'terics** *n pl* हिस्टीरिया के दौरे : *to go into hysterics.*

I

I (आइ) *pron* मैं: *I can see you.* → me.

ice (आइस्) *n* बर्फ़ (जमा हुआ पानी). *v* (भोजन को) बहुत ठंडा करना; (केक पर) शक्कर की चाशनी डालना. **'iceberg** ('आइस्बर्ग्) *n* समुद्र में बहती हुई बर्फ़ की चट्टान, आइसबर्ग (देखिए चित्र). **'ice-cream** ('आइसक्रीम) *n* आइसक्रीम, कुलफ़ी. **'ice-bound** (**'ice-free**) *adj* बन्दरगाहों का बर्फ़ के कारण बन्द (खुला) होना. **'icicle** ('आइसिक्ल्) *n* लटकती हुई नुकीली बर्फ़. **icing** ('आइसिङ्) *n* केक पर जमी चाशनी; हवाई जहाज़ के पंखों पर जमी बर्फ़ की तह. **'icy** *adj* अत्यधिक ठंडा. **'icily** ('आइसिलि) *adv.*

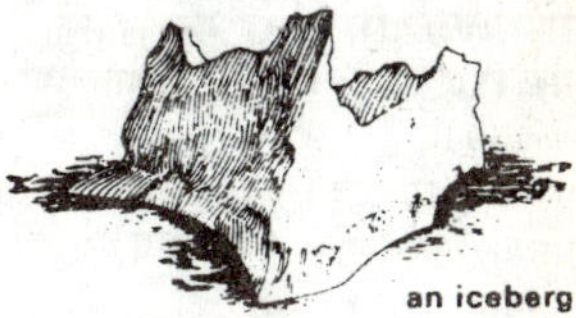

an iceberg

i'dea (आइ'डिआ) *n* 1 विचार, भाव; प्रत्यय, धारणा. 2 योजना.

i'deal (आइ'डिअल्) *adj* 1 आदर्शस्वरूप; सर्वांगपूर्ण. 2 मानसिक (मात्र); काल्पनिक. *n* आदर्श. **—ize** (आइ'डिअलाइज़्) *v* — बनाना, — के रूप में सोचना.

i'dentical (आइ'डेन्टिक्ल्) *adj* समान, अभिन्न : — *with* (सर्वसम). **i'dentify** (आइ'डेन्टिफ़ाइ) *v* 1 पहचानना. 2 **identify oneself with,** अपना पूरा समर्थन देना, अस्मिता स्थापित करना. **identifi'cation** (आइडेन्टिफ़ि'केशन्) *n* पहिचान, अभिज्ञान; तादात्म्य, एकीकरण. **i'dentity** (आइ'डेन्टिटी) *n.* तादात्म्य, अभिन्नता, परिचय; व्यक्तित्व.

,ide'ology (आइडि'ऑलजि) *n* विचारधारा, सिद्धांत (विशेषतः आर्थिक और राजनैतिक व्यवस्था विषयक).

'idiom ('इडिअम्) *n* 1 मुहावरा. 2 बोली. **,idiomatic** (इडिअ'मैटिक्) *adj* मुहावरेदार. **,idio'matically** *adv.*

'idiot ('इडिअट्) *n* मूर्ख, जड़बुद्धि. **'idi'otic** (इडि'ऑटिक्) *adj.* **,idio'tically** (इडि'ऑटिकलि) *adv.*

'idle ('आइड्ल्) *adj* 1 बेकार; जो चालू नहीं है. 2 आलसी; कामचोर. 3 व्यर्थ, तुच्छ : — *gossip.* *v* — होना. **—r** *n.* **'idly** *adv.* **—ness** *n.*

'idol ('आइड्ल्) *n* 1 मूर्ति (किसी देवता की). 2 भक्ति और श्रद्धायोग्य व्यक्ति या वस्तु. **i'dolater** (आइ'डॉलट्र्) *n* मूर्ति पूजक

i'dolatry (आइ'डॉलट्रि) *n* मूर्ति पूजा. **'—ize** ('आइडलाइज़्) *v* अत्यधिक श्रद्धा करना.

'idyll ('इडिल्) *n* ग्रामकाव्य. **i'dyllic** (आइ'डिलिक्) *adj* सीधा-सादा, प्रियकर; — के उपयुक्त.

if (इफ़्) *conj* यदि, अगर; यद्यपि; कि.

ig'nite (इग्'नाइट्) *v* सुलगाना, आग लगाना; आग पकड़ना.

'ignorant ('इग्नरन्ट्) *adj* अज्ञानी, अनजान, अनभिज्ञ. **'ignorance** ('इग्नरन्स्) *n* अज्ञान, अनभिज्ञता.

ig'nore (इग्'नॉर्) *v* उपेक्षा करना, पर ध्यान न देना.

il- (उपसर्ग) अ-, अन- (नकार, उलटा अर्थ): *il'legal* (इ'लीगल्), *il'logical* (इ'लॉजिकल्) आदि

ill (इल्) *adj* **1** बीमार : *taken ill*. **2** बुरा: *ill health*. *n* **1** दुष्टता. **2** विपत्ति. *adv* बुरी तरह से; प्रतिकूलता के साथ. **ill at ease,** बेचैन, परेशान. **ill-bred** *adj* अशिष्ट; असंस्कृत. **'illness** ('इल्निस्) *n* बीमारी; रोग में होना. **ill-'will** *n* द्वेष; दुर्भावना. **'ill-'treat, ill-'use** *v* क्रूरता या दुर्व्यवहार करना.

il'licit (इ'लिसिट्) *adj* गैर-कानूनी; अनधिकृत.

il'literate (इ'लिट्रिट्) *n & adj* अशिक्षित, जिन्हें पढ़ना-लिखना नहीं आता. **il'literacy** (इ'लिट्रसि) *n* निरक्षरता.

il'luminate (इ'ल्यूमिनेट्) *v* **1** प्रकाश डालना; प्रकाशित करना. **2** दीपों से मकानों-सड़कों को सजाना. **il,umi'nation** (इल्यूमि'नेशन्) *n* जलाना, प्रकाश; दीप सज्जा. **il'lumine** (इ'ल्यूमिन्) *v* प्रकाशित करना.

il'lusion (इ'लूशन्) *n* भ्रांति, माया, धोखा; मिथ्या विश्वास.

'illustrate ('इलस्ट्रेट्) *v* उदाहरणों, चित्रों आदि द्वारा समझाना; पुस्तक में उदाहरण-चित्र, आदि देना. **,illus'tration** (इलस्'ट्रेशन्) *n* उदाहरण, दृष्टांत; चित्र, आरेख.

il'lustrious (इ'लस्ट्रिअस्) *adj* प्रख्यात, प्रसिद्ध.

'ill-'will ('इल्'विल्) *n* द्वेष; दुर्भावना.

im- (उपसर्ग) (नकार, उलटा अर्थ): जैसे कि, *im'moral*, *im'possible*, *im'pure* आदि में.

'image ('इमिज्) *n* **1** प्रतिमा, मूर्ति. **2** बिम्ब, धारणा. **3 (be) the very — of** (*sb*), बिलकुल एक-सम होना, प्रतिकृति होना.

i'magine (इ'मैजिन्) *v* **1** कल्पना करना, मन में कोई चित्र खींचना. **2** अनुमान लगाना. **i'maginable** (इ'मैजिनब्ल्) *adj* कल्पनीय. **i'maginary** *adj* काल्पनिक, अयथार्थ. **imagi'nation** (इमैजि'नेशन्) *n* कल्पना (शक्ति); कल्पना की वस्तु. **i'maginative** *adj* कल्पनाशील (व्यक्ति); काल्पनिक.

i'mam (इ'माम्) *n* इमाम, मुस्लिम नेताओं की एक पदवी.

'imbecile ('इम्बिसील्) *adj & n* अल्पबुद्धि.

im'bibe (इम्'बाइब्) *v* आत्मसात् करना (विचारों को); पीना.

im'bue (इम्'ब्यू) *v* **—d with,** ओतप्रोत, पूरी तरह भरे हुए (देश-भक्ति, श्रद्धा आदि भावनाओं से).

'imitate ('इमिटेट्) *v* **1** नक़ल उतारना; अनुकरण करना. **2** के समान बनना. **,imi'tation** (इमि'टेशन्) *n* नक़ल; प्रतिकृति, प्रतिलिपि; अनुकरण. **'imitator** ('इमिटेटर्) *n* नक्क़ाल.

im'mediate (इ'मीड्यट्) *adj* **1** निकटतम, आसन्न; सीधा, प्रत्यक्ष. **2** तात्कालिक, तुरंत किया हुआ. **—ly** *adv* तुरंत, तत्काल; अविलम्ब, बिना देर किये.

,imme'morial (इमि'मॉरिअल्) *adj* अतिप्राचीन; स्मरणातीत.

im'mense (इ'मेन्स्) *adj* विशाल. **—ly** *adv*. **im'mensity** (इ'मेन्सिटि) *n* विशालता, अनंतता.

im'merse (इ'मर्स्) *v* **1** डुबोना. **2 —d in,** (विचार) मग्न, ध्यान में लगे हुए. **im'mersion** (इ'मरशन्) *n* डुबकी; तल्लीनता.

'immigrate ('इमिग्रेट्) *v* (*into*) किसी देश में आकर स्थायी रूप से रहना. **'immigrant** ('इमिग्रन्ट्) ऐसा करने वाले; *n* आप्रवासी. **,immi'gration** (इमि'ग्रेशन्) *n* आप्रवास.

'imminent ('इमिनन्ट्) *adj* निकट भविष्य में ही होने वाला (जैसे, संकट). **'imminence**

('इमिनन्स्) *n* (घटना की) समीपता.

im'moral (इ'मॉरल्) *adj* अनैतिक, दुष्ट, व्यभिचारी, भ्रष्ट. **immo'rality** (इम्'रैलिटि) *n* अनैतिकता; दुराचार.

im'mortal (इ'मॉर्टल्) *adj* अमर; अविस्मरणीय. **,immor'tality** (इमॉर्'टैलिटि) *n* अमरता (जीवन या यश की) अविनाशिता. **—ize** (इ'मॉर्टलाइज़्) *v* — करना.

im'mune (इ'म्यून्) *adj* (किसी अप्रियकर अथवा अनिष्ट से) प्रतिरक्षित, मुक्त. **im'munity** (इ'म्यूनिटि) *n* प्रतिरक्षा. **'immunize** ('इम्यूनाइज़्) *v* (रोग से) प्रतिरक्षित करना.

imp (इम्प्) *n* शैतान का बच्चा; (दुलार में) नटखट बच्चा.

'impact ('इम्पैक्ट्) *n* (*on, against* sth) संघात; टक्कर;(विचारों आदि का) प्रभाव.

im'pair (इम्'पेअर्) *v* क्षीण या दुर्बल करना; हानि पहुँचाना.

im'part (इम्'पार्ट्) *v* देना, (कोई समाचार, ज्ञान, रहस्य) दूसरे को बताना.

im'partial (इम्'पार्शल्) *adj* निष्पक्ष (निर्णय देने में); पक्षपातहीन. **—ly** *adv*.

im'passive (इम्'पैसिव्) *adj* भावशून्य, शांत; दूसरों की भावनाओं से न विचलित होने वाला.

im'patient (इम्'पेशन्ट्) *adj* अधीर; आतुर, उतावला. **im'patience** *n* अधीरता; आतुरता.

im'peach (इम्'पीच्) *v* (राज्य के विरुद्ध अपराध करने का) आरोप लगाना, अभियोग लगाना. **—ment** *n* महाभियोग.

im'peccable (इम्'पेकब्ल्) *adj* निर्दोष; त्रुटि हीन.

im'pede (इम्'पीड्) *v* बाधा या अड़चन डालना. **im'pediment** (इम्'पेडिमन्ट्) *n* बाधा, अड़चन; उच्चारण-दोष.

im'pel (इम्'पेल्) *v* (-ll-) प्रेरित करना, उकसाना; ठेलना, ढकेलना.

im'pending (इम्'पेन्डिङ्) *adj* निकट भविष्य में ही घटित होने वाला; आसन्न.

im'perative (इम्'पेरटिव्) *adj* **1** अत्यावश्यक; जिसकी अवहेलना न की जाए. **2 — mood,** (व्याकरण में) आज्ञार्थक वृत्ति : *Stand up*.

im'perial (इम्'पिअरिअल्) *adj* साम्राज्य विषयक;सम्राट-योग्य : *an imperial manner*.

im'peril (इम्'पेरिल्) *v* (-ll-) ख़तरे में डालना.

im'perious (इम्'पिअरिअस्) *adj* उद्धत, दबंग.

im'personal (इम्'पर्सन्ल्) *adj* **1** व्यक्तिगत भावनाओं से न प्रभावित होने वाला. **2** किसी एक व्यक्ति को निर्दिष्ट न करने वाला, अव्यक्तिक.

im'personate (इम्'पर्सनेट्) *v* (दूसरा व्यक्ति बनकर) धोखा देना; (नाटक आदि में) अभिनय करना.

im'pertinent (इम्'पर्टिनन्ट्) *adj* उद्धत; ढीठ, गुस्ताख़. **im'pertinence** (इम्'पर्टिनन्स्) *n* ढिठाई; अप्रासंगिकता.

imper'turbable (इम्पर्'टर्बब्ल्) *adj* धीर, शान्त; अविचलित.

im'pervious (इम्'पर्व्यस्) *adj* **1** (ऐसे पदार्थ) जिसमें से पानी न निकल सके, अभेद्य. **2 — to,** दूसरों द्वारा प्रभावित न होने वाला.

im'petuous (इम्'पेट्युअस्) *adj* जल्दबाज़, अविवेकी, उतावला. **impetu'osity** (इम्पेट्यु'ऑसिटि) *n*.

'impetus ('इम्पिटस्) *n* (*pl* -es) प्रेरणा, प्रोत्साहन; प्रेरक शक्ति.

'impious ('इम्पिअस्) *adj* नास्तिक, अधर्मी; दुष्ट.

'implement ('इम्प्लिमन्ट्) *n* औज़ार, उपकरण. *v* कार्यान्वित करना, अमल में लाना. **implemen'tation** (इम्प्लिमेन्'टेशन्) *n* कार्यान्वयन, अमल में लाना.

'implicate ('इम्प्लिकेट्) *v* (किसी अपराध के आरोप में किसी को) फँसाना. **impli'cation** (इम्प्लि'केशन्) *n* **1** फँसाना; **2** तात्पर्य; अर्थापत्ति.

im'plicit (इम्'प्लिसिट्) *adj* **1** अन्ध (श्रद्धा, भक्ति आदि). **2** अव्यक्त; अन्तर्निहित.

im'plied (इम्'प्लाइड्) *adj* ध्वनित, लक्षित; अन्तर्निहित.

im'plore (इम्'प्लॉर्) *v* याचना करना; अनुनय-विनय करना.

im'ply (इम्'प्लॉइ) *v* में अन्तर्निहित होना, का

अर्थ निकलना; सूचित करना, संकेत करना (*that*).

im'port (इम्'पॉर्ट्) *v* **1** (देश के भीतर बाहर से) माल लाना. **2** अर्थ रखना, महत्त्व रखना. **'import** ('इम्पॉर्ट्) *n* **1** (प्रायः *pl*) आयात; आयात में आया सामान. **2** अर्थ, तात्पर्य. **—er** *n* आयात-कर्ता.

im'portant (इम्'पॉर्टन्ट्) *adj* महत्त्वपूर्ण; प्रभावशाली. **im'portance** (इम्'पॉर्टन्स्) *n* महत्त्व.

im'portunate (इम्'पॉर्टचुनिट्) *adj* बारबार असुविधाजनक निवेदन करने वाला, दुराग्रही; अत्यावश्यक. **impor'tunity** (इम्पॉर्'टचुनिटि) *n*.

im'pose (इम्'पोज़्) *v* **1** थोपना, आरोपित करना (sth *upon* sb या sth). **2 — upon,** (किसी की सज्जनता आदि का) दुरुपयोग करना, धोखा देना. **im'posing** (इम्'पोज़िङ्) *adj* शानदार, भव्य. **,im'position** (इम्प्-'ज़िशन्) *n* (करों का) लागू करना, कर लगाना; अनुचित माँग.

im'possible (इम्'पॉसब्ल्) *adj* असंभव; असाध्य, कठिन.

im'postor (इम्'पॉस्टर्) *n* ढोंगी, पाखंडी. **im'posture** (इम्'पॉस्चर्) *n* छलकपट.

'impotent ('इम्पटन्ट्) *adj* बेबस, असमर्थ, लाचार; नपुंसक.

im'poverish (इम्'पॉव्रिश्) *v* दरिद्र कर देना.

im'practicable (इम्'प्रैक्टिकब्ल्) *adj* **1** अव्यावहारिक; दुःसाध्य. **2** (मार्ग) दुर्गम.

im'pregnable (इम्'प्रेग्नब्ल्) *adj* अजेय, अटल.

im'press (इम्'प्रेस्) *v* **1** छाप लगाना; भारी प्रभाव रखना. **2** (मन पर) गहराई से छाप छोड़ना. **—ion** (इम्'प्रेशन्) *n* **1** मन या भावनाओं पर) प्रभाव. **2** (समाचार-पत्रों आदि के) प्रतियों की संख्या. **3** छाप, अंकन. **4** (अस्पष्ट) विश्वास और प्रत्यय. **—ionable** *adj* सहज में प्रभावित होने वाला. **—ive** *adj* प्रभावोत्पादक.

im'print (इम्'प्रिन्ट्) *v* छापना; मुहर या चिह्न लगाना.

im'prison (इम्'प्रिज़्न्) *v* क़ैद करना, बंदी बनाना.

im'probable (इम्'प्रॉबब्ल्) *adj* असंभावित, कम संभावना वाला.

im'promptu (इम्'प्रॉम्प्ट्यू) *adj* & *adv* बिना तैयारी के, तात्कालिक.

im'prove (इम्'प्रूव्) *v* सुधारना, बेहतर करना. **— upon,** (पूर्वोल्लिखित से) बेहतर बनाना. **—ment** *n* सुधार, उन्नति.

'improvise ('इम्प्रवाइज़्) *v* **1** तत्काल रचना करना (गाते हुए गीत का, कविता सुनाते हुए कविता का). **2** कामचलाऊ प्रबंध, तत्काल जो कुछ मिला उसे ठीक-ठाक कर प्रयुक्त करना. **improvised** ('इम्प्रवाइज़्ड्) काम चलाऊ.

im'prudent (इम्'प्रूडन्ट्) *adj* अविवेकी, असावधान. **imprudence** *n*.

'impudent ('इम्प्युडन्ट्) *adj* निर्लज्ज, ढीठ. **—ly** *adv*. **'impudence** *n*.

'impulse ('इम्पल्स्) *n* **1** धक्का; आवेग. **2** आवेश, अन्तःप्रेरणा. **im'pulsive** (इम्'पल्सिव्) *adj* आवेश-पूर्ण, आवेशजन्य.

im'punity (इम्'प्यूनिटि) *n* **with —,** बिना इस डर के कि ऐसा करने से दंड मिलेगा, निर्द्वन्द्व.

im'pute (इम्'प्यूट्) *v* **— sth to sb,** आरोप लगाना, लांछन लगाना. **,impu'tation** (इम्प्यु'टेशन्) *n* आरोपण; संकेत.

in (इन्) *prep* **1** (स्थिति) में : *in India, in the room, in bed*. **2** (गति या क्रिया दिखाते हुए) में : *He dipped his pen in the ink. They fell in love*. **3** अवधि (समय में), में : *in* 1966; *in my absence*; *in a short time*. **4** (अनुपात सूचक) में से: *One in ten of the boys can't spell*. **5** (पोशाक में) में : *dressed in white* (सफ़ेद कपड़ों में). **6** (भौतिक पर्यावरण में) में: *in the rain* (*shade*). **7** (अवस्था या दशा) में: *in good health*. **8** (मात्रा या सीमा सूचक) में : *in great numbers*. **in'all** कुल मिला कर : *we are fifteen in all*. **9** (रीतिवाचक) में : *in ink*; *in English*. **10** (नौकरी, पेशा का सूचक): *He's in the army*. **11 in as far as, in so far as,** उस सीमा तक. *adv* भीतर, अन्दर (out के वैषम्य में). **1** (अनेक क्रियाओं के साथ) : *come in* (भीतर आना); *give in*

(समर्पण करना). **2** (*be* क्रिया के साथ) (a) घर में: *Is there anyone in?* (b) पहुँचना : *Is the train in yet?* (c) उपलब्ध : *Oranges are in now.* (d) फ़ैशन में होना: *Long skirts are in.* (e) चुनाव में जीतना; सत्तारूढ़ होना : *The liberal candidate is in.* **3 in for,** सम्भावना होना: *We're in for a storm.* **in and out,** कभी भीतर कभी बाहर: *He's always in and out of hospital.* **4** (संज्ञा के पूर्व पूर्वपद के रूप में, *out-* के वैषम्य में) में, भीतर : *indoor* (दरवाजे अर्थात् घर के भीतर).

in- (उपसर्ग) (नकार, उलटे अर्थ में) : जैसे, *in'accurate, insin'cere* (देखिए, im-, il-).

ˌinas'much *adv* — **as,** क्योंकि, चूंकि.

i'naugurate (इ'नॉग्युरेट्) *v* समारोह के साथ उद्घाटन करना या कोई कार्य प्रारंभ करना. **i'naugu'ration** (इ'नॉग्यु'रेशन्) *n* उद्घाटन.

'inborn ('इन्'बार्न्), **'in'bred** ('इन्'ब्रेड्) *adj* सहजात (गुण और योग्यताएँ), जन्मजात.

ˌinca'pacitate (इन्क'पैसिटेट्) *v* अक्षम करना, पंगु कर देना (*for*). **ˌinca'pacity** (इन्क-'पैसिटि) *n* अयोग्यता, असामर्थ्य.

in'cendiary (इन्'सेनड्यरि) *n* & *adj* **1** आगज़नी करने वाला, घर या सार्वजनिक संपत्ति में आग लगाने वाला. **2** आग लगाने वाला (बम).

in'cense[1] (इन्'सेन्स्) *v* अतिक्रुद्ध करना.

'incense[2] ('इन्सेन्स्) *n* धुंआ (महकदार) जैसे धूप, अगरबत्ती का. *v* सुगंधित करना, धूप चढ़ाना.

in'centive (इन्'सेन्टिव्) *n* प्रोत्साहन, उत्प्रेरणा.

in'cessant (इन्'सेसन्ट्) *adj* निरन्तर, अविच्छिन्न. **—ly** *adv* लगातार.

inch (इन्च्) *n* इंच, लम्बाई की एक इकाई.

'incident ('इन्सिडन्ट्) *n* घटना (विशेषत: कम महत्त्व की); सामान्यतया ध्यान आकृष्ट करने वाली घटना. **ˌinci'dental** (इन्सि'डेन्टल्) *adj* छोटा और अपेक्षाकृत कम महत्त्व का. **ˌinci'dental to,** प्रासंगिक. **in'cidentally** *adv* प्रसंगवश; अकस्मात्.

in'cision (इन्'सिश़न्) *n* चीरा; काटना, छेदना.

in'cite (इन्'साइट्) *v* भड़काना, उभाड़ना (*to do* sth).

ˌincli'nation (इन्क्लि'नेशन्) *n* **1** झुकाव (*to* sth), अभिरुचि (*for* sth, *to* do sth). **2** ढाल.

in'cline (इन्'क्लाइन्) *v* **1** झुकाना, ढलान देना. **2** प्रभावित करना; प्रवृत्त करना. **'incline** *n* ढलान.

in'clude (इन्'क्लूड्) *v* अन्तर्विष्ट करना. अन्तर्गत करना. **in'clusion** (इन्'क्लूशन्) *n.* **in'clusive** *adj* सब को संमिलित करने वाला.

in'cognito (इन्'कॉग्निटो) *adv* छद्म नाम से, छद्म वेष से : *travel —.*

'income ('इन्कम्) *n* आय, आमदनी.

in'comparable (इन्'कॉम्परब्ल्) *adj* अतुल-नीय (*to* या *with*); अद्वितीय.

in'congruous (इन्'कॉंग्रुअस) *adj* बेमेल, असंगत (*with*); अनुपयुक्त. **incon'gruity** (इन्कॉं'ग्रूअटि) *n* असंगति.

'incon'venience (इन्कन्'व़ीन्यन्स्) *n* असुविधा, कष्ट. *v* — देना.

in'corporate (इन्'कॉर्परेट्) *v* (किसी संस्था, वर्ग या संघ में) संमिलित कर लेना. **incor-po'ration** (इनकॉर्प'रेशन्) *n.*

in'crease (इन्'क्रीस्) *v* बढ़ावा, बढ़ाना, वृद्धि करना. **'increase** ('इन्क्रीस्) *n* वृद्धि, बढ़ती.

in'criminate (इन्'क्रिमिनेट्) *v* अभियोग लगाना, अभियोग में फँसाना.

'incubate ('इन्क्युबेट्) *v* (अंडे) सेना (विशेषत: **'incubator** नामक उपकरण के द्वारा).

in'cumbent (इन्'कम्बन्ट्) *adj* **—upon,** (किसी व्यक्ति पर) कर्त्तव्य या कार्यभार के रूप में आवश्यक होना.

in'cur (इन्'कर्) *v* (-rr-) अपने ऊपर (ऋण, किसी व्यक्ति का रोष आदि) लेना.

in'cursion (इन्'कर्शन्) *n* अचानक किया आक्रमण.

in'debted (इन्'डेटिड्) *adj* ऋणी, आभारी (*to*).

in'decent (इन्'डीसन्ट्) *adj* अभद्र, अशोभनीय; अश्लील.

in'deed (इन्'डीड्) *adv* वस्तुतः; सच में. *int* सच में.

in'definite (इन्'डेफ़िनिट्) *adj* अस्पष्ट, अनिश्चित. — **article** (व्याकरण में) जैसे अंग्रेज़ी *a, an*.

in'delible (इन्'डेलिब्ल्) *adj* अमिट; स्थायी.

in'delicate (इन्'डेलिकिट्) *adj* अभद्र, रूखा.

in'demnify (इन्'डेम्निफ़ाई) *v* **1** हरजाना या क्षतिपूर्ति देना (sb *for*). **2** सुरक्षित करना (*from, against* हानि से). **in'demnity** (इन'डेमनिटि) *n* हरजाना, क्षतिपूर्ति.

in'dented (इन्'डेन्टिड्) *adj* कटा-पिटा (किनारा), दांतेदार; कटा हुआ.

,inde'pendent (इन्डि'पेन्डन्ट्) *adj* **1** स्वतंत्र, आज़ाद. **2** जिसे जीविका के लिए काम करने की आवश्यकता नहीं है. **3** मुक्तचिन्तक, अपने मन की करने वाला. **—ly** *adv*. **,inde'pendence** *n* — होना.

'index ('इन्डेक्स्) *n* (*pl* -es, 'indices) **1** सूचक, निर्देशिका, सूई. **2** (प्राय: पुस्तक के अन्त में दी) अकारादि क्रम से सूची, अनुक्रमणिका. **'index-finger** *n* तर्जनी, अँगूठे के पास की अंगुली.

'indicate ('इन्डिकेट्) *v* संकेत करना; बताना; दिखाना; सूचित करना. **indi'cation** (इन्डि'केशन्) *n* — करने वाला.

'indices ('इन्डिसीज़) → index.

in'different (इन्'डिफ़्रन्ट्) *adj* **1** —**to**, उदासीन, विरक्त; तटस्थ. **2** मामूली, तुच्छ. **in'difference** (इन्'डिफ़्रन्स्) *n*.

in'digenous (इन्'डिजिनस्) *adj* देशी, देशज (*to*).

indi'gestion (इन्डि'जेस्चन्) *n* बदहज़मी, अजीर्ण.

in'dignant (इन्'डिग्नन्ट) *adj* रोषपूर्ण, (अन्याय, अपनिन्दा आदि पर) क्रुद्ध. **—ly** *adv*. **indig'nation** *n* (इन्डिग्'नेशन्) रोष, क्रोध.

in'dignity (इन्'डिग्निटि) *n* अनादर, अपमान, तिरस्कार.

'indigo ('इन्डिगो) *n* नील, नीला रंग.

'indis'cretion (इन्डिस्'क्रेशन्) *n* अविवेक, असावधानी.

'indis'pensible (इन्डिस्'पेन्सब्ल्) *adj* जिसके बिना काम न चल सके, अपरिहार्य.

'indis'posed (इन्डिस्'पोज़्ड्) *adj* **1** अस्वस्थ. **2** अनिच्छुक (*for* sth, *to* do sth). **'indispo'sition** (इन्डिस्प्'ज़िशन्) *n* अस्वस्थता.

'indi'vidual (इन्डि'व़िड्युअल्) *adj* **1** (general के विपरीत) व्यक्तिगत, व्यक्तिक. **2** पृथक, अलग : *in an — case*. *n* कोई एक व्यक्ति (*society* की तुलना में). **—ly** *adv* एक एक कर के. **individu'ality** *n* विशिष्टता, — का भाव.

'indolent ('इन्डलन्ट्) *adj* सुस्त, आलसी. **'indolence** ('इन्डलन्स्) *n*.

'indoor ('इन्डॉर्) *adj* घर के भीतर स्थित. घर के भीतर किया जाने वाला (कार्य). **in'doors** ('इन्'डॉर्ज़्) *adv*.

in'duce (इन्'ड्यूस्) *v* फुसलाना, राज़ी करना. **—ment** *n* प्रलोभन.

in'dulge (इन्'डल्ज्) *v* आनंद लूटना, भोग भोगना. **—nce** (इन्'डल्जन्स्) *n* अतिभोग, अतिसेवन. **—nt** (इन'डल्जन्ट्) *adj* दयालु, कृपालु : *—nt parents*.

'industry ('इन्डस्ट्रि) *n* **1** कठोर परिश्रम करने की शक्ति, अध्यवसाय; उपयोगी कार्य में लगा हुआ. **2** उद्योग, (*pl*) उद्योग-धन्धे. **in'dustrial** (इन्'डस्ट्रिअल्) *adj* उद्योग विषयक, औद्योगिक. **in'dustrious** (इन्'डस्ट्रिअस्) *adj* अध्यवसायी, परिश्रमी.

i'nert (इ'नर्ट्) *adj* **1** हिलने-डुलने में असमर्थ, जड़. **2** अकर्मण्य (व्यक्ति); सुस्त. **in'ertia** (इन'र्शिआ) (भौतिकी) जड़ता; निष्क्रियता.

in'estimable (इन्'एस्टिमब्ल्) *adj* अपार, अपरिमेय.

in'evitable (इन्'एविटब्ल्) *adj* अपरिहार्य (जिससे बचा न जा सके); अवश्य होने वाला.

inex'perience (इनिक्स्'पिअरिअन्स्) *n* अनुभवहीनता.

'infamous ('इन्फ़ेमस्) *adj* बदनाम; निर्लज्ज. **infamy** *n* — आचरण.

'infant ('इन्'फ़न्ट्) *n* बच्चा, शिशु. **'infancy** ('इन्फ़न्सि) *n* **1** बचपन, शैशव. **2** विकास की आरंभिक स्थिति. **—ile** ('इन्फ़न्टाइल्) *adj* बचकाना.

ˈ**infantry** (ˈइन्फ़न्ट्रि) *n* पैदल सेना.

inˈfatuate (इन्ˈफ़ैट्युएट्) **—d with**, प्रेम में अन्धा हो जाना. **infatuaˈtion** (इन्फ़ैट्युˈएशन्) *n* संमोहन; आसक्ति.

inˈfect (इन्ˈफ़ेक्ट्) *v* छूत लगाना; बीमारी के कीटाणु संक्रमित करना; (fig) भावनाओं, विचारों से प्रभावित करना. **—ion** (इन्-फ़ेक्शन्) *n* संक्रामण; दूषण; (विशेषत:) संक्रमणशील रोग. **—ious** (इन्ˈफ़ेक्शस्) *adj* **1** छुतहा रोग. **2** (fig) दूसरों को भी तुरंत प्रभावित करने वाला : *—ious laughter*.

inˈfer (इन्ˈफ़र्) *v* (-rr-) (तथ्यों और तर्क से) निष्कर्ष निकालना, परिणाम पर पहुँचना. ˈ**inference** (ˈइन्फ़रन्स्) *n* **1** परिणाम निकालना. **2** परिणाम, निष्कर्ष.

inˈferior (इन्ˈफ़िअरिअर्) *adj* सामाजिक प्रतिष्ठा, पद, महत्त्व, गुण आदि में निम्न या घटिया : *— to others*. *n* अधीनस्थ कर्मचारी. **inferioˈrity** (इन्फ़िअरिˈऑरिटि) *n* हीनता-भाव.

inˈfernal (इन्ˈफ़रन्ल्) *adj* नारकीय.

inˈfest (इन्ˈफ़ेस्ट्) *v* (चूहों, कीड़ों आदि का) बड़ी संख्या में उपस्थित होकर उपद्रव मचाना.

ˈ**infidel** (ˈइन्फ़िडल्) *n* नास्तिक; अविश्वासी.

infiˈdelity (इन्फ़िˈडेलिटि) *n* विश्वासघात (विशेषत: दाम्पत्य जीवन में).

inˈfiltrate (ˈइन्फ़िलट्रेट्) *v* छन-छन कर प्रवेश करना; रिसना (*into* या *through*). **infilˈtration** (इन्फ़िल्ˈट्रेशन्) *n* घुसपैठ (शत्रुओं की).

ˈ**infinite** (ˈइन्फ़िनिट्) *adj* असीमित, अनंत. **the** — अनंत आकाश. **—ly** *adv*. ˌ**infiniˈtesimal** (इन्फ़िनिˈट्सिमल्) *adj* इतना सूक्ष्म कि नापा न जा सके, अत्यणु. **inˈfinity** (इन्ˈफ़िनिटि) *n* असंख्य संख्या.

inˈfirm (इन्ˈफ़र्म्) *adj* अशक्त, दुर्बल. **—ity** *n* कमजोरी, दुर्बलता.

inˈflame (इन्ˈफ़्लेम्) *v* (गर्मी से) तप्त और लाल करना; अत्यधिक क्रुद्ध करना. **inˈflammable** (इन्ˈफ़्लैम्ब्ल्) *adj* ज्वलन-शील, तुरंत आग पकड़ने वाला. **inˈflammation** (इन्ˈफ़्लमेशन्) *n* सूजन, जलन. **inˈflammatory** (इन्ˈफ़्लैमट्रि) *adj* भड़काने वाला (भाषण), उत्तेजक.

inˈflate (इनˈफ़्लेट्) *v* हवा या गैस से फुलाना; हवा भरना. **inˈflation** (इन्ˈफ़्लेशन्) *n* (विशेषत:) मुद्रास्फीति (ऐसी आर्थिक दशा कि बहुत पैसों से बहुत थोड़ा सामान खरीदा जा सके).

inˈflict (इन्ˈफ़्लिक्ट्) *v* **— sth on sb,** कष्ट या पीड़ा पहुँचाना; दंड देना. **— oneself upon sb,** किसी के साथ जबर्दस्ती लग जाना. **—ion** *n* कष्ट, पीड़ा.

ˈ**influence** (ˈइन्फ़्लुअन्स्) *n* **1** प्रभाव, असर (भौतिक शक्तियों का) (*on, upon*): *the — of climate upon the growth of crops*. **2** दूसरों के चरित्र, मान्यताओं, कार्यों को प्रभावित करने की शक्ति; ऐसा प्रभाव डालने वाला व्यक्ति या कार्य; ऐसा प्रभाव डालना (*on*). *v* — डालना. **influˈential** (इन्फ़्लु-ˈएन्शल्) *adj* प्रभावशाली.

ˈ**influenza** (इन्फ़्लुˈएन्ज़ा) *n* (colloq **flu**) फ़्लू, जुखाम के साथ बुखार.

ˈ**influx** (ˈइन्फ़्लक्स्) *n* (आने वालों, धन, नये विचारों आदि की) बाढ़, आगमन.

inˈform (इन्ˈफ़ॉर्म्) *v* सूचना देना (sb *that*, *of* sth). **inforˈmation** (इन्फ़र्ˈमेशन्) *n* सूचना, ख़बर; जानकारी.

inˈformal (इन्ˈफ़ॉर्म्ल्) *adj* अनौपचारिक. **—ly** *adv*. **inforˈmality** (इन्फ़ॉर्ˈमैलिटि) *n* अनौपचारिकता.

inˈfringe (इन्ˈफ़्रिन्ज्) *v* (क़ानून, नियम आदि) तोड़ना. **— upon**, (किसी के अधिकार का) हनन या अतिक्रमण करना.

inˈfuriate (इन्ˈफ़्युअरिएट्) *v* क्रोध में पागल कर देना.

inˈfuse (इन्ˈफ़्यूज़्) *v* **1** (गुणों से) भर देना; अनुप्राणित करना (*into*). **2** (चाय की पत्ती आदि पर) पानी उँडेलना. **inˈfusion** (इन्ˈफ़्यूश़न्) *n*.

inˈgenious (इन्ˈजिन्यस्) *adj* (नई वस्तु बनाने या आविष्कृत करने में) कुशलता रखने या दिखाने वाला **ingeˈnuity** (इन्जिˈन्यूइटि) *n*. पटुता, प्रवीणता.

in'genuous (इन्'जेन्युअस्) *adj* सच्चा, निष्कपट.

in'glorious (इन्'ग्लॉरिअस्) *adj* लज्जास्पद; अपमानयोग्य.

'ingot ('इंगट्) *n* (चाँदी-सोने आदि की) सिल्ली.

in'grained ('इन्'ग्रेन्ड्) *adj* पक्का (धब्बा, दाग़ आदि); बहुत पुरानी आदत, लत.

in'gratiate (इन्'ग्रेशिएट्) *v* किसी का कृपापात्र बन जाना (*with* sb) (विशेषतः अपने निजी लाभ के लिए).

in'gredient (इन्'ग्रीड्यन्ट्) *n* मिश्रण में अनेक उपादानों में एक.

in'habit (इन्'हैबिट्) *v* बसना, रहना. **—ant** (इन्'हैबिटन्ट्) *n* निवासी.

in'hale (इन्'हेल्) *v* साँस लेना; (सिगरेट आदि का) कश लेना.

in'herent (इन्'हिअरन्ट्) *adj* **— in,** जन्मजात, स्वाभाविक और स्थायी अवयव के रूप में.

in'herit (इन्'हेरिट्) *v* **1** (धन-संपत्ति, पदवी आदि को) उत्तराधिकार में पाना. **2** पूर्वजों से विरासत के रूप में गुण आदि पाना. **—ance** (इन्'हेरिटन्स्) *n* दाय, बपौती, विरासत.

in'human (इन्'ह्यमन्) *adj* अमानुषिक, क्रूर, निर्दय.

i'nimical (इ'निमिकल्) *adj* द्वेषपूर्ण; हानिकारक (*to*).

i'nimitable (इ'निमिटब्ल्) *adj* इतना सुंदर या कुशलता से बना हुआ कि नक़ल न की जा सके, अद्वितीय.

i'niquitous (इ'निक्विटस्) *adj* दुष्ट, अन्यायी, अधर्मी. **i'niquity** (इ'निक्विटि) *n* अत्याचार, अन्याय.

initial (इ'निशल्) *adj* आरंभिक. *n* व्यक्ति के नाम के आद्याक्षर (प्रायः*pl*). *v* संक्षिप्त हस्ताक्षर करना. **—ly** *adv* प्रारम्भ में.

i'nitiate (इ'निशिइट्) *v* **1** आरंभ करना, उपक्रम करना; (किसी योजना को) प्रवर्तित करना. **2** (किसी को किसी धर्म या गुप्त समिति या समाज का) सदस्य बनाना, दीक्षित करना. *n* & *adj* दीक्षित (व्यक्ति). **i,niti'ation** (इनिशि'एशन्) *n*.

i'nitiative (इ'निशिअटिव्) *n* **take the —,** पहल करना, उपक्रम करना. **on one's own —,** अपनी ओर से (बिना किसी के आदेश या सुझाव के). **have the —,** पहल करने का अधिकार रखना. **show —**, नयी योजना प्रवर्तित करने की योग्यता दिखाना.

in'ject (इन्'जेक्ट्) *v* सूई (सिरिंज) द्वारा कोई द्रव किसी के भीतर डालना; इस प्रकार द्रव भरना (sth *with*). **—ion** (इन्'जेक्शन्) *n* इंजेक्शन; सूई (लगाना); दवाई जो भीतर डालनी है.

in'junction (इन्'जंक्शन्) *n* निषेधाज्ञा; आदेश.

'injure ('इन्जर्) *v* चोट पहुँचाना; नुकसान पहुँचाना. **in'jury** ('इन्जरि) *n* चोट; हानि; चोट खाया शरीर का अंग. **in'jurious** (इन्'जुअरिअस्) *adj* हानिकर.

in'justice (इन्'जस्टिस्) *n* **1** अनुचित कार्य, अन्याय. **do sb an —**, किसी के साथ अन्याय करना. **2** अन्याय, न्यायहीनता.

ink (इंक्) *n* स्याही, रोशनाई. *v* — से चिह्न बनाना, — से गन्दा करना. **inky** ('इंकि) *adj* स्याही से गंदा.

'inkling ('इंक्लिङ्) *n* संकेत, आभास (*of*).

'inland ('इन्'लैन्ड्) *adj* **1** देश के अन्दर प्रयुक्त होने वाला; **— letter,** देश के अन्दर ही प्रयुक्त होने वाला लिफ़ाफ़ा. **2** देश का भीतरी भाग. **in'land** (इन्'लैन्ड्) *adv* समुद्र तट से दूर का भूभाग.

in'lay (इन्'ले) *v* लकड़ी या धातु के डिज़ाइन किसी अन्य वस्तु में जड़ना : *ivory inlaid with gold.* **'inlay** ('इन्ले) *n* जड़ाऊ काम.

'inlet ('इन्लेट्) *n* छोटी खाड़ी; प्रवेशमार्ग.

'inmate ('इन्मेट्) *n* साथ बसने वाले (जैसे, जेल, अस्पताल, होस्टल आदि के संवासी).

'inmost ('इन्मोस्ट्) *adj* सतह से, सबसे दूर, भीतरी भाग में स्थित.

inn (इन्) *n* सराय.

in'nate ('इ'नेट्) *adj* जन्मजात (गुण); स्वाभाविक (गुण).

'inner ('इनर्) *adj* भीतरी. **—most** *adj* (=inmost).

'innings ('इनिङ्ज़्) *n* क्रिकेट की पारी (इनिंग); (fig) अपनी योग्यता दिखाने का अवसर; शासन-काल, प्रभावकाल.

'innocent ('इनसन्ट्) *adj* निरपराध, बेगुनाह; निरीह, अहानिकर. **'innocence** ('इनसन्स्) *n.*

inno'vation (इनो'वेशन्) *n* नवीन प्रक्रिया, प्रथा, प्रचलन आदि; पुरानी प्रथा में परिवर्तन.

innu'endo (इन्यू'एनडोउ) *n* (*pl* -es) व्यंग्य, संकेत (प्राय: किसी व्यक्ति के चरित्र या प्रतिष्ठा को हानि पहुँचाने वाला).

in'numerable (इ'न्यूमरब्ल्) *adj* असंख्य, गणनातीत.

i'noculate (इ'नॉक्युलेट्) *v* (बीमारी से बचने के लिए) टीका लगवाना. **i,nocu'lation** (इनॉक्यु'लेशन्) *n* टीका.

'in-,patient ('इनपेशन्ट्) *n* अस्पताल में भर्ती बीमार.

'inquest ('इनक्वेस्ट्) *n* तथ्य (विशेषत: मृत्यु-संबंधी) पता लगाने की सरकारी जाँच.

in'quire (इन्'क्वाइअर्) *v* पूछना, पूछताछ करना; जाँच-पड़ताल करना. **— after,** हालचाल पूछना. **— into,** तथ्य पता लगाना. **—r** (इन्'क्वाइरर्) *n* — करने वाला. **in'quiry** (इन्'क्वाइअरि) *n* पूछताछ, जाँच-पड़ताल. **in'quisitive** (इन्'क्विज़िटिव्) *adj* जिज्ञासु; दूसरों के मामलों में कुतूहल रखने वाला.

in'satiable (इन्'सेशयब्ल्) *adj* जो संतुष्ट न की जा सके (लालसा); अतिलोभी.

in'scribe (इन्'स्क्राइब्) *v* (नाम या शब्द) अंकित करना, खोदना. **in'scription** (इन्-'स्क्रिप्शन्) *n* शिलालेख, अभिलेख.

in'scrutable (इन्'स्क्रूटब्ल्) *adj* रहस्यमय; अज्ञेय.

'insect ('इनसेक्ट्) *n* कीड़ा (जैसे, चींटी, मक्खी आदि). → p 168. कीड़ा-मकोड़ा. **in'secticide** (इन्'सेक्टिसाइड्) *n* कीटनाशक, कृमिनाशक.

in'sensible (इन्'सेन्सब्ल्) *adj* **1** वेदनाशून्य, बेहोश (किसी बीमारी या चोट के कारण). **2** (संकट आदि से) अनभिज्ञ, पहले से न जानने वाला (*of*). **3** अतिसूक्ष्म (परिवर्तन). **in'sensibly** (इन्'सेन्सब्लि) *adv*. **insensi'bility** (इन्सेन्स्'बिलिटि) *n.*

in'sert ('इन्'सर्ट्) *v* बीच में रखना, घुसेड़ना, शामिल करना (sth *in, into, between*). **insertion** (इन्'सर्शन्) *n* संनिवेश; बीच में रखी वस्तु.

'in'side ('इन्'साइड्) *n* **1** भीतरी भाग या सतह. **2** फ़ुटपाथ, (सड़क की पटरी) के पास का सड़क का भाग; सड़क के सब से दूर पटरी का भाग. **3** (colloq) पेट और आँतें. **in'side** *adj* भीतरी, अन्दरूनी; आन्तरिक. *adv* — पर. *prep* भीतरी भाग में.

inside-'out ('इनसाइड्'आउट्) *adv* अन्दर के हिस्से को बाहर करके; पूरी तौर से : *know the plans —.*

in'sidious (इन्'सिडिअस्) *adj* चुपचाप हानि पहुँचाने वाला, कपटी.

'insight ('इनसाइट्) *n* अन्तर्दृष्टि (*into*), गहरी पहुँच.

in'sinuate (इन्'सिन्युएट्) *v* **1** चुपचाप युक्ति-पूर्वक प्रवेश कर जाना (sth *into*). **2** परोक्ष रूप से अप्रियकर संकेत देना (*that*). **insinu'ation** (इनसिन्यु'एशन्) *n* परोक्ष रूप से दोष लगाना.

in'sipid (इन्'सिपिड्) *adj* स्वादहीन; फीका; नीरस.

in'sist (इन्'सिस्ट्) *v* आग्रह करना, हठ करना (*on* sth); ज़ोरदार ढंग से घोषित करना. **—ent** *adj* ध्यानाकर्षक; अत्यावश्यक. **—ence** (इनसिस्'टन्स्) *n* आग्रह, हठ.

'insolent ('इनसलन्ट) *adj* अपमानजनक; अक्खड़, बदतमीज़. **'insolence** *n* ('इनसलन्स्)

in'somnia (इन्'सॉम्निआ) *n* अनिद्रा रोग.

in'spect (इन्'स्पेक्ट्) *v* सावधानी से परखना, देखना; निरीक्षण करना, मुआयना करना. **—ion** *n.* **—or** *n.*

ins'pire (इन्'स्पाइअर्) *v* उच्च लक्ष्यों, विचारों, भावनाओं आदि से किसी को प्रेरित करना, अनुप्राणित करना. **,inspi'ration** (इन्स्प्'रेशन्) *n* **1** प्रेरणा, प्रेरित होना, प्रेरित करना. **2** अचानक मन में आया विचार, अन्त:-प्रेरणा.

in'stall (इन्'स्टॉल्) *v* (भवन में टेलीफ़ून, शीतव्यवस्था आदि) लगाना; पद पर स्थापित करना.

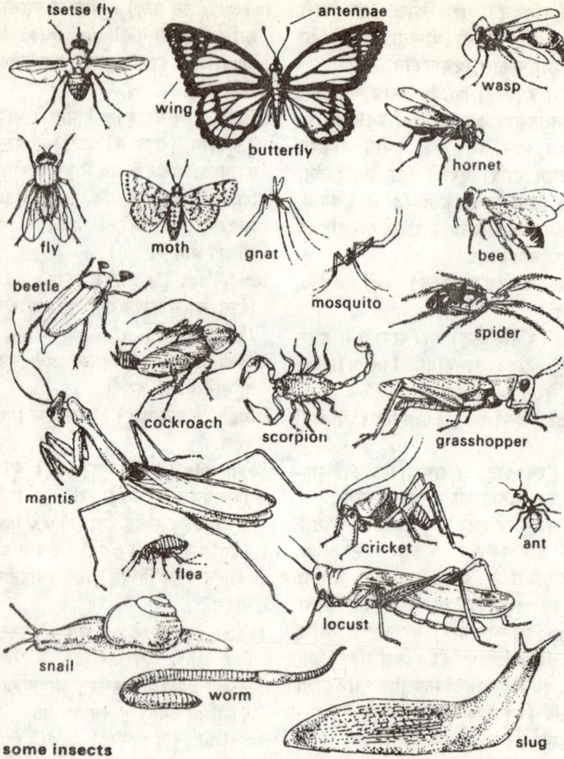

some insects

in'stalment (इन्'स्टॉल्मन्ट्) *n* किस्त (प्रायः भुगतान या लेन-देन की).

'instance ('इन्सटन्स्) *n* उदाहरण, दृष्टान्त.

'instant ('इन्सटन्ट्) *adj* वर्तमान; तात्कालिक; — *obedience*. ,— **'coffee**, तत्काल बनने वाली कॉफ़ी. *n* क्षण. **—ly** ('इन्स्टन्ट्लि) *adv* तुरंत. **,instan'taneous** (इन्स्टन्'टेन्यस्) *adv* तात्कालिक.

in'stead (इन्'स्टेड्) *adv* के स्थान पर (*of*).

'instep ('इनस्टेप्) *n* पैर के अंगूठे से टखने तक का ऊपरी भाग.

'instigate ('इन्स्टिगेट्) *v* उकसाना, भड़काना (sb to do sth).

in'stil (इन्'स्टिल्) *v* (-ll-) मन में विचार आदि धीरे-धीरे बैठाना (*into*).

'instinct ('इन्स्टिंक्ट्) *n* स्वाभाविक प्रवृत्ति (बिना तर्कना के विशेष प्रकार से आचरण करने की प्रवृत्ति). **in'stinctive** (इन्'स्टिंक्टिव़्) *adj* — पर आधारित.

'institute ('इन्स्टिट्यूट्) *n* संस्थान, प्रतिष्ठान (प्रायः सामाजिक और शैक्षिक). *v* (जाँच पड़ताल या नियम आदि का) प्रारंभ करना. **,insti'tution** (इन्स्टि'ट्यूशन्) *n* 1 प्रारंभ करना. 2 प्रथा, संस्था. 3 संस्था भवन.

in'struct (इन्'स्ट्रक्ट्) *v* 1 सिखाना. 2 आदेश देना. **—ion** (इन्'स्ट्रक्शन्) *n* 1 शिक्षण.

2 (*pl*) आदेश; निर्देशन (कैसे कोई चीज़ की जाए). —**ive** (इन्'स्ट्रक्टिव्) *adj* शिक्षाप्रद, ज्ञानप्रद.

'instrument ('इन्स्ट्रुमन्ट) *n* **1** यन्त्र. **2 musical —**, वाद्ययन्त्र. → p 206. **instru'mental** (इन्स्ट्रु'मेन्टल्) *adj* **1** (संगीत) वाद्य संगीत. **2** यंत्रीय. **3** सहायक कारण.

insu'bordinate (इन्'सबार्डिनिट्) *adj* आज्ञा न मानने वाला, दुर्विनीत. **'insu,bordi'nation** ('इनसबॉर्डि'नेशन) *n.*

'insular ('इन्स्युलर्) *adj* द्वीप विषयक; द्वीपीय; संकुचित मन वाला, अनुदार.

'insulate ('इन्स्युलेट्) *v* गरमी या बिजली को बिखरने से बचाने के लिए अ-चालक सामग्री से ढकना या पृथक् करना. **insu'lation** (इन्स्यु'लेशन्) *n.*

'insult ('इन्सल्ट्) *n* अपमान, अनादर. **in'sult** *v* (इन्'सल्ट्) — करना.

in'superable (इन'स्यूपरब्ल्) *adj* दुर्लंघ्य (कठिनाई).

in'surance (इन्'शुअरन्स्) *n* बीमा. **in'sure** (इन्'शुअर्) *v* बीमा करना : *to insure one's house against fire.*

'insur'rection (इन्स्'रेक्शन्) *n* विद्रोह, बग़ावत (शासन के प्रति).

in'tact (इन्'टैक्ट्) *adj* समूचा, बिना किसी क्षति के; अस्पृष्ट.

'intake ('इन्टेक्) *n* **1** नल, नहर आदि का मुंह जहाँ उसमें पानी आता है. **2** (एक निश्चित अवधि में) ग्रहण, अन्तर्ग्रहण.

'integral ('इन्टिग्रल्) *adj* सम्पूर्ण; सम्पूर्णता के लिए आवश्यक.

'integrity ('इन्टेग्रिटि) *n* ईमानदारी, न्याय-निष्ठा.

'intellect ('इन्टिलेक्ट्) *n* बुद्धि, तर्कशक्ति. **intel'lectual** (इन्टि'लेक्टयुअल्) *adj* बौद्धिक, बुद्धिविषयक. *n* बुद्धिजीवी (व्यक्ति).

in'telligence (इन'टेलिजन्स्) *n* **1** बुद्धि, समझने की शक्ति. **2** सूचना; समाचार. **— department,** गुप्तचर विभाग. **in'telligent** (इन्'टेलिजन्ट्) *adj* बुद्धिमान, समझदार. **in'telligible** (इन्'टेलिजब्ल्) *adj* बोधगम्य, सुबोध. **intelligi'bility** (इन्टेलिज्'बिलिटि) *n.*

in'tend (इन्'टेन्ड्) *v* इरादा करना.

in'tense (इन्'टेन्स्) *adj* **1** उत्कट, तीव्र (गुणों के संबंध में). **2** तीव्र, उत्तेजित (भावनाओं के विषय में). **—ly** *adv.* **in'tensify** (इन्'टेन्सिफ़ाइ) *n*— करना या होना. **intensity** (इन्'टेन्सिटि) *n* — का भाव; भाव-प्रबलता.

in'tent (इन्'टेन्ट्) *adj* **1** उत्सुक, आतुर. **2 — on,** तल्लीन, एकाग्र. *n* उद्देश्य. **to all —s and purposes,** सभी आवश्यक तत्त्वों की दृष्टि से.

in'tention (इन्'टेन्शन्) *n* अभिप्राय, इरादा; उद्देश्य. **—al** *adj* साभिप्राय. **—ally** *adv* जानबूझकर, साभिप्राय.

in'ter (इन्'टर्) *v* (-rr-) दफ़नाना.

'inter- ('इन्टर्) (पूर्वपद) पारस्परिक, अन्योन्य, अन्तर.

'inter'cede (इन्टर्'सीड्) *v* अनुनय करना; मध्यस्थता करना. **'inter'cession** (इन्टर्-'सेशन्) *n.*

'inter'cept (इन्टर्'सेप्ट्) *v* बीच में रोक देना, (कार्य में) बाधा डालना.

inter'change (इन्टर्'चेन्ज्) *v* **1** (विचारों का) आदान-प्रदान करना. **2.** परस्पर स्थान बदल देना. **'inter'change** *n.*

'intercourse ('इन्ट्रकॉर्स्) *n* **1** (व्यापार, विचारों आदि का दो राष्ट्रों के बीच) पारस्परिक व्यवहार. **2** स्त्री-पुरुष समागम.

'interest ('इन्ट्रिस्ट्) *n* **1** रुचि, दिलचस्पी. **2** कुतूहलता. **3** चिन्ता : *your chief —s in life.* **4** लाभ, हित, स्वार्थ. **5** ब्याज, सूद. *v* रुचि या चिन्ता उत्पन्न करना. **—ed** ('इन्ट्रिस्टिड्) *adj* संबद्ध; अपना हित देखने वाला. **—ing** *adj* रोचक, दिलचस्प.

'inter'fere (इन्टर्'फ़ियर्) *v* **— in,** (दूसरों के मामलों में) हस्तक्षेप करना, दख़ल देना. **— with,** गड़बड़ कर देना, बाधा डालना. **—nce** (इन्टर्'फ़ियरन्स्) *n* हस्तक्षेप.

'interim ('इन्टरिम्) *n* **in the —,** इसी अवधि में. *adj* अन्तरिम.

in'terior (इन्'टिअरिअर्) *adj* भीतरी; देश के भीतर से संबद्ध, आन्तरिक. *n* अन्दर के भाग; भीतरी प्रदेश.

'inter'jection (इन्टर्'जेक्शन्) *n* उद्गार; (व्याकरण) विस्मयादि बोधक शब्द : *Oh ! Good gracious ! Indeed !* आदि.

inter'lock (इन्टर्'लॉक्) *v* गूँथना, गुथ जाना.

'interloper ('इन्टर्लोपर्) *n* बिना अधिकार के दख़ल डालने वाला व्यक्ति.

'interlude ('इन्टर्लूड्) *n* मध्यान्तर, मध्यावकाश.

inter'mediary (इन्टर्'मीड्यरि) *n & adj* मध्यवर्ती (वस्तु); मध्यस्थ, बिचवई (व्यक्ति).

ˌinter'mediate (इन्टर्'मीड्यट्) *adj* माध्यमिक, मध्यवर्ती, मध्यम (समय, स्थान, मात्रा आदि की दृष्टि से).

in'terminable (इन्'टर्मिनब्ल्) *adj* अनन्त; अत्यधिक लंबा.

ˌinter'mittent (इन्टर्'मिटन्ट्) *adj* रुक-रुक कर होने वाला; आने-जाने वाला.

in'tern (इन्'टर्न्) *v* नज़रबन्द करना (युद्धादि में विदेशियों को एक विशेष कैम्प या सीमित सीमा में रहने के लिए बाध्य करना). **—ment** (इन्'टर्न्मन्ट्) *n.*

in'ternal (इन्'टर्नल्) *adj* **1** आन्तरिक; देश के भीतर होने वाले विषयों से संबद्ध. **2** स्वयं उसी वस्तु से उत्पन्न : *— evidence* (अन्त: साक्ष्य). **—ly** *adv.*

inter'national (इन्टर्'नैश्नल्) *adj* अन्तरराष्ट्रीय.

in'terpret (इन्'टर्प्रिट्) *v* **1** अर्थ स्पष्ट करना, व्याख्या करना; अर्थ लगाना. **2** दुभाषिया का कार्य करना : **—er** (इन्'टर्प्रिटर्) *n* दुभाषिया. **interpre'tation** (इन्टर्प्रि'टेशन्) *n.*

in'terrogate (इन्'टेर्गेट्) *v* पूछताछ करना, प्रश्न करना. **inter'rogative** (इन्ट्'रॉगटिव़्) *adj* प्रश्न विषयक; (व्याकरण) प्रश्नवाची.

'inter'rupt (इन्ट्'रप्ट्) *v* **1** (कुछ समय के लिए) रोक देना, बाधा डालना : *traffic —ed by floods.* **2** टोकना, बीच में बोलना. **—ion** (इन्ट्'रप्शन्) *n.*

inter'sect (इन्टर्'सेक्ट्) *v* (रेखाओं को) काटना.

'interval ('इन्टरव़ल्) *n* मध्यान्तर; समय का अन्तराल. **at —s,** रुक-रुक कर, बीच में मध्यान्तरों के साथ.

ˌinter'vene (इन्टर्'व़ीन्) *v* **1** (घटनाओं का) बीच में घटित होना. **2** (व्यक्तियों का) बीच में अड़चन डालना, हस्तक्षेप करना. **inter'vention** (इन्टर्'व़ेन्शन्) *n* हस्तक्षेप.

'interview ('इन्टरव़्यू) *v & n* साक्षात्कार, इन्टरव्यू; मुलाक़ात, भेंट; समालाप.

in'testine (इन्'टेस्टिन्) *n* आँत. → p 37.

'intimate[1] ('इन्टिमिट्) *adj* **1** घनिष्ठ और परिचित : *on — terms with.* **2** अन्तरंग, आत्मीय. **—ly** *adv.* **'intimacy** ('इन्टिमसि) *n.*

'intimate[2] ('इन्टिमिट्) *v* (अपना अनुमोदन) सूचित करना.

in'timidate (इन्'टिमिडेट्) *v* धमकाना, डराना (किसी कार्य विशेष करने के लिए).

'into ('इन्टू) *prep* **1** के भीतर : *go — the room.* **2** में; परिणाम में : *get — trouble.*

in'tone (इन्'टोन्) *v* लय से (भजन) पढ़ना; लय से बोलना. **into'nation** (इन्टो'नेशन्) *n* अनुतान, बोलने में उतार-चढ़ाव.

in'toxicate (इन्'टॉक्सिकेट्) *v* मतवाला करना; उत्तेजित कर देना. **intoxi'cation** (इन्टॉक्सि'केशन्) *n* नशा, मस्ती.

in'trepid (इन्'ट्रेपिड्) *adj* निर्भीक, साहसी.

'intricate ('इन्ट्रिकिट्) *adj* जटिल, उलझा हुआ, पेचीदा.

in'trigue (इन्'ट्रीग्) *n* षड्यन्त्र, कुचक्र.

in'trinsic (इन्'ट्रिन्सिक्) *adj* आन्तरिक गुण, निजी (न कि बाहरी कारणों से उत्पन्न) गुण.

'intro'duce (इन्ट्र'ड्यूस्) *v* **1** प्रस्तुत करना; प्रयोग में लाने लगना. **2** किसी व्यक्ति को प्राय: औपचरिक रूप से दूसरे से परिचित कराना. **ˌintro'duction** (इन्ट्र'डक्शन्) *n* प्रस्तावना (पुस्तक आदि की); परिचय.

in'trude (इन्'टूड्) *v* अनुचित रूप से घुस आना (*into* a place, *upon* sb). **—r** *n* घुसपैठिया. **in'trusion** (इन्'ट्रूश़न्) *n* अनधिकार प्रवेश, अनुचित हस्तक्षेप.

intu'ition (इन्टयू'इशन्) *n* अन्त:प्रज्ञा, सहजबुद्धि (वस्तु को बिना तर्कशक्ति लगाए तुरंत समझने की विशेष शक्ति).

'inundate ('इनन्डेट्) *v* बाढ़ से भर देना (*with*). **inun'dation** (इनन्'डेशन्) *n* बाढ़.
in'vade (इन्'वेड्) *v* (किसी देश पर) आक्रमण या हमला करना. **—r** *n* हमलावर. **in'vasion** (इन्'वेशन्) *n* हमला, आक्रमण.
'invalid ('इन्वलीड्) *n* & *adj* अपंग, रोगी, असमर्थ; अपंगों के योग्य : *an — chair* (*diet*).
in'valid (इन्'वैलिड्) *adj* अमान्य, अप्रामाणिक.
in'valuable (इन्'वैल्युअब्ल्) *adj* अमूल्य.
invasion → invade.
in'vent (इन्'वेन्ट्) *v* 1 आविष्कार करना. 2 बहाना बनाना, कहानी गढ़ना. **—or** *n*. **—ion** *n*.
'inventory ('इन्वन्टरि) *n* (सामान की) विस्तृत सूची.
in'verse (इन्'वर्स) *adj* **in — proportion,** उलटा अनुपात (यदि एक वस्तु बढ़ती है तो दूसरी घटती है). **inversion** *n* (इन'वर्शन्) उलटा होना, प्रतिलोमन.
in'vest (इन्'वेस्ट्) *v* 1 पूंजी लगाना; (colloq) **— in,** भविष्य में महँगी बिकेगी इसलिए बड़ी मात्रा में वस्तु खरीद लेना. 2 सेना द्वारा (किसी नगर को) घेर लेना. **—or** *n* पूंजी लगाने वाला.
in'vestigate (इन्'वेस्टिगेट्) *v* छानबीन करना, खोज करना. **investi'gation** *n* जाँच-पडताल.
in'vidious (इन्'विडिअस्) *adj* पक्षपातपूर्ण, न्यायरहित; आपत्तिजनक.
in'vigorate (इन्'विग्रेट्) *v* शक्ति या पुष्टि देना, आत्मविश्वासी बनाना.
in'vite (इन्'वाइट्) *v* आमंत्रित करना; माँगना; प्रलोभित करना. **invi'tation** (इन्-वि'टेशन्) *n* आमंत्रण, निमंत्रण, न्योता.
'invoice ('इन्वॉइस्) *v* & *n* बीजक (बनाना).
in'voke (इन्'वोक्) *v* (भगवान को) गुहारना; सहायता-सुरक्षा की याचना करना.
in'voluntary (इन्'वॉलन्टरि) *adj* बिना अभिप्राय के किया; अनजाने में किया (कार्य).
in'volve (इन्'वॉल्व्) 1 *v* फँसा देना, उलझा देना : *—d in debt* (*crime, mystery*). 2 आवश्यक परिणाम के रूप में होना. **—d** (इन्'वॉल्व्ड्) *adj* जटिल, उलझा हुआ; संबद्ध.
'inward ('इन्वर्ड) *adj* भीतरी; अन्तर्मुखी **—ly** *adv* मन ही मन.
'inward(s) ('इन्वर्ड्ज़्) *adv* भीतर की ओर.
'I O'U ('आइ.ओ'.यू.) *n* (=I owe you) लिखित, हस्ताक्षर किया पत्र कि मैंने अमुक से इतनी धनराशि ऋण रूप में ली है.
ir- (उपसर्ग) नकार : जैसे, *ir'relevant* आदि में.
i'rate (आइ'रेट्) *adj* क्रुद्ध. **ire** ('आइअर्) *n* (केवल साहित्य में) क्रोध.
'iris ('आइअरिस्) *n* (आँख की) पुतली.
'irksome ('अर्क्सम्) *adj* क्लेशकर; थकाने वाला (कार्य).
'iron ('आइरन्) *n* 1 लोहा. 2 **too many —s in the fire,** एक ही समय में बहुत से कार्य हाथ में लेना. **strike while the — is hot,** अनुकूल परिस्थितियों में तुरंत कार्य करना. 3 (**'flat iron** भी) इस्तरी (कपड़ों की शिकनें मिटाने में प्रयुक्त). 4 (*pl*) कैदियों की बेड़ियाँ, जंजीरें. **—monger** *n* लोहा या लोहे के सामान बेचने वाला. **'iron-mould** *n* मोरचे का धब्बा.

ironing

ivy

'irony ('आइअरनि) *n* 1 व्यंग्य, व्यंग्योक्ति. 2 (घटना की) विडम्बना (ऐसी घटना जो मनचाही थी किंतु तब घटित हुई जब परिस्थितियों के कारण वह व्यर्थ हो गई थी). **i'ronic(al)** (आइ'रॉनिकल्) *adj* —पूर्ण.
irre'sistible (इरि'ज़िस्टब्ल्) *adj* अत्यधिक आकर्षक; जिसका प्रतिरोध करना बहुत ही कठिन हो.
irres'pective (इरिस्'पेक्टिव्) *adj* **— of,** पर बिना विचार किये, -निरपेक्ष.
irres'ponsible (इरिस'पॉन्सब्ल्) *adj* ग़ैर-जिम्मेदार.
'irrigate ('इरिगेट्) *v* 1 नहर आदि द्वारा सिंचाई करना. 2 नहर आदि बनाना. **irri-**

ˈgation (इरिˈगेशन्) सिंचाई, आबपाशी.

ˈirritate (ˈइरिटेट्) *v* **1** चिढ़ाना, गुस्सा दिलाना. **2** (चमड़े में) जलन; खुजली. **ˈirritable** (ˈइरिटब्ल्) *adj* चिड़चिड़ा. **irriˈtation** (इरिˈटेशन्) *n*.

is → be.

ˈisland (ˈआइलन्ड्) *n* द्वीप. **isle** (आइल्) *n* द्वीप, छोटा द्वीप.

ˈisolate (ˈआइसलेट्) *v* अलग करना, पृथक करना. **isoˈlation** (आइस्ˈलेशन्) *n* पृथक्करण; अलगाव.

ˈissue (ˈइस्यू) *v* **1** आना, जाना, बहना. **2** बाँटना, भेजना, प्रकाशित करना. *n* **1** स्राव, निकास. **2** फल, परिणाम. **3** विवाद का विषय. **4** प्रचालन (स्टैम्प, नोट, सिक्के आदि का). **5** संतान: *He died without —.*

ˈisthmus (ˈइस्मस्/ˈइस्थमस्) *n* जलडमरूमध्य.

it (इट्) *pron* (*pl* **they, them**) **1** वस्तु आदि के लिए: *I can see it.* **2** बाद के पदबंध, उपवाक्य के लिए: *It is easy to learn Russian.* **3** **'be'** आदि क्रिया के कर्त्ता के रूप में: *It's raining.* **its** *adj* उसकी: *The dog wagged its tail.* **itself** *pron: The dog hurt itself when it stepped on a nail.*

iˈtalic (इˈटैलिक्) *adj* तिरछे (अक्षर): *This is — type. n pl* — तिरछे अक्षर.

itch (इच्) *v* & *n* **1** खुजली, खुजलाना. **2** उत्कंठा (रखना).

ˈitem (ˈआइटम्) *n* **1** सूची का एक मद, मद्द. **2** समाचार.

its → it.

it's = it is.

ˈivory (ˈआइवरि) *n* हाथीदाँत. → p 351.

ˈivy (ˈआइवि) *n* एक प्रकार की लता → p 171.

J

jab (जैब्) – *v* (-bb-) कोंचना, चुभोना (*into*); धक्का मारना. (*at*) *n* धक्का.

ˈjabber (ˈजैबर्) *v* बक-बक करना. *n* बकवास.

jack (जैक्) *n* **1** (पहिये निकालते समय मोटरकार को) उठाने की मशीन. **2** **Union J—,** ग्रेट ब्रिटेन का झंडा. **3** **Jack-of-all-trades,** कई विभिन्न कौशलों को जानने वाला. *v* जैक से मोटर ऊपर उठाना.

ˈjackal (ˈजैकॉल्) *n* सियार, गीदड़.

ˈjacket (ˈजैकिट्) *n* **1** जैकेट, मिरजई (एक प्रकार का छोटा कोट). **2** किताब का आवरण; आलू आदि का छिलका वाला आवरण.

jade (जेड्) *n* एक प्रकार का, प्रायः हरा, रत्न.

ˈjaded (ˈजेडिड्) *adj* थका-माँदा; घिसा-घिसाया.

ˈjagged (ˈजैगिड्) *adj* दाँतेदार: — *rocks.*

jail (जेल्) *n* = gaol, जेल.

jam[1] (जैम्) *v* (-mm-) **1** दो कड़ी वस्तुओं के बीच जकड़ या कस जाना: *ships jammed in the ice.* **2** मशीन के पुर्जों का जाम हो जाना (ऐसा फँस जाना कि चले ही नहीं): *to jam on the brakes of a bus.* **3** ठूस देना, कुचल कर एक पिंड बना देना. *n* बहुत सी वस्तुओं का एक साथ ऐसा इकट्ठा हो जाना कि चलना-फिरना कठिन हो जाए: *a traffic jam.*

jam[2] (जैम्) *n* (फलों का) जैम, मुरब्बा.

jamboˈree (जैम्बˈरी) *n* स्काउटों की खुशी मनाने वाली रैली, जम्बूरी.

ˈjangle (ˈजैंग्ल्) *v* & *n* खड़खड़ाहट (करना).

ˈJanuary (ˈजैन्युअरि) *n* जनवरी (महीना).

jar[1] (जार्) *v* (-rr-) **1** खड़खड़ाना, कर्कश ध्वनि से टकराना. **2** अप्रिय प्रभाव डालना (*on*). *n* — करने वाला; शारीरक या मानसिक धक्का.

jar[2] (जार्) *n* जार, मरतबान (एक प्रकार का बर्तन).

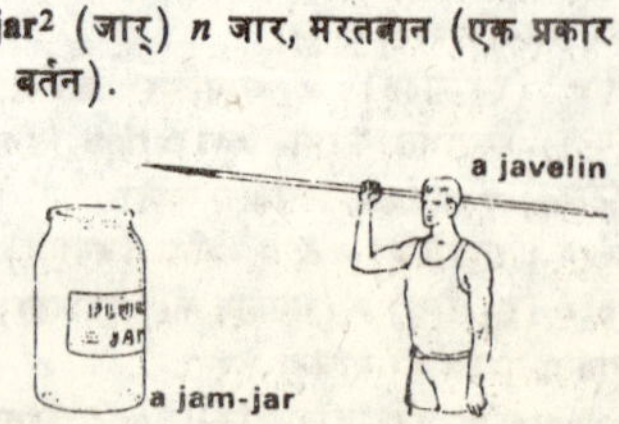

ˈjargon (ˈजार्गन्) *n* विशिष्ट बोली (व्यावसायिक अथवा तकनीकी शब्दों से भरी भाषा).

'jaundice ('जॉन्डिस्) *n* पीलिया (रोग). **—d** *adj* ईर्ष्यालु.

jaunt (जॉन्ट्) *v* & *n* सैर; छोटी यात्रा (आनंद के लिए की गई).

'jaunty ('जॉन्टि) *adj* (-ier, -iest) जिन्दादिल, प्रफुल्लित. **'jauntily** *adv*.

'javeline ('जैव्लिन्) *n* हल्का भाला, प्रायः खेलकूद में प्रयुक्त (चित्र देखिए).

jaw (जॉ) *n* **1** lower (upper) — जबड़ा. **2** (*pl*) मुंह की हड्डियाँ दाँत समेत; (fig) (भयानक स्थान का) मुख द्वार. *v* (colloq) बातचीत करना.

jazz (जैज़्) *n* एक प्रकार का पश्चिमी संगीत.

'jealous ('जेलस्) *adj* **1** ईर्ष्या, डाह. **2** (अपनी प्रतिष्ठा आदि की ओर) सतर्क. **—y** (जेलसि) *n*.

'jeans (जीन्ज़) *n pl* मजदूरों का लबादा; जीन्स (बच्चों और अन्य के मजबूत कसे हुए पैंट).

jeep (जीप्) *n* जीप (मोटरगाड़ी).

jeer (जिअर्) *v* मजाक उड़ाना; ताना मारना. *n* ताना.

'jelly ('जेलि) *v* जेली (एक प्रकार का पारदर्शक फलों का अवलेह). **—fish** *n* एक प्रकार का जलचर. → p 280.

j'eopardy ('जेपर्डि) *n* **in —**, संकट में. **'jeopardize** ('जेपर्डाइज़्) *v* संकट में डालना.

jerk (जर्क्) *v* & *n* झटका देना, ऐंठ देना : *The bus stopped with a —*. **—y** *adj* (-ier, -iest) झटके देकर चलने और रुकने वाला.

'jersy ('जर्ज़ि) *n* जर्सी (ऊनी बाँहदार पोशाक).

jest (जेस्ट्) *n* & *v* हँसी-दिल्लगी (करना). **in —**, बिना गंभीरता के, हँसी में.

jet (जेट्) *n* एक पतले छेद से तेजी से निकली भाप, हवा आदि. **jet aircraft,** जेट हवाई जहाज.

'jettison ('जेटिस्न्) *v* (तूफ़ान के समय जहाज को हलका करने के लिए) सामान (समुद्र में) फेंक देना.

'jetty ('जेटि) *n* जेटी, घाट.

'jewel ('जूअल्) *n* रत्न, जवाहर; रत्न जड़ित आभूषण. *v* — से आभूषित करना. **—ler** *n* जौहरी. **—(le)ry** ('जूअल्रि) *n* जवाहरात, गहने.

jib (जिब्) *v* (-bb-) **1** घोड़े का अड़ जाना; (fig) अड़ जाना. **2 jib at,** करने से अनिच्छा प्रकट करना.

jig (जिग्) *n* (एक प्रकार का) नाच. *v* (-gg-) जिग नाचना; उछल-कूद मचाना.

'jig-saw 'puzzle ('जिग्सॉ 'पज़ल्) *n* चित्र आदि के बेतरतीब कटे टुकड़े जिन्हें जोड़कर पूरी तस्वीर बनानी होती है.

jilt (जिल्ट्) *v* छोड़ देना, अस्वीकार करना.

'jingle ('जिंग्ल्) *v* & *n* छनछनाहट (करना).

job (जॉब्) *n* **1** पूरा किया काम. **make a good job of sth,** बहुत अच्छी तरह करना. **odd jobs,** छोटे-छोटे अनेक काम जो एक दूसरे से असंबद्ध हों. **2 That's a good job,** सौभाग्य का विषय है. **3** नौकरी; काम : *out of a job*, बेकार.

'jockey ('जॉकि) *n* घुड़सवार (प्रायः पेशेवर) (घुड़दौड़ में). → disc.

'jocose (ज'कोस्); **'jocular** ('जॉक्युलर्) *adj* विनोदप्रिय; विनोदपूर्ण.

jog (जॉग्) *v* (-gg-) & *n* **1** हल्का-सा धक्का लगाना. (fig) **'jog sb's memory,** याद दिलवाना. **2** झूमते हुए चलना. **jog along,** (fig) मन्थर गति, मामूली प्रगति करना.

join (जॉइन्) **1** जोड़ना; इकट्ठा करना. **2** साथी या सदस्य बनना. **3** (समारोह आदि में) साथ देना. **4** सेवारंभ करना (किसी पद विशेष पर). *n* जोड़.

'joiner ('जॉइनर्) *n* बढ़ई, मिस्तरी. **—y** *n* — का कार्य.

joint (जॉइन्ट्) *n* **1** जोड़, संधि, गाँठ. **2** संरचना जिससे दो अंश (जैसे नल के या हड्डियों के) जुड़ते हैं. **3** (गोश्त का) पारचा (देखिए चित्र). *adj* अनेक व्यक्तियों का, संयुक्तः — *ownership* (संयुक्त स्वामित्व); — **family.** *v* जोड़ना.

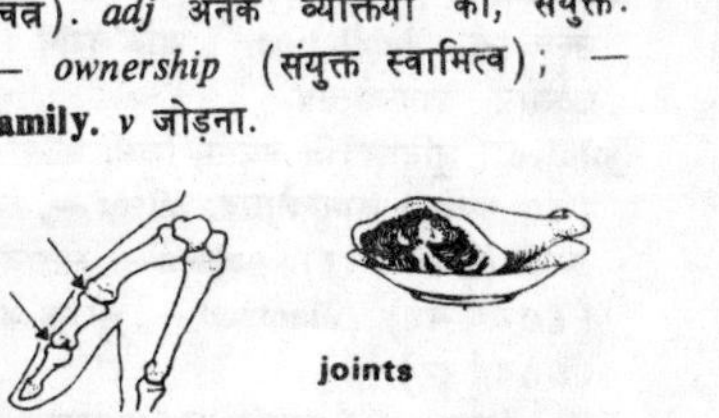

joints

'joist ('जॉइस्ट्) *n* (लकड़ी की) कड़ी (जो दो दीवारों के बीच लगायी जाती है).

joke (जोक्) *n* मज़ाक, परिहास; परिहासजनक (स्थिति). *v* — करना. **'—r** (जोकर) *n* जोकर, विदूषक. **'jokingly** (जोउकिंग्लि) *adv* मज़ाक में.

'jolly ('जॉलि) *adj* (-ier, -iest) आनंदित, प्रसन्न; आमोदप्रिय. *adv* (colloq) अत्यधिक : *— good.* **'jollity** ('जॉलिटि) *n* — स्थिति.

jolt (जोल्ट्) *v* & *n* **1** (किसी को) अचानक झटका देना. **2** झटके के साथ चलने वाली (गाड़ी) : *an old bus —ing along.*

'jostle ('जॉस्ल्) *v* धक्कमधक्का करना (*against*).

jot[1] (जॉट्) *v* (-tt-) **jot sth down,** जल्दी से (संक्षेप में) नोटस् ले लेना.

jot[2] (जॉट्) *n not a jot,* रत्ती भर भी नहीं.

'journal ('जर्नल्) *n* **1** जर्नल; समाचार पत्र; पत्रिकाएँ. **2** रोज़ के समाचार, घटना आदि का रिकार्ड, रोज़नामचा. **'—ism** ('जर्नलिज़्म्) *n* पत्रकारिता. **—ist** ('जर्नलिस्ट्) *n* पत्रकार.

'journey ('जर्नि) *n* (*pl* 'journeys) सफ़र, यात्रा (विशेषत: दूर की): *a three days' — ; to go on a — (from — to —).* *v* — करना.

'jovial ('जोव्यल्) *adj* प्रसन्नचित्त; आमोद प्रिय. **—ly** *adv.* **jovi'ality** (जोवि-'ऐलिटि) *n.*

joy (जॉइ) *n* खुशी, हर्ष. **'joyful** ('जॉइफ़ुल) *adj* — से भरा हुआ. **'joyfully** *adv.* **'joyless** *adj* उदास, नीरस. **'joylessly** *adv.* **'joyous** ('जॉइअस्) *adj* — से पूर्ण.

'jubilant ('जूबिलन्ट्) *adj* उल्लासपूर्ण, उल्लसित. **jubilation** (जूबि'लेशन्) *n* उल्लास, आनन्दोत्सव.

'jubilee ('जूबिलि) *n* जयंती, किसी घटना का (50 वर्षीय) आनन्दोत्सव. **silver —,** रजत-जयंती (25 वर्ष पर); **golden —,** स्वर्णजयंती (50 वर्ष पर); **diamond —,** हीरक जयंती (60 वर्ष पर).

judge (जज्) *n* **1** न्यायाधीश (न्यायालय में). **2** निर्णायक (प्रतियोगिता आदि में) **3** पारखी, समीक्षक. *v* **1** न्यायाधीश या निर्णायक के रूप में निर्णय देना. **2** आँकना; विचार करना; संमति देना; राय बनाना. **'judg(e)ment** ('जज्मन्ट्) *n* **1** न्यायालय का निर्णय, फ़ैसला. **2** निर्णयशक्ति; विवेक, परख. **3** ईश्वरीय दंड के रूप में विपत्ति.

ju'dicial (जू'डिशल्) *adj* न्यायपरक, अदालती.

ju'dicious (जू'डिशस्) *adj* विवेकशील, विवेकपूर्ण. **—ly** *adv.*

'judo ('जूडो) *n* जूडो (आत्मरक्षा की जापानी पद्धति).

jug (जग्) *n* सुराही, घड़ा, जग.

'juggle ('जग्ल्) *v* बाजीगरी करना. **—r** *n* बाजीगर.

juice (जूस्) *n* रस. *digestive —s.* **juicy** (-ier, -iest) *adj* रसदार.

'juke box ('जूक्बॉक्स्) *n* सिक्का डालने से बजने वाला ग्रामोफ़ोन.

July (जू'लाई) *n* जुलाई (वर्ष का सातवाँ महीना).

'jumble ('जम्ब्ल्) *v* गड्डबड्ड करना, अव्यवस्थित कर देना. *n* गड़बड़झाला, अव्यवस्था.

'jumble-sale ('जम्ब्ल्-सेल्) *n* गड़बड़झाला बाज़ार की बिक्री.

jump (जम्प्) *v* **1** कूदना, उछलना : *— down from a wall.* **2** चौंकना (डर के कारण). **3 — at** (*an offer*), आतुरता से स्वीकार करना. **4** लाँघना, फाँदना. *n* **1** — की प्रक्रिया. **2** मूल्यों में अचानक वृद्धि. **'—y** *adj* अशांत; आशंकित.

'jumper ('जम्पर्) *n* जम्पर, कुरता.

'junction ('जंकशन्) *n* रेलवे जंक्शन (दो लाइनों का सन्धिस्थान); सन्धिस्थान.

'juncture ('जंक्चर्) *n* **at this —,** वर्तमान परिस्थिति में.

June (जून्) *n* जून (वर्ष का छठा महीना).

'jungle ('जंग्ल्) *n* जंगल.

'junior ('जून्यर्) *n* & *adj* आयु, पद आदि की दृष्टि से छोटा, अवर: *John Brown Junior (Jun, Jr).*

junk[1] (जंक्) *n* कूड़ा-करकट.

junk² (जंक्) *n* एक प्रकार का चीन में प्रचलित जहाज (देखिए चित्र).

a junk

juris'diction (जुअरिस्'डिक्शन्) *n* न्याय-अधिकार, क्षेत्राधिकार.

jury ('जुअरि) *n* जूरी, पंच. **'juror, —man** जूरर.

just¹ (जस्ट्) *adv* **1** ठीक-ठीक, ठीक. **2** मुश्किल से : *We — caught the train.* **3 — now,** अभी-अभी.

just² (जस्ट्) *adj* **1** न्यायसंगत, वैध. **2** यथोचित, उचित. **'—ly** *adv.* **'—ice** ('जस्टिस्) *n* **1** औचित्य, इंसाफ़ : *treated with —ice.* **do — to,** के साथ न्याय करना, की कदर करना. **2** न्याय : *brought to —ice; a court of —ice.* **3** न्यायमूर्ति, न्यायाधीश. **4 Justice of the Peace,** मैजिस्ट्रेट.

justify ('जस्टिफ़ाइ) *v* **1** औचित्य सिद्ध करना. **2** आधार (या कारण) प्रस्तुत करना, स्पष्टीकरण देना. **'justifiable** ('जस्टि-फ़ाइअब्ल्) *adj* न्याय्य; समर्थनीय. **,justifi'cation** (जस्टिफ़ि'केशन्) *n.*

jut (जट्) *v* (-tt-) **— out,** बाहर उभरा हुआ, बाहर निकला हुआ.

jute (जूट्) *n* जूट, पटसन (जिसकी रस्सी, बोरे आदि बनते है).

'juvenile ('जूविनाइल्) *n* तरुण, किशोर. *adj* — से संबद्ध, — विषयक.

'juxtapose ('जक्स्टपोज़्) *v* पास-पास रखना.

K

kang'aroo (कैंग्'रू) *n* कंगारू. → p 351.

keel (कील्) *n* जहाज के ढांचे का लकड़ी-लोहे का आधार. **on an even —,** स्थिर.

keen (कीन्) *adj* (-er,-est) **1** तीक्ष्ण, पैना, नुकीला. **2** उत्कट, गंभीर (भाव-भावनाएँ). **3** प्रखर बुद्धि; संवेदनशील. **4** उत्साही, उत्सुक (व्यक्ति). *n* **— on,** में रुचि रखने वाला. **'—ly** *adv.* **'—ness** *n.*

keep (कीप्) *v* (*pt & pp* kept) **1** रखना, पास रखना. **— hold of,** न जाने देना. **— in mind,** याद रखना. **— one's temper,** शान्त रहना. **2** पालन करना (नियमों का); (व्रत-उपवास) रखना; (वादा) निभाना. **3** भरण-पोषण करना : *earn enough to — one's family.* **4** देख-रेख करना, पालन करना : *to — a shop; to — poultry and pigs.* **5 — house,** गृहस्थी चलाना. **6** (रिकार्ड, हिसाब-किताब) रखना : *to — a diary; to — accounts.* (देखिए *book-keeping*). **7** छिपाना, गुप्त रखना : *to — a secret.* **8** (किसी विशेष स्थान, दिशा, स्थिति में किसी को) बनाये रखना : *to — quiet; to — the children quiet; to — straight on; kept indoors by illness.* **9** (भोजन को खराब (बासी) होने से) बचाये रखना. **10** कोई प्रक्रिया करते रहना : *My shoe-lace —s coming undone.* **11 — sb or sth from** (doing sth), (किसी को काम विशेष) न करने देना : *what kept you from joining me?* **12** (*adv* और *prep* के साथ) **— at,** निरंतर करते रहना. **— away,** दूर रहना, अलग रहना. **— down,** नीचे रखना, मूल्यों को कम बनाये रखना. **— from,** किसी को कार्य करने से रोकना. **— in,** अपनी भावनाओं को नियंत्रण में रखना; (आग) जलते रहने देना; (स्कूल के समय के बाद किसी छात्र को दंड स्वरूप) रोके रखना. **— off,** दूर रखना; (पूछने पर भी) कुछ उत्तर न देना. **— on,** करते रहना : *to — one's coat on; to — on although one* *is tired; He kept on asking silly questions* (लगातार करते रहना). — **under**, नियंत्रण, काबू में रखना. — **up**, डूबने से बचाना; (प्रथाओं का) अनुसरण करते रहना; रात में प्रतीक्षा करवाना. — **up with**, उसी तरह से कार्य करते रहना. **13** — **sth to oneself**, बाँटने से मना करना. — **early (good) or late (bad) hours**, काम जल्द (या देर) में करना; जल्दी (देरी से) सोने जाना. — **watch**, सतर्क रहना. — **one's feet (balance)**, संतुलन बनाये रखना, न गिरना. *n* **1** भरण-पोषण, गुजारा: *to earn one's* —. **2 for —s**, (colloq) स्थायी रूप से. **'—er** *n* — रक्षक, पालक, रखने वाला, जैसे, *shopkeeper, gamekeeper*. → game[1] (4). **—ing** *n* **1** सुरक्षा, पालन: *in safe —ing*. **2 in (out of) —ing with**, मेल (बेमेल) से रहना. **'—sake** *n* यादगार, निशानी, स्मृतिचिह्न.

'kennel ('केन्ल्) *n* कुत्ताघर.

kept (केप्ट्) → keep.

kerb (कर्ब्) *n* सड़क के किनारे पर उठे हुए पत्थर.

'kernel ('कर्नल्) *n* (अखरोट, बादाम आदि की) गिरी, मींगी; समस्या या विषय का केन्द्र.

'kerosene ('केरसीन्) *n* मिट्टी का तेल.

'kettle ('केट्ल्) *n* केतली, देगची.

key (की) *n* **1** चाबी, ताली; घड़ी कूकने की घुंटी. **2** (fig) समस्या का समाधान. **3** पूरे मार्ग या क्षेत्र के नियंत्रण का स्थान. **4 key industries**, प्रधान उद्योग, जिनके सहारे अन्य उद्योग चलते हैं. **5** पियानों की कुंजी, टाइपराइटर की कुंजी (अक्षर) (जिन्हें प्रयोग करते समय दबाना पड़ता है). **'keyboard** कुंजीपटल (टाइप-राइटर का). **6** (संगीत में) सुर, स्वर. *'keynote* मूल स्वर. **'keystone** *n* चाप का उच्चतम बिन्दु, (fig) नियामक सिद्धान्त.

'khaki ('काकी) *n & adj* खाकी (कपड़ा).

kick (किक्) *v* ठोकर मारना, लात चलाना. — **off**, (फुटबाल के खेल में) खेल का प्रारंभ करना. — **up a row**, (colloq) उपद्रव मचाना. *n* — की प्रक्रिया; ठोकर.

kid (किड्) *n* **1** मेमना. **2** उसके चमड़े से बनी वस्तु: *kid glove*. **3** (colloq) बच्चा.

'kidnap ('किड्नैप्) *v* (-pp-) अपहरण करना, किसी व्यक्ति को अवैध रूप से भगा ले जाना.

'kidney ('किड्नि) *n* गुरदा, वृक्क. → p 37; भोजन के रूप मे भेड़, बैल का गुरदा.

kill (किल्) *v* मारना, मरवाना; नष्ट करना. — **time**, प्रतीक्षा करते समय कुछ करना.

kiln (किल्न्) *n* भट्टा, आवाँ (*lime-kiln, brick-kiln*).

'kilo- पूर्वपद (1,000) जैसे, किलोग्राम (1000 ग्राम) किलोवाट, किलोमीटर.

kilt (किल्ट्) *n* किल्ट, घाघरा (स्काटलैंड की पहाड़ियों में पुरुष भी पहनते हैं).

kin (किन्) *n* रिश्तेदार, सगे-संबंधी. **next of kin**, समीपतम संबंधी.

kind[1] (काइन्ड्) *n* **1** प्रकार, जाति: *man*—. **2** प्रकार, वर्ग, भाँति: *What — do you want ? Something (nothing) of the* —. **3 pay in** —, वस्तुओं द्वारा भुगतान करना (न कि रुपये से).

kind[2] (काइन्ड्) *adj* (-er, -est) कृपालु, दयालु. **—ly** *adv*: *will you —ly?* (कृपया). *adj* (-lier, -liest) समवेदना के साथ, अनुग्रह के साथ. **—ness** *n*.

'kindle ('किन्ड्ल्) *v* **1** आग सुलगाना या जलाना. **2** (fig) उत्तेजित करना, (भावनाओं को) उभारना, उकसाना.

'kindly → kind.

'kindred (किन्ड्रिड्) *n* **1** परिवार के सदस्य. **2** सभी कुटुंबी. *adj* सम्बद्ध; सदृश.

king (किङ्) *n* राजा, **—dom** ('किङ्डम्) *n* **1** राज्य (राजा/रानी से शासित). **2** भौतिक जगत् के तीन बड़े विभाजन: *the animal, vegetable and mineral kingdoms* (पशु, वनस्पति और खनिज जगत्). **—ly** *adj* भव्य, शानदार, राजोचित.

kink (किंक्) *n* **1** तागा, रस्सी आदि में पड़ने वाले बल (ऐंठन). **2** सनक, झक. *v* — पड़ना.

'kinsfolk ('किन्ज़्फ़ोक्) *n pl* संबंधी. **kinship** (किन्शिप्) *n* संबंध, रिश्तेदारी.

ki'osk (कि'ऑस्क्) *n* सार्वजनिक टेलीफोन-गृह; सड़क या स्टेशन पर छोटी दुकान अखबार, सिगरेट आदि के बेचने के लिए.

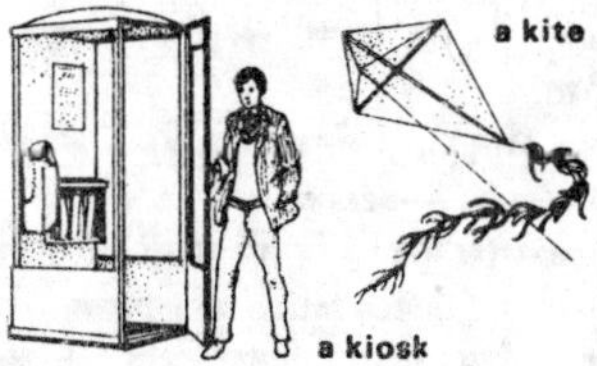

kipper (किपर्) *n* सुखाया हुआ हिलसा.
kiss (किस्) *v* & *n* चुम्बन (करना), चूमना.
kit (किट्) *n* **1** किट, (सिपाही, नाविक या यात्री का) पूरा सामान. **2** कारीगर के सभी उपयोगी औज़ार. **3** विशेष कार्य में प्रयुक्त औजार और उपकरण.
kitchen (किचिन्) *n* रसोई (घर).
kite (काइट्) *n* **1** चील. **2** पतंग, कनकौआ, गुड्डी.
kith (किथ्) *n* — **and kin,** बन्धु-बान्धव, मित्र-संबंधी.
kitten ('किट्न्) *n* बिल्ली का बच्चा.
knack (नैक्) *n* कौशल, दक्षता (अनुभवों से अर्जित निपुणता).
'knapsack ('नैपसैक्) *n* झोला, थैला.
knave (नेव्) *n* बेईमान, धोखेबाज.
knead (नीड्) *v* (आटा) गूँथना, सानना, माँडना.
knee (नी) *n* घुटना. → p 36. —**cap** *n* घुटने की हड्डी. →p 37.
kneel (नील्) *v* (*pt* & *pp* knelt) घुटने टेकना; घुटनों के बल बैठना.
knell (नेल्) *n* धीरे-धीरे घण्टे बजाने की ध्वनि (विशेषकर गिरजे से किसी के मरण समय)
knew → know.
'knickerbockers ('निकर्बाकर्स) *n pl* (घुटनों पर सिमटी हुई) ढीली बिरजिस. **'knickers** *n pl* स्त्रियों का एक प्रकार का अधोवस्त्र.
knick-knack ('निक्नैक्) *n* दिखाऊ गहना,, नुमाइशी (न कि उपयोग की) वस्तु.
knife (नाइफ़्) *n* (*pl* knives) चाकू, छुरा.
knight (नाइट्) *n* **1** (यूरोप के मध्ययुग में) सामन्त. **2** नाइट, 'सर' की उपाधि वाला व्यक्ति. *v* 'सर' बनाना.
knit (निट्) *v* (-tt-) **1** बुनना जैसे (ऊन का). **2** पक्के तौर से पास-पास लाकर जोड़ना. **3 — the brows,** भौं टेढ़ी करना, नाराज़ होना.
knob (नॉब्) *n* **1** (दरवाजे, लाठी आदि का) दस्ता, मूठ. **2** गुमठा, घुंडी. **3** कोयले का डला. —**bly** ('नॉबलि) *adj* (-ier, -iest) गाँठदार.
knock (नॉक्) *v* **1** खटखटाना; टक्कर मारना; ठोकर से गिरा देना : — *the bottom of a box out*; — *at a door.* **2 — off work,** (colloq) काम करना बंद कर देना. **— sb up,** खटखटा कर जगा देना. **— sb out,** (मुक्केबाजी में) पछाड़ देना, हरा देना. *n* खड़खड़ाहट, खटखटाहट. '—**er** (नॉकर्) *n* दरवाजे की कुंडी (जिससे खटखटाया जा सके). **'knock-out** *n* पछाड़ देने वाला प्रहार.
knoll (नोल्) *n* टीला.
knot (नॉट्) *n* **1** गाँठ. **2** आभूषण की तरह प्रयुक्त रिबन की गाँठ. **3** कठिनाई, कठिन समस्या. **tie oneself (up) in(to) —s,** किसी विषय में बुरी तरह उलझ जाना. **4** पेड़ में जोड़ जहाँ से शाखा बाहर निकलती है, पर्व. **5** (व्यक्तियों) का समूह. **6** जहाज़ों की गति नापने की इकाई, नॉट, समुद्री मील (= 6080 फ़ीट). *v* (-tt-) — बाँधना; — बनाना. '—**ty** ('नॉटि) *adj* (-ier, -iest). विशेषतः उलझन पैदा करने वाला.
know (नो) *v* (*pt* knew, *pp* known) जानना, समझना; परिचित होना, पहचानना. **— what's what, — one's business,** अच्छी निर्णय-शक्ति और व्यवहारिक अनुभव. —**ing** *adj* जानकार, चतुर. —**ingly** (नोइंगलि) *adv* जान बूझ कर '—**ledge** ('नॉलिज्) *n* **1** ज्ञान; बोध. **2** ज्ञात विषय, जानकारी.
'knuckle ('नक्ल्) *n* पोर (अंगुली की गाँठ). *v* — **under,** अधीन होना, झुकना.
Ko'ran (कॉ'रान्) *n* कुरान शरीफ़.

L

'**label** ('लेब्ल्) *v* & *n* (-ll-) लेबल, किसी वस्तु पर चिपका या लगा कागज या धातु का टुकड़ा जिस पर वस्तु का नाम, दाम आदि लिखा हो.

la'boratory (ल'बॉरट्रि) *n* प्रयोगशाला (प्रायः वैज्ञानिक अध्ययन के लिए).

'**labour** ('लेबर्) *n* **1** श्रम, मेहनत. **2** कार्यकृति. **3** प्रसव, — **pain,** प्रसव वेदना. **4** श्रमिक, मज़दूर (वर्ग). **L**— इंग्लैंड में लेबर (समाजवादी) पार्टी. *v* **1** मेहनत करना (विशेषतः हाथों से). **2** कठोर प्रयत्न करना (*for* sth, *to do* sth). **3** परेशान होना, कष्ट झेलना (*under*). —**er** *n* मज़दूर, श्रमिक. **la'borious** (ल'बॉरिअस्) *adj* अध्यवसायी, परिश्रमी; गंभीरता से प्रयत्न करने वाला.

'**labyrinth** ('लैब्रिंथ्) *n* भूल-भुलैया.

lace (लेस्) *n* **1** लेस, जाली. **2** फ़ीता, डोरी, किनारी. *v* डोरी या फीता बांधना.

lack (लैक्) *v* **1** के बिना रहना; पर्याप्त से कम होना. **2 be —ing,** अभाव होना. *n* आवश्यकता; कमी. **for — of,** के न होने के कारण.

la'conic (ल'कॉनिक्) *adj* संक्षिप्त रूप में.

'**lacquer** ('लैकर्) *n* रोग़न, एक प्रकार की वार्निश. *v* — लगाना.

lad, '**laddie** (लैड्, 'लैडि) *n* लड़का, किशोर; युवक.

'**ladder** ('लैडर्) *n* **1** (बाँस आदि की) सीढ़ी. **2** मोज़ों में उधड़ा हुआ या खाली अंश.

'**laden** ('लेड्न्) *adj* — **with,** से लदा हुआ.

'**lading** ('लेडिङ्) *n* **bill of —,** बिलटी, माल की सूची.

'**ladle** ('लेड्ल्) *n* बड़ा चमचा.

'**lady** ('लेडि) *n* **1** महिला. **2 Lady** संभ्रांत अंग्रेजी महिलाओं के पूर्व लगने वाला शब्द. **3 Our Lady,** माता मरियम. —**like** *adj* माहिलोचित.

lag (लैग्) *v* (-gg-) मन्थर गति से चलना, कछुवे की चाल चलना; औरों से पिछड़ जाना. '**laggard** ('लैगड्) *n* फिसड्डी.

la'goon (ल'गून्) *n* लैगून, समुद्री पानी की झील.

laid → lay.

lain → lie[2].

lair (लेअर्) *n* माँद (जंगली पशु की).

lake (लेक्) *n* झील, सरोवर.

lamb (लैम्) *n* मेमना. → p 99; मेमने का गोश्त.

lame (लेम्) *adj* लँगड़ा, पंगु. *v* — कर देना. —**ly** *adv.* '—**ness** *n.*

la'ment (ल'मेन्ट्) *v* विलाप करना, शोक प्रकट करना. *n* (**,lamen'tation** भी) विलाप.

lamp (लैम्प्) *n* लैम्प, दिया, चिराग़: *gas and electric lamps.* '—**post** *n* बत्ती का खंभा.

lance[1] (लान्स्) *n* बल्लम (घुड़सवारों द्वारा प्रयुक्त लंबा भाला).

lance[2] (लान्स्) *v* सर्जरी में चाकू से चीरना या काटना.

land (लैन्ड्) *n* **1** स्थल. **2** ज़मीन, भूमि. **3** देश: *my native* —. *v* (जहाज़ या हवाई जहाज़ का) स्थल या भूमि पर आ जाना. '—**ed** *adj* भूसंपत्ति (वाला). '—**ing** *n* **1** ज़ीने के अंत में समतल चौड़ी जगह. **2** अवतरण, भूमि पर पहुँचने की प्रक्रिया. **3** ('—**ing-stage** भी) जहाज़ से उतरने का पटरा या चौकी. '—**,lady** *n* मकान की स्वामिनी जो कभी कमरों को किराये पर दे. '—**lord** *n* जमींदार; मकान-मालिक. '—**mark** *n* **1** सीमाचिह्न. **2** ऐसे निशान जो दूर से ही यात्रियों को रास्ता बता दें. '—**scape** ('लैन्ड्स्केइप्) *n* स्थल-प्रकृति के चित्रण का चित्र. '—**slide** *n* भू स्खलन, पहाड़-चट्टान का लुढ़क जाना.

lane (लेन्) *n* गली; दो पंक्तियों के बीच खाली जगह; यातायात नियंत्रण के लिए किया सड़क का विभाजन: *the inside (outside)* —.

'**language** (लैंग्विज्) *n* **1** भाषा. **2** शैली: *legal* —. **3 bad (strong)** —, कड़े और भद्दे शब्दों में कहना.

'**languid** ('लैंग्विड्) *adj* शिथिल, निरुत्साह. '**languish** ('लैंग्विश्) *v* — होना; स्वास्थ्य या बल खोना; प्रेमविह्वल होना, उत्कंठा में दुर्बल होना. '**languor** ('लैंगर्) *n* उदासीनता, दुर्बलता; क्लांति.

lank (लैंक्) *adj* लंबे और सीधे (न कि घुंघराले) बाल. **—y** *adj* (-ier, -iest) लम्बा-दुबला (व्यक्ति), छरहरा.

'lantern ('लैन्टर्न्) *n* लालटेन.

lap[1] (लैप्) *n* गोद.

lap[2] (लैप्) *v* (-pp-) **1** (कपड़ा) लपेटना, चढ़ाना (*round, in*). **2** (कपड़ों को) तहाना. *n* दौड़ में ट्रैक का एक चक्कर: *on the last lap*.

lap[3] (लैप्) *v* (-pp-) **1** लप-लप कर पानी पीना (जैसा बिल्ली करती है). **2** (लहरों का) छपछप ध्वनि करना.

lapse (लैप्स्) *n* **1** चूक, मामूली भूल (भाषण या आचरण में). **2** स्मृतिजन्य चूक, भूल जाना. **3** उचित से हटना, दोष. **4** (समय का) बीतना; अन्तराल (समय का). *v* अपनी स्थिति को न बनाए रखना, अवनति होना; पतित हो जाना.

'larceny ('लार्सनि) *n* चोरी.

lard (लार्ड्) *n* सूअर की चरबी.

'larder ('लार्डर्) *n* खाने का भंडार.

large (लार्ज्) *adj* (-r, -st) बड़ा. **at —**, स्वतंत्र, मुक्त. **the world (people) at —**, सामान्य जनता. **'—ly** *adv* अधिकांश. **— scale** *adj* बड़े पैमाने पर, बड़ी मात्रा में.

lark (लार्क्) *n* एक छोटी गाने वाली चिड़िया.

'larva ('लार्वा) *n* (*pl* larvae) अंडे से तुरंत निकला हुआ कीड़ा, लार्वा.

lash (लैश्) *v* **1** (लहरों का) थपेड़े मारना, टकराना. **2** उत्तेजित करना या होना (विशेषतया क्रोध से). **3** कसकर रस्सी से बाँधना. **4** (घोड़े को) कोड़े लगाना. *n* **1** (**'eye-lash**) बरौनी. **2** चाबुक, कोड़ा.

lass, 'lassie (लैस्, 'लैसि) *n* लड़की, किशोरी; प्रेयसी.

las'so (लै'सो) *n* कमन्द, रस्सी का फंदा जिसे फेंककर पशुओं को फँसाते हैं, विशेषकर अमेरिका में.

last[1] (लास्ट्) *n* अन्तिम. **at —**, अन्त में, बहुत प्रतीक्षा के बाद; आख़िरी बचा हुआ. *adj* अन्तिम, आखिरी; पिछला : *— week*. *adv* अन्त में.

last[2] (लास्ट्) *v* बने रहना; पर्याप्त होना. **'—ing** *adj* टिकाऊ; स्थायी.

latch (लैंच्) *n* **1** सिटकिनी (दरवाज़े की). **2** खटकेदार ताला, लैच. *v* — से बंद करना.

late (लेट्) *adj* (-r, -st) **1** निर्धारित समय के बाद, देर का; बाद का, परवर्ती (समय). **2** मृत; अजीवित. **3** भूतपूर्व. **4 of —**, हाल में. **of — years**, पिछले कुछ सालों में. *adv* देर से. **—r on**, बाद में. **sooner or later**, कभी न कभी. **'—ly** *adv* हाल में. **'—st** ('लेइटिस्ट्) *adj* नवीनतम (फैशन, आदि). **at (the) —st**, अधिक से अधिक (समय).

'latent ('लेटन्ट्) *adj* निहित, प्रच्छन्न (जो है तो किंतु सक्रिय न होने के कारण प्रकट नहीं है) : *— energy*, निहित ऊर्जा.

lathe (लेद्) *n* ख़राद (मशीन).

'lather ('लाद़र्) *n* झाग, फेना (जैसे साबुन को पानी में घोलने से उत्पन्न). *v* — बनाना या उठाना.

'Latin ('लैटिन्) *n* प्राचीन रोम की भाषा, लैटिन. *adj* लैटिन-विषयक; लैटिन से निकली भाषाएँ बोलने वाले लोग.

'latitude ('लैटिट्यूड्) *n* **1** (भूगोल) अक्षांश (भूमध्यरेखा से उत्तर या दक्षिण का अंश). **2** कार्य करने या संमति देने की स्वतंत्रता या छूट; उदारता.

la'trine (ल'ट्रीन्) *n* पाख़ाना, शौचगृह (प्रायः कैम्प या सार्वजनिक स्थानों पर).

'latter ('लैटर्) *adj* **1** अभी हाल का; अवधि के अन्त से संबद्ध. **2 the —**, दो उल्लेखों में परवर्ती.

'lattice ('लैटिस्) *n* जाली, झंझरी : *a — window*.

laugh (लाफ़्) *v* & *n* हँसना, हँसी. **'laughing-stock** *n* हँसी या उपहास का पात्र. **'—able** ('लाफ़ब्ल्) *adj* हास्यजनक, हास्यकर. **'—ter** ('लाफ़्टर्) *n* हँसी.

launch[1] (लॉन्च्) *v* **1** नये जहाज़ को जल में उतारना. **2** प्रहार करना (*at, against*). **3** (आक्रमण, योजना का) आरंभ करना. **4— out (into)**, (किसे नये कार्य का) प्रारंभ करना. *n* नये जहाज का अवतरण.

launch[2] (लॉन्च्) *n* लाँच, मुसाफ़िरों को ले जाने वाली पैट्रोल आदि से चलित नौका.

'launder ('लॉन्डर्) *v* कपड़े धोना और इस्तरी करना. **'laundry** ('लॉन्ड्रि) *n* लांड्री; धोने वाले कपड़े.

'laurel ('लॉरल्) *n* एक सदाबहार झाड़ी; (*pl*) विजय, विशेष संमान (युद्ध, कला, सहित्य में).

'lava ('लावा) *n* लावा, ज्वालामुखी से बहा हुआ पिघला द्रव; जमा हुआ लावा.

'lavatory ('लैवट्रि) *n* शौचघर.

lavish ('लैविश्) *v* उदारता पूर्वक देना, खुले हाथ खर्च करना. *adj* मुक्तहस्त, उदार; फ़ुज़ूल-खर्च.

law (लॉ) *n* **1** विधि, कानून. **2 the law,** विधि व्यवस्था. **3** विधि-संहिता; कानून. **4** सिद्धांत, नियम (प्राकृतिक विज्ञानों में): *Newton's Law.* **'law-abiding** *adj* नियमों का पालन करने वाला. **'law-court** *n* न्यायालय. **'lawful** *adj* वैध, कानूनी. **'lawless** *adj* विधि विरुद्ध; उपद्रवी. **'law-suit** *n* मुक़दमा. **'lawyer** ('लॉयर्) *n* वकील.

lawn (लॉन्) *n* लॉन, दूब का मैदान. **'lawn-mower** *n* घास काटने की मशीन.

a lawn-mower

playing leap-frog

lax (लैक्स्) *adj* असावधान, लापरवाह; (नियमों के पालन करने-कराने में) शिथिल, ढीला. **'laxity** ('लैक्सिटि) *n.*

lay[1] (ले) *v* (*pt* & *pp* laid) **1** किसी सतह पर रखना या बिछाना; रखना. **2** अंडे देना. **3** नीचे रखना, गिराना : *lay the dust.* **lay the table (the supper),** मेज़ पर आवश्यक वस्तुएँ रखना. **4** (पदबंधों में) **lay sth aside,** बचा कर रखना. **lay sth by,** भविष्य के लिए रखना. **lay down one's life,** आत्म-त्याग करना. **(can't) lay one's hand on sth,** किसी वस्तु का जगह पर (न) पाना. **lay in** रख लेना. **lay on,** पानी आदि को मकान में नल द्वारा पहुंचाना. **lay out,** योजना तैयार करना. **be laid up,** बीमारी के कारण शय्याग्रस्त होना.

lay[2] → lie[2].

lay[3] (ले) *adj* **1** अविशेषज्ञ (विशेषत: कानून और चिकित्सा के). **2** ग़ैर पुरोहितों द्वारा पुरोहितों वाला कार्य किया जाना. **'layman** ('लेमन्) *n* साधारण व्यक्ति, अविशेषज्ञ.

layer ('लेअर्) *n* तह, परत, स्तर (किसी वस्तु का).

'layout ('लेआउट्) *n* प्रबन्ध; सामान्य योजना, डिज़ाइन.

'lazy ('लेज़ि) *adj* (-ier, -iest) कामचोर; कम काम करने वाला, आलसी. **laze** (लेज़्) *v* — होना. **'lazily** ('लेज़िलि) *adv.* **'laziness** *n.*

lead[1] (लेड्) *n* **1** लेड, सीसा. **2** समुद्र की गहराई नापने का सीसा. **3** ग्रेफ़ाइट, पेंसिल में प्रयुक्त लिखिज. **'—en** ('लेड्न्) *adj* सीसे की तरह भारी; सीसे के रंग वाला.

lead[2] (लीड्) *v* (*pt* & *pp* led) **1** नेतृत्व करना; आगे-आगे चलना; मार्ग दर्शन करना; पहले कार्य करना. **2** प्रलोभन या उदाहरण देकर कार्य का संचालन-निदेशन करना. **3** ले जाना, ले चलना. **4 — to,** (रास्ते की) दिशा, गन्तव्य; (कार्यों का) परिणाम, नतीजा. *n* **1** — की प्रक्रिया. **2** — की स्थिति; आगे की दूरी : *a — of five yards.* **3** (ताश के खेल में) खेल आरंभ करने का अधिकार. **'—er** ('लीडर्) *n.* **'—ership** *n* नेता; नेतृत्व. **—ing** *adj* मुख्य; महत्त्वपूर्ण.

leaf (लीफ़्) *n* (*pl* leaves) **1** पत्ती, पत्तियाँ. **2** (किताब का) पन्ना (पृष्ठ). **turn over a new —,** (fig) नया और बेहतर आरंभ करना. **'—let** ('लीफ़्लिट्) *n* **1** छोटी हरी पत्ती. **2** फ़ोल्डर, विज्ञप्ति, परिचायिका. **'—y** ('लीफ़ि) *adj* (-ier, -iest) पत्तियों की तरह, पत्तेदार.

league[1] (लीग्) *n* **1** लीग, संघ. **2** खेलों के लिए बनाया खेल-क्लबों का संघ. *v* — में बनाना.

league[2] (लीग्) *n* दूरी की एक पुरानी माप (लगभग 4.8 किलोमीटर का).

leak (लीक्) *n* छेद या दरार जिससे पानी (या द्रव) चूता है. *v* **1** (द्रव का) चूना, रिसना, टपकना. **2 — out,** गुप्त समाचार या रहस्य का प्रकट हो जाना. **'—age** ('लीकिज्) *n* चूना; रहस्योद्घाटन. **'—y** *adj* — वाला.

lean[1] (लीन्) *adj* (-er, -est) दुबला-पतला. *n* बिना चरबी का गोश्त.

lean[2] (लीन्) *v* (*pt & pp* leaned या lent) **1** झुकना. **2** टेकना, सहारा लेना. **3** के प्रति रुझान रखना (*towards*). **4 — upon,** (fig) निर्भर रहना (*for* sth). **'—ing** ('लीनिङ्) *n* झुकाव, प्रवृति (*towards* sth). **'lean-to** ('लीन-टू) *n* सायबान, टेकदार छत.

leap (लीप्) *v & n* (*pt & pp* leapt, leaped) कूदना, छलाँग लगाना. **'leap-year** *n* → year.

learn (लर्न्) *v* (*pt & pp* learnt, learned) **1** सीखना. **2** मालूम करना, जान जाना. **'—ed** ('लर्निड) *adj* विद्वान, पंडित. **'—ing** ('लर्निङ्) *n* ज्ञान; जानकारी.

lease (लीस्) *n* (किसी भूमि या भवन को काम में लाने का वैधानिक करार) पट्टा, इज़ारा. *v* पट्टे पर लेना या देना.

least (लीस्ट्) *adj & n* कम-से-कम, न्यूनतम, लघुतम. **at —,** ख़ैर, किसी तरह तो. *adv.*

'leather ('लेद़र्) *n* चमड़ा (जूते आदि के लिए प्रयुक्त).

leave[1] (लीव़्) *v* (*pt & pp* left) **1** चले जाना. **2** लाने या लेने को भूल जाना. **3 — go (of),** छोड़ देना. **— off,** छोड़ देना. **— out,** भूल से छोड़ देना. **4** वसीयत में मरण के बाद धनराशि छोड़ जाना. **5** शेष रह जाना.

leave[2] (लीव़्) *n* **1** (छुट्टी, अवकाश की) अनुमति : *go home on —;* छुट्टी, अवकाश. **2 by your —,** आपकी अनुज्ञा से. **3 take — of sb,** बिदाई लेना.

'leaven ('लेव़्न्) *n* ख़मीर.

leaves (लीव़्ज़्) → leaf.

'lecture ('लेक्चर्) *v & n* **1** (सिखाने के लिए कक्षा में) व्याख्यान देना. **2** डाँट लगाना.

led → lead (लेड्/लीड्).

ledge (लेज्) *n* दीवार या चट्टान से आगे निकला भाग.

'ledger ('लेजर्) *n* खाता-बही.

lee (ली) *n* हवा के झोंके से बचने का सुरक्षा स्थान; हवा से बचना. **'leeway** ('लीवे) *n* हवा द्वारा जहाज़ का बहना : *make up leeway,* (fig) समय की कमी या क़सर को पूरा कर लेना.

leek (लीक्) *n* प्याज़ की तरह सब्जी. → p 340.

leer (लिअर्) *n* बुरी नज़र (से देखना). *v* **— at,** बुरी नज़र से देखना.

left[1] (लेफ़्ट्) → leave. (**— -overs** *n* जूठन).

left[2] (लेफ़्ट्) *adj* **1** बायाँ. **2** (राजनीति) वामपंथी; समाजवादी. **'left-'handed** *adj* बाएँ हाथ से काम करने वाला.

leg (लेग्) पैर, टांग. *n* **1 pull sb's leg,** किसी मिथ्या तथ्य पर किसी को विश्वास दिलाने का, मज़ाक में प्रयत्न करना. **2** कुर्सी, मेज़ आदि की टांग. **on its last legs,** लगभग बेकार और क्षीणशक्ति.

'legacy ('लेग्सि) *n* पैत्रिक संपत्ति.

'legal ('लीगल्) *adj* न्याय संगत, वैध, क़ानूनी. **'—ly** *adv.* **le'gality** (ली [illegible]) *n* वैधता. **'—ize** ('लीग्लाइज़्) *v* वैध या न्यायसंगत बनाना.

'legate ('लेगिट्) *n* पोप का प्रतिनिधि.

le'gation (लि'गेशन्) *n* दूतावास.

'legend ('लेजन्ड्) *n* पुराणकथा, आख्यान. **—ary** *adj* — में होने के कारण प्रसिद्ध, — विषयक.

'legible ('लेज्ब्ल्) *adj* सुवाच्य, सुपाठ्य (लिखा या छपा हुआ). **'legibly** ('लेजब्लि) *adv.*

'legion ('लीजन्) *n* प्राचीन रोमन सेना में 3000 से 6000 की टुकड़ी.

'legislate ('लेजिस्लेट्) *v* विधि या क़ानून बनाना. **,legis'lation** (लेजिस्'लेशन्) *n* विधान. **'legislative** ('लेजिस्लटिव़्) *adj* विधायी. **'legislator** ('लेजिस्लेटर्) *n* विधान-सभा का सदस्य. **'legislature** ('लेजिस्लेचर्) *n* विधान सभा, विधान परिषद्.

le'gitimate (लि'जिटिमिट्) *adj* **1** वैध, न्याय-संगत; नियमित. **2** युक्तिसंगत; औचित्यपूर्ण. **3** औरस (संतान).

'leisure ('लेश़र्) *n* फ़ुरसत, ख़ाली समय.

—ly *adj & adv* धीरे-धीरे, इतमीनान से.

'lemon ('लेमन्) *n* नींबू. → p 134. **,lemo'nade** ('लेम्'नेड्) *n* नींबू का पेय (शर्बत).

lend (लेन्ड्) *v* (*pt & pp* lent) उधार देना, किराये पर देना. — **a hand,** सहायता करना. — **oneself to,** अपना समर्थन देना. — **itself to,** उपयोगी और सहायक होना.

length (लेङ्थ्) *n* **1** लम्बाई, दूरी (समय और स्थान की): **at —,** अन्त में; बहुत देर के बाद. **at full —,** पूरी लंबाई (वस्तु को सीधा फैलाकर नापने के बाद). **go to all (any) —s,** प्राप्त करने के लिए कुछ भी करने को तैयार होना. **2** एक खास लंबाई का कपड़ा. **'—en** ('लेङ्थन्) *v* लंबा करना, खींचना. **'—ways, '—wise** *adv* लंबाई में.

'lenient ('लीन्यन्ट्) *adj* उदार. **—ly** *adv.* **'leniency** ('लीन्यन्सि) उदारता.

lens (लेन्ज़्) *n* लेन्स, ताल (भौतिकी).

lent → lend (लेन्ट्/लेन्ड्).

'lentil ('लेन्टिल्) *n* मसूर (की दाल); — *soup.*

'leopard ('लेपर्ड्) *n* तेंदुआ. → p 351.

'leper ('लेपर्) *n* कोढ़ी, कुष्ठरोग से पीड़ित. **'leprosy** ('लेप्रसि) *n* कोढ़.

less (लेस्) *adj* **1** कम. **2 — than,** तुलना में कम: *I have — money than you.* *n* कम मात्रा, राशि, समय आदि. *adv* **1** कम; पर्याप्त तक न होना. **2** (नकारात्मक भाव): *Tom is — clever than John. prep* (अंकगणित में 'ऋण') *Rs* 10 – *Rs* 3 *equals Rs* 7. **'—en** *v* कम करना या होना **'—er** *adj* कम.

'lesson ('लेस्न्) *n* **1** पाठ; पाठ की अवधि, **2** सबक, शिक्षा; चेतावनी.

lest (लेस्ट्) *conj* ऐसा न हो कि; कहीं ऐसा न हो जाए; कि (*be afraid, fear* के बाद).

let (लेट्) *v* (-tt-) **1** होने देना, अनुमति देना. **2 let sth down,** गिरने देना. **let sb down,** आवश्यकता के समय सहायता न करना. **let sb into a secret,** राज़ या भेद का हिस्सा बटाना. **let off,** (बंदूक) दागना; बिना दंड दिये अपराधी को जाने देना. **3 let (sth/sb) alone,** बिना हस्तक्षेप किये अकेला छोड़ देना. **let alone,** (*prep* की तरह) उल्लेख की आवश्यकता नहीं; **let go (of),** छोड़ देना, न पकड़े रहना. **let oneself go,** अपनी भावनाओं को मुक्त छोड़ देना. **4** किराये पर भवन देना: *to let a house; houses to let*; (प्राय: **let out**) किराये पर देना. **5** (उत्तम और अन्य पुरुष के साथ) सुझाव या आदेश के अर्थ में: *Let's start at once.* **6** (केवल अन्य पुरुष में) चुनौती के अर्थ में: *Let him do his worst!*

'lethal ('लीथ़ल्) *adj* प्राणघातक: '— *weapons.*

'lethargy ('लेथ़र्जि) *n* उदासीनता, अकर्मण्यता; तन्द्रा.

'letter ('लेटर्) *n* **1** वर्ण, अक्षर (जैसे A, a..). **capital —,** जैसे A, B, C... . **small —,** जैसे a, b, c... . **2** पत्र, ख़त. **3** (*pl*) साहित्य; किताबें; साहित्यकार: *a man of —.*

'lettuce ('लेटिस्) *n* सलाद. → p 340.

'level ('लेव्ल्) *n* **1** तल, स्तर; समतल. **sea —,** समुद्रतल. **on a — with,** समान ऊँचाई पर. **2** समतल नापने का यंत्र : *a spirit-level. adj* **1** समतल. **— crossing,** स्थान जहाँ रेल की पटरी और सड़क एक दूसरे को समान तल पर काटती हैं. **2 do one's — best,** यथाशक्ति सब कुछ करना. **level-headed,** संतुलित व्यक्ति; समझदार. **3** समान, बराबर (*with*) *a — race; drawing — with the other runners. v* (-ll-) **1 —** करना या बनाना; सामाजिक वर्गों को समान बनाना. **2 — up (down),** एक स्तर तक उठाना (या गिराना). **3** बंदूक का निशाना लगाना, दोषारोपण करना (*at, against*).

'lever ('लीवर्) *n* लिवर, उत्तोलक (भौतिकी); डंडा या छड़ जिसे किसी चीज़ पर टेककर कोई भारी चीज उठाई जाए या खोली जाए (देखिए चित्र). *v* — से कुछ उठाना.

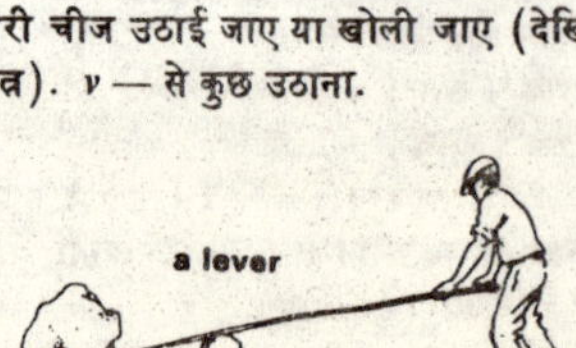

a lever

'levity ('लेविटि) *n* चपलता; आचरण का हलकापन.

'levy ('लेवि) *v* **1** कर (टैक्स) आदि उगाहना; अनिवार्य सैन्य-भरती करना. **2 — war (upon, against),** युद्ध या संघर्ष घोषित कर देना. *n* — की प्रक्रिया; उगाहा हुआ धन; भरती किये हुए व्यक्ति.

'liable ('लाइब्ल्) *adj* **1 — for,** नियम के अनुसार उत्तरदायी: *— for his wife's debt.* **2 be — to,** (भूल करने की) प्रवृति होना; (अप्रिय अनुभव आदि मिलने की) संभावना होना; (टैक्स, दंड आदि के) पात्र बनना. **lia'bility** (लाइअ'बिलिटि) *n* **1** — होना. **2** *(pl)* ऋण और अन्य व्यक्तिगत उत्तरदायित्व.

li'aison (ली'एज़न्) *n* **— officer,** सम्पर्क-अधिकारी.

'liar ('लाइअर्) *n* झूठा, झूठ बोलने वाला.

'libel ('लाइबल्) *n* **1** किसी की प्रतिष्ठा पर चोट पहुँचाने वाले कथन का प्रकाशन. **2** (colloq) कोई भी अपमानजनक वस्तु या कथन (*on*). *v* (-ll-) — छापना; किसी व्यक्ति के संबंध में बुरी धारणा देना. **—lous** ('लाइबलस्) *adj.*

'liberal ('लिब्रल्) *adj* **1** उदार; दानी. **2** सहृदय, उदार. **3 L—** *n* इंग्लैंड की एक राजनैतिक पार्टी. *n* सभी को समान अवसर देने किंतु शासन के नियंत्रणों को कम करने वाली व्यवस्था में जो व्यक्ति विश्वास रखते हैं. **libe'rality** (लिब्'रैलिटि) *n* उदारता.

'liberate ('लिब्रेट्) *v* आज़ाद करना, मुक्त करना. **liber'ation** (लिब्'रेशन्) *n* मुक्ति.

'liberty ('लिबर्टि) *n* **1** स्वतंत्रता. **2** स्वेच्छा-चारिता, अपनी इच्छा से करने ,रहने, बोलने आदि की छूट.

'library ('लाइब्ररि) *n* पुस्तकालय. **li'brarian** (लाइ'ब्रेअरिअन्) —का प्रभारी, पुस्तकाध्यक्ष.

lice → louse (लाइस्/लाउस्.)

'licence ('लाइसन्स्) *n* **1** लाइसेंस, अनुज्ञापत्र. **2** स्वतंत्रता का दुरुपयोग; नियमों, प्रथाओं की अवहेलना.

'license ('लाइसन्स्) *v* लाइसंस देना : *licensed to sell tobacco.*

'lichee ('लिचि) *n* **(litchi** भी) लीची (फल). → p 134.

lick (लिक्) *v* **1** चाटना. **2** (colloq) प्रहार करना. *n* चाटना.

lid (लिड्) *n* (डिब्बे आदि का) ढक्कन : *the teapot lid; the lid of a box.* **'eyelid** *n* पलक.

lie[1] (लाइ) *v* (*pp & pt* lied) *& n* झूठ (बोलना).

lie[2] (लाइ) *v* (*pp* lay, *pp* lain) **1** लेटना, लेट जाना. **2** लेटकर आराम करना. **3** (वस्तुओं का) पड़ा रहना : *ships lying at anchor; towns lying in ruins.* **4** होना, रहना : *the trouble lies in the engine.* **5 lie in,** समय के बाद भी बिस्तर पर पड़े रहना. *n* स्थिति; रूप, बनावट : *the lie of the land,* (fig) वर्तमान स्थिति.

lieu (ल्यू) *n* **in — of,** के बदले में.

lieu'tenant (लेफ़्'टेनन्ट्) *n* **1** लेफ़्टिनेंट (सेना का एक पद) (थल सेना में कैप्टेन के नीचे; नौसेना में अवर अफ़सर). **2** (समास में) उस पद के ठीक नीचे वाला पद : *lieutenant-governor* (उपराज्यपाल), *lieutenant-colonel, lieutenant-commander.*

life (लाइफ़्) *n* (*pl* lives) **1** प्राण, चेतना (गुण जो पशु-पौधों को चट्टान, पृथिवी आदि जड़ पदार्थों से पृथक् करता है). **2** प्राणी. **3** मानव के रूप में अस्तित्व. **4** जीवन, आयु (अस्तित्व के काल की अवधि). **5** जीवन, रहने का ढंग. **6** जीवन चरित. **7** गतिविधि, रुचि : *put more — into your work .* **'—belt** ('लाइफ़्बेल्ट्) *n* रक्षा पेटी, पानी में डूबने से बचाने के लिए हवा भरा गोल पहिया. **'—boat** *n* समुद्र में डूबने से बचाने वाली नौका. **'life-jacket** *n* डूबने से बचाने वाली जैकेट. **'—less** *adj* निर्जीव. **'—'long** *adj* आजीवन.

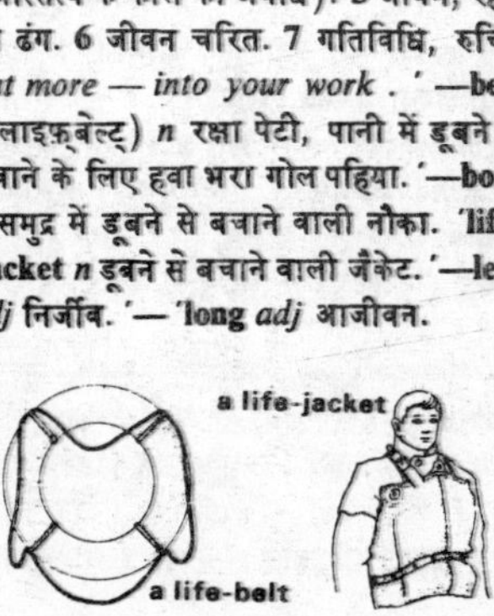

lift (लिफ़्ट्) *v* 1 ऊपर उठाना. 2 (बादलों का) उठना. 3 पौधों को जड़ों से उखाड़ना. *n* 1 उत्थान, — की प्रक्रिया: *give sb a* — (कार आदि में बैठा लेना). 2 लिफ़्ट.

light[1] (लाइट्) *n* 1 (darkness के विपरीत) प्रकाश, रोशनी. **come to —, be brought to —**, जाँच-पड़ताल के परिणाम रूप विदित होना. 2 **strike a —**, दियासलाई जलाना. 3 नया व्याख्यात्मक ज्ञान. *adj* (-er, -est) (dark के वैषम्य में) उज्ज्वल, प्रकाश से पूर्ण; हलका (रंग). *v* (*pt & pp* lit, lighted) 1 जलाना, सुलगाना. 2 (प्राय: **— up**) चमकाना, उज्ज्वलित करना. 3 प्रकाशमय करना, आलोकित करना. ˈ**—en** (ˈलाइट्न्) *v* 1 आलोकित कर और अधिक प्रकाशमय करना. 2 बिजली चमकना : *it thundered and —ened.* ˈ**—house** *n* प्रकाशस्तंभ, आकाशदीप. ˈ**—ning** (ˈलाइट्निङ्) *n* (आकाश की) बिजली, तड़ित्. ˈ**—ning rod,** ˈ**—ning conductor** *n* तड़ितचालक, (ऊँचे भवन में ऊपर से नीचे पृथिवी तक लगी ताँबे की पट्टी जिसके द्वारा बिजली गिरने पर भवन को हानि नहीं होती है). ˈ**—ship** *n* दीपनौका (दीपस्तंभ का काम करने वाली).

light[2] (लाइट्) *adj* (-er, -est) (heavy के विपरीत) 1 हलका (विशेषत: अपने आकार को देखते हुए). 2 भारी वस्तु सहने में असमर्थ, कमज़ोर. 3 नाज़ुक. 4 मनोरंजन के लिए (किताबें, खेल); सुपाच्य (भोजन); जल्दी जग जाने वाले व्यक्ति; हलका (पेय, शराब आदि). *adv* **travel —,** बहुत कम सामान के साथ यात्रा करना ˈ**—en** (लाइट्न्) *v* — करना. ˈ**light**ˈ**headed** *adj* चंचल, अविवेकी. ˈ**light**-ˈ**hearted** *adj* प्रफुल्ल, चिन्तामुक्त. ˈ**—ly** *adv* **—ness** *n*.

ˈ**lighter** (ˈलाइटर्) *n* जहाज़ से बन्दरगाह तक माल ढोने की नौका.

like[1] (लाइक्) *adj* समान; सदृश, तुल्य. **nothing — as** (*good*), उतना (अच्छा) नहीं. *It looks — rain* (पानी बरसने की संभावना है). *I don't feel — working* (काम करने की इच्छा नहीं हो रही है). ˈ**—ly** (ˈलाइक्लि) *adj* 1 संभावित. 2 उचित, उपयुक्त: *a —ly excuse.* ˈ**—lihood** (ˈलाइक्लिहुड्) *n* संभावना की मात्रा. **liken** (ˈलाइक्न्) *v* समानता दर्शाना. ˈ**—ness** *n* समानता, सदृशता. ˈ**—wise** *adv* उसी तरह. *conj* भी.

like[2] (लाइक्) *v* 1 पसंद करना; की रुचि रखना. 2 (नकारात्मक वाक्य में infinitive के साथ) नापसंद होना, करने में अनिच्छा रखना : *I don't — to get up.* 3 (would, should के साथ) इच्छा प्रकट करना. *n* (केवल *pl*) पसंद, रुचि. ˈ**likable** (ˈलाइक्ब्ल्) *adj* रुचिकर, रमणीय. ˈ**liking** (ˈलाइकिङ्) *n* पसन्द, रुचि. **have a liking for,** बहुत पसंद करना. **to one's liking,** अपनी रुचि के अनुसार; तृप्ति के साथ.

ˈ**lily** (ˈलिलि) *n* लिली, कुमुदनी.

limb (लिम्) *n* हाथ-पैर; पंख; (पेड़ की) शाखाएँ.

lime[1] (लाइम्) *n* चूना. ˈ**—stone** *n* चूने का पत्थर.

lime[2] (लाइम्) काग़ज़ी नींबू.

ˈ**limit** (ˈलिमिट्) *n* 1 सीमा (स्थान या बिन्दु जिसे पार न किया जा सके). 2 अधिकतम संभव मात्रा, राशि, संख्या आदि. *v* — बाँधना; — बनना. ˈ**—ed** (ˈलिमिटिड्) *adj* सीमित; संकुचित (दृष्टिकोण); संकीर्ण. ˈ**—less** *adj* असीम. ˌ**limi**ˈ**tation** (लिमिˈटेशन्) *n* सीमा; सीमाबद्धता; सीमानिर्धारण; प्रतिबंध, बंधन.

limp[1] (लिम्प्) *adj* ढीला, शिथिल.

limp[2] (लिम्प्) *v* लँगड़ाते हुए चलना. *n* लँगड़ी चाल.

line[1] (लाइन्) *n* 1 रेखा, लाइन. 2 डोरी, तार (विशेष प्रयोजन के लिए प्रयुक्त) : *fishing (telephone) —s.* 3 पंक्ति, कतार : *boys standing in a —.* 4 यातायात की संगठित व्यवस्था : *an airline.* 5 लिखी या छपी हुई पंक्ति. **read between the —s,** जो व्यक्त किया गया है उससे अधिक अर्थ निकालना; अन्तर्निहित आशय निकालना. 6 संक्षिप्त लिखित संदेश. 7 सैन्य रक्षा पंक्ति : *the front —; behind the —s.* 8 दिशा; स्थिति सुलझाने की रीति : *on the right —s.*

9 भूमध्य रेखा. 10 (व्यापार-वाणिज्य में) व्यवसाय, पेशा : *in the drapery* —. 11 व्यापारिक सामान का वर्ग. 12 वंशावली : *a long — of kings.* *v* — से अंकित करना; — बनाना. **'linear** ('लिनिअर्) *adj* — **measure**, लम्बाई में नापना, **'—r** ('लाइनर्) *n* जहाज़, हवाईजहाज़. **'—sman** ('लाइन्ज़मन्) *n* खेलकूद में फ़ील्ड की रेखाओं का ध्यान रखने वाला निर्णायक.

line[2] (लाइन्) *v* अस्तर लगाना : *coats —d with silk.*

linen ('लिनिन्) *n & adj* कमीज़, चादर आदि सूती कपड़े; सूती कपड़ा.

'linger ('लिंगर्) *v* धीरे-धीरे मरना या क्षीण होना; देर तक रुके रहना (जब कि और लोग चले गये हों).

'linguist ('लिंग्विस्ट्) *n* अनेक भाषाओं में निपुण; भाषाविद्, भाषाविज्ञानी.

'liniment ('लिनिमन्ट्) *n* लेप (चोट लगे भाग पर लगाने के लिए).

'lining ('लाइनिङ्) *n* अस्तर.

link (लिंक्) *n* 1 (जंजीर की) कड़ी, छल्ला. 2 दो वस्तुओं या व्यक्तियों को जोड़ने वाला, बन्ध, सम्पर्क. *v* जोड़ना.

li'noleum (लि'नोल्यम्) *n* लिनोलियम (फ़र्श पर बिछाने वाला).

lint (लिन्ट्) *n* घाव साफ़ करने वाली रूई, फाहा.

'lintel ('लिन्टल्) *n* द्वार या खिड़कियों के ऊपर लगा पत्थर, लिन्टल.

'lion ('लाइअन्) *n* सिंह. → p 351. **the —'s share,** बहुत बड़ा हिस्सा. **'—ess** *n* सिंहनी.

lip (लिप्) *n* 1 ओंठ. 2 प्याले का किनारा; ओंठनुमा भाग. **'lip-,service** ('लिप्-सर्विस्) *n* दिखावटी अनुमोदन, आदर, प्रेम आदि. **'lip-stick** *n* लिपस्टिक.

'liquid ('लिक्विड्) *n* द्रव, जल या तेल की तरह तरल पदार्थ. *adj* 1 द्रवरूप में : *— food.* 2 स्वच्छ; उज्ज्वल. **'liquefy** ('लिक्विफ़ाइ) *v* — करना या होना.

'liquidate ('लिक्विडेट्) *v* 1 कर्जा चुकाना. 2 दीवाला निकाल देना. **,liqui'dation** (लिक्वि-'डेशन्) *n* दीवाला.

'liquor ('लिकर्) *n* 1 शराब; मद्य. 2 रस.

lisp (लिस्प्) *v* तुतलाना, s और z में भेद न करना आदि. *n* तुतलाहट.

list (लिस्ट्) *n* सूची, तालिका. *v* — बनाना; — में शामिल करना.

'listen ('लिस्न्) *v* (ध्यान से) सुनना, (कान लगा कर) सुनना. — **in,** रेडियो प्रोग्राम या वार्तालाप सुनना. **—er** *n.*

'listless ('लिस्टलिस्) *adj* इतना अधिक थका हुआ कि काम करने की इच्छा न हो, न किसी में रुचि उत्पन्न हो; निरुत्साह; निर्जीव.

lit (लिट्) → light.

'literacy ('लिट्रसि) *n* साक्षरता, अक्षर पहचानने व पढ़ने-लिखने की जानकारी.

'literal ('लिट्रल्) *adj* शाब्दिक : *a — translation* (शब्दशः अनुवाद). **—ly** ('लिट्रलि) *adv* अक्षरशः.

'literary ('लिट्ररि) *adj* साहित्य या साहित्यकारों से संबद्ध, साहित्यिक.

'literate ('लिट्रिट्) *n & adj* साक्षर, पढ़-लिख सकने वाला.

'literature ('लिट्रिचर्) *n* 1 साहित्य. 2 वाङ्मय; विशिष्ट साहित्य.

lithe (लाइद्) *adj* लचीला (बदन, आदमी).

'litigate ('लिटिगेट्) *v* मुकदमा लड़ना. **liti-'gation** (लिटि'गेशन्) *n* मुकदमेबाज़ी.

'litre ('लीटर्) *n* लिटर, द्रव मापने की इकाई.

'litter ('लिटर्) *n* 1 कूड़ा-करकट. 2 घास-फूस (पशुओं के लेटने के लिए). 3 पशुओं के नवजात बच्चे : *her — of puppies.* *v* 1 — डालना, बिछाना. 2 (पशुओं के लिए) बच्चे देना, ब्याना.

'little ('लिट्ल्) *adj* 1 छोटा; छोटी आयु का (न कि बड़ा); ठिगना (न कि लंबा); तुच्छ (न कि महत्त्वपूर्ण). 2 छोटे आकार का. 3 कम (न कि अधिक). **a —,** थोड़ी सी मात्रा. *n* **after (for) a —,** कुछ समय बाद. *adv* थोड़ा-सा; एकदम नहीं. **a —,** थोड़ा सा : *a — better.* **— by —,** धीरे-धीरे.

live (लिव्) *v* जीना, जीवित रहना; रहना, निवास करना. **— and let —,** सहिष्णु बनना (स्वयं जीना और औरों को जीने देना). **— on,** भोजन के रूप में लेना; गुज़र करना, निर्वाह

करना. *adj* (केवल संज्ञा के पूर्व) सजीव, सप्राण; क्रियाशील, सक्रिय. — **wires** बिजली का गरम तार. ˈ**—lihood** (ˈलाइव़्लिहुड्) *n* जीविका, वृत्ति. ˈ**—ly** *adj* प्रफुल्ल, सजीव; फुरतीला. ˈ**—liness** *n*. ˈ**—long** *adj*. **the — long day,** पूरा दिन. ˈ**—n** (ˈलाइव़्न्) *v* **—n up,** सजीव या प्रफुल्लित बनना. ˈ**—stock** (ˈलाइव़्स्टॉक्) *n* पशुधन, लाभ के लिए पाले पशु. ˈ**living** *adj* **1** जीवित, वर्तमान. **2** जीता-जागता (चित्र), सजीव. *n* **1** = -lihood : *to earn one's living*. **2** रहन-सहन. **living-room,** बैठक, सामान्य कमरा. **living wage,** निर्वाह योग्य मज़दूरी.

ˈ**liver** (ˈलिव़र्) *n* कलेजा, जिगर, यकृत. → p 37; कलेजी (पशुओं का गोश्त के रूप में).

ˈ**livery** (ˈलिव़्रि) *n* राजमहल आदि में नौकरों की विशेष पोशाक, वरदी.

ˈ**livid** (ˈलिव़िड्) *adj* सुरमई (रंग का) : — *with cold (anger)* (अत्याधिक ठंडा या क्रुद्‌ध).

ˈ**lizard** (ˈलिज़र्ड्) *n* छिपकली. → p 265.

load (लोड्) *n* **1** भार, बोझा. **2** लदान, खेप. *v* **1** बोझा लादना; सामान लादना. **2** बंदूक आदि में गोली भरना.

loaf[1] (लोफ़्) *n* (*pl* loaves) डबल रोटी, पाव रोटी.

loaf[2] (लोफ़्) *v* समय व्यर्थ बर्बाद करना; आवारागर्दी करना.

loan (लोन्) *n* **1** ऋण, कर्ज़. **2** ऋण देना, ऋण में दी वस्तु : *books on loan; have the — of*. *v* ऋण देना.

loath, loth (लोथ्) *adj* अनिच्छुक.

loathe (लोद्) *v* से घृणा करना, नापसंद करना. ˈ**loathing** (लोद्रिङ्) *n* घृणा.

loaves → loaf.

ˈ**lobby** (ˈलॉबि) *n* प्रवेशकक्ष, लॉबी.

lobe (लोब्) *n* (कान की) लौ, पालि.

ˈ**lobster** (ˈलॉब्स्टर्) *n* समुद्री झींगा. → p 280.

ˈ**local** (ˈलोकल्) *adj* **1** स्थानीय : — *news*. **2** एक अंश की (न कि पूरे की), आंशिक. **—ly** *adv*. **loˈcality** (लोˈकैलिटि) *n* मुहल्ला, इलाका; स्थान; संस्थिति.

loˈcate (लोˈकेट्) *v* **1** स्थान पता लगाना. **2 be —d,** स्थित होना. **3** स्थान में बिठाना. **loˈcation** (लोˈकेशन्) *n* स्थान; अवस्थिति.

loch (लॉख़्) *n* (स्काटलैंड में) पतली खाड़ी; झील.

lock (लॉक्) *n* **1** ताला. **2** (बंदूक का) घोड़ा जिसके दबाने से गोली चलती है. **3** नहर का बाँध. *v* **1** ताला बंद करना. **— (sb) in (out),** भीतर (बाहर) बंद कर देना. **— sth up,** ताले से सुरक्षित स्थान पर रखना; मकान को अच्छी तरह से बंद कर देना. **2** जकड़ जाना, फँस या अटक जाना, न खुल पाना : *jaws tightly —ed*. ˈ**—er** (ˈलॉकर्) *n* लाकर, बैंक आदि में सुरक्षित डिब्बा. ˈ**lockout** (ˈलॉक्आउट्) *n* तालाबंदी, ˈ**—smith** (ˈलॉक्स्मिथ्) *n* तालासाज़. ˈ**— -up,** हवालात.

ˈ**locket** (ˈलॉकिट्) *n* लाकेट, लटकन.

ˌ**locoˈmotion** (लोक्ˈमोशन्) *n* एक स्थान से दूसरे स्थान जाने (की शक्ति). ˈ**locomotive** (ˈलोक्मोटिव़्) *n* रेलवे इंजिन.

ˈ**locust** (ˈलोकस्ट्) *n* टिड्डी. → p 168.

lodge (लॉज्) *n* द्वार के पास कर्मचारी के लिए बना मकान, लॉज. *v* **1** किसी को रहने के लिए कमरे देना. **2** किरायेदार के रूप में रहना (*in, at, with*). **3** ठहराना (*in*). **4** सुरक्षित स्थान पर रखना (*with* sb, *in* a place) **—r** *n* किरायेदार. ˈ**lodging** (ˈलॉजिङ्) *n* (प्राय: *pl*) डेरा, आवास, किराये का स्थान. ˈ**lodging-house** (ˈलॉजिङ्-हाउस्) *n*.

loft (लॉफ़्ट्) *n* अटारी.

ˈ**lofty** (ˈलॉफ़्टि) *adj* (-ier, -iest) **1** ऊँचा **2** (विचारों से) उदात्त, उच्चमना.

log[1] (लॉग्) *n* लट्ठा; कुन्दा.

log[2] (लॉग्) *n* **1** जहाज़ की गति नापने का यंत्र. **2** (ˈ**logbook** भी) यात्रा का रिकार्ड; कार्यपंजिका.

ˈlogarithm (ˈलॉग्रिथ्म्) *n* लघुगणक, लॉगरिथ्म (गणित में).

ˈloggerhead (ˈलॉगरहेड्) *n* **at —s (with),** एक दूसरे के प्रतिकूल; असहमत.

ˈlogic (ˈलॉजिक्) *n* तर्कशास्त्र. **—al** *adj* तर्कसंगत, तर्कयुक्त; तर्क करने में समर्थ. **—ally** *adv*. **logician** (लोˈजिशन्) *n* तार्किक.

loin (लॉइन्) *n* **1** (*pl*) कमर. **2** कमर का गोश्त.

ˈloiter (ˈलॉइटर्) *v* मटरगश्ती करना; आवारागर्दी करना. **ˈ—er** *n*.

loll (लॉल्) *v* **1** आराम से लेटे रहना. **2** (जीभ को) बाहर लटकाना, निकालना (*out*).

ˈlonely (ˈलोन्लि) *adj* (-ier,-iest) **1** अकेला, बिना साथी का; *feeling —*. **2** सूना, निर्जन (स्थान). **ˈloneliness** *n* एकान्त; अकेलापन.

long[1] (लॉङ्) *adj* (-er, -est) लम्बा, दीर्घ. **in the long run,** अंततोगत्वा, अंत में. **the — and the short of it,** सामान्य प्रभाव या परिणाम. *adv* **as (so) — as,** जब तक; इस शर्त पर. **ˈ—hand** *n* (shorthand के विपरीत) सामान्य लिपि. **ˈ—ways, ˈ—wise** *adv* लम्बाई में.

long[2] (लॉङ्) *v* लालायित होना. **ˈ—ing** *n* लालसा. **ˈ—ingly** *adv*.

ˈlongitude (ˈलॉंगिट्यूड् *or* ˈलॉन्जिट्यूड्) *n* (भूगोल) देशान्तर रेखांश, लन्दन (ग्रीनिच) से पूर्व या पश्चिम में स्थित ध्रुवीय रेखा का अंश.

look (लुक्) *v* **1** (ध्यान से) देखना; की ओर देखना, निगाह डालना. **— after** (sb, sth), पालन-पोषण करना; रखवाली करना. **— down on,** तुच्छ दृष्टि से देखना. **— for,** खोजना; प्रतीक्षा करना. **— forward to,** प्रतीक्षा करना (उत्सुकता के साथ). **— in on (sb),** मिलते जाना. **— on,** दर्शक मात्र बनना. **ˈ— out,** सतर्क रहना; ताक में रहना. **— sth over,** निरीक्षण करना. **— sth through,** दृष्टि डालना, पढ़ना. **— up to,** आदर करना. **2 — like,** समान होना, समान लगना : *it —s like rain* (पानी पड़ने की संभावना लगती है). *n* **1** — की प्रक्रिया. **2** रूप-रंग. **3** (*pl*) व्यक्ति का चेहरा और रूप रंग : *good —s*. **ˈ—er-on** *n* (*pl*-ers-on) दर्शक. **—ing-glass** *n* दर्पण, शीशा. **ˈlook-out** *n* **1** चौकी, पहरा देने का स्थान; स्थान; पहरेदार. **2** भविष्य की संभावना. **3** *That's his (your) look-out,* उत्तरदायित्व (उसे देखने का भार उस पर (तुम पर) है).

loom[1] (लूम्) *n* (कपड़ा बुनने का) करघा.

loom[2] (लूम्) *v* धुँधली छाया पड़ना (भविष्य में घटित होने वाली घटनाओं की).

loop (लूप्) *n* फन्दा, छल्ला, कुण्डली. *v* **1 —** बनाना; मोड़ कर — बनाना. **2 — sth up (back),** फन्दे से बाँधना. **ˈloop-hole** *n* दीवार का छेद या दरार; (fig) बचने का उपाय (विशेषतः नियम के शब्दों के ठीक-ठीक न होने के कारण).

loose (लूस्) *adj* (-r, -st) **1** स्वच्छन्द, मुक्त, बन्धनहीन. **2** बहुत कसा हुआ नहीं, ढीला. **3** उचित से अधिक ढीला : *a — screw*. **4** अपर्याप्त रूप से नियंत्रित आचरण, भाषण आदि. **5** ढीला-ढीला. *v* **—** करना. **ˈ—ly** *adv*. **ˈ—n** (ˈलूस्न्) *v* — करना; ढीला करना.

loot (लूट्) *v* लूटना. *n* लूट.

lop (लॉप्) *v* (-pp-) पेड़ की टहनियाँ छाँटना; शाखा काटना.

lop-ˈsided (लॉप्ˈसाइडिड्) *adj* असंतुलित, एकतरफा.

lord (लार्ड्) *n* **1** अधिपति, स्वामी **2 Lord,** ईश्वर, प्रभु. **the L—'s Day,** रविवार का दिन. **3** लार्ड; **the House of Lords,** ब्रिटिश पार्लियामेंट का उच्च सदन. **4** पदाधिकारी. *v* **— it over** (sb), स्वामी की तरह शासित करना. **ˈLordship** (ˈलार्ड्शिप्) *n* लार्ड या हाईकोर्ट के जज को संबोधित करते समय प्रयुक्त शब्द.

ˈlorry (ˈलॉरि) *n* लारी (मोटर) (अमेरिका में इस के स्थान पर ट्रक शब्द प्रचलित है).

lose (लूज़्) (*pt & pp* lost) **1** दुर्घटना, असावधानी या मृत्यु आदि से किसी को खो देना. **2 — one's way, — oneself, be lost,** मार्ग से भटक जाना. **3** समय पर न पहुँचना; किसी

के दर्शन, भाषण आदि से वंचित होना; (भावनाओं को) नियंत्रण में न रख पाना: — *one's train* (*the post, one's temper*). **— one's head,** अति उत्तेजित होना. 4 (घड़ी का) अत्यधिक धीरे (स्लो) चलना. **loss** (लॉस्) *n* हानि; क्षति; अभाव. **at a loss,** किंकर्तव्यविमूढ़.

lost → lose.

lot[1] (लॉट्) *n* (colloq) **the (whole) lot,** सभी; प्रत्येक. **a lot (of), lots (of),** बड़ी संख्या या मात्रा में. **a lot (better),** पर्याप्त ठीक.

lot[2] (लॉट्) *n* **1 draw (cast) lots, decide sth by lot,** चिट्ठी डाल कर अथवा अन्यथा आकस्मिकता पर निर्भर पद्धति से कोई निर्णय करना. 2 भाग्य से प्राप्त, दैवागत. 3 ढेर (प्राय: नीलाम में).

loth (लोथ्) *adj* अनिच्छुक.

'lotion ('लोशन्) *n* लोशन (शरीर पर लगाने वाला चिकित्सार्थ द्रव).

'lottery ('लॉट्रि) *n* लाटरी.

loud (लाउड्) *adj* (-er, -est) 1 जो आसानी से सुना जा सके, शोर भरा. 2 ज़ोरदार, आकर्षक. **'loud-,speaker** *n* लाउड-स्पीकर. **' —ly** *adv*.

lounge (लाउन्ज्) *v* आराम से बैठना या किसी वस्तु को टेककर खड़ा होना. *n* आरामदेह कुर्सियों से युक्त विश्राम-कक्ष (विशेषत: होटलों में), लाउन्ज.

louse (लाउस्) *n* (*pl* lice) जूँ, चीलर.

love (लव्) *n* प्रेम (जैसे, पति-पत्नी, माँ-बच्चे घनिष्ठ मित्र आदि के बीच). **in — with,** आसक्त होना. **make — to,** प्रेम दिखाना. *v* 1 प्रेम, प्यार करना. 2 आनंद लेना. **'lovable** ('लव़ेब्ल्) *adj* प्यारा, प्यार करने योग्य, आकर्षक. **' —less** *adj* निर्मोही. **'—r** ('लव़र्) *n* **1** शौक़ीन. **2** प्रेमी. **3** (*pl*) प्रेमी-प्रेमिका. **'loving** ('लविङ्) *adj* स्नेही, प्रेममय. **' —sick** *adj* प्रेमातुर; विरही.

lovely ('लव़्लि) *adj* (-ier,-iest) **1** सुन्दर, रमणीय, आकर्षक. **2** प्रसन्न. **'loveliness** *n*. ('लव़्लिनिस्)

low (लो) *adj* **1** (-er, -est) नीचा, निम्न; धीमा, कठिनाई से सुना जाने वाला; गहरा. **2** जो उच्चस्तर पर संगठित नहीं हैं : *low forms of life*. **3** दुर्बल, शक्तिहीन : *feeling low*. **in low spirits,** उदास. **4** ग्राम्य; सामान्य जनोचित : *low tastes*. **5 lower animals,** मनुष्य को छोड़कर शेष सभी प्राणी. *adv* नीचे, निम्न स्थिति में. **be laid low,** बीमारी, चोट आदि के कारण शय्या ग्रस्त होना. **be running low,** लगभग चुक जाना (सामान का). **'low-brow** ('लोब्राउ) *n & adj* असंस्कृत रुचि/रुचि वाला (व्यक्ति). **'lower** ('लोउअर्) *v* **1** नीचे करना. **2** कम ऊँचा होना. **'lowly** ('लोलि) *adj* विनम्र; दीन.

'loyal ('लॉइअल्) *adj* स्वामिभक्त; ईमानदार, निष्ठावान् (*to*). **—ly** *adv*. **—ist** *n* राजभक्त (विशेषत: क्रांति के समय). **—ty** *n* वफ़ादारी, निष्ठा.

'lubricate ('लूब्रिकेट्) *v* मशीन में तेल या ग्रीस डालना.

'lucid ('लूसिड्) *adj* सुबोध; साफ़-साफ, सरल शब्दों में.

luck (लक्) *n* **1** भाग्य; दुर्भाग्य; नियति. **in (out of) —**, सौभाग्य (दुर्भाग्य). **2** सौभाग्य; दैव की सहायता. **' —y** *adj* (-ier, -iest) भाग्यशाली, शुभ. **' —ily** *adv* सौभाग्य से.

'ludicrous ('लूडिक्रस्) *adj* हास्यजनक; बेतुका.

'luggage ('लगिज्) *n* (यात्रा का) सामान, असबाब.

'lukewarm ('लूक्वॉर्म्) *adj* गुनगुना; (fig) मंद उत्साह वाला (न तो समर्थन और न विरोध करने को तैयार).

lull (लल्) *v* अक्रिय या शांत हो जाना. *n* शांति या मंदी की अवधि. **'—aby** ('लल्बाइ) *n* लोरी (बच्चों को सुलाने के लिए गाया गीत).

'lumber ('लम्बर्) *n* **1** इमारती लकड़ी. **2** काठ-कबाड़ा. *v* **1 — along (past),** भदभदाते हुए चलना. **2 — up,** ख़ाली जगह भरना.

'luminous ('लूमिनस्) *adj* उज्ज्वल, प्रकाशमान.

lump (लम्प्) *n* **1** ढेला, पिंड : *—s of clay (coal)*. **2** सूजन, गुम्मड़. **3 a — sum,** एक मुश्त (भुगतान). *v* **1** — बनना. **2** — बनाना. **—y** *adj* (-ier, -iest) — से भरा हुआ.

'lunar ('लूनर्) *adj* चन्द्रमा-संबंधी : *a — month* (चान्द्रमास — लगभग 28 दिन का मास).

'lunatic ('लूनटिक्) *n* पागल. **'lunacy** ('लूनसि) *n* पागलपन, उन्माद.

lunch (लन्च्) *n* दोपहर का भोजन. *v* — लेना.

lung (लङ्) *n* फेफड़ा. → p 37.

lunge (लन्ज्) *n* झपट्टा, अचानक किया अग्र वार (तलवार आदि का). *v* — मारना, अग्र-वार करना.

lurch[1] (लर्च्) *n* **leave sb in the —,** मुसीबत में अकेला छोड़ देना.

lurch[2] (लर्च्) *n* सामान का एक ओर लुढ़क जाना (जहाज़ में); लुढ़कना. *v* — करना.

lure (ल्युअर्) *n* प्रलोभन; चारा. *v* — देना.

'lurid ('ल्युअरिड्) *adj* **1** जलने के कारण दाग़ों वाला; डरावना. **2** सनसनीखेज.

lurk (लर्क्) *v* घात में बैठना, हमला करने के लिए छिप कर बैठना.

'luscious ('लशस्) *adj* ज़्यादा मीठा, स्वादिष्ठ, सुमधुर.

lust (लस्ट्) *n* कामुकता. *v* **— after (for),** लालागित होना; कामातुर होना

'lustre ('लस्टर्) *n* अत्यंत चिकने होने के कारण चमकदार, ओप; (fig) कीर्ति, यश.

lute (ल्यूट्) *n* वीणा.

lu'xuriant (लग्'ज़्युअरिअन्ट्) *adj* प्रचुर, बहुत पैदा होने वाला : *— vegetation*. **lux'uriance** (लग्'ज़्युअरिअन्स्) *n*.

'luxury ('लक्शरि) *n* **1** भोग-विलास : *living in —*. **2** विलास-वस्तुएँ (जो रुचिकर हैं किंतु आवश्यक नहीं हैं). **lu'xurious** (लग्-'ज़्युअरिअस्) *adj* — चाहने वाला, —वाला.

lying → lie.

lynch (लिन्च्) *v* (किसी तथाकथित अपराधी को बिना मुकदमा चलाये) जनता द्वारा ही मार देना.

lynx (लिंक्स्) *n* बन विलाव (अपनी तीक्ष्ण दृष्टि के लिए प्रसिद्ध). → p 351.

lyre ('लाइअर्) *n* यूरोपीय वाद्य यंत्र, वीणा की भांति प्रसिद्ध.

'lyric ('लिरिक्) *adj* गीतात्मक, गेय पद. *n* गीतिकाव्य. (*pl*) गीत, पद. **—al** ('लिरिकल्) *adj* **1** गीतात्मक. **2** उत्साहपूर्ण.

M

'ma(mma) (मा/म'मा) *n* मम्मी; माँ.

'ma'am (मैम्) *n madam* का संक्षिप्त रूप.

maca'roni (मैक्'रोनि) *n* मकरौनि (मैदे की सेवईं की तरह का पकवान).

mace (मेस्) *n* राजदंड; गदा.

a mace

ma'chine (म'शीन्) *n* **1** मशीन, यंत्र : *printing machine; sewing machine*. **2** एक राजनैतिक वर्ग को नियंत्रित करने के लिए संगठित व्यक्ति-संगठन. **ma'chine-gun** *n* मशीनगन. **—ry** (म'शीनरि) *n* **1** मशीनरी, मशीन के कल-पुर्ज़े. **2** कार्यतन्त्र, शासनतंत्र.

'mackerel *n* ('मैक्रल्) *n* समुद्री मछली जो भोजन के काम आती है.

'mackintosh ('मैकिन्टॉश्) *n* रबड़ लगे कपड़े की बरसाती.

mad (मैड्) *adj* ('madder, 'maddest) **1** पागल, विक्षिप्त. **2** (colloq) बिलकुल मूर्ख; विक्षिप्त : *mad with pain*. **'madden** (मैड्न्) *v* पागल बना देना, अत्यंत क्रुद्ध कर देना. **'madly** *adv*. **'madness** *n*.

'madam ('मैडम्) *n* महिलाओं को संबोधित करने का एक रूप.

made (मेड्) → make.

Mademoi'selle (मैडम्'ज़ुल्) *n* (अविवाहित)

कन्याओं के पूर्व प्रयोग में आने वाला फ्रेंच शब्द (तुलना कीजिए Miss).

Ma'donna (म'डॉना) *n* कुँवारी मरियम (ईसा की माता).

ˌ**ma'estro** (मा'एस्ट्रो) *n* संगीताचार्य.

ˌ**maga'zine** (मैग्'ज़ीन्) *n* **1** बारूदख़ाना. **2** बंदूक आदि में गोली रखने का स्थान, मैगज़ीन, **3** मैगज़ीन, (स्कूल आदि की) पत्रिका.

'**maggot** ('मैगट्) *n* लार्वा.

'**magic** ('मैजिक्) *n* **1** जादू. **2** जादूगरी. **3** बाजीगरी, इंद्रजाल. *adj* (**—al** भी) —वाला, — भरा. **ma'gician** (म'जिशन्) *n* जादूगर, बाजीगर.

'**magistrate** ('मैजिस्ट्रेट्) *n* मैजिस्ट्रेट, दंडाधिकारी. ˌ**magis'terial** (मैजिस्'टिअरिअल्) *adj* — विषयक; अधिकारी, प्रामाणिक.

mag'nanimous (मैग्'नैनिमस्) *adj* उदारचेता, विशाल-हृदय. ˌ**magna'nimity** (मैग्न'निमिटि) *n*.

'**magnet** ('मैग्निट्) *n* मैग्नेट, चुम्बक. **mag'netic** *adj* चुम्बकीय : —*ic needle*. '**magnetize** ('मैग्निटाइज़्) *v* चुम्बकीय करना; चुम्बक की तरह आकर्षित करना.

'**magnify** ('मैग्निफ़ाइ) *v* बढ़ा-चढ़ा कर बताना या दिखाना; (ईश्वर की) प्रशंसा करना.

'**magnitude** ('मैग्निट्यूड्) *n* विशालता; महत्ता.

'**magpie** ('मैग्पाइ) *n* एक प्रकार की शोर मचाने वाली चिड़िया जो बहुत चोर होती है.

ma'hogany (म'हॉग्नि) *n* महोगनी, एक वृक्ष जिसकी लकड़ी फ़र्नीचर बनाने के काम आती है.

maid (मेड्) *n* **1** (साहित्य में) कुमारी. **2** (प्राचीन प्रयोग) अविवाहिता स्त्री. **old —**, स्त्री जिसका विवाह होना अब असंभवप्राय है. **3** घर की नौकरानी.

'**maiden** ('मेड्न्) *n* (साहित्य में) कुमारी; अविवाहिता युवती. *adj* — **name,** कुमारी-नाम, स्त्री का विवाहपूर्व का नाम. — **speech,** जनता के बीच या संसद् में किसी का पहला भाषण. — **voyage,** जहाज़ की पहली यात्रा.

mail[1] (मेल्) *n* कवच. *coat of —*.

mail[2] (मेल्) *n* **1** डाक (पत्र, पार्सल आदि पोस्ट से भेजी सामग्री). **2** डाक-प्रणाली. — **order,** डाक से सामान मँगाने का आदेश. *v* — द्वारा भेजना.

maim (मेम्) *v* ऐसी चोट खाना कि व्यक्ति अपंग हो जाए, अशक्त बना देना.

main (मेन्) *adj* मुख्य; सर्वाधिक महत्त्वपूर्ण. *n* **1** बिजली, पानी आदि का मुख्य नल, तार आदि : *connect a house to the —s*. **2 in the —,** अधिकांश. '**—land** *n* मुख्य भूभाग (समीपवर्ती द्वीपों को छोड़कर देश का भाग). '**—ly** *adv* मुख्यतः, मुख्यतया. '**main-spring** *n* प्रेरक-शक्ति, प्रेरणास्रोत, मुख्य कमानी. '**—stay** *n* (fig) मुख्य आधार.

main'tain (मेन्'टेन्) *v* बनाए, चालू या कायम रखना; सहारा देना; (किसी कथन को सच्चा ही) मानना.

maize (मेज़्) *n* मक्का.

'**majesty** ('मैजिस्टि) *n* सम्राटोचित आचरण; सम्राटोचित ऐश्वर्य; राजसत्ता. **His (Her, Your) M—,** सम्राट्-सम्राज्ञी को संबोधित करने का रूप. **ma'jestic** (म'जेस्टिक्) *adj* तेजस्वी, प्रतापी, शानदार.

'**major** ('मेजर्) *adj* दो अंशों में से बड़ा या महत्त्वपूर्ण अंश. *n* मेजर (सैन्य-अधिकारी). '**major-'general** *n* सेना में मेजर-जनरल. *n* **ma'jority** (म'जॉरिटि) *n* **1** बहुमत; बहुलांश. **2** वयस्क होने की क़ानूनी आयु.

make (मेक्) *v* (*pt & pp* made) **1** बनाना, निर्माण करना; अस्तित्व में लाना; तैयार करना; उत्पन्न या पैदा करना. — **fun (sport) of (sb),** मज़ाक बनाना, उपहास करना. — **light of** (*sth*), गंभीरता से न लेना. — **most of sth,** अधिक से अधिक लाभ उठाना. **2** मजबूर करना. **3** करना, कराना : — *sb happy*; — *the fire burn*. **4** पहुँचना; कार्य-संपन्न करना. : *we made the journey in two days*. **5** मानना, समझना. **6 — for,** की ओर जाना, पर आक्रमण करना. — **off,** भाग जाना. — **out,** चेक लिखना; देख, पढ़ या समझ लेना; यह विचार देना (*that*). — **up,** (कहानी, बहाना) गढ़ना; (पूर्ति के लिए आवश्यक वस्तुएँ) देना; (दवाइयाँ) तैयार

करना; पार्सल में वस्तुएँ रखना; किसी अभिनेता को रंगमंच के लिए सजाना, तैयार करना; शृंगार करना; चेहरे पर क्रीम-पाउडर लगाना. — **up one's mind** (*to*), निश्चित करना. '**make-believe** *n* बहाना, ढोंग. '**Maker** *n* ईश्वर, सर्जनहार. '**make-shift** *n* काम चलाऊ (वस्तु). **make** *n* गठन, बनावट; (कम्पनी का) निर्माण. '**make-up** *n* **1** संरचना; विन्यास. **2** शृंगार का सामान, पाउडर-क्रीम आदि (मेकअप का सामान). **making** *n*. **be the making of,** क्षेमकल्याण करना. **have the makings of,** निर्माण योग्य गुण रखना.

mal- (उपसर्ग) **1** बुरी तरह : *maltrect*; *malformation*. **2** नकारात्मक : *malcontent* (असंतोष; असंतुष्ट; राजद्रोही).

'**malady** ('मैल्डि) *n* बीमारी; रोग.

ma'laria(म'लेअरिआ) *n* मलेरिआ (रोग).

male (मेल्) *adj* नर, पुरुष, पुंजातीय. *n* — व्यक्ति, पशु, आदि.

ma'levolent (म'लेव्लन्ट्) *adj* द्वेषपूर्ण, द्वेषी. **ma'levolence** (म'लेव्लन्स्) *n*.

'**malfor'mation** ('मैल्फ़ॉर्'मेशन्) *n* कु-रचना; कु-गठित भाग.

'**malice** ('मैलिस्) *n* द्वेष, दुर्भावना, दूसरे को हानि पहुँचाने की अभिलाषा : *bear sb* (*no*) —. **ma'licious** (म'लिशस्) *adj* द्वेषपूर्ण.

ma'lign (म'लाइन्) *v* निंदा करना, बुराई करना. *adj* हानिकारक, अशुभ. **ma'lignant** (म'लिग्नन्ट्) *adj* **1** द्वेषी, अहितकर, **2** सांघातिक, घातक (रोग).

'**malleable** ('मैलिअब्ल्) *adj* **1** धातु जिसे पीट कर बढ़ाया जा सके और उस से पात्र आदि बनाये जा सकें. **2** (fig) आसानी से जिसे प्रशिक्षित किया जा सके (ऐसा चरित्रगुण).

'**mallet** ('मैलिट्) *n* लकड़ी की मुंगरी. →p 326.

'**malnu'trition** ('मैल्न्यू'ट्रिशन्) *n* कुपोषण, पुष्ट भोजन न मिलने के कारण उत्पन्न स्थिति.

malt (मॉल्ट्) *n* माल्ट, बीअर बनाने में प्रयुक्त जौ आदि.

mal'treat (मैल्'ट्रीट्) *v* दुर्व्यवहार करना; अत्याचार करना. —**ment** *n*.

'**mammal** ('मैमल्) *n* स्तनपायी प्राणी.

'**mammoth** ('मैमथ्) *n* मैमथ, रोएँदार बड़ा हाथी, अब विलुप्त. *adj* विशाल (भीड़), विशालकाय.

man (मैन्) *n* (*pl* men) **1** मनुष्य, आदमी; पुरुष. **the man in the street,** जन साधारण; सामान्य जनता की रुचि या संमति का प्रतिनिधित्व करने वाला व्यक्ति. **a man of the world,** बहुत अनुभवी व्यक्ति. **2** मानव; मानव जाति. *v* आवश्यक व्यक्तियों को तैनात करना (विशेषतः जहाज़ आदि के संचालन के लिए). **manful** *adj* साहसी; निडर; दृढ़ संकल्प. '**manhood** ('मैन्हुड्) *n* पुरुषत्व; पुरुषार्थ; पुरुषोचित गुण. **man'kind** (मैन्-'काइन्ड्) *n* मानव जाति. '**manlike** *adj* मनुष्योचित, मनुष्य के गुण (चाहे अच्छे, चाहे बुरे) रखने वाला. '**manly** *adj* (-ier, -iest) पौरुष, साहसादि गुण. '**manslaughter** *n* नरहत्या.

'**manacle** ('मैनक्ल्)*n* (प्राय: *pl*) हथकड़ी-बेड़ी. *v* — डालना.

'**manage** ('मैनिज्) *v* **1** (व्यापार आदि की) व्यवस्था करना; संचालन करना. **2** (कोई कार्य) कर सकना. —**able** ('मैनिज़ब्ल्) *adj* संचालन-योग्य, जिसकी व्यवस्था की जा सके. —**ment** ('मैनिज्मन्ट्) *n* संचालन, प्रबंध, व्यवस्था; संचालक, प्रबंधक, व्यवस्थापक. —**r,** —**ress** ('मैनिज्रिस्) *n* संचालक, संचालिका आदि.

'**mandate** ('मैन्डेट्) *n* **1** आदेश, अधिकारियों का आदेश; अधिकार. **2** शासनादेश (प्रथम विश्व महायुद्ध के बाद लीग आफ़ नेशन्स द्वारा कुछ प्रदेशों पर प्रशासनिक नियंत्रण). **man'dated** *adj* शासनादेश से अधिकृत प्रदेश.

mane (मेन्) *n* सिंह के गले के बड़े बाल, केसर. → p 351.

mange (मेन्ज्) *n* खाज (विशेषतः कुत्तों की). '**mangy** *adj* (-ier, -iest) खाजवाला; गन्दा, उपेक्षित (कुत्ता).

'**manger** ('मेन्जर्) *n* नाँद (गाय, घोड़ आदि की).

'**mangle**[1] ('मैंग्ल्) *v* & *n* धुलाई की मशीन मे कपड़े धोना.

ˈ**mangle²** (मैंग्ल्) *v* बुरी तरह काट-पीट या फाड़-फूड़ देना.

ˈ**mango** (ˈमैंगो) *n* (*pl* ˈmangoes) आम.

ˈ**man-handle** (ˈमैन्हैन्ड्ल्) *v* (व्यक्ति को) धक्का देना, थप्पड़ मारना.

ˈ**mania** (ˈमेन्या) *n* **1** उन्माद, पागलपन. **2** सनक, झक (*for* sth). ˈ**maniac** (ˈमेनिऐक्) *n* विक्षिप्त, पगला; सनकी, झक्की, अति-उत्साही.

ˈ**manicure** (ˈमैनिक्युअर्) *n* नाखूनों को सजाना, नख-प्रसाधन.

ˈ**manifest** (ˈमैनिफ़ेस्ट्) *adj* सुस्पष्ट, प्रत्यक्ष. स्पष्ट. *v* **1** स्पष्टतया दिखाना; संकेत देना. **2** प्रकाश में आना; आविर्भूत होना : *Malaria did not — itself during the voyage.* *n* (जहाज़ में) माल-सूची. **manifestˈation** (मैनिफ़ेस्ˈटेशन्) *n.*

ˈ**manifold** (ˈमैनिफ़ोल्ड्) *adj* विविध, नानारूप; अनेक प्रतियों वाला.

maˈnipulate (मˈनिप्युलेट्) *v* (यंत्र आदि को) कुशलता से काम में लाना; किसी कार्य का चतुरता पूर्वक संचालन करना; चालाकी से काम निकालना. **mˌanipuˈlation** *n* चालाकी; व्यवहार-कौशल.

ˈ**mannequin** (ˈमैनिकिन्) *n* मॉडेल (के रूप में कपड़ों आदि के विज्ञापनार्थ प्रयुक्त महिला).

ˈ**manner** (ˈमैनर्) *n* **1** कार्य किये जाने का ढंग, रीति. **2** (व्यक्ति का दूसरे व्यक्ति के साथ किया) व्यवहार, आचरण. **3** (*pl*) रीति. रिवाज. **4** (*pl*) सामाजिक आचरण : *good —s* (शिष्ट व्यवहार). **5** प्रकार : *all — of*, (प्रत्येक भाँति का). **ill-(well-) mannered** *adj* अशिष्ट (शिष्ट, भद्र) —. **—ism** *n* व्यवहार में विचित्रता, विचित्र आदत.

maˈnoeuvre (मˈनूव़र्) *n* (सेना की) सुनियोजित चाल; चाल बाजी, दाँव. *v* युक्ति से काम निकालना; युद्धाभ्यास करना; चाल चलना.

ˈ**manor** (ˈमैनर्) *n* जागीर, ज़मींदारी, मैनर (इंग्लैंड में ज़मीन और मकान जिस पर उसके स्वामी का कुछ विशेष अधिकार होता था).

ˈ**mansion** (ˈमैन्शन्) *n* हवेली, कोठी.

ˈ**mantelpiece** (ˈमैन्ट्ल्पीस्) *n* कमरे में चिमनी वाली अंगीठी पर बनी कारनिस.

ˈ**mantis** (ˈमैन्टिस्) *n* एक प्रकार का कीड़ा. → p 168.

ˈ**mantle** (ˈमैन्टल्) *n* लबादा (बिना बाँह का).

ˈ**manual** (ˈमैन्युअल्) *adj* हाथ से किया (कार्य), हस्त- : *— labour*. *n* नियमपुस्तिका; पाठ्यपुस्तक. **—ly** *adv.*

ˌ**manuˈfacture** (मैन्युˈफ़ैक्चर्) *v* उत्पादन करना (वस्तुओं का मशीन द्वारा बड़ी मात्रा में). *n* उत्पादन; (*pl*) निर्मित माल. **—r** (मैन्युˈफ़ैक्चरर्) *n* उत्पादक; निर्माता.

ˈ**manure** (मˈन्युअर्) *n* & *v* खाद (डालना).

ˈ**manuscript** (ˈमैन्युस्क्रिप्ट्) *n* पांडुलिपि (छपने या टाइप होने के पूर्व की हाथ से लिखी लेखक की मूल प्रति); हस्तलिखित पुराना ग्रंथ.

ˈ**many** (ˈमेनि) *adj* बहुत से, बहुत सी. **be one too — for,** से अधिक चतुर होना. ˈ**many-ˌsided** *adj* (fig) अनेक कार्यों में रुचि और दक्षता रखने वाला, बहुमुखी प्रतिभा वाला.

map (मैप्) *n* नक़शा, मानचित्र (प्रायः भौगोलिक, जैसे किसी देश, प्रदेश आदि का). *v* (-pp-) — बनाना. **map sth out,** योजना बनाना, प्रबंध करना.

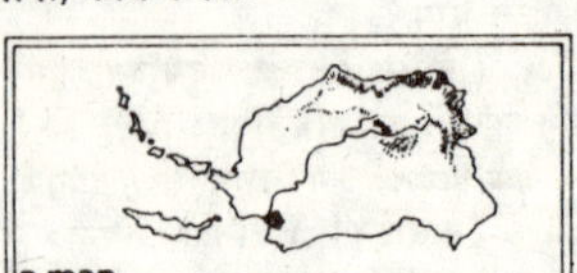

a map

mar (मार्) *v* (-rr-) बिगाड़ना; चौपट करना.

ˈ**marathon (ˈrace)** (ˈमैरथ़न्) *n* लम्बी (दौड़); सहन शक्ति का परीक्षण.

ˈ**marble** (ˈमार्ब्ल्) *n* **1** संगमरमर. **2** काँच की गोली (बच्चों के खेलने वाली), कंचा.

march (मार्च्) *v* मार्च करना (सैनिकों द्वारा), क़दम से क़दम मिला कर चलना : *The soldier —ed (the prisoner) away.* *n* **1** मार्च, प्रयाण : *soldiers on the —*; मार्च द्वारा चली दूरी; प्रयाण-संगीत. **a dead —,** शवयात्रा के समय का गीत-संगीत. **2** (fig) प्रगति; अग्रगति

March (मार्च्) *n* मार्च (महीना).

mare (मेअर्) *n* घोड़ी. **—'s nest,** पहाड़ खोद कर चूहा निकालना, तुच्छ खोज.

ˌmargaˈrine (मार्जˈरीन्) *n* मार्जरीन (वनस्पति या व्हेल की चरबी से बना मक्खन).

ˈmargin (ˈमार्जिन्) *n* **1** मार्जिन, हाशिया, मुद्रित या लिखे पृष्ठ के बगल का छूटा अंश. **2** किनारा, सीमा (जैसे, झील का). **3** मार्जिन, पहले से सोचे समय, कीमत आदि से अधिक मात्रा; अतिरिक्त राशि; गुंजाइश. **—al** *adj* हाशिये पर : *—al notes.*

maˈrine (मˈरीन्) *adj* **1** समुद्र में की, समुद्री. **2** जहाज़ विषयक. *n* **1** **merchant —,** देश के सभी व्यापारिक जहाज़. **2** जहाज़ी बेड़े पर कार्य करने वाला, नौसैनिक. **ˈmariner** (ˈमैरिनर्) *n* (साहित्य में) नाविक.

ˌmariˈonette (मैरिअˈनेट्) *n* कठपुतली.

ˈmaritime (ˈमैरिटाइम्) *adj* समुद्री, समुद्र-तटीय.

mark (मार्क्) *n* **1** निशान, चिह्न, अंक. **2** (शरीर का) उल्लेखनीय लक्षण. **3** (गुण, चरित, आदि का) लक्षण. **4** आकृति, डिज़ाइन, रेखा आदि जो चिह्न या निशान का काम करे : *price marks; trade-marks.* **5** परीक्षा में प्राप्त अंक : 95 *—s out of a* 100. **6** लक्ष्य. **7** सामान्य स्तर. **upto (below) the —,** सामान्य से अधिक (कम) अच्छा. **8 make one's—,** प्रसिद्ध होना. *v* **1** निशान, चिह्न लगाना. **2** परीक्षा में कार्य पर अंक देना, परीक्षण करना : *—ing examination papers.* **3** ध्यान देना. **4 — time,** पैरों को ऊपर-नीचे उठाना किंतु एक क़दम भी न चलना; (fig) केवल प्रतीक्षा करना और कुछ भी न करना. **5 — sth off,** सीमा लगा कर पृथक करना. **— sth out,** रेखाएँ डाल कर सीमा अंकित करना (जैसे, टेनिस-कोर्ट में). **ˈ—ed** (मार्क्ट्) *adj* स्पष्ट; सहज दिखाई पड़ने योग्य : *a —ed difference.* **ˈ—sman** (ˈमार्क्स्मन्) *n* निशानेबाज़.

ˈmarket (ˈमार्किट्) *n* **1** बाज़ार, हाट, मंडी. **2** व्यापार. **black —** काला-बाज़ार (जहाँ नियंत्रित मूल्य वाली वस्तुओं का अवैध व्यापार होता है). **3** खरीद-फरोख्त : *come into the —* (बिक्री के लिए). **4** देश या प्रदेश जहाँ माल की खपत होती है या हो सकती है. *v* — में लेजाना या भेजना; — में खरीदना या बेचना.

ˈmarmalade (ˈमार्मलेड्) *n* मार्मलेड (संतरे का जैम या मुरब्बा).

maˈroon (मˈरून्) *v* किसी को निर्जन समुद्र या द्वीप पर अकेला छोड़ देना; असहाय अवस्था में निर्जन प्रदेश में छूट जाना.

marˈquee (मार्ˈकी) *n* शामियाना.

ˈmarrow (ˈमैरो) *n* **1** (हड्डी के भीतर की) मज्जा. **2** (प्राय: **vegetable —**) कुम्हड़ा जैसी तरकारियाँ.

ˈmarry (ˈमैरि) *v* शादी करना, विवाह करना; (बेटी का) विवाह करना. **ˈmarriage** (ˈमैरिज्) *n* विवाह, शादी; विवाह समारोह. **ˈmarriageable** (ˈमैरिजब्ल्) *adj* विवाह योग्य. **— party** *n* बरात.

marsh (मार्श्) *n* दलदल, कछारप्रदेश.

ˈmarshal (ˈमार्शल्) *n* मार्शल (सेना में उच्चतम पद) : *Field-M—* (थल सेना में); *Air-Marshal* (वायुसेना में). *v* सुव्यवस्थित रूप से सेना रखना; क्रम या व्यवस्था बनाये रखना.

ˈmartial (ˈमार्शल्) *n* **1** युद्धसंबंधी, सामरिक : *— music.* **— law,** मार्शल लॉ, सैनिक शासन (देश की सामान्य प्रशासनिक व्यवस्था हटा कर सैनिक प्रशासन). **2** युद्धप्रिय, लड़ाका; वीर.

ˈmartyr (ˈमार्टर्) *n* **1** शहीद; आत्मबलिदान करने वाला. **2 be a — to,** यातना भोगना (भयंकर बीमारी आदि से). *v* शहीद बनाना; यातना देना. **—dom** (ˈमार्टर्डम्) *n* शहादत, बलिदान.

ˈmarvel (ˈमार्वल्) *n* **1** चमत्कार (प्रियकर आश्चर्य). **2** किसी गुण को आश्चर्यजनक रीति से दिखाना. *a — of patience.* *v* (-ll-) अत्यंत आश्चर्य चकित होना (*at*). **—lous** (ˈमार्विलस्) *adj* चमत्कारिक; आश्चर्यजनक.

maˈscara (मैस्ˈकारा) *n* (आँखों, बरौनी का) अंजन.

ˈmascot (ˈमैसकट्) *n* शुभजनक (वस्तु या व्यक्ति), क्षेमकर.

ˈmasculine (ˈमैस्क्युलिन्) *adj* (व्याकरण) पुल्लिग; पुरुषोचित, मरदाना.

mash (मैश्) *v & n* कुचल कर दलिया जैसा बना देना.

mask (मास्क्) *n* **1** नक़ाब. **2** गैस, धुंआ आदि से बचने के लिए लगाया आवरण. *v* — पहनना; छिपाना.

ˈmason (ˈमेस्न्) *n* राज (मिस्तरी) (ईंट, पत्थर का काम करने वाला). **—ry** (ˈमेस्नरि) *n* पत्थर या ईंट की इमारत.

ˌmasqueˈrade (मैस्क्ˈरेड्) *n* मुखौटा लगा कर नाचने का समरोह. *v* छद्मवेश में आना.

mass (मैस्) *n* **1** ढेर, राशि (बहुत अधिक मात्रा किंतु कोई नियमित आकार न हो). **the —es,** जनसाधारण. **a — meeting,** आमसभा, विशाल सभा जहाँ कोई भी जनसाधारण बोल सके. **— production,** बड़ी संख्या में एक-सी चीज का उत्पादन. **2** (विज्ञान-भौतिकी) द्रव्यमान, मात्रा. *v* — में इकठ्ठा होना.

Mass (मैस्) *n* रोमन केथोलिक चर्च द्वारा आयोजित एक धर्म-समारोह.

ˈmassacre (ˈमैस्कर्) *n* निरपराध, निहत्थे लोगों की बड़ी संख्या में हत्या, क़त्ले-आम, सामूहिक हत्या. *v* — करना.

ˈmassage (ˈमैसाश़्) *n* मालिश (शरीर की). *v* — करना.

ˈmassive (ˈमैसिव्) *adj* महाकाय; स्थूल; प्रभावशाली.

mast (मास्ट्) *n* (जहाज़ का) मस्तूल; रेडियो आदि के मस्तूल.

ˈmaster (ˈमास्टर्) *n* **1** मालिक, स्वामी; कुत्ते, घोड़े आदि का मालिक; जहाज़ का कप्तान; गृहपति; अध्यापक. **2 M— of Arts (Science,** etc), विश्वविद्यालयों से मास्टर उपाधि प्राप्त. **3** महान् कलाकार (प्रायः चित्र-कार) : *the old —s* (विशेषतः 1200-1700 के चित्रकार तथा उनके चित्र). **4** विशेषज्ञ, आचार्य : *make oneself —of a subject.* **5** लड़कों के नाम के पूर्व : *Master Tom Smith.* *v* — बनाना; वश में करना, अधीन करना. **—ful** *adj* दबंग, प्रभावशाली. **—ly** *adj* उत्कृष्ट; चतुरतापूर्ण. **—piece** *n* श्रेष्ठ रचना-कृति. **—y** *n* पूरा नियंत्रण, पूरी विशेषज्ञता.

ˈmasticate (ˈमैस्टिकेट्) *v* (दाँतों से) भोजन चबाना.

mat (मैट्) *n* चटाई; मोटे रबड़ या कपड़े का (*door* —) पायंदाज. **ˈmatted** (ˈमैटिड्) *adj* जटिल; उलझे हुए (बाल).

match[1] (मैच्) *n* दियासलाई, माचिस.

match[2] (मैच्) *n* **1** मैच, प्रतियोगिता-खेल. *a football —*. **2** बराबरी का जोड़ा, जोड़ीदार : *to meet one's —*. **3** विवाह; वर-वधू. **4** अनुरूप, मेल, सदृश (वस्तु या व्यक्ति) : *colours that are a good —* *v.* **1** प्रतियोगिता में रखना (*with* या *against*). **2** अनुरूप होना (*with*) : *a brown dress with a hat to —*. **3** जोड़ीदार पाना : *a well-matched pair*. **ˈ—less** *adj* अद्वितीय, अनुपम.

mate (मेट्) *n* **1** साथी, साथ काम करने वाला. **2** व्यापारिक जहाज़ में कप्तान (मास्टर) के नीचे का पद : *first (second) —*. **3** पशुओं में जोड़े में से कोई एक : *the lioness and her —*. *v* (पशु-पक्षियों में) संतान उत्पन्न करने के लिए जोड़ा बनाना : *the mating season.*

maˈterial (मˈटिअरिअल्) *n* सामान, माल; कच्चा माल, उपादान (जिससे वस्तुएँ बनती हैं); सामग्री; कपड़ा. *adj* **1** भौतिक (न कि आध्यात्मिक). **2** शारीरिक; पार्थिव; आर्थिक. **3** महत्त्वपूर्ण; सारतत्त्व. **maˈterialist** (मˈटिअरिअलिस्ट्) *n* धर्म, कला आदि की उपेक्षा करने वाला (केवल स्थूल विषयों में रुचि रखने वाला व्यक्ति), सांसारिक; भौतिकतावादी.

maˈternal (मˈटर्नल्) *adj* माता से संबद्ध : *— aunt*, मौसी. *— uncle*, मामा. मातृ-सुलभ. **maˈternity** (मˈटर्निटि) *n* मातृत्व, माता होना. **— home,** प्रसूति-निकेतन. **— leave,** प्रसूति-अवकाश. **— welfare,** मातृकल्याण.

matheˈmatics (मैथ़िˈमैटिक्स्) *n* गणित शास्त्र. **matheˈmatical** *adj* गणित-विषयक; सुनिश्चित. **ˌmathemaˈtician** (मैथ़िम्ˈटिशन्) *n* गणितज्ञ.

ˈmatinée (ˈमैटिने) *n* मैटिनी, थियेटर का तीसरे पहर का खेल.

maˈtriculate (मˈट्रिक्युलेट्) *v* परीक्षा उत्तीर्ण करने के पश्चात् विश्वविद्यालय में प्रवेश-योग्य बनाना. **maˌtricuˈlation** (मट्रिक्युˈलेशन्) *n* — करना; — की परीक्षा.

ˈmatrimony (ˈमैट्रिमनि) *n* वैवाहिक जीवन. **ˌmatriˈmonial** (मैट्रिˈमोन्यल्) *adj* वैवाहिक, विवाह विषयक.

ˈmatron (ˈमेट्रन्) *n* **1** मैट्रन, (स्कूल या अन्य संस्था में आवासादि व्यवस्था की प्रबंध करने वाली महिला), अधीक्षिका. **2** मैट्रन (अस्पताल में नर्सों की अध्यक्षा महिला), अध्यक्षा.

ˈmatter (ˈमैटर्) *n* **1** भौतिक पदार्थ (चित्त और चेतना के वैषम्य में). **2 printed —,** मुद्रित वस्तु. **3** विषय; बात, मामला : *money —s* (पैसे के मामले); *—s I know nothing about.* **a — of course,** स्वाभाविक, जिसकी सहज संभावना हो. **as a — of fact,** वस्तुतः, वास्तविक स्थिति (चाहे आप अपने मन में कुछ भी सोचते हों). **4** (फोड़े में) मवाद, पस. **5 be the —** (*with*), गड़बड़ी. **no — when (where, who, how),** यह महत्त्व का नहीं है कि कब (कहाँ, किसने, कैसे) किया. *v* महत्त्वपूर्ण होना (*to* sb). **ˈmatter-of-fact** *adj* तथ्यात्मक; कल्पनाशील न होना.

matting (ˈमैटिङ्) *n* चटाई.

ˈmattock (ˈमैटक्) *n* (खोदने का) फावड़ा, गैन्ती. → p 326.

ˈmattress (ˈमैट्रिस्) *n* गद्दा (बिछाने का).

maˈture (मˈट्युअर्) *v* पूर्ण विकसित होना; प्रयोग योग्य स्थिति में होना; परिपक्व होना. *adj* पका हुआ; पूर्ण विकसित, परिपक्व; प्रौढ़ (व्यक्ति); सुविचारित (योजना); प्रयोग योग्य. **maˈturity** *n* प्रौढ़ता.

maul (मॉल्) *v* दुर्व्यवहार से बुरी तरह बिगाड़ देना; क्षत-विक्षत कर देना.

mauve (मोउव्) *adj & n* बैंगनी (रंग).

ˈmaxim (ˈमैक्सिम्) *n* नीतिवचन, सूक्ति; सिद्धांत वाक्य; सूत्र.

ˈmaximum (ˈमैक्सिमम्) *n* अधिकतम (स्थिति) (minimum का विलोम).

May (मे) *n* मई (महीना).

may (मे) *v* (*pt* might) **1** (संभावना, अनुमति आदि का सूचक) : *That may or may not be true. May I come in?* **2** (इच्छा के अर्थ में) *May you be happy always!* **ˈmaybe** (ˈमेबी) *adv* शायद, कदाचित् **as soon as maybe,** यथाशीघ्र.

mayor (मेअर्) *n* मेयर, नगर प्रमुख. **ˈ—ess** *n* महिला मेयर; मेयरपत्नी.

maze (मेज़्) *n* भूलभुलैया. **in a —,** चक्कर या उलझन में.

me (मी) *pron* मुझे : *you can see me.* → I

ˈmeadow (ˈमेडोउ) *n* घास का मैदान.

ˈmeagre (ˈमीगर्) *adj* दुबला-पतला; अपर्याप्त, अल्प.

meal (मील्) *n* भोजन : *three meals a day.*

mean[1] (मीन्) *v* (*pt & pp* meant) **1** अर्थ निकलना; किसी 'शब्द' का 'अर्थ' होना. **2** तात्पर्य होना. **3** इरादा होना, चाहना. **— mischief,** कुचक्र रचना. **— business,** काम चाहना, न कि केवल बात-चीती योजना. **4** संकेत, चिह्न बनाना. **5 — much (little) to,** अधिक (कम) महत्त्व का होना. **ˈ—ing** *n* **1** अर्थ. **2** तात्पर्य, प्रयोजन. **ˈ—ingless** *adj.* **ˈ—ingly** *adv.*

mean[2] (मीन्) *adj* **1** देखने में मामूली, दीन : *a — house in a — street.* **2** स्वार्थी; अनुदार, कंजूस. **3** संकुचित मनोवृत्ति वाला व्यक्ति; अयोग्य. **4** घटिया. **ˈ—ness** *n.*

mean[3] (मीन्) *n & adj* औसत, मध्यमान, माध्य : *the — annual temperature.* **ˈ—ˈtime** *adv & n* बीच के समय में. **ˈ—while** *adv & n* इतने में, इसी बीच.

mean[4] (मीन्) *n* **1** (प्रायः *pl*; प्रायः *a —s*) उपाय, साधन (किसी कार्य पूर्ति के). **by —s of,** के द्वारा, की सहायता से. **by all —s,** निश्चय ही, किसी भी कीमत पर. **by no —s,** कतई नहीं, हरगिज नहीं, कदापि नहीं. **2** (*pl*) सम्पत्ति, आय : *live within one's —s* (अपनी आय के भीतर रहना).

ˈmeasles (ˈमीज़ल्ज़्) *n* खसरा, छोटी माता (एक प्रकार की चेचक)

ˈ**measure** (ˈमेशर्) *n* **1** माप, नाप, मात्रा. **give full (short) —,** पूरी (अधूरी) राशि देना. **made to —,** नाप से (कपड़े) बनाना. **2** इकाई, एकक : *an inch is a — of length.* **3** माप, मापदंड : *a tape-measure, a pint —.* **4** सीमा, विशेषत : *in some —; beyond —.* **5** (प्रस्तावित) क़ानून. **6** कारवाई, उपाय : *take —s against wrongdoers.* *v* **1** माप, मात्रा आदि मालूम करना. **2 — out,** नापकर निश्चित करना, नापना. **3** एक विशेष लंबाई होना. **—ment** *n* (प्राय: *pl*) किसी वस्तु या आकृति की लंबाई, चौड़ाई, ऊँचाई आदि का वर्णन.

meat (मीट्) *n* गोश्त, मांस.

meˈchanic (मिˈकैनिक्) *n* मैकेनिक, मिस्तरी. **—s** *n* गतिविज्ञान, बलविज्ञान, यान्त्रिकी. ˈ**mechanism** (ˈमेक्निज़्म्) *n* मशीन के कल-पुरज़े, उन की बनावट और क्रियाविधि. ˈ**mechanize** (ˈमेक्नाइज़्) *v* मशीनों को प्रयोग में लाना, किसी कार्य में मशीनों का प्रयोग करना.

ˈ**medal** (ˈमेड्ल्) *n* पदक, तमगा, (पुरस्कार या घटना के स्मारक रूप में).

a medal

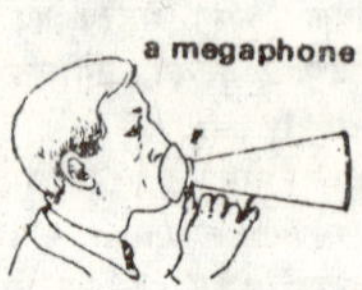
a megaphone

ˈ**meddle** (ˈमेड्ल्) *v* (किसी के कार्य में बिना बुलाये) हस्तक्षेप करना (*with, in* sb). **—some** (ˈमेड्ल्सम्) *adj* हस्तक्षेप करने के स्वभाव वाला.

ˈ**mediate** (ˈमीडिएट्) *v* बीच-बचाव करना, मध्यस्थता करना (*between*). **mediation** *n* मध्यस्थता. **mediator** *n* मध्यस्थ.

ˈ**medical** (ˈमेडिकल्) *adj* चिकित्साशास्त्र से संबद्ध, डाक्टरी : *— students.* **medicine** (ˈमेडिसिन्) *n* **1** चिकित्सा-शास्त्र. **2** दवाई, औषध. ˈ**medicine-man** *n* ओझा.

mediˈ(a)eval (मेडिˈईवल्) *adj* मध्यकालीन; यूरोप में 1000–1400 ईसवी का काल.

ˈ**mediocre** (ˈमीडिओकर्) *adj* मामूली, औसत; दूसरी श्रेणी का. ˌ**mediˈocrity** (मीडिˈऑक्रिटि) *n* (विशेषत:) साधारण योग्यता (का व्यक्ति); सामान्यता.

ˈ**meditate** (ˈमेडिटेट्) *v* चिन्तन करना; मनन करना, विचार करना; ध्यान लगाना, विचार मग्न होना (*upon*). ˌ**mediˈtation** (मेडिˈटेशन्) *n* ध्यान.

ˈ**medium** (ˈमीड्यम्) *n* **1** माध्यम, साधन (जिसके द्वारा कोई कार्य पूरा होता है) : *newspapers are a — for advertising.* **2** मध्यम (गुण या मात्रा) : *the happy —.* *adj* मध्यम, मँझला, बीच का : *of — height; — waves* (रेडियो में मध्यम तरंगें).

ˈ**medley** (ˈमेड्लि) *n* खिचड़ी की तरह विविध वस्तुओं का (रंग, ध्वनि, आदि का) मिश्रण, घालमेल.

meek (मीक्) *adj* विनम्र; दब्बू ˈ**—ly** *adv.* ˈ**—ness** *n.*

meet (मीट्) *v* (*pt & pp* met) **1** मिलना (कई दिशाओं या स्थानों से एक-स्थान पर आना-पहुँचना). **2 — with,** अनुभव करना, झेलना (जैसे, बुरा मौसम); घटित होना (जैसे, दुर्घटना). **3** किसी स्थान पर जाकर किसी के आगमन की प्रतीक्षा करना. **4** परिचय करना : *Meet Miss Jones.* **5** संतुष्ट होना; दूसरे की इच्छा से सहगत होना. ˈ**—ing** (ˈमीटिङ्) *n* बैठक, सभा (विशेषत: विचार परामर्श के लिए).

ˈ**megaphone** (ˈमेगफ़ोन्) *n* मेगाफ़ोन, भोंपू.

ˈ**melancholy** (ˈमेलन्कलि) *n & adj* उदास (उदासी).

ˈ**mellow** (ˈमेलो) *adj* (-er, -est) **1** मुलायम, रसीला और स्वादिष्ठ; वर्ण या ध्वनि से शुद्ध, मृदु और मनोरम. **2** अनुभवों के कारण सहानुभूतिपूर्ण और सौम्य. *v* — बनना या बनाना.

ˈ**melodrama** (ˈमेलोउड्रामा) *n* सुखांत भावुकता-पूर्ण नाटक. **melodraˈmatic** *adj* सनसनीदार, अतिनाटकीय.

ˈ**melody** (ˈमेल्डि) *n* **1** स्वरमाधुर्य. **2** गीत. **meˈlodious** (मिˈलोड्यस्) *adj* संगीतात्मक.

ˈ**melon** (ˈमेलन्) *n* खरबूजा (फल). → p 134.

melt (मेल्ट्) *v* **1** पिघलना (गर्मी से). **2** पसीजना, मुलायम पड़ना. **3** गलना, विघटित होना, विलीन हो जाना (*away*). ˈ**molten** (पुराना *pp*, अब केवल धातुओं के पिघलने में ही प्रयुक्त होता है): *molten steel*.

ˈ**member** (ˈमेम्बर्) *n* (किसी सभा, समिति, समूह, वर्ग आदि का) सदस्य. —**ship** *n* सदस्यता; सदस्यों की संख्या.

ˈ**membrane** (ˈमेम्ब्रेन्) *n* झिल्ली.

meˈmento *n* (मिˈमेन्टो) *n* यादगार, निशानी.

ˈ**memo** (ˈमेमो) *n* → memorandum.

ˈ**memoir** (ˈमेम्वार्) *n* **1** लघु जीवन वृत्त. **2** (*pl*) आत्म-कथा, संस्मरण.

memoˈrandum (मेम्ˈरैन्डम्) *n* (संक्षिप्त रूप memo) **1** भविष्य में काम आने के लिए लिखा नोट या रिकार्ड, स्मरणपत्र. **2** ज्ञापन-पत्र, ज्ञापिका.

ˈ**memory** (ˈमेम्रि) *n* **1** स्मरणशक्ति, याददाश्त. **2** स्मृतिकाल. **3 in — of,** (किसी व्यक्ति या वस्तु के) स्मरणार्थ. **4** स्मरण का विषय; स्मृति में स्थित. ˈ**memorable** (ˈमेम्रब्ल्) *adj* स्मरणीय. **meˈmorial** (मिˈमॉरिअल्) *n & adj* स्मारक. ˈ**memorize** (ˈमेम्राइज़्) *v* कंठस्थ करना, भली भाँति याद करना.

men (मेन्) → man.

ˈ**menace** (ˈमेनस्) *n* धमकी; संकट. *v* धमकाना.

meˈnagerie (मिˈनैज्रि) *n* पशुओं की चलती-फिरती प्रदर्शनी.

mend (मेन्ड्) *v* **1** मरम्मत करना, ठीक करना; पैबंद लगाना, रफ़ू करना. **2** सुधारना, संशोधित करना. *n* मरम्मत. **on the —,** स्वास्थ्य में सुधार.

ˈ**menial** (ˈमीन्यल्) *adj & n* घरेलू नौकर के योग्य, भृत्योचित.

ˈ**mental** (ˈमेन्टल्) *adj* मानसिक, मनोगत. —**ly** *adv*. **mentality** (मेन्ˈटैलिटि) *n* मनोवृत्ति.

ˈ**mention** (ˈमेन्शन्) *v* उल्लेख करना (लिखने या बोलने में); नाम लेना. *n* उल्लेख, चर्चा.

ˈ**menu** (ˈमेन्यू) *n* भोजन-सूची, व्यंजन-सूची.

ˈ**mercantile** (ˈमर्कन्टाइल्) *adj* व्यापार और व्यापारियों से संबंधित.

ˈ**mercenary** (ˈमर्सिनरि) *adj* केवल धन या पुरस्कार के लिए किया गया कार्य; धन लोलुपता पर आधारित: — *motives*.

ˈ**merchandise** (ˈमर्चन्डाइज़्) *n* सौदा या माल.

ˈ**merchant** (ˈमर्चन्ट्) *n* व्यापारी, सौदागर (विशेषतः विदेशों से व्यापार करने वाला). — **service,** व्यापारिक जहाज़ों की सेवा. —**man** *n* व्यापारी जहाज़.

ˈ**mercury** (ˈमर्क्युरि) *n* पारा (जो थर्मामीटर के भीतर होता है).

Mercury (ˈमर्क्युरि) *n* बुध ग्रह.

ˈ**mercy** (ˈमर्सि) *n* **1** दया, रहम. (*be*) **at the — of,** के पूरे अधीन. **2** सौभाग्य; वरदान. ˈ**merciful** *adj* दयालु. ˈ**merciless** *adj* निर्दय; कठोर.

mere (मिअर्) *adj* केवल; एक मात्र: *a — trifle*. —**ly** *adv* केवल.

merge (मर्ज) *v* **1** दो वस्तुओं को एक में मिलाना; दो व्यापारिक संस्थाओं का एक हो जाना. **2 — into,** (दूसरे में) विलीन हो जाना.

meˈridian (मˈरिडिअन्) *n* (भूगोल) उत्तरी और दक्षिणी ध्रुव को जोड़ने वाली किसी एक स्थान के ऊपर से जा रही रेखा, याम्योत्तर रेखा.

ˈ**merit** (ˈमेरिट्) *n* **1** गुण, खूबी **2** (*pl*) परिणाम (अपने कार्यों का — चाहे अच्छा, चाहे बुरा), दंड-पुरस्कार. *v* के योग्य होना; परिणाम-फल का अधिकारी होना. —**orious** (मेरिˈटॉरिअस्) *adj* सराहनीय, प्रशंसनीय.

ˈ**mermaid** (ˈमर्मेड्) *n* जल-परी (कथाओं में जलसुंदरी जिसके पैरों के स्थान पर मछली की पूँछ है).

ˈ**merry** (ˈमेरि) *adj* (-ier, -iest) खुश, आनंदित; प्रमुदित. **make —,** आमोद-पार्टी में संमिलित होना. ˈ**merrily** *adv*. ˈ**merriment** *n*. **merry-making** *n* आमोद, मौज.

mesh (मेश्) *n* जाल का छेद; (*pl*) जाल; (fig) कपट-जाल, फन्दा. *v* जाल में फाँसना.

mess[1] (मेस्) *n* गन्दी अव्यवस्थित स्थिति:

make a — of sth. v — करना. — **sth up,** खराब कर देना. — **about,** बेकार के कामों में समय गँवाना. ′**—y** *adj* (-ier, -iest).

mess[2] (मेस्) *n* मेस, एक साथ भोजन करने वालों का वर्ग; स्थान जहाँ भोजन किया जाता हो. *v* मेसरूम में भोजन करना.

′**message** (′मेसिज्) *n* संदेश. ′**messenger** (′मेसिन्जर्) *n* संदेशवाहक, दूत.

Me′ssiah (मि′साइआ) *n* मसीहा, क्राइस्ट.

′**Messrs** (′मेसर्ज़्) व्यापारिक साझेदारों के नामों के पूर्व लगनेवाला पद; **Mr** का बहुवचन; सर्वश्री.

met (मेट) → meet.

′**metal** (′मेट्ल्) *n* **1** धातु (जैसे, लोहा आदि). **2 road-metal,** (सड़क बनाने में प्रयुक्त) रोड़ी. **me′tallic** (मि′टैलिक्) *adj* — विषयक, — सदृश.

′**metaphor** (′मेट्फ़र्) *n* रूपक, रूपक-अलंकार: *She has a heart of stone* (यहाँ *stone* का अर्थ 'कठोरता' है, न कि 'पत्थर'). **meta′phorical** (मेट्′फ़ॉरिकल्) *adj.*

′**meteor** (′मीट्यर्) *n* उल्का (आकाशीय पिंड जो बाहर से पृथिवी के वायुमंडल में आने पर जलने के कारण चमकने लगते हैं और आकाश में एक जलती हुई छोटी रेखा-से दिखाई पड़ते हैं).

ˌ**meteoro′logy** (मीट्य′रॉल्जि) *n* मौसम-विज्ञान.

′**meter** (′मीटर्) *n* मीटर (बिजली, पानी आदि नापने का यंत्र).

′**method** (′मेथ़ड्) *n* **1** (करने का) तरीक़ा, क़ायदा, रीति. **2** व्यवस्था; क्रमबद्धता. **me′thodical** (मि′थ़ॉडिकल्) *adj.*

′**methylated** ′**spirit** (′मेथ़िलेटिड्′स्पिरिट्) *n* (जलाने वाली) स्पिरिट.

′**metre** (′मीटर्) *n* **1** लम्बाई की इकाई (39.37 इंच). **2** (कविता में) छन्द. ′**metric** (′मेट्रिक्) *adj.* **the metric system,** दशमलव प्रणाली ′**metrical** *adj* छन्दोबद्ध.

me′tropolis (मि′ट्रॉप्लिस्) *n* महानगर, राजधानी. **metro′politan** (मेट्र′पॉलिटन्) *adj* — विषयक.

′**mettle** (′मेट्ल्) *n* **on one′s** —, दिलेरी या साहस दिखाने की सबसे अच्छी स्थिति में; तेज, ओज, उत्साह, साहस.

mice (माइस्) → mouse.

′**microbe** (′माइक्रोब्) *n* जीवाणु, रोगाणु.

′**microphone** (′माइक्रफ़ोन्) *n* माइक, ध्वनि-ग्राहक यंत्र.

a microphone

a microscope

′**microscope** (′माइक्रस्ˌकोप्) *n* समीपवर्ती बहुत छोटी वस्तु को बड़ा दिखाने वाला यंत्र, सूक्ष्मदर्शी.

mid (मिड्) *adj* मध्य में, मध्य : *in mid Atlantic; in mid air.* ′**mid-day** (′मिड्डे) *n* दोपहर. **the Midlands** *n pl* इंग्लैंड के मध्यवर्ती इलाके. ′**mid-night** (′मिड्नाइट्) *n* ठीक आधी रात. ′**mid-′summer** *n* ग्रीष्म ऋतु का मध्य. ′**mid′way** *adj & adv* आधे रास्ते पर.

mid- (मिड्) पूर्वपद : बीच या मध्य में.

′**middle** (मिड्ल्) *n & adj* बीच, मध्य (दो या अनेक बिन्दुओं से समान दूरी का बिन्दु या स्थान); (प्रारंभ और अन्त के बीच का) मध्य. **— age,** मध्यावस्था, प्रौढ़ावस्था. **the — Ages,** (यूरोपीय इतिहास में) 1000 और 1400 ईसवी के बीच का काल. **the — class (es),** मध्यम वर्ग (समाज में). **the — watch,** (जहाज़ों पर) रात्रि के 12.00 से प्रातः 4.00 का काल. **—man** (′मिड्लमन्) *n* (व्यापार में) दलाल; उत्पादक और भोक्ता के बीच का व्यापारी. ′**middling** (′मिड्लिङ्) *adj & adv* मध्यम, मँझला; मामूली ढँग से.

′**midget** (′मिजिट्) *adj & n* बौना, नाटा; लघु रूप.

midst (मिड्स्ट्) *n* **in the — of,** के बीच, के दौरान. **in our —,** हम लोगों के बीच. *prep* (साहित्य में) बीच में.

'midwife ('मिड्वाइफ़्) *n* (*pl* 'midwives) दाई (बच्चा पैदा होने पर सहायता देने वाली स्त्री, नर्स); धात्री.

might[1] (माइट्) → may.

might[2] (माइट्) *n* बल, शक्ति, महाबल, महा-आकार '—**y** *adj* (-ier, -iest) महाबली.

mi'grate (माइ'ग्रेट्) *v* 1 एक स्थान से दूसरे स्थान पर बसने के लिए जाना. 2 (पक्षियों का) मौसम के अनुसार नियमित रूप से कहीं जाना और फिर लौटना. '**migrant** ('माइग्रन्ट्) *n* प्रवासी (व्यक्ति), प्रवासी (पक्षी). **mi'gration** (माइ'ग्रेशन्) *n* देशान्तरण; स्थानान्तरण.

mild (माइल्ड्) *adj* (-er, -est) 1 मुलायम; सौम्य; कोमल, सदय : — *weather* (*punishment*). 2 मध्यम, स्वाद में बहुत तेज न हो ऐसा. '—**ly** *adv*.

'mildew ('मिल्ड्यू) *n* फफूंदी.

mile (माइल्) *n* मील (= 1·6 कि मी). '—**age** *n* दूरी (मील में). —**stone** *n* सड़क के किनारे लगा मील का पत्थर; (fig) महत्त्वपूर्ण घटना.

'militant ('मिलिटन्ट्) *adj* लड़ाकू, लड़ाका; युद्ध में लगा हुआ. *n* (राजनैतिक लाभ के लिए) बल प्रयोग करने को उद्यत.

'military ('मिलिटरि) *adj* सैनिक का या सैनिक के लिए; सेना विषयक; सेना, फ़ौज (विशेषत: थल-सेना).

mi'litia (मि'लिशा) *n* नागरिक सेना.

milk (मिल्क्) *n* दूध; गाय का दूध. *v* दूध दुहना. '—**man** *n* ग्वाला. '—**maid** ग्वालिन. '—**tooth** *n* दूध वाले दांत (बच्चों के दांत जिनके गिर जाने के बाद पक्के दांत निकलते है).

mill (मिल्) *n* 1 मिल, कारखाना : *paper-* (*cotton-*). *mills*. 2 चक्की, आटा चक्की. 3 पीसने की छोटी मशीन : *coffee-mill*. *v* पीसना, — में पीसना. —'**stone** ('मिल-स्टोन्) *n* चक्की के पाट (जो गोल पत्थर के होते हैं). (fig) बोझा (cf गले का पत्थर). '—**er** ('मिलर्) *n* आटा चक्की में काम करने वाला.

mil'lennium (मि'लेनिअम्) *n* सहस्राब्दी; (भविष्य का) सतयुग.

'millet ('मिलिट्) *n* बाजरा.

'milli- (मिलि) पूर्वपद : एक हज़ारवाँ भाग : —*gram*, —*metre*.

'milliner ('मिलिनर्) *n* स्त्रियों के हैट बनाने व बेचने वाला. '—**y** ('मिलिनरि) *n* स्त्रियों के हैट बनाने की सामग्री.

'million ('मिल्यन्) *n* दस लाख; 1,000,000. **,millio'naire** करोड़पती, लखपती, अत्यधिक अमीर आदमी.

mime (माइम्) *v* स्वांग भरना; बिना बोले इशारों मे ही कहानी कहना. *n* स्वांग.

'mimic ('मिमिक्) *adj* नकली : — *battles*. *n* नक़लची, नक़ल उतारने वाला. *v* (*pt* & *pp* 'mimicked) 1 दूसरों की नक़ल उतारना (विशेषत: हँसी-मज़ाक में). 2 के सदृश होना : *insects that* — *leaves*. —**ry** ('मिमिक्रि) *n* नक़ल, स्वाँग.

'minaret ('मिन्रेट्) *n* मीनार. → p 203.

mince (मिन्स्) *v* क़ीमा करना, काट-काट कर टुकड़े करना.

mind[1] (माइन्ड्) *n* 1 स्मृति. **keep (bear) sth in —**, याद रखना. **put sb in — of,** याद दिलाना. 2 मनोदशा, राय; प्रयोजन. **make up one's —**, निश्चय पर पहुँचना. **change one's —**, अपना इरादा बदल देना. **be in two —s about sth,** दुविधा में होना, हिचकिचाना. **be of one —**, (दो या अधिक व्यक्तियों का) सहमत होना. **speak one's —**, मन की बात कहना. **have a good — to,** लगभग निश्चित. **take one's — off** (*sth*), किसी वस्तु से ध्यान हटा देना. 3 मन, तर्क-शक्ति. **out of one's right —**, पागल, सनकी. **presence of —**, संकट पड़ने पर तुरंत निर्णयात्मक कार्य करने की योग्यता, तत्काल बुद्धि. '—**ful** *adj* —**ful of,** सावधान, ध्यान रखते हुए. '—**less** *adj* —**less of,** असावधान.

mind[2] (माइन्ड्) *v* 1 देख-भाल करना : — *the baby*; ध्यान रखना : — *the step*. (ध्यान रखना कि कहीं पैर डगमगा न जाए). **M— (out)!** सावधान! 2 आपत्ति (उज्र) करना; कष्ट उठाना : *Do you — my smoking? Would you — closing the window?*

mine[1] (माइन्) *pron* मेरा : *That book is —*. → my.

mine[2] (माइन्) *n* **1** खान, खदान (जैसे कोयले की). **2** सुरंग (जिस में बारूद भर कर उड़ाई जाए); सुरंग, माइन : *ships sunk by —s*. *v* **1** खान, खदान से (कोयला आदि) निकालना. **2** समुद्र, भूमि आदि में सुरंगे बिछाना; सुरंगों द्वारा जहाज़ आदि नष्ट करना. **3** सुरंग खोदना. ˈ**mine-field** *n* भूमि या समुद्र का वह स्थल जहाँ सुरंगे बिछी हों. **mine-layer (sweeper)** *n* सुरंगे बिछाने वाला (नष्ट करने वाला) जहाज. ˈ**—r** (ˈमाइनर्) *n* खान में काम करने वाला मज़दूर, खनिक.

ˈ**mineral** (ˈमिन्रल्) *n* खनिज पदार्थ. ˈ**mineral-water** *n* सोडावाडर जैसा बोतलबंद पीने का पानी.

ˈ**mingle** (ˈमिंग्ल्) *v* मिश्रण करना.

ˈ**miniature** (ˈमिन्यचर्) *n* लघुरूप; किसी वस्तु की बहुत छोटे पैमाने पर खींची आकृति.

ˈ**minimum** (ˈमिनिमम्) *n* & *adj* न्यूनतम, लघुतम (मात्रा, राशि आदि); (maximum के वैषम्य में).

ˈ**minister** (ˈमिनिस्टर्) *n* **1** मंत्री (राज्यशासन में) : *Minister of Health* (स्वास्थ्य मंत्री). **2** राजदूत. **3** पुरोहित, अनुष्ठाता (चर्च में). *v* सहायता करना (*to*). ˈ**ministry** (ˈमिनिस्ट्रि). *n* **1** मंत्रालय : *the Health Ministry* (स्वास्थ्य मंत्रालय). **2** मंत्रिमंडल. **3 enter the ministry,** धर्मसेवा में प्रवेश करना.

ˈ**minor** (ˈमाइनर्) *adj* **1** गौण, कम महत्त्वपूर्ण. **2** दो भाइयों में छोटा : *Jones —*. *n* (विधि) (ग्रेट ब्रिटेन में) 18 वर्ष से कम का व्यक्ति, नाबालिग़, अवयस्क. **miˈnority** (माइˈनॉरिटि) *n* **1** अल्पसंख्यक वर्ग. **2** नाबालिग़ होने की स्थिति. **3** मतदान में अल्पमत; अल्पांश.

ˈ**minster** (ˈमिन्स्टर्) *n* चर्च, विशेषतः मठ का.

mint[1] (मिन्ट्) *n* टकसाल (जहाँ सिक्के आदि ढलते हैं). *v* सिक्के ढालना.

mint[2] (मिन्ट्) *n* पुदीना (पौधा) (जैसे, पेपरमिंट की गोलियाँ).

ˈ**minus** (ˈमाइनस्) *prep* कम, ऋण (गणित में): *7 minus 3 equals 4*. **a — quantity,** शून्य से कम संख्या, ऋण संख्या (गणित में) जैसे, −15. **minus-sign** *n* '—' चिह्न.

ˈ**minute**[1] (ˈमिनिट्) *n* **1** मिनट (घंटे के 60 वाँ अंश). **2** कोण में अंश का 60 वाँ अंश. **3** (*pl*) कार्यवृत्त विवरण. **4** किसी साक्षात्कार आदि का सरकारी विवरण (टिप्पणी आदि सहित)

minˈute[2] (माइˈन्यूट्) *adj* (-r, -st) बहुत सूक्ष्म; छोटे-छोटे विवरण के साथ : *a — description*.

ˈ**miracle** (ˈमिरक्ल्) *n* **1** चमत्कार; उल्लेखनीय घटना. **2** अनुपम उदाहरण. **miˈraculous** (मिˈरैक्युलस्) *adj*.

ˈ**mirage** (ˈमिराश्) *n* मृगतृष्णा, मृगमरीचिका (रेगिस्तान में हवा में बना मिथ्या-दर्शन).

mire (माइअर्) *n* कीचड़; दलदल.

ˈ**mirror** (ˈमिरर्) *n* दर्पण; शीशा. *v* प्रतिबिम्ब देना.

mirth (मर्थ्) *n* उल्लास; हँसी-ठिठोली.

mis- (पूर्वपद) (बुरी तरह से, गलत तरीके से किया) जैसे, *misbehave*, *miscount*, *misspell*.

ˈ**misanthrope** (ˈमिज़न्थ्रोप्) *n* मानव-द्वेषी. **misanˈthropic** (मिज़न्ˈथ्रोपिक्) *adj*.

ˌ**misbeˈhave** (ˌमिस्बिˈहेव्) *v* अनुचित या अशिष्ट आचरण करना; नटखट बनना. ˌ**misbeˈhaviour** (ˌमिस्बिˈहेव्यर्) *n*.

misˈcarriage (मिस्ˈकैरिज्) *n* **1 — of justice,** दंड देने या निर्णय करने में ग़लती, न्याय-हत्या. **2** गर्भपात.

misˈcarry (मिस्ˈकैरि) *v* योजनाओं का असफल हो जाना; जो आशा किया था उससे कहीं भिन्न परिणाम हो जाना; गर्भपात होना.

ˌ**miscelˈlaneous** (मिसिˈलेन्यस्) *adj* फुटकर; विविध.

ˈ**mischief** (ˈमिस्चिफ़्) *n* **1** शरारत, नटखटी. **2** जानबूझ कर हानि पहुँचाना या अनिष्ट करना. ˈ**mischievous** (ˈमिस्चिवस्) *adj* — में लीन; शरारती.

ˌ**misconˈception** (ˈमिस्कन्ˈसेप्शन्) *n* ग़लत धारणा.

misˈconduct (मिस्ˈकॉन्डक्ट्) *n* ग़लत या

बुरा व्यवहार; दुराचार. **miscon'duct** (मिस्कन्'डक्ट्) *v* बहुत ख़राब प्रबंध करना; बुरी तरह व्यवहार करना.

'miscons'true ('मिस्कन्'स्टू) *v* ग़लत धारणा बना लेना; (किसी को) ग़लते समझना.

'miscreant ('मिस्क्रिअन्ट्) *v* बदमाश (व्यक्ति).

'mis'deed ('मिस्'डीड्) *n* दुष्कर्म; अपराध.

'misdi'rect ('मिसडि'रेक्ट्) *v* ग़लत रास्ता बताना, बहकाना.

'miser ('माइज़र्) *n* कंजूस, कृपण. **—ly** *adv*.

'miserable ('मिज़्रब्ल्) *adj* **1** दयनीय (स्थिति), दुःखद. **2** घटिया. **'miserably** ('मिज़्रब्लि) *adv* बुरी तरह से. **'misery** ('मिज़्रि) *n* दुर्दशा, विपत्ति; ग़रीबी. कंगाली.

'mis'fire ('मिस्'फ़ाइअर्) *v* (बन्दूक का) गोली न दगना; (मोटरकार के इंजन का) न चलना.

'misfit ('मिस्फ़िट्) *n* ठीक फ़िट न बैठने वाला (कपड़ा आदि); (fig) अपने पद के अनुकूल न होने वाला (व्यक्ति).

mi'sfortune (मिस्'फ़ॉरचन्) *n* दुर्भाग्य; विपत्ति.

mis'giving (मिस्'गिविङ्) *n* संदेह; अविश्वास.

'mis'guided ('मिस्'गाइडिड्) *adj* बहकाया हुआ.

'mishap ('मिस्हैप्) *n* अनिष्ट, दुर्घटना (प्रायः मामूली).

mis'lay (मिस्'ले) *v* (*pt* & *pp* mis'laid) किसी वस्तु को किसी स्थान पर रख कर भूल जाना कि कहाँ रख दी है.

mis'lead (मिस्'लीड्) *v* (*pt* & *pp* misled) बहकाना, पथभ्रष्ट करना; ग़लत धारणा देना.

mis'place ('मिस्'प्लेस्) *v* **1** ग़लत जगह पर रख देना. **2** अपात्र को (प्रेम, स्नेह आदि) देना.

'mis'rule ('मिस्'रूल्) *n* कुशासन.

miss (मिस्) *v* **1** (मारने, पकड़ने, पढ़ने, देखने आदि में) चूकना, चूक जाना, हाथ से जाने देना : *fire at sth and — it*; *— one's train*. **2** (किसी वस्तु या व्यक्ति के अभाव का) अनुभव करना : *They all —ed their teacher when he went away*. **3 — (sth) out,** कहने से रह जाना. *n* चूक, भूल; अभाव. **'—ing** *adj* लापता, गायब; अपने स्थान पर अप्राप्त.

Miss (मिस्) *n* कुमारियों के लिए प्रयुक्त संबोधन : *Miss Smith*.

'mis-'shapen ('मिस्'शेप्न्) *adj* विकृत, कुरूप.

'missile ('मिसाइल्) *n* मिसाइल, प्रक्षेपणास्त्र.

'mission ('मिशन्) *n* **1** मिशन (विशेष कार्य के लिए, विशेषतः विदेश में, भेजा हुआ शिष्ट-मंडल) : *a trade —* (व्यापारिक मिशन) **2** ऐसे व्यक्तियों द्वारा किया कार्य, उनके भवन, संगठन आदि. **3** विशिष्ट कार्य जिसके लिए व्यक्ति अपना जीवन समर्पित करने को तैयार रहता है. **'—ary** ('मिश्नरि) *n* मिशनरी, धर्मप्रचारक.

mist (मिस्ट्) *n* कुहासा (कोहरे से कम घना): *hills hidden in —*. **—y** *adj* (-ier, -iest) **1** — से पूर्ण. **2** धुंधला.

mis'take (मिस्'टेक्) *n* ग़लती, भूल; त्रुटि. *v* (*pt* mistook, *pp* mistaken) **1** ग़लत होना; ग़लत धारणा रखना. **2 — (sb or sth) for,** गलत समझना.

mis'took (मिस्'टुक्) → mistake.

'mistress ('मिस्ट्रिस्) *n* **1** गृहिणी; गृहस्वामिनी. **2** स्कूल की अध्यापिका.

mis'trust ('मिस्'ट्रस्ट्) *v* & *n* (किसी के प्रति) संदेह या अविश्वास करना. **—ful** *adj* शक्की; शंकाशील.

'misunder'stand ('मिस्अन्डर'स्टैंड्) *v* (कहे या लिखे का) ग़लत अर्थ निकालना; (किसी व्यक्ति या वस्तु के संबंध में) ग़लत धारणा बनाना. **—ing** *n* ग़लतफ़हमी, भ्रम से उत्पन्न वैमनस्य.

'mis'use ('मिस्'यूज़्) *v* ग़लत उद्देश्य के लिए प्रयोग करना, दुरुपयोग करना; क्रूरतापूर्ण व्यवहार करना. ('मिस्'यूस्) *n*.

'mitigate ('मिटिगेट्) *v* (कष्ट को) कम करना. **ˌmiti'gation** (मिटि'गेशन्) *n*.

mix (मिक्स्) *v* मिश्रण करना, मिलाना : *mix flour and sugar*; *Oil and water do not mix*. **feeling mixed up,** उलझन में फँसा हुआ, विभ्रान्त. **'mixed** ('मिक्स्ट्) *adj* मिश्रित, विविध प्रकार का. **'mixture** ('मिक्सचर्) *n* मिश्रण; घालमेल.

moan (मोउन्) *v & n* कराहना.

moat (मोउट्) *n* खाई (किले के चारों ओर बनी परिखा); खंदक.

mob (मॉब्) *n* **1** भीड़. **2** जन साधारण; जनता. *v* (-bb-) भीड़ करना, मिल कर घेर लेना.

ˈmobile (ˈमोबाइल्) *adj* चलशील, गतिशील; गश्ती, चलता-फिरता. **moˈbility** (मोˈबिलिटि) *n* गतिशीलता.

ˈmobilize (ˈमोबिलाइज़्) *v* (शक्ति, सामग्री आदि को) कार्य और प्रयोग (विशेषतः युद्ध) के लिए इकट्ठी करना. **ˌmobiliˈzation** (मोबिलाइˈज़ेशन्) *n* लामबंदी.

mock (मॉक्) *v* हँसी उड़ाना; नकल उतार कर मज़ाक बनाना. *adj* नक़ली : — *battles*. **ˈ—ingly** *adv*. **ˈ—ery** (ˈमॉकरि) *n* **1** — की प्रक्रिया, उपहास. **2** — का पात्र या वस्तु. **3** बुरा अथवा निन्दनीय उदाहरण.

mode (मोड्) *n* ढंग, रीति, फ़ैशन, प्रथा.

ˈmodel (ˈमॉड्ल्) *n* **1** माडेल, किसी वस्तु का लघुरूप; नमूना. **2** व्यक्ति या वस्तु जिसका माडेल बनाया जा रहा है. **3** माडेल (डिज़ाइन आदि के प्रदर्शन के लिए प्रयुक्त युवती). *v* (-ll-) **1** (मूर्ति) गढ़ना : *—ling in clay*. **2** — बनाना; आदर्श या प्रतिमान के रूप में लेना: *M— your behaviour upon his*.

ˈmoderate (ˈमॉड्रिट्) *adj* मध्यम; सामान्य. *v* संयत, कम या मन्द होना. **—ly** *adv* साधारण. **ˌmodeˈration** (मॉड्ˈरेशन्) *n* नियमन.

ˈmodern (ˈमॉडर्न्) *adj* **1** आधुनिक : — *history*. **2** नवीन और अधुनातन : — *methods*. **—ize** *v* आधुनिक बनाना; वर्तमान स्थितियों के अनुकूल बनाना.

ˈmodest (ˈमॉडिस्ट्) *adj* **1** विनम्र, सुशील. **2** संकोची, निरहंकारी. **3** साधारण (न कि, बहुत बड़ा). **—ly** *adv*. **—y** (ˈमॉडिस्टि) *n*.

ˈmodify (ˈमॉडिफ़ाइ) *v* परिवर्तन करना; हेरफेर करना, मामूली परिवर्तन करना. **ˌmodifiˈcation** (मॉडिफ़िˈकेशन्) *n*.

ˈmodule (ˈमॉड्यूल्) *n* मॉड्यूल : *a lunar—* (चन्द्रयान, चान्द्र मॉड्यूल).

moist (मॉइस्ट्) *adj* नम, गीला. **ˈ—en** (ˈमॉइस्न्) *v* — करना. **ˈ—ure** (ˈमॉइस्चर्) *n* नमी, आर्द्रता, सील.

ˈmolar (ˈमोलर्) *n & adj* दाढ़, चर्वण-दन्त.

mole (मोल्) *n* छछूंदर. → p 15. **ˈmole-hill** *n* छछूंदर की बांबी.

ˈmolecule (ˈमॉलिक्यूल्) *n* अणु.

moˈlest (मˈलेस्ट्) *v* छेड़खानी करना.

ˈmolten (ˈमोउल्टन्) → melt.

ˈmoment (ˈमोउमन्ट्) *n* **1** क्षण. **in a —,** तुरंत. **the — that,** यथाशीघ्र, **2** महत्त्व. **ˈ—ary** (ˈमोमन्टरि) *adj* क्षणिक. **moˈmentous** (मˈमेन्टस्) *adj* अति महत्त्वपूर्ण.

ˈmonarch (ˈमॉनर्क्) *n* राजा. **—y** (ˈमॉनर्कि) *n* राजा द्वारा शासित देश.

ˈmonastery (ˈमॉनस्टरि) *n* मठ. **moˈnastic** (मˈनैस्टिक्) *adj* मठविषयक.

ˈMonday (ˈमन्डि) *n* सोमवार.

ˈmoney (ˈमनि) *n* रुपया-पैसा, मुद्रा.

ˈmongrel (ˈमंग्रल्) *n* दोग़ला कुत्ता.

ˈmonitor (ˈमॉनिटर्) *n* मानिटर, कक्षा-नायक (स्कूलों में).

monk (मंक्) *n* मठवासी, भिक्षु.

ˈmonkey (ˈमंकि) *n* बन्दर. → p 351. *v* — **about with,** नटखटी या शैतानी करना.

moˈnogamy (मॉˈनॉगमि) *n* केवल एक पति या पत्नी रखने की प्रथा.

ˈmonologue (ˈमॉन्लॉग्) *n* एकालाप (नाटक का ऐसा दृश्य जिसमें केवल एक व्यक्ति बोलता है).

moˈnopoly (मˈनॉप्लि) *n* **1** किसी वस्तु के उत्पादन या वितरण का एकाधिकार. **2** व्यापार आदि का एकाधिकार. **moˈnopolist** (मˈनॉप्लिस्ट्) *n* एकाधिकार रखने वाला व्यक्ति. **moˈnopolize** (मˈनॉप्लाइज़्) *v* — पाना या रखना.

ˈmonosyllable (ˈमॉन्सिल्ब्ल्) *n* एकाक्षरी शब्द. **ˌmonosylˈlabic** (मॉन्सिˈलैबिक्) *adj*.

ˈmonotone (ˈमॉन्टोउन्) *n* (गाने में) एक स्वर. **monotonous** (मˈनॉट्नस्) *adj* एकसुरा; नीरस. **moˈnotony** (मˈनॉट्नि) *n* एकरसता; नीरसता, ऊब.

mon'soon (मॉन'सून्) *n* मानसून (हिंद महासागर में गर्मी में दक्षिण-पश्चिम और सर्दी में उत्तर-पूर्व से हवा का बहना).

'monster ('मॉन्स्टर्) *n* **1** विरूप (प्रायः महाकाय) जन्तु या पौधा. **2** (कथाओं में) दैत्य, राक्षस (अर्धपशु, अर्धपक्षी आदि काल्पनिक प्राणी). **3** अति निर्दयी व्यक्ति. **'monstrous** ('मॉन्स्ट्रस्) *adj* — विषयक, — सदृश; महाकाय; (colloq) बेतुका, निरर्थक.

month (मन्थ्) *n* महीना, मास. **'—ly** *adj & adv*.

'monument ('मॉन्युमन्ट्) *n* स्मारक; कीर्तिस्तंभ.

mood (मूड्) *n* मनोदशा, मनःस्थिति : *in a cheerful* —. **'—y** ('मुडि) *adj* (-ier, -iest) बदमिज़ाज; मौज़ी. **—ily** *adv* उदासी से.

moon (मून्) *n* चन्द्रमा. **'—-flight** *n* चन्द्र-यात्रा. **'—-struck** पागल.

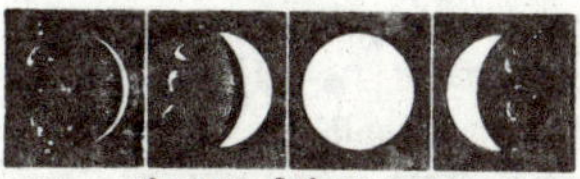

phases of the moon

moor[1] (मुअर्) *n* बंजर-भूमि.

moor[2] (मुअर्) *v* (जहाज़, नाव आदि को) तार-रस्सों से बाँधना. **'—ings** *n pl* ऐसे तार-रस्से; लंगर-स्थल.

mop (मॉप्) *v* (-pp-) & *n* झाड़न से पोंछना.

'moral ('मॉरल्) *adj* **1** नैतिक. **2** सदाचारी, सदाचारपूर्ण: *living a — life*. *n* **1** सीख, शिक्षा (किसी घटना, कथा या अनुभव से). **2** (*pl*) आचार; नीतिशास्त्र. **mo'rality** (म'रैलिटि) *n* सदाचार; नैतिकता. **'moralize** ('मॉरलाइज़्) *v* नैतिक प्रश्नों का विवेचन करना; शिक्षा निकालना. **—ly** *adv*.

mo'rale (म'राल्) *n* मनोबल, हौसला; संघर्ष करने का उत्साह.

mo'rass (म'रैस्) *n* दलदल जैसी भूमि.

'morbid ('मॉरबिड्) *adj* रुग्ण, रोगी; अस्वस्थ; दूषित, बीभत्स. **—ly** *adv*.

more (मॉर्) *n, adj & adv* अधिक, और. **— and —**, अधिकाधिक. **— or less**, लगभग, न्यूनाधिक. **—'over** (मॉ'रोवर्) *adv* इस के अतिरिक्त, इसके अलावा.

'morning ('मॉर्निङ्) *n* प्रातःकाल, सबेरा (दोपहर के पूर्व का समय).

mo'rose (म'रोस्) *adj* चिड़चिड़ा; उदास.

'morphia ('मॉर्फ़्या) **'morphine** ('मॉर्फ़ीन्). *n* मार्फ़िया (दर्द कम करने की दवा).

'morrow ('मॉरो) *n* **the —**, अगला दिन.

Morse, (मॉर्स) *n* **— code** मॉर्स-कोड; तार आदि भेजने की डाट (.) डैश (–) व्यवस्था.

'morsel ('मॉर्सल्) *n* (भोजन का) कौर, ग्रास.

'mortal ('मॉर्टल्) *adj* **1** मरणशील; नश्वर. **2** सांघातिक; प्राणघातक : — *injuries*. **3** मरण पर्यन्त. *n* मनुष्य. **—ly** *adv*. **mor'tality** (मार्'टैलिटि) *n* **1** — का भाव. **2** मृत्युसंख्या (किसी बीमारी आदि से मरने वालों की संख्या).

'mortar ('मॉर्टर्) *n* **1** (मकान बनाने का) गारा. **2** खरल. → p 230.

'mortgage ('मार्गिज्) *v* बन्धक या रेहन रखना. *n* गिरवी, रेहन; बन्धकपत्र.

'mortify ('मॉर्टिफ़ाइ) *v* **1** (किसी का) मान मर्दन करना, अपमानित करना. **2** (इच्छाओं का) दमन करना. **3** (घाव आदि का) सड़ना-गलना. **mortifi'cation** (मॉर्टिफ़ि'केशन्) *n*.

'mortuary ('मॉर्ट्युअरि) *n* मुरदाघर, शवगृह.

mo'saic (म'ज़ेइक्) *n & adj* गोज़ेक, (पत्थर आदि के छोटे-छोटे कणों से) पच्चीकारी.

mosque (मॉस्क्) *n* मसजिद.

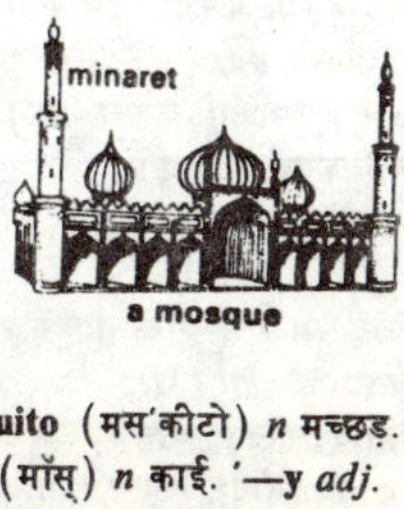

a mosque

mos'quito (मस'कीटो) *n* मच्छड़. → p 168.

moss (मॉस्) *n* काई. **'—y** *adj*.

most (मोस्ट्) *n & adj* (*least* और *fewest* के वैषम्य में) अधिकतम, सबसे अधिक. *adv* : *the — beautiful*. **at (the) —**, अधिक

से अधिक. **make the — of**, पूरा लाभ उठाना. **for the — part,** लगभग सभी. **'—ly** (मोस्टलि) *adv* मुख्यतया; सामान्यतया.

moth (मॉथ्) *n* पतंगा (रात में रोशनी के पास आने वाले कीड़े). → p 168.

'mother ('मद़र्) *n* माँ, माता. **— tongue,** मातृभाषा, अपनी स्वयं की भाषा. *v* माँ के समान बच्चों का पालन-पोषण करना. **—hood** ('मद़र्हुड्) *n* मातृत्व. **—ly** *adj* मातृसुलभ, मातृसदृश. **mother-in-law** *n* सास (पत्नी या पति की माँ).

'motion ('मोशन्) *n* **1** गति. **in —**, चलता हुआ. **2** चाल; इंगित; इशारा. **3** (सभा-समिति में विचारार्थ प्रस्तुत) प्रस्ताव. *v* इशारे से (किसी को) आदेश देना *— sb to a seat*. **—less** *adj* अचल, गतिहीन.

'motive ('मोटिव्) *n* प्रेरणा; अभिप्राय; उद्देश्य.

'motley ('मॉटलि) *adj* रंगबिरंगा; विविध प्रकार का : *a — collection of plates*.

'motor ('मोटर्) *n* **1** मोटर (पैट्रोल, बिजली आदि से चलने वाला यन्त्र) जो किसी वाहन आदि को गतिशील बनाता है. **2** (संज्ञाओं के साथ) **motor-bike (-car, -boat)** मोटर चालित (साइकिल, कार आदि). *v* (किसी व्यक्ति को) मोटर-कार से घुमाना.

'motto ('मॉटो) *n* (*pl* mottoes) आदर्श-वाक्य (आचरण-विषयक).

mould[1] (मोउल्ड्) *n* साँचा; साँचे से ढला भोजन पदार्थ. *v* आकृति देना : *— a head in (out of) clay*. (fig) *— sb's character*.

mould[2] (मोउल्ड्) *n* फफूंदी (नम पदार्थों पर उगने वाली). **'—y** *adj* — से भरा हुआ.

moult (मोउल्ट्) *v* पक्षियों के पंख (पर) झड़ना (बाद में नये निकलने के लिए)

mound (माउन्ड्) *n* टीला, मिट्टी का बड़ा ढेर.

mount (माउन्ट्) *n* **1** (व्यक्ति वाचक संज्ञाओं के साथ) पर्वत : *Mount (Mt) Abu*. **2** कार्ड जिस पर चित्रादि चिपकाये जाते हैं. **3** घुड़सवारी का घोड़ा. *v* **1** (सीढ़ी, पहाड़ आदि पर) चढ़ना; (घोड़े पर) चढ़ना. **2** विशेष दिशा में निश्चित करना : *— a gun (on a gun-carriage)*. **3 — up**, राशि या मात्रा का बहुत बढ़ जाना. 4 **— guard** (*over*) (रक्षक या गार्ड की) ड्यूटी करना; निगरानी करना.

'mountain ('माउन्टिन्) *n* पर्वत : *Everest is the highest — in the world*. **mountai'neer** (माउन्टि'निअर्) *n* पहाड़ी; पर्वतारोहण में निपुण, पर्वतारोही. **—ous** ('माउन्टिनस्) *adj* पहाड़ी (प्रदेश); पर्वताकार, बहुत बड़े आकार वाला : *—ous waves*.

mourn (मॉर्न्) *v* (मृत्य या हानि पर) दुःख या शोक मनाना **'—er** ('मॉर्नर्) *n* मातम करने वाला. **'—ful** *adj*. **'—fully** *adv*. **'—ing** ('मॉर्निङ्) *n* **1** शोक, मातम. **2** मातमी (विशेषतः काला) लिबास : *go into —ing* (for sb).

mouse (माउस्) *n* (*pl* mice) चुहिया. → p 15.

mous'tache (मुस्'टाश्) *n* मूँछ.

mouth (माउथ्) *n* **1** मुँह. → p 37. **down in the —,** उदास. **2** (किसी वस्तु का) मुंह (प्रवेश मार्ग) (जैसे, bag, bottle, tunnel, river आदि का). **'—ful** *n* कौर, ग्रास; थोड़ा, अल्पमात्रा. **'mouth-,organ** *n* माउथ्-आर्गन् (मुँह से बजाने वाला एक बाजा). **'mouthpiece** *n* बाजे का वह भाग जो मुँह से लगाया जाता है.

move (मूव्) *v* **1** हिलाना, हिलना; खिसकाना, हटाना. **— house,** फ़र्नीचर आदि दूसरे मकान ले जाना, मकान बदलना. **2** (दूसरों की भावनाओं को) प्रभावित करना : *—d to tears by the sad story*. **3** सभा-समिति में विचार और निर्णय के लिए प्रस्ताव प्रस्तुत करना. *n* **1** स्थान या स्थिति में परिवर्तन. **2** (उद्देश्य पूर्ति के लिए उठाया) चरण, चाल : *the next —*. **3 on the —,** चलना-फिरना **—ment** ('मूव्मन्ट्) *n* **1** चलना-फिरना, गतिविधि. **2** मशीन का गतिशील भाग या भागों का समूह. **3** आन्दोलन (जनता का). **'moveable** *adj* चलनशील.

mow (मोउ) *v* (*pt* mowed, *pp* mowed, mown). घास काटना : *new-mown hay; mowing the lawn*. **'lawn-mower,** घास काटने की मशीन. → p 180.

Mr (Mister) *n* पुरुषों को संबोधित करने का

शब्द: *Mr Smith*. (श्री स्मिथ).

Mrs (ˈमिसिज़्) *n* विवाहित महिलाओं के लिए प्रयुक्त संबोधन: *Mrs Smith* (श्रीमती स्मिथ).

much (मच्) *pron, adj & adv* बहुत.

mud (मड्) *n* कीचड़. **ˈ—dy** (-ier, -iest) *adj* — से भरा.

ˈmuddle (ˈमड्ल्) *v* गड़बड़ी, अव्यवस्था करना; (काम) बिगाड़ना. *n* गड़बड़ी: *in a —*.

ˈmuffle (ˈमफ़्ल्) *v* **1** (गरमाने के लिए) ओढ़ना-ओढ़ाना. **2** आवाज़ को कम करना या दबाना (जैसे किसी घंटी की आवाज़ को कपड़े से भलीभाँति ढककर कम किया जा सकता है).

ˈmuffler (ˈमफ़्लर्) *n* मफ़लर्, गले में लपेटने वाली पट्टी, गुलुबंद.

mug (मग्) *n* मग, मग्गा (एक प्रकार का प्याला जिसके नीचे तश्तरी लगाने की ज़रूरत नहीं होती है).

mule (म्यूल्) *n* खच्चर. **ˈmulish** (ˈम्यूलिश्) जिद्दी, अड़ियल.

ˈmulti- (पूर्वपद) अनेक–, बहु–; **multi-purpose** (बहु-उद्देशीय)

ˈmultiply (ˈमल्टिप्लाइ) *v* **1** गुणा करना: *6 multiplied by 5 is 30*. **2** बहुत संख्या में उत्पादन करना. **3** संख्या में बहुत होना या करना. **multipliˈcation** (मल्टिप्लिˈकेशन्) *n* गुणा करना, गुणन. **multipliˈcation-sign** *n* गुणन-चिह्न (×).

ˈmultitude (ˈमल्टिट्यूड्) *n* भीड़, बहुत संख्या में (एकत्र व्यक्ति).

ˈmumble (ˈमम्ब्ल्) *v* कुछ बुदबुदाते हुए या फुसफुसाते हुए (अस्पष्ट) कहना. *n* ऐसे शब्द.

ˈmummy[1] (ˈममि) *n* ममी, (मिश्र में) पुराना संभाल कर रखा शव.

ˈmum(my)[2] (ˈममि) *n* बच्चों द्वारा माँ को संबोधित करने का शब्द, ममी, मम्मी.

muˈnicipal (म्यूˈनिसिपल्) *adj* नगरपालिका का. **municiˈpality** (म्यूनिसिˈपैलिटि) *n* नगरपालिका, म्युनिसिपैलिटी (नगर का स्थानीय शासन).

muˈnition (म्यूˈनिशन्) *n pl* गोला-बारूद; युद्ध सामग्री.

ˈmural (ˈम्युअरल्) *adj* दीवार-विषयक. *n* — भित्ती चित्र, दीवार पर चित्रित चित्र.

ˈmurder (ˈमर्डर्) *n* हत्या, खून. *v* — करना. **—er, —ess** *n* हत्यारा (हत्यारिन). **—ous** (ˈमर्ड्रस्) *adj* हिंसक, हत्या के लिए आयोजित.

ˈmurky (ˈमर्कि) *adj* (-ier, -iest) अन्धकारमय; विषादमय.

ˈmurmur (ˈमर्मर्) *v & n* **1** भुनभुनाना: *the — of bees*. **2** बुदबुदाना, फुसफुसाना: *—ing a prayer*.

ˈmuscle (ˈमस्ल्) *n* मांस-पेशी. → p 37.

ˈmuscular (ˈमस्क्युलर्) *adj* मांसपेशीय; हट्टा-कट्टा (व्यक्ति).

muse (म्यूज़्) *v* ध्यानमग्न होना, एकाग्रचित्त चिन्तन करना.

muˈseum (म्यूˈज़िअम्) *v* म्यूज़ियम, संग्रहालय, अजायबघर.

ˈmushroom (ˈमश्रूम्) *n* कुकुरमुत्ता; खुमी; छत्रक. → p 340. *v* कुकुरमुत्ता की तरह बड़ी संख्या में उत्पन्न होना.

ˈmusic (ˈम्यूज़िक्) *n* संगीत. **face the —,** साहस-पूर्वक आशंकित कटु आलोचना का सामना करना. **—al** *adj* संगीत में निपुण, संगीत पसंद करने वाला. **muˈsician** (म्यू-ˈज़िशन्) *n* संगीतज्ञ; संगीतकार.

ˈMuslim (ˈमुस्लिम्) *n* मुसलमान.

ˈmuslin (ˈमज़्लिन्) *n* मलमल (एक प्रकार का कपड़ा).

ˈmussel (ˈमस्ल्) *n* सीपी.

must (मस्ट्) *v* अवश्य: *I — go home soon;* अधिक संभावना: *I think you — have been here before.*

ˈmustard (ˈमस्टर्ड्) *n* राई; सरसों.

ˈmuster (ˈमस्टर्) *n* हाज़िरी (विशेषत: सिपाहियों की). *v* इकट्ठा होना या करना.

ˈmusty (ˈमस्टि) *adj* (-ier, -iest) बासी; सील भरी भूमि.

ˈmute (म्यूट्) *adj* **1** चुप; कुछ न बोलने वाला. **2** गूँगा; बोलने में असमर्थ. **3** ऐसा अक्षर जिसका उच्चारण न हो रहा हो (जैसे, dumb में b का). *n* गूँगा.

ˈmutilate (ˈम्यूटिलेट्) *v* कोई अंश फाड़, तोड़

some musical instruments

या काट कर हानि पहुँचाना. ˌ**mutiˈlation** (म्यूटिˈलेशन्) *n*.

ˈ**mutiny** (ˈम्यूटिनि) *n* ग़दर, सैनिक-विद्रोह. ˈ**mutineer** (म्यूटिˈनिअर्) *n* बाग़ी, विद्रोही. **mutinous** *adj* विद्रोही.

ˈ**mutter** (ˈमटर्) *v* बुदबुदाना, बहुत धीरे कहना.

ˈ**mutton** (ˈमट्न्) *n* भेड़ का मांस.

ˈ**mutual** (ˈम्यूट्युअल्) *adj* **1** पारस्परिक, आपसी. **2** सद्भावना. **3** दो या अधिक में सामान्य : *our — friend Robin*. **—ly** *adv*.

ˈ**muzzle** (ˈमज़्ल्) **1** *v* मुसका (कुत्ते आदि के मुंह और थूथन पर पट्टियों का आवरण). **2** बन्दूक की नली का मुंह. *v* पशुओं पर मुसका चढ़ाना; (किसी व्यक्ति या समाचार पत्र को) स्वतंत्रतापूर्वक विचार प्रकट न करने देना.

my (माइ) *adj* मेरा : *That is my book*. → mine. **myself** (माइˈसेल्फ़्) *pron: I hurt myself when I fell over.*

ˈ**mystery** (ˈमिस्टरि) *n* रहस्य, मर्म. **mysˈterious** *adj* रहस्यमय.

ˈ**mystic** (ˈमिस्टिक्) *adj* रहस्यवादी; आध्यात्मिक शक्ति वाला. *n* रहस्यवादी. **—al** *adj*. **—ism** (ˈमिस्टिसिज़्म्) *n* रहस्यवाद.

ˈ**mystify** (ˈमिस्टिफ़ाइ) *v* रहस्यमय बना देना; उलझा देना.

myth (मिथ्) *n* **1** मिथक, पौराणिक कथा. **2** मनगढ़न्त बात; काल्पनिक. ˈ**—ical** (ˈमिथिकल्) *adj* — विषयक; अयथार्थ. **myˈthology** (मिˈथॉलजि) *n* पुराणशास्त्र, मिथक-शास्त्र. ˌ**mythoˈlogical** (मिथ्ˈलॉजिकल्) *adj*. **myˈthologist** *n* पुराणशास्त्र का अध्येता.

N

ˈ**nadir** (ˈनेडिअर) *n* सबसे निम्न स्थिति (आशाओं, अभिलाषाओं आदि की).

nag (नैग्) *v* (-gg-) लगातार डाँटना.

nail (नेल्) *n* **1** नाखून, नख. **fight tooth and —**, कसकर लड़ना. **2** कील. **hit the — on the head,** ठीक बात कहना या करना. *v* कील ठोंकना; जकड़ देना.

naˈive (नाˈईव्) *adj* भोला-भाला (व्यक्ति); निष्कपट.

ˈ**naked** (ˈनेकिड्) *adj* नंगा; खुला हुआ, असुरक्षित. **—ness** *n* नंगापन.

name (नेम्) *n* **1** (व्यक्ति, वस्तु, स्थान आदि का) नाम. **in the — of,** के द्वारा दिये अधिकार से; के लिए; **call sb —s,** भला-बुरा कहना. **2** प्रतिष्ठा, साख : *lose one's good —*. *v* **1** नामकरण करना, नाम देना; नाम बताना. **— sb after,** किसी के अनुकरण पर नाम रखना. **2** उल्लेख करना; चर्चा करना. ˈ**—ly** (ˈनेम्लि) *adv* अर्थात्, यानी. **—sake** (ˈनेम्सेक्) *n* नामरासी (समान नाम वाला व्यक्ति).

ˈ**nan(ny)** (ˈनैनि) *n* (बच्चे द्वारा) नानी-दादी के लिए प्रयुक्त शब्द, नानी.

nap[1] (नैप्) *n* झपकी (विशेषत: दिन में चारपाई के अलावा). **be caught napping,** जब तैयारी नहीं है ऐसी स्थिति में अचानक पकड़ा जाना.

nap[2] (नैप्) *n* कपड़े आदि के रोएँ.

nape (नेप्) *n* गुद्दी (गर्दन के पीछे का भाग).

ˈ**napkin** (ˈनैप्किन्) *n* **1 table —,** भोजन के समय कपड़े खराब न हो जाए इस लिए प्रयुक्त नैपकिन. **2** (colloq ˈnappy) बच्चे के नीचे भाग पर लपेटी तौलिया आदि.

narˈcotic (नार्ˈकॉटिक्) *n & adj* नींद या बेहोशी पैदा करने वाली दवा; हानिकारक नशे वाली दवा.

narˈrate (नैˈरेट्) *v* (किसी कथा का) वर्णन करना; वृतान्त बताना. ˈ**narrative** (ˈनैरटिव्) *adj & n* कथनात्मक, विवरणात्मक वर्णन.

ˈ**narrow** (ˈनैरो) *adj* (-er, -est) **1** संकीर्ण, तंग. **2** सीमित. **3** बहुत कम मार्जिन वाला,

थोड़ा-सा बहुमत : *a — majority*. **4** बारीक, सूक्ष्म : *a — search*. **—ly** *adv* **1** बहुत ही कम अवकाश (मार्जिन) छोड़ते हुए; ठीक-ठीक. **2** अत्यधिक सावधानी से; सूक्ष्मता से. **narrow-'minded** *adj* संकीर्ण मन वाला, अनुदार.

'nasal ('नेज़ल्) *adj* नासिका-विषयक, नासिक्य.

'nasty ('नास्टि) *adj* (-ier, -iest) **1** गंदा; क्षोभ उत्पन्न करने वाला. **2** ख़तरनाक़; धमकी भरा.

'natal ('नेट्ल्) *adj* जन्मविषयक.

'nation ('नेशन्) *n* राष्ट्र, क़ौम. **—al** *adj* राष्ट्रीय. *n* विशेष राष्ट्रीयता का व्यक्ति. **'—alism** ('नैश्नलिज़्म्) *n* राष्ट्रीयता-वाद, स्वतंत्रता-आंदोलन. **—alist** *n* राष्ट्रीयता-वादी. **—alize** ('नैश्नलाइज़्) *v* निजी क्षेत्र से (भूमि, व्यापार आदि को) सरकारी स्वामित्व में रखना, राष्ट्रीयकरण करन. **nationali'zation** (नैश्नलाइ'ज़ेशन्) *n*. **,nation'ality** (नैश्-'नैलिटि) *n* राष्ट्रिकता, राष्ट्रीयता, नागरिकता.

'native ('नेटिव़्) *adj* **1** अपने जन्म के स्थान, परिस्थिति आदि का : *this is my own, my — land*. **2** जन्मजात गुण (न कि शिक्षा आदि से प्राप्त): *The defendant relied on his — wit*. **3** (किसी स्थान के जन्मतः) निवासी (पेड़-पौधे, पशु-पक्षी) : *plants — to America*. *n* **1** निवासी (व्यक्ति) : *a — of*. **2** मूलस्थानीय : *The kangaroo is a — of Australia*.

na'tivity (न'टिव़िटि) *n* जन्म. **the N—** ईसा मसीह का जन्म. *a N— play* (ईसा के जन्म के संबंध का नाटक).

'natural ('नैच्रल्) *adj* **1** प्राकृतिक : *— history* (botany, zoology आदि); *animals living in their – state*. **2** सामान्य; आशानुकूल : *die a — death* (अर्थात् हत्या के द्वारा नहीं). **3** स्वाभाविक, सहज (बिना कृत्रिमता के): *speak in a — way* (*voice*); *a — orator*. **—ly** *adv* **1** — रीति से. **2** प्रकृति से, स्वभाव से. **3** निस्संदेह, अवश्य; आशानुसार. **—ist** *n* प्रकृतिविज्ञानी.

'naturalize ('नैचर्लाइज़्) *v* (किसी विदेशी को) नागरिकता देना. **,naturali'zation** (नैच्रलाइ'ज़ेशन्) *n*.

'nature ('नेचर्) **1** सृष्टि (संपूर्ण विश्व और उसकी वस्तुएँ): *— worship*; *— study* (पौधे, पशु-पक्षी आदि का अध्ययन). **2** प्रकृति (जीवन, मौसम आदि को नियंत्रित करने वाली शक्ति): *mankind's struggle against —*. **3** सहज सरल जीवन (बिना सभ्यता की कृत्रिमताओं के): *living in a state of —*. **nature-cure** *n* प्राकृतिक-चिकित्सा. **4** (किसी वस्तु की) प्रकृति (वास्तविक और आवश्यक गुण). **5** स्वभाव : *proud by —*. **good —**, अच्छा स्वभाव (दया, स्वार्थहीनता आदि). **6** प्रकार : *things of this —*. **in the — of,** लगभग वही.

naught (नॉट्) *n* शून्य, कुछ नहीं.

'naughty ('नॉटि) *adj* नटखट; कहना न मानने वाला; शरारती (बच्चों के लिए).

'nausea ('नॉस्या) *n* मचली, मतली. **'nauseate** ('नॉसिएट्) *v* जी मचलाना; मचली पैदा करना.

'nautical (नॉटिकल्) *adj* नाविक —, समुद्री.

'naval ('नेव़ल्) *adj* नौसेना विषयक :*— officers*.

nave (नेव़्) *n* (चर्च का) मध्य भाग (जहाँ लोग बैठते हैं).

'navigate ('नैव़िगेट्) *v* जहाज़ (हवाईजहाज़) का मार्ग-निर्देशन करना या चलाना. **'navigable** ('नैव़िगब्ल्) *adj* नदी आदि जहाँ जहाज़ जा सके; समुद्र यात्रा के योग्य जहाज. **,navi'gation** (नैवि'गेशन्) *n* (नौ– या विमान–) संचालन-विज्ञान.

'navy ('नेव़ि) *n* नौ-सेना (जहाज़, सैनिक और अधिकारी). **—'blue** (नेव़ि'ब्लू) *adj* & *n* गहरा नीला (रंग).

near (निअर्) *adv* & *prep* (समय या स्थान की दृष्टि से) समीप, निकट. *adj* **1** समीप, निकट. **2** संबंध या मित्रता की दृष्टि से घनिष्ठ. **3** कंजूस. **4** बगल में. *v* — आना. **—ly** *adv* पास में ही. **'—ly** *adv* प्रायः लगभग. **not —ly** (*enough*), (पर्याप्त से) बहुत दूर. **'—ness** *n* निकटता.

neat (नीट्) *adj* (-er, -est) **1** सुव्यवस्थित, साफ़-सुथरा : *a — worker (desk).* **2** सादा और प्रियकर : *a — dress.* **3** निपुणता से कहा या किया हुआ : *a — answer.* '**—ly** *adv.* '**—ness** *n.*

'**nebula** ('नेब्युला) *n* (*pl* nebulae) आकाश में तारों की नीहारिका. '**nebulous** ('नेब्युलस्) *adj* अस्पष्ट; धुंधला.

'**necessary** ('नेसिसरि) *adj* आवश्यक ज़रूरी; अनिवार्य. *n* (प्राय: *pl*) जीने के लिए आवश्यक पदार्थ. '**necessarily** ('नेसिसरिलि) *adv* अनिवार्य रूप से. **ne'cessitate** ('नेसिसटेट्) *v* अनिवार्य बना देना. **ne'cessity** (नि'सेसिटि) *n* **1** आवश्यकता. **2** आवश्यक वस्तु. **3** निर्धनता.

neck (नेक्) *n* **1** गरदन. → p 36. **— and —,** बिलकुल पास-पास, बग़ल में. **2** गरदन-नुमा, (जैसे बोतल की) : *the — of a bottle.* '**—lace** ('नेक्लिस्) *n* नेकलेस, कण्ठी. '**—tie** *n* टाई (गले की).

need (नीड्) *v* **1** की आवश्यकता होना; चाहना : *We — more help.* **2** बाध्य होना : *Need you go so soon?* *n* **1 in — of,** की कमी में, के अभाव में. **2** आवश्यक वस्तु. '**—ful** *adj* आवश्यक. '**—less** *adj* निरर्थक. **—s** *adv* (केवल इन संयोगों में) **must needs, needs must,** बाध्य होना. '**—y** ('नीडि) *adj* (-ier, -iest) ग़रीब; जीवन की आवश्यक वस्तुओं से रहित.

'**needle** ('नीड्ल्) *n* **1** सूई (कपड़ा सिलने की). **2** सलाई (जैसे, ऊन बुनने की). **3** सूई (जैसे घड़ी या सूचक यंत्रों की).

'**negative** ('नेगटिव्) *adj* **1** (positive का विलोम) 'न', 'नहीं' के अर्थ वाले शब्द या उत्तर. **2** (गणित में) ऋण संख्या. **3** (फ़ोटोग्राफ़ी) निगेटिव. *n* **1** नकारात्मक शब्द या उत्तर. **2** ऋण संख्या. **3** (फोटोग्राफ़ी में) निगेटिव प्लेट.

neg'lect (नि'ग्लेक्ट्) *v* **1** ध्यान न देना, उपेक्षा करना (जो करना था उसे न करना). **2** ख़्याल न रखना, भलीभाँति (बच्चों का) पालन पोषण न करना. *n* — की प्रक्रिया; उपेक्षित : *in a state of —.*

'**negligent** ('नेग्लिजन्ट्) *adj* लापरवाह, असावधान. **—ly** *adv* लापरवाही से. '**negligence** ('नेग्लिजन्स्). *n* '**negligible** ('नेग्लिजब्ल्) *adj* नगण्य, उपेक्षणीय.

ne'gotiate (नि'गोशिएट्) *v* **1** (किसी सहमति पर पहुँचने के लिए) बात-चीत करना, वार्ता करना. **2** सौदा के संबंध में समझौता या मोल-तोल करना. **3** किसी बाधा को पार करना. **negoti'ation** (निगोशि'एशन्) *n.*

'**Negro** ('नीग्रो) *n* (*pl* -es) नीग्रो. '**Negress** ('नीग्रिस्) नीग्रो-महिला.

neigh (ने) *v* & *n* (घोड़े का) हिनहिनाना.

'**neighbour** ('नेबर्) *n* पड़ोसी. **—hood** *n* **1** पड़ोस का क्षेत्र और वहाँ के निवासी. **2** समीपता की स्थिति. **—ing** *adj* समीपवर्ती. **—ly** *adj* मैत्री पूर्ण; सहायता युक्त, मिलनसार.

'**neither** ('नाइदर्) *adj* & *pron* दोनों में से कोई भी नहीं. *adv* & *conj* **1 — .... nor,** *N— you nor I could have been there.* **2** और न: *If you don't go, — shall I.*

'**nephew** ('नेव्यू) *n* भतीजा; भाँजा.

nerve (नर्व्) *n* **1** नर्व, स्नायु, नस. **2** (*pl*) सहज उत्तेजित और चिंतित होने की स्थिति : *suffering from —s; noises that get on her —s.* **3** धैर्य, साहस, आत्मविश्वास. **4 strain every — (to do sth),** यथासंभव सर्वाधिक प्रयास करना. '**nervous** ('नर्वस्) *adj* **1** स्नायु संबंधी. **2** उत्तेजित, आशंकित : *feeling nervous.*

nest (नेस्ट्) *n* घोंसला; चींटी, बर्र आदि के अंडे रखने का स्थान. *v* — बनाना, — में पालना.

'**nestle** ('नेस्ल्) *v* गर्माहट में सुख से बस जाना; चिपट कर बैठ जाना.

net[1] (नेट्) *n* जाल, फन्दों का पाश : *fishing nets; mosquito-nets.* *v* (-tt-) फँसाना, जाल में पकड़ना. '**netting** ('नेटिङ्) *n* जाल बनाने का सामान : *wire netting for the windows.* '**network** *n* जाली; जालतंत्र (जैसे, रेलों या नहरों का जालतंत्र).

net[2] (नेट्) *adj* नेट, शेष (जिसके बाद अब कुछ

निकालना नहीं है). **net profit,** शुद्ध लाभ (सारे ख़र्च निकालने के बाद बचा लाभ). **net weight,** ख़ालिस भार (डिब्बे का भार हटा कर डिब्बे में रखी वस्तु का भार).

ˈnettle (ˈनेट्ल्) *n* बिच्छू नामक पौधा (जिसकी पत्ती छूने से ऐसी जलन होती है मानो बिच्छू ने काट खाया हो). *v* (fig) किसी को उत्तेजित कर देना.

neuˈrotic (न्युˈरॉटिक्) *n & adj* स्नायु-रोग से पीड़ित व्यक्ति; (colloq) बहुत शीघ्र उत्तेजित होने वाला (व्यक्ति).

ˈneuter (ˈन्यूटर्) *n* (व्याकरण) नपुंसक-लिंग; नपुंसक.

ˈneutral (ˈन्यूट्रल्) *adj* **1** युद्ध या झगड़े में किसी भी पक्ष का साथ न देने वाला, तटस्थ; तटस्थ देश का. **2** अनिश्चित (रंग आदि). *n* तटस्थ या उदासीन (देश या व्यक्ति). **neuˈtrality** (न्यूˈट्रैलिटि) *n* तटस्थता; उदासीनता. **ˈ—ize** (ˈन्यूट्रलाइज़्) *v* तटस्थ घोषित करना; (किसी क्रिया को) प्रभावहीन या निष्फल कर देना.

ˈnever (ˈनेवर्) *adv* कभी नहीं; कदापि नहीं. **— mind !** चिन्ता न करें. **—ˈmore** *adv* फिर कभी नहीं. **—theˈless** (नेवर्दिˈलेस्) *conj* ऐसा होने पर भी; तथापि.

new (न्यू) *adj* (ˈnewer, ˈnewest) **1** नया (जो पहले नहीं था); सबसे पहले अनुभव किया हुआ. **2** दुबारा खोज निकालना. **3** फिर से प्रारंभ हुआ : *a new moon, New Year. adv* नया; हाल में : *new-laid eggs.* **ˈnewcomers** नवागत. **ˈnewly** (ˈन्यूलि) *adv* हाल में; नयी रीति से किया हुआ.

news (न्यूज़्) (*pl* news) *n* ख़बर, समाचार. **ˈ—agent** *n* समाचारपत्र-पत्रिकाएँ आदि बेचने वाला. **ˈ—paper** *n* अख़बार, समाचार-पत्र.

next (नेक्स्ट्) *adj & n* अगला (समय या स्थान की दृष्टि से). **— door,** पास का (अगला) मकान. *adv* उसके बाद, समीपवर्ती. *prep* के पास, के निकट.

nib (निब्) *n* (कलम की) निब.

ˈnibble (ˈनिब्ल्) *v* कुतरना (*at* sth).

nice (नाइस्) *adj* (-r, -st) **1** रुचिकर; सुखदायी. **2** विशेष रुचि का; नाज़ुक : *too — about his food.* **ˈ—ly** *adv.* **ˈ—ty** (ˈनाइसिटि) *n* सूक्ष्मता, बारीकी.

nick (निक्) *v & n* खाँचा (V-आकार का) डालना. **in the — of time,** ऐन मौके पर.

ˈnickel (ˈनिक्ल्) *n* निकल (सफ़ेद चाँदी जैसी धातु); (अमेरिका में) 5 सेंट का सिक्का.

ˈnickname (ˈनिक्नेम्) *n* उपनाम.

ˈnicotine (ˈनिक्टीन्) *n* निकोटिन (तम्बाकू में मिलने वाला विषैला पदार्थ).

niece (नीस्) *n* भतीजी; भाँजी.

night (नाइट्) *n* रात, रात्रि. **ˈ—dress, ˈnightgown** *n* लंबा ढीला लबादा जो स्त्रियाँ या बच्चे रात में पहनते हैं. **ˈnight-fall** *n* सन्ध्या, शाम का झुटपुटा. **ˈ—mare** डरावना स्वप्न. **ˈ—ly** *adj & adv* प्रतिरात को होने वाला, रात्रिकालीन. **ˈnight-watchman** *n* रात का चौकीदार.

ˈnightingale (ˈनाइटिंगेल्) *n* बुलबुल.

nil (निल्) *n* शून्य; कुछ नहीं.

ˈnimble (ˈनिम्ब्ल्) *adj* (-r, -st) फुरतीला, दक्ष; कुशाग्रबुद्धि; तुरंत समझने वाला.

nine (नाइन्) *n & adj* नौ (9). **a — days wonder,** केवल कुछ ही दिनों तक आकर्षित करने वाली वस्तु. **ˈ—ˈteen** (ˈनाइन्ˈटीन्) *n & adj* उन्नीस (19). **ˈ—ty** (ˈनाइन्टि) *n & adj* नब्बे (90). **ninth** (नाइन्थ्) *n & adj* नवां भाग. **ˈ—tieth** *n & adj* 90वाँ, 90वाँ भाग.

nip (निप्) *n* **1** चुटकी, चिकोटी. **2 a nip in the air,** तेज़ सरदी, तीक्ष्ण शीत. *v* (-pp-) **1** चुटकी, चिकोटी काटना; वृद्धि और विकास को रोकना. **2** शीघ्रता करना: *nip along* (*off, in*). **ˈnipper** (ˈनिपर्) *n* (*pl*) चिमटी. 2 (colloq) छोटा बच्चा. **ˈnippy** (ˈनिपि) *adj* बहुत ठंडा (मौसम).

ˈnipple (ˈनिप्ल्) *n* स्तन का अग्रभाग जिससे बच्चा दूध पीता है.

ˈnitrogen (ˈनाइट्रिजन्) *n* नाइट्रोजन (गैस).

no (नोउ) *adj & adv* नहीं; कोई नहीं, एक भी नहीं. *int* असहमति या नकार प्रकट करने का शब्द.

no. (=number का संक्षिप्त रूप) संख्या, नम्बर.

ˈ**noble** (ˈनोउब्ल्) *adj* (-r, -st) 1 उच्च गुणों और योग्यताओं वाला. 2 उच्चकुल का. 3 श्रेष्ठ; आदरणीय. **noˈbility** (नोˈबिलिटि) *n* 1 — का भाव. 2 अभिजात वर्ग. ˈ**nobly** (ˈनोब्लि) *adv*. —**man** (=noble) *n*.

ˈ**nobody** (ˈनोउबडि) *n* कोई नहीं; नगण्य व्यक्ति.

noctˈurnal (नॉक्ˈटर्नल्) *adj* रात में ही सक्रिय; रात में होने वाला.

nod (नॉड्) *v* (-dd-) 1 सहमति बताने के लिए सिर हिलाना; परिचितों से अभिवादन के समय सिर हिलाना. 2 ऊँघने पर सिर का आगे झुक जाना. *n* सिर की ऐसी गति.

Noˈel (नोˈअल्) *n* क्रिसमस.

noise (नॉइज़्) *n* शोर-गुल, हो-हल्ला. —**less** *adj* नीरव, मौन. ˈ**noisy** (ˈनॉइज़ि) *adj* (-ier, -iest) शोर मचाने वाला; कोलाहल पूर्ण. ˈ**noisily** (ˈनॉइज़िलि) *adv*.

ˈ**nomad** (ˈनॉमड्) *n* ख़ानाबदोश जन जाति के लोग. **noˈmadic** (नोˈमैडिक्) *adj* — संबंधी.

ˈ**nominal** (ˈनॉमिन्ल्) *adj* 1 नाम मात्र का (न कि वास्तव में) : *the — rule*. 2 **a — rent (sum)**, नाम मात्र का, बहुत मामूली (मात्रा). —**ly** *adv*.

ˈ**nominate** (ˈनॉमिनेट्) *v* किसी व्यक्ति का नाम किसी पद के चुनाव के लिए प्रस्तुत करना. ˌ**nomiˈnation** *n* नामांकन करना. नामांकित करने का अधिकार, मनोनयन. **nomiˈnee** (नॉमिˈनी) *n* नामज़द, मनोनीत.

non- (उपसर्ग) ग़ैर-, -इतर ˈ*non-ˈsmokers*.

ˈ**nonconˈformist** (ˈनॉन्कन्ˈफ़ार्मिस्ट्) *n* प्रोटेस्टेंट जो स्थापित चर्च के विधि-विधान को नहीं मानते हैं.

ˈ**nondescript** (ˈनॉन्डिस्क्रिप्ट्) *adj* जिनका वर्गीकरण सहज नहीं हो रहा है; जिनका कोई निश्चित स्वरूप नहीं है.

none (नन्) *adj* & *n* कोई भी नहीं; कोई भी व्यक्ति नहीं. *adv* (too के साथ) बिलकुल नहीं: *— too large*; (तुलनावाचक शब्दों के साथ) अत्यधिक नहीं : *— the worse for his experience*.

noˈnentity (नॉˈनेनटिटि) *n* नगण्य व्यक्ति.

ˈ**non-plus** (ˈनॉन्ˈप्लस्) *v* (-ss-) किसी को ऐसा चकित कर देना कि वह किंकर्तव्यविमूढ़ हो जाए.

ˈ**nonsense** (ˈनॉनसन्स्) *n* अनाप-शनाप, अंड-बंड. **nonˈsensical** *adj*.

nook (नुक्) *n* कोना; एकान्त स्थान.

noon (नून्) *n* 12 बजे दोपहर.

noose (नूस/नूज़्) *n* फन्दा (जो रस्सी खींचने से कसता जाता है).

nor (नॉर्) *conj* (*neither* या *not* के बाद) और न.

ˈ**normal** (ˈनॉर्मल्) *adj* सामान्य, बदस्तूर. *n* **above (below) —** , औसत या सामान्य से अधिक (कम). —**ly** *adv* सामान्यतया.

north (नॉर्थ्) *n*, *adj* & *adv* उत्तर दिशा. ˈ—**erly** (ˈनॉर्द़रलि) *adj* & *adv* उत्तर दिशा से आने वाली (हवा); उत्तर दिशा की ओर. ˈ—**ern** (ˈनॉर्द़र्न्) *adj* उत्तरी. —**ward(s)** *adv* उत्तर दिशा की ओर.

nose (नोज़्) *n* 1 नाक. → p 37. **pay through the —**, बहुत ऊँची कीमत देना. 2 किसी वस्तु के आगे का निकला अंश : *the — of an aircraft*. 3 सूंघने की शक्ति. *v* 1 सूंघना; सूंघ कर ढूंढ़ना : *— sth out*. 2 सावधानी से आगे बढ़ना : *a ship nosing (its way) through the ice*. ˈ**nose-dive** *v* & *n* (हवाई जहाज का) नाक की सीध में नीचे पृथ्वी की ओर उतरना. ˈ**nosy** (ˈनोज़ि) *adj* (nosier, nosiest) (colloq) कुतूहल रखने वाला.

nosˈtalgia (नॉस्ˈटैल्जिअ) *n* घर की याद बहुत आना.

ˈ**nostril** (ˈनॉस्ट्रिल्) *n* नथुना.

not (नॉट्) *adv* नहीं : *This is not true. I am not coming*.

ˈ**notable** (ˈनोट्ब्ल्) *adj* उल्लेखनीय. ˈ**notably** *adv*. ˌ**notaˈbility** (नोट्ˈबिलिटि) *n* (विशेषतः) बहुत महत्त्वपूर्ण व्यक्ति.

ˈ**notary** (ˈनोउट्रि) *n* (प्रायः — public) नोटरी, कचहरी में वह अधिकारी जो क़ानूनी कागज़ात और उन पर किये हस्ताक्षरों का साखी होता है.

noˈtation (नोˈटेशन्) *n* अंकन-पद्धति.

notch (नॉच्) *v* & *n* V-आकृति का खाँचा लगाना.

note (नोट्) **1** नोट्स, तथ्यों का संक्षिप्त विवरण (याददाश्त के लिए). **2** छोटा पत्र : *a — of thanks*; **—paper** पत्र आदि लिखने का कागज. **3** (किताब में) टीका-टिप्पणी. **4** रुक्का, (बैंक) नोट : *a Rs 5 —*; *bank-notes*. **5** संगीत के स्वर; स्वर चिह्न. **6** चिह्न, सूचना : *a — of triumph in his voice*. **7** प्रतिष्ठा, महत्त्व. **8** ध्यान : *take — of*; *worthy of —*. *v* **1** ध्यान देना. **2 — sth down,** लिख लेना. **ˈ—d** *adj* प्रख्यात, प्रसिद्ध. **ˈnote-ˌworthy** *adj* ध्यान देने योग्य, विचारणीय.

ˈnothing (ˈनथ़िङ्) *n* कुछ नहीं; शून्य. **come to —**, निष्फल, व्यर्थ. **make — of,** समझने में असमर्थ; लाभ उठाने में असफल. **there is — for it but to,** केवल संभव रीति; केवल वही कर सकते हैं.

ˈnotice (ˈनोटिस्) *n* **1** नोटिस (लिखित या मुद्रित) सूचना : *put up a —*. **2** नोटिस, अधिसूचना : *give a servant a month's —*. **3 at short —**, थोड़ी सी पूर्व सूचना पर. **4** ध्यान. **take no — of,** ध्यान न देना. **bring sth to the — of sb,** ध्यान में लाना. *v* — लेना; देखना. **—able** *adj* सहज में ही दिखाई पड़ने वाला, सुस्पष्ट.

ˈnotify (ˈनोटिफ़ाइ) *v* अधिसूचना देना; सूचित करना (*to*).

ˈnotion (ˈनोशन्) *n* विचार; धारणा.

noˈtorious (नोˈटॉरिअस्) *adj* बदनाम. **ˌnotoˈriety** *n* बदनामी.

notwithˈstanding (नॉट्विथ़्ˈस्टैन्डिङ्) *conj* यद्यपि, हालांकि. *prep* के होते हुए भी.

nought (नॉट्) *n* कुछ नहीं; शून्य.

noun (नाउन्) *n* (व्याकरण) संज्ञा.

ˈnourish (ˈनरिश्) *v* **1** पोषण करना, भोजनादि से पुष्ट, बली बनाना. **2** (आशा, द्वेष आदि) रखना. **—ment** *n* आहार; — की शक्ति.

ˈnovel[1] (ˈनॉव़ल्,) *adj* अद्भुत; नये प्रकार का. **ˈnovelty** (ˈनॉव़ल्टि) *n* **1** नवीनता; अनूठापन. **2** पहले से अज्ञात विचार, पदार्थ आदि; (*pl*) विविध प्रकार के प्रायः कम कीमत वाले सामान, अनूठी वस्तुएँ.

ˈnovel[2] (ˈनॉव़ल्) *n* उपन्यास. **—ist** *n* उपन्यासकार.

NoˈVember (नोउˈव़ेम्बर) *n* नवम्बर (महीना)

ˈnovice (ˈनॉव़िस्) *n* नौसिखिया.

now (नाउ) *adv* अब, इस समय. **now and again, now and then,** कभी-कभी; समय-समय पर. **ˈnowadays** (ˈनाउअडेज़्) *adv* आजकल.

ˈnowhere (ˈनोउव़ेअर्) *adv* कहीं भी नहीं.

ˈnozzle (ˈनॉज़्ल) *n* पाईप की टोंटी.

ˈnucleus (ˈन्यूक्लिअस्) *n* (*pl* nuclei) नाभिक (केन्द्रक) : *— of an atom*. **ˈnucleur** (ˈन्यूक्लिअर्) *adj* नाभिकीय : *— physics*, *— war* (अणु-युद्ध).

nude (न्यूड्) *adj* नंगा. *n* (कला में) निर्वस्त्ररूप.

nudge (नज्) *v* कोहनी मारकर किसी का ध्यान आकर्षित करना. *n* इस प्रकार दिया धक्का.

ˈnugget (ˈनगिट्) *n* ढेला (विशेषतः सोने का).

ˈnuisance (ˈन्यूसन्स्) *n* उपद्रवी, परेशानी पैदा करने वाला पदार्थ या व्यक्ति.

null (नल्) *adj* **— and void,** (क़ानून में) रद्द, अमान्य. **ˈ—ify** (ˈनलिफ़ाइ) *v* — करना.

numb (नम्) *v* & *adj* (-er, -est) सुन्न या जड़ (कर देना) : *fingers —(ed) with cold*.

ˈnumber (ˈनम्बर्) *n* **1** संख्या (जैसे, 1, 2, ... **2** संख्या या राशि या मात्रा: *a large — of people*. **3** किसी पत्रिका का अंक. *v* **1** — देना; — लगाना. **2** (संख्या तक) जोड़ना. **3 — sb among,** संमिलित करना. **—less** *adj* असंख्य.

ˈnumeral (ˈन्यूम्रल्) *n* अंक (जैसे, 1, 2, 3...). **nuˈmerical** *adj* संख्यात्मक. **ˈnumerous** (ˈन्यूम्रस्) *adj* बहुत से; बहुसंख्यक.

nun (नन्) *n* मठ में रहने वाली उपासिका, मठवासिनी. **ˈnunnery** (ˈनन्रि) *n* मठ.

ˈnuptial (ˈनप्शल्) *adj* विवाह विषयक : *— Mass*. **—s** *n pl* विवाह-समारोह.

nurse (नर्स्) *n* **1** नर्स (अस्पताल आदि में). **2** दाई; धाय; आया. *v* **1** — का कार्य करना. **2** बच्चे को अपना दूध पिलाना. **3** बच्चे को गोद

में लेना. 4 ध्यानपूर्वक पालन-पोषण करना; बढ़ने देना (जैसे, नये व्यवसाय को). ′—ry (′नर्सरि) *n* 1 नर्सरी (जहाँ बच्चे पढ़ते हैं). 2 पेड़-पौधों की नर्सरी.

′nurture (′नर्‌चर्) *n* प्रशिक्षण; पालन-पोषण; (बच्चों का) शिक्षण. *v* — देना.

nut (नट्) *n* 1 अखरोट, बादाम जैसी कड़े छिलके की मेवा : *walnut, groundnut*. 2 (बोल्ट में लगने वाला) नट, ढिबरी. **′nut-crackers** *n pl* अखरोट आदि तोड़ने वाला सरौता. **′nutshell** *n* (विशेषत:) **in a nutshell** अतिसंक्षेप में.

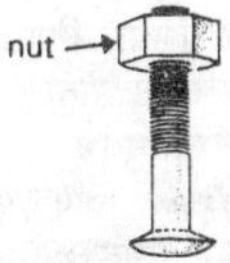

′nutmeg (′नट्‌मेग्) *n* जायफल (एक प्रकार का मसाला).

nu′trition (न्यू′ट्रिशन्) *n* 1 आहार, पोषण. 2 आहार-शास्त्र. **nu′tritious** (न्यू′ट्रिशस्) *adj* आहार के रूप में महत्त्वपूर्ण; पोषणगुणों से युक्त.

′nuzzle (′नज़्ल्) *v* (किसी वस्तु में) नाक (थूथन) रगड़ना : *The horse —d (against) my shoulder.*

′nylon (′नाइलन्) *n* 1 नाइलोन (कपड़ा). 2 (*pl*) मोजे आदि.

′nymph (निम्फ़्) *n* अप्सरा.

O

O, oh (ओ) *int* आश्चर्य भय आदि का उद्‌गार.

oak (ओक्) *n* बलूत (और अन्य जंगली पेड़ – अपनी कठोर लकड़ी के कारण महत्त्वपूर्ण).

oar (ऑर्) *n* (नाव खेने का) चप्पू. **oarsman** *n* खेवेय्या.

o′asis (ओ′एसिस्) *n* (*pl* oases) रेगिस्तान में पानी-पेड़ का प्रदेश, नख़लिस्तान.

oath (ओउथ़्) *n* 1 शपथ (पदग्रहण आदि की) : *on one's —*, (अपनी शपथ पर). 2 क़सम, सौगन्ध.

oats (ओउट्स) *n pl* जुई (विशेषत: घोड़ों के खाने के लिए). **′oatmeal** *n* जुई की दलिया (पॉरिज में प्रयुक्त).

o′bedient (अ′बीड्यन्ट्) *adj* आज्ञाकारी. **—ly** *adv*. **o′bedience** (अ′बीड्यन्स्) *n* आज्ञाकारिता.

o′bese (ओ′बीस्) *adj* बहुत मोटा, स्थूल. **o′besity** (ओ′बीसिटि) *n* मोटापा.

o′bey (अ′बे) *v* आज्ञा मानना; कहे के अनुसार चलना.

o′bituary (अ′बिट्युअरि) *n* (किसी व्यक्ति की) निधन सूचना (प्राय: संक्षिप्त जीवन चरित के साथ).

′object[1] (′ऑब्‌जिक्ट्) *n* 1 वस्तु, पदार्थ (जिसे देखा या छुआ जा सके). **an object-lesson,** प्रदर्शन-पाठ. 2 उद्‌देश्य, लक्ष्य : *succeed in one's —; with no — in life.*

ob′ject[2] (अब्′ज़ेक्ट्) *v* आपत्ति या एतराज़ उठाना (*to*). **—ion** *n*. **—ionable** (अब्′ज़ेक्शनब्ल्) *adj* आपत्तिजनक; अप्रियकर.

ob′jective (ऑब्′ज़ेक्टिव़्) *n* ध्येय; उद्देश्य; (सेना में) लक्ष्य. *adj* निष्पक्ष; वस्तुनिष्ठ.

obli′gation (ऑब्लि′गेशन्) *n* दायित्व; कर्तव्य; बाध्यता. **be under an — to sb,** प्रतिबद्ध होना. **ob′ligatory** (ऑ′ब्लिगट्रि) *adj* अनिवार्य; आवश्यक (नियम, विधि अथवा प्रथा के अनुसार).

ob′lige (अ′ब्लाइज़्) *v* 1 प्रतिज्ञा आदि द्वारा किसी को किसी कार्य के लिए प्रतिबद्ध करना.

2 एहसान करना, अनुग्रह करना. **ob'liging** *adj* उपकारी, अनुग्रह करने वाला.

ob'lique (अ'ब्लीक्) *adj* तिरछा, टेढ़ा.

ob'literate (अ'ब्लिट्रेट्) *v* मिटाना; सभी चिह्न लुप्त कर देना. **ob,lite'ration** (अब्लिट्'रेशन्) *n*.

ob'livion (अ'ब्लिव़िअन्) *n* विस्मरण; अप्रसिद्धि. **ob'livious** (अ'ब्लिव़िअस्) *adj* भुलक्कड़ (*of*); जानकारी न रखने वाला (*of*).

'oblong ('ऑब्लॉङ्) *n & adj* एक प्रकार का आयत; आयताकार. → p 295.

ob'noxious (अब्'नॉक्शस्) *adj* अप्रीतिकर; हानिकारक.

'oboe ('ओबो) *n* शहनाई जैसा बाजा. → p 206.

ob'scene (ऑब्'सीन्) *adj* अश्लील (शब्द या आचरण); कुत्सित. **ob'scenity** (ऑब्'सीनिटि) *n* — का भाव.

ob'scure (अब्'स्क्युअर्) *adj* **1** अन्धकारमय; गुप्त; दुर्बोध, गूढ़. **2** अप्रसिद्ध. *v* — करना. **ob'scurity** (अब्'स्क्युअरिटि) *n*.

ob'sequious (अब्'सीक्व़िअस्) *adj* चापलूस, जी हुजूर करने वाला.

ob'serve (अब्'ज़र्व़्) *v* **1** देखना (ध्यानपूर्वक), अवलोकन करना; निरीक्षण करना, पर्यवेक्षण करना. **2** (नियमों का) अनुपालन करना, (नियम) मानना, मनाना. **3** कहना (*that*). **ob'servance** (अब्'ज़र्व़न्स्) *n* क़ानून या नियम का अनुपालन. **ob'servant** (अब्'ज़रव़न्ट्) *adj* ध्यानपूर्वक निरीक्षण करने वाला; नियमों का सावधानी से अनुपालन करने वाला. **,obser'vation** (ऑब्ज़र्'व़ेशन्) *n* **1** प्रेक्षण (सावधानी से देखना). **2** कथन, टिप्पणी. **ob'servatory** (अब्'ज़र्व़ट्रि) *n* वेधशाला (वह भवन जहाँ नक्षत्रों-तारों को देखने के लिए दूरदर्शक आदि यंत्र लगे हों). **ob'server** (अब्'ज़र्व़र्) *n* प्रेक्षक, — करने वाला.

ob'sess (अब्'सेस्) *v* (भय, मिथ्या धारणा, भ्रम आदि से) सताये जाना; उद्विग्न होना. **—ion** *n* — का भाव; धुन, सनक; संमोह.

'obsolete ('ऑब्सलीट्) *adj* अप्रचलित. **obso'lescent** (ऑब्स'लेसन्ट्) *adj* अप्रचलित होने लगना; लुप्तप्राय.

'obstacle ('ऑब्स्टक्ल्) *n* बाधा, प्रगति के मार्ग में आई अड़चन; अवरोध.

'obstinate ('ऑब्स्टिनिट्) *adj* **1** जिद्दी, अड़ियल, दुराग्रही. **2** आसानी से जो काबू में न आ सके. **—ly** *adv*. **'obstinacy** ('ऑब्स्टिनसि) *n*.

'ob'struct (अब्'स्ट्रक्ट्) *v* बाधा डालना या होना; यातायात मार्ग में रुकावट डालना; प्रगति के मार्ग में अड़चनें और विघ्न डालना. **—ion** (अब्'स्ट्रक्शन्) *n* अवरोध, बाधा, विघ्न.

ob'tain (अब्'टेन्) *v* **1** पाना, प्राप्त करना; स्वामित्व पाना; अपने लिए प्राप्त करना. **2** (प्रथा, नियमों आदि का) स्थापित या प्रचलित होना. **—able** (अब्'टेनब्ल्) *adj* लभ्य, सुलभ.

ob'tuse (अब्'ट्यूस्) *adj* **1** मन्दबुद्धि, कुन्द. **2** (गणित) 90° से अधिक किंतु 180° से कम का कोण.

'obvious ('ऑब्व़िअस्) *adj* सुस्पष्ट, प्रकट.

oc'casion (अ'केश़न्) *n* **1** अवसर (घटना विशेष होने का); सु-अवसर. **rise to the —**, दिखाना कि आवश्यकतानुसार उचित कार्य करने में समर्थ है. **2** कारण; आवश्यकता. *v* का कारण बनना. **—al** (अ'केश़न्ल्) *adj* यदा-कदा घटित होने वाला. **—ally** *adv* कभी-कभी; बीच-बीच में समय छोड़कर.

oc'cult (ऑ'कल्ट्) *adj* **1** गुप्त; छिपा हुआ, आच्छादित. **2** रहस्यमय; तन्त्र-मन्त्रात्मक.

'occupy ('ऑक्युपाइ) *v* **1** (मकान में) रहना, निवास करना; (भूमि, खेत आदि पर) अधिकार रखना, अधिभोग करना; (युद्ध आदि में किसी शहर आदि को) कब्जे में करना. **2** जगह भरना; ध्यान आकर्षित करना; समय बिताना. **,occu'pation** (ऑक्यु'पेशन्) *n* (विशेषत:) जीविका, वृत्ति; व्यापार.

oc'cur (अ'कर्) *v* (-rr-) **1** घटित होना. **2** होना; पाया जाना. **3 — to,** सूझना, मन में आना : *it —red to me that.* **—rence** (अ'करन्स्) *n* घटना.

'ocean ('ओशन्) *n* महासागर : *the Pacific —.*

'octagon ('ऑक्ट्गन्) *n* अष्टभुज आकृति (गणित). → p 295. **oc'tagonal** (ऑक्'टैग्नल्) *adj* अष्टभुजाकार.

Oc'tober (ऑक्'टोबर्) *n* अक्टूबर (महीना).

'octopus ('आक्टपस्) *n* आठ बड़ी भुजाओं वाला समुद्री जीव. → p 280.

odd (ऑड्) *adj* **1** विषम संख्या (जैसे, 1, 3, 5, 7, . . .). **2** जोड़े में से शेष एक : *an odd sock*. समुच्चय (सेट) में से अलग निकला हुआ : *odd volumes of a set*. **3** कुछ अतिरिक्त : 200 *odd miles* (200 से कुछ थोड़ा अधिक ही). **4** विचित्र; अनूठा. **5 odd jobs,** फुटकर कार्य. **at odd times (moments),** विविध, अनियमित अवसरों पर. **'oddity** ('ऑडिटि) *n* (विशेषत:) विचित्र मनुष्य, वस्तु, आचरण आदि. **'oddly** *adv* अजीब ढंग से. **odds** (ऑड्ज़्) *n pl* **1** किसी घटना के होने या न होने की संभावनाएँ. **2 be at odds (with),** झगड़ा करना, अनबन होना. **3 odds and ends,** छुट-पुट, फुटकर सामान. **'oddments** ('ऑड्मन्ट्स्) *n pl* फुटकर सामान.

ode (ओड्) *n* ओड (एक उदात्त भावनाओं की अनियमित छन्द की कविता).

'odious ('ओड्यस्) *adj* घृणित; अरुचिकर, विकर्षक.

'odour ('ओडर्) *n* गन्ध; महक, सुगन्ध. **—less** *adj*.

o'er ('ओअर्) *adv & prep* (कविता में) 'over' के लिए.

of (ऑव़्) *prep* का, के, की. **1** से संबद्ध. **2** से बना हुआ : *a ring of gold;* वर्णनात्मक : *a woman of great beauty*. **3** (के विषय में) : *I think of her often*. **4** (कारण) : *He died of malaria*.

off (ऑफ़्) *prep* **1** दूरी पर; दूर. **2** समीप में : *an island off the coast*. **3** से निकला हुआ : *a street off London Road*. *adv* **1** दूरी पर, दूर. **2** (से अलग) : *Take off your coat;* (से पृथक्) : *Switch off the light*. **3** (पूर्णता) : *Finish off that by tomorrow*. **4** (जीर्ण, सड़ा हुआ) : *That meat is off*. **off and on,** समय-समय पर; यदा-कदा. *adj* **1 the off side,** दूरवाला सिरा; (ग्रेट ब्रिटेन और भारत में) (यातायात की दृष्टि से) दाहिने ओर. **2 off chance,** बहुत ही कम संभावना. **in one's off time,** अपने खाली समय में. **'off 'hand** ('ऑफ़्'हैन्ड्) *adj* रूखा, असंमानपूर्वक. *adv* बिना तैयारी के, तत्काल.

'offal ('ऑफ़ल्) *n* पशुओं का भीतरी मांस जो खाने के काम आता है : *liver, heart*.

of'fence (अ'फ़ेन्स्) *n* **1** अपराध; पाप, नियम का उल्लंघन. **2** किसी की भावनाओं को चोट या ठेस पहुँचाना या अपनी भावनाओं को ठेस लगना. **3** तिरस्कार, दुर्व्यवहार. **4** आक्रमण : *weapons of* —. **o'ffend** (अ'फ़ेन्ड्) *v* **1** अपराध करना, नियमोल्लंघन करना. **2** आघात या ठेस पहुँचाना. **3** नाराज़ करना. **offender** (अ'फ़ेन्डर्) *n* — करने वाला. **o'ffensive** (अ'फ़ेन्सिव़्) *adj* **1** आघात और ठेस पहुँचाने वाला; अपमानजनक. **2** आक्रामक, हमलावर. **take the offensive,** आक्रमण, या हमला करना. **offensively** (अ'फ़ेन्सिव़्लि) *adv*.

'offer ('ऑफ़र्) *v* **1** अर्पित करना, सामने रखना; दाम या मेल लगाना. **2** (ईश्वर के आगे) अर्पित करना, चढ़ाना : — *(up) a prayer*. **3** प्रयत्न करना, चेष्टा करना : *—ing no resistance*. *n* प्रस्ताव; अर्पण, भेंट. **—ing** ('ऑफ़्रिङ्) *n* भेंट; चढ़ावा; बलिदान.

'office ('ऑफ़िस्) *n* **1** (प्राय: *pl*) कार्यालय, दफ्तर. **2** सरकारी विभाग : *the Foreign Office; a post* — **3** कार्यभार, पद : *to resign* —. **4** (*pl*) उपकार, सहायता; ध्यान. **through the good —s,** (किसी व्यक्ति की) सहायता के द्वारा. **'office-boy** *n* कार्यालय-सेवक.

'officer ('ऑफ़िसर्) *n* **1** अफ़सर (सेना, पुलिस आदि में). **2** सरकारी अधिकारी : *customs —s*. **3** (किसी समिति आदि का) सचिव, कोषाध्यक्ष आदि; पदाधिकारी.

of'ficial (अ'फ़िशल्) *adj* **1** अधिकारी; सरकारी, राजकीय, शासकीय. **2** पदाधिकारी. *n* उच्चाधिकारी. **—ly** *adv* सरकारी तौर पर; आधिकारिक रूप से. **of'ficiate** (अ'फ़िशिएट्) *v* किसी पद पर काम करना.

स्थानापन्न होना. of'ficious (अ'फ़िशस्) *adj* हस्तक्षेप करने वाला; बिना माँगे सहायता-सलाह देने वाला.

'offing ('ऑफ़िङ्) *n* **be in the —,** घटित होने वाला.

'offset ('ऑफ़्सेट्) *v* क्षतिपूर्ति करना; संतुलित कर देना.

'offshoot ('ऑफ़्शूट्) *n* शाखा, प्रशाखा.

'offspring ('ऑफ़्स्प्रिङ्) *n* (*pl* offspring) (मनुष्य या पशुओं का) बच्चा, बच्चे; सन्तान.

'often ('ऑफ़्न्) *adv* (-er, -est) अकसर; प्रायः; बहुधा.

oil (ऑइल्) *n* तेल. **'oil-colours** *n pl* तेलवाले रंग. **'oilskin** *n* मोमजामा. **'oily** ('ऑइलि) *adj* तेल का, तेल सदृश; तेल चुपड़ा.

'ointment ('ऑइन्ट्मन्ट्) *n* मरहम.

'O'K ('ओ'के) *int* ठीक है! अच्छा!

old (ओल्ड्) *adj* ('older, 'oldest) **1** (आयु में) बड़ा: *How old is the baby?* **2** बूढ़ा; पुराना; सुपरिचित: *an old friend.* → elder. **'old-fashioned** *adj* पुराना; पुरानी रूढ़ियों को मानने वाला.

'olive ('ऑलिव्) *n* जैतून (वृक्ष व फल). **hold out the — branch,** शांति-प्रेम दिखाना. *adj* पीला हरा (रंग).

'omlet(te) ('ऑम्लिट्) *n* ऑमलेट (अंडों का बना हुआ).

'omen ('ओमेन्) *n* सगुन, शकुन. **'ominous** ('ऑमिनस्) *adj* अपशकुन, अनिष्ट सूचक; धमकी देना;

o'mit (ओ'मिट्) *v* (-tt-) (कुछ शामिल करने में) भूल जाना; छोड़ देना: *— the next chapter.* **o'mission** (ओ'मिशन्) *n* छोड़ना, भूल; छोड़ी हुई वस्तु.

om'nipotent (ऑम्'निपटन्ट्) *adj* सर्वशक्तिमान्.

om'niscient (ऑम्'निसिअन्ट्) *adj* सर्वज्ञ, सब जानने वाला.

om'nivorous (ऑम्'निव्रस्) *adj* सर्वभक्षी.

on (ऑन्) *prep & adv* **1** पर, के ऊपर; आच्छादन; समीप : *a town on the coast.* **2** विषयक : *a book on history.* **3** की ओर : *hurry on.* **4** सम्बद्ध; उपलब्ध.

once (वन्स्) *adv* एक बार; अतीत में किसी समय. **— in a while,** कभी-कभी. **— and for all,** अभी और अंतिम बार. **— upon a time,** बहुत पहिले. **at —** तुरन्त, तत्काल; अभी. **all at —,** अचानक. *conj* ज्यों ही, जैसे ही.

one (वन्) *adj & pron* **1** एक, 1 : *one paise* (1 p). **2** कोई व्यक्ति: *One does not know who one may meet here.* **one by one,** एक के बाद एक, एक-एक कर के. **it's all one to me,** इस से मुझ पर प्रभाव नहीं पड़ता. **one'self** (वन्'सेल्फ़्) *pron* स्वयं, खुद : *one should not be too proud of oneself.* **'one-'sided** *adj* (विशेषतः) तर्क के किसी एक ही पक्ष पर ध्यान रखने वाला, एकांगी.

'onerous ('ऑन्रस्) *adj* भारी, दूभर, दुस्सह.

'onion ('अनिअन्) *n* प्याज. → p 340.

'onlooker ('ऑन्लुकर्) *n* दर्शक, प्रेक्षक.

'only ('ओन्लि) *adv* अकेला; एक मात्र; एक वर्ग : *the — men who can go.* *adv* केवल, मात्र ही : *only five men went home.* **if —,** → if. *conj* किंतु.

'onset ('ऑन्सेट्) *n* आक्रमण; जोरदार आरंभ.

'onslaught ('ऑन्स्लॉट्) *n* चढ़ाई, आक्रमण.

'onus ('ओनस्) *n* दायित्व, कुछ करने का भार.

'onward(s) ('ऑन्वर्ड्) *adj & adv* आगे.

ooze (ऊज़्) *n* पतला, मुलायम कीचड़ (जैसे, झील के तल में). *v* टपकना, रिसना.

'opal ('ओपल्) *n* दूधिया (रत्न).

o'paque (ओ'पेक्) *adj* अपारदर्शी.

'open ('ओपन्) *adj* **1** खुला; अनावृत; खुला हुआ (जैसे, मानचित्र, चार्ट); खुली (किताब). **2 in the — air,** घर के बाहर (खुले में). **— competitions** (scholarships, आदि), जिसमें सभी भाग ले सकते हैं. **the — country,** खाली मैदान. **have an — mind,** उदारमति, नये विचारों को ग्रहण करने को तैयार. **an — question** अनिर्णीत प्रश्न. **the — sea,** थल से बहुत दूर का समुद्र. **3 — to,** सुनने या बातचीत करने को तैयार; असुरक्षित. *n* **the —,** खुला मैदान *v* **1** खोलना (बंधे या

ढके से); छेद करना, द्वार बनाना. 2 — **out,** खोलना (लिपटी हुई वस्तु को) फैलाना. — **up,** खोलना; विकास योजना को सफल बनाना. 3 — **fire** (*at, on*), गोलियां चलाना. —**ing** ('ओपनिङ्) *n* 1 खुला स्थान; प्रवेश मार्ग; आरंभ (प्राय: खेलों का). 2 (व्यापारिक प्रतिष्ठानों में) नौकरी के रिक्त स्थान. —**ly** *adv* बिना रहस्य के, खुले आम; साफ़ शब्दों में. ˌ**open-'handed** *adj* मुक्तहस्त, उदार ˌ**open-'hearted** *adj* निष्कपट, उदार.

opera ('ऑप्रा) *n* आपेरा, गीति-नाट्य.

operate ('ऑप्रेट्) *v* 1 परिचालित करना, चलाना. 2 — **on sb** (*for sth*), आपरेशन करना, शल्य क्रिया करना. ˌ**ope'ration** (ऑप्'रेशन्) *n* 1 प्रक्रिया; संचालन-पद्धति. 2 कारवाई : *start operation.* 3 (*pl*) फौजी कारवाई, सैनिक गतिविधि. 4 आपरेशन, शल्य क्रिया. '**operative** ('ऑप्रटिव्) *adj* चालू, लागू; प्रभावकारी. *n* मशीन पर काम करने वाला (विशेषत: कारख़ाने में). '**operator** ('ऑप्रेटर्) *n* मशीन यन्त्र आदि को चलाने वाला : *telephone-operator.*

o'pinion (अ'पिन्यन्) *n* राय, विचार. **in my** —, मेरी राय में. **public** —, जनता की धारणा.

'opium ('ओप्यम्) *n* अफ़ीम.

op'ponent (अ'पोनन्ट्) *n* प्रतिद्वन्द्वी; विरोधी.

'opportune ('ऑपर्चून्) *adj* 1 उपयुक्त (समय). 2 समयोचित. '**opportunist** ('ऑपर्चूनिस्ट्) *n* अवसरवादी. ˌ**oppor'tunity** (ऑपर्'चूनिटि) *n* सुअवसर, मौका (*for* sth, *of doing* sth, *to do* sth).

op'pose (अ'पोज़्) *v* 1 विरोध करना (sb, sth). 2 सामना करना (*to*). '**opposite** ('ऑप्ज़िट्) *adj* 1 सामने : *the house opposite* (*to*) *mine.* 2 पूर्णतया भिन्न, विरोध में; उलटा. ˌ**oppo'sition** (ऑप्'ज़िशन्) *n* 1 विरोध : *under heavy opposition.* 2 **the Opposition** विरोधी (राजनीतिक) दल.

op'press (अ'प्रेस्) *v* 1 अत्याचार करना, दमन करना. 2 सताना, परेशान करना : — *ed by the heat* (*by the fear of poverty*). —**ion** *n.* —**ive** *adj* अत्याचारी, कठोर; असहनीय. —**ively** *adv.* —**or** *n* अत्याचारी.

'optical ('ऑप्टिकल्) *adj* नेत्रविषयक; दृष्टि विषयक : — *instrument* (प्रकाशिक यंत्र). **op'tician** (ऑप्'टिशन्) *n* चश्मा बनाने या बेचने वाला.

'optimism ('ऑप्टिमिज़्म्) *n* सफलता में विश्वास; आशावादिता. '**optimist** ('ऑप्टिमिस्ट्) *n* आशावादी व्यक्ति. ˌ**opti'mistic** (ऑप्टि'मिस्टिक्) *adj* आशापूर्ण; सुपरिणामों के प्रति आश्वस्त.

'option ('ऑप्शन्) *n* विकल्प (दो या अनेक में से किसी एक का चुनना); पसंद. '—**al** ('ऑप्शन्ल्) *adj* वैकल्पिक.

'opulent ('ऑप्युलन्ट्) *adj* धनी; समृद्ध; भरपूर. '**opulence** ('ऑप्युलन्स्) *n.*

or (ऑर्) *conj* या, अथवा (दो विकल्पों में से एक) : *Is it a boy or girl?*; नहीं तो : *Run, or you will be late*; (दो वस्तु या विचार जो पूर्णतया समान हों) : *a rupee or one hundred paise.*

'oral ('ऑरल्) *adj* मौखिक, जबानी : *an — examination.*

'orange ('ऑरिन्ज्) *n* नारंगी, सन्तरा आदि. → p 134; नारंगी रंग. —'**ade** *n* सन्तरे का शरबत.

o'ration (ऑ'रेशन्) *n* भाषण, सम्भाषण. '**orator** ('ऑर्टर्) *n* वक्ता. ˌ**ora'torical** (ऑर्'टॉरिकल्) *adj* भाषण-विषयक. '**oratory** ('ऑरट्रि) *n* जनता में भाषण देने की कला.

'orbit ('ऑर्बिट्) *n* परिक्रमा-पथ : *the earth's — round the sun*; अंतरिक्ष यान की कक्षा. *v* परिक्रमा करना.

'orchard ('ऑर्चर्ड) *n* फलवाटिका.

'orchestra ('ऑर्किस्ट्रा) *n* वाद्यवृन्द; वाद्यमण्डल; रंगमंच में वाद्यमंडल का स्थान. **or'chestral** *adj.*

'orchid ('ऑकिड्) *n* आर्किड (एक प्रकार का फूलों का पौधा).

or'dain (ऑर्'डेन्) *v* 1 (ईश्वर, भाग्य या क़ानून का) निर्णय लेना; नियुक्त करना;

आदेश देना (*that*). **2** (किसी को) पुरोहित, पादरी बनाना.

ordeal (ऑर'डीअल्) *n* **1** सत्यपरीक्षा (जैसे, अग्नि परीक्षा): *trial by —*. **2** चरित्र और धैर्य की कठिन परीक्षा.

'order ('ऑर्डर्) *n* **1** क्रम : *in — of size*. **2** व्यवस्था, क्रम; कार्ययोग्य दशा : *out of —*. **3** शांति व्यवस्था. **4** सार्वजनिक बैठक के नियम : *called to — by the Chairman*. **5** आदेश. **6** आर्डर, सामान मँगाने का आदेश, माँगपत्र. **on —,** जिस की माँग की जा चुकी है पर जो वस्तु अभी आई नहीं है. **made to —,** विशेष या व्यक्तिगत अपेक्षाओं के अनुसार बनी वस्तु. **7** (पोस्ट आफिस आदि को) रुपये देने का लिखित आदेश. **8 in — that,** ताकि, के अभिप्राय से. **in — to** (*do sth*), कुछ करने के लिए. **9** श्रेणी, कोटि; वर्ग; बन्धुत्व, गण. **take holy —s,** पुरोहित बनना. *v* आदेश या आर्डर देना. **2** व्यवस्थित करना, क्रम में रखना. **—ly** ('ऑर्डर्लि) *adj* **1** सुव्यवस्थित; अच्छी दशा में. **2** शांतिपूर्ण; भली भाँति आचरित. *n* अर्दली (सेना में दूत या अन्य सेवा करने वाला कर्मचारी).

'ordinal ('ऑर्डिन्ल्) *n & adj* क्रमसूचक, जैसे, *first, second, third* आदि.

'ordinance ('ऑर्डिनन्स्) *n* अध्यादेश (राष्ट्रपति, राज्यपाल आदि द्वारा दिये विशेष आदेश).

'ordinary ('ऑर्ड्नरि) *adj* सामान्य; साधारण; औसत. *n* **out of the —,** असाधारण.

,ordi'nation (ऑर्डि'नेशन्) *n* चर्च में पुरोहित बनाते समय आयोजित (अभिषेक) समारोह.

'ordnance ('आर्डनन्स्) *n* तोपखाना; युद्ध सामग्री.

ore (ऑर्) *n* कच्ची धातु (खनिज पदार्थ).

'organ ('ऑरगन्) *n* **1** प्राणी का अवयव → p 36. **2** मुखपत्र (विचारों को प्रकट करने के लिए) : *—s of public opinion*; कार्य-साधन : *—s of government*. **3** आर्गन, (संगीत का वाद्ययन्त्र). **or'ganic** (ऑर'गैनिक्) *adj* **1** जैविक. **2** आंगिक. **3 an —ic whole,** एक सुगठित पूर्ण. **an —ic part,** एक संरचना-अवयव. **—ism** ('ऑर्ग्निज़्म्) *n* जीव, अवयवी. **—ist** ('आर्ग्निस्ट्) *n* वाद्ययंत्र (आर्गन) बजाने वाला.

'organize ('आर्ग्नाइज़्) *v* सुव्यवस्थित करना; व्यवस्थाबद्ध करना; तैयारी करना. **,organi'zation** (आर्गनाइ'ज़ेशन्) *n* संगठन (व्यक्तियों का); व्यवस्था. **—r** ('आर्ग्नाइज़र्) *n* संगठनकर्ता.

'orgy ('ऑरजि) *n* रंगरेलियाँ.

'orient ('ऑरिअन्ट्) *n* **the O—,** यूरोपीय कविताओं में, भूमध्यसागर से पूर्व एशिया स्थित देश. **ori'ental** (ऑरि'एन्टल्) *adj* इन देशों से संबद्ध. *n* इन देशों का वासी.

'origin ('ऑरिजिन्) *n* उद्गम-बिन्दु; वंश, कुल.

o'riginal (अ'रिज्नल्) *adj* **1** प्रथम या आदिम. **2** नवरचित या नवसृष्ट; मौलिक (न कि नकली) : *— ideas*. **3** मौलिक विचारों वाला. *n* **1** मूल (जिस की प्रतिलिपि या अनुकृति की गई है). **2 —ly** *adv*. **origi'nality** (अरिजि'नैलिटि) *n* मौलिकता; सृष्टि की योग्यता. **o'riginate** (अ'रिजिनेट्) *v* **1** प्रारंभ या उत्पन्न होना (*from* or *in* a place, *with sb*). **2** अन्वेषक होना; आरंभ करना; उत्पन्न करना.

'ornament (ऑर्न्मन्ट्) *n* **1** आभूषण, गहना. **2** अलंकार, सजावट (*to*). *v* — होना; सुन्दर बनाना. **orna'mental** (ऑर्न्'मेन्टल्) *adj* आलंकारिक; शोभाकारी.

or'nate (ऑर्'नेट्) *adj* अलंकृत.

'orphan ('ऑर्फ़न्) *n* अनाथ बच्चा (जिसके माता-पिता मर चुके हों). **—age** ('ऑर्फ़निज्) *n* अनाथालय.

'orthodox ('ऑर्थ़डॉक्स्) *adj* सनातनी, रूढ़िवादी. **—y** ('ऑर्थ़डॉक्सि) *n* परम्परा-निष्ठा.

'oscillate ('ऑसिलेट्) *v* झूलना, डोलना.

os'tensible (ऑस्'टेन्सब्ल्) *adj* दिखावटी **os'tensibly** *adj*.

,osten'tation (ऑस्टेन्'टेशन्) *n* आडम्बर (धन-संपत्ति या ज्ञान का); पाखंड, पांडित्य

प्रदर्शन. ˌ**ostenˈtatious** (ऑस्ट्रेन्ˈटेशस्) *adj* — दिखावटी, आडम्बरपूर्ण.

ˈ**ostracize** (ˈऑस्ट्रसाइज़्) *v* समाज से निकाल देना; बहिष्कृत करना. ˈ**ostracism** (ˈऑस्ट्रसिज़्म्) *n.*

ˈ**ostrich** (ˈऑस्ट्रिच्) *n* शुतुरमुर्ग. → p 33.

ˈ**other** (ˈअद़र्) *pron & adj* अन्य, दूसरा, भिन्न. *You go this way and I'll go the — way. adv* दूसरी प्रकार से : *I could not treat him — than fairly.* **the — day,** कुछ दिन पूर्व. **— than,** से भिन्न. **—wise** *adv* भिन्न प्रकार से, अन्यथा; दूसरी दृष्टि से. *conj* नहीं तो; अथवा अन्य.

ˈ**otter** (ˈऑटर्) *n* ऊद बिलाव → p 15; उसकी रोएँदार खाल.

ought (ऑट्) *v* **1** चाहिए सूचक : *I — to go home soon.* **2** संभावना-सूचक : *He — to be here soon.*

ounce (आउन्स्) *n* आउन्स (पाउंड का 1/16 भाग).

our (आउअर्) *adj* हमारा : *That is our book.* **ours** *pron & adj* हमारा : *That book is ours.* **ourselves** *pron : We hurt ourselves when we fell over.*

oust (आउस्ट्) *v* बेदखल करना; स्थान से बलात् हटा देना.

out (आउट्) *adv* बाहर, दूर; सामान्य स्थिति में नहीं. **out and out,** पूर्णतया. **out of date,** पुराना, अप्रचलित. **out of breath,** हाँफता हुआ. **out of doors,** खुली हवा में, घर के बाहर. **out-of-the-way,** दूर, एक किनारे; असाधारण. ˈ**outer** (ˈआउटर्) *adj* बाहरी; बीच या भीतर से दूर. ˈ**outer-most** *adj* बीच या भीतर से अधिकतम दूर.

outˈbid (आउट्ˈबिड्) *v* (→ bid) नीलाम में अन्य से बढ़ कर बोली लगाना.

ˈ**outbreak** (ˈआउट्ब्रेक्) *n* प्रादुर्भाव (युद्ध, बीमारी आदि का), प्रकोप.

ˈ**outburst** (ˈआउट्बर्स्ट्) *n* (क्रोध आदि की सहसा) अभिव्यक्ति.

ˈ**outcast** (ˈआउट्कास्ट्) *n & adj* बहिष्कृत, निर्वासित.

outˈclass (आउट्ˈक्लास्) *v* बढ़कर होना.

ˈ**outcome** (ˈआउट्कम्) *n* परिणाम, नतीजा.

ˈ**outcrop** (ˈआउट्क्रॉप्) *n* नंगी चट्टान.

ˈ**outcry** (ˈआउट्क्राइ) *n* (मारे डर के) चिल्लाना; सार्वजनिक विरोध, आक्रोश.

outˈdistance (आउट्ˈडिस्टन्स्) *v* आगे निकल जाना, पीछे छोड़ देना.

outˈdo (आउट्ˈडू) *v* बढ़कर होना.

ˈ**outˈdoor** (ˈआउट्डॉर्) *adj* घर के बाहर, खुले मैदान वाला काम : *— games.* **—s** *adj.*

ˈ**outer** (ˈआउटर्) → out.

ˈ**outfit** (ˈआउट्फ़िट्) *n* किसी उद्देश्य के लिए उपयुक्त सज्जा-सामान : *a camping —.* **—ter** *n* ऐसा दूकानदार (विशेषत: कपड़ेवाला).

outˈgrow (आउट्ˈग्रो) *v* अधिक बढ़ जाना (कपड़ों की दृष्टि से अधिक मोटा या लंबा हो जाना); अन्य व्यक्ति की तुलना में अधिक बढ़ना; पुरानी आदतों को छोड़ते जाना.

ˈ**outgrowth** (ˈआउट्ग्रोथ़्) *n* **1** स्वाभाविक विकास. **2** प्रशाखन.

ˈ**outing** (ˈआउटिङ्) *n* सर.

outˈlandish (आउट्ˈलैन्डिश्) *adj* विदेशी; देहाती.

outˈlast (आउट्ˈलास्ट्) *v* अधिक समय तक टिकना या जिन्दा रहना.

ˈ**outlaw** (ˈआउट्लॉ) *n* (पुराने समय में) किसी व्यक्ति को ग़ैरक़ानूनी घोषित कर देना; ऐसे व्यक्ति को क़ानून का संरक्षण नहीं मिलता था; निर्वासित; अपराधी, भगोड़ा. *v* — घोषित करना.

ˈ**outlay** (ˈआउट्ले) *n* लागत; व्यय.

ˈ**outlet** (ˈआउट्लेट्) *n* **1** निकास (जल, भाप आदि का). **2** भावनाओं की अभिव्यक्ति का साधन या अवसर.

ˈ**outline** (ˈआउट्लाइन्) *n* **1** ख़ाका, रेखाचित्र. **2** मुख्य तथ्यों का सार रूप कथन; रूपरेखा : *an — of British History. v* — खींचना, — देना.

outˈlive (आउट्ˈलिव़्) *v* (किसी) से अधिक समय तक रहना या जीवित रहना.

ˈ**outlook** (ˈआउट्लुक्) *n* **1** दृष्टिकोण. **2** संभावना. **3** दृश्य.

ˈoutlying (ˈआउट्लाइङ्) *adj* दूरवर्ती; सुदूरवर्ती.

outˈnumber (आउट्ˈनम्बर्) *v* संख्या में अधिक होना.

ˈout-of-ˈdate (ˈआउट्अव़्ˈडेट्) *adj* → date[1].

ˈout-ˌpatient (ˈआउट्पेशन्ट) *n* (अस्पताल में) बाहरी रोगी (जो केवल दिखाने के लिए आते हैं और भरती नहीं हैं).

ˈoutpost (ˈआउट्पोस्ट्) *n* चौकी; नाका; सीमा चौकी (सेना).

ˈoutput (ˈआउट्पुट्) *n* पैदावार; उत्पादन.

ˈoutrage (ˈआउट्रेज्) *n* अत्याचार; कठोर अन्यायपूर्ण कार्य. *v* — का अपराधी होना; अत्याचार करना. **outˈrageous** (आउट्-ˈरेजस्) *adj* घृणित; अनैतिक, निंदनीय; निर्दय.

outˈright (आउट्ˈराइट्) *adv* **1** तत्काल, पूर्णतया, एकदम. **2** साफ़-साफ़, स्पष्ट रूप से. *adj* सुस्पष्ट; पक्का.

ˈoutset (ˈआउट्सेट्) *n* प्रारंभ.

ˈoutˈside (ˈआउट्ˈसाइड्) *n, adj & adv* बाहरी या ऊपरी भाग. **have an — chance,** बहुत कम संभावना. **—r** (ˈआउट्ˈसाइडर्) *n* **1** बाहरी (व्यक्ति). **2** बाहर से परीक्षा आदि देने वाला व्यक्ति. **at the (very) —,** अधिक से अधिक.

outskirts (ˈआउट्स्कर्ट्स) *n pl* नगर के बहिर्वर्ती भाग.

outˈspoken (आउट्ˈस्पोकन्). *adj* खरा बोलने वाला.

outˈstanding (आउट्ˈस्टैंडिङ्) *adj* **1** सुस्पष्ट; विशिष्ट. **2** बकाया या शेष (कार्य, भुगतान, अदायगी आदि).

outˈstrip (आउट्ˈस्ट्रिप्) *v* (-pp-) आगे बढ़ जाना; (दौड़ में) पीछे छोड़ देना.

ˈoutward (ˈआउट्वर्ड्) *adj* **1** बाहरी ओर पर स्थित, बाहरी ओर का. **2** बहिर्गामी, जाने की दिशा की ओर : *the — voyage*. **—(s)** *adv* बाहर की ओर. **—ly** (आउटवर्ड्लि) *adv* बाहर की ओर; जहाँ तक दिखाई पड़े.

outˈweigh (आउट्ˈवे) *v* भार, मूल्य या महत्त्व में अधिक होना.

outˈwit (आउट्ˈविट्) *v* (-tt-) चालाकी से मात करना.

ˈoval (ˈओउव़ल्) *adj & n* अंडाकार. → p 295.

oˈvation (ओˈव़ेशन्) *n* जय-जयकार.

ˈoven (ˈअव़्न्) *n* बक्सनुमा भट्ठी.

ˈover (ˈओउव़र्) *adv* **1** सन्तुलनहीनता या पार करने का सूचक: *fall —* ; *cross —*; *change —*. **2** आदि से अन्त तक : *Think (Read) it —. Go — it again.* **3** शेष : *money left —*; समाप्त : *the meeting is —*. *prep* किसी सतह को पूर्णतया या आंशिकतया ढकते हुए; ऊपर, ऊँचाई पर; एक तरफ़ से दूसरी तरफ़ : *— a bridge*; अधिक : *— Rs 5/-*. **— and above,** के अतिरिक्त.

ˌover- पूर्वपद : (अति-, बहुत अधिक) : *ˌover-polite*; *ˌ—ˈtired*; *ˌ—ˈheated*; *ˌ—ˈcharge*.

ˈoverall(s) (ओव़र्ˈऑल्) *n* ढीला-ढाला लबादा जो सामान्य कपड़ों पर पहिना जाता है ताकि वे ख़राब न हों.

ˌoverˈbalance (ओव़र्ˈबैलन्स्) *v* संतुलन बिगाड़ देना; गिरा देना.

ˈoverˈbearing (ओव़र्ˈबुेअरिङ्) *adj* रोबीला, दबंग, उद्धत.

ˈoverboard (ˈओव़र्बॉर्ड्) *adv* जहाज़ पर से पानी मे : *fall —*.

ˈovercast (ˈओव़र्कास्ट्) *adj* बादलों से घिरा (आकाश); (fig) उदास.

ˈovercoat (ˈओव़र्कोट्) *n* ओवरकोट (सब कपड़ों के ऊपर पहिने जाने वाला बड़ा कोट).

ˌoverˈcome (ओव़र्ˈकम्) *v* (*pt* ˈoverˈcame *pp* overcome) **1** विजयी होना, हरा देना; पार करना. **2** कमज़ोर कर देना; अभिभूत कर देना : *— by emotion*.

ˌoverˈdo (ओव़र्ˈडू) *v* (*pt* ˌoverˈdid *pp* ˌoverˈdone) बहुत अधिक करना; बहुत बढ़ा-चढ़ा कर कहना.

ˌoverˈdraw (ओव़र्ˈड्रॉ) *v* (*pt* overˈdrew, *pp* overˈdrawn) चेक द्वारा बैंक में जमा राशि से अधिक निकालना. **ˈoverdraft** (ˈओव़र्ड्राफ्ट्) *n* ओवर ड्राफ्ट; वह धन राशि जो जमा राशि से अधिक निकाली गई है.

'over'due ('ओव़र्'ड्यू) *adj* जिस का नियम, समय समाप्त हो चुका है (भुगतान, आगमन आदि).

'over'grown ('ओव़र्'ग्रोन्) *adj* **1** बहुत जल्द बढ़ा हुआ. **2** ढक जाना (*with*): *flower-beds — with weeds.*

'over'hang ('ओव़र्'हैङ्) *v* (*pt* & *pp* over'hung) ऊपर से लटकना.

,over'haul (ओव़र्'हॉल्) *v* पूरी तरह से मरम्मत करना; सही दशा में करना. **'overhaul** *n* पूरी मरम्मत.

'over'head ('ओव़र्'हेड्) *adj* **1** पृथ्वी के ऊपर से जाने वाले : — *cables* (जैसे, टेलीफ़ोन के तार). **2 —s** ('ओव़र्हेड्ज़्) (व्यापार में) बँधे ख़र्चे (उत्पादन - लागत के अतिरिक्त). *adv* ऊपर.

,over'hear (ओव़र्'हिअर्) *v* (*pt* & *pp* ,over'heard) छिप कर सुन लेना; संयोग से सुन लेना (जो सुनना न था).

,over'joyed (ओव़र्'जॉइड्) *adj* आनन्दित (*at*).

,over'lap (ओव़र्'लैप्) *v* (-pp-) कुछ अंश तक ढकना और कुछ अंश तक उस के बाहर निकल जाना : *—ping tiles.*

,over'look (ओव़र्'लुक्) *v* **1** ऊपर से पूरा दृश्य देखना. **2** देख कर भी ध्यान न देना; उपेक्षा करना.

'over'night ('ओव़र्'नाइट्) *adv* **1** पूर्व रात्रि में. **2** रातभर के लिए. **'overnight** ('ओव़र्नाइट्) *adj* रात्रिकालीन *an — journey.*

,over'power (ओव़र्'पाउअर्) *v* पराजित करना; विजयी होना. **—ing** *adj* प्रबल.

,over-'reach (ओव़र्'रीच्) *v* चालाकी से हरा देना. — **oneself,** अधिक आकांक्षा के कारण विफल होना और अपने हित की हानि करना.

,over'ride (ओव़र्'राइड्) *v* (*pt* over-rode, *pp* over-ridden) (किसी के निर्णय या दावे को अपने उच्चाधिकार से) रद्द कर देना.

,over'rule=override.

,over'run (ओव़र्'रन्) *v* (*pt* ,over ran, *pp* ,over'run) **1** फैल जाना और अधिकार कर लेना. **2** (सीमा के बाहर) चले जाना.

'over'sea(s) ('ओव़र्'सी) *adj* & *adv* समुद्रपार.

'over'see ('ओव़र्'सी) *v* (*pt*, ,over'saw, *pp* over'seen) निरीक्षण करना. **'overseer** ('ओव़र्सिअर्) *n* निरीक्षक, सर्वेक्षक.

'oversight ('ओव़र्साइट्) *n* चूक, भूल (कुछ करने में या ध्यान देने में): *through an unfortunate —.*

'over'sleep ('ओव़र्'स्लीप्) *v* (*pt* & *pp* ,over'slept) देर तक सोते रहना; निश्चित जग जाने के समय के बाद भी सोते रहना.

'over'step ('ओव़र्'स्टेप्) *v* (-pp-) अतिक्रमण करना, कार्य सीमा के बाहर जाना : *He —ped his authority.*

'overt ('ओव़र्ट्) *adj* खुले आम (न कि गुप्त रूप से) किया हुआ. **—ly** *adv.*

over'take (ओव़र्'टेक्) *v* (*pt* over'took, *pp* over'taken) **1** बराबर आ पहुँचना; आगे बढ़ जाना. **2** (आँधी-तूफान, विपत्ति आदि का) अचानक आ जाना.

,over'throw (ओव़र्'थ्रो) *v* (*pt* over-'threw, *pp* over'thrown) पराजित करना; समाप्त कर देना. **overthrow** *n* पराजय; पतन.

'overtime ('ओव़र्टाइम्) *n* & *adv* (सामान्य कार्यघंटों के) बाद किये काम में लगा समय, अधिसमय.

'overture ('ओव़र्चर्) *n* **1** (प्राय: *pl*, **make —s to**) बात-चीत आरंभ करने का इंगित *peace —s.* **2** प्रस्तावना संगीत, पूर्वरंग.

'over'whelm (ओव़र्'वेल्म्) *v* दबा देना; पराजित करना; पूरी तरह हरा देना : *—ed by the enemy's forces; —ed by grief.*

'over'wrought ('ओव़र्'रॉट्) *adj* बहुत अधिक कार्यभार या उत्तेजना से थका हुआ.

owe (ओ) *v* **1** ऋणी होना (sb *for* sth). **2** आभारी होना : *owe loyalty to the king.* **'owing** ('ओइङ्) *adj* बाक़ी ऋण. **'owing to** *prep* के कारण.

owl (आउल्) *n* उल्लू. → p 33.

own (ओन्) *adj* अपना, निजी : *This is my (very) own pen.* **hold one's own,** डट कर

सामना करना. **on one's own,** अकेले, स्वतंत्र रूप से. *v* 1 (किसी वस्तु का) स्वामी होना. 2 सहमत होना; मानना, स्वीकार करना : *own (up) to a fault* (दोष स्वीकार करना). 'owner ('ओनर्) *n* मालिक, स्वामी.

ox (ऑक्स्) *n* (*pl* oxen) 1 बैल (जो प्रायः गाड़ी या खेत में काम आता है). 2 (प्रायः *pl*) गाय-बैल.

'oxygen ('ऑक्सिजन्) *n* आक्सीजन (गैस).

'oyster ('ऑइस्टर्) *n* शुक्ति. → p 280.

oz. ounce का संक्षिप्त रूप.

P

pa (पा) *n* (बच्चे की बोली में) पिता.

pace (पेस्) *n* 1 क़दम, पग. 2 गति, वेग. **keep — with,** उसी गति से चलना. 3 **put sb through his —s,** किसी की योग्यता परखना. *v* 1 टहलना, क़दम-क़दम चलना. 2 क़दमों से नापना : *— out (off) a distance of 3 yards.*

pa'cific (प'सिफ़िक्) *adj* शान्तिपूर्ण; शान्ति-प्रिय. **'pacifism** ('पैसिफ़िज़्म्) *n* शांतिवाद (यह मत कि युद्ध नितान्त अनावश्यक है). **'pacifist** *n* शान्तिवादी. **'pacify** *v* शान्त करना, विरोध मिटाना.

pack (पैक्) *n* 1 गठरी, गट्ठर; बंडल; पोटली. 2 (शिकारी कुत्तों या भेड़ियों आदि का) झुंड. 3 खराब व्यक्तियों या वस्तुओं का समूह : *a — of thieves.* 4 (ताश की) गड्डी. *v* 1 डिब्बे, लिफ़ाफ़े, बैग, बंडल आदि में रखना; बक्स को चीजों से भरना. 2 ठसाठस भरना; बहुत बड़ी भीड़ करना. 3 सुरक्षा के लिए किसी मुलायम चीज से चारों ओर लपेटना. 4 **— sb off, send sb —ing,** तुरत कहीं दूर भेज देना. **—age** ('पैकिज्) *n* पार्सल; बंडल. **'—et** ('पैकिट्) *n* पैकेट, पुलिन्दा. **'—ing** *n* — करने की प्रक्रिया; — करने में प्रयुक्त सामान.

pact (पैक्ट्) *n* समझौता, संधि.

pad (पैड्) *n* 1 पैड, गद्दी. 2 लेटर-पैड. *v* (-dd-) सुरक्षा के लिए गद्दीनुमा चीज़े लगाना.

'paddle ('पैड्ल्) *n* छोटा चप्पू *v* 1 चप्पू से छोटी नाव खेना. 2 नंगे पैर पानी में चलना; पानी में हाथ चलाना.

paddock ('पैडक्) *v* बाड़ा (छोटे घास के मैदान का).

'paddy ('पैडि) *n* धान (जिसके भीतर से चावल का दाना निकलता है).

'padlock ('पैड्लॉक्) *v & n* ताला (लगाना)

'pagan ('पेगन्) *n & adj* विधर्मी, किसी मुख्य प्रचलित धर्म को न मानने वाला.

page[1] (पेज्) *n* (किताब, समाचारपत्र आदि का) पृष्ठ.

page[2] (पेज्) *n* (क्लब या होटल में) पेज, परिचारक.

'pageant ('पैजन्ट्) *n* 1 जलूस जिनमें झाँकियाँ भी निकाली जा रही हों. 2 विशेष समारोहों पर शोभायात्रा. **—ry** ('पैजन्ट्रि) *n* शानदार प्रदर्शन, भव्य समारोह.

paid (पेड्) → pay.

pail (पेल्) *n* बालटी, डोल.

pain (पेन्) *n* 1 दुःख, तकलीफ़; दर्द, पीड़ा; वेदना. 2 (*pl*) परिश्रम, कष्ट. **take —s,** सावधानी से कार्य करना. 3 दंड सज़ा. *v* — उत्पन्न करना. **'—ful (ly)** *adj & adv.* **'—less(ly)** *adj & adv.* **'—staking** ('पेन्ज़टेकिङ्) *adj* परिश्रमी, अध्यवसायी.

paint ('पेन्ट्) *n* पेंट, तेल या अन्य तरल पदार्थ में घुला रंग. *v* 1 — करना, रँगना. 2 चित्र बनाना, रंग भरना. **'—er** ('पेन्टर्) *n* 1 पेंट करने वाला. 2 चित्रकार. **'—ing** ('पेन्टिङ्) *n* चित्रकारी, चित्रकला; चित्र, रंगचित्र.

pair (पेअर्) *n* 1 जोड़ी : *a — of shoes.* 2 दो भागों वाली किंतु एक ओर जुड़ी हुई वस्तु : *a — of trousers (scissors).* *v* जोड़ी में लगाना. **— off,** जोड़े बनाना; जोड़ा बनाना.

pal (पैल्) *n* (colloq) साथी; मित्र.

palace ('पैलिस्) *n* महल (राजाओं, महाराजाओं के); बहुत बड़ा शानदार भवन.

palate ('पैलिट्) *n* 1 तालु (मुंह का). 2 स्वाद.

'palatable ('पैल्टब्ल्) *adj* स्वादिष्ठ (जीभ या (fig) मन का).

pale[1] (पेल्) *adj* (*-r,-st*) **1** विवर्ण, निस्तेज; पीला (चेहरा). **2** (रंगों में) फीका या धुंधला पड़ा. *v* — होना.

pale[2] (पेल्) *n* **1** खूंटा, बाड़े की नोकीली लकड़ी. **2** सदाचरण की सीमा : *outside the* —. **'paling(s)** *n* घेरा, खूंटा.

'palette ('पैलिट्) *n* बोर्ड जिस पर चित्रकार रंग मिलाते हैं; रंग पट्टिका.

pall[1] (पॉल्) *v* अरुचिकर हो जाना.

pall[2] (पॉल्) *n* कफ़न का मोटा कपड़ा; (fig) कोई भारी काला आवरण : *a — of smoke.*

palliate ('पैलिएट्) *v* (दर्द, पीड़ा या बीमारी) कम करना, आराम पहुँचाना; (अपराध की गंभीरता) कम करना.

'pallid ('पैलिड्) *adj* पीला, विवर्ण; देखने में बीमार. **'pallor** ('पैलर्) *n* (चेहरे का) पीलापन.

palm[1] (पाम्) *n* हथेली. *v* — **sth off on sb,** किसी के गले कम मूल्य की वस्तु मढ़ देना. **'—ist** *n* ('पामिस्ट्) *n* हाथ देख कर भविष्य बताने वाला.

palm[2] (पाम्) *n* **1** ताड़, खजूर आदि का पेड़ : *coconut* —. **2** विजय या सफलता के प्रतीक रूप में खजूर का पत्ता.

'palpitate ('पैल्पिटेट्) *v* दिल की धड़कनों का बढ़ जाना; कँपकँपी आना (जैसे, डर के कारण). **palpi'tation** (पैल्पि'टेशन्) *n.*

'paltry ('पॉल्ट्रि) *adj* (-ier, -iest) रद्दी, तुच्छ, नगण्य; तिरस्कार योग्य, उपेक्षणीय.

'pamper ('पैम्पर्) *v* बहुत लाड़-प्यार करना.

'pamphlet *n* ('पैम्फ़्लिट्) *n* पैम्फ़लेट, पुस्तिका.

pan (पैन्) *n* कड़ाही; तवा.

pan- (पैन्) उपसर्ग (अखिल-, सर्व-) : *pan-Indian.*

pana'cea (पैन्'सिअ) *n* सब रोगों को दूर करने वाली दवाई, रामबाण.

,pande'monium (पैन्डि'मोन्यम्) *n* हुल्लड़ या कोलाहल का दृश्य.

'pander ('पैन्डर्) *v* (पाप कर्म में) सहायता या प्रोत्साहन देना (*to* sb, *to* sb's evil acts).

pane (पेन्) *n* (खिड़की का) शीशा.

'panel ('पैन्ल्) *n* **1** (दरवाज़े का) दिल्ला. **2** तालिका, नामिका, विशेष कार्य के लिए बनाई व्यक्तियों की सूची. *v* (-ll-) नामिका में संमिलित करना. **—ling** *n* दिलहाबन्दी.

pang (पैङ्) *n* टीस, कसक (दर्द या पश्चाताप की).

'panic ('पैनिक्) *n* भगदड़, तहलका, आतंक. **—ky** ('पैनिकि) *adj.*

'pannier ('पैनिअर्) *n* घोड़े या गधे के दानों ओर लटके झाबे या खोंचे; मोटर-साइकिल में लगा सामान का डिब्बा.

pano'rama (पैन्'रामा) *n* व्यापक दृश्य,, परि-दृश्य; निरंतर बदलता हुआ दृश्य.

pant (पैन्ट्) *v* **1** हाँफना. **2** लालायित होना (*for* sth, *to do* sth). **3 — out,** हाँफते हुए कहना.

'panther ('पैन्थ़र्) *n* तेंदुआ (एक प्रकार का चीता).

'pantomime ('पैन्ट्माइम्) *n* **1** परी-कथाओं पर आधारित बच्चों का क्रिस्मस ड्रामा. **2** मूक-अभिनय.

'pantry ('पैन्ट्रि) *n* (रसोई-) भंडार.

pants (पैन्ट्स) *n* **1** पैंट, पतलून **2** (colloq) पायजामा.

'Pa(pa) (पा) *n* बच्चे द्वारा पिता के लिए प्रयुक्त शब्द.

'papacy ('पेप्सि) *n* पोप (ईसाइयों के सर्वोच्च धर्मगुरु) का पद. **'papal** ('पेपल्) *adj* — से सम्बद्ध.

pa'paya, 'pa(w)paw (प'पाइअ, प'पॉ) *n* पपीता. → p 134.

'paper ('पेपर्) *n* **1** काग़ज़. **2** समाचारपत्र. **3** (*pl*) काग़ज़ात. **4** प्रश्नपत्र. *v* (दीवार आदि पर) काग़ज़ चिपकाना.

par (पार्) *n* **1** औसत या सामान्य राशि या मात्रा; सममूल्य. **above (below) par,** (शेयरों का) मूल मूल्य से ऊँचा (नीचा) होना. **2 on a par with,** सममूल्य पर.

parable ('पैरब्ल्) *n* नीतिकथा, दृष्टान्त.

'parachute ('पैरशूट्) *n* पैराशूट, हवाईछतरी.

pa'rade (प'रेड्) *v* **1** परेड के लिए जाना;

जलूस. 2 प्रदर्शन करना. *n* 1 परेड, सैन्यप्रदर्शन: *on* —. **parade-ground,** परेड-भूमि. 2 चौड़ा शोभामार्ग (विशेषत: समुद्र तट पर).

ˈparadise (ˈपैर्‌डाइस्) *n* 1 ईडन (Eden) की वाटिका. 2 स्वर्ग. 3 पूर्ण शान्ति का स्थान.

ˈparadox (ˈपैर्‌डॉक्स्) *n* विरोधाभास, ऐसा कथन जो सत्यता का उलटा लगे, जैसे, '*The child is father of the man*'.

ˈparaffin (ˈपैर्‌फ़िन्) *n* **— oil,** पैराफ़िन, कोयले आदि से प्राप्त तेल.

ˈparagon (ˈपैर्‌गन्) *n* आदर्श (व्यक्ति या वस्तु).

ˈparagraph (ˈपैर्‌ग्राफ़्) *n* पैराग्राफ़, अनुच्छेद.

ˈparallel (ˈपैर्‌लेल्) *adj* 1 समानान्तर (रेखाएँ). 2 समकक्ष, सदृश, तुल्य. *n* 1 **— of latitude,** अक्षांश रेखा. 2 तुलना : *draw a parallel between*. *v* — होना. **ˌparalˈlelogram** (पैर्‌ˈलेल्‌ग्रैम्) *n* समान्तरचतुर्भुज. → p 295.

paˈralysis (पˈरैलिसिस्) *n* फ़ालिज, पक्षाघात (किसी शरीरांग का). **ˈparalyse** (ˈपैर्‌लाइज़) *v* पक्षाघात से प्रभावित करना; असहाय बना देना.

ˈparamount (ˈपैर्‌माउन्ट्) *adj* अत्यन्त महत्त्व का; सर्वोच्च अधिकार रखने वाला.

ˈparapet (ˈपैर्‌पिट्) *n* मुंडेर (छत की); (पुल की दोनों ओर की) नीची दीवार, प्राकार.

ˌparapherˈnalia (पैर्‌फ़र्‌ˈनेल्या) *n pl* साज़-सामान; सामग्री, उपकरण.

ˈparaphrase (ˈपैर्‌फ़्रेज़्) *v* & *n* दूसरे शब्दों में किसी कथन को कहना, पुनर्कथन (करना); पदान्वय.

ˈparasite (ˈपैर्‌साइट्) *n* परजीवी (जीव या पौधा जो दूसरों पर आश्रित रह कर उसका भोजन ग्रहण करता है) : *A flea is a* —.

paraˈsol (पैर्‌ˈसॉल्) *n* (धूप से बचाने वाला) छाता.

ˈparatrooper (ˈपैर्‌ट्रूपर्) *n* पैराट्रूपर, पैराशूट से कूदने वाले सैनिक, छतरी-सैनिक.

ˈparcel (पार्‌स्‌ल्) *n* पार्सल (पोस्ट आफ़िस या रेल आदि से भेजा जाने वाला). *v* (-ll-) **— out,** विभाजन करना; बाँटना.

parch (पार्च्) *v* 1 सुखाना, झुलसाना. 2 (भट्ठी आदि में) आग से भूनना.

ˈparchment (ˈपार्च्‌मन्ट्) *n* पार्चमेंट, चर्मपत्र.

ˈpardon (ˈपॉर्‌डन्) *v* क्षमा करना, माफ़ करना. *n* क्षमा, माफ़ी. **—able** *adj* क्षमा योग्य.

pare (पेअर्) *v* (छिलका, छाल या खाल) छीलना. **— sth down,** घटा देना. **ˈparing** *n* कतरन, छीलन.

ˈparent (ˈपेअरन्ट्) *n* (*pl*) माता-पिता; माता या पिता. **—age** (ˈपेअरन्‌टिज्) *n* : *of unknown —age* (अज्ञात माता-पिता वाला). **paˈrental** *adj* — विषयक.

paˈrenthesis (पˈरेन्‌थिसिस्) *n* (*pl* parenˈtheses) वाक्य के भीतर कोष्ठक या कॉमा चिह्न द्वारा चिह्नित वाक्य या वाक्यांश; (*pl*) कोष्ठक ( ), [ ], आदि.

ˈpariah (ˈपैरिअ) *n* अछूत, चाण्डाल.

ˈparish (ˈपैरिश्) *n* पैरिश, यजमानी : — *church*.

ˈparity (ˈपैरिटि) *n* समानता; सममूल्यता.

park (पार्क्) *n* 1 सार्वजनिक उद्यान, पार्क. 2 देहात-स्थित मकान के चारों ओर की भूमि. 3 **car-park,** मोटर-कार खड़े करने का स्थान *v* कार पार्क करना. **—ing-ˌmeter** *n* मीटर जो गाड़ी पार्क करने का शुल्क बताता है.

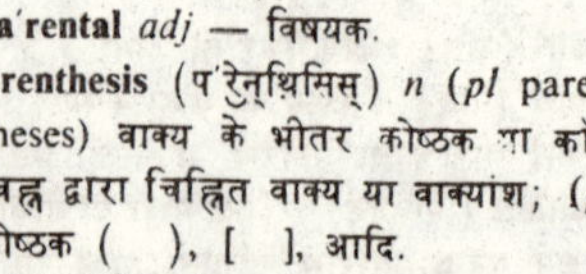

ˈparley (ˈपार्लि) *n* सन्धिवार्ता (विशेषत: दो विरोधी सेना के अध्यक्षों द्वारा).

ˈparliament (ˈपार्‌लिमन्ट्) *n* पार्लियामेंट; संसद्, लोकसभा **ˌparliaˈmentary** *adj* संसदीय.

ˈparlour (ˈपार्‌लर्) *n* बैठक (ख़ाना).

paˈrochial (पˈरोक्यल्) *adj* 1 पैरिश (parish) विषयक. 2 (fig) सीमित; संकुचित : *a* — *outlook* (*mind*), संकीर्ण दृष्टिकोण.

ˈparody (ˈपैर्‌डि) *n* पैरोडी, किसी कृति की नक़ल (विद्रूपिका). *v* — करना.

paˈrole (पˈरोल्) *n* पैरोल, कैदी को इस वायदे पर कुछ सुविधाएँ देना कि वह भाग नहीं जाएगा.

ˈparoxysm (ˈपैरक्सिज़्म्) *n* दौरा (बीमारी का); (क्रोध आदि का) आवेग, आवेश.

ˈparrot (ˈपैरट्) *n* तोता. → p 33.

ˈparry (ˈपैरि) *v* वार-प्रहार बचाना.

ˌparsiˈmonious (पार्सिˈमोन्यस्) *adj* कंजूस; मितव्ययी.

ˈparsnip (ˈपार्सनिप्) *n* चुकन्दर-गाजर की तरकारी. → p 340.

ˈparson (ˈपार्स्न्) *n* (colloq) (ईसाई धर्म) पैरिश का पुरोहित; पुरोहित, पादरी. **—age** (ˈपार्स्निज्) *n* पुरोहित-आश्रम.

part (पार्ट्) *n* **1** अंश, हिस्सा (न कि पूर्ण, पूरा). **2** (*pl*) **these (those) - s,** इस (उस) प्रदेश में. **3** बराबर विभाजन का कोई भाग, हिस्सा. **4** किसी कार्य में व्यक्ति-विशेष का हिस्सा या भाग : *play a — in a play* (*in a conference*); *take — in an event.* **for my —,** जहाँ तक मेरा संबंध है. **5** भूमिका (रंगमंच, नाटक की), पार्ट : *learning his —.* **6 take sb's —,** समर्थन देना. **take sth in good —,** बुरा न मानना. *v* **1** विभाजित करना. **— company** (*with*), संबंध तोड़ लेना. **2 — with,** छोड़ देना; दे देना. **ˈ—ing** *n* (सिर में बालों की) माँग. **ˈ—ly** *adv* अंशतः, कुछ अंश तक. **ˈ— time** *adj* & *adv* अंशकालिक : *— time teaching.*

parˈtake (पार्ˈटेक्) *v* (*pt* partook, *pp* partaken) **1** भाग लेना, संमिलित होना (*in* sth). **2** खाने-पीने में थोड़ा-सा अंश ग्रहण करना : *— of a meal.* **3** समान लक्षण या चिह्न रखना (*of* sth).

ˈpartial (ˈपार्शल्) *adj* **1** आंशिक (न कि पूर्ण). **2 — to,** को पसंद करने वाला. **3** पक्षपाती. **—ly** *adv.* **ˌpartiˈality** (पार्शिˈऐलिटि) *n* पक्षपात, तरफ़दारी.

parˈticipate (पार्ˈटिसिपेट्) *v* भाग लेना; भागी बनना. **particiˈpation** *n* सहयोग, सहभागिता.

ˈparticiple (ˈपार्टिसिप्ल्) *n* (व्याकरण) कृदन्त रूप (जैसे, 'write' धातु का present participle रूप 'writing' और past participle रूप 'written' है). **partiˈcipial** (पार्टिˈसिपिअल्) *adj.*

ˈparticle (ˈपार्टिक्ल्) *n* कण, बहुत छोटा-सा अंश : *—s of dust*; *atomic —s.*

parˈticular (पर्ˈटिक्युलर्) *adj* **1** विशिष्ट (किसी एक से, न कि सबसे, संबद्ध) : *in this — case.* **2** विशेष. **3** सख्त, बहुत सावधान: *very — about what he eats.* *n* विवरण, ब्योरा: *go into —s.* **—ly** *adv* विशेष रूप से.

ˌpartiˈsan (पार्टिˈज़ैन्) *n* किसी राजनैतिक दल, वर्ग या हित का अन्धभक्त; पक्का हिमायती.

parˈtition (पार्ˈटिशन्) *n* **1** अंशों या टुकड़ों में विभाजन. **2** विभाजक (जैसे, पतली विभाजक दीवार). **3** ख़ाना, कक्ष. *v* विभाजन करना.

ˈpartner (ˈपार्टनर्) *n* **1** भागीदार; साथी, संगी : *business —s*; *my tennis —.* **2** पति या पत्नी. *v* **—** बनाना.

parˈtook (पार्ˈटुक्) → partake.

ˈpartridge (ˈपार्टरिज्) *n* तीतर; तीतर का मांस.

ˈparty (ˈपार्टि) *n* **1** पार्टी, दल (विशेषतः राजनैतिक). **2** पार्टी, टोली (यात्रा या कार्य के लिए). **3** पार्टी, प्रीतिभोज; गोष्ठी.

pass (पास्) *v* **1** गुज़रना; आगे बढ़ना, पार कर जाना (स्थान या व्यक्ति को). **2** हाथ से देना, हाथों हाथ देना; सूचना देना: *— sth on to others.* **3 — a remark,** (कुछ) कहना. **— the time of day** (*with*), अभिवादन करना, दुआ-सलाम करना. **4** बदलना (*from*) (एक दशा से दूसरी में). **5** समाप्त होना, गुज़र जाना. **— away** मर जाना. **6** परख कर स्वीकार करना या किया जाना. **7** घटित होना, दो व्यक्तियों के बीच निर्णीत होना. **8** (समय का) बीतना, गुज़रना. **9** निर्णय देना (*upon* sth, sb). **10 — (sb or sth) by,** उपेक्षा करना, ध्यान न देना. **— for,** स्वीकार किया जाना. **— off** घटनाओं का (शांति से) घटित होना. **—sb over,** किसी व्यक्ति की उपेक्षा करना. *n* **1** परीक्षा में सफलता, उत्तीर्ण होना. **2** पास, अनुज्ञापत्र (किसी स्थान पर आने-जाने का). **3 come to —,** घटित होना. **bring to —,** घटित करना. **4** (पहाड़ों में) दर्रा, तंग मार्ग.

ˈ**—able** (ˈपास्ब्ल्) *adj* **1** जिसे पार किया जा सके. **2** जो पर्याप्त अच्छा होने के कारण स्वीकार किया जा सके. ˈ**—book** *n* पासबुक, लेखा-पुस्तिका (बैंक, पोस्ट आफिस आदि की) ˈ**—key** *n* कई तालों को खोलने वाली चाबी. ˈ**—word** *n* गुप्त शब्द जिसे संकेत रूप से बताने पर सन्तरी को पता लगता है कि आने वाला मित्र है या शत्रु.

ˈ**passage** (ˈपैसिज्) *n* **1** पारगमन, गुज़रने या जाने की प्रक्रिया; समुद्र यात्रा. **2** कारीडर, गलियारा. **3** विधान सभाओं में किसी बिल का पारित होना. **4** उद्धरण, लेखांश.

ˈ**passenger** (ˈपैसिन्जर्) *n* यात्री (बस, ट्राम, रेलगाड़ी, जहाज़ आदि का).

ˈ**passion** (ˈपैशन्) *n* मनोभाव; भावावेश; क्षोभ. **—ate** (ˈपैश्निट्) *adj* — से पूर्ण; सहज में ही — से विक्षुब्ध होने वाला; क्रोधी; कामुक.

ˈ**passive** (ˈपैसिव्) *adj* निष्क्रिय, निश्चेष्ट : *— obedience (resistance)*; स्वयं क्रिया न करना बल्कि दूसरे की क्रिया का पात्र बनना; (व्याकरण) कर्म वाच्य. **—ly** *adv*.

ˈ**passport** (ˈपास्पॉर्ट्) *n* पासपोर्ट (विदेशी यात्री का पारपत्र जिसमें यात्री का विवरण दिया होता है).

past (पास्ट्) *adj* अतीत, भूत काल का; पिछला. *n* **1** अतीत का समय; बीती हुई घटनाएँ. **2** बीता हुआ जीवन या अनुभव. *prep* **1** बाद में. **2** तक तथा और आगे. **3** परे, आगे. *adv* (स्थान में) आगे, परे; के पार : *walk — the gate*.

paste (पेस्ट्) *n* **1** लेई. **2** मांस-मछली का लेई-नुमा मिश्रण. **3** पेस्ट्री बनाने के लिए गीला आटा. *v* लेई से चिपकाना. ˈ**—board** *n* कार्ड बोर्ड, दफ़्ती.

ˈ**pasteurize** (ˈपैस्ट्राइज़्) *v* गर्म करके बैक्टेरिया हीन करना : *—d milk*; पास्तुरीकरण.

ˈ**pastime** (ˈपास्टाइम्) *n* मनबहलाव, आमोद-प्रमोद.

ˈ**pastor** (ˈपास्टर्) *n* (ईसाई) पुरोहित.

ˈ**pastoral** (ˈपास्टरल्) *adj* ग्रामीण जीवन और ग्वाले-गड़ेरियों से संबद्ध : *— poetry*.

ˈ**pastry** (ˈपेस्ट्रि) *n* (*pl* -ies) पेस्ट्री (एक प्रकार की मिठाई).

ˈ**pasture** (ˈपास्चर्) ˈ**pasturage** (ˈपास्ट्चुरिज्) *n* चरागाह; चारा.

ˈ**pasty** (ˈपेस्टि) *adj* लेईदार; सफ़ेद और गिलगिला : *a — complexion*.

pat (पैट्) *v* (-tt-) थपथपाना (जैसे किसी की पीठ समर्थन में) : *pat sb on the back*. *n* **1** थपकी. **2** थपथपाने से बनी टिकिया (जैसे मक्खन की).

patch (पैच्) *n* **1** पैवन्द, चकती (छेद वाले कपड़े पर लगा कपड़े का टुकड़ा). **2** किसी सतह का कई रंग वाला होना. **3** भूमि का टुकड़ा (विशेषत: सब्जी-भाजी उगाने के लिए). **4** **not a — on,** उतना अच्छा नहीं. *v* **1** — लगाना. **2** **— sth up,** भद्दे ढंग से ठीक करना. **— up a quarrel,** झगड़ा निपटाना. **—y** *adj* असमान गुण वाला कार्य.

ˈ**patent** (ˈपेटन्ट्) *adj* **1** **— medicine,** पेटेंट दवाई. **2** **— leather,** कड़े चिकने चमकीले सतह का चमड़ा. *n* पेटेंट, एकस्व (क़ानून द्वारा किसी अन्वेषण को उसकी नक़ल से बचाने का संरक्षण). *v* पेटेंट कराना.

paˈternal (पˈटर्नल्) *adj* पितृसदृश, पितृ-सुलभ. **paˈternity** (पˈटर्निटि) *n* पितृत्व; पिता की ओर के संबंधी.

path (पाथ्) *n* **1** रास्ता, पगडंडी. **2** (**ˈfoot—** भी) सड़क के किनारे की पटरी. **3** पथ, वह रेखा जिस पर कोई व्यक्ति या वस्तु चले : *the — of a comet, a rocket*.

paˈthetic (पˈथ्रेटिक्) *adj* दयनीय, करुणा-जनक; दुःखपूर्ण.

paˈthology (पˈथ्रॉलजि) *n* रोगविज्ञान. **ˌpathoˈlogical** (पैथ्ˈलॉजिकल्) *adj* —विषयक; रोगात्मक. **paˈthologist** (पˈथ्रॉल्-जिस्ट्) रोग विज्ञानी.

ˈ**pathos** (ˈपेथ्रॉस्) *n* दयनीयता, कारुणिकता.

patience (ˈपेशन्स्) *n* **1** सहनशक्ति; धैर्य. **lose (oneˈs) —,** क्रुद्ध हो जाना. **out of — (with),** सहनशक्ति के परे. **2** ताश का एक खेल (प्राय: अकेले खेलने का). **patient** (पेशन्ट्) *adj* धैर्यवान्, सहनशील.

patient ('पेशन्ट्) *n* मरीज, रोगी (जिसका इलाज हो रहा हो).

'**patriarch** ('पेट्रिआर्क्) *n* आदरणीय वयोवृद्ध व्यक्ति.

'**patriot** ('पेट्रिअट्) *n* देशभक्त. ,**patri'otic** (पैट्रि'ऑटिक्) *adj* देशभक्त (व्यक्ति). —**ism** *n* देशभक्ति.

pat'rol (प'ट्रोल) *v* (-ll-) गश्त लगाना. *n* **1** गश्त : *soldiers on* —. **2** गश्ती कार्य पर व्यक्ति, जहाज़ या हवाईजहाज़.

'**patron** ('पेट्रन्) *n* **1** संरक्षक (व्यक्ति जो सभा-समिति या कलाकार का धनादि से संरक्षण करता है). **2** संरक्षक, नियमित गाहक (किसी दूकान, रेस्तराँ आदि का). **3** —**saint,** संरक्षक सन्त. —**age** ('पैट्रनिज्) *n* **1** संरक्षण. **2** संरक्षणात्मक व्यवहार. —**ize** ('पैट्रनाइज्) *v* **1** संरक्षक बनना. **2** किसी अन्य व्यक्ति को अपने से छोटा समझना, कृपा करना.

'**patter** ('पैटर्) *n* पट-पट ध्वनि (पगध्वनि की या टीन पर पानी की बूंदों की) : *the — of rain on a roof. v* पटपट करना.

'**pattern** ('पैटर्न्) *n* **1** पैटर्न, प्रतिकृति (प्राय: वस्त्र बनाते समय). **2** नमूना. **3** अलंकृत रचना और आकृति (जैसे कालीन पर).

'**paucity** ('पॉसिटि) *n* कमी; अभाव.

'**pauper** ('पॉपर्) *n* कंगाल, मुफ़लिस (बिना पैसे वाला, केवल दूसरों के दान से पलने वाला).

pause (पॉज़्) *n* विराम : *a — in the conversation. v* — करना.

pave (पेव्) *v* रास्ते में फ़र्श लगाना (पत्थर, ईंट आदि का). — **the way for,** (fig) स्थिति आसान करना. '—**ment** *n* सड़क के किनारे की पटरी.

pa'vilion (प'व़िल्यन्) *n* **1** पवेलियन, मंडप. **2** बड़े तम्बू, शिविर. **3** नृत्य-गानादि के लिए बने शोभामंडप.

paw (पॉ) *n* पंजा (जानवरों का). *v* पंजे से खोदना.

pawn[1] (पॉन्) *n* शतरंज में प्यादा (पैदल); दूसरे के द्वारा अपनी स्वार्थ-सिद्धि के लिए प्रयुक्त व्यक्ति.

pawn[2] (पॉन्) *v* बन्धक या रेहन (कोई वस्तु) रखना. *n* **in** —, बन्धक में. '—**broker** *n* जिन का व्यवसाय ही बन्धक या रेहन रखना है. '—**shop** *n*.

pay (पे) *v* (*pt* & *pp* paid) **1** अदा करना, चुकाना, भुगतान करना. **pay sb off,** वेतन देकर नौकरी से बाहर करना. **2** कुपरिणाम भोगना, दण्ड भोगना (*for* sth done). **3** (ध्यान) देना (*to* sth), (भेंट) करना (भेंट) देना. **4 pay out** (*rope*), हाथ से निकल जाने देना. *n* वेतन. तनखाह; मज़दूरी. '**payable** ('पेअब्ल्) *adj* देय. '**payment** ('पेमन्ट्) *n* भुगतान, अदायगी; भुगतान की राशि; दण्ड या पुरस्कार.

pea (पी) *n* मटर. → p 340.

peace (पीस्) *n* **1** शान्ति. **2** विश्राम; आराम; नीरवता. '—**able** ('पीसब्ल्) *adj* शान्तिपूर्ण; शान्तिप्रिय. '—**ful** ('पीस्फ़ुल्) *adj* **1** शान्तिप्रिय. **2** शान्त, नीरव.

peach (पीच्) *n* आड़ू.

'**peacock** ('पीकॉक्) *n* मोर. → p 33.

peak (पीक्) *n* चोटी (विशेषत: पहाड़ की).

peal (पील्) *n* **1** घंटानाद, घनघनाहट. **2** घड़घड़ाहट, ठहाका : —*s of thunder* (*laughter*). *v* — ध्वनि करना.

'**peanut** ('पीनट्) *n* मूंगफ़ली.

pear (पेअर्) *n* नाशपाती (फल). → p 134.

pearl (पर्ल्) *n* मोती, मुक्ता.

'**peasant** ('पेज़न्ट्) *n* किसान, खेतिहर. —**ry** *n* किसान-वर्ग; किसान.

peat (पीट्) *n* पानी से गला पौधा; उसकी लकड़ी जो जलाने के काम आए.

'**pebble** ('पेब्ल्) *n* (समुद्र या नदी के किनारे का) कंकड़.

peck[1] (पेक्) *n* दो गैलन (सूखी वस्तु मापने का) माप.

peck[2] (पेक्) *v* **1** चोंच मारना; चुगना: *hens —ing corn*; चोंच मार कर छेद करना. **2** (colloq) — *at one's food*, भूख न होने पर बहुत थोड़ा-थोड़ा खाना, टूंगना. *n* चोंच का प्रहार.

pe'culiar (पि'क्यूल्यर्) *adj* **1** अद्भुत, अनोखा; असाधारण. **2** विशेष. **3** — **to,**

विलक्षण, व्यक्तिगत विशेषता से सम्बद्ध : *a style of dress — to this region.* **—ly** *adv.* **pe͵culi'arity** (पिक्यूलि'ऐरिटि) *n* विलक्षणता; अनूठापन; विशेषता.

pe'cuniary (पि'क्यूनयरि) *adj* धन-संबंधी.

'pedal ('पेड्ल्) *n* (साइकिल का) पेडल (जिस पर पैर रखते हैं). *v* — चलाना.

'pedant ('पेडन्ट्) *n* जो पांडित्यप्रदर्शन में आस्था रखता हो. **pe'dantic** (पि'डैन्टिक्) *adj* पांडित्य पूर्ण, पंडिताऊ. **'pedantry** ('पेडन्ट्रि) *n* पांडित्य प्रदर्शन.

'peddle ('पेड्ल्) *v* फेरी लगाना (घर-घर जाकर पुकारते हुए सामान बेचना).

'pedestal ('पेडिस्टल्) *n* खम्भे का आधार, मंचिका; मूर्ति की मंचिका.

pe'destrian (पि'डेस्ट्रिअन्) *n* (सड़क पर) पैदल (चलने वाला).

'pedigree ('पेडिग्री) *n* वंशावली; (पशुओं की) नस्ल.

'pedlar ('पेड्लर्) *n* फेरीवाला.

peek (पीक्) *v* झाँकना (*at* sth).

peel (पील्) *v* **1** (फल आदि) छीलना. **2** (शरीर के चमड़े आदि का छोटे टुकड़ों में) झड़ना. *n* (फल-तरकारी का) छिलका. → p 134. **—ings** *n pl* छीलन: *potato —ings.*

peep (पीप्) *v & n* झाँकना (चुपके से).

peer[1] (पिअर्) *v* आँख गड़ा कर देखना (*at, into* sth).

peer[2] (पिअर्) *n* **1** समान उच्चवर्ग का व्यक्ति. **2** (ग्रेट ब्रिटेन में) हाउस आफ़ लार्डस् में बैठने के अधिकार वाला व्यक्ति, पिअर. **'—age** *n* पिअर; पिअर का पद. **'—ess** *n* पिअर की पत्नी; महिला पिअर. **'—less** *adj* अद्वितीय, अनुपम.

peg (पेग्) *n* खूंटी; (कपड़ों की) चिमटी. **a square peg in a round hole,** अपने पद पर असंगत व्यक्ति. *v* (-gg-) **1** खूंटियों से जकड़ना. **2** नियमों से (मूल्यवृद्धि आदि) रोकना. **3** खूंटियों द्वारा भूमि पर चिह्न लगाना.

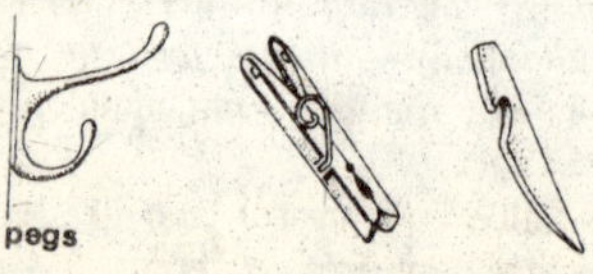

pegs

'pelican ('पेलिकन्) *n* पेलिकन (एक जलपक्षी जिसकी चोंच के नीचे पोटली सी लटकी रहती है), हवासिल.

'pellet ('पेलिट्) *n* छर्रा, गोली.

'pell-'mell ('पेल्'मेल्) *adv* हड़बड़ी के कारण अव्यवस्थित रूप से.

pelt[1] (पेल्ट्) *n* (जानवरों की रोएँदार) खाल.

pelt[2] (पेल्ट्) *v* **1** (ईंटपत्थरों से) हमला करना. **2** (पानी का) बड़ी-बड़ी बूंदों से बरसना. *n* **at full —,** पूरी तेज़ी से.

pen[1] (पेन्) *n* कलम. *v* (-nn-) (पत्रादि) लिखना. **'pen-knife,** *n* छोटा जेबी चाकू.

pen[2] (पेन्) *n* (जानवरों का) बाड़ा. *v* (-nn-) **pen sb up** (*in*), — में बंद करना, बंद करना.

'penal ('पीनल्) *adj* दंड या सज़ा से सम्बद्ध: *a — offence* (ऐसा अपराध जिसके लिए क़ानून में दंड का प्राविधान है): *— servitude* (तीन साल या इससे अधिक का कठोर परिश्रम सहित कारावास). **—ize** ('पीनलाइज़्) *v* **1** किसी कार्य को क़ानूनन दंडनीय बनाना. **2** किसी खिलाड़ी को नियमभंग का दंड देना (कुछ प्वाइंट काटकर या अन्यथा). **—ty** ('पेन्ल्टि) *n* **1** दंड, सज़ा. **2** खेल-कूद में पेनाल्टी (कुछ प्वाइंट आदि काट कर दंड देना).

'penance ('पेनन्स्) *n* प्रायश्चित; तपस्या.

pence ('पेन्स्) → penny.

'pencil ('पेन्स्ल्) *n* पेंसिल (सादी या रंगीन). *v* — से लिखना या खींचना.

'pending ('पेनडिङ्) *adj* विचाराधीन, निर्णयाधीन. *prep* तक, के समय.

'pendulum ('पेन्ड्युलम्) *n* पेंडुलम (जैसे दीवार-घड़ी का), लोलक.

'penetrate ('पेनिट्रेट्) *v* प्रवेश करना, घुसना; (fig) रहस्य या मर्म समझना. **'penetrating** *adj* तुरंत स्पष्टतया मर्म समझने वाले, तीक्ष्णबुद्धि; भेदने वाली आवाज़, कर्णभेदी

रुदन; बेंधनेवाला. ˌpeneˈtration (पेनि'-ट्रेशन्).

ˈpenguin (ˈपेंग्विन्) *n* पेंग्विन, दक्षिणी ध्रुवप्रदेश में मिलने वाला जल-पक्षी जो उड़ नहीं पाता है. → p 33.

peˈninsula (पिˈनिन्स्युला) *n* (भूगोल) प्रायद्वीप (जैसे, इटली या भारत का दक्षिणी प्रदेश जो प्राय: जल से घिरा हुआ है).

ˈpenitence (ˈपेनिटन्स्) *n* पश्चाताप. ˈpenitent (ˈपेनिटन्ट्) *n & adj* पश्चाताप करने वाला व्यक्ति.

ˈpennant (ˈपेनन्ट्), ˈpennon (ˈपेनन्) *n* पताका (प्राय: तिकोनी और लम्बी).

ˈpenny (ˈपेनि) *n* (*pl* ˈpennies यदि बहुत से पेनी-सिक्के हों, pence यदि मूल्य की दृष्टि से कई पेनी हों). (p) ब्रिटिश सिक्का जो एक पाउंड में सौ होते हैं. **—worth, ˈpennˈorth** *n* पेनी-योग्य. ˈ**penniless** *adj* बिलकुल निर्धन.

ˈpension (ˈपेन्शन्) *n* पेंशन (नौकरी-समाप्ति के बाद का विशेष वेतन).

ˈpensive (ˈपेन्सिव्) *adj* विचार मग्न.

pent (पेन्ट्) *adj* बन्द : *pent-up feelings*.

ˈpentagon (ˈपेन्टगन्) *n* पंचभुज. → p 295.

ˈpenury (ˈपेन्युरि) *n* ग़रीबी, दरिद्रता.

ˈpeople (ˈपीप्ल्) *n* **1** आम लोग, पुरुष और स्त्रियाँ. **2** किसी जाति या राष्ट्र के सभी लोग. **3** (*people*) प्रजाति; राष्ट्र : *the —s of Asia*. *v* — से भरना; — को रखना, बसाना.

ˈpepper (ˈपेपर्) *n* **1** मिर्च (गोल या काली). **2** मिरचा (लाल). *v* **1** — डालना. **2 — sb with,** बौछार करना. **—y** *adj* (fig) चिड़चिड़ा क्रोधी.

per (पर्) *prep* प्रत्येक के लिए, प्रत्येक में : *per pound*; *per annum*. **per ˈcent** प्रति शत (संक्षिप्त रूप %). **perˈcentage** (पर्-ˈसेन्टिज्) *n* प्रति शत दर.

peˈrambulator (पˈरैम्ब्युलेटर्) *n* (colloq 'pram') चार पहिये की बच्चा-गाड़ी.

perˈceive (पर्ˈसीव्) *v* अनुभव करना, देखना. **perˈceptible** (पर्ˈसेप्टब्ल्) *adj* इन्द्रिय-गोचर. **perˈception** (पर्ˈसेप्शन्) *n* प्रत्यक्ष ज्ञान, बोध.

perch (पर्च्) *n* चिड़ियों का अड्डा; डंडा जिस पर चिड़िया बैठती है. *v* बैठना (*on*); टिकना (*on*).

ˈpercolate (ˈपर्कलेट्) *v* (तरल पदार्थ का) धीरे-धीरे रिसना या छनना. **—d** *adj* : *—d coffee*.

perˈdition (पर्ˈडिशन्) *n* सत्यानाश, पूरा नाश.

peˈremptory (पˈरेम्प्टरि) *adj* ऐसे आदेश जिनका उल्लंघन न हो सके, अनतिक्रमणीय.

ˈperfect (ˈपर्फ़िक्ट्) *adj* **1** सर्वपूर्ण, सर्वांगपूर्ण. **2** दोषरहित. **3 — tense,** (व्याकरण) पूर्ण काल. **perˈfect** (पर्ˈफ़ेक्ट्) — करना. **—ly** *adv*. **perˈfection** *n* पूर्णता, आदर्श.

ˈperforate (ˈपर्फ़रेट्) *v* छोटे-छोटे छेद करना (जैसे, डाक-टिकटों के चारों ओर होते हैं).

perˈform (पर्ˈफ़ार्म्) *v* **1** (कोई) कार्य करना (विशेषत: जिसमें कौशल की आवश्यकता हो). **2** (नाटक का) अभिनय करना; (संगीत का) प्रदर्शन करना; तमाशा दिखाना. **—ance** (पर्ˈफ़ॉर्मन्स्) *n* **1** क्रिया, निष्पत्ति. **2** अभिनय, प्रदर्शन. **—er** *n* — करने वाला.

ˈperfume (ˈपर्फ़्यूम्) *n* इत्र, सुगंधित द्रव (विशेषत: फूलों का). *v* — लगाना.

perˈfunctory (पर्ˈफ़ङ्टरि) *adj* लापरवाही से मशीन की तरह बिना रुचि लिये किया गया (कार्य).

perˈhaps (पर्ˈहैप्स्) *adv* संभवत:, शायद, कदाचित्.

ˈperil (ˈपेरिल्) *n* संकट, खतरा. **—ous** *adj*.

perˈimeter (पˈरिमिटर्) *n* (ज्यामिति) किसी आकृति की बाहरी सीमा की लंबाई.

ˈperiod (ˈपिअरिअड्) *n* **1** (समय की) अवधि, मियाद; अन्तर. **2** युग, काल, समय. ˌ**peri-ˈodic** (पिअरिˈऑडिक्) *adj* नियमित अवधि के बाद पुन: आने वाला, आवर्ती. ˌ**periˈodical** (पिअरिˈऑडिकल्) *n* साप्ताहिक, मासिक, आदि पत्रिकाएँ.

ˈperiscope (ˈपेरिस्कोउप्) *n* पेरिस्कोप (पन-डुब्बी में लगा यंत्र जिससे जल के नीचे रहते हुए भी समुद्रतल देख लिया जाता है).

ˈperish (ˈपेरिश्) *v* **1** नष्ट कर देना या होना.

2 **—ed with cold,** मारे सर्दी के ठिठुरना. **—able** *adj* आसानी से सड़ने या खराब होने वाला (सामान).

ˈ**perjure** (ˈपर्जर्) *v* **— oneself,** झूठी क़सम खाना. ˈ**perjury** (ˈपर्जरि) *n* झूठी क़सम.

perk (पर्क्) *v* **1 — up,** अकड़ना, इतराना. **2 — up the head (tail),** पशुओं का अकड़ कर चलना. ˈ**—y** *adj* (-ier, -iest) अकड़बाज. बाँका. ˈ**—ily** *adv*.

ˈ**permanent** (ˈपर्मनन्ट्) *adj* स्थायी, चिरस्थायी. **—ly** *adv*. ˈ**permanence** (ˈपर्मनन्स्) *n* स्थायित्व, पक्कापन.

ˈ**permeate** (ˈपर्मिएट). *v* **— through,** (अंग-अंग में) फैल जाना, व्याप्त होना.

perˈmit (पर्ˈमिट्) *v* (-tt-) **1** अनुमति देना, करने देना. **2 — of,** मौका या अवसर देना. ˈ**permit** *n*. (ˈपर्मिट्) परमिट, अनुज्ञापत्र. **perˈmissible** (पर्ˈमिसब्ल्) *adj* अनुमतियोग्य; जिसकी अनुमति दी जाती है. **perˈmission** (पर्ˈमिशन्) *n* अनुमति, अनुज्ञा, इजाज़त.

perˈnicious (पर्ˈनिशस्) *adj* घातक; हानिकर.

ˌ**perpenˈdicular** (पर्पन्ˈडिक्युलर्) *adj* **1** (गणित-ज्यामिति) लम्ब, 90° पर बनी (रेखा). **2** सीधा, खड़ा. *n* लंब रेखा.

ˈ**perpetrate** (ˈपर्पिट्रेट्) *v* (अपराध या भूल) करना; ख़राब काम करना.

perˈpetual (पर्ˈपेचुअल्) *adj* **1** कभी समाप्त न होने वाला, अनन्त; बहुत दिनों से या निरन्तर चला आ रहा. **2** अक्सर, फिर से बार-बार घटित होने वाला. **—ly** *adv*. **perˈpetuate** (पर्ˈपेटचुएट्) *v* क़ायम या बनाये रखना (ताकि भूल न जाएँ). ˌ**perpeˈtuity** (पर्पिˈटचुइटि) *n* **in perpetuity,** सदा के लिए.

perˈplex (पर्ˈप्लेक्स्) *v* हैरान कर देना, घबरा देना. **—ity** (परˈप्लेक्सिटि) *n* जटिलता; जटिल वस्तु.

ˈ**perquisite** (ˈपरक्विज़िट) *n* नियमित वेतन के अतिरिक्त मिलने वाले सुविधा-लाभ.

ˈ**persecute** (ˈपर्सिक्यूट्) *v* **1** सताना (विशेषत: धार्मिक विश्वासों के कारण). **2** (प्रश्न आदि से) परेशान करना *(with)*. ˌ**perseˈcution** (पर्सिˈक्यूशन्) *n* अत्याचार, उत्पीड़न.

ˌ**perseˈvere** (पर्सिˈव़िअर्) *v* बनाये रखना ज़ारी रखना (*at, in, with* sth). ˌ**perseˈverance** (पर्सिˈव़िअरन्स्) *n* दृढ़ता, अध्यवसाय.

perˈsist (पर्ˈसिस्ट्) *v* **— in,** असफलता या विरोध के होते हुए भी निरंतर (कार्य) करते रहना या (विश्वास) बनाये रखना. **—ence** (पर्ˈसिस्टन्स्) *n* दृढ़ता, आग्रह. **—ent** *adj*. **—ently** *adv*.

ˈ**person** (ˈपर्सन्) *n* **1** व्यक्ति (आदमी, औरत या बच्चा). **2 be present in —,** स्वयं उपस्थित रहना (न कि अपने प्रतिनिधि को भेजना). **—al** (ˈपर्सनल्) *adj* **1** व्यक्तिगत; वैयक्तिक. **2** स्वयंकृत; अपना, निजी : *a —al call*. **3** व्यक्ति के निजी गुण. **4** व्यक्तिविशेष से संबद्ध. **—ally** (ˈपर्सनलि) *adv* **1** स्वयं द्वारा. **2** व्यक्तिरूप में. **3** अपनी ओर से (न कि समूह की ओर से). ˈ**personˈality** (ˈपर्सनैलिटि) *n* व्यक्तित्व. **perˈsonify** *v* मानवीकरण करना, व्यक्तित्व का आरोप करना. ˌ**personˈnel** (पर्सˈनेल्) *n* स्टाफ़, कार्यकर्ता-वर्ग.

perˈspective (पर्ˈस्पेक्टिव़्) *n* परिप्रेक्ष्य; रेखाचित्र में परिदृश्य.

perˈspire (पर्सˈपाइअर्) *v* पसीना आना. ˌ**perspiˈration** *n* पसीना.

perˈsuade (परˈस्वेड्) *v* क़ायल करना, राज़ी कर लेना (*to do* sth). **perˈsuasion** (पर्ˈस्वेशन्) *n* राजी करना या होना; विश्वास, आस्था. **perˈsuasive** (पर्ˈस्वेसिव़्) *adj* —योग्य; विश्वासोत्पादक.

pert (पर्ट्) *adj* ढीठ, उद्धत.

ˈ**pertinent** (ˈपर्टिनन्ट्) *adj* संगत, उपयुक्त.

perˈturb (पर्ˈटर्ब्) *v* घबरा देना; व्याकुल करना.

peˈruse (पˈरूज़्) *v* ध्यानपूर्वक पढ़ना. **perusal** (पˈरूज़ल्) *n*.

perˈvade (पर्ˈव़ेड्) *v* अंग-अंग में फैल जाना या व्याप्त होना. **perˈvasive** (पर्ˈव़ेसिव़्) *adj* व्याप्त.

perˈverse (पर्ˈव़र्स्) *adj* **1** जानबूझ कर दुष्कर्म करते रहने वाला. **2** तर्कविरुद्ध.

per'vert (पर्'व़र्ट्) *v* **1** दुरुपयोग करना. **2** सदाचार या सुविचार से विमुख करना (व्यक्ति को). **'pervert** *n* ऐसा व्यक्ति. **per'version** ('पर्'व़र्शन्) *n* विकार.

'pessimism (पे'सिमिज़्म्) *n* निराशा वादिता (बहुत बुरा ही होगा इस आशंका से चिन्तित होना). **'pessimist** ('पेसिमिस्ट्) *n* निराशावादी. **,pessi'mistic** (पेसि'मिस्टिक्) *adj.*

pest (पेस्ट्) *n* हानि पहुँचाने वाले (कीड़े-मकोड़े या पशु-पक्षी). **'pestilence** ('पेस्टिलन्स्) *n* महामारी रोग (ऐसा छूतवाला रोग जो तुरंत फैलता हो और घातक हो, जैसे, हैजा, प्लेग).

'pester ('पेस्टर्) *v* सताना; परेशान करना.

'pestle ('पेस्ल्) *n* मूसल; हावन-दस्ता.

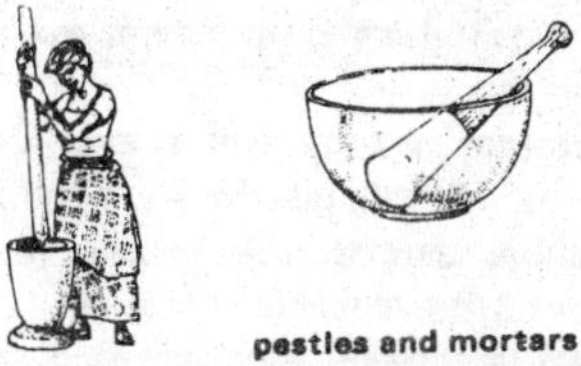

pestles and mortars

pet ('पेट्) *n* **1** पालतू (प्राणी): *pet dog.* **2** दुलारा व्यक्ति. **pet name** प्यार का (घरेलू) नाम. *v* (-tt-) दुलार करना.

'petal ('पेट्ल्) *n* (फूल का) दल, पंखड़ी.

'peter out ('पीटर् आउट्) *v* शनैः शनैः समाप्त हो जाना.

pe'tition (पि'टिशन्) *n* अर्ज़ी, याचिका; प्रार्थना. *v* — प्रस्तुत करना (sb *for* sth).

'petrify ('पेट्रिफ़ाइ) *v* पथरा जाना; स्तब्ध हो जाना (भय आदि के कारण). **,petri'faction** (पेट्रि'फ़ैक्शन्) *n.*

'petrol ('पेट्रल्) *n* पेट्रोल (जिससे मोटर कार आदि चलती हैं). **pe'troleum** (पि'ट्रोल्यम्) *n* पैट्रोलियम.

'petticoat ('पेटिकोट्) *n* पेटीकोट (औरतों का अधोवस्त्र); साया.

'petty (पेटि) *adj* (-ier, -iest) **1** नगण्य, तुच्छ. **2** संकीर्ण विचार वाला : —*spite.* **3** — **cash,** छोटे भुगतानों के लिए धन. **4** — **officer,** नौसेना में एक अफ़सर.

'petulant ('पेट्युलन्ट्) *adj* बद मिज़ाज; चिड़चिड़ा. **'petulance** *n.*

'pewter ('प्यूटर्) *n* प्यूटर, जस्ता या टिन की मिश्रधातु. इससे बने बरतन.

'phantom ('फ़ैन्टम्) *n* भूत, प्रेत; अवास्तविक (मानो सपने में देखा हो).

'pharmacy ('फ़ार्मसि) *n* फ़ारमेसी, औषधालय.

phase (फ़ेज़्) *n* **1** (विकास की) स्थिति, प्रावस्था. **2** (चन्द्रमा की) कला.

'pheasant ('फ़ेज़न्ट्) *n* एक प्रकार का लंबी पूंछ का पक्षी जिसका शिकार किया जाता है, चेड़.

phe'nomenon (फ़ि'नॉमिनन्) *n* (*pl* phe'nomena) **1** इन्द्रियगोचर, दृश्यघटना. **2** उल्लेखनीय व्यक्ति या वस्तु. **phe'nomenal** (फ़ि'नॉमिनल्) *adj* असाधारण; चमत्कारिक.

phi'lanthropy (फ़ि'लैन्थ्रपि) *n* लोकोपकारी; मानव-प्रेम. **phi'lanthropist** *n* लोकोपकारी (व्यक्ति) **,philan'thropic** *adj.*

phi'lately (फ़ि'लैट्लि) *n* डाक-टिकट संग्रह करना. **phi'latelist** डाक-टिकट संग्रह करने का शौकीन.

phi'losophy (फ़ि'लॉस्फ़ि) *n* **1** दर्शन शास्त्र. **2** घटनाओं का शान्ति के साथ सामना करना; संकट या पीड़ा में भी धैर्य. **phi'losopher** (फ़ि'लॉस्फ़र्) *n* **,philo'sophical** (फ़िल'सॉफ़िकल्) *adj* दार्शनिक; शान्तचित्त, स्थिरबुद्धि; निस्पृह.

phlegm (फ़्लेम्) *n* कफ, बलग़म.

phone (फ़ोन्) *n & n* (colloq) टेलीफ़ोन.

pho'netic (फ़ो'नेटिक्) *adj* उच्चारण विषयक: — *spelling* [जैसे (लिखित) phlegm का (उच्चारित) flem]. **—s** *n* ध्वनिविज्ञान, स्वरविज्ञान.

'phoney ('फ़ोनि) *adj* नक़ली (न कि असली).

'phosphorus ('फ़ॉस्फ़रस्) *n* फ़ासफ़ोरस (एक पीला पदार्थ जो सहज में जलने लगता है और अंधेरे में हलका प्रकाश देता है). **phospho'rescent** (फ़ॉस्फ़'रेसन्ट्) *adj.* **,phospho'rescence** ('फ़ोस्फ़'रेसन्स्) *n.*

'photograph ('फ़ोट्ग्राफ़्) *n* फ़ोटो, छायाचित्र. *v.* — लेना **pho'tographer** (फ़'टॉग्रफ़र्)

n फोटोग्राफ़र. **ph'otography** (फ़ट्'ऑग्रफ़ि) *n* फ़ोटोग्राफ़ी. **,photo'graphic** (फ़ोट्'ग्रैफ़िक्)

phrase (फ़्रेज़्) *n* (व्याकरण) पदबन्ध, कई शब्दों का समूह जैसे 'in order to' जो वाक्य का अंश बनता है. *v* शब्दों में व्यक्त करना.

'physical ('फ़िज़िकल्) *adj* **1** भौतिक (आध्यात्मिक या नैतिक के वैषम्य में): *the — world.* **2** शारीरिक : *— strength.* **—ly** *adv.*

phy'sician (फ़ि'ज़िशन्) *n* डाक्टर (विशेषत: वह जो सर्जरी नहीं करता है).

'physics ('फ़िज़िक्स्) *n* भौतिकी, भौतिक-विज्ञान.

,physi'ognomy (फ़िज़ि'ऑन्मि) *n* (व्यक्ति का) चेहरा, रूप; देश की सामान्य आकृति.

,physi'ology (फ़िज़ि'ऑल्जि) *n* शरीरक्रिया विज्ञान (चेतन वस्तु के सामान्य प्रकार्यों का विज्ञान).

,physio'therapy (फ़िज़िओ'थ्रेरपि) *n* मालिश, व्यायाम, सेंक आदि से इलाज करना.

phy'sique (फ़ि'ज़ीक्) *n* डील-डौल, शरीर की गठन : *a man of strong —.*

pi'ano (पि'ऐनो) *n* पियानो (एक वाद्ययंत्र). → p 206. **'pianist** *n* पियानो-वादक.

pick[1] (पिक्) *n* **1** (**pickaxe** भी) गैन्ती, खोदनी. → p 326. **2** कुरेदने वाली वस्तु : *a toothpick.*

pick[2] (पिक्) *v* **1** (फूल-फल) चुनना, बीनना; हड्डी से मांस खुरचना; अंगुली या नाखून से कुरेदना. **2** छाँटना, चयन करना. **— sth out,** औरों से विशेष रूप से निकाल कर चुनना. **3 —up,** पकड़ कर (भूमि से) उठाना; अकस्मात् जान लेना; बस में सवारी चढ़ाना; अपना स्वास्थ्य पुन: प्राप्त करना. **— oneself up,** गिर कर उठना. **4 —sb's pocket,** जेब से चुपके से चुरा लेना (जेबकट, गिरहकट). **—a lock,** बिना ताली के किसी और तरीके से ताला खोलना. **—a quarrel** (*with sb*), जानबूझ कर झगड़ा खड़ा कर लेना. *n* चुना हुआ, छाँटा हुआ.

'picket ('पिकिट्) *n* **1** खूँटा. **2** छोटी सी टोली (विशेषत: निगरानी के लिए); हड़ताल के दौरान धरना देने वाले कार्यकर्ता. *v* **1** — से बाँधना. **2** पिकेटिंग करना, धरना देना.

'pickle ('पिक्ल्) *n* **1** *(pl)* अचार. **2** सिरका, तेल आदि जो अचार में फल-तरकारी को सड़ने से बचाता है. *v* — डालना.

'picnic ('पिक्निक्) *n* पिकनिक, वनविहार. *v* — में शामिल होना.

pic'torial (पिक्'टॉरिअल्) *adj* चित्रमय, सचित्र.

'picture ('पिक्चर्) *n* **1** चित्र, तसवीर. **2 be the – of** (*health*), बहुत स्वस्थ दिखाई पड़ना. **3 the —s** (colloq) सिनेमा, चलचित्र. *v* चित्र बनाना; शब्दों में वर्णन करना; कल्पना करना. **,pictu'resque** (पिक्च'रेस्क्) *adj* **1** देखने में मनोरम और आकर्षक (दृश्य, स्थान आदि). **2** विलक्षण, मौलिक (व्यक्ति का व्यवहार आदि).

'pidgin ('पिजिन्) मिश्रित भाषा (विशेषत: व्यापार के कारण).

pie (पाइ) *n* कचौड़ीनुमा पाश्चात्य खाने की वस्तु, पाइ.

piece (पीस्) *n* **1** ठोस पदार्थ का टुकड़ा, अंश. **in —s,** टूटा हुआ. **take to —s,** तोड़ना. **2** एक पृथक् उदाहरण : *a — of news* (*bad luck*). **3** पीस, खंड : *sold only by the —.* **4** रचना (कला, कविता, संगीत आदि की) : *a — of poetry.* **5** सेट (समुच्चय) में से अकेली वस्तु : *a tea service of* 30 *—s;* शतरंज के मोहरे. **6** 'सिक्का : *a ten-paisa —.* *v* जोड़ना; हिस्से मिलाना. **'—meal** *adv* खंड-खंड कर के किया कार्य. **'—work** *n* उजरती काम (काम की मात्रा से, न कि काम करने के समय से, मजूरी).

pier (पिअर्) *n* **1** समुद्रतट पर निकला घाट. **2** खंभा (पुल आदि का).

pierce (पिअर्स्) *v* **1** (नुकीले औज़ार से) छेद करना, बेधना, भेदना. **2** (fig) गहराई से प्रभावित करना; पैठना.

'piety ('पाइअटि) *n* धर्मपरायणता, धार्मिकता; श्रद्धा, निष्ठा.

pig (पिग्) *n* सूअर → p 99. उसका मांस. → bacon, pork. **pig-headed** *adj* जिद्दी, अड़ियल. **'pigsty** ('पिग्स्टाइ) *n* सूअर-बाड़ा. **'pigtail** *n* लंबी चोटी (गरदन के नीचे लटकने वाली).

ˈ**pigeon** (ˈपिजिन्) *n* कबूतर. → p 33. —**hole** *n* छोटे-छोटे ख़ाने (पत्रादि डालने के लिए या काग़ज़ात रखने के लिए).

ˈ**pigment** (ˈपिग्मन्ट्) *n* रंग, रंजक पदार्थ.

ˈ**pigmy** (ˈपिग्मि) → pygmy.

pile[1] (पाइल्) *n* **1** ढेर, राशि, अम्बार. **2** बड़ी मात्रा या राशि. **make a** —, (colloq) बहुत-सा धन कमाना और बचाना. *v* ढेर में रखना; ढेर बनाना : — *things up.*

pile[2] (पाइल्) *n* बल्ली आदि जो ज़मीन में नींव के लिए गाढ़ी जाती है. **funeral** —, चिता.

pile[3] (पाइल्) *n* कालीन आदि की रोएँदार मुलायम सतह.

ˈ**pilfer** (ˈपिल्फ़र्) *v* (छोटी या मामूली, कम कीमती चीजें) चुराना.

ˈ**pilgrim** (ˈपिल्ग्रिम्) *n* तीर्थयात्री. —**age** *n* तीर्थयात्रा.

ˈ**pill** (पिल्) *n* दवाई की छोटी गोली.

ˈ**pillage** (ˈपिलिज्) *n & v* लूटना.

ˈ**pillar** (ˈपिलर्) *n* खंभा. ˈ**pillar-box** *n* खंभे में लटकी डाक-पेटी.

ˈ**pillion** (ˈपिल्यन्) *n* मोटर साइकिल के पीछे की सीट.

ˈ**pillow** (ˈपिलो) *n* तकिया.

ˈ**pilot** (ˈपाइलट्) *n* **1** पायलट, (जहाज़ या विमान) चालक. **2** मार्गदर्शक. *v* — का कार्य करना.

ˈ**pimple** (ˈपिम्प्ल्) *n* फुंसी.

pin (पिन्) *n* **1** पिन, आलपीन, (सेफ़्टी-पिन). **2** लकड़ी या अन्य धातु का पिन, मेख. *v* (-nn-) **1** चीज़ों को पिन से नत्थी करना. **2** जकड़ देना: *pinned (down) by a fallen branch.* ˈ**pin-point** *n* बहुत ही छोटी वस्तु, पिन की नोक बराबर. *v* (लक्ष्य, कारण आदि का) ठीक-ठीक पता लगाना. ˈ**pin-prick** *n* (fig) चुभने वाली बात करना या कहना.

ˈ**pinafore** (ˈपिन्फ़ॉर्) *n* (colloq 'pinny') बच्चों के कपड़ों के ऊपर का कपड़ा.

ˈ**pincers** (ˈपिन्सर्ज़्) *n pl* चिमटी; चिमटा; सँड़सी. → p 326.

pinch (पिन्च्) *v* **1** चुटकी से पकड़ना; दो कड़ी वस्तुओं के बीच से पकड़ना : — *one's finger in a doorway.* **2** जकड़ना: जकड़ने के कारण कष्ट उठाना. *n* **1** चुटकी, चिकोटी. **2** चुटकी भर: *a — of salt.* **3 at a** —, यदि आवश्यक है और कोई दूसरा उपाय नहीं है.

ˈ**pine**[1] (पाइन्) *n* चीड़ का पेड़; उसकी लकड़ी.

pine[2] (पाइन्) *v* **1** (बीमारी या दु:ख से) घुलना. **2** ललकना, लालायित होना (*for* sth, *to do* sth).

ˈ**pineapple** (ˈपाइन्ऐप्ल्) *n* अनन्नास. → p 134.

ˈ**pinion**[1] (ˈपिन्यन्) *v* मुश्कें बाँधना (किसी की बाहों को उसकी बगल में बाँध देना). *n* (चिड़ियों के) पंख. डैना.

ˈ**pinion**[2] (ˈपिन्यन्) *n* छोटा काँटेदार पहिया.

pink (पिंक्) *adj & n* गुलाबी.

ˈ**pinnacle** (ˈपिन्क्ल्) *n* **1** (भवन की) शिखर, चोटी. **2** (fig) पराकाष्ठा : *at the — of his fame.*

pint (पाइन्ट्) *n* पिन्ट (नापने का एक माप), एक गैलन का आठवाँ भाग.

pioˈneer (पाइअˈनिअर्) *n* अग्रणी, अगुआ; अन्वेषक. *v* — बनना.

ˈ**pious** (ˈपाइअस्) *adj* भक्त, धर्मपरायण. —**ly** *adv.*

pip[1] (पिप्) *n* **1** (नीबू, सेव आदि के) छोटे बीज. **2** रेडियो पर टाइम सिग्नल. **3** सैन्य वर्दी पर लगा पद-प्रदर्शक तारक-चिह्न.

pip[2] (पिप्) *v* (-pp-) असफल होना, पराजित होना. **pipped at the post,** तुरंत का हारा हुआ.

pipe (पाइप्) *n* **1** पाइप, नली, नल. **2** वंशी, मुरली आदि वाद्य यंत्र. **3** तमाखू पीने वाला पाइप. *v* नली द्वारा पानी आदि पहुँचाना. ˈ**piping** *adj* सीटी जैसी ध्वनि. *adv: piping hot* (बहुत गर्म, उबलता हुआ). *n* नल की लंबाई : *ten feet of lead piping.*

ˈ**piquant** (ˈपीकन्ट्) *adj* मसालेदार, चरपरा.

pique (पीक्) *v* **1** खीझना, चिढ़ना. **2** उत्सुकता जगाना.

ˈ**pirate** (ˈपाइअरिट्) *n* समुद्री डाकू, जल दस्यु. ˈ**piracy** (ˈपाइअरसि) *n* समुद्री डकैती.

ˈ**pistol** (ˈपिस्टल्) *n* पिस्तौल, तमंचा.

piston (ˈपिस्‌टन्) *n* पिस्टन (इंजिन का एक हिस्सा).

pit (पिट्) *n* **1** गड्ढा : *a gravel-pit; coal-pit* (कोयले की खदान). **2** थियेटर में नीचे भाग के पीछे की सीटें. **3** (चेचक के) निशान. *v* (-tt-) **1** चेचक जैसे दागों से चिह्नित करना. **2** मुकाबले पर खड़ा करना. ˈ**pitfall** *n* चोर गड्ढा (जानवरों को पकड़ने का); (fig) आकस्मिक संकट.

pitch[1] (पिच्) *v* **1** (तम्बू) लगाना. **2** (गेंद आदि) फेंकना. **3** आगे गिराना : *He (was) —ed from the lorry.* **4** जहाज़ का हिचकोले मारना. **5** (संगीत) तारत्व, स्वर, सुर पर बजाना : — *a tune too high.* **6** — **in,** पूरी शक्ति के साथ कार्य आरंभ करना. — **into,** जबर्दस्त हमला करना. *n* **1** स्थान जहाँ कोई व्यापारी (विशेषतः सड़क वाला) अपना व्यापार करता है. **2** (क्रिकेट) विकेटों के बीच का भाग. **3** छत का ढाल. **4** (संगीत) तारत्व. **5** (गुण की) कोटि. **6** (जहाज़ का) डूबना-उतराना. ˈ**—fork** *n* पाँचा (जिससे घास उठाई जाती है).

pitch[2] (पिच्) *n* डामर (कोलतार). ˈ**pitch-ˈblack,** ˈ**pitch-ˈdark** *adj* बहुत ही गहरा, बहुत की काला.

ˈ**pitcher** (ˈपिचर्) *n* सुराही; घड़ा.

ˈ**piteous** (ˈपिटिअस्) *adj* दयनीय, करुणाजनक.

pith (पिथ्) *n* गूदा (फल का); (fig) सार, सारांश, महत्त्वपूर्ण अंश (*of*). ˈ**—y** *adj* ज़ोरदार; सारगर्भित.

ˈ**pittance** (ˈपिटन्स्) *n* (किसी काम के लिए) थोड़ा देना.

ˈ**pity** (ˈपिटि) *n* **1** दया, करुणा, तरस : *have (take) — on sb.* **2** दया का विषय. *v* — का अनुभव करना, ˈ**pitiable** (ˈपिटिअब्ल्) *adj* दयनीय, करुणाजनक; (विशेषतः) दयनीय, तुच्छ, अवहेलना का पात्र. ˈ**pitiful** (ˈपिटिफ़ुल्) *adj* दया-उत्पन्न करने वाला; दयालु. ˈ**pitiless** *adj.*

ˈ**pivot** (ˈपिव़ट्) *n* पहिये की धुरी, कीली; (fig) केन्द्र बिन्दु. *v* — पर रखना; धुरी की तरह घुमाना.

ˈ**placard** (ˈप्लैकार्ड्) *n* लिखे हुए या छपे हुए विज्ञापन (प्रायः दीवारों तथा ऊँचे स्थानों पर).

plaˈcate (प्लˈकेट्) *v* शान्त करना, संतुष्ट करना.

place (प्लेस्) *n* **1** स्थान, पद. **out of —,** गलत स्थिति में. — **of worship,** मंदिर आदि. **—s of amusement,** सिनेमा, थियेटर आदि. **2 take —,** (घटना का) घटित होना. **in — of,** के स्थान पर. **3** किताब का वह स्थल जहाँ कोई पढ़ रहा था : *find (lose) one's —.* **4** काम, नौकरी, रोज़ी. **lose one's —,** बिना नौकरी का हो जाना. **5 keep sb in his —**, किसी को उसके पद के अनुकूल मान्यता देना (अधिक सिर न चढ़ाना). *v* **1** — पर रखना; — पता लगाना. **2** (किसी में) (विश्वास) रखना. **3** आदेश (सामान मँगाने का) देना : — *an order (for* goods, *with* sb).

ˈ**placid** (ˈप्लैसिड्) *adj* शान्त, गंभीर, धीर. **—ly** *adv.* **plaˈcidity** (प्लैˈसिडिटि) *n.*

plague (प्लेग्) *n* **1** प्लेग (की महामारी). **2** विपत्ति या मुसीबत का कारण : *a — of locusts.* *v* परेशान करना (बार-बार किसी चीज़ के लिए आग्रह करके).

plaice (प्लेस्) *n* एक प्रकार की समुद्री-मछली.

plain[1] (प्लेन्) *adj* (-er, -est) **1** स्पष्ट, साफ (सुनने, देखने और समझने में). **2** सरल; साधारण; बिना फैशन के : — *food; a — — blue dress; in — clothes* (न कि वर्दी में). **3** (विचारों की) सरलता; स्पष्टवादी. **4** (व्यक्ति के रूप-आकृति के संबंध में) बहुत सुन्दर नहीं. *adv* स्पष्टतया. **—ly** *adv.* **—ness** *n.*

plain[2] (प्लेन्) *n* समतल भूमि (न कि ऊँची नीची).

ˈ**plaintiff** (ˈप्लेन्टिफ़्) *n* (न्यायालय में) वादी, जिसने मुकदमा चालू किया है.

ˈ**plaintive** (ˈप्लेन्टिव़्) *adj* दुःखपूर्ण.

plait (प्लैट) *v* चुन्नट डालना; वेणी गूँथना; बटना. *n* चोटी; चुन्नट : *wearing her hair in a —.*

plan (प्लैन्) *n* 1 (मकान आदि का) नक्शा. 2 मशीन का नक्शा, ख़ाका. 3 योजना. 4 भावी कार्यक्रम की योजना; कार्य प्रणाली : *my —s for the holidays.* *v* (-nn-) — बनाना.

plane (प्लेन्) *n* 1 समतल भूमि. 2 रन्दा (बढ़ई का औज़ार). 3 हवाई जहाज़. *v* रन्दा करना. *adj* पूरी तरह समतल : *a — figure.*

ˈ**planet** (ˈप्लैनिट्) *n* (मंगल, शुक्र आदि) ग्रह (जो सूर्य के चारों ओर परिक्रमा करते हैं). **—ary** *adj.*

plank (प्लैंक्) *n* तख़्ता; पटरा. *v* — लगाना या बिछाना.

plant (प्लान्ट्) *n* 1 पौधा. 2 प्लांट (किसी औद्योगिक प्रक्रिया में प्रयुक्त मशीन आदि), संयन्त्र : *a farm with its own lighting —.* *v* 1 (बगीचे में) पौधे लगाना. 2 (खेत, क्यारियों में) उगने के लिए बीज डालना. 3 किसी स्थिति में पक्की तरह लगाना. — **oneself** (*in the doorway*), (दरवाज़े पर) खड़े हो जाना. **planˈtation** (प्लैन्ˈटेशन्) *n* 1 बाग़, बगीचा. 2 चाय-बाग़ान आदि. ˈ**—er** *n* बाग़ान-मालिक.

ˈ**plantain** (ˈप्लैन्टिन्) *n* केले (का पेड़). → p 134.

ˈ**plaster** (ˈप्लास्टर्) *n* 1 प्लास्टर (दीवार, छत आदि पर लगाने वाला). 2 प्लास्टर (चोट लगने पर शरीर में लगाने वाला). *v* 1 दीवार पर प्लास्टर लगाना. 2 शरीर में प्लास्टर लगाना. 3 गाढ़ा-गाढ़ा पोतना.

ˈ**plastic** (ˈप्लैस्टिक्) *adj* 1 आसानी से मुड़ने वाला और आकृति देने वाला (पदार्थ). 2 (fig) आसानी से मुड़ने या परिवर्तित होने वाला. *n* प्लास्टिक. **—s** *n* प्लास्टिक-विज्ञान.

plate (प्लेट्) *n* 1 प्लेट. 2 चद्दर या पत्तर (किसी धातु की). 3 सोने या चाँदी के भोजन वाले बरतन. 4 **dental —**, नकली दाँत की प्लेट. 5 भोजन की परोसी हुई प्लेट. *v* 1 धातु की चद्दर से मढ़ना. 2 एक धातु पर दूसरे की पत्तर चढ़ाना, मुलम्मा चढ़ाना.

plateau (ˈप्लैटो) *n* (भूगोल) पठार.

platform (ˈप्लैट्फ़ार्म्) *n* 1 प्लेटफ़ार्म (रेलवे स्टेशन का). 2 प्लेटफ़ार्म, ऊँचा चबूतरा (सभा मंडप का). 3 राजनैतिक दल का कार्यक्रम, मोरचा, घोषणापत्र.

ˈ**platitude** (ˈप्लैटिट्यूड्) *n* घिसी-पिटी बात.

ˈ**plausible** (ˈप्लॉज़ब्ल्) *adj* देखने में तर्कसंगत या उपयुक्त (कथन, बहाना); सत्याभासी.

play (प्ले) *v* 1 खेलना : — *football;* (वाद्ययंत्र) बजाना : — *the piano.* 2 अभिनय करना. — **the fool,** मूर्खतापूर्ण व्यवहार करना. 3 — **a joke (trick) on sb,** मज़ाक़ करना. — **upon** (*sb's fears*), किसी के (भय आदि का) अनुचित लाभ उठाना. **be —ed out,** धन या बल आदि से क्षीण हो जाना; थकामाँदा. 4 (रोशनी, पानी आदि का) हिलना. 5 भेजना; भेजा जाना; (पानी या रोशनी) डालना (*on, over* sth). *n* 1 खेल, क्रीड़ा. **in —**, बिना गंभीरता के. 2 ड्रामा, नाटक. 3 जुआ, बाज़ी. 4 — **on words,** श्लेष-कथन. 5 (हिलने-डुलने की) गुंजाइश. 6 **come into —**, प्रयोग में आने लगना, **bring into —**, काम में आने लगना. ˈ**—er** (ˈप्लेअर्) *n.* ˈ**—mate** *n* खिलाड़ी, खेल का साथी. ˈ**—ful** *adj* मज़ाक़िया; प्रसन्न; खेल-खेल में किया. ˈ**—goer** *n* नाटक देखने का शौकीन. ˈ**—thing** *n* खिलौना. ˈ**—wright** (ˈप्लेराइट्) *n* नाटककार.

plea (प्ली) *n* 1 निवेदन (*for* sth); बहाना. 2 न्यायालय में सफ़ाई, तर्क, दलील.

plead (प्लीड्) *v* 1 (न्यायालय में) वकालत करना, सफ़ाई प्रस्तुत करना. 2 चिरौरी करना, याचना करना (*for* sth). 3 बहाना करना : *Don't — ignorance.*

ˈ**pleasant** (ˈप्लेज़न्ट्) *adj* (-er, -est) रमणीय; सुखकर; प्रीतिकर; मैत्रीपूर्ण. **—ly** *adv.* **—ness** *n.*

please (प्लीज़्) *v* अच्छा लगना, सुहाना. *int* (शिष्टाचार में) यदि आप चाहें : *May I come in, — ?* ˈ**pleasing** (ˈप्लीज़िङ्) *adj* सुखकर, प्रीतिकर; रोचक.

ˈ**pleasure** (ˈप्लेज़र्) *n* 1 सुख, संतोष. **take — in,** अच्छा लगता है. **with —,** खुशी-खुशी से. 2 सुख देने वाली वस्तु, आराम. ˈ**pleasurable**

('प्लेशरब्ल्) *adj* — देने वाला.

pleat (प्लीट्) *n* चुनट (कपड़े की). *v* — डालना.

'**plebiscite** ('प्लेबिसाइट्) *n* (राजनैतिक प्रश्न का) जन मत से निर्णय; जन-मत-संग्रह.

pledge (प्लेज्) *n* **1** बन्धक, धरोहर; रेहन. **2** प्रेम, समर्थन आदि के चिह्न रूप दी वस्तु : *a — of my friendship.* **3 under — of secrecy,** गोपनीयता की प्रतिज्ञा के साथ. *v* — देना; वचन देना.

'**plenty** ('प्लेन्टि) *n* पर्याप्त से अधिक, प्रचुरता. '**plentiful** ('प्लेन्टिफ़ुल्) *adj* बहुत मात्रा में. '**plenteous** ('प्लेन्टचस्) *adj* (साहित्य में) बहुत मात्रा में.

'**pliable** (प्लाइअब्ल्) *adj* जो आसानी से मुड़ या घूम सके; आसानी से प्रभावित होने वाला (मस्तिष्क).

'**pliant** ('प्लाइअन्ट्) *adj*=pliable.

'**pliers** ('प्लाइअर्ज़्) *n* प्लायर (चिमटीनुमा औज़ार).

plight[1] (प्लाइट्) *n* दशा (विशेषत: गंभीर और दुःखद).

plight[2] (प्लाइट्) *v* — **one's word,** वचन देना, प्रतिज्ञा करना.

plod (प्लॉड्) *v* (-dd-) लगातार बिना आराम किये धीरे-धीरे चलते रहना या काम करते रहना. '**—der** ('प्लॉडर्) *n* कोल्हू का बैल.

plot (प्लॉट्) *n* **1** छोटा भूमिखंड. **2** कथानक, कथावस्तु (नाटक या उपन्यास का). **3** षड्यन्त्र, कुचक्र. *v* (-tt-) **1** षड्यन्त्र रचना. **2** चार्ट या ग्राफ़ में किसी की स्थिति अंकित करना.

plough (प्लाउ) *n* हल, लांगल (किसान का औज़ार). *v* **1** जोतना, हल चलाना. **2** आगे बढ़ना (a way *through*). **—share** *n* हल का फाल.

pluck (प्लक्) *v* **1** पंख नोचना. **2** (फल, फूल) बीनना, चुनना; (घास आदि) नोचना, उखाड़ना. **3** छीनना (*at*); झपट कर कब्जा करना. **4 — up courage,** साहस बटोरना. *n* साहस, हिम्मत. '**—y** *adj* (-ier, -iest) साहसी. '**—ily** *adv.*

plug (प्लग्) *n* **1** प्लग, रबड़ या धातु आदि का छेद बंद करने वाली डाट. **2** बिजली का प्लग. *v* (-gg-) **1** — लगाकर छेद बंद करना. **2 — in,** बिजली का प्लग लगाना.

plum (प्लम्) *n* आलूचा; आलू बुखारा → p 134. '**plum-cake,** '**plum-'pudding** *n.*

'**plumage** ('प्लूमिज्) *n* (चिड़ियों के) पंख.

plumb (प्लम्) *n* **out of —,** जो ठीक-ठीक सीधा (खड़ा) न हो. '**plumb-line** ('प्लम्-लाइन्) *n* डोरी से बंधा सीसे का टुकड़ा जिससे पानी की गहराई या दीवार की सिधाई नापी जाती है, साहुल.

'**plumber** ('प्लमर्) *n* नल लगाने वाला कारीगर. **plumbing** ('प्लमिङ्) *n* पाईप, नल, कुंड आदि बनाना.

plume (प्लूम्) *n* पंख (पक्षी के); पंखनुमा वस्तु. *v* पंख चिकने करना : — *itself* (*its feathers*).

plump[1] (प्लम्प्) *adj* गोल-मटोल (व्यक्ति या पशु); मोटा किंतु देखने में सुंदर. *v* (प्राय: — *up, out*) — होना या बनाना.

plump[2] (प्लम्प्) *v* अचानक ज़ोरों से गिरना या गिरा देना. *adv* अचानक.

'**plunder** ('प्लन्डर्) *v* लूटना; लूटपाट करना (दंगों या युद्धों में). *n* लूट-मार; लूट का सामान.

plunge (प्लन्ज्) *v* **1** डुबकी लगाना; छलांग लगा कर कूदना : — *into a lake.* **2** (जहाज का) डूबना-उतारना; (घोड़े का) ऊपर उठना और नीचे आना. *n* ग़ोता; छलाँग.

'**plural** ('प्लुअरल्) *n* & *adj* (व्याकरण) बहुवचन.

plus (प्लस्) *prep* और; मिलाकर. **plus-sign** (गणित में) + चिह्न.

plush (प्लश्) *n* मखमल.

plu'tocracy (प्लू'टॉक्रसि) *n* धनिकों द्वारा प्रशासित शासन-तन्त्र. '**plutocrat** *n* धन-संपत्ति के कारण शक्तिशाली व्यक्ति. '**pluto-'cratic** (प्लूट्'क्रैटिक्) *adj.*

ply[1] (प्लाइ) *n* लकड़ी की परत, प्लाई : *three-ply wood*; तागे, ऊन आदि की लड़ : *three-ply wool.*

ply[2] (प्लाइ) *v* **1** किसी औज़ार को काम में

लाना : *plying her needle.* **2** (जहाज़, बस आदि का) नियमित रूप से आना-जाना (*between; from .... to*). **3 ply a trade,** व्यापार करना. **4 ply sb with,** देते रहना; (सवालों की झड़ी लगाना).

pneu'matic (न्यू'मैटिक्) *adj* दबी हुई हवा से चलायी या भरी हुई : — *drills (tyres).*

pneu'monia (न्यू'मोन्या) *n* निमोनिया (फेफड़ों के सूजन का रोग).

poach[1] (पोच्) *v* अंडों का पानी में उबालना (ऊपर का छिलका निकाल कर).

poach[2] (पोच्) *v* (किसी की भूमि में जाकर) पशु-पक्षी-मछली आदि चुरा लाना. **'—er** *n* ऐसा करने वाला; शिकार-चोर.

pocket ('पॉकिट्) *n* **1** जेब; छोटी थैली. **2** कच्ची धातु से भरा गड्ढा. *v* **1** जेब आदि में रखना. **2** अपनी भावनाओं को छिपाना: — *one's pride.* **'pocket-book** *n* नोट आदि रखने के लिए चमड़े का बटुआ; (अमेरिका में छोटा थैला). **'pocket-money** *n* (बच्चों को दिया जाने वाला) जेबखर्च.

pod ('पॉड्) *n* (मटर आदि की) फली. → p 340.

'poem ('पोइम्) *n* कविता. **'poet** ('पोइट्) *n* कवि. **po'etic(al)** (पो'एटिकल्) *adj* काव्यात्मक; पद्यमय; कविता - विषयक. **'poetry** ('पोइट्रि) *n* काव्य, पाविता; काव्यात्मकता.

'poignant ('पॉइग्नन्ट्) *adj* चरपरा, तीता; हृदयविदारक; पैनी (दृष्टि), तीक्ष्ण.

point ('पॉइन्ट्) *n* **1** नोक (जैसे आलपीन, पेंसिल आदि की). **2** बिन्दु, डाट. **a decimal —,** जैसे '3.13' में. **3** समय या स्थान में वास्तविक या काल्पनिक स्थिति, चिह्न, अंकन आदि. **be on the — of doing sth,** करने ही जा रहा (था). **when it comes to the —,** कार्य या निर्णय के अवसर आने पर. **4** पटरी, थर्मामीटर आदि में नाप-चिह्न : *the boiling-point of water.* **5 —s of the compass,** दिशासूचक कम्पास के 32 बिन्दु (जैसे, NNE). **6** विचार बिन्दु, ध्यान-केन्द्र : *come to the —.* **see the —,** मज़ाक समझना. **7** तर्क के विकास में एक-एक चरण. **8** कुछ खेलों में गणना के प्वाएँट (अंक). **9** (*pl*) रेल की पटरी के प्वाएँट (काँटा). *v* **1 — to (at),** स्थिति या दिशा को सूचित करना. **2 — (sth) out,** किसी के प्रति ध्यान आकर्षित करना. **3** बिन्दु बनाना (जैसे, पेंसिल से). **'point-'blank** *adj* बहुत समीप से सीधे गोली का निशाना बनाना; (fig) संदेह की सभी संभावनाओं को दूर करते हुए. *adv* सीधे निशाना लगाते हुए. **'—ed** *adj* **1** (fig) किसी के आचरण की ओर स्पष्ट संकेत करते हुए. **2** तीक्ष्ण बुद्धि. **'—er** ('पॉइन्टर्) *n* ब्लैकबोर्ड पर लिखे को बताने वाली पतली छड़ी; डायल आदि पर अंकों के सूचक. **—less** *adj* व्यर्थ, निरर्थक.

poise (पॉइज़्) *v* संतुलित रहना या रखना. *n* संतुलन; (fig) आत्म-विश्वास की स्थिति.

'poison ('पॉइज़न्) *n* ज़हर, विष. *v* — देना; — मिलाना; — से मारना. **—er** *n.* **—ous** *adj.*

poke (पोक्) *v* **1** कोंचना, कुरेदना (छड़ी या अँगुली से). **— the fire,** पोकर से कोयले हिलाना. **2** घोंपना, चुभाना; ढकेलना, ठेलना. **3 — fun at,** मज़ाक उड़ाना. **'—r** ('पोकर्) *n* कुरेदनी, पोकर. **'poky** ('पोकि) *adj* (-ier, -est) छोटा (कमरा), तंग (कोठरी).

pole[1] (पोल्) *n* **1 North P—, South P—,** (पृथ्वी के) उत्तरी ध्रुव, दक्षिणी ध्रुव; आकाश के उत्तरी ध्रुव (दक्षिणी ध्रुव). **pole-star,** ध्रुव तारा. **2** बिजली की बैटरी के दोनों छोर (अन्त्य-बिन्दु) : *the negative (positive)* —. **'polar** (पोलर्) *adj* ध्रुवीय; ध्रुव-प्रदेशीय : *polar bear.*

pole[2] (पोल्) *n* **1** डंडा, लट्ठा; खंभा. **2** $5\frac{1}{2}$ गज़ का एक माप.

po'lice (प'लीस्) *n* पुलिस, आरक्षी. **'—man** (प'लीस्मन्) *n* पुलिसमैन, पुलिसवाला सिपाही. **po'lice-,station** *n* थाना.

'policy[1] ('पॉलिसि) *n* नीति (विशेषतः सरकार की).

'policy[2] ('पॉलिसि) *n* पालिसी, बीमापत्र.

'polish ('पॉलिश्) *v* **1** पालिश करना. **2**

(विशेषत: *pp* में) परिष्कृत आचरण वाला, सुरुचिपूर्ण. *n* **1** चिकनी सतह (पालिश के कारण). **2** पालिश करने का पदार्थ, पालिश : *shoe-polish.*

po'lite (प'लाइट्) *adj* (-r, -st) **1** नम्र, शिष्ट. **2** परिमार्जित. **—ly** *adv.* **—ness** *n.*

'politic ('पॉलिटिक्) *adj* नीतिकुशल; विवेकपूर्ण; सुविचारित.

po'litical (प'लिटिकल्) *adj* राजनैतिक; शासनिक; सरकारी.

'politics ('पॉलिटिक्स्) *n pl* राजनीति; राजनैतिक प्रश्न, समस्याएँ आदि. **,poli'tician** (पॉलि'टिशन्) *n* राजनीतिज्ञ.

'polity ('पॉलिटि) *n* राज्यतंत्र, राजशासन.

poll (पॉल्) *n* चुनाव में मतदान; मतदातासूची; मत-गणना; मतदान-कक्ष. **'poll-tax** *n* व्यक्ति-कर (प्रत्येक व्यक्ति को बराबर-बराबर लगने वाला कर).

'pollen ('पॉलिन्) *n* पराग (फूल का).

pol'lute (प'लूट्) *v* दूषित करना, गन्दा करना. **pol'lution** (प'लूशंन्) *n* प्रदूषण.

poly- ('पॉलि) (पूर्वपद) बहु-. **po'lygamy** (पॉ'लिग्मि) *n* बहुविवाह प्रथा. **,poly'technic** (पॉलि'ट्रेक्निक्) *n* ऐसा स्कूल जहाँ अनेक शिल्प सिखाते हैं.

'pommel ('पम्ल्) → pummel.

pomp (पॉम्प्) *n* तड़क-भड़क; टाट-बाट; आडम्बर. **'pompous** ('पॉम्पस्) *adj* —पूर्ण. **pom'posity** (पॉम्'पॉसिटि) *n* आडम्बर; आडम्बर-प्रियता.

pond (पॉन्ड्) *n* तालाब; ताल-तलैय्या.

'ponder ('पॉन्डर्) *v* विचार करना; गंभीर चिन्तन करना. **'ponderous** ('पॉन्ड्रस्) *adj* सहज में प्रभावित न होने वाला, गम्भीर; (fig) नीरस; श्रमसाध्य.

pontiff ('पॉन्टिफ़्) *n* पोप (ईसाइयों के सर्वोच्च धर्माध्यक्ष).

pon'toon (पॉन्'टून्) *n* चिपटे पेंदी की नाव. **— bridge,** नावों का पुल, पीपों का पुल.

'pony ('पोनि) *n* टट्टू (एक प्रकार का छोटी जाति का घोड़ा).

pooh (पू) *int* ऊँह, (तिरस्कार-अवहेलना सूचक उद्गार).

pool[1] (पूल्) *n* **1** पोखरा, ताल-तलैया. **2** गन्दे पानी का गड्ढा.

pool[2] (पूल्) *v* (धन आदि) किसी सामान्य लाभ के लिए करना : *— our resources.* *n* बहुत से लोगों से एकत्र की धनराशि (जैसे, व्यापार में, जूआ में).

poor (पुअर्) *adj* (-er, -est) **1** ग़रीब, निर्धन. **2** बेचारा, सहानुभूति या सहायता की अपेक्षा करने वाला. **3** कम, मात्रा में, थोड़ा : *a — supply* **4** घटिया, गुण में थोड़ा : *— soil.* **'poor-'spirited.** *adj* साहसहीन, कायर. **'—ly** *adv* बुरी तरह से. *adj* (-ier, -iest) (colloq) बीमार.

pop (पॉप्) *v* (-pp-) **1** तड़ाक या फक्-सी ध्वनि करना (जैसा बोतल से डाट निकालते समय होती है). **2** जल्दी से घुसेड़ना या निकालना (*in, out*). *n* **1** तड़ाक या फक् सी ध्वनि. **2** पॉप-संगीत और गान. **pop-corn** *n* लावा.

Pope (पोप्) *n* पोप (रोमन कैथोलिक चर्च के सर्वोच्च धर्मगुरु).

'poplin ('पॉप्लिन्) *n* पापलीन (प्रायः कमीज़ का कपड़ा).

'populace ('पॉप्युलिस्) *n* जन-साधारण.

'popular ('पॉप्युलर्) *adj* **1** लोकप्रिय : *— songs (singers).* **2** साधारण जनता की रुचि और शिक्षा के अनुकूल. **3** जनता का या जनता के लिए. **,popu'larity** ('पॉप्यु'लैरिटि) *n* लोकप्रियता. **—ize** (पॉप्यु'लराइज़्) *v* लोकप्रिय करना.

'populate ('पॉप्यु'लेट्) *v* आबाद करना, बस्ती बसाना. **,popu'lation** (पॉप्यु'लेशन्) *n* जनसंख्या, आबादी. **'populous** *adj* घना बसा हुआ.

'porcelain ('पॉर्सलिन्) *n* पोर्सिलेन, चीनीमिट्टी.

porch (पॉर्च्) *n* पोर्च (ढका हुआ प्रवेश द्वार).

pore[1] (पॉर्) *n* रोएँ का छेद, रोमकूप.

pore[2] (पॉर्) *v* **— over,** (पुस्तक आदि का) बड़े ध्यान से अध्ययन और परीक्षण करना.

pork (पॉर्क्) *n* सूअर का मांस.

'porous ('पॉरस्) *adj* ऐसा कि पानी रिस सके (जैसे बालू की भूमि होती है).

'porpoise ('पॉर्पस्) *n* एक समुद्री जानवर. → p 280.

'porridge ('पॉरिज्) *n* दलिया (पानी या दूध में पकी).

port[1] (पॉर्ट्) *n* बन्दरगाह से लगा शहर.

port[2] (पॉर्ट्) *n* जहाज़ के बगल का द्वार-मार्ग. **'—hole,** छोटी गोल शीशे की खिड़की जो जहाज़ के बगल में होती है; मूका.

port[3] (पॉर्ट्) *n* जहाज़ या हवाईजहाज़ का बायाँ भाग.

port[4] (पॉर्ट्) *n* लाल शराब (जो मीठी होती है).

'portable (पॉर्टब्ल्) *adj* पोर्टेबल, जिसे हाथ में उठाये घूम सकें : *a — radio, typewriter.*

'portend (पॉर्'टेन्ड्) *v* पूर्वसूचना या चेतावनी देना. **'portent** ('पॉर्टेन्ट्) *n* शकुन, अपशकुन; भावी घटनाओं का आभास देने वाले संकेत.

'porter ('पॉर्टर्) *n* **1** रेलवे स्टेशन, होटल आदि में सामान ले जाने वाले कुली. **2** द्वारपाल.

port'folio (पॉर्ट'फ़ोल्यो) *n* **1** (प्रायः चमड़े का) पोर्टफोलियो, कागजात रखने का बस्ता. **2** (सरकार में) मंत्री का विशेष कार्य.

'portion ('पॉर्शन्) *n* **1** (बाँटने पर दिया जाने वाला) हिस्सा, भाग. **2** अंश (न कि पूर्ण). *v* — में बाँटना.

'portly ('पॉर्टलि) *adj* (-ier, -iest) स्थूलकाय (प्रौढ़ व्यक्ति); शानदार व्यक्तित्व वाला.

'portrait ('पॉर्ट्रिट्) *n* (किसी व्यक्ति या पशु-पक्षी का) रंगीन चित्र, रेखाचित्र या फ़ोटोग्राफ़. **portray** *v* — खींचना; शब्दों में सजीव वर्णन करना. **por'trayal** (पॉर्'ट्रेअल्) *n.*

pose (पोज़्) *v* **1** (किसी व्यक्ति का चित्र बनाने के पूर्व उसे विशेष रीति से) खड़ा करना या बैठाना; रुख अपनाना. **2** आडम्बर दिखा कर प्रभावित करना. **3 — as,** ऐसे बनने का ढोंग रचना. **4** (एक कठिन समस्या या प्रश्न) प्रस्तुत करना. *n* **1** (चित्र के लिए) मुद्रा. **2** ढोंग, आडम्बर. **'—r** ('पोज़र्) *n* पहेली, कठिन समस्या; ढोंगी.

posh (पॉश्) *adj* (slang) साफ़-सुथरा; नया और फ़ैशन के अनुकूल.

po'sition (प'ज़िशन्) *n* **1** स्थिति. **2** उपयुक्त स्थान : *in (out of) —.* **3** अवस्थिति, टिकने की रीति : *in a comfortable —.* **4** (समाज में) प्रतिष्ठा; (नौकरी में) पद. **5** परि-स्थितियाँ : *not in a — to help.*

'positive ('पॉज़टिव्) *adj* **1** निश्चित; सुस्पष्ट; असंदिग्ध. **2** रचनात्मक : *a — suggestion.* **3** (गणित) 0 से अधिक संख्या, धनात्मक संख्या. **4** (बिजली) धन-विद्युत्. **5** (व्याकरण) साधारण रूप (विशेषण या क्रिया विशेषण का — न कि तुलनावाचक). **—ly** *adv* निश्चित रूप से.

pos'sess (प'ज़ेस्) *v* **1** स्वामी होना; अधिकार में रखना. **2** नियंत्रण रखना. **3 — oneself of,** का स्वामी बनना. **4 be —ed,** पागल होना, भूतग्रस्त होना. **possession** (प'ज़ेशन्) *n* **1** स्वामित्व. **in —ion (of),** को अपने स्वामित्व में रखना, **in the —ion of,** के स्वामित्व में होना. **2** सम्पत्ति, जायदाद. **—ive** *adj* स्वत्व बोधक; (व्याकरण) संबंधवाचक : *—ive adjective;* कब्ज़े में रखने को आतुर.

'possible ('पॉसिब्ल्) *adj* **1** संभव. **2** उद्देश्य के लिए उपयुक्त. **'possibly** ('पॉसिब्लि) *adv* **1** संभवतः. **2** शायद. **,possibility** (पॉस्'बिलिटि) *n* **1** संभावना. **2** शक्यता.

post[1] (पोस्ट्) *n* **1** सिपाही का निरीक्षण-स्थल; कार्य-स्थल; सैनिक-चौकी. **2 last —,** रात को सोने के समय और अंत्येष्टि संस्कार के समय का बिगुल. **3** व्यापार-केन्द्र. **4** पद, स्थान. *v* तैनात् करना : *— a sentry at the gate.*

post[2] (पोस्ट्) *n* डाक. *v* **1** डाक से (पत्रादि) भेजना. **2** (पुराना प्रयोग) विशेष घोड़ा-गाड़ियों से जाना; जल्दी सफ़र करना. **3 — (up),** (व्यापार में) लेजर (खाते) में चढ़ाना. **4 keep sb —ed,** नवीनतम सूचना किसी को बताते रहना. **'postage** ('पोस्टिज्) *n* डाक-व्यय, डाक-शुल्क. **'postal** ('पोस्टल्) *adj.* **postal order,** पोस्टल-आर्डर. **'—card** *n* पोस्टकार्ड. **'post-'haste** *adv* बहुत ज़ल्दी.

—**mark** *n* डाक-मुहर. ˈ— **office** *n* डाकख़ाना, पोस्ट आफ़िस; डाक विभाग.

post[3] (पोस्ट्) *n* खूँटा, खम्भा : *gate-posts; the winning post.* *v* **1** — **sth up,** सार्वजनिक रूप से प्रदर्शित करना, सूचना पट पर लगाना. **2** डाक से भेजे पत्र द्वारा सूचित करना. ˈ—**er** (ˈपोस्टर्) *n* पोस्टर, सार्वजनिक विज्ञापन; रंगीन पोस्टर.

post- (पूर्वपद) समय में : उत्तर-; स्थान में : पश्च-. ˈ**post-ˈdate** *v* (पत्र, चेक आदि में) वास्तविक दिनांक से बाद का दिनांक डालना. ˈ—ˈ**graduate** *n* & *adj* स्नातकोत्तर (कक्षा, परीक्षा). ˈ—**script** *n* पुनश्च. (पत्र समाप्त करने के बाद उसी पत्र में जोड़ा गया अंश).

posˈterity (पॉस्ˈटेरिटि) *n* **1** भावी पीढ़ियाँ. **2** वंशज.

posthumous (ˈपॉस्ट्युमस्) *adj* मरणोपरांत.

postˈpone (पोस्टˈपोन्) *v* स्थगित करना, मुल्तवी करना, **postˈponement** (पोस्ट-ˈपोन्मन्ट्) *n*.

ˈ**postulate** (ˈपॉस्ट्युलेट्) *v* आवश्यक तथ्य के रूप में पहले से ही मान लेना, अभिधारणा करना. *n* अभिधारणा.

ˈ**posture** (ˈपॉस्चर्) *n* **1** शरीर की संस्थिति, मुद्रा, भंगिमा. **2** रुख, मनःस्थिति. *v* — ग्रहण करना.

ˈ**posy** (ˈपोजि) *n* फूलों का छोटा गुच्छा.

pot (पॉट्) *n* हँडिया, बरतन : *a flower-pot; a coffee-pot.* *v* (-tt-) **1** पात्र में सुरक्षित रखना. **2** गमले में पौधा लगाना. ˈ**pot-hole** *n* सड़क के गड्ढे. ˈ**potter** (ˈपॉटर्) *n* कुम्हार. ˈ**pottery** *n* चिकनी मिट्टी के बरतन, मिट्टी के बरतन.

poˈtato (पˈटेटो) *n* (*pl* potatoes) आलू. → p 340.

ˈ**potent** (ˈपोटन्ट्) *adj* शक्तिशाली; प्रभावकारी : — *forces* (*reasons*). ˈ**potency** (ˈपोटन्सि) *n* शक्ति.

poˈtential (पˈटेन्शल्) *adj* संभाव्य; संभावना.

ˈ**potter**[1], ˈ**pottery** → pot.

ˈ**potter**[2] (ˈपॉटर्) *v* भटकना, व्यर्थ घूमना; समय गँवाना.

pouch (पाउच्) *n* थैली (जैसे, पाइप के तमाखू की); (कंगारू की) थैली (जिसमें वह बच्चा रख लेती है).

ˈ**poultice** (ˈपोल्टिस्) *n* पुल्टिस (दर्द कम करने के लिए). *v* — रखना.

ˈ**poultry** (ˈपोल्ट्रि) *pl n* मुरगियाँ, बत्तख आदि. — **-farming** *n* मुरगी-पालन.

pounce (पाउन्स्) *v* & *n* झपट्टा मारना (*on*).

pound[1] (पाउन्ड्) *n* **1** 16 आउंस का पाउंड. **2** पाउंड, £, ब्रिटिश मुद्रा.

pound[2] (पाउन्ड्) *v* **1** कूटना (*at, on*). **2** पीसना; टुकड़े-टुकड़े कर देना.

pour (पॉर्) *v* **1** उँड़ेलना, बहाना. **2** लोगों का बड़ी संख्या में आना-जाना : —*ing into the station.* **3** मूसलाधार बरसना (*down*).

pout (पाउट्) *v* थूथुन निकालना; मुँह फुलाना (खीझ के कारण).

ˈ**poverty** (ˈपॉवर्टि) *n* ग़रीबी, निर्धनता. ˈ**poverty-ˌstricken** *adj* बहुत ग़रीब, अकिंचन; भद्दा दिखाई पड़ने वाला.

ˈ**powder** (ˈपाउडर्) *n* **1** पाउडर; चूर्ण, चूरा. **2** बारूद. *v* पाउडर (मुँह आदि पर) लगाना; चूरा करना.

ˈ**power** (ˈपाउअर्) *n* **1** (करने की) शक्ति. **2** बल. **3** ऊर्जा, शक्ति : *water-power; an engine of sixty horse-power.* **4** नियंत्रण; अधिकार : *the — of the law.* **5** (अन्तर्राष्ट्रीय मामलों में) प्रभावशाली राज्य. **6** परिवर्धन की शक्ति : *the — of a lens.* ˈ**power-house,** ˈ**power-ˌstation** *n* बिजलीघर. —**ful** *adj* शक्ति पूर्ण. —**less** *adj* शक्तिहीन; करने में असमर्थ.

practice (ˈप्रैक्टिस्) *n* **1** व्यवहार, प्रयोग :

put a plan into —. **2** रिवाज, प्रथा; आदत. **3** अभ्यास; *piano* — . **in** — , अभ्यस्त, सधा हुआ. **out of** — , हाल में अभ्यास न करने वाला, जिसका अभ्यास छूट गया है. **4** वकालत; डाक्टरी : *a doctor with a large* — . ˈ**practicable** (ˈप्रैक्टिकब्ल्) *adj* व्यावहारिक; उपयोगी. ˈ**practical** (ˈप्रैक्टिकल्) *adj.* **1** व्यावहारिक : *practical difficulties.* **2** व्यवहार कुशल; सक्रिय (व्यक्ति). **3** उपयोगी; प्रयोगात्मक; व्यवहारोचित. **practically** *adv* **1** व्यावहारिक रीति से. **2** वस्तुतः. **3** लगभग.

practise (ˈप्रैक्टिस्) *v* **1** अभ्यास करना, साधना करना, आदत डालना. **2** प्रथा डालना. — **what you preach,** जैसे दूसरों को करने के लिए कहते हो वैसा स्वयं करो. **3** — **the law (medicine),** वक़ालत (या डाक्टरी) करना.

pragˈmatic (प्रैग्ˈमैटिक्) *adj* व्यावहारिक.

ˈ**prairie** (ˈप्रेअरि) *n* घास के (बिना पेड़ के) बड़े मैदान, प्रेअरी (जैसे, उत्तरी अमेरिका में).

praise (प्रेज़्) *v* **1** प्रशंसा करना, सराहना. **2** स्तुति या गुणगान करना. *n* प्रशंसा, सराहना; गुणगान. ˈ—,**worthy** *adj* प्रशंसनीय; श्लाघनीय.

pram (प्रैम्) → perambulator.

prance (प्रान्स्) *v* घोड़े का पिछले पैरों को कुदाना; (व्यक्ति का) इठलाते हुए चलना.

prank (प्रैंक्) *n* शरारत, नटखटी : *play a — on sb.*

ˈ**prattle** (ˈप्रैट्ल्) *v* (बच्चों का) बड़बड़ाना; बच्चों की तरह बड़बड़ाना. *n* बड़बड़ाना.

pray (प्रे) *v* **1** प्रार्थना करना (*to* God, *for* sth, *for* the good of sb). **2** विनती करना, निवेदन करना. (*for, to do* sth). —**er** (ˈप्रेअर्) *n* प्रार्थना, स्तोत्र; प्रार्थना में माँगी वस्तु; पूजा-प्रार्थना.

pre- (प्री) (उपसर्ग) : पूर्व– *pre-ˈwar.*

preach (प्रीच्) *v* प्रवचन या उपदेश देना; नैतिक उपदेश देना (*to*). ˈ—**er** *n.*

preˈcarious (प्रिˈकेअरिअस्) *adj* अनिश्चित; अस्थिर, भाग्याधीन.

preˈcaution (प्रिˈकॉशन्) *n* पहले से किये उपाय, सावधानी, एहतियात (*against*).

preˈcede (प्रीˈसीड्) *v* (समय, स्थान या क्रम में) पूर्ववर्ती होना. ˈ**precedence** (प्रीˈसीडन्स्) पूर्ववर्तिता, वरीयता. ˈ**precedent** (ˈप्रेसिडन्ट्) *n* कोई पहले लिया निर्णय जो उदाहरण या पूर्वनियम का काम करे, पूर्विका; नज़ीर.

ˈ**precept** (ˈप्रीसेप्ट्) *n* नीतिवचन; नियम.

ˈ**precious** (ˈप्रेशस्) *adj* **1** कीमती, बहुमूल्य. **2** महँगा.

ˈ**precipice** (ˈप्रेसिपिस्) *n* खड़ी चट्टान.

preˈcipitate (प्रिˈसिपिटिट्) *v* **1** बहुत ऊँचे से वेग से गिराना. **2** किसी घटना को अचानक या आवश्यकता से पूर्व घटित करना या होने देना. **3** घनीभूत हो कर वाष्प का गिरना (पानी, ओस आदि के रूप में). *adj.* बिना बहुत सोचे किया कार्य.

preˈcipitous (प्रिˈसिपिटस्) *adj* खड़ी चट्टान के समान.

ˈ**précis** (ˈप्रेसी) *n* सारांश (किसी कथन का).

preˈcise (प्रिˈसाइस्) *adj* **1** ठीक-ठीक; सही ढंग से कहा हुआ; त्रुटिहीन. **2** यथार्थ के लिए सावधानी बरतने वाला. —**ly** *adv* ठीक-ठीक. *int* बिलकुल ठीक, **preˈcision** (प्रि सिशन्) *n.*

preˈcocious (प्रिˈकोशस्) *adj* सामान्य से पूर्व विकसित (व्यक्ति); समय के पूर्व ही विकसित (पौधा, कार्य, ज्ञान आदि).

preconˈceive (प्रीकन्ˈसीव्) *v* (बिना पूरी जानकारी के) पहले से ही कोई धारणा बना लेना.

ˈ**predecessor** (ˈप्रीडिसेसर्) *n* पूर्वाधिकारी (जो इस के पूर्व उसी पद पर रह चुका है).

preˈdicament (प्रिˈडिक्मन्ट्) *n* दुःखद परिस्थिति.

ˈ**predicate** (ˈप्रेडिकिट्) *n* (व्याकरण) विधेय ('उद्देश्य' के वैषम्य में). **preˈdicative** (प्रिˈडिक्टिव्) *adj : predicative adjective,* केवल विधेय के रूप में प्रयुक्त, जैसे *He is asleep* में *asleep.*

preˈdict (प्रिˈडिक्ट्) *v* भविष्यवाणी करना (*that* sth will happen) : — (*that it will*) *rain.* —**ion** *n* भविष्यवाणी; भविष्यवाणी करना.

ˌ**predisˈpose** (ˈप्रीडिस्ˈपोज़्) *v* अवसर आने के पूर्व ही किसी व्यक्ति को किसी व्यवहार के लिए तैयार कराना (*to* sth, *to do* sth). ˌ**predispoˈsition** *n* झुकाव, पूर्वानुकूलिता.

preˈdominant (प्रिˈडॉमिनन्ट्) *adj* सर्वाधिक प्रबल; सबसे अधिक उल्लेखनीय. **preˈdominate** (प्रिˈडॉमिनेट्) *v* — होना.

pre-ˈeminent (प्रीˈएमिनन्ट्) *adj* सर्वश्रेष्ठ.

ˈ**preface** (ˈप्रेफ़िस्) *n* (पुस्तक की) भूमिका, प्रस्तावना, आमुख. *v* प्रारंभ करना, भूमिका स्वरूप कहना.

ˈ**prefect** (ˈप्रीफ़ेक्ट्) *n* कक्षा में व्यवस्था बनाये रखने का उत्तरदायी छात्र, प्रीफेक्ट.

preˈfer (प्रिˈफ़र्) *v* (-rr-) **1** अधिक पसंद करना. **2** पेश करना, प्रस्तुत करना (शिकायत, निवेदन आदि). **3** उच्चतर पद पर किसी को नियुक्त करना. ˈ**preferable** (ˈप्रेफ़्रब्ल्) *adj* श्रेय, अधिक श्रेष्ठ (to). ˈ**preference** (ˈप्रेफ़्रन्स्) *n* **1** पसंद करना; पसंद. **2** (किसी एक को दूसरे की तुलना में) वरीयता.

ˈ**prefix** (ˈप्रीफ़िक्स्) *n* **1** (व्याकरण) उपसर्ग. **2** नाम के पूर्व जोड़े Mr, Dr आदि शब्द. *v* — जोड़ना, प्रारंभ में कुछ जोड़ना.

ˈ**pregnant** (ˈप्रेग्नन्ट्) *adj* गर्भिणी (स्त्री); गाभिन (प्राणी). ˈ**pregnancy** (ˈप्रेग्नन्सि) *n*.

ˈ**prehisˈtoric** (ˈप्रीहिस्ˈटॉरिक्) *adj* इतिहास-पूर्व समय का.

ˈ**prejudice** (ˈप्रेजुडिस्) *n* **1** बिना पर्याप्त जानकारी या अनुभव के पसंदगी या नापसंदगी की राय बनाना, पूर्वाग्रह : *a — against modern poetry*. **2 to the — of,** किसी के हित को हानि पहुँचाना. ˌ**prejuˈdicial** (प्रेजुˈडिशल्) *adj* हानिकर.

preˈliminary (प्रिˈलिमिनरि) *adj* प्रारंभिक. *n* प्रारंभिक उपाय या चरण.

ˈ**prelude** (ˈप्रेल्यूड्) *n* मंगलाचरण; पूर्वरंग.

ˈ**premature** (प्रेम्ˈटचुअर्) *adj* उचित और सामान्य समय से पूर्व. — **death** *n* अकाल-मृत्यु.

preˈmeditated (प्रीˈमेडिट्टेटिड्) *adj* योजनाबद्ध, पहले से सोचा हुआ : *a — crime*.

ˈ**premier** (ˈप्रेम्यर्) *adj* प्रमुख, महत्त्व में सर्वप्रथम. *n* प्रधान मन्त्री.

ˈ**premises** (ˈप्रेमिसिज़्) *n pl* भवन, अहाता.

ˈ**premium** (ˈप्रीम्यम्) *n* **1** बीमा की क़िस्त. **2** पुरस्कार; बोनस, लाभांश. **3 at a —**, (शेयर-स्टाक का) अधिमूल्य पर होना.

ˌ**premoˈnition** (प्रीम्ˈनिशन्) *n* आगामी संकट की मन ही मन अनुभूति, पूर्वाभास.

preˈoccupy (प्रीˈऑक्युपाइ) *v* (किसी कार्य में) तल्लीन होना या करना.

preˈpare (प्रिˈपेअर्) *v* **1** तैयार करना; बनाना. **2 be —d to,** (किसी कार्य के लिए) तैयार. ˌ**prepaˈration** (प्रेप्ˈरेशन्) *n* तैयारी, आयोजन; (भोजन, दवाई आदि का) बनाना. **preˈparatory** (प्रिˈपैरट्रि) *adj* आरंभिक; तैयारी के लिए आवश्यक या उपयुक्त.

ˈ**preˈpay** (ˈप्रीˈपे) *v* (*pt* & *pp* prepaid) पहले से भुगतान करना.

preˈponderate (प्रिˈपॉन्डरिट्) *v* संख्या, शक्ति या प्रभाव आदि के कारण प्रबल होना. **preˈponderant** *adj*.

ˌ**preposition** (प्रेप्ˈज़िशन्) *n* (व्याकरण) पूर्वसर्ग : जैसे walk to school में *to;* born in 1960 में *in;* good at football में *at*. **—al** *adj*. **—al phrase,** जैसे *in front of*.

preˈposterous (प्रिˈपॉस्टरस्) *adj* तर्करहित, अनर्गल; अस्वाभाविक; मूर्खतापूर्ण.

preˈrogative (प्रिˈरॉगटिव़्) *n* (शासक के) विशेष-अधिकार.

presˈcribe (प्रिस्ˈक्राइब्) *v* आदेश देना (*that*); (दवाई) नियत करना (*for* an illness); (अध्ययन के लिए पुस्तकें) निर्धारित करना (*for* an examination). **presˈcription** (प्रिस्ˈक्रिप्शन्) *n* (दवाई का) नुसख़ा.

ˈ**present**[1] (ˈप्रेज़न्ट्) *adj* **1** उपस्थित. — **company,** उपस्थित लोग. **2** विद्यमान. **3** वर्तमान (न कि, भूत या भविष्य): *at the — time*. *n* वर्तमान काल. **at —,** अब. **for the —,** इस समय के लिए. ˈ**presence** (ˈप्रेज़न्स्) *n* **1** उपस्थिति, हाज़िरी. **2 presence of mind,** सुध-बुध, प्रत्युत्पन्न-मति, तत्काल-बुद्धि. **—ly** *adv* तुरन्त.

pre'sent² (प्रि'ज़ेन्ट्) *v* **1** पेश करना, प्रस्तुत करना : — *a cheque at the bank*; — *a petition to the Government*. **2** (किसी व्यक्ति को उससे उच्च पदस्थ के सामने उपस्थित कर) मिलाना, परिचित कराना. **3** — **oneself**, (परीक्षा आदि में) उपस्थित होना. **4** राइफिल आदि को सलामी की स्थिति में लेना : *Present arms!* **'present** ('प्रेज़न्ट्) *n* भेंट, उपहार : *birthday —s*. **present-able** *adj* सामने आने या लाने योग्य. **,pre-sen'tation** (प्रेज़ेन्'टेशन्) *n* –प्रस्तुतिकरण उपहार। का (विशेषत: सार्वजनिक समारोह में) समर्पण.

pre'sentiment (प्रि'सेन्टिमन्ट्) *n* पूर्वाभास (=premonition).

pre'serve (प्रि'ज़र्व्) *v* **1** सुरक्षित रखना; खराब होने से बचाना : — *eggs* (*one's eyesight*). **2** संरक्षित करना (भूमि, नदी, पशु-पक्षी आदि को), नष्ट होने से बचाना. *n* **1** भूमि, वनप्रदेश आदि जहाँ पशु-पक्षी-मछली आदि संरक्षित रखे जाते हैं (अर्थात् उनका शिकार करना मना होता है). **2** (प्राय: *pl*) जैम, मुरब्बा. **preservation** (प्रेज़र्'वेशन्) *n* — की प्रक्रिया; — की स्थिति : *in a good state of preservation*. **pre'serva-tive** (प्रि'ज़र्व़्टिव़्) *n* & *adj* सुरक्षित रखने के लिए प्रयुक्त (पदार्थ).

pre'side (प्रि'ज़ाइड्) *v* सभा के अध्यक्ष होना (*at* a meeting); व्यापारिक अनुष्ठान के संचालक होना (*over* a business). **'president** ('प्रेज़िडन्ट्) *n* **1** राष्ट्रपति (जैसे, भारत का राष्ट्रपति). **2** सभा, समिति, कम्पनी आदि के अध्यक्ष या संचालक. **,presi'dential** (प्रेज़ि-'डेन्शल्) *adj* president का कार्य.

press (प्रेस्) *v* **1** दबाना : — *the trigger of a gun*. **2** इस्तरी करना; ठूंसना; निचोड़ना. **3** दबाव डालते हुए हमला करना : — *the enemy*. **4** — **for,** बार-बार निवेदन करना, आग्रह करना. **5 be —ed for** (*time, money* etc), पर्याप्त (समय, धन आदि) न होना, अभाव होना. **6** ध्यान आकर्षित करना : *—ing affairs*. **7 Time presses,** तुरन्त कार्रवाई की आवश्यकता होना. **8 — sb's hand,** हाथों में हाथ लेकर स्नेह दिखाना. **9 — sth on sb,** (भोजन, धन आदि के लिए) बार-बार आग्रह करना. *n* **1** — की प्रक्रिया. **2** प्रेस, दबाने, निचोड़ने आदि वाला यंत्र : *a wine-press*. **3** प्रेस, मुद्रणयन्त्र, छापे की मशीन. **in the —,** मुद्रणाधीन, जो छप रहा है. **4** प्रेस और पुस्तक आदि प्रकाशन का व्यवसाय. **5 the —,** प्रेस, पत्रकार; समाचार पत्र, पत्रिकाएँ आदि. **6** किताबों या कपड़े आदि की अलमारी. **'—ing** *adj* तुरंत ध्यान देने योग्य (कार्य), अत्यावश्यक; आग्रहपूर्ण (व्यवहार).

'pressure ('प्रेशर्) *n* **1** दबाव, दाब; प्रेशर **— gauge,** प्रेशर-मापक यंत्र. **atmospheric —,** वायुमंडल का दाब. **'pressure-,cooker** *n* प्रेशर-कुकर. (प्रेशर से भोजन पकाने का कुकर). **2 bring — to bear** (*on* sb), **put — on** (sb), प्रभाव और ज़ोर-दबाव डालकर किसी से कोई कार्य करवाना. **work under —,** कार्यभार अधिक होना; बलात् कार्य करवाया जाना. **'pressurized** ('प्रेश्राइज़्ड्) *adj* हवाईजहाज के भीतरी भाग को एक सहनीय वायु-दाब के भीतर रखना.

pres'tige (प्रेस्'टीश) *n* प्रतिष्ठा, ख्याति; इस से उत्पन्न प्रभाव और शक्ति.

pre'sume (प्रि'ज़्यूम्) *v* **1** पहले से ही मान कर चलना; सच मान कर आरंभ करना. **2** साहस करना : *May I — to . . .?* **3 — upon,** अनुचित लाभ उठाना. **pre'sumption** (प्रि-'ज़म्पशन्) *n* **1** परिकल्पना, धारणा. **2** दु:साहस, ढिठाई, अनुचित लाभ उठाने की प्रवृति. **pre-'sumptuous** (प्रि'ज़म्प्टयुअस्) *adj* आत्म-विश्वासपूर्ण और घटनापूर्ण (आचरण).

'presup'pose (प्रिस'पोज़्) *v* **1** पहले से मान लेना (*that*). **2** अस्तित्व को सच्चा मानना. **,presuppo'sition** (प्रिसप्'ज़िशन्) *n* पूर्व-धारणा, पूर्वकल्पना.

pre'tend (प्रि'टेन्ड्) *v* **1** स्वांग भरना; धोखा देना. **2** ढोंग रचना, अभिनय मात्र करना : — *to like sb*. **3 — to,** दावा करना. **pre'tence** (प्रि'टेन्स्) *n* — करना; छल, कपट; बहाना. **pre'tension** (प्रि'टेन्शन्) *n* दावा. **pre'ten-**

tious (प्रि'टेन्शस्) *adj* महत्त्वाकांक्षी, मिथ्याभिमानी.

'pretext ('प्रीटेक्स्ट्) *n* बहाना, व्याज : *under the — of (that).*

'pretty ('प्रिटि) *adj* (-ier, -iest) मनोरम और आकर्षक. *adv* (colloq) बहुत कुछ, पर्याप्त मात्रा में. **'prettily** *adv* अच्छी तरह, आकर्षक ढंग से.

pre'vail (प्रि'व़ेल्) *v* **1** जीतना (*over*); नियंत्रित करना (*over*); सफलता पूर्वक सामना करना (*against*). **2** प्रचलित होना, प्रायः दिखाई देना. **3 — upon** (sb *to do* sth), राजी या सहमत कर लेना. **'prevalent** ('प्रेव़्लन्ट्) *adj* प्रचलित, चलन में आई हुई; साधारण.

pre'varicate (प्रि'व़ैरिकेट्) *v* गोल-मोल बातें करना; छल-कपट करना. **pre,vari'cation** (प्रिव़ैरि'केशन्) *n.*

pre'vent (प्रि'व़ेन्ट्) *v* **1** (घटित होने से) रोकना : *— an accident.* **2** न करने देना (sb *from* doing sth). **—able** (प्रि'व़ेन्टब्ल्) *adj* निवारण योग्य. **—ion** (प्रि'व़ेन्शन्) *n* रोक-थाम, निवारण. **—ive** *adj* निवारक, निरोधक.

'previous ('प्रीव़्यस्) *adj* (समय या क्रम से) पूर्ववर्ती : **—** *to,* से पहले. **—ly** *adv* पहले, पूर्व.

prey (प्रे) *n* **1** शिकार : *bird of —,* (ऐसी चिड़ियाँ जो अन्य चिड़ियों या जीवों को मार कर खा जाती हैं). **2 be a — to** (*fears*), बहुत अधिक परेशान होना. *v* **— upon,** शिकार खेलना; भावनाओं आदि से अत्यधिक चिंतित होना.

price (प्राइस्) *n* कीमत, दाम, मूल्य (खरीदने या वस्तु को बनाये रखने से सम्बद्ध) : *the — of liberty. v* कीमत स्थिर करना; कीमत माँगना या पूछना; कीमत लगाना. **'—less** ('प्राइस्लिस्) *adj* अमूल्य अर्थात् बहुमूल्य.

prick (प्रिक्) *v* **1** नुकीली वस्तु से छेद करना. **2** चुभाना : *— one's finger with a needle.* **3** दुखाना, कसक पैदा करना; दुखना, कसकना. **4 — up the ears,** (घोड़े, कुत्तों आदि का) कान खड़े करना. *n* छेद. **'—le** ('प्रिक्ल्) *n* काँटा. *v* गोदना. **'—ly** *adj* काँटेदार; चुभन पैदा करने वाला.

pride (प्राइड्) *n* **1** अभिमान. **2** आत्माभिमान, आत्मगौरव. **3** तृप्ति, सुखमय संतोष, गर्व : *take — in one's work.* **4** संतोष या गर्व का विषय. *v.* **— oneself (up) on,** पर गर्व करना.

priest (प्रीस्ट्) *n* पुरोहित, पुजारी, याजक.

prig (प्रिग्) *n* दम्भी व्यक्ति. **'—gish** *adj.*

prim (प्रिम्) *adj* (-mer, -mest) साफ़-सुथरा; अनुचित कार्यों को नापसंद करने वाला.

'primary ('प्राइमरि) *adj* **1** समय, क्रम या विकास में प्राथमिक, मूल, अग्रिम, आरंभिक : *of — (chief) importance.* **— school,** प्रारंभिक पाठशाला. **2 — colours,** मूलवर्ण : लाल, पीला, नीला.

prime (प्राइम्) *adj* **1** प्रमुख; सर्वाधिक महत्त्वपूर्ण : *— minister* (प्रधान मन्त्री). **2** सर्वोत्तम गुणवाला. *n* वसन्त बहार; सर्वोत्तम अंश. *v* कार्य या प्रयोग के लिए तैयार होना : *— a pump* (उस में पानी आदि डाल कर).

'primitive ('प्रिमिटिव़्) *adj* आदिम; सामाजिक विकास में आदि स्थिति : *— weapons, man.*

'primrose ('प्रिमरोज़्) *n* एक पीला फूल.

prince (प्रिन्स्) *n* **1** (छोटे राज्य का) शासक. **2** राजकुमार. **'princess** ('प्रिन्सेस्) *n* राजकुमारी. **'—ly** ('प्रिन्स्लि) *adj* राजोचित; शानदार, भव्य; उदार, दानी.

'principal ('प्रिन्सपल्) *adj* मुख्य, प्रधान. *n* **1** प्रिंसिपल, कालेज का प्राचार्य. **2** (व्यापार में) वह व्यक्ति जिस की ओर से कोई व्यक्ति कार्य कर रहा है, मालिक. **3** (व्यापार में) मूलधन (जिस पर ब्याज लगता है). **—ly** *adj* मुख्यतया.

'principle ('प्रिन्सप्ल्) *n* **1** मूलतत्त्व, आधारभूत कारण. **2** सिद्धांत (आचरण के मूलभूत नियम) : *a man of high —s* (सत्य और न्याय में निष्ठा रखने वाला). **on —,** सिद्धान्त के कारण (न कि निजी स्वार्थ के कारण).

print (प्रिन्ट्) *v* **1** (किताब आदि) छापना. **2** (फ़ोटोग्राफी में निगेटिव से) चित्र बनाना. **3**

मुद्रण के समान लिखना. *n* **1** मुद्रित सामग्री. **in —**, मुद्रित और बिक्री के लिए. **out of —**, मुद्रित पुस्तक जिसकी सभी प्रतियाँ बिक चुकी हैं. **2** (समास में) चिह्न, निशान, अंकन: *finger-prints*. **3** विशेष प्रकार के मुद्रण टाइप: *in small* —. **4** मुद्रित चित्र, आरेख आदि; निगेटिव से निकाला हुआ फोटो-चित्र. **5.** छपा हुआ कपड़ा, प्रिंट. **ˈ—er** (प्रिन्टर्) *n* मुद्रक. **ˈ—ing-press** *n* मुद्रण-यन्त्र, छापाखाना.

ˈprior (ˈप्राइअर्) *adj* पूर्व, पूर्ववर्ती. *adv* **— to,** से पहले. **priˈority** (प्राइˈऑरिटि) *n* प्राथमिकता, अग्रता.

ˈprism (ˈप्रिज़्म्) *n* प्रिज़्म, समपार्श्व जिस से सूर्यकिरण अनेक रंगों में बँट जाती है. → p 295.

ˈprison (ˈप्रिज़्न्) *n* क़ैदख़ाना, जेलख़ाना. **—er.** (ˈप्रिज़्नर्) *n* क़ैदी; युद्धबन्दी : *take a soldier —er*.

ˈprivate (ˈप्राइव़िट्) *adj* **1** (*public* के वैषम्य में) ˈनिजी, व्यक्तिगत : *a — letter*. **2** गुप्त : *— information*. **3** गैरसरकारी, आधिकारिक पद के बाहर : *retiring to — life*. **4 a — soldier,** सामान्य सैनिक (सब से नीचे पद का). *n* **1** सामान्य सैनिक. **2 in—,** एकान्त में. **—ly** *adv* एकांत में; अकेले में. **ˈprivacy** (ˈप्राइव़सि) *n*.

privation (प्राइˈव़ेशन्) *n* **1** तंगी, जीवन की आवश्यकताओं से रहित रहना : *suffering many —s*. **2** किसी वस्तु से वंचित रहने की स्थिति.

ˈprivilege (ˈप्रिव़िलिज्) *n* किसी व्यक्ति या वर्ग के विशेष अधिकार या विशेष सुविधाएँ. **—d** (ˈप्रिव़िलिज्ड्) *adj* विशेष सुविधा प्राप्त (व्यक्ति या वर्ग).

prize[1] (प्राइज़्) *n* **1** पुरस्कार, इनाम. **2** कोई वस्तु जिसे प्राप्त करने का श्रम लाभदायक हो. **3** (समुद्री) लूट. **4** (*adj* भी) पुरस्कार या इनाम में दी वस्तु, वह वस्तु जिसे पुरस्कार मिला है : *— cattle*. *v* महत्त्व देना : संमान करना. **prize-fight** *n* मुक्के बाज़ी जिस में जीतने वाले को धनराशि मिलती है.

pro- उपसर्ग : (समर्थन में) *pro-British*. **pros and cons,** *n pl* पक्ष और विपक्ष में दिये तर्क.

ˈprobable (ˈप्रॉबब्ल्) *adj* संभावित. **ˈprobably** (ˈप्रॉबब्लि) *adv*. **ˌprobaˈbility** (प्रॉब्ˈबिलिटि) *n* संभावना, संभाव्यता.

proˈbation (प्रˈबेशन्) *n* **1** परिवीक्षा या परख काल (वह अवधि जिसमें नियुक्त व्यक्ति की योग्यताओं की परख की जाती है) : *on —*. **2** (क़ानून में) **the — system,** (अपराधियों की) परिवीक्षा-पद्धति (प्रथम अपराध पर व्यक्ति को चेतावनी देकर छोड़ देना और दुबारा अपराध करने पर पकड़ लेना).

probe (प्रोब्) *n* सलाईनुमा डाक्टरी औज़ार मरीज़ की जाँच के लिए; (fig) जाँच. *v* — से जाँच करना.

ˈproblem (ˈप्रॉब्लम्) *n* समस्या, कठिन प्रश्न. **ˌprobleˈmatic(al)** (प्रॉब्लिˈमैटिकल्) *adj* संदेहास्पद (परिणाम).

proˈcedure (प्रˈसीजर्) *n* प्रक्रिया, कार्यविधि, कार्यपद्धति (विशेषत: क़ानूनी और राजनैतिक मामलों में).

proˈceed (प्रˈसीड्) *v* **1** (किसी स्थान की ओर) जाना; कोई काम ज़ारी रखना (*to do* sth, *with* one's work). **2** उत्पन्न होना, निकलना (*from* a cause). **—ing** (प्रˈसीडिङ्) *n* कार्रवाई. **ˌproceeds** (ˈप्रोसीड्ज़्) *n pl* (किसी व्यापारिक कार्य का) फल, लाभ, आय, प्राप्ति.

ˈprocess (ˈप्रोसेस्) *n* **1** प्रक्रम, क्रिया और परिवर्तन का सम्बद्ध कार्य : *the — of digestion*. **2** प्रक्रिया, विधि (विशेषत: उद्योगों में). **3** प्रगति, गति. **in — of** (*completion*), (पूर्ण) हो रहा है, घटमान. *v* उद्योगों में सामग्री को किसी प्रक्रिया में रखना; सुरक्षित रखने के लिए विशेष विधि अपनाना : *—ed leather* (*cheese*).

proˈcession (प्रˈसेशन्) *n* जलूस : *a funeral — ; marching in —*.

proˈclaim (प्रˈक्लेम्) *v* घोषणा करना. **ˌproclaˈmation.** (प्रॉक्लˈमेशन्) *n* घोषणा.

proˈcrastinate (प्रोˈक्रैस्टिनेट्) *v* देर लगाना, टालना. **proˌcrastination** (प्रोक्रैस्टिˈनेशन्) *n* टाल-मटोल. दीर्घसूत्रिता.

pro'cure (प्र'क्युअर्) *v* (सावधानी और यत्नों से) पाना, प्राप्त करना. **pro'curable** (प्र'क्युरब्ल्) *adj.*

prod (प्रॉड्) *v* (-dd-) कोंचना, छेड़ना. *n.*

'prodigal ('प्रॉडिगल्) *adj* फ़ुज़ूलख़र्च, अपव्ययी (*of* sth).

pro'digious (प्र'डिजस्) *adj* आश्चर्यजनक, अनोखा; बृहदाकार.

'prodigy ('प्रॉडिजि) *n* चमत्कार; विलक्षण प्रतिभा का व्यक्ति.

pro'duce (प्र'ड्यूस्) *v* **1** पैदा करना, उत्पन्न करना. **2** बनाना, उत्पन्न करना. **3** (उद्योगों में) पैदा करना, उत्पादन करना; (कलाकृति की) रचना करना. **4** पेश करना, प्रस्तुत करना (परीक्षणार्थ). **5** नाटक, फ़िल्म आदि को अभिनयार्थ प्रस्तुत करना. **'produce** *n* उपज. **—r** (प्र'ड्यूसर्) *n* उत्पादक; (फ़िल्म आदि का) प्रस्तुतकर्ता. **'product** ('प्रॉडक्ट्) *n* **1** उत्पादन, उपज. **2** (गणित में) गुणनफल. **pro'duction** (प्र'डक्शन्) *n* उत्पादन प्रक्रिया; उत्पादित वस्तु. **pro'ductive** (प्र'डक्टिव़्) *adj* **1** उत्पादन योग्य; उपजाऊ. **2 productive of,** उत्पादन करने वाला. **,produc'tivity** (प्रॉडक्'टिविटि) *n* उपजाऊपन, उत्पादनशक्ति.

pro'fane (प्र'फ़ेन्) *adj* **1** (holy, sacred के वैषम्य में) इहलौकिक, सांसारिक. **2** ईश्वर और धार्मिक वस्तुओं को अपमानित करने वाला, अधर्मी : — *language*. *v* धार्मिक स्थान और वस्तुओं को अपमानित करना. **pro'fanity** (प्र'फ़ैनिटि) *n* (विशेषतः) गाली, अपमानपूर्ण वचन.

pro'fess (प्र'फ़ेस्) *v* **1** (विचारों, विश्वासों, मूढ़ता आदि को) खुले आम कहना, घोषित करना. **2** पेशा अपनाना. **3** दावा करना (*to be, to do* sth) : *I don't — to be an expert.* **—ion** (प्र'फ़ेशन्) *n* **1** जीविका, पेशा (विशेषतः जिसमें उच्च शिक्षा या दीर्घ प्रशिक्षण की आवश्यकता होती है जैसे डाक्टरी, वक़ालत आदि). **2** भावनाओं को प्रकट करना : *a —ion of loyalty.*

pro'fessional (प्र'फ़ेशनल्) *adj* **1** व्यावसायिक : — *skill.* **2** (amateur के वैषम्य में) पेशेवर, पैसा ले कर कौशल दिखाने वाले : — *football,* — *musicians. n* व्यवसायी (अध्यापक अथवा खिलाड़ी) (किसी काम को पैसे ले कर करने वाले जब कि अनेक व्यक्ति उसे बिना पैसे के करते हों).

pro'fessor (प्र'फ़ेसर्) *n* विश्वविद्यालय में उच्चतम पद का अध्यापक, आचार्य, प्रोफ़ेसर.

'proffer ('प्रॉफ़र्) *v* & *n* भेंट (देना).

pro'ficient (प्र'फ़िशन्ट्) *adj* कुशल, दक्ष (*in, at* sth). **pro'ficiency** (प्र'फ़िशन्सि) *n* निपुणता, प्रवीणता.

'profile ('प्रोफ़ाइल्) *n* **1** चेहरे का एक बग़ल का चित्र, पार्श्वदृश्य. **2** किसी वस्तु की रूपरेखा.

'profit ('प्रॉफ़िट्) *n* **1** लाभ, नफ़ा. **2** फ़ायदा, लाभ (किसी का). *v* **1** — पाना, — करना. **2 — by,** सहायता मिलना. **—able** ('प्रॉफ़िटब्ल्) *adj* लाभदायक, लाभकारी.

pro'found (प्र'फ़ाउन्ड्) *adj* **1** गहरा. **2** ज्ञानपूर्ण. **3** विचार और अध्ययन की अपेक्षा करने वाला. **—ly** *adv* गंभीरता; हार्दिक रूप से. **pro'fundity** *n.*

pro'fuse (प्र'फ़्यूस्) *adj* **1** प्रचुर; अत्यधिक. **2 — in (of),** उदार, उदारतापूर्ण. **—ly** *adv.* **pro'fusion** (प्र'फ़्यूशन्) *n* प्रचुरता, बाहुल्य : *flowers growing in profusion.*

'program(me) ('प्रोग्रैम्) *n* **1** कार्यक्रम, प्रोग्राम. **2.** योजना.

'progress ('प्रोग्रेस्) *n* **1** प्रगति : *making good —.* **2** विकास. **in —,** कार्य चालू. **3** उन्नति, सुधार. **pro'gress** (प्र'ग्रेस्) *v* — करना. **pro'gressive** (प्र'ग्रेसिव़्) *adj* **1** प्रगतिशील. **2** क्रमिक, उत्तरोत्तर बढ़ने वाला. **3** पुरोगामी, प्रगति करने वाला.

pro'hibit (प्र'हिबिट्) *v* (क़ानून आदि से) निषेध या मना करना : *smoking —ed.* **—ive** (प्र'हिबिटिव़्) *adj* (कीमतों का) इतना ऊँचा होना कि वस्तु खरीदी न जा सके : *—ive rents.* **,prohi'bition** (प्रोहि'बिशन्) *n* निषेध; मद्यनिषेध.

'project ('प्रॉजिक्ट्) *n* परियोजना. **pro'ject**

(प्र'जेक्ट्) *v* **1** परियोजना बनाना. **2** प्रक्षेप करना (जैसे चित्र का विस्तारक यंत्रों द्वारा दीवार पर). **3** आसपास की सतह से उठा हुआ : *—ing eyebrows.* **pro'jectile** ('प्रॉजिक्टाइल्) *n* प्रक्षेपास्त्र. **pro'jection** (प्र'जेक्शन्) *n* — करना; — की वस्तु. **pro'jector** (प्र'जेक्टर्) *n* प्रोजेक्टर, फ़िल्म प्रोजेक्टर (यंत्र जिससे फ़िल्म बड़ी कर पर्दे पर फेंकते हैं).

,prole'tariat (प्रोले'टेअरिअट्) *n* श्रमजीवी वर्ग (कारीगरी में पूर्ण तथा अर्ध प्रशिक्षित मजदूरों का वर्ग) (प्रबंधकों, मालिकों आदि के वैषम्य में), सर्वहारा वर्ग.

pro'lific (प्र'लिफ़िक्) *adj* प्रचुर, उर्वर.

'prologue ('प्रोलॉग्) *n* (कविता या नाटक का) मंगलाचरण, प्रस्तावना; (fig) घटना चक्र की पहली घटना.

pro'long (प्र'लॉङ्) *v* लम्बा करना. **—ed** *adj* लम्बी अवधि वाली.

,prome'nade (प्रॉमि'नॉड्) *n* टहलने या घुड़-सवारी का स्थान. *v* टहलाने ले जाना.

'prominent ('प्रॉमिनन्ट्) *adj* **1** सुस्पष्ट; बाहर उठा या निकला हुआ. **2** महत्त्वपूर्ण; प्रमुख, प्रसिद्ध. **'prominence** ('प्रॉमिनन्स्) *n*.

promise ('प्रॉमिस्) *n* **1** वादा, वचन; प्रतिज्ञा. **2** आशा (सफलता या सुपरिणाम की). *v* वादा करना, वचन देना : *— (sb) help ; — to do sth; — that* ... **2** आशा या विश्वास दिलाना.

pro'mote (प्र'मोट्) *v* **1** पदोन्नति करना, तरक्की देना. **2** बढ़ावा देना; समर्थन करना : *—peace.* **3** (व्यापार में) नया व्यापार चलाने और बढ़ाने में सहायता देना. **pro'motion** (प्र'मोशन्) *n*.

prompt[1] (प्रॉम्प्ट्) *adj* बिना विलम्ब किया कार्य. **'—ly** *adv*. **'—ness, '—itude** ('प्रॉम्प्टिट्यूड्) *n* तत्परता, मुस्तैदी.

prompt[2] (प्रॉम्प्ट्) *v* **1** प्रेरित और प्रोत्साहित करना (*to do* sth). **2** रंगमंच में अभिनेता को नेपथ्य से संभाषण की याद दिलाते जाना.

prone (प्रोन्) *adj* **1** औंधे मुँह लेटा हुआ. **2 — to,** की ओर झुकाव (रुचि) रखने वाला.

prong (प्रॉङ्) *n* काँटा, शूल (जैसे, त्रिशूल).

'pronoun ('प्रोनाउन्) *n* (व्याकरण में) सर्वनाम, जैसे *he, she* आदि. **pro'nominal** (प्र'नॉमिनल्) *adj* सार्वनामिक.

pro'nounce (प्र'नाउन्स्) *v* **1** उच्चारित करना (किसी शब्द को). **2** घोषणा करना, सुनाना (विशेषतः न्याय-निर्णय) : *— judgement.* **3** अपना मत प्रकट करना. **—d** (प्र'नाउन्स्ड्) *adj* निश्चित; सुस्पष्ट. **pro,nunci'ation** (प्रनन्सि'एशन्) *n* उच्चारण-रीति; (व्यक्ति की अपनी) उच्चारण रीति.

proof (प्रूफ़्) *n* **1** प्रमाण, सबूत. **2** जाँच, परख; *put sth to the* — (न्याय-परीक्षा). **3** मुद्रण के पहले की प्रति जिसमें कुछ सुधार किया जा सकता है, प्रूफ़ (मुद्रण या फ़ोटोग्राफ़ का). *adj* (विशेषतः समासों में) सुरक्षा देने वाला : *a fire-proof nightdress* (ऐसी पोशाक जो आग से सुरक्षा करे अर्थात् जिसमें आग न लगे).

prop (प्रॉप्) *n* **1** सहारा (खड़ा करने का), टेक. *pit-props* कोयला-खदान की छत को सहारा देने वाली टेक . **2** सहारा देने वाला (व्यक्ति या वस्तु). **3** (property भी) रंगमंच या फ़िल्म-सेट में प्रयुक्त परदे, पोशाक, फ़र्नीचर आदि. *v* (-pp-) (प्रायः — **up**) सहारा देना; टिकाये रखना.

,propaganda (प्रॉप्'गेन्डा) *n* किसी आंदोलन में विचारादि को प्रचारित करने के उपाय, प्रचार : *political* — (राजनैतिक प्रोपगैंडा).

'propagate ('प्रॉप्गेट्) *v* **1** पैदा कर के संख्या बढ़ाना. **2** (समाचार आदि को) और अधिक व्यापक क्षेत्र में फैलाना, प्रसारित करना. **,propa'gation** (प्रॉप्'गेशन्) *n*.

pro'pel (प्र'पेल्) *v* (-ll-) आगे प्रेरित करना. **—ler** (प्र'पेलर्) *n* प्रोपेलर (जहाज़ आदि में लगा पंखनुमा यंत्र).

'proper ('प्रॉपर्) *adj* **1** उचित, उपयुक्त. **2** समाज द्वारा स्वीकृत, मर्यादा के भीतर : *— behaviour*. **3** (व्याकरण) — **noun,** व्यक्ति-वाचक संज्ञा. **—ly** *adv*.

'property ('प्रॉपर्टि) *n* **1** सम्पत्ति, जायदाद (विशेषतः भूमि और भवन). **2** गुणधर्म,

विशेषता : *a substance with the — of dissolving grease.* **3** → prop (3) रंगमंच का साज-सामान.

'prophecy ('प्रॉफ़िसि) *n* भविष्यवाणी. **'prophesy** ('प्रॉफ़िसाइ) *v* भविष्यवाणी करना. **'prophet** ('प्रॉफ़िट्) *n* **1** पैगम्बर (धर्मोपदेशक जो यह दावा करता है कि उसे यह ज्ञान सीधे ईश्वर से मिला है) : *the — Isaiah; Muhammad, the P— of Islam.* **2** भविष्यवक्ता, नबी. **'prophetess** ('प्रॉफ़िटिस्) *n* महिला भविष्यवक्ता. **pro'phetic** (प्र'फ़ेटिक्) *adj* पैगम्बरी; भविष्यसूचक.

pro'pitiate (प्र'पिशिएट्) *v* क्रोध शान्त करना, संतुष्ट करना; कृपा और अनुग्रह प्राप्त करना.

pro'pitious (प्र'पिशस्) *adj* सफलता के लिए अनुकूल; हितकर; कृपालु (व्यक्ति).

pro'portion (प्र'पॉर्शन्) *n* **1** (गणित) अनुपात, समानुपात. **2** (प्रायः *pl*) किसी वस्तु के अनेक भागों का परस्पर उपयुक्त अनुपात में होना. **3** (*pl*) आकार, मापन : *a building of magnificent —s.* **4** भाग; अंश. *v* अनुपात में रखना. **—al** *adj* उचित अनुपात में.

pro'pose (प्र'पोज़्) *v* **1** योजना, सुझाव आदि विचारार्थ प्रस्तुत करना, प्रस्ताव रखना. **2** (विवाह के लिए) प्रस्ताव रखना (*to* sb). **3** किसी पद के लिए किसी व्यक्ति का नाम प्रस्तुत करना. **pro'posal** (प्र'पोज़ल्) *n* **1** प्रस्ताव. **2** विवाह-प्रस्ताव. **,propo'sition** (प्रॉप्'ज़िशन्) *n* **1** कथन (विशेषतः विचार या प्रमाण के लिए प्रस्तुत). **2** प्रश्न या समस्या,

pro'pound (प्र'पाउन्ड्) *v* विचार या समाधान के लिये कोई सिद्धांत या पहेली आदि प्रस्तुत करना.

proprietor (प्र'प्राइअटर्) *n* (भूमि, संपत्ति का) मालिक, स्वामी; मालिक (विशेषतः होटल या दूकान का). **pro'prietress** (प्र'प्राइअट्रिस्) *n* महिला स्वामिनी, मालिकिन.

pro'priety (प्र'प्राइअटि) *n* **1** औचित्य, मर्यादा. **2** उपयुक्तता, सत्यता.

pro'pulsion (प्र'पल्शन्) *n* प्रणोदन बल (वह बल जो जहाज़ व हवाई जहाज़ के प्रोपलरों को चलाता हैं).

pro'saic (प्रो'ज़ेइक्) *adj* नीरस; घिसा-पिटा.

prose (प्रोज़्) *n* गद्य ('पद्य' का विलोम).

'prosecute ('प्रॉसिक्यूट्) *v* **1** (व्यापार, अध्ययन आदि को) ज़ारी रखना. **2** क़ानूनी कार्रवाई किसी के विरुद्ध चलाना, अभियोग चलाना. **,prose'cution** (प्रॉसि'क्यूशन्) *n* — की प्रक्रिया, — किया जाना; अभियोग चलाने वाला और उसके साथी : *the case for the prosecution.*

'prospect ('प्रॉस्पेक्ट) *n* **1** भूमि अथवा समुद्र का बड़ा परिदृश्य; (fig) मन या कल्पना में आया परिदृश्य. **2** संभावना, प्रत्याशा. **pros'pect** *v* (सोना आदि खनिज के लिए) भूमिगत पूर्वेक्षण. **pros'pective** (प्रस्'पेक्टिव्) *adj* भविष्य विषयक, भावी —.

pros'pector (प्रस्'पेक्टर्) *n* सोना आदि की खोज करने वाला.

pros'pectus (प्रस्'पेक्टस्) *n* (विद्यालय, व्यापारिक अनुष्ठान आदि की) विवरणिका (मुद्रित पुस्तिका जिसमें आवश्यक नियम तथा अन्य सूचनाएँ विज्ञापन के लिए दी जाती हैं).

'prosper ('प्रॉस्पर्) *v* समृद्ध होना, फलना-फूलना. **pros'perity** (प्रॉस्'पेरिटि) *n* वैभव, समृद्धि; सफलता. **—ous** (प्रॉस्परस्) *adj* समृद्ध; सफल.

'prostrate ('प्रॉस्ट्रेट्) *adj* **1** साष्टांग प्रणाम या दण्डवत्, प्रणाम करता हुआ. **2** अत्यन्त दुःखी. **pros'trate** (प्रॉस्'ट्रेट्) *v* **1** दण्डवत् प्रणाम करना. **2 be —d,** शोक आदि से दुःखी; असहाय हो जाना. **pro'stration** (प्रॉस्'ट्रेशन्) *n* — की स्थिति; विषाद, अवसाद.

pro'tect (प्र'टेक्ट्) *v* **1** (सं) रक्षा करना (*from* harm). **2** आयातित सामग्री पर शुल्क लगा कर घरेलू उद्योगों को प्रोत्साहन देना. **—ion** (प्र'टेक्शन्) *n* (सं) रक्षा; (सं) रक्षण. **—ive** *adj* (सं) रक्षा देने वाला. **pro'tectorate** (प्र'टेक्टरिट्) *n* बड़ी अंतर्राष्ट्रीय शक्तियों की संरक्षा में आया देश.

pro'test (प्र'टेस्ट्) *v* **1** विरोध प्रकट करना (*that*). **2** आपत्ति उठाना; प्रतिवाद करना (*against*). **3** अपनी नापसंदगी प्रकट करना (*about*). **'protest** ('प्रोटेस्ट्) *n* विरोध;

प्रतिवाद; असहमति. **do sth under —**, अनिच्छा से और इस भावना के साथ कि जो कर रहा है वह उचित नहीं है, कोई काम करना. **protes'tation** (प्रोट्टेस'टेशन्) *n* प्रति-ज्ञापन.

'Protestant ('प्रॉटिस्‌टन्ट्) *n & adj* ईसाई धर्म के प्रोटेस्टैंट चर्च के अनुयायी.

pro'tract (प्र'ट्रैक्ट्) *v* दीर्घकालिक : *a —ed visit.*

pro'trude (प्र'ट्रूड्) *v* बाहर की ओर निकालना : *— the tongue.*

proud (प्राउड्) *adj* **1** गौरवान्वित, गर्व का अनुभव करने वाला : *— of one's success.* **2** गर्व का कारण. **3** शानदार, वैभवशाली. **'—ly** *adv.*

prove (प्रूव्) *v* **1** प्रमाण देना. **2** परीक्षण कर निश्चय करना : *— sb's worth.* **3** निष्कर्ष निकालना (*to be*).

'proverb ('प्रॉवर्ब्) *n* कहावत, लोकोक्ति. **pro'verbial** (प्र'वर्ब्यल) *adj* लोकप्रसिद्ध; सभी से मान्य.

pro'vide (प्र'वाइड्) *v* **1** आवश्यकता (विशेषतः जीवन-यापन के लिए अनिवार्य) की पूर्ति करना, देना : *— for one's family; — one's family with food and clothing.* **2** आवश्यकता के लिए तैयारी करना (*for*); बचाव के उपाय करना (*against*). **—d** (प्र'वाइडिड्) *conj* इस शर्त पर (*that*), यदि. **pro'viding** (प्र'वाइडिङ्) *conj* इस शर्त पर (*that*).

'Providence ('प्रॉविडन्स्) *n* ईश्वर, विधाता; परमात्मा का विधान : *trust in —.* **,provi'dential** (प्रॉवि'डेन्शल्) *adj* विधाता द्वारा किया : *a providential escape.*

'provident ('प्रॉविडन्ट्) *adj* भविष्य की आवश्यकताओं की पूर्ति के लिए (जागरूक). **— fund,** भविष्य निधि.

'province ('प्रॉविन्स्) *n* **1** (देश का) प्रदेश. **2** ज्ञान का क्षेत्र. **pro'vincial** (प्र'विन्शल्) *adj* **1** प्रादेशिक, प्रदेशीय. **2** देहातीपना (बोलने, आचरण आदि में). *n* (राजधानी से दूर) देहात से आया हुआ.

pro'vision (प्र'विशन्) *n* **1** (भविष्य की आवश्यकताओं के लिए) प्रबन्ध और तैयारी. **2** (*pl*) आहार-वस्तुएँ, रसद. **3 make — for,** पूर्वव्यवस्था. **—al** (प्र'विशनल्) *adj* कामचलाऊ, अन्तरकालीन, अस्थायी. **—ally** *adv.*

pro'viso (प्र'वाइज़ो) *n* प्रतिबन्ध, शर्त; 'परन्तु' से प्रारंभ होने वाला उपवाक्य.

pro'voke (प्र'वोक्) *v* **1** नाराज़ करना; चिढ़ाना. **2** उत्पन्न करना; उभाड़ना (वाद-विवाद, हँसी आदि). **3** प्रेरित करना (sb *to do* sth, *into* doing sth). **pro'voking** (प्र'वोकिङ्) *adj* उत्तेजक. **,provo'cation** (प्रॉव्'केशन्) *n* उत्तेजना; छेड़छाड़; प्रेरणा. **pro'vocative** (प्र'वॉक्टिव्) *adj* उत्तेजक.

prow (प्राउ) *n* जहाज़ का नुकीला अग्रभाग.

'prowess ('प्राउइस्) *n* पराक्रम, बहादुरी.

prowl (प्राउल्) *v* शिकार या भोजन ढूंढने के लिए निकलना (पशुओं का); चोरी करने के लिए विचरना. *n* **on the —**, — की प्रक्रिया में.

pro'ximity (प्रॉक्'सिमिटि) *n* समीपता, निकटता.

'proxy ('प्रॉक्सि) *n* किसी व्यक्ति को (विशेषतः चुनाव में) लिखित अधिकार देना कि वह उस की ओर से कार्य कर सके, मुख़्तारी; मुख़्तार.

prude (प्रूड्) *n* बहुत शर्मीला, छद्म लज्जालु, अति विनम्र.

'prudent ('प्रूडन्ट्) *adj* सावधान; बहुत सोच-समझ कर ही करने वाला, विवेकी. **—ly** *adv.* **'prudence** ('प्रूडन्स्) *n.*

prune[1] (प्रून्) *n* आलू बुखारा.

prune[2] (प्रून्) *v* पेड़-झाड़ियों को छाँटना, काटछाँट करना.

pry[1] (प्राइ) *v* **—into,** ताक-झाँक करना.

pry[2] (प्राइ) *v* उठाना (*up*); खोलना (*open*).

psalm (साम्) *n* भजन, स्तोत्र.

'pseudo- ('स्यूडो) (पूर्वपद) आभासी, छद्म : *pseudo-intellectual.*

'pseudonym ('स्यूड्निम्) *n* छद्मनाम, उपनाम.

psy'chiatry (साइ'काइअट्रि) *n* मानसिक रोग

चिकित्सा. psy'chiatrist (साइ'काइअट्रिस्ट्) *n* — में विशेषज्ञ; मनोवैज्ञानिक.

'**psychic** ('साइकिक्) *adj* आत्मिक; मानसिक. **psy'chology** (साइ'कॉल्जि) *n* मनोविज्ञान. ,**psychological** *adj.*

pub (पब्) *n* (*public house* का संक्षिप्त रूप), मधुशाला.

'**public** (पब्लिक्) *adj* (*private* के वैषम्य में) सार्वजनिक, आम, लोक - : *a — library.* — **house,** मधुशाला (होटल, क्लब से भिन्न). — **spirit,** जनसेवा की भावना, लोक-भावना. *n* **the —,** आम जनता, जन साधारण. **in —,** खुलेआम. **—ly** *adv* खुले आम. **pub'licity** (पब्'लिसिटि) *n* **1** प्रत्येक से जाने जाने और देखे जाने की स्थिति; प्रसिद्धि : *trying to avoid —ity.* **2** विज्ञापन, प्रचार.

,**publi'cation** (पब्लि'केशन्) *n* **1** प्रकाशन (पुस्तक आदि का). **2** प्रकाशित ग्रंथ, पुस्तक, पत्रिका आदि.

'**publish** ('पब्लिश्) *v* **1** प्रकट करना, प्रचारित करना. **2** प्रकाशित करना (पुस्तक आदि). **—er** *n* प्रकाशक (पुस्तक आदि का).

'**pucker** ('पकर्) *v* सिकुड़ना; शिकन पड़ना या डालना. *n* शिकन, सिकुड़न.

'**pudding** ('पुडिङ्) *n* पुडिंग (भोजन के बाद दिया जाने वाला मीठा पकवान).

'**puddle** ('पड्ल्) *n* गन्दे पानी का गड्ढा (विशेषतः सड़क में).

puff (पफ़्) *n* झोंका; फूंक. *v* **1** फूंक मारना; झोंके के साथ खिसक जाना; हाँफना; धुंआ निकालना. **2** फूल जाना : *—ing out his chest with pride.* '**—y** *adj* (-ier, -iest).

pug'nacious (पग्'नेशस्) *adj* लड़ाका. **pug'nacity** (पग्'नैसिटि) *n.*

pull (पुल्) *v* **1** (push का विपरीतार्थी) खींचना; घसीटना : *— a cart;* बाहर निकालना : *— a tooth out.* **2** (*adj* के साथ) — **through,**(बीमारी, संकट से) निकल आना. — **oneself together,** अपनी भावनाओं को नियंत्रण में रखना. — **up,** रोकना. — **sb or sth up,** रोकना. **3** (*nouns* के साथ). — **a face,** मुंह बनाना. — **sb's leg,** मज़ाक में छलना. — **one's weight,** औरों के साथ अपने हिस्से का कार्य पूरा करना. *n*— की प्रक्रिया; — में लगी शक्ति. '**pull,over** ('पुल्ओवर्) *n* पुलोवर, स्वेटर (ऊनी).

'**pulley** ('पुलि) *n* घिरनी, गरारी, पुली (सामान ऊपर उठाने का यंत्र).

pulp (पल्प्) *n* **1** (फल का) गूदा. **2** (लकड़ी, क़ागज आदि का) लुगदी. *v* — बनाना; — के समान होना; — बनना.

'**pulpit** ('पुल्पिट्) *n* (चर्च में बना) मंच.

pulse[1] (पल्स्) *n* नाड़ी, नब्ज. **pul'sate** (पल्'सेट्) *v* धड़कना.

pulse[2] *n* (पल्स) दाल.

'**pulverize** ('पल्वराइज़्) *v* चूर-चूर कर देना, पीस देना.

'**pummel** ('पम्ल्) *v* (-ll-) बार-बार मुक्के मारना.

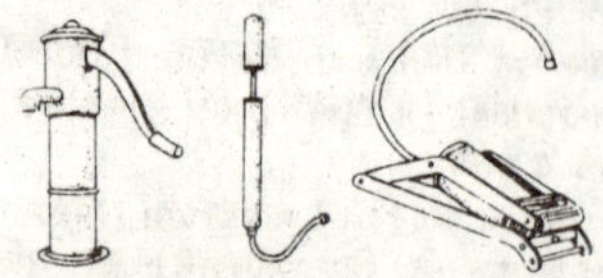

pumps

pump (पम्प) *n* पंप. *v* इस्तेमाल करना; पानी पंप से निकालना; (पहिये में हवा) भरना.

'**pumpkin** ('पम्प्किन्) *n* कद्दू, लौकी. → p 134.

pun (पन्) *n* विनोद में एक समान उच्चारण, पर भिन्न अर्थों वाले शब्दों का प्रयोग; 'श्लेष' का प्रयोग करना. *v* (-nn-) 'श्लेष' का प्रयोग करना; किसी शब्द का श्लेष (यमक) रूप प्रयुक्त करना.

punch[1] (पंच्) *v* ज़ोरों से घूंसा, मुक्का मारना. *n* घूंसा, मुक्का.

punch[2] (पंच्) *n* पंच (छेद) करने की मशीन. *v* किसी चीज में पंच से छेद करना.

'**punctual** ('पंक्टचुअल्) *adj* समय पर (न देर, न पहले); ठीक समय पर आने या काम करने वाला. **—ly** *adv.* ,**punctu'ality** (पंक्टचु-'एलिटि) *n* समय की पाबंदी.

'**punctuate** ('पंक्टचुएट्) *v* लेखन में विरामादि

चिह्न (जैसे , ; : ! ? आदि) लगाना. ˌpunctuˈation (पंक्‌टयुˈएशन्) *n*.

ˈ**puncture** (ˈपंक्‌चर्) *n* किसी नुकीली चीज से हुआ छोटा छेद (विशेषतः साइकिल या मोटर के ट्यूब में हुआ छेद). *v* पंक्चर करना या होना.

ˈ**pungent** (ˈपन्‌जन्ट्) *adj* तीखा; तिक्त.

ˈ**punish** (ˈपनिश्) *v* (किसी ख़राब काम के लिए) सज़ा या दंड देना. ˈ**—ment** *n* दंड, सज़ा. ˈ**punitive** (ˈप्युनिटिव्) *adj* दंड विषयक.

ˈ**puny** (ˈप्यूनि) *adj* (-ier, -iest) छोटा और दुर्बल.

pup (पप्) *n* पपी (puppy) का संक्षिप्त रूप.

ˈ**pupil**[1] (ˈप्यूपिल्) *n* शिष्य, विद्यार्थी.

pupil[2] (ˈप्यूपिल्) *n* (आँखों की) पुतली.

ˈ**puppet** (ˈपपिट्) *n* कठपुतली.

ˈ**puppy** (ˈपपि) *n* (*pl* -ies) (कुत्ते का) पिल्ला.

ˈ**purchase** (ˈपर्‌चिस्) *v* ख़रीदना. *n* **1** ख़रीद. **2** ख़रीदी हुई वस्तु. **3** पक्की पकड़.

ˈ**purdah** (ˈपर्‌दा) *n* परदा-प्रथा; परदा.

pure (प्युअर्) *adj* (-r, -st) **1** शुद्ध, बिना किसी मिलावट का पदार्थ. **2** साफ़; निरपराध, निष्पाप : — *in body and mind*. **3** साफ़ और स्पष्ट ध्वनि. **4** पूर्ण; निरा : — *nonsense*. ˈ**—ly** *adv* (विशेषतः) पूरी तरह; समग्रतया; केवल. **—ness** *n*. ˈ**purity** (ˈप्युअरिटि) *n*. ˈ**purify** (ˈप्युअरिफ़ाइ) *v* — करना. ˌ**purifiˈcation** (प्युअरिफ़िˈकेशन्) *n* शोधन, शुद्धिकरण.

purge (पर्ज्) *v* शुद्ध करना, साफ़ करना, ख़राब चीज़ को बाहर निकाल फेंकना. *n* शुद्धीकरण; जुलाब (की दवाई).

ˈ**puritan** (ˈप्युअरिटन्) *n* प्यूरिटन, नैतिकता पर बहुत बल डालने वाला (व्यक्ति).

ˈ**purple** (ˈपर्प्ल्) *n* & *adj* बैंजनी (रंग).

ˈ**purpose** (ˈपर्‌पस्) *n* **1** प्रयोजन; उद्देश्य, **2** लक्ष्य (वस्तु). **3** योजना बनाने और उसके अनुसार कार्य करने की शक्ति. **4 on —**, जानबूझ कर (न कि, संयोग से). **to no —**, बिना परिणाम के. *v* प्रयोजन या उद्देश्य रखना. **—ly** *adv* जानबूझ कर.

purr (पर्) *v* & *n* बिल्ली का घुरघुराना.

purse (पर्स्) *n* पर्स, बटुआ. *v* (ओंठ) सिकोड़ना.

ˈ**purser** (ˈपर्‌सर्) *n* ख़ज़ानची, एक ऑफ़िसर जो जहाज़ का हिसाब-किताब रखता है.

purˈsue (पर्ˈस्यू) *v* **1** (क़ैद करने या मार डालने के लिए) पीछा करना. **2** (विशेषतः अपने अध्ययन में) लगे रहना, ज़ारी रखना. **purˈsuit** (पर्ˈस्यूट्) *n* पीछा करना; खोज; लक्ष्य; व्यवसाय; धन्धा : *literary pursuits*.

purˈvey (पर्ˈव़े) *v* (सामान या रसद का) प्रबंध करना.

ˈ**purview** (ˈपर्‌व्यू) *n* सीमा, क्षेत्र.

pus (पस्) *n* मवाद, पीप.

push (पुश्) *v* **1** (*pull* का विपरीतार्थी) ढकेलना, ठेलना; दबाव डाल कर आगे बढ़ाना. **2 — on (along, forward),** (कार्य, यात्रा आदि) ज़ारी रखना. **be —ed for** (*time etc*), अपनी आवश्यकता के अनुसार कम होना. **3** (fig) प्रेरणा देना, उकसाना, बढ़ावा देना. *n* **1** — की प्रक्रिया. **2** प्रयास, अभियान. **3 at a —**, दबाव से.

puss (पुस्) *n* बिल्ली. ˈ**pussy** (ˈपुसि) *n* (*pl* -ies) बच्चों की बोली में 'बिल्ली'.

put (पुट्) *v* (*pt* & *pp* put) **1** किसी स्थान पर रखना, किसी स्थिति में रखना. **2** (*adv* के साथ) **put sth away,** उचित स्थान पर रखना. **put by,** भविष्य के लिए बचा कर रखना. **put down,** लिख लेना; दबा देना. **put sb down as,** समझना. **put in,** (दावा) प्रस्तुत करना; (काग़ज़ात) प्रस्तुत करना. **put in for,** (किसी पद के लिए) अभ्यर्थी होना. **put off,** (समय) आगे बढ़ाना, स्थगित करना; (न करने पर) बहाना बनाना. **put on,** पहन लेना, वेष धारण करना; (और अधिक का) प्रबन्ध करना; (वेग, भार आदि) बढ़ाना. **put out,** (किसी जलती हुई वस्तु को) बुझा देना; सताना, परेशान करना. **put up,** उठाना; प्रार्थना करना; (सामान बेचने के लिए) ठहराना; भोजन-आवासादि की व्यवस्था करना. **put up with,** चुपचाप सहते जाना. **3** (वाक्यांशों में) **put an end**

to, समाप्त करना. **be hard put to it,** कठिनाइयों में होना. **put to death,** जान से मारना या मारे जाना. **put sb in mind of,** याद दिलाना. **put sth in hand,** कुछ कार्य करना आरंभ करना. **4** विचारार्थ शब्दों में व्यक्त करना : *I put it to you ...*

ˈputrefy (ˈप्यूट्रिफ़ाइ) *v* सड़ना-सड़ाना. **ˌputreˈfaction** (प्यूट्रिˈफैक्शन्) *n* सड़न. **ˈputrid** (ˈप्यूट्रिड्) *adj* सड़ा हुआ, बदबूदार; सड़ा-गला : *putrid fish.*

ˈputtee (ˈपटी) *n* पट्टी (घाव आदि को बाँधने की पट्टी).

ˈputty (ˈपटि) *n* पुटीन (खिड़कियों में लगे शीशे के किनारे लगायी जाने वाली वस्तु ताकि शीशा मज़बूती से टिका रहे). *v* — लगाना.

ˈpuzzle (ˈपज़्ल्) *n* **1** पहेली (जैसे, वर्ग-पहेली). **2** कठिन समस्या, दुरूह प्रश्न. *v* **1** परेशान कर डालना. **2 — sth out,** गंभीर चिन्तन के बाद समस्या का समाधान ढूंढ़ निकालना.

ˈpygmy, pigmy (ˈपिग्मि) *n* पिग्मी (अफ़्रीका की एक बौनी जाति); बौना.

pyˈjamas (पˈजामाज़्) *n pl* पायजामा.

ˈpylon (ˈपाइलन्) *n* ऊँचा; तोरणनुमा खंभा (जैसे बिजली के तारों के लिए ऊँचे-ऊँचे बनाये जाते हैं).

ˈpyramid (ˈपिर्मिड्) *n* पिरैमिड; सूचीस्तंभ. → p 295.

ˈpyre (ˈपाइअर्) *n* चिता (शव जलाने की).

ˈpython (ˈपाइथन्) *n* अजगर.

Q

quack[1] (क्वैक्) *v & n* (बत्तख का) कॉं-कॉं करना.

quack[2] (क्वैक्) *n* नीम हकीम; डाक्टरी का पक्का ज्ञान न रखने वाला तथाकथित डाक्टर.

ˈquadrangle (ˈक्वॉड्रैंग्ल्/क्वॉˈड्रैंग्ल्) *n* **1** चतुर्भुज, चौकोर आकृति (जैसे, वर्ग या आयत). **2** तीन या चार ओर से घिरा प्रांगण, चौक (विशेषत: विद्यालयों में).

ˈquadrant (ˈक्वॉड्रन्ट्) *n* **1** वृत्त (circle) का चौथाई भाग; चतुर्थांश. **2** ज्योतिष अथवा नौचालन में प्रयुक्त कोण-मापी यंत्र, क्वाड्रैंट.

ˌquadriˈlateral (क्वॉड्रिˈलैट्रल्) *adj & n* चतुर्भुज.

ˈquadruped (ˈक्वॉड्रुपिड्) *n* चौपाया.

quad(ˈruplet) (ˈक्वॉड्ˈरुप्लिट्) *n* एक ही माँ के एक ही समय जन्मे चार बच्चों में से एक.

quaff (क्वाफ़्) *v* (साहित्य में) पीना.

ˈquagmire (ˈक्वैग्माइअर्) *n* दलदल.

quail (क्वेल्) *v* हिम्मत हारना, घबराना.

quaint (क्वेन्ट्) *adj* अनूठा या निराला होने के कारण प्रियकर.

quake (क्वेक्) *v* काँपना; सिहरना.

ˈqualify (ˈक्वॉलिफ़ाइ) *v* **1** (किसी कार्य के लिए) योग्य या प्रशिक्षित होना (*to do* sth, *for* doing sth, *for* a post, *as* a teacher). **2** सीमित कर देना, क्षेत्र कम कर देना. **ˌqualifiˈcation** (क्वॉलिफ़िˈकेशन्) *n* **1** योग्यता : *a doctor's qualifications.* **2** प्रतिबन्ध, सीमाकारक.

ˈquality (क्वॉलिटि) *n* **1** गुण; योग्यता : *material of the best —; a poor — of cloth.* **2** विशेषता; लक्षण; धर्म, स्वभाव : *one — of honey is sweetness.*

qualm (क्वाम्) *n* **1** संशय, आशंका (विशेषत: उस कार्य के संबंध में जो किया जा रहा है या जो किया जा चुका है). **2** क्षणिक मिचली, मतली.

ˈquandary (ˈक्वॉन्डरि) *n* उलझन.

ˈquantity (ˈक्वॉन्टिटि) *n* (*pl* –ies) **1** मात्रा, गुणधर्म जो नापा जा सके (जैसे, आकार, भार, मात्रा, संख्या आदि). **2** एक निश्चित राशि या संख्या; (प्राय: *pl*) बहुत बड़ी राशि या संख्या : *buy things in — (in large quantities).*

ˈquarantine (ˈक्वॉरन्टीन्) *n* क्वारेंटाईन; किसी व्यक्ति को औरों से अलग रखना ताकि उसकी बीमारी अन्य को न लगे : *in — for a week. v* — में रखना.

ˈquarrel (ˈक्वॉरल्) *n* **1** झगड़ा (बातचीत का).

2 क्रोध का विषय; शिकायत का कारण. *v* (-ll-) — करना. — में भाग लेना; दोष निकालना (*with*). —**some** ('क्वॉरल्सम्) *adj* झगड़ालू; कलहप्रिय.

'**quarry**[1] ('क्वॉरि) *n* खुली खान, खदान. *v* — से पत्थर निकालना.

'**quarry**[2] ('क्वॉरि) *n* शिकार का पशु-पक्षी.

quart (क्वॉर्ट्) *n* 1.14 लिटर की माप, क्वार्ट.

'**quarter** ('क्वॉर्टर्) *n* **1** चौथाई भाग; ¼. **2** तिमाही, तीन महीने की अवधि. **3** अंश; दिशा : *travel in every — of the globe*. **4** (अमेरिका में) 25 सेंट का सिक्का. **5** इलाका (विशेषत: नगर का): *the business quarter*. **6** एक चान्द्र मास का चतुर्थांश; अष्टमी की चन्द्रकला. **7** आठ बुशल की माप. **8** भार की एक माप, क्वार्टर (=28 पाउंड). **9** पराजित शत्रु के लिए दयादान : *give (ask for)* —. **10** (*pl*) क्वार्टर्स्, आवासभवन. **11 at close —,** घनिष्ठता के साथ. *v* **1** चतुर्थांशों में बाँटना. **2** आवासस्थान ढूँढना या देना. '**quarter-day** *n* तिमाही हिसाब-किताब का अंतिम दिन. —**ly** *adv* & *adj* तिमाही, त्रैमासिक.

quar'tet (te) ('क्वॉर्'टेट्) *n* चार वादकों या चार गायकों का सहगायन.

'**quartz** (क्वॉर्ट्स्) *n* क्वार्ट्ज, स्फटिक, कँचनमणि.

'**quaver** ('क्वेवर्) *v* **1** (आवाज़ का) काँपना. **2** थरथराती आवाज़ में बोलना या गाना. *n* — की ध्वनि.

quay (की) *n* जहाज़ी घाट.

queen (क्वीन्) *n* **1** रानी (राजा की पत्नी). **2** रानी (किसी देश की शासिका). **3** (— *bee*) अंडे देने वाली (मधुमक्खी). '—**ly** *adj* — विषयक.

queer (क्विअर्) *adj* **1** अजीब, अद्‌भुत; असाधारण. **2** संशय या संदेह उत्पन्न करने वाला, संदिग्ध. **3** (colloq) बीमार. '—**ly** *adv* '—**ness** *n*.

quell (क्वेल्) *v* (विद्रोह) शान्त करना.

quench (क्वेन्च्) *v* (आग की लपटें) बुझाना; प्यास बुझाना; आशाओं को दबाना.

'**query** ('क्विअरि) *n* प्रश्न (विशेषत: किसी वस्तु की सत्यता के संबंध में संदेह उत्पन्न करने वाला). *v* पूँछना (*if, whether*).

quest (क्वेस्ट्) *n* **in — of,** खोज में.

'**question** ('क्वेस्चन्) *n* **1** प्रश्न, सवाल. **— -mark,** प्रश्नचिह्न, ?. **2** विचार और निर्णय करने योग्य समस्या. **out of the —,** असंभव. (*the man,* etc) **in —,** व्यक्ति जिस के संबंध में विचार किया जा रहा है. **beyond —,** बिना संदेह. *v* **1** प्रश्न पूछना. **2** शंका व्यक्त करना; संदेह प्रकट करना (*whether*). '—**able** ('क्वेस्चनब्ल्) *adj* विवादास्पद, संदिग्ध; संदेहपूर्ण.

queue (क्यू) *n* क्यू, पंक्तिबद्ध व्यक्ति (किसी प्रवेश की प्रतीक्षा में). *v* (प्राय: — **up**) — में खड़े होना.

quick (क्विक्) *adj* (-er, -est) **1** तेज़, शीघ्रगामी; फ़ुरतीला. **2** सजीव; फ़ुरतीला; सक्रिय. *n* मांस का संवेदनशील भाग. **cut to the —,** (fig) भावनाओं को ठेस पहुँचाना. '—**ly** *adv*. '—**en** ('क्विकन्) *v* **1** जल्दी करना. **2** और अधिक क्रियाशील होना. '—**sand** *n* दलदल; बलुआ दलदल. '—**silver** *n* पारा.

'**quiet** ('क्वाइअट्) *adj* (-er, -est) **1** बिना शोरगुल या किसी प्रकार की हलचल किये. **2** शान्त. **3** चिन्तारहित. **4** सौम्य (रंग). *v* (**quieten** भी) ('क्वाइअट्न्) शान्त, निश्चेष्ट, नीरव होना. —**ly** *adv*. —**ness** *n*.

quill (क्विल्) *n* बड़ा पंख, पीछे का पंख (विशेषत: लेखनी के काम आने वाला).

quilt (क्विल्ट्) *n* रज़ाई.

quinine (क्वि'नीन्) *n* कुनैन (मलेरिया की एक दवाई).

'**quin(tuplet)** ('क्विन्टयुप्लिट्) *n* एक ही माँ के एक साथ पैदा हुए पाँच बच्चों में से एक.

quit (क्विट्) *v* (-tt-) **1** छोड़ना, त्यागना. **2** (कुछ करने से) रुक जाना. *adj* **be — of,** और अधिक परेशान न होना; छोड़ कर निश्चिंत होना. —**s** *adj* **be —s,** किसी का ऋण अदा कर निश्चित होना और उस से समभाव होना.

quite (क्वाइट्) *adv* 1 पूर्णतया. 2 बेशक, निश्चय. 3 (उत्तर में) — **(so),** निश्चय ही (सहमति सूचक).

quiver ('क्विव़र्) *v* थरथराना, काँपना.

quix'otic (क्विक्'सॉटिक्) *adj* उदार; निःस्वार्थी; अपने हित का भी ध्यान न रख कर परोपकार करने वाला अव्यावहारिक (व्यक्ति).

quiz (क्विज़्) *v* (-zz-) ज्ञान-परीक्षण के लिए प्रश्न पूछना. *n* ऐसा परीक्षण. **'—zical** ('क्विज़िकल्) *adj* 1 दिल्लगीबाज़. 2 बेढंगा, हास्यास्पद.

'quota ('क्वोटा) *n* कोटा (सामग्री वितरण का नियत अंश).

quote (क्वोट्) *v* 1 दूसरे के शब्दों को उद्धृत करना. 2 अपने कथन की पुष्टि में दूसरे के मत का उद्धरण देना. 3 भाव बताना. **quo'tation** *n* उद्धरण. **quotation marks,** (' या " ") (चिह्न) जो उद्धरण के पहले और बाद में रखे जाते हैं.

R

'rabbit (रैबिट्) *n* खरगोश, शशक. → p 15.

'rabble ('रैब्ल्) *n* भीड़.

'rabid ('रैबिड्) *adj* 1 पागल (कुत्ते के काटने के कारण). 2 उग्र, प्रचंड.

'rabies ('रेबीज़्) *n* पागल कुत्ते के काटने से उत्पन्न रोग, जलातंक; रैबीज़.

race[1] (रेस्) *n* 1 दौड़-प्रतियोगिता. 2 प्रचंड धारा (पानी की). *v* 1 दौड़ प्रतियोगिता में भाग लेना. 2 घोड़ा दौड़ाना (घुड़दौड़ में). 3 तेज़ चलाना. **'race-course** *n* घुड़दौड़ का मैदान.

race[2] (रेस्) *n* 1 जाति; प्रजाति. 2 जीवित प्राणियों का वंशविभाजन, नस्ल : *the human* — (मानव जाति). **'racial** ('रेशल्) *adj* जातीय, जातिगत; अन्तर्जातीय : *racial harmony.*

rack[1] (रैक्) *n* 1 लकड़ी का रैक, टाँड़. 2 चारा रखने की चरट्टी. 3 (अत्याचार में प्रयुक्त)

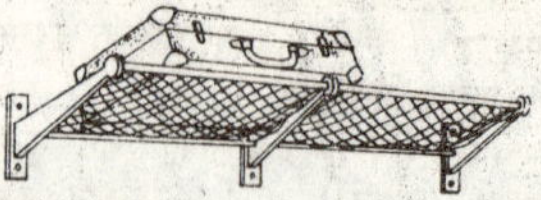

a luggage rack

शिकंजा. *v* 1 सताना; (fig) अत्यधिक पीड़ा देना. 2 — **one's brains,** किसी प्रश्न के उत्तर के लिए अत्यधिक मानसिक प्रयास करना.

rack[2] (रैक्) *n* **go to — and ruin,** तबाह होना.

'racket[1] ('रैकिट्) *n* हल्ला; शोरगुल.

'racket[2] ('रैकिट्), **'racquet** *n* रैकट (टेनिस आदि खेलों का बल्ला).

'radar ('रेडार्) *n* रडार (एक रेडियो उपकरण जिसके द्वारा कोहरे या अंधकार में भी उसके क्षेत्र में आने वाली ठोस वस्तुओं की सूचना मिल जाती है).

'radiate ('रेडिएट्) *v* 1 विकिरण करना (प्रकाश या ताप की किरणों को बिखेरना); किरणों के रूप में निकलना या प्रवेश करना. 2 चमकना (प्रायः हर्ष-उल्लास आदि से). 3 केन्द्र से (वृत्त की त्रिज्याओं की तरह) चारों ओर फैलना. **'radiant** ('रेड्यन्ट्) *adj* 1 विकिरण करने वाला. 2 चमकदार, उल्लसित; प्रसन्न. **'radiator** ('रेडिएटर्) *n* 1 रेडियेटर (मोटर कार आदि का). 2 ताप आदि का विकिरक यन्त्र.

,radi'ation (रेडि'एशन्) *n* विकिरण; प्रसारण.

'radical ('रैडिकल्) *adj* 1 (fig) आमूल (परिवर्तन) : — *changes.* 2 उग्र, अति वादी (राजनैतिक सिद्धांतों में). *n* उग्र सुधारवादी.

'radio ('रेडिओ) *n* 1 रेडियो (यन्त्र). 2 बेतार की संचारसेवा. *v* रेडियो द्वारा संदेश भेजना.

'radio- ('रेडिओ-) पूर्वपद : किरणसंबधी, (विशेषतः एक्स-रे संबंधी). **—graph** *n* एक्स-रे फ़ोटो. **radio-active** *adj* रेडियो-धर्मी.

'radium ('रेडियम्) *n* रेडियम (धातु).

'radius ('रेड्यस्) (*pl* radii) *n* 1 (वृत्त में)

त्रिज्या. 2 घेरा, परास : *within a — of ten miles.*

'raffia ('रैफ़िआ) *n* रैफ़िया (ताड़पत्र का रेशा, जिससे चटाई आदि बिनी जाती हैं).

'raffle ('रैफ़्ल्) *n* & *v* लाटरी द्वारा वस्तुओं का बेचना.

raft (राफ़्ट्) *n* (लकडी के लट्ठों का) बेड़ा.

'rafter ('राफ़्टर्) *n* (छत की ढलुवा) कड़ी; शहतीर.

rag[1] (रैग्) *n* **1** (*pl*) चिथड़ा, लत्ता : *dressed in rags.* **2** कपड़ों के टुकड़े. **'ragged** ('रैगिड्) *adj* **1** फटा-पुराना, उधड़ा हुआ कपड़ा. **2** खुरदरा, कर्कश, उलझा हुआ, कटा-पिटा.

rag[2] (रैग्) *v* (-gg-) मज़ाक आदि से तंग करना.

rage (रेज्) *n* क्रोधोन्माद; हिंसा. *v* क्षुब्ध होना, प्रचण्ड बनना.

raid (रेड्) *v* & *n* छापा (मारना). **'—er** *n* हमला या धावा करने वाला (व्यक्ति, जहाज़ या हवाई जहाज़).

rail[1] (रेल्) *n* **1** रेल (या ट्राम) की पटरी. **2** जंगला, रेलिंग, घेरा; छड़, दंड. **by —**, ट्रेन (रेल) द्वारा. *v* रेलिंग लगाना; घेरना (*in* या *off*). **'—ing** *n* ('रेलिङ्) (प्राय: *pl*) रेलिंग, घेरा. **'—road** *n* (अमेरिका में) रेलवे. **'—way** ('रेल्वे) *n* रेलवे-व्यवस्था.

rail[2] (रेल्) *v* आक्रोश प्रकट करना; गाली देना.

rain (रेन्) *n* **1** वर्षा, बारिश. **2** बौछार : *a — of bullets.* **3 the —s,** बरसात. *v* **1** बरसना, बरसाना. **2** बौछार करना, बौछार पड़ना. **'—bow** ('रेन्बो) *n* इन्द्रधनुष. **'—fall** *n* वर्षा की मात्रा (किसी स्थान पर किसी विशेष अवधि में). **'—proof** *adj* बरसात से सुरक्षा करने वाला. **'—y** ('रेनि) *adj* (-ier, -iest) बरसाती, बहुत बारिश वाला : *a —y day.*

raise (रेज़्) *v* **1** उठाना; ऊपर उठाना; बनाना, निर्माण करना. **2** उभाड़ना, ऊपर करना : *— the dust* (*trouble*). **3** विचारार्थ (कोई तथ्य) संमुख रखना : *— a protest* (*a new point*). **4** उगाना; उत्पन्न करना; पशु-पक्षियों की संख्या बढ़ाना; परिवार बढ़ाना. **5** एकत्र करना; पाना : *— an army* (*a loan*). **6** *— a siege* (*blockade*), समाप्त करना.

'raisin ('रेज़न्) *n* किशमिश.

'rajah ('राजा) *n* राजा.

rake (रेक्) *n* (खेत में काम आने वाला) पाँचा. → p 326. *v* — प्रयोग में लाना; — से एकत्र करना.

'rally[1] ('रैलि) *v* **1** इकट्ठा करना, जुटाना, फिर से लड़ने के लिए नये सिरे से एकत्र होना. **2** स्वास्थ्य लाभ करना, संभालना. *n* **1** रैली (सार्वजनिक सभा). **2** — करना. **3** कार आदि की रैली.

rally[2] (रैली) *v* उपहास करना; हँसी उड़ाना.

ram (रैम्) *n* **1** मेढ़ा. **2** टक्कर मारने या कूटने का यंत्र, थापी, दुरमुट. *v* (-mm-) टक्कर मारना, कूटना, ठूंसना.

'ramble ('रैम्ब्ल्) *v* सैर, भ्रमण; (fig) बोलते-बोलते विषय से बहक जाना. **rambling** *adj* (विशेषत:) सड़कों या मकानों का बेतरतीबी से बना रहना

'ramify ('रैमिफ़ाइ) *v* शाखा बनाना या उत्पन्न करना; जटिल हो जाना.

'ramp (रैम्प्) *n* ढाल, ढलान; बाँध.

'rampant ('रैम्पन्ट्) *adj* उच्छृंखल, अनियंत्रित, प्रबलता से प्रचलित (रोग, सामाजिक बुराई आदि के लिए प्रयुक्त).

rampart ('रैम्पार्ट्) *n* सुरक्षा के लिए बनाया परकोटा, फ़सील.

'ramshackle ('रैम्शैक्ल्) *adj* टूटा-फूटा, जर्जर.

ran → run.

ranch (रान्च्) *n* (विशेषत: अमेरिका में) बड़ा फ़ार्म (खेती का).

'rancid ('रैन्सिड्) *adj* (मक्खन-घी-दूध आदि का) बासी होना, खट्टा होना; विकृत गंधी.

'rancour ('रैंकर्) *n* गहरा, बहुत दिनों से चला आ रहा वैमनस्य. **'rancerous** ('रैंक्रस्) *adj.*

'random ('रैन्डम्) *v* **at —**, बिना किसी

उद्देश्य या योजना के. *adj* इस प्रकार किया कार्य.

rang (रैङ्) → ring.

range (रेन्ज्) *n* **1** वस्तुओं (विशेषत: पर्वतों की) पंक्ति, श्रृंखला. **2** चाँदमारी का क्षेत्र. **3** (गोली आदि का) परास, मार : *in (out of)* —. **4** दो सीमाओं के बीच का क्षेत्र, परिसर : *a wide — of colours.* **5** भट्टी के साथ कुकर, रेंज. *v* **1** पंक्तिबद्ध करना या होना. **2** जाना. **3** पंक्ति में फैलाना. **4** सीमाओं के बीच बदलते रहना : *prices ranging from Rs 5 to Rs* 10. ˈ**range-finder** *n* (गोली की) मार, परास पता लगाने वाला यंत्र.

rank¹ (रैंक्) *n* **1** व्यक्तियों या वस्तुओं की पंक्ति, विशेषत: सेना में सैनिकों की पंक्ति : *the —s, the — and file,* **other —s,** साधारण सैनिक (अफ़सरों के वैषम्य में). **2** पद, श्रेणी, क्रम-स्थिति : *promoted to the — of captain. v* **1** पंक्तिबद्ध करना. **2** पद, श्रेणी या क्रमस्थिति में रखना.

rank² (रैंक्) *adj* **1** बहुत अधिक फैलने वाला (पौधा). **2** बदबूदार. **3** अक्षम्य.

ˈ**rankle** (ˈरैंक्ल्) *v* (अपमान आदि का मन में) कसकना. ˈ**ransack** (ˈरैन्सैक्) *v* **1** (किसी वस्तु को) बारीकी से ढूंढ़ना, छान डालना. **2** लूटना.

ˈ**ransom** (ˈरैन्सम्) *n* कैद करना और उसे विशेष धन ले कर ही छोड़ना; छुड़ाई, फिरौती; मुक्तिमूल्य. *v* — करना.

rant (रैन्ट्) *v* बकना, प्रलाप करना.

rap (रैप्) *v* & *n* (-pp-) खटखटाना (जैसे छड़ी से).

raˈ**pacious** (रˈपेशस्) *adj* लोभी, धन का लालची. **ra**ˈ**pacity** (रˈपैसिटि) *n* लालच, लोभ.

ˈ**rapid** (ˈरैपिड्) *adj* तेज, शीघ्रगामी. *n* (प्राय: *pl*) नदी का वह भाग जहाँ तेज़ ढलान के कारण पानी तेजी से बहता है. **—ly** *adv* **ra**ˈ**pidity** (रˈपिडिटि) *n.*

rapt (रैप्ट्) *adj* सम्मोहित अवस्था में होना, तल्लीन : *— in a book.* ˈ**rapture** (ˈरैप्चर्) *n* सम्मोहन, आनन्द-विह्वलता : *go in (go into) raptures about sth.*

rare (रेअर्) *adj* (-r, -st) **1** विरल, बहुत कम घटित होने वाला. **2** असाधारण रीति से अच्छा, उत्कृष्ट. **3** विरल ('घना' के वैषम्य में). ˈ**—ly** *adv* विरलतया, बिरले ही. ˈ**rarefied** (ˈरेअरिफ़ाइड्) *adj* विरल (=rare³). ˈ**rarity** (ˈरेअरिटि) *n* दुष्प्राप्यता, कमी; दुर्लभ वस्तु.

rascal (ˈरास्कल्) *n* **1** बेईमान, धूर्त. **2** नटखट, शैतान, चंचल (विशेषतया बच्चा).

rash¹ (रैश्) *n* शरीर में छोटे-छोटे दाने पड़ जाना.

rash² (रैश्) *adj* बहुत शीघ्रता करने वाला, जल्दबाज़; अविचारित कार्य करने वाला, अविवेकी. ˈ**—ly** *adv.*

ˈ**rasher** (ˈरैशर्) *n* सूअर के मांस का स्लाइस.

rasp (रास्प्) *n* रेती (एक औज़ार). *v* **1** रेती से रेतना. **2** किरकिराना; (fig) खलना, अखरना.

ˈ**raspberry** (ˈराज़्बरि) *n* रसभरी. → p 134.

rat (रैट्) *n* चूहा. → p 15.

rate¹ (रेट्) *n* **1** दर, रेट; अनुपात-दर : *travelling at the — of thirty miles an hour.* **the annual birth —,** प्रतिवर्ष जन्म दर. **2 at this (that) —,** अगर ऐसी (वैसी) ही स्थिति से कार्य चलता रहे. **at any —,** प्रत्येक स्थिति में. **3 —s,** टैक्स, उपकर, उपशुल्क. **4 first (second, third) —,** अत्यधिक उत्तम (मध्यम, मामूली आदि). *v* मूल्यांकन करना; मानना, समझना : *— sb's abilities high.*

rate² (रेट्) *v* डाँटना.

ˈ**rather** (ˈराद़र्) *adv* **1** अधिक इच्छा से; पसंद करते हुए : *I would — visit you tomorrow.* **2** बल्कि, और यथार्थत: : *He arrived late last night, or —, early this morning.* **3** लगभग : *look at that — tall boy over there.*

ˈ**ratify** (ˈरैटिफ़ाइ) *v* किसी संधिपत्र को हस्ताक्षर अथवा अन्य औपचरिकता से संपुष्ट करना. ˌ**ratifi**ˈ**cation** *n.*

ˈ**rating** (ˈरैटिंग्) *n* **1** श्रेणी, वर्ग (विशेषत: जहाजों का टन-भार के अनुसार). **2** (जहाज़

में) व्यक्ति का पद. 3 (नौसेना में) साधारण नौ-सैनिक (अफ़सर के वैषम्य में).

ˈratio (ˈरेशिओ) *n* अनुपात (गणित) : *The —s of* 20 *to* 100 *and* 1 *to* 5 *are the same.*

ˈration (ˈरैशन्) *n* राशन (प्रति व्यक्ति खाद्य-पदार्थ के बितरण में नियतांश). *v* राशन करना, राशन-व्यवस्था लागू करना.

ˈrational (ˈरैश्नल्) *adj* विवेकपूर्ण, तर्कणा-परक; समझदार, विवेकी; तर्क से परिमेय. **ˈ—ism** *n* बुद्धिवाद, तर्कणावाद.

ˈrattle (ˈरैट्ल्) *v* **1** खड़खड़ाना : *windows that — in the wind.* **2** बड़बड़ाना. **3** खड़-खड़ाते हुए गिरना. *n* झुनझुना (बच्चों का).

ˈraucous (ˈरॉकस्) *adj* कर्णकटु, कर्कश.

ˈravage (ˈरैविज्) *v* उजाड़ना, विध्वंस करना; लूटमार करना. *n* (प्राय: *pl*) विनाश, बरबादी.

rave (रेव्) *v* क्रोध में प्रलाप करना; बेसिरपैर की बातें करना (*of, about*). **ˈravings** (ˈरेविङ्ज्) *n pl* प्रलाप.

ˈraven (ˈरेव्न्) *n* एक प्रकार का कौआ. *adj* काले (विशेषत: बाल).

ˈravenous (ˈरैविनस्) *adj* मरभुखा.

ˈravishing (ˈरैविशिङ्) *adj* अत्यंत आनन्द देने वाला.

raw (रॉ) *adj* **1** कच्चा ('पक्का' के वैषम्य में). **2** प्राकृतिक अवस्था में; प्रयोग आने के पूर्व कच्ची स्थिति में; उत्पादन पूर्व कच्ची स्थिति में. **3** कच्चा (व्यक्ति), अ-प्रशिक्षित (व्यक्ति), अनुभवहीन. **4** ठंडा (मौसम). **5** कच्ची खाल या चमड़ा (शरीर का), हरा घाव.

ray (रे) *n* **1** किरण, रश्मि : *the rays of the sun.* **2** केन्द्र से निकली हुई कोई एक रेखा.

ˈrayon (ˈरेऑन्) *n* रेयन (एक रेशमी कपड़ा).

raze (रेज़्) *v* (नगर, भवन आदि को) मिटा या ढा देना.

ˈrazor (ˈरेज़र्) *n* उस्तरा (दाढ़ी बनाने का).

re- उपसर्ग **1** फिर से : *reappear.* **2** फिर किसी भिन्न रीति से : *regroup.*

reach (रीच्) *v* **1** (हाथ) फैलाना (*for, out for, sth*); हाथ पसारना और वस्तु लेना : — (*out one's hand*) *for a book.* **2** पहुँचना, फैलना. *n* फैलने या पहुँचने की सीमा : *within easy — of Delhi.* **out of —,** पहुँच के बाहर. **within —,** पहुँच के भीतर.

reˈact (रीˈऐक्ट्) *v* **1** प्रतिक्रिया करना, दिखाना. **2 — to,** प्रतिक्रिया स्वरूप, विभिन्न रीति से व्यवहार करना. **—ion** (रीˈऐक्शन्) *n* प्रतिक्रिया. **—ionary** (रीऐक्शनरि) *n & adj* प्रतिक्रियावादी व्यक्ति; प्रगति में बाधक.

read (रीड्) *v* (*pt & pp* read). **1** पढ़ना. **2** अध्ययन करना : *—ing physics. n* पढ़ने की अवधि : *have a quiet —ing.* **ˈ—able** *adj* पठनीय; पढ़ने में अच्छा लगने वाला; पढ़ने में सरल. **ˈ—er** (ˈरीडर्) *n* **1** पाठक, पढ़ने वाला. **2** भाषा सिखाने की पाठ्यपुस्तक. **3** विश्वविद्यालय में रीडर (प्रोफ़ेसर और लेक्चरार के बीच) का पद. **ˈ—ing** (ˈरीडिङ्) *n* (विशेषत:) **1** ज्ञान, विशेषत: पुस्तकज्ञान : *a man of wide —ing.* **2** रीडिंग, किसी एक समय में यंत्र विशेष का अंकन : *the —ing on a thermometer.* **3** संसद् में किसी बिल का वाचन.

ˈready (ˈरेडि) *adj* **1** तैयार; उपयोग आने वाली स्थिति में. **2** तत्काल, तात्कालिक : *a — answer.* **3 — money,** नक़द (पैसा). **ready-made,** (विशेषत:) बने-बनाये कपड़े. **ˈreadily** (ˈरेडिलि) *adv* स्वेच्छा से; सहर्ष; सरलता से. **ˈreadiness** *n* : *in readiness for* (के लिए तैयार).

real (ˈरीअल्) *adj* **1** वास्तविक (न कि काल्पनिक); असली (न कि, कृत्रिम). **2** क़ानून में) **— estate,** अचलसंपत्ति (भूमि-भवन). **reˈality** (रीˈऐलिटि) *n* **1** यथार्थता. **in —ity,** वस्तुत: . **2** प्रत्यक्ष दृष्ट या अनुभूत. **really** (ˈरिअलि) *adv* वस्तुत:.

realize (ˈरिअलाइज़्) *v* **1** पूर्ण रूप से समझना : *— that one is wrong.* **2** (आशा या योजना को) वास्तविकता में लाना, कार्यान्वयन करना : *— an ambition.* **3** संपत्ति को बेचकर धनराशि पाना; संपत्ति का (विशेष लाभ पर) बिकना. **ˌrealiˈzation** (रिअलाइ-

ˈज़ेशन्) वसूली, उगाही; अनुभूति, बोध; सिद्धि.

realm (रेल्म्) *n* राज्य.

ream (रीम्) *n* (कागज़ का) रीम (एक रीम में 480/500 पन्ने होते हैं).

reap (रीप्) *v* फ़सल काटना. ˈ**—er** (ˈरीपर) *n* फ़सल काटने वाला (व्यक्ति या यन्त्र).

rear[1] (रिअर्) *n* **1** (किसी भवन का) पिछवाड़ा. **2** सेना का पृष्ठ-भाग. **bring up the —**, सब से पीछे होना या आना. 3 (*adj* के रूप में) पश्च– : *the — entrance*.

rear[2] (रिअर्) *v* **1** पालन-पोषण करना, पालना : *— poultry* (*a family*). **2** घोड़े का पिछले पैरों से खड़ा होना. **3** (सिर) उठाना.

ˈ**reason** (ˈरीज़न्) *n* **1** कारण, हेतु. **by — of,** के कारण. **2** तर्क-शक्ति, विवेक : *It stands to —*. *v* **1** तर्क करना (*with* sb); तर्क रूप प्रस्तुत करना : *he —ed that* ... **2** सोच-विचार करना (*about* sth). **—able** (ˈरीज़नब्ल्) *adj* **1** विवेकी; तर्क मानने वाला. **2** तर्कयुक्त, युक्तिसंगत. **3** यथोचित; पर्याप्त. **—ably** (ˈरीज़नब्लि) *adv*.

reasˈsure (रीअˈशुअर्) *v* आश्वासन देना.

reˈbel (रिˈबेल्) *v* (-ll-) **1** विद्रोह करना; बग़ावत करना. **2** (अधिकारियों से) प्रतिरोध प्रदर्शित करना. ˈ**rebel** (ˈरेब्ल्) *n* विद्रोही. **reˈbellion** (रिˈबेल्यन्) बग़ावत, विद्रोह (प्राय: सशस्त्र). **reˈbellious** *adj*.

reˈbound (रिˈबाउन्ड्) *v* टकरा कर लौटना. ˈ**rebound** *n* **on the —**, टकरा कर लौटते समय.

reˈbuff (रिˈबफ़्) *n & v* दो टूक जवाब देना, अक्खड़ ढंग से अस्वीकार करना.

reˈbuke (रिˈब्यूक्) *v* फटकारना, डाँटना. *n* फटकार, डाँट-डपट.

reˈcall (रिˈकॉल्) *v* **1** वापस बुलाना (जैसे, राजदूत को). **2** याद करना या कराना. *n* — की प्रक्रिया.

reˈcant (रिˈकैन्ट्) *v* मुकर जाना, कथन वापिस लेना.

recaˈpitulate (रीक्ˈपिटघुलेट्) *v* (तर्क आदि के मुख्य बिन्दुओं को) दोहराना. **recapituˈlation** (ˈरीक्पिटघुˈलेशन) *n*.

reˈcede (रीˈसीड्) *n* **1** पीछे हटना; मुकर जाना. **2** पीछे की ओर झुका हुआ होना.

reˈceipt (रिˈसीट्) *n* **1** पाना, प्राप्ति. **2** (*pl*) प्राप्त धन. **3** रसीद (पाये हुए धन की लिखी प्राप्ति-स्वीकृति). **4** नुसख़ा. *v* रसीद देना.

reˈceive (रिˈसीव़्) *v* **1** पाना. **2** अनुभव करना : *— a warm welcome*. **3** प्रवेश देना; स्वागत करना. **—d** (रिˈसीव्ड्) *adj* लोगों से सही माना हुआ. **—r** (रिˈसीव़र्) *n* **1 radio —r,** रेडियो. **2** टेलीफ़ोन का सुनने में काम आने वाला भाग.

ˈ**recent** (ˈरीसन्ट) *adj* हाल का, अभिनव. **—ly** *adv*.

reˈceptacle (रिˈसेप्टक्ल्) *n* थैला, सन्दूक या अन्य प्रकार का पात्र

reˈception (रिˈसेप्शन्) *n* **1** ग्रहण करना; स्वीकार करना. **2** औपचारिक स्वागत-समारोह : *a wedding —*. **reˈceptive** (रिˈसेप्टिव़्) *adj* (सुझाव आदि का) ग्रहण करने वाला, ग्रहणशील.

reˈcess (रिˈसेस्) *n* **1** मध्यावकाश (दो कार्य अवधियों के बीच का ख़ाली समय). **2** कमरे का वह भाग जो दीवार पीछे हटाकर बनाने से बना है. **3** गुप्त, एकान्त स्थान.

ˈ**recipe** (ˈरेसिपि) *n* नुसख़ा; भोजनादि बनाने के निर्देश.

reˈcipient (रिˈसिपिअन्ट्) *n* पाने वाला (व्यक्ति).

reˈciprocal (रिˈसिप्रकल्) *adj* पारस्परिक : *— affection*. **reˈciprocate** (रिˈसिप्रकेट्) *v* (दो व्यक्तियों का) परस्पर आदान-प्रदान करना; (एक व्यक्ति का) बदले में लौटाना.

reˈcite (रिˈसाइट्) *v* **1** कविता पाठ करना, कविता सुनाना. **2** (तथ्यों आदि को) सूची रूप में एक के बाद एक गिनना. **reˈcital** (रिˈसाइट्ल्) *n* **1** तथ्यों का वर्णन करना; (यात्रा का) विवरण देना. **2** संगीत समारोह, गायन आदि. ˌ**reciˈtation** (रेसिˈटेशन्) *n* **1** कविता-वाचन. **2** सुनाई हुई वस्तु.

ˈ**reckless** (ˈरेक्लिस्) *adj* दु:साहसी; लापरवाह; उतावला : *— of the consequences*.

ˈreckon (ˈरेकन्) *v* **1** गिनना, गिनती करना. **— up,** जोड़ना. **— in,** गिनते समय शामिल करना. **2 — with,** ध्यान रखना; हिसाब चुकाना. **3** मानना (*as*), इस विचार का होना (*that*). **4 — (up) on,** भरोसा रखना. **—ing** *n* गिनती; हिसाब : *out in one's —ing,* अपने हिसाब में गलत.

reˈclaim (रिˈक्लेम्) *v* **1** (भूमि को) कृषि योग्य बनाना; कार्य-योग्य बनाना. **2** सुधारना (जैसे, अपराधी को). **ˌreclamˈation** (रेक्ल्-ˈमेशन्) *n* सुधार, उद्धार.

reˈcline (रिˈक्लाइन्) *v* लेट जाना; (आराम करने के लिए) टेकना.

reˈcluse (रिˈक्लूस्) *n* एकान्तवासी.

ˈrecognize (ˈरेकग्नाइज़्) **1** पहचानना. **2** स्वीकार करना, मान्यता देना. **3** जानना (*that*); मान लेना; क़दर करना. **recogˈnition** (रेकग्ˈनिशन्) *n* — की प्रक्रिया, — किया जाना.

reˈcoil (रिˈकॉइल्) *v* & *n* **1** पीछे हटना (*from*). **2** तोप का पीछे की ओर धक्का देना.

ˌrecolˈlect (रेक्ˈलेक्ट्) *v* याद करना, स्मरण करना. **recolˈlection** (रेक्ˈलेक्शन्) *n* **1** स्मृति. **2** याद की वस्तु. **3** स्मरणशक्ति.

ˌrecomˈmend (रेक्ˈमेन्ड्) *v* **1** सिफ़ारिश करना (यह कहना कि वह अमुक वस्तु या अमुक व्यक्ति को अच्छा समझता है). **2** सलाह देना. **3** प्रियकर अथवा संतोषपूर्ण बनाना. **ˌrecommenˈdation** (रेकमेन्ˈडेशन्) *n* सिफ़ारिश, संस्तुति.

ˈrecompense (ˈरेकम्पेन्स्) *v* पुरस्कार या दंड देना; (हानि का) हरजाना (क्षतिपूर्ति) देना (*for*). *n* पुरस्कार; भुगतान.

ˈreconcile (ˈरेकन्साइल्) *v* **1** मेल-मिलाप कराना. **2** (झगड़े का) निपटारा करना; सामंजस्य स्थापित करना. **3 — oneself** (*to sth*), अपनी नापसंदगी को दबा देना. **ˌreconciliˈation** (रेकन्सिलिˈएशन्) *n*.

reconˈdition (रीकन्ˈडिशन्) *v* मरम्मत करना, फिर से काम लाने योग्य बनाना.

reconˈnoitre (रेक्ˈनॉइटर्) *v* (शत्रुओं की स्थिति, संख्या आदि का) टोह लगाना.

reˈconnaissance (रिˈकॉनिसन्स्) *n*.

reˈcord (रिˈकॉर्ड्) *v* **1** दर्ज करना, भविष्य के संदर्भ के लिए लिखना. **2** फ़ोटोग्राफ़ आदि द्वारा या लेखबद्ध कर भविष्य के उपयोग के लिए सुरक्षित करना. **3** (किसी यंत्र का) मात्रा आदि अंकित करना. **ˈrecord** (ˈरेकॉर्ड्) *n* **1** तथ्य, घटना आदि का रिकार्ड, अभिलेख; वृत्त, विवरण : *school —s*. **2** ग्रामोफ़ोन का रिकार्ड. **record-player,** → gramophone. **3** प्राप्त अंकों का उच्च मान; खेलों में कीर्तिमान : *break* (*beat*) *the —*. **4** (*adj* के रूप में) उच्चमान, कीर्तिमान. **—er** (रिˈकॉर्डर्) *n* **1** लेखा, वृत्त आदि लिखने व रखने वाला. **2** रिकार्डर (यंत्र).

reˈcount (रिˈकाउन्ट्) *v* वर्णन करना; बताना.

reˈcoup (रिˈकूप्) *v* क्षतिपूर्ति करना (*for* loss).

reˈcourse (रिˈकॉर्स्) *n* **have — to,** शरण लेना.

reˈcover (रिˈकवर्) *v* **1** (खोयी हुई वस्तु को) वापस पाना; स्वास्थ्य लाभ करना. **2** पुनः शान्त होना, संभल जाना. **—y** (रिˈकवरि) *n* पुनर्लाभ; स्वास्थ्यलाभ; वसूली.

recreˈation (रेक्रिˈएशन्) *n* मनोरंजन, मन-बहलाव.

reˈcruit (रिˈक्रूट्) *n* किसी समिति, सभा, समाज (विशेषतः सेना में) नया भरती हुआ व्यक्ति, रंगरूट. *v* — होना.

ˈrectangle (ˈरेक्टैंग्ल्) *n* आयत (ज्यामिति). → p 295. **recˈtangular** (रेक्ˈटैंग्युलर्) *adj* आयताकार.

ˈrectify (ˈरेक्टिफ़ाइ) *v* सुधारना; ठीक कर देना. **reˌctifiˈcation** *n*.

ˈrectitude (ˈरेक्टिट्यूड्) *n* ईमानदारी; सीधा सरल व्यवहार.

ˈrector (ˈरेक्टर्) *n* **1** चर्च का एक पुरोहित. **2** विश्वविद्यालयों और महाविद्यालयों का अध्यक्ष, रेक्टर.

reˈcumbent (रिˈकम्बन्ट्) *adj* लेटा हुआ (व्यक्ति).

reˈcuperate (रिˈक्यूप्रेट्) *v* स्वास्थ्य लाभ करना (बीमारी के बाद).

re'cur (रि'कर्) *v* (-rr-) **1** घटित होना, दुबारा होना. **2** शब्दों या विचारों से दोहराना. **—rence** (रि'करन्स) *n* पुनरावृति.

red (रेड्) *adj* & *n* लाल रंग **see red,** क्रोध से संतुलन खो देना. **red tape** (fig) नियमों पर अत्यधिक ध्यान देना (विशेषत: सार्वजनिक मामलों में); लाल फ़ीता. **'redden** (रेड्न्) *v* लाल होना या करना. **'red-'handed** ('रेड्-'हैन्डिड्) *adj* **catch sb red-handed,** रंगे हाथ पकड़ना, अपराध करते हुए पकड़ना. **'red-letter 'day** *n* कोई महत्त्वपूर्ण या खुशी का दिन.

re'deem (रि'डीम्) *v* **1** (किसी वस्तु को) दाम चुका कर या काम कर छुड़ाना. **2** मुक्त करना, निस्तार करना. **3** पैसा ले कर मुक्त करना. **4** क्षतिपूर्ति करना : *his —ing feature* (वे गुण जो अन्य अवगुणों की क्षतिपूर्ति करते हैं). **the R—er** *n* ईसा. **re'demption** (रि'डेम्प्शन्) *n* (दुष्कर्म या पाप से) उद्धार.

re'double (रि'डब्ल्) *v* दुगना करना, बढ़ा देना.

re'dress (रि'ड्रेस्) *v* (ग़लत को) ठीक कर देना; (अपराध या कमी की) पूर्ति कर देना; सुधारना.

re'duce (रि'ड्यूस्) *v* **1** छोटा करना. **2 — to,** स्थिति-विशेष में ला देना : *—d to poverty.* **re'duction** (रि'डक्शन्) *n* **1** कमी, कटौती : *Sell goods at a reduction of* 10 *per cent.* **2** मानचित्र, चित्रादि का आकार छोटा करना.

re'dundant (रि'डन्डन्ट्) *adj* **1** फ़ालतू, अतिरिक्त. **2** काम न होने के कारण निकाला हुआ कर्मचारी. **re'dundance** (रि'डन्डन्स्), **re'dundancy** (रि'डन्डन्सि) *n.*

reed (रीड्) *n* **1** नरकुल, सरकंडा (पानी का पौधा). **2** बाँसुरी; रीड.

reef[1] (रीफ़्) *n* (जहाज़ के) पाल का एक भाग विशेष. *v* पाल समेटना. **reef-knot** *n* साधारण दोहरी गाँठ.

reef[2] (रीफ़्) *n* समुद्री चट्टान, शैल-भित्ति.

reek (रीक्) *v* बदबू करना.

reel (रील्) *n* रील, चरखी, फिरकी. *v* **1** रील में लपेटना. **— off** (*a story*), धड़ाधड़ बोलना. **2** डगमगाते हुए चलना. **3** चकरा जाना; ऐसा लगना कि चीज़ें चारों ओर घूम रही हैं.

re'fectory (रि'फ़ेक्टरि) *n* भोजनालय (कान्वेंट, कालेज आदि में).

re'fer (रि'फ़र्) *v* (-rr-) **1** किसी के पास आवश्यक कार्रवाई या निर्णयार्थ भेजना, देना या सौंपना. **2** सूचनार्थ देखना; संदर्भ देखना; **3 — to,** ज़िक्र करना, उल्लेख करना; से संबंध जोड़ना या रखना. **,refe'ree** (रेफ़'री) *n* **1** निर्णायक. **2** (खेलकूद में) रेफ़री, निर्णायक. *v* निर्णायक रूप में कार्य करना. **'reference** ('रेफ़्रन्स्) *n* **1** संदर्भ, प्रसंग : *reference book* (जैसे, शब्दकोश, विश्वकोश आदि संदर्भ ग्रंथ). **2** किसी व्यक्ति के चरित्र-योग्यता आदि पर कथन देने को तैयार (व्यक्ति). **3 in (with) —ence to,** के संबंध में, के उत्तर में. **,refe'rendum** (रेफ़्'रेन्डम्) *n* किसी राजनैतिक प्रश्न पर वोट द्वारा जनता की राय लेना, जनमत-संग्रह.

re'fine (रि'फ़ाइन्) *v* **1** शुद्ध करना, मिलावट दूर करना. **2** परिष्कृत करना (व्यवहार में) : *—d tastes (speech).* **—ment** (रि'फ़ाइन्मन्ट्) *n* **1** परिष्कार, शोधन. **2** सुरुचि. **3** परिमार्जित विकास. **—ry** (रि'फ़ाइनरि) *n* शोधन-कार्यशाला : *a sugar —ry; an oil —ry.*

're'fit ('री'फ़िट्) *v* (-tt-) मरम्मत करना; जहाज़ को आगे की यात्राओं के लिए ठीक करना. *n* मरम्मत.

re'flect (रि'फ़्लेक्ट्) *v* **1** (किसी सतह का) (प्रकाश, ताप या ध्वनि) परावर्तित करना; दर्पण में प्रतिबिम्ब दिखना. **2** व्यक्त करना; स्वभाव प्रकट करना. **3** (कार्यों, परिणामों की) प्रतिष्ठा (घटाना, बढ़ाना). **4** समझना, विचार करना (*upon, that, how*). **—ion** (रि'फ़्लेक्शन्) *n* **1** — की प्रक्रिया; प्रतिबिम्ब. **2** विचार; अनुचिन्तन. **3** विचारों को भाषा द्वारा अभिव्यक्त करना. **—ive** (रि'फ़्लेक्टिव़्) *adj* विचारशील.

'reflex ('रीफ़्लेक्स्) *adj* **— action,** अनैच्छिक अथवा सहज क्रिया (जैसे, छींकना).

re'form (रि'फ़ॉर्म्) *v* सुधारना, का सुधार करना : *— the world (a sinner, one's* *character*). *n* सुधार. ˌ**refor'mation** *n* **1** सुधार आन्दोलन. **2 the R—ation,** यूरोप में सोलहवीं सदी में प्रोटेस्टेंट आंदोलन. **—er** *n* सुधारक.

re'frain[1] (रि'फ़्रेन्) *v* अपने को रोकना (*from*).

re'frain[2] (रि'फ़्रेन्) *n* कविता या गीत में टेक.

re'fresh (रि'फ़्रेश्) *v* ताज़ा करना, नयी शक्ति प्रदान करना. **—ing** *adj* स्फूर्तिदायक, ताज़ा करने वाला. *a —ing sleep (breeze).* **—ment** *n* (प्रायः *pl*) जलपान, दो भोजनों के बीच का अल्पाहार.

re'frigerator (रि'फ़्रिज़्रेटर्) *n* (colloq fridge, फ़्रिज्) फ़्रिज, रिफ़्रीजरेटर.

'refuge ('रेफ़्यूज्) *n* शरण, आश्रय (मुसीबत में भागे हुए को). ˌ**refu'gee** (रेफ़्यू'जी) *n* शरणार्थी.

re'fund (री'फ़न्ड्) *v* (धन) वापस करना. **'refund** ('रीफ़न्ड्) *n* लौटाना, वापस करना; वापस किया धन

re'fuse[1] (रि'फ़्यूज़्) *v* 'न' कहना, इनकार करना. **re'fusal** (रि'फ़्यूज़ल्) *n* इनकार, अस्वीकृति.

'refuse[2] ('रेफ़्यूस्) *n* कूड़ा-करकट.

re'fute (रि'फ़्यूट्) *n* (तथ्य या कथन का) खंडन करना.

re'gain (रि'गेन्) *v* दो बार प्राप्त करना; फिर पहुँचना.

'regal ('रीगल्) *adj* राजोचित, राजसी. **—ly** *adv.*

re'gale (रि'गेल्) *v* दावत देना; मनोरंजन करना.

re'gard (रि'गार्ड्) *v* **1** ध्यानपूर्वक देखना. **2** मानना, समझना. **3** ध्यान देना; संमान करना : *— sb's wishes.* **4 as —s, —ing,** से सम्बद्ध; के संबंध में. *n* **1** टकटकी. **2** ध्यान; चिन्ता. **3** सम्मान; अनुमोदन; कोमल भावनाएँ; (*pl,* प्रायः पत्र के अंत में) शुभ-कामनाएँ. **—less** *adj* **—less of,** की परवाह न करते हुए.

re'gatta (रि'गैटा) *n* नौका-दौड़.

re'generate (रि'जेनरेट्) *v* **1** पुनरुज्जीवित करना, पुनः शक्ति देना. **2** आध्यात्मिक दृष्टि से उद्धार करना; नैतिकता की दृष्टि से उठाना. ˌ**regene'ration** (रिजेन्'रेशन्) *n.*

'regent ('रीजन्ट्) *n & adj* रीजेंट (बहुत वृद्ध, बालक, बीमार या अनुपस्थित राजा के स्थान पर शासन भार संभालने वाला व्यक्ति): *the Prince R—.* **'regency** ('रीजन्सि) *n* रीजेंट का पद, अधिकार आदि.

re'gime (रे'ज़ीम्) *n* शासनप्रणाली; शासन.

'regiment ('रेजिमन्ट्) *n* **1** रेजिमेंट, सैन्यदल. **2** बहुसंख्या (*of*). *v* संगठित करना; अनुशासन के भीतर रखना.

'region ('रीजन्) *n* क्षेत्र. **in the — of,** समीप, आसपास. **'—al** ('रीज्नल्) *adj* क्षेत्रीय.

'register ('रेजिस्टर्) *n* **1** रजिस्टर, पंजिका, पंजी. **2** रिकार्ड रखने का यंत्र : *a cash —.* *v* **1** सूचीबद्ध करना, पंजीकृत करना. **2** रजिस्टर में किसी का (अपना) नाम चढ़ाना. **3** (थर्मामीटर आदि का) अंकित करना; (भावना) व्यक्त करना. **4** पत्र को रजिस्टर्ड करना. ˌ**regis'tration** *n.* **'registry** *n* रजिस्टर रखने का स्थान.

re'gret (रि'ग्रेट्) *n* खेद, अनुताप. *v* (-tt-) खेद प्रकट करना; दुःखी होना. **—ful** *adj* उदास; खिन्न. **—fully** *adv.* **—table** (रि'ग्रेटब्ल्) *adj* खेदजनक, शोचनीय.

'regular ('रेग्युलर्) *adj* **1** सुव्यस्थित : *— teeth.* **2** नियमित, बराबर-बराबर अवधि के बाद घटित होने वाला : *— breathing.* **3** सामान्य; नियमित : *— habits.* **4** यथोचित प्रशिक्षण-प्राप्त; पूर्ण कालिक या व्यावसायिक (अंशकालिक और शौकिया करने वाले के वैषम्य में): *the — army.* **5** शुद्धता के मानक के अनुसार. *n* नियमित सेना का सैनिक. **—ize** ('रेग्युलराइज़्) *v* वैध और नियमानुकूल बनाना. ˌ**regu'larly** ('रेग्युलर्लि) *adv* नियमित रूप से; नियमित समय पर.

'regulate ('रेग्युलेट्) *v* **1** व्यवस्था और नियमों द्वारा नियंत्रित करना. **2** किसी यंत्र को ठीक और समंजित करना. ˌ**regu'lation** (रेग्यु'लेशन्) *n* **1** नियंत्रित करना या होना;

नियम; व्यवस्था. 2 (*adj* के रूप में) नियमानुकूल. ˈ**regulator** (ˈरेग्युलेटर्) *n* (विशेषतः) यंत्र का वह भाग जो अन्य को नियंत्रित करता है.

reˈhearse (रिˈहर्स्) *v* 1 रिहर्सल करना (नाटक आदि का). 2 फिर से कहना; वर्णन करना. **reˈhearsal** (रिˈहर्सल्) *n*.

reign (रेन्) *n* राज्यकाल. *v* राज्य या शासन करना (*over*).

ˌ**reimˈburse** (रीइम्ˈबर्स्) *v* किसी को वह राशि देना जो उस ने उस की ओर से पहले खर्च कर दी है, प्रतिपूर्ति करना.

rein (रेन्) *n* (प्रायः *pl*) लगाम, रास, बागडोर. *v* लगाम से नियंत्रित करना.

ˌ**reinˈforce** (रीइन्ˈफ़ॉर्स्) *v* सुदृढ़ या मजबूत करना; कुमुक भेजना. —**ment** *n* (विशेषतः *pl* में) कुमुक (सेना, रसद आदि).

ˌ**reinˈstate** (ˈरीइन्ˈस्टेट्) *v* पूर्व अवस्था या स्थिति में करना. —**ment** *n*.

reˈiterate (रीˈइट्रेट्) *v* बार-बार दोहराना. ˌ**reitˈeration** *n*.

reˈject (रिˈजेक्ट्) *v* अस्वीकार करना; निकाल देना, फेंक निकालना. ˈ**reject** *n* बाहर निकाली वस्तु. **reˈjection** (रिˈजेक्शन) *n*.

reˈjoice (रिˈजॉइस्) *v* हर्ष मनाना; उल्लास मनाना.

reˈjuvenate (रिˈजूव़िनेट्) *v* फिर से तरुण होना. **reˌjuveˈnation** (रिजूव़िˈनेशन्) *n* कायाकल्प.

reˈlapse (रिˈलैप्स्) *v* & *n* अच्छा हो कर फिर से बीमार हो जाना; फिर पतित हो जाना.

reˈlate (रिˈलेट्) *v* 1 वर्णन करना; तथ्यों का विवरण देना. 2 विचार या अर्थ में दो वस्तुओं को सम्बद्ध करना (*to, with*). 3 **be —d (to)**, एक ही परिवार का सदस्य होना. 4 **— to,** से सम्बद्ध होना.

reˈlation (रिˈलेशन्) *n* 1 तथ्य-कथन. 2 सम्बन्ध; परस्पर-सम्बन्ध : *the — of the weather to the crops*. **out of all — to,** के अनुपात नहीं. 3 (प्रायः *pl*) सम्बद्ध; नातेदारी, रिश्तेदारी : *friendly —s between countries*. 4 सम्बन्धी (व्यक्ति). —**ship** *n*.

ˈ**relative** (ˈरेलटिव़्) *adj* 1 **— to,** से सम्बद्ध. 2 सापेक्षिक, तुलनामूलक. 3 परस्पर सम्बद्ध. *n* नातेदार; रिश्तेदार (*an uncle, aunt, nephew* आदि). —**ly** *adv* अपेक्षाकृत; के अनुपात में (*to*).

reˈlax (रिˈलैक्स्) *v* 1 शिथिल होना या करना. 2 दुर्बल करना. ˌ**relaxˈation** (रीलैक्ˈसेशन्) *n* ढील; विश्राम.

ˈ**relay** (रिˈले/ˈरीले) *n* **— race,** रिले-दौड़. ˈ**reˈlay** (ˈरीˈले) आगे भेजना; रेडियो कार्यक्रम (पुनः) प्रसारित करना.

reˈlease (रिˈलीस्) *v* 1 छोड़ना, जाने देना; मुक्त करना; खोल देना. 2 (समाचार) प्रकाशित होने देना, (फ़िल्म का) प्रदर्शनार्थ चालू करना.

reˈlent (रिˈलेन्ट्) *v* कम कठोर होना; दया दिखाने लगना. —**less** *adj* निर्दय; अनवरत.

ˈ**relevant** (ˈरेलिवन्ट्) *adj* (विचार्य विषय से) सम्बद्ध.

reˈliable (रिˈलाइअब्ल्) *adj* विश्वसनीय. **reˈliably** *adv*.

reˈliance (रिˈलाइअन्स्) *n* विश्वास. **reˈliant** (रिˈलाइअन्ट्) *adj* विश्वस्त; विश्वासी.

ˈ**relic** (ˈरेलिक्) *n* अतीत का अवशेष जो स्मृति को जाग्रत करता है, स्मृतिशेष.

reˈlied (रिˈलाइड्) → rely.

reˈlief (रिˈलीफ़्) *n* 1 (कष्ट, चिन्ता आदि में) राहत, आराम. 2 राहत देने वाली वस्तु; मुसीबत में पड़े लोगों की खाना-कपड़े से सहायता : *a — fund*. 3 एकरसता के स्थान पर विविधता देने वाला. 4 निश्चिन्ति, छुटकारा (कर्त्तव्यों से); भारग्राही कर्मचारी, एवजी. 5 (नक्काशी आदि में) उभार. 6 रूपरेखा या स्पष्टता की मात्रा, भू-आकृति. **in sharp —,** अतिस्पष्ट (रेखाचित्र आदि में). **— map,** उभारदार नक्शा. **reˈlieve** (रिˈलीव़्) *v* 1 — होना, लाना या देना. 2 **relieve sb of sth,** उससे ले लेना.

reˈligion (रिˈलिजन्) *n* धर्म. **reˈligious** (रिˈलिजस्) *adj* 1 धार्मिक. 2 धर्मपरायण (व्यक्ति).

reˈlinquish (रिˈलिङ्क्विश्) *v* (आशा आदि)

छोड़ देना; अधिकार छोड़ देना.

relish (ˈरेलिश्) *n* स्वाद, रस. *v* स्वाद लेना; रस लेना, भोगना.

reˈluctant (रिˈलक्टन्ट्) *adj* अनिच्छुक (कोई काम करने में). **reˈluctance** (रिˈलक्टन्स्) *n.*

reˈly (रिˈलाइ) *v* (*pt* & *pp* relied) — **(up) on**, निर्भर होना; किसी की ओर सहायता के लिए देखना.

reˈmain (रिˈमेन्) *v* **1** शेष या बाकी रहना. **2** बने रहना. **—der** (रिˈमेन्डर्) *n* शेष; बचा हुआ. **—s** (रिˈमेन्डर्ज़्) *n pl* **1** अवशेष : *the —s of a meal* (*of ancient Rome*). **2** मृत शरीर.

reˈmand (रिˈमान्ड्) *v* (अपराधी को) हवालात में भेजना.

reˈmark (रिˈमार्क्) *v* **1** देखना; ध्यान से देखना. **2** कहना (*that*). *n* **1** ध्यानपूर्वक देखना. **2** टिप्पणी; कथन. **—able** *adj* उल्लेखनीय; असाधारण. **—ably** *adv.*

ˈremedy (ˈरेमिडि) *n* इलाज; दवा; चिकित्सा; उपाय, प्रतिकार. *v* — करना; ठीक करना.

reˈmember (रिˈमेम्बर्) *v* **1** याद रखना, स्मरण करना. **2 — sb** (*to* sb else), नमस्कार पहुँचाना. **reˈmembrance** (रिˈमेम्ब्रन्स्) *n* **1** स्मरण, स्मरण किया हुआ : *in remembrance of.* **2** स्मृतिचिह्न, यादगार, निशानी.

reˈmind (रिˈमाइन्ड्) *v* स्मरण कराना; याद दिलाना. **—er** *n* स्मरण (पत्र).

ˌremiˈniscence (रेमिˈनिसन्स्) *n* **1** अतीत अनुभवों का स्मरण. **2** (*pl*) संस्मरण. **ˌremiˈniscent** (रेमिˈनिसन्ट्) *adj* स्मरण कराने वाला (*of*); संकेत देने वाला, अतीत का स्मरण.

reˈmiss (रिˈमिस्) *adj* लापरवाह; अपने काम में ढीला, काहिल.

reˈmission (रिˈमिशन्) *n* क्षमा, माफ़ी.

reˈmit (रिˈमिट्) *v* (-tt-) **1** (ऋण आदि) माफ़ करना. **2** डाक द्वारा धन भेजना. **3** घटना; घटाना, कम करना : — *one's efforts.* **—tance** (रिˈमिटन्स्) *n* रुपया भेजना.

ˈremnant (ˈरेमनन्ट्) *n* **1** शेष, अवशेष. **2** (विशेषतः) बेचने से बचा हुआ (कपड़े का) टुकड़ा.

reˈmonstrate (रिˈमॉन्स्ट्रेट्) *v* विरोध करना (*against* sth); प्रतिवाद करना (*with* sb, *that*). **remonstrance** *n.*

reˈmorse (रिˈमॉर्स्) *n* पश्चाताप. **—ful** *adj.* **—less** *adj.*

reˈmote (रिˈमोट्) *adj* (-r, -st) **1** (समय या स्थान की दृष्टि से) बहुत दूर; दूरस्थ (*from*). **2** थोड़ा : *not the —st idea.*

reˈmove (रिˈमूव्) *v* **1** हटाना, ले जाना. **2** स्थान बदलना; दूसरी जगह रहने के लिए जाना. **removal** *n.*

reˈmunerate (रिˈम्यूनरेट्) *v* (कार्य या सेवा के बदले) पारिश्रमिक (मेहनताना) देना. **reˌmuneˈration** (रिम्यूनˈरेशन्) *n* पारिश्रमिक.

ˈrender (ˈरेन्डर्) *v* **1** बदले में देना : — *thanks to God.* **2** अर्पित करना; भुगतान के लिए हिसाब भेजना. **3** किसी स्थिति में करना या होना : *—ed helpless by an accident.*

ˈrendezvous (ˈरॉन्डिवू) *n* पूर्वनिश्चित मिलने का स्थान.

reˈnew (रिˈन्यू) *v* **1** नया करना; नये के समान करना. **2** किसी पुरानी वस्तु के स्थान पर नयी वस्तु लगा देना. **3** फिर से करना. **4** फिर से कहना, बनाना, देना पाना, आदि. **—al** (रिˈन्यूअल्) *n.*

reˈnounce (रिˈनाउन्स्) *v* **1** दावा छोड़ देना. **2** संबंध त्याग देना; संन्यास लेना. **renunˌciˈation** (रिनन्सिˈएशन्) *n* त्याग; संन्यास.

ˈrenovate (ˈरेनोवेट्) *v* (पुराने मकान आदि को) अच्छी और दृढ़ स्थिति में फिर से लाना, पुनरुद्धार करना. **renoˈvation** (रेनोˈवेशन्) *n.* पुनरुद्धार.

reˈnown (रिˈनाउन्) *n* यश, कीर्ति. **—ed** *adj* प्रसिद्ध.

rent (रेन्ट्) *n* किराया (मकान आदि का). *v* **1** — देना. **2** — पर उठाना.

reˌnunciˈation → renounce.

reˈpair (रिˈपेअर्) *v* **1** मरम्मत करना. **2** ठीक अवस्था में करना. *n* **1 under —**, जिसकी

मरम्मत हो रही है. 2 (प्रायः *pl*) मरम्मत. ˌ**repaˈration** (रेप्ˈरेशन्) *n* क्षतिपूर्ति, हरजाना.

ˌ**reparˈtee** (रेपार्ˈटी) *n* निपुण और प्रायः व्यंग्यपूर्ण आशुउत्तर.

reˈpast (रिˈपास्ट्) *n* दावत, भोज.

reˈpatriate (रीˈपैट्रिएट्) *v* (किसी को) उस के देश भेजना या लौटाना.

reˈpay (रीˈपे) *v* (*pt*, & *pp* reˈpaid) (धन) लौटाना; बदले में कोई वस्तु वापस करना. **—ment** *n*.

reˈpeal (रिˈपील्) *v* (क़ानून को) रद्द करना. *n* रद्द करना.

reˈpeat (रिˈपीट्) *v* **1** किसी काम को बार-बार करना. **2** (किसी के कहे को या पहले से याद किये को) सुनाना, दोहराना. **—edly** (रिˈपीटड्लि) *adv*. बार-बार. ˌ**repeˈtition** (रेपिˈटिशन्) *n* पुनरावृत्ति.

reˈpel (रिˈपेल्) *v* **1** मार भगाना, दूर हटा देना, पीछे ढकेलना. **2** घृणा या वितृष्णा उत्पन्न करना. **—lent** *adj*.

reˈpent (रिˈपेन्ट्) *v* पछताना, यह सोचना कि काश न किया होता; पश्चाताप करना. **—ance** (रिˈपेन्टन्स्) *n*. **—ant** *adj*.

ˌ**reperˈcussion** (रीपर्ˈकशन्) *n* **1** प्रतिघात. **2** (प्रायः *pl*) किसी घटना के दूरगामी और अप्रत्यक्ष प्रभाव.

ˈ**repertoire** (ˈरेपट्वार्) ˈ**repertory** (ˈरेपटरि) *n* रंगपटल; नाटकों और गानों आदि का संग्रह जो नाटक मंडली आदि अभिनीत करने या गाने को तैयार रहती हैं.

ˌ**repeˈtition** *n* → repeat.

reˈplace (रिˈप्लेस्) *v* वापस स्थान पर रख देना; किसी का स्थान ले लेना.

reˈplenish (रिˈप्लेनिश्) *v* फिर से पूर्ण कर देना, भरा-पूरा कर देना : *— one's wardrobe*.

reˈplete (रिˈप्लीट्) *adj* परिपूर्ण, भरा-पूरा (*with*). **reˈpletion** (रिˈप्लीशन्) *n* परिपूर्णता, परितृप्ति.

ˈ**replica** (ˈरेप्लिका) *n* प्रतिकृति, ठीक-ठीक नक़ल.

reˈply (रिˈप्लाइ) *v* (*pt, pp* replied) *& n* उत्तर.

reˈport (रिˈपार्ट्) *v* **1** रिपोर्ट देना, विवरण देना. **2** अपनी उपस्थिति की सूचना देना. **3** शिकायत करना. *n* **1** रिपोर्ट, प्रतिवेदन, विवरण. **2** साधारण सूचना, अफ़वाह, उड़ती ख़बर. **3** धड़ाका. **—er** (रिˈपार्टर्) *n* (समाचार पत्रों का) संवाददाता.

reˈpose (रिˈपोज़्) *v* **1** आराम करना; लेटना. **2** (विश्वास, आस्था) रखना (*in*). *n* विश्राम; शान्ति; आराम.

ˌ**reprˈesent** (रेप्रिˈज़ेन्ट्) *v* **1** चित्र, चिह्न, प्रतीक या उदाहरण देना, बनाना, होना. **2** वर्णन करना (*as*); (प्रतिवेदन) प्रस्तुत करना (*to* sb). **3** प्रतिनिधित्व करना; संसद में प्रतिनिधित्व करना. ˌ**represenˈtation** (रिप्रिज़ेनˈटेशन्) *n* प्रतिनिधित्व; प्रतिवेदन; निरूपण, चित्रण. **—ative** (रेप्रिˈज़ेनट्टिव्) *adj* **1** (वर्ग या समूह का) प्रतिनिधि रूप. **2 —ative government**, प्रतिनिधि-शासन. *n* **1** (वर्ग, समूह का) प्रतिनिधि. **2** (किसी व्यक्ति या संस्था का) प्रतिनिधि.

reˈpress (रिˈप्रेस) *v* दमन करना; दबा कर रखना. **—ion** *n*. **—ive** *adj*.

reˈprieve (रिˈप्रीव्) *v & n* फाँसी की सज़ा रोकना; परेशानी से कुछ देरी के लिए आराम देना.

ˈ**reprimand** (ˈरेप्रिमान्ड) *v* फटकारना, भर्त्सना करना. *n* फटकार, भर्त्सना.

reˈprisal (रिˈप्राइज़ल्) *n* प्रतिशोध, बदला.

reˈproach (रिˈप्रोच्) *v* फटकारना, धिक्कारना. *n* **1** फटकार, निन्दा. **2** बदनामी. **—ful** *adj* उलाहना-भरा; निन्दात्मक.

ˌ**reproduce** (रिप्रˈड्यूस्) **1** दोबारा करना या बनाना; नकल करना. **2** बच्चे पैदा करना. **reproˈduction** (रीप्रˈडक्शन्) *n* पुनरुत्पादन प्रक्रिया; पुनरुत्पादन.

reˈproof (रिˈप्रूफ़्) *n* भर्त्सना, निन्दा. **reˈproval** (रिˈप्रूवल्) *n* भर्त्सना, निन्दा. **reˈprove** (रिˈप्रूव्) *v* दोष निकालना; फटकारना, भर्त्सना करना.

ˈ**reptile** (ˈरेप्टाइल्) *n* सरीसृप, रेंगने वाले जीव (जैसे, साँप, छिपकली, कछुआ आदि).

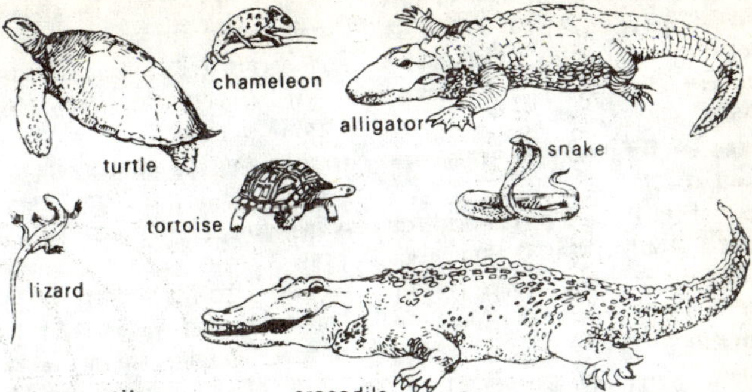

some reptiles

reˈpublic (रिˈपब्लिक्) *n* गणराज्य, गणतन्त्र. **—an** *adj* **1** गणराज्यीय. **2 R—an,** संयुक्त राज्य अमेरिका के एक मुख्य राजनैतिक दल का सदस्य, रिपब्लिकन.

reˈpudiate (रिˈप्यूडिएट्) *v* (किसी के अधिकार आदि को) नकारना; ऋण लौटालने से मना करना; मित्रता स्वीकार न करना; सम्बन्ध विच्छेद करना.

reˈpugnant (रिˈपग्नन्ट्) *adj* अरुचिकर. **reˈpugnance** (रिˈपग्नन्स्) *n* अरुचि, जुगुप्सा; अस्वीकृति.

reˈpulse (रिˈपल्स्) *v* **1** (शत्रुओं को) ढकेल देना; हमले को निष्फल करना. **2** स्वीकार करने से इनकार करना. *n* इनकार, अस्वीकरण. **reˈpulsion** (रिˈपल्शन्) *n* घृणा, अरुचि. **reˈpulsive** (रिˈपल्सिव्) *adj* अरुचिकर, घृणास्पद.

ˌrepuˈtation (रेप्यूˈटेशन्) *n* प्रतिष्ठा, नाम, ख्याति : *a man of high* —. **repute** (रिˈप्यूट्) *n* ख्याति, नेकनामी. **reˈputed** (रिˈप्यूटिड्) *adj* माना हुआ, प्रख्यात.

reˈquest (रिˈक्वेस्ट्) *n* प्रार्थना, अनुरोध, निवेदन. **in —,** लोगों से प्रार्थित. *v* — करना (*for* sth).

reˈquire (रिˈक्वाइअर्) *v* **1** आवश्यक होना. **2** आदेश देना (sb to do sth). **3** माँगना. **—ment** *n*.

rescue (ˈरेस्क्यू) *v* (मुसीबत से) छुड़ाना; (शत्रुओं से) मुक्त कराना. *n* बचाव, उद्धार.

reˈsearch (रिˈसर्च्) *n* अनुसंधानात्मक अध्ययन.

reˈsemble (रिˈज़ेम्ब्ल्) *v* सदृश होना, मिलना. **reˈsemblance** (रिˈज़ेम्ब्लन्स्) *n* सादृश्य.

reˈsent (रिˈज़ेन्ट्) *v* बुरा मानना; नाराज़ होना. **—ful** नाराज़, द्वेषपूर्ण. **—ment** *n* नाराज़गी, मनोमालिन्य; कुढ़न.

reˈserve (रिˈज़र्व्) *v* **1** भविष्य में काम आने के लिए बचा रखना. **2** विशेष व्यक्ति या प्रयोजन के लिए कुछ सुरक्षित रखना. *n* **1** निधि, संचय. **in —,** तैयार रखा हुआ (भविष्य के लिए). **2** (*pl*) रिज़र्व-सेना. **3** आरक्षित क्षेत्र : *a game* —, (वन्य पशुओं के लिए सुरक्षित क्षेत्र). **4** न्यूनतम मूल्य. **5** संकोची; अल्पभाषी. **ˌreserˈvation** (रेज़र्ˈवेशन्) *n* आरक्षण; संरक्षण. **without reservation,** बिना शर्त के. **—d** (रिˈज़र्व्ड्) *adj* अल्पभाषी; गैर-मिलनसार; आरक्षित, सुरक्षित.

ˈreservoir (ˈरेज़र्वा) *n* (पानी की) टंकी, हौज़, जलाशय.

reˈside (रिˈज़ाइड्) *v* निवास करना, रहना (*in, at*). **ˈresidence** (ˈरेज़िडन्स्) *n* निवास-स्थान. **ˈresident** (ˈरेज़िडन्ट्) *adj* निवासी ('आगन्तुक' के वैषम्य में). **ˌresiˈdential** (रेज़िˈडेन्शल्) *adj* आवासी, रिहाइशी : *the residential district of a town.*

ˈresidue (ˈरेज़िड्यू) *n* अवशेष, बचा हुआ.

reˈsign (रिˈज़ाइन्) *v* **1** इस्तीफ़ा देना, पदत्याग

करना. 2 — oneself to, सहने को तैयार होना. —ed (रि'ज़ाइन्ड्) *adj* सन्तोषी, सत्र करने वाला. ˌresig'nation (रेज़िग्'नेशन्) *n* 1 त्यागपत्र (किसी पद से). 2 आत्मसमर्पण; स्वीकृति.

re'silience (रि'ज़िलिअन्स्) *n* लचक, लोच. **re'silient** *adj.*

re'sist (रि'ज़िस्ट्) *v* 1 विरोध या प्रतिरोध करना. 2 अप्रभावित रहना. 3 (प्रायः negative) अपने को रोकना. **—ance** (रि'ज़िस्टन्स्) *n* 1 प्रतिरोध करने की शक्ति. 2 प्रतिरोधी शक्ति.

'resolute ('रेज़्लूट्) *adj* कृतसंकल्प, दृढ. **—ly** *adv.*

ˌreso'lution (रेज़्'लूशन्) *n* 1 संकल्प शक्ति, दृढ़ता. 2 प्रस्ताव.

re'solve (रि'ज़ॉल्व्) *v* 1 निश्चित या निर्धारित करना. 2 उत्तर देकर संशय-शंका दूर कर देना. 3 भागों या अंशों में विभाजित करना. *n* संकल्प, प्रस्ताव.

'resonant ('रेज़नन्ट्) *adj* 1 अनुनाद करने वाली (ध्वनियाँ). 2 प्रतिध्वनि करने-कराने वाला. **'resonance** ('रेज़्नन्स्) *n* अनुनाद, गूंज.

re'sort (रि'ज़ॉर्ट्) *v* **— to,** 1 का सहारा या आश्रय लेना. 2 (किसी स्थान पर) प्रायः जाना. *n* 1 **in the last —,** (सभी प्रयासों के असफल होने पर) अन्तिम प्रयास के रूप में. 2 आश्रय, सहारा; आश्रय ली वस्तु (या व्यक्ति). 3 सैरगाह : *health —s.*

re'sound (रि'ज़ाउन्ड्) *v* गूंजना; प्रतिध्वनित होना.

re'source (रि'सॉर्स्) *n* 1 देश या व्यक्ति की सम्पदा, धन, साधन. **natural —s,** खनिज, जल-शक्ति आदि. 2 उपाय, युक्ति. **—ful** *adj* उपाय कुशल, चतुर.

res'pect (रिस्'पेक्ट्) *n* 1 आदर-भावना. 2 ध्यान, लिहाज. **with — to, in — of,** के सम्बन्ध में. 3 (*pl*) प्रणाम. 4 पहलू, पक्ष, विस्तार में : *in some (many) —s. v* 1 आदर करना. 2 लिहाज़ रखना, ध्यान रखना : *— the law (sb's wishes or feelings).* **—able** *adj* 1 आदरणीय, सम्मान्य. 2 उचित (व्यवहार, पोशाक आदि की दृष्टि से). 3 काफ़ी मात्रा या राशि में. **—ably** *adj.* **—ful** *adj* आदरपूर्ण (*to*). **—ing** *prep* के विषय में **—ive** *adj* अपना-अपना. **—ively** (रिस्'पेक्टिव्लि) *adv* क्रमशः.

'respite ('रेस्पाइट्) *n* 1 राहत, आराम (*from* sth unpleasant). 2 विश्राम.

re'splendent (रिस्'प्लेन्डन्ट्) *adj* चमकता हुआ.

res'pond (रिस्'पॉन्ड्) *v* उत्तर देना; उत्तर-स्वरूप कार्य करना. **res'ponse** (रिस्'पॉन्स्) *n* उत्तर; प्रतिक्रिया, अनुक्रिया. **res'ponsive** *adj* उत्तर देने वाला; सहज में उत्तर देनेवाला; अनुकूल.

res'ponsible (रिस्'पॉन्सब्ल्) *adj* 1 **be — (for),** (व्यक्ति का) किसी बात का उत्तरदायी होना. **be — (to),** के लिए उत्तरदायी होना (*to* sb). 2 उत्तरदायी, जिम्मेवार. 3 विश्वसनीय. 4 उत्तरदायी व्यक्ति की आवश्यकता वाला कार्य या पद. **resˌponsi'bility** (रिस्पॉन्स्'बिलिटि) *n* 1 उत्तरदायित्व, जिम्मेवारी. 2 जवाबदेही.

rest[1] (रेस्ट्) *n* 1 आराम की स्थिति; विश्राम. 2 सहारा, टेक. *v* 1 आराम करना, सुस्ताना. 2 शान्ति देना; क्रियाशील स्थिति से मुक्त रहना या रखना. 3 टिकाना (*on, against* sth). **—ful** *adj* आरामदेह, सुखप्रद. **—ive** ('रेस्टिव्) *adj* (घोड़ों का) दुर्दमनीय होना; बेचैन. **—less** *adj* अशान्त, अधीर; बेचैन.

rest[2] (रेस्ट्) *v* 1 एक ही स्थिति में बने रहना : *— assured that.* 2 निर्भर होना. 3 **it —s with you to decide,** निश्चय करना तुम्हारे ऊपर निर्भर है. *n* **the —,** शेष, बचा हुआ.

'restaurant ('रेस्ट्राँ/'रेस्ट्रान्ट्) *n* रेस्तराँ, भोजनालय.

ˌresti'tution ('रेस्टि'ट्यूशन्) *n* (किसी खोयी वस्तु की) वापसी.

re'store (रि'स्टॉर्) *v* 1 (खोयी वस्तु का) लौटाना, वापस करना. 2 फिर से काम में लाना; पुरानी स्थिति में किसी को कर देना. 3 मरम्मत करना; पुनर्रचना करना. 4 ठीक या सामान्य स्थिति में फिर से कर देना. **ˌresto'ration**

(रेस्ट्'रेशन्) *n.*

res'train (रिस्'ट्रेन्) *v* नियंत्रण में रखना; करने से रोकना (*from*); कैद में रखना. **—t** (रिस्'ट्रेन्ट्) *n* रोक, प्रतिबंध, नियंत्रण; कैद.

res'trict (रिस्'ट्रिक्ट्) *v* सीमा में रखना; सीमित करना. **—ion** (रिस्'ट्रिक्शन्) *n* रोक; प्रतिबंध, पाबंदी.

re'sult (रि'ज़ल्ट्) *n* परिणाम, फल, नतीजा. *v* परिणाम होना या निकलना : — *in failure.*

re'sume (रि'ज़्यूम्) *v* **1** (कुछ रुकने के बाद) पुनः कार्य जारी करना, दोबारा करना. **2** पुनः ग्रहण करना : — *one's seat.* **re'sumption** (रि'ज़म्प्शन्).

,resur'rect (रेज़्'रेक्ट्) *v* **1** क़ब्र से मृत शरीर को निकालना. **2** स्मृति या प्रयोग में फिर से लाना. **—ion** *n* (esp) **the R—ion,** ईसा का कब्र से उठना; पुनरुज्जीवन.

re'suscitate (रि'ससिटेट्) *v* किसी को (जैसे लगभग डूबे हुए को) चेतना में लाना.

retail ('रीटेल्) *n* खुदरा, फुटकर : — *prices.* **re'tail** *v* **1** खुदरा में बेचना. **2** खुदरा में बिकना. **—er** (री'टेलर्) *n* परचूनी, खुदरा में बेचने वाला.

re'tain (रि'टेन्) *v* रखना, किसी स्थान पर बनाये रखना; अधिकार में रखना.

re'taliate (रि'टैलिएट्) *v* बदला लेना, प्रतिकार करना. **retali'ation** (रिटैलि'एशन्) *n* बदले में किया बुरा व्यवहार, प्रति-अपकार.

re'tard (रि'टार्ड्) *v* बाधा पहुँचाना; रोकना.

'reticent ('रेटिसन्ट्) *adj* अल्पभाषी; चुप्पा; एकांतप्रिय. **'reticence** ('रेटिसन्स्) *n.*

'retinue ('रेटिन्यू) *n* परिजन (किसी उच्च पद वाले व्यक्ति के साथ चलने वाले अधिकारी, नौकर आदि).

re'tire (रि'टाइअर्) *v* **1** अलग हो जाना (*from, to*). **2** अपने पद या सेवा से निवृत होना, रिटायर होना. **3** सोने जाना. **—d** *adj* **1** सेवानिवृत्त, अवकाशप्राप्त. **2** एकान्त; चुपचाप. **—ment** (रि'टाइअरमन्ट्) *n* सेवा-निवृत्ति, अवकाशग्रहण. **re'tiring** (रि'टाइ-अरिङ्) *adj* एकान्तसेवी.

retort (रि'टॉर्ट्) *n* (विशेषतया किसी दोषा-रोपण का) मुंहतोड़ जवाब. *v* — देना.

re'touch (री'टच्) *v* (फ़ोटो, चित्र आदि में) छोटे-मोटे संशोधन करना.

re'trace (रि'ट्रेस्) *v* लौटना : — *one's steps.*

re'tract (रि'ट्रैक्ट्) *v* **1** मुकर जाना. **2** सिकोड़ना, समेटना. **—able** *adj* सिकोड़ने योग्य.

re'treat (रि'ट्रीट्) *v* पीछे हटना (विशेषतया सेना का); वापस जाना. *n* **1** — की क्रिया. **2** — का संकेत.

re'trench (रि'ट्रेन्च्) *v* (खर्च आदि) कम करना; निकाल देना. **—ment** *n* कटौती; छँटनी.

re'trieve (रि'ट्रीव़्) *v* **1** दोबारा पाना. **2** त्रुटि सुधारना. **3** संपत्ति बचाना.

'retrospect ('रेट्रोस्पेक्ट्) *n* सिंहावलोकन (पुरानी घटनाओं का पश्चदर्शन). **seen in —,** पश्चदर्शन में. **,retro'spective** (रेट्रो'स्पेक्टिव़्) *adj* (क़ानून आदि का) पुरानी तिथि से ही लागू हो जाने वाला.

re'turn (रि'टर्न्) *v* **1** लौटाना, वापस आना, वापस जाना. **2** वापस करना, लौटाना. **3** उत्तर में कहना. *n* **1** लौटना. **in — (for),** के बदले में. **a — ticket,** वापसी टिकट, आने-जाने का टिकट. **2** (प्रायः *pl*) (पूंजी लगाने से मिली) आय. **—able** *adj* लौटाने योग्य.

re'union (री'यून्यन्) *n* (विशेषतः दो मित्रों का लम्बे वियोग के बाद हुआ) पुनर्मिलन.

re'veal (रि'व़ील्) *v* प्रकट होना या करना; रहस्य खोलना. **,reve'lation** (रेवि़'लेशन्) *n* प्रकट होना; रहस्य खुलना.

'revel ('रेव़्ल्) *v* (-ll-) **1** मौज मनाना. **2 — in,** आमोद-प्रमोद करना. *n* (प्रायः *pl*) आमोद-प्रमोद. **—ry** ('रेव़्ल्रि) *n* रंगरलियाँ, गुलछर्रे.

re'venge (रि'व़ेन्ज्) *v* **1** प्रतिकार करना. — *an insult; — one's friend.* **2 be —d** (*on* sb *for* sth), बदला लेना, प्रतिशोध लेना. *n* प्रतिशोध; बदला लेने की भावना. **—ful** *adj* प्रतिशोध की भावना से पूर्ण.

'revenue ('रेव़िन्यू) *n* राज्य की पूर्ण वार्षिक आय, राजस्व.

re'verberate (रि'व़र्बरेट्) *v* गूँजना.

re'vere (रि'व़िअर्) *v* आदर करना, श्रद्धा रखना. **'reverence** ('रेव़रन्स्) *n* श्रद्धा. *v* श्रद्धापूर्ण व्यवहार करना. **'reverent** ('रेव़रन्ट्) *adj* श्रद्धालु. **the 'Reverend (Rev),** ईसाई पादरियों की पदवी : *the Rev T Wells.*

'reverie ('रेव़रि) *n* दिवास्वप्न (प्रियकर कल्पनापूर्ण विचारों को भोगने की स्थिति).

re'verse (रि'व़र्स्) *adj* **1** उलटा, विपरीत : *in the — direction.* **2** पीछे या पीछे की ओर; निचला : *the — side of a coin, medal, etc.* *n* **1** उलटा. **2** पृष्ठ या पीछे का भाग. **3** विपत्ति; पराजय. *v* **1** — स्थिति में रखना. **2** पीछे की या उलटी दिशा में भेजना या करना. **3** पहले किये का उलटा करना. **4** (निर्णय आदि) रद्द करना.

re'vert (रि'व़र्ट्) *v* (पूर्व स्थिति पर) लौट जाना.

re'view (रि'व़्यू) *v* **1** पुन: परीक्षण करना; मन में दोहराना. **2** (सैन्यदल आदि का) औपचारिक निरीक्षण करना. **3** (नई पुस्तक आदि की) समीक्षा. *n* **1** — करने की प्रक्रिया. **2** पत्रिका (जिन में समसामयिक घटनाओं पर लेख, पुस्तकों की समीक्षा आदि होते हैं).

re'vile (रि'व़ाइल्) *v* गाली देना; निन्दा करना.

re'vise (रि'व़ाइज़्) *v* **1** (शुद्ध करने या सुधारने के लिए) किसी लिखे का ध्यानपूर्वक पढ़ना, संशोधन करना. **2** परीक्षा के पूर्व पढ़े हुए को दोहराना. **re'vision** (रि'व़िश़न्) *n* संशोधन; संशोधित विवरण.

re'vive (रि'व़ाइव़्) *v* **1** पुनर्जीवित करना; पहले की सी शक्ति, स्वास्थ्य या स्थिति पाना : *Our hopes —d.* **2** अप्रचलित (प्रथा आदि को) फिर से प्रचलित करना : *—d customs.* **re'vival** (रि'व़ाइव़ल्) *n* **1** नव जागरण; पुनर्जीवन, पुनरुत्थान. **2** धर्मप्रचार के लिए (सभाएँ करना).

re'voke (रि'व़ोक्) *v* रद्द करना; डिग्री वापिस लेना.

re'volt (रि'व़ोल्ट्) *v* **1** विद्रोह करना. **2** घृणा या ग्लानि से भर जाना (*at* or *against* sth). **3** जुगुप्सा से भर जाना. *n* विद्रोह.

,revo'lution (रेव़'लूशन्) *n* **1** परिक्रमण (किसी वस्तु के चारों ओर का चक्कर): *the — of the earth round the sun.* **2** (पहिये आदि का) एक पूरा चक्र. **3** क्रान्ति (शासन व्यवस्था आदि का आमूल परिवर्तन). **—ary** (रेव़'लूशनरि) *n* क्रान्तिकारी (व्यक्ति). *adj* क्रान्तिकारी; कायापलट करने वाला. **—ize** (रेव़'लूशनाइज़्) *v* क्रान्ति उत्पन्न करना; आमूल परिवर्तन करना.

re'volve (रि'व़ॉल्व़्) *v* **1** चक्कर खाना, घूमना. **2** किसी समस्या को सभी पक्षों में देखना.

re'volver (रि'व़ॉल्व़र्) *n* रिवाल्वर, तमंचा.

re'vulsion (रि'व़ल्शन्) *n* आकस्मिक और पूर्ण भावना - परिवर्तन.

reward (रि'वार्ड्) *n* पुरस्कार, इनाम. *v* — देना, — बनना.

'rhapsody ('रैप्सडि) *n* प्रशंसा और आह्लाद से भरा गीत-संगीत.

'rhetoric ('रेट्रिक्) *n* **1** शब्दों को प्रभावशाली रीति से प्रयुक्त करने की कला. **2** शब्दों का आडम्बरपूर्ण प्रयोग. **rhe'torical** (रि'टॉरिकल्) *adj* (विशेषतया) **rhetorical question,** केवल शब्दाडम्बर के लिए किया प्रश्न (न कि उत्तर पाने के लिए).

'rheumatism ('रूमटिज़्म्) *n* गठिया (रोग). **rheu'matic** (रू'मैटिक्) *adj* गठिया सम्बन्धी, गठिया का रोगी.

rhi'noceros (राइ'नॉस्रस्) *n* गैंडा. → p 351.

rhyme (राइम्) *n* **1** तुक, अन्त्यानुप्रास; **2** तुकान्त कविता. **nursery —s,** छोटे बच्चों की छोटी-छोटी कविताएँ जो तुकान्त होती हैं. **3** वे शब्द जो एक दूसरे से तुक में मिलते हैं. *v* **1** शब्दों का तुक मिलाना. **2** तुकान्त कविता करना.

'rhythm ('रिद़्म्) *n* लय (संगीत, नृत्य, भाषण आदि में), ताल. **—ic(al)** ('रिद़्मिक्/'रिद़्मिक्ल्) *adj.*

rib (रिब्) *n* **1** पसली की हड्डी. → p 37. **2** पसली के समान मुड़ी वस्तु.

'ribbon ('रिबन्) *n* **1** रिबन (रेशम आदि का). **2** रिबन, फीता : *a typewriter —.*

rice (राइस्) *n* धान; चावल.

rich (रिच्) *adj* **1** अमीर, धनवान् (व्यक्ति). **2** मूल्यवान् (वस्तु). **3** उपजाऊ (भूमि); बहुलतापूर्ण (*in*). **4** स्वादिष्ठ, बढ़िया (भोजन). **5** भड़कीला, चटकदार (रंग). ′**—es** (′रिचिज़्) *n pl* धन-दौलत. **—ly** *adv* **1** शानदार रीति से. **2** भरपूर, पूर्णता के साथ (विशेषत: *—ly deserve*). **—ness** *n* — का गुण.

′**rickety** (′रिकिटि) *adj* दुर्बल (विशेषत: जोड़ों पर); डावाँ-डोल, जर्जर : — *furniture*.

′**rickshaw** (′रिक्शॉ) *n* रिक्शा.

rid (रिड्) *v* (*pt* & *pp* rid) मुक्त करना (*of*). **get rid of,** पीछा छुड़ाना, पिण्ड छुड़ाना. ′**riddance** (′रिडन्स्) *n* छुटकारा. ′**ridden** (′रिड्न्) (ride का *pp*) (समासों में) के द्वारा पीड़ित, वशीभूत : *disease-ridden*.

′**riddle**[1] (′रिड्ल्) *n* पहेली, बुझौअल.

′**riddle**[2] (रिड्ल्) *v* छलनी कर देना, छेद-छेद कर देना : *The corpse was —d with bullets.*

ride (राइड्) *v* (*pt* rode, *pp* ′ridden) **1** चढ़ कर चलना (जैसे, घोड़े पर, साइकिल पर). **2** सवारी करना (जैसे बस में). **3** तैरना; तिरना. **— at anchor,** (जहाज का लंगर पर टिका रहना). *n* सवारी; घुड़सवारी. ′**—r** (′राइडर्) *n* सवार, घुड़सवार.

ridge (रिज्) *n* **1** रिज, पहाड़ का ऊपरी चिपटा भाग; पर्वतश्रेणी. **2** (खेत की) मेंड़. *v* — बनाना, — से भरना.

′**ridicule** (′रिडिक्यूल्) *v* मज़ाक बनाना, खिल्ली उड़ाना; उपहास करना. **ri**′**diculous** (रि′डिक्युलस्) *adj* उपहास-योग्य; बेतुका.

rife (राइफ़्) *adj* **1** फैला हुआ. **2 — with** (*superstition*), से पूर्ण (जैसे, अन्धविश्वासों से भरा हुआ).

′**rifle**[1] (′राइफ़्ल्) *v* (चोरी करने की दृष्टि से) चप्पा-चप्पा ढूंढ़ लेना, बारीकी से तलाशी ले लेना.

′**rifle**[2] (′राइफ़्ल्) *n* राइफ़ल (लंबी नली की बंदूक).

rift (रिफ़्ट्) *n* दरार.

rig (रिग्) *v* (-gg-) **1** जहाज़ को मस्तूल-पाल आदि से सज्जित करना. **2 rig sb out,** आवश्यक कपड़े और साज-सामान से युक्त करना. **rig sth up,** जो भी उपलब्ध सामान हो उससे जल्दी-जल्दी सज्जित करना : *rig up a shelter*. *n* मस्तूल और पाल का डिज़ाइन्. **rigging** (′रिगिङ्) *n* मस्तूल-पाल बाँधने वाली रस्सियाँ आदि.

right[1] (राइट्) *adj, n* & *adv* (left के वैषम्य में), दाहिना, दाहिने; (राजनीति में) दक्षिण-पंथी. **right-hand man,** विश्वस्त सहायक (व्यक्ति).

right[2] (राइट्) *adj* **1** (wrong के वैषम्य में) उचित; नैतिक, न्यायोचित; विधि-विधान के अनुकूल; सही, सत्य, **all** ′**— (al**′**right),** ठीक, सही. **2 the — side** (कपड़ों का), सीधा हिस्सा. **3 — angle,** (गणित) 90° का कोण . **1** प्रत्यक्ष, सीधे तौर से. **— away** तुरंत. **2** पूर्णतया; पूरा-पूरा : *turn — around*. **3** ठीक : *— in the middle*. **4** बिलकुल सामने की दिशा में : *go — on*. *n* **1** उचित, उपयुक्त. **be in the —,** न्याय के पक्ष में. **2** विधि-संमत कर्तव्य; अधिकार. **by —(s),** न्यायसंगत. **by — of,** के कारण. *v* सीधा करना, होना या बनना, खड़ा करना; ठीक करना, सुधारना ′**right-**ˌ**about** (′राइट्-अबाउट्) *adj* **a right about turn,** पूरा मोड़, ऐसा मोड़ कि व्यक्ति एकदम विपरीत दिशा में हो जाए. ′**—ful** *adj* **1** न्यायोचित, न्यायानुसार, न्यायेन : *the —ful owner*. **2** औचित्यपूर्ण कार्य. ′**—ly** *adv* ठीक ही; उचित ही.

′**righteous** (′राइटचस्) *adj* धर्मपरायण; नियमों का पालन करने वाला. **—ly** *adv*. **—ness** *n*.

′**rigid** (′रिजिड्) *adj* **1** कड़ा; न मुड़ने वाला. **2** नियमों के पालन करने-कराने में दृढ़; दृढ़ **—ly** *adv*. **rigidity** (रि′जिडिटि) *n* दृढ़ता, कठोरता.

′**rigmarole** (′रिग्मारोल्) *n* अनाप-शनाप (कथन).

′**rigour** (′रिगर्) *n* **1** कड़ाई; संयम, **2** (प्राय: *pl*) (मौसम आदि की) कठोर परिस्थितियाँ.

ˈ**rigorous** (ˈरिग्रस्) *adj* **1** कड़ा, सख़्त. **2** कष्ट साध्य, श्रमसाध्य.

rim (रिम्) *n* **1** (कटोरे का) किनारा, औंट. **2** पहिये का घेरा, नेमि. *v* (-mm-) — बनना, — से युक्त करना.

rind (राइन्ड्) *n* (फल आदि का) छिलका; छाल.

ring[1] (रिङ्) *n* **1** घेरा. **2** अँगूठी : *a wedding —*. **3** सर्कस का अखाड़ा, घेरा. **4** अखाड़ा (कुश्ती का). *v* (*pt & pp* ˈringed) **1** घेरना. **2** (बैल को) नाथना. ˈ**— ˌleader** *n* गुट का नेता (विशेषत: अधिकारियों के ˌविरोध में बने गुट का).

ring[2] (रिङ्) *v* (*pt* rang, *pp* rung) **1** बजना. **2** बजाना : *— the church bells; — for the servant.* **— sb up,** टेलीफ़ोन से बात करना. **— off,** टेलीफ़ोन पर बात करना बंद करना. **3 — with,** गूँजना, प्रतिध्वनित होना. *n* — की ध्वनि.

rink (रिंक्) *n* स्केटिंग के लिए बर्फ़ीली भूमि; स्केटिंग के लिए बना चिकना फ़र्श.

rinse (रिन्स्) *v* (प्राय: — out) पानी से बार-बार धोना ताकि लगी हुई वस्तु छूट जाए, खँगालना : *— the soap out of the clothes; — one's hair; — out the teapot. n* धोना; खँगालना.

ˈ**riot** (ˈराइअट्) *n* दंगा, बलवा; हंगामा. **run —,** क़ाबू के बाहर होना. *v* — में भाग लेना, — करना. **—er** *n* — में भाग लेने वाला या करने वाला व्यक्ति.

rip (रिप्) *v* (-pp-) **1** चीरना, काटना : *rip the cover off ; rip a piece of cloth in two.* **2** उघाड़ना, खोलना. *n* चीरा, कटा हुआ स्थान.

ripe (राइप्) *adj* (-r, -st) **1** पका हुआ (फल या अनाज). **2** पूर्ण विकसित. **3 — for,** उपयोग के लिए तैयार. **—n** *v* पकाना; विकसित करना.

ˈ**ripple** (ˈरिप्ल्) *n* (छोटी लहरों से उत्पन्न) कल-कल ध्वनि; छोटी लहर, हलका उतार-चढ़ाव. *v* लहराना; लहर बनाना.

ˈ**rise** (ˈराइज़्) *v* (*pt* rose, *pp* ˈrisen) **1** उठाना, ऊपर उठाना. **2** खड़ा होना; बिछौने से उठाना, जगना. **3** किसी द्रव के ऊपर उठ आना. **4** प्रारंभ करना (*in, at, from*). **5** विद्रोह करना (*against*). **6** (संसद् आदि की बैठक का) समाप्त होना. *n* **1** छोटी पहाड़ी; चढ़ान. **2** वृद्धि (*in* cost); उन्नति. **3 give — to,** उत्पन्न करना. ˈ**rising** *adj.* **the rising generation,** नई पीढ़ी. *n* (विशेषतया) विद्रोह.

risk (रिस्क्) *n* जोखिम में होना या रखना; दाँव पर रखना; हानि की संभावना होते हुए भी कार्य करना : *— failure.* ˈ**—y** *adj* (-ier, -iest) हानि की संभावना से युक्त.

rite (राइट्) *n* धार्मिक कृत्य या अनुष्ठान, संस्कार : ˈ**ritual** (ˈरिच्युअल्) *n* अनुष्ठान, कर्मकांड. *adj* — संबंधी : *ritual dances.*

ˈ**rival** (ˈराइवल्) *n* **1** प्रतिद्वन्द्वी. **2** (*adj* की तरह) होड़ करने वाला : *— shops.* *v* (-ll-) — बनना; किसी अन्य के बराबर होने का दावा करना. **—ry** (राइवलरी) *n* प्रतिद्वन्द्विता, प्रतिस्पर्धा.

ˈ**river** (ˈरिवर्) *n* नदी; नदी की तरह बहने वाला द्रव : *a — of blood.*

ˈ**rivet**, (ˈरिविट्) *n* रिवेट (एक प्रकार की कील). *v* **1** रिवट लगाना. **2** आँखे (किसी एक ही वस्तु पर) गड़ाना.

rivets

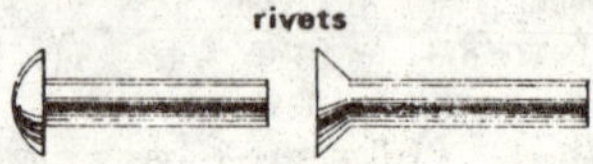

road (रोड्) *n* **1** सड़क. **on the —,** सफ़र में. **2** प्राप्ति-मार्ग, प्राप्त करने का उपाय : *the — to success* (*ruin*).

roam (रोम्) *v* घूमना, भ्रमण करना.

roar (रॉर्) *n* गर्जन (जैसे शेर की). *v* गरजना, दहाड़ना, गरजते हुए कहना.

roast (रोस्ट्) *v* भूनना (जैसे गोश्त को आँच में).

rob (रॉब्) *v* (-bb-) लूटना, डाका डालना. ˈ**robber** (ˈरॉबर्) *n* लुटेरा, डाकू. ˈ**robbery** (ˈराब्रि) *n* लूटमार, डाका.

robe (रोब्) *n* पोशाक (विशेषतः उच्च राज कर्मचारियों की). *v* — पहनना.

ro'bust (रो'बस्ट) *adj* हृष्ट-पुष्ट, तगड़ा (व्यक्ति).

rock[1] (रॉक्) *n* **1** पत्थर की चट्टान. **2** समुद्रतल से निकला भूखंड : *the ship was on the —s.* **—y** *adj* (-ier, -iest) — से भरा हुआ; — के समान कड़ा.

'rocket ('रॉकिट्) *n* राकेट, अग्नि बाण.

rod (रॉड्) *n* **1** छड़ (किसी धातु या लकड़ी की). **2** लम्बाई का एक एकक (=$5\frac{1}{2}$ गज़).

rode → ride.

'rodent ('रोडन्ट्) *n* कुतरने वाला जीव जैसे, चूहा, गिलहरी, खरगोश आदि.

roe (रो) *n* मछली के अंडे; हरिणी.

rogue (रोग्) *n* दुर्जन, दुष्ट. **'roguish** ('रोगिश्) *adj* (विशेषता) नटखट.

role (रोल्) *n* नाटक में अभिनेता की भूमिका; भूमिका, कार्य.

roll (रोल्) *v* **1** लुढ़कना : *— a barrel; a —ing stone.* **2** लपेटना, किसी वस्तु को गेंद या बेलन की आकृति में मोड़ना : *— string into a ball; — up a map (carpet); — oneself up in a blanket.* **3** बेलनाकार वस्तु को लुढ़का कर किसी वस्तु को समतल करना, बेलना: *— the grass; — out pastry.* **4** डगमगाना : *a ship —ing in bad weather.* **5** उतार-चढ़ाव वाला भूतल: *miles of —ing country.* **6** गरजना, गड़गड़ाना : *drums —ing in the distance.* **7 — in (along),** बड़ी संख्या में आना. **— up,** (fig) बड़ी संख्या में बढ़ना. **8 —ed gold,** रोल्ड गोल्ड, सोने की पालिश. *n* **1** बेलनाकार बनी वस्तु, लपेटी हुई वस्तु : *a — of cloth; a bread-roll.* **2** बादलों का लहराना; बिजली का गरजना. **3** नाम सूची: *call the —.* **'—er** (रोलर्) *n* बेलन, रोलर: *a steam-roller* (सड़क बनाने का इंजिन); *roller-skates* चिकने फ़र्श पर स्केटिंग करने के पहियेदार स्केट्स.

Roman ('रोमन्) *adj* रोम विषयक; *— numerals* (जैसे, I, II, III, ... आदि).

ro'mance (र'मैन्स्) *n* **1** प्रेम कथा; रोमांस साहित्य. **2** रोमांचकारी घटनाएँ. **ro'mantic** (र'मैन्टिक्) रोमानी, भावुक; रोमांस-योग्य: *ro'mantic tales (adventures).*

romp (रॉम्प्) *v & n* बच्चों का खिलवाड़ करना, कूदना-फाँदना.

roof (रूफ़्) *n* छत. *v* — डालना, छप्पर डालना; छत बनाना.

rook (रूक्) *n* कौवे की तरह बड़ी काली चिड़िया.

room (रूम्) *n* **1** कमरा; (*pl*) निवास, फ्लैट. **2** स्थान, रिक्त स्थान. **'—ful** *n.* **'—y** *adj* (-ier, -iest) बड़ा लम्बा-चौड़ा.

roost (रूस्ट्) *n* (चिड़ियों का) बसेरा. *v* बसेरा लेना, अड्डे पर बैठना. **'—er** (रूस्टर्) *n* (अमेरिकी अंग्रेज़ी में) मुरगा.

root (रूट्) *n* **1** (पेड़-पौधे की) जड़. **take —,** उगना प्रारंभ करना, जड़ें निकलना. **2** (root-crop भी) कन्द-मूल जैसे मूली, गाजर आदि. **3** बालों की जड़, दांत की जड़, आदि; (व्याकरण में) शब्दों का वह अंश जिस से बहुत शब्द बनते हैं, धातु. *v* **1** जड़ पकड़ना; जड़ें जमाना. **2 — (sth) up (out),** जड़ उखाड़ना, मिटा देना, उखाड़ फेंकना. **square-root** → square (वर्ग मूल).

rope (रोप्) *n* रस्सी. *v* रस्सी से बांधना (*up, together*); रस्सी से घेरना.

'rosary ('रोज़रि) *n* जाप करने की माला, सुमिरनी.

rose[1] (रोज़्) → rise.

rose[2] (रोज़्) *n* **1** गुलाब का फूल. **2** गुलाबी रंग. **rosy** ('रोज़ि) *adj* (-ier, -iest) गुलाबी; (fig) चमकीला.

rot (रॉट्) *v* (*-tt-*) **1** सड़ना; खराब होना; गलना : *rotting fruit* (सड़ा-गला फल). **2** (fig) क्षीण होना. *n* **1** सड़ना, गलना, पकना (मवाद पड़ना). **2** (colloq) बकवास. **'rotten** ('रॉट्न्) *adj* **1** सड़ा-गला. **2** (colloq) बेकार, रद्दी.

rota ('रोटा) *n* किसी कार्य को करने वालों की क्रमसूची.

ro'tate (रो'टेट्) *v* धुरी पर घूमना-घुमाना;

चक्कर काटना. **rotation** (रो'टेशन्) *n* घूर्णन; चक्रक्रम से आवर्तन.

rote (रोट्) *n* **by —,** रट कर याद रखना.

ro'tund (रो'टन्ड्) *adj* गोलमटोल (व्यक्ति). **—ity** *n.*

'rouble ('रूब्ल्) *n* रूस में प्रचलित सिक्का.

rouge (रूश़्) *n* रूज़ (गालों पर लगाने वाली लाली).

rough (रफ़्) *adj* **1** खुरदुरा; खुरखुरा. **2** तेज़ मिजाज, उग्र; उद्दंड : *— children;* विक्षुब्ध: *a — sea.* **3** आरंभिक कच्चा कार्य : *a — sketch.* **4** कर्णकटु (ध्वनि). **5** रूखा, कठोर, असुविधापूर्ण : *leading a — life in the jungle. n* — अवस्था. **take the — with the smooth,** प्रिय-अप्रिय को एकसमान स्वीकार करना. **in the —,** आरंभिक कच्ची स्थिति में. *v* **1** — करना. **2 — it,** कष्ट सहन करना. **'—en** *v* — बनना या बनाना. **'—ly** *adv* लगभग.

round (राउन्ड्) *adj* (-er, -est) गोल. **a — trip,** उसी स्थान पर घूमकर यात्रा समाप्त करना जहाँ से चले थे. **in — number,** मोटे तौर से, मोटी संख्या में, जैसे 10, 20, 30, 100, 200, 300 आदि. *n* **1** गोल टुकड़ा. **2** (खाने-पीने का) दौर; दौरा, गश्त; फेरा, पाली, बारी : *the postman's —;* **go the —s. 3** गोली : *only five —s left* (रिवाल्वर आदि के राउंड). **4** प्रतियोगिता में पाली, फेरा : *a boxing match of ten —s.* **5** बहुत से लोगों द्वारा एक साथ किया अनुमोदन : *— after — of cheers; a — of applause. adv* **1** एक चक्र में. **all the year —,** पूरे साल भर. **2** सभी ओर. **3** एक के बाद दूसरे वर्ग में, बारी-बारी से : *pass sth —.* **not enough to go —,** इतना पर्याप्त न होना कि प्रत्येक को मिल जाए. **4** लम्बे रास्ते से. **5 come —, bring sb —,** (बेहोशी के बाद) होश में आना. *prep* **1** सभी ओर; गोल-घेरे में. **2** इतना पर्याप्त होना कि पूरे राउन्ड में जा सके. *v* **1** गोल बनना या बनाना. **2** घेरे या चक्कर में वितरण के लिए घूमना. **3 — sth off,** पूरा करना, परिष्कृत रूप देना. **— up,** पशुओं को हाँकना. **'round-ˌabout** *adj* घुमाव-फिराव वाला, चक्करदार. *n* **1** चरखी (मेले आदि में चक्कर काटने वाला खेल). **2** चौराहे का गोल चक्कर जिसके चारो ओर ट्रैफ़िक जाती है.

rouse (राउज़्) **1** जागना, उठाना. **2** किसी कार्य के लिए प्रेरित करना, क्रियाशील करना : *— sb to action ; rousing cheers.*

rout (राउट्) *v & n* भगदड़ (मचा देना); बुरी तरह हराना.

route (रूट्) *n* एक स्थान से दूसरे स्थान तक जाने का मार्ग.

routine (रू'टीन्) *n* दिनचर्या; नित्यक्रम.

rove (रोव़्) *v* घूमना, मटरगश्ती करना.

row[1] (रो) *n* (व्यक्तियों या वस्तुओं की) पंक्ति : *in the front row.*

row[2] (रो) *v* (नाव) खेना; खेते हुए नाव में सैर करना-कराना. *n* नौका विहार : *go for a row.*

row[3] (राउ) *n* **1** झगड़ा (बातचीत का). **2** उपद्रव, डाँट-फटकार. **'rowdy** ('राउडि) *adj* (-ier, -iest) *& n* झगड़ालू (आदमी).

royal ('रॉइअल्) *adj* राजकीय; राजोचित, शानदार, भव्य. **—ly** *adv.* **—ist** ('रॉइअ-लिस्ट्) *n* राजभक्त. **—ty** ('रॉइअल्टि) *n* **1** राजा, राजवंशी (व्यक्ति). **2** राजकीय पद, राजत्व. **3** रायल्टी, स्वत्व-शुल्क (लेखक, आविष्कारक आदि को अपनी कृति बिकने पर प्रतिशत मिलने वाला लाभ).

rub (रब्) *v* (-bb-) **1** रगड़ना : *rub oil on the skin; rub the skin with oil.* **rub sth out (off),** रगड़ या छील कर निशान मिटा देना. **2** रगड़ कर चमकाना, मलना, माँजना. *n* — की क्रिया. **'rubber** ('रबर्) **1** रबड़. **2** पेंसिल से लिखे को मिटाने वाला रबड़.

'rubbish ('रबिश्) *n* **1** कूड़ा-करकट; रद्दी माल. **2** अंड-संड, बकवास.

'rubble ('रब्ल्) *v* (ईंट-पत्थर की) रोड़ी; मलबा.

'ruby ('रूबि) *n* माणिक्य (लाल रत्न); गहरा लाल रंग.

'rucksack ('रक्सैक्) *n* रकसैक, पीठ का थैला.

'rudder ('रडर्) *n* पतवार, कर्ण.

'ruddy ('रडि) *adj* (स्वास्थ्य से) लाल चेहरा.

rude (रूड्) *adj* (-r, -st) **1** उद्दंड, ढीठ. **2** रूखा, कठोरतापूर्ण, उग्र : *a — shock*. **3** आदिम; अपरिष्कृत; अनगढ़; कच्चा. ˈ**—ly** *adv*. ˈ**—ness** *n*.

ˈ**rudiments** (ˈरूडिमन्टस्) *n pl* प्रारंभिक ज्ञान, ज्ञानादि की प्रारंभिक स्थिति; मूल सिद्धांत. ˌ**rudimentary** (रूडि ˈमेन्टरि) *adj* प्रारंभिक; अविकसित.

ˈ**ruffian** (ˈरफ़िअन्) *n* गुंडा, बदमाश; (colloq) झगड़ालू व्यक्ति.

ˈ**ruffle** (ˈरफ़्ल्) *v* शान्ति को बिगाड़ना, क्षुब्ध करना,

rug (रग्) *n* **1** क़ालीन, गलीचा. **2** कम्बल.

ˈ**Rugby** (ˈरगबि) **(football)** *n* (colloq ˈ**rugger)** रगबी फुटबाल (दोनों ओर 15 खिलाड़ी होते हैं, गेंद अण्डाकार होता है जिसे पैर से खेला जाता है और हाथों से भी उठाया जाता है).

ˈ**rugged** (ˈरगिड्) *adj* **1** ऊबड़-खाबड़ (भूमि): *a — coast* (*hillside*). **2** झुर्रियों पड़ा चेहरा. **3** बाहर से रूखा किंतु कृपालु और ईमानदार : *— manners*.

ˈ**ruin** (ˈरूइन्) *n* **1** बरबादी, तबाही : *Gambling was his —*. **2** खंडहर; भग्नावशेष : *The church was in —s*. *v* — करना, — का कारण बनना. ˈ**—ous** (ˈरूइनस्) *adj* — करने वाला; — की स्थति में.

rule (रूल्) *n* **1** नियम : *obey the —s of the game*. **make it a — to do sth,** आदत डालना, नियम बना लेना. **as a —,** सामान्यतया. **2** शासन; अधिकार : *under British rule*. *v* **1** शासन करना. **2** नियम निर्धारित करना, निर्णय देना. **3 — a line,** पटरी से सीधी रेखा खींचना. ˈ**—r** (ˈरूलर्) *n* **1** शासक (व्यक्ति). **2** पटरी (सीधी रेखा खींचने वाली). ˈ**ruling** (ˈरूलिङ्) *n* आदेश, व्यवस्था.

rum[1] (रम्) *n* रम (गन्ने की शराब).

rum[2] (रम्) *adj* (colloq) अजीब, अनोखा.

ˈ**rumble** (रम्ब्ल) *v & n* गड़गड़ाना, घड़घड़ाना.

ˈ**ruminate** (ˈरूमिनेट्) *v* चिन्तन करना.

ˈ**rumour** (ˈरूमर्) *n* अफ़वाह, जनश्रुति. *v* — रूप में कहना.

run (रन्) *v pt* ran, *pp* run; -nn-) **1** दौड़ना. **2** (बसों का) चलना, यात्रा करना. **3** (मशीन का) चलना, चालू रहना : *leave the engine running*. **4** बहते रहना, चालू रहना : *leave the water (the tap) running*. **5** हो जाना, होना : *run into debt; supplies running low*. **6** शीघ्रता से वस्तु के ऊपर आँख, हाथ आदि गुज़ारना (*over, through*) : *Run your eyes over this page*. **7** (सड़कों या रेखाओं का) जाना, दूरी तक पहुँचना. **8** (रंगों का गीला होने के कारण) फैल जाना. **9** ठूसना घुसेड़ना (*into, through*). **10** नियंत्रित करना, (व्यापार आदि) संचालित करना. **11** (अमेरिका में) किसी चुनाव में खड़ा होना (*for*). **12** (फ़िल्म आदि का) चलना, दिखाया जाना. **13** (*adv & prep* के साथ) **run across (sb/sth),** संयोग से मिलना या पाना. **run after (sb),** पकड़ने का प्रयास करना. **run away (with),** (किसी के साथ) भाग जाना. **(be) run down,** (व्यक्तियों का) बुरी तरह थक जाना, बीमार हो जाना; (घड़ियों का) कूक समाप्त हो जाना. **run sb down,** किसी की निन्दा करना. **run into,** टक्कर मारना, अचानक मिल जाना. **run out (of),** समाप्त हो जाना; खाली हो जाना. **run up** (*a bill*), बिल को बढ़ने देना. *n* **1** दौड़. **2** (प्रायः घिरा हुआ) स्थान जिस में पालतू पशु-पक्षी घूम-फिर सकते हैं: *a chicken —*. **3** (क्रिकेट में) रन (गणना की इकाई). **4** अवधि, दौर: *a run of ill luck*. **in the long run,** अन्त में, अन्ततोगत्वा. ˈ**runaway** (ˈरनअवे) *n & adj* (घोड़े, व्यक्ति आदि) भाग जाना, भगोड़ा (व्यक्ति), बेलगाम (घोड़ा). ˈ**runner** (ˈरनर्) *n* **1** दौड़ने वाला, धावक. **2** (मशीनरी की) पटरी. ˈ**runner-up** *n* प्रतियोगिता में विजेता दल या व्यक्ति के बाद का दल या व्यक्ति. ˈ**running** *adj* **1** निरन्तर: *five times running* (लगातार पांच बार). **2 — commentary,** आँखों देखा हाल, चल-दर्णन. *n* **in (out of) the running,** दौड़ में सफलता की संभावना होना (न होना). ˈ**runway** (ˈरन्वे) *n* हवाई जहाज़ के लिए

उतरते या उड़ते समय दौड़ने के लिए बना पथ.

rung[1] (रङ्) → ring[2].

rung[2] (रङ्) *n* सीढ़ी का डंडा जिस पर पैर रखते हैं.

ru'pee (रू'पी) *n* रुपया (भारत-पकिस्तान की मुद्रा).

'rupture ('रप्चर्) *n* फट जाना; सम्बन्ध-विच्छेद. *v* समाप्त करना; फूटना-टूटना.

'rural ('रुअरल्) *adj* ग्रामविषयक, ग्रामीण (urban के वैषम्य में).

ruse (रूज़्) *n* धोखा, छल.

rush (रश्) *v* **1** झपटना, वेगपूर्वक बढ़ना. **2** धावा बोलना; चढ़ाई करना. *n.* हड़बड़ी; दौड़: *the — hours* (वह समय जिस में सभी आ-जा रहे हों).

'russet ('रसिट्) *n & adj* गेरुआ.

rust (रस्ट्) *n* जंग, मोरचा (लोहे आदि पर लगा हुआ). *v* जंग लगना; (fig) काम न आने के कारण बेकार या निकम्मा होना. **—y** *adj* (-ier, -iest) — से पूर्ण; पर्याप्त अभ्यास न होने के कारण कच्चा.

'rustic ('रस्टिक्) *adj* देहाती, ग्राम्य; गँवारू; *— dress (speech)*.

rustle ('रस्ल्) *n & v* सरसराना (जैसे हवा चलने पर पत्ते करते हैं).

rut (रट्) *n* (मुलायम भूमि पर पहियों की) लीक. **get into a rut,** रूढ़िग्रस्त हो जाना.

'ruthless ('रूथ्लिस्) *adj* निर्दय; क्रूर.

rye (राइ) *n* 'राइ' (पशुओं के आहार का एक पौधा-विशेष).

S

'Sabbath ('सैबथ्) *n* विश्राम दिवस जिस दिन विशेष प्रार्थना करते हैं (यहूदियों में शनिवार, ईसाइयों में रविवार).

'sable ('सेब्ल्) *n* सेबल (एक पशु); उसकी रोएँदार खाल. *adj* काला.

'sabotage ('सैब्टाश़्) *n* तोड़-फोड़; जानबूझ कर मशीनरी आदि को क्षति पहुँचाना.

'sabre ('सेबर्) *n* तेग, एक प्रकार की तलवार.

sack[1] (सैक्) *n* बोरा, बोरी.

sack[2] (सैक्) *v* (colloq) किसी को नौकरी से निकाल देना. *n* **get the —,** नौकरी से निकाल दिया जाना. **give sb the —,** (किसी को) नौकरी से निकाल देना.

'sacrament ('सैक्रमन्ट्) *n* संस्कार-विशेष (ईसाई-चर्च का): *Baptism, Holy Communion,* आदि.

'sacred ('सेक्रिड्) *adj* ईश्वर विषयक; धर्म सम्बन्धी; पवित्र, पावन. **—ly** *adv.*

'sacrifice ('सैक्रिफ़ाइस्) *n* **1** यज्ञ, बलिदान. **2** त्याग, उत्सर्ग. **3** बलि, बलिपशु; चढ़ावा. **4** **sell sth at a —,** कम कीमत पर बेचना. *v* यज्ञ करना; बलिदान चढ़ाना; अर्पित करना: *he —d his life to save the child.*

'sacrilege ('सैक्रिलिज्) *n* पवित्र (वस्तु या व्यक्ति) का अपमान करना, अपवित्रीकरण. **,sacri'legious** (सैक्रि'लिजस्) *adj.*

sad (सैड्) *adj* (-der, -dest) उदास, खिन्न. **'sadly** *adv.* **'sadness** *n.* **'sadden** ('सैडन्) *v* — करना.

'saddle ('सैड्ल्) *n* घुड़सवार की काठी, ज़ीन; साइकिल की सीट. *v* घोड़े पर — बाँधना; (fig) (ऋण या बड़े उत्तरदायित्व) का वहन करना.

sa'fari (स'फ़ारि) *n* लम्बा थल का सफ़र (विशेषत: पूर्वी अफ़्रीका में वन्य पशुओं के देखने के लिए).

safe (सेफ़्) *adj* (-r, -st) **1** सुरक्षित, निरापद. **2** सही-सलामत. **3** भय रहित, निरापद. *n* **1** सेफ़, तिजोरी. **2** भोजन की जालीदार अलमारी. **'—guard** ('सेफ़्गार्ड्) *v & n* सुरक्षा या बचाव करना. **'safe-'keeping** *n* देख-भाल, संरक्षण. **'—ly** *adv.* **'—ty** *n* सुरक्षा. **'—ty pin** *n* सेफ़्टी-पिन.

'saffron ('सैफ़्रन्) *n* केसर, जाफ़रान.

sag (सैग्) *v* (-gg-) बीच से झुक जाना, झोल पड़ना; धसक जाना.

sa'gacious (स'जेशस्) *adj* दूरदर्शी; विचक्षण.

sage (सेज्) *adj & n* बुद्धिमान; मनीषी, ऋषि-मुनि. ′—**ly** *adv*.

said (सेड्) → say.

sail (सेल्) *n* 1 पाल (नाव का). **under —**, खुले पाल के साथ. **set —** यात्रा प्रारंभ करना. 2 **go for a —**, समुद्री सैर पर जाना. *v* 1 पाल के सहारे आगे बढ़ना. 2 समुद्री यात्रा करना. ′—**or** (′सेलर्) *n* 1 नाविक. 2 **a good —or**, तूफ़ानी समुद्र में भी बीमार न पड़ने वाला व्यक्ति.

saint (सेन्ट्) *n* 1 सन्त; धर्मात्मा. 2 ईसाइयों के सन्त (सेंट). ′—**ly** *adv* सन्त-जैसा; सन्त, साधु. ′—**liness** *n*.

sake (सेक्) *n* **for the — of, for my** (*the country's*) — के लिए, के हित के लिए, के हेतु.

′**salable** (′सेलब्ल्) *adj* → sale.

′**salad** (′सैलड्) *n* सलाद.

′**salary** (′सैल्रि) *n* वेतन, तनख्वाह.

sale (सेल्) *n* 1 बिक्री; बेचना: *on (for) sale*, बिक्री के लिए. 2 सस्ते दामों की बिक्री, सेल. 3 नीलामी. ′**salable** (′सेलब्ल्) *adj* बेचने योग्य; बिकाऊ. ′—**sman**, ′—**swoman** *n* दूकान पर बेचने वाला कार्य-कर्ता. ′—**smanship** *n* बेचने की कुशलता, विक्रय कला.

′**salient** (′सेल्यन्ट्) *adj* प्रमुख, सहज में ही दिखाई पड़ जाने वाला: — *points of a speech*.

′**sallow** (′सैलो) *adj* (-er, -est) पीलापन (बीमारी के कारण उत्पन्न).

sa′loon (स′लून्) *n* 1 जहाज़ आदि का बड़ा कमरा, बैठक. 2 — **car**, सैलून (विशेष बैठक-नुमा रेल का सवारी डिब्बा).

salt (सॉल्ट्) *n* 1 नमक. **not worth one's —**, निकम्मा, वेतन के अनुसार कार्य न कर सकने वाला. 2 (कैमिस्ट्री) लवण, साल्ट. ′—**y** *adj* (-ier, -iest) नमकीन; लवणयुक्त.

′**salutary** (′सैल्युटरि) *adj* (शरीर और मन पर) अच्छा प्रभाव डालने वाला, हितकर: — *advice*.

sa′lute (स′लूट्) *n* सलाम, अभिवादन: *military* —. *v* 1 सलाम करना, नमस्कार करना. 2 सिर झुका कर, हाथ उठा कर या इसी प्रकार अभिवादन करना.

′**salvage** (′सैल्विज्) *n* 1 (आग या अन्य तबाही से) नष्ट होने से बचाना. 2 बचाने का पारि-श्रमिक. *v* आग आदि से किसी को बचाना.

sal′vation (सैल्′वेशन्) *n* 1 मुक्ति, मोक्ष. 2 रक्षा, बचाव; रक्षक, बचाव करने वाला.

same (सेम्) *adj & pron* वही, वैसा ही, अभिन्न. **be all (just) the — to,** उसी तरह से, फिर भी/वैसा ही. **all the —,** फिर भी. **at the — time,** फिर भी, एक ही समय.

′**sample** (′साम्प्ल्) *n* नमूना. *v* नमूना लेना.

′**sanctify** (′सैङ्टिफ़ाइ) *v* पवित्र करना; पाप से मुक्त करना.

′**sanction** (′सैंक्शन्) *n* 1 अधिकारियों द्वारा कार्यविशेष करने की अनुज्ञा या अनुमति, अनुज्ञप्ति. 2 सामान्य प्रथा द्वारा किसी आचरण का अनुमोदन या समर्थन. 3 दण्ड, सज़ा. *v* मंज़ूरी देना, समर्थन करना.

′**sanctity** (′सैङ्टिटि) *n* पवित्रता, पुनीतता. ′**sanctuary** *n* 1 मंदिर, पुण्य स्थान. 2 शरण स्थान; पशु-पक्षियों का निर्भय घूमने का स्थान; अभयारण्य.

sand (सैन्ड्) *n* 1 बालू, रेत. 2 **the —s,** (समुद्र के भाटा के समय की) रेतीली भूमि, बालू तट, सिकता. —**paper** *n* सैंडपेपर, रेगमाल. ′—**stone** बलुआ पत्थर. ′—**y** *adj* (-ier, -iest) 1 बालुकामय, रेतीला. 2 बालों की ललाई.

′**sandal** (′सैन्ड्ल्) *n* सैंडल, चप्पल.

′**sandwich** (′सैन्विज्) *n* सैंडविच. *v* दो व्यक्तियों या वस्तुओं के बीच किसी को रखना.

sane (सेन्) *adj* (-r, -st) 1 स्वस्थचित्त; प्रकृतिस्थ. 2 समझदार. ′—**ly** *adv*.

sang (सैङ्) → sing.

'sanguine ('सैंग्विन्) *adj* 1 आशापूर्ण. 2 रक्तिम, लाल.

'sanitary ('सैनिटरि) *adj* 1 रोगजनक धूलि से हीन; स्वास्थ्यकर. 2 स्वास्थ्य-रक्षा से संबंधित. **,sani'tation** *n* सफ़ाई-व्यवस्था.

sanity (सैनिटि) *n* मानसिक सन्तुलन; समझदारी.

sank (सैङ्क्) → sink[1].

sap[1] (सैप्) *n* (पेड़ का) रस, सार. **sapless** सूखा, निर्जीव.

sap[2] (सैप्) *v* (-pp-) (दीवार या अन्य रक्षा दीवार को) खोद कर कमज़ोर करना; (fig) गुप्त रूप से नष्ट करना या दुर्बल करना.

'sapphire ('सैफ़ाइअर्) *n* नीलम, नीलमणि.

'sarcasm ('सार्कैज़्म्) *n* ताना, व्यंग्य, कटाक्ष. **sar'castic** (सार्'कैस्टिक्) *adj* — से पूर्ण.

sar'dine (सार्'डीन्) *n* सार्डीन (छोटी मछली).

sash (सैश्) *n* दुपट्टा, कमरबंद.

sat (सैट्) → sit.

'Satan ('सेटन्) *n* शैतान.

'satchel ('सैचल्) *n* (बच्चों का किताबें रखने का) बस्ता.

'satellite ('सैट्लाइट्) *n* 1 उपग्रह. 2 (*fig*) अनुचर, पिछलग्गू.

'satiate ('सेशिएट्) *v* तृप्त करना, अघाना, छका देना.

'satin ('सैटिन्) *n* साटन (एक चिकना चमकदार कपड़ा).

'satire ('सैटाइअर्) *n* व्यंग्य रचना, प्रहसन. **sa'tirical(ly)** *adj* & *adv*. **'satarize** ('सैट्राइज़्) *v* उपहास करना, व्यंग्य करना.

'satisfy ('सैटिस्फ़ाइ) *v* 1 संतुष्ट करना; तृप्त करना. 2 (आवश्यकताओं के लिए) पर्याप्त होना; आशानुकूल होना. 3 कायल करना, सन्देह दूर करा देना (*sb, oneself*). **,satis'faction** (सैटिस्'फ़ैक्शन्) *n* संतोष, संतुष्टि; प्रसन्नता. **,satis'factory** (सैटिस्'फ़ैक्टरि) *adj* प्रियकर; संतोषजनक; यथेष्ट, पर्याप्त.

'saturate ('सैचुरेट्) *v* शराबोर करना, तर कर देना; संतृप्त कर देना.

'Saturday ('सैटर्डे) *n* शनिवार.

'satyr ('सैटर्) *n* (ग्रीक और रोमन कहानियों में) आधामानव आधा पशु के रूप का वनदेवता.

sauce (सॉस्) *n* सॉस, चटनी.

'saucepan ('सॉस्पन्) *n* डेगची (भोजन बनाने का एक बरतन).

'saucer ('सॉसर्) *n* (प्याले के नीचे रखने वाली) तश्तरी.

'saucy ('सॉसि) *adj* (-ier, -iest) ढीठ; उद्दंड.

'saunter ('सॉन्टर्) *n* & *v* टहलना, चहल-कदमी करना.

'savage ('सैविज्) *adj* 1 असभ्य, जंगली, बर्बर. 2 उग्र, प्रचंड; क्रूर. *n* ऐसा व्यक्ति.

save (सेव्) *v* 1 सुरक्षा करना, बचाना. 2 भविष्य के लिए बचा कर रखना. — **up,** धनराशि बचाना. 3 बचाना, परिहार करना; अनावश्यक वस्तु पर खर्च न करना. 4 दूसरे को (धन, समय आदि) खर्च करने से बचाना. 5 (ईसाई मत में) मोक्ष दिलाना, पापमुक्त करना. **'saving** ('सेविङ्) *n* (esp *pl*) बचत.

'saviour ('सेव्यर्) *n* बचाने वाला, मुक्ति दाता, परित्राता. **The S —,** ईसा मसीह.

'savour ('सेवर्) *n* स्वाद; सुगंध; मजा; रस. *v* — **of,** इंगित करना, सुझाव देना.

saw[1] (सॉ) → **see.**

saw[2] (सॉ) *n* आरी, करांत. *v* (*pt* 'sawed, *pp* sawn) आरी से काटना, चीरना. **'sawdust** *n* बुरादा (लकड़ी का). **'saw-mill** *n* आरा घर, आरा मशीन.

'saxophone ('सैक्स्फ़ोन्) *n* सैक्सोफ़ोन (एक प्रकार का बाजा). → p 206.

say (से) *v* (*pt* & *pp* said) कहना; बोलना. **go without saying,** स्पष्ट होना. **that is to say,** अर्थात्, दूसरे शब्दों में. *n* **have (say) one's say,** अपना मत स्पष्ट करना. **have a say in the matter,** वादविवाद में भाग लेने का अधिकार होना. **saying** *n* सामान्य कथन; लोकोक्ति, कहावत.

scab (स्कैब्) *n* स्कैब, खुजली, पामा. **scabby** (स्कैबि) *adj*.

'scabbard ('स्कैबर्ड्) *n* (तलवार आदि का) म्यान.

'scaffold ('स्कैफ़ोल्ड्) *n* 1 टिकटी, पाड़. 2 मंच; फांसी का तख्ता. **—ing** *n* (= scaffold).

scald (स्कॉल्ड्) *v* **1** (गरम पानी से) जलना. **2** उबलते पानी या भाप से बरतन आदि साफ़ करना. *n* उबलते पानी से जलने के कारण उत्पन्न दाह.

scale[1] (स्केल्) *n* **1** स्केल, पैमाना. **2** माप. मापक्रम : *the decimal* — . **3** मापक्रम, क्रम, सोपान, ग्रेड : *a* — *of wages.* **4** अनुपात (जैसे, मानचित्र में) : *the* — *of a map.* **5** अनुमाप, सापेक्षिक आकार. **6** (संगीत में) सरगम, स्वरक्रम. *v* **1** (सीढ़ी पर) चढ़ना. **2** — **up (down),** विशेष अनुपात से बढ़ना (घटना).

scale[2] (स्केल्) *n* **1** तराजू के पल्ले. **2** (प्रायः *pl*) **a pair of —s,** तुला, तराजू. **turn the —s,** किसी संशय वाली वस्तु का परिणाम निश्चित करना. पाँसा पलटना.

scale[3] (स्केल्) *n* **1** मछली आदि का काँटा, शल्क, खपड़ा. **2** पपड़ी, परत. *v* **1** छिलका या परत उतारना. **2** पपड़ी बन-बन कर गिरना: *paint scaling off a door.*

scalp (स्कैल्प्) *n* सिर की खाल. *v* — उतारना.

ˈscalpel (ˈस्कैल्पल्) *n* सर्जन का चाकू, स्कैलपेल.

scamp (स्कैम्प्) *n* दुच्चा, निकम्मा. *v* लापरवाही से या बहुत जल्दी हड़बड़ी में काम करना.

ˈscamper (ˈस्कैम्पर्) *v* दौड़ना, चौकड़ी भरना.

scan (स्कैन्) *v* (-nn-) ध्यानपूर्वक देखना; बारीकी से देखना : — *the horizon.*

ˈscandal (ˈस्कैन्ड्ल्) *n* **1** कलंक; बुरा उदाहरण. **2** बदनामी, लोकनिन्दा. **—ize** (ˈस्कैन्ड्लाइज़्) *v* विक्षुब्ध होना. **—ous** *adj* **1** विक्षोभकारी, आघात पहुँचाने वाला. **2** निन्दात्मक.

scant (स्कैन्ट्) *adj* अल्प, कम, अपर्याप्त : — *of breath; pay* — *attention.* **—y** *adj* (-ier, -iest) अल्पमात्रा में, थोड़ा. **—ily** *adv.*

ˈscapegoat (ˈस्केप्गोट्) *n* दूसरे की ग़लतियों और अपराधों का दंड पाने वाला; बलि का बकरा (fig).

scar (स्कार्) *n* चोट का निशान, दाग़. *v* — से अंकित करना, दाग़ना.

scarce (स्केअर्स्) *adj* (-r, -st) **1** विरल, सामान्यतया अप्राप्त. **2** दुर्लभ. **—ly** *adv* बहुत ही कम, नहीं के बराबर. **ˈscarcity** (ˈस्केअर्सिटि) *n* कमी, अभाव; दुर्लभता.

scare (स्केअर्) *v* डराना, भयभीत करना. *n* आतंक; संत्रास. **ˈ—crow** *n* खेतों में डंडे पर लटके कपड़े जिसे आदमी समझ कर पक्षी खेत में नहीं आते हैं; बिजूखा; डरावा.

scarf (स्कार्फ़्) *n* स्कार्फ़, दुपट्टा.

ˈscarlet (ˈस्कार्लिट्) *n & adj* लाल, सिंदूरी.

ˈscatter (ˈस्कैटर्) *v* **1** तितर-बितर करना; इधर-उधर बिखेरना. **2** छितराना, बिखेरना : — *seed.* — **-ed** बिखरा हुआ, असम्बद्ध : *-ed villages.*

sceˈnario (सिˈनारिओ) *n* पटकथा, फिल्म का दृश्य-विधान.

scene (सीन्) *n* **1** घटनास्थल. **2** दृश्य; देखी हुई वस्तु. **3** (नाटक का) दृश्य. **4** रंगमंच पर सचित्र परदा, मंचसज्जा : *behind the* —*s* (नेपथ्य में, परदे के पीछे). **5** बाहर वालों के समक्ष क्रोध करना, तमाशा खड़ा करना. **ˈscenery** (ˈसीन्रि) *n* **1** मंच सज्जा. **2** प्राकृतिक दृश्य.

scent (सेन्ट्) *n* **1** गंध, सुगंध. **2** (प्रायः द्रव) इत्र. **3** गंध जिसे कुत्ता अपनी घ्राण शक्ति से सूंघ कर पीछा करता है; सुराग, सूत्र : *throw sb off the* —, (fig) भटका देना, बहकाना. **4** घ्राणशक्ति (विशेषतः कुत्तों की) : *hunt by* —. *v* **1** भाँपना, ताड़ लेना : — *a plot.* **2** इत्र लगाना. **3** सुगंधित करना

ˈsceptic (ˈस्केप्टिक्) *n* संशयवादी (विशेषतः धार्मिक धारणाओं के संबंध में). **—al** *adj.* **—ism** *n.*

ˈsceptre (ˈसेप्टर्) *n* राजदंड (अधिकार का चिह्न).

ˈschedule (ˈशेड्यूल) *n* योजना-कार्यसूची, समय-सारिणी.

scheme (स्कीम) *n* **1** विन्यास; सुयोजित व्यवस्था. **2** कार्ययोजना. **3** षड्यन्त्र, दूरभिसन्धि. *v* षड्यन्त्र करना (*for* sth, *to do* sth).

ˈscholar (ˈस्कॉलर्) *n* **1** (पुराना प्रयोग) विद्यार्थी (छात्र या छात्रा). **2** छात्रवृत्ति पाने वाला विद्यार्थी. **3** विद्वान, पंडित. **—ly** पांडित्य-पूर्ण; पंडितोचित. **—ship** (ˈस्कॉलर्शिप्) *n* **1** विद्वत्ता, पांडित्य. **2** छात्रवृत्ति. **schoˈlastic**

(स्क्'लैस्टिक्) *adj* शैक्षिक; शास्त्रीय; पंडिताऊ.

school[1] (स्कूल्) *n* स्कूल, पाठशाला. **a — of thought**, विचारधारा-विशेष मानने वाला वर्ग. *v* प्रशिक्षित करना; दीक्षित करना. **'—,fellow, '—mate** *n* सहपाठी.

school[2] (स्कूल्) *n* मछलियों का झुंड.

'science ('साइअन्स्) *n* **1** विज्ञान. **2** विज्ञान की शाखा (जैसे, कैमिस्ट्री, फ़िज़िक्स). **3** निपुणता, दक्षता. **scien'tific** (साइन्'टिफ़िक्) *adj* वैज्ञानिक, विज्ञान संमत. **'scientist** ('साइन्टिस्ट्) *n* वैज्ञानिक (व्यक्ति).

'scissors ('सिज़र्ज़्) *n pl* (प्राय: **a pair of —**) कैंची.

scoff (स्कॉफ़्) *v* ताना मारना, उपहास करना (*at*). **'—er** *n*.

scold (स्कोल्ड्) *v* डाँटना, झिड़कना.

scoop ('स्कूप्) *n* बेलचा; कलछी. *v* — से निकालना; — से गड्ढा करना.

'scooter ('स्कूटर्) *n* **1** स्कूटर (एक प्रकार की मोटर साइकिल). **2** बच्चे की L आकार की गाड़ी.

scope (स्कोप) *n* कार्यक्षेत्र; व्याप्ति, विस्तार; गुंजाइश, अवसर : *seek — for one's energies.*

scorch (स्कॉर्च्) *v* झुलसाना; झुलसना.

score[1] (स्कॉर्) *n* **1** खिलाड़ी आदि के प्राप्तांकों (का लेखा). **2** ऋण आदि का हिसाब. **pay off (settle) old —s,** (fig) प्रतिशोध लेना, बदला लेना. **3 on that —,** उस बात पर. *v* **1** खेल में उतने प्राप्तांक पाना : *— a goal* (20 *runs*). **2** किसी सतह पर रेखा खींचना, खरोंचना. **3 — off sb,** विजयी होना.

score[2] (स्कॉर्) *n* कोड़ी, बीसी (20 का समुच्चय).

scorn (स्कॉर्न्) *v* **1** तिरस्कार करना, अनादरपूर्वक आचरण करना. **2** (करने से) मना करना, कहा ठुकराना. *n* घृणा, अवज्ञा, अपमान का पात्र. **'—ful** *adj* — दिखाने वाला. **—'fully** *adv*.

scorpion ('स्कॉर्प्यन्) *n* बिच्छू. → p 168.

'scot-'free ('स्कॉट्'फ़्री) *adv* बिना कोई दंड पाए; निरापद.

'scoundrel ('स्काउन्ड्रल) *n* दुष्ट, खल, बदमाश.

scour ('स्काअर्) *n & v* **1** माँजना, रगड़ कर चमकाना.

scourge ('स्कर्ज्) *n* **1** (दंड देने के लिए प्रयुक्त) कोड़ा. **2** (fig) महाविपत्ति; अनर्थ का कारण. *v* **1** मारना. **2** सताना.

scout[1] (स्काउट्) *n* **1** स्काउट, बालचर. **2** गुप्तचर, भेदिया. *v* — के रूप में जाना.

Boy Scouts

scout[2] (स्काउट्) *v* (किसी सुझाव को) तिरस्कारपूर्वक अस्वीकार करना.

scowl (स्काउल) *v & n* त्योरी चढ़ाना, नाक-भौं चढ़ाना.

'scramble ('स्क्रैम्ब्ल) *v* **1** हाथ-पैर के बल चढ़ना, रेंगना. **2** छीना झपटी करना (*for* sth).

scrap[1] (स्क्रैप्) *n* **1** कतरन, टुकड़ा. **2** रद्दी माल, कूड़ा-करकट : *— iron.* (लोहा और इस्पात की रद्दी चीजें गलाने के लिए). *v* (-pp-) रद्दी कर फेंक देना.

scrap[2] (स्क्रैप्) *n & v* (-pp-) (colloq) झगड़ना.

scrape (स्क्रेप्) *v* **1** रगड़ या घिस कर बराबर या चिकना करना; रगड़ कर पेंट खरोंचना. **2** खरोंच कर चोट पहुँचाना. **3** रगड़ खाते हुए निकल जाना. **— through** (*an examination*), (fig) किसी भाँति उत्तीर्ण हो जाना. **4** कठिनाई से बटोरना, इकट्ठा करना. **5** खरोंच-खरोंच कर छेद कर देना. *n* **1** खरोंच. **2** खुरचन, रगड़; खड़खड़ाहट. **3** उलझन की स्थिति (अपने मूर्खतापूर्ण आचरण से उत्पन्न). **'—r** *n* छीलने का औजार.

scratch (स्क्रैच्) *v* **1** खरोंचना : *— sth out* (चाकू आदि से खरोंचना), कुरेदना. **2** नोचना, बकोटना (नाखून से चमड़ा खुजलाना). **3** प्रतियोगिता से हट जाना. *n* **1** खरोंच, खुजलाना;

खुरखुर ध्वनि, खड़खड़ ध्वनि. 2 दौड़ की प्रारम्भ रेखा. *adj* काम चलाऊ : *a — team.* **—y** *adj* (-ier, -iest).

scrawl (स्क्रॉल्) *v* लापरवाही से जल्दी-जल्दी लिखना या खींचना. *n* घसीट से लिखा हुआ या खींचा हुआ.

scream (स्क्रीम्) *v* 1 चीखना (डर या दर्द से); ऊँचे स्वर में कुछ कहना. 2 मशीन की चीत्कार का निकलना. *n* चीख; चीत्कार.

screech (स्क्रीच्) *v* उत्तेजना, भय अथवा दर्द में चीख मारना; कर्कश ध्वनि निकालना. *n* ऐसी ध्वनि.

screen (स्क्रीन्) *n* 1 परदा, ओट, आड़. 2 जालीदार दरवाजा. 3 चलनी, छलनी. 4 सिनेमा आदि का परदा. *v* 1 आड़ में करना, छिपाना. 2 जालीदार दरवाजे लगाना. 3 छानना, चालना.

screw (स्क्रू) *n* 1 पेच, पेंच, स्क्रू. 2 जहाज या हवाईजहाज का प्रोपेलर. *v* 1 पेच कसना : *— the lid down.* 2 ऐंठना, मरोड़ना : *— the lid of a glass jar on* (*off*). 3 **— up (one's eyes, face),** आँखे सिकोड़ कर घृणा दिखाना या दूर की वस्तु देखने का प्रयास करना. **—driver** *n* पेंचकश, स्क्रूड्राइवर. → p 326.

'scribble ('स्क्रिब्ल्) *v* लापरवाही या शीघ्रता से लिख डालना; निरर्थक चिह्न बनाते रहना.

scribe (स्काइब्) *n* व्यावसायिक पत्र-लिखने वाला; मुंशी.

script (स्क्रिप्ट्) *n* 1 लिखावट; लिखावट वाला मुद्रण-टाइप. 2 पांडुलिपि या टंकित लिपि.

'scripture ('स्क्रिप्चर्) *n* **the Holy S—s,** बाइबिल.

scroll (स्क्रोल्) *n* लिखने के लिए खर्रा, चीरक. खर्रे पर लिखी पुस्तक.

scrub[1] (स्क्रब्) *v* (-bb-) ब्रुश, साबुन और पानी से साफ़ करना. **—bing brush** *n* साफ़ करने का ब्रुश.

scrub[2] (स्क्रब्) *n* झाड़-झंखाड़ वाला स्थल.

'scruple ('स्क्रूप्ल्) *n* नैतिक संकोच, धर्मभीरुता. **'scrupulous** ('स्क्रूप्युलस्) *adj* धर्मभीरु; अतिसावधान, ईमानदार, नियम निष्ट.

'scrutiny ('स्क्रुटिनि) *n* पूरी तौर से की जाँच. **'scrutinize** ('स्क्रूटिनाइज़्) *v* ऐसे जाँचना.

'scuffle ('स्कफ़्ल्) *v & n* हाथापाई (करना).

scull (स्कल्) *n* छोटा चप्पू (नाव का). *v* चप्पू से नाव चलाना.

'sculpture ('स्कल्प्चर्) *n* 1 मूर्तिकला. 2 मूर्ति. **'sculptor** ('स्कल्प्टर्) *n* मूर्तिकार, बुत-तराश.

scum (स्कम्) *n* 1 (तालाब आदि के पानी का) झाग, फेन. 2 (fig) निम्नवर्ग (समाज का).

'scurry ('स्करि) *v & n* दौड़ना (विशेषतः छोटे जल्द कदमों से).

'scurvy ('स्करवि़) *n* स्कर्वी रोग (ताजे फल व तरकारी न खाने से उत्पन्न रोग).

'scuttle[1] ('स्कट्ल्) *n* (**coal —** भी) कोयले का टोकरा.

'scuttle[2] ('स्कट्ल्) *v* जहाज में छेद कर डुबो देना (ताकि युद्ध में शत्रु उसे कब्जे में न कर पाएँ).

'scuttle[3] ('स्कट्ल्) *v* भाग जाना (*off, away*).

scythe (साइद्) *n* हँसिया, दराँती.

sea (सी) *n* समुद्र : *the Black Sea, the Arabian Sea.* **all at sea,** उलझन में, परेशान. **go to sea,** नाविक बनना. **'sea-faring** *adj* समुद्री यात्रा पर; समुद्री कार्य से सम्बद्ध. **'sea-gull** *n* बड़े पंख वाली साधारण समुद्री चिड़िया, सामुद्रिक. **'sea-level** *n* समुद्र तल. **'seaman** ('सीमन्) *n* नाविक (न कि अफसर). **'sea-sick** *adj* जहाजी मतली से बीमार. **'sea-'side** *n & adj* समुद्र तट. **'seaweed** *n* समुद्री शैवाल.

seal[1] (सील्) *n* 1 सील, मोहर. 2 पीतल की मोहर (जिससे सील करते हैं). *v* 1 सील करना, मोहर लगाना. 2 कस कर बन्द करना : *— a jar of fruit.* 3 **— a bargain,** सौदा तय कर लेना. **his fate is —ed,** निश्चित है. **'—ing wax** *n* (सील लगाने में प्रयुक्त) लाख.

seal[2] (सील्) *n* सील (समुद्री पशु). → p 280.

seam (सीम्) *n* 1 सीवन (कपड़े की सिलाई की). 2 परत (कोयले की परत). 3 संधिरेखा. *v* सीवन सिलना.

search (सर्च्) *n & v* 1 खोजना, ढूँढ़ना, तलाश करना (*for* sth, *in order to*). 2 गहराई से जाँचना, पैठना. **'—light** *n* सर्चलाइट (शक्ति-

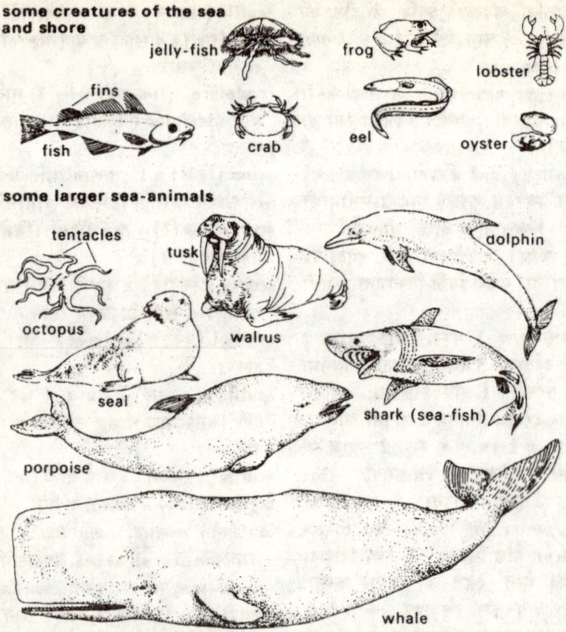

शाली विद्युत् लैंप जो प्रायः खोजने के काम आता है).

'season ('सीज़्न्) *n* **1** मौसम, ऋतु. **2** मौसम, उपयुक्त समय: *the football —*. **3** समारोहों का उचित समय. *v* प्रयोग योग्य बनाना या होना. **'—able** *adj* समयानुकूल. **'—al** *adj* मौसमी. **'season-'ticket** *n* निश्चित अवधि में मन-चाहा प्रवेश देने का टिकट, मौसमी-टिकट.

seat (सीट्) *n* **1** सीट, बैठने का आसन (*a chair, box, rug* आदि). **2** कुर्सी, स्टूल का वह भाग जिस पर बैठते हैं. **2** अधिष्ठान, कार्य-स्थान : *—s of learning* (विश्वविद्यालय आदि). *v* **1 — oneself,** बैठना. **Be —ed,** कृपया बैठिए. **2 —** के लिए जगह होना : *the hall —s 500 people* (हाल में 500 व्यक्तियों के बैठने की जगह है).

se'cede (सि'सीड्) *v* से अलग हो जाना.

se'cluded (सि'क्लूडिड्) *adj* एकान्त (स्थान).

se'clusion (सि'क्लूश़न) *n* एकान्त स्थल; अकेले की स्थिति.

'second[1] ('सेकन्ड्) *n* **1** सेकिंड (एक मिनट या डिग्री का साठवाँ अंश). **2** (colloq) क्षण; पल भर का समय.

'second[2] ('सेकन्ड्) *adj* क्रम से दूसरा. **— lieutenant** सेकिंड लेफ्टिनेंट. **— nature,** स्वभाव, आदत. *n* **1** द्वितीय, दूसरा. **2** सहायक, साथी. *v* **1** सहारा देना. **2** समर्थन करना. प्रस्ताव का अनुमोदन करना. **'second-'best** *adj* सर्वश्रेष्ठ से द्वितीय. **'second-'class** *adj* द्वितीय श्रेणी. **—'hand** *adj* **1** पुराना, पूर्वप्रयुक्त: *second-hand book* (*clothes*). **2** सुनी-सुनायी खबर (न कि आँखों देखी). **'second-'rate** *adj* मामूली, घटिया.

'secondary ('सेकन्ड्रि) *adj* गौण, न कि मुख्य : *— roads*. **— school (education),** प्राइमरी और यूनीवर्सिटी शिक्षा के बीच की शिक्षा,

माध्यमिक शिक्षा.

'secret ('सीक्रिट्) *adj* गोपनीय, गुप्त, रहस्यमय. *n* **1** भेद, रहस्य. **keep a —**, गोपनीय रखना, किसी से न कहना. **2** चुपचाप करना. **3 in —**, चुपचाप, गुप्तरूप से. **—ly** *adv* — रीति से. **'secrecy** ('सीक्रिसि) *n* गोपनीयता; छिपाव-दुराव. **'secretive** ('सिक्रीटिव्) *adj* गोपनशील, छिपाने के स्वभाव वाला.

'secretary ('सेक्रटरि) *n* **1** सेक्रेटरी, सचिव, मंत्री. **2 S— of State,** मंत्री, विदेशमन्त्री. **secre'tarial** (सेक्र्'टेअरिअल्) *adj* सचिव-विषयक.

sect (सेक्ट्) *n* सम्प्रदाय, पंथ, मत.

'section ('सेक्शन्) *n* **1** कटा अंश, टुकड़ा. **2** अंश, खंड, हिस्सा. **3** भाग, विभाग, अनुभाग : *the factory — of the town.* **—al** ('सेक्शनल्) *adj* अनुभागीय.

'sector ('सेक्टर्) *n* **1** (ज्यामिति) त्रिज्यखंड, वृत्तखंड. **2** क्षेत्र, अंचल, खंड.

'secular ('सेक्यूलर्) *adj* लौकिक (न कि आध्यात्मिक या धार्मिक), धर्मनिरपेक्ष.

se'cure (सि'क्युअर्) *adj* **1** सुरक्षित (*from/against*). **2** दृढ़, स्थिर, पक्का, मज़बूत. *v* **1** — करना; जकडना; कस कर बाँधना. **2** पाना : — *tickets for a concert.* **se'curity** (सि'क्युअरिटि) *n* **1** सुरक्षा. **2** ऋण लौटाने का आश्वासन. **3** प्रतिभूति, ज़मानत. **4** ऋण पत्र, स्वामित्व-पत्र.

se'date (सि'डेट्) *adj* प्रशान्त, गंभीर, सौम्य (व्यक्ति).

'sediment ('सेडिमन्ट्) *n* तलछट, नीचे जमा कूड़ा-करकट. **sedi'mentary** (सेडि'मेन्टरि) *adj.*

se'dition (सि'डिशन्) *n* राजद्रोह, अधिकारियों के प्रति विद्रोह. **se'ditious** (सि'डिशस्) *adj.*

see (सी) *v* (*pt* saw, *pp* seen) **1** देखना, समझना. **2** (*adv* और *prep* के साथ) **see about,** प्रबंध करना. **see after,** देखरेख करना, देखभाल करना. **see sb off,** यात्रा करने वाले व्यक्ति को बिदाई देना. **see through (sb or sth),** भाँपना, धोखे में न आना. **see (sb or sth) through,** यथासंभव सहायता करना. **see to,** ध्यान देना. **see to it that,** निश्चय करना. **3 see the last of,** किसी से मित्रता आदि) समाप्त करना. **see red,** अत्यंत क्रुद्ध होना.

seed (सीड्) *n* (*pl* seed or seeds) **1** बीज. **2** कारण, उद्गम. **'—ling** ('सीड्लिङ्) *n* छोटा नया पौधा, नवोद्भिद्.

seek (सीक्) *v* (*pt & pp* sought) **1** ढूंढ़ना, खोजना. **2 — to do,** करने का प्रयास करना.

seem (सीम्) *v* प्रतीत होना, लगना, जान पड़ना.

'seemly ('सीमलि) *adj* (-ier, -iest) अवसर पर उचित, उपयुक्त.

seen (सीन्) → see.

seep (सीप्) *v* टपकना, रिसना, चूना. **'—age** *n.*

'seesaw ('सीसॉ) *n* बच्चों का एक खेल जिस में लकड़ी का तख्ता ऊपर-नीचे उठता-गिरता है, झूमा-झूमी, ढेंकी. *v* — खेलना.

seethe (सीद्) *v* (द्रवों का) उबलना, खौलना; बुदबुदाना; (fig) क्रोध से उबलना.

'segment ('सेग्मन्ट्) *n* **1** खण्ड (रेखा का). **2** खण्ड (वृत्त का), फाँक.

'segregate ('सेग्रिगेट्) *v* पृथक् करना, दूसरों से अलग करना. **,segre'gation** (सेग्रि'गेशन्) *n* पृथग्वास; अलग-अलग रहना.

seize (सीज़्) *v* **1** झपट लेना, छीनना. **2** ज़ब्त करना. **'seizure** ('सीशर्) *n* **1** झपटना; ज़ब्त करना. **2** दिल का दौरा.

'seldom ('सेल्डम्) *n* बिरले ही; यदा-कदा.

se'lect (सि'लेक्ट्) *v* चुनना, छाँटना, पसन्द करना. *adj* सावधानी से चुना हुआ, चुनिन्दा. **—ion** (सि'लेक्शन्) *n* **1** चुनाव, चयन. **2** चयनिका, संकलन; समूह जिसमें से चयन करना है.

self (सेल्फ़्) *n* (*pl* selves) **1** व्यक्ति का स्वभाव या विशेषगुण, स्वत्व. **2** स्वार्थ. **3 one's better self,** स्वभाव का अच्छा पक्ष. **4** आत्मा. **5** व्यक्तित्व.

self- (पूर्वपद) स्वयं-, स्वतः- स्व-. **'self-'conscious** *adj* संकोची, आत्मचेतन. **'self-'willed** *adj* हठी.

'selfish ('सेल्फ़िश्) *adj* स्वार्थी, केवल अपना हित देखने वाला. **—ly** *adv*. **—ness** *n*.

sell (सेल्) *v* (*pt & pp* sold) **1** बेचना. **2** **— off,** सस्ता बेचना. **— out,** बेच कर माल समाप्त कर देना. **'—er** *n*.

'selvage, 'selvedge ('सेल्विज्) *n* किनारा (कपड़े या साड़ी का).

selves → self.

'semblance ('सेम्ब्लन्स्) *n* सादृश्य; एक-सा दिखाई पड़ना.

'semi- (उपसर्ग) **1** अर्ध-: *a —circle* (अर्धवृत्त). **2** आंशिक, अंशत: *semi-civilized.* **3** दो बार घटित होने वाला: *semi-annual.* **-'colon** *n* ; लिखने और मुद्रण का चिह्न. **'semi-de'tached** *adj* बगल से जुड़ा मकान. **semi-'final** *n* सेमीफाइनल, उपान्त.

'senate ('सेनिट्) *n* **1** सीनेट (फ़ांस और संयुक्त राष्ट्र अमेरिका का उच्च सदन). **2** सीनेट, विश्वविद्यालय आदि की शासी-परिषद्. **3** प्राचीन रोम में उच्चतम सभा. **'senator** ('सेनटर्) *n* — का सदस्य.

send (सेन्ड्) *v* (*pt & pp* sent) **1** भेजना. **— away,** भेज देना. **— for,** बुलाना, मँगा भेजना. **— in,** (प्रतियोगिता आदि के लिए) अपना नाम दर्ज करना. **— off,** (पत्र, सामान आदि) भेजना. **— out** बिखेरना, विकीर्ण करना; (परिपत्र आदि) वितरित करना. **2** बना देना : *— sb mad.* **'send-off** *n* (बिदाई के समय स्टेशन आदि पर) हितैषियों का मिलन, बिदाई.

'senile ('सीनाइल्) *adj* जरा-पीड़ित, सठियाया हुआ (व्यक्ति). **se'nility** (सि'निलिटि) *n*.

'senior ('सीन्यर्) *adj* **1** आयु में ज्येष्ठ; पद में वरिष्ठ. **2** नाम के बाद सीनियर : *Tom Brown Senior* (*abbr* Sen or Sr), एक से नाम के दो व्यक्तियों में ज्येष्ठ. *n* ऐसा व्यक्ति.

sen'sation (सेन्'सेशन्) *n* **1** संवेदन, अनुभूति : *a — of warmth.* **2** गहरी रुचि उत्पन्न करने वाला, उद्दीपन. **—al** *adj* सनसनीदार.

sense (सेन्स्) *n* **1** इन्द्रिय, ज्ञानेन्द्रिय. **2** अनुभूति, संवेदन (इन ज्ञानेन्द्रियों से). **3** विवेक; समझदारी. **4** बोध, बुद्धि : *the moral —; his — of duty.* **5** (*pl*) होश, चेतना. **out of his —s,** पागल. **come to one's —s,** होश में आना. **6** अर्थ, तात्पर्य: *It does not make —* (यह निरर्थक है). **'—less** *adj* **1** मूर्खतापूर्ण. **2** अचेत, बेहोश.

,sensi'bility (सेन्सि'बिलिटि) *n* संवेदनशीलता (विशेषत: कला, संगीत आदि के प्रति).

'sensible ('सेन्सिब्ल्) *adj* **1** समझदार, विवेकी. **2** से परिचित (*of*).

'sensitive ('सेन्सिटिव्) *adj* **1** अतिसंवेदनशील: *a — skin.* **2** भावुक, (निन्दा आदि को) तीक्ष्ण अनुभव करने वाला : *— to blame.* **3** सूक्ष्मग्राही (यंत्र) (ज़रा से भी परिवर्तन को अंकित करने वाला).

'sensual ('सेन्स्युअल्) *adj* भोगविलास में लगा हुआ. **'sensuous** ('सेन्स्युअस्) *adj* इंद्रियसंबंधी.

sent → send.

'sentence ('सेन्टन्स्) **1** वाक्य. **2** (न्यायाधीश द्वारा दिया) दंड का आदेश. *v* दंड का आदेश देना, फैसला करना : *— sb to five years imprisonment.*

'sentiment ('सेन्टिमन्ट्) *n* **1** मनोभाव, भाव. **2** भावुकता. **3** राय, विचार; भावाभिव्यक्ति.

,senti'mental (सेन्टि'मेन्ट्ल्) *adj* भावुकतापूर्ण; भावपूर्ण : *— novels.* **,sentimen'tality** (सेन्टिमेन्'टैलिटि) *n*.

'sentinel ('सेन्टिन्ल्) *n*. **'sentry** ('सेन्ट्रि) *n* सन्तरी, पहरेदार.

'separate ('सेप्रिट्) *adj* अलग, पृथक; न जुड़ा हुआ; भिन्न. *v* **1** — होना, रखना या करना. **2** (लोगों का) अलग-अलग जाना. **'separable** ('सेप्रब्ल्) *adj* वियोज्य, पृथक् करने या होने योग्य. **,sepa'ration** (सेप्'रेशन्) *n* वियोग की अवधि; अलग-अलग होना; पार्थक्य.

Sep'tember (सप्'टेम्बर्) *n* सितम्बर (महीना).

'septic ('सेप्टिक्) *adj* पका हुआ (घाव); विषाक्त, सेप्टिक.

ˈ**sepulchre** (ˈसेपल्कर्) *n* कब्र, समाधि, मक़बरा.
ˈ**sequel** (ˈसीक्वल्) *n* परिणाम; उत्तरकथा.
ˈ**sequence** (ˈसीक्वन्स्) *n* **1** परिणाम स्वरूप. **2** क्रम बद्ध विचार या घटनाएँ; अनुक्रम.
ˈ**seraph** (ˈसेरफ़्) *n* स्वर्गदूत. **seˈraphic** *adj.*
sereˈnade (सेरिˈनेड्) *n* सांध्यसंगीत (रात में बाहर गाया जाने वाला गीत). *v* — गाना.
seˈrene (सिˈरीन्) *adj* स्पष्ट और शान्तिपूर्ण; अविक्षुब्ध. —**ly** *adv.* **seˈrenity** (सिˈरेनिटि) *n.*
serf (सर्फ़्) *n* (यूरोप में प्राचीन काल में) कृषिदास. —**dom** *n* सामाजिक व्यवस्था जिस में खेती दास करते थे.
serge (सर्ज्) *n* सर्ज (एक प्रकार का ऊनी कपड़ा).
ˈ**sergeant** (ˈसार्जन्ट्) *n* सार्जेंट (सेना और ब्रिटिश पुलिस में एक पद).
ˈ**serial** (ˈसिअरिअल्) *adj* **1** धारावाहिक (कथा आदि). **2** क्रमबद्ध, क्रमीय. *n* धारावाहिक कथा. —**ly** *adv.*
ˈ**series** (ˈसिअरीज़्) *n* (*pl* ˈseries). **1** वस्तुओं की शृंखला; घटनाओं का सिलसिला. **2** (गणित में) संख्याओं की श्रेणी.
ˈ**serious** (ˈसिअरिअस्) *adj* **1** गंभीर; विचारशील; संजीदा. **2** संभावित संकट के कारण महत्त्वपूर्ण : *a — illness.* **3** गंभीरता से (न कि मज़ाक में). —**ly** *adv.* —**ness** *n.*
ˈ**sermon** (ˈसर्मन्) *n* प्रवचन (विशेषतः चर्च का).
ˈ**serpent** (ˈसर्पन्ट्) *n* साँप.
ˈ**servant** (ˈसर्वन्ट्) *n* नौकर.
serve (सर्व्) *v* **1** किसी की नौकरी करना : — *as a cook.* **2** सेवा करना : — *one's country.* **3** (दूकान में ग्राहक को) देखना; (माल) देना-लेना; (खाना) परोसना; (खाना) खिलाना. **4** आवश्यकता पूरी करना; पर्याप्त होना. **5** विशेष व्यवहार करना, पेश आना : — *sb shamefully.* **6 It —s him right,** उपयुक्त होना (जो दंड उसे मिला है ठीक ही मिला है).
ˈ**service** (ˈसर्विस्) *n* **1** नौकरी : *go into —.* **2** सर्विस, सेवा (सरकारी या गैरसरकारी). **the fighting —s,** सेना (जल, थल, वायु). **on active —,** युद्ध के समय मोरचे पर. **3** सहायता, सेवा : *get the —s of a lawyer.* **4 at your —,** सहायता के लिए तैयार. **5** सार्वजनिक आवश्यकताओं की सेवाएँ : *a bus —; the telephone —.* **6** पूजा, उपासना, अनुष्ठान : *the marriage —.* **7** भोजन के परोसने का सेट : *a dinner — of fifty pieces.* **8** परिचर्या, खिदमत : *add ten per cent to the bill for —.* —**able** *adj* **1** सहायता को तैयार. **2** टिकाऊ और दृढ़.
serviˈette (सर्विˈएट्) *n* नैपकिन.
ˈ**servile** (ˈसर्वाइल्) *adj* दासोचित, दास-सदृश्य : — *ˈflattery* चापलूसी. **serˈvility** (सर्ˈविलिटि) *n.*
ˈ**session** (ˈसेशन्) *n* (न्यायालय, पार्लियामेंट आदि का) सत्र. **in —,** (विचारार्थ) सत्राधीन.
set (सेट्) *v* (*pt & pp* set; -tt-) **1** (सूर्य का) अस्त होना. **2** (स्थिति विशेष में) रखना, गाड़ना, स्थापित करना : *set a stake in the ground.* **set (a broken bone)** हड्डी जोड़ना, हड्डी सेट करना. **set (the hand of) a clock,** घड़ी में समय विशेष दिखाना. **set (sb) an example,** आदर्श रूप में सामने रखना. **set fire to sth,** जलाना. **set sail,** यात्रा प्रारंभ करना. **set a trap,** जाल तैयार कर देना. **set type,** मुद्रण के लिए तैयार करना. **3** एक निश्चित स्थिति में रखना : *set sb free; set sb's doubts at rest.* **4** (*adv* और *prep* के साथ) **set about,** प्रारंभ करना. **set forth (out),** यात्रा आरंभ करना; अपने विचार स्पष्टतया कहना. **set off,** यात्रा आरंभ करना; आतिशबाजी आरंभ करना; घटनाचक्र आरंभ करना. **set a dog on (to) sb,** कुत्ते को किसी पर आक्रमण करने के लिए प्रेरित करना. **set up** (*a shop, a government*) स्थापित करना, चालू करना. **5** काम कराना, काम करने को देना : *set sb a question; set the men to chop wood.* **6 at a set time (date),** पूर्व निश्चित समय पर. **set books,** परीक्षा के अध्ययन के लिए निर्धारित पुस्तकें. *n* **1** सेट,

समूह : *a set of golf-clubs; a tea set.* 2 उपकरण : *radio set, TV set.* **'set-back** *n* रुकावट, गतिरोध. **'setting** ('सेटिङ्) *n* वातावरण; मंचसज्जा. **'set-to** *n* हाथापाई, लड़ाई.

set'tee (से'टी) *n* एक प्रकार का सोफ़ा.

'settle ('सेट्ल्) *v* **1** बैठ जाना, टिक जाना : — (*oneself*) (*down*) *in an armchair.* **2** शान्त हो जाना : *a period of —d weather.* **3** नये जीवन या नये व्यवसाय से अभ्यस्त हो जाना : — (*down*) *to a new job.* **4** बसना (*at, in*). **5** निश्चय करना; समझौते पर पहुँचना. **6** (ऋण) भुगतान करना. **7** (धूल आदि का) बैठ जाना. *The rain —d the dust; The dust —d on everything.* **8** धँसना (भूमि या नींव का). **—ment** *n* **1** समझौता; निपटारा. **2** बस्ती; उपनिवेश. **—r** *n* उपनिवेशी; बसने वाला.

'seven ('सेव्न्) *n & adj* सात. **—'teen** ('सेव्न्'टीन्) *n & adj* सत्रह. **—th** ('सेव्न्थ्) *n & adj* सातवाँ. **—ty** ('सेव्न्टि) *n & adj* सत्तर. **—tieth** ('सेव्न्टिअथ्) *n & adj* सत्तरवाँ, सत्तरवाँ अंश.

'sever ('सेवर्) *v* **1** रस्सी को दो भागों में काट देना. **2** संबंध तोड़ लेना.

several ('सेव्रल्) *adj* तीन-चार; कुछ. *pron* थोड़े से, कुछ.

se'vere (सि'विअर्) *adj* (-r, -st) **1** कठोर, सख्त (नियम पालन करने-कराने में). **2** उग्र, कठोर, प्रचण्ड. **3** सरल, अलंकारहीन (शैली). **—ly** *adv.* **se'verity** *n.*

sew (सो) *v* (*pt* sewed, *pp* sewed/sewn) सीना, सिलाई करना. **'sewing** ('सोइङ्) *n* कपड़ों का सिला जाना. **'sewing-machine** *n* सिलाई की मशीन.

sewer (स्युअर्) *n* बड़ा भूमिगत नाला, सीवर.

sex (सेक्स्) *n* लिंग (पुरुष या स्त्री होने की स्थिति); स्त्री-पुरुष सब मिला कर. **—ual** ('सेक्स्युअल्) *adj* — से संबद्धित.

shabby ('शैबि) *adj* (-ier, -iest) **1** जीर्ण-शीर्ण दशा में. **2** फटे-पुराने कपड़े पहनने वाला, फटेहाल. **3** नीच, कमीना.

'shackle ('शैक्ल्) *n* हथकड़ी, बेड़ी *v* — डालना; बाधा डालना.

shade (शेड्) *n* **1** छाया. **2** चित्र का धुंधला भाग. **3** रंग की मात्रा या गहराई : *various —s of blue.* **4** शेड (बल्ब के ऊपर लगा ढक्कन). *v* **1** ढकना, आड़ करना : *He —d his eyes with his hand.* **2** चित्र में शेड देना, छायित करना. **3** धीरे-धीरे बदलना (*into.... from....to*). **'shady** ('शेडि) *adj* (-ier, -iest) **1** छायादार : *the shady side of the street.* **2** बेईमानी वाला : *shady dealings.*

'shadow ('शैडो) *n* **1** छाया, परछाई. **2** आभास, इंगित : *without a — of doubt.* *v* **1** धुँधला करना. **2** चुपचाप पीछा करना (जैसे, किसी अपराधी का). **—y** *adj* — सदृश.

shaft (शैफ़्ट्) *n* **1** तीर या भाले का डंडा; कुल्हाड़ी का डंडा. **2** गाड़ी का बम (जिनके बीच घोड़ा गाड़ी में जोता जाता है). **3** मोटर आदि का शाफ़्ट, दण्ड. **4** (प्रकाश का) किरण पुंज. **5** खान आदि में ऊर्ध्वाधर मार्ग (वायु संचार के लिए या लिफ्ट के आने-जाने के लिए), शाफ़्ट.

shake (शेक्) *v* (*pt* shook, *pp* 'shaken) **1** हिलना, काँपना, लड़खड़ाना; हिलाना, झँझोड़ना. — **off** (*a cold*), पीछा छुड़ाना. **2** (आवाज़ का) थरथराना, काँपना. **shaky** *adj* (-ier, -iest) अस्थिर.

shall (शैल्) *v* (*pt* should) **1** भविष्य काल बनाने की सहायक क्रिया : *I* (*we*) — *come tomorrow.* **2** निश्चय सूचक क्रिया : *He* (*she you, they*) — *be home early.* **3** कथित वाक्य में : (He said, 'You will fail.') *He told me that I should fail.* **4** उपयुक्तता अथवा औचित्य का सूचक : *You should come tomorrow. You should have come yesterday.* **5** *Shall I ?* (क्या मैं करूँ?) *You shouldn't* (तुम्हें नहीं करना चाहिए).

'shallow ('शैलो) *adj* (-er, -est) छिछला : *a — stream;* (fig) (स्वभाव से) ओछा, छिछला.

sham (शैम्) *v* (-mm-) स्वांग भरना : *—ming illness.* *n* ढोंगी; ढोंग, दिखावा. *adj* बनावटी;

जाली; मिथ्या : *a — battle*.

shame (शेम्) *n* **1** लज्जा, शरम. **2** कलंक, बदनामी : *bring — on one's family*. **3** लज्जा की बात : *What a — to deceive the old man!* *v* **1** बदनाम करना; लज्जित करना. **2** बाध्य करना, मजबूर करना. **'shame-'faced** *adj* झेंपू, संकोची; लज्जालु. **'—ful** *adj* शर्मनाक, लज्जाजनक. **—less** *adj* बेशरम, निर्लज्ज.

'sham'poo (शैम्'पू) *v & n* शैम्पू (करना), केश मार्जन करना.

shan't = shall not. → shall.

shape (शेप्) *n* शक्ल, आकृति. **in any — or form,** किसी भी प्रकार का. **in good (bad) —,** अच्छी (बुरी) स्थिति में; स्वस्थ (अस्वस्थ) व्यक्ति. *v* शक्ल देना या लेना; विकास करना; आकार देना. **'—less** *adj* बेडौल, भद्दा. **—ly** *adj* (-ier, -iest) अच्छी आकृति वाला.

share[1] (शेअर्) *n* **1** हिस्सा, भाग, अंश. **2** किसी कार्य में लिया भाग. **3** (वाणिज्य) शेयर, अंश. *v* **1** हिस्सा देना. **2** साथ काम में लाना (*with*). **3** हिस्सा बँटाना (*in* sth).

share[2] (शेअर्) *n* फाल (हल का धार वाला अंश).

shark (शार्क्) *n* शार्कमछली. → p 280; (fig) धूर्त.

sharp (शार्प्) *adj* (-er, -est) **1** तेज़ धार वाला : *a — knife*; नुकीला : *a — needle*. **2** सुस्पष्ट, तीखा (चेहरा या नक्श) : *— features*. **3** अचानक या जल्दी-जल्दी दिशा बदलने वाला (मोड़); कैंची-मोड़. **4** तीक्ष्ण, कर्णभेदी (ध्वनि). **5** तेज़, तुरंत पकड़ने वाली (निगाह). **6** तेज़, तीव्र (वेदना) : *a — pain*. **7** कुशाग्र बुद्धि, तेज : *a — child*. **8** तेज़; फुरतीला : *a — walk*. **9** कठोर, उग्र : *a — rebuke*. **10** सामान्य स्वर से ऊँचा स्वर. *n* संगीत में उच्च स्वर (तार स्वर). *adv* **1** बिलकुल ठीक समय पर : *Come at five o'clock —*. **2** अचानक : *Turn — to the left*. **'—en** *v* तेज़ या पैना करना, बाढ़ पर चढ़ाना. **—ly** *adv*.

'shatter ('शैटर्) *v* **1** चूर-चूर कर देना; टुकड़े-टुकड़े कर देना. **2** (fig) आशाएँ तोड़ना; मन में धक्का लगना.

shave (शेव्) *v* **1** हजामत बनाना, दाढ़ी बनाना. **2** पतली-पतली छीलन काटना. **3** पास से लगभग छूते हुए निकल जाना. *n* **1** हजामत. **2 a close (narrow) —,** चोट लगने से सौभाग्यवश बाल-बाल बच जाना. **'shavings** ('शेविङ्ज़्) *n pl* (लकड़ी की) छीलन, कतरन.

shawl (शॉल्) *n* शाल (ओढ़ने का).

she (शी) *pron* स्त्री वाचक 'वह' 'यह' : *She can see me*. → her.

sheaf (शीफ़्) *n* (*pl* sheaves) धान आदि का पूला; गट्ठर; कागजों का बंडल, पुलिन्दा.

shear (शिअर्) *v* (*pp* shorn) भेड़ के बाल काटना. **' —s** *n pl* (बाल या घास काटने की) बड़ी कैंची, कैंचा.

sheath (शीथ़्) *n* (तलवार आदि की) म्यान, कोष, आवरण.

sheathe (शीद़्) *v* **1** म्यान में तलवार रखना. **2** आवरण चढ़ाना.

shed[1] (शुेड्) *n* शेड, सायबान.

shed[2] (शुेड्) *v* (*pt & pp* shed; -dd-) **1** बहाना : *— tears, leaves*. **2** बहने देना. **3** फैलाना : *a fire —s warmth*. **— light on,** स्पष्ट करना; सूचना देना.

sheep (शीप्) *n* (*pl* sheep) भेड़ → p 99. **' —ish** ('शीपिश्) *adj* दब्बू और मूर्ख; दूसरों के द्वारा ही चलाये जाने वाला; स्वेच्छारहित.

sheer (शिअर्) *adj* **1** एकदम, पूरा-पूरा : *a — waste of time*. **2** ऊर्ध्वाधर खड़ा.

sheet (शीट्) *n* **1** (कपड़े की) चादर. **2** काग़ज़, शीशे आदि की पत्तर, शीट.

sheik(h) (शेक्/शेख़्) *n* शेख (अरबी, मुखिया).

shelf (शुेल्फ़्) *n* (*pl* shelves) **1** (अलमारी आदि का) खाना, शेल्फ़, टाँड़. **2** कगार.

shelve (शुेल्व्) *v* ताक़ पर रखना; (fig) (समस्या के) समाधान को स्थगित करना.

shell (शुेल्) *n* **1** सीप, सीपी; छिलका; बाहरी कड़ा आवरण; कोष. **2** खंडहर वाले भवन की बाहरी दीवार. **3** तोप के गोले का खोल. *v* **1** गोले फेंकना. **2** बाहरी कड़ा आवरण कोष आदि हटाना.

ˈ**shelter** (ˈशेल्टर्) *n* **1** आश्रय स्थल, शरण स्थान, पनाह. **2** शरण, आश्रय. *v* **1** — देना; सुरक्षा करना. **2** शरणगृह में आश्रय लेना (*in, under*).

shelve → shelf.

ˈ**shepherd** (ˈशेपर्ड्) *n* गड़ेरिया; धर्मगुरु. *v* नेतृत्व करना.

ˈ**sheriff** (ˈशेरिफ़्) *n* (ब्रिटिश व्यवस्था में) एक शासनाधिकारी.

shield (शील्ड्) *n* **1** कवच; ढाल. **2** परिरक्षक, ओट. *v* रक्षा करना; बचाना.

shift (शिफ़्ट्) *v* खिसकाना, खिसकना. *n* शिफ़्ट, (कर्मचारियों की) पाली; कार्य समय: *on the day (night)* —. ˈ**—y** *adj* (-ier, -iest) अविश्वसनीय.

ˈ**shilling** (ˈशिलिङ्) *n* एक ब्रिटिश सिक्का.

ˈ**shimmer** (ˈशिमर्) *v & n* झिलमिलाना.

shin (शिन्) *n* पैर का अग्रभाग (घुटने और टखने तक का भाग). → p 36.

shine (शाइन्) *v* (*pt & pp* shone) चमकना; चमकाना. *n* चमक; दीप्ति. ˈ**shiny** (ˈशाइनि) *adj* (-ier, -iest).

ˈ**shingle** (ˈशिंग्ल्) *n* कंकड़ (समुद्र तट का).

ship (शिप्) *n* जहाज़, पोत: *sailing-* (*steam-*) *ship*. *v* (-pp-) जहाज़ द्वारा माल भेजना. **—mate** *n* सह-नाविक. ˈ**—ment** (ˈशिप्मन्ट्) *n* सामान का लदान (जहाज़ पर); नौ-भार (सामान की मात्रा जो एक समय जहाज़ पर लद सकता है). ˈ**—per** *n* पोतवणिक. **—shape** *adj* ठीक-ठाक, सुव्यस्थित. ˈ**—wreck** *n* तूफ़ान में जहाज़ का डूबना; टकरा कर ध्वंस होना. *v* — करना. ˈ**—wright** *n* जहाज़ बनाने वाला. ˈ**—yard** *n* जहाज़ बनाने का कारख़ाना.

ships

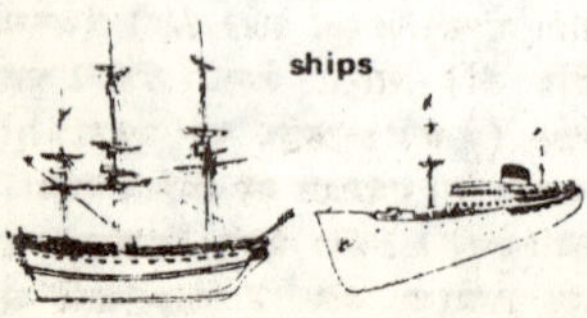

shirk (शर्क्) *v* जी चुराना; भाग जाना. *n* कर्त्तव्य-त्यागी.

shirt (शर्ट्) *n* कमीज़. **in shirt-sleeves,** बिना जैकेट के.

ˈ**shiver** (ˈशिव़र्) *v & n* ठिठुरना, काँपना.

shoal (शोल्) *n* मछलियों का झुंड.

shock (शॉक्) *n* **1** आघात, सदमा (आघात, टक्कर या विस्फोट आदि से उत्पन्न स्थिति). **2** बिजली का धक्का, शाक. **3** दहशत, जड़ता. *v* धक्का लगाना; दहशत खाना; चकित होकर जड़ हो जाना. ˈ**—ing** *adj*.

shod (शॉड्) → shoe.

ˈ**shoddy** (ˈशॉडि) *adj* घटिया, रद्दी.

shoe (शू) *n* जूता. **shoe-lace (string)** जूते का फीता. *v* (*pt & pp* shod) घोड़े के नाल लगाना.

shone (शॉन्) → shine.

shook (शुक्) → shake.

shoot (शूट्) *v* (*pt & pp* shot) **1** बहुत ही तेज़ी से निकलना, जाना या भेजना. **2** (पौधों का) अंकुरित होना. **3** (दर्द का) टीस या हूक उठना. **4** (राइफ़ल आदि से) गोली मारना; तीर फेंकना; गोली से मारना. *n* अंकुर. ˈ**—ing star** *n* उल्का.

shop (शॉप्) *n* **1** दूकान. **2** (ˈ**work—** भी) वर्कशाप, कारखाना. *v* (-pp-) **go —ping,** बाज़ार जाना (ख़रीदने के लिए). ˈ**—keeper** *n* दूकानदार. ˈ**shoplifter** *n* उठाईगीरा, उचक्का.

shore (शॉर्) *n* पुलिन (समुद्र या झील का तट). **on —,** थल पर.

shorn (शॉर्न्) → shear.

short (शॉर्ट्) *adj* (-er, -est) **1** छोटा; ठिगना, नाटा. **2** सामान्य या अपेक्षित से कम, न्यून: *working — time* (साधारण से कम साप्ताहिक कार्य घंटे). **a — cut,** (fig) सुगम मार्ग, सरल उपाय. **3 — of,** अपर्याप्त, कम. **in —,** संक्षेप में. **4** भुरभुरा (केक, पेस्ट्री के संबंध में). *adv* **1** अचानक, अकस्मात्: *stop* —. **2 come (fall) — of,** अपेक्षित पाने में असफल. ˈ**—age** (ˈशॉर्टिज्) *n* अभाव, अपर्याप्तता. ˈ**—coming** *n* त्रुटि, कसर, कमी. ˈ**—en** (ˈशॉर्टन्) *v* — करना. ˈ**—hand** *n* आशुलिपि (बोले हुए को विशेष चिह्नों से

जल्दी-जल्दी लिखना). ˈ**short-ˈhanded** *adj* कार्यकर्ताओं की कमी. ˈ**—ly** *adv* **1** तुरंत, अविलम्ब. **2 —ly after (before),** निकट भविष्य (अतीत) में. **3** संक्षेप में. ˈ**short-ˈsighted** *adj* **1** दूरवर्ती वस्तुओं को भलीभाँति न देख सकने वाला. **2** (fig) अदूरदर्शी, भविष्य की आवश्यकताें को न समझने वाला. ˈ**short-ˈtempered** *adj* चिड़चिड़ा, बदमिज़ाज.

shorts (शॉर्ट्स्) *n* हाफपैंट, नेकर, जाँघिया.

shot (शॉट्) *n* **1** बन्दूक आदि की गोली की आवाज़. **2** गोली चलाने का प्रयास. **have a —,** प्रयत्न करना. **3** बन्दूक की गोलियाँ, छर्रे (प्राय: *pl* shot). *v* → shoot.

should → shall.

ˈ**shoulder** (ˈशोल्डर्) *n* **1** कन्धा. → p 36. **2** कन्धानुमा भाग, स्कंध. *v* कंधे पर लेना; कंधा देना. ˈ**—blade** *n* कंधे की हड्डी. → p 37.

shout (शाउट्) *n* चीख, पुकार; शोरगुल. *v* — करना.

shove (शव्) *v & n* (colloq) ठेलना, ढकेलना.

ˈ**shovel** (ˈशव़्ल्) *n* बेलचा. → p 326. *v* (-ll-) — से उठाना या हटाना; — से रास्ता बनाना.

show (शो) *v* (*pt* showed, *pp* shown) **1** दिखाना, दिखा देना. **2** (*adv* के साथ) **— off,** प्रदर्शन करना, इतराना. **— sth off,** किसी के सौन्दर्य का प्रदर्शन करना. *n* **1** प्रदर्शन. **2** प्रदर्शनी: *a flower —*. **3** (colloq) तमाशा. ˈ**—y** *adj* (-ier, -iest) भड़कीला, दिखाऊ.

shower (ˈशाउअर्) *n* **1** बौछार. **2** शावर, फुहारा-स्नान. **3** छोटी वस्तुओं का गुच्छा: *a — of sparks.* *v* **1** छिड़कना; बरसना. **2** शावर के नीचे नहाना.

shrank → shrink.

shred (श्रेड्) *n* धज्जी: *torn to —s* (धज्जी-धज्जी हो जाना). *v* (-dd-) धज्जियाँ उड़ाना.

shrewd (श्रूड्) *adj* **1** समझदार, विवेकी. **2** सत्य के समीप का अनुमान (तुक्का).

shriek (श्रीक्) *v & n* चीख मारना.

shrill (श्रिल्) *adj* तीक्ष्ण, कर्णभेदी ध्वनि; तीखी आवाज़.

shrimp (श्रिम्प्) *n* झींगा मछली.

shrine (श्राइन्) *n* मक़बरा, रौज़ा; समाधि.

shrink (श्रिङ्क्) *v* (*pt* shrank, *pp* shrunk) **1** कपड़े का धुलने पर सिकुड़ जाना. **2** झिझकना, हिचकिचाना.

shrivel (ˈश्रिव़्ल्) *v* (-ll-) झुर्री या शिकन पड़ना; कुम्हलाना.

shroud (श्राउड्) *n* कफ़न. *v* — ओढ़ाना; ढक लेना: *—ed in mist.*

shrub (श्रब्) *n* झाड़ी; झाड़-झंखाड़.

shrug (श्रग्) *n & v* (-gg-) कंधे उचकाना (संदेह आदि प्रकट करने के लिए).

shrunk (श्रंक्) → shrink.

shudder (ˈशडर्) *v & n* काँप उठना; थरथराना.

ˈ**shuffle** (ˈशफ़्ल्) *v* **1** घसिटते हुए चलना. **2** ताश के पत्तों को बाँटने के पहले फेंटना; कागज़ात अस्तव्यस्त करना.

shun (शन्) *v* (-nn-) दूर रहना; बचना.

shunt (शन्ट्) *v* रेल डिब्बे को शंट करना (बगल की पटरी पर ले जाना).

shut (शट्) *v* (*pt & pp* shut; -tt-) **1** (द्वार, खिड़की आदि) बन्द करना; (किसी को) बन्द कर देना. **2** (*adv* के साथ) **— down,** फैक्टरी का बन्द हो जाना; रेडियो-संचार का बन्द हो जाना. **be — in,** (किसी व्यक्ति का) भीतर बन्द हो जाना. **— off,** (गैस, पानी आदि का) बन्द हो जाना या करना; (रेडियो, टी. वी. आदि) बन्द कर देना. **— up,** (सुरक्षा के लिए) द्वार-खिड़की आदि बंद कर लेना; (colloq) बोलना बन्द करना.

shutter (ˈशटर्) *n* **1** शटर, झिलमिली (खिड़की की); ऊपर से नीचे गिरने वाला शटर. **2** कैमरे का शटर.

shuttle (ˈशट्ल्) *n* शटल (सिलाई मशीन की), भरनी, फिरकी.

shy (शाइ) *adj* **1** संकोची, झेंपू (व्यक्ति). **2** संकोच दिखाने वाला: *a shy smile.* **3** (पशुओं का) बहुत जल्द भड़कना, भड़कैल. **4 fight shy of,** संकोच करना, दूर रहना. *v* (*pt & pp* shied) (घोड़े का) भड़क जाना (*at* sth). ˈ**shyly** *adv*. ˈ**shyness** *n*.

sick (सिक्) *adj* (-er, -est) **1 be —,** उलटी

होना, कै होना. 2 अस्वस्थ, बीमार. 3 (colloq) — of, ऊबा हुआ. — at (about), झुंझलाया या ऊबा हुआ. ˈ—en (ˈसिक्न्) v 1 be —ening for, (बीमारी की) पहली अवस्था में. 2 ऊबा हुआ, वितृष्णा-वाला. ˈ—ly *adj* (-ier, -iest) 1 मतलाने वाला. 2 दुर्बल; प्रायः अस्वस्थ रहने वाला. ˈ—ness *n* अस्वास्थ्य.

ˈsickle (ˈसिक्ल्) *n* हँसिया, दराँती (घास काटने वाली).

side (साइड्) *n* 1 बग़ल, पार्श्व. **on every —,** हर तरफ़. **— by —,** पास-पास, बग़ल-बग़ल. **by the — of,** (fig) तुलना पर. **put sth on one —,** रख लेना, बचाना. 2 खिलाड़ियों का दल, पक्ष. **take —s (with), take sb's —,** विवाद में किसी का पक्ष लेना अर्थात् समर्थन देना. *v* **— with,** विवाद में समर्थन करना. **—board** *n* साइड बोर्ड (भोजनालय की खानों-वाली मेज़). **ˈ—car** मोटर-साइकिल के बग़ल में लगी एक पहिये की साइड-कार. **ˈsiding** (ˈसाइडिङ्) *n* रेलवे स्टेशन पर मुख्य लाइन के बग़ल की छोटी लम्बाई की लाइन. **ˈ—line** *n* मुख्य जीविका-कार्य से अतिरिक्त (गौण) कार्य. **ˈ—track** *n* गौण मार्ग, शाखा-मार्ग. *v* (fig) विषयान्तर करना, टाल जाना. **ˈ—walk** *n* (अमेरिका में) सड़क के किनारे की पटरी, फुटपाथ. **ˈ—ways** *adv* तिरछा.

sidle (साइड्ल्) *v* झिझकते हुए दब कर चलना (*up to, away from, past* sb).

siege (सीज्) *n* घेराबन्दी (विशेषतः युद्ध में किसी किले की). **lay — to, —** करना.

sieve (सीव़्) *n* चलनी, छलनी, छन्नी.

sift (सिफ़्ट्) *v* चालना, छानना : — *ashes from cinders; — flour.*

sigh (साइ) *v* 1 आह खींचना, ठंडी साँस लेना. 2 **— for,** ललकना. *n* — की ध्वनि या प्रक्रिया.

sight (साइट्) *n* 1 दृष्टि (देखने की शक्ति). **lose one's —,** अन्धा हो जाना. (*know sb only*) **by —,** केवल शक्ल से जानना, न कि परिचित होना. 2 दर्शनीय, दृश्य; (*pl*) दर्शनीय स्थल : *the —s of Delhi.* 3 राइफ़ल में निशाना ठीक लगाने वाली युक्ति, दीदबान. *v* 1 (समीप आने पर) देखना : — *land.* 2 निशाना ठीक लगाना. **ˈ—ˌseer** *n* दर्शनीय स्थलों को देखने के लिए आया व्यक्ति.

sign (साइन्) *n* 1 चिह्न : *mathematical —s* (जैसे, +, ×, ÷ आदि). 2 सार्वजनिक सूचना देने वाले संकेत : *traffic —s.* 3 इंगित, लक्षण : *—s of rain.* 4 बिना बोले उत्तर में किया इशारा. *v* 1 हस्ताक्षर करना. 2 इशारों से कहना. **ˈ—board, ˈ—post** *n* सार्वजनिक सूचना-पट्ट.

ˈsignal (ˈसिग्नल्) *n* 1 चेतावनी, सूचना आदि बताने के लिए प्रयुक्त संकेत. 2 **railway —,** रेल का सिग्नल. *v* (-ll-) 1 — करना. 2 — काम में लाना. 3 — द्वारा सूचना देना. **ˈsignal-box** *n* सिग्नल-घर.

ˈsignature (ˈसिग्निचर्) *n* हस्ताक्षर.

ˈsignify (ˈसिग्निफ़ाइ) *v* 1 संकेत करना; संकेत द्वारा बताना : — *one's approval.* 2 अर्थ होना, अर्थ रखना. **sigˈnificance** (सिगˈनिफ़िकन्स्) *n* तात्पर्य, अर्थ; महत्त्व. **sigˈnificant** *adj.*

ˈsilence (ˈसाइलन्स्) *n* मौन, खामोशी. *v* चुप करना, मौन कर देना. **ˈsilent** (ˈसाइलन्ट्) *adj* 1 चुप, ख़ामोश; नीरव. 2 मूक, अल्पभाषी.

ˌsilhouˈette (सिलूˈएट्) *n* सफ़ेद पर्दे पर काली परछाई जिसमें पूरी आकृति स्पष्ट दिखाई पड़ जाती है, छाया-चित्र; हलकी पृष्ठभूमि में किसी वस्तु या व्यक्ति की काली आकृति. *v* — दिखाना.

silk (सिल्क्) *n* रेशम; रेशमी. **ˈ—y** *adj* (-ier, -iest) रेशम-जैसा; रेशमी.

sill (सिल्) *n* खिड़की के नीचे का कुछ आगे निकला पत्थर या लकड़ी का पंटरा, दासा.

ˈsilly (ˈसिलि) *adj* (-ier, -iest) बेवकूफ़; मूर्खतापूर्ण; अल्पबुद्धि; (colloq) लापरवाह.

silt (सिल्ट्) *n* नदी द्वारा मुहाने पर छोड़ा रेता, कीचड़, गाद. *v* बन्दरगाह का गाद से भर जाना.

ˈsilver (ˈसिल्व़र्) *n* 1 चाँदी. 2 चाँदी का सामान. 3 (*adj* के रूप में) रुपहला; (ध्वनि की) स्पष्टता और मृदुता. **ˈ—y** *adj* रुपहला, चाँदी-सदृश; सुमधुर (ध्वनि).

ˈsimilar (ˈसिमिलर्) *adj* समान. **— to,**

समतुल्य. —**ly** *adv*. **simi'larity** (सिमि-'लैरिटि) *n* समानता, सादृश्य.

'simile ('सिमिलि) *n* उपमा-अलंकार (का प्रयोग) : *brave as a lion*.

'simmer ('सिमर्) *v* **1** किसी पात्र या भोजन को उबलती हुई स्थिति में बनाये रखना. **2** — **with rage (excitement),** अन्दर ही अन्दर (क्रोध आदि से) उबलना किंतु क्रोध का विस्फोट न होना और नियंत्रण में बने रहना.

'simple ('सिम्प्ल्) *adj* (-r, -st) **1** शुद्ध (न कि मिश्रित; पूर्ण (न कि भागों में बँटा); केवल इने-गिने भागों वाला : *a — substance; a — machine*. **2** सादा : *a — meal*. **3** अत्यन्त विकसित स्थिति में न होने वाला : *— forms of plant life*. **4** सहज में क्रिया या समझा जा सकने वाला : *— language*. **5** बुद्धू; अनुभवहीन : *He's not — enough to believe that*. **6** निष्कपट, सरल सच्चा : *behave in a — and pleasant way*. —**ton** ('सिम्प्लटन्) *n* बुद्धू, सहज में मूर्ख बन जाने वाला. **sim'plicity** (सिम्'प्लिसिटी) *n* — की स्थिति. **'simplify** ('सिम्प्लिफ़ाइ) *v* सरल करना. **'simply** ('सिम्प्लि) *adv* **1** — रीति से. **2** बिलकुल, एकदम. **3** केवल, मात्र.

,simul'taneous (सिमल्'टेन्यस्) *adj* एक ही समय घटित होने वाला, एककालिक. —**ly** *adv* साथ-साथ, एक ही समय, युगपत्.

sin (सिन्) *n* पाप (कर्म). *v* (-nn-) पाप करना; अपराध करना. **'sinful** *adj* दुष्ट, पापी; बुरा. **'sinless** *adj*. **'sinner** (सिनर्) *n* पापी.

since (सिन्स्) *adv* (भूतकाल की) किसी विशेष तिथि के बाद से; वर्तमान से पूर्व. *prep* के बाद से : *We haven't met — her marriage*. *conj* के बाद से : *Where have you been — I last saw you ?* क्योंकि, चूंकि : *S— we are poor, we can't buy anything*.

sin'cere (सिन्'सिअर्) *adj* (-r, -st) **1** सच्चा (न कि दिखावटी). **2** निष्कपट. —**ly** *'adv*. **sin'cerity** (सिन्'सेरिटि) *n* सच्चाई, निष्कपटता, ईमानदारी.

'sinew ('सिन्यू) *n* **1** मांसपेशियों को हड्डी से जोड़ने वाली नस, कंडरा. **2** (*pl*) ताकत, बाहुबल, शारीरिक शक्ति.

sing (सिङ्) *v* (*pt* sang, *pp* sung) गाना, गीत गाना; (चिड़ियों का) चहकना, चह-चहाना; गूँजना. — **out,** ज़ोर से आवाज़ निकालना (*for*). — **up,** ऊँचे स्वर से गाना. **'sing-song** ('सिङ्-सॉङ्) *n* **1** भाषण में उबा देने वाला आरोही-अवरोही स्वर. **2** मित्रों की गान-गोष्ठी.

singe (सिंज्) *v* झुलसना; झुलसाना.

'single (सिंग्ल्) *adj* **1** अकेला. — **ticket,** एक-तरफ़ा टिकट (न कि वापसी टिकट). **2** एक ही व्यक्ति द्वारा किया; एक ही व्यक्ति द्वारा प्रयोग में लाया हुआ या लाया जाने वाला. **3** अविवा-हित. *v* — **out,** समूह में से किसी एक को छाँटना, चुनना. **,single-'handed** *adj & adv* बिना दूसरे की सहायता के. **'singly** *adv* एक-एक कर के; अकेला.

singlet ('सिंग्लिट्) *n* बनियाइन (जो कमीज की तरह पहनी जाए).

'singular (सिंग्युलर्) *adj* **1** असाधारण; अनोखा. **2** (व्याकरण में) एकवचन. *n* एक-वचन रूप. —**ly** *adv*.

'sinister ('सिनिस्टर्) *adj* अमंगल, अनर्थ-कारी; द्वेषपूर्ण : *a — smile*.

sink (सिंक्) *v* (*pt* sank, *pp* sunk) **1** डूबना; जहाज़ को डुबोना या डूबने देना. **2** ढलवाँ होना; क्षीण होना; धँसना; घट जाना. **3** खोदना : *— a well*. **4** (द्रवों का और fig) गहरे जाना : *The warning sank into his mind*. *n* बरतन धोने की (पत्थर, चीनी आदि की) हौज.

'sinuous ('सिन्युअस्) *adj* घुमावदार; टेढ़ा-मेढ़ा.

sip (सिप्) *v* (-pp-) चुस्की ले कर पीना, घूँट-घूँट पीना. *n* घूँट.

'siphon ('साइफ़न्) *n* **1** साइफ़न् (एक प्रकार की निकास-नली). **2** सोडा वाटर की एक विशेष प्रकार की बोतल.

sir (सर्) *n* **1** श्रीमन्, महोदय, सर (आदर-वाची संबोधक शब्द). **2 Sir,** इंग्लैंड में knight या baronet के नाम के पूर्व लगा पद.

'siren ('साइअरिन्) *n* साइरन, भोंपू.

'sisal ('साइसल्) *n* पौधा जिसके रेशे से सुतली आदि बनती है.

sister ('सिस्टर्) *n* **1** बहन. **2** (अस्पताल में) वरिष्ठ नर्स. **3** (चर्च में) सिस्टर.**4** (*adj* के रूप में) समान गठन वाली वस्तु : — *ships.* **'sister-in-law** ('सिस्टरइनलॉ) *n* साली; भौजाई; सलहज; ननद; देवरानी; जेठानी.

sit (सिट्) *v* (*pt & pp* sat) **1** बैठना. **2** (*adv & prep* के साथ) **sit for,** (परीक्षा में) बैठना, संमिलित होना. **sit on** (*a committee*), समिति में सदस्य के रूप में संमिलित होना. **sit up,** देर तक जगते रहना, देर से सोना. **3** (न्यायालय आदि का) अधिवेशन में होना, बैठना. **,sitting** (सिटिङ्) *n* न्यायालय आदि की बैठक.

site (साइट्) *n* स्थल, स्थान : *the — of a battle, a new house.*

'situated ('सिटचुएटिड्) *adj* स्थित (नगर-भवन आदि); विशेष स्थिति में पड़ा हुआ (व्यक्ति). **,situ'ation** (सिटचु'एशन्) *n* **1** स्थल, स्थान. **2** हालत, स्थिति. **3** नौकरी, जगह.

six (सिक्स्) *n & adj* छह. **six'teen** (सिक्स'टीन) *n & adj* सोलह. **sixth** (सिक्स्थ्) छठा; छठा अंश. **'sixty** (सिक्सटि) *n & adv* साठ. **sixtieth** (सिक्सटिइथ्) *n & adj* साठवाँ, साठवाँ भाग.

size (साइज़्) *n* **1** परिमाण, आकार. **2** माप, नाप का नंबर ; — *ten shoes.* *v* आकार के अनुसार क्रमबद्ध करना.

skate (स्केट्) *n* स्केट (बर्फ पर स्केटिंग करने के लिए जूतों पर लगाये जाने वाले ब्लेड). *v* — पर चलना.

'skeleton ('स्केलिट्न्) *n* **1** कंकाल, अस्थि-पंजर. → p 37. **2** ढाँचा, खाका. **3 — key,** चोर-कुंजी (जो तरह-तरह के ताले खोल सके).

sketch (स्केच्) *n* रूपरेखा; कच्चा नक्शा; खाका. *v* **1** — बनाना. **2 — sth out,** रूपरेखा बनाना.

'skewer ('स्क्युअर्) *n* सीख़ (जिसमें गोश्त के टुकड़े फँसा कर भूने जाते हैं). *v* इस प्रकार भूनना.

ski (स्की) *n* (*pl* skis, ski) स्की (बर्फ पर चलने के लिए जूतों में बँधने वाली लकड़ी की पट्टियाँ). *v* — द्वारा चलना.

skies (स्काइज़्) → sky.

skid (स्किड्) *n* **1** बैलगाड़ी की रोक. **2** मोटर आदि के पहियों का गीली सड़क पर फिसलना. *v* (-dd-) मोटर आदि का फिसल जाना.

skill (स्किल्) *n* निपुणता, हुनर. **' —ed** *adj* प्रशिक्षित, कुशल : *—ed workmen*; कुशलता की अपेक्षा रखने वाला : *—ed work*. **'skilful** ('स्किल्फ़ुल्) *adj* — दिखाने या रखने वाला. **'skilfully** *adv.*

skim (स्किम्) *v* (-mm-) **1** मलाई निकालना — (*the cream off*) *the milk*. **2** किसी सतह के ऊपर छूते हुए निकल जाना. **3** सरसरी नज़र से पढ़ना.

skin (स्किन्) *n* **1** चमड़ा, चर्म, त्वचा. **2** खाल, चमड़ा, चाम. **3** छिलका (फल का). *v* (-nn-) — निकालना. **'skin-'deep** *adj* सतही. **'—ny** *adj* (-ier, -iest) दुबला-पतला.

skip (स्किप्) *v* (-pp-) **1** उछलना-कूदना. **2** रस्सी फाँदना या कूदना, फुदकना. **3** स्थान बदलते रहना; (विशेषत:) किताब को छोड़-छोड़ कर पढ़ना : — *the next chapter.* *n* ऐसी गति.

'skipper ('स्किपर्) *n* (छोटे व्यापारी-जहाज़ का) कप्तान.

'skirmish ('स्करमिश्) *n* (सेनाओं की) भिड़न्त, मुठभेड़ (मामूली युद्ध).

skirt (स्कर्ट्) *n* **1** स्कर्ट, घाघरा. **2** पल्ला (साड़ी आदि का). **3** (*pl*) नगर का बाहरी सीमान्त. *v* सीमान्त पर चलना.

skit (स्किट्) *n* व्यंग्य रचना; प्रहसन.

skittles (स्किट्ल्स्) *n* स्किटल्स (एक खेल विशेष).

skull (स्कल्) *n* खोपड़ी, कपाल. → p 37.

sky (स्काइ) *n* (*pl* skies) आसमान, आकाश. **'skylight** ('स्काइलाइट्) *n* ऊपरी रोशनदान. **'skyline** *n* आकाश की पृष्ठभूमि में क्षितिज पर स्थित वस्तुओं की रूपरेखा. **'skyscraper** *n* गगनचुम्बी भवन.

slab (स्लैब्) *n* (पत्थर आदि की) पटिया.

slack (स्लैक्) *adj* **1** अपने काम में लापरवाह;

सुस्त, आलसी. 2 मन्दा, मन्द. 3 ढीला (न कि कसा): *a — rope.* *n* **the —,** बंधी रस्सी का ढीला भाग. *v* सुस्त या लापरवाह होना. **—en** ('स्लैक्न्) *v* ढीला, मन्द या धीमा होना. **—ly** *adv.*

slain (स्लेन्) → slay.

slake (स्लेक्) *v* (प्यास) बुझाना.

slam (स्लैम्) *v* (-mm-) धम से (द्वार) बन्द कर देना. *n* बन्द करने का धमाका.

'slander ('स्लान्डर्) *v & n* झूठी निन्दा करना. **—ous** ('स्लान्ड्रस) *adj* झूठी निन्दा.

'slang ('स्लैङ्) *n* अत्यधिक अनौपचारिक व्यवहार में प्रयुक्त शब्द, मुहावरे आदि (जिन्हें औपचारिक व्यवहार में कभी भी वक्ता प्रयुक्त नहीं करेगा), स्लैंग.

slant (स्लान्ट्) *v & n* तिरछा (होना).

slap (स्लैप्) *n* थप्पड़, तमाचा या चाँटा. *v* (-pp-) **1** — मारना. **2** कोई वस्तु थप से पटक देना.

slash (स्लैश्) *v* एक ही बार में काटना; चीरना; कोड़े लगाना; (fig) कटु आलोचना करना. *n* ऐसी क्रिया; गहरा या लंबा चीरा.

slat (स्लैट्) *n* (लकड़ी या धातु की) पट्टी.

slate (स्लेट्) *n* **1** स्लेट का पत्थर; स्लेट के चौकोर या आयताकार टुकड़े (छत पाटने में प्रयुक्त). **2** स्लेट की तख्ती (लिखने के लिए).

'slaughter ('स्लॉटर्) *v* पशु को आहारार्थ मारना, काटना; बड़ी संख्या में नर-हत्या करना. *n* पशुवध; कत्ल-आम **'slaughter-house** *n* बूचड़खाना.

slave (स्लेव्) *n* गुलाम, दास. **'—ry** *n* दासप्रथा; दासत्व, गुलामी. **'slavish** ('स्लेविश्) *adj* **1** दासवत् दब्बू. **2** बिना मौलिकता के : *a slavish imitation.*

slay (स्ले) *v* (*pt* slew, *pp* slain) मार डालना; हत्या करना.

sled, sledge (स्लेड्; स्लेज्) *n* स्लेज (बर्फ़ पर फिसलने वाली गाड़ी-विशेष).

'sledge (-,hammer) ('स्लेज्हैमर्) *n* लोहार का) घन.

sleek (स्लीक्) *adj* **1** चिकने-चुपड़े (बाल). **2** चिकनी-चुपड़ी बातें करने वाला (व्यक्ति).

sleep (स्लीप्) *n* सोना. *v* (*pt & pp* slept) **1** सोना. **2** (होटल में) पर्याप्त बिछौने (शायिका) रखना. **'—er** *n* स्लीपर, शायिका (रेलगाड़ी में). **'sleeping-,draught (,pill)** *n* नींद लाने वाली दवा. **'—less** *adj* — हीन, —रहित. **'—y** *adj* (-ier, -iest) **1** उनींदा, निद्रालु. **2** निष्क्रिय; चुपचाप पड़ा हुआ: *a —y village.* **'—ily** *adv.*

sleet (स्लीट्) *n* बर्फ़ मिली वर्षा.

sleeve (स्लीव्) *n* (कमीज़ आदि की) आस्तीन, बाँह. **laugh up one's —,** मन ही मन खुश होना.

sleigh (स्ले) *n*=sledge.

'slender ('स्लेन्डर्) *adj* **1** पतला; छरहरा (बदन) : *a — girl.* **2** थोड़ा-सा : *a — chance.*

slept (स्लेप्ट्) → sleep.

slew (स्लू) → slay.

slice (स्लाइस्) *n* फाँक, कतला. *v* — काटना; तराशना, काटना.

slide (स्लाइड्) *v* (*pt & pp* slid) **1** फिसलना, खिसकना : *a child sliding on the ice.* **2** सरकना: *drawers that — in and out.* **3 let things —,** ध्यान न देना. *n* **1** फिसलना, सरकना. **2** जमी हुई बर्फ़ जिस पर फिसला जा सकता है. **3** चिकनी ढलान. **4** स्लाइड (प्रोजेक्टर में जिसे लगा कर पर्दे पर चित्र दिखाते हैं). **5** स्लाइड (जिस पर रख कर माइक्रोस्कोप से देखते हैं).

slight[1] (स्लाइट्) *adj* (-er, -est) **1** दुबला-पतला, छरहरा. **2** हलका, मामूली : *a — headache.* **'—ly** *adv* थोड़ा : *—ly better.*

slight[2] (स्लाइट्) *v* उपेक्षा की दृष्टि से देखना, नम्रता न दिखाना. *n* उपेक्षा, अवज्ञा, तिरस्कार.

slim (स्लिम्) *adj* (-mer, -mest) दुबला-पतला, छरहरा; छोटा. *v* (-mm-) — बनने के लिए व्यायाम करना और कम खाना.

slime (स्लाइम्) *n* कीचड़, चहला. **'slimy** *adj* (-ier, -iest) — से लिप्त.

sling (स्लिङ्) *n* स्लिंग (सहारा देने के लिए, जैसे टूटे हाथ पर बंधी पट्टी). *v* (*pt & pp* slung) **1** फेंकना (विशेषतः गुलेल से)

2 किसी वस्तु को सहारा देना (ताकि वह उठ सके या उठी रह सके).

slink (स्लिंक्) *v* (*pt* & *pp* slunk) लुक-छिप कर आना-जाना (*about, away, off, out, past*).

slip (स्लिप्) *v* (-pp-) **1** फिसल कर गिर पड़ना, फिसल जाना. **2** चुपके से या जल्दी से खिसक जाना. **3** हाथों से सरक जाना या फिसल कर निकल जाना : *The fish —ped out of my hands.* **4** जल्दी से पहन लेना : — *into* (*out of*) *a dress.* **5** भूल कर जाना. **6**. अनजाने छूट जाना : *it —ped my memory. n* **1** — की प्रक्रिया. **2** छोटी भूल : — *of the tongue* (*pen*). **3** कागज़ की चिट, परची. **4** पेटीकोट. '**slip-knot** *n* सरक-गाँठ '**—per** ('स्लिपर्) *n* स्लीपर, चट्टी (पैर में पहनने वाली). '**—pery** (स्लिप्रि) *adj* फिसलने वाला : *a —pery road.* '**—shod** *adj* फूहड़; अव्यवस्थित.

slit (स्लिट्) *n* स्लिट, दरार. *v* (*pt* & *pp* slit; -tt-) स्लिट बनाना; चीर देना.

slither ('स्लिद़र्) *v* फिसल जाना.

'**slogan** (स्लोगन्) *n* नारा, स्लोगन.

slop ('स्लॉप्) *v* (-pp-) **1** (द्रव का) छलक जाना. **2** छलकाना. *n* (सदैव *pl*) **1** गँदला पानी (विशेषतया रसोई का). **2** मरीज के लिए बनाया सूप आदि तरल खाद्य. **—py** *adj* (-ier, -iest) गीला और गंदा; अति भावुक लापरवाह और बेढंगा.

slope (स्लोप्) *n* **1** ढाल : *the — of a roof.* **2** ऊँची नीची भूमि. *v* — करना, — बनाना.

slot (स्लॉट) *n* झिर्री, खाँचा, छेद, स्लाट. *v* (-tt-) — करना. **slot-machine** *n* मशीन जिस में सिक्का डाल कर कुछ पाया जा सके.

sloth (स्लोथ्) *n* सुस्ती, आलस्य, काहिली.

slouch (स्लाउच्) *v* सुस्ती से बैठना, खड़ा होना या चलना.

'**slovenly** ('स्लवन्लि) *adj* (-ier,-iest) लापरवाह और अव्यवस्थित अथवा गंदा (पोशाक, आदत आदि के संबंध में).

slow (स्लो) *adj* (-er, -est) **1** धीमे-धीमे काम करने वाला; सुस्त; मन्दबुद्धि; ढीला. **2** (घड़ी का) सुस्त चलना. *v* पहले से कम गति से चलना. *The train —ed down.* '**—ly** *adv.* **—ness** *n.*

sludge (स्लज्) *n* गाढ़ा कीचड़; गाढ़ा गंदा तेल आदि.

slug (स्लग्) *n* बिना शंख का घोंघा. → p 168. **—gish** *adj* मन्द धीमी गति से चलने वाला; सुस्त; अक्रिय.

sluice (स्लूस) *n* **1** एक विशेष प्रकार का यंत्र (**sluice-gate** जलकपाट, **sluice-valve**) जिससे नहर में पानी को नियंत्रित करते हैं. **2** पानी की धारा से पूरी-पूरी सफ़ाई. *v* पानी की धारा से साफ़ करना.

slum (स्लम्) *n* गरीबों की घनी गन्दी बस्ती.

'**slumber** ('स्लम्बर्) *v* सोना.

slump (स्लम्प्) *v* **1** गिर पड़ना, गिर जाना, भारी गिरावट आना. **2** (व्यापार में) मंदी आना. *n* मूल्य कम होना और व्यापार मंद होना.

slung (स्लङ्) → sling.

slunk (स्लंक्) → slink.

slur (स्लर्) *v* (-rr-) **1** ध्वनियों को मिला कर बोलना जिस से उच्चारण अस्पष्ट हो जाता है. **2** — **over,** किसी के दोष या लांछन को छिपाने के लिए जल्दी करना. *n* **1** लांछन, निन्दा का विषय. **2** अस्पष्ट उच्चारण.

slush (स्लश्) *n* गलती हुई बर्फ़.

sly (स्लाइ) *adj* (-er, -est) **1** छल-कपट वाला, छलपूर्ण. **2** गोपनशील, छिपाऊ. **on the —,** छिपे-छिपे, **—ly** *adv.*

smack (स्मैक्) *n* तमाचा, थप्पड़ (की आवाज़). *v* **1** — मारना. **2 — the lips,** स्वादिष्ठ वस्तु देख कर चटकारा मारना.

small (स्मॉल्) *adj* (-er, -est) (*large* के वैषम्य में) छोटा. **— change,** रेज़गारी, छोटे सिक्के. **the — hours,** रात के 1 से 4 बजे तक का समय. **look (feel) —,** लज्जित होना, अपमानित-सा होना. **on the — side,** बहुत छोटा. '**small-'arms** *n pl* हलके अस्त्र जो हाथ द्वारा वहन किये जा सकते हैं.

'**smallpox** ('स्मॉल्पॉक्स्) *n* चेचक, शीतला, बड़ी माता (रोग).

smart[1] (स्मार्ट्) *v & n* टीस मारना, सालना, अखरना.

smart[2] (स्मार्ट्) *adj* (-er, -est) 1 हाज़िर-जवाब, प्रत्युत्पन्नमति; साफ़-सुथरा; बना ठना; आकर्षक. 2 चतुर, 3 फ़ैशनेबुल. 4 फ़ुरतीली (गतिवाला). ˈ**—en** *v* **—en up,** — बनना. ˈ**—ly** *adv*.

smash (स्मैश्) *v* 1 तोड़ना, भंग करना, टुकड़े-टुकड़े करना. 2 भिड़ना, टकराना; कुचलना. *n* ऐसी ध्वनि; टक्कर.

ˈ**smattering** (ˈस्मैट्रिङ्) *n* **a — of,** ऊपरी जानकारी, अल्पज्ञान.

smear (स्मिअर्) *v* तेल या चिकनाई पोतना या लगाना; (fig) निन्दा करना, लाँछन लगाना. *n* धब्बा, दाग़.

smell (स्मेल्) *n* गंध; (प्रायः) बदबू, दुर्गन्ध. *v* (*pt & pp* smelt) 1 सूंघना. **— of,** गंध आना; इंगित देना. **— out,** बदबू के कारण ज्ञात होना; (fig) खोजने पर पाना. 2 बदबू करना.

smelt (स्मेल्ट्) *v* (कच्ची धातुएँ) पिघलाना, गलाना; साफ़ या पृथक् करना.

smile (स्माइल्) *v & n* मुस्कराना.

smith (स्मिथ्) *n* धातुकार, लोहार. ˈ**—y** *n* लोहार की दूकान, लोहाखाना.

smoke (स्मोक्) *n* धुआँ. *v* 1 सिग्रेट, बीड़ी आदि पीना. 2 धुआँ निकालना. 3 धुआँरना (मांस, मछली आदि को). 4 धुआँ देकर भगाना. ˈ**—r** *n* सिग्रेट, बीड़ी आदि पीने वाला. ˈ**smoky** (ˈस्मोकि) *adj* (-ier, -iest) बहुत अधिक धुआँ देने वाला; धुएँ से भरा हुआ. ˈ**smoke-stack** *n* धुएँ की चिमनी (फैक्टरी, इंजिन आदि की).

smooth (स्मूद्) *adj* (-er, -est) 1 शीशे जैसी चिकनी सतह वाला. 2 ऐसी गति कि ज़रा सा भी धक्का, हिचकोला आदि न लगे. 3 महीन पिसा हुआ, चिकना. 4 मधुर बोली, प्रवाहयुक्त भाषण. 5 चापलूस, चाटुकार. *v* 1 — करना. 2 **— over,** समस्याओं के महत्त्व को घटा देना, परदा डालना. ˈ**—ly** *adv*.

ˈ**smother** (ˈस्मद़र्) *v* 1 दम घुट कर मर जाना या मारना. 2 पूरी तरह ढक लेना : *—ed in dust*. 3 आग को रेता, राख आदि डाल कर बुझाना.

ˈ**smoulder** (ˈस्मोल्डर्) *v & n* (आग) सुलगना.

smudge (स्मज्) *n* (रोशनाई आदि के) धब्बे.

smug (स्मग्) *adj* (-ger, -gest) दंभी, आत्मसन्तुष्ट.

ˈ**smuggle** (ˈस्मग्ल्) *v* 1 चोरी से ग़ैर क़ानूनन देश में माल लाना या देश से बाहर माल ले जाना, तस्कर-कार्य करना. 2 चुपके से छिपाकर कोई वस्तु ले आना. ˈ**—r** *n* तस्कर-व्यापारी.

snack (स्नैक्) *n* (हलका) नाश्ता.

snag (स्नैग्) *n* छिपा हुआ संकट; (fig) आकस्मिक बाधा या अड़चन.

snail (स्नेल्) *n* घोंघा. → p 168.

snake (स्नेक्) *n* साँप. → p 265.

snap (स्नैप्) *v* (-pp-) 1 चुटकी बजाना, तड़काना. 2 आवाज़ करते हुए काटना (*at*). *n* 1 — की ध्वनि. 2 **a cold —,** अचानक थोड़े दिनों के लिए आया ठंडा मौसम. ˈ**—shot** (ˈस्नैप्शॉट्) *n* छोटे कैमरे से (जल्दी से) ली फ़ोटो.

snare (स्नेअर्) *n* जाल, फन्दा (चिड़िया या छोटे पशु की पकड़ने का). *v* —डालना.

snarl (स्नार्ल्) *v* गुर्राना (कुत्ते का).

snatch (स्नैच्) *v* 1 लपक कर छीनना, झपटना. *— sth up (off)*. 2 अवसर पाते ही प्राप्त करना : *— an hour's sleep*.

sneak (स्नीक्) *v* आँख बचा कर चले जाना. *n* कायर और धोखे-बाज़ व्यक्ति.

sneer (स्निअर्) *v & n* हँसी उड़ाना; मुँह बिचका कर उपहास करना.

sneeze (स्नीज़्) *v & n* छींकना.

sniff (स्निफ़्) *v* 1 नाक से साँस खींचते समय सूं-सूं करना. 2 **— at,** सूंघना.

snip (स्निप्) *v* (-pp-) कैंची से काटना.

snipe (स्नाइप्) *v* अंधेरे से या छिपे-छिपे (किसी पर) गोली चलाना; इस प्रकार से गोली चला कर मार डालना या घायल करना. **—r** *n* ऐसा करने वाला सैनिक.

snob (स्नॉब्) *n* सामाजिक प्रतिष्ठा, धन-संपत्ति आदि को अत्यधिक सम्मान देने वाला व्यक्ति,

दंभी. '—**bery** (स्नॉबरि) *n*. '—**bish** *adj*.

snooze (स्नूज़्) *v* (colloq) झपकी लेना.

snore (स्नॉर्) *v* सोते-सोते खर्राटे भरना. *n* खर्राटे की ध्वनि.

snort (स्नार्ट्) *v* फुफकारना : *—ing with indignation*. *n* ऐसी प्रक्रिया.

snout (स्नाउट्) *n* (पशुओं का) थूथन. → p 99.

snow (स्नो) *n* हिम, बरफ़. *v* **1** — गिरना. **2** **be —ed up (in)**, बरफ़ के कारण जाना (आना) रुक जाना. '— *adj* बरफ़ के समान; हिमाच्छादित.

snub (स्नब्) *v* (-bb-) अवज्ञापूर्ण व्यवहार करना; किसी के सुझाव को दुरदुराना, ठुकराना. *n* ऐसे शब्द या व्यवहार.

snuff[1] (स्नफ़्) *n* सुंघनी.

snuff[2] (स्नफ़्) *v* गुल (मोमबत्ती की बत्ती) काटना; रोशनी बुझाना.

snug (स्नग्) *adj* **1** सुखद आश्रय; सुरक्षित. **2** साफ़-सुथरा. '—**gle** ('स्नग्ल्) *v* सट कर, छाती लगा कर लेटना.

so (सो) *adv* **1** इस सीमा तक, इतना : *why are you so late?* **2** इस प्रकार, ऐसे: *As you treat me, so shall I treat you.* **3** *I told you so!* (यही तो मैंने कहा था). **4** भी : *You are coming and so are they. conj* इस लिए; इसी कारण : *She told me to come, so I came. int* (विस्मयादि-बोधक) *So there you are!* '**so-and-'so** *pron* अमुक, फलां. **so-'called** *adj* तथाकथित. '**so-so** *adj* न बुरा न अच्छा, किसी प्रकार, जैसे-तैसे.

soak (सोक्) *v* **1** भिगोना. **2** तर-बतर कर देना. **3** बहुत बरसने से बुरी तरह से भीग जाना (*through, into*). **4** सोखना, चूस लेना (*up, in*).

soap (सोप्) *n* साबुन. *v* — से साफ़ करना. '—**suds** *n pl* साबुन का झाग. '—**y** *adj* (-ier, -iest) —के समान.

soar (सॉर्) *v* ऊँचे मंडराना; ऊँचे चढ़ना या उड़ना; सामान्य से बहुत अधिक ऊँचे बढ़ना: *—ing prices*.

sob (सॉब्) *v* (-bb-) सिसकना. *n* — की ध्वनि या क्रिया.

sober ('सोबर्) *adj* **1** संयत; गंभीर; संतुलित. **2** अमत्त, न पिये हुए. **3** सौम्य (रंग). *v* — करना या होना. **so'briety** (सो'ब्राइअटि) *n* — होना.

'**soccer** ('सॉकर्) *n* फुटबाल का खेल.

'**sociable** ('सोशब्ल्) *adj* मिलनसार; मैत्रीपूर्ण.

'**social** ('सोशल्) *adj* **1** झुंड में रहने वाला. **2** समुदाय में रहने वालों का : — *customs* (*welfare*). **3** समाज विषयक. *n* मैत्री-गोष्ठी. —**ism** ('सोशलिज़्म्) *n* समाजवाद. —**ist** *n* समाजवादी.

society (स'साइटि) *n* **1** समाज; समुदाय; सामाजिक संगठन. **2** उच्चवर्ग. **3** साहचर्य, संगति: *spend an evening in the — of one's friends*. **4** क्लब, सभा, सोसाइटी: *the Dramatic S—*.

ˌ**soci'ology** (ˌसोसि'ऑलजि) *n* समाज की प्रकृति और विकास का अध्ययन करने वाला विज्ञान; समाजशास्त्र.

sock (सॉक्) *n* **1** छोटा मोज़ा. **2** जूते का भीतरी तल्ला.

'**socket** ('सॉकिट्) *n* साकेट (छेददार पुर्जा जिस में कोई अन्य पुर्जा फ़िट किया जा सके).

sod (सॉड्) *n* घास का मैदान.

'**soda** ('सोडा) *n* सोडा; क्षार. '**soda-ˌwater**, सोडा-वाटर.

'**sodden** ('सॉड्न्) *adj* गीला, तर-बतर; — *with rain*.

'**sofa** ('सोफ़ा) *n* सोफ़ा (फर्नीचर).

soft (सॉफ़्ट्) *adj* (-er, -est) **1** (hard के वैषम्य में) नरम, मुलायम. **2** चिकना कपड़ा; नाजुक. **3** सादा, हलका, सौम्य (रंग). **4** धीमी, मन्द (ध्वनि). **5** नरम, प्रियकर (उत्तर). '**soft-'hearted**, कोमल-हृदय; क्षमाशील. '—**en** ('सॉफ़न्) *v* — बनना. '—**ly** *adv*. '—**y** *n* डरपोक; भोंदू.

'**soggy** ('सॉगि) *adj* दलदली भूमि.

soil[1] (सॉइल्) *n* मिट्टी, भूमि, धरती.

soil[2] (सॉइल्) *v* मैला करना; धब्बे डालना.

'**sojourn** ('सजर्न्) *v & n* ठहरना, टिकना.

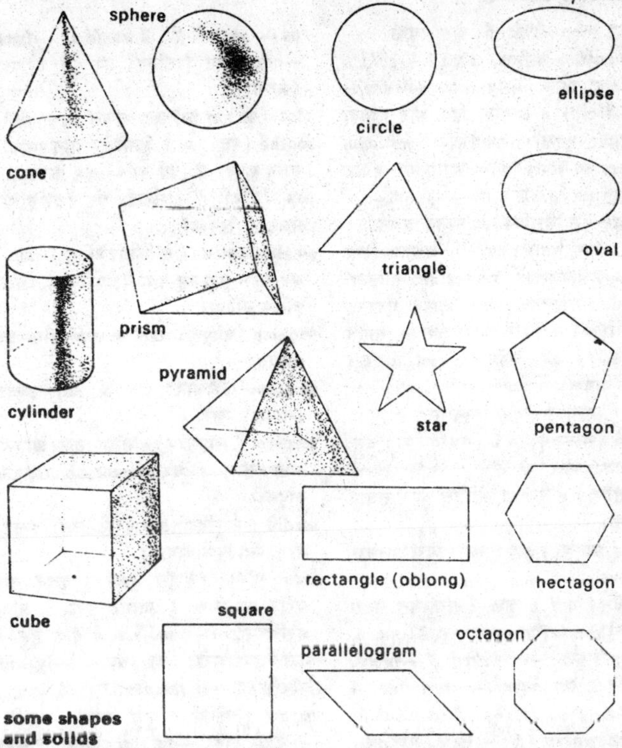

some shapes and solids

ˈsolace (ˈसॉलिस्) *n* तसल्ली, सान्त्वना. *v* — देना.

solar (ˈसोलर्) *adj* सूर्यसंबंधी : *the — system*, सौर परिवार.

sold (सोल्ड्) → sell.

ˈsolder (ˈसॉल्ड्र्) *n* टाँका, राँगा. *v* टाँका लगाना, झालना.

ˈsoldier (ˈसोल्जर्) *n* सैनिक, सिपाही.

sole[1] (सोल्) *n* जूते का तल्ला. *v* नया तल्ला लगवाना.

sole[2] (सोल्) *n* कुकुरजीभी (एक प्रकार की समुद्री मछली).

sole[3] (सोल्) *adj* **1** एकमात्र, अकेला. **2** अनन्य. *have the — right*. ˈ**—ly** *adv* अकेले; केवल.

ˈsolemn (ˈसॉलम्) *adj* **1** समारोह के साथ संपन्न, विधिवत्. **2** गंभीर, सौम्य; महत्त्वपूर्ण. **—ly** *adv*. **soˈlemnity** (सˈलेम्निटि) *n* (विशेषत:) समारोह, उत्सव. ˈ**solemnize** (ˈसॉलम्नाइज़्) *v* विधिवत् धूमधाम से संस्कार संपन्न करना.

soˈlicit (सˈलिसिट्) *v* माँगना, याचना करना : *— sb for his vote; — votes.*

soˈlicitor (सˈलिसिटर्) *n* सॉलिसिटर (वसीयत जैसे क़ानूनी काग़जात बनाने वाला और क़ानूनी मामलों में राय देने वाला वकील).

soˈlicitous (सˈलिसिटस्) *adj* चिन्तित, व्याकुल (*about*); उत्सुक, उत्कंठित (*to do* sth); ध्यान रखने वाला (*for*). **solicitude** *n.*

ˈ**solid** (ˈसॉलिड्) *adj* **1** ठोस (न तो द्रव, न गैस). **2** ठोस, घनीभूत. **3** पक्का, मज़बूत. **4**

घनाकार. →p 295. **5** ठोस, पुष्ट : — *arguments*. **6** ख़ालिस, खरा : — *gold*. *n* पिण्ड, ठोस पदार्थ. **—ly** *adv*. **soli'darity** (सॉलि'डैरिटि) *n* सामान्य हित और भावना से उत्पन्न एकता, एकात्मता: *national —arity*. **so'lidify** *v* — करना या होना. **so'lidity** (स'लिडिटि) *n* — का गुण.

so'liloquy (स'लिल्क्वि) *n* स्वगत कथन.

'solitary ('सॉलिट्रि) *adj* **1** अकेला, बिना साथी के. **2** केवल एक. **3** ग़ैर-आबाद, सुनसान. **'solitude** ('सॉलिट्यूड्) *n* अकेलापन; एकान्त.

'solo ('सोलो) *n* एकल वादन (गायन, संगीत रचना आदि). *adv* अकेला. **—ist** *n* एकल वादक (गायक).

'soluble ('सॉल्युब्ल्) *adj* घुलनशील.

so'lution (स'लूशन्) *n* **1** (समस्या का) हल. **2** विलयन; घोल.

solve (सॉल्व्) *v* समस्या का हल या समाधान निकालना.

'sombre ('सॉम्बर्) *adj* धुँधला; निराशाजनक, खिन्न.

some (सम्) *adj* **1** कुछ (अनिश्चित मात्रा या राशि): — *sugar, milk, etc*. **2** (one, a, an का *pl*) कुछ : — *children*. **3 — more,** कुछ और : *Do have — more tea*. **4** अनिश्चित स्थान : *It is — place or other*. → somewhere. **5 — time,** अनिश्चित समय, कभी. *pron* **— of,** कुछ (थोड़े); कुछ (न कि सब). **'—body, '—one,** *pron* कोई; महत्त्वपूर्ण व्यक्ति. **'—what** *adv* कुछ-कुछ. **'—where** *adv* कहीं.

'somersault ('समर्सॉल्ट्) *n & v* कलाबाज़ी या कलैया खाना (सिर के ऊपर से एड़ियाँ निकालते हुए कूदना).

'somnolent ('सॉम्नलन्ट्) *adj* निंदासा, तन्द्रालु.

son (सन्) *n* पुत्र, लड़का. **'son-in-law** दामाद.

song (सॉङ्) *n* गीत, गाना; गायन.

'sonic ('सॉनिक्) *adj* ध्वनिसंबंधी. → supersonic.

'sonnet ('सॉनिट्) *n* 14 पंक्तियों की एक प्रकार की कविता, सॉनेट.

soon (सून्) *adv* **1** अविलम्ब, तुरंत, तत्काल. **as — as,** ज्यों ही. **2 would as — (would —er),** समान (अधिक) हर्ष या स्वेच्छा से (करूंगा).

soot (सूट्) *n* कालिख, काजल. **—y** *adj*.

soothe (सूद्) *v* **1** किसी परेशान व्यक्ति को शान्त करना. **2** (दर्द आदि) कम करना.

sop (सॉप्) *n* मुंहभराई, घूस (ताकि व्यक्ति झंझट न पैदा करे).

so'phisticated (स्'फ़िस्टिकेटिड्) *adj* जो अब सरल नहीं रह गया है; परिष्कृत, जटिल; कृत्रिम व्यवहार.

'sopping (सॉपिङ्) *adj & adv* भीगा हुआ, तर-बतर.

so'prano (स'प्रानो) *n & adj* उच्चतम (संगीत) स्वर.

'sorcerer ('सॉर्सरर्) *n* ओझा, टोना झाड़-फूंक करने वाला; जादूगर. **sorcery** *n* जादू-टोना, जादूगरी.

'sordid ('सॉर्डिड्) *adj* **1** फटे-हाल; गन्दा. **2** नीच, स्वार्थपूर्ण व्यवहार.

sore (सॉर्) *adj* (-r, -st) **1** दुखने वाला शरीर का भाग. **2** उदासी भरा. **3** अप्रिय, अरुचिकर : *a — subject*. *n* सूजा हुआ या घटा-पिटा शरीर का अंश. **'—ly** *adv*. अत्यधिक : *—ly tempted*.

'sorrow ('सॉरो) *n* दुःख, व्यथा; उदासी. *v* — दुःखी होना. **—ful** *adj*. उदास; दुःखपूर्ण.

'sorry ('सॉरि) *adj* (-ier, -iest) **1** खेद : *I am — that*. **2** दयनीय: *in a — state*. *int* माफ़ कीजिए.

sort (सॉर्ट्) *n* **1** एक ही प्रकार के व्यक्तियों (या वस्तुओं) का समूह, वर्ग. **2 out of —s,** (colloq) अस्वस्थ; कुछ-कुछ बीमार. *v* (प्रायः **— out**) आकार आदि के अनुसार छाँटकर वर्ग बनाना : *—ing letters*. **'—er** *n* (विशेषतः) डाकघर का सार्टर (जो पत्रों को उनके गन्तव्य के अनुसार छाँटता है).

'S O' S ('एस्ओ'एस्) *n* जहाज़, हवाई जहाज़ आदि द्वारा रेडियो से भेजा संकटकालीन सहायता का सन्देश (वस्तुतः save our souls का संक्षिप्त रूप).

sought (सॉट्) → seek.

soul (सोल्) *n* **1** आत्मा. **2** अन्तःकरण. **3** मानव-प्राणी : *not a — to be seen.* **4** आदंश व्यक्तित्व : *She is the — of patience.*

sound[1] (साउन्ड्) *n* ध्वनि, आवाज़ : *within — of (the guns).* *v* **1** — करना. **2** मालूम पड़ना, जान पड़ना. **3** सुनकर जाँचना, परखना: *The doctor —ed my chest.* ʹ**sound-proof** *adj* जहाँ बाहर की ध्वनि भीतर और भीतर की ध्वनि बाहर न जा सके (ऐसा कमरा आदि) : *a sound-proof room.*

sound[2] (साउन्ड्) *n* जल संयोजी (भूगोल में).

sound[3] (साउन्ड्) *adj* (-er, -est) **1** स्वस्थ; अच्छी दशा में : — *teeth.* **2** तर्कसंगत, विवेकपूर्ण : *a — policy.* **3** पूरा-पूरा, समग्र : *a — sleep. adv* (केवल — **asleep** में, गहरी नींद में). ʹ**—ly** *adv* **1** भलीभाँति, अच्छी तरह. **2** विवेक के साथ. ʹ**—ness** *n.*

soup (सूप्) *n* सूप, शोरबा, झोल.

sour (साउअर्) *adj* **1** खट्टा (कच्चे फल की तरह). **2** फटा हुआ दूध. **3** बदमिजाज, चिड़चिड़ा. *v* — होना या करना. ʹ**—ly** *adv.*

source (सॉर्स्) *n* **1** (नदी का) स्रोत; प्रारंभ बिन्दु. **2** उद्गम स्थान; सूचना का स्रोत.

south (साउथ्) *n, adj & adv* दक्षिण दिशा. ʹ**—ern** (ʹसदर्न्) *adj* दक्षिणी; दक्षिण विषयक. ʹ**—ward(s)** *adv* — की ओर.

ʹ**souvenir** (ʹसूव़निअर्) *n* स्मारिका (विशेषत: पुस्तक रूप में), निशानी, स्मृतिचिह्न.

ʹ**sovereign** (ʹसॉव़्रिन्) *adj* **1** प्रधान या परम शक्ति. **2** प्रभुसत्ता-सम्पन्न (राज्य). **3** रामबाण, उत्तम (दवा). *n* **1** शासक, विशेषत: राजा या सम्राट्. **2** पहले प्रचलित ब्रिटिश सिक्का, अशरफ़ी. **—ty** (ʹसॉव़्रन्टि) *n* प्रभुसत्ता, आधिपत्य.

ʹ**soviet** (ʹसोव़िएट्) *n* **1** रूस में कर्मचारियों की एक विशेष परिषद्; सर्वोच्च परिषद् (रूस में). **2** रूसी (*adj* के रूप में).

sow[1] (सो) *v* (*pt* sowed, *pp* sowed/sown). बीज बोना; (पौधा) रोपना.

sow[2] (सो) *n* सूअरी.

space (स्पेस्) *n* **1** अन्तरिक्ष, आकाश (रिक्त स्थान जिस में किसी वस्तु की सत्ता स्थित हो सकती है) : *The universe exists in —. Our earth moves through —.* **space-flight**, अन्तरिक्ष यात्रा. ʹ**—man** *n* अन्तरिक्ष यात्री. **2** दो या अधिक वस्तुओं के बीच की दूरी (अर्थात् अवकाश की मात्रा): *The —s between printed words.* **3 an open —,** (विशेषत:) खाली भूमि जिस पर मकान आदि नहीं बना है. **4** खाली जगह, रिक्त क्षेत्र. **5** समय की अवधि: *in the — of ten years. v* शब्दों के बीच ठीक स्थान छोड़ना. **spacious** *adj* लम्बा-चौड़ा; पर्याप्त खाली स्थान वाला.

spade (स्पेड्) *n* **1** फावड़ा (खोदने वाला). → p 326. **2** ताश के पत्तों में 'हुकुम' का पत्ता. *v* — से खोदना. ʹ**—work** *n* कठिन प्रारंभिक कार्य.

span[1] (स्पैन्) *n* **1** पुल आदि के दो खंभों के बीच का विस्तार, पाट, चौड़ाई. **2** बालिश्त (लगभग नौ इंच) (हाथ फैलाने पर छोटी अंगुली और अंगूठे के बीच का विस्तार). **3** समय की अवधि. *v* (-nn-) आर-पार फैलाना.

span[2] (स्पैन्) *adj* → spick.

spank (स्पैंक्) *v* थप्पड़ मार कर बच्चे को दंडित करना.

ʹ**spanner** (ʹस्पैनर्) *n* स्पैनर. → p 326.

spar[1] (स्पार्) *n* जहाज़ के पाल को टेकने वाला मज़बूत डंडा, मस्तूल.

spar[2] (स्पार्) *v* (-rr-) आक्रमण और बचाव की चालें चलना (जैसा अभ्यास के लिए मुक्केबाज़ी में करते हैं).

spare (स्पेअर्) *v* **1** नष्ट या क्षत होने से बचाना, दया दिखाना : — *sb's life* (न मारना). **2** समय, धनराशि आदि किसी कार्य-विशेष के लिए निकालना : — *the time for a rest; Can you spare me ten rupees until tomorrow ?* **3** — **no pains (expense),** कुछ भी कसर न छोड़ना. **not — oneself,** पूरी-पूरी शक्ति लगा देना. **4** सावधानी से काम में लाना, किफ़ायत से काम करना : *be sparing with.* **5 enough and to —,** आवश्यकता से अधिक. *adj* **1** अतिरिक्त, फ़ालतू : — *cash (time) : a — wheel.* **2** दुबला-पतला

(व्यक्ति). *n* अतिरिक्त पुरजा (मशीन का). ˈ**sparingly** *adj & adv* किफ़ायत से.

spark (स्पार्क्) *n* चिनगारी (आग की); चिनगारी (जैसे बिजली के तारों के मिलने से होती है).

ˈ**sparkle** (ˈस्पार्क्ल्) *v & n* झिलमिलाना; चिनगारियाँ निकालना.

ˈ**sparrow** (ˈस्पैरो) *n* गौरैया, घरेलू छोटी चिड़िया.

sparse (स्पार्स्) *adj* छितरा, बिखरा हुआ (न कि घना). ˈ**—ly** *adv* विरलतया. ˈ**sparsity** *n.*

ˈ**spasm** (ˈस्पैज़्म्) *n* ऐंठन, मरोड़; दौरा. **spasˈmodic** (स्पैज़्ˈमॉडिक्) *adj* अनियमित.

spat (स्पैट्) → spit.

spate (स्पेट्) *n* बाढ़. *v* — आना.

spawn (स्पॉन्) *n* मछली, मेंढ़क आदि के अंडे.

speak (स्पीक्) *v* (*pt*, spoke, *pp* ˈspoken) बोलना; कहना; बातचीत करना; भाषण देना; भाषा बोल सकना. **— out (up),** स्पष्टतया —. **— one's mind,** साफ़-साफ़ कहना. **nothing to — of,** उल्लेखनीय न होना. **not on —ing terms with,** बातचीत न होना अर्थात् झगड़ा रहना. **—er** (स्पीकर्) *n* वक्ता (भाषण आदि में). **the S—,** स्पीकर, संसद् का अध्यक्ष.

spear (स्पिअर्) *n* भाला, बरछा.

ˈ**special** (ˈस्पेशल्) *adj* **1** विशेष (न कि साधारण); असाधारण; विशिष्ट (विशेष व्यक्तियों आदि के लिए). **2** (especial भी) विशेष, विशिष्ट (अपवादरूप, सामान्यतया न मिलने वाला). **—ist** (ˈस्पेशलिस्ट्) *n* विशेषज्ञ (विशेषतया चिकित्सा में). **—ize** (ˈस्पेश्लाइज़्) *v* (किसी में) विशेषज्ञ बनना.

ˈ**species** (ˈस्पीशीज़्) *n* **1** जाति (विज्ञान में genus का उपविभाजन). **2** प्रकार, क़िस्म.

speˈcific (स्पिˈसिफ़िक्) *adj* **1** विशिष्ट, विशेष : *for a — purpose.* **2** विस्तार और सूक्ष्मता के साथ निश्चित या निर्धारित, सुनिश्चित. ˈ**specify** (ˈस्पेसिफ़ाइ) *v* निश्चिततया उल्लेख करना; विस्तार आदि देना. ˌ**specifiˈcation** (स्पेसिफ़िˈकेशन्) *n.*

ˈ**specimen** (ˈस्पेसिमन्) *n* नमूना; (वर्ग में से एक) उदाहरण रूप अंश के पूर्ण का प्रतिनिधित्व करना.

ˈ**specious** (ˈस्पीशस्) *adj* ऊपर से सही या उचित लगने वाला (यद्यपि यथार्थ में नहीं).

speck (स्पेक्) *n* **1** धूल-कण. **2** रंग का धब्बा या दाग़. ˈ**—ed** *adj* — से युक्त. ˈ**—led** (ˈस्पेक्ल्ड्) *adj* चितकबरा.

ˈ**spectacle** (ˈस्पेक्टक्ल्) *n* **1** प्रदर्शन, तमाशा. **2** भव्य और स्मरणीय दृश्य. **3** (*pl*) ऐनक, चश्मा. **specˈtacular** (स्पेक्ˈटैक्युलर्) *adj* शानदार (प्रदर्शन). **specˈtator** (स्पेक्ˈटेट्र) *n* दर्शक.

ˈ**spectre** (ˈस्पेक्टर्) *n* भूत, प्रेत, काली छाया; आगामी संकट का भय : *— of famine.*

ˈ**speculate** (ˈस्पेक्युलेट्) *v* **1** (पूरी जानकारी के बिना) राय बनाना, अटकलबाज़ी लगाना. **2** (वाणिज्य-व्यापार) सट्टेबाज़ी करना, सट्टा लगाना. ˌ**speculation** *n.*

sped → speed.

speech (स्पीच्) *n* **1** बोलने की शक्ति, बोलने की रीति. **2** सार्वजनिक भाषण. ˈ**—less** *adj* आश्चर्य या क्रोध के कारण भौचक्का, अवाक्.

speed (स्पीड्) *n* **1** चाल, रफ्तार: *at full —; the — limit.* **2** तेज़ी, त्वरा, जल्दी. *v* (*pt & pp* sped) तेज़ी से चलना-चलाना, जल्दी करना-कराना. ˈ**—y** (-ier, -iest) तेज़, द्रुतगामी; अविलंब आने या होने वाला. ˈ**—ily** *adv.*

spell[1] (स्पेल्) *v* (*pt & pp* spelt/spelled) **1** शब्द को (लिखित रूप की) वर्तनी में लिखना, ठीक हिज्जे करना. **2** परिणाम निकलना: *Delay may — danger.* ˈ**—ing** *n* वर्तनी, वर्णविन्यास, अक्षरी.

spell[2] (स्पेल्) *n* मन्त्र, जादू, माया : *under a —.* ˈ**—bound** *adj* मन्त्रमुग्ध, मोहित.

spell[3] (स्पेल्) *n* समय, कर्तव्यकाल या गतिविधि की अवधि: *a — of good weather.*

spend (स्पेन्ड्) *v* (*pt & pp* spent) **1** खर्च करना, व्यय करना. **2** समय बिताना, शक्ति गँवाना.

spew (स्प्यू) *v* वमन करना, उल्टी करना.

sphere (स्फ़िअर्) *n* 1 गेंद, गोला. 2 व्यक्ति का कार्यक्षेत्र. ˈ**spherical** (ˈस्फ़ेरिकल्) *adj* गेंदाकार, गोलीय. → p 295.

sphinx (स्फ़िंक्स्) *n* मिश्र देश में सिंह के धड़ और स्त्री के मुंह-सिर वाली पत्थर की प्रतिमा; (fig) अपने विचारों और योजनाओं को गुप्त रखने वाला.

spice (स्पाइस्) *n* 1 मसाले (मिर्च, हलदी आदि). 2 (fig) गंध, ज़ायका; पुट : *a — of danger*. *v* छौंकना, बघारना.

spick (स्पिक्) *adj* (केवल — **and span** में) साफ़-सुथरा और चमकदार.

ˈ**spider** (ˈस्पाइडर्) *n* मकड़ी, मकड़ा. → p 168.

spied (स्पाइड्) → spy.

spike (स्पाइक्) *n* 1 नोक, छड़ का नुकीला भाग. 2 अनाज (जौ, गेहूँ आदि) की बाली. *v* छेद या कील लगाना.

spill (स्पिल्) *v* (*pt & pp* spilt/spilled) 1 (द्रव का) छलक जाना, गिर जाना. 2 घोड़े का बिदक कर सवार को नीचे गिरा देना. *n* घोड़े की पीठ से या गाड़ी से नीचे गिर जाना.

spin (स्पिन्) *v* (*pt* spun/span, *pp* spun) 1 कातना. 2 बुनना : — *a web*. 3 (प्राय: — **round**) घुमाना, चक्कर खिलाना. 4 — **sth out,** बढ़ाना. *n* 1 ऐसी गति. 2 साइकिल या कार में सैर करना. ˈ—**dle** (ˈस्पिन्ड्ल्) *n* तकली; धुरी.

spine (स्पाइन्) *n* 1 रीढ़ की हड्डी. 2 पौधों या पशुओं का शूल, काँटा. ˈ**spinal** (ˈस्पाइनल्) *adj* रीढ़ विषयक. ˈ**spiny** *adj* काँटेदार.

ˈ**spinster** (ˈस्पिन्स्टर्) *n* अविवाहित महिला.

ˈ**spiral** (ˈस्पाइअरल्) *adj & n* सर्पिल, कुंडली. *v* (-ll-) उत्तरोत्तर बढ़ना, सर्पिल गति से चढ़ना.

ˈ**spire** (ˈस्पाइअर्) *n* मीनार (चर्च की).

ˈ**spirit** (ˈस्पिरिट्) *n* 1 आत्मा. 2 प्रेतात्मा, भूत. 3 परी, बैताल, वनदेवता. 4 हिम्मत, धैर्य, उत्साह. 5 मिजाज, मनोदशा : *in a — of mischief*. 6 **the — of the law,** कानून का अन्तर्निहित भाव. 7 (*pl*) **in high —s,** प्रफुल्लता, खुशी. **in low —s,** उदासी. 8 (*pl*) स्पिरिट, तेज़ शराब. 9 स्पिरिट (जलाने वाली) : *a — lamp*. *v* चुपके से उड़ा ले जाना (*away, off*). —**ed** *adj* साहसी; उत्साहपूर्ण. —**less** *adj* निर्जीव, मायूस. ˈ—**ual** (ˈस्पिरिटचुअल्) *adj* 1 आध्यात्मिक; धार्मिक (न कि भौतिक). 2 अध्यात्म-साधना वाला.

spit (स्पिट्) *v* (*pt & pp* spat; -tt-) थूकना. *n* 1 थूकना. 2 थूक, पीक (*spittle* भी), लार (*saliva* भी).

spite (स्पाइट्) *n* द्वेष भावना; हानि पहुँचाने की दुर्भावना, *do sth from* (*out of*) —. **in — of,** के होते हुए भी, बावजूद. *v* परेशान कर तंग करना. ˈ—**ful** *adj*. ˈ—**fully** *adv*.

splash (स्प्लैश्) *v* 1 छिड़कना, छींटे डालना. 2 छिड़क कर भिगोना. 3 छपछपाना, ऐसे गिरना कि चारों ओर छीटें उछल जाएँ : —*ing through the water*. *n* — की आवाज़ या क्रिया. ˈ**splash-down** *n & v* अन्तरिक्ष यान से समुद्र पर उतर आना.

ˈ**splendid** (ˈस्प्लेन्डिड्) *adj* भव्य, शानदार. ˈ**splendour** (ˈस्प्लेन्डर्) *n* शान, वैभव, भव्यता.

splice (स्प्लाइस्) *v* (रस्सी के दो सिरों को) गूँथ कर जोड़ना; (लकड़ी के दो टुकड़ों को) एक दूसरे पर रख कर जोड़ना. *n* ऐसा जोड़.

splint (स्प्लिन्ट्) *n* (लकड़ी की) खपची (टूटी हड्डी को सीधा रखने के लिए प्रयुक्त).

ˈ**splinter** (ˈस्प्लिन्टर्) *n* लकड़ी की पट्टियाँ, शीशे आदि के छोटे नुकीले टुकड़े, किरच. *v* — में तोड़ना; — के रूप में उतरना.

split (स्प्लिट्) *v* (*pt & pp* split; -tt-) 1 चीरना, फाड़ना : —*ting logs*. 2 विभाजित करना; फोड़ना. 3 — **one's sides,** हँसते-हँसते लोट-पोट होना. *n* पट्टी, फूट; बिखेरन, विभाजन.

spoil (स्पॉइल्) *v* (*pt & pp* spoilt/spoiled) 1 बिगाड़ देना, बेकार कर देना : *holidays —t by bad weather*. 2 (बच्चों को) गुस्ताख बना देना, सिर चढ़ाना, अधिक दुलार करना. 3 लाड़-प्यार या अधिक परिचर्या करना. 4 (भोजन का) बिगड़ जाना, खाने-योग्य न रहना.

spoke[1] → speak.

spoke[2] (स्पोक्) *n* (पहिये का) आरा; तीली.

ˈ**spokesman** (ˈस्पोक्समन्) *n* (समूह की ओर से) प्रवक्ता.

sponge (स्पन्ज्) *n* स्पंज (एक समुद्री जीव); स्पंज (रबड़ आदि का). *v* स्पंज से धोना, साफ़ करना. ˈ**spongy** *adj* स्पंज के समान मुलायम, छेददार और रसीला.

ˈ**sponsor** (ˈस्पॉन्सर्) *n* प्रवर्तक, समर्थक; प्रतिभू, ज़ामिनदार. *v* — के रूप में कार्य करना.

sponˈtaneous (स्पॉन्ˈटेन्यस्) *adj* बिना प्रत्यक्ष कारण के स्वाभाविक रूप से घटित; स्वतः प्रवर्तित. **—ly** *adv* अपने आप से, अनायास, सहज ही.

spool (स्पूल्) *n* (कैमरा, फिल्म आदि की) फिरकी, चरखी.

spoon (स्पून्) *n* चम्मच, चमचा. **—ful** *n* चम्मच भर.

sport (स्पॉर्ट्) *n* **1** खेल-कूद, बाहरी मैदान की क्रीड़ाएँ. **2** तैरना, फुटबाल आदि खेल-कूद. **3** (*pl*) खेल-कूद प्रतियोगिताएँ. **4** मज़ाक या हँसी में कहा हुआ : *say sth in —*. *v* खेलना; जी बहलाना. ˈ**—ing** *adj* **1** खेल कूद का. **2** खिलाड़ी, खेल में रुचि लेने वाला. **3** हार-जीत का विशेष ध्यान न देने वाला : *a —ing offer*. ˈ**—sman** *n* **1** खिलाड़ी. **2** हार जाने पर भी प्रसन्न चित्त, खेल की भावना से खेलने वाला. ˈ**—smanlike** *adj* निष्पक्ष और स्वाभिमानी; नियमों का पालन करने वाला. ˈ**—smanship** *n.*

spot (स्पॉट्) *n* **1** चित्ती, धब्बा, दाग़; दोष, कलंक. **2** स्थान, विशेष जगह: *the — where the accident occurred*. *v* (-tt-) **1** चिह्नित करना. **2** बहुतों में से किसी एक (व्यक्ति या वस्तु) को देख लेना या छाँट लेना. ˈ**—less** *adj* निर्दोष, निष्कलंक, साफ़-सुथरा. **—ty** *adj* (-ier, -iest) धब्बेदार; चकत्तेदार.

spout (स्पाउट्) *n* टोंटी (नल या चायदानी की). *v* — से द्रव गिराना.

sprain (स्प्रेन्) *v* मोच आ जाना. *n* मोच.

sprang (स्प्रैङ्) → spring.

sprawl (स्प्रॉल्) *v* **1** पसर कर बैठना या लेटना. **2** टेढ़ा-मेढ़ा लिखना; अव्यवस्थित रूप से फैल जाना.

spray (स्प्रे) *n* **1** फुहारा, स्प्रे. **2** छोटी टहनी (पत्ती या फूल सहित) (बैठक में सजाने के लिए). *v* स्प्रेअर (फुआरे से) पानी या द्रव छिड़कना : *— fruit bushes*.

spread (स्प्रेड्) *v* (*pt* & *pp* spread) **1** फैलना, फैलाना; बिछाना : *— a cloth on a table*; *— out a map (one's arms)*. **2** किसी सतह पर कोई वस्तु लगाना : *— butter on bread*. **3 — the table,** खाने की मेज़ पर परोसना. **4** फैलना, विस्तृत करना : *water —ing over the floor; diseases that are — by flies*. *n* विस्तार; चौड़ाई; प्रचार.

spree (स्प्री) *n* **(have) a —, (go out on) a —,** रंगरेलियाँ मनाना, आमोद-प्रमोद में समय व्यतीत करना.

spring (स्प्रिङ्) *v* (*pt* sprang, *pp* sprung) **1** उछलना; झपटना, लपकना. **2** (प्रायः **— up)** उगना; उत्पन्न होना : *weeds —ing up everywhere*. **3** प्रकट होना, आना. **4** अचानक सामने आ जाना : *— a surprise on sb*. *n* **1** उछलना; उछाल, झपट्टा. **2** चश्मा, सोता (पानी का). **3** स्प्रिंग, कमानी. **4** लोच, लचक. **5** कारण, उद्गम. **6** (*adj* के रूप में) स्प्रिंगदार : *a — -mattress* (लचीला गद्दा). **7 — tide,** अमावस्या या पूर्णमासी का उच्च ज्वार.

spring[2] (स्प्रिङ्) *n* वसन्त ऋतु. ˈ**—time** *n* (साहित्यिक भाषा में) वसन्त ऋतु.

ˈ**sprinkle** (ˈस्प्रिंक्ल्) *v* (पानी) छिड़कना; छितराना. *— a dusty road with water; — water on a dusty road*.

sprint (स्प्रिन्ट्) *v* अतिवेग से दौड़ना. *n* थोड़ी दूरी की तेज दौड़.

sprout (स्प्राउट्) *v* **1** बढ़ना, प्रारंभ करना; अंकुरित होना; बढ़ाना. **2** सींग आदि निकलना.

n 1 अंकुर, अंखुआ, कल्ला. 2 **(Brussels) -sprout,** एक छोटी हरी सब्जी → p 340.

spruce (स्प्रूस्) *adj* (-r, -st) देखने में साफ़-सुथरा.

sprung → spring.

spun → spin.

spur (स्पर्) *n* 1 घोड़े के एड़ लगाने के लिए प्रयुक्त महमेज़. 2 (fig) प्रेरणा, उत्प्रेरक. **(act) on the — of the moment,** तत्काल, अकस्मात्. 3 मुर्ग़े की टाँग के पिछले भाग का नुकीला अंश, खाँग. 4 पहाड़ों की रिज़ (ridge). *v* (-rr-) प्रोत्साहन देना, प्रेरित करना.

spurn (स्पर्न्) *v* तिरस्कार करना, ठुकराना.

spurt (स्पर्ट्) *v* 1 (द्रव, लपट आदि का) फूट निकलना, फुहारा छोड़ना. 2 थोड़ी देर तक बड़ी तेज़ी से काम करना (विशेषतः प्रतियोगिता में). *n* तेज़ धार, झोंक, तेज़ दौड़.

'sputnik ('स्पुट्निक्) *n* स्फुटनिक (रूस द्वारा बनाया कृत्रिम उपग्रह).

spy (स्पाइ) *n* जासूस, भेदिया, गुप्तचर. *v* **spy upon, spy on,** चुपचाप देख-रेख में रखना.

'squabble ('स्क्वब्ल) *n* & *v* तू-तू मैं-मैं मचाना.

squad (स्क्वॉड्) *n* स्क्वैड, दस्ता, टुकड़ी.

'squadron (स्क्वॉड्रन्) *n* 1 स्क्वॉड्रन (120–200 घुड़सवारों का दल). 2 हवाईजहाज़ या जहाज़ों का दल.

'squalid ('स्क्वॉलिड्) *adj* गन्दा-मैला, घिनौना.

squall (स्क्वॉल्) *n* झंझा; (पानी या बर्फ़ के साथ) आँधी.

'squalor ('स्क्वॉलर्) *n* गंदगी.

'squander ('स्क्वॉन्डर्) *v* अपव्यय करना, धन या समय गँवाना.

square (स्क्वेअर्) *n* 1 (ज्यामिति) वर्ग, □. वर्गाकार. → p 295. 2 (शहरों में) चौक. 3 वर्गफल: *The — of 7 is* 49. *adj* 1 वर्गाकार. 2 आड़ा या चौरस. 3 ईमानदार, निष्कपट, सच्चा. 4 बेबाक़ हिसाब, चुकता हिसाब. **5 — foot,** (क्षेत्र में) वर्गफुट. **— root** वर्गमूल, 4 *is the — root of* 16 ($\sqrt{16}$= 4). *v* 1 वर्ग करना. 2 चौरस करना. 3 (प्रायः **— up**) हिसाब चुकता करना.

squash (स्क्वॉश्) *v* कुचलना, भुरता बना देना; ठूसना. *n* स्क्वाश (एक प्रकार का शरबत).

squat (स्क्वॉट्) *v* (-tt-) उकड़ू बैठना, पलथी मारना. *adj* नाटा व्यक्ति, ठिगना भवन (ऊँचाई के अनुपात में अधिक चौड़ा) **'—ter** *n* सार्वजनिक भूमि पर नाजायज़ कब्ज़ा करने वाला व्यक्ति.

squeak (स्क्वीक्) *n* & *v* चरमराना, चूं-चूं करना.

squeal (स्क्वील्) *v* & *n* किलकारना, किलकारी मारना.

squeeze (स्क्वीज़्) *v* निचोड़ना; ऐंठना; ठूसना, घुसेड़ना. *n* निचोड़, दबाव; ऐंठा हुआ धन, धक्कम-धक्का.

squint (स्क्विन्ट्) *v* 1 भेंगा होना अर्थात् दोनों आँखों की पुतलियों का एक-सा न होना. 2 अधखुली आँखों से देखना; कनखी से देखना. *n* भेंगापन.

'squirrel ('स्क्विरल्) *n* गिलहरी. → p 15.

squirt (स्क्वर्ट्) *v* फुहारा छोड़ना, पिचकारी मारना. *n* ऐसे निकला द्रव.

stab (स्टैब्) *v* (-bb-) कटार, छुरा या चाकू भोंकना; चाकू मारना. *n* ऐसा प्रहार.

'stable[1] ('स्टेब्ल्) *n* अस्तबल, घुड़साल. *v* — में रखना.

'stable[2] ('स्टेब्ल्) *adj* स्थिर; दृढ़; अचल. **sta'bility** *n*. **'stabilize** ('स्टेबिलाइज़्) *v* — करना. **,stabili'zation** *n*.

stack (स्टैक्) *n* 1 ढेर, अम्बार (जैसे, घास का). 2 किताबों का व्यवस्थित ढेर, राइफ़लों का ढेर. 3 ईंटों की चिमनी; धुआँ निकलने की चिमनी. *v* ढेर लगाना, ढेर में रखना.

staff (स्टाफ़्) *n* 1 लम्बा डंडा : *a flag—* (ध्वजदंड). 2 स्टाफ़, कर्मचारीगण. 3 स्टाफ़ (वरिष्ठ सैनिक अधिकारी). *v* स्टाफ़ के रूप में काम करना; स्टाफ़ देना.

stag (स्टैग्) *n* हिरण.

stage (स्टेज्) *n* 1 मंच; रंगमंच. 2 नाट्यकला. **go on the —,** अभिनेता बनना. 3 विकास की अवस्था, विकास-चरण. 4 मंजिल, पड़ाव. *v* अभिनय करना.

'stagger ('स्टैगर्) 1 लड़खड़ाना, डगमगाना;

(fig) विचलित कर देना, धक्का पहुँचाना. 2 (कार्यालयों के समय आदि को) ऐसे व्यवस्थित करना कि अलग-अलग समय खुल और बन्द हो सकें.

'stagnant ('स्टैग्नन्ट्) *adj* बंधा हुआ पानी; गतिहीन. **stag'nate** (स्टैग्'नेट्) *v* —होना.

staid (स्टेड्) *adj* गंभीर और शान्त व्यक्ति.

stain (स्टेन्) *v* **1** (द्रव का) रंग बदल जाना; धब्बे लग जाना : *ink-stained fingers.* **2** रंगीन काँच: *—ed glass. n* **1** रंगने वाला द्रव. **2** धब्बा : *ink —s.* **'—less** *adj* **1** बेदाग़, निर्दोष : (fig) *a —less reputation.* **2 —less steel,** स्टेनलेस स्टील (जिसमें जंग नहीं लगती).

stair (स्टेअर्) *n* (प्राय: *pl*) ज़ीना. **—case** *n* ज़ीना.

stake (स्टेक्) *n* **1** खूँटा. **2** दाँव (पर धनराशि रखना). **at —,** दाँव पर (हार-जीत कोई भी संभव है). *v* **1** खूँटे से बाँधना. **2** खूँटों से घेरना, सीमा चिह्नित करना. **3** (धन, आदि) दाँव पर रखना.

stale (स्टेल्) *adj* (-r, -st) **1** बासी भोजन. **2** सुने-सुनाये, घिसे-पिटे (चुटकले आदि).

'stalemate ('स्टेल्'मेट्) *n* गतिरोध (ऐसी स्थिति कि विवाद के हल में कोई प्रगति न हो रही हो).

stalk[1] (स्टॉक्) *n* डंठल, डंडी.

stalk[2] (स्टॉक्) *v* **1** लुक-छिप कर शिकार का पीछा करना. **2** अकड़ कर चलना : *— out of the room.*

stall (स्टॉल्) *n* **1** (पशुओं का) थान. **2** स्टाल, छोटी दूकान; मेज जिस पर व्यापारी सामान रखे : *a station book—.* **3** रंगमंच के समीप की सीटें. *v* (मोटर आदि का) ठप हो जाना, आगे चलने में असमर्थ हो जाना.

'stalwart ('स्टॉल्वर्ट्) *adj* **1** ठोस रूप से बना; लम्बा-चौड़ा, हट्टा-कट्टा. **2** दृढ़निश्चय और दिलेर.

'stamen ('स्टेमेन्) *n* (फूल का) पुं-केसर.

'stamina ('स्टैमिना) *n* दम, सहनशक्ति.

'stammer ('स्टैमर्) *v & n* हकलाना.

stamp (स्टैम्प्) *v* **1** पैर पटकना (*on*) : *— on a spider ; — out a fire.* **2** छापना (काग़ज़ या कपड़े पर) मुद्रण करना. **3** लिफाफे पर मोहर या टिकट लगाना. *n* **1** पटकना. **2** छाप, मोहर, मुद्रा. **3** डाक-टिकट.

stamps

stam'pede (स्टैम्'पीड्) *n* भगदड़. *v* — मचना-मचाना.

stand (स्टैन्ड्) *v* (*pt & pp* stood) **1** खड़ा होना. **— up,** उठकर खड़ा होना. **2** सीधे खड़ा करना. **3** सहना : *can't — cold weather.* **4** होना : *as affairs stand.* **5** (colloq) खर्च देना : *— sb a good dinner.* **6 — a good chance of,** संभावना होना. **It —s to reason** (*that*), तर्कसंगत होना. **7** (*adv & prep* के साथ) **— by,** दर्शक होना; तैयार रहना (अगले कार्य के लिए); पक्ष लेना, साथ देना. **— for,** चुनाव में खड़े होना. **— out,** स्पष्ट रूप से श्रेष्ठ दिखाई पड़ना; डटे रहना (*against, for* sth). **— up for,** पक्ष लेना, समर्थन देना. **— up to,** साहस से सामना करना. *n* **1 make a —,** लड़ना, सामना करना (*against, for*). **bring (sb/sth) to a — (still),** गतिरोध उत्पन्न करना. **2** स्टैंड (टेकने-टिकाने का साधन): *a music-stand; an ink —* . **3** मंच (जहाँ से घुड़दौड़ देखते हैं). **'—by** *n* आवश्यकता पड़ने पर विश्वसनीय समर्थन. **' —ing** ('स्टैन्डिङ्) *n* **1 of long —ing,** लम्बे समय से चली आ रही वस्तु (प्रथा आदि). **2 of high —ing,** उच्च प्रतिष्ठा वाला. *adj* **—ing order,** नियमित रूप से माल भेजने का आदेश. **—point** *n* आधार रूप दृष्टिकोण. **—still** *n* गतिरोध, रुकावट: *be at a —still.*

'standard ('स्टैन्डर्ड्) *n* **1** झण्डा, ध्वजा. **2** (प्राय: विशेषण के रूप में) मानक (जिससे अन्य का गुण, परिमाण आदि नापा जाए) : *— weights; a high — of living.* **— authors,** प्रतिष्ठा प्राप्त लेखक. **3** (शिक्षण-) कक्षा.

—ize *v* मानक आकार, नम्बर आदि में बनाना : *—ized parts for motor car engines.* **standardi'zation** (स्टैन्डर्डाइ-'ज़ेशन्) *n.*

'stank → stink.

'staple[1] ('स्टेप्ल्) *n* स्टेपल (काग़ज़ों को बाँधने का U आकार का तार).

'staple[2] ('स्टेप्ल्) *n* उत्पादन या व्यापार की मुख्य क़िस्म की वस्तु. *adj* मुख्य : *— products.*

star (स्टार्) *n* **1** नक्षत्र, तारा. **2** तारा चिह्न. → p 295. **3** अभिनय या गायन में सर्वश्रेष्ठ (फ़िल्मी सितारा). *v* (-rr-) **1** ताराचिह्न * लगाना. **2** सर्वश्रेष्ठ अभिनेता या गायक बनना. **'—ry** *adj* तारों-भरा. **'—ry-eyed,** अनुभवहीन किंतु उत्साही.

'starboard ('स्टार्बॉर्ड्) *n* सामने से देखने पर जहाज़ का दाहिना भाग.

starch (स्टार्च्) *n* **1** स्टार्च, माँड़ी, कलफ़. **2** स्टार्च (आहार पदार्थ का एक तत्त्व). *v* कलफ़ लगाना.

stare (स्टेअर्) *v* घूरना; टकटकी लगा कर देखना; आँखें फाड़ कर देखना.

stark (स्टार्क्) *adj* **1** कड़ा, स्तंभित (विशेषत: मरने पर). **2** निरा, मात्र — *naked* (बिलकुल नंगा). *adv* बिलकुल, सरासर.

start (स्टार्ट्) *v* **1** यात्रा आरंभ करना, रवाना होना; कोई कार्य शुरू करना. **2** होना, चालू होना. **3** चौंक उठना, उछल पड़ना (भय, आश्चर्य आदि से). *n* **1** आरंभ : *make an early —.* **2** चौंक उठना. **3** प्रतियोगिता आरंभ होने के पूर्व समय या दूरी का मात्रा. **4 by fits and —s,** अनियमित तौर से, तरंग आने पर.

'startle ('स्टार्ट्ल्) *v* (आश्चर्य, भय आदि से) चौंक जाना.

starve (स्टार्व्) *v* भूखों मरना : *be starving (for food).* **star'vation** (स्टार्'व़ेशन्) *n* भुखमरी.

state[1] (स्टेट्) *n* **1** दशा, स्थिति, अवस्था : *The house was in a dirty —. He's in a poor — of health.* **2** (प्राय: *adj* के रूप में) प्रतिष्ठा; समारोह : *The Queen drove through the streets in — to open Parliament.* **lie in —,** मृतशरीर का दर्शनार्थ रखा जाना. **3** (प्राय: State) शासन; राज्य. **'—ly** *adj* (-ier, -iest) भव्य, शानदार, ठाठ-बाट वाला. **'—room** *n* जहाज़ में निजी सोने का कमरा. **'—sman** ('स्टेट्स्मन्) *n* राजनीतिज्ञ, राजनेता.

state[2] (स्टेट्) *v* व्यक्त करना; सावधानी से और स्पष्ट शब्दों में कहना. **'—d** *adj* निश्चित : *at —d time.* **'—ment** ('स्टेट्मन्ट्) *n* कथन, उक्ति.

station ('स्टेशन्) *n* **1** किसी उद्देश्य से किसी व्यक्ति द्वारा लिया स्थान, अवस्थान. **2** चौकी; अड्डा; केन्द्र, कार्यालय. **3** रेलवे स्टेशन. **4** सामाजिक पद-मर्यादा. *v* किसी को या अपने को उद्देश्य-विशेष के लिए नियत स्थान पर तैनात करना.

'stationary ('स्टेश्नरि) *adj* **1** स्थिर, अचल. **2** स्थावर.

'stationery ('स्टेश्नरि) *n* स्टेशनरी, लेखन सामग्री. **'stationer** ('स्टेश्नर्) *n* लेखन सामग्री बेचने वाला, काग़ज़ी.

sta'tistics (स्ट'टिस्टिक्स्) *n pl* **1** तुलना के लिए क्रमबद्ध और संग्रहीत संख्यात्मक तथ्य, आँकड़े. **2** सांख्यिकी.

'statue ('स्टैट्यू) *n* मूर्ति, प्रतिमा.

'stature ('स्टैचर्) *n* (व्यक्ति का) कद, लम्बाई.

'status ('स्टेटस्) *n* प्रतिष्ठा, सामाजिक स्थिति.

'statute (स्टैट्यूट्) *n* संसद् अथवा अन्य विधान-सभाओं से पारित क़ानून या अधिनियम, संविधि. **'statutory** ('स्टैट्यूट्रि) *adj* — द्वारा निर्धारित या अपेक्षित.

staunch (स्टॉन्च्) *adj* पक्का मित्र, निष्ठावान्, स्वामिभक्त.

stay (स्टे) *v* **1** रहना, ठहरना : *Stay where you are.* — **up late,** देर से सोना. **2** रहना, टिकना (जैसे अतिथि के रूप में). **3** रोकना, रोकथाम करना. **4** कार्य जारी रखने में समर्थ होना. **—ing-power** सहनशक्ति. *n* **1** टिकने की अवधि, वास-अवधि : *a short — at a* *friend's house.* **2** मस्तूल बाँधने का रस्सा. **3** (*pl*) चोली.

ˈsteadfast (ˈस्टेड्फ़स्ट्) *adj* अटल; पक्का; अपरिवर्तनीय. **—ly** *adv*.

ˈsteady (ˈस्टेडि) *adj* (-ier, -iest) **1** स्थिर, अटल; संतुलित, अडिग. **2** स्थिर, नियमित एकसमान : *a — wind.* **3** व्यवहार, आचरण, आदत आदि में सुस्थिर; संयमी. *v* — बनना या बनाना; — रखना. **ˈsteadily** *adv*.

steak (स्टेक्) *n* मांस या मछली का मोटा टुकड़ा, टिक्का.

steal (स्टील्) *v* (*pt* stole, *pp* ˈstolen) **1** चुराना. **2** चुपचाप आना-जाना. **3** अचानक पा लेना, चालाकी से प्राप्त करना. **—th** (स्टेल्थ्) *n* **do sth by —th,** गुप्त रूप से करना. **—thy** *adj* (-ier, -iest) गुप्त रूप से किया जा रहा. **ˈ—thily** *adv*.

steam (स्टीम्) *n* भाप. *v* **1** भाप निकालना. **2** भाप से चलना. **ˈsteam-engine, ˈ—ship, ˈsteam-roller** *n* भाप से चलने वाला इंजिन, जहाज़ आदि. **ˈ—er** (ˈस्टीमर्) *n* स्टीमर, भाप से चलने वाला जहाज़. **ˈ—y** *adj* (-ier, -iest) — समान, — से युक्त, — विषयक.

steel (स्टील्) *n* स्टील, इस्पात, फ़ौलाद. *v* (fig) दृढ़निश्चय करना.

steep[1] (स्टीप्) *adj* खड़ी चढ़ाई. *n* खड़ी चट्टान.

steep[2] (स्टीप्) *v* भिगोना, घोलना.

ˈsteeple (ˈस्टीप्ल्) *n* चर्च की ऊँची मीनार.

steer[1] (स्टिअर्) *n* बछड़ा; जवान बैल.

steer[2] (स्टिअर्) *v* (नाव, कार आदि का) परिचालन करना, चलाना. **ˈ—sman** (स्टिअर्समन्) *n* कर्णधार, परिचारक.

ˈsteerage (ˈस्टिअरिज्) *n* जहाज़ का वह भाग जहाँ सबसे सस्ते किराये वाले यात्री रहते हैं.

stem[1] (स्टेम्) *n* **1** तना (पेड़ का). **2** डंठल डंडी. **3** (प्याले की) डंडी. **4** (व्याकरण में) शब्द का मुख्यांश, प्रातिपदिक.

stem[2] (स्टेम्) *v* (-mm-) **1** रोकना, रोक-थाम करना. **2** बाँध बनाना.

stench (स्टेन्च्) *n* बदबू, सड़ायँध.

steˈnographer (स्टेˈनॉग्रफ़र्) *n* टाइपिस्ट जो शार्टहैंड भी जानता हो, स्टेनोग्राफ़र.

step (स्टेप्) *v* (-pp-) क़दम रखना, डग भरना. *— on to (off) a platform (into a boat).* *n* **1** क़दम, डग. **— by —,** क्रमशः. **2** (**foot—** भी) पदध्वनि. **3 in (out of) —,** मार्च करते समय, नाचते समय आदि में क़दम का मेल (बेमेल) होना. **4** सोपान, पदचिह्न. **5 —s, a pair of —s, step-ladder** सीढ़ी, निसेनी. **6** उपाय, चरण, कदम : *take —s to do sth. What's our next —?* **7** श्रेणी; ऊँचे पद, श्रेणी आदि पर पहुँचना.

step- (पूर्वपद) सौतेला **ˈ—child, ˈ—son, ˈstep-ˌdaughter, ˈ—ˌfather (mother)** आदि.

ˈsterile (ˈस्टेराइल्) *adj* **1** अनुर्वर, फलहीन. अनुपजाऊ. **2** बंजर (भूमि). **3** (fig) फलहीन. निष्फल, व्यर्थ. **4** जीवाणुहीन. **steˈrility** (स्टेˈरिलिटि) *n.* **ˈsterilize** (ˈस्टेरिलाइज़्) *v* — करना. **ˌsteriliˈzation** *n.*

ˈsterling (ˈस्टर्लिङ्) *adj* **1** खरा, असली. **2** मानक गुणता वाला सोना. *n* पाउण्ड (ब्रिटिश मुद्रा): *payable in —.*

stern[1] (स्टर्न्) *adj* कठोर; सख़्त; निर्दय.

stern[2] (स्टर्न्) *n* जहाज़ या नाव का पश्च भाग.

stew (स्ट्यू) *v* सीझना. *n* सीझा हुआ गोश्त.

ˈsteward (स्ट्युर्ड्) *n* **1** भण्डारी. **2** परिचारक (जहाज़ या हवाई जहाज़ में). **3** (सार्वजनिक सभा का) प्रबन्धक. **4** कारिन्दा (भू-संपत्ति का प्रबन्धक). **—ess** *n* परिचारिका.

stick[1] (स्टिक्) *n* **1** छड़ी : *a walking-stick.* बत्ती, सलाई : *chalk-stick.*

stick[2] (स्टिक्) *v* (*pt & pp* stuck) **1** चुभाना, घुसेड़ना. **2** चिपक जाना, चुभा रह जाना : *a nail —ing in the tyre.* **3** चिपकाना, चिपकना : *— a stamp on a letter.* **4** (colloq) लगाना, रख लेना : *He stuck his hands in his pockets.* **5** अटक जाना : *The door has stuck. The key stuck in the lock.* **6** (*adv & prep* के साथ) **not — at trifles,** मामूली झंझटों से काम न रोकना. **— at one's work,** काम जारी रखना. **— out,** बाहर निकालना या निकाले रखना:

— *out your tongue.* — **out for,** माँग पर डटे रहना. — **to,** वायदा निभाना, साथ न छोड़ना. — **up for,** पक्ष लेना, समर्थन देना. '—**y** *adj* (-ier, -iest) चिपकाने वाला, चिपचिपा. '—**ily** *adv.* '—**iness** *n.*

stiff (स्टिफ़्) *adj* (-er, -est) **1** सख्त, तना हुआ, आसानी से न झुकने वाला. **2** गाढ़ा, दुःसाध्य: *a — paste, a — climb.* **3** तेज़ झोंका. **4** रूखा औपचारिक (व्यवहार). —**en** *v* — होना या करना. —**ly** *adv.* —**ness** *n.*

'**stifle** ('स्टाइफ़्ल्) *v* **1** दम घोंटना. **2** विद्रोह दमन करना. **3** घुटन की वेदना होना : *stifling heat.*

'**stigma** ('स्टिग्मा) *n* (विशेषतः) कलंक, लांछन.

still[1] (स्टिल्) *adj & adv* निस्तब्ध, निश्चेष्ट : *stand —. v* — करना. —**born** *adj* मृत प्रसव.

still[2] (स्टिल्) *adv* **1** अब तक. **2** तो भी, तिस पर भी; अधिक : *I like that dress better —.*

stilt (स्टिल्ट्) *n* बाँसों के सहारे चलने वाले के लंबे बाँस. '—**ed** (स्टिल्टिड्) *adj* अति औपचारिक (बातचीत, व्यवहार).

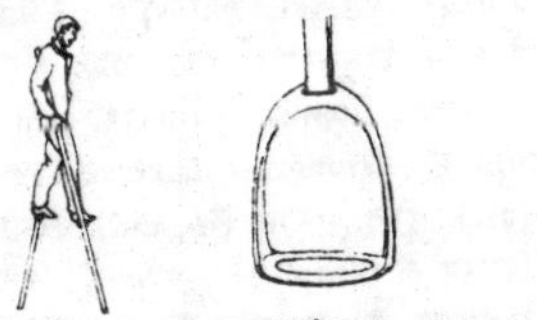

stilts   a stirrup

'**stimulant** ('स्टिम्युलन्ट्) *n* प्रेरक या उत्तेजक पेय (जैसे, काफ़ी), उद्दीपक (भेषज).

'**stimulate** ('स्टिम्युलेट्) *v* प्रेरित करना; उत्तेजित करना. '**stimulus** ('स्टिम्युलस्) *n* उद्दीपन; प्रेरणा

sting (स्टिङ्) *n* **1** डंक (जैसे बिच्छू का). **2** डंक मारने से उत्पन्न टीस; (fig) टीसना. *v* (*pt & pp* stung) **1** डंक मारना. **2** दुखना, जलना.

stink (स्टिंक्) *v & n* (*pt* stank, *pp* stunk) बदबू उठना.

stint (स्टिन्ट्) *v* थोड़ा-थोड़ा करके देना. — **oneself of sth,** बहुत ही थोड़ा अपने हिस्से में रखना. *n* **without —,** खुल हाथों, दिल खोलकर.

'**stipulate** ('स्टिप्युलेट्) *v* **1** आवश्यक शर्त के रूप में प्रस्तुत करना (*that*). **2** — **for,** प्रतिबन्ध के रूप में अपेक्षा करना. ˌ**stipu'lation** (स्टिप्यु'लेशन्) *n.*

stir (स्टर्) *v* (-rr-) **1** हिलना, हिलाना : *The wind —red the leaves.* **2** चम्मच से चलाना, बिलोड़ना. **3** (प्रायः — **up**) भड़काना, उकसाना. *n* **1** — की प्रक्रिया. **2 make a —,** भड़काना.

'**stirrup** ('स्टिरप्) *n* (घुड़सवार की) रक़ाब.

stitch (स्टिच्) *n* **1** टाँका (सिलने में); फन्दा, घर (बिनने में). **2** टाँका : *cut the —es. v* सिलना, टाँकना.

stock (स्टॉक्) *n* **1** (औज़ार का) कुन्दा : *the — of a plough (rifle).* **2** वंश : *a man of Irish —.* **3** बिक्री के लिए स्टाक, माल: *The book is in (out of) —.* **take —,** सूची से सामान मिलाना; (*adj* के रूप में) स्टाक में रखा हुआ : *— sizes in hats.* **4** ('**live**— भी) पशुधन : *stock-farmer, stock-breeder.* **5** सरकारी ऋण. **the S— Exchange,** स्टाक और शेयर बाज़ार. *v* **1** स्टाक (सामान) रखना. **2** माल जुटाना. '**stock-ˌbroker** *n* शेयर-दलाल. '**stock-in-trade.** *n* व्यापार के लिए आवश्यक माल.

'**stocking** ('स्टॉकिङ्) *n* मोज़ा (घुटने तक का).

stoke (स्टोक्) *v* कोयला झोंकना (इंजिन में). '—**r** *n* भट्ठी में कोयला झोंकने वाला.

stole, stolen → steal.

'**stolid** ('स्टॉलिड्) *adj* भावशून्य; सहज में उत्तेजित न होने वाला; सरलता से भावना को व्यक्त करने वाला.

'**stomach** ('स्टमक्) *n* **1** पेट. **2** आमाशय. *v* सहन करना.

stone (स्टोन्) *n* **1** पत्थर; पत्थर का टुकड़ा. **2** रत्न, मणि : *precious —s.* **3** स्टोन, 14 पाउंड का भार. **4** गुठली (जैसे आम की).

→ p 134. *v* पत्थर फेंकना. **ˈstone-ˈblind (-ˈdeaf)** *adj* एकदम अन्धा (बहरा). **ˈ—mason** *n* संगतराश (मिस्त्री). **stone's-throw** *n* पत्थर फेंकने की दूरी, थोड़ी दूरी. **ˈstony** *adj* (-ier, -iest) **1** पथरीला : *stony land.* **2** संगदिल, कठोर स्वभाव का.

stood → stand.

stool (स्टूल्) *n* (प्राय: तीन टाँग का) स्टूल.

stoop (स्टूप्) *v* **1** झुकना, गरदन झुकाना. 2 (fig) नैतिक दृष्टि से अपने को गिराना. *n* झुकाव.

stop (स्टॉप्) *v* (-pp-) **1** रोकना; करने से मना करना; चालू कार्य को बन्द कर देना; रुक जाना. **2** (**— up** भी) छेद भरना, छेद बन्द करना. **3** भुगतान बन्द कर देना : *— sb's wages. — a cheque,* बैंक से कहना कि चेक का भुगतान न करे. **4** अन्दर रहना, बन्द रहना (*at home, in bed*). *n* **1** रोक, ठहराव : *come to a —.* **put a — to,** बन्द कर देना, समाप्त करना. **2** बसों का स्टाप (रुकने का स्थान). **3** विराम-चिह्न, **full —** (.) चिह्न. **4 — press,** नवीनतम समाचार जो मशीन पर मुद्रित होते समय समाचार पत्र में जोड़ा गया हो. **ˈ—gap** *n* कामचलाऊ प्रबन्ध. **ˈ—page** (ˈस्टॉपिज्) *n* विराम, रोक, बाधा. **ˈ—per** (ˈस्टॉपर्) *n* स्टापर, डाट, काग, प्लग (विशेषत: बोतल का).

store (स्टॉर्) *n* **1** भंडार, सामान. **2 in —,** प्रयोग के लिए तैयार. **in — for sb,** किसी के लिए तैयार. 3 (*pl*) विशेष उद्देश्य के लिए या विशेष प्रकार का माल. **4** गोदाम, भंडार-गृह. **5** (*pl*) नाना प्रकार का सामान बेचने वाली दूकान : (*pl*) *a clothing —.* **6 set great — by sth,** महत्त्व देना. *v* **1** (प्राय: **— up**) संचित करना, भरना, जमा करना. **2** गोदाम में रखना. **3** भर देना, समाना : (fig) *a mind —d with facts.* **ˈstorage** (स्टॉरिज्) *n* गोदाम; संग्रहण.

ˈstorey (ˈस्टॉरि) (*pl* ˈstoreys), **ˈstory** (*pl* ˈstories) *n* मंजिल, तल्ला : *a house of three —s.*

stork (स्टॉर्क्) *n* एक प्रकार का सारस-नुमा जल पक्षी, लकलक. → p 33.

storm (स्टॉर्म्) *n* **1** आँधी-तूफ़ान. **2** भावनाओं का आकस्मिक उद्गार. **3 take by —,** धावा या हमला कर पकड़ लेना. *v* **1** क्रोध में गरजना, आग-बबूला होना (*at*). **2** धावा बोल कर कब्ज़ा कर लेना; हमला कर पकड़ लेना. **ˈ—y** *adj* (-ier, -iest) **ˈ—ily** *adv.*

story[1] (ˈस्टॉरि) *n* **1** कहानी, किस्सा. **2** बीती घटनाओं का वर्णन. **3 tell stories** (बच्चों को) झूठ-मूठ की बातें सुनाना.

story[2] (ˈस्टॉरि) → storey.

stout (स्टाउट्) *adj* **1** मज़बूत, पक्का : *— shoes.* **2** दृढ़निश्चय और दिलेर. **3** कुछ मोटा (व्यक्ति). **ˈ—ly** *adv* दृढ़ता से.

stove (स्टोव़्) *n* (मिट्टी के तेल या बिजली आदि का) स्टोव, अँगीठी.

stow (स्टो) *v* सावधानी से सजाकर माल भरना : *— cargo in a ship's holds.* **ˈ—away** (ˈस्टोअवे) *n* जहाज़ में छिप कर बिना किराया दिए यात्रा करने वाला व्यक्ति.

ˈstraggle (ˈस्ट्रैग्ल्) *v* भटक जाना, सहयात्रियों से पिछड़ जाना या अलग हो जाना.

straight (स्ट्रेट्) *adj* (-ier, -est) **1** सीधी दिशा में, सरल रेखा में, बिना मोड़ का. **2** सीधा : *Put your hat on —.* **3** व्यवस्थित; ठीक, साफ़-सुथरा : *Put your desk —.* **4** सच्चा, निष्कपट, ईमानदार. *adv* **1** सीधे मार्ग से : *come — home.* **2 — away (off),** तुरंत. **— on (in, out),** बिना घुमाव-फिराव के : *say sth — out,* बिना हिच-किचाहट के कहना. **ˈ—en** (ˈस्ट्रेट्न्) *v* — करना या होना. **ˈ—ˈforward** *adj* **1** स्पष्टवादी, सीधा-सादा. **2** आसान, सरल.

strain (स्ट्रेन्) *v* **1** कस कर तानना. **2** पूरी शक्ति लगाकर काम करना; पूरी शक्ति लगाकर काम करने से थका डालना. *— one's eyes* (*heart*). **3** छानना (द्रव को कपड़े या जाली से). *n* **1** तनाव, खिंचाव : *The rope broke under the —.* **2** घोर परिश्रम, थकान देने वाला प्रयास : *the — of sleepless nights.* **3** मोच, क्षति. **4** (*pl*) राग, तान, लय : *the —s of an organ.* **5** बोलने या लिखने का

लहजा या शैली : *in a cheerful* —. 6 वंशागत प्रवृत्ति : *a — of insanity in the family*. ˈ**—ed** *adj* अस्वाभाविक या आयासजन्य (भावना, व्यवहार). ˈ**—er** (स्ट्रेनर्) *n* चलनी, छलनी, छन्नी.

strait (स्ट्रेट्) *n* **1** (*pl* भी) संयोजी (भूगोल में). *the S—s of Gibraltar*. **2** (*pl*) मुसीबत. ˈ**—ened** (ˈस्ट्रेट्न्ड्) *v* **in —ened circumstances,** तंगहाली में.

strand[1] (स्ट्रैन्ड्) *v* जहाज़ का समुद्र तल से अड़ जाना, भूग्रस्त हो जाना; **be —ed,** (fig) अपने गन्तव्य तक पहुँचने के लिए धन, मित्र या साधन के बिना हो जाना.

strand[2] (स्ट्रैन्ड्) *n* लड़ी, लड़ (तागे या तार की).

strange (स्ट्रेन्ज्) *adj* (-r,-st) **1** अनोखा, निराला, जिसे पहले देखा-सुना या जाना न हो. **2 be — to,** अपरिचित होना. ˈ**—ly** *adv*. ˈ**—ness** *n*. ˈ**—r** (ˈस्ट्रेन्जर्) *n* अजनबी, बाहरी व्यक्ति.

ˈ**strangle** (ˈस्ट्रैंग्ल्) *v* गला घोंट कर मार डालना; दम घोंट देना. ˌ**stranguˈlation** (स्ट्रैंग्युˈलेशन्) *n*.

strap (स्ट्रैप्) *n* पट्टा, तसमा, फ़ीता. *v* — बाँधना.

ˈ**strategy** (ˈस्ट्रैटिजि) *n* युद्धनीति, युद्ध योजना. **straˈtegic** (स्ट्रˈटीजिक्) *adj* सामरिक महत्त्व का.

straw (स्ट्रॉ) *n* पुआल, पलाल, तिनका

ˈ**strawberry** (ˈस्ट्रॉबरि) *n* स्ट्राबेरी. → p 134.

stray (स्ट्रे) *v* पथ से विचलित हो जाना. *adj* **1** पथभ्रष्ट हो जाना. **2** आकस्मिक, छुट-पुट, बिरला.

streak (ˈस्ट्रीक्) *n* **1** धारी, परत. **2** झुकाव पुट. *v* —, से अंकित करना. ˈ**—y** *adj* (-ier, -iest) धारीदार.

stream (स्ट्रीम्) *n* **1** नदी. **2** प्रवाह, ताँता, व्यक्तियों या वस्तुओं का. *v* — रूप में बहना; मुक्त रूप से बहना. ˈ**—lined** *adj* ऐसा धारा-रेखित बनाना कि पानी या हवा के बहाव से कम से कम प्रतिरोध उत्पन्न हो; सरल व कारगर.

street (स्ट्रीट्) *n* सड़क, गली.

strength (स्ट्रेङ्थ्) *n* **1** ताकत, बल. **2 below —,** आवश्यक संख्या में कार्यकर्त्ताओं का न होना. **in great —,** बड़ी संख्या में. ˈ**—en** (ˈस्ट्रैङ्थन्) *v* और अधिक बलशाली बनाना या बनना.

ˈ**strenuous** (ˈस्ट्रेन्युअस्) *adj* श्रमसाध्य (कार्य); कर्मठ (व्यक्ति) : — *work(ers)*.

stress (स्ट्रेस्) **1** दबाव; तंगी, तकलीफ़ का समय. *times of* —. **2** प्रतिबल, तनाव. **3** बलाघात, स्वराघात (बोलते समय दिया हुआ बल). *v* बल डालना; महत्त्व स्पष्ट करना.

stretch (स्ट्रेच्) *v* **1** खींच कर तानना, बढ़ाना या फैलाना; खिच कर बढ़ना. **— (out) one's arms (legs),** अँगड़ाई लेना. **2 — oneself out (on),** हाथ-पैर पसार कर लेटना. **3 — a point (in sb's favour),** रिआयत करना, नियम में ढिलाई करना. **4** कसना, तानना. *n* **1** तनाव, खिचाव, अँगड़ाई. **2** समय या दूरी का अविच्छिन्न फ़ासला, खिचाव; दूरी, अवधि. **—er** (ˈस्ट्रैचर्) *n* स्ट्रेचर (जिस पर मरीज़ को लिटाते हैं).

strew (स्ट्रू) *v* (*pt* strewed, *pp* strewn) बिखेरना, छितराना.

ˈ**stricken** (ˈस्ट्रिक्न्) *adj* से आक्रान्त और पीड़ित : *terror-stricken*; — *with fever*.

strict (स्ट्रिक्ट्) *adj* **1** सख्त, अतिनियमनिष्ठ, तुरंत आज्ञाकारिता चाहने वाला. **2** सुपरिभाषित अथवा सीमित : *the — truth*. **3** ठीक, सही कार्य की अपेक्षा करने वाला : *in — confidence*.

stride (स्ट्राइड्) *v* (*pt* strode) **1** लम्बे डग भरना. **2** लाँघना. *n* क़दम, डग. **make great —s,** तीव्र प्रगति करना.

strife (स्ट्राइफ़्) *n* अनबन, फूट; संघर्ष.

strike (स्ट्राइक्) *v* (*pt & pp* struck) **1** मारना, प्रहार करना. **2** (*adv* के साथ) **— off (out) (a word),** रेखा खींच कर काट देना, मिटा देना. **— out,** (विशेषतः) तैरना आरंभ करना. **— out for oneself,** अपने लिए नया व्यापार आदि शुरू करना. **— up,** (गाना-बजाना) शुरू करना, मैत्री बढ़ाना. **3** बजाना : *The clock struck four*. **4** झंडा या पाल उतारना. **5 — a match,** माचिस की तीली

रगड़ कर जलाना. 6 पाना, पहुँचना, पता लगाना : — *a bargain; — oil; — the right path.* 7 की ओर मुड़ जाना : *We struck out across the fields.* 8 **— fear into,** मन में डर पैदा करना. **be struck dumb,** चकित करना, चकराना. 9 मन पर गहरा प्रभाव डालना; ध्यान आकर्षित करना : *How does the plan — you?* 10 (विचार) सूझना, अचानक मन में आना : *It has struck me that ... .* 11 (कर्मचारियों का) हड़ताल करना, काम करना छोड़ देना. *n* हड़ताल, स्ट्राइक : *The bus drivers are on a —.* **'—r** ('स्ट्राइकर्) *n* हड़ताली कार्यकर्ता. **'striking** (स्ट्राइकिङ्) *adj* असाधारण; प्रभावशाली, आकर्षक.

string (स्ट्रिङ्) *n* 1 डोरी, फ़ीता. 2 लड़ी, माला: *a — of beads;* पंक्ति, शृंखला: *a — of buses* (*lies*). 3 तंत्री, तार (जैसे वायलिन का तार). *v* (*pt & pp* प्राय: strung, किंतु *—ed instruments*). 1 (वायलिन आदि पर) तार चढ़ाना, (धनुष में) प्रत्यंचा चढ़ाना. 2 माला पिरोना. 3 रस्सी या डोरी से लटकाना : *— lamps across the street.* 4 **high(ly) strung,** सहज में विकल या उत्तेजित होने वाला (व्यक्ति). **'—y** *adj* डोरी के समान.

strip (स्ट्रिप्) *v* (-pp-) 1 (कपड़े या आवरण) उतारना, निरावृत करना : *— the bark off a tree.* 2 किसी को उस की संपत्ति आदि से वंचित करना, छीनना. *n* पट्टी, धज्जी.

stripe (स्ट्राइप्) *n* 1 धारी (जैसे *the —s of a tiger*). 2 प्राय: V–आकार का चिह्न (सैनिकों के पदों को सूचित करने वाला).

strive (स्ट्राइव्) *v* (*pt* strove *pp* striven) प्रयास करना; संघर्ष करना.

strode (स्ट्रोड्) → stride.

stroke[1] (स्ट्रोक्) *n* 1 प्रहार, आघात: *hammer —s.* 2 नियमित बार-बार होने वाले संचलन (जैसे, तैरने में, नाव खेने में). 3 (क्रिकेट की) मार; कलम या ब्रुश का स्ट्रोक (प्रयोग). 4 चेष्टा, प्रयास: *I haven't done a — of work all day.* 5 टनटन (की ध्वनि): *on the — of three.* 6 पक्षाघात, फ़लिज का दौरा.

stroke[2] (स्ट्रोक्) *v & n* सहलाना : *— a cat.*

stroll (स्ट्रोल्) *v & n* टहलना, सैर पर निकलना.

strong (स्ट्रॉङ्) *adj* (-er, -est) 1 (weak के वैषम्य में) मजबूत, पक्का, टिकाऊ; अच्छी मन: शक्ति वाला; हृष्ट-पुष्ट, सुस्वस्थ. 2 स्वाद देने वाली वस्तु की अच्छी मात्रा से युक्त : *— tea;* गाढ़ा : *— acid.* 3 **— drink,** शराब आदि मादक पेय. 4 मन और ज्ञानेन्द्रियों पर पर्याप्त प्रभाव डालने वाला : *a — smell of gas.* **'—ly** *adv.* **'—box, —room** *n* कीमती सामान रखने के लिए बना कमरा आदि. **'—hold** *n* किला, गढ़, केन्द्र, प्रभावक्षेत्र.

strove → strive.

struck → strike.

'structure ('स्ट्रक्चर्) *n* 1 बनावट, गठन, संरचना. 2 भवन, इमारत, ढाँचा अथवा प्रमुख अवयव. **structural** *adj* संरचनात्मक (विशेषत: ढाँचा विषयक): *structural alterations.*

'struggle ('स्ट्रग्ल्) *v* संघर्ष करना; हाथ-पैर मारना; कोशिश करना. *n* संघर्ष, कड़ा मुकाबला; अत्यधिक प्रयास.

strum (स्ट्रम्) *v* लापरवाही से कोई वाद्ययंत्र बजाना : *— a guitar.*

strung → string.

strut (स्ट्रट्) *n* लकड़ी या धातु की टेक.

stub (स्टब्) *n* पेंसिल या सिगरेट आदि का अन्तिम बहुत छोटा अंश (जो काम में न आने के कारण प्राय: फेंक दिया जाता है). *v* (-bb-) **— one's toe,** ठोकर खाना.

'stubble ('स्टब्ल्) *n* 1 फ़सल कट जाने पर नीचे की खूँटी. 2 दाढ़ी के कड़े छोटे बाल.

'stubborn (स्टबर्न्) *adj* ज़िद्दी, अड़ियल.

'stubby ('स्टबि) *adj* (-ier, -iest) छोटा और मोटा, ठूंठ जैसा : *— fingers.*

stuck → stick.

stud (स्टड्) *n* दुहरा बटन. *v* (-dd-) **—ded with,** जड़ाऊ, रत्नजटित.

'studio ('स्टयूडिओ) 1 स्टूडियो (चित्रकार, फ़ोटोग्राफ़र आदि का). 2 स्टूडियो (फ़िल्म

बनाने वालों का). 3 स्टूडियो (रेडियो और टी.वी. कार्यक्रमों का).

'study ('स्टडि) *v* अध्ययन करना (कुछ सीखने या नयी बात पता लगाने के लिए पढ़ना): *— the map; — medicine. n* **1** अध्ययन: *begin one's studies.* **2** अध्ययन-कक्ष.

'student ('स्टयूडन्ट्) *n* छात्र, विद्यार्थी. **'studious** ('स्टयुडयस्) *adj* अध्ययनशील; मेहनती

stuff (स्टफ़्) *n* **1** सामान, सामग्री, उपादान. **2** मामूली रद्दी माल; तुच्छ माल. *v* **1** ठूस कर भरना : *— feathers into a bag.* **2** पशु-पक्षी की खाल में मसाला भरना (संग्रहालय में रखने के लिए). **'—ing** *n* भरने का सामान. **'—y** *adj* (-ier, -iest) घुटन-भरा.

'stumble ('स्टम्ब्ल्) *v* ठोकर खाना, लड़खड़ाना. **'stumbling-block** *n* अड़ँगा, ठोकर.

stump (स्टम्प्) *n* **1** ठूंठ (पेड़ का). **2** मुख्य भाग के कट जाने के बाद बचा गौण अंश. **3** (क्रिकेट में) स्टम्प, डंडा. *v* **1** अकड़ कर चलना. **2** (colloq) चकरा देना. **'—y** *adj* गोलमटोल.

stun (स्टन्) *v* (-nn-) **1** सिर पर मार कर बेहोश कर देना; धक्का देना. **2** हक्का-बक्का हो जाना : *He was —ned by the news.*

stung → sting.

stunk → stink.

stunt[1] (स्टन्ट्) *v* विकास या वृद्धि रोक देना.

stunt[2] (स्टन्ट्) *n* (colloq) स्टंट; करतब, कमाल.

'stupefy ('स्टयूपिफ़ाइ) *v* जड़ कर देना; सुन्न या स्तंभित कर देना; विस्मित कर देना. **,stupe'faction** (स्टयूपि'फ़ैक्शन्) *n.*

stu'pendous (स्ट'यूपेन्डस्) *adj* अत्यधिक; विस्मयकारक.

'stupid ('स्टयूपिड्) *adj* नासमझ. अल्पबुद्धि, जड़मति. **—ly** *adv* **stu'pidity** (स्टयु-'पिडिटि) *n*

'stupor ('स्टयूपर्) *n* आघात, मादक द्रव्य आदि से लगभग चेतनाशून्य स्थिति; जड़ता; व्यामोह.

'sturdy ('स्टर्डि) *adj* (-ier, -iest) मजबूत; ठोस; टिकाऊ.

'stutter ('स्टटर्) *v* हकलाना.

sty (स्टाइ) *n* सूअर-बाड़ा, गन्दी जगह.

style (स्टाइल्) *n* **1** लेखन-शैली. **2** विशिष्ट ढंग, फ़ैशन : *the latest —s in dress.* **3** बनावट : *made in three —s. v* विशेष नाम या शीर्षक से वर्णन करना. **'stylish** ('स्टाइलिश्) *adj* सुरुचिपूर्ण; फ़ैशनेबुल.

sub- (उपसर्ग) **1** (पद या संगठन के पूर्व) उप-अनु-, अवर, कनिष्ठ. **2** (कुछ-कुछ) अल्प : *sub-tropical.* **3** (से नीचे) अव- : *sub-normal.*

'sub'conscious ('सब्'कॉन्शस्) *adj* अवचेतन (ऐसी मानसिक क्रियाएँ जिनकी पूरी जानकारी नहीं हो पाती है).

sub'continent (सब्'कॉन्टिन्ट्) *n* उप-महाद्वीप, महाद्वीप का भाग (जैसे, भारतीय उपमहाद्वीप).

,subdi'vide (,सब्डि'व़ाइड्) *v* और आगे विभाजन करना, उपविभाजन करना.

sub'due (सब्'डयू) *v* **1** जीतना. **2** मन्द या शान्त करना : *—d light.*

'subject ('सब्जिक्ट्) *n* **1** प्रजा. **2** (व्याकरण में) उद्देश्य. *They came early* में *They. There is a book on the table* में *book. adj* **1** पराधीन, परतंत्र राज्य या राष्ट्र. **2 — to,** जिसके होने या जिस के अनुभव होने की संभावना हो : *He is subject to error.* **3 — to,** इस शर्त के साथ. **sub'ject** (सब्'जेक्ट्) *v* **1** अपने अधीन करना. **2** अनुभव कराना. **sub'jection** *n* **1** अधीनीकरण. **2** पराधीनता.

'sub'let ('सब्'लेट्) *v* किरायेदार द्वारा मकान का भाग किराये पर उठाना.

sub'lime (स'ब्लाइम्) *adj* महान्, लोकोत्तर, उदात्त : *the — mercy of God.*

'sub'marine (सब्'मरीन्) *n & adj* पनडुब्बी (जहाज़).

sub'merge (सब्मर्ज्) *v* **1** पानी के भीतर डालना; ऊपर से पानी भर देना. **2** आँखों से ओझल हो जाना (जहाज़ का); पनडुब्बी का ग़ोता लगाना.

sub'mit (सब्'मिट्) *v* (-tt-) **1** दूसरे की अधीनता स्वीकार करना; झुक जाना, दब जाना; आत्मसमर्पण कर देना. **2** विचारार्थ प्रस्तुत करना. **3** सुझाव देना (*that*). **sub'mission**

(सब्'मिशन्) *n.* **sub'missive** (सब्'मिसिव्) *adj* विनम्र, आज्ञाकारी.

su'bordinate (स'बॉर्‌डिनिट्) *adj* मातहत, अधीनस्थ (व्यक्ति); गौण. *n* मातहत (व्यक्ति). *v* कम महत्त्व का मानना; अधीनस्थ करना.

sub'scribe (सब्'स्क्राइब्) *v* **1** चन्दा देना. **2 — to** (पत्र-पत्रिकाओं का), ग्राहक बनना. **3 — to** (*opinions*), समर्थन करना, अनुमोदन करना. **—r** *n.* **sub'scription** (सब्'स्क्रिप्शन्) *n* चन्दा.

'subsequent (सब्'सिक्‌वन्ट्) *ad*, परवर्ती; बाद का. **—ly** *adv* बाद में.

sub'side (सब्'साइड्) *v* **1** बाढ़ के पानी का उतर जाना. **2** (भूमि का) धँस जाना. **3** (तेज़ हवा का) शान्त हो जाना, (क्रोध आदि) शान्त हो जाना. **'subsidence** *n.*

sub'sidiary (सब्'सिड्‌यरि) *adj* **1** सहायक, पूरक. **2 — company,** किसी अन्य से नियंत्रित कम्पनी.

'subsidy ('सब्‌सिडि) *n* आर्थिक सहायता (उन उद्योगों को जो स्वयं-निर्भर नहीं हो पाए हैं). **'subsidize** ('सब्‌सिडाइज़्) *v* आर्थिक सहायता देना.

sub'sistence (सब्'सिस्‌टन्स्) *n* जीविका, जीवन-निर्वाह (का साधन).

'substance (सब्स्‌टन्स्) *n* **1** पदार्थ; तत्त्व. **2** अर्थ, सारतत्त्व (जैसे किसी कथन का). **3** दृढ़ता. **sub'stantial** (सब्'स्टैन्‌शल्) *adj* **1** मज़बूत, ठोस. **2** वास्तविक (न कि काल्पनिक), भौतिक. **3** पर्याप्त, बड़ा, भारी: *a substantial meal.*

'substitute ('सब्स्‌टिट्यूट्) *n* एवज़ी, स्थानापन्न. *v* के स्थान पर रखना. **,substitution** (सब्स्‌टिट्यूशन्) *n* प्रतिस्थापन; स्थानापत्ति.

subter'ranean (सब्ट्'रेन्यन्) *adj* भूगर्भगत, भूमिगत.

'subtle ('सट्‌ल्) *adj* (-r, -st) **1** सूक्ष्म, महीन; रहस्यमय: *a — charm* (*flavour*). **2.** चतुर, कुशाग्रबुद्धि: *a — critic.* **3** जटिल, दुर्बोध, विस्तृत: *a — argument.* **—ty** *n.*

sub'tract (सब्'ट्रैक्ट्) *v* (संख्या) घटाना. **—ion** *n.*

'suburb ('सबर्ब्) *n* उपनगर (नगर की बाहरी बस्तियाँ). **su'burban** (स'बर्‌बन्) *adj* — विषयक.

'subway ('सब्‌वे) *n* सुरंग-पथ.

suc'ceed (सक्'सीड्) *v* **1** करने में सफल होना: — *in (passing) an examination.* **2** कामयाब होना, अच्छा परिणाम पाना. **3** परवर्ती होना. **4 — to,** उत्तराधिकारी होना. **suc'cess** (सक्'सेस्) *n* **1** सफलता, कामयाबी. **2** सफल व्यक्ति. **suc'cessful** *adj.* **suc'cession** (सक्-'सेशन्) *n* **1** अनुक्रमण, (एक के बाद दूसरे का आना). **in succession,** लगातार, उत्तरोत्तर, क्रमशः **2** अनुक्रम, सिलसिला. **3** उत्तराधिकार. **suc'cessive** *adj* क्रमिक, निरन्तर. **suc'cessor** (सक्'सेसर्) *n* उत्तराधिकारी.

'succour ('सकर्) *v & n* सहायता (करना) (विशेषतः मुसीबत के समय).

suc'cumb (स'कम्) *v* (प्रलोभन के सामने) झुक जाना; हार मानना; मर जाना.

such (सच्) *adj* **1** ऐसा, इस प्रकार का: *I've never seen — heavy rain as this!* **2** जैसी है: *You can borrow my car, — as it is.* **3** इतना अधिक: *Don't be in — a hurry.* *pron* ऐसा व्यक्ति, ऐसी वस्तु.

suck (सक्) *v & n* **1** चूसना. **2** (द्रव की) चुसकी लेना: — *the juice from an orange* (निचोड़ना).

'suction ('सक्शन्) *n* चूषण; चूषण से उत्पन्न बल (*force*).

'sudden ('सड्‌न्) *adj* अचानक होने वाला. *n* **all of a —,** अचानक. **—ly** *adv.*

suds (सड्ज़्) *n pl* (साबुन का) झाग, फेन.

sue (स्यू) *v* **1** मुक़दमा दायर करना. **2** चिरौरी करना; अनुनय-विनय करना.

suede (स्वेड्) *n* एक प्रकार का मुलायम चमड़ा: — *shoes.*

'suffer ('सफ़र्) *v* **1** भुगतना, भोगना, कष्ट उठाना. **2** सहना. **—ance** (सफ़्‌रन्स्) *n* **on —ance,** मौन अनुमति, मौन सहन. **—ing** *n* पीड़ा, कष्ट वेदना.

suf'fice (स'फ़ाइस्) *v* पर्याप्त होना. **suf'ficient**

(स'फ़िशन्ट्) *adj* पर्याप्त. **suf'ficiency** (स'फ़िशन्सि) *n* पर्याप्त मात्रा.

'suffix ('सफ़िक्स्) *n* (व्याकरण) प्रत्यय (जैसे quickly में *ly*).

'suffocate ('सफ़केट्) *v* दम घुटना, गला घोंट कर मारना, साँस लेने में कष्ट का अनुभव करना. **,suffo'cation** *n*.

'suffrage ('सफ़्रिज्) *n* पार्लियामेंट के चुनाव में वोट देने का अधिकार.

'sugar ('शुगर्) *n* चीनी, शक्कर. *v* मीठा करना. **—y** *adv* मीठा; चीनी-जैसा.

sug'gest (स'जेस्ट्) *v* 1 सुझाव देना; विचारार्थ कुछ रखना. 2 सुझाना, मन में आना; व्यंजित करना. **—ion** *n* सुझाव; संकेत. **—ive** *adj* विचारोत्तेजक : *a —ive lecture.*

'suicide ('स्युइसाइड्) *n* आत्महत्या. **sui'cidal** (स्युइ'साइडल्) *adj* अपने हित और कल्याण के लिए अत्यंत हानिकारक.

suit (स्यूट्) *n* 1 सूट (कोट-पैंट आदि). 2 याचना, दरखास्त (शासक को). 3 (**law —** भी) मुक़दमा, नालिश. *v* 1 अनुकूल या उचित होना; संतुष्ट करना. 2 (कपड़ों का) ठीक बैठना, शोभा देना. 3 उपयुक्त होना : *— the punishment to the crime*. **be —ed** (*for*), फ़िट बैठना. **—able** *adj* अनुकूल, उपयुक्त; उचित. **—ably** *adv*. **suita'bility** (स्यूट'बिलिटि) *n*. **'suit-case** *n* सूटकेस (एक प्रकार का बक्सा). **'—or** (स्यूटर्) *n* मुक़दमा चलाने वाला; विवाहार्थी, प्रेमी.

suite (स्वीट्) *n* 1 परिकर, परिजन (विशेषतः राजा या शासकों का). 2 कमरों का सेट (साज-सज्जा के साथ).

sulk (सल्क्) *v* रूठना, खीजना. **'—y** *adj* (-ier, -iest) रूठने वाला; चिड़चिड़ा. **'—ily** *adv*.

'sullen ('सलन्) *adj* 1 चिड़चिड़ा (किंतु नाराज़गी प्रकट न करने वाला), घुन्ना. 2 उदास, विषण्ण; मनहूस, अमंगल.

'sully ('सलि) *v* कलंक या लांछन लगाना.

'sulphur ('सल्फ़र्) *n* गन्धक.

'sultan ('सल्टन्) *n* सुलतान (मुस्लिम शासक).

'sultry ('सल्ट्रि) *adj* उमस भरा मौसम.

sum (सम्) *n* 1 संख्याओं का जोड़, योगफल. 2 धनराशि. 3 अंकगणित का प्रश्न. *v* (-mm-) 1 **sum up,** टोटल करना, जोड़ करना. 2 **sum up,** संक्षेप में मुख्य तथ्यों को व्यक्त करना. **'summary** ('सम्रि) *n* संक्षेप, सारांश. **summarize** *v* सारांश प्रस्तुत करना, संक्षेप करना.

'summer ('समर्) *n* ग्रीष्म ऋतु.

'summit ('समिट्) *n* चोटी, शीर्ष; शिखर, उच्चतम बिन्दु.

'summon ('समन्) *v* 1 बुला भेजना; इकट्ठा करना, बटोरना. 2 **— up,** (अपनी सभी) शक्तियाँ प्रयुक्त करना. **—s** ('समन्ज़्) *n* (*pl* summonses) न्यायालय से जारी किया बुलावा, सम्मन. *v* सम्मन देना.

'sumptuous ('सम्प्ट्युअस्) *adj* कीमती, राजसी; भव्य.

sun (सन्) *n* 1 सूर्य, सूरज. 2 धूप, घाम. *v* (-nn-) सूर्य की धूप में रखना. **'sunblind** *n* (खिड़की की) झिलमिली. **'sunburn** *n* धूप से जलकर ताँबा जैसा वर्ण हो जाना. **'sundown** *n* सूर्यास्त. **'sunlit** *adj* धूपभरा (मकान). **'sunny** ('सनि) *adj* (-ier, -iest) धूपवाला, उज्ज्वल; (fig) प्रसन्नचित्त, प्रफुल्लित. **'sunrise** *n* सूर्योदय. **'sunset** *n* सूर्यास्त. **'sunshade** *n* छतरी. **'sunstroke** *n* धूप खाने से बीमार पड़ जाना.

'Sunday ('सन्डि) *n* रविवार, इतवार.

'sundry ('सन्ड्रि) *adj*. विविध. **'sundries** ('सन्ड्रिज़) *n pl* फुटकर वस्तुएँ, प्रकीर्णक.

sung → sing.

sunk → sink.

'super– (उपसर्ग) 1 अत्यधिक : *—human*. 2 अत्यन्त उच्च मात्रा में : *super-abundant*. 3 ऊपर, शीर्षस्थ : *—structure* (ऊपरी संरचना).

su'perb (स्यू'पर्ब्) *adj* आलीशान; राजसी.

,super'cilious (स्यूपर्'सिलिअस्) *adj* दंभी, मग़रूर, दूसरों की अवमाननापूर्ण उपेक्षा करने वाला.

,super'ficial (स्यूपर्'फ़िशल्) *adj* 1 सतही 2 छिछला (ज्ञान में). **—ly** *adv*.

su'perfluous (स्यू'परफ्लुअस्) *adj* फ़ुज़ूल, फ़ालतू, अतिरिक्त. **super'fluity** (स्यूपर्-'फ़्लुइटि) *n*.

,superin'tend (स्यूप्रिन्'टेन्ड्) *v* प्रबन्ध करना; (कार्य की) देखभाल करना, निगरानी करना. **—ence** *n*. **—ent** (स्यूप्रिन्'टेन्डन्ट्) *n* अधीक्षक, संचालक.

su'perior (स्यू'पिअरिअर्) *adj* **1** औसत से अधिक अच्छा, श्रेष्ठ. **2** संख्या में अधिक. **3** **— to,** से बेहतर; उच्च पद पर; वरिष्ठ. **4** **— to,** चाटुकारी में न आने वाला. *n* **1** वरिष्ठ, ज्येष्ठ. **2** **S—,** मठ का अध्यक्ष. **superi'ority** (स्यूपिअरि'ऑरिटि) *n*.

su'perlative (स्यू'परलटिव्) *adj* **1** उच्चतम मात्रा या गुण का. **2** (व्याकरण) उत्तमत्ता-सूचक. **the — degree,** *adj* या *adv* का उत्तमत्तासूचक रूप: *best, most, lowest, worst* आदि.

'supermarket ('स्यूपर्मार्किट्) *n* एक ही भवन में बड़ा बाज़ार जिसमें सभी प्रकार का सामान मिल सके.

,super'natural (स्यूपर्'नैच्रल्) *adj* अलौकिक, लोकोत्तर; भौतिक नियमों से जिस की व्याख्या न की जा सके.

,super'sede (स्यूपर्'सीड्) *v* निकाल कर दूसरे को नियुक्त करना; किसी का स्थान ले लेना (उसे हटा कर).

,super'sonic (स्यूपर्'सॉनिक्) *adj* ध्वनि के वेग से अधिक वेगशाली (तरंग).

,super'stition (स्यूपर्'स्टिशन्) *n* **1** अन्ध-विश्वास (विशेषत: भूत-प्रेत, जादू-टोना, शकुन-अपशकुन में). **2** अन्धविश्वास मूलक प्रथाएँ. **super'stitious** *adj* अन्धविश्वासी; अन्ध-विश्वासपूर्ण.

'supervise ('स्यूपर्वाइज़्) *v* देख-रेख करना, निगरानी करना. **supervision** *n* निरीक्षण. **supervisor** (स्यूपर्वाइज़र्) *n* निरीक्षक.

'supper ('सपर्) *n* दिन का आख़िरी भोजन.

sup'plant (स'प्लान्ट्) *v* **1** निकाल देना. **2** चालाकी से किसी को उस के पद से हटा कर स्वयं उस पर आरूढ़ हो जाना.

'supple ('सप्ल्) *adj* लचीला; सुनम्य: *the — limbs of a child.*

'supplement ('सप्लिमन्ट्) *n* परिशिष्ट. **,supple'ment** *v* जोड़ना, बढ़ाना.

sup'ply (स'प्लाइ) *v* (माँगी हुई वस्तु को) देना, सप्लाई करना. *n* **1** सप्लाई, संभरण, आपूर्ति. **2** (*pl*) भंडार; संभार.

sup'port (स'पॉर्ट्) *v* **1** थाम रखना; संभालना. **2** सहायता करना, समर्थन देना: *— a charity*. प्रोत्साहन देना : *— your local football team.* **3** भरण-पोषण करना; रोटी-कपड़ा देना. **4** सहना, बरदाश्त करना. *n* — की प्रक्रिया. — की वस्तु (या व्यक्ति). **—er** *n*.

sup'pose (स'पोज़्) *v* **1** मान लेना, कल्पना करना: *— the world were flat; — it is true.* **2** समझना; अटकल लगाना. **3** (सुझाव के लिए प्रयुक्त): *Suppose we go for a swim.* **4** **be —d to,** आशा किया जाना: *You're —d to know the rules.* **sup'posing** (स'पोज़िङ्) *conj* यदि, अगर. **—d** *adj* कल्पित, माना हुआ. **,suppo'sition** (सप्'ज़िशन्) *n* कल्पना; अनुमान.

sup'press (स'प्रेस्) *v* **1** दमन करना, कुचलना, दबाना. **2** छिपाना, गुप्त कर देना. **—ion** *n*.

su'preme (स्यू'प्रीम्) *adj* (पद या अधिकार में) सर्वोच्च; सर्वाधिक महत्त्वपूर्ण. *the S— being* (ईश्वर). **—ly** *adv*. **su'premacy** (स्यु'प्रेमसि) *n*.

sure (शुअर्) *adj* (-r, -st) **1 — of, — that,** संशयहीन; निश्चित. **2** **be — to** (*come*), (आना) न भूलना. **make —,** पक्का विश्वास कर लेना; पाने के लिए आवश्यक उपाय कर लेना. **3** अचूक, अमोघ; विश्वस्त. *adv* **— enough,** निश्चित रूप से; आशानुसार. **'—ly** *adv* **1** निश्चित रूप से. **2** सर्वाधिक संभावना के साथ. **surety** ('शुअर्टि) *n* ज़मानती.

surf (सर्फ़्) *n* (तट की) समुद्री लहरें.

'surface ('सर्फ़िस्) *n* **1** पृष्ठ, सतह; बाहरी सतह; ऊपरी परत. **2** बाह्यरूप, ऊपरी रूप-रंग.

'surfeit ('सर्फ़िट्) *n* अफराव, भरपेट भोजन या पेय.

surge (सर्ज्) *v* लहराना; लहरों की तरह आगे बढ़ना. *n* हिलोरा.

'surgeon ('सर्जन्) *n* सर्जन, शल्यकार डाक्टर. **'surgery** ('सर्जरि) *n* **1** सर्जरी, आपरेशन द्वारा चिकित्सा. **2** डाक्टर का कमरा. **'surgical** ('सर्जिकल्) *adj.*

'surly ('सर्लि) *adj* (-ier, -iest) बदमिज़ाज और उजड्ड.

sur'mise (सर्'माइज़्) *v* & *n* अनुमान या अन्दाज़ा (करना).

sur'mount (सर्'माउन्ट्) *v* (कठिनाइयाँ) पार करना; (बाधाओं पर) विजय पाना. **be —ed by (with),** चोटी पर खड़ा होना.

'surname ('सर्नेम्) *n* कुलनाम, उपनाम.

sur'pass (सर्'पास्) *v* बढ़कर निकलना; मात देना.

'surplus ('सर्प्लस्) *n* बचत; रोकड़ बाकी.

sur'prise (सर्'प्राइज़्) *n* आश्चर्य. *v* **1** आश्चर्य-चकित करना. **2** अचानक हमला करना; अचानक पहुँच कर पकड़ना. **sur'prising** *adj* आश्चर्यजनक.

sur'render (स'रेन्डर्) *v* **1** आत्मसमर्पण करना; लड़ना बन्द करना. **2** (अन्य के) अधीन हो जाना, (अन्य के सामने) झुक जाना. **3 — oneself to,** (भावनाओं के) वश में हो जाना, भावनाओं में बह जाना. *n* आत्मसमर्पण, परित्याग.

sur'round (स'राउन्ड्) *v* चारों ओर से घेर लेना; चारों ओर होना. **—ings** (स'राउन्डिङ्ज़्) *n pl.* पासपड़ोस; वातावरण, परिवेश.

sur'vey (सर्'वे़) *v* **1** सामान्य दृष्टि डालना; सामान्य दशाओं का परीक्षण करना. **2** सर्वे करना, स्थिति आदि माप कर अंकित करना; सर्वेक्षण करना. **'survey** ('सर्वे़) *n* **1** सर्वेक्षण. **2** सर्वे का नक्शा. **—or** *n* सर्वेक्षक.

sur'vive (सर्'वाइव़्) *v* जीवित या अस्तित्व में बने रहना; (मृत्य या निश्चित अवधि के बाद भी) जीवित या बने रहना; (भूकम्प आदि संकटों से) बच जाना. **sur'vival** (सर्'वाइवल्) *n* **1** — करना. **2** रूढ़ि; अवशेष (प्राणी). **sur'vivor** (सर्'वाइवर्) *n* दुर्घटना से बचा व्यक्ति.

sus'ceptible (स'सेप्टब्ल्) *adj* **1** भावुक. **2 — to,** सरलता से (रोग, चाटुकारी आदि से) प्रभावित होने वाला. **— of proof,** जो सिद्ध किया जा सकता है.

sus'pect (सस्'पेक्ट्) *v* **1** संदेह करना. **2** ऐसा लगना कि.. (*that..*). **3** (किसी को) अपराधी समझना : *He is —ed of telling lies.* **'suspect** ('सस्पेक्ट्) *n* (अपराध के संबंध में) संदिग्ध व्यक्ति.

sus'pend (सस्'पेन्ड्) *v* **1** लटकाना (*from*). **2 be —ed,** लटकना: *dust —ed in the still air.* **3** देर लगाना; स्थगित करना: *— judgement; — payment.* **4** सस्पेंड करना, (पद, सदस्यता आदि से) निलंबित करना या मुअत्तिल करना. **sus'pension** *n.* **suspension-bridge,** झूला-पुल (जैसा हरिद्वार के पास लक्ष्मण-झूला पर).

a suspension bridge

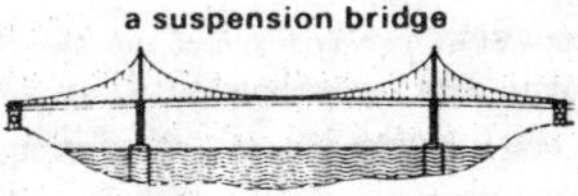

sus'pense (सस्'पेन्स्) *n* दुविधा, असमंजस, अनिश्चय. **keep sb in —,** दुविधा में रखना.

sus'picion (सस्'पिशन्) *n* **1** संदेह, शक. **2** पुट (*of*). **sus'picious** *adj* संदेह जनक; शक्की, सन्देह करने वाला.

sus'tain (सस्'टेन्) *v* **1** सँभालना, बनाये रखना: **—ing food** (संपोषक आहार). **2** भुगतना; हानि उठाना; हार खाना. **—ed** *adj* अखंड, अविच्छिन्न; दीर्घकालीन. **'sustenance** ('सस्टिनन्स्) *n* पोषक आहार.

'swagger ('स्वैगर्) *v* अकड़ कर चलना, इठलाना.

'swallow[1] ('स्वॉलो) *n* & *v* **1** निगलना. **2** ग्रहण करना; समा लेना; समाप्त करना.

'swallow[2] ('स्वॉलो) *n* अबाबील (पक्षी). → p 33.

swam — swim.

swamp ('स्वॉम्प्) *n* दलदल. *v* **1** नाव का जल भर जाने से धँस जाना. **2** (fig) भरमार कर

देना, परेशान कर देना : *—ed with orders for goods.* **—y** *adj* (-ier, -iest) दलदली.

swan (स्वॉन्) *n* हंस (पक्षी). → p 33.

swap, swop (स्वॉप्) *v* (colloq) अदला-बदली करना.

swarm (स्वॉर्म्) *n* **1** कीड़ों, चिड़ियों आदि का झुंड : *a — of ants (bees).* **2** (विशेषत: *pl*) बच्चों का झुंड. *v* **1** मधुमक्खियाँ का झुंड बना कर उड़ना. **2 — with,** भरा हुआ, बड़ी संख्या में एकत्र हो जाना : *The dog was —ing with fleas.*

'swarthy ('स्वॉदि) *adj* साँवला.

swat (स्वॉट्) *v* चपटी चीज़ से मारना : *— a fly.*

swathe (स्वेद्) *v* लपेटना, पट्टी बाँधना : *His leg was —d in bandages.*

sway (स्वे) *v* **1** झूलना, डोलना. **2** नियंत्रित करना. *n* **1** झूलना. **2** नियंत्रण, शासन : *under the — of.*

swear (स्वेअर्) *v* (*pt* swore, *pp* sworn) **1** क़सम खाना, शपथ खाना : *— to do sth; — that.* **2** शपथ दिलाना (जैसे गोपनीयता की) : *— sb to secrecy.* **3** कोसना, गाली बकना. **'—word** *n* गाली, अपशब्द.

sweat (स्वेट्) *n* **1** पसीना : *in a —,* (व्याकुल होना, अत्यधिक उत्सुक होना). **2** (colloq) घोर परिश्रम. *v* **1** पसीना निकलना; पसीना बहाना. **2** घोर परिश्रम करना. **—ed labour,** कर्मचारी जिन्हें थोड़े से वेतन के लिए भी घोर परिश्रम करना पड़ता है. **'—er** *n* स्वेटर (पहनने का). **'—y** *adj* (-ier, -iest) पसीना-भरा; जिससे पसीने की बदबू आ रही हो.

sweep (स्वीप्) *v* (*pt & pp* swept) **1** झाड़ देना, बुहारना. **2** उड़ा ले जाना, बहा डालना : *houses swept away by the floods.* **3** फैला हुआ होना. *n* **1** झाड़-बुहार; सफ़ाई. **2** फैलाव, विस्तार. **3** चिमनी साफ़ करने वाला. **'—er** ('स्वीपर्) *n* सफ़ाई-कर्मचारी, मेहतर, भंगी. **'—ing** *adj* व्यापक : *—ing changes.* **'—stake(s)** *n* घुड़दौड़ का सट्टा.

sweet (स्वीट्) *adj* (-er, -est) **1** मीठा. **2** ताज़ा और शुद्ध : *— milk.* **3** रुचिकर और रोचक : *— scents (voices); a — temper; a — little boy.* *n* **1** मिठाई. **2** खीर, पुडिंग आदि. **'—en** ('स्वीट्न्) *v* — करना या होना.

'sweetheart ('स्वीट्हार्ट्) *n* प्रेमी, प्रेमिका; दुलारा बच्चा.

swell (स्वेल्) *v* (*pt & pp* 'swelled/'swollen) **1** फुलाना, फूलना; सूजना : *Wood often —s when it gets wet.* **2 — up (out),** उभारना. *n* **1** ध्वनि का क्रमशः बढ़ना. **2** समुद्र तल का क्रमशः घटना-बढ़ना. **'—ing** *n* सूजन (जैसे, चोट लगने पर या दर्द होने पर).

'swelter ('स्वेल्टर्) *v* उमस होना; सड़ी गरमी पड़ना.

swept → sweep.

swerve (स्वर्व्) *v* अचानक मोड़ लेना या मुड़ जाना. *n* ऐसी गति.

swift (स्विफ़्ट्) *adj* (-er, -est) **'—ly** *adv* तेज़, द्रुतगामी.

swim (स्विम्) *v* (*pt* swam, *pp* swum ; -mm-) **1** तैरना. **2** तैरना, उतराना : *eyes —ming with tears* (आँसुओं का छलक आना); *rice —ming in water.* **3** चक्कर काटना, घूमना; चक्कर आना. *n* तैरना : *go for a —.*

'swindle ('स्विन्ड्ल्) *v* ठगना, ऐंठ लेना. *n* ठगी, खरीद में धोखा. **'—r** *n* ठग, धोखेबाज़.

swine (स्वाइन्) *n* (पुराना प्रयोग) सूअर.

swing (स्विङ्) *v* (*pt & pp* swung) **1** झूलना, झूमना : *—ing his arms.* **2** गोलाई में मुड़ जाना, घूमना : *The car swung round the corner.* *n* **1** ऐसी गति; दोलन. **2 go with a —,** बिना किसी कष्ट के जाना. **in full —,** ज़ोरों पर, भरपूर चालू. **3** झूला हिंडोला, पेंग.

swirl (स्वर्ल्) *v* भँवर में पड़ना, चक्कर खाते हुए उड़ना. *n* भँवर, चक्कर.

switch (स्विच्) *n* **1** (बिजली का) स्विच. **2** टहनी. *v* **1** स्विच् खोलना (*on*) या बंद करना (*off*). **2** रेलगाड़ी का पटरी बदलना. **3** अचानक मुड़ जाना. **'—board** *n* स्विच-बोर्ड.

'swivel ('स्विव्ल्) *n* घुमाऊ लड़ी (एक प्रकार

का छल्ला जो दो भागों को ऐसा जोड़ता है कि कोई भी भाग बिना दूसरे को मोड़े घूम सकता है). *v* (-ll-) — पर घुमाना.

ˈ**swollen** → swell (विशेषत: *adj* के रूप में)

swoon (स्वून्) *v & n* मूर्च्छा (आना).

swoop (स्वूप्) *v & n* झपट्टा मारना.

swop → swap.

sword (सॉर्ड्) *n* तलवार.

swore, sworn → swear.

swum → swim.

swung → swing.

ˈ**syllable** (ˈसिलब्ल्) *n* (व्याकरण) अक्षर, जैसे A-rith-me-tic में चार अक्षर समूह हैं. **sylˈlabic** (सिˈलैबिक्) *adj* आक्षरिक.

ˈ**syllabus** (ˈसिलबस्) *n* पाठ्यक्रम; पाठ्य-विवरण.

ˈ**symbol** (ˈसिम्बल्) *n* प्रतीक, जैसे गणित के ×, ÷ आदि. **symˈbolic** (सिम्ˈबॉलिक्) *adj* प्रतीकात्मक. ˈ**symbolize** (ˈसिम्बलाइज़्) *v* प्रतीक रूप में प्रयुक्त करना.

symˈmetrical (सिˈमेट्रिक्ल्) *adj* सममित (किसी भी विभाजक रेखा के दोनों ओर बिलकुल एक-सा डिज़ाइन वाला) : *a — design.*

ˈ**sympathy** (ˈसिम्पथि) *n* समवेदना, सहानुभूति : *feel — for the sick man; in — with a proposal.* ˌ**sympaˈthetic** (सिम्पˈथेटिक्) *adj* हमदर्द, सहानुभूतिशील; सहानुभूतिपूर्ण; करुण. ˈ**sympathize** (ˈसिम्पथाइज़्) *v* — के साथ अनुभव करना.

ˈ**symphony** (ˈसिम्फ़नि) *n* सिम्फनी; स्वरसंगति, सुरीलापन.

ˈ**symptom** (ˈसिम्प्टम्) *n* **1** रोग लक्षण. **2** चिह्न, आसार.

ˈ**synagogue** (ˈसिनगॉग्) *n* यहूदियों का प्रार्थना भवन.

ˈ**synchronize** (ˈसिङ्क्रनाइज़्) *v* एक ही समय में घटित होने देना; समकालिक करना या होना. **synchronic** (सिङ्क्रॉनिक्) *adj* समकालिक, तुल्यकालिक.

ˈ**syndicate** (ˈसिन्डिकिट) *n* सिंडिकेट, व्यवसाय संघ.

ˈ**synod** (ˈसिनड्) *n* धर्मसभा.

ˈ**synonym** (ˈसिन्निम्) *n* पर्यायशब्द, समानार्थी शब्द. **syˈnonymous** (सिˈनॉनिमस्) *adj* समानार्थी.

syˈnopsis (सिˈनॉप्सिस्) *n* (*pl* syˈnopses) (पुस्तक, शोध-प्रबंध आदि की) रूपरेखा; सारांश.

ˈ**syntax** (ˈसिन्टैक्स्) *n* वाक्य रचना; वाक्य विज्ञान. **synˈtactical** (सिन्ˈटैक्टिक्ल्) *adj.*

synˈthetic (सिन्ˈथ़ेटिक्) *adj* कृत्रिम रीति से बना : — *rubber.*

ˈ**syphon** (ˈसाइफ़न्) *n* = siphon.

ˈ**syringe** (ˈसिरिन्ज्) *n* पिचकारी, सिरिंज; इंजेक्शन की सूई.

ˈ**syrup** (ˈसिरप्) *n* चाशनी, शीरा.

ˈ**system** (ˈसिस्टिम्) *n* **1** तन्त्र : *the nervous —.* **2** व्यवस्था, योजना : *a — of government* (पद्धति). ˌ**systeˈmatic** (सिस्टिˈमैटिक्) *adj* सुव्यवस्थित, आयोजित; क्रमबद्ध. ˌ**systeˈmatically** (सिस्टिˈमैटिकलि) *adv.*

T

tab (टैब्) *n* कपड़ों में लगा छोटा लेबिल जिस पर पद या ट्रेड मार्क आदि छपा होता है, टैब.

ˈ**table** (ˈटेब्ल्) *n* **1** मेज़. **2** मेज़ पर बैठे व्यक्ति. **3** तालिका, सारणी (तथ्यों आदि की सूची). *multiplication —s; a railway time-table.* **—cloth** मेज़पोश. **—land** *n* पठार. **—spoon** *n* बड़ी चम्मच.

ˈ**tablet** (ˈटैब्लिट्) *n* **1** पटिया, पट्टी. **2** (साबुन की) टिकिया; दवा की गोली.

taˈboo (टˈबू) *n* वर्जित वस्तु या कार्य. *adj* निषिद्ध.

ˈ**tabular** (ˈटैब्युलर्) *adj* सारणी या तालिका द्वारा सूचित. ˈ**tabulate** (ˈटैब्युलेट्) *v* सारणी या तालिका में क्रमबद्ध करना.

ˈ**tacit** (टैसिट्) *adj* मौन; अनकहा; ध्वनित, उपलक्षित : — *consent* (मौन स्वीकृति).

ˈ**taciturn** (ˈटैसिटर्न्) *adj* चुप्पा, अल्पभाषी.

tack (टैक्) *n* **1** टैक, चिपटी कील, बिरिंजी. **2** कच्चा टाँका, तोपा (सिलाई में). **3 on the right (wrong)** — , ठीक (गलत) रास्ते पर. *v* **1** बिरिंजी से जड़ना. **2** कच्चा टाँकना, तुरुपना. **3** (जहाज़ का) टेढ़े-मेढ़े चलना.

ˈ**tackle** (ˈटैक्ल्) *n* **1** भारी वस्तु उठाने की युक्ति (रस्से और घिरनी), टैकल. **2** साज-सामान, उपकरण : *fishing* —. *v* **1** समस्या का समाधान ढूंढना. **2** कस कर पकड़ना (जैसे चोर को, या कबड्डी में खिलाड़ी को).

tact (टैक्ट्) *n* व्यवहार-कौशल (कठिन परिस्थितियों में प्रतिकूल व्यक्तियों का सहयोग प्राप्त कर कार्य सफलतापूर्वक करने का कौशल). ˈ**—fully** *adv.* ˈ**—less** *adj.*

ˈ**tactics** (ˈटैक्टिक्स्) *n pl* (प्राय: एकवचन क्रिया के साथ) रणकौशल; चाल, युक्ति.

ˈ**tadpole** (ˈटैड्पोल्) *n* मेंढ़क का बच्चा, बेंगची.

tag (टैग्) *n* **1** टैग (जूते के फीते आदि के अन्त का नुकीला धातुवाला अंश). **2** (मूल्य, पता आदि बताने वाला) लेबिल. *v* (-gg-) **1** लिखे हुए अंश को किसी में जोड़ना. **2** टैग लगाना.

tail (टेल्) *n* **1** पूंछ, दुम. **2** पूंछ नुमा; पूंछ की स्थिति में (अन्तस्थिति) : *the — of a comet (an aircraft)*. **3** सिक्के का वह भाग जिधर मानव या अन्य आकृति नहीं होती है. *v* **— off,** आकार, संख्या, गुण आदि में कम हो जाना.

ˈ**tailor** (ˈटेलर्) *n* टेलर, दरजी.

taint (टेन्ट्) *n* रोग या दुर्गुण का अवशेष. *v* छूत लगना; दूषित होना : *—ed meat.*

take (टेक्) *v* (*pt* took, *pp* ˈtaken) **1** लेना, ग्रहण करना, पकड़ना. **2** अचानक या पीछा कर किसी व्यक्ति को पकड़ लेना : — *500 prisoners;* जीतना : — *the first prize in a competition;* बीमार पड़ना; या होना : *be —n ill.* **(not much) —n with,** (अत्यधिक) आकर्षित (न) होना. **3** ले जाना, साथ लेकर जाना : — *the box upstairs; — a friend home.* **4** लेना; उपभोग करना : — *a bath (a holiday) some medicine, a deep breath); — an interest in sth; — (hire) a taxi; — (rent) a house.* **5** स्वीकार करना; ग्राहक बनना: *I will — Rs 5 for it. What newspaper do you — ?* **6** लेखा-जोखा रखना : — *notes of a lecture; — photographs.* **7** आवश्यकता : *The journey will — two days. It —s two to make a quarrel.* **8** मान लेना, समझना : *I — him to be an honest man.* **9** (*adv* और *prep* के साथ) **— after (sb),** देखने में मिलना, सदृश होना. **— sb down,** किसी का घमंड तोड़ना. **— (sb) in,** अतिथि रूप में लेना; चालाकी से लाभ उठाना. **— (sth) in,** समझना; एक झलक देखना; नियमित रूप से (समाचारपत्रादि) पाना; कपड़े की चौड़ाई, लम्बाई आदि को घटाना. **— (sb, या sth) for,** समझना (विशेषतया गलत समझना). **— off,** नकल उतार कर मज़ाक बनाना; हवाई जहाज़ का उड़ान आरंभ करना. **— on,** कार्य-भार संभालना; कर्मचारियों को काम में लगाना. **— out,** लाइसेंस, बीमा-पालिसी आदि लेना. **— (sth) over,** प्रबन्ध या नियंत्रण में ले लेना; कार्यों का परिवर्तन स्वीकार करना. **— to,** आदत बना लेना : — *to drink;* बचाव का उपाय बनाना : *a crew taking to the boats.* — *to one's heels* (भाग जाना). पसंद करना : — *to a new neighbour.* **— up,** सोख लेना; घुल जाना; समय बिताना; ध्यान आकृष्ट करना; जिम्मेवारी लेना; काम में लग जाना. **10** (टीका, वैक्सीन आदि का) प्रभावशाली होना; सक्रिय होना. **taking** *adj* मनोहर. ˈ**takings** (ˈटेकङ्ज़्) *n pl* आय, प्राप्ति (व्यापार में).

tale (टेल्) *n* **1** कहानी, किस्सा: *fairy —s.* **2** विवरण या वर्णन. **tell —s,** चुग़ली खाना.

ˈ**talent** (ˈटैलन्ट्) *n* **1** प्रतिभा; प्रकृतिदत्त योग्यता : *have a — for painting.* **2 local —,** स्थानीय प्रतिभाशाली व्यक्ति. **—ed** *adj* प्रतिभासंपन्न; प्रवीण.

ˈ**talisman** (ˈटैलिज़्मन्) *n* ताबीज़, (मन्त्र-तन्त्र का) कवच.

talk (टॉक्) *v* बात-चीत करना; विचार-विमर्श

करना; बोलना : *Can your parrot —?* **— (sth) over,** विचार-विमर्श करना. **— sb round,** बातचीत कर क़ायल कर देना और अपनी ओर कर लेना. *n* बातचीत; अनौपचारिक भाषण जैसे, रेडियो-वार्ता. **small-talk** गपशप. **'—ative** (ˈटॉक्टिव्) *adj* बातूनी; बक्की.

tall (टॉल्) *adj* (-er,-est) **1** लम्बा (आदमी). **2 a — story,** अविश्वसनीय बात. **a — order,** बेतुकी या अनुचित माँग.

ˈtallow (ˈटैलो) *n* चरबी (विशेषतः पशुओं की) जिससे मोमबत्ती आदि बनती हैं.

ˈtally (ˈटैलि) *v* (कहानियों या हिसाब का) मेल खाना; अनुरूप होना. *n* हिसाब, लेखा.

ˈtalon (ˈटैलन्) *n* चंगुल, पंजा.

tame (टेम्) *adv* (-r, -st) **1** पालतू (पशु), घरेलू (न कि जंगली). **2** नीरस, फीका *v* — बनना.

ˈtamper (ˈटैम्पर्) *v* हस्तक्षेप करना या दस्तंदाजी करना (*with*).

tan (टैन्) *n & adj* भूरा, पिंगल. *v* (-nn-) **1** पशुओं की खाल को काम लाने योग्य चमड़ा बनाना. **2** सूर्य में अधिक रहने से ताँबे जैसा रंग हो जाना या बनाना. **tanner** (ˈटैनर्) *n* चर्मशोधक.

tang (टैङ्) *n* तीखा स्वाद, तेज गंध.

ˈtangible (ˈटैन्जब्ल्) **1** स्पर्शनीय. **2** स्पष्ट और निश्चित : *— proof.*

ˈtangle (ˈटैंग्ल्) *n* गुत्थी, उलझन. *v* उलझाना, जटिल बनाना.

tank (टैंक्) *n* **1** बड़ी टंकी, हौज़. **2** द्रव या गैस रखने का बड़ा पात्र. **3** टैंक (सेना का). **'—er** *n* **1** टैंकर जहाज़ (तेल-पोत). **2** टैंकर लारी (तेलवाहक मोटर).

a tank **a tap**

ˈtantalize (ˈटैन्टलाइज़्) *v* तरसाना, ललचाना.

ˈtantamount (ˈटैन्ट्माउन्ट्) *adj* (केवल **—to** में) बराबर, तुल्य.

tap[1] (टैप्) *n* (नल की) टोंटी. *v* (-pp-) **1** टोंटी में से द्रव निकलने देना; पेड़ की छाल में चीरा लगाना (ताकि उससे गोंद या अन्य रस निकले). **2** (fig) (धन, सूचना आदि) पाने का प्रयत्न करना.

tap[2] (टैप्) *n* थपकी. *v* (-pp-) थपकी देना, धीमे-धीमे खटखटाना : *tap sb on the shoulder; tap at (on) the door.*

tape (टेप्) *n* **1** फ़ीता (पार्सल आदि बाँधने के लिए). **ˈtape-measure** इंची टेप (कपड़ा नापने का). **2** (टेपरिकार्डर का) टेप. **3** (कम्प्यूटर का) टेप. **ˈtape-ˈrecorder** *n* टेपरिकार्डर.

ˈtaper (ˈटेपर्) *v* क्रमशः सिरे की ओर छोटा होते जाना.

ˈtapestry (ˈटैपिस्ट्रि) *n* परदों का विशेष कपड़ा.

tar (टार्) *n* तारकोल. **ˈtarmac** (ˈटार्मैक्) *n* पक्की सड़क; तारकोल और रोड़ी पड़ी सड़क.

ˈtardy (ˈटार्डि) *adv* (-ier,-iest) धीमा, मन्दगति; सुस्त. **ˈtardily** *adv.*

ˈtarget (ˈटार्गिट्) *n* लक्ष्य; निशाना.

ˈtariff (ˈटैरिफ़्) *n* **1** होटल में भोजन-आवासादि की दर-सूची. **2** आयातित सामान पर लगने वाले शुल्कों की सूची; शुल्क दर.

ˈtarmac (ˈटार्मैक्) → tar.

ˈtarnish (ˈटार्निश्) *v* धातु वाली सतह का बदरंग हो जाना या धब्बा पड़ जाना.

tarˈpaulin (टार्ˈपॉलिन्) *n* तिरपाल (मोटा वाटरप्रूफ कपड़ा).

ˈtarry (ˈटैरि) *v* (साहित्यिक प्रयोग) प्रतीक्षा करना (*for*); सुस्त या सदा देर करने वाला होना.

tart[1] (टार्ट्) *adj* अम्ल; तीक्ष्ण खटास. **'—ly** *adv.*

tart[2] (टार्ट्) *n* एक प्रकार की पेस्ट्री.

task (टास्क्) *n* नियत कार्य; कठिन कार्य. **take sb to —,** डाँटना. **'—ˌmaster** *n* कठोर अधिकारी.

tassel (ˈटैसल्) *n* फुँदना, झब्बा (तागों का).

taste (टेस्ट्) *n* **1** स्वाद, जायका : *sweet to the —.* **2** स्वाद, जायका : *Sugar has a sweet —.* **3** अल्पमात्रा में भोजन या पेय का

चखना. 4 पसंद होना (*for*): *It's not to my* —. 5 सौन्दर्य उपभोग की शक्ति; सुरुचि. **in good (bad)—,** सुरुचिपूर्ण (भद्दा, कुरुचि-पूर्ण). *v* 1 स्वाद लेना. 2 स्वादिष्ट होना: *It —s good* (*sour, of onions*). 3 स्वाद चखना. 4 अनुभव करना : — *the joys of freedom.* **'—ful** *adj* सुरुचिसंपन्न. **'—fully** *adv.* **'—less** *adj* 1 स्वादहीन. 2 फीका. **'tasty** ('टेस्टि) *adj* (-ier, -iest) रुचिकर, स्वादिष्ट.

'tatter ('टैटर्) *n* (प्रायः *pl*) फटा-पुराना कपड़ा, लत्ता, चिथड़ा. **—ed** *adj* फटा-पुराना.

tat'too (टॅ'टू) *v* शरीर पर चित्र आदि गोदना.

taught (टॉट) → teach.

taunt (टॉन्ट्) *v & n* ताने मारना. **'—ingly** *adv.*

taut (टॉट) *adj* कसी हुई (रस्सी).

'tawdry ('टॉड्रि) *adj* भड़कीला किन्तु कुरुचिपूर्ण.

tax (टैक्स) *n* 1 टैक्स, कर. 2 **a tax on** (*one's strength, patience*) भार, बोझा. *v* 1 टैक्स लगाना. 2 बोझा बनना. 3 **tax sb with (sth),** दोष या आरोप लगाना. **'taxable** ('टैक्सब्ल्) *adv* कर-योग्य. **tax'ation** (टैक्'सेशन्) *n* टैक्स लगाने की पद्धति; दिये जाने वाले टैक्स.

'taxi ('टैक्सि) *n* (*pl* taxies) (विरलतया *taxi-cab*) किराये की मोटर, टैक्सी. *v* 1 टैक्सी में जाना. 2 (हवाई-जहाज़ का) पृथिवी पर पहियों के बल चलना.

'tea (टी) *n* **1** चाय (की पत्ती). **2** (तीसरे पहर की) चाय. **'tea-cloth** *n* प्याला-प्लेट पोंछने का कपड़ा.

teach (टीच्) *v* (*pt & pp* taught) पढ़ाना; जानकारी देना; सिखाना. **'—er** ('टीचर्) *n.* **'—ing** ('टीचिङ्) *n* (विशेषतः) शिक्षा (जो पढ़ाया गया है).

teak (टीक्) *n* सागौन (टीक) की लकड़ी.

team (टीम्) *n* दल; टोली.

tear[1] (टेअर्) *v* (*pt* tore, *pp* torn) **1** फाड़ना, चीरना : — *a piece of paper to pieces;* — *a dress on a nail.* **— sth up,** छोटे-छोटे टुकड़े कर डालना. **2** उखाड़ना, नोचना. **3** फट जाना : *Paper —s easily.* **4** उतावली में या बड़े वेग से जाना : *children —ing out of school.* *n* चीर, खोंच.

tear[2] (टिअर्) *n* आँसू. **in —s,** चिल्लाना, रोना. **'—ful** *adj* आँसू भरा; दुःखद.

tease (टीज़्) *v* छेड़ना, चिढ़ाना. **teasingly** *adv.*

'technical ('टेक्निकल्) *adj* तकनीकी, तकनीक से सम्बद्ध. — *terms;* — *skill.* **tech'nician** *n* अपनी विशेष विधि में विशेषज्ञ. तकनीकज्ञ. **tech'nique** (टेक्'नीक्) *n* तकनीक, प्रविधि, विशेष कौशल से संपन्न करने की विधि (विशेषतः यांत्रिकी क्षेत्र में).

'tedious ('टीड्यस्) *adj* थकाऊ और जी-उबाऊ.

teem (टीम्) *v* **— with,** बड़ी संख्या में होना या रखना : *rivers —ing with fish.*

'teenager ('टीन्एजर्) *n* 13 से 19 वर्ष के लड़के-लड़की.

teens (टीन्ज़्) *n pl* **in their teens,** 13 से 19 वर्ष के लड़के-लड़की; किशोरावस्था.

teeth (टीथ्) → tooth.

teethe (टीद्) *v* (बच्चे के) दाँत निकलना.

'tele- (पूर्वपद) (दूर-) **'telegram** ('टेलिग्रैम्) *n* टेलीग्राम, तार. **'telegraph** *n* टेलीग्राफ़, तार भेजने का उपकरण. *v* तार भेजना. **,tele'graphic** (टेलि'ग्रैफ़िक्) *adj.* **'telephone** ('टेलिफ़ोन्) *n* टेलीफ़ोन. *v* — करना, — से बातें करना. **'telescope** ('टेलिस्कोप्) *n* दूरबीन, टेलीस्कोप. **'television** ('टेलिविज़न्) *n* (colloq TV) टेलीविज़न.

tell (टेल्) *v* (*pt & pp* told) **1** कहना, बताना, सुनाना. **2** (विशेषतया *can, be able to* के साथ) : *Can you — Mary from her twin sister?* (पहचान सकना). **3 There is no —ing** (*what will happen*), यह कहना असंभव है. **4** प्रत्यक्ष, स्पष्ट प्रभाव दिखायी पड़ना (*upon*). *It is —ing upon my health.* **5** (पुराना प्रयोग) गिनना : — *one's beads* (माला जपना). **all told,** सब मिलाकर. **— off,** एक-एक कर कार्य के लिए आदेश देना; (colloq) डाँटना. **'—ing** *adj* प्रभावकारी.

'tell-tale *n & adj* चुग़लख़ोर; भेद बताने वाला (व्यक्ति).

'temper ('टेम्पर्) *n* **1** धातु (विशेषतः स्टील की) कठोरता, लोच आदि की मात्रा. **2** मनोदशा, मिज़ाज, तबीअत. **in a good —**, शान्त और प्रसन्न. **keep one's —**, अपने क्रोध को नियंत्रण में रखना. **out of —** (*with*), क्रुद्ध. *v* **1** स्टील को अपेक्षित कड़ापन आदि देना. **2** मन्द या कम करना.

'temperament ('टेम्प्रमन्ट्) *n* स्वभाव : *a girl with a nervous —*.

'temperance ('टेम्प्रन्स्) *n* संयम, मिताहार, मिताचार. **'temperate** *adj* **1** संयमी, मिताहारी. **2** (भूगोल) न तो बहुत गरम और न बहुत ठंडा (प्रदेश).

'temperature ('टेम्प्रिचर्) *n* टेम्परेचर, ताप, तापमान. **have a —**, ज्वर आना.

'tempest ('टेम्पिस्ट्) *n* तूफान.

'temple[1] ('टेम्प्ल्) *n* मन्दिर.

'temple[2] ('टेम्प्ल) *n* कनपटी.

'temporal ('टेम्प्रल्) *adj* **1** समय-संबंधी. **2** ऐहलौकिक, लौकिक, सांसारिक.

'temporary *adj* अस्थायी.

'temporize ('टेम्प्राइज़्) *v* टाल-मटोल करना (जिससे कुछ अवसर मिल जाए); निर्णय या कार्यान्वयन में देरी करना.

tempt (टेम्प्ट) *v* **1** प्रलोभन देना, बहकाना (कुकर्म की ओर). **2** (अच्छे कार्य की ओर) प्रवृत्त या प्रेरित करना. **temp'tation** (टेम्प्'टेशन्) *n* प्रलोभन; प्रलोभन देने वाली वस्तु.

ten (टेन्) *n & adj* दस. **—th** *n & adj* दसवाँ (अंश).

te'nacious (टि'नेशस्) *adj* **1** दृढ़ निश्चयी; हठी, अड़ियल; **2** कस कर पकड़ने वाला, चिपचिपा. **te'nacity** *n* (टि'नैसिटि).

'tenant ('टेनन्ट्) *n* किरायेदार (मकान, कमरे आदि का); काश्तकार, असामी (भूमि आदि का).

tend[1] (टेन्ड्) *v* रखवाली करना; सेवा-शुश्रूषा करना, परिचर्या करना.

tend[2] (टेन्ड्) *v* **1** प्रवृत होना, झुकाव होना. **2** की ओर अग्रसर होना. **'—ency** ('टेन्डन्सि) *n* झुकाव; प्रवृत्ति; रुझान : *Your work shows a tendency to improve* (सुधार की ओर संकेत करता है).

'tender[1] ('टेन्डर्) *v* **1** (सेवाएँ) समर्पित करना, (त्यागपत्र) देना. **2** (सामान सप्लाई करने का) ठेका लेना. *n* **1** टेंडर, निविदा, (सामान सप्लाई करने के मूल्य की सूची). **2** **legal —**, धन का वह रूप जो क़ानूनन प्रचलित है.

'tender[3] ('टेन्डर्) *adj* (-er, -est) **1** सुकुमार, नाज़ुक. **2** मुलायम, नरम. **3** सौम्य, स्नेहशील, सदय. **—ly** *adv*. **—ness** *n*.

'tendon ('टेन्डन्) *n* मांस-पेशी को हड्डी से जोड़ने वाली कड़ी नस, कंडरा.

'tendril ('टेन्ड्रिल्) *n* लताओं के पतले तागे या सूत से अंश जो अपने आधार को पकड़ते हैं.

'tenement ('टेनिमन्ट्) *n* बड़ा अहाता या चाल जिसमें अनेक परिवार रहते हैं.

'tennis ('टेनिस्) *n* टेनिस (खेल विशेष).

'tenor ('टेनर्) *n* सामान्य पुरुष का उच्चतम स्वर.

tense[1] (टेन्स्) *n* (व्याकरण) क्रिया का काल.

tense[2] (टेन्स्) *adj* (-r, -st) **1** तनावपूर्ण. **2** क्षुब्ध, बेचैन : *faces — with anxiety*. **'—ly** *adv*. **'—ness** *n*.

'tension ('टेन्शन्) *n* **1** तनाव (भौतिक). **2** (मानसिक) तनाव, तनातनी, उत्तेजना.

tent (टेन्ट्) *n* तम्बू, खेमा, शिविर.

'tentacle ('टेन्टक्ल्) *n* स्पर्शक (कुछ प्राणियों के लंबे पतले बिना हड्डी के अवयव) → p 280.

'tentative ('टेन्टटिव्) *adj* आज़माइशी, प्रयोगात्मक; आरंभिक, कामचलाऊ : *— suggestions*.

'tenterhooks ('टेन्टर्हुक्स्) *n pl* (केवल **on —**, में) ख़बर या निर्णय जानने के लिए उत्सुकतापूर्ण प्रतीक्षा; बेचैनी.

tenth → ten.

'tenure ('टेन्युअर) *n* भूमि को प्रयोग में लाने की अवधि; कार्यकाल की अवधि.

'tepid ('टेपिड्) *adj* कुनकुना (पानी).

term (टर्म्) *n* **1** (स्कूल, कालजों का) सत्र. **2** (*pl*) निश्चित शर्तें; **come to (make) —s**

with (sb); समझौता करना. 3 be on good —s with (sb), मैत्री संबंध होना. 4 शब्द, पद : *scientific —s.* 5 (*pl*) शब्द : *in —s of high praise.* *v* नाम रखना; कहना.

'terminal ('टर्मिन्ल्) *adj* 1 सत्र संबंधी. 2 अंतिम, आखिरी. *n* टर्मिनल, (रेल का) अंतिम स्टेशन; बिजली के तार के सिरे.

'terminate ('टर्मिनेट्) *v* समाप्त होना; समाप्त करना. **— in,** में अन्त होना. **,termi'nation** *n* समाप्ति.

'terminus ('टर्मिनस्) *n* रेल या बस के अंतिम स्टेशन.

'termite ('टर्माइट्) *n* दीमक.

'terrace ('टेरिस्) *n* 1 ढाल पर की चौरस भूमि. 2 ढाल पर बने मकानों की श्रृंखला. **—d** *adj* — से युक्त; — में बँटा हुआ : *a —d garden.*

'terrible ('टेरिब्ल्) *adj* भयानक, डरावना. **'terribly** ('टेरिब्लि) *adv* (colloq) अत्यधिक.

ter'rific (ट'रिफ़िक्) *adj* डरावना; (colloq) अत्यधिक, खूब मज़ेदार. **'terrify** ('टेरिफ़ाइ) *v* डर से भर देना.

'territory ('टेरिटरि) *n* क्षेत्र; राज्यक्षेत्र. **,terri'torial** (टेरि'टॉरिअल्) *adj* 1 विषयक. **territorial waters,** देश का तटवर्ती समुद्र. 2 **Territorial Army,** अंशकालीन सैनिकों की सेना.

'terror ('टेरर्) *n* आतंक फैलाने वाला (व्यक्ति या वस्तु). **—ism** *n* आतंकवाद (विशेषतः राजनैतिक उद्देश्यों के लिए आतंक का प्रयोग). **—ist** *n* आतंकवादी, क्रान्तिकारी.

terse (टर्स्) *adj* संक्षेप और रूखा (उत्तर).

test (टेस्ट्) *n* परीक्षण, परख. **— pilot,** परीक्षण-उड़ान भरने वाला चालक. **'test-tube** *n* टेस्ट-ट्यूब, परख-नली. *v* 1 परीक्षण करना, परख करना; शोधन करना, जाँचना : *— ore for gold.* 2 परीक्षण होना.

'testament ('टेस्ट्मन्ट्) *n* 1 वसीयत (नामा). 2 **Old T—, New T—,** बाइबिल के दो मुख्य विभाग.

'testify ('टेस्टिफ़ाइ) *v* 1 गवाही देना (*against, on behalf of, that*). 2 प्रमाणित करना, सिद्ध करना. 3 **— to,** साक्ष्य होना.

,testimonial (टेस्टि'मोन्यल्) *n* 1 किसी व्यक्ति की योग्यताओं को प्रमाणित करने वाला लिखित कथन, संस्तुति-पत्र. 2 प्रमाण पत्र.

'testimony ('टेस्टिमनि) *n* 1 लिखित साक्ष्य. 2 धार्मिक विश्वास की सार्वजनिक घोषणा.

'tetanus ('टेट्नस्) *n* टेटेनस (एक प्रकार का घातक रोग जिसमें कुछ या सभी मांसपेशियाँ अकड़ जाती हैं).

'tether ('टेद़र्) *n* पशुओं का चराते समय बाँधा गया पगहा. **at the end of one's —,** आत्म-नियंत्रण या साधनों की समाप्ति के पास. *v* — से बाँधना.

text (टेक्स्ट्) *n* 1 मूल-पाठ. 2 उद्धरण, अवतरण. **'—book** *n* पाठ्यपुस्तक.

textile ('टेक्सटाइल्) *adj* कपड़ा-विषयक. *n* बुना हुआ; वस्त्र.

'texture ('टेक्स्चर्) *n* 1 (कपड़े की) बुनावट : *of fine* (*close, knitted*) *—.* 2 देखने या छूने पर पदार्थ की बनावट : *skin of coarse —.*

than (द़न्) *conj* 1 (तुलना के प्रयोग में) : *John is taller — Jane.* 2 **no (one) other —,** और कोई नहीं, वही. **nothing else —,** केवल, पूर्णतया : *It was nothing else — bad luck that lost them the game.*

thank (थैंक्) *v* धन्यवाद देना. *n* **—s** *n* धन्यवाद. **—s to,** के कारण, के फलस्वरूप. **'—ful** *adj* **'—fully** *adv.* **'—less** *adj* (विशेषतः कार्य) व्यर्थ का, अप्रिय : *a —less task.* **—s-giving** *n* धन्यवाद-ज्ञापन (विशेषतः भगवान को).

that (द़ैट्) *adj & pron* (*pl* those) (*this, these* के वैषम्य में): *Look at — man over there* (उस). *T— man 's taller than this* (वह). *adv* (colloq) *I could not walk — far* (उतनी दूर तक). *pron* (*pl* वही रूप) *I have seen the letters — came yesterday.* *conj* 1 **so —**: *Come here so — I can see you.* 2 *I will see — he does it.* 3 *She's so rude that nobody* *likes her.* **4 on condition —,** इस शर्त पर,: *I'll go on condition — you'll be there.*

thatch (थैच्) *n* छप्पर, फूस की छत. *v* — डालना.

thaw (थॉ) *v* **1 It is —ing,** मौसम ऐसा हो गया है कि बर्फ़ पिघलने लगी है. **2** बर्फ़ या अन्य जमे द्रव का पिघलना या गलना. **3** (व्यक्तिओं के बीच) मैत्रीपूर्ण संबंध बनने लगना. *n* बर्फ़ पिघलानें वाला मौसम.

the (द/दि) *definite article* (जबकि a, an दोनों indefinite articles हैं): विशेष (व्यक्ति या प्राणी या वस्तु). *adv* उस मात्रा तक: *The more he has, the more he wants.*

'theatre ('थिअटर्) *n* **1** थिएटर, रंगशाला. **2 the** — ड्रामा. **theatrical** (थि'ऐट्रिक्ल) *adj* **1** रंगशाला विषयक. **2** अतिनाटकीय, अत्यधिक भावुकतापूर्ण, कृत्रिम, दिखावटी (आचरण).

theft (थ़ेफ़्ट्) *n* चोरी.

their(s) (देअर्) *adj & pron* उनका: *That is — book. That book is —s.*

them (देम्/दम्) *pron* 'they' का कर्मकारक रूप. *You can see —.* → they. **'—selves** *pron: They hurt —selves when they fell over.*

theme (थीम्) *n* **1** विषय (वस्तु); प्रसंग. **2** (संगीत में) टेक की धुन.

then (देन्) *adv & adj* **1** तब, उस समय (भूत और भविष्य). **2** अगला; उसके बाद; बाद में. **3** उस स्थिति में: *You say you are ill; why not see a doctor — ?* **4** भी: *Then there's my mother, she ought to be invited.*

thence (देन्स्) *adv* वहाँ से. **'—forth, '— forward** *adv* उस समय के बाद से.

the'ology (थि'ऑलजि) *n* ईश्वर की प्रकृति और धार्मिक विश्वास के आधारों का अध्ययन; धर्मविज्ञान.

theory ('थिअरि) *n* **1** सिद्धान्त (व्यवहार या प्रयोग के वैषम्य में). **2** वाद, मत. **the'ore-tical** (थिअ'रेटिक्ल्) *adj* सैद्धान्तिक (न कि व्यावहारिक); सिद्धान्तजन्य (न कि प्रयोग अथवा अनुभव से उत्पन्न).

there (देअर्) *adv* (here के वैषम्य में) **1** में, पर, स्थान में, स्थान पर. **2** ध्यान-आकर्षण के लिए प्रयुक्त: *Look out, —!* **3** (*appear, seem* आदि के साथ): *T— seems to be no escape. int* गर्व या कातरता सूचक. **'—abouts** ('देअर्अबाउट्स्) *adv* लगभग. **'—fore** ('देअरफ़ॉर्) *adv* इसलिए. **'—upon** *adv* तब. **—'by** *adv* उस रीति से.

therm (थर्म्) *n* थर्म, उष्मा की इकाई (भौतिक शास्त्र). **ther'mometer** (थर्'मॉमिटर्) *n* थर्मामीटर.

these (दीज़्) *adj & pron* (those के वैषम्य में); *Look at — men over here. T-- are the tallest.*

'thesis ('थीसिस्) *n* (*pl* theses) (विश्व-विद्यालय की उपाधि के लिए प्रस्तुत) शोध-प्रबन्ध.

they (दे) *pron* वे: *T— can see you.* → them.

thick (थिक्) *adj* (-er, -est) **1** (thin के विपरीत अर्थ में) मोटा: *a plank three inches --* (तीन इंच मोटा तख़्ता); *a -- rod of steel* (मोटी छड़). **2** घना: *a — forest.* **3** गाढ़ा: *— soup; air — with dust.* **4** (colloq) मन्दबुद्धि. *n* घना भाग; जहाँ सबसे अधिक सक्रियता हो: *in the — of the fight.* **'—en** ('थिक्न्) *v* — करना. **'—ly** *adv* **'—ness** *n*.

'thicket ('थिकिट्) *n* झुरमुट, झाड़ी.

thief (थीफ़्) *n* (*pl* thieves) चोर. **thieve** *v* चुराना.

thigh (थाइ) *n* जांघ. → p 36.

'thimble ('थिम्ब्ल्) *n* अंगुश्ताना (दरजी द्वारा प्रयुक्त).

thin (थिन्) *adv* (-ner, -nest) **1** (thick के विपरीत अर्थ में) पतला, बारीक, महीन. **2** छरहरा, दुबला-पतला: *— in the face.* **3** पतला (द्रव). *v* (-nn-) — करना. **'—ly** *adv.* **'—ness** *n*.

thing (थिङ्) *n* **1** वस्तु. **2** (*pl*) सामान्य स्थिति: *T—s are getting better.* **3** (*pl* colloq) सामान.

think (थ़िङ्क्) *v* (*pt* & *pp* thought) **1** सोचना, विचार करना. **2** — **highly (well, nothing, etc) of** (*sb/sth*), किसी की बहुत अच्छी (अच्छी, बेकार की) धारणा रखना, किसी को ऐसा समझना. — **better of** (*doing sth*), पुनर्विचार के बाद विचार त्याग देना. — **sth over,** करने के पहले पुन: विचार करना.

third (थ़र्ड्) *adj* & *n* तीसरा, तीसरे स्थान पर; तीन बराबर भागों में एक तिहाई **—ly** *adv*. **'third-'rate** *adj* घटिया किस्म का.

thirst (थ़र्स्ट्) *n* **1** प्यास; प्यास से व्याकुल. **2** (fig) (कुछ जानने की) बड़ी इच्छा, जिज्ञासा. *v* प्यासा होना. **'—y** *adj* (-ier, -iest) प्यासा, प्यास उत्पन्न करने वाला. **'—ily** *adv*.

'thir'teen ('थ़र्'टीन्) *adj* & *n* तेरह. **'thirty** (*adj* & *n*) तीस. **'thirtieth** ('थ़र्टिइथ़्) *adj* & *n* तीसवां, तीसवाँ अंश.

this (दिस्) *adj* & *pron* (*pl* these) (that के वैषम्य में) इस, यह : *Look at — man over there. This man is the tallest.*

thistle ('थ़िस्ल्) *n* भट-कटैया का पौधा. **'—down** *n* उसके बीज.

thong (थ़ॉङ्) *n* पट्टा, तसमा (चमड़े का).

'thorax ('थ़ॉरैक्स) *n* **1** छाती, सीना. **2** कीड़े के शरीर का बीच का भाग.

thorn (थ़ॉर्न्) *n* **1** काँटा. **2** काँटेदार झाड़ी. **'—y** *adj* (-ier, -est) काँटेदार.

'thorough ('थ़रा) *adj* सभी प्रकार से पूर्ण; पक्का; विस्तार के साथ. **—ly** *adv*. **—ness** *n*. **—bred** *n* & *adj* असली नसल का (घोड़ा आदि). **—fare** *n* आम रास्ता.

those (दोज़्) *adj* & *pron* (these के वैषम्य में): उन, वे : *Look at — men over there. T— men are the tallest.*

though (दो) *conj* **1** यद्यपि. **2** भले ही.

thought (थ़ॉट्) *n* **1** चिन्तन (सोचने की शक्ति, प्रक्रिया या रीति) : *lost in* — (विचारलीन). **take — for,** सोचना. **2** विचार, राय, मत. **'—ful** *adj* **1** —पूर्ण, —सूचक. **2** औरों का ध्यान रखने वाला. **'—fully** *adv*. **'—less** *adj* **1** स्वार्थी. **2** लापरवाह; बेलिहाज़. **'—lessly** *adv* **'—lessness** *n*.

'thousand ('थ़ाउज़न्ड्) *n* & *adj* हज़ार, सहस्र. **—th** *n* हज़ारवाँ, हज़ारवाँ अंश.

thrash (थ़्रैश्) *v* **1** छड़ी या कोड़े से पीटना. **2** पराजित करना. **3** — **out** (*a problem*), गहराई से विचार विमर्श द्वारा (समस्या का) समाधान करना. **4** खलिहान में पीट-पीट कर दाना बाहर निकालना, दाँवना. **—ing** *n* पिटाई.

thread (थ़्रेड्) *n* **1** तागा, सूत. **2** (विचारों का) सिलसिला, ताँता. *v* **1** सूई में तागा डालना; माला पिरोना या गूँथना. **2** बारबार भीड़ में से बाहर जाना और भीतर आना. **3** पेंच (स्क्रू) की चूड़ी. **'—bare** (थ़्रेड्बेअर्) *adj* फटा-पुराना घिसा-पिटा कपड़ा.

threat (थ़्रेट्) *n* **1** धमकी. **2** आशंका, खटका. **—en** *v* **1** धमकी प्रयुक्त करना : *—en sb with sth; — to do sth*. **2** चेतावनी देना : *clouds that —en rain*. **3** अशुभ की संभावना होना : *if danger —ens*. **—eningly** (थ़्रेट्निङ्लि) *adv*.

three (थ़्री) *n* & *adj* तीन.

thresh (थ़्रेश्) *v* धान या खलिहान के अनाज को कूट कर दाना निकालना, दाँवना.

'threshold ('थ़्रेशोल्ड्) *n* (द्वार की) देहली; (fig) प्रवेशमार्ग; आरंभ.

threw (थ़्रू) → throw.

thrice (थ़्राइस्) *adv* तीन बार.

thrift (थ़्रिफ़्ट्) *n* किफ़ायत, कमखर्ची. **'—y** *adj* (-ier, -iest).

thrill (थ़्रिल्) *n* रोमांच, पुलक, कँपकँपी, धड़कन : *—s of pleasure* (*horror*). *v* **1** — का अनुभव करना. **2** — उत्पन्न करना. **'—er** *n* — उत्पन्न करने वाली कहानी, सनसनीखेज़ रचना (विशेषतया जासूसी उपन्यास).

thrive (थ़्राइव़्) *v* (*pt* throve, *pp* thriven) सफल होना, फलना-फूलना.

throat (थ़्रोट्) *n* **1** कंठ, गला. **2** आहार नली.

throb (थ़्रॉब्) *v* (-bb-) (दिल, नब्ज़ आदि का) धड़कना. *n* धड़कन, स्पंदन.

throne (थ़्रोन्) *n* **1** (राज) सिंहासन, (राज) गद्दी. **2 the T—**, राजा, सम्राट्.

throng (थ़्रॉङ्) *n* & *v* भीड़.

'throttle ('थ़्रॉट्ल्) *v* गला घोंटना. *n* (मोटर-

कार का) थ्राटेल (एक विशेष वाल्व).

through (थ्रू) *prep* **1** आरपार, इस पार से उस पार. **2 go —,** जाँचना; स्वयं अनुभव करना. **3 — the night,** रातभर. **4** के कारण : *It happened — your stupidity. adv.* **1** आर-पार; शुरु से अन्त तक : *see the job —.* **2** टेलीफोन द्वारा मिलाना : *Can you put me — ?* **—'out** *adv & prep* पूरी तरह से; शुरु से अंत तक; सर्वत्र.

throve (थ्रोव्) → thrive.

throw (थ्रो) *v* (*pt* threw, *pp* thrown) **1** फेंकना. **2** (कपड़े आदि) उतार डालना (*on, off, over*). **3** हाथ-पैर पटकना (*out, up down*). **4** (घोड़े का घुड़सवार को) गिरा देना, पटक देना. **5** (*adv* के साथ) **— away,** गवाँ देना, उड़ा डालना. **— oneself into** (*an activity*), पूरी शक्ति के साथ भाग लेना. **— off,** पीछा छुड़ाना. **— open** (*a competition*), खोल देना; जनता के लिए (खोल देना). **— out,** सुझाव देना; यों ही संकेत देना. **— over,** (योजना, मित्र आदि) छोड़ देना. **— up** वमन करना; पद त्याग करना. *n* ऐसी प्रक्रिया, ऐसा होना.

thrush (थ्रश्) *n* एक प्रकार की गाने वाली चिड़िया.

thrust (थ्रस्ट्) *v* धकेलना; तलवार घुसेडना. *n* प्रहार.

thud (थड्) *v* (-dd-) *& n* धब-धब (करना); धम से गिरना.

thug (थग्/ठग्) *n* ठग.

thumb (थम्) *n* अँगूठा. → p 36.

thump (थम्प्) *v* मुठ्ठी से ठोकना; दिल का बहुत ज़ोर-ज़ोर से धड़कना. *n* आघात. धमाका.

'thunder ('थन्डर्) *n* **1** (बिजली चमकने के बाद को) कड़क, गरज. **2** बुलन्द आवाज़, गरज, फटकार. *v* **1 it —ed,** गरजना, कड़कना. **2** गरजना (व्यक्ति का). **—bolt** *n* बिजली का गिरना, गाज, वज्रपात. **—storm** *n* बिजली और गरज के साथ होने वाली भारी वर्षा. **—struck** *adj* हक्का-बक्का, आश्चर्य से जड़.

'Thursday ('थर्ज़्डि) *n* बृहस्पतिवार.

thus (दस्) *adv* इस प्रकार; इसलिए **— far,** इस सीमा तक.

thwart (थ्वार्ट्) *v* (किसी की योजना, प्रगति आदि में) अड़चन डालना; निष्फल कर देना.

tick[1] (टिक्) *n* **1** (घड़ी की) टिक-टिक ध्वनि. **2** विशेष चिह्न, ✓ (सही का चिह्न). *v* **1** (घड़ी का) टिक-टिक ध्वनि करना. **2** सही का चिह्न लगाना.

tick[2] (टिक्) *n* (कुत्ते आदि के लगने वाली) किलनी.

'ticket ('टिकिट्) *n* टिकट; लेबिल. *v* लेबिल लगाना.

'tickle ('टिक्ल्) *v* **1** गुदगुदाना : *— sb in the the ribs.* **2** चुनचुनाना, झुनझुनी होना : *My nose —s.* **3** खुश करना. *n* ऐसी संवेदना.

tide (टाइड्) *n* **1** ज्वार-भाटा (समुद्र का). **2** (fig) (राय या मत की) बाढ़. *v* **— over** पार लगाना. **'tidal** *adj* ज्वार-भाटा विषयक. **tidal wave** समुद्री बड़ी लहरें (प्रायः भूकम्प के साथ).

'tidings ('टाइडिङ्ज़्) *n pl* ख़बर.

'tidy ('टाइडि) *adj* (-ier, -iest) ठीक-ठाक, सुव्यवस्थित : *a — room (person); — habits. v* (प्रायः **— up**) — करना. **'tidily** *adv.* **'tidiness** *n.*

tie (टाइ) *v* (*pt & pp* tied *present p* tying) **1** बाँधना (तागे, रस्सी आदि से): *tie up a parcel ; tie his legs together.* **2** गाँठ लगाना. **3** बाँध देना, मुक्त न रहने देना. **4** (दो खिलाड़ियों या दो खिलाड़ी-दलों का) समान अंक पाना. *n* **1** (fig) सम्बन्ध, मैत्री. बन्धन : *ties of friendship.* **2** बन्ध. **3** बराबर का खेल. **4** टाई, नेकटाई.

'tier (टिअर्) *n* ऊपर-नीचे बने खाने (शेल्फ) या बैठने के स्थान.

tiger ('टाइगर्) *n* बाघ. → p 351. **'tigress** ('टाइग्रिस्) *n* बाघिन.

tight (टाइट्) *adj* (-er, -est) **1** कसा, दृढ़. **2** कसकर लगी (गाँठ). **3** कसकर ताना हुआ : *— ropes.* **4** ठसाठस. **5** तंग, चुस्त : *a — squeeze ; a — fit.* **6 (air- —, water-tight** आदि समास में) ऐसा कस कर बन्द किया हुआ कि हवा या पानी आ-जा न सके. **'—en** *v*

(प्राय: —en up) कसना, जकड़ना. 'tight-'fisted *adj* कंजूस. '—s *n pl* चुस्त कपड़े (जैसे कलाबाज पहनते हैं) '—ly *adv*. '—ness *n*.

tile (टाइल्) *n* टाइल, वर्गाकार या आयातकार पकी मिट्टी के खपड़े (दीवार या छत पर लगाने के लिए)

till[1] → until.

till[2] (टिल्) *n* दराज़, ड्राअर (खजांची की).

till[3] (टिल्) *v* जोतना, हल चलाना.

tiller ('टिलर्) *n* पतवार का डंडा.

tilt (टिल्ट्) *v* झुकाना, तिरछा करना: *T— the barrel up* (खाली करने के लिए); *The table —ed*. *n* **1** झुकाव. **2 (at) full —**, पूरे वेग और शक्ति से.

'timber ('टिम्बर्) *n* **1** इमारत के काम आने वाली लकड़ी. **2** (छत की) शहतीर, धरन.

time (टाइम्) *n* **1** समय (भूत-वर्तमान-भविष्य सभी के लिए प्रयुक्त शब्द); समय की अवधि; काल, वक्त. **2 in —**, समय पर; कुछ समय बाद (भविष्य में). **in good —**, समय से पहले. **at one time —**, पहले कभी. **from — to —**, समय-समय पर, कभी-कभी. **at the same —**, फिर भी; यदि यह सच है तो भी. **— and (—) again**, बार-बार. **3** (*pl*) — गुना *three-times* (तिगुना). **4** (प्राय: *pl*) युग, काल: *in ancient —s, the —(s) of the Guptas*. **5** (संगीत में) ताल. **beat —**, ताल देना. *v* **1** किसी घटना के लिए समय निश्चित करना. **2** समय नापना. '**—ly** *adj* आवश्यकता के समय होने वाला. '**—table** *n* समय-सारणी (जैसे, कक्षा या रेलवे आदि की).

'timid ('टिमिड्) *adj* कायर; भीरु. **—ly** *adv*. **ti'midity** *n* **'timorous** ('टिम्रस्) *adj* = timid.

tin (टिन्) *n* **1** टिन, टीन (धातु विशेष). **2** टीन, डिब्बा. *v* (-nn-) टीन के डिब्बे में बंद करना.

tinge (टिन्ज्) *v* **1** हलका रंग चढ़ाना. **2** थोड़ा-सा प्रभावित करना. *n* आभा, झलक.

tingle ('टिंग्ल्) *v & n* शरीर में झुनझुनी (चढ़ना).

'tinker ('टिंकर्) *v* **— with, — away at (sth)**, बिना पक्की जानकारी के मरम्मत करना.

'tinkle ('टिंक्ल्) *n* घंटियों की आवाज़ की ध्वनि. *v* ऐसी ध्वनि करना.

tint (टिन्ट्) *n* आभा, हलका रंग, झलक. *v* — देना.

'tiny (टाइनि) *adj* (-ier, -iest) बहुत छोटा, नन्हा.

tip[1] (टिप्) *n* **1** (किसी वस्तु की) नोक, सिरा, अग्रभाग: *the tips of your fingers*. **2** नोक पर लगी या रखी छोटी वस्तु. **'tiptoe** ('टिप्टो) *v & n* पंजों के बल चलना : *tiptoe out of the room; on tiptoe*.

tip[2] (टिप्) *v* (-pp-) **1** झुकाना, तिरछा करना, उलट देना. **2** झुका कर पात्र में से वस्तु खाली कर देना.

tip[3] (टिप्) *v* (-pp-) **1** हलका स्पर्श करना; सावधान करना. **2** संकेत देना; युक्ति बताना. **3** टिप (बख्शिश, इनाम) देना. *n* **1** बख्शिश, इनाम, टिप. **2** गुप्त सूचना. **3** थपकी; हलका झटका.

'tipsy ('टिप्सि) *adj* शराब के गुलाबी नशे में.

'tiptoe →tip[1].

tire[1] → *n* tyre.

'tire[2] ('टाइअर्) *v* थक जाना; ऊब जाना. '**—d** ('टाइअर्ड्) *adj* (शरीर या मन से) थका हुआ. **—d out**, क्लान्त, बुरी तरह थका हुआ. **—less** *adj* अथक :— *less energy*. '**—some** ('टाइर्सम्) *adj* कष्टकर, उबाऊ, नीरस.

'tissue ('टिस्यू) *n* **1** शरीर का टिशू, ऊतक. **2** महीन बुना हुआ कपड़ा. **3** पतले मुलायम कागज़ का रुमाल. **'tissue-paper** *n* टिशू पेपर, पतला झिन्ना मुलायम कागज़.

tit (टिट्) *n* **1** (slang) छाती. **2 tit for tat** जैसे को तैसा.

'titbit ('टिट्बिट्) *n* चटपटा (आहार); मज़ेदार (ख़बर).

'title ('टाइट्ल्) *n* **1** पुस्तक, कविता, चित्र आदि का शीर्षक. **2** उपाधि, ख़िताब; पदवी, पद. **3** (law में) (संपत्ति का) स्वामित्व. **'title-deed** *n* डीड, स्वामित्व का कानूनी लिखित अधिकार-पत्र. **'title-page** *n* मुखपृष्ठ.

to (टू) *prep* **1** की ओर. **2** *give* (*sth*) *to* (*sb*) को. 3 तुलनावाची : *I prefer walking to climbing. adv* **1** की ओर, अपेक्षित स्थिति में : *Please push the door to.* **2 to and fro,** इधर-उधर, आगे-पीछे.

toad (टोड्) *n* टोड, एक प्रकार का मेढ़क.

toast[1] (टोस्ट्) *n* टोस्ट (डबलरोटी या ब्रेड का). *v* **1** टोस्ट तैयार करना. **2** आग तापना.

toast[2] (टोस्ट्) *v* शुभकामना, सलामती का जाम. *n* लोकप्रिय व्यक्ति.

to'bacco (ट'बैको) *n* तम्बाकू **—nist** *n* — बेचने वाला.

to'day (टु'डे) *adv* & *n* आज; इस समय; अभी.

toe (टो) *n* **1** पैर की उँगली. → p 36; खुर या सुम. **2** जूते का पंजा, मोजे का पंजा. *v* पंजा लगाना, छूना.

'toffee ('टॉफ़ि) *n* टाफ़ी.

to'gether (टु'गेद़र्) *adv* (*separately* के वैषम्य में) साथ में, साथ-साथ. **— with,** साथ ही.

toil (टॉइल्) *v* **1** कड़ा परिश्रम करना. **2** बड़ी कठिनाई से आगे बढ़ना (*up, along, through* sth). *n* कठोर परिश्रम.

'toilet ('टॉइलिट्) *n* **1** केश प्रसाधन (बालों को धोना, सजाना आदि). **2** —विषयक : *— soap.* **3** शौचघर.

'token ('टोक्न्) *n* चिह्न, साक्ष्य, गारंटी आदि. **in — of,** दिखाने के लिए, प्रमाणस्वरूप.

told → tell.

'tolerate ('टॉलरेट्) *v* सहना, बरदाश्त करना (बिना विरोध किये). **'tolerable** ('टॉल्रब्ल्) *adj* **1** सहनीय. **2** पर्याप्त ठीक, अच्छा. **'tolerance** ('टॉल्रन्स्) *n* सहिष्णुता (दूसरों के मन, रिवाज आदि स्वीकार करने की शक्ति). **'tolerant** *adj* सहिष्णु. **,tole'ration** *n* उदारता.

toll[1] (टोल्) *n* **1** सड़क-पुल आदि प्रयोग करने का महसूल, टोल; मार्ग कर. **2 take — of,** हानि पहुँचाना. **'toll-bar, 'toll-gate** *n* महसूल-घर.

toll[2] (टोल्) *v* **1** घंटा बजाना (नियमित धीरे ढंग से). **2** इस प्रकार घंटा बजना. *n* ऐसी ध्वनि.

to'mato (ट'माटो) *n* (*pl* to'matoes) टमाटर. → p 340.

tomb (टूम्) *n* कब्र, मकबरा, समाधि.

to'morrow (टु'मॉरो) *adv* & *n* (आने वाला) कल.

ton (टन्) *n* **1** टन, 2240 पाउँड का भार. **2** (colloq) **tons of** (*money*, etc), अत्यधिक.

tone (टोन्) *n* **1** स्वर शैली, अभिव्यक्ति-शैली, लहजा : *speak in angry —s.* **2** (stress के वैषम्य में) स्वर का उतार या चढ़ाव. **3** रंगत, आभा (रंगों का शेड आदि). **4** (संगीत) तान, सुर. *v* **1** संगत देना. **2** रंगों का सामंजस्य स्थापित करना (*with*). **'—less** *adj* नीरस, फीका, निर्जीव : *a —less voice.*

tongs (टॉङ्ज़्) *n pl* (प्राय: *a pair of —*) चिमटा; सँड़सी.

tongue (टङ्) *n* **1** जीभ. **hold one's —,** चुप रहना. **2** भाषा : **our mother —** (मातृ-भाषा). **3** जीभ के आकार की वस्तु : *the — of a bell; —s of flame.*

'tonic ('टॉनिक्) *n* टॉनिक, स्फूर्ति देने वाली दवा : *a bottle of —.*

to'night (टु'नाइट्) *adv* & *n* आज रात को.

'tonnage ('टनिज्) **1** टन में मापा माल का भार. **2** देश के व्यापारिक जहाज़रानी का टन भार.

too (टू) *adv* भी; इसके अतिरिक्त; अपेक्षा से अधिक : *too big.*

took → *take.*

tool (टूल्) *n* **1** औज़ार (कारीगर के). **2 machine-tool,** मशीनरी बनाने में प्रयुक्त बिजली से चलने वाला यन्त्र.

toot (टूट्) *n* भोंपू; सीटी (प्राय: चेतावनी के लिए). *v* — बजाना.

tooth (टूथ्) *n* (*pl* teeth) **1** दाँत. **fight — and nail,** पूरी शक्ति से लड़ना. **2** दाँतनुमा किसी वस्तु का अंग (जैसे कंघे के दाँत). **'—ache** ('टूथ्एक्) *n* दाँत का दर्द.

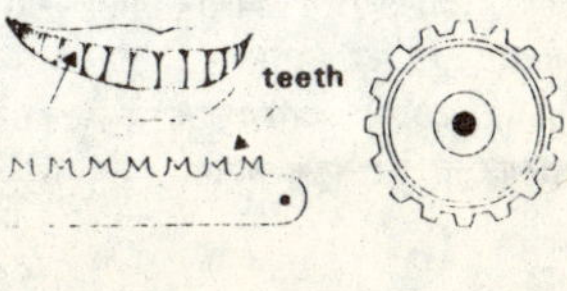

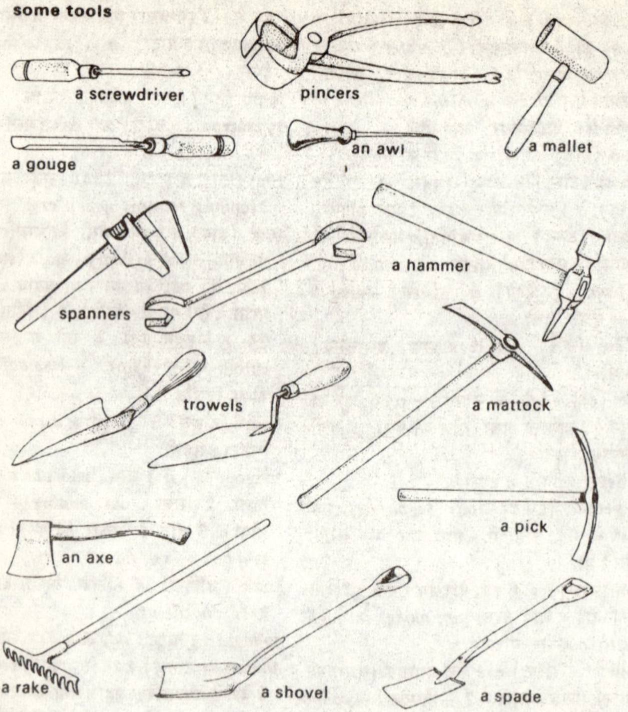

top[1] (टॉप्) *n* **1** चोटी, शिखर. **2** पराकाष्ठा; पूरी शक्ति, पूरी तेज़ी. **at the top of one's voice,** पूरी आवाज़ से. **3** (*adj* के रूप में) सर्वोच्च : *at top speed.* *v* (-pp-) **1** ढकना; शिखर बनना. **2** चोटी पर पहुँचना; सर्वप्रथम आना. **3** (पेड़ों को) छाँटना. **'topcoat** *n* ओवरकोट. **'top-'heavy** *adj* शिखर पर सर्वाधिक भारी; असन्तुलित. **'topmost** ('टॉप-मोस्ट्) *adj* सर्वोच्च.

top[2] (टॉप्) *n* लट्टू (एक खिलौना). **sleep like a top,** गहरी नींद में सोना.

'topic ('टॉपिक्) *n* विचार-विषय.**—al** *adj* वर्तमान रुचि का, सामयिक.

'topple ('टॉप्ल्) *v* अस्थिर करके लुढ़का देना; अस्थिर हो कर लुढ़क जाना.

'topsy'turvy ('टॉप्सि'टर्वि) *adj* उलटा-पुलटा; अव्यवस्थित.

torch (टॉर्च्) *n* **1** (बैटरी की) टार्च. **2** मशाल; (fig) पथप्रदर्शक.

tore → tear[1].

'torment ('टॉर्मेन्ट्) *v* सताना. *n* सताने का कारण.

torn → tear[1].

tor'nado (टॉर्'नेडो) *n* (*pl* -es) टारनेडो, बवडंर; तूफान.

tor'pedo (टॉर्'पीडो) *n* (*pl* -es) टारपीडो (जहाज़ डुबाने का विशेष अस्त्र). नौघ्नी. *v* — मारना, — से जहाज़ डुबोना. **tor'pedo-boat** *n* नौ-सेना का छोटा जहाज़ जिससे टारपीडो छोड़े जाते हैं.

'torrent ('टॉरन्ट्) *n* मूसलाधार वर्षा : *rain falling in —s; a — of angry words* (भारी बौछार). **tor'rential** (टॉ'रेन्शल्) *adj* वेगवान्, वेगवती.

'torrid ('टॉरिड्) *adj* बहुत गरम, मौसम, देश.

'tortoise ('टॉर्टस्) *adj* कछुआ. → p 265.

'tortuous ('टॉर्टचुअस्) *adj* टेढ़ा-मेढ़ा, चक्करदार; (fig) वक्र, कपटी.

'torture ('टॉर्चर्) *v & n* यंत्रणा देना, बहुत अधिक कष्ट देना : *suffer — from toothache; — sb to make him confess.* **—r** *n*.

toss (टॉस्) *v* **1** उछालना. **2** निरन्तर झटका देना; हिलाना-डुलाना. **3 — one's head,** सिर झटकना (तिरस्कार-सूचक). *n* **1** ऐसी गति. **2 win (lose) the —,** सिक्का उछालने पर जीतना या हारना.

'total ('टोटल्) *adj & n* (पूर्ण, समग्र) धन या राशि; जोड़. *v* (-ll-) जोड़ निकालना; जोड़ पर पहुँचना. **—ly** ('टोट्लि) *adv* पूरी तरह से.

'totali'tarian (टोटैलि'टेअरिअन्) *adj* **— State,** जहाँ एक ही राजनैतिक दल का पूरा अधिकार हो और दूसरे दल न हों.

'totter ('टॉटर्) *v* लड़खड़ाना; डगमगाना.

touch (टच्) *v* **1** छूना, स्पर्श करना. **2** प्रभावित करना; भावना या चिन्ता का विषय बनना : *The sad story —ed our hearts.* **3 —down,** अन्तरिक्ष यान का पृथिवी तल पर उतरना. **— (up) on,** (विषय का) उल्लेख करना, विषय छूना. **— up,** (चित्र में) अंतिम सुधार करना. *n* **1** स्पर्श, छूना. **2** स्पर्श जन्य संवेदन : *soft to the —.* **3** कलम या तूलिका का सुधारात्मक स्पर्श. **4** पुट; थोड़ी-सी मात्रा (*of* sth). **5 in — (with),** से संपर्क, मेल-जोल. **'touch-and-go** *adj* बिलकुल अनिश्चित परिणाम; ख़तरनाक. **'—ing** *adj* मर्मस्पर्शी; कारुणिक. *prep* के विषय में. **'—y** *adj* (-ier, -iest) तुनकमिजाज.

tough (टफ़्) *adj* (-er, -est) **1** सख्त गोश्त. **2** मजबूत; कठिनाइयाँ सहन कर सकने वाला : *— soldiers.* **3** सरलता से न कटने या फटने वाला. **4** कष्टसाध्य कार्य. *n* गुण्डा (व्यक्ति). **'—en** *v* — होना या करना.

tour (टुअर्) *n* टूर, दौरा, यात्रा. *v* — करना. **'—ist** ('टुअरिस्ट्) *n* सैलानी, पर्यटक, टूरिस्ट.

'tournament ('टुअर्नमन्ट्) *n* टूर्नामेंट (खेल-प्रतियोगिता).

tow (टो) *v* (जहाज़, नाव, कार आदि को) रस्सी या जंजीर से खींचना. *n* खिचाई, खिंचाव : (*have (take) a boat* आदि), **in tow,** नियंत्रण में रखना, (नाव आदि को) खींचना.

to'ward(s) (टु'वार्ड्/टु'वार्ड्ज़) *prep* **1** की ओर, की दिशा में. **2** के आसपास. **3** के लिए, के हेतु. **4** के विषय में.

'towel ('टाउअल्) *n* तौलिया.

'tower ('टाउअर्) *n* मीनार, टावर. *v* बहुत ऊँचा होना.

town (टाउन्) *n* **1** क़सबा (गाँव से बड़ी और नगर से छोटी बस्ती). **2** वहाँ के लोग. **3** व्यापारिक-स्थल. **4 — hall,** टाउन हाल (स्थानीय शासन का भवन, कार्यालय आदि).

toy (टॉइ) *n* खिलौना. *v* **toy with,** बच्चों की तरह बिना सोचे-बिचारे वस्तु का प्रयोग करना; अधिक गंभीरता से न सोचना.

trace (ट्रेस्) *v* **1** ख़ाका उतारना, रूपरेखा खींचना. **2** पारदर्शी कागज रखकर नीचे बने चित्र, मानचित्र को उस पर खींचना, अनुरेखण करना. **3** खोज निकालना. *n* **1** चिह्न, संकेत, अवशेष. **2** बहुत थोड़ी मात्रा, लवलेश (*of*). **'tracing** *n* अनुरेखण.

track (ट्रैक्) *n* **1** पद चिह्न; गाड़ी आदि चलने से बने निशान : *cart-tracks; the — of a storm.* **on the — of,** की खोज में. **2** लीक, बहुल प्रयोग से बना चिह्न. **3** रेल की पटरी. **4** ट्रैक (दौड़ के लिए चूने से बनी रेखाएँ वाला मैदान). **— events,** दौड़ आदि खेलकूद प्रतियोगिताएँ. *v* खोज पर चलना.

tract[1] (ट्रैक्ट्) *n* भूभाग, इलाका.

tract[2] (ट्रैक्ट्) *n* पुस्तिका.

'tractable ('ट्रैक्टब्ल्) *adj* सहज में वश में आने वाला.

'tractor ('ट्रैक्टर्) *n* ट्रैक्टर (खेत जोतने के लिए प्रयुक्त मोटर युक्त गाड़ी).

trade (ट्रेड्) *n* **1** व्यापार, लेन-देन : *the cotton —*. **— wind,** व्यापारिक पवन (भूगोल). **2** व्यवसाय, पेशा : *He is a carpenter by —*. **3** व्यापार-व्यवसाय में लगे लोग. **— union,** ट्रेड यूनियन, श्रमिक संघ. **—mark,** ट्रेड मार्क, व्यापार-चिह्न, मार्का. *v* **1** — में लगना. **2** **— (up)on,** अनुचित लाभ उठाना. **—r** (ट्रेडर) *n* व्यापारी. **—sman** *n* व्यापारी, दूकानदार.

tra'dition (ट्र'डिशन्) *n* परम्परा. **—al** *adj* पारम्परिक.

'traffic ('ट्रैफ़िक्) *n* **1** ट्राफ़िक, यातायात (सड़कों पर लोगों और गाड़ियों आदि का). **2** यातायात (रेल, जहाज़ आदि का). **3** अनुचित व्यापार, अवैध व्यापार : *illegal — in drugs*. *v* (*pt & pp* 'trafficked) **— in,** अवैध व्यापार करना.

'tragedy ('ट्रैजिडि) *n* **1** ट्रेजिडी, दु:खान्त नाटक. **2** दु:खद घटना. **'tragic** *adj* बहुत दु:खद. **'tragically** *adv*.

trail (ट्रेल) *n* **1** पदचिह्न, अवशेष : *a — of smoke; The storm left a — of destruction*. **2** खोज-मार्ग : *hot on the —*, ठीक पीछे पीछा करते हुए. **3** पगडंडी. *v* **1** घसीटना, खींचना. **2** (पौधों का) फैल जाना (*along, over*). **3** घसिटते हुए थके-थके से चलना (*along*). **'—er** ('ट्रेलर्) ट्रेलर (किसी के पीछे चलने वाली गाड़ी).

train (ट्रेन्) *v* **1** प्रशिक्षण देना, सिखाना: *— children to be good citizens*. **2** पौधे को किसी एक ही दिशा में फैलने देना; (पशु को) सधाना. **3 — a gun (up)on,** निशाना बाँधना. *n* **1** रेल गाड़ी, ट्रेन. **2** कतार, पंक्ति, ताँता. **3** (विचारों या घटनाओं की) श्रृंखला, सिलसिला. **—er** *n* प्रशिक्षण देने वाला **'—ing** *n*. **'—ing college,** (अध्यापकों का) प्रशिक्षण महाविद्यालय. **in (out of) —ing,** अच्छी (बुरी) शारीरिक अवस्था में.

trait (ट्रेट्) *n* विशेषता, विशेषक-गुण.

'traitor ('ट्रेटर्) *n* देशद्रोही; विश्वासघातक. **—ous** ('ट्रेट्रस्) *adj*.

tram (ट्रैम्) *n* (**—car** भी) ट्राम (गाड़ी).

a tram

tramp (ट्रैम्प्) *v* **1** धब-धब करते हुए चलना. **2** पद यात्रा करना (विशेषत: लम्बी दूरी की); पैदल पार करना : *— the hills*. *n* **1** धब-धब ध्वनि. **2** लम्बी पद यात्रा. **3** आवारा, घुमक्कड़. **4** माल जहाज़ (जो सभी छोटे-बड़े बन्दरगाहों पर जाता है).

'trample ('ट्रैम्प्ल्) *v* कुचलना, रौंदना : *— the grass down*.

trance (ट्रान्स्) *n* सुषुप्ति अवस्था, बेहोशी.

'tranquil ('ट्रैंक्विल्) *adj* प्रशान्त; निस्तब्ध. **—ly** *adv* **tran'quillity** (ट्रैंक्विलिटि) *n*.

trans– (पूर्वपद) के पार, उस पार : *trans-Atlantic*.

tran'sact (ट्रैन्'ज़ैक्ट) *v* कारबार करना. **—ion** *n* सौदा, कार्य संपादन.

tran'scend (ट्रैन्'सेन्ड्) *v* (सामान्य अनुभव की सीमा के) बाहर जाना या होना.

trans'cribe (ट्रैन्स'क्राइब्) *n* कापी पर नक़ल करना, प्रतिलिपि करना. **trans'cription** (ट्रैन्स'क्रिप्शन्) *n* प्रतिलेखन, प्रतिलिखित अभिलेख.

trans'fer (ट्रैन्स्'फ़र्) *v* (-rr-) **1** स्थानान्तरण करना (*from .... to*). **2** स्थान बदलना. **3** (संपत्ति आदि) दूसरे के नाम लिखवाना. **'transfer** ('ट्रैन्सफ़र) *n* बदली; हस्तान्तरण.

trans'fix (ट्रैन्स्'फ़िक्स) *v* छेदना, बींधना (किसी नुकीली वस्तु से); (fig) हक्का-बक्का करना, स्तंभित कर देना.

trans'form (ट्रैन्स्'फॉर्म्) *v* आकृति, गुण, प्रकृति आदि बदल देना; रूपान्तरण करना. **transfor'mation** *n* रूपान्तरण. **—er** (ट्रैन्स्-'फ़ॉर्मर्) *n* (बिजली का) ट्रान्सफ़ार्मर.

trans'fusion (ट्रैन्स्'फ़्यूशन) *n* बीमारी में रोगी के शरीर में दूसरे का खून चढ़ाना.

trans'gress ((ट्रैन्स'ग्रेस्) *v* **1** सीमा के बाहर

जाना; नियम का उल्लंघन करना. **2** अपराध करना; पाप करना. **—ion** *n.* **—or** *n* उल्लंघन कर्ता, अपराधी.

ˈtransient (ˈट्रैन्ज़िअन्ट्) *adj* क्षणिक.

transˈistor (ट्रैन्ˈसिस्टर्) *n* **1** ट्रांज़िस्टर, एक इलेक्ट्रोनिक युक्ति. **2** ट्रांज़िस्टर (रेडियो).

transit *n* (*lost, delayed*) **in —**, एक स्थान से दूसरे ले जाते समय.

tranˈsition (ट्रैन्ˈसिशन्) *n* संक्रमण (एक स्थिति से दूसरी स्थितियों में पहुँचना).

ˈtransitive (ˈट्रैन्सिटिव्) *adj* (व्याकरण) सकर्मक : '*Tom is fighting John*' में क्रिया *fight* सकर्मक है.

transˈlate (ट्रैन्स्ˈलेट्) *v* अनुवाद करना (एक भाषा से दूसरी भाषा में तरजुमा करना). **transˈlation** *n* अनुवाद.

transˈlucent (ट्रैन्ज़ˈलूसन्ट) *adj* पारभासक (ऐसा पारदर्शी होना कि प्रकाश तो जा सके, पर दिखाई न पड़े).

transˈmit (ट्रैन्स्ˈमिट्) *v* (-tt-) **1** आगे बढ़ाना, दूसरे के हाथ में देना. **2** प्रसारित करना (रेडियो द्वारा); संप्रेषित करना, भेजना.

transˈparent (ट्रैन्स्ˈपेअरन्ट्) *adj* **1** पारदर्शी (साफ काँच की तरह जिसमें से आरपार देखा जा सके). **2** (fig) स्पष्ट; निःसंदिग्ध; सुबोध.

ˈtransplant (ˈट्रैन्सप्लान्ट) *v* **1** छोटे पौधे का एक स्थान से हटाकर दूसरे स्थान पर लगाना. **2** शरीर के एक अंग को दूसरे के शरीर में सर्जरी द्वारा लगाना : — *a kidney* (*heart*). **transˈplant** (ट्रैन्स्ˈप्लान्ट्) *n* प्रतिरोपण : *kidney* —.

transˈport (ट्रैन्स्ˈपॉर्ट्) *v* वहन करना, ले जाना, ढोना. **ˈtransport** (ˈट्रैन्स्पॉर्ट) *n* **1** परिवहन. **2** सैनिकों को परिवहन करने वाले जहाज़.

transˈpose (ट्रैन्सˈपोज़्) *v* एक के स्थान पर दूसरे को रख देना.

ˈtransverse (ˈट्रैन्ज़वर्स्) *adj* आड़ा, तिरछा कटा, अनुप्रस्थ.

ˈtrap (ट्रैप्) *n* **1** फन्दा, जाल. **2** चोरफन्दा, घात. *v* (-pp-) — में पकड़ना; — से पकड़ना. **ˈ—per** *n* फन्दा-शिकारी.

trash (ट्रैश्) *n* रद्दी रचना; कूड़ा-करकट, घास-पात.

ˈtravel (ˈट्रैव्ल्) *v* (-ll-) **1** यात्रा करना, सफ़र करना (प्रायः लम्बी यात्रा). **2** चलना : *Light —s faster than sound. n* **1** यात्रा. **2** (*pl*) परदेश की यात्राएँ. **—ler** *n.*

ˈtravesty (ˈट्रैविस्टि) *n* उपहास्यास्पद नकल; तमाशा; उपहासात्मक विचार. *v* — होना या बनाना.

ˈtrawl (ˈट्रॉल्) *v* बड़े जाल से समुद्री मछलियों को पकड़ना. **ˈ—er** *n* जाल-पोत (इस काम में आने वाली नाव).

tray (ट्रे) *n* ट्रे, किश्ती : *tea-tray.*

ˈtreacherous (ˈट्रेचरस्) *adj* **1** विश्वासघाती. **2** बेईमान; अविश्वसनीय. **ˈtreachery** (ˈट्रेचरि) *n.*

ˈtreacle (ˈट्रीक्ल्) *n* चाशनी; राब.

tread (ट्रेड्) *v* (*pt* trod, *pp* trodden) **1** पैर रखना (*on*). **2** कुचल देना (*in, down*). **3** चल-चल कर रास्ता बना देना. *n* चाल; पगध्वनि : *walk with a heavy* —.

ˈtreadle (ˈट्रेड्ल्) *n* यन्त्र का पैर से चलाया जानेवाला पुर्जा, (मशीन का) ट्रेडिल, पावदान.

ˈtreason (ˈट्रीज़न्) *n* राजद्रोह; विश्वासघात. **—able** *adj* राजद्रोहात्मक.

ˈtreasure (ˈट्रेशर्) *n* ख़ज़ाना, कोष. *v* **1** भविष्य के लिए संचित करना; रखना; याद रखना. **2** बहुमूल्य समझना. **ˈtreasury** (ˈट्रेशरि) *n* **1** ख़ज़ाना, राजकोष. **2** ख़ज़ाना, कोषागार. **3** संस्था या संगठन की निधि.

treat (ट्रीट्) *v* **1** बरताव करना, व्यवहार करना : — *sb kindly.* **2** समझना, मानना : — *sth as a joke.* **3** विचार विमर्श करना. **4 — of,** का विवेचन करना. **5** इलाज करना, चिकित्सा करना. **6** संसाधित करना (उत्पादन प्रक्रिया में से किसी को गुज़ारना). **7 — sb to sth,** दावत देना, खिलाना-पिलाना (अपने पैसे पर). **8** मोल-तोल करना. *n* ऐसा आनन्द जो प्रायः विरले ही मिलता है. **ˈ—ise** (ˈट्रीटिज़्) *n* शोधात्मक पुस्तक. **—ment** (ˈट्रीट्मन्ट्) *n.*

ˈtreaty (ˈट्रीटि) *n* सन्धि, संधिपत्र; सुलहनामा : *a trade* —.

'treble[1] ('ट्रेब्ल्) *v & adj* तिगुना (करना).

'treble[2] ('ट्रेब्ल्) *n* (संगीत में) उच्च स्वर. *adj* — विषयक.

tree (ट्री) *n* **1** पेड़, वृक्ष. **2 family-tree** वंशावली, वंशवृक्ष.

trek (ट्रेक्) *v & n* (-kk-) लम्बी यात्रा करना (प्रायः पैदल या बैलगाड़ी आदि छोटे साधनों द्वारा).

'tremble ('ट्रेम्ब्ल्) *v & n* काँपना, थरथराना; उद्विग्न होना.

tre'mendous (ट्रि'मेन्डस्) *adj* अत्यधिक; विशाल.

'tremor ('ट्रेमर्) *n* कम्प, कँपकँपी.

trench (ट्रेन्च्) *n* ट्रेंच, खाई.

trend (ट्रेन्ड्) *n* प्रवृत्ति; सामान्य दिशा. *v* झुकाव होना; अभिमुख होना.

'trepi'dation ('ट्रेपि'डेशन्) *n* घबराहट, संत्रास.

'trespass ('ट्रेस्पस्) *v* — **(up)on,** अनधिकार प्रवेश करना; (fig) किसी का समय ले लेना. *n* अनधिकार प्रवेश; अतिक्रमण.

tress (ट्रेस्) *n* चोटी, वेणी; लट.

tri- (पूर्वपद) तीन : *triangle* (त्रिकोण).

'trial ('ट्राइअल्) *n* **1** परीक्षण; परख : *give sth a* —, यह देखने के लिए प्रयोग करना कि वस्तु अच्छी है या नहीं. **on —,** जाँच की कसौटी पर. **2** संकट, कष्ट. **3** मुकदमा : *on — for theft.*

'triangle ('ट्राइऐंग्ल्) *n* त्रिकोण. → p 295.

tri'angular (ट्राइ'ऐंग्युलर्) *adj* **1** त्रिकोणाकार. **2** त्रिपक्षीय (जिसमें तीन दल या व्यक्ति शामिल हों).

tribe (ट्राइब्) *n* जनजाति. **tribal** जनजातीय.

,tribu'lation (ट्रिब्यु'लेशन्) *n* मुसीबत, विपत्ति.

tri'bunal (ट्राइ'ब्यून्ल्) *n* ट्रिब्यूनल, न्यायालय, विशेष न्यायालय.

'tribute ('ट्रिब्यूट्) *n* **1** (प्रायः नियमित) ख़िराज, नज़र, भेंट, उपहार. **2** अंशदान, योगदान. **3** श्रद्धांजलि, प्रशंसा. **'tributary** ('ट्रिब्युटरि) *n & adj* सहायक नदी; दूसरे राज्य को कर देने वाला राज्य.

trice (ट्राइस्) *n* **in a —,** तत्क्षण, तुरंत.

trick (ट्रिक) *n* **1** चाल, दाँव-पेंच. **2** छल-कपट. **3** करतब, इन्द्रजाल. *v* — द्वारा धोखा देना : — *sb into believing sth.* **'—ery** ('ट्रिक्रि) *n* धोखा; छल. **—y** *adj* (-ier, -iest) **1** कपटपूर्ण; कपटी. **2** जटिल, पेचीदा (कार्य).

'trickle ('ट्रिक्ल्) *v* बूँद-बूँद टपकना. *n* क्षीण-धारा.

'tricycle ('ट्राइसिक्ल) *n* तीन पहिये की साइकिल.

tried → try.

tri'ennial (ट्राई'एन्यल्) *adj* त्रैवार्षिक.

'trifle ('ट्राइफ़्ल्) *n* **1** तुच्छ, नगण्य (महत्त्व की दृष्टि से). **2** अत्यल्प धनराशि. **3 a —** (*longer*), थोड़ा सा. *v* **1** समय गँवाना, मज़ाक करना. **2 — with,** खेलवाड़ करना, चंचलतापूर्ण कार्य करना. **'trifling** *adj* हलका, सस्ता, तुच्छ.

'trigger ('ट्रिगर) *n* (पिस्तौल, बन्दूक आदि की) लिबलिबी (जिसे दबाने से गोली चलती है).

'trigo'nometry (ट्रिग'नॉमिट्रि) *n* (गणित की एक शाखा) त्रिकोणमिति.

trim (ट्रिम्) *adj* (-mer, -mest) ठीक-ठाक; सुव्यवस्थित. *v* (-mm-) **1** छाँटना, कतरना : — *one's beard.* **2** सजाना, संवारना. *n* **in — for,** तैयार. **'—ming** *n* सजावट; गोटा-पट्टी.

'trinity ('ट्रिनिटि) *n* तीन का समूह, त्रिक : *the Hindu Trinity* (ब्रह्मा, विष्णु, महेश).

'trio ('ट्रीओ) *n* तीन का समूह, तिगड्डा; त्रिवादक या त्रिगायक (संगीत में).

trip (ट्रिप्) *v* (-pp-) **1** फुदकना, थिरकना. **2** लड़खड़ाना; ठोकर खाकर गिरने लगना. **3** (प्रायः — **up**) भूल करने देना, भूल करना. *n* **1** सैर, आमोदयात्रा. **2** लड़खड़ाना, पतन. **'—per** ('ट्रिपर) *n* सैर करने वाला.

'triple ('ट्रिप्ल) *adj* तिगुना, तिहरा, तीन अंशों से बना हुआ; तीन व्यक्तियों से बना हुआ. त्रिपक्षीय. *v* तिगुना करना या होना.

'triplet ('ट्रिप्लिट्) *n* एक साथ हुए तीन बच्चों में से कोई.

'tripod ('ट्राइपॉड्) *n* तिपाई, तीन टाँगों का (कैमरा) स्टेंड.

trite (ट्राइट्) *adj* घिसा-पिटा (विचार). **'—ly** *adv.*

ˈ**triumph** (ˈट्राइअम्फ़्) *n* विजयोल्लास; सफलता, कामयाबी. *v* जीतना; फूले न समाना. **triˈumphant** *adj* विजयी, उल्लसित.

ˈ**trivial** (ˈट्रिविअल्) *adj* तुच्छ, नगण्य. ˌ**triviˈality** (ट्रिविˈऐलिटि) *n* ओछापन, हलकापन, घिसी-पिटी बात.

trod(den) → tread.

ˈ**trolley** (ˈट्रॉलि) *n* **1** ट्राली (दो या चार पहियें की हाथगाड़ी). **2** ट्राली (रेल पर चलने वाली छोटी नीची गाड़ी). **3** (तार पर चलने वाली) ट्राली.

tromˈbone (ट्रॉम्ˈबोन्) *n* तुरही. → p 206.

troop (ट्रूप्) *n* **1** दल, टोली (विशेषत: चलती हुई) : *—s of children*. **2** रिसाला, घुड़सवार सेना की एक यूनिट. **3** (*pl*) सेना, फ़ौज. *v* — में आना. ˈ**—er** *n* घुड़सवार सैनिक. ˈ**—ship** *n* सेना वाहक जहाज़.

ˈ**trophy** (ˈट्रोफ़ि) *n* ट्राफ़ी, विजयोपहार.

ˈ**tropic** (ˈट्रॉपिक्) *n* **1** भूमध्य रेखा के उत्तर या दक्षिण की निश्चित अक्षांश रेखा (उत्तर में **T— of Cancer**, कर्क रेखा), (दक्षिण में **T— of Capricorn**, मकर रेखा). **2 the —s**, इन रेखाओं के बीच का भू-प्रदेश. **—al** *adj* — विषयक : *—al weather* (उष्ण कटिबन्धीय मौसम).

trot (ट्रॉट्) *v* (-tt-) (घोड़ों का) दुलकी चलाना; (व्यक्तियों का) जल्दी चलना. *n* **1** ऐसे क़दम : *at a steady —*. **2** की अवधि : *go for a —*.

ˈ**trouble** (ˈट्रब्ल्) *v* **1** दु:खी करना, कष्ट देना, असुविधा उत्पन्न करना. **2** चिन्तित होना, दु:खी होना : *Don't — about that*. *n* **1** तकलीफ, परेशानी, झंझट. **get into —**, झंझट में पड़ जाना. **2** अतिरिक्त कार्य; प्रगल्त; कुठिनाई. **take —** (*to do sth*), पर्याप्त सावधानी के साथ करना. **—some** (ˈट्रब्ल्सम्) *adj* उपद्रवी, ऊधमी; कष्टकर.

trough (ट्रॉफ़्) *n* आयताकार नाँद (पशुओं को खिलाने या पानी पिलाने की).

ˈ**trousers** (ˈट्राउज़र्ज़्) *n pl* (प्राय: *a pair of —*) पतलून; पायजामा.

ˈ**trousseau** (ˈट्रूसो) *n* दुलहिन का साज-सामान (वस्त्र आदि).

ˈ**trowel** (ˈट्राउअल्) *n* **1** करनी (मकान बनाने वाले राज का औज़ार). **2** खुरपी जैसा माली का औज़ार. → p 326.

ˈ**truant** (ˈट्रूअन्ट्) *n* स्कूल से भागने वाला बच्चा, नागा करने वाला बच्चा. **play —**, — हो जाना. **truancy** *n*.

truce (ट्रूस) *n* युद्धविराम, समयविशेष के लिए युद्ध रोकने का समझौता.

truck (ट्रक्) *n* **1** मालगाड़ी का खुला डिब्बा. **2** ट्रक, सामान ढोने वाली मोटर. **3** ठेला गाड़ी.

ˈ**truculent** (ˈट्रक्युलन्ट्) *adj* लड़ाका, युयुत्सु. **—ly** *adv*. ˈ**truculence** *n*.

trudge (ट्रज्) *v* पैर घसीट कर चलना, थकावट के कारण धीरे चलना.

true (ट्रू) *adj* (-r, -st) **1** सच्चा, सत्य, तथ्य के अनुसार. **come —**, आशा या स्वप्न का साकार होना, तथ्य बनना. **2** स्वामिभक्त, निष्ठावान्. **3** असली (न कि नक़ली), खरा. **4** सही, ठीक : *a — copy*. ˈ**truly** (ˈट्रूलि) *adv* **1** ईमानदारी से. **2** सच्चाई से, सच-सच. **3** वस्तुत:; ठीक-ठीक.

ˈ**trumpet** (ˈट्रमपिट्) *n* **1** तुरही. → p 206. **blow one's own —**, अपने मुँह मियाँ मिट्ठू बनना, आत्मप्रशंसा करना. **2** (हाथी की) चिंघाड़ (ध्वनि).

trunˈcate (ट्रंˈकेट्) *v* सिरा छाँट कर छोटा कर देना.

ˈ**truncheon** (ˈट्रन्चन्) *n* गदानुमा डंडा.

ˈ**trundle** (ˈट्रन्ड्ल्) *v* (किसी भारी बेढंगी वस्तु का) लुढ़कना.

trunk (ट्रंक्) *n* **1** (पेड़ का) तना. **2** (शरीर का) मध्य भाग. **3** ट्रंक, बक्सा. **4** (हाथी की) सूंड़. → p 351. **5** (विशेषण रूप में) **— call**, ट्रंक-काल (दूरवर्ती टेलीफोन लाइन द्वारा बातचीत करना).

trust (ट्रस्ट्) *n* **1** विश्वास, भरोसा, आस्था. **on —**, विश्वास पर (न कि प्रमाण के आधार पर); उधार पर (न कि नगद पैसे देकर). **2** विश्वासपात्र. **3** उत्तरदायित्व, जिम्मेवारी : *a position of great —*. **4** (law) न्यास, ट्रस्ट. **5** व्यापार संघ. **6** अमानत, धरोहर. *v* **1** विश्वास या आस्था रखना. **2** अमानत के रूप में देना, सौंपना : *— your affairs to me*. **3** आशा करना. ˈ**—ful**

adj विश्वासी; विश्वस्त. '**—ing** *adj* विश्वासी. '**—worthy** ('ट्रस्ट्वर्द्दि) *adj* विश्वसनीय; जिस पर भरोसा किया जा सके.

truth (ट्रूथ्) *n* **1** सच्चाई, सत्यता. **2** सत्य. **3** तथ्य. '**—ful** *adj* **1** सत्यवादी (व्यक्ति). **2** सत्य (कथन). '**—fully** *adv*.

try (ट्राइ) *v* (*pt & pp* tried). **1 try for,** प्रयत्न करना, कोशिश करना (कुछ पाने के लिए). **2** सीखने के लिए प्रयास करना, प्रयोग करना. **3** आज़माना, परखना. **try sth on,** नया कपड़ा इसलिए पहनना कि यह देखा जाए कि ठीक है या नहीं. **4** जाँच करना (विशेषत: न्यायालय द्वारा). **5** परेशान करना; अधिक भार डालना : *try sb's patience*. *n* प्रयत्न, प्रयास. **trying** (ट्राइङ्) *adj* कष्टकर; दु:सह्य.

tub (टब्) *n* टब; (colloq) स्नान.

tube (ट्यूब्) *n* **1** ट्यूब; रबड़ या काँच की नली. **2** साइकिल का ट्यूब, मंजन आदि का ट्यूब. **3** (लन्दन में) भूमिगत रेलवे. '**tubing** *n* ट्यूब का टुकड़ा.

'**tuber** (ट्यूबर) *n* कन्द (जैसे, आलू, जिमीकंद, शकरकंदी आदि).

tubercu'losis (ट्यूबरक्यू'लोसिस्) *n* (colloq T B, टी. बी.) तपेदिक, क्षय रोग.

tuck (टक्) *n* चुनट, तह. *v* **1** (कपड़े में) चुनट डालना. **2 — sb up (in),** चारों ओर खूब लपेटना (ठंडक दूर करने के लिए)

'**Tuesday** ('ट्यूज़्डि) *n* मंगलवार.

tuft (टफ़्ट्) *n* (बालों आदि का) गुच्छा.

tug (टग्) *v* (-gg-) झटके से खींचना (*at*). *n* **1** झटका. **2** खींचने वाली नाव-विशेष.

tui'tion (ट्यू'इश्न्) *n* अध्यापन, शिक्षण (शुल्क).

'**tumble** ('टम्ब्ल्) *v & n* धड़ाम से गिरना.

'**tumult** ('ट्यूमल्ट्) *n* **1** हंगामा; शोरगुल. **2** घबराहट, अशान्ति. **tu'multuous** (ट्यू'मल्-ट्युअस्) *adj* उपद्रवी, उत्पादी.

tune (ट्यून्) *n* **1** धुन, राग, ट्यून. **2 in —,** — स्वर संगीत में.**1** वाद्ययन्त्र मिलाना, ट्यून करना. **2 — in,** रेडियो में स्टेशन लगाना. '**—ful** *adj* रुचिकर —वाला.

'**tunic** ('ट्यूनिक्) *n* मिलिट्री स्टाइल का कोट.

'**tunnel** (टन्ल्) *v* (-ll-) *& n* सुरंग (खोदना).

'**turban** ('टर्बन्) *n* पगड़ी, साफा.

'**turbine** ('टर्बाइन्) *n* टरबाईन (इंजिन या मोटर).

'**turbulent** ('टर्ब्यूलन्ट) *adj* अस्तव्यस्त; विक्षुब्ध; उग्र.

turf (टर्फ़्) *n* **1** घास का मैदान; घास की थिगली. **2 the —,** घुड़दौड़.

'**turkey** ('टर्कि) *n* एक बड़ी चिड़िया. → p 240.

'**turmoil** ('टर्मॉइल्) *n* शोरगुल; खलबली.

turn (टर्न्) *v* **1** मोड़ना, मुड़ना; मुँह घुमाना. **2** (*adv & prep* के साथ) **— down,** अस्वीकार करना. **— in,** (colloq) सोने जाना. **— off (on),** रेडियो, टी.वी., आदि बन्द करना (खोलना); नल बन्द करना (खोलना). **— out,** नल, बत्ती आदि बन्द करना; किसी को कमरे से बाहर निकालना; माल का उत्पादन करना; (ड्राअर या जेब कुछ देखने के लिए) खाली कर देना; होना, विकसित होना : *The day —ed out wet*. **— up,** (व्यक्तियों का किसी स्थान पर) पहुँचना; (वस्तुओं का संयोगवश) मिल जाना. **3** स्वभाव, गुण आदि में परिवर्तन करना : *His hair is —ing grey*. **4** एक निश्चित आयु पर पहुँचना या पार करना. **5** (*nouns* के साथ) **—the corner**, (fig) संकट का समय सफलता के साथ काट डालना. **— sb's head,** अत्यन्त घमंडी होना. **— one's hand to anything,** हर प्रकार के कार्य करने के योग्य. **— one's stomach,** जी मतलाना. *n* **1** मोड़. **2** दिशा-परिवर्तन. **3** स्थिति का परिवर्तन. **4** मौका, क्रम, बारी, टर्न : *wait (until it is) one's —*. **in —, — and, — about**, (दो व्यक्तियों में) क्रम से कार्य करना. **out of —,** अपनी बारी के पहले या बाद. **5** दौर, पाली, शिफ़्ट. **6** मनोरंजन कार्य : *a comic —* . **7 (do sb) a good (bad) —,** उपकार (अपकार) करना. '**turn-out** *n* (कमरे को) खाली कर देना; बाहर निकली वस्तु, उत्पादन; साज-सज्जा. '**—over** *n* (अवधि विशेष की) क्रय-विक्रय की कुल रकम, उत्पादन.

ʹ—stile (ʹटर्न्‌स्टाइल्) *n* चक्रद्वार (ऐसा चक्करदार द्वार जिससे केवल एक ही व्यक्ति एक समय निकल सकता है).

ʹturnip (ʹटर्निप्) *n* शलग़म (सब्जी). → p 340.

ʹturpentine (ʹटर्पन्टाइन्) *n* तारपीन का तेल.

ʹturquoise (ʹटर्क्वाज़) *n* फ़ीरोज़ा का रंग (नग और उसका रंग).

ʹturret (ʹटरिट्) *n* 1 बुर्ज, कँगूरा. 2 टैंक, युद्धपोत आदि के घुमाऊ लोहे के कँगूरे (तोपों को ढ़कने के लिए).

ʹturtle (ʹटर्ट्‌ल्) *n* समुद्री कछुआ. → p 265. **turn —,** (जहाज़ का) उलट जाना.

tusk (टस्क्) *n* (हाथी के दाँत). → pp 280, 315.

ʹtussle (ʹटस्ल्) *v & n* संघर्ष; हाथापाई.

ʹtutor (ʹट्यूटर्) *n* 1 ट्यूटर, निजी शिक्षक. 2 ट्यूटर, विश्वविद्यालय का शिक्षक. *v* — के रूप में कार्य करना.

tweak (ट्वीक्) *v & n* चिकोटी काटना; उमेठना.

tweed (ट्वीड्) *n* ट्वीड (एक प्रकार का ऊनी कपड़ा).

ʹtweezers (ʹट्वीज़र्ज़्) *n pl* चिमटी.

twelve (ट्वेल्व्) *n & adj* बारह. **twelfth** (ट्वेल्फ़्थ) *n & adj* बारहवाँ, बारहवाँ अंश.

ʹtwenty (ʹट्वेन्टि) *n & adj* बीस. **ʹtwentieth** (ʹट्वेनटिइथ्) *n & adj* बीसवाँ (अंश).

twice (ट्वाइस्) *adv* दुगना; दो बार किया हुआ.

ʹtwiddle (ʹट्विड्ल्) *v* समय गँवाना.

twig (ट्विग्) *n* फुनगी, टहनी.

twilight (ʹट्वाइलाइट्) *n* संध्या का प्रकाश, झुटपुटा.

twin (ट्विन्) *n* जुड़वाँ बच्चों में से एक.

twine (ट्वाइन्) *n* सुतली, डोरा. *v* बटना; गूंथना.

twinge (ट्विन्ज्) *n* टीसन, हूक.

ʹtwinkle (ʹट्विंक्ल्) *v & n* टिमटिमाना (तारों का).

twirl (ट्वर्ल्) *v* चक्कर खिलाना, घुमाना.

twist (ट्विस्ट्) *v* 1 (डोरा) बटना. 2 ऐंठना, मरोड़ना. 3 सड़क का घुमावदार होना. *n* ऐंठन, मरोड़; घुमाव, ऐंठ.

twitch (ट्विंच्) *v* फड़कना. *n* फड़कन.

two (टू) *n & adj* दो.

tyʹcoon (टाइʹकून्) *n* शक्तिशाली पूंजीपति.

type (टाइप्) *n* 1 नमूना. 2 जाति; प्ररूप. 3 टाइप (मुद्रण, टंकण का). *v* टंकण करना. ʹ**—writer** *n* टाइप-राइटर. ʹ**—written** *adj* टंकित. ʹ**typist** *n* टाइपिस्ट.

ʹtyphoid (ʹटाइफ़ॉइड्) *n* (प्रायः — **fever**) टाइफ़ाइड (ज्वर).

tyʹphoon (टाइʹफ़ून्) *n* तूफ़ान.

ʹtypical (ʹटिपिकल्) *adj.* प्रतिनिधिक, नमूने के रूप में. ʹ**typically** *adv*. ʹ**typify** (ʹटिपिफ़ाइ) *v* प्रतीक होना.

ʹtyrant (ʹटाइरन्ट्) *n* अत्याचारी शासक. **tyʹrannical,** ʹ**tyrannous** *adj.* ʹ**tyranny** (ʹटिरनि) *n* तानाशाही, प्रजापीड़न.

tyre (ʹटाइअर्) *n* (पहिये का) टायर, (यू. एस. ए. में tire).

U

ʹudder (ʹअडर्) *n* (गाय, बकरी आदि का) थन. → p 99.

ʹugly (ʹअगलि) *adj* (-ier, -iest) 1 (beautiful के वैषम्य में) कुरूप, बदसूरत. 2 अशुभ, अनिष्ट सूचक.

ʹulcer (ʹअल्सर्) *n* फोड़ा, व्रण.

ulʹterior (अल्ʹटिअरिअर्) *adj* परवर्ती; अप्रत्यक्ष, परोक्ष. — **motives,** गुप्त, अव्यक्त अभिप्राय या प्रयोजन.

ʹultimate (ʹअल्टिमिट्) *adj* अन्तिम; चरम; आधारभूत, मौलिक.

ˌultiʹmatum (अल्टिʹमेटम्) *n* कठोर प्रतिक्रिया की धमकी के साथ अन्तिम माँग.

ʹultra- (पूर्वपद): अति-, परा–,पार–, सूक्ष्म, चरम : *ultra-modern*.

ʹumbrage (ʹअम्ब्रिज्) *n* **take — (at),** यह

अनुभव करना कि समुचित आदर नहीं मिला है, बुरा मानना.

um'brella (अम'ब्रेला) *n* छतरी.

'umpire ('अम्पाइअर्) *n* (खेल का) निर्णायक; पंच, मध्यस्थ : *v* — के रूप में कार्य करना.

un- (उपसर्ग) **1** (*adj, adv* के पहले) नकारात्मक : *uncertain(ly)*. **2** (*verb* के पहले) विपरीत कार्य करना, क्रिया द्वारा सूचित का विपरीत करना : *undress; unscrew; untie*. **3** (*noun* के पहले) अनुपस्थिति-सूचक : *uncertainty; unwillingness.*

u'nanimous (यू'नैनिमस्) *adj* **1** एकमत. **2** सर्वसम्मत. **—ly** *adv*. **,una'nimity** (यूनै'निमिटि) *n* मतैक्य या एकता.

,unas'suming ('अन्'अस्यूमिङ्) *adj* निरहंकार; विनीत.

,una'wares ('अन्अ'वेअर्स) *adv* अनजाने, अकस्मात् : *be caught (taken) — by a storm.*

un'balanced ('अन्'बैलन्स्ड्) *adj* असंतुलित; (fig) मन से अस्वस्थ.

un'burden (अन्'बर्डन्) *v* — **oneself,** अपना दुखड़ा कह कर हलकापन अनुभव करना (*to* sb).

un'called-for ('अन्'कॉल्ड्-फ़ॉर) *adj* अप्रार्थित और अनावश्यक.

un'canny (अन'कैनि) *adj* रहस्यमय; अस्वाभाविक.

'uncle ('अंक्ल्) *n* चाचा; मामा; फूफा; मौसिया.

un'couth (अन्'कूथ्) *adj* गँवार; अपरिष्कृत; असभ्य.

'under ('अन्डर्) *prep* नीचे; आच्छन्न; कम. *adv* नीचे. **— age,** 18 वर्ष की आयु से नीचे; निर्धारित आयु से कम. **— discussion (fire),** विचाराधीन. **— orders,** जिनका आर्डर मिल चुका है; जिन के लिए आर्डर भेजा जा चुका है.

'under- (पूर्वपद) **1** (*noun* के पूर्व) नीचे के, भीतर के : *—clothes; —carriage*. **2** (*verb* के पूर्व) जितना आवश्यक है उससे कम : *—charge; —fed.*

'undercurrent ('अन्डर्करन्ट्) *n* (fig) प्रच्छन्न या गुप्त (विचार या भावना की) प्रवृत्ति.

under'cut (अन्डर्'कट्) *v* कम दाम पर बेचना.

'underdog ('अन्डर्डॉग्) *n* हीन अवस्था का दुर्बल व्यक्ति; (युद्ध या वादविवाद में) हारने की संभावना वाला.

'underdone ('अन्डर्डन्) *adj* अधपका (भोजन).

'under'go ('अन्डर्'गो) *v* **1** सहना, भुगतना. **2** (प्रक्रिया से) गुजरना.

,undergraduate (अन्डर्'ग्रैडयूइट्) *n* पूर्व-स्नातक.

'underground ('अन्डर्ग्राउन्ड्) *n & adj* भूमिगत.

'undergrowth ('अन्डर्ग्रोथ्) *n* बड़े पेड़ के नीचे उगी झाड़ी, आदि.

'under'hand ('अन्डर्'हैन्ड्) *adj & adv* धोखे (से).

,under'lie (अन्डर्'लाइ) *v* आधारभूत होना; मूल में होना.

,under'line (,अन्डर'लाइन) *v* (शब्द को) रेखांकित करना; (fig) बल देना, महत्त्व देना.

,under'mine ('अन्डर्'माइन्) *v* **1** भीतर से खोखला करना; जड़ें खोदना. **2** धीरे-धीरे दुर्बल या क्षीण करना : *— sb's authority.*

,under'neath (,अन्डर्'नीथ्) *adv & prep* नीचे; तले.

'under'sell ('अन्डर्'सेल्) *v* (प्रतिद्वंद्वी से) कम दाम पर बेचना.

'under'signed ('अन्डर्'साइन्ड्) *adj* **the —,** जिसने (जिन्होंने) नीचे हस्ताक्षर किये हैं.

,under'stand (अन्डर्'स्टैन्ड्) *v* (*pt & pp* understood). **1** समझना. **make oneself understood,** अपना अर्थ स्पष्ट करना. **2** जानना (प्राप्त सूचना से) : *I — (that) you are going to resign.* **—able** बोधगम्य. **—ing** *n* **1** समझ, विवेक. **2** समझदारी, दूसरे के दृष्टिकोण को समझने की क्षमता. **3 reach an —ing (with sb),** समझौता करना. **4** इस शर्त पर कि : *on this —ing; on the —ing that.*

'understudy ('अन्डर्स्टडि) *n* (किसी दूसरे के स्थान पर काम करने के लिए) अभ्यास या

अध्ययन करने वाला, प्रशिक्षणार्थी.

ˌunderˈtake (अन्डर्ˈटेक्) *v* (*pt* ˌunderˈtook, *pp* ˌunderˈtaken). **1** भार ग्रहण करना, बीड़ा उठाना : — *a task;* — *to do sth.* **2** (कार्य) प्रारंभ करना. **ˌunderˈtaking** *n* **1** उत्तरदायित्व, कार्य पूरा करने की जिम्मेवारी. **2** आश्वासन, वचन (कार्य पूरा करने का). **ˈundertaker** *n* अन्त्येष्टि का प्रबन्ध करने वाला.

ˈundertone (ˈअन्डर्टोन्) *n* मन्द स्वर. **talk in —s,** दबी आवाज़ से बातचीत करना.

ˈunderwear (ˈअन्डरवेअर्) *n* बनियाइन, जांघिया, चोली आदि, नीचे पहनने वाले कपड़े.

ˈunderworld (ˈअन्डर्वर्ल्ड्) *n* **1** पाताल लोक. **2** समाज का निम्न वर्ग जो दुराचार और अपराध करके जीविका चलाता है.

ˌunderˈwrite (अन्डर्ˈराइट्) *v pt,* ˌunderˈwrote, *pp* ˌunderˈwritten). बीमा करना. **—r** *n.*

ˈunˈdo (ˈअन्ˈडू) *v* (*pt* unˈdid, *pp* unˈdone) **1** (गाँठ) खोलना, (बटन) खोलना. **2** किये हुए को बिगाड़ देना; व्यर्थ कर देना.

unˈdue (अन्ˈड्यू) *adj* उचित से अधिक (अनुचित), अत्यधिक : *with — haste.* **unˈduly** *adv.*

ˈundulate (ˈअनड्यूलेट्) *v* लहराना, लहरदार होना.

unˈearth (अन्ˈअर्थ्) *v* खोद कर निकालना; खोजकर प्रकाश में लाना.

unˈearthly (अन्ˈअर्थ्लि) *adj* **1** अलौकिक. **2** रहस्यमय; भयानक.

unˈeasy (अन्ˈईज़ि) *adj* बेचैन; चिन्तित. **unˈeasily** *adv.*

unˈerring (अन्ˈअरिङ्) *adj* ठीक, अचूक : *with — aim.*

ˌunexˈampled (अन्इग्ˈज़ाम्प्ल्ड्) *adj* अनुपम, अद्वितीय.

ˈunˈfair (ˈअन्ˈफ़ेअर्) *adj* अनुचित; बेजा; पक्षपातपूर्ण; अन्याय्य.

ˈunˈfaithful (ˈअन्ˈफ़ेथ्फ़ुल्) *adj* बेवफा, कृतघ्न, नमकहराम; अविश्वस्त.

ˈunfaˈmiliar (ˈअन्-फ़ˈमिल्यर्) *adj* अपरिचित.

ˈunˈfit (ˈअन्ˈफ़िट्) *adj* अयोग्य, बेकार; अनुपयुक्त. *v* — करना.

unˈfold (ˈअन्ˈफ़ोल्ड्) *v* (विशेषत: fig) (योजना आदि) प्रकट करना.

ˈunˈfounded (ˈअन्ˈफ़ाउन्डिड्) *adj* निराधार, बेबुनियाद : — *rumours.*

unˈgainly (अन्ˈगेन्लि) *adj* भद्दा; उजड्ड.

unˈgovernable (अन्ˈगवर्नब्ल्) *adj* बेलगाम, अनियंत्रणीय : *an — temper.*

unˈgrateful (अन्ˈग्रेट्फ़ुल्) *adj* अकृतज्ञ, एहसान न मानने वाला.

unˈguarded (अन्ˈगार्डिड्) *adj* असावधानी से दिया (कथन); रहस्योद्घाटन होने देना.

unˈhappy (अन्ˈहैपि) *adj* दु:खी; अभागा, बदकिस्मत.

unˈheard-of (ˈअन्ˈहर्ड् ऑफ़्) *adj* अभूतपूर्व, असाधारण.

ˈunicorn (ˈयूनिकॉर्न) *n* (पुरानी पाश्चात्य कहानियों में) घोड़ानुमा पशु जिसके मत्थे में एक सीधा सींग होता है.

ˈuniform (ˈयूनिफ़ॉर्म्) *adj* एकसमान; एकरूप : *a — temperature. n* यूनीफ़ार्म (पोशाक), वरदी. **—ly** *adv.* **uniˈformity** (यूनिˈफ़ार्मिटि) *n.*

ˈunify (ˈयूनिफ़ाइ) *v* **1** एक कर देना; जोड़ देना. **2** एकरूप या एकसमान कर देना. **ˌunifiˈcation** *n.*

ˈunion (ˈयून्यन्) *n* **1** संयोजन; संमिलन. **2** सामंजस्य; मेलमिलाप. **3** संघ, यूनियन : *a trade —.*

uˈnique (यूˈनीक्) *adj* एकमात्र; अनन्य; अनुपम; अद्वितीय.

ˈunison (ˈयूनिज़्न्) *n* स्वरमेल; मैत्री.

ˈunit (ˈयूनिट्) *n* इकाई, एकक, मात्रक : *—s of length.*

uˈnite (यूˈनाइट) *v* **1** जोड़ना, एक करना या एक होना. **2** साथ काम करना. **—d** *adj* संयुक्त.

ˈunity (ˈयूनिटि) *n* एकता; मेल-मिलाप.

ˈuniverse (ˈयूनिव़र्स) *n* विश्व. **uniˈversal** (यूनिˈव़र्सल्) *adj* सार्वभौमिक. **uniˈversally** *adv.*

ˈuniˈversity (यूनिˈव़र्सिटि) *n* विश्वविद्यालय.

un'kempt ('अन्'केम्प्ट्) *adj* अस्तव्यस्त; मैला-कुचैला.

'**un'known** ('अन्'नोन) *adj* अज्ञात; अजनबी. *adv* अनजाने.

un'less (अन्'लेस्) *conj* यदि नहीं; जब तक ...नहीं.

un'like (अन्'लाइक्) *adj* भिन्न, असमान; प्रतिकूल.

,**unmis'takable** (,अन्मिस्'टेकब्ल्) *adj* साफ़, सुस्पष्ट.

un'natural (अन्'नैच्रल्) *adj* अस्वाभाविक; बनावटी.

un'nerve (अन्'नर्व़्) *v* हिम्मत छूट जाना.

un'pleasant (अन्'प्लेज़न्ट्) *adj* अप्रिय, अप्रीति-कर. — **smell** बदबू.

un'pleasantness (अन्'प्लेज़न्ट्निस्) *n* मनो-मालिन्य; अनबन, झगड़ा.

'**un'popular** ('अन्'पॉप्युलर्) *adj* बदनाम, अप्रिय.

'**unpre'tentious** ('अन्प्रि'टेन्शस्) *adj* निर-हंकार; विनीत.

un'principled (अन'प्रिन्स्पल्ड्) *adj* बिना नैतिक सिद्धान्तों के.

un'ravel (अन्'रैव़्ल) *v* (-ll-) **1** (गुत्थी) सुलझाना; अलग-अलग करना. **2** रहस्योद्घाटन करना.

,**unre'mitting** (अन्रि'मिटिङ्) *adj* निरन्तर, अविरल.

un'rest (अन्'रेस्ट्) *n* अशान्ति, असन्तोष; उपद्रव: social —.

un'ruly (अन्'रूलि) *adj* उपद्रवी, बेकाबू, उच्छृंखल.

un'sightly (अन्'साइट्लि) *adj* कुरूप.

un'sound (अन्'साउन्ड्) *adj* (विशेषत:) **of — mind,** पागल.

un'speakable (अन्'स्पीक्ब्ल्) *adj* अकथ्य; अकथनीय : — *joy*.

un'thinkable (अन्'थ़िंकब्ल्) *adj* कल्पनातीत, असंभव.

un'thinking (अन्'थ़िंकिङ्) *adj* लापरवाह; अविचारित (कार्य).

un'til ('अन्टिल्) *prop & conj* (=till) तक.

un'timely (अन्'टाइम्लि) *adj* असामयिक; असमय.

'**unto** ('अन्टु) *prep* (पुराना प्रयोग) = to.

un'told (अन्'टोल्ड्) *adj* असंख्य, असीम; अकथित.

un'utterable (अन्'अटर्ब्ल्) *adj* अकथनीय.

un'wieldy (अन्'वील्डि) *adj* भारी-भरकम, बोझिल.

un'willing ('अन'विलिङ्) *adj* अनिच्छुक; असहमत. —**ly** *adv* बिना इच्छा के.

un'witting (अन्'विटिङ्) *adj* अनजान; अनभिज्ञ. —**ly** *adv*.

unwrap (अन्'रैप्) *v* (लिपटे हुए को) खोलना, अनावरण करना.

up (अप्) *adv & prep* **1** सीधा : *Stand up !* **2** उठ खड़ा हुआ; तैयार : *He isn't up yet.* **3 up to,** करने में लगा हुआ : *He's up to no good.* **4 not up to much,** बहुत अच्छा नहीं : *don't feel up to (doing) much.* **5 What's up?** (slang) क्या बात है ? *n* **ups and downs,** (fig) (जीवन का) उतार-चढ़ाव.

up- (पूर्व पद) ऊपर की दिशा में.

up'braid (अप्'ब्रेड्) *v* डाँटना, झिड़कना.

'**upbringing** ('अपब्रिङिङ्) *n* शिक्षा, लिखाई-पढ़ाई.

up'heaval (अप्'हीव़्ल्) *n* क्रांति, कायापलट; उथल-पुथल.

'**uphill** ('अप्हिल्) *adj* कठिन; श्रमसाध्य : — *work*. *adv* (प्राय: **up'hill**) ऊपर, ऊपर की ओर.

up'hold (अप्'होल्ड्) *v* (*pt & pp* upheld) (निर्णय का) अनुमोदन करना, समर्थन करना.

up'holster (अप्'होल्सटर्) *v* (कुर्सियों आदि में) गद्दी लगाना; (कमरे में) क़ालीन, परदे, गद्देदार कुर्सियाँ आदि लगाना. —**y** (अप्'होल्सटरि) *n* कमरे का साज समान, गद्देदार फ़र्नीचर आदि.

'**upkeep** ('अप्कीप्) *n* किसी स्थिति में रखने का खर्च; रख-रखाव.

'**upland** ('अप्लैन्ड्) *n* (प्राय: *pl*) उच्च-भूमि : *an — region.*

up'lift (अप्'लिफ़्ट्) *v* ऊपर उठाना; उन्नत करना. *n* उत्थापन.

u'pon (अ'पॉन्) *prep* के ऊपर.

'upper ('अपर) *adj* ऊपरी. **have (get) the — hand,** (किसी व्यक्ति पर पूरा) नियंत्रण रखना. *n* तले के ऊपर का जूते का भाग. **—most** *adj & adv* सर्वोच्च; प्रमुख.

'up'right ('अप्'राइट्) *adj* **1** खड़ा; सीधा. **2** ईमानदार, ख़रा. *adv* —रीति या स्थिति में. *n.* खड़ा खंभा. **—ly** *adv.*

up'rising (अप्'राइज़िङ्) *n* विद्रोह, बग़ावत.

'uproar ('अप्रॉर्) *n* हंगामा, हुल्लड़. **up'roarious** (अप्'रॉरिअस्) *adj* कोलाहल-पूर्ण; क़हक़हा, ठहाका.

up'root (अप्'रूट्) *v* उखाड़ना.

up'set (अप्'सेट्) *v* (*pt & pp* upset; -tt-) **1** उलट देना. **2** अस्त-व्यस्त कर देना; गड़बड़ा देना : *— the enemy's plans.* **'upset** *n.*

'upshot ('अप्शॉट्) *n* परिणाम; निष्कर्ष.

'upside-'down ('अप्साइड्'डाउन्) *adj* उलटा-पुलटा.

up'stairs ('अप्'स्टेअर्ज़) *adv* ऊपरी मंजिल पर : *an — room.*

'up'stream ('अप्'स्ट्रीम्) *adv* जलधारा के प्रतिकूल.

'uptake ('अप्टेक्) *n* **quick on the—,** (colloq) तुरत समझने वाला.

'up-to-'date ('अप्-ट्-'डेट्) *adj* आधुनिकतम; अद्यतन; नवीनतम किस्म का.

'upward ('अप्वर्ड्) *adj* ऊपर की ओर चलता हुआ. **—(s)** *adv* उच्चतर स्थान की ओर. **—s of,** से अधिक.

'urban ('अर्बन्) *adj* नगरीय, शहरी. **—ize** *v* नगरीय या शहरी बनना/बनाना.

ur'bane (अर्'बेन्) *adj* विनम्र; व्यवहार में परिष्कृत, सुसभ्य. **—ly** *adv.* **urbanity** *n.*

'urchin ('अर्चिन्) *n* नटखट छोकरा (विशेषतः सड़कों पर खेलने वाला).

urge (अर्ज्) *v* **1** (किसी वस्तु या व्यक्ति को) उकसाना, भड़काना (*on, onward, forward*). **2** (किसी को कुछ करने के लिए) अनुनय-विनय करना, आग्रह करना. **3** प्रेरित करना. *n* आवेग; ललक, लालसा.

'urgency ('अर्जन्सि) *n* तुरंत कार्य करने की आवश्यकता या महत्ता. **'urgent** ('अर्जन्ट्) *adj* तुरंत निर्णय या कार्रवाई की उपेक्षा करने वाला; अत्यावश्यकता प्रकट करने वाला. **'urgently** *adv.*

'urine ('युअरिन्) *n* पेशाब, मूत्र.

urn (अर्न्) *n* **1** चाय या कॉफ़ी का धातु का बना पात्र. **2** अस्थि-कलश, भस्मकलश.

us (अस्) *pron we* का कर्मकारक रूप : *Can you see us?*

'usage ('यूज़िज्) *n* **1** व्यवहार. **2** लोकोक्ति; आम रिवाज, रूढ़ि.

use (यूस्) *v* **1** किसी काम के लिए प्रयोग करना. **2 use up,** जो था वह समाप्त हो जाना. **3** बरताव करना, व्यवहार करना. *n* **1** प्रयोजन. **2** इस्तेमाल, उपयोग. **make use of,** उपयोग में लाना. **come into use,** काम में आने लगना. **go out of use,** पुराना, अप्रचलित हो जाना. **3** लाभ, फ़ायदा : **of no use,** बेकार. **4** प्रयोग करने की शक्ति : *lose the use of one's hands.* **5** उपभोग करने का अधिकार. **used** *adj* नई नहीं, पुरानी : *a used car.* **used to,** अभ्यस्त, परिचित. **'used to,** *v* (किसी अन्य क्रिया के साथ) अतीत में उस क्रिया को किया करना : *I used to go to market everyday* (मैं प्रतिदिन बाज़ार जाया करता था). *There used to be a hotel here years ago* (यहाँ कुछ साल पहले एक होटल हुआ करता था). **'useful** ('यूस्फ़ुल्) *adj* उपयोगी, लाभदायक; **'usefully** *adv.* **'usefulness** *n.* **'useless** *adj* बेकार; तुच्छ. **'uselessly** *adv.* **'user** *n* उपभोक्ता, वस्तु को काम में लाने वाला : *telephone users.*

'usher ('अशर्) *n* प्रवेशक (वह व्यक्ति जो थियेटर में किसी व्यक्ति को उसका स्थान जाकर बताता है). *v* अन्दर ले जाना, जगह पर पहुँचाना : *I was —ed in by the steward.* **,usher'ette** (अश्'रेट्) *n* महिला प्रवेशक : *a cinema —ette.*

'usual (यूश़ुअल्) *adf* सामान्य, साधारण; प्रथा के अनुसार : *my usual seat.* **—ly** *adv.*

u'surp (यू'ज़र्प्) *v* अधिकार या शक्ति हड़प लेना —**er** *n*

'usury ('यूशुरि) *n* सूदख़ोरी (ऊँचे ब्याज पर रुपया उठाना). **'usurer** ('यूशरर्) *n* सूदखोर.

u'tensil (यू'टेन्स्ल्) *n* बरतन-भाँड़े (घर के).

u'tility (यू'टिलिटि) *n* **1** उपयोगिता. **2 public utilities**, जनोपयोगी सेवाएँ (जैसे पानी, बिजली आदि). **,utili'tarian** (यूटिलि'टेअरिअन्) *adj* उपयोग के लिए (न कि विलास के लिए). **'utilize** ('यूटिलाइज़्) *v* उपयोग या इस्तेमाल करना. **'utilization** (यूटिलाइ'ज़ेशन्) *n.*

'utmost ('अट्मोस्ट्) *adj* **1** परम, चरम. **2** सर्वाधिक : *in the — danger*. *n* भरसक : *enjoy yourself to the —*.

Ut'opia (यू'टोप्या) *n* रामराज्य, आदर्श राज्य या समाज (अतएव काल्पनिक).

'utter[1] ('अटर्) *adj* पूरा; निरा. **—ly** *adj.*

'utter[2] ('अटर्) *v* **1** उच्चारण करना, आवाज़ निकालना : *— a cry of pain*. **2** कहना, बोलना : *the last words she —ed*. **—ance** *n* कथन शैली; कथन, उद्गार.

'uttermost ('अटर्मोस्ट्) *adj* अत्यंत, चरमकाष्ठा पर.

V

'vacant ('व़ेकन्ट्) *adj* खाली, रिक्त; विचार या रुचि के किसी संकेत के बिना : *— rooms (looks)*. — **ly** *adv*. **'vacancy** ('व़ेकन्सि) *n* खाली जगह; नौकरी के लिए खाली पद.

va'cate (व़'केट्) *v* मकान ख़ाली करना; अपना स्थान ख़ाली छोड़ना.

va'cation (व़'केशन्) *n* **1** (न्यायालय या विश्वविद्यालय में) लम्बा अवकाश. **2** अवकाश की अवधि.

vaccinate ('वैक्सिनेट्) *v* टीका (जैसे, चेचक आदि का) लगाना. **,vacci'nation** *n*. **'vaccine** *n* टीका की दवाई.

'vacuum ('व़ैक्युअम्) *n* शून्य, खाली जगह. — **flask**, फ़्लास्क (ऐसी बोतल जिसमें ठंडी वस्तु ठंडी तथा गर्म वस्तु गर्म बनी रहती है).

'vagabond ('व़ैग्बॉन्ड्) *adj* आवारा, घुमक्कड़. *n* ऐसा व्यक्ति. **'vagrant** *adj & n* (= vagabond). **'vagrancy** *n* — होने की स्थिति.

vague (व़ेग्) *adj* (-r, -st) **1** अस्पष्ट; धुँधला. **2** अनिश्चित. **—ly** *adv*. **—ness** *n.*

vain (व़ेन्) *adj* **1** व्यर्थ, बेकार, निष्फल : *— attempts*. **2** दंभी, घमंडी. **3 in —**, व्यर्थ. **'ly** *adv.*

'valet ('व़ैलिट्) *n* खिदमतगार.

'valiant ('व़ैल्यन्ट्) *adj* शूर-वीर. **—ly** *adv.*

'valid ('व़ैलिड्) *adj* **1** (law) वैध, प्रभावकारी. **2** (समझौता आदि का) मियाद या अवधि के भीतर होना : *— for three months*. **3** पक्के आधार पर तर्क; ठोस. **—ly** *adv*. **va'lidity** *n.*

va'lise (व़'लीज़्) *n* यात्रा में कपड़ों का बैग.

'valley ('व़ैलि) *n* घाटी ((प्राय: जिसके बीच में से नदी बह रही हो).

'valour ('व़ैलर्) *n* पराक्रम, बहादुरी.

'value ('वैल्यू) *n* **1** मूल्य, मान. **2** कीमत, दाम, मूल्य. **3** महत्त्व. *v* **1** कीमत निर्धारित करना. **2** क़दर करना, सम्मान करना. **'valuable** ('वैल्युअब्ल्) *adj* बहुमूल्य, कीमती. *n* (प्राय: *pl*) बहुमूल्य वस्तुएँ (जैसे जवाहिरात).

valve (वैल्व्) *n* **1** वाल्व (मशीन आदि का). **2** दिल का वाल्व. **3** रेडियो में प्रयुक्त वाल्व.

van[1] (व़ैन्) *n* **1** बन्द मोटर-गाड़ी : *the milk-van*. **2** रेल का बन्द माल-डिब्बा.

van[2] (वैन्) *n* **1** युद्ध क्षेत्र में अग्रिम टुकड़ी. **2** जलूस या (fig) आन्दोलन के नेता, अग्रणी. **'vanguard** ('व़ैन्गार्ड्) *n* युद्ध में सेना की अग्रिम टुकड़ी.

'vandal ('वैन्डल्) *n* बर्बर, कलाकृतियों का ध्वंस करने वाला. **—ism** *n.*

vane (व़ेन्) *n* **1** हवा की दिशा सूचित करने वाला तीर (प्राय: ऊँचे भवनों पर लगा हुआ). **2** पवन चक्की का फलक.

'vanish ('वैनिश्) *v* **1** अचानक गायब हो जाना,

लुप्त हो जाना; धीरे-धीरे विलीन हो जाना. 2 मिट जाना, शून्य हो जाना.

ˈ**vanity** (ˈवैनिटि) *n* **1** दंभ, मिथ्याभिमान. **2** खोखलापन, असंतुष्टि.

ˈ**vanquish** (ˈवैंक्विश्) *v* पराजित करना.

ˈ**vapour** (ˈवेपर्) *n* **1** भाप; कोहरा. **2** बफारा (सामान्यतया द्रव या ठोस पदार्थ का गैस रूप). ˈ**vaporize** *v* वाष्प में बदल देना.

ˈ**variable, vaˈriety** → *vary.*

ˈ**varnish** (ˈवार्निश्) *n* वार्निश. *v* — करना.

ˈ**vary** (ˈवेअरि) *v* परिवर्तित होना या करना. ˈ**variable** (ˈवेअरिअब्ल्) *adj* परिवर्तनीय; परिवर्तनशील. ˈ**variance** (ˈवेअरिअन्स्) *n* (विशेषतः) **at variance with,** असहमत होकर. ˈ**variant** (ˈवेअरिअन्ट्) *adj* भिन्न या वैकल्पिक (रूप). *n* वैकल्पिक रूप. ˈ**variation** *n* परिवर्तन की मात्रा. ˈ**varied** (ˈवेअरिड्) *adj* **1** विभिन्न प्रकार के. **2** निरन्तर या प्रायः परिवर्तनशील. **vaˈriety** (वˈराइअटि) *n* **1** विविधता. **2** संग्रह (विभिन्न वस्तुओं का). ˈ**various** (ˈवेअरिअस्) *adj* विभिन्न, विविध; अनेक, कई.

vase (वाज़्) *n* शीशे या चीनी का गुलदान (पुष्प-पात्र).

ˈ**vassal** (ˈवैसल्) *n* जागीरदार.

vast (वास्ट्) *adj* विशाल; विस्तृत.

vat (वैट्) *n* टंकी, वैट (शराब बनाने में प्रयुक्त पात्र).

vault[1] (वॉल्ट्) *n* **1** मेहराबी छत. **2** तहखाना (प्रायः शराब या बहुमूल्य वस्तु रखने के लिए). **3** शव-कक्ष. ˈ**—ed** *adj* मेहराबदार.

vault[2] (वाल्ट्) *v* लग्गे (पोल) के सहारे छलांग भरना; लांघना : — *(over) a fence. n* ऐसी छलांग.

vaunt (वॉन्ट्) *v & n* शेखी मारना, डींग भरना.

veer (विअर्) *v* दिशा बदलना; विचारधारा या रुख बदलना.

ˈ**vegetable** (ˈवेजिटब्ल्) *adj* वनस्पति विषयक. *n* साग-भाजी, सब्जी → p 340. **vegeˈtarian** (वेजिˈटेअरिअन्) *n* शाकाहारी (मांस आदि न खाने वाला). ˌ**vegeˈtation** (वेजिˈटेशन्) *n* सभी प्रकार के पौधे, वनस्पति; विशेष क्षेत्र में उगने वाले पौधे : *tropical vegetation.*

ˈ**vehement** (ˈवीइमन्ट्) *adj* तीव्र, प्रचंड, उग्र (भावना, व्यक्ति). ˈ**vehemence** (ˈवीइमन्स्) *n.*

ˈ**vehicle** (ˈवीइक्ल्) *n* वाहन जैसे घोड़ागाडी, बैलगाड़ी, बस आदि (व्यक्तियों या सामान वहन करने के लिए प्रयुक्त).

veil (वेल्) *n* **1** परदा, घूंघट; बुरका. **take the —,** (ईसाई) नन (nun) बनना. **2** आवरण, परदा : *a — of mist. v* घूंघट काढ़ना; छिपना.

vein (वेन) *n* **1** शिरा (नस जिससे खून दिल में वापिस जाता है). **2** पत्ते आदि की नसें, रगें. **3** चट्टानी पत्थर में रग जैसे निशान. **4** तबीयत; मनोदशा : *in a merry —.*

veˈlocity (विˈलॉसिटि) *n* वेग.

ˈ**velvet** (ˈवेल्विट्) *n* **1** मख़मल. **2** (*adj* के रूप में) — से बना; — सा मुलायम.

veˈneer (विˈनिअर्) *n* **1** वेनीर (मामूली लकड़ी के फर्नीचर पर ऊपरी बढ़िया लकड़ी की चिपकी हुई परत). **2** (fig) असली स्वभाव को ढकने वाला ऊपरी नम्रतापूर्ण आचरण.

ˈ**venerable** (ˈवेन्रब्ल्) *adj* पूजनीय. ˈ**venerate** (ˈवेन्रेट्) *v* समादर करना, श्रद्धा करना. ˌ**veneˈration** *n* श्रद्धा.

ˈ**vengeance** (ˈवेन्जन्स्) *n* बदला, प्रतिशोध. **take — upon sb,** बदला लेना

ˈ**venom** (ˈवेनम्) *n* **1** (साँप का) विष. **2** द्वेष; घृणा. **—ous** *adj.*

vent (वेन्ट) *n* **1** निकास-छिद्र. **2** (fig) अपनी दबी भावनाओं की अभिव्यक्ति.

ˈ**ventilate** (ˈवेन्टिलेट्) *v* **1** हवा को मुक्त रूप से आने-जाने देना. **2** (किसी प्रश्न पर खुले-आम) चर्चा करना. ˌ**ventilation** *n.* ˈ**ventilator** *n* रोशनदान, वातायन.

ˈ**venture** (ˈवेन्चर्) *n* जोख़िम का काम, साहसिक कार्य. *v* जोख़िम उठाना; साहस करना. **—some** *adj* साहसिक; निडर, साहसी.

veˈracious (वˈरेशस्) *adj* सत्यवादी; सत्य, सचमुच. **veˈracity** (वˈरैसिटि) *n* सच्चाई.

veˈranda(h) (वˈरैन्डा) *n* बरामदा, दालान.

verb (वर्ब) *n* (व्याकरण) क्रिया.

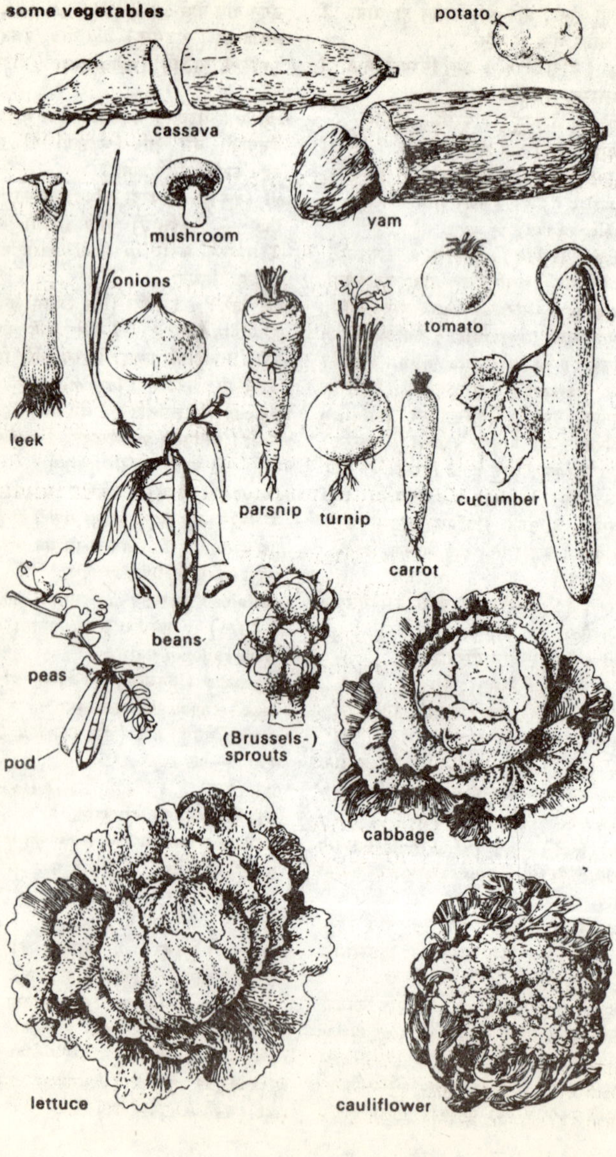
some vegetables
potato
cassava
yam
mushroom
onions
leek
parsnip
turnip
tomato
carrot
cucumber
beans
peas
pod
(Brussels-)
sprouts
cabbage
lettuce
cauliflower

ˈ**verbal** (ˈव़र्बल्) *adj* 1 शाब्दिक, शब्द संबंधी : — *errors*. 2 मौखिक (न कि लिखित) : — *messages*. 3 (व्याकरण) क्रियासंबंधी. — **noun,** (व्याकरण) *-ing* से बनी संज्ञा, क्रियार्थक संज्ञा.

verˈbatim (व़र्ˈबेटिम्) *adv* एक-एक शब्द जैसे बोला या लिखा गया था, शब्दशः.

ˈ**verdant** (ˈव़र्डन्ट्) *adj* हराभरा (मैदान), हरा-भरा (खेत).

ˈ**verdict** (ˈव़र्डिक्ट्) *n* 1 (न्यायालय द्वारा दिया) निर्णय. 2 (परीक्षण के बाद दी) राय.

verge (व़र्ज्) *n* 1 किनारा, सिरा, छोर, सीमा. 2 **on the — of doing sth,** करने ही जा रहा था (है). *v* — **upon,** समीप होना.

ˈ**verify** (ˈव़ेरिफ़ाइ) *v* 1 कथन की सत्यता या यथार्थता परीक्षण द्वारा जाँचना. 2 पूर्वकथित की सच्चाई किसी घटना आदि से प्रदर्शित करना. ˌ**verifiˈcation** (व़ेरिफ़िˈकेशन्) *n* जाँच, सत्यापन; प्रमाणन.

verˈmilion (व़र्ˈमिल्यन्) *n & adj* सिन्दूर (सिन्दूरी).

ˈ**vermin** (ˈव़र्मिन्) *n* 1 पौधों, पक्षियों आदि को हानि पहुँचाने वाले जीव. 2 कीड़े-मकोड़े. —**ous** *adj* 1 कृमि (कीड़े-मकोड़ों) से भरा हुआ. 2 कृमि से उत्पन्न.

vernaˈcular (व़र्ˈनैक्युलर्) *adj* (किसी) देश या जनपद की भाषा (न कि विदेश की) : *the — languages of Indonesia. n* देशी बोली.

ˈ**versatile** (ˈव़र्सटाइल्) *adj* सर्वतोमुखी प्रतिभा वाला. ˌ**versaˈtility** (व़र्सˈटिलिटि) *n.*

verse (व़र्स्) *n* 1 पद्य (न कि गद्य). 2 कविता, छन्द.

versed (व़र्स्ट्) *adj* — **in,** में अनुभवी, का अच्छा जानकार.

ˈ**version** (ˈव़र्सन्) *n* 1 अनुवाद, भाषान्तरण. 2 व्यक्ति का किसी घटना का अपना बयान.

ˈ**versus** (ˈव़र्सस्) *prep* (Latin) प्रति, विरुद्ध; बनाम (law), प्रायः v.

ˈ**vertical** (ˈव़र्टिक्ल्) *adj* खड़ा; सीधा : *a — line.* → horizontal.

very (ˈव़ेरि) *adv* अत्यधिक; बड़ी मात्रा में : — *good. adj* वही (न कि कोई और) : *the — thing I wanted. int* — **well,** ठीक, बहुत अच्छा.

ˈ**vessel** (ˈव़ेस्ल्) *n* 1 (द्रव का) पात्र (जैसे, प्याला, बोतल, बाल्टी). 2 जहाज़ या बड़ी नाव.

vest (व़ेस्ट्) *n* बनियाइन आदि.

ˈ**vestige** (ˈव़ेस्टिज्) *n* अवशेष, निशानी.

ˈ**vestment** (ˈव़ेस्टमन्ट्) *n* पादरी का विशेष वस्त्र.

vet (व़ेट्) *n* (colloq) पशु-चिकित्सक. *v* (-tt-) (colloq) इलाज करना; डाक्टरी जाँच करना.

ˈ**veteran** (ˈव़ेट्रन्) *n & adj* अनुभवी, पुराना (विशेषतः सैनिक).

ˈ**veterinary** (ˈव़ेट्रिनरि) *adj* पशुओं के रोगों से सम्बद्ध. — **doctor** *n* पशुरोग-चिकित्सक.

ˈ**veto** (ˈव़ीटो) *n* (*pl* -es) वीटो, किसी वस्तु को रोकने का अधिकार, निषेधाधिकार; निषेध, मनाही. *v* — का प्रयोग करना; मना करना.

vex (व़ेक्स्) *v* चिढ़ाना, खिजाना. **vexˈation** (व़ेक्ˈसेशन्) *n* खीज, परेशानी. **vexˈatious** *adj.*

ˈ**via** (ˈव़ाइअ) *prep* (Latin) के रास्ते : *travel from Delhi to Lucknow via Kanpur.*

ˈ**viaduct** (ˈव़ाइअडक्ट्) *n* सड़क या रेल का नीची भूमि पर या घाटी के बीच बना पुल.

viˈbrate (व़ाइˈब्रेट्) *v* 1 कँपाना; काँपना. 2 दोलन करना, दोलायमान होना. **viˈbration** (व़ाइˈब्रेशन) *n* कंपन; दोलन.

vice[1] (व़ाइस्) *n* पापाचार; व्यसन.

vice[2] (व़ाइस्) *n* (बढ़ई आदि का) शिकंजा.

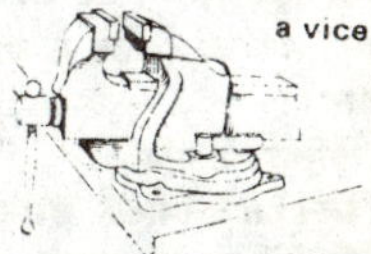

a vice

vice- (पूर्वपद) दूसरे के स्थान पर कार्य करने वाला; पद में ठीक उसके नीचे; (वाइस–, उप–) *vice-chancellor, vice-principal, vice-chairman.*

ˈ**vice-ˈversa** (ˈव़ाइसिˈव़र्स) *adv* (Latin) इसके विपरीत : *He can go to her or —* (ie or she can go to him).

vi'cinity (व़ि'सिनिटि) *n* समीपता; आस-पास का क्षेत्र; पास-पड़ोस.

'vicious ('व़िशस्) *adj* 1 दूषित, पापमय; भ्रष्ट. 2 कटु, द्वेषपूर्ण.

'victim ('व़िक्टिम्) *n* शिकार; पीड़ित व्यक्ति; सताया हुआ व्यक्ति. **—ize** *v* सताना; दंडित करना.

'victor ('व़िक्टर्) *n* विजेता. **—y** *n* विजय (प्रायः युद्ध या प्रतियोगिता में मिली सफलता). **vic'torious** *adj* विजयी (*over*).

'victual ('व़िट्ल्) *v* (-ll-) & *n pl* खाद्य-सामग्री (का प्रबंध करना).

view (व़्यू) *n* 1 दृष्टि, नजर, निगाह. **be in —, come into —,** दृष्टिगोचर होना, निगाह में आना. **on —,** प्रदर्शित. 2 दृश्य (विशेषतः प्राकृतिक दृश्य). 3 राय, मत, विचार. **in — of,** ध्यान में रखते हुए. 4 प्रयोजन; इरादा. **fall in with** (*meet*) **sb's —s,** उसकी इच्छाओं से सहमत होना. **with a — to,** के उद्देश्य से, के विचार से. *v* देखना; निहारना; जाँचना; विचार करना, समझना. **'—er** ('व़्यूअर्) *n* दर्शक.

'vigil ('व़िजिल्) *n* जागते हुए निगरानी करना. **vigilance** *n* सतर्कता, निगरानी, चौकसी. **—ant** *adj* सावधान, सतर्क.

'vigour ('व़िगर्) *n* बल; उत्साह. **'vigorous** *adj* हृष्ट-पुष्ट; सुस्वस्थ: उत्साही, कर्मठ (व्यक्ति), सशक्त, ज़ोरदार (प्रयत्न आदि).

vile (व़ाइल) *adj* (-r, -st) 1 कमीना, नीच. 2 (colloq) बहुत घटिया, एक दम रद्दी.

'villa ('व़िल्) *n* विला (शहर के बाहर उपवन वाला मकान).

'village ('व़िलिज्) *n* गाँव.

'villain ('व़िलन्) *n* खलनायक, खलनेता (फ़िल्म, नाटक आदि में); दुर्जन, दुष्ट. **—ous** *adj* दुष्ट. **—y** *n* बदमाशी, नीचता.

'vindicate ('व़िन्डिकेट्) *v* निर्दोष ठहरना, उचित या न्यायसंगत सिद्ध करना. **,vin'dication** *n*.

vin'dictive (व़िन्'डिक्टिव़्) *adj* क्षमा न करने वाला; बदला या प्रतिशोध की इच्छा दिखाने वाला.

vine (व़ाइन्) *n* अंगूर की बेल. **'—yard** *n* अंगूर का बाग.

'vinegar ('व़िनिगर्) *n* सिरका.

'violate ('व़ाइअलेट्) *v* 1 उल्लंघन करना; अन्तःकरण के विपरीत करना. 2 तिरस्कार या उपेक्षा करना. **,vio'lation** *n*.

'violent ('व़ाइअलन्ट्) *adj* 1 उग्र, प्रचंड, तीक्ष्ण : — *passions*. 2 ज़बरदस्त हिंसापूर्ण : *a — death* (प्रहार द्वारा मृत्यु). 3 अत्यधिक, प्रचंड : — *toothache*. **—ly** *adv*. **'violence** ('व़ाइअलन्स्) *n*.

'violet ('व़ाइअलिट्) *adj* & *n* बैंगनी (रंग).

violin (,व़ाइअलिन्) *n* वायलिन्, बेला. →p 206. **— ist** *n* — वादक.

'viper ('व़ाइपर्) *n* छोटा विषैला साँप.

'virgin ('व़र्जिन्) *n* कुमारी. *adj* 1 शुद्ध और अछूता : — *snow*. 2 स्वाभाविक स्थिति में (न कि कृत्रिम रूप में); अप्रयुक्त, न भोगी हुई वस्तु : — *soil* (*forests*). **vir'ginity** *n*.

'virile ('व़िराइल्) *adj* मरदाना, पुरुषोचित (बल, शक्ति, उत्साह आदि गुणों की दृष्टि से). **vi'rility** *n*.

'virtual ('व़र्च्युअल्) *adj* वास्तविक (यद्यपि स्पष्टतया इस रूप में अप्रकट) : *a — defeat* (है तो हार यद्यपि प्रकट रूप में इसे स्वीकार नहीं करते). **—ly** *adv*.

'virtue ('व़र्च्यू) *n* 1 गुण, सद्गुण. 2 **by (in) — of,** के आधार पर, के कारण. **'virtuous** *adj* गुणवान, नेक, सद्गुणी.

'virulent ('व़िरुलन्ट्) *adj* विष का बहुत तेज़ होना; कटु द्वेषपूर्ण (भावना).

'virus ('व़ाइअरस्) *n* वाइरस (विषाक्त तत्त्व जिससे कई प्रकार के छूत के रोग होते हैं).

'visa ('व़ीज़ा) *n* विज़ा, देश में आने या जाने की अनुमति.

'visible ('व़िज़िब्ल्) *adj* दृष्टिगोचर; प्रत्यक्ष, स्पष्ट.

'vision ('व़िशन्) *n* 1 दृष्टि, कल्पनाशक्ति. 2 दृश्य (विशेषतः कल्पना जगत् का). **'visionary** ('व़िशनरि) *adj* 1 काल्पनिक (न कि व्यावहारिक) : *—ary plans*. 2 स्वप्नों के जगत् में रहना वाला (व्यक्ति); स्वप्नदर्शी.

'visit (व़िज़िट्) *v* (किसी व्यक्ति से) मिलने

जाना; किसी स्थान पर सैर करने के लिए जाना. *n* — की क्रिया; — का समय : *pay sb a —; on a short — to Delhi.* **—or** *n* मुलाकाती; दर्शनार्थी; पर्यटक.

'vista ('व़िस्टा) *n* दूर का दृश्य; (fig) सिंहावलोकन.

'visual ('व़िज़्युअल्) *adj* दृष्टि से सम्बद्ध. **'visualize** ('व़िज़्युअलाइज़्) *v* मन में स्पष्ट रूप से देखना.

'vital ('व़ाइट्ल्) *adj* **1** जीवन के लिए आवश्यक; जीवनसंबंधी. **2** सर्वोच्च, उच्चतम : *of — importance.* **—ly** *adv.* **vi'tality** (व़ाइ'टैलिटि) *n* **1** जीवनशक्ति; सहनशक्ति. **2** सजीवता; तेजस्विता.

'vitamin ('व़िट्मिन्) *n* विटामिन (स्वास्थ्य के लिए आवश्यक पदार्थ).

vi'vacious (व़ि'व़ेशस्) *adj* सजीव, जीवन्त, जिन्दादिल. **vi'vacity** (वि'वैसिटि) *n.*

'vivid ('व़िव़िड्) *adj* **1** चमकीला रंग, चटकीला. **2** स्पष्ट और जीवन्त (चित्रण, वर्णन). **3** सजीव उत्साही. **—ly** *adv.*

viz (व़िज़्) (Latin) (प्रायः इसे *namely* पढ़ते हैं) अर्थात्, यानि, कि.

vo'cabulary (व़'कैब्युलरि) *n* **1** शब्द भण्डार. **2** शब्दावली; शब्दसमूह.

'vocal ('व़ोकल्) *adj* मौखिक; वाचिक; मुखरित. **—ist** *n* गायक.

vo'cation (व़ो'केशन्) *n* व्यवसाय, पेशा.

'vodka ('व़ॉड्का) *n* वोदका, रूसी शराब.

vogue (व़ोग्) *n* फैशन, लोकप्रिय प्रचलन.

voice (व़ॉइस्) *n* **1** वाणी, बोलते या गाते समय निकली ध्वनि; ऐसी क्षमता. **2** बोलने का अधिकार; राय, मत : *I have no — in the matter.* *v* शब्दों में भावनाओं को भरना.

void (व़ाइड्) *adj* **1** खाली. **2 — of,** अभाव, बिना. **3** (law) अमान्य, अबाध्य, अवैध.

'volatile ('व़ॉल्टाइल्) *adj* **1** चंचल, चुलबुला, प्रफुल्लित (व्यक्ति). **2** वाष्पशील (ऐसा द्रव जो सहज में ही गैस या वाष्प बन जाए).

vol'cano (व़ॉल्'केनो) *n* (*pl* -es) ज्वालामुखी. **vo'lcanic** *adj* ज्वालामुखी-सदृश, ज्वालामुखी से जनित.

vo'lition (व़ो'लिशन्) *n* इच्छाशक्ति; संकल्प शक्ति (निर्णय या चयन करते समय अपनी इच्छा को प्रयुक्त करने की शक्ति).

'volley ('व़ॉलि) *n* झड़ी, बौछार (पत्थरों, तीरों, गोलियों आदि की) (fig गालियों की).

volt (व़ोल्ट्) *n* वोल्ट (विद्युत बल की इकाई). **—age** (व़ोल्टिज़्).

'voluble ('व़ॉल्युब्ल्) *adj* बातूनी; धाराप्रवाह बोलने वाला. **'volubly** *adv.* **volu'bility** (व़ॉल्यु'बिलिटि) *n.*

'volume ('व़ॉल्यूम) *n* **1** कई खंडों वाली पुस्तक की एक पुस्तक, जिल्द, खंड. **2** आयतन (ठोस, द्रव या गैस से घेरा स्थान). **3** ढेर, राशि (धुआँ आदि का). **4** (ध्वनि की) प्रबलता.

'voluntary ('व़ॉलन्टरि) *adj* **1** स्वैच्छिक : *— help(ers)* स्वयंसेवी. **2** स्वयंसेवी द्वारा किये कार्य, भेंट-उपहारों से काम चलाने वाली (संस्था). **'voluntarily** *adv.*

,volun'teer (व़ॉलन्'टिअर्) *n* **1** वालंटियर, स्वयंसेवक. **2** स्वयंसेवक सिपाही. *v* — के रूप में आगे आना; सेवाएँ समर्पित करना.

'vomit ('व़ॉमिट्) *v* **1** उलटी करना, वमन करना. **2** बड़ी मात्रा में बाहर निकालना : *factory chimneys –ing smoke.*

vo'racious (व़'रेशस्) *adj* लालची, लोलुप; खाऊ, पेटू. **vo'racity** (व़ॉ'रैसिटि) *n.*

vote (व़ोट्) *n* **1** वोट, मतदान. **2** वोट (विशेषतया राजनैतिक दलों द्वारा चुनावों में प्राप्त). **1** (पक्ष या विरोध में) वोट देना; वोट द्वारा अपनी राय देना. **2** वोट द्वारा समर्थन करना. ' **—r** *n* वोटर, मतदाता.

vouch (व़ाउच्) *v* **— for,** (किसी का) जिम्मा लेना; ईमानदारी का आश्वासन देना; निश्चित और दृढ़तापूर्वक कहना. **'—er** ('व़ाउचर्) *n* वाउचर, ख़र्च का पुरजा, ख़र्च का प्रमाणक-पत्र.

vouch'safe (व़ाउच्'सेफ़्) *v* कृपापूर्वक देना या कुछ कार्य करना.

vow (व़ाउ) *n* प्रतिज्ञा, वादा : *marriage —s;* व्रत. *v* व्रत लेना (*that . . ., to do* sth)

'vowel ('व़ाउअल्) *n* स्वर (अ, आ, इ, ई, आदि).

'voyage ('व़ाइज़्) *v & n* समुद्री यात्रा, जल यात्रा.

'vulgar ('व़ल्गर्) *adj* गँवारू, असभ्य, भद्दा, अशिष्ट. **vul'garity** (व़ल्'गैरिटि) *n* अभद्रता; कुरुचि.

'vulnerable ('व़ल्नरब्ल्) *adj* जिसे चोट पहुँचाई जा सके, जिसे घायल किया जा सके, असुरक्षित.

'vulture ('वल्चर्) *n* गीध. → p 33.

W

wad (वॉड्) *n* 1 गद्दी; छेद भरने के लिए प्रयुक्त मुलायम वस्तु. 2 (रुपयों के नोटों की) गड्डी. *v* (-dd-) गद्दीदार तह लगाना; रुई भरना; मोटा अस्तर लगाना. **'wadding** *n* पैकिंग के लिए प्रयुक्त रूई आदि.

wade (वेड्) *v* पानी को पैदल पार करना; (fig) कठिनाई से अपना रास्ता बनाना.

waft (वॉफ़्ट्) *v* हवा में उड़ा ले जाना, बिखेरना.

wag (वैग्) *v* (-gg-) अगल-बगल या ऊपर-नीचे हिलाना : *a dog wagging its tail.* *n* ऐसी गति.

wage[1] (वेज्) *n* (प्राय: *pl*) मजूरी, वेतन. → fee, salary.

wage[2] (वेज्) *v* (युद्ध आदि में) लगना.

'wager ('वेजर्) *v & n* शर्त बदना; दाँव लगाना.

'wagon, 'waggon ('वैगन्) *n* 1 वैगन (खुला हुआ माल-गाड़ी का डिब्बा). 2 चार पहिये की गाड़ी या बैलगाड़ी.

waif (वेफ़्) *n* बेघर व्यक्ति; परित्यक्त बालक.

wail (वेल्) *v* बिलख-बिलख कर रोना; रोना-चिल्लाना. (हवा का) साँय-साँय करना. *n* विलाप; चिल्लाना; साँय-साँय ध्वनि.

waist (वेस्ट्) *n* कमर. → p 36. **'—coat** *n* वास्कट.

wait (वेट्) *v* 1 प्रतीक्षा करना, इन्तज़ार करना, राह देखना : *— for me; — until the rain stops.* **— up,** रात में जागते रहना, सोने न जाना. 2 **— upon (sb),** सेवा-टहल करना; परिचर होना. **— at table,** भोजन परोसना, प्लेट आदि हटा कर ले जाना. *n* प्रतीक्षा, इन्तज़ार. **lie in — (for),** घात (लगाना). **'—er** ('वेटर्) **('—ress)** *n* वेटर, बैरा; (महिला बैरा) (रेस्ट्राँ में).

waive (वेव़्) *v* (अधिकार, दावा आदि) छोड़ देना.

wake[1] (वेक्) *v* (*pt* woke, *pp* woke, woken). 1 (प्राय: **— up**) जगाना. 2 उठाना, जगाना, सचेत करना. **'—ful** *adj* अनिद्र, विनिद्र : *a —ful night.* **'—n** *v* (=wake).

wake[2] (वेक्) *n* पानी में जहाज के चलने से बना चिह्न. **in the — of,** के परिणामस्वरूप.

walk (वॉक्) *v* 1 चलना, टहलना. 2 **— away (off) with,** चुराना, चुपके से ले जाना. 3 चलाना. *n* 1 सैर, भ्रमण; चाल. 2 रास्ता, पथ. **'walk-over** ('वॉक'ओव़र्) *n* (colloq) सहज विजय.

wall (वॉल्) *n* दीवार. **with one's back to the —,** विकट स्थिति में जहाँ से पीछे हटना असंभव है. *v* दीवार चुन कर बन्द करना.

'wallet ('वॉलिट्) *n* मनी बैग, बटुआ (मुड़ने वाला जेबी बटुआ).

'wallow ('वॉलो) *v* कीचड़ में लोटना; (fig) गुलछर्रे उड़ाना, भोगविलास में रहना.

'walnut ('वॉल्नट्) *n* अखरोट.

'walrus ('वॉल्रस्) *n* बड़ा समुद्री-पशु. → p 280.

waltz (वॉल्स्) *n* संगीत के साथ का विशेष नाच. *v* नाचना.

wan (वॉन्) *adj* पीला, फीका, थका हुआ-सा (चेहरा, व्यक्ति); धुंधला (आकाश). **'wanly** *adv.*

wand (वॉन्ड्) *n* छड़ी (विशेषत: जादूगरों की, और कहानियों में परियों की).

'wander ('वॉन्डर्) *v* 1 (निष्प्रयोजन) घूमना; पथ-भ्रष्ट हो जाना. 2 बहकी-बहकी बातें करना. **—er** *n.*

wane (वेन्) *v* 1 (चन्द्रमा का) घटना. 2 क्षीण होना, निर्बल होना : *His influence has —d.* *n* (विशेषत:) **on the —,** क्षय, क्षीण होना.

want (वॉन्ट्) *v* 1 ज़रूरत पड़ना, आवश्यकता

होना. **2 be —ing,** कमी होना, (in) का अभाव. **3 — for nothing,** सभी आवश्यक वस्तुओं का होना. *n* **1** अभाव; कमी. **2** आवश्यकता, ज़रूरत : *in — of money*. **—ing** *prep* बिना, से रहित; की अनुपस्थिति में.

'wanton ('वॉन्टन्) *adj* **1** चंचल : *— breezes*. **2** अनियंत्रित, मनमाना. **3** बिना किसी उद्देश्य के, अकारण : *— damage*. **—ly** *adv*.

war (वॉर्) *n* युद्ध, संग्राम, लड़ाई : *be at war (with): go to war (against)*. *v* (-rr-) लड़ना, युद्ध करना. **'warfare** ('वॉर्फ़ेअर्) *n* संघर्ष; युद्ध की स्थिति; युद्ध. **'warlike** *adj* लड़ने को तैयार; युद्ध सूचक; युद्ध प्रिय. **'warpath** *n* **on the warpath,** संघर्ष में लगा हुआ.

'warble ('वॉर्ब्ल्) *v* (पक्षियों का) कूजना, चहचहाना.

ward (वॉर्ड्) *n* **1** आश्रित (व्यक्ति); किसी अन्य बड़ी आयु के पुरुष के संरक्षण में स्थित व्यक्ति. **2** वार्ड (शहर का प्रशासनार्थ विभाजन). **3** (जेल या अस्पताल आदि में) वार्ड. *v* **— off,** बचाव करना, रोकना. **'—en** *n* वार्डन (होस्टल का). **'—er ('-ress)** *n* (जेल का) वार्डर (महिला-वार्डर).

'wardrobe ('वॉर्ड्रोब्) *n* कपड़े टाँगने या रखने की अलमारी.

ware (वेअर्) *n* **1** (*pl*) बेचने के लिए प्रस्तुत माल. **2** (मुख्यतया समास में) बना माल : *silver—; tin—*. **'—house** *n* मालगोदाम.

'warily *adv* → wary.

warm (वॉर्म्) *adj* (-er, -est) (cool और hot के बीच) शरीर को अच्छी लगने वाली गरमाहट; शरीर को समुचित तापमान पर रखने में सहायक; प्रेमपूर्ण हार्दिक (व्यवहार). *v* (प्राय: **— up**) — करना या होना. **'—ly** *adv*. **'warm-'blooded** *adj* ग़रम खून वाले (प्राणी), (रेंगने वाले और मछली आदि के वैषम्य में). **'warm-'hearted** *adj* सहृदय, दयालु. **'—th** (वॉर्म्थ्) *n* गरमाहट; (fig) स्नेह; आवेश.

warn (वॉर्न्) *v* चेतावनी देना, सचेत या सावधान करना. **'—ing** ('वॉर्निङ्) *n* पूर्व सूचना; चेतावनी.

'warrant ('वारन्ट्) *n* **1** वारंट, आज्ञापत्र (जैसे, गिरफ्तारी, तलाशी, रिहाई आदि का). **2** अधिकार पत्र, नियुक्ति पत्र. *v* — होना; सामान के गुण आदि का आश्वासन देना.

'warrior (वॉरिअर्) *n* (साहित्यिक भाषा में) योद्धा; सैनिक.

'wary ('वेअरि) *adj* (-ier, -iest) सावधान; सतर्क, संकटों की ओर से ख़बरदार : *— of giving offence*. **'warily** *adv*.

was → be.

wash (वॉश्) *v* **1** धोना (पानी या अन्य द्रव से साफ़ करना). **— (sth) out (off),** धोकर साफ़ करना. **— up,** (विशेषत:) भोजन के बरतन धोना. **2** धुलने योग्य (अर्थात् धुलने से खराब न होने वाले) बनना. **3** बहा ले जाना, बह जाना (समुद्र या नदी में). *n* **1** धोना. **2** धुलाई के कपड़े; धुलाई-स्थान. **3** जहाज़ से उत्पन्न तरंगें. **4** (समास में) विशेष सफ़ाई का घोल : *mouth wash*. **—ing** *n* धुलाई के कपड़े. **'wash-stand.** *n* कमरे में हाथ आदि धोने के लिए चिलमची, जग आदि. **'— -out** *n* **1** बाढ़ से बहायी हुई मिट्टी, गिट्टी आदि. **2** (colloq) असफल, बेकार (व्यक्ति या घटना). **'—y** *adj* पीला रंग, पतला द्रव; पनिहा, पनीला.

wasp (वॉस्प्) *n* बर्र, ततैया, भिड़ → p 168.

waste (वेस्ट्) *adj* **1** पड़ती या बंजर (भूमि). **2** बेकार; रद्दी : *— paper*. *v* **1** उपयोग में न ला सकना; फ़ुजूल इस्तेमाल करना; आवश्यकता से अधिक व्यर्थ में प्रयुक्त करना. **2** उजाड़ना, तबाह करना. **3** घिस जाना, छीजना, क्षीण होना. *n* **1** उजाड़, निर्जन प्रदेश. **2** कूड़ा-करकट, रद्दी, जूठन, गंदा पानी. **3** क्षति, हानि; अपव्यय. **run (go) to —,** व्यर्थ खर्च हो जाना. **'wastage** (वेस्टिज्) *n* अपव्यय; हानि, क्षति. **'—ful** *adj*, उड़ाऊ, ख़र्चीला; — करने वाला.

watch (वॉच्) *v* ध्यान से देखना, कड़ी निगाह रखना; रखवाली करना, चौकसी करना; प्रतीक्षा करना, राह देखना (*for*). *n* **1** निगरानी, सतर्कता. **keep —,** पहरा देना. **2** वाच, हाथ या जेब की घड़ी. **'—ful** *adj*. **'—man** *n* पहरेदार. **'—word** *n* पासवर्ड (संकेतशब्द); नारा.

ˈ**water**[1] (ˈवॉटर्) *n* पानी. **under —,** बाढ़ में. **will not hold —,** (fig) परीक्षण पर (सिद्धांत) खरा नहीं उतरेगा. **2** ज्वार-भाटा : *at high* (*low*) — (ज्वार/भाटा). **3** (प्राय: *pl*) जल राशि : *the head-waters of the Nile*, झील जहाँ से नील नदी निकली है. **4** किसी पदार्थ का पानी वाला घोल : *mineral —s* ; *soda-water*. ˈ**water-closet** (ˈवॉटर् क्लॉज़िट्) *n* (colloq **w c**) शौचघर. ˈ**water-colour** *n* **1** (*pl*) पानी में घुलने वाले चित्रकला के रंग (न कि तेल में). **2** इन रंगों से रँगा चित्र. ˈ**—course** *n* छोटी नदी (नहर, नाला आदि), जल मार्ग. ˈ**—fall** *n* जलप्रपात, झरना (विशेषत: ऊँची पहाड़ी से नदी में गिरने वाला). ˈ**—front** *n* नदी, झील या समुद्र की ओर का नगर-भाग. ˈ**—ing-place** *n* समुद्र तट का नगर जहाँ छुट्टियों में लोग जाते हों. ˈ**—proof** *adj* जिसमें बाहर से पानी अँदर न जा सके. ˈ**—shed** *n* दो नदियों के बीच की ऊँची भूमि (भूगोल). ˈ**—tight** *n* जलरोधी, जलरुद्ध. ˈ**—y** *adj* पानी जैसा; पनीला, पतला : *—y soup*.

water[2] (ˈवॉटर्) *v* **1** पानी डालना; सींचना. **2** पानी पिलाना (जैसे घोड़ों को). **3** आँखे डबडबाना; मुँह में पानी भर आना.

water-buffalo (ˈवॉटर्-बफ़लो) → buffalo.

watt (वॉट्) *n* वाट (विद्युत की इकाई).

wave (वेव्) *v* **1** लहराना (जैसे हवा से झंडे का). **2** फहराना; संकेत देना : — *sb on*. **3** लहरियादार या छल्लेदार होना. *n* **1** लहरें, तंरग. **2** लहराना : *a — of the hand*. **3** समुद्र की तरंग की तरह, लहरियादार. **4** किसी का निरंतर वर्धन और विकास : *a — of anger*. **a heat —,** लू, गरम हवा की लहर. **5** (ताप, प्रकाश, ध्वनि, विद्युत आदि की) तंरग. **wavy** (ˈवेवि) *adj* (-ier, -iest) तरंगित; लहरदार.

waver (ˈवेव़र्) *v* **1** डगमगाना, डावाँडोल होना. **2** हिचकिचाना, आगापीछा करना. **3** (सेना का) पीछे हटने लगना; विचलित होना.

wax[1] (वैक्स्) *n* (चन्द्रमा की कलाओं का) बढ़ना (cf wane).

wax[2] (वैक्स्) *n* **1** मोम. **2** मोमबत्ती, माडेल आदि में प्रयुक्त साफ़ किया मोम. **3** पैराफ़ीन वाला मोम. ˈ**waxwork** *n* मोम से बनी मानव-आकृति आदि.

way (वे) *n* **1** रास्ता, मार्ग : *lose* (*find*) *one's way; on the way home*. **2** (विशेषत: समास में) मार्ग, पथ : *motorway, railway*. **3** दिशा : *look this way*. **the wrong way round,** विपरीत दिशा की ओर. **4** दूरी : *a long way from home*. **5** योजना, कार्य-रीति : *do in this way*. **ways and means** आवश्यकता पूर्ति के लिए (विशेषत:) धन प्राप्ति के उपाय, युक्तियाँ. **6** (प्राय: *pl*) व्यवहार-रीति, ढंग; आदत; रीति-रिवाज : *Indian ways of living*. **7** दृष्टि, पहलू : *He's clever in some ways*. **8** रास्ता, मार्ग (गति की गुंजाइश) : *Get out of the way; Make way for the fire-engine!* **9 by the way,** (बातचीत के दौरान) प्रसंगवश. **by way of,** के अभिप्राय से, के तौर पर. **in a way,** कुछ सीमा तक. **in a bad way,** बुरी स्थिति में, बहुत बीमार. **in a small way,** छोटे पैमाने पर. **have (get) one's own way,** अपनी बात मनवाना. **give way,** टूट जाना; झुक जाना (*under, to*). **10** प्रगति, उन्नति : *make one's way home: gather* (*lose*) *way* (जहाजों की गति का बढ़ना या घटना). **11** (*pl*: ˈ**slipway** भी) नये बने जहाज़ को पानी में उतारने के लिए बनाया लकड़ी का ढ़ांचा. ˈ**wayfarer** *n* पैदल चलने वाला व्यक्ति. ˈ**wayside** *adj & n* सड़क के किनारे स्थित : *a wayside hotel*.

wayˈlay (वेˈले) *v* (*pt & pp* waylaid) किसी की घात में बैठना.

ˈ**wayward** (ˈवेवर्ड्) *adj* जिद्दी, झक्की, अड़ियल.

we (वी) *pron* हम : *We can see you*. → us.

weak (वीक्) *adj* (-er, -est) **1** (strong के वैषम्य में) कमज़ोर, निर्बल; नाज़ुक. **2** पतला घोल (पदार्थ की मात्रा कम, पानी की अधिक) : *— lemonade*. **3** कमज़ोर, दुर्बल (सामान्य से कम) : *— sight*. ˈ**—en** (ˈवीक्न्) *v* — करना या होना. ˈ**—ling** (ˈवीक्लिङ्) *n* — मनुष्य या पशु. ˈ**weak-minded** *adj* बोदा, सहज में ही

दूसरे से प्रभावित होने वाला व्यक्ति. ˈ—**ness** *n* **1** कमजोरी, दुर्बलता आदि. **2** चरित्रगत दोष. **3 have a —ness for,** के प्रति विशेष आकर्षित होना; चस्का.

weal (वील्) *n* छड़ी या कोड़े लगने से शरीर पर बने निशान.

wealth (वेल्थ्) *n* **1** धन-सम्पत्ति. **2** बड़ी संख्या या मात्रा, प्रचुरता (*of*). ˈ—**y** *adj* (-ier, -iest) धनवान.

wean (वीन्) *v* (छोटे बच्चे का) दूध छुड़ाना अर्थात् बाहर का दूध पिलाने लगना.

ˈ**weapon** (ˈवेपन्) *n* शस्त्र, हथियार.

wear (वेअर्) *v* (*pt* wore, *pp* worn) **1** पहनना : *—ing a hat* (*spectacles, a ring on the finger*). **2** घिस जाना, छीजना, जीर्ण या पुराना हो जाना : *This material has worn thin; His socks have worn into holes.* **3** अच्छी स्थिति में बने रहना, लगातार प्रयोग में आते रहना : *Good leather will — for years.* **4** (fig) (*adv* के साथ) **— off,** धीरे-धीरे समाप्त हो जाना. **— on,** समय का किसी-न-किसी तरह बीत जाना. **— out,** थका देना, थक जाना : *His patience wore out* (*was worn out*) *at last.* *n* **1** पहनावा : **showing signs of —,** पुराना लगने लगना. **the worse for —,** अच्छी स्थिति में न होना. **2** इस्तेमाल से कट-पिट जाना. **— and tear,** टूट-फूट, सामान्य प्रयोग से वस्तु के मूल्य का कम होना. **3** (विशेषत: समास में) पहनने वाली वस्तु : *foot—* (जूते); *under—* (नीचे के कपड़े).

ˈ**weary** (ˈविअरि) *adj* (-ier, -iest) **1** थका-माँदा. **2 — of,** ऊबा हुआ, उकताया हुआ. **3** थकाने वाला. *v* थकाना, थकना. ˈ**wearily** *adv.* ˈ**weariness** *n.* ˈ**wearisome** *adj* थकाऊ; उबाऊ; नीरस.

ˈ**weather** (ˈवेद़र्) *n* मौसम, ऋतु (किसी समय किसी स्थान का तापमान, पवन-गति, वर्षा-मात्रा, आर्द्रता आदि). *v* **1** (तूफ़ान या संघर्ष के बाद) सही-सलामत निकल आना. **2** मौसम से प्रभावित. क्षीण : *rocks —ed by water and frost.* ˈ**weather-cock (-vane),** वायु की दिशा और गति का सूचक मुर्गानुमा तीर.

weave (वीव़्) *v* (*pt* wove, *pp* ˈwoven) **1** (कपड़ा) बुनना. **2** चटाई आदि बुनना; (fig) कहानी की रचना करना. *n* बुनावट. ˈ—**r** *n* जुलाहा, बुनकर.

web (वेब्) *n* **1** जाल (प्राय: fig): *a web of lies.* **2** (मकड़ी आदि का) जाला. **3** मेंढक, चमगादड़ आदि की वह झिल्ली जो पंजों को जोड़ती है, पादजाल. **webbed** (वेब्ड्) *n* पादजाल वाले प्राणी. ˈ**webbing** *n* (पलंग आदि की) निवार (मोटी बुनी पट्टी).

wed (वेड्) *v* (-dd-) विवाह करना. ˈ**wedding** (वेडिङ्) *n* विवाह समारोह.

wedge (वेज्) *n* V-आकार का धातु या लकड़ी का टुकड़ा जो लकड़ी आदि को फाड़ने में प्रयुक्त होता है, फन्नी, पच्चर. *v* — से फाड़ना, — लगाना.

ˈ**wedlock** (ˈवेड्लॉक्) *n* विवाहित अवस्था; दाम्पत्य स्थिति.

ˈ**Wednesday** (ˈवेन्ज़डि) *n* बुधवार.

wee (वी) *adj* बहुत छोटा ; नन्हा.

weed (वीड्) *n* बगीचे आदि में उगा जंगली पौधा. *v* **1** निराना, ऐसे पौधों को उखाड़ना. **2 — out** (fig) छाँटना (अवांछित तुच्छ वस्तुओं का). ˈ—**y** *adj* (-ier, -iest) दुबला-पतला लम्बा व्यक्ति : *—y young man.* **weeding-hook** *n* (माली की) खुरपी

week (वीक्) *n* **1** सप्ताह, हफ्ता. **2** सप्ताह के छह कार्य दिवस. ˈ—**end** (ˈवीक ˈएन्ड्) *n* शनिवार और इतवार (आराम करने के दिन): *a —end visit* (सप्ताहान्त सैर). ˈ—**ly** *adj* & *adv* साप्ताहिक (सप्ताह में एक बार घटित होने वाला); साप्ताहिक (सप्ताह भर घटित होने वाला). *n* साप्ताहिक पत्रिका.

weep (वीप्) *v* (*pt* & *pp* wept) रोना.

weigh (वे) *v* **1** तौलना, वज़न करना. **2** वज़न या भार होना : *The baby —s ten pounds.* **3** तुलना करना, मिलान करना (*with, against*), **— the consequences (one's words)**, सावधानी से कहना या करना, भले बुरे का सोच कर करना. **4 — with** (sb), प्रभाव डालना, महत्त्वपूर्ण लगना. **— upon (sb, his mind)** भार बनना, परेशान करना. **5 — anchor,** लंगर उठाना; यात्रा प्रारंभ करना.

weight (वेट्) *n* **1** वज़न, भार. **2** भार, बोझ. **3** बाट (तौलने का). **4** महत्त्व या प्रभाव की मात्रा. *v* बाट रखना; भारी करना. **—y** *adj* (-ier, -iest) बहुत भारी; (fig) महत्त्वपूर्ण.

weir (विअर्) *n* नदी के किनारे की दीवार, बाँध.

weird (विअर्ड्) *adj* **1** अलौकिक; भयानक; अनूठा. **2** (colloq) समझने-समझाने में कठिन.

welcome ('वेल्कम्) *adj* **1** अभिनन्दन योग्य, सुखदायी: *a — rest.* **make sb —,** स्वागत करना (यह दिखाना कि उसको आने से बहुत प्रसन्नता हुई है). **2 You are — to,** मुझे प्रसन्नता है कि ... . *n* स्वागत, आवभगत, सत्कार. *v* स्वागत करना, अभिनन्दन करना : *— a suggestion.*

weld (वेल्ड्) *v* धातु के दो टुकडों को ठीक-ठीक कर या अन्यथा जोड़ देना; (fig) एक कर देना. *n* ऐसा जोड़. **— er** *n.*

welfare ('वेल्फ़ेअर्) *n* कल्याण, कुशलक्षेम, ख़ैरियत.

well[1] (वेल्) *n* **1** कुआँ. **2** तेल का कुआँ. *v* उमड़ जाना, बहना.

well[2] (वेल्) *adj* (better, best) **1** अच्छे स्वास्थ्य में. *be (look, feel) —;* अच्छी स्थिति में : *Is all — with you ?* **2 (it would be) — to,** उचित और अभीष्ट. *adv* **1** भली भाँति. **2 as — (as),** के अतिरिक्त; भी. **3** ठीक ही; *You may — be surprised.* **4 We may as — (*start*),** कोई कारण नहीं है कि हम (प्रारंभ) न करे. *n* **wish sb —,** सफलता की शुभकामना देना. *n* **leave — alone,** सन्तोषजनक स्थिति को बनाये रखना.

well- (पूर्वपद) **'well-'being** *n* कल्याण, कुशल-क्षेम. **'well-'born, 'well-connected** *adj* कुलीन. **'well-nigh** ('वेल-नाइ) *adv* क़रीब-क़रीब **'well-'timed** *adj* उचित अवसर पर कहा या किया हुआ. **'well-to-'do** *adj* धनी, खुशहाल. **'well-'tried** *adj* परीक्षित और उपयोगितापूर्ण (रीति).

wend (वेन्ड्) *v* **— one's way** (*home*) धीरे-धीरे आगे बढ़ना.

went → go.

wept → weep.

west ((वेस्ट्) *n & adj* पश्चिम (दिशा). **'—erly** *adj & adv* पश्चिम से आ रही (हवाएँ). **'—ern** ('वेस्टर्न्) *adj* पश्चिमी. **'—ernize** ('वेस्टर्नाइज़्) *v* पश्चिमी सभ्यता में रंगना; पाश्चात्य ढंग का बना देना. **'—ward** *adj* पश्चिम की ओर. **'—wards** *adv.*

wet (वेट्) *adj* (-ter, -test) **1** गीला, तर, भीगा. **2** बरसाती (मौसम). *n* नमी, तरी; वर्षा : *come in out of the wet.* *v* (-tt-) — करना.

whack (वैक्) *v & n* ज़ोर से ऐसा मारना कि आवाज़ हो.

whale (वेल्) *n* सबसे बड़ा समुद्री-जन्तु. → p 280.

wharf (वॉर्फ़्) *n* (*pl* —s या 'wharves) घाट, जहाज़ घाट.

what (वॉट्) *adj* (देखिए which) कौन; कौन-सा, क्या : *W— book? W— time? W— authors?* **' —'ever** *pron & adj* जो कुछ, जो भी : *W—ever he says, it does not matter.* **no doubt —ever (—soever),** निस्संदेह.

wheat (वीट्) *n* गेहूँ. **—en** *adj* गेहूँ का.

wheel (वील्) *n* पहिया (गाड़ी आदि का). **at the —,** कार या जहाज़ को चलाते हुए. *v* **1** (पहिये वाली गाड़ी द्वारा) ठेलना, खींचना. **2** गोलाई में घूमना-घुमाना. **' —barrow** *n* एक पहिया ठेला. **' —wright** *n* पहिये या गाड़ी बनाने वाला (बढ़ई).

when (वेन्) *adv & conj* कब, किस समय? *adj* उसी समय पर, ज्यों ही. **—'ever** *adv* जब-जब.

whence (वेन्स्) *adv* कहाँ से या क्यों.

where (वेअर्) *adv* कहाँ ? कौन-सी जगह ? किस पर ? *This is — I found it.* '**—abouts** *adv* कहाँ. *n* पता-ठिकाना. **—'as** *conj* क्योंकि. '**—fore** ('वेअर्फ़ॉर्) *conj* क्यों; किस कारण. **—u'pon** *adv* किस पर; तत्पश्चात्. **wher'ever** *adv* जहाँ कहीं; कहीं भी.

whet (वेट्) *v* (-tt-) (चाकू आदि को) तेज़ करना, सान चढ़ाना.

'**whether** ('वेद़र्) *conj* कि : *I don't know — I can come or not; I don't know — to refuse or accept.*

which (विच्) *adj* (देखिए what) क्या : *Tell me — books on these shelves you have read.* *pron* **1** कौन-सा : *W— things ? W— people ?* **2** जो कि : *This river — flows through Delhi is called the Yamuna.* **—ever** *pron & adj* जो कोई, चाहे जो.

whiff (विफ़्) *n* (सिगरेट आदि का) कश; फूंक.

while (वाइल्) *conj* **1** जबकि; जब तक; ज्यों ही. **2** हालाँकि, यद्यपि. *n* समय (की अवधि). **once in a —,** कभी-कभी. **worth one's —,** (जितना समय, श्रम आदि लगाया है उसके अनुकूल) लाभकर. *v* **— away the time,** समय काटना, गुजारना.

whim (विम्) *n* तरंग, मौज, सनक.

'**whimper** ('विम्पर्) *v & n* पिनपिनाना; ठुनकना.

'**whimsical** ('विम्ज़िकल्) *adj* मौजी, तरंगी; झक्की, सनकी; अनोखा.

whine (वाइन्) *v & n* (कुत्ते का) रिरियाना, धीमी आवाज़ से कराहते हुए-सा रोना.

whip (विप्) *n* चाबुक; कोड़ा. *v* **1** — मारना. **2** झटके से खींचना या निकालना : *— out a knife.* '**—ping** *n* कोड़ों की मार (दंड स्वरूप).

whirl (वर्ल्) *v* **1** तेज़ी से घूमना; वेग से चक्कर खाना या खिलाना. **2** (दिमाग का) तेज़ी से चलना. **3** बहुत तेज़ी से कार आदि चलाना. *n* ऐसी गति. '**—pool** *n* भँवर (पानी का). '**—wind** *n* भँवर, बवंडर.

whisk (विस्क्) *n* **1** चँवर, चामर. **2** (घोड़े की पूँछ जैसी वस्तु का) झटका लेना. **3** झाड़ू, कूँचा. *v* **1** झाड़ना (धूल आदि); (मक्खी आदि) उड़ा देना. **2** तेज़ी से चले जाना.

'**whisker** ('विस्कर्) *n* **1** (प्राय: *pl*) कनपटी वाली दाढ़ी, गलमुच्छ. **2** (बिल्ली की) मूँछ.

'**whisky,** '**whiskey** ('विस्कि) *n* व्हिस्की (एक प्रकार की तेज़ शराब).

'**whisper** (विस्पर्) *n & v* फुसफुसाना.

'**whistle** ('विस्ल्) *n* **1** सीटी. **2** सीटी आदि से निकली ध्वनि. *v* — बजाना; सीटी बजा कर गाना : *— a tune.*

white (वाइट्) *adj* (-r, -st) सफ़ेद रंग वाली वस्तु; पीला (डर आदि के कारण). **the — flag,** आत्मसमर्पण का प्रतीक. *n* सफ़ेद रंग; गोरा; (अंडे की) सफ़ेदी. '**—wash** *n* चूने से दीवारों की पुताई. *v* पुताई करना; (fig) दोषों को छिपा कर निर्दोष ठहराना.

'**whittle** ('विट्ल्) *v* (प्राय: **— down** or **away**) लकड़ी की छोटी-छोटी चपड़ी काटना; (fig) धीरे-धीरे कम कर देना.

whiz(z) (विज़्) *v & n* सनसनाना.

who, whom, whose (हू, हूम, हूज़्) *pron* कौन, किसे, किसका : *Who can see me? I know who you are. Who did you give it to? To whom did you give it? Who does this book belong to? Whose book is this?* **whoever** *pron* जो कोई जो भी.

whole (होल्) *adj* **1 the — truth,** पूरा-पूरा सच. **2** अखंड, अविकल : *escape with a — skin.* **3** समग्र, सम्पूर्ण : *It rained for three — days.* **a — number,** बिना भिन्न वाली संख्या. *n* **1** संपूर्ण; पूर्णता. **2** जितना है सब : *He lost the — of his money.* **3 (up) on the —,** कुल मिला कर. **whole-'hearted(ly)** *adj & adv* पूरे मन से, पूरे उत्साह से. **—sale** ('होल्-सेल्) *n* थोक बिक्री. '**—some** *adj* स्वास्थ्य के लिए हितकर. '**wholly** ('होल्लि) *adv* पूर्ण रूप से, बिलकुल.

whom, whose → who.

why (वाइ) *adv* क्यों. *int* आश्चर्यसूचक : *Why,*

look who's here!

wick (विक्) *n* (मोमबत्ती की) बत्ती, (अन्य लैम्पों की) बत्ती.

'wicked ('विकिड्) *adj* **1** दुष्ट, दुराचारी; चरित्रहीन (व्यक्ति). **2** हानिकारक; द्वेषपूर्ण : — *rumours.* —**ly** *adv.* —**ness** *n.*

'wicker ('विकर्) *n* टोकरा-टोकरी बुनने वाली खपची. —**work** *n* तीली, खपची आदि से बुनी वस्तु.

'wicket ('विकिट्) *n* (क्रिकेट) विकेट; दोनों ओर के विकेटों के बीच की भूमि. **'wicket-keeper** *n* विकेट-कीपर (खिलाड़ी).

wide (वाइड्) *adj* (-r, -st) **1** चौड़ा विस्तीर्ण. **2** बड़ी सीमा तक का, विशाल, व्यापक : *a man with — interests.* **3 — of,** लक्ष्य से दूर : — *of the mark.* *adv* **1** अनेक दिशाओं में. **2** पूरी तरह से : — *open;* — *awake.* **3 — apart,** दूर-दूर पर स्थित. **4** लक्ष्य से बहुत दूर : *fall* —. **'—n** ('वाइडन्) *v* और अधिक — करना. **'—spread** *adj* व्यापक, दूर-दूर तक फैला हुआ. **'—ly** *adv.*

'widow ('विडो) *n* विधवा (स्त्री). —**er** *n* विधुर (पुरुष).

width (विड्थ़) *n* **1** चौड़ाई. **2** विस्तार.

wield (वील्ड्) *v* पकड़ना और इस्तेमाल करना; (कोई औज़ार) चलाना; — *an axe.*

wife (वाइफ़्) *n* (*pl* wives) पत्नी.

wig (विग्) *n* नकली बालों की टोपी-सी (सिर पर लगाने के लिए).

wild (वाइल्ड्) *adv* (-er, -est) **1** जंगली (पशु); असभ्य; जंगली (पौधा) (न कि बोने से उगा हुआ). **2** जिस पर खेती न होती हो ऐसी भूमि, बंजर, बीहड़ ; — *and mountainous area.* **3** उग्र, प्रचंड, तूफ़ानी (मौसम). **4** निरंकुश, उच्छृंखल. **5** बिना सावधानी से सोचा : — *guess.* *adv* निरंकुश रीति से. *n* **the —s,** ऊसर, उजाड़, बंजर भूमि. **'—ly** *adv.* **'—ness** *n.* **'—fire** *n* **spread like — fire** (में ही) बड़ी तेजी से फैलना.

wilderness ('विल्डर्निस्) *n* ऊसर; बीहड़ स्थल.

wile (वाइल्) *n* चाल, छल-कपट.

'wilful ('विल्फ़ुल्) *adj* **1** ज़िद्दी, दुराग्रही (व्यक्ति). **2** जानबूझ कर किया (कुकर्म) : — *murder.* —**ly** *adv.*

will[1] (विल्) *v* (I'll=I will) (*pt* would) **1** भविष्य काल बनाने की सहायक क्रिया : *He — come tomorrow.* **2** संकल्प, सहमति वाचक क्रिया : *I (we) — come.* → shall. **3** निवेदन में प्रयुक्त : *W— you come tomorrow?*

will[2] (विल्) *v* (*pt* would) **1** (पुराना प्रयोग) इच्छा करना. **2** इच्छावाचक, अभिलाषा वाचक : *Would that* (I wish that) *it were true!* **3** कुछ करने या प्राप्त करने में मानसिक शक्ति का प्रयोग. **4** (*pt & pp* —ed) वसीयत में छोड़ना.

will[3] (विल्) *n* **1** इच्छा शक्ति, संकल्प शक्ति. **2** (**'will-power** भी) आत्म-संयम की शक्ति. **3** दृढ़ता; कामना; अभिप्राय : *do sth with a — ; God's — be done.* **4 at will,** इच्छानुसार, जब चाहे तब. **5 good (ill) —,** प्रेम (द्वेष) भावना. **6** (प्राय: **last — and testament)** वसीयत नामा.

'willing ('विलिङ्) *adj* **1** सहायता के लिए तत्पर, करने को तैयार. **2** बिना हिचकिचाहट के तुरंत दिया या किया हुआ : — *obedience.* —**ly** *adv.* —**ness** *n.*

wilt (विल्ट्) *v* (पौधों का) मुरझाना, कुम्हलाना.

'wily ('वाइलि) *adj* (-ier, -iest) चालाक, धूर्त.

win (विन्) *v* (*pt & pp* won; -nn-) **1** जीतना. **2** क़ायल करना, तर्कों से मना लेना : *win over to one's side.* **3** हासिल करना, प्रयत्नों से पाना. *n* विजय, जीत. **'winner** ('विनर्) *n.* **winning** *adj* आकर्षक और मोहक (व्यवहार, व्यक्तित्व) : *a winning smile.* **'winnings** *n pl* दाँव में जीती धन-राशि.

wince (विन्स्) *v & n* चौंक जाना, झिझकना (भय, दर्द आदि से).

wind[1] (विन्ड्) *n* **1** हवा, पवन : *The — blew my hat off.* **2** साँस : *lose one's —* (दौड़ने

some wild animals
chimpanzee
baboon
orang-utang
gorilla
monkey
trunk
tusk
kangaroo
antlers
antelope
elephant
deer
mane
lynx
tiger
leopard
lion
hippopotamus
bear
water-buffalo
rhinoceros
giraffe
hump
zebra
camel

में साँस फूलना). 3 गंध. **get — of,** (fig) संकेत पाना, भनक पाना. 4 बाँसुरी आदि वायु-वाद्य-यन्त्र. *v* (*pt* -ed) साँस फूलना; दम फूलना: *The blow —ed me.* **'—fall** *n* हवा से गिरा फल; (fig) अप्रत्याशित लाभ. **'wind-instrument** *n* बिगुल, तुरही आदि. **'windmill** *n* पवन-चक्की. **'—pipe** *n* श्वास-नली (जिस के द्वारा मुंह से ली साँस फेफड़ों तक जाती है). **'—screen** *n* सामने की हवा रोकने वाला कार आदि का शीशा. **'—y** *adj* (-ier, -iest) बहुत अधिक हवा वाला.

wind[2] (विन्ड्) *v* (*pt & pp* wound) 1 लपेटना. 2 गोली या लच्छा बनाना (तागे का). 3 हैंडिल घुमाना; (घड़ी) कूकना. 4 **— up,** समाप्त करना या होना. 5 **be wound up,** (fig) उत्तेजना से तनाव होना. *n* मोड़ या घुमाव.

windlass ('विन्ड्लस्) *n* बेलन-चरखा.

'window ('विन्डो) *n* खिड़की: *Please shut the —.*

wine (वाइन्) *n* शराब.

wing (विङ्) *n* 1 (चिड़िया का) पंख, (हवाई जहाज का) पंख. → p 168. **on the —,** उड़ान पर. 2 (किसी भवन का) खंड, पक्ष. 3 (रंगमंच का) पार्श्व भाग.

wink (विंक्) *v* झपकाना, पलक मारना; इशारे के रूप में आँखे मारना. *n* 1 झपकाना. 2 **forty —s** झपकी (थोड़ी देर की नींद).

winnow ('विनो) *v* (सूप से) फटकना; ओसाना.

'winter ('विन्टर्) *n* शीतकाल. **'wintry** *adj* ठंडा. शीतल: *a wintry sky.*

wipe (वाइप्) *v* 1 पोंछना (किसी कपड़े आदि से). 2 **— off,** पोंछ कर साफ़ करना. **— out,** भीतर से साफ़ करना. दाग़ छुड़ाना; (fig) कलंक दूर करना; पूरी तरह नष्ट कर देना. **— up,** पोंछ कर (पानी आदि को) सुखाना. *n* पोंछन.

wire (वाइअर्) *n* 1 तार: *telegraph —s.* 2 (colloq) तार द्वारा भेजा संदेश पत्र. *v* 1 तार से बाँधना. 2 तार डालना. 3 (colloq) तार भेजना.

'wireless ('वाइअर्लिस्) *adj* बेतार (का तार): *— telegraphy.* *n* रेडियो.

wise (वाइज़्) *adj* (-r, -st) बुद्धिमान, समझदार, अक्लमंद. **—ly** *adv.* **'wisdom** (विज़डम्) *n* 1 बुद्धि, अक्ल; बुद्धिमानी. 2 बुद्धिमत्तापूर्ण विचार, उक्तियाँ आदि.

wish (विश्) *v* 1 चाहना: *When do you — (me) to leave ?* 2 अतृप्त इच्छा रखना: *I wish I knew; I — I were rich.* 3 अभिलाषा या आशा करना: *I — you a pleasant journey.* 4 **— for,** लालसा रखना: *You couldn't — for anything better.* *n* 1 कामना; लालसा. 2 **with all good —es,** शुभकामनाएँ.

wisp (विस्प्) *n* पूली, आँटी.

'wistful ('विस्ट्फ़ुल्) *adj* उत्कंठित; उदास. **—ly** *adv.* टुकर-टुकर (देखना).

wit (विट्) *n* 1 बुद्धि, समझ; हाजिरजवाबी. **have one's wits about one,** प्रत्युत्पन्न मति रहना, स्थिति के अनुकूल तुरंत समुचित कार्य करना. **be at one's wits' end,** किंकर्तव्यविमूढ़ होना. 2 हाज़िर-जवाब व्यक्ति. **'witty** ('विटि) *adj* (-ier, -iest) विनोदपूर्ण. **'wittily** *adv.*

witch (विच्) *n* चुड़ैल; डाइन; जादूगरनी. **'—craft** *n* जादू-टोना. **'witch-doctor** *n* ओझा, टोनहाया. **'—ery** ('विचरि) *n* 1 जादू-टोना. 2 वशीकरण, सम्मोहन.

with (विद्) *prep* 1 रखते हुए, ले जाते हुए: *a coat — four pockets* (चार जेब वाला कोट). 2 साधन-सूचक: *writing — a pen.* 3 साहचर्य: *mix one thing — another.* 4 विरोध, से: *fight (argue) —.* 5 साथ-साथ; उसी दिशा में. 6 पक्ष में, समर्थन में: *Are you — us or against us?*

with'draw (विद्'ड्रॉ) *v* (*pt* with'drew, *pp* with'drawn). 1 पीछे खींच लेना, पीछे हटा लेना. 2 निकालना: *— savings from the bank.* 3 मुकर जाना, प्रस्ताव करके पीछे हट जाना. 4 वापस होना या भेजना: *— troops.* **—al** *n.*

'wither ('विद़र्) *v* (प्राय: **— up, away**) मुरझाना, कुम्हलाना: (fig) (आशाओं का) नष्ट होना: *flowers —ed by the heat; our hopes —ed.*

withˈhold (विद्ˈहोल्ड्) *v* (*pt & pp* withˈheld) रोक रखना. दबा रखना; देने से इन्कार करना.

wiˈthin (विˈदिन्) *adv* भीतर. *prep* भीतर अन्दर; सीमा के अन्दर. **— hearing,** श्रवण सीमा के अन्दर. **— a (mile) of,** एक मील के भीतर (उससे अधिक दूर नहीं).

wiˈthout (विˈदाउट्) *prep & adv* **1** के बिना, से रहित. **2** (पुराना प्रयोग) बाहर के बाहर.

withˈstand (विद्ˈस्टैन्ड्) *v* (*pt & pp* withˈstood) रोकना, प्रतिरोध करना; बरदाश्त करना.

ˈwitness (ˈविट्निस्) *n* **1** (न्यायालय) गवाह, साक्षी (व्यक्ति). **eye-witness** चश्मदीद गवाह, प्रत्यक्षदर्शी गवाह (जिसने अपनी आँखों से घटना देखी है). **2** किसी व्यक्ति या वस्तु के लिए कहा कथन. **bear — to,** साक्ष्य देना. बताना. **3** लिखित हस्ताक्षर को प्रमाणित करने वाला व्यक्ति. *v* **1** साक्ष्य होना (किसी समझौता या प्रलेख का). **2** (घटना का) साक्षी होना. **3** (न्यायालय में) गवाही देना.

ˈwittingly (ˈविटिंग्लि) *adv* जानबूझ कर; प्रयोजन से.

ˈwitty (ˈविटि) *adj* → wit.

wives (वाइव्ज़) → wife.

ˈwizard (ˈविज़र्ड्) *n* ओझा, जादूगर; उस्ताद.

ˈwizened (ˈविज़न्ड्) *adj* झुर्री पडा (चेहरा); बूढ़ा.

ˈwobble (ˈवॉब्ल्) *v* लड़खड़ाना, ढुलमुल होन **ˈwobbly** (ˈवॉब्लि) *adj.*

woe (वो) *n* व्यथा, विषाद, घनी पीड़ा. **ˈwoeful** *adj* दुःखमय; दयनीय.

woke (वोक्) → wake.

ˈwolf (वुल्फ़्) *n* (*pl* wolves) भेड़िया.

ˈwoman (ˈवुमन्) *n* (*pl* ˈwomen) नारी, महिला, औरत. **ˈ—hood** *n* नारीत्व : *reach —hood,*

womb (वूम्) *n* गर्भ; बच्चेदानी; कोख.

won (वन्) → win.

wonder (ˈवन्डर्) *n* आश्चर्य; आश्चर्यजनक (घटना आदि). *v* **1** — का अनुभव करना. **2** जानने के लिए उत्सुक होना (*about sth, who, what, whether*). **—ful** *adj* आश्चर्यजनक; प्रशंसनीय; अत्युत्तम; प्रियकर.

wonˈt=will not. → will.

wont (वोन्ट्) *n* आदत; रिवाज़ : *as was —. adj* आदी : **he was — to.**

woo (वू) *v* (pt *& pp* ˈwooed) प्रणय निवेदन करना; (यश, संपत्ति आदि) पाने का यत्न करना.

wood (वुड्) *n* **1** लकड़ी. **2** (प्राय: *pl*) जंगल, वन. **—ed** *adj* जंगल से भरा. **ˈ—en** *adj* लकड़ी का बना; (fig) भावशून्य; निर्जीव; रूखा और भद्दा. **ˈ—land** *n* वनस्थली. **ˈ—work** *n* **1** लकड़ी का काम (इमारत में) **2** बढ़ईगिरी. **ˈ—y** *adj* लकड़ी के समान, लकड़ी का.

wool (वुल्) *n* ऊन; ऊनी वस्तु. **ˈ—len** (ˈवुलिन्) *adj* ऊनी. **ˈ—ly** *adj* ऊन समान, ऊन से भरा हुआ. *n* (colloq) स्वेटर (पहनने का).

word (वर्ड्) *n* **1** (व्याकरण) शब्द. **2** कथन; बातचीत. **have a — with sb,** से बात करना. **have —s (with),** झगड़ पड़ना. **take sb at his —,** इस विश्वास पर चलना कि जो वह कहता है वही वह करेगा. **3** समाचार, ख़बर : *Send me — tomorrow.* **4** वादा, वचन : *give sb (keep, break) one's —. v* शब्दों में कहना : *How shall we — it?* **ˈ—ing** *n* शैली, वाक्यरचना, शब्द चयन.

wore (वॉर्) → wear.

work (वर्क्) *n* **1** काम, कार्य. **set (get) to —,** कुछ करना आरंभ करना. **make short — of sth,** तुरंत समाप्त करना. **2** अपनी जीविका के लिए जो कार्य करता है, काम-धन्धा. **in (out of) —,** नौकरी, काम (बेकार). **at —,** काम पर व्यस्त. **3** कृत्य, काम जो करना है : *I have a lot of — to do.* **4** अपेक्षित वस्तुएँ (किसी कार्य को पूरा करने के लिए). **5** कृति, बनाई वस्तु : *the — of silversmiths; stone—.* **6** बुद्धि या कल्पना की कृति, रचना *—s of art.* **7** (*pl*) मशीन के चलशील पुर्ज़े; (औद्योगिक उत्पादन का)

भवन : *an iron —s.* **8 public —s,** सड़क, पुल, बाँध आदि का सरकारी अधिकारों द्वारा निर्माण. **Public Works Department,** सार्वजनिक निर्माण विभाग (संक्षेप में P.W.D.). *v* **1** काम करना. **2** अपेक्षित कार्य करना (मशीन, शरीर-अंग आदि का) : *The bell is not —ing.* **3** (योजना का) फलीभूत होना. **4** काम कराना; चालू करना : *It's —ed by electricity.* **5** उत्पन्न करना, पैदा करना : *— a cure; — harm.* **6** हिलाना या चलाना (प्रायः धीरे-धीरे और मेहनत से) : *This screw has —ed loose.* **— off,** पिंड छुड़ाना; शान्त करना; पूरा करना. **— up,** धीरे-धीरे सुधारना; उभाड़ना. **7** ठोक-पीट कर आकार में लाना. **8** सिलाई करना. **ˈ—able** *adj* व्यावहारिक; संचालन योग्य. **ˈwork-bag, ˈ—basket, ˈ—box** *n* औज़ार-पेटी (विशेषतः सूई रखने की) **ˈ—er** *n* मज़दूर, कामगार. **ˈ—man** *n* मज़दूर, कारीगर. **—manlike** *adj* कार्यकुशल. **ˈ—manship** *n* कारीगरी : *poor —manship.* **ˈ—shop** *n* कारखाना.

world (वर्ल्ड्) *n* **1** दुनिया, संसार. **2** जगत्, एक विशेष प्रकार में रुचि लेने वाले सभी लोग : *the — of sport.* **ˈ—ly** *adj* **1** भौतिक (धन, संपत्ति आदि से संबद्ध) : *my —ly goods.* **2** ऐहलौकिक, लौकिक (न कि आध्यात्मिक) : *—ly pleasures.*

worm (वर्म्) *n* कीड़ा, कृमि. → p 168. *v* (प्रायः **— one's way**) धीरे-धीरे (जैसे रेंगते हुए) कहीं जाना या कुछ पाना (*through, into*).

worn (वॉर्न्) → wear.

ˈworry (ˈवरि) *v* (*pt & pp* worried) **1** परेशान करना या होना; मन की शांति खोना : *— sb to do sth.* **2** चिंतित होना, चिंता करना (*about*). *n* **1** चिंता का कारण. **2** चिंतित होने की स्थिति.

worse (वर्स्) → bad. बदतर. **— off,** और बुरी हालत में. **ˈ—n** (ˈवर्स्न) *v* — करना या होना.

ˈworship (ˈवर्शिप्) *n* **1** पूजा, पूजन : *place of —* (मंदिर आदि). **2** भक्ति, आराधना; समादर : *hero —.* *v* — करना; समादर देना.

worst (ˈवर्स्ट्) → bad. सबसे बुरा. **get the — of it,** हार जाना. **if the — comes to the —,** यदि जितनी स्थिति खराब हो सकती है उतना हो जाए.

worth (वर्थ्) *adj* **1** मूल्य, कीमत : *It is — five paisa; He died — Rs* 500000. **2** संतोषजनक लाभ देने वाला श्रम, के अनुरूप तृप्ति, लाभ देने वाला : *The book is well — reading.* *n* मूल्य, योग्यता : *a rupee's — of apples* (रुपये भर के सेब). **ˈ—less** *adj.* **ˈworth-ˈwhile** *adj* लाभकर, सार्थक.

ˈworthy (ˈवर्द्रि) *adj* (-ier, -iest) के योग्य : *— of respect; a — cause.* **ˈworthily** *adv.*

would (वुड्) (I'd=I would) **1** → will[1] और will[2]. **2** प्रश्न या प्रतिबंधित वाक्यों में : *If a car had no brakes there — soon be an accident.* **— rather** → rather.

wouldn't=would not. → will[1], will[2].

wound[1] → wind.[2]

wound[2] (वून्ड्) *n* **1** घाव, ज़ख्म. **2** (भावना को पहुँचने वाली) ठेस : *a — to his pride.* *v* पहुँचाना.

wove, ˈwoven (वोव्/वोव्न्) → weave.

ˈwrangle (ˈरैंग्ल) *v & n* कहा-सुनी, तकरार झगड़ा. *v* — करना.

wrap (रैप्) *v* (-pp-) **1** (प्रायः **— up**) (शाल आदि चारों ओर) लपेट लेना, गरम कपड़े ओढ़ लेना. **2 be —ped up in,** पूरी-पूरी रुचि दिखाना, तल्लीन होना. *n* शाल, गुलूबन्द, कंबल आदि. **—per** (ˈरैपर्) *n* रैपर (किताब, कापी आदि का). **—ping** *n* लपेटने या रैपर के रूप में प्रयुक्त करने का सामान.

wrath (रॉथ्) *n* (साहित्यिक भाषा में) रोष, गहरा क्रोध.

wreath (रीथ्) *n* (फूलों की) माला, हार; (धुएँ के) छल्ले.

wreck (रेक्) *n* क्षतिग्रस्त जहाज़; बुरी तरह चोट खाई कार; खंडहर, गिरे हुए हवाई जहाज़ का मलबा. *v* — करना. **ˈ—age** (ˈरेकिज्) *n* मलबा : *the —age of an aircraft,*

wrench (रेन्च्) *n* **1** झटके से मरोड़ना या खींचना. **2** बिछड़ने की पीड़ा या व्यथा. **3** रिन्च, स्पैनर (डिबरी आदि कसने का औज़ार). *v* झटके से मरोड़ना या खींचना; पैर के टखने में चोट खा जाना.

wrest (रेस्ट्) *v* झटके से खींचना या छीनना : *I —ed the sword from him.*

'wrestle ('रेस्ल्) *v* कुश्ती लड़ना; (fig) किसी समस्या से जूझना, संघर्ष लड़ना **—r** ('रेस्लर्) *n* कुश्तीबाज़, पहलवान.

wretch (रेच्) *n* **1** अभागा, कमबख़्त. **2** नीच, कमीना (व्यक्ति). **'—ed** ('रेचिड्) *adj* **1** बदनसीब, दुःखी, दयनीय. **2** घटिया, असंतोष-जनक.

'wriggle ('रिग्ल्) *v* छटपटाना, तड़पना.

wring (रिङ्) *v* (*pt & pp* wrung) मरोड़ना, ऐंठना; (कपड़ों में से) पानी निचोड़ना. **'—er** *n* कपड़ों में से पानी निचोड़ने वाली मशीन.

'wrinkle ('रिंक्ल्) *n* (चेहरे आदि पर) झुर्री; (कपड़ों में पड़ी) शिकन. *v* **—** डालना या पड़ना.

wrist (रिस्ट्) *n* (हाथ की) कलाई. → p 36. **'—let** ('रिस्ट्लिट्) *n* पहुँची (आभूषण).

write (राइट्) *v* (*pt* wrote, *pp* 'written) लिखना. **'—r** ('राइटर्) *n* लेखक, पत्रकार. **'writing** *n* **1** (हाथ की) लिखावट. **2** (प्रायः *pl*) रचनाएँ, कृतियाँ.

writhe (राइद्) *v* (पीड़ा से) छटपटाना, तड़पना; (fig) मनोव्यथा से इसी प्रकार व्याकुल होना.

wrong (रॉङ्) *adj* (right के वैषम्य में) अनैतिक; ग़लत; असत्य, अन्याय, अनुपयुक्त, ख़राब (काम में न आने वाली मशीन आदि); बुरी स्थिति में. *adv* **—** रीति से : *You spelt my name —*. **go —**, गड़बड़ होना, बिगड़ जाना; भूल करना; पथभ्रष्ट होना; चरित्रहीन हो जाना. (मशीन आदि का) खराब हो जाना. **in the —**, दोषी होना. *v* **—** करना; ग़लत समझना; अपकार करना. **'— 'doing** *n* अधर्म, पाप, अन्याय; पापाचार. **'—ful** *adj* अन्याय-पूर्ण; अवैध, गैरक़ानूनी. **—fully** *adv*. **' —ly** *adv* (विशेषतः *pp* के साथ) : *—ly informed.*

wrote (रोट्) → write.

wrought (रॉट्) (*work* का *pp*) **— iron,** गढ़ा हुआ लोहा. **— up** *adj* व्यग्र, उत्तेजित, नर्वस.

wrung → wring.

wry (राइ) *adj* **a — face,** (निराशा, नाराज़गी आदि दिखाने के लिए) टेढ़ा किया हुआ चेहरा.

X

'Xmas ('क्रिस्मस्) *n* क्रिस्मस.

'X-'ray ('एक्स'रे) *n* (*pl* **X-'**rays) एक्स-रे; एक्स-रे की फ़ोटो.

Y

yacht (यॉट्) *n* यॉट; नौका-दौड़ की नाव; नौका-विहार में प्रयुक्त आरामदेह नाव.

yam (यैम्) *n* घुइयाँ, रतालू. → p 340.

yard[1] (यार्ड्) *n* **1** गज़ (=36 इंच). **2** जहाज़ के पाल में लगा डंडा.

yard[2] (यार्ड्) *n* यार्ड (जैसे रेलवे यार्ड); अहाता, बाड़ा, प्रांगण : *a farm—.*

yarn (यार्न्) *n* **1** सूत, तागा. **2** (colloq) किस्सा; गपशप; यात्रियों के किस्से.

yawn (यॉन्) *v* **1** जँभाई लेना. **2** फैला हुआ होना. *n* जँभाई.

year (यिअर) *n* साल, वर्ष, **'—ly** *adj & adv* वार्षिक.

yearn (यर्न्) *v* ललकना, लालायित होना (*for, to do*). **'—ing** (यर्निङ्) *n* उत्कंठा,

ललक. (*after, for*). '**—ingly** *adv.*

yeast (यीस्ट्) *n* ख़मीर, यीस्ट.

yell (ये़ल्) *v & n* चिल्लाना, चीखना; चिल्लाते हुए कहना.

yellow ('ये़लो) *n & adj* पीला, पीलापन. **— fever** पीतज्वर (एक प्रकार का ज्वर). *v* — होना.

yelp (ये़ल्प्) *v & n* (कुत्ते का) चीखना.

yes (ये़स्) *int* हाँ (सहमतिसूचक).

'**yesterday** ('ये़स्टर्डि) *n & adv* (बीता हुआ) कल.

yet (ये़ट्) *adv* तब तक; अब तक; उस समय तक. *conj* फिर भी किंतु.

yield (यील्ड्) *v* **1** फल देना, फ़सल देना, पैदा होना. **2** आत्मसमर्पण करना; शक्ति के आगे झुक जाना. *n* उपज, पैदावार, फ़सल : *the — per acre.* '**—ing** *adj* आज्ञाकारी; दबने वाला.

'**yogh(o)urt** ('योगर्ट्) *v* दही.

yoke (योक्) *n* **1** (हलका) जूआ, जुआ. **2 throw off the —,** विद्रोह करना, मानने से इन्कार करना. *v* **1** (बैलों पर) जूआ रखना. **2 —d to,** जुड़ा हुआ, सन्नद्ध.

a yoke

yolk (योक्) *n* (अंडे की) ज़रदी.

yonder ('यॉन्डर्) *adj & adv* वहाँ, उधर.

you (यू) *pron* **1** तुम, तू, आप : *I can see you and you can see me.* **2** कोई : *You never know who may become your enemy.*

young (यङ्) *adj* (-er, -est) **1** (old के वैषम्य में) अल्पवयस्क, छोटा; किशोर; जवान; तरुण, **2** आरंभिक स्थिति में : *The night is yet —.* *n* बच्चा, बच्चे (पशुओं के). '**—ster** ('यंग्स्टर) *n* लड़का, छोकरा.

your(s) (यॉर/यॉर्ज़्) *adj* तुम्हारा, तेरा : *That is your book. That book is yours.* **your'self** (यॉर्'से़ल्फ़्) *pron* (*pl* **yourselves**) : *You hurt yourself* (*yourselves*) *when you fell over.*

youth (यूथ्) *n* **1** किशोरावस्था; यौवन, जवानी. **2** जवान, युवक-युवती : *the — of the nation; — clubs.* **3** किशोर (15 से 20 साल की उम्र का लड़का). '**—ful** *adj* तरुण. तरुणवत्.

yule (यूल्) *n* (**—tide** भी) क्रिस्मस.

Z

zeal (ज़ील्) *n* उत्साह, जोश (*for*). **—ous** *adj* उत्साही.

'**zebra** ('ज़ीब्रा) *n* ज़ेबरा (चित्तीदार घोड़ा जैसा पशु). → p 351.

'**zenith** ('ज़े़निथ्) *n* आकाश का वह बिन्दु जो ठीक सिर के ऊपर हो; (fig) पराकाष्ठा, चरम उच्च बिंदु.

'**zero** ('ज़िअरो) *n* **1** शून्य, 0. **2** + और — के बीच का शून्यांक.

zest (ज़े़स्ट्) *n* **1** मज़ा, रस. **2** रुचि, दिलचस्पी.

'**zigzag** ('ज़िग्ज़ैग्) *n* टेढ़ी-मेढ़ी रेखा. *adv* टेढ़े-मेढ़े. *v* (-gg-) — रीति से चलना.

a zigzag

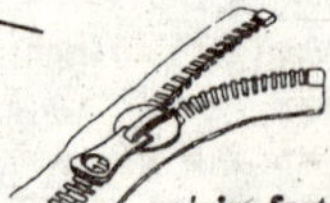

a 'zip-,fastener

zinc (ज़िंक्) *n* जस्ता, ज़िन्क (एक प्रकार की धातु).

'**zip-,fastener** ('ज़िप्-फ़ासनर्) *n* ज़िप (कपड़े के दो हिस्सों को पास रखने वाले ज़िप).

'**zodiac** ('ज़ोडिऐक्) *n* राशिचक्र (बारह राशियों में आकाश के कुछ नक्षत्रों का विभाजन).

zone (ज़ोन्) *n* **1** मेखला, पेटी. **2** (भूगोल) कटिबन्ध (पृथिवी को पाँच कटिबन्धों में बाँटा गया है — tropical, north temperate, south temperate, arctic और antarctic). **3** क्षेत्र, मंडल.

zoo (ज़ू) *n* ज़िन्दा अजायब-घर, चिड़ियाघर

zo'ology (ज़ु'आॅल्जि) *n* प्राणिशास्त्र, जीव-विज्ञान. **zoological** *adj* — विषयक **zoological gardens,** चिड़ियाघर. ज़ू. **zo'ologist** (ज़ु'आॅल्जिस्ट्) *n* जीवविज्ञानी.

feera.mishra
@mishra